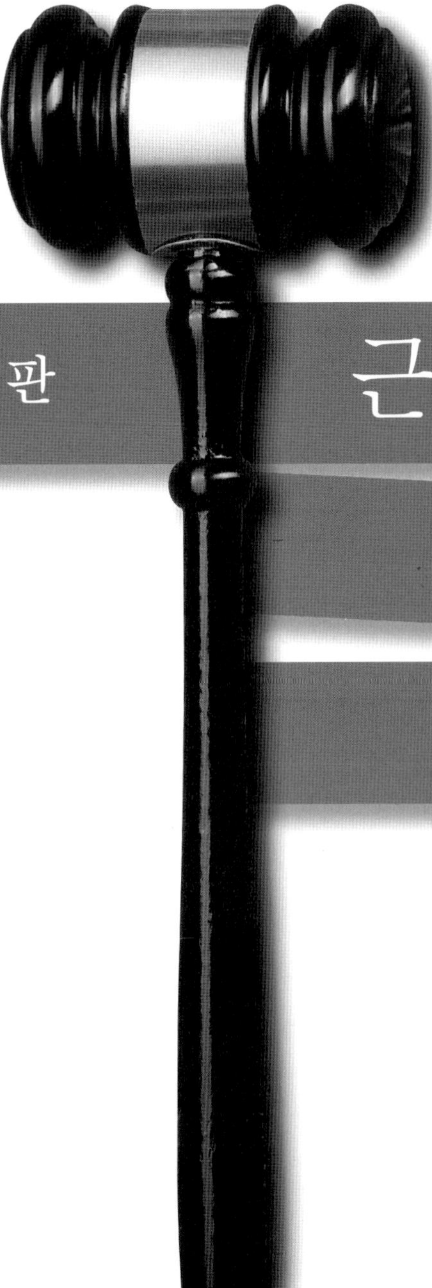

신정판

근저당권의 이론과 실무

오시정 저

한국금융연수원
KOREA BANKING INSTITUTE

신정판(新訂版)을 내면서

2019년 11월 재전정6판을 낸지 4년여가 지나면서, 2020년 3월 24일 금융소비자 보호에 관한 법률이 새로이 제정되어 2021년 3월 25일부터 시행됨에 따라 금융거래와 관련한 금융소비자의 권익보호가 크게 강화되었다.

또한 주택임대차보호법, 민간임대주택에 관한 특별법, 상가건물임대차보호법, 국세기본법, 지방세기본법 등 근저당권과 관련된 많은 법령이 개정됨으로써 이 책의 전반적인 개편이 필요하여 이번에 신정판을 발간하게 되었는 바 그 주요 내용과 특징을 요약하면 아래와 같다.

첫째, 금융소비자 보호에 관한 법령에서 금융소비자의 권익보호를 위하여 규정하고 있는 종래 금융거래에서 관용 되어온 포괄근저당권과 한정근저당권의 설정 금지 및 그 밖의 규제내용을 해당 부분에 보다 체계적으로 재편성하여 반영하고, 그에 따른 금융회사의 실무처리에 대하여 해설하였다.

둘째, 대출을 제공하는 금융회사와 대출을 받는 개인의 건전성을 확보하기 위하여 알아야 하는 담보인정비율(LTV), 총부채상환비율(DTI), 총부채원리금상환비율(DSR) 및 담보부동산에 존재하는 다른 권리자의 권리를 대출한도액 산정에 적용하는 방법에 관하여 자세한 해설을 하였다.

셋째, 주택임대차보호법과 동법시행령 및 세법에서 국민의 주거생활의 안정을 위하여 특별히 규정하고 있는 임대차보증금반환채권과 주택전세권자의 전세금에 대한 당해세 절대우선원칙의 예외, 확대한 소액보증금의 물적 범위, 주택임대차의 정보제공·보증금반환청구소송 절차·집행권원에 기한 집행절차상의 특례 등에 대한 해설을 새로이 또는 추가 하였다.

넷째, 민간임대주택에 관한 특별법에 따라 임대사업자의 등록을 한 임대인에 대하여는 주택임대차보호법상의 특례규정의 적용에 앞서 민간임대주택에 관한 특별법상의 특례규정을 우선적으로 적용하여 임차인을 보호하는데 그 구체적인 내용에 대하여 새로이 해설하였다.

다섯째, 상가건물임대차보호법에서 규정하는 제1급감염병에 의한 경제사정의 변동에 따른 차임 등의 증감청구 및 증액청구 제한에 관한 내용과 동법시행령에서 규정하는 최우선변제권의 적용요건인 소액보증금의 변동 내용 등에 관하여 해설하였다.

여섯째, 조세우선특권에 관한 국세기본법과 지방세기본법이 개정되어 정비됨에 따라 조세우선특권의 내용 및 근저당권·주택임차권 등과의 우선순위 등에 관한 내용을 전면적으로 개편하여 상세하게 새로이 해설하였다.

일곱째, 국세기본법 등 여러 세법, 국민건강보험법, 국민연금법 등 여러 연금법, 근로자퇴직급여보장법, 사립학교법, 주택법, 출입국관리법 등 이 책에서 인용하고 있는 여러 법률들이 개정되어 조문의 위치나 내용에 변경이 있었으나 그간 미처 반영하지 못하였던 것들을 모두 찾아 수정하였다.

아무쪼록 이 책이 독자 여러분에게 실무적인 지침서나 학문적인 연구 자료로 유용하게 쓰일 수 있기를 바라오며, 아울러 이 책이 출판될 수 있도록 물심양면으로 지원을 아끼지 않으신 한국금융연수원 원장님 이하 임직원 여러분에게 깊은 감사의 마음을 전하고자 한다.

2024년 4월

吳 時 正

머 리 말

금융 등의 거래관계에서 발생하는 채권을 담보하기 위하여 가장 빈번하게 그리고 가장 많이 이용하고 있는 담보권이 근저당권임은 주지의 사실이다.

그런데 민법을 비롯한 우리나라 현행 법률상의 근저당권에 관한 규정은 현실의 거래를 위하여 설정하고 있는 근저당권에 관한 여러 법률문제를 해결하는데 대단히 미흡하다. 또한 현재 우리나라에서 근저당권에 관하여 학술적으로 연구하여 발표한 문헌은 제법 있으나, 현실의 거래실무에서 발생하는 근저당권에 관한 여러 법률문제를 체계적이고 실증적으로 분석하여 해설해 놓은 실무서는 거의 없는 실정이다.

이와 같은 상황하에서 저자는 한국산업은행에서 금융업무를 취급한 18년의 기간, 그리고 한국산업은행과 한국금융연수원 및 고려대학교 등에서 여신업무를 담당하는 금융인과 채권관리 업무에 종사하는 기업인 및 법학을 연구하는 학생들의 교육을 담당한 23년의 기간에 걸쳐 근저당권에 관한 여러 이론적·실무적인 법률문제에 부딪치게 되었고 이들 문제를 해결하는 과정에서 상당한 연구성과를 축적할 수가 있었다. 저자는 이러한 연구결과를 현실의 거래에서 발생하는 실무적인 문제의 해결방안으로 제시하는 한편 은행의 금융거래에 필요한 근저당권설정계약서 표준서식의 내용으로 반영하였으며 나아가 석사학위논문과 박사학위논문 등으로 발표한 바 있다.

본서는 위와 같이 저자가 오랫동안 금융거래 등의 실무와 교육에 종사하면서 연구하여 집적해온 근저당권에 관한 여러 이론적·실무적인 법률문제에 대한 해설 내용들을 근저당권의 설정과 활용 및 관리와 변경 그리고 실행에 이르기까지 체계적으로 분류하여 집대성한 것이다.

그러나 근저당권에 관하여는 아직도 연구할 부분이 많이 남아 있다. 이 점에 대하여는 앞으로도 계속 연구하여 보완해 나갈 것임을 약속한다. 아무쪼록 본서가 독자 여러분의 실무적인 지침서로서는 물론이고 학문적인 연구의 자료로서 유용하게 쓰일 수 있기로 바란다. 아울러 본서가 출판될 수 있도록 물심양면으로 지원을 아끼지 않으신 육법사 백욱 사장님에게 감사의 마음을 전하고자 한다.

2004년 6월

주요참고문헌 및 인용약어

▌민법 해설서

강태성 물권법	강태성, 물권법, 대명출판사, 2000.
고상룡 물권법	고상룡, 물권법, 법문사, 2001.
곽윤직 물권법(신정수정)	곽윤직, 물권법(신정수정판), 2000, 박영사.
곽윤직 채권총론	곽윤직, 채권총론(민법강의Ⅲ, 신정수정판), 박영사, 2000.
곽윤직 채권각론	곽윤직, 채권각론(민법강의Ⅳ, 신정수정판), 박영사, 2000.
권용우 물권법	권용우, 물권법, 법문사, 1995.
김기선 한국물권법	김기선, 한국물권법, 법문사, 1985.
김기선 한국물권법(1990)	김기선, 한국물권법, 법문사, 1990.
김상용 물권법	김상용, 물권법, 법문사, 2001.
김상용 물권법(2009)	김상용, 물권법, 화산미디어, 2009.7.
김상용 민사법연구(4)	김상용, 민사법연구(4), 법원사, 2000.
김용한 물권법론	김용한, 물권법론(전정판), 박영사, 1985.
김재형 근저당권연구	김재형, 근저당권연구, 박영사, 2000.
김증한 물권법강의	김증한, 물권법강의, 박영사, 1984.
김증한·김학동 물권법	김증한·김학동, 물권법(제9판), 박영사, 1997.
김형배 채권총론	김형배, 채권총론(제2판), 박영사, 1999.
김형배 채권각론	김형배, 채권각론(계약법), 박영사, 1998.
송덕수 물권법	송덕수, 물권법, 박영사, 2012.1.
오시영 물권법	오시영, 물권법, 학현사, 2009.
이덕환 물권법	이덕환, 물권법(8정판), 율곡미디어, 2011.2.
이상태 물권법	이상태, 물권법(개정판), 법원사, 2000.
이영준 물권법	이영준, 물권법, 박영사, 1991.
이영준 물권법(2000)	이영준, 물권법, 박영사, 2000.
이영준 물권법(신정판)	이영준, 물권법(신정판), 박영사, 2002.6.
이은영 물권법	이은영, 개정판 물권법, 박영사, 2000.
이은영 물권법(제4판)	이은영, 제4판 물권법, 박영사, 2006.
이은영 채권총론	이은영, 채권총론(개정판), 박영사, 2000.
장경학 물권법	장경학, 물권법, 법문사, 1987.
장형룡 채권관리회수(상)	장형룡, 채권관리회수(상), 한국경영정보원, 1996.
최식 담보물권법	최식, 담보물권법, 박영사, 1960.
하경일 신물권법	하경일, (판례학설실무)신물권법(제3편·제4편), 도서출판 가인, 1993.
황적인 현대민법론Ⅱ	황적인, 현대민법론Ⅱ(전정판), 박영사, 1987.

주석물권법(상)	집필대표 이영준, 주석물권법(상), 한국사법행정학회, 1993.
주석물권법(하)	집필대표 이영준, 주석물권법(하), 한국사법행정학회, 1993.
민법주해[Ⅵ]	편집대표 곽윤직, 민법주해[Ⅵ] 물권(3), 박영사, 1996.
민법주해[Ⅶ]	편집대표 곽윤직, 민법주해[Ⅶ] 물권(4), 박영사, 1996.
민법주해[Ⅹ]	편집대표 곽윤직, 민법주해[Ⅹ] 채권(3), 박영사, 1995.
민법주해[ⅩⅤ]	편집대표 곽윤직, 민법주해[ⅩⅤ] 채권(8), 박영사, 1997.
주석민법[채권총칙(2)]	편집대표 박준서, 주석민법[채권총칙(2)], 한국사법행정학회, 1999.
주석민법[채권각칙(3)]	편집대표 박준서, 주석민법[채권각칙(3)], 한국사법행정학회, 1999.
주석민법[물권(3)]	편집대표 박준서, 주석민법[물권(3)], 한국사법행정학회, 2001.

❙ 민사집행법 해설서

남기정 신강제집행법(중)	남기정, 신강제집행법(중), 법률문화원, 2000.
박두환 신강제집행법	박두환, 신강제집행법(증보 개정판), 고시계, 1993.
주석 민사집행법(Ⅲ)	주석 민사집행법(Ⅲ), 한국사법행정학회, 2004.
주석강제집행법(Ⅲ)	주석강제집행법(Ⅲ), 편집대표(이재성 외), 한국사법행정학회, 1993.
주석강제집행법(Ⅳ)	주석강제집행법(Ⅵ), 편집대표(이재성 외), 한국사법행정학회, 1993.
금융법률실무(여신편)	금융법률실무(여신편), 한국산업은행, 1995.11
법원실무제요 민사집행(Ⅰ)	법원실무제요 민사집행(Ⅰ), 법원행정처, 2003.
법원실무제요 민사집행(Ⅱ)	법원실무제요 민사집행(Ⅱ), 법원행정처, 2003.
법원실무제요 민사집행(Ⅲ)	법원실무제요 민사집행(Ⅱ), 법원행정처, 2003.

❙ 기타 해설서

남효순·김재형 금융거래법강의 Ⅱ	남효순·김재형 공편, 금융거래법강의 Ⅱ, 법문사, 2001.
박태신, 최신집합건물법해설	박태신, (최신)집합건물법해설, 정성 D&M, 2006.
박승두 회사정리법	박승두, 회사정리법, 법률 SOS, 2000.
신현기 부동산등기법 각론	신현기, 부동산등기법 각론, 법률서원, 2004.
오영관, 부동산등기법	오영관, 부동산등기법, 법학사, 2006.
임채홍·백창훈, 회사정리법(상)	임채홍·백창훈, 회사정리법(상), 한국사법행정학회, 1999.
임채홍·백창훈, 회사정리법(하)	임채홍·백창훈, 회사정리법(하), 한국사법행정학회, 1999.
금융법률실무(여신편)	금융법률실무(여신편), 한국산업은행, 1995.
회사정리법해설	회사정리법해설, 한국산업은행, 1982.
회사정리실무	재판자료 제28집, 법원행정처, 1985.
특수담보제도	특수담보제도, 한국산업은행, 1984.

▍논문

권 성 근저당권 ······················ 권 성, 근저당권설정계약의 해지[민사판례연구(Ⅷ) 1986]

강대성 전세권저당권의 ··········· 강대성, 전세권저당권의 우선변제적 효력[토지법학(2008.6), 한국토지법학회]

강태성 지역권·전세권에 ·········· 강태성, 지역권·전세권에 관한 해석과 입법론[재산법연구 제21권 제1호(2004), 법문사]

고선철 지상권의 ······················ 고선철, 지상권의 이론과 실무[백영사, 2007]

권 성 근저당권 ······················ 권 성, 근저당권설정계약의 해지[민사판례연구(Ⅷ) 1986]

권 성 제3취득자 ···················· 권 성, 제3취득자의 저당권소멸청구권[사법논집 제12집(1호)(1981. 12)]

권용우 전세금반환청구권의 ······ 권용우, 전세금반환청구권의 양도[법학논총 32권 1호(단국대학교, 2008.6)]

김동옥 저당권의 목적물로 ······· 김동옥, 저당권의 목적물로 된 전세권이 기간만료로 종료된 경우의 법률관계[판례연구 제12집(1999), 부산판례연구회]

김상수 경매를 ························· 김상수, 경매를 신청하지 않은 선순위근저당권자의 피담보채권의 확정시기[법률신문 제2840호(1999.11.29) 14(판례평석)].

김석우 근저당권에 ··················· 김석우, 근저당권에 관한 연구[한양대학교 박사학위논문, 1974].

김석우 근저당권의 ··················· 김석우, 근저당권의 처분에 관한 소고[현대민법학의 제문제(청헌 김증한박사화갑기념), 박영사, 1981]

김용한 근저당의 ······················ 김용한, 근저당의 특수문제 - 포괄근저당권과 관련하여[현대 재산법의 제문제(동은 김기선박사고희기념론문집), 법문사, 1987]

김재형 저당권에 기한 ·············· 김재형, 저당권에 기한 방해배제청구권의 인정범위-독일민법과의 비교를 중심으로[저스티스 제85호(2005.6), 한국법학원]

김창섭 전세권에 대한 ·············· 김창섭, 전세권에 대한 저당권의 우선변제적 효력의 인정여부[법조 제50권 제4호(2001)]

김학동 주택임대차보호법 ········· 김학동, 주택임대차보호법상의 문제점[판례월보 제194호(1987.9)]

김 현 지상권침해에 대한 ······· 김 현, 지상권침해에 대한 손해배상의 판단기준[대한토목학회지 제58권 제11호(2010.11), 대한토목학회]

김현선 나대지에 저당권을 ······· 김현선, 나대지에 저당권을 설정한 후 저당목적물의 담보가치를 확보하기 위한 지상권의 효력-담보지상권의 유효여부와 토지저당권자의 보호방안을 중심으로[중앙법학 제14집 제3호(1012.9), 중앙법학회]

남양우 전세권을 ……………………… 남양우, 전세권을 목적으로 한 저당권의 효력에 관하여[실무연구자료 제7권(2006.1), 대전지방법원]

남효순 전세금과 ……………………… 남효순, 전세금과 전세권의 관계[서울대학교 법학 제49권 제3호(2008.9), 서울대학교법학연구소]

민형기 경매의 ………………………… 민형기, 경매의 신청과 근저당권의 확정[법조 제39권 제9호(1990.9)].

박병대 계속적보증 ………………… 박병대, 계속적 보증에 관한 고찰[사법논집 제18집, 법원행정처].

박성근 포괄근저당권연구 ……… 박성근, 포괄근저당권연구(금융기관의 거래관행을 중심으로)[서울대학교 석사학위논문, 1988].

박순성 전세권에 관한 …………… 박순성, 전세권에 관한 판례의 동향과 전망-전세권의 담보물권성을 중심으로[21세기 한국민사법학의 과제와 전망-심당 송상현선생 화갑기념논문집(2002)]

신용낙 회사정리절차개시결정 … 신용낙, 회사정리절차개시결정과 근저당권의 확정시기[사법논집 제26집(1995)].

안법영 외화채권 ……………………… 안법영, 외화채권과 환차손의 배상[동천 김인섭변호사회갑기념, 법실천의 제문제, 1996].

양승태 외국금전채무 ……………… 양승태, 외국금전채무의 이행에 따르는 제문제[재판자료 제34집, 법원행정처].

양창수 전세권 ………………………… 양창수, 전세권[고시계 421호(1992.3), 고시계사]

오경미 채권담보전세권과 ……… 오경미, 채권담보전세권과 그 저당권의 법률관계[민사재판의 제문제 19권(박일환 대법관 화갑기념)(2010.12), 민사실무연구회]

오석낙 배당표의 하자 …………… 오석낙, 배당표의 하자에 대한 불복방법[고시계(1975.5), 고시계사].

오시영 전세권 존속기간 ………… 오시영, 전세권 존속기간 경과 후 전세권저당권의 물상대위성에 대한 고찰[한양법학 제22권 제3집(통권 제35집)(2011.8), 한양법학회]

오시영 전세권의 용익물권성과 오시영, 전세권의 용익물권성과 담보물권성 분리에 따른 입법론적 고찰[민사법학 제48호(2010.3), 한국민사법학회]

오용호 부동산경매 ………………… 오용호, 부동산경매와 임차권[재판자료 36집, 법원행정처].

오창석 회사정리법 ………………… 오창석, 회사정리법상 정리담보권자의 지위[현대상법의 과제와 전망(송연 양승규교수화갑기념), 삼지원, 1994]

윤진수, 저당권에 대한 침해 … 윤진수, 저당권에 대한 침해를 배제하기 위한 담보지상권의 효력[한국민법의 새로운 전개(고상룡교수 고희 논문집), 법문사(2012.6)]

윤천희 주택임차권의 ················ 윤천희, 주택임차권의 대항력의 득실에 관한 문제(하)[판례월보 제201호(1988.4).

이기태 근저당제도론 ················ 이기태, 근저당제도론[경북대학교 박사학위논문, 1988].

이미선 전세권저당권자의 ········· 이미선, 전세권저당권자의 지위와 관련된 쟁점에 관한 검토[대전지방변호사회지 4호(2007.1), 대전지방변호사회]

이상태 전세권저당권자의 ········· 이상태, 전세권저당권자의 법적 지위[민사법학 제38호(2007.9), 한국민사법학회]

이순철 물상보증인 ··················· 이순철, 물상보증인의 책임[현대재산법의 제문제(김기선박사고희기념), 1987]

이순철 약관법과 ······················ 이순철, 약관법과 물상보증인의 책임[사법행정(1987.11)].

이진기 저당권침해와 ················ 이진기, 저당권침해와 일괄경매청구권의 확대[인권과 정의 제385호(2008.9), 대한변호사협회]

이원일 전세권에 대하여 ·········· 이원일, 전세권에 대하여 저당권이 설정되어 있는데 전세권이 기간만료로 종료된 경우 전세금반환채권에 대한 제3자의 압류 등이 없는 한 전세권설정자는 전세권자에 대하여만 전세금반환의무를 부담하는지 여부 및 그 저당권의 실행방법[대법원판례해설 통권 제33호(1999년 하반기)]

이윤승 주택임대차 ··················· 이윤승, 주택임대차에 있어서 소액임차인의 보호[사법논집 제19집, 법원행정처].

이윤승 최종경매절차 ················ 이윤승, 최종 경매절차에 있어서 임차인[사법논집 제18집, 법원행정처].

이인철 근저당권 ······················ 이인철, 근저당권의 확정을 둘러싼 등기실무상의 제문제[사법연구자료 제24집(97.12)].

이재도 전세권저당권의 ············ 이재도 전세권저당권의 효력과 실행방법[실무연구자료 7권, 대전지방법원 2006.1]

이재성 임대주택을 ··················· 이재성, 임대주택을 양도한 자의 임차인에 대한 보증금반환책임[사법행정 제324호(1987.12).

이제호 구분건물에 ··················· 이제호, 구분건물에 대하여서만 설정된 전세권의 효력[청주법률논단 1집(충북법률실무연구회, 2000)]

이준상 채무인수 ······················· 이준상, 채무인수, 계약인수와 근저당의 실무대책[은행실무상의 법률적 문제점과 대책, 한국금융연수원('88은행실무법률세미나)].

이황배 채무인수 ······················· 이황배, 채무인수를 원인으로 한 채무자변경등기와 근저당권의 습용[은행실무상 법률적 문제점과 대책, 한국금융연수원('87은행실무법률세미나)].

장형룡 채무인수 ······················· 장형룡, 채무인수에 관한 은행실무상 제문제[은행실무상 법률적 문제점의 검토와 대책, 한국금융연수원(1985년도 은행실무 법률세미나)].

장형룡 근저당권 ······················· 장형룡, 근저당권의 피담보채권의 변경과 채무자의 변경과 이해관계인의 동의요부[은행실무상 법률적 문제점과 대책, 한국금융연수원('86은행실무법률세미나)].

채원식 회사정리절차개시(상) ······ 채원식, 회사정리절차개시와 근저당확정의 유무에 관한 고찰(상)[사법행정 제297호(1985.8)].

채원식 회사정리절차개시(하) ······ 채원식, 회사정리절차개시와 근저당확정의 유무에 관한 고찰(하)[사법행정 제298호(1985.9)].

최세모 부동산경매와 전세권 ······ 부동산경매와 전세권[재판자료 제36집(법원행정처 1987)]

최수정 담보를 위한 ·················· 최수정, 담보를 위한 지상권의 효력[민사법학 제56호(2011.12)]

추신영 전세권저당권의 ·············· 추신영, 전세권저당권의 실행방안[재산법연구 28권 2호, 법문사(2012.8)]

한명환 집합건물에 설정된 ······· 한명환, 집합건물에 설정된 전세권의 효력이 대지권에도 미치는지 여부[인권과 정의 238호(대한변호사협회 1996.6)]

❙ 외국문헌

鈴木祿彌, 根抵當法概說　鈴木祿彌, 根抵當法概說(第三版), 新日本法規, 1998

日本 註釋民法(9)　日本 註釋民法(9), 柚木 馨 編集, 有斐閣, 1976

不動產擔保實務講座　不動產擔保實務講座(通信教育), 社團法人 金融財政事情研究會

條解 會社更生法(中)　條解 會社更生法(中), 三竹月章 外, 弘文堂, 1998

眞悌次 根抵當權法の 研究　眞悌次, 根抵當權法の 研究, 一粒社, 1976

高木多喜男 擔保物權法　高木多喜男, 擔保物權法, 有斐閣, 1990

松田二郎 會社更生法　松田二郎, 會社更生法(新版)(法律學會集 39-1), 有斐閣, (昭和 58)1976

註解不動產法3　註解不動產法3, 遠藤賢治 外, 青林書院, 1990

石田文次郎 擔保物權法(上)　石田文次郎 擔保物權法(上), 有斐閣

약 어 표

1. 법률

(ㄱ)

가담 ………… 가등기담보 등에 관한 법률
가소 ………… 가사소송법
감평 ………… 감정평가 및 감정평가사에 관한 법률
개이환 ……… 개발이익 환수에 관한 법률
건기관 ……… 건설기계관리법
건축 ………… 건축법
고산보 ……… 고용보험 및 산업재해보상보험의 보험료징수등에 관한 법률
공설운 ……… 공익법인의 설립·운영에 관한 법률
공광저 ……… 공장 및 광업재단 저당법
공토취보 …… 공익사업을 위한 토지 등의 취득 및 보상에 관한 법률
공항시 ……… 공항시설법
광업 ………… 광업법
국건보 ……… 국민건강보험법
국계이 ……… 국토의 계획 및 이용에 관한 법률
국기 ………… 국세기본법
국연 ………… 국민연금법
국이관 ……… 국토이용관리법
국지조 ……… 국세와 지방세의 조정 등에 관한 법률
국징 ………… 국세징수법
국채 ………… 국채법
근기 ………… 근로기준법
금소보 ……… 금융소비자보호에 관한 법률
금위설 ……… 금융위원회의 설치 등에 관한 법률

(ㄴ)

내수어업 …… 내수면어업법
농지 ………… 농지법

(ㄷ)

댐주지 ……… 댐건설 및 주변지역지원 등에 관한 법률
도개 ………… 도시개발법
도로 ………… 도로법
도주환 ……… 도시 및 주거환경정비법
도철 ………… 도시철도법

(ㅁ)

민 …………… 민법
문보 ………… 문화재보호법
민소 ………… 민사소송법
민집 ………… 민사집행법

(ㅂ)

법조 ………… 법원조직법
부가공 ……… 부동산 가격공시에 관한 법률
부등 ………… 부동산등기법
부실등명 …… 부동산 실권리자명의 등기에 관한 법률

(ㅅ)

사학 ………… 사립학교법
산재보 ……… 산업재해보상보험법
상 …………… 상법
상임보 ……… 상가건물임대차보호법
선등 ………… 선박등기법
선박 ………… 선박법
소선저 ……… 소형선박저당법
수레등검 …… 수상레저기구의 등록 및 검사에 관한 법률

수레안 ········ 수상레저안전법
수산업 ········ 수산업법
신원 ·········· 신원보증법
신탁 ·········· 신탁법

(ㅇ)

약규 ·········· 약관의 규제에 관한 법률
어음 ·········· 어음법
유도 ·········· 유료도로법
은행 ·········· 은행법
의료 ·········· 의료법
국건보 ········ 국민건강보험법
입목 ·········· 입목에 관한 법률

(ㅈ)

자관 ·········· 자동차관리법
자시금투 ······ 자본시장과 금융투자업에 관한 법률
자유 ·········· 자산유동화에 관한 법률
자특저 ········ 자동차 등 특정동산저당법
전사보 ········ 전통사찰보존법
조특제 ········ 조세특례제한법
주도기 ········ 주택도시기금법
주민 ·········· 주민등록법
주임보 ········ 주택임대차보호법
주택 ·········· 주택법
지기 ·········· 지방세기본법
지세 ·········· 지방세법
집건 ·········· 집합건물의 소유 및 관리에 관한 법률

(ㅊ)

채회파 ········ 채무자회생 및 파산에 관한 법률
철도 ·········· 철도법

(ㅎ)

항만 ·········· 항만법
항안 ·········· 항공안전법
향재 ·········· 향교재산법
헌 ············ 헌법
형 ············ 형법

2. 령·규칙

감평규 ········ 감정평가에 관한 규칙
거증령 ········ 거절증서령
금소보감 ······ 금융소비자보호에 관한 감독규정
민소규 ········ 민사소송규칙
집행수규 ······ 집행관수수료규칙
광등령 ········ 광업등록령
댐사등령 ······ 댐사용권등록령
어등령 ········ 어업등록령
유도등령 ······ 유료도로관리권등록령
은감규 ········ 은행업감독규정
자등령 ········ 자동차등록령
특등령 ········ 특허등록령
항등령 ········ 항공기등록령

기타 : 법률약어 다음에 「령」이 붙은 것은 시행령, 「규」가 붙은 것은 시행규칙임.

〈예〉

국기령 ······ 국세기본법시행령
민집령 ······ 민사집행법시행령

3. 판례

헌재 ·········· 헌법재판소결정
대전합판 ······ 대법원전원합의부판결
대판 ·········· 대법원판결
대전합결 ······ 대법원전원합의부결정
대결 ·········· 대법원결정

4. 조문의 인용예

1①i ········ 제1조 제1항 제1호
1①② ········ 제1조 제1항 제2항
1~3 ·········· 제1조 내지 제3조
1, 2 ·········· 제1조 제2조
본, 단 ········ 본문, 단서
전, 후 ········ 전단, 후단
본전, 본후 ··· 본문 전단, 본문 후단

차 례

제1장 서 론

제2장 근저당권의 유효성

제3장 근저당권의 설정

제4장 근저당권에 의하여 담보되는 채권의 범위

제 5 장 근저당권의 효력이 미치는 목적물의 범위

제6장 근저당권자의 권리

제7장 근저당권과 다른 권리의 관계

제 8 장 토지·건물 이외의 재산을 대상으로 하는 근저당권

제9장 근저당권의 변동

제 10 장 근저당권의 활용과 관련한 특수문제

제 11 장 부실채권정리의 특별절차와 근저당권

부 록

01 서 론

채권자가 채무자에 대하여 현재 취득하고 있거나 장래 취득하게 될 특정한 채권을 담보하려는 저당권을 보통저당권이라고 함에 대하여, 채권자와 채무자 사이에 일정한 거래관계로부터 발생하는 유동·교체될 수 있는 다수의 채권을 일정한 한도액까지 담보하려는 저당권을 근저당권이라 한다.

근저당권은 거래상의 편의를 위하여 인정된 것이다. 예컨대 S은행과 A회사 사이에 대출과 상환이 반복적으로 발생하는 거래관계가 있다고 할 때, 이러한 대출채권을 보통저당권만으로 담보해야 한다고 하면 저당권의 부종성으로 인하여 매 대출시마다 구저당권의 말소와 신저당권의 설정이라는 절차를 반복해야 하게 되는데 이는 시간과 비용의 낭비라는 점에서 대단히 불합리하다고 할 수 있다. 여기에서 한 번의 저당권설정으로 그러한 거래관계에서 계속적으로 발생하는 대출채권을 중간의 채무소멸이나 이전에 관계없이 일정한 한도액의 범위에서 담보할 수 있도록 할 담보제도를 필요로 하게 되었으며 이러한 요청을 충족시키도록 고안된 것이 바로 근저당제도인 것이다.

현실의 거래계에 있어서는 보통저당권을 설정하는 경우는 매우 드물고 대체로 근저당권을 설정하고 있다. 또한 실제 설정하고 있는 근저당권도 이른바 특정근저당권과 한정근저당권 및 포괄근저당권 등 여러 유형으로 분류하여 볼 수 있다. 그런데 민법을 비롯한 우리나라 현행 법률상의 근저당권에 관한 규정은 금융회사 등이 현실의 거래를 위하여 근저당권을 설정하고자 할 때에 발생하게 되는 위와 같은 실제적인 문제를 해결하기에 대단히 미흡하다. 따라서 이들 문제에 관하여는 대부분의 경우 근저당권의 성질과 거래관행 등을 종합적으로 고려하여 해석에 의하여 해결하는 수밖에 없다.

근저당권의 대상목적물은 그 특성에 따라 크게 부동산 자체, 부동산의 공유지분, 부동산상의 권리, 부동산과 동산 등의 복합체, 특수한 물권으로 분류하여 볼 수 있다. 부동산 자체는 토지와 토지의 정착물로 구분하여 볼 수 있고 토지의 정착물은 다시 건물과 입목 등으로 구분하여 볼 수 있다.

입목이란 토지에 부착된 수목의 집단으로서 그 소유자가 입목에 관한 법률에 의하여 소유권보존등기를 한 것을 말한다. 미등기의 수목도 이른바 명인방법이라는 공시방법을 갖추고 있으면 근저당권의 대상목적물이 된다. 부동산의 공유지분이란 토지나 건물 등 부동산 자체를 수인이 공동으로 소유하는 경우 공동소유자 중의 1인이 대상 부동산에 대하여 가지는 권리를 말한다.

부동산상의 권리란 부동산인 토지나 토지의 정착물에 대하여 가지는 지상권·지역권·전세권·임차권 등의 용익권과 저당권·가등기담보권·유치권 등의 담보권 및 기타 가압류·가처분·가등기 권리자의 권리 등을 말하나, 이들 중 담보의 대상목적물이 되는 것은 지상권과 전세권에 한한다.

특수한 물권이란 광물·도로·바다·하천·댐·공항시설·항만시설 등을 대상으로 특별법에 의하여 인정되어 있는 물권으로서 광업법상의 광업권·수산업법상의 어업권·내수면어업법상의 내수면어업권·유료도로법상의 유료도로관리권 및 댐건설 및 주변지역지원 등에 관한 법률상의 댐사용권·공항시설법상의 공항시설관리권·항만법상의 항만시설관리권이 이에 속한다.

부동산과 동산 등의 복합체란 기업경영에 필요한 토지·건물과 생산설비인 기계·기구 등의 동산 및 지상권·전세권·임대인이 동의한 경우의 물건 임차권·지식재산권 등의 권리를 포함하여 하나의 통일적인 재단을 구성한 것으로 공장 및 광업재단 저당법에서 규정하는 공장과 공장재단 및 광업재단이 이에 속한다.

본서에서는 현재 거래계에서 토지·건물을 대상 목적물로 하여 널리 설정하고 있는 각종 유형의 근저당권에 관하여 근저당권의 유효성(제2장) 여부에서부터 시작하여 근저당권의 설정(제3장), 근저당권에 의하여 담보되는 채권의 범위(제4장), 근저당권의 효력이 미치는 목적물의 범위(제5장), 근저당권자의 권리(제6장), 근저당권과 다른 권리의 관계(제7장)에 대하여 해설하고, 이어서 토지·건물 이외의 재산을 대상으로 하는 근저당권(제8장), 근저당권의 변동(제9장), 근저당권의 활용과 관련한 특수문제(제10장) 및 부실채권정리의 특별절차와 근저당권(제11장)으로 나누어 각 항목과 관련한 여러 법률문제를 법 이론적인 면에서는 물론이고 실무적용상의 유의사항에 이르기까지 구체적으로 분석하여 해설하기로 한다.

02 근저당권의 유효성

Ⅰ. 설정유형

Ⅱ. 유효성

Ⅰ. 설정유형

1. 근저당권의 여러 유형

근저당권은 현실 거래계에서 그 피담보채무의 범위를 어떻게 정하고자 하는지에 따라 다시 여러 가지 유형으로 설정하고 있는데, 현재 거래계에서 관용되고 있는 각종 근저당권설정계약서상의 내용을 중심으로 그 유형을 분류하여 보면 다음과 같다.

① 근저당권설정계약시에 채권자와 채무자 사이에 이미 체결되어 있는 특정의 거래계약(예컨대 ○년 ○월 ○일자 여신거래약정서 또는 ○년 ○월 ○일자 상품판매계약서 등)에 기하여 채무자가 채권자에 대하여 현재 및 장래에 부담하는 모든 채무로 하는 경우.

② 근저당권설정계약시에 채권자와 채무자 사이에 이미 계약이 체결되어 있는 거래인지의 여하에 관계없이 특정한 거래의 종류를 한정적으로 열거하여, 그 거래(예컨대 당좌대출거래, 어음대출거래 등)에 기하여 채무자가 채권자에 대하여 현재 및 장래에 부담하는 모든 채무로 하는 경우.

③ 근저당권설정계약시에 채권자와 채무자 사이에 이미 계약이 체결되어 있는 거래인지의 여하에 관계없이 특정한 종류의 거래를 예시적으로 열거하고 다시 이들을 포괄하는 거래의 종류를 한정적으로 정하여(예컨대 당좌대출거래, 어음할인거래, 지급보증거래 ……… 기타 여신거래 또는 상품판매거래, 위탁판매거래, 위탁가공거래 ……… 기타 상거래 등), 그 포괄적인 거래에 속하는 여러 거래에 기하여 채무자가 채권자에 대하여 현재 및 장래에 부담하는 모든 채무로 하는 경우.

④ 근저당권설정계약시에 채권자와 채무자 사이에 이미 계약이 체결되어 있는 거래인지의 여하에 관계없이 특정한 종류의 거래를 예시적으로 열거하여 그 예시된 거래계약과 기타 각종의 원인에 기하여(예컨대 당좌대출거래, 어음할인거래, 지급보증거래 ……… 기타 각종의 원인으로 인하여 발생하는 모든 채무 또는 상품판매거래, 위탁판매거래, 위탁가공거래 ……… 기

타 각종의 원인으로 인하여 발생하는 모든 채무 등) 채무자가 채권자에 대하여 현재 및 장래에 부담하는 모든 채무로 하는 경우.

⑤ 채권자와 채무자 사이에 특정한 종류의 거래를 한정하거나 예시함이 없이 채무자가 채권자에게 현재 및 장래에 부담하는 모든 채무로 하는 경우.

실무에 있어서는 상기 여러 유형으로 체결·설정되는 근저당권의 유형 중 ①의 경우를 특정근저당권이라 하고 ②의 경우를 한정근저당권이라 하며 ③④⑤의 경우를 포괄근저당권이라 한다. 그리고 포괄근저당권의 유형 중 ③의 경우를 제한적포괄근저당권이라 하고 ④⑤의 경우를 무제한포괄근저당권이라고 한다. 다만 이러한 포괄근저당권의 세분류에 대하여 ③④의 경우를 기본계약을 열거하고 포괄담보문언을 추가하는 형식을 취하고 있다는 데에서 부가적포괄근저당권이라 부르고 ⑤의 경우를 기본계약을 열거함이 없이 순수한 포괄근담보문언만 두는 형식을 취하고 있다는 데에서 순수포괄근저당권이라고 부르는 견해도 있다.[1] 그러나 ④⑤의 경우는 피담보채무의 범위를 표시하는 형식만 다를 뿐 피담보채무의 범위에 관한 당사자간의 합의에 차이가 있는 것이 아니므로 적합한 분류라고 할 수 없다.

위와 같은 특정근저당권이나 한정근저당권 및 포괄근저당권은 법률상 규정되어 있는 근저당권의 형태가 아니고 단지 근저당권을 설정하는 당사자간의 피담보채무에 관한 합의사항에 지나지 않으며, 또한 이들 내용은 등기사항이 아니어서 등기를 할 수가 없고 그에 따라 등기부상에는 모두 근저당권으로 기재될 뿐이다.

2. 금융회사 서식의 변천

우리나라의 금융회사들은 1983년 말 이전까지는 근저당권을 설정하기 위한 서식으로서 앞에서 설명한 근저당권의 여러 유형 중 오로지 ④의 유형에 해당하는 이른바 무제한포괄근저당권을 설정하기 위한 서식만을 마련해 두고 있었다. 그래서 금융거래에 따른 근저당권은 오로지 ④의 유형에 해당하는 포괄근

1) 박성근 포괄근저당권연구 5.

저당권만이 설정되고 있었다. 이는 이후 추가여신의 제공 등에 의하여 채무자로부터 새로운 채권을 취득하는 경우 그 채권까지도 함께 담보하게 하기 위한 것이다.

그러나 위와 같은 실무처리는 피담보채무의 범위를 어떻게 정할 것인지에 관하여 담보제공자 측에 선택의 여지가 없다는 점에서 불합리하였고, 특히 담보제공자가 채무자가 아닌 제3자인 경우에는 피담보채무의 범위를 둘러싸고 담보제공자인 제3자와 근저당권자 사이에 많은 분쟁을 야기하였다. 예를 들면 채무자 A가 S은행에 1년 후 상환조건으로 3천만 원의 대출을 신청하고, 제3자 B에게 담보제공을 부탁하면서 1년 후에 틀림없이 동 대출금을 상환하겠다고 확약함으로써, B가 그러한 인식을 가지고 S은행에 자신의 부동산을 담보로 제공하는 경우라면, S은행과 B사이에 체결되는 저당권은 보통저당권이거나 위 ①의 유형에 해당하는 특정근저당권이어야 한다. 그런데 이 경우 S은행의 여신담당자로서는 은행내에 바련되어 있는 서식이 위 ④의 유형에 해당하는 포괄근저당권실정계약서 하나뿐이어서 이에 의하여 B와 근저당권설정계약을 체결할 수밖에 없고, 또한 B도 A의 확약만을 믿고 A가 B에게 확약한 내용대로 근저당권설정계약이 체결되는지를 확인하지 아니한 채 S은행이 제시하는 근저당권설정계약서에 의하여 근저당권설정계약을 체결하는 것이 보통이었다. 즉 이와 같이 피담보채권의 범위에 관한 S은행의 인식과 담보제공자 B의 인식이 상이한 상태에서 근저당권설정계약이 체결되고, 그 후 S은행의 A에 대한 당초 대출금이 상환되고 추가여신이 이루어졌으나 A가 이 추가여신을 상환하지 못하여, S은행이 담보목적물에 경매를 신청하게 되면 B로서는 자신이 인식한 바에 따라 추가여신이 담보되지 않음을 이유로 경매신청에 이의를 제기하고, S은행은 근저당권설정계약서의 내용에 따라 추가여신이 담보됨을 계속 주장함으로 양자 사이에 분쟁이 발생하게 되는 것이다.

위와 같은 분쟁 발생에 대하여 금융권에서는 금융소비자들의 비판과 금융감독당국의 지도 감독에 따라 종래 포괄근저당권설정계약서 하나의 서식만 이용해 오던 것을 여러 차례에 걸쳐 개선하였는데, 그 주요내용은 서식의 다양화와 간소화를 함으로써 거래 당사자의 선택의 폭을 넓히는 한편 과잉 담보 취득을 방지하려는 것이었다.

개선 내용은 일차로 포괄근저당권설정계약서 하나의 서식만 마련하고 있던 것을 저당권설정계약서, 특정근저당권설정계약서, 한정근저당권설정계약서 및 포괄근저당권설정계약서(앞에서 설명한 ④의 유형)의 4가지 서식을 마련하고 구체적인 거래내용에 따라 담보제공자와 협의하여 이들 서식 중 어느 하나를 선택하여 이용하게 한 것이고, 이차로 위 4가지 서식 중 특정근저당권설정용을 한정근저당권설정용에 병합하여 하나의 서식으로 통합하고, 포괄근저당권설정용의 것을 앞에서 설명한 ④의 유형에서 ③의 유형으로 변경하여 특정채무담보용 저당권설정계약서와 한정근담보용 근저당권설정계약서[2] 및 포괄근담보용 근저당권설정계약서[3]의 3종류로 간소화한 바 있으며, 이후 몇 차례의 부분적인 개정 작업을 거쳐, 다시 특정근저당권과 한정근저당권 및 포괄근저당권을 하나의 서식으로 통합함으로써 특정채무담보용 저당권설정계약서와 근담보용 근저당권설정계약서[4]의 2종류로 간소화한 바 있다. 또한 현재는 간소화된 2종류의 저당

---

2) 이 근저당권설정계약서상의 피담보채무의 범위에 관한 기재내용(제1조 제2호)은 다음과 같다. 그리고 이 제1조 제2호 각호 중에서 「나호 삭제」라 기재하고 당사자가 날인하면 특정근담보용 근저당권설정계약서가 되고, 「가호 삭제」라 기재하고 당사자가 날인하면 한정근담보용 근저당권설정계약서가 된다.

2. 피담보채무의 범위

가. 채무자가 채권자(본·지점)에 대하여 다음 약정서에 의한 거래로 말미암아 현재 및 장래에 부담하는 모든 채무

년 월 일 약정서
년 월 일 약정서

나. 채무자가 채권자(본·지점)에 대하여 다음 종류의 거래로 말미암아 현재 및 장래에 부담하는 모든 채무

거래 거래

다. 채권자(본·지점)가 제3자와의 여신에 관한 거래로 말미암아 취득한 어음 또는 수표상의 채무자가 부담하는 채무

3) 이 근저당권설정계약서상의 피담보채무의 범위에 관한 기재내용(제1조 제2호)은 다음과 같다.

2. 피담보채무의 범위 :

채무자가 채권자(본·지점)에 대하여 현재 및 장래에 부담하는 어음대출·어음할인·증서대출·당좌대출·지급보증(사채보증포함)·매출채권거래·상호부금거래·유가증권대여·외국환 기타의 여신거래로 말미암은 채무·보증채무·어음 또는 수표상의 채무·이자채무·지연배상금채무·채무자나 설정자가 부담할 제 비용·보험료 등의 부대채무·기타 여신거래에 관한 모든 채무.

4) 이 근저당권설정계약서상의 피담보채무의 범위에 관한 기재내용(제1조 제1호)은 다음과 같다. 그리고 동계약서의 제1호의 [ ] 안에 근저당권설정자가 「특정근담보」라고 기재하면 특정근담보용 근저당권설정계약서가 되고, 「한정근담보」라고 기재하면 한정근담보용 근저당권설정계약서가 되며, 「포괄근담보」라고 기재하면 포괄근담보용 근저당권설정계약서가 된다.

1. 피담보채무의 범위

채권자는 피담보채무의 범위를 달리하는 다음의 세 유형 가운데 어느 하나를 설정자가 선택

권설정 서식 중 근담보용 근저당권설정계약서에서 포괄근담보의 유형을 삭제하고 특정근담보와 한정근담보의 2유형만을 선택사항으로 한 근담보용 근저당권설정계약서를 작성하여 서식으로 채택하고 있는 금융회사들이 늘어가고 있다.

Ⅱ. 유효성

1. 근저당권과 기본계약

보통저당권이 그에 의하여 담보되는 특정채권에 부종하는 것임에 대응하여 근저당권은 그 근저당권의 기초가 되는 기본계약에 부종하는 것으로 볼 수 있다. 그런데 이 기본계약이 근저당권의 유효요건인지의 여부에 관하여는 다툼이 있고 또한 기본계약이 구체적으로 무엇을 의미하는 것인지에 관하여도 견해가 일치되어 있지 않다.

그러나 근저당권도 저당권에 속하는 것이므로 기본계약의 존재가 근저당권의

할 수 있음을 설명하였고, 설정자는 그 가운데 □ 에서 정한 채무(이자, 지연배상금 기타 부대채무를 포함한다)를 담보하기로 한다.

특정근담보
채무자가 채권자(본·지점)에 대하여 다음 약정서에 의한 거래로 말미암아 현재 및 장래에 부담하는 모든 채무. 년 월 일 약정서 년 월 일 약정서

한정근담보
채무자가 채권자(본·지점)에 대하여 다음 종류의 거래로 말미암아 현재 및 장래에 부담하는 모든 채무. 거래 거래

포괄근담보
채무자가 채권자(본·지점)에 대하여 현재 및 장래에 부담하는 다음 채무 가. 어음대출, 증서대출, 당좌대출, 어음할인, 지급보증, 매출채권거래, 상호부금거래, 사채인수, 유가증권대여, 외국환거래 기타 여신거래로 말미암은 모든 채무 나. 신용카드거래로 말미암은 채무(채무자 이외의 제3자가 담보를 제공한 경우는 제외) 다. 채권자와 제3자와의 위 "가"의 거래에 대한 보증채무 라. 채권자가 제3자와의 위 "가"의 거래로 말미암아 취득한 어음 또는 수표상의 채무

유효요건임은 당연히 긍정하여야 할 것으로 본다. 따라서 문제는 근저당권의 유효요건이 되는 기본계약이 구체적으로 무엇인가 하는 점이라고 할 수 있다.

앞에서 본 여러 근저당권의 유형 중 특정근저당권의 경우는, 그 근저당권설정에 앞서 채권자와 채무자 사이에 채권·채무를 발생시키는 구체적이고 개별적인 거래계약이 체결되고, 이 거래계약에서 발생하는 채권·채무를 담보하기 위하여 근저당권설정이 이루어진다는 점에서, 바로 이 특정의 구체적이고 개별적인 거래계약을 그 근저당권의 기초가 되는 기본계약으로 볼 수 있다.

그러나 한정근저당권과 포괄근저당권의 경우는, 채권자와 채무자가 근저당권이 설정되기 전에 그 근저당권에 의하여 담보되는 채권을 발생시키는 구체적이고 개별적인 거래계약을 체결하는 경우도 있으나, 주로 근저당권이 설정된 후에 그 근저당권에 의하여 담보되는 채권을 발생시키는 구체적이고 개별적인 거래계약을 체결하고 있다는 점에서, 이 경우 그 근저당권의 기초가 되는 기본계약을 무엇으로 볼 것인지 문제로 된다.

결론부터 말해서 한정근저당권이나 포괄근저당권의 설정 전후에 채권자와 채무자가 체결하는 구체적이고 개별적인 거래계약은 기본계약이 아닌 것으로 보아야 한다. 이것을 기본계약으로 보는 것은 근저당권이 설정된 후에 그 근저당권의 기초가 되는 기본계약이 체결되는 것을 용인하는 결과가 되어 근저당권의 부종성에 반하게 되기 때문이다. 따라서 한정근저당권과 포괄근저당권에 있어서는 채권자와 채무자가 근저당권설정 전후에 걸쳐서 체결하여 그 근저당권에 의하여 담보되는 채권을 발생시키는 구체적이고 개별적인 여러 거래계약들의 근거가 되는 별도의 일반적이고 포괄적인 거래계약이 필요하며, 바로 이 일반적이고 포괄적인 거래계약을 한정근저당권이나 포괄근저당권의 기초가 되는 기본계약으로 보아야 한다.

그리고 한정근저당권이나 포괄근저당권의 기초가 되는 기본계약으로서 피담보채권을 발생시키는 구체적이고 개별적인 여러 거래계약들을 체결하는 근거가 되는 별도의 일반적이고 포괄적인 거래계약은 금융권에서 체결하는 한정근저당권이나 포괄근저당권에 있어서는 그 설정계약 속에 함께 포함되어 존재하는 것으로 보아야 한다. 즉, 한정근저당권이나 포괄근저당권 설정계약에서 그 근저당권에 의하여 담보되는 채권을 발생시키는 것으로서 채권자와 채무자 사이에 이루어질 거래의 종류를 정하고 있는 경우에는, 그 근저당권설정계약 속에 채권자와 채무자 사이에 장래 그러한 종류의 구체적이고 개별적인 거래계약을 체결하여 거래를 하겠다는 합의가 존재하는 것으로 보아야 하는데, 바로 이 합의가 그 근저당권의 기초가 되는 기본계약이 되는 것이다.

그러나 근저당권의 유효요건으로서 반드시 기본계약이 필요한지에 관하여는 학설상 다툼이 있어 왔고 또한 근저당권의 기초가 되는 기본계약이 구체적으로 무엇을 의미하는지에 관하여도 상당한 견해의 대립이 있으므로, 이하에서는 거래계에서 설정하고 있는 여러 근저당권의 유형을 특정근저당과 한정근저당권·포괄근저당권으로 나누어 좀 더 구체적으로 자세히 살펴보기로 한다.

2. 특정근저당권

특정근저당권은 채권자와 채무자 사이에 근저당권설정계약시에 이미 체결되어 있는 특정의 거래약정서(예컨대 ○년 ○월 ○일자 여신거래약정서)에 의한 거래로 말미암아, 채무자가 채권자에게 현재 및 장래에 부담하는 모든 채무를 담보하고자 하는 경우에 설정한다.

예컨대 S은행과 A가 5천만 원을 한도로 하는 여신한도거래를 1년 동안 하기로 하고 2024년 2월 20일자로 여신거래약정을 체결하고서, 채무자 A 또는 제3자 D가 S은행과 A사이에 작성된 2024년 2월 20일자 여신거래약정서에 기하여 A가 S은행에 부담하는 채무를 담보하기 위하여, 자신이 소유하는 부동산을 담보로 제공하려는 경우에 바로 이 특정근저당권을 설정하게 된다.

이와 같이 특정근저당권은 근저당권설정계약시에 채권자와 채무자 사이에 이미 체결되어 있는 특정한 계속적 거래계약으로부터 발생한 채무의 원금과 부수채권(약정이자, 연체이자 등)을 채권최고액의 범위에서 담보한다는 점에서 저당권의 부종성을 완전하게 충족하고 있어 저당권의 부종성과 관련하여서는 그 유효성에 의문이 제기될 수 없다.

다만 현실의 금융거래에 있어서는 계속적 거래계약이 아닌 일회성의 특정한 거래계약에 기하여 발생한 특정채무가 이자 등으로 인하여 확정되지 아니하는 경우에도 이를 담보하기 위해서 보통저당권이 아닌 특정근저당권을 설정하는 것이 보통인데 이와 같이 설정한 특정근저당권의 효력이 어떠한지 문제로 된다. 이에 관하여는 근저당권으로서의 효력을 인정할 수 없고 보통저당권으로서의 효력만을 인정하여야 한다는 견해와 유효한 근저당권으로서의 효력을 인정하여야 한다는 견해가 대립되어 있다.

양 견해의 차이점은 지연배상금의 담보범위를 원본의 이행기일을 경과한 1년분에 한정하고 있는 민법 제360조가 적용되는지의 여부에 있다. 즉 전자의 견해에 의하면 외형상으로는 근저당권으로 설정되었으나 그 실질상으로는 보통저당권으로 보아야 하기 때문에, 민법 제360조가 적용되어 당초에 약정한 이행기일까지의 약정이자와 이행기일을 경과한 1년분의 지연배상금만을 담보할 수 있는 반면에, 후자의 견해에 의하면 외형상은 물론이고 실질상으로도 근저당권으로 보아야 하기 때문에, 이행기일을 연기하더라도 그 연기된 이행기일까지의 약정이자는 물론이고 당초의 이행기일을 1년 초과한 지연배상금까지도 채권최고액을 넘지 않는 한 제한 없이 담보할 수 있다는 점에 있다.

전자의 견해는 첫째, 근저당권이란 계속적 거래관계에서 발생하는 다수의 불특정채무를 담보하는 것이지 특정채무를 담보하기 위한 것이 아니라는 점, 둘째, 특정채무를 담보하는 근저당권의 설정을 허용하면 지연배상금을 이행기일을 경과한 후 1년분으로 한정하고 있는 민법 제360조의 규정을 회피하기 위한 수단으로 근저당권이 이용됨으로써 민법 제360조의 규정이 무의미하게 된다는 점을 그 이유로 들고 있다.[5] 이에 대하여 후자의 견해는 첫째, 우리 민법 제357조의 규정 자체가 근저당권의 피담보채무를 불특정채무로 한정하고 있다고 볼 근거가 없다는 점, 둘째 특정채무를 담보하기 위하여 근저당권을 설정하였다는 이유로 근저당권설정등기의 말소를 청구하거나 저당권설정등기로 전환해 달라는 청구를 한 예를 찾을 수 없고, 따라서 근저당권이 특정채무를 담보하기 위해서도 설정된다는 관행이 형성되었다고 볼 수 있다는 점, 셋째 보통저당권의 설정에는 원금과 이자율 및 상환기일 등을 등기에 의하여 공시하여야 하는데, 근저당권으로 설정등기된 것을 보통저당권으로 보는 것은 위와 같은 보통저당권의 공시의 원칙에 반한다는 점, 넷째 근저당권의 채권최고액이 얼마인지에 관계없이 보통저당권으로서의 효력을 인정하는 때에는 예컨대 특정채무의 원금,

5) 김상용 민사법연구(4) 250, 이영준 물권법 857, 이은영 물권법 801.

이자, 위약금 및 채무불이행으로 인한 지연배상금의 합계액이 채권최고액을 초과하는 경우 오히려 후순위담보권자의 예측에 반하게 되어 불이익을 초래할 수 있다는 점 등을 들고 있다.[6)]

그러나 첫째, 보통저당권 이외에 근저당권을 인정하고 있는 것은 근저당권을 설정하는 것이 거래상 필요하고 또한 거래당사자에게 편리하기 때문이라는 것을 고려할 때, 원금이 확정되어 있는 특정채무라 하더라도 약정이자나 지연배상금이 불확정이라면(즉 이행기일까지의 약정이자와 이행기일 이후 1년분의 지연배상금 이외의 약정이자와 지연배상금을 담보하게 하려고 하면) 근저당권을 설정할 필요성이 있는 것이고 또한 그것이 거래당사자에게 편리하다고 하면 이를 부정할 이유가 없다는 점 둘째, 전자의 견해에 따라 근저당권설정등기를 하였음에도 보통저당권의 효력밖에 인정되지 않는다고 하면, 채권자로서는 채무자의 변제자력 회복을 기대하여 담보권실행을 상당기간 유예하고 싶어도 이행기일을 경과한 후의 1년분의 지연배상금 이외에 유예기간 동안의 약정이자와 지연배상금을 담보할 수 없기 때문에 이를 유예하지 못하고 담보권실행을 강행할 수밖에 없어 오히려 채무자나 소유자에게 불이익을 초래하는 부작용이 생길 수가 있다는 점 셋째, 민법 제357조는 「채무의 확정을 장래에 보류하여 이를 설정할 수 있다」고 규정하고 있지 「계속적 거래관계에서 발생하는 다수의 불특정채무를 담보하기 위하여 이를 설정할 수 있다」고 규정하고 있지 않으며, 오히려 민법 제357조의 문언만을 본다면 특정채무라도 원금만이 확정되어 있을 뿐 약정이자나 지연배상금 등 부수채권이 확정되어 있지 않아 그 총액이 불확정이면 근저당권을 설정할 수 있는 것으로 해석할 수 있다는 점[7)][8)] 넷째, 특정채무를 담보하기 위한 근저

6) 김재형 근저당권연구 90 이하.

7) 후설을 주장하는 김재형 교수는 이 점에 관하여 「민법 제357조 제1항 1문은 "저당권은 그 담보할 채무의 최고액만을 정하고 채무의 확정을 장래에 보류하여 이를 설정할 수 있다"고 규정하고 있다. 이 조문에서 근저당권이 성립하려면 우선 피담보채무의 최고액을 정하여야 한다는 점은 명백하다. 그런데 위 규정에서 "채무의 확정을 장래에 보류"한다는 것을 어떻게 볼 것인가? 통설은 이를 "불특정채무를 담보"하는 것이라고 볼지도 모른다. 그러나 확정과 특정이 구별된다고 하면서 그와 같이 해석할 수 있는지는 의문이다. 오히려 위 규정의 문언에 따르면 특정채무의 경우에는 그 금액 등이 확정되지 않았으면, 그 확정을 장래에 보류하여 근저당권을 설정할 수 있다고 볼 수 있다. 그러므로 장래의 증감·변동하는 "불특정"의 채권을 담보하기 위해서 근저당권이 설정될 수도 있지만, 확정되지 아니한 특정채무를 위해서도 근저당권이 설정될 수 있는 것이다」(김재형 근저당권연구 91)」고 설명하는 한편, 「통설이 법률규정이나 실제운용과 부합하지 않는데도 당연한 것으로 받아들이고 있는 이유는 일본의 학설을 그대로 답습한 결과라고 생각한다. 일본에서는 원칙적으로 근저당권을 불특정채무를 담보하기 위한 저당권이라로 규정하고

당권의 설정을 긍정하더라도 채권최고액을 초과해서 담보할 수는 없는 것이어서 후순위저당권자 등 다른 권리자에게 특별히 불이익을 주는 것이 아니라는 점 다섯째, 실제로 거래계에서 유용하게 이용되고 있고 또한 별다른 부작용을 야기하고 있지 않은 것을 구태여 그 효력을 부정함으로써 거래상의 불편을 초래할 필요가 없다는 점 등에 비추어볼 때 후자의 견해가 타당하다고 생각한다.

3. 한정·포괄근저당권

저당권의 피담보채무에 대한 부종성을 인정하는 법체계하에서 가장 기본이 되는 근저당권의 설정유형은 앞에서 본 ①의 유형인 특정근저당권이라고 할 수 있다. 그럼에도 불구하고 근저당권설정계약의 내용이 앞에서 본 ② 내지 ⑤와 같이 다양화된 것은 순전히 거래상의 필요에 기인한 것이다. 즉 근저당권설정계약의 당사자가 그 근저당권에 의하여 담보되는 채무를 ①의 유형에 있어서와 같이 채권자와 채무자 사이의 특정한 거래약정서(예컨대 2024년 2월 20일자 여신거래약정서)에 의하여 발생하는 것만으로 하였을 경우에는 그러한 특정의 거래약정이 종료되면 그 근저당권의 피담보채권이 확정되어 그 후 새로운 거래약정이 체결되었을 경우 그 거래약정서(예컨대 2025년 2월 20일자 여신거래약정서)에 의하여 발생하는 채권을 담보할 수 없게 되어 대단히 불편하다. 따라서 이러한 불편을 해소하기 위하여 ②의 유형에 해당하는 근저당권설정계약을 체결하게 된 것이다. 그러나 ②의 유형에 해당하는 근저당권설정계약을 체결하여 근저당권을 설정하였다 하더라도 그 근저당권설정계약에서 정하고 있지 않은 거래로부터 발생하지 않은 채권은 역시 담보할 수 없는 것이므로 이러한

있다. 그러나 우리 민법 제357조의 규정은 일본의 법률규정과 다르다. 따라서 그 해석도 달라질 수밖에 없다. 그리고 일본에서도 근저당권을 설정하기 위하여 불특정채권이 발생할 가능성이 요구되지 않는다는 견해가 있고, 그것이 필요하다는 견해도 이를 매우 완화하여 해석하고 있다는 점을 주목할 필요가 있다. 또한 근저당권은 양도담보나 가등기담보 등 비전형담보에 비하여 상당히 합리적인 제도이다. 채무가 특정되었으나 그 채무액이 확정되지 아니한 채무를 담보하기 위한 근저당권을 금지한다면 근저당권 대신 비전형담보가 더 많이 이용되는 결과를 초래할 것이다(김재형 근저당권연구 96)」라고 설명하고 있다.

8) 일본의 현행 민법은 「일정의 범위에 속하는 불특정의 채권을 극도액의 한도까지」라고 규정하고 있어(제398조2 제1항) 특정채무를 담보하기 위해서는 근저당권을 설정할 수 없고 만일 근저당권을 설정하더라도 보통저당권의 효력밖에 없다는 것이 통설이다(김재형 근저당권연구 84).

불편까지 해소하려면 담보되는 채권을 발생시키는 거래의 종류를 더욱 확대시킬 수밖에 없는데 그러한 목적으로 이용되고 있는 것이 ③ 내지 ⑤의 유형인 것이다.

그런데 근저당권 중 ①의 유형인 특정근저당권의 경우는 이를 설정하기 위한 근저당권설정계약서상에 피담보채권을 발생시키는 특정의 거래약정서(예컨대 2024년 2월 20일자 여신거래약정서)가 지정되어 있고 또한 실제로도 근저당권 설정등기 전에 그러한 거래약정서가 작성되고 있어 그 특정의 거래약정서를 그 특정근저당권의 기초가 되는 기본계약서로 볼 수 있는 것이기 때문에 저당권의 부종성과 관련하여 그 유효성을 인정하는 데에 아무런 문제가 없다.

그러나 ②의 유형인 한정근저당권이나 ③④⑤의 유형인 포괄근저당권의 경우는 이를 설정하기 위한 근저당권설정계약서상에 단지 피담보채권을 발생시키는 거래유형(예컨대 당좌대출거래, 어음할인거래 등)만을 지정하고 있을 뿐 근저당권설정등기 전에 실제로 그러한 거래들을 위한 별도의 약정서(근저당권설정등기 전에 체결되는 특정의 거래약정과 근저당권설정등기 후에 새로이 체결되는 거래약정 등을 포괄하는 내용의 것이어야 함)가 작성되고 있지 않아 근저당권설정계약서 이외에 별도로 기본계약서로 볼 만한 것이 없기 때문에 저당권의 부종성과 관련하여 그 유효성 여부에 관하여 견해가 대립되어 있다.[9)]

우선 이에 관한 학설을 보면 크게 무효설, 한정적유효설, 확대 한정적유효설, 이원적 한정적유효설 및 단순유효설로 분류하여 볼 수 있다.

무효설은 포괄근저당권의 효력을 전면적으로 부정하는 견해이다. 무효설은 그 주장 논거와 내용에 따라 다시 2가지로 나뉜다. 하나는 근저당권을 설정하려면 그 근저당권의 설정등기 전에 그에 의하여 담보될 불특정의 채무를 발생시키는 계속적거래계약(즉, 근저당권의 기초가 되는 기본계약)이 현실적으로 체결

---

9) 금융거래의 실무에서 쓰이고 있는 한정근저당권과 포괄근저당권이라는 용어와 학계에서 부르는 포괄근저당권이라는 용어 사이에는 다소 차이가 있는 것 같다. 즉 금융거래의 실무에 있어서는 한정근저당권과 포괄근저당권을 명백히 구분하여 사용하고 있으나 학계에 있어서는 양자를 실질상 동일한 것으로 보아 포괄근저당권의 범위에 한정근저당권도 포함하는 개념으로 사용하고 있다. 그 이유는 금융거래의 실무에 있어서는 그 근저당권에 의하여 담보되는 채무의 범위를 당사자 사이의 합의에 따라 좁게 또는 넓게 할 필요가 있기 때문에 한정근저당권과 포괄근저당권을 구분하여 사용하고 있으나 학계에서 사용하는 포괄근저당권이라는 용어는 그러한 근저당권설정의 유효성이라는 문제를 논하기 위한 것이기 때문에 양자를 구분할 필요가 없다는 데에 기인한 것으로 생각된다.

되어 있어야 하는데 현재 거래계에서 설정하고 있는 한정근저당권이나 포괄근저당권의 경우는 근저당권설정등기시에 그러한 계속적거래계약으로 볼 만한 것이 없기 때문에 저당권의 부종성에 반하여 무효라고 하는 견해[10]이고, 다른 하나는 포괄근저당권은 부종성의 원칙에 반할 뿐만 아니라 설정자에게 부당한 내용을 강제함으로써 약관의 규제에 관한 법률에도 위반된다는 이유로 무효이나 전부무효인 것은 아니고 경우에 따라서 일부무효의 법리를 적용할 수 있다고 하는 견해[11]이다.

한정적유효설은 「당사자 사이의 일체의 채권을 담보한다」는 것과 같은 순수한 포괄근저당권은 무효이지만, 지금 우리나라 은행들이 설정·이용하는 정도의 포괄근저당권은 유효하다고 한다. 그 이유는 근저당권설정시에 채권발생의 가능성이 신용수수의 기본계약이라는 모습으로 법률적으로 존재할 필요는 없어도, 사실적·객관적으로 존재하면 되기 때문이라고 한다. 그리고 이렇게 새긴다면 근저당권설정에 앞서서 약정서를 거래선이 은행에 제출하는 것으로 족하다고 할 수 있을 것이며, 또한 「기타 일체의 채권」도 은행과 거래선과의 사이에 거래상 생기는 채권을 의미한다고 새김으로써 은행거래에서 설정되는 포괄근저당권의 유효성을 인정할 수 있다고 한다.[12][13]

확대 한정적유효설은 포괄근저당권이 유효하려면 근저당권설정계약시에 채권발생의 가능성이 사실적·객관적으로 존재하는 것만 가지고는 부족하고 신용부여의 법적 기본계약으로 존재하여야 하나 이러한 기본계약은 어음할인·대부·보증·당좌대월계약에 국한되는 것이 아니라 「현재 및 장래에 발생할 일체의 채무를 담보한다고 하는」 담보계약으로 충분하다고 한다. 따라서 이 견해에 의하면 근저당권설정계약의 내용 중에 담보채권에 관한 언급이 있으면 그것이 한정적

10) 장형룡 채권관리회수(상) 375.

11) 이순철 물상보증인……… 183.

12) 곽윤직 물권법(신정) 664; 김상용 교수의 견해도 대체로 이 견해와 비슷하다(김상용 물권법 766 참조). 다만 곽윤직 교수가 포괄근저당권은 우리 민법의 법리상으로는 무효로 보아야 하지만 은행거래의 안전을 위하여 부득이 한정적인 범위에서 유효로 보고 있음에 대하여 김상용 교수는 포괄근저당권의 한정적 유효성이 우리 민법의 법리상으로도 인정될 수 있다고 하는 데에 양 견해의 차이점이 있다. 그밖에 같은 취지의 견해로는 민법주해(Ⅶ) 17(박해성); 권용우 물권법 598 참조.

13) 한정적유효설의 명칭에 관하여는 제한적유효설(김상용 물권법 763) 또는 상대적무효설(김용한 물권법론 590) 등으로도 불리우고 있다.

이건 포괄적이건 일단 모두 유효한 것으로 보아야 하게 된다. 다만 이렇게 되면 담보채권을 아주 포괄적으로 정함으로써 부당한 목적으로 악용할 수가 있으나 이러한 경우에는 이를 개별적으로 선량한 풍속 기타 사회질서 위반의 법률행위 또는 폭리행위로서 무효로 하면 된다고 한다.[14] 그리고 이와 같은 견지에서 이 견해는 포괄근저당권의 유효·무효의 문제를 실제로는 피담보채권의 범위의 문제로 귀착되는 것으로 보아, 포괄근저당권에 있어서의 포괄적인 문언 예컨대 「기타 일체의 채권」이란 문언의 의미를 어떻게 이해할 것인가에 관하여 ① 은행과 거래선 사이에 거래상 생기는 채권 및 이러한 채권의 채무불이행으로 인한 손해배상청구권을 포함하는가, ② 나아가 이러한 거래와 밀접한 관계에서 발생하는 불법행위로 인한 손해배상청구권이나 부당이득반환청구권까지도 포함하는가, ③ 이러한 모든 제한 없이 거래와 전혀 무관한 채권 예컨대 불법행위로 인한 손해배상청구권이나 부당이득반환청구권 및 사무관리에 기인한 비용상환청구권 등을 포함하는가의 3가지 유형으로 분류한 후 다음과 같이 설명하고 있다. 즉, 「③은 우리나라의 단순유효설 내지 판례의 결론과 동일하게 된다. 이것은 후순위저당권자나 일반채권자를 해하며 채무자 아닌 근저당권설정자에게 너무 가혹한 면이 있다. ①은 우리나라의 한정적유효설의 결론과 동일한 것으로 될 것이다. 이것은 포괄근저당제도 내지 근저당제도의 연혁적 발전에 부합하는 것이나 그 범위를 너무 한정하는 것이어서 당사자의 의사에 부합하지 않을 것이다. 그러므로 나의 견해로는 ②가 포괄근저당의 피담보채권의 범위로서 가장 타당할 것이다」라고 한다.[15]

한편, 확대 한정적유효설이 기본계약을 「현재 및 장래에 발생할 일체의 채무를 담보한다고 하는」 담보계약으로 충분하다고 한 것에 대하여, 서로 다른 차원에서 검토되어야 하는 포괄근저당거래의 유효·무효 문제와 피담보채권의 범위 문제를 동일시함으로써 논리전개가 부정확하다는 문제점이 있다고 비판하고, 포괄근저당권의 유효성 문제에 관하여 다음과 같이 주장하는 견해가 있다. 즉, 이 견해는 확대 한정적유효설이 기본계약을 담보계약으로 보는 것에 반대하고 담보

14) 이영준 물권법 875.

15) 이영준 물권법 876; 그런데 종래 한정적유효설을 주장하던 곽윤직 교수도 최근에는 이 견해로 입장을 바꾼 것으로 보인다(곽윤직 물권법 495 참조).

계약 이외에 개별적인 기본계약이 있어야만 포괄근저당권의 유효성을 인정할 수 있다고 하는 한편 피담보채권의 범위 문제는 당사자 사이에 명시 또는 묵시로 체결되었을 포괄적인 담보계약을 해석하여 당사자의 진의파악으로 해결해야 할 것이라고 한다. 다만 이렇게 되면 현재 존재하는 기본계약의 범위와 포괄근저당권자의 목적물에 대한 지배의 범위가 불일치하게 되는데, 이것은 포괄근저당설정 당사자가 합의하여 양자의 일치를 장래에 유보한 것으로, 현실적인 불일치 부분은 양자의 일치를 장래에 유보한 포괄근저당설정 당사자의 의사해석을 통해 해결할 수 있으며, 바로 이것이 포괄근저당의 피담보채권 범위 결정의 문제라고 한다.[16] 이 견해 역시 기본적으로는 확대 한정적유효설의 범주로 볼 수 있고 따라서 구태여 그 명칭을 붙인다면 수정 확대 한정적유효설이라고 할 수 있다.

이원적 한정적유효설은 포괄근저당약정을 하나의 법리에 의할 것이 아니라 약관에 의한 경우와 개별약정에 의한 경우로 나누어 그 유효성을 고찰해야 한다고 한다. 즉, 약관에 의한 포괄근저당약정은 신의칙에 위반한 불공정약정으로서 약관의 규제에 관한 법률 제6조 제1항 제1호에 따라 무효로 되어야 한다고 하며, 그 이유로서는 근저당약정에서 기본계약의 범위에 관한 약정은 계약의 중요부분에 해당하는 것이므로 개별약정에 의하는 것이 바람직하다는 점, 당사자의 개별적 약정 없이 약관에 의하여 포괄적으로 합의한 것으로 간주하는 것은 부당하다는 점, 약관으로 피담보채무의 범위를 정할 때에는 당사자가 합의한 기본계약에 부수하는 채무만을 포함시킴으로써 당사자의 의사를 보충하는 정도에 그쳐야 한다는 점을 들고 있다. 다음에 개별약정에 의한 포괄근저당약정은 법률행위의 해석원칙에 따라 당사자의 진정한 의사를 밝혀서 그 진의가 포괄성을 띠게 되면 유효하다고 보되, 다만 포괄적 합의는 거래기간의 제한(5년 이내)에 관한 약정을 포함해야 하며, 기간의 제한 없는 포괄근저당약정은 민법 제103조에 의해 무효이고, 또한 포괄근저당에 관한 약정이 있더라도 당사자 일방이 상대방의 제안에 대해 그 포괄성의 의미를 알지 못하고 표피적 동의를 한 것뿐이라면 그 약정은 효력이 없다고 한다. 그리고 개별약정에 의한 포괄근저당권이라도 성립의 부종성이 배제될 수는 없으므로 반드시 기본계약은 있어야 하며, 포괄근저당권에 의하여 담보되는 채무는 기본계약상의 채무와 그 채무불이행으로

16) 고상룡 물권법 722~723.

인한 손해배상의무로 한정되고, 기본계약과 관련 없는 불법행위채무 등은 그 채무도 담보한다는 추가약정이 없는 한 담보될 수 없다고 한다.[17]

단순유효설은 기본계약이 없는 포괄근저당도 유효하며 포괄근저당권을 설정하는 것은 설정당사자의 자유라고 한다. 그 논거로서는 첫째, 근본적으로 현행 민법은 거래의 원활과 편의를 위하여 민법 제357조에서 명문으로 근저당의 설정을 가능케 함으로써 전통적인 부종성의 원칙에 대하여 그 성립 또는 존속에 있어서의 부종성 완화 내지 포기의 예외를 인정하고 있다는 점, 둘째 모든 경우의 포괄근저당도 역시 당사자의 계약에 의하여 설정되는 것이므로 법률행위자유의 정신에 비추어서도 포괄근저당의 성립을 부정할 필요가 없다는 점, 셋째 포괄근저당에 대한 유효성의 여부를 경우에 따라서 판단하는 것은 그 경우 내지 한계도 문제이거니와 법적처리에 혼란을 가져오게 되어 부당하다는 점, 넷째 우리 민법이 부종성의 원칙을 고수하는 것 자체가 비판되고 있을 뿐만 아니라 근대적 담보물권제도의 이론과 입법은 부종성의 완화 내지 부정의 경향을 현저하게 나타내고 있다는 점, 다섯째 포괄근저당은 피담보채권에 관하여 한정성·특정성이 없다 하더라도 최고액이 정해져 있기 때문에 다른 채권자에게 불측의 손해를 주게 될 염려가 없다는 점, 여섯째 포괄근저당에 있어서는 필요 이상의 담보가치가 근저당권자에 의하여 지배될 가능성은 있지만 그것은 설정자가 스스로 선택한 것일 뿐더러 설정자의 무지·궁박을 이용함으로써 근저당권자가 부당하게 이익을 취득한 경우에는 반사회질서행위 또는 불공정행위로서 설정자의 구제는 별도로 고려될 수 있다는 점 등을 들고 있다.[18][19]

위 여러 학설을 검토해 보면 첫째, 무효설은 저당권의 피담보채권에 대한 부종성만을 지나치게 강조한 나머지 근저당권의 특성을 무시하고 있을 뿐만 아니라 거래의 현실에도 맞지 않아 타당성이 없다. 둘째, 한정적유효설은 포괄근저당권의 유효성을 인정받기 위한 요건으로서 근저당권설정시에 피담보채권의 발생가능성을 사실적·객관적으로 특정할 수 있는 정도의 기초적인 관계

17) 이은영 물권법 807.

18) 김용한 물권법론 591; 그밖에 단순유효설을 주장하는 견해로는 장경학 물권법 852, 김증한 물권법강의 446, 김재형 근저당권연구 118 이하, 강태성 물권법 1055 참조.

19) 단순유효설의 명칭에 대하여는 유효설(김증한 물권법강의 446) 또는 전면적유효설(김상용 물권법 763)로도 불리우고 있다.

가 있을 것을 요구하고 있으나 그러한 기초적인 관계가 구체적으로 무엇을 의미하는 것인지가 모호한 점이 문제이다. 이에 대하여 곽윤직 교수는 근저당권설정에 앞서서 약정서를 거래선이 은행에 제출하는 것으로 족하다고 한다. 그러나 이 설명은 실제의 금융거래를 보면 근저당권이 먼저 설정되고 그 후에 그 근저당권에 의하여 담보되는 채무를 발생시키는 거래약정이 체결되는 경우가 허다하기 때문에 사실에 반하고, 또한 거래약정이 먼저 체결되고 그 후에 근저당권설정이 이루어진다 하더라도 그 근저당권설정전에 체결된 거래약정으로부터 발생한 채무가 소멸하고 근저당권설정후에 새로이 체결된 거래약정으로부터 발생하는 채무를 그 근저당권에 의하여 담보하게 되는 이유를 밝히고 있지 못하다.

셋째, 확대 한정적유효설은 포괄근저당권의 유효성을 인정받기 위한 요건인 기본계약의 존재를 담보계약인 근저당권설정계약에서 찾고 있는 점에서 탁월하다고 할 수 있으나 여전히 기본계약과 그 기본계약에 기하여 발생하는 개별계약을 혼동하고 있다는 점에서 미흡하다고 할 수 있다. 예컨대 A가 S은행에 대하여 어음할인거래와 당좌대출거래로 말미암아 현재 및 장래에 부담하는 모든 채무를 담보하기 위하여, 2024년 2월 20일 S은행과 채무자 A 및 담보제공자 D가 한정근저당권설정계약을 체결하고, D소유의 부동산상에 채권최고액을 6억 원으로 하는 근저당권을 설정한 후, S은행과 채무자 A가 2024년 2월 22일 거래한도액을 5억 원으로 하는 어음할인거래약정을 체결하여 어음할인거래를 하고 있다고 할 경우에, 이 한정근저당권에 대응하는 기본계약은 S은행과 A 사이에 2024년 2월 22일 체결한 어음할인거래약정으로 볼 것이 아니라, S은행과 A 및 D 가 2024년 2월 20일 체결한 한정근저당권설정계약서상에 언급된 S은행과 A 사이의 어음할인거래와 당좌대출거래에 관한 내용(즉 S은행과 A가 이 근저당권설정계약의 당사자로 되어 있다는 점에서 S은행과 A는 이후 어음할인거래와 당좌대출거래를 하되 그 구체적인 내용은 개별계약으로 정하겠다는 합의가 이루어진 것이 된다)으로 보아야 하는데, 이 견해는 S은행과 A 사이에 2024년 2월 22일 체결한 어음할인거래약정으로 보고 있는 것 같아 문제인 것이다. 만일 2024년 2월 22일 체결한 어음할인거래약정을 2024년 2월 20일 체결한 한정근저당권설정계약의 기본계약으로 본다면 이 한정근저당권은 기본계약 없이 설정된 것이 되어 무효로 될 것이기 때문이다[20].

넷째, 수정 확대 한정적유효설은 확대 한정적유효설이 기본계약을 담보계약으로 보는 것에 반대하고 담보계약 이외에 개별적인 기본계약이 있어야만 포괄근저당권의 유효성을 인정할 수 있다고 하는데 바로 이 점이 문제로 된다. 포괄근저당권의 유효성을 인정받기 위한 요건으로서 담보계약 이외에 개별적인 기본계약이 있어야 한다고 하면 현재 금융권 등에서 설정하고 있는 한정근저당권이나 포괄근저당권은 거의 모두 무효로 된다는 결과가 될 것이기 때문이다. 또한 이 견해는 근저당권설정계약 이후에 채권자와 채무자 사이에 체결된 개별거래약정까지도 기본계약으로 보는 것 같으나 이는 근저당권의 피담보채권에의 부종성이라는 면에서 보면 기본계약은 그 성질상 근저당권설정계약의 체결 이전에 존재하는 것이어야 한다는 점에서 매우 불합리하다고 할 수 있다.

다섯째, 이원적 한정적유효설은 포괄근저당약정을 약관에 의한 것과 개별약정에 의한 것으로 나누고 있는데 우선 그와 같이 나누는 실익이 있는지 의문이다. 금융거래에 있어서는 근저당권설정계약이나 여신거래계약을 약관에 의하지 않고 개별약정으로 하는 경우를 거의 찾아볼 수 없기 때문이다. 그리고 동일한 내용의 포괄근저당약정을 약관에 의하여 하면 무효이고 개별약정에 의하여 하면 유효라는 것도 이해하기 어렵다. 개별약정으로 하더라도 그것이 불공정거래에 해당하는 것이면 무효가 되는 것이고 약관에 의한 것이라도 사업자가 그 내용을 상대방에게 충분히 설명하여 납득시킨 것이라면 불공정거래에 해당하지 않는 한 유효로 보아야 할 것이기 때문이다. 또한 이 설은 포괄근저당권이 유효하려면 기본계약이 있어야 한다고 하면서 그 기본계약이 구체적으로 무엇을 의미하는지 밝히고 있지 않다. 따라서 이 설에 의하면 금융권에서 널리 이용되고 있는 한정근저당권설정계약과 포괄근저당권설정계약이 유효한 것인지의 여부에

---

20) 또한 앞의 예에서 S은행과 A 사이에 2024년 2월 20일 먼저 어음할인거래약정이 체결되고 그 후인 2024년 2월 22일 S은행과 A 및 D 사이에 한정근저당권설정계약이 체결된 경우라도 이 한정근저당권에 대응하는 기본계약은 S은행과 A 사이에 2024년 2월 20일 체결한 어음할인거래약정으로 볼 것이 아니라, S은행과 A 및 D 가 2024년 2월 22일 체결한 한정근저당권설정계약서상에 언급된 S은행과 A 사이의 어음할인거래와 어음대출거래에 관한 내용으로 보아야 한다. 이 경우 만일 2024년 2월 20일 S은행과 A 사이에 체결된 어음할인거래약정을 기본계약으로 보면, 동거래약정이 종결됨으로서 이 근저당권은 그 피담보채권이 확정되어, S은행과 A가 2025년 2월 20일 새로이 어음할인거래약정이나 어음거래약정을 체결하더라도 그 거래에서 발생한 채무를 담보할 수가 없게 되기 때문이다.

대한 판단이 곤란하다. 다만 이 설이 근저당권설정계약상의 피담보채무에 관한 약정 내용을 기본계약으로 보고, 아울러 그 내용 중 포괄적인 부분, 즉 「기타 일체의 채권」에 관한 내용만 무효로 보고 나머지 부분을 유효로 본다고 하면 앞에서 설명한 확대 한정적유효설과 그 결론에 있어서 다르지 않게 되는 반면에, 만일 별도의 기본계약이 있어야 한다고 하면 현재 금융권에서 설정하고 있는 한정근저당권과 포괄근저당권은 모두 무효라고 볼 수밖에 없게 된다.

여섯째, 단순유효설은 그 결론에 있어서는 상당한 타당성을 가지고 있으나, 근저당권의 피담보채권에의 부종성을 전면 부정하고 있다는 점에서, 근저당권을 저당권의 일종으로 규정하고 있는 우리 민법의 해석상 그대로 채택하기에 어려운 점이 있다.

생각건대 금융권 등에서 설정하고 있는 한정근저당권과 포괄근저당권에 관하여, 이상과 같이 학설상의 논란이 제기되고 있는 것은, 현재 금융권의 거래형식이 근저당권설정에 앞서 그 근저당권에 의하여 담보될 채무에 관한 별도의 기본계약서를 작성함이 없이, 먼저 근저당권부터 설정하고 그 후에 한정근저당권설정계약서 또는 포괄근저당권설정계약서에서 정하고 있는 유형의 개별여신거래계약을 체결하여, 그 거래로 말미암아 채무자가 채권자에게 부담하는 채무를 담보하게 하고 있어, 근저당권설정 당시에는 채권자와 채무자 사이에 그 근저당권에 의하여 담보되는 채무를 발생시키는 계약, 즉 기본계약이 없어 저당권의 부종성에 반하는 것이 아닌가 하는 점과 포괄근저당권을 인정할 경우 담보되는 채무의 범위가 너무 광범위하여 근저당권설정자의 재산권 이용에 제약이 되고 후순위권리자 등의 이익을 해할 수 있다고 하는 점에 기인하는 것으로 보인다.

그러나 근저당권의 피담보채권에의 부종성 문제와 피담보채권의 범위 문제는 이를 동일선상에서 함께 검토할 것이 아니라 양자를 분리하여 전혀 별개의 각도에서 검토하여야 할 것으로 생각한다. 한정근저당권이나 포괄근저당권이 부종성에 반하여 무효라고 한다면 피담보채권의 범위는 검토의 대상도 되지 않을 것이기 때문이다.

우선 근저당권의 피담보채권에의 부종성에 관하여는 현행법상 저당권의 부종성이 근저당권이라 해서 배제될 수 있다는 특별한 근거가 없으므로 한정근저당권과 포괄근저당권에 있어서도 반드시 그 기초가 되는 기본계약은 있어야 할 것으로 본다. 문제는 여기에서의 기본계약이 구체적으로 무엇을 의미하는가 하는 점이다.

한정근저당권 또는 포괄근저당권의 기초가 되는 기본계약이 무엇인지에 관하여 앞에서 설명한 무효설은 저당권자와 채무자 사이에 장차 그 한정근저당권 또는 포괄근저당권 설정계약에서 정하고 있는 유형의 거래를 하기로 합의하여 이를 서면으로 작성한 것으로 보고 있는 것 같다. 그리고 이 경우 한정근저당권 또는 포괄근저당권을 설정한 후에 근저당권자인 채권자와 채무자 사이에 체결되어 작성되는 구체적인 거래약정서(예컨대 ○년 ○월 ○일자 여신거래약정서, ○년 ○월 ○일자 어음할인거래약정서 등)는 그 근저당권의 기초가 되는 기본계약으로 보지 않고 있는 것 같다. 따라서 이러한 입장에서 보면 현재 금융권 등에서 이용하고 있는 한정근저당권과 포괄근저당권은 그 기초가 되는 기본계약이 없는 것이 되어 앞에서 설명한 한정적유효설이나 단순유효설을 취하지 않는 이상 무효라는 것이 된다.

한정근저당권 또는 포괄근저당권의 설정에 기본계약이 필요하다는 점과 그 근저당권설정 후에 근저당권자와 채무자 사이에 체결되어 작성되는 구체적인 거래약정서가 기본계약서가 아니라는 무효설의 입장은 타당하다고 본다. 그러나 기본계약이 한정근저당권설정계약 또는 포괄근저당권설정계약과 별개로 그것도 서면으로 작성되어야 한다고 하는 전제를 두고 있는 무효설의 입장은 타당하다고 할 수가 없다. 한정근저당권이나 포괄근저당권의 기초가 되는 기본계약이 요식계약인 것은 아니므로, 이것이 반드시 서면으로 작성되어야 하는 것이 아니고 또한 근저당권설정계약과 별개로 체결되어야 하는 것도 아니며, 구두로 합의되어 존재하여도 무방하고 또 이를 서면으로 작성할 경우 그 내용이 근저당권설정계약서상에 함께 포함되어 있어도 무방한 것으로 보아야 하기 때문이다. 실제로 주채무에 부종하는 성질을 가진 보증채무를 발생시키는 보증계약에 있어서는 주채무를 발생시키는 계약서에 보증계약의 내용도 함께 포함시켜 하나의 계약서로 주채무에 관한 계약과 보증채무에 관한 계약을 체결하기도 한다.

따라서 한정근저당권과 포괄근저당권의 경우는 근저당권설정계약에서 피담보채무를 발생시키는 거래유형을 지정하여 합의하면 그 합의내용 중에 근저당권자와 채무자가 앞으로 그러한 거래를 하겠다는 내용도 포함되어 있는 것으로 보아, 이를 그 근저당권의 기초가 되는 기본계약으로 보면 근저당권의 피담보채무에 관한 부종성을 긍정하더라도 그 유효성을 인정하는 데에 아무런 지장이 생기지 않는다.[21] 앞에서 설명한 확대 한정적유효설이 "기본계약은 「현재 및 장래에 발생할 일체의 채무를 담보한다고 하는」 담보계약으로 충분하다"고 한 것은 바로 이 점을 전제로 한 것이 아닌가 생각한다.[22] 또한 거래의 실제에 있어서도 한정근저당권설정계약서 또는 포괄근저당권설정계약서와 별도로 그 근저당권설정계약에서 지정하고 있는 유형의 거래를 하겠다는 내용의 추상적인 약정서를 작성한다고 하는 것은 형식논리에 부합시킨다고 하는 이외에 실익이 없고 오히려 절차의 중복으로 시간 및 비용만을 낭비하는 것이 되어 타당하다고 할 수 없다.

이와 같이 해석하면 현재 금융권 등에서 설정하고 있는 한정근저당권이나 포괄근저당권이 부종성에 반하여 무효라는 논리는 성립될 수가 없다. 그러나 부종성에 반하지 않는다고 하여 현실적으로 설정되는 한정근저당권이나 포괄근저당권이 모두 유효인 것은 아니다. 모든 계약은 그 형식적인 성립에 불구하고 약관의 계약편입요건을 구비하지 않음으로써 또는 불공정거래행위로써 부분적으로나 전면적으로 무효가 될 수 있는 것이기 때문이다. 따라서 한정근저당권이나 포괄근저당권의 유효성 문제는 부종성의 면에서가 아니라 담보의 범위에 관한 당사자의 인식과 공정거래의 차원에서 검토되어야 하며, 이러한 견지에서 위 한정근저당권과 포괄근저당권의 유효성 문제를 보면 다음과 같다.

첫째로 위 근저당권 여러 유형 중 ②의 유형인 한정근저당권과 ③의 유형인 포괄근저당권은, 약관의 계약편입요건이 구비된 이상 담보제공자가 채무자이건 제3자이건 관계없이 전면적으로 유효한 것으로 보아야 한다. 둘째로 ④의 유형인 포괄근저당권은 「기타 각종의 원인으로 인하여 발생하는 모든 채무」의 부분

21) 이와 같은 논리에 따라 현재 금융권 등에서 이용하고 있는 한정근저당권과 포괄근저당권이 유효하다고 할 경우에는 한정근저당권설정계약서와 포괄근저당권설정계약서상에는 근저당권설정계약에 관한 내용과 그 근저당권의 기초가 되는 기본계약에 관한 내용이 함께 병존하는 것이 되므로 그 근저당권설정계약서상에 반드시 채무자가 당사자로 되어 있어야 한다. 특히 제3자가 담보를 제공하는 경우에는 근저당권설정계약의 당사자와 기본계약의 당사자가 동일하지 않으므로 그 근저당권설정계약상에 채무자가 당사자로 되어 있지 않지 않으면 기본계약이 없는 근저당권설정으로서 그 근저당권이 무효로 될 수 있다.

22) 본인은 근저당권설정계약서상의 담보에 관한 합의만을 기본계약으로 보고 있음에 대하여, 확대 한정적유효설은 근저당권설정계약서에서 정하고 있는 거래유형에 해당하는 개별여신거래약정까지 기본계약으로 보고 있는 점에 차이가 있다. 그러나 부종성의 논리상 기본계약은 근저당권설정계약체결 전이나 적어도 근저당권설정계약과 동시에 체결되어야지 그 후에 체결될 수는 없다는 점에서 근저당권설정계약 후에 체결된 개별여신거래약정까지 기본계약으로 보는 것은 타당성이 없다고 생각한다.

은 담보제공자가 채무자인 경우이면 약관의 계약편입요건이 구비된 이상 유효라고 보아야 하는 반면, 제3자인 경우이면 약관의 계약편입요건을 구비한 것인지의 여하에 불구하고 무효인 것으로 보아야 하고, 나머지 부분(즉, 당좌대출거래, 어음할인거래, 지급보증거래 ········· 부분)은 유효인 것으로 보아야 한다. 채무자와 담보제공자가 동일한 경우에는 근저당권의 피담보채무의 범위가 넓어진다고 해서 그 약관내용을 무효로 볼 이유가 없으나,[23] 채무자와 담보제공자가 다른 경우, 즉 제3자 담보제공의 경우는 약관의규제에관한법률 제6조 제2항 제1호에서 규정하는 고객에게 부당하게 불리한 조항에 해당하는 것으로 볼 수 있을 것이기 때문이다.[24] 셋째로 ⑤의 유형인 포괄근저당권은 담보제공자가 채무자이면 ④의 유형인 포괄근저당권에서 본 바와 같은 취지에서 약관의 계약편입요건이 구비된 이상 유효라고 보아야 하는 반면, 담보제공자가 제3자인 경우에는 ③의 유형인 포괄근저당권의 내용으로 한정하여 그 중 설정당사자의 의사가 합치되는 범위에서 유효이고 나머지 부분은 무효인 것으로 보는 것이 타당하다. 그리고 위 ② 내지 ⑤의 유형에 해당하는 근저당권이 채무자가 근저당권자인 채권자에 대하여 부담하는 불법행위로 인한 손해배상채무나 부당이득반환채무를 부담하는지 여부는 그 불법행위로 인한 손해배상채무나 부당이득반환채무가 각 유형의 근저당권설정계약에서 정하고 있는 거래유형과 관련하여 발생한 것이면 담보되나 그러한 거래유형과 관계없이 발생한 것(예컨대 채무자가 교통사고를 내서 채권자에 대하여 손해배상채무를 부담하게 되는 경우)이면 근저당권설정계약에서 특별히 이를 담보의 대상으로 하지 않은 한 담보되지 않는 것으로 보아야 한다.

한편, 현재 근저당권설정에 관한 각 등기소의 등기기재례와 근저당권의 이전·

---

23) 이순철 약관법········· 81 참조.

24) 다만 이에 관하여 이원적 한정적유효설을 주장하는 이은영 교수는, 담보제공자가 채무자이건 제3자(즉, 물상보증인)이건 관계없이 모두 무효라는 견지에서, 담보제공자가 제3자인 경우에 한해서 무효라고 하는 견해는, 담보제공자가 채무자이어서 유효인 약관이 저당부동산의 제3취득자가 생긴 경우에 무효로 될 것인지, 무효로 된다면 어떤 법리에 의할 것인지를 분명히 말하지 않고 있다고 비판하고 있다(이은영 물권법 807 참조). 그러나 저당부동산의 제3취득자는 일단 전 소유자의 지위를 그대로 승계하는 것이기 때문에, 저당부동산에 대하여 제3취득자가 생겼다는 이유만으로 「기타 각종의 원인으로 인하여 발생하는 모든 채무」의 부분이 바로 무효로 되어, 그 근저당권의 피담보채권의 범위가 처음부터 제3자가 담보제공한 경우와 동일하게 축소되는 것으로 볼 수는 없다고 생각한다. 그런데 이렇게 되면 제3취득자에게 너무 불이익하지 않은가 하는 생각이 들 수 있으나, 이는 제3취득자가 저당부동산의 소유권취득과 함께 그 근저당권설정계약의 해지권을 취득하는 것으로 보면 해소될 수 있을 것으로 생각한다.

근저당권의 채무자변경 등에 관한 대법원의 등기예규 및 그 기재례[25]에 의하여 한정근저당권 및 포괄근저당권의 유효성 여부를 검토하여 보면 다음과 같다. 우선 근저당권설정등기를 함에 있어서는 등기원인을 단순히 「○년 ○월 ○일 설정계약」이라고만 기재하게 하고 그 근저당권의 기초가 되는 기본계약까지 기재하게 하고 있지 않다. 반면에 피담보채권의 확정 전에 근저당권의 이전등기를 함에 있어서는 등기원인을 「○년 ○월 ○일 변경계약」이라고 기재하게 하지 않고 그 근저당권의 기초가 되는 기본계약의 채권자변경으로 볼 수 있는 「○년 ○월 ○일 계약양도」[26]라고 기재하게 하는 한편, 피담보채권의 확정 전에 근저당권의 채무자변경등기를 함에 있어서도 등기원인을 「○년 ○월 ○일 변경계약」이라고 기재하게 하지 않고 그 근저당권의 기초가 되는 기본계약의 채무자변경으로 볼 수 있는 「○년 ○월 ○일 계약인수」[27]라고 기재하게 하고 있다. 이와 같은 등기취급을 근저당권의 부종성과 결부지어 보면, 근저당권의 설정에 있어서는 부종성을 부정하고 있는 반면, 근저당권의 변경에 있어서는 부종성을 긍정하고 있는 것처럼 보인다. 그러나 기본계약이 근저당권설정계약과 함께 이루어지고 또한 기본계약의 변경도 뒤에 설명하는 바와 같이 근저당권설정계약변경과 함께 이루어진다는 입장에서 보면, 근저당권설정에 있어서건 근저당권의 변경에 있어서이건 모두 부종성은 충족되어 있는 것이고, 단지 등기부상에 기재할 등기원인을 설정시에는 근저당권설정계약으로, 그리고 변경시에는 기본계약의 변경(계약양도 또는 계약인수)으로 하고 있을 뿐이라는 것이 되므로, 등기취급이 포괄근저당권의 유효나 무효를 전제로 하고 있다는 것은 설득력이 없다고 할 것이다.

마지막으로 대법원의 판례를 보면, 현재 실제 금융권 등에서 설정하고 있는 한정근저당권과 포괄근저당권의 유·무효성 여부에 관하여 직접 다루고 있는 것은 아직 나온 바가 없으나, 이를 유효라는 전제하에 그 근저당권에 의하여 담보되는 채무의 범위에 관하여 다룬 것은 많다. 그리고 이에 관한 판례는 크게 금융기관의 근저당권설정계약서가 처분문서임을 이유로 그 근저당권설정계약서상

25) 근저당권에 관한 등기사무처리지침 참조.

26) 여기에서의 계약양도라 함은 근저당권설정계약의 양도라는 것이 아니라 근저당권의 기초가 되는 기본계약상의 채권자지위가 제3자에게 양도되는 것을 말한다(근저당권에 관한 등기사무처리지침 3① 참조).

27) 여기에서의 계약인수라 함은 근저당권설정계약의 인수라는 것이 아니라 근저당권의 기초가 되는 기본계약상의 채무자지위가 제3자에게 인수되는 것을 말한다(앞의 근저당권등기지침 3. 가. 참조).

에 규정된 피담보채권의 범위에 속하는 종류의 채권인 이상 당연히 담보한다는 것과 피담보채권에 관한 근저당권설정계약서상의 기재는 부동문자로 기재된 예문에 불과하다는 이유로 당사자 사이에 특약이 있다거나 또는 특별한 사정이 있는 때에는 그 특정채권은 근저당권설정계약서상의 피담보채권의 범위에 속하는 것이라도 담보되지 않는다고 한 것으로 분류하여 볼 수 있다.

이들 대법원의 판결이 앞에서 설명한 포괄근저당권의 유효성에 관하여 한정적유효설이나 단순유효설 등 어느 설을 전제로 한 것인지는 분명하지 않고 또한 이를 유효로 보는 논리적 근거를 제시하고 있는 것도 아니다. 그러나 이들 대법원의 판결은 적어도 현재 금융권 등에서 이용하고 있는 한정근저당권과 포괄근저당권에 관하여 그것이 일단 유효하다는 전제하에, 그 근저당권설정계약이 약관에 의하여 이루어진 것임을 고려하여 담보되는 채무의 범위를 합리적인 범위로 제한하고자 한 것임은 분명하다고 할 수 있다.

판례 2-1

1. 포괄근저당권의 유효성을 긍정한 것

(1) 현재 및 장래에 부담하는 어음대출, 어음할인, 증서대출, 당좌대월, 지급보증(사채보증 포함), 매출채권거래, 상호부금거래, 유가증권대여, 외국환 기타의 여신거래로 말미암은 채무, 보증채무, 어음 또는 수표상의 채무, 이자채무, 지연배상금채무, 채무자나 설정자가 부담할 제비용, 보험료 등의 부대채무, 기타 여신거래에 관한 모든 채무를 포괄적으로 담보하기 위하여 이 사건 부동산에 근저당권을 설정한다는 내용으로서 당초부터 그 피담보채무의 종류 내지 거래의 태양이 다를 것이 예상되고 있는 이른바 포괄근저당권을 설정한다는 문언임이 명백하고, 위 각 계약서는 일반거래약관의 형태를 취하고는 있으나 진정성립이 인정되는 처분문서이므로 특별한 사정이 없는 한 그 계약문언대로 의사표시의 존재와 내용을 인정하여야 한다(대판 1990.11.27. 90다카10077).

(2) 은행과 물상보증인 사이에 근저당권설정계약을 체결할 때 작성된 근저당권설정계약서에 "주채무자가 은행에 대하여 기왕, 현재 또는 장래에 부담하는 모든 채무를 담보하기 위하여 이 사건 부동산에 근저당권을 설정한다"라는 취지의 기재가 있는 경우 그 기재는 주채무의 종류나 성립시기에 관계없이 모든 채무를 담보하기로 하는 이른바 포괄근저당권을 설정한다는 문언이라 할 것이고, 위 계약서가 부동문자로 인쇄된 일반거래약관의 형태를 취하고 있다 하더라도 이는 처분문서라 할 것이므로 그 진정성립이 인정되는 때에는 은행의 담보취득행위가 은행대차관계에 있어서 이례에 속하거나 관례를 벗어나는 것이라고 보여지는 등의 특별한 사정이 없는 한 그 계약문언대로 의사표시의 존재와 내용을 인정하여야 하는 것이다(대판 1994.9.30. 94다20242).

(3) 은행과의 근저당권설정계약서에 그 피담보채무를 특정하지 아니하고, 그 범위를 현재 및 장래에 부담하는 보증채무 등 여신거래로 인한 모든 채무로 정하고 있는 경우, 이는 이른바 포괄근저당권을 설정한다는 문언임이 명백하므로, 채무자의 당초 대출금채무뿐만 아니라, 근저당권설정등기를 마친 이후에 채무자가 채권자에게 추가로 부담하게 된 연대보증채무까지도 그 피담보채무에 속한

다고 보아야 하고, 그로 인하여 채무총액이 근저당권의 채권최고액을 초과하게 되어 채권자인 은행의 내부적 경영지침으로 정한 담보비율을 유지할 수 없게 된다는 사유가 있다는 것만으로 이러한 채권자의 담보취득행위가 이례에 속하는 것이라거나, 근저당권의 피담보채무를 당초 대출원리금으로 제한하기로 하는 개별약정이 있었다고 할 수는 없다(대판 2001.1.19. 2000다44911).

2. 포괄근저당권에 의하여 담보되는 채권의 범위를 제한한 것

(1) 근저당권설정계약서는 처분문서이므로 특별한 사정이 없는 한 그 계약서의 문언에 따라 의사표시의 내용을 해석하여야 함이 원칙이기는 하나 그 근저당권설정계약서가 일반거래약관의 형태로 일률적으로 부동문자로 인쇄해 두고 사용하는 것이고 그 근저당권설정계약 체결의 경위와 목적, 피담보채무액, 근저당설정자와 채무자 및 채권자와의 상호관계 등 제반 사정에 비추어 당사자의 의사가 계약서 문언과는 달리 장래 발생할 채무만을 피담보채무로 하려는 취지였다고 인정할 수 있는 경우에는 당사자의 의사에 따라 그 담보책임의 범위를 제한하여 새겨야 한다(대판 1994.11.25. 94다8969).

(2) 근저당권설정계약시 그 피담보채무의 범위를 "채무자가 채권자인 은행에 대하여 현재 및 장래에 부담하는 어음대출, 어음할인, 증서대출, 당좌대출, 지급보증(사채보증 포함), 매출채권거래, 상호부금거래, 유가증권대여, 외국환 기타의 여신거래로 말미암은 채무, 보증채무, 어음 또는 수표상의 채무, 이자채무, 지연배상채무, 채무자나 설정자가 부담할 제비용, 보험료 등의 부대채무 기타 여신거래에 대한 모든 채무"로 하기로 약정하였다면, 그 근저당권의 피담보채무에 속하기 위하여는 적어도 채무자와 채권자인 은행 사이에 여신거래로 인하여 발생한 채무일 것이 요구된다고 할 것인데, 은행이 어음을 채무자와의 여신거래로 취득한 것이 아니라 채무자가 물품대금조로 소외 회사에게 발행, 교부한 것을 그 소외 회사가 어음할인을 위하여 은행에게 배서, 양도함으로써 은행이 이를 취득하게 된 것이라면, 그 어음금채무는 채무자와 은행과의 사이의 여신거래로 발생한 채무라고 할 수 없고, 따라서 그 어음금채무는 근저당권의 피담보채무에 포함된다고 할 수 없다(대판 1994.11.25. 94다23463).[28]

(3) 근저당권설정계약서는 처분문서이므로 특별한 사정이 없는 한 그 계약문언대로 해석하여야 함이 원칙이나, 근저당권설정계약서가 일률적으로 일반거래약관의 형태로 부동문자로 인쇄하여 두고 사용하는 계약서인 경우에 그 계약조항에 피담보채무의 범위를 근저당권설정으로 공급받는 계속적인 물품공급거래로 인한 대금채무 외에 기존의 채무나 장래에 부담하게 될 다른 원인에 의한 모든 채무도 포괄적으로 포함하는 것으로 기재하였다고 하여도, 당사자의 의사는 당해 물품공급거래로 인한 대금채무만을 그 근저당권의 피담보채무로 약정한 취지라고 해석하는 것이 합리적일 때에는 그 계약서의 피담보채무에 관한 포괄적 기재는 부동문자로 인쇄된 일반거래약관의 예문에 불과한 것으로 보아 그 구속력을 배제하는 것이 타당하다(대판 1996.10.29. 95다2494).

---

28) 그러나 대법원은 그 후 동사건과 유사한 다른 사건에서는 「은행여신거래기본약관의 조항에 의하면, 채무자는 채권보전상 필요가 있을 때에는 은행의 요구에 의하여 담보를 제공할 의무가 있고, 이와 같은 담보제공 의무는 채무자가 은행과의 여신거래에 의하여 채무를 부담하게 되는 경우뿐만 아니라, 은행이 채무자가 발행한 어음을 제3자와의 여신거래로 취득하여 채무자가 은행에 대하여 어음채무를 부담하게 되는 이른바 우회어음의 경우에도 적용되는 것인바, 이러한 점에 비추어 볼 때, 은행의 담보제공 요구에 따라 근저당권설정자가 은행여신거래기본약관을 승인하고서 채무자를 위하여 근저당권을 설정하였고, 그 근저당권설정계약서에 근저당권의 피담보채무로서 채무자의 은행에 대한 어음채무가 명시되어 있는 이상, 이들 근저당권의 피담보채무에는 은행이 채무자가 발행한 어음을 제3자와의 여신거래로 취득한 우회어음채무까지도 포함되는 것으로 해석함이 상당하다(대판 1999.7.23. 97다45952)」고 판시하고 있다.

03 근저당권의 설정

Ⅰ. 설정의 금지와 제한

Ⅱ. 근저당목적물의 평가

Ⅲ. 대출한도액의 산정

Ⅳ. 근저당권의 설정절차

Ⅴ. 근저당권설정의 효력이 문제되는 경우

Ⅰ. 설정의 금지와 제한

1. 개설

법률에서는 일정한 공익상의 필요에서 특정한 공익목적을 수행하는 자에 관하여, 그가 보유하고 있는 재산에 대한 담보의 제공을 금하거나, 담보의 제공에 주무관청의 허가를 요하도록 제한하고 있는 경우가 있다.

따라서 여신거래의 담보로 제공되는 토지·건물에 대하여는 먼저 담보취득이 금지되거나 제한되어 있는지의 여부를 검토한 후, 금지되어 있으면 담보취득을 해서는 아니되고 제한되어 있으면 담보취득할 수 있는 요건을 구비한 후 취득하여야 한다.

2. 금지와 제한의 내용

(1) 사립학교법상의 금지와 제한

가. 담보제공의 금지

학교교육에 직접 사용되는 학교법인의 재산 중 ① 교지, ② 교사(강당을 포함한다), ③ 체육장(실내체육장을 포함한다), ④ 실습 또는 연구시설, ⑤ 기타 교육에 직접 사용되는 시설·설비 및 교재·교구는 이를 매도하거나 담보에 제공할 수 없다(사학 28②, 사학령 12①). 그러나 다음 중 어느 하나에 해당하는 재산은 학교법인이 매도하거나 담보로 제공할 수 없는 재산에서 제외한다(사학 28②, 사학령 12②).

① 교육환경의 개선을 위하여 교지의 전부와 교육용 기본시설의 일부를 확보한 후 학교를 이전하는 경우로서 이전으로 용도가 폐지되는 재산

② 교육환경의 개선을 위하여 교지의 전부와 교육용 기본시설의 일부를 확보한 후 학교 간 통폐합(본교와 분교 간 통폐합을 포함한다)하려는 경우로서 통폐합으로 용도가 폐지되는 재산

③ 교육·연구의 경쟁력 강화 및 특성화를 위하여 학교법인 간에 교환의 방법으로 처분하는 재산

④ 공공 또는 교육·연구의 목적으로 교육용 기본재산을 국가, 지방자치단체 또는 연구기관에 무상으로 귀속하는 경우로서 사립학교법 시행령 제13조의2에서 규정하는 요건을 충족하는 경우

⑤ 그 밖에 학생 수의 감소 등 교육여건의 변화를 고려하여 매도하거나 담보로 제공해도 교육에 지장을 주지 않는 경우로서 교육부장관이 정하여 고시하는 기준에 해당하는 재산

그리고 여기에서 "학교법인"이란 사립학교만을 설치·경영함을 목적으로 사립학교법에 의하여 설립되는 법인을 말하고(사학 2②), "사립학교"란 학교법인, 공공단체 외의 법인 또는 그 밖의 사인(私人)이 설치하는 유아교육법상의 유치원(동법 2ii), 초·중등교육법상의 ① 초등학교·공민학교 ② 중학교·고등공민학교 ③ 고등학교·고등기술학교 ④ 특수학교 ⑤① 내지 ④의 학교와 유사한 교육기관에 해당하는 각종학교(동법 2, 60①) 및 고등교육법상의 ① 대학 ② 산업대학 ③ 교육대학 ④ 전문대학 ⑤ 방송대학·통신대학·방송통신대학 및 사이버대학(원격대학) ⑥ 기술대학 ⑦① 내지 ⑥의 학교와 유사한 교육기관에 해당하는 각종학교를 말한다(동법 2, 59①).

한편, 위와 같은 매도 또는 담보제공의 금지규정은 학교법인이 아닌 사립학교경영자에 대하여도 준용된다(사학 51). 그리고 여기에서 「사립학교경영자」라 함은 유아교육법, 초·중등교육법 및 고등교육법과 사립학교법에 의하여 사립학교를 설치·경영하는 공공단체 외의 법인(학교법인을 제외한다) 또는 사인(私人)을 말한다(사학 2iii).

나. 담보제공의 제한

학교법인이 위와 같이 담보제공이 금지되는 재산 이외의 기본재산을 매도·증여·교환 또는 용도변경하거나 담보에 제공하고자 할 때 또는 의무의 부담이나 권리의 포기를 하고자 할 때에는 관할청의 허가를 받아야 한다. 다만, 대통령령이 정하는 경미한 사항은 이를 관할청에 신고하여야 한다(사학 28①). 이러한 학

교법인의 재산은 학교교육에 직접 사용되는 것이 아니므로 매도나 양도 등의 처분 자체를 금지할 필요는 없으나, 그렇다고 이를 자유로 처분할 수 있도록 하면 학교운영에 지장을 줄 수 있으므로 대통령령으로 정하는 경미한 사항(사학령 11⑤ 참조)을 제외하고는 관할청의 허가를 얻도록 한 것이다.

다. 금지 또는 제한되지 않는 경우

사립학교경영자의 소유에 속하는 재산이기는 하나 학교교육에 직접 사용되지 않는 재산을 사립학교경영자가 매도 또는 담보제공 함에 있어서는 관할청의 허가를 요하지 않는다. 학교법인의 재산에 대한 매도 또는 담보제공의 금지와 제한에 관한 규정 중 사립학교경영자에 대하여 준용되는 것은 금지에 관한 규정(사학 28②)일 뿐 제한에 관한 규정(사학 28①)은 준용되지 않는 것이기 때문이다(사학 51).

학교법인이나 사립학교경영자가 타인의 소유에 속하는 재산을 빌려서 이를 학교교육에 직접 사용하고 있는 중에, 그 타인이 동 재산을 매도 또는 담보제공하려 함에 있어서도 위 사립학교법상의 금지규정이 적용되는가. 이에 관하여는 그 적용이 없는 것으로 보아야 한다. 위 사립학교법상의 금지와 제한 규정은 학교법인이나 사립학교경영자의 소유에 속하는 재산에 관하여 적용되는 것으로 규정되어 있을 뿐 타인의 소유에 속하는 것까지 포함하는 것으로 규정으로 되어 있지 않기 때문이다. 또한 위 사립학교법상의 금지와 제한 규정을 타인의 소유에 속하는 것까지 포함하는 것으로 해석하는 것은 헌법이 정하고 있는 재산권 보장과 제한의 원칙(헌 23)에도 위배된다. 단지 학교법인이나 사립학교경영자에게 빌려주었다는 것만으로 그 소유자가 자신의 재산에 대하여 매도나 담보제공 등 일체의 처분행위를 할 수 없다고 하는 것은, 지나치게 공익상의 필요성만을 내세워 필요 이상으로 개인의 재산권을 제한하는 것이 되어, 헌법상의 기본권 제한은 기본권의 보장과 공익상의 필요성이 균형을 이루는 범위에서 이루어져야 한다는 비례성의 원칙에 반하는 결과가 되기 때문이다. 다만 학교법인이나 사립학교경영자가 그 용익권(지상권, 전세권, 임차권 등) 자체를 매도 또는 담보의 대상으로 함에 있어서는 동 금지규정이 적용되게 됨은 물론이다.

[참고] 담보제공 가능여부 요약표

구 분	학교교육에 직접 사용되는 재산	학교교육에 직접 사용되지 않는 재산
학교법인 소유의 것	담보제공 불가	관할청의 허가가 있어야 담보제공 가능
사립학교경영자 소유의 것	담보제공 불가	자유로 담보제공 가능
학교법인·사립학교경영자가 빌린 것	그 소유자가 자유로 담보제공 가능	그 소유자가 자유로 담보제공 가능

판례 3-1

담보권설정 후 학교교육에 사용된 경우의 담보권의 효력

사립학교법상의 사립학교에 해당하는 유치원 설립자 겸 경영자 소유의 재산으로서, 유치원교육에 직접 사용되는 교지 등 사립학교법시행령 제12조 소정의 재산의 경우에는 관할관청의 처분허가 유무에 관계없이 처분할 수 없는 것이지만, 위에 해당하는 재산이라고 하더라도 유치원 설립자가 유치원 설립허가를 얻기 전에 담보권을 설정한 경우에는 담보권 성립 당시 담보제공자가 사립학교의 경영자라고 볼 수 없으므로 학교재산은 적법하게 설정된 피담보채무를 부담한 것이라 할 것이고, 적법하게 담보권이 성립한 이상 그 후에 담보제공자가 유치원 설립자의 지위를 얻었고, 그 재산이 유치원교육에 직접 사용하게 되었다고 하여 담보권자가 그 담보권을 실행하는 것이 금지된다거나 새삼스럽게 감독청의 처분허가를 필요로 한다고 볼 것은 아니다(대결 2004.7.5. 2004마97).

라. 금지 또는 제한 위반의 효력

사립학교법에서 규정하고 있는 금지 또는 제한 규정에 위반한 담보권설정 등의 법률행위는 상대방의 선의·악의 여하에 관계없이 모두 무효이다. 따라서 예컨대 학교법인이나 사립학교경영자의 소유에 속하는 재산으로서 학교교육에 직접 사용되는 운동장이나 교실 등에 설정한 근저당권은 무효로서 그 효력을 인정받을 수가 없다. 또한 학교법인의 기본재산으로서 학교교육에 사용되지 않는 것이라도 관할청의 허가를 받지 않고 제공한 토지·건물에 설정한 근저당권도 무효로서 그 효력을 인정받을 수가 없다. 다만 신고사항을 신고하지 않고 한 행위는 그 사법상의 효력에는 영향이 없는 것으로 보아야 한다.

판례 3-2

금지 또는 제한 위반의 효력

(1) 사립학교 체육장으로 사용하기 위한 재산으로 편입시킨 임야에 대하여 설정된 근저당권설정등기 및 지상권설정등기는 위 임야 중 운동장, 통로, 교사부지 등 학교교육에 직접 사용되고 있는 부분위에 설정된 위 각 등기만이 사립학교법 제51조에 의하여 준용되는 동법 제28조 제2항 동시행령 제12조에 위배되어 무효이고, 위 임야중 나머지 개간되지 아니한 임야부분에 설정된 각 등기는 유효로 함이 계약당사자의 의사에 합치되고 공평의 견지에도 부합되는 것이다(대판 1974.8.30. 74다403).

(2) 사립학교법 제28조 제2항, 같은법시행령 제12조는 학교교육에 직접 사용되는 학교법인의 재산 중 교지, 교사 등은 이를 매도하거나 담보에 제공할 수 없다고 규정하고 있고, 같은 법 제51조는 사립학교 경영자에게도 학교법인에 관한 같은 법 제28조 제2항을 준용한다고 규정하고 있으므로, 사립학교 경영자가 사립학교의 교지, 교사로 사용하기 위하여 출연·편입시킨 토지나 건물이 등기부상 학교경영자 개인 명의로 있는 경우에도 그 토지나 건물에 관하여 경료된 담보 목적의 가등기나 근저당권설정등기는 같은 법 제51조에 의하여 준용되는 같은 법 제28조 제2항, 같은법시행령 제12조에 위배되어 무효이다(대판 2000.6.9. 99다70860).

(2) 공익법인의 설립·운영에 관한 법률

공익법인이 기본재산을 매도·증여·임대·교환 또는 용도변경하거나 담보로 제공하려는 경우 또는 대통령령으로 정하는 일정 금액 이상을 장기차입(長期借入)하려는 경우에는 주무 관청의 허가를 받아야 한다(공설운 11③).

공익법인이란 재단법인이나 사단법인으로서 사회 일반의 이익에 이바지하기 위하여 학자금·장학금 또는 연구비의 보조나 지급, 학술, 자선(慈善)에 관한 사업을 목적으로 하는 법인을 말한다(공설운 2).

공익법인의 재산은 기본재산과 보통재산으로 구분하며(공설운 11①), 기본재산이란 ① 설립시 기본재산으로 출연한 재산 ② 기부에 의하거나 기타 무상으로 취득한 재산. 다만, 기부목적에 비추어 기본재산으로 하기 곤란하여 주무관청의 승인을 얻은 것은 예외로 한다. ③ 보통재산 중 총회 또는 이사회에서 기본재산으로 편입할 것을 의결한 재산 ④ 세계잉여금 중 적립금으로 구성된다(공설운령 16①). 보통재산은 기본재산 이외의 모든 재산이다(공설운령 16②). 주무관청은 공익법인의 보통재산이 과다하다고 인정할 때에는 그 일부를 기본재산으로 편입하게 할 수 있다(공설운령 16③).

그러나 상속세 및 증여세법 제16조제2항에 따른 성실공익법인이 기본재산에 관하여 다음 중 어느 하나에 해당하는 경우에는 주무 관청에 대한 신고로 갈음할 수 있다(공설운 11④).

① 기본재산의 100분의 20 범위에서 기본재산의 증식을 목적으로 하는 매도·교환 또는 용도변경 등 대통령령으로 정하는 경우

② 기본재산의 운용수익이 감소하거나 기부금 또는 그 밖의 수입금이 감소하는 등 대통령령으로 정하는 사유로 정관에서 정한 목적사업의 수행이 현저히 곤란하여 기본재산을 100분의 10 범위에서 보통재산으로 편입하려는 경우. 이 경우 직전 편입이 있은 날부터 최소 3년이 경과하여야 한다.

주무 관청의 허가를 받아야 하는 담보제공행위를 주무관청의 허가 없이 한 때에는 담보취득자의 선의·악의 여하에 관계없이 무효가 된다. 다만 신고사항을 신고 없이 한 행위는 그 사법상의 효력에는 영향이 없는 것으로 보아야 한다.

(3) 의료법

의료법인이 재산을 처분하거나 정관을 변경하려면 특별시장·광역시장·도지사 또는 특별자치도지사의 허가를 받아야 한다(의료 48③). 의료법인이 재산 처분이나 정관 변경에 대한 허가를 받으려면 그 허가신청서에 ① 이유서 ② 처분재산의 목록 및 감정평가서(교환인 경우에는 쌍방의 재산에 관한 것이어야 한다) ③ 이사회의 회의록 ④ 처분의 목적, 용도, 예정금액, 방법과 처분으로 인하여 감소될 재산의 보충 방법 등을 적은 서류 ⑤ 처분재산과 전체재산의 대비표를 첨부하여 처분 1개월 전에 그 법인의 주된 사무소의 소재지를 관할하는 특별시장·광역시장·도지사 또는 특별자치도지사(이하「시·도지사)라 한다)에게 제출하여야 한다(의료령 21본, 의료규 54①). 다만, 법률 제4732호 의료법중개정법률 부칙 제11조에 해당하는 국가로부터 공공차관을 지원받은 의료법인의 경우에는 위 허가신청서와 첨부서류를 그 법인의 주된 사무소의 소재지를 관할하는 시·도지사를 거쳐 보건복지부장관에게 제출하여야 한다(의료령 21단).

의료법인이 재산을 처분한다고 하는 것은 재산을 매각하는 것은 물론이고 담보 제공하는 것도 포함하는 것으로 보아야 한다. 시·도지사의 허가 없이 이루어

진 담보제공행위는 담보취득자의 선의·악의 여하에 관계없이 무효인 것으로 보아야 한다.

담보제공에 시·도지사의 허가를 받아야 하는 것은 의료법인의 소유에 속하는 것이어야 한다. 그리고 의료법인의 소유에 속하는 이상 그것이 의료목적으로 사용되는 것인지 여부는 묻지 않는다. 따라서 의료목적으로 사용되는 재산이라도 그것이 의료법인의 소유가 아닌 것 즉 의료법인이 다른 법인이나 개인이 소유하는 것을 빌려서 의료목적으로 사용하고 있는 것을 그 소유자가 담보로 제공함에는 시·도지사의 허가를 요하지 않는다. 또한 의료업을 경영하는 개인이 의료목적으로 사용하는 자신의 재산을 담보로 제공함에 있어서도 시·도지사의 허가를 요하지 않는다.

(4) 전통사찰의 보존 및 지원에 관한 법률

전통사찰의 주지가 부동산을 대여(貸與)하거나 담보로 제공하는 행위를 하려면 소속대표단체 대표자의 승인서를 첨부하여 특별시장·광역시장·도지사 또는 특별자차도지사의 허가를 받아야 한다. 허가 받은 사항을 변경하려는 경우에도 같다(전사보 9② i). 그리고 특별시장·광역시장 또는 도지사의 허가 없이 이루어진 담보제공행위는 담보취득자의 선의·악의 여하에 관계없이 무효라는 것이 대법원판례이다.

"전통사찰"이란 불교 신앙의 대상으로서의 형상(形象)을 봉안(奉安)하고 승려가 수행(修行)하며 신도를 교화하기 위한 시설 및 공간으로서 전통사찰의 보존 및 지원에 관한 법률 제4조에 따라 등록된 것을 말하고(전사보 2 i), "주지"란 전통사찰의 대표자로서 사찰의 운영 및 재산을 관리하고 전통사찰의 보존·발전·계승을 관장하는 승려를 말한다(전사보 2ii). 그리고 "동산"이란 사찰에 있는 불상·화상(畵像)·석물(石物)·고문서·고서화·종류(鐘類)·경전, 그 밖에 사찰에 속하는 재산으로서 유서(由緖)가 있거나 학예, 기예(技藝) 또는 고고(考古) 자료로 인정되는 것으로 제작되거나 작성된 지 50년 이상 지난 것을 말하며(전사보 2v), "부동산"이란 사찰에 속하는 대지·전답·임야 및 건조물을 말한다(전사보 2vi).

판례 3-3

1. 관할청의 허가 없이 한 담보제공의 효력

구 전통사찰보존법(1997.12.13. 개정되기 전의 것) 제6조 제1항 제2호, 같은 조 제5항 및 같은법시행령 제7조 제2항 등에 의하면 전통사찰보존법상의 경내지 등을 대여, 양도, 담보제공 등 처분행위를 함에는 문화체육부장관의 허가를 받게 되어 있고, 이에 위배되는 처분은 무효로 한다고 규정하고 있는 바, 그 처분행위가 강제경매절차의 한 경우라 하더라도 달리 볼 것은 아니다(대판 1999.10.22. 97다49817).

2. 관할청의 사후허가의 효력

사찰 소유의 일정한 재산을 대여, 양도 또는 담보에 제공하는 때에는 관할청의 허가를 받아야 한다는 구 불교재산관리법(1962.5.31. 법률 제1087호, 전통사찰보존법 부칙 제2조에 의하여 폐지) 제11조 제1항 제2호 및 전통사찰보존법 제6조의 규정은 강행법규로서 이에 위반한 양도계약은 무효이고, 사찰재산의 양도에 필요한 위와 같은 허가는 반드시 그 양도 전에 미리 받아야 하는 것은 아니고 양도 후에라도 허가를 받으면 그 양도계약은 소급하여 유효한 것으로 된다고 할 것이지만, 양도계약이 처음부터 허가를 배제·잠탈하는 내용의 것이거나 또는 양도계약 후 당사자 쌍방이 허가받지 않기로 하는 의사표시를 명백히 한 때에는 그 양도계약은 그로써 확정적으로 무효로 되어 더 이상 관할청의 허가를 받아 유효한 것으로 될 여지가 없다(대판 2001.2.9. 99다26979).

(5) 향교재산법

향교재단이 향교(鄕校)를 유지하고 운영하기 위하여 조성된 동산(動産)과 부동산을 처분하거나 담보로 제공하려는 때에는 ① 재산의 표시(동산·부동산 여부 및 그 소재지·명칭·수량과 유래 등), ② 담보제공의 사유, ③ 채권자, ④ 채무액·그 용도·이율 및 상환방법을 기재한 서면으로 신청하여 특별시장·광역시장·도지사 또는 특별자치도지사의 허가를 받아야 한다(향재 8①ⅰ, 2, 향재령 2ⅱ).

향교재단은 특별시·광역시 또는 도별로 각 지역 내의 문묘(文廟)의 유지, 교육이나 그 밖의 교화사업의 실시, 유교의 진흥 및 문화발전에 대한 기여를 목적으로 설립된 법인을 말한다(향재 3①, 5). 그리고 특별시장·광역시장·도지사 또는 특별자치도지사의 허가 없이 이루어진 담보제공행위는 담보취득자의 선의·악의 여하에 관계없이 무효인 것으로 보아야 한다.

(6) 주택법

사업주체[29]는 주택건설사업에 의하여 건설된 주택[30] 및 대지에 대하여는 입주자 모집공고 승인 신청일(주택조합의 경우에는 사업계획승인 신청일을 말한다) 이후부터 입주예정자가 그 주택 및 대지의 소유권이전등기를 신청할 수 있는 날[31] 이후 60일까지의 기간 동안 입주예정자의 동의 없이 다음 중의 어느 하나에 해당하는 행위를 하여서는 아니 된다. 다만, 그 주택의 건설을 촉진하기 위하여 대통령령으로 정하는 경우[32]에는 그러하지 아니하다(주택 61①).

① 해당 주택 및 대지에 저당권 또는 가등기담보권 등 담보물권을 설정하는 행위

② 해당 주택 및 대지에 전세권·지상권(地上權) 또는 등기되는 부동산임차권을 설정하는 행위

---

29) "사업주체"란 대통령령으로 정하는 호수 이상의 주택건설사업계획 또는 대통령령으로 정하는 면적 이상의 대지조성사업계획의 승인을 받아 그 사업을 시행하는 다음의 자를 말한다(주택 2ⅹ, 15①).
① 국가·지방자치단체
② 한국토지주택공사 또는 지방공사
③ 주택법 제4조에 따라 등록한 주택건설사업자 또는 대지조성사업자
④ 그 밖에 주택법에 따라 주택건설사업 또는 대지조성사업을 시행하는 자
"대통령령으로 정하는 호수"란 다음의 구분에 따른 호수(戶數) 또는 세대수를 말한다(주택령 27①).
① 단독주택의 경우 : 30호. 다만, 주택법시행령 제27조 제1항 제1호에서 규정하는 경우는 50호
② 공동주택의 경우 : 30세대(리모델링의 경우에는 증가하는 세대수를 기준으로 한다). 다만, 주택법시행령 제27조 제1항 제2호에서 규정하는 경우는 50세대
"대통령령으로 정하는 면적"이란 1만제곱미터를 말한다(주택령 14②).

30) "주택"이란 세대(世帶)의 구성원이 장기간 독립된 주거생활을 할 수 있는 구조로 된 건축물의 전부 또는 일부 및 그 부속토지를 말하며, 단독주택과 공동주택으로 구분한다(주택 2ⅰ).

31) "소유권이전등기를 신청할 수 있는 날"이란 사업주체가 입주예정자에게 통보한 입주가능일을 말한다(주택 61②).

32) "대통령령으로 정하는 경우"란 다음 중의 어느 하나에 해당하는 경우를 말한다(주택령 71).
① 해당 주택의 입주자에게 주택구입자금의 일부를 융자해 줄 목적으로 주택도시기금이나 다음 각 목의 금융기관으로부터 주택건설자금의 융자를 받는 경우
가. 「은행법」에 따른 은행
나. 「중소기업은행법」에 따른 중소기업은행
다. 「상호저축은행법」에 따른 상호저축은행
라. 「보험업법」에 따른 보험회사
마. 그 밖의 법률에 따라 금융업무를 수행하는 기관으로서 국토교통부령으로 정하는 기관
② 해당 주택의 입주자에게 주택구입자금의 일부를 융자해 줄 목적으로 제1호 각 목의 금융기관으로부터 주택구입자금의 융자를 받는 경우
③ 사업주체가 파산(「채무자 회생 및 파산에 관한 법률」 등에 따른 법원의 결정·인가를 포함한다. 이하 같다), 합병, 분할, 등록말소 또는 영업정지 등의 사유로 사업을 시행할 수 없게 되어 사업주체가 변경되는 경우

③ 해당 주택 및 대지를 매매 또는 증여 등의 방법으로 처분하는 행위

사업주체는 해당 주택 또는 대지가 입주예정자의 동의 없이는 양도하거나 제한물권을 설정하거나 압류·가압류·가처분 등의 목적물이 될 수 없는 재산임을 소유권등기에 부기등기(附記登記)하여야 한다(주택 61③본). 이 경우 부기등기의 내용 및 말소에 관한 사항은 대통령령으로 정한다.[33][34]

부기등기는 주택건설대지에 대하여는 입주자 모집공고 승인 신청(주택건설대지 중 주택조합이 사업계획승인 신청일까지 소유권을 확보하지 못한 부분이 있는 경우에는 그 부분에 대한 소유권이전등기를 말한다)과 동시에 하여야 하고, 건설된 주택에 대하여는 소유권보존등기와 동시에 하여야 한다(주택 61④). 그러나 사업주체가 국가·지방자치단체 및 한국토지주택공사 등 공공기관이거나 해당 대지가 사업주체의 소유가 아닌 경우 등 대통령령으로 정하는 경우[35]에는

---

33) 부기등기는 대지의 경우는 "이 토지는 「주택법」에 따라 입주자를 모집한 토지(주택조합의 경우에는 주택건설사업계획승인이 신청된 토지를 말한다)로서 입주예정자의 동의 없이는 양도하거나 제한물권을 설정하거나 압류·가압류·가처분 등 소유권에 제한을 가하는 일체의 행위를 할 수 없음"이라는 내용으로하고, 주택의 경우는 "이 주택은 「부동산등기법」에 따라 소유권보존등기를 마친 주택으로서 입주예정자의 동의 없이는 양도하거나 제한물권을 설정하거나 압류·가압류·가처분 등 소유권에 제한을 가하는 일체의 행위를 할 수 없음"이라는 내용으로 한다(주택령 72①).

34) 부기등기의 말소는 주택법 제61조제4항 후단에 따라 주택법 제15조에 따른 사업계획승인이 취소되거나 입주예정자가 소유권이전등기를 신청한 경우를 제외하고는 할 수 없다. 다만, 소유권이전등기를 신청할 수 있는 날부터 60일이 지나면 말소할 수 있다(주택령 72③).

35) 대통령령으로 정하는 경우란 다음의 구분에 따른 경우를 말한다(주택령 72②).

① 대지의 경우: 다음 각 목의 어느 하나에 해당하는 경우. 이 경우 라목 또는 마목에 해당하는 경우로서 법원의 판결이 확정되어 소유권을 확보하거나 권리가 말소되었을 때에는 지체 없이 제1항에 따른 부기등기를 하여야 한다.

가. 사업주체가 국가·지방자치단체·한국토지주택공사 또는 지방공사인 경우

나. 사업주체가 「택지개발촉진법」 등 관계 법령에 따라 조성된 택지를 공급받아 주택을 건설하는 경우로서 해당 대지의 지적정리가 되지 아니하여 소유권을 확보할 수 없는 경우. 이 경우 대지의 지적정리가 완료된 때에는 지체 없이 제1항에 따른 부기등기를 하여야 한다.

다. 조합원이 주택조합에 대지를 신탁한 경우

라. 해당 대지가 다음의 어느 하나에 해당하는 경우. 다만, 2) 및 3)의 경우에는 법 제23조제2항 및 제3항에 따른 감정평가액을 공탁하여야 한다.

1) 법 제22조 또는 제23조에 따른 매도청구소송(이하 이 항에서 "매도청구소송"이라 한다)을 제기하여 법원의 승소판결(판결이 확정될 것을 요구하지 아니한다)을 받은 경우

2) 해당 대지의 소유권 확인이 곤란하여 매도청구소송을 제기한 경우

3) 사업주체가 소유권을 확보하지 못한 대지로서 법 제15조에 따라 최초로 주택건설사업계획승인을 받은 날 이후 소유권이 제3자에게 이전된 대지에 대하여 매도청구소송을 제기한 경우

마. 사업주체가 소유권을 확보한 대지에 저당권, 가등기담보권, 전세권, 지상권 및 등기되는 부동산임차권이 설정된 경우로서 이들 권리의 말소소송을 제기하여 승소판결(판결이 확정

그러하지 아니하다.

위 부기등기를 한 경우 그 부기등기일 이후에 해당 대지 또는 주택을 양수하거나 제한물권을 설정 받은 경우 또는 압류·가압류·가처분 등의 목적물로 한 경우에는 그 효력을 무효로 한다(주택 61⑤본). 따라서 이 부기등기는 금지사항을 공시하여 분양 주택 및 대지에 대한 사업주체의 처분은 물론이고 사업주체의 다른 채권자가 압류·가압류·가처분하는 것까지 할 수 없도록 함으로써 분양받은 자가 피해를 입게 되는 것을 미연에 방지하는 효력이 있다는데 그 의미가 있다.

그러나 사업주체의 경영부실로 입주예정자가 그 대지를 양수받는 경우 등 대통령령으로 정하는 경우[36]에는 그 효력을 유효로 한다(주택 61⑤단). 또한 사업주체의 재무 상황 및 금융거래 상황이 극히 불량한 경우 등 대통령령으로 정하는 사유[37]에 해당되어 「주택도시기금법」에 따른 주택도시보증공사(이하 "주택도시보증공사"라 한다)가 분양보증을 하면서 주택건설대지를 주택도시보증공사에 신탁하게 할 경우에는 위 저당권설정 등의 제한(주택 61①③)에 불구하고 사업주체는 그 주택건설대지를 신탁할 수 있다(주택 61⑥).

될 것을 요구하지 아니한다)을 받은 경우
② 주택의 경우: 해당 주택의 입주자로 선정된 지위를 취득한 자가 없는 경우. 다만, 소유권보존등기 이후 입주자모집공고의 승인을 신청하는 경우는 제외한다.

36) 대통령령으로 정하는 경우란 다음 중의 어느 하나에 해당하는 경우를 말한다(주택령 72④).
① 다음 중의 어느 하나에 해당하여 해당 대지에 저당권, 가등기담보권, 전세권, 지상권 및 등기되는 부동산임차권을 설정하는 경우
1. 해당 주택의 입주자에게 주택구입자금의 일부를 융자해 줄 목적으로 주택도시기금이나 다음 각 목의 금융기관으로부터 주택건설자금의 융자를 받는 경우
가. 「은행법」에 따른 은행
나. 「중소기업은행법」에 따른 중소기업은행
다. 「상호저축은행법」에 따른 상호저축은행
라. 「보험업법」에 따른 보험회사
마. 그 밖의 법률에 따라 금융업무를 수행하는 기관으로서 국토교통부령으로 정하는 기관
2. 해당 주택의 입주자에게 주택구입자금의 일부를 융자해 줄 목적으로 제1호 각 목의 금융기관으로부터 주택구입자금의 융자를 받는 경우
② 사업주체가 파산(채무자 회생 및 파산에 관한 법률 등에 따른 법원의 결정·인가를 포함한다. 이하 같다), 합병, 분할, 등록말소 또는 영업정지 등의 사유로 사업을 시행할 수 없게 되어 사업주체가 변경되는 경우에 해당하여 다른 사업주체가 해당 대지를 양수하거나 시공보증자 또는 입주예정자가 해당 대지의 소유권을 확보하거나 압류·가압류·가처분 등을 하는 경우

37) 대통령령으로 정하는 사유란 다음 중의 어느 하나에 해당하는 경우를 말한다(주택령 72⑤).
① 최근 2년간 연속된 경상손실로 인하여 자기자본이 잠식된 경우
② 자산에 대한 부채의 비율이 500퍼센트를 초과하는 경우
③ 사업주체가 법 제61조제3항에 따른 부기등기를 하지 아니하고 「주택도시기금법」에 따른 주택도시보증공사(이하 "주택도시보증공사"라 한다)에 해당 대지를 신탁하려는 경우

사업주체가 주택건설대지를 신탁하는 경우 신탁등기일 이후부터 입주예정자가 해당 주택건설대지의 소유권이전등기를 신청할 수 있는 날 이후 60일까지의 기간 동안 해당 신탁의 종료를 원인으로 하는 사업주체의 소유권이전등기청구권에 대한 압류·가압류·가처분 등은 효력이 없음을 신탁계약조항에 포함하여야 한다(주택 61⑦). 그리고 신탁등기일 이후부터 입주예정자가 해당 주택건설대지의 소유권이전등기를 신청할 수 있는 날 이후 60일까지의 기간 동안 해당 신탁의 종료를 원인으로 하는 사업주체의 소유권이전등기청구권을 압류·가압류·가처분 등의 목적물로 한 경우에는 그 효력을 무효로 한다(주택 61⑧).

(7) 은행업감독규정

은행[38]은 집합건물의 소유 및 관리에 관한 법률에 따른 집합건물을 담보로 하는 대출에 관하여 다음에서 정하는 사항을 준수하지 않는 불건전영업행위를 하여서는 아니된다(은행령 20의2ⅴ, 은감규 29의3②ⅴ).

① 원칙적으로 동 담보건물의 건축자금에 한하여 취급할 것

② 입주자 또는 입주예정자 등 제3자의 기득권 보호를 위한 조치를 강구한 후 취급할 것

그러나 위 은행업감독규정을 위반한 은행의 담보취득이 당연히 무효로 되는 것은 아니며, 이 경우 금융감독원장은 금융위원회의 설치 등에 관한 법률 위반을 이유로 담보취득한 은행에 대하여 이를 시정하게 하거나 해당 직원의 징계를 요구할 수 있을 뿐이다(금위설 41①ⅰ).

금융감독원장의 시정조치는 원칙적으로 은행의 담보취득이 없었다면 입주자 또는 입주예정자 등 제3자가 받게 될 이익이 되는 것으로 보아야 할 것이나(예컨대 입주자가 임차인인 경우 보증금의 반환 등), 담보권을 말소하지 않으면 입주자 또는 입주예정자 등 제3자가 받게 될 이익이 보호되지 않는다면 담보권의 말소까지도 포함되는 것으로 보아야 한다.

---

38) "은행"이란 은행업을 규칙적·조직적으로 경영하는 한국은행 외의 모든 법인을 말하고(은행 2①ⅱ), "은행업"이란 예금을 받거나 유가증권 또는 그 밖의 채무증서를 발행하여 불특정 다수인으로부터 채무를 부담함으로써 조달한 자금을 대출하는 것을 업(業)으로 하는 것을 말한다(은행 2①ⅰ).

(8) 금융소비자 보호에 관한 법률에 의한 제한

가. 제한의 내용

금융상품판매업자등39)은 우월적 지위를 이용하여 대출성 상품, 그 밖에 대통령령으로 정하는 금융상품에 관한 계약체결과 관련하여 부당하게 담보를 요구하는 행위를 함으로써 금융소비자의 권익을 침해하여서는 아니 된다(금소보 20①ii).

부당하게 담보를 요구하는 행위의 구체적인 유형은 다음과 같다(금소보령 15④ ii·iii라, 금소보감 14⑥viii·x).

① 담보가 필요 없음에도 이를 요구하는 행위

② 해당 계약의 체결에 통상적으로 요구되는 일반적인 담보 범위보다 많은 담보를 요구하는 행위.

③ 금융소비자 또는 제3자로부터 담보를 취득하는 계약과 관련된 다음의 행위

가. 해당 계약서에 그 담보의 대상이 되는 채무를 특정하지 않는 행위

나. 해당 계약서상의 담보가 장래 다른 채무에도 적용된다는 내용으로 계약을 하는 행위

④ 근저당이 설정된 금전제공계약의 금융소비자가 채무를 모두 변제한 경우에 해당 담보를 제공한 자에 근저당 설정을 유지할 것인지를 확인하지 않는 행위

---

39) "금융상품판매업자등"은 금융상품판매업자 또는 금융상품자문업자를 말한다(금소보 2ix). "금융상품판매업자"는 금융상품판매업을 영위하는 자로서 대통령령으로 정하는 금융관계법률(이하 "금융관계법률"이라 한다)에서 금융상품판매업에 해당하는 업무에 대하여 인허가 또는 등록을 하도록 규정한 경우에 해당 법률에 따른 인허가를 받거나 등록을 한 자(금융관계법률에서 금융상품판매업에 해당하는 업무에 대하여 해당 법률에 따른 인허가를 받거나 등록을 하지 아니하여도 그 업무를 영위할 수 있도록 규정한 경우에는 그 업무를 영위하는 자를 포함한다) 및 제12조제1항에 따라 금융상품판매업의 등록을 한 자를 말하며, 다음 각 목에 따라 구분한다(금소보 2iii).
가. 금융상품직접판매업자 : 금융상품판매업자 중 금융상품직접판매업을 영위하는 자
나. 금융상품판매대리·중개업자 : 금융상품판매업자 중 금융상품판매대리·중개업을 영위하는 자
"금융상품자문업자"란 금융상품자문업을 영위하는 자로서 금융관계법률에서 금융상품자문업에 해당하는 업무에 대하여 인허가 또는 등록을 하도록 규정한 경우에 해당 법률에 따른 인허가를 받거나 등록을 한 자 및 법 제12조제1항에 따라 금융상품자문업의 등록을 한 자를 말한다(금소보 2v).

나. 제한의 적용범위

금융상품판매업자등이 부당하게 담보를 요구하는 행위를 할 수 없는 "금융소비자"란 "금융상품"에 관한 계약의 체결 또는 계약체결의 권유를 하거나 청약을 받는 것(이하 "금융상품계약체결등"이라 한다)에 관한 금융상품판매업자등의 거래상대방인 전문금융소비자 또는 일반금융소비자[40]를 말한다(금소보 2ⅷ). 그리고 "금융상품"이란 다음의 어느 하나에 해당하는 것을 말한다(금소보 2ⅰ, 금소보령 2①).

① 「은행법」에 따른 예금 및 대출

② 「자본시장과 금융투자업에 관한 법률」에 따른 금융투자상품

③ 「보험업법」에 따른 보험상품

④ 「상호저축은행법」에 따른 예금 및 대출

⑤ 「여신전문금융업법」에 따른 신용카드, 시설대여, 연불판매, 할부금융

⑥ 그 밖에 ①부터 ⑤까지의 상품과 유사한 다음의 어느 하나에 해당하는 것(금소보령 2①)

가. 「대부업 등의 등록 및 금융이용자 보호에 관한 법률」 제2조제1호에 따른 대부

나. 「신용협동조합법」에 따른 예탁금, 대출 및 공제

다. 「온라인투자연계금융업 및 이용자 보호에 관한 법률」 제2조제1호에 따른 연계투자(이하 "연계투자"라 한다) 및 연계대출

라. 「자본시장과 금융투자업에 관한 법률」 제9조제4항에 따른 신탁계약(이하 "신탁계약"이라 한다) 및 투자일임계약(이하 "투자일임계약"이라 한다)

마. 「중소기업은행법」에 따른 예금 및 대출

바. 「한국산업은행법」에 따른 예금 및 대출

---

40) "전문금융소비자"란 "금융상품"에 관한 전문성 또는 소유자산규모 등에 비추어 금융상품 계약에 따른 위험감수능력이 있는 금융소비자로서 금융소비자보호법 제2조제9호 소정의 어느 하나에 해당하는 자를 말하고(금소보 2ix), "일반금융소비자"란 전문금융소비자가 아닌 금융소비자를 말한다(금소보 2x). 다만, 금융상품판매업자등이 부당하게 담보를 요구하는 행위를 할 수 없도록 한 금융소비자보호법의 규정은 "일반금융소비자"와 "전문금융소비자" 모두에 관하여 적용되므로 구분의 실익은 없다.

다. 위반행위의 효력

금융상품판매업자등이 금융소비자보호법 제20조를 위반하여 체결한 담보계약이라도 일단 유효하게 그 효력을 발생한다. 다만, 이 경우 금융소비자는 계약체결에 대한 위반사항을 안 날부터 1년 이내의 기간(이 경우 해당 기간은 계약체결일부터 5년 이내의 범위에 있어야 한다)에 서면등으로 해당 담보계약의 해지를 요구할 수 있다. 해지를 요구받은 금융상품판매업자등은 요구받은 날부터 10일 이내에 금융소비자에게 수락여부를 통지하여야 하며, 거절할 때에는 거절사유를 함께 통지하여야 한다(금소보 47①, 금소보령 38②). 금융소비자는 금융상품판매업자등이 정당한 사유 없이 해지의 요구를 따르지 않는 경우 해당 계약을 해지할 수 있으며(금소보 47②), 담보계약이 해지된 경우 금융상품판매업자등은 수수료, 위약금 등 계약의 해지와 관련된 비용을 요구할 수 없다(금소보 47③).

라. 위반행위에 따른 제재

금융소비자보호법 제20조를 위반하여 체결한 담보계약에 대하여는 금융위원회가 그 위반행위와 관련된 담보계약으로 얻은 수입 또는 이에 준하는 금액(이하 "수입등"이라 한다)의 100분의 50 이내에서 과징금을 부과할 수 있다. 다만, 위반행위를 한 자가 그 위반행위와 관련된 계약으로 얻은 수입등이 없거나 수입등의 산정이 곤란한 경우로서 대통령령으로 정하는 경우에는 10억원을 초과하지 아니하는 범위에서 과징금을 부과할 수 있다(금소보 57①ii, 58, 금소보령 43①②, 44).

금융소비자보호법 제20조를 위반하여 체결한 담보계약에 대하여는 금융위원는 금융상품판매업자등에게 1억원 이하의 과태료를 부과·징수한다(금소보 69①iii ⑤). 과태료의 부과기준은 금융소비자보호법시행령 제51조 별표4 참조.

Ⅱ. 근저당목적물의 평가

1. 평가의 의의

평가라 함은 저당목적물의 적정한 경제적 가치를 판정하여 그 가치를 화폐액으로 표시하는 것을 말한다. 채권자는 채무자의 채무불이행시 저당목적물을 매각하여 그 매각대금으로부터 우선변제를 받게 될 것이므로, 저당목적물의 화폐가치를 올바르게 판단하는 것은 채권보전에 있어서 대단히 중요한 문제에 속한다.

2. 평가의 제 방식

일정한 담보목적물의 가액을 산정하는 방식으로는 감정평가 및 감정평가사에 관한 법률에 따라 국토교통부령으로 마련한 감정평가에 관한 규칙에서 "원가법" "거래사례비교법" "공시지가기준법" 및 "수익환원법(收益還元法)"의 4가지를 규정하고 있다.

"원가법"이란 대상물건의 재조달원가에 감가수정(減價修正)[41]을 하여 대상물건의 가액을 산정하는 감정평가방법이고(감평규 2ⅴ), "거래사례비교법"이란 대상물건과 가치형성요인[42]이 같거나 비슷한 물건의 거래사례와 비교하여 대상물건의 현황에 맞게 사정보정(事情補正)[43], 시점수정[44], 가치형성요인 비교 등의 과정을 거쳐 대상물건의 가액을 산정하는 감정평가방법(감평규 2ⅶ)을 말한다.

"공시지가기준법"이란 감정평가 및 감정평가사에 관한 법률 제3조제1항 본문

41) "감가수정"이란 대상물건에 대한 재조달원가를 감액하여야 할 요인이 있는 경우에 물리적 감가, 기능적 감가 또는 경제적 감가 등을 고려하여 그에 해당하는 금액을 재조달원가에서 공제하여 기준시점에 있어서의 대상물건의 가액을 적정화하는 작업을 말한다(감평규 2ⅻ).

42) "가치형성요인"이란 대상물건의 경제적 가치에 영향을 미치는 일반요인, 지역요인 및 개별요인 등을 말한다(감평규 2ⅳ).

43) "사정보정"이란 가격의 산정에 있어서, 수집된 거래사례에 거래관계자의 특수한 사정 또는 개별적인 동기가 개재되어 있거나 시장사정에 정통하지 못하여, 그 가격이 적정하지 아니하였을 때에, 그러한 사정이 없었을 경우의 가격수준으로 정상화 하는 것을 말한다.

44) "시점수정"이란 가격의 산정에 있어서 거래사례자료의 거래시점과 가격시점이 시간적으로 불일치하여, 가격수준의 변동이 있을 경우에 거래사례가격을 가격시점의 수준으로 정상화 하는 것을 말한다.

에 따라 감정평가의 대상이 된 토지와 가치형성요인이 같거나 비슷하여 유사한 이용가치를 지닌다고 인정되는 표준지의 공시지가를 기준으로 대상토지의 현황에 맞게 시점수정, 지역요인 및 개별요인 비교, 그 밖의 요인의 보정(補正)을 거쳐 대상토지의 가액을 산정하는 감정평가방법을 말하고(감평규 2ix), "수익환원법(收益還元法)"이란 대상물건이 장래 산출할 것으로 기대되는 순수익이나 미래의 현금흐름을 환원하거나 할인하여 대상물건의 가액을 산정하는 감정평가방법을 말한다(감평규 2x).

3. 담보물가액 산정의 주체

채권자는 스스로 담보물의 가액을 산정하여 여신거래를 할 수 있다. 그러나 담보물가액 산정의 공정성과 적정성을 확보하기 위하여 타인에게 감정평가를 의뢰하려고 하는 때에는 감정평가업자에게 의뢰하여야 한다(감평 5②).

담보물의 평가를 감정평가업자에게 의뢰하는 경우에는 평가수수료 등 상당한 비용이 수반된다. 따라서 저당목적물의 평가를 채권자 스스로 할 것인지 아니면 감정평가업자에게 의뢰하여 할 것인지는, 여신공여 금액의 다과와 평가의 난이도 등을 종합적으로 고려하여, 평가의 적정성과 공정성 여부에 대하여 문제가 제기될 가능성이 있는지 여부를 기준으로 판단하여야 한다. 예컨대 공시지가[45]가 나와 있고 그 공시지가만으로도 채권담보에 지장이 없다고 판단되는 경우나, 공시지가가 나와 있지 않더라도 저당목적물의 통상가액보다 여신공여 금액이 아주 적어 채권담보에 지장이 없다고 판단되는 경우에는, 구태여 감정평가업자에게 의뢰하여 저당목적물을 평가할 필요가 없을 것이다. 이에 대하여 여신신청 금액이 커서, 저당목적물에 관하여 공시지가나 통상가액 이상의 담보

45) 공시지가에는 "표준지공시지가"와 "개별공시지가"가 있다. "표준지공시지가"란 국토교통부장관이 토지이용상황이나 주변 환경, 그 밖의 자연적·사회적 조건이 일반적으로 유사하다고 인정되는 일단의 토지 중에서 선정한 표준지를 대상으로 중앙부동산가격공시위원회의 심의를 거쳐 매년 특정일을 기준으로 조사·평가하여 공시하는 단위면적당 적정가격을 말하고(부가공 3①), "개별공시지가"란 시장·군수 또는 구청장이 국세·지방세 등 각종 세금의 부과, 그 밖의 다른 법령에서 정하는 목적을 위한 지가산정에 사용되도록 하기 위하여 시·군·구부동산가격공시위원회의 심의를 거쳐 매년 특정일을 기준으로 결정·공시하는 관할 구역 안의 개별토지의 단위면적당 가격을 말한다(부가공 10①).

가치가 나와야 여신취급이 가능하고, 또한 그 평가가 단순하지 않은 경우에는, 비용이 들더라도 감정평가업자에게 의뢰하여 저당목적물의 평가를 하여야 할 것이다.

4. 부당감정의 문제

감정평가업자에게 감정 의뢰하여 그 감정가격을 기초로 하여 소비대차 등의 거래를 하였으나, 그 감정가격의 산출이 잘못되어 채권회수에 차질이 생겼을 경우, 감정의뢰인이 감정평가업자에 대하여 책임을 물을 수 있는지의 문제가 있다.

감정의뢰인이 감정평가업자에게 감정을 의뢰하는 것은 일종의 위임관계에 해당된다. 따라서 감정평가업자는 선량한 관리자의 주의의무를 다하여 감정하여야 하며(민 681) 부당한 감정을 하였을 경우에는 손해배상책임을 진다(민 390). 감정평가 및 감정평가사에 관한 법률 제28조도 「감정평가업자가 감정평가를 하면서 고의 또는 과실로 감정평가 당시의 적정가격과 현저한 차이가 있게 감정평가를 하거나 감정평가 서류에 거짓을 기록함으로써 감정평가 의뢰인이나 선의의 제3자에게 손해를 발생하게 하였을 때에는 감정평가업자는 그 손해를 배상할 책임이 있다」고 규정하고 있다.

부당감정이나 그로 인한 손해의 발생에 관하여 감정의뢰인의 과실이 있는 경우에는, 이른바 과실상계의 법리(민 396)에 따라 감정평가업자의 배상책임이 경감되게 된다. 이를 예시하여 보면 다음과 같다. 첫째, 부당감정이 감정의뢰인이 현장 안내를 잘못하였다든가 잘못된 정보를 제공함으로써 이루어진 경우는 부당감정에 관하여 감정의뢰인의 과실이 있는 경우에 해당한다. 둘째, 감정의뢰인이 상당한 주의의무를 다하였더라면 예컨대 감정목적물의 공적장부와 대조하여 보았더라면, 감정평가업자의 감정결과가 부당감정이라는 것을 쉽게 알 수 있었을 경우는 손해의 발생에 관하여 감정의뢰인에게 과실이 있는 경우에 해당한다.

판례 3-4

1. 부당 감정의 여부에 대한 판단기준

지가공시및토지등의평가에관한법률 제26조 제1항은 고의에 의한 부당 감정과 과실에 의한 부당 감정의 경우를 한데 묶어서 그 평가액이 적정 가격과 '현저한 차이'가 날 때에는 감정평가업자는 감정의뢰인이나 선의의 제3자에게 손해배상책임을 지도록 정하고 있는바, 고의에 의한 부당 감정의 경우와 과실에 의한 부당 감정의 경우를 가리지 아니하고 획일적으로 감정평가액과 적정 가격 사이에 일정한 비율 이상의 격차가 날 때에만 '현저한 차이'가 있다고 보아 감정평가업자의 손해배상책임을 인정한다면 오히려 정의의 관념에 반할 수도 있을 것이다. 결국 감정평가액과 적정 가격 사이에 '현저한 차이'가 있는지 여부는 부당 감정에 이르게 된 감정평가업자의 귀책사유가 무엇인가 하는 점을 고려하여 사회통념에 따라 탄력적으로 판단하여야 할 것이다(대판 1997.5.7. 96다52427).

2. 과실상계시의 고려사항

채무불이행으로 인한 손해배상의 범위를 정함에 있어 채권자측의 과실을 어느 정도로 참작할 것인지는 구체적인 사안마다 신의칙과 공평의 관념에 따라 채권자측과 채무자측의 고의나 과실의 정도, 책임원인사실인 채무불이행의 내용, 손해의 발생 및 확대 등에 어느 정도의 원인을 제공하였는지 등 여러 가지 사정을 참작하여 손해가 공평하게 분담되도록 합리적으로 결정하여야 한다(대판 1990.1.25. 90다6491).

Ⅲ. 대출한도액의 산정

1. 산정의 필요성

앞에서 설명한 근저당목적물의 평가는 근저당목적물 자체의 객관적인 가치를 금액으로 산정해 본 것이다. 그러나 이 금액을 바로 대출한도액으로 하는 경우에는 자산가치의 하락이나 근저당목적물에 이미 존재하는 다른 권리자의 권리 등으로 인하여 대출원리채권의 담보가 안전하지 않을 수 있다.

그래서 실무상으로는 위 평가액에 소정의 담보인정비율을 적용하여 산출한 금액에서 다시 근저당목적물에 존재하는 다른 권리자의 권리의 가액에 해당하는 금액을 공제한 금액을 대출한도액으로 하는 것이 보통이다. 담보인정비율을 평가금액의 100%로 하지 않고 그 미만으로 제한하는 이유는 담보목적물의 가치하락으로 인하여 대출의 건전성이 악화되는 것을 방지하기 위한 것이다.

대출한도액을 어떤 방법으로 산출할 것인지는 대출공여자가 자율적으로 정할 수 있는 것이 원칙이지만, 은행의 대출취급과 관련하여서는 부동산 투기의 방지는 물론이고 대출을 제공하는 은행과 대출을 받는 개인의 건전성을 확보하기 위한 수단으로서 담보인정비율, 총부채상환비율, 총부채원리금상환비율 등에 대한 규제가 있다(은행 34, 은행령 20, 은감규 29의2).

2. 산정에 관한 규제

(1) 담보인정비율

담보인정비율(LTV, Loan-To-Value ratio)이라 함은 주택담보대출 취급시 담보가치에 대한 대출취급가능금액의 비율을 말한다(은감규 29의2 별표6 1.아).

주택이라 함은 「주택법 제2조제1호에서 정하는 주택을 말하며, 분양권 및 재건축·재개발 지분(조합원 입주권) 등을 포함한다(은감규 29의2 별표6 1.나). 주택담보대출이라 함은 은행이 주택을 담보로 취급하는 가계대출(자산유동화된 대출을 포함한다)을 말한다. 다음의 어느 하나에 해당하는 대출은 주택담보대출로 본다(은감규 29의2 별표6 1.가).

① 분양 주택에 대한 중도금대출 및 잔금대출

② 재건축·재개발(리모델링 및 도심 공공주택 복합사업에 따라 현물보상으로 공급하는 주택 포함, 이하 이 규정 별표 6에서 같다) 주택에 대한 이주비 대출, 추가분담금에 대한 중도금대출 및 잔금대출

현재(2024년 1월말 기준) 은행은 신규 주택담보대출 취급시 담보인정비율을 70%(규제지역의 경우 50%) 이내에서 취급하여야 한다. 이 경우 주택구입 목적 주택담보대출과 생활안정자금 목적 주택담보대출을 합산하여 산출한 담보인정비율이 상기의 담보인정비율을 초과할 수 없다(은감규 29의2 별표6 2.가).

이상의 주택담보대출에 관한 담보인정비율 이외에 주택임대업대출 및 주택매매업대출에 대한 담보인정비율(은감규 29의2 별표6 2-1), 주택관련 수익증권 담보대출에 대한 담보인정비율(은감규 29의2 별표6 2-2), 비주택담보대출에 대한 담보인정비율(은감규 29의2 별표6 2-3), 주택보유세대에 대한 주택구입 목적 주택담보

대출에 대한 담보인정비율(은감규 29의2 별표6 5.), 1주택세대에 대한 생활안정자금 목적 주택담보대출에 대한 담보인정비율(은감규 29의2 별표6 9.), 2주택 이상 세대에 대한 생활안정자금 목적 주택담보대출에 대한 담보인정비율(은감규 29의2 별표6 10.), 일시상환대출의 분할상환대출 전환시 담보인정비율(은감규 29의2 별표6 15.)에 대하여는 은행업감독규정 별표6의 해당 규정 참조.

(2) 총부채상환비율

총부채상환비율(DTI, Debt-To-Income ratio)이라 함은 차주의 연간 소득에 대한 연간 대출 원리금 상환액의 비율을 말한다(은감규 29의2 별표6 1.카). 부동산 투기를 방지하여 부동산 가격 안정을 도모하고 은행의 건전성을 유지하기 위한 규제의 수단으로 담보인정비율(LTV)의 규제가 만들어졌으나, 담보인정비율의 규제만을 하는 경우에는 담보 주택의 자산가치만 충분하면 소득이 없는 사람도 많은 대출을 받을 수 있어 부동산 투기 방지에 한계가 있어 총부채상환비율(DTI) 규제가 만들어진 것이다.

은행의 신규 주택담보대출 취급시 총부채상환비율은 다음 표와 같다(은감규 29의2 별표6 3.가). 다만, 이는 원칙적인 총부채상환비율이고, 경우에 따라서 그 적용을 배제하거나 달리 적용할 수 있는데 이에 관하여는 은행업감독규정 별표6 3.나~3.마 참조.

구 분	투기지역	투기과열지구	조정대상지역 1	수도권 1, 2
총부채상환비율	40% 이내	40% 이내	50% 이내	60% 이내

1. 해당 지역 소재의 아파트(주상복합아파트 포함) 담보대출에 적용
2. 투기지역, 투기과열지구 및 조정대상지역을 제외한 수도권에 한함

그밖에 일시상환대출의 분할상환대출 전환시의 총부채상환비율(은감규 29의2 별표6 15), 미성년자에 대한 주택담보대출, 주택임대업대출 및 주택매매업대출 취급 및 담보취득 제한(은감규 29의2 별표6 14)에 관하여는 은행업감독규정 해당 규정 참조.

(3) 총부채원리금상환비율

총부채원리금상환비율(DSR, Debt-Service-Ratio)이란 차주의 총 금융부채 상환부담을 판단하기 위하여 산정하는 차주의 연간 소득 대비 연간 금융부채 원리금 상환액 비율을 말한다(은감규 29의2 별표6 1.타).

은행은 총대출액이 1억원을 초과(대출 신청금액 포함, 한도대출의 경우 한도금액 기준)하는 차주에 대해 가계대출을 취급하는 경우, 총부채원리금상환비율이 40%를 초과하지 않는 범위 내에서 취급해야 한다(은감규 29의2 별표6 4.가). 그밖에 이와 다른 총부채원리금상환비율이 적용되는 경우에 관하여는 은행업감독규정 별표6 4.나~4.아 참조.

3. 대출한도액의 조정

담보대출의 경우 담보인정비율(LTV)을 적용하여 산출한 대출한도액을 그대로 적용하여 대출취급 하려면, 근저당목적물에 관하여 현재 소유자 이외에 다른 이해관계인이 없고 또한 장래에도 생길 가능성이 없는 경우이어야 하고, 현재 이해관계인이 있거나 장래 생길 가능성이 있는 때에는 그 이해관계인의 권리에 해당하는 가액을 공제하여 대출한도액을 조정하여야 한다.

담보인정비율을 적용하여 산출한 대출한도액의 조정은 다시 다음 2가지의 금액을 공제하는 방법으로 하여야 한다. 하나는 근저당목적물의 경매시 매수인에게 승계됨으로써 그 매각가액의 저감(低減)을 가져올 권리의 가액이고, 다른 하나는 근저당목적물의 경매시 그 매각대금으로부터 근저당권자와 같은 순위이거나 근저당권자보다 우선변제권이 있는 권리자의 채권액이다.

따라서 부동산을 담보로 대출을 취급함에 있어서는 대상 부동산의 평가액에 담보인정비율을 곱하여 산출한 금액에서 대상 부동산의 경매시 매수인에게 승계됨으로써 그 매각대금의 저감을 가져올 권리의 가액을 공제한 후 다시 매각대금으로부터 당해 근저당권자보다 우선배당을 받거나 또는 같은 순위로 각자의 채권액에 안분하여 배당받게 되는 금액을 공제한 금액을 대출한도액으로 하여야 한다.

먼저 근저당목적물의 경매시 매수인에게 승계됨으로써 그 매각가액의 저감을 가져올 권리를 담보가액에 반영하는 방법을 예시하여 보면 다음과 같다.

첫째는 소유권이전청구권가등기나 처분금지가처분등기이다. 이들 권리가 있는 부동산에 근저당권을 설정하였다가 가등기에 기한 본등기나 가처분등기에 기한 본안등기가 이루어지면 그 근저당권등기는 말소되어 우선변제권 자체가 소멸하게 된다. 또한 가등기에 기한 본등기나 가처분등기에 기한 본안등기가 이루어지지 않은 상태에서 근저당권에 기한 경매가 실시되어 그 경매절차에서의 매수인이 소유권을 취득하더라도 그 가등기나 가처분등기는 매수인에게 인수되어 후일 가등기에 기한 본등기나 가처분등기에 기한 본안등기가 이루어지면 매수인 앞 소유권이전등기는 말소된다. 따라서 이들 가등기나 가처분등기가 되어 있는 부동산을 담보로 하는 경우 그 대출한도액은 0원인 것으로 보아야 한다.

둘째는 지상권이나 전세권 또는 임차권 등의 용익권 등기이다. 이들 권리가 등기되어 있는 부동산에 근저당권을 설정하였다가 경매가 실시되는 경우 그 경매절차에서의 매수인은 이들 권리는 인수하는 상태로 경매부동산의 소유권을 취득한다. 그 결과 매수인은 지상권의 가액이나 전세금 또는 보증금 해당액 만큼을 공제한 가격으로 매수신청을 할 것이고 근저당권자는 그 만큼 배당받을 수 있는 금액이 적어질 수밖에 없다. 따라서 이들 지상권 등의 등기가 되어 있는 부동산을 담보로 하는 경우에는 대출한도액의 산출에 있어서 그 지상권의 가액이나 전세금 또는 보증금 해당액 만큼을 공제하여야 한다.

셋째는 대항력을 구비한 주택임차권(채권적전세권 포함) 또는 상가건물임차권(채권적전세권 포함)이다. 이들 권리가 설정되어 있는 부동산에 근저당권을 설정하였다가 경매가 실시되는 경우 그 경매절차에서의 매수인은 이들 권리는 인수하는 상태로 경매부동산의 소유권을 취득한다. 그 결과 매수인은 그 임차권자의 보증금(채권적전세권의 경우는 전세금) 해당액 만큼을 공제한 가격으로 매수신청을 할 것이고 근저당권자는 그 만큼 배당받을 수 있는 금액이 적어질 수밖에 없다. 따라서 이들 임차권이 설정되어 있는 부동산을 담보로 하는 경우에는 대출한도액의 산출에 있어서 그 임차권자의 보증금(채권적전세권의 경우는 전세금) 해당액 만큼을 공제하여야 한다. 다만 이 셋째의 경우는 담보 목적물이 주택임대차보호법상의 주택 또는 상가건물임대차법상의 상가건물인 경우에 한하여 적용된다.

다음에 담보 부동산의 경매시 그 매각대금으로부터 근저당권자보다 우선하거나 같은 순위로 안분 배당됨으로써 배당받을 금액의 저감을 가져올 권리를 예시하여 보면 다음과 같다.

첫째는 가압류등기이다. 가압류등기가 되어 있는 부동산에 근저당권을 설정하였다가 경매가 실시되는 경우 매수인은 가압류등기를 인수하지 않고 소멸되는 상태로 소유권을 취득함으로써 매각대금의 저감을 가져오지 않는다. 그러나 가압류채권액에 대하여 근저당권자가 매각대금으로부터의 우선변제권을 주장할 수 없고 각 자의 채권액에 안분하여 배당하게 됨으로써 근저당권자가 배당받을 수 있는 금액의 저감을 가져오게 된다. 따라서 가압류등기가 되어 있는 부동산을 담보로 하는 경우에는 대출한도액의 산출에 있어서 그 가압류채권 중 근저당권자와 같은 순위로 배당받는 금액만큼을 공제하여야 한다.

둘째는 선순위의 근저당권이나 가등기담보권 등의 담보권이다. 이들 권리가 등기되어 있는 부동산에 근저당권을 설정하였다가 경매가 실시되는 경우 매수인은 이들 권리를 인수하지 않고 소멸되는 상태로 소유권을 취득함으로써 매각대금의 저감을 가져오지 않는다. 그러나 이들 권리자의 담보채권액은 매각대금으로부터 근저당권자보다 우선하여 배당하게 됨으로써 근저당권자가 배당받을 수 있는 금액의 저감을 가져오게 된다. 따라서 이들 권리가 등기되어 있는 부동산을 담보로 하는 경우에는 대출한도액의 산출에 있어서 이들 권리자의 담보채권액을 공제하여야 한다.

셋째는 근저당권설정 이후에 발생할 수 있는 주택임대차(채권적전세권 포함) 또는 상가건물임대차(채권적전세권 포함)에 있어서 임차인(또는 채권적전세권자)이 최우선변제권을 가지는 소액임대차의 보증금 중 일정액이다. 이 경우의 임차권은 부동산의 경매시 매수인에게 인수되지 않으나 소액보증금 중 일정액이 매각대금으로부터 근저당권자에 우선하여 배당하게 됨으로써 근저당권자가 배당받을 수 있는 금액의 저감을 가져오게 된다. 따라서 주택이나 상가건물을 담보로 하는 경우에는 대출한도액의 산출에 있어서 근저당권설정 후 발생할 수 있는 이들 소액임대차의 보증금 중 일정액을 공제하여야 한다.

넷째는 근저당권설정자에게 부과된 당해세와 법정기일이 근저당권의 설정일자 이전인 국세 및 지방세이다. 이들 조세는 부동산의 경매시 매수인에게 인수되지 않으나 매각대금으로부터 근저당권자에 우선하여 배당하게 됨으로써 저당권자가 배당받을 수 있는 금액의 저감을 가져오게 된다. 따라서 근저당권설정시에 근저당권설정자에게 부과된 국세와 지방세 중 그 법정기일이 근저당권의 설정일자 이전인 것(국기 35①iii, 지기 71①iii 참조)으로서, 근저당권설정등기가 이루어질 때까지 납부하지 않은 것이 있으면 대출한도액의 산출에 있어서 이들 조세를 공제하여야 한다. 그리고 당해세의 경우는 미리 그 예상액을 산정하여 공제할 필요가 있다. 공제할 당해세액은 3년분 정도[46]에 해당하는 종합부동산세, 재산세, 지역자원시설제(특정부동산에 대한 지역자원시설세에 한함) 및 지방교육세(재산세분에 부가되는 것에 한함)이다(국기 35⑤, 지기 71⑤). 또한 담보로 제공되는 부동산의 소유자가 그 소유권을 증여나 상속에 의하여 취득한 것이면, 증여세와 상속세의 납부여부를 조사하여 납부하지 않은 것이 있으면 그 해당액을 공제하여야 한다(국기 35⑤).

다섯째는 담보 부동산의 소유자가 근로자를 고용하고 있는 사용자인 경우 근로자의 임금우선특권에 의하여 담보되는 채권(근기 38②, 근퇴보 12②)이다. 근로자의 임금우선특권은 부동산의 경매시 매수인에게 인수되지 않으나 매각대금으로부터 근저당권자에 우선하여 배당하게 됨으로써 근저당권자가 배당받을 수 있는 금액의 저감을 가져오게 된다. 따라서 근저당권설정자가 사용자인 경우는 대출한도액의 산출에 있어서 근저당권설정 후 발생할 수 있는 이 근로자의 임금우선특권 해당액을 공제한 금액을 여신한도액으로 하여야 한다. 공제할 금액은 일반적으로는 그 사용자가 모든 근로자에게 지급하는 연간 인건비의 4분의 1과 그 근로자가 일시에 퇴직하는 경우에 지급할 3년분의 퇴직금 및 연간 발생하는 평균적인 재해보상금의 합계액이다. 그런데 사용자가 근저당권설정자인 경우 근저당권을 설정하고자 하는 토지·건물의 감정가액에서 이 근로자임금우선특권에 해당하는 금액을 공제하고 나면 담보가액 자체가 나오지 않는 경우가 허다하게 발생하게 된다. 그래서 현실의 실무에 있어서는 근저당목적물의 감정가액에서 이 근로자임금우선특권에 해당하는 금액을 공제하지 않는 경우도 많

---

46) 공제액을 3년분 정도로 한 것은 담보물의 경매시에 소유자가 체납하게 되는 개략적인 예상금액일 뿐이므로 경우에 따라서는 그 기간을 늘리거나 줄일 수 있음은 물론이다.

은 것 같다. 그러나 이와 같은 업무처리를 하려면 적어도 근저당권설정자에게 그러한 채권의 발생가능성이 없다고 판단되는 경우에 한하여야 할 것이고, 나아가 채무불이행이 있으면 많은 임금체불이 생기기 전에 신속히 근저당권을 실행하여 채권을 회수하는 조치를 취하는 등 그 사후관리에 있어서도 더욱 주의를 기울여야 한다.

여섯째는 근저당권설정자가 납부하여야 하는 건강보험료·연금보험료·고용보험료 및 산재보험료 중 그 납부기한이 근저당권설정등기일자 이전인 것이다. 이들 보험료는 부동산의 경매시 매수인에게 인수되지 않으나 매각대금으로부터 근저당권자에 우선하여 배당하게 됨으로써(국건보 85, 국연 98, 고산보 30) 근저당권자가 배당받을 수 있는 금액의 저감을 가져오게 된다. 따라서 납부기한이 근저당권의 설정등기일자 이전인 건강보험료·연금보험료·고용보험료 및 산재보험료로서 저당권설정등기가 이루어질 때까지 납부하지 않은 것이 있으면 대출한도액의 산출에 있어서 이들 보험료를 공제하여야 한다.

Ⅳ. 근저당권의 설정절차

1. 설정할 근저당권의 선택

(1) 특정근저당권·한정근저당권·포괄근저당권

근저당권을 설정함에 있어서는 먼저 특정근저당권과 한정근저당권 및 포괄근저당권 중 어느 것을 설정할 것인지 결정하여야 한다. 특정근저당권은 근저당권설정계약시에 이미 체결되어 있는 특정의 거래약정서(예컨대 ○년 ○월 ○일자 여신거래약정서)에 의한 거래로 말미암아 채무자가 채권자에게 현재 및 장래에 부담하는 채무를 담보하고자 하는 경우에 설정한다. 한정근저당권은 근저당권설정계약시에 이미 체결되어 있는 거래계약인지의 여하에 관계없이 근저당권설정계약으로 정한 특정한 종류(예컨대 당좌대출거래)의 거래로 말미암아 채무자가 채권자에게 현재 및 장래에 부담하는 채무를 담보하고자 하는 경우에 설정한다.

현실의 금융거래에 있어서 위 3가지 근저당권의 유형 중 어느 것을 선택하여 설정할 것인지는 거래의 성질과 편의를 고려하여 채권자와 담보제공자가 협의하여 정하게 될 것이나, 포괄근저당권의 경우는 담보채권의 범위가 광범위하다는 점에서 그 설정에 상당한 제한이 있다. 즉 2010.11.18. 전에는 담보제공자가 채무자이면 포괄근저당권을 설정하고, 제3자이면 특정근저당권이나 한정근저당권을 설정(다만 예외적으로 담보제공자에게 객관적으로 포괄근저당권이 편리하다고 판단되는 경우에는 포괄근저당권을 설정)하도록 하였다가[47], 2010.11.18. 이후에는 담보제공자가 채무자이건 제3자이건 특정근저당권이나 한정근저당권을 설정하는 것을 원칙으로 하되, 담보제공자에게 객관적으로 포괄근저당권이 편리하다고 판단되는 경우에 한하여 포괄근저당권을 설정하도록 한 바 있다[48]. 그런데 이 포괄근저당권의 예외적 허용과 관련하여서는 포괄근저당권이 담보제공자에게 객관적으로 편리하다고 판단되는 경우가 구체적으로 어떠한 경우인지 문제로 되었고, 이에 관하여는 담보제공자가 채무자인 경우는 보다 넓게 인정하여 포괄근저당권의 설정 의사가 명확하면 대체로 그 편리성을 인정할 수 있고, 제3자인 경우는 기업의 실질적 소유주(과점주주)라고 판단되는 등 보다 확실하게 그 편리성을 인정할 수 있는 것으로 해석하였고, 실무도 이에 따르고 있었다.

그러나 2012.8.8 이후에는 포괄근저당권을 설정할 수 있는 예외적인 경우를 보다 명확하고 제한적으로 규제하여, 담보제공자가 차주이건 제3자이건 불문하고

---

47) 이는 당시 채무자 아닌 제3자가 담보를 제공하는 경우에 은행이 포괄근담보를 요구하는 것이 구은행업감독규정 제88조(불건전 영업행위금지) 제2호와 구은행업감독업무시행세칙 제64조(불공정거래행위 등) 제2호에 의하여 불공정거래행위로서(다만 예외적으로 담보제공자에게 객관적으로 포괄근담보가 편리하다고 판단되는 경우에는 포괄근담보로 하더라도 불공정거래행위가 되는 않는다) 금지되어 있었기 때문이다.

48) 그러나 위와 같은 금지는 법에 근거가 없는 것으로 비판되어 2010.5.17. 은행법에 제52조의2(불공정영업행위의 금지 등)를 신설하여 「여신거래와 관련하여 차주 등에게 부당하게 담보를 요구하거나 보증을 요구하는 행위」를 공정한 금융거래 질서를 해칠 우려가 있는 「불공정영업행위」로 규정하여 금지하되 그 구체적인 내용을 은행법시행령으로 정하도록 하였다(은행 52의2①ⅰ, ③). 이에 따라 은행법시행령에서는 「여신거래와 관련하여 차주 또는 제3자로부터 담보를 취득할 때 정당한 사유 없이 포괄근담보(포괄근담보: 현재 발생하였거나 장래에 발생할 다수의 채무 또는 불확정 채무를 일정한 한도에서 담보하기 위한 물건 또는 권리를 제공하는 것을 말한다)를 요구하는 행위」를 불공정영업행위로 하여 금지하였고(은행령 24의4①ⅲ), 나아가 은행업감독규칙에서는 금지되는 불공정영업행위를 보다 구체화 하여 「차주 또는 제3자로부터 담보를 취득할 경우 포괄근담보를 요구하는 행위. 다만, 담보제공자에게 객관적으로 포괄근담보가 편리하다고 판단되는 경우에 한하여 포괄근담보로 운용할 수 있다」고 규정하게 되었다(구은감규 88조의2①ⅰ).

① 차주가 해당 은행과 장기적으로 지속적인 거래관계가 있는 기업(개인기업을 포함한다)일 것 ② 은행이 포괄근저당권의 설정효과에 대해 담보제공자에게 충분히 설명하고 담보제공자가 포괄근저당권의 설정에 동의할 것 ③ 은행이 포괄근저당권이 담보제공자에게 객관적으로 편리하다는 사실을 구체적으로 입증할 수 있는 자료를 작성하여 보관할 것이라는 3가지 요건을 충족하는 경우로 한정하고, 그 이외의 경우는 일체 포괄근저당권의 설정을 금지하였다(은감규 88의2① i 단). 또한 한정근저당권의 형식을 취하면서 담보되는 채무의 종류와 범위를 포괄적으로 정하여 사실상 포괄근저당권을 요구하는 행위도 금지하여(은감규 88의2 ①ii) 현재에 이르고 있다.

여기에서 한 가지 문제가 되는 것은 은행이 특정근저당권이나 한정근저당권을 설정 받아야 함에도 포괄근저당권을 설정 받은 경우에 당해 근저당권의 효력을 어떻게 볼 것인가 하는 점이다. 이에 관하여는 은행법시행령과 은행업감독규칙이 이를 불공정영업행위로 규정하여 금지하고 있다는 점에서 무효로 보아야 한다는 견해가 있을 수 있다. 그러나 이 경우 근저당권의 효력 자체를 부인하는 것은 근저당권설정자의 의사에 부합되지 않고 또한 근저당권설정자를 불필요하게 과잉보호하는 결과가 되므로, 포괄근저당권설정에 따른 불합리한 결과만을 제거한다는 의미에서 설정당사자 사이에 공정한 거래가 되는 것으로 볼 수 있는 특정근저당권이나 한정근저당권으로서의 효력을 인정하는 것이 타당하다고 본다.

(2) 단독근저당권과 공동근저당권

담보목적물이 하나 뿐인 경우에는 단독근저당권을 설정할 수밖에 없으나, 2개 이상인 때에는 단독근저당권을 설정할 것인지 아니면 공동근저당권을 설정할 것인지를 결정하여야 한다. 예컨대 X부동산(시가 1천만 원)과 Y부동산(시가 1천만 원)에 채권최고액을 2천만 원으로 하는 근저당권을 설정하고자 하는 경우에는, 각 부동산별로 채권최고액을 1천만 원으로 하는 2개의 단독근저당권을 설정할 것인지 아니면, 2개의 부동산을 대상으로 채권최고액을 2천만 원으로 하는 1개의 공동근저당권을 설정할 것인지를 결정해야 한다.

여러 개의 부동산에 공동근저당권을 설정하는 경우의 이점은, 그 여러 개의 부동산 중에서 멸실·훼손·가격하락 등으로 가치가 감소하는 것이 있거나 또는 경제계의 변동으로 경매하기가 곤란한 것이 생기더라도 다른 부동산으로부터 구제를 받을 수 있다는데 있다. 예컨대 2천만 원의 채권담보로 X부동산(시가 1천만 원)과 Y부동산(시가 1천만 원)에, 별개의 단독담보로서 각각 1천만 원씩의 단독근저당권을 설정한 후 경제사정의 변동으로 X부동산의 시가는 5백만 원으로 하락하고 Y부동산의 시가는 1천5백만 원으로 올라갔다고 하면, 이 때 근저당권자가 우선변제를 받을 수 있는 금액은 1천5백만 원이 되게 된다. X부동산은 시가가 5백만 원 뿐이기 때문에, 설정액은 1천만 원이라도 5백만 원만 우선변제를 받을 수 있게 되고, Y부동산은 시가가 1천5백만 원이나 설정액이 1천만 원밖에 되지 않아, 1천만 원만 우선변제를 받을 수 있게 될 것이기 때문이다. 그러나 이 경우 X·Y부동산을 공동담보로 하여 2천만 원의 공동근저당권을 설정하였다고 하면, X·Y양부동산으로부터 2천만 원까지 우선변제를 받을 수 있게 되므로, X부동산의 가치하락을 Y부동산의 가치상승으로 구제받을 수 있게 되는 것이다.

따라서 여러 개의 부동산에 근저당권을 설정하는 때에는, 설정하고자 하는 채권최고액을 부동산의 가액으로 나누어 각 부동산별로 여러 개의 단독근저당권을 설정하는 것보다는, 여러 개의 부동산에 하나의 공동근저당권을 설정하는 것이 보통이다. 그러나 여러 개의 부동산에 공동근저당권을 설정하는 것이 채권자에게 언제나 유리한 것만은 아니며 경우에 따라서는 단독근저당권을 설정해야 할 때도 있다(구체적인 내용은 제10장 Ⅲ 참조).

여러 개의 부동산을 대상으로 공동근저당권을 설정하려면 반드시 공동근저당관계의 등기를 요하는지에 관하여는 필요설과 불요설로 견해가 갈리지만 대법원은 「부동산등기법 제149조(현재는 제78조)는 같은 법 제145조(현재는 부동산등기규칙 제133조)의 규정에 의한 공동담보등기의 신청이 있는 경우 각 부동산에 관한 권리에 대하여 등기를 하는 때에는 그 부동산의 등기용지 중 해당 구사항란에 다른 부동산에 관한 권리의 표시를 하고 그 권리가 함께 담보의 목적이라는 뜻을 기재하도록 규정하고 있지만, 이는 공동저당권의 목적물이 수 개의 부동산에 관한 권리인 경우에 한하여 적용되는 등기절차에 관한 규정일 뿐만 아니라, 수 개의 저당권이 피담보채권의 동일성에 의하여 서로 결속되어 있다는 취지를 공시함으로써 권리관계를 명확히 하기 위한 것에 불과하므로, 이와 같은 공동저당관계의 등기를 공동저당권의 성립요건이나 대항요건이라고 할 수 없다. 따라서 근저당권설정자와 근저당권자 사이에서 동일한 기본계약에 기하여 발생한 채권을 중첩적으로 담보하기 위하여 수 개의 근저당권을 설정하기로 합의하고 이에 따라 수 개의 근저당권설정등기를 마친 때에는 부동산등기법 제78조에 따라 공동근저당관계의 등기를 마쳤는지 여부와 관계없이 그 수 개의 근저당권 사이에는 각 채권최고액이 동일한 범위 내에서 공동근저당관계가 성립한다(대판 2010.12.23. 2008다57746)」고 판시함으로써 불요설을 채택하고 있다.

2. 근저당권설정계약

(1) 근저당권설정계약서

근저당권을 설정하려면 먼저 근저당권자와 근저당권설정자가 근저당권설정계약을 체결한 후 그 내용을 근저당권설정계약서로 작성하여야 한다. 근저당권설정계약서의 작성에 특별한 방식이 있는 것은 아니다. 다만 거래의 실제에 있어서는 계약상의 편의와 후일의 분쟁에 대비한 입증자료의 확보 및 근저당권설정등기신청서에 첨부할 등기원인서류로 하기 위하여, 근저당권설정계약의 내용을 미리 확정하여 인쇄한 서식인 이른바 약관에 의하여 부합계약의 형식으로 근저당권설정계약을 체결하는 것이 보통이다.

현재 근저당권설정등기신청서에 첨부할 등기원인서류가 되는 근저당권설정계약서는 특정근저당권설정계약서와 한정근저당권설정계약서 및 포괄근저당권설정계약서의 3가지가 사용되고 있다. 특정근저당권설정계약서는 근저당권설정계약시에 이미 체결되어 있는 특정의 계속적인 거래약정서에 의한 거래로 말미암아 채무자가 채권자에 대하여 현재 또는 장래에 부담하는 모든 채무를 담보하려는 경우에 사용하기 위한 것이고, 한정근저당권설정계약서는 근저당권설정계약시에 이미 체결되어 있거나 장래에 체결할 특정한 유형의 거래로 말미암아 채무자가 채권자에 대하여 현재 또는 장래에 부담하는 모든 채무를 담보하려는 경우에 사용하기 위한 것이며, 포괄근저당권설정계약서는 근저당권설정계약시에 이미 체결되어 있거나 장래에 체결할 제반 여러 유형의 거래로 말미암아, 채무자가 채권자에 대하여 현재 또는 장래에 부담하는 모든 채무를 담보하려는 경우에 사용하기 위한 것이다.

일반거래에 있어서는 포괄근저당권설정계약서 하나의 서식만을 사용하는 것이 보통이다. 그러나 금융거래에 있어서는 과거 ① 특정근저당권설정계약서와 ② 한정근저당권설정계약서 및 ③ 포괄근저당권설정계약서라는 3가지 서식을 각별로 작성한 서식을 사용하기도 하였으나, 이후 서식 간소화 차원에서 ① 특정근저당 ② 한정근저당 ③ 포괄근저당의 3가지 유형을 근담보형 근저당권설정계약서라는 하나의 서식에 열거하여 이중 어느 유형을 선택하게 함으로써 특정근저당권설정계약서나 한정근저당권설정계약서 또는 포괄근저당권설정계약서의 기능을 하게 한 서식을 사용하거나, ③ 포괄근저당의 유형을 제외하고 ① 특정근저당과 ② 한정근저당만을 근담보형 근저당권설정계약서라는 하나의 서식에 열거하여 이중 어느 유형을 선택하게 함으로써 특정근저당권설정계약서나 한정근저당권설정계약서의 기능을 하게 한 서식을 사용하고 있다.[49]

(2) 근저당권설정계약에 관한 규제의 필요성과 연혁

저당권설정을 위한 서식의 다양화와 간소화가 이루어졌다 하여도 저당권의 설정이 특정채무담보, 특정근담보, 한정근담보, 포괄근담보의 4가지 유형을 채권자와 담보제공자가 협의하여 선택하도록 되어 있어, 현실에 있어서는 금융회사측에 편리한 포괄근담보가 주로 이용됨으로써 여전히 과잉 담보 취득의 문제가 제기되었다.

이에 금융감독당국에서는 은행업감독규정 제88조(불건전 영업행위금지) 제2호와 은행업감독업무시행세칙 제64조(불공정거래행위 등) 제2호에 의하여 담보제공자가 채무자이면 포괄근저당권을 설정하고, 제3자이면 특정근저당권이나 한정근저당권을 설정(다만 예외적으로 담보제공자에게 객관적으로 포괄근저당

49) 근저당설정계약서 상의 피담보채무의 범위에 관한 구체적인 내용에 관하여는 제2장 Ⅰ 2. 금융회사 서식의 변천 참조.

권이 편리하다고 판단되는 경우에는 포괄근저당권을 설정)하도록 규제하기에 이르렀다.

그런데 위와 같은 규제는 법에 근거가 없는 것으로 비판되어 2010년 5월 17일 은행법에 제52조의2(불공정영업행위의 금지 등)를 신설하여 「여신거래와 관련하여 차주 등에게 부당하게 담보를 요구하거나 보증을 요구하는 행위」를 공정한 금융거래 질서를 해칠 우려가 있는 「불공정영업행위」로 규정하여 금지하되 그 구체적인 내용을 은행법시행령으로 정하도록 하였고(동조 제1항 제1호 및 제3항), 이에 따라 은행법시행령에서는 「여신거래와 관련하여 차주 또는 제3자로부터 담보를 취득할 때 정당한 사유 없이 포괄근담보(包括根擔保 : 현재 발생하였거나 장래에 발생할 다수의 채무 또는 불확정 채무를 일정한 한도에서 담보하기 위한 물건 또는 권리를 제공하는 것)를 요구하는 행위를 불공정거래행위로 규정하여 금지하였다(동령 24의4①iii).

그러나 위와 같은 은행법 등에서의 개별적인 규정만으로는 금융소비자 보호에 미흡하다는 비판이 있어 2020년 3월 24일에는 금융소비자를 보다 체계적이고 구체적으로 보호하기 위하여 금융소비자 보호를 위한 법률(약칭 금융소비자보호법)을 단행법으로 제정하여 2021년 3월 25일 시행하기에 이르렀다.[50] 이하에서는 금융소비자보호법에 의한 근저당권의 설정의 규제에 관하여 알아보기로 한다.

(3) 금융소비자보호법에 의한 규제

금융소비자보호법에서는 금융회사가 여신거래와 관련하여 금융소비자 또는 제3자로부터 담보취득하는 경우에 ① 계약서에 그 담보의 대상이 되는 채무를 특정하지 않는 행위나 ② 계약서상의 담보가 장래 다른 채무에도 적용된다는 내용으로 계약을 하는 행위를 하는 것을 “불공정영업행위”로서 금지하고 있다(금소보 20①, 금소보령 15④iii라, 금소보감 14⑥viii).

---

50) 금융소비자 보호에 관한 법률이 제정되어 시행됨으로써 불공정영업행위의 금지 등에 관한 규정은 은행법과 은행법시행령 및 은행업감독규정 및 은행업감독업무시행세칙에서 삭제되고, 금융소비자 보호에 관한 법률과 금융소비자 보호에 관한 법률시행령 및 금융소비자 보호에 관한 감독규정에 규정되었다.

이에 따라 담보제공자가 금융소비자 또는 제3자인 경우에는 근담보용 근저당권설정계약서상의 근저당권의 유형 중 특정근저당권만 선택하여 설정할 수 있고, 한정근저당권과 포괄근저당권은 선택하여 설정할 수가 없다. 한정근저당권과 포괄근저당권의 유형은 근저당권설정 후에 그 근저당권설정계약에서 정하고 있는 새로운 여신거래계약을 체결하고 그 여신거래계약에서 발생하는 채권도 채권최고액의 범위에서 담보하는 것으로 되어 있는데, 이는 금융소비자 보호에 관한 감독규정 제14조제6항제8호에서 금지하는 「근저당권설정계약서상의 담보가 장래 다른 채무에도 적용된다」는 내용에 해당되기 때문이다.

그러나 금융소비자보호법에 의하여 한정근저당권과 포괄근저당권의 설정이 금지되는 것은 담보제공자가 채무자가 아닌 제3자이거나 채무자인 금융소비자에 한정된다. 즉 담보제공자가 제3자가 아니고 채무자로서 금융소비자도 아닌 경우에는 근담보용 근저당권설정계약서상의 3가지 근저당권의 유형인 특정근저당권과 한정근저당권 및 포괄근저당권 중 어느 유형이든 선택하여 설정할 수 있는 것이다.

그밖에 위와 같은 "불공정영업행위"의 금지규정의 적용범위와 위반행위의 효력 및 위반행위에 따른 제재에 관하여는 제3장 Ⅰ2. (8) 금융소비자 보호에 관한 법률에 의한 제한에 있어서와 같으므로 그 해설 내용을 참조하기로 하고, 여기에서는 중복을 피하여 설명을 생략한다,

(4) 계약서 작성상의 유의사항

담보제공자와 근저당권설정계약을 체결하기 위하여 은행 등이 사용하는 근저당권설정계약서는 약관의 규제에 관한 법률에서 규율하고 있는 약관에 해당된다. 따라서 근저당권설정계약을 체결할 때에는 근저당권자는 근저당권설정자에게 근저당권설정계약서의 내용을 일반적으로 예상되는 방법으로 분명하게 밝히고, 근저당권설정자가 요구할 경우 근저당권설정계약서의 사본을 고객에게 내주어 고객이 근저당권설정계약서의 내용을 알 수 있게 하여야 하며(약규 3②), 근저당권설정계약서에 정하여져 있는 중요한 내용을 고객이 이해할 수 있도록 설명해 주어야 한다(약규 3③). 근저당권자가 만일 위 약관의 규제에 관한 법률 제

3조 제2항과 제3항에 위반하여 근저당권설정계약을 체결한 경우에는 해당 근저당권설정계약서상의 내용을 근저당권설정계약의 내용으로 주장할 수 없게 된다(약규 3④). 은행의 여신거래에 사용되는 근저당권설정계약서에 의하여 근저당권설정계약을 체결하는 경우에 특히 유의하여야 할 사항에 관하여 좀 더 구체적으로 설명하면 다음과 같다.

첫째, 근저당권설정계약서 제1조 제1호 피담보채무의 범위 본문 박스 안에는 반드시 근저당권설정자로 하여금 「특정근담보」나 「한정근담보」 또는 「포괄근담보」 중 선택하여 적어 넣도록 한다. 다만, 금융소비자보호법상 금융소비자 또는 제3자로부터 담보를 취득하는 경우에는 「한정근담보」 또는 「포괄근담보」는 선택하여 적어 넣을 수가 없고, 「특정근담보」를 선택하여 적어 넣어야 한다(금소보 20①, 금소보령 15④ⅲ라, 금소보감 14⑥ⅷ).

둘째, 근저당권설정계약서 제1조 제1호 피담보채무의 범위 본문 박스 안에 「특정근담보」라고 적어 넣게 한 경우에는, 다시 그 아래 「특정근담보」란에 담보제공자로 하여금 담보채무를 발생시키는 채권자와 채무자 사이에 체결된 특정의 거래약정서[예를 들면 2013년 4월 10일 여신거래]라고 적어 넣게 하여야 한다. 이 때 특히 주의하여야 할 것은 근저당권설정계약서상에 적어 넣는 피담보채무를 발생시키는 채권자와 채무자 사이의 특정한 거래약정서상의 약정일자가 근저당권설정계약일자보다 장래의 일자가 되어서는 아니 된다는 점이다. 특정근저당권의 경우는 채권자와 채무자 사이에 근저당권설정계약을 체결하기 전에 이미 체결되어 있는 특정한 거래약정서에 의하여 발생하는 채무를 담보하도록 되어 있는데, 근저당권설정계약이 먼저 체결되고 그 후에 그 근저당권에 의하여 담보되는 채무를 발생시키는 여신거래약정이 체결된다는 것은 논리적으로 모순되어 근저당권의 부종성에 반하는 것이 되고 그에 따라 근저당권 자체가 무효로 될 수 있기 때문이다.

셋째, 근저당권설정계약서 제1조 제1호 피담보채무의 범위 본문 박스 안에 「한정근담보」라고 적어 넣게 한 경우에는, 다시 그 아래 「한정근담보」란에 담보제공자로 하여금 담보채무를 발생시키는 채권자와 채무자 사이에 현재 또는 장래에 체결될 거래의 종류[예를 들면 일반자금대출(주택담보) 또는 당좌대출(기타부동산담보) 등]라고 적어 넣게 하여야 한다. 그리고 적어 넣는 거래의 종류는 반드시 1가지만 이어야 하는 것은 아니고 2가지 이상이라도 무방하지만 모든 여신거래의 종류를 거의 다 열거함으로써 사실상으로 포괄근담보가 되도록 하여서는 아니 된다.

넷째, 근저당권설정계약서 제1조 제3호 근저당권결산기 본문 박스 안에는 반드시 근저당권설정자로 하여금 「지정형」이나 「자동확정형」 또는 「장래지정형」 중 선택하여 근저당권설정자로 하여금 적어 넣도록 한다. 다만 어느 것을 선택하여 적어 넣는가에 관하여는 특별히 규제되어 있는 것이 없으므로 근저당권설정자와 협의하여 선택하면 될 것이지만 특별한 사유가 없는 한 「장래지정형」을 선택하여 적어 넣는 것이 거래에 편리하다. 만일 「지정형」이라고 적어 넣는 경우에는 그 아래 「지정형」이란 란에 근저당권설정자로 하여금 지정된 일자를 적어 넣도록 하여야 한다.

다섯째, 근저당권설정자에게 은행여신거래기본약관과 근저당권설정계약서 사본을 교부하여야 한다. 약관의 규제에 관한 법률 제3조 제2항은 근저당권설정자가 요구할 경우 근저당권설정계약서의 사본을 고객에게 내주도록 되어 있으나, 근저당권설정계약서에 의하면 계약조항 마지막 부분에 「1. 은행여신거래기본약관과 이 계약서 사본을 확실히 수령하였습니까?」라는 문항을 두고 이에 근저당권설정자가 「수령함」이라고 적어 답하도록 되어 있기 때문이다.

여섯째, 담보목적물이 주택으로서 채무자의 소유가 아닌 제3자 소유인 경우(즉 물상보증인 담보의 경우)에는 근저당권설정계약서 작성일을 포함하여 3일 이내에 담보제공을 철회할 수 있도록 되어 있으므로 3일 동안 기다렸다가 담보제공자의 철회 의사표시가 없으면 대출실행하고, 철회 의사표시가 있으면 담보제공자로 하여금 계약조항 마지막 부분 「담보제공을 철회합니까?」라는 문항에 대하여 「철회함 ○년 ○월 ○일」이라고 적어 넣도록 한 후 대출실행을 하여서는 아니 된다. 유효한 철회가 있으나 이미 근저당권설정등기가 이루어진 상태이면 은행으로서는 미리 부담한 근저당권설정비용과 새로이 들어가는 근저당권말소비용을 담보제공자로부터 받은 후 근저당권설정등기의 말소에 응하여야 한다. 그러나 근저당권설정계약을 체결하는 때 또는 그 이후라도 근저당권설정계약서 작성일을 포함하여 3일이 경과하기 전에 담보제공자가 철회권을 포기하는 때에는 계약조항 마지막 부분 「철회권을 포기합니까?」라는 문항에 대하여 「포기함

○년 ○월 ○일」이라고 적어 넣도록 한 후 바로 대출실행을 할 수 있다. 이에 따라 실무에서는 근저당권설정계약을 체결하는 때에 「철회권을 포기합니까?」라는 문항에 「포기함 ○년 ○월 ○일」이라고 적어 넣도록 하는 것이 보통이다.

(5) 근저당권의 설정비율

근저당권을 설정함에 있어서는 채권최고액을 정하여 이를 등기하여야 하는데 이 채권최고액을 여신원금의 100%로 하면, 대출원리금의 상환지체로 근저당권을 실행하는 경우 원금만으로도 채권최고액에 달함으로써 약정이자나 지연배상금 등의 우선변제를 받을 수 없게 된다. 이에 따라 실무에서는 여신금액에 일정비율을 곱하여 산출한 금액을 채권최고액으로 하여 근저당권을 설정하고 있는데, 이 여신금액에 곱하여 근저당목적물에 설정할 근저당권의 채권최고액을 산정하는 일정비율을 근저당권의 설정비율이라고 한다. 은행의 경우는 120% 내지 150%를 근저당권의 설정비율로 하고 있다.

(6) 여신채권 이외의 채권을 담보하려는 경우

금융회사는 주로 여신채권의 담보를 위하여 근저당권을 취득하는 것이 보통이나, 실무에 있어서는 여신채권 이외의 채권을 담보하기 위하여 근저당권을 취득하는 경우도 있다. 영업점포를 임차하면서 그 임차보증금을 담보하기 위하여, 해당 영업점포의 건물과 토지에 근저당권을 설정하는 것이 그 대표적인 예이다.

그런데 이 경우에 근저당권설정계약서를 무엇으로 할 것인지가 문제로 된다. 금융회사가 여신채권을 담보하기 위해서 마련해 두고 있는 근저당권설정계약서상에는, 임차보증금채권을 피담보채권으로 하고 있지 않기 때문이다. 이에 따라 실무에 있어서는, 금융회사가 마련해 두고 있는 근저당권설정계약서를 사용하지 않고, 법무사들이 서식으로 사용하고 있는 근저당권설정계약서를 사용하는 경우도 있는 것 같다.

그러나 법무사들이 서식으로 사용하고 있는 근저당권설정계약서를 사용하는 경우에는, 후일 임대인과의 여신거래가 필요할 경우, 금융회사 소정의 근저당권설정계약에 의한 근저당권이 설정되어 있지 않아 문제가 발생할 수 있다. 따라서 임차보증금채권 등과 같이, 금융회사 소정의 근저당권설정계약서에서 피담보채권으로 정하고 있지 않은 채권을 담보하고자 하는 경우에는, 금융회사 소정의 근저당권설정계약상의 피담보채권에 ○년 ○월 ○일 부동산임대차계약서 등을 추가하는 방식으로, 근저당권설정계약서의 내용을 변경하여 이를 근저당권설정계약서로 하는 것이 좋다.

3. 근저당권설정등기

(1) 등기절차

근저당권설정등기의 신청은 등기권리자(근저당권자)와 등기의무자(근저당권설정자)가 공동으로 다음 중 하나의 방법으로 신청한다(부등 23①, 24).

① 신청인 또는 그 대리인(代理人)이 등기소에 출석하여 신청정보 및 첨부정보를 적은 서면을 제출하는 방법. 다만, 대리인이 변호사[법무법인, 법무법인(유한) 및 법무조합을 포함한다. 이하 같다]나 법무사(법무사합동법인을 포함한다. 이하 같다)인 경우에는 대법원규칙으로 정하는 사무원을 등기소에 출석하게 하여 그 서면을 제출할 수 있다.

② 대법원규칙으로 정하는 바에 따라 전산정보처리조직을 이용하여 신청정보 및 첨부정보를 보내는 방법(법원행정처장이 지정하는 등기유형으로 한정한다.)

근저당권의 설정등기를 신청하는 때에는 부동산등기법 제48조에서 규정하는 일반등기사항 이외에 ① 채권의 최고액 ② 채무자의 성명 또는 명칭과 주소 또는 사무소 소재지 ③ 민법 제358조 단서의 약정 ④ 존속기간을 적어야 한다. 다만 ③④는 등기원인(근저당권설정계약)에 그 약정이 있는 경우에 한한다(부등 75①).[51] 현재 은행

51) 보통저당권의 설정등기를 신청하는 때에는 신청서에 부동산등기법 제48조에서 규정하는 일반등기사항 이외에 ①채권액 ②채무자의 성명 또는 명칭과 주소 또는 사무소 소재지 ③변제기(辨濟期) ④이자 및 그 발생기·지급시기 ⑤원본(元本) 또는 이자의 지급장소 ⑥채무불이행(債務不履行)으로 인한 손해배상에 관한 약정 ⑦민법 제358조 단서의 약정 ⑧채권의 조건을 적어야 한다. 다만 ③~⑧은 등기원인(저당권설정계약)에 그 약정이 있는 경우에 한한다(부등 75①).

권에서 사용하는 근저당권설정계약서에는 ③ 민법 제358조 단서의 약정[52]은 하고 있지 않고 있으며[53] ④ 존속기간에 관하여는 결산기의 형태로 약정을 두고 있으나 등기신청서에 기재하여 등기하지는 않고 있다.

근저당권의 설정등기를 신청할 때에는 신청서에 그 등기를 신청함에 필요한 이상의 사항 이외에 등록면허세 등 등기신청과 관련하여 납부하여야 할 세액 및 그 과세표준액을 적어야 하고, 아울러 다른 법률에 의하여 부과된 의무사항이 있는 때에는 그 의무사항도 적어야 한다(부등규 44). 그밖에 근저당권의 설정등기신청서에 첨부하여할 서류를 열거하면 다음과 같다.

① 등기원인을 증명하는 서면인 근저당권설정계약서

② 등기권리증(등기권리증분실시는 등기의무자임을 확인하는 법무사 또는 변호사의 서면)

③ 등기신청위임장

④ 등기의무자의 인감증명서(발행일로부터 6월 이내의 것)

⑤ 등기의무자의 등기부상 주소와 현주소가 다른 경우에는 등기의무자의 주민등록초본. 등기의무자가 법인인 경우는 법인등기사항전부증명서(현재사항)

⑥ 등기권리자의 법인등기사항전부증명서(현재사항). 등기권리자가 개인인 경우는 주민등록등본

⑦ 등록면허세·지방교육세 납부영수증

⑧ 국민주택채권매입필증

(2) 설정비용

가. 통상의 경우

토지·건물을 대상으로 하여 근저당권설정등기를 하는데 통상적으로 드는 비용을 보면 다음과 같다.

① 등록면허세 : 근저당권채권최고액 × 2/1,000(지세 28① i 다 2)

---

52) 민법 제358조 단서의 약정이란 근저당권의의 효력이 미치는 근저당목적물의 부합물과 종물 중 근저당권의 효력이 미치는 대상목적물의 범위에서 제외하기로 하는 근저당권자와 근저당권 설정자 사이의 합의를 말한다.

53) 부록 I. 2. 근저당권설정계약서 참조.

② 지방교육세 : 등록면허세액 × 20/100(지세 151①ii)

③ 등기수수료 : 15,000 × 부동산 수(등기신청수수료 징수에 관한 예규 : 개정 2014.12.24 등기예규 제1565호)

④ 국민주택채권 : 근저당권 채권최고액의 10/1,000. 다만 매입금액이 10억 원을 초과하는 경우에는 10억 원으로 한다(주도기 8, 주도기령 8②, 주도기령 별표 부표 15 다). 국민주택채권의 최저매입금액은 1만 원으로 한다. 다만 1만 원 미만의 단수가 있을 경우에 그 단수가 5천 원 이상 1만 원 미만인 때에는 이를 1만 원으로 하고 그 단수가 5천 원 미만인 때에는 단수가 없는 것으로 한다(주도기 8, 주도기령 8②, 주도기령 별표 4).

⑤ 법무사의 보수 : 법무사의 보수는 법무사법 제19조 제3항에 따라 대한법무사협회 회칙 제76조 제1항 별표 법무사보수기준으로 정하고 있다. 이 법무사보수기준에 의하면 법무사의 보수는 기본보수, 가산보수, 기타 보수 및 비용으로 구분한다(동기준 3). 다만, 이 법무사보수기준은 법무사가 수행하는 업무에 관하여 위임인으로부터 받는 보수 및 비용에 관한 기준의 상한이므로(동기준 1), 당사자가 합의하여 이보다 낮은 기준의 보수를 정할 수 있다. 이하에서는 근저당권설정으로 한정하여 법무사보수의 상한에 관하여 알아보기로 한다.

Ⅰ. 기본보수

〈근저당권설정등기〉

과세표준액(근저당권설정액)	기본보수(산정방법)
1천만 원 까지	100,000원
1천만 원 초과 5천만 원 까지	100,000원 + 1천만 원 초과액의 11/10,000
5천만 원 초과 1억 원 까지	144,000원 + 5천만 원 초과액의 10/10,000
1억 원 초과 3억 원 까지	194,000원 + 1억 원 초과액의 9/10,000
3억 원 초과 5억 원 까지	374,000원 + 3억 원 초과액의 8/10,000
5억 원 초과 10억 원 까지	534,000원 + 5억 원 초과액의 7/10,000
10억 원 초과 20억 원 까지	884,000원 + 10억 원 초과액의 5/10,000
20억 원 초과 200억 원 까지	1,384,000원 + 20억 원 초과액의 4/10,000
200억 원 초과	8,584,000원 + 100억 원 초과액의 1/10,000

〈담보권의 추가설정(추가근저당권설정등기)〉

과세표준액(근저당권설정액)	기본보수(산정방법)
5천만 원 까지	80,000원
5천만 원 초과 2억 원 까지	80,000원 + 5천만 원 초과액의 5/10,000
2억 원 초과 10억 원 까지	155,000원 + 2억 원 초과액의 2/10,000
10억 원 초과 100억 원 까지	315,000원 + 10억 원 초과액의 1/10,000
100억 원 초과	1,215,000원 + 100억 원 초과액의 1/20,000

〈그 밖의 등기〉

그 밖의 등기의 유형	기본보수
(1) 재단의 분할·합병·목록변경	80,000원
(2) 권리의 변경·경정 또는 회복	100,000원
(3) 부동산의 표시 또는 등기명의인 표시의 변경·경정	30,000원
(4) 말소등기	50,000원

Ⅱ. 가산보수

① 업무 사건이 특별히 중대하거나 복잡한 경우 ② 업무 사건의 처리기간이 현저하게 오래 걸릴 것이 예상되는 경우 ③ 업무 사건의 처리에 특별한 조사 연구가 필요한 경우 ④ 업무 사건의 당사자나 직접적인 이해관계인이 5인 이상인 경우 ⑤ 법무사보수기준에서 특별히 정한 경우의 하나에 해당하여 증액한 보수 및 목적물이나 대상의 수량 또는 인원에 따라 추가하여 받는 보수로 다음과 같다.

첫째, 대상 부동산이 1개를 초과하는 경우에는 초과하는 1개마다 20,000원을 가산한다.

둘째, 위 ①~⑤의 어느 하나에 해당하는 경우에는 그 정도에 따라 당해 기본보수의 100% 상당액까지 가산할 수 있다. 이 경우 그 사유가 중복되더라도 별도로 가산하지 않는다.

셋째, 등기원인 및 등기목적이 동일한 것으로서 여러 개의 등기소의 관할에 걸쳐 있는 여러 개의 부동산에 관한 권리의 등기를 신청하는 경우에는 당해 기본보수의 50% 상당액까지 가산할 수 있다.

넷째, 동일인보증서를 작성하는 때에는 150,000원, 등기필정보(등기필증)가

분실 멸실된 경우 등기의무자 본인임을 확인하는 서면을 작성하는 때에는 100,000원을 가산한다.

Ⅲ. 기타 보수 및 비용

〈대행료〉

서류 작성, 대행 업무의 유형	적용기준	대행료
1. 등기원인증서의 작성 또는 검인, 부동산거래의 신고 등 대행	1건당	40,000원
2. 취득세·등록면허세의 신고·납부 또는 감면신청 및 공과금 납부 대행	1건당	40,000원
3. 국민주택채권의 매입 또는 즉시매도 대행	1건당	40,000원
4. 등기원인에 대한 제3자의 허가(신고 포함)·동의·승낙 또는 등기상 이해관계인의 승낙에 관한 서류 작성 대행	종류마다	40,000원
5. 정관, 의사록, 내용증명 그 밖에 문안을 요하는 서류의 작성 대행	종류마다	60,000원
6. 제5호의 서류나 그 밖의 서류에 대한 공증 대행	종류마다	40,000원
7. 법인인감카드의 발급 대행	1건당	40,000원
8. 법원·검찰청 등에 제출하는 서류의 제출 대행	1건당	30,000원
9. 송무·비송·집행·가사 사건 등의 기록열람 대행	1건당	40,000원
10. 법원·검찰청으로부터 송달되는 서류의 영수 대행	1건당	50,000원
11. 확정일자 날인, 내용증명의 발송 대행	1건당	50,000원
12. 등기사항증명서 발급·열람, 등기부등초본·열람 대행	1건당	3,000원
13. 그 밖에 수임사건과 관련되는 업무의 대행	1건당	30,000원
※ 위 가산보수의 ①~⑤에 해당하는 경우, 대행료도 가산보수에 준하여 증액할 수 있다.		

〈상담료〉

의뢰인과의 대면이나 전화 등에 의한 개별적 상담료는 소요시간 30분까지는 50,000원 이하로 하고, 30분을 초과하는 매 30분마다 20,000원을 가산한다. 이 경우에 30분미만은 30분으로 본다. 다만, 사건의 수임이 따르는 경우에는 상담료를 면제할 수 있다. 그리고 계속적 상담은 월액 500,000원 이하로 한다. 이 경우 사건수임으로 연결되는 경우에도 적용한다.

〈그 밖에 여비 등 실비변상의 비용〉

수임 받은 사건·업무의 처리를 위하여 출장을 갈 때에는 교통비[1등급 여객 운임(택시, KTX 일반석) 기준 실비(단, 현지교통비는 50,000원까지), 숙박비(1급 숙박업소 기준 실비), 일당(소요시간 4시간 이내 70,000원, 4시간 초과 150,000원)을 지급받는다. 또한 수임 받은 사건·업무의 처리를 위하여 지출한 기타 실비는 별도로 지급받는다.

나. 국민주택채권의 매입이 면제되는 경우

다음의 경우는 근저당권설정시 국민주택채권의 매입이 면제된다.

① 저당권 설정금액이 2천만 원 미만인 경우(주도기령 별표 부표 15 다 ㈎).

② 신탁 또는 신탁종료에 따라 수탁자 또는 위탁자에게 저당권을 이전하는 경우(주도기령 별표 부표 15 다 ㈏)

③ 국가기관·지방자치단체·주택도시기금법 제8조 제1항에 따른 공공기관·지방공기업법에 따른 지방공기업·금융기관부실자산 등의 효율적 처리 및 한국자산관리공사의 설립에 관한 법률에 따라 설립된 한국자산관리공사·부동산투자회사법에 따른 부동산투자회사·한국주택금융공사법에 따라 설립된 한국주택금융공사의 경우(주도기령 별표 2).

④ 다음의 어느 하나에 해당하는 경우 융자에 필요한 근저당권의 설정등기를 할 때(주도기령 별표 3 가).

㉠ 농업협동조합법에 따른 농업인, 수산업협동조합법에 따른 어업인 또는 산림조합법에 따른 임업인에 대하여 농업협동조합중앙회(농협은행을 포함한다)와 그 회원조합의 장, 수산업협동조합중앙회와 그 회원조합의 장 또는 산림조합중앙회와 그 회원조합의 장이 농어촌소득증대를 위한 영농자금·축산자금·어업자금·산림개발자금으로 융자하고 이를 확인한 경우

㉡ 주택법 제9조에 따른 주택건설사업자에 대하여 금융기관(국민주택사업특별회계가 설치된 지방자치단체를 포함한다)의 장이 국민주택규모 이하의 주택을 건설하기 위한 자금으로 융자하고 이를 확인한 경우

⑤ 농업·농촌 및 식품산업 기본법 제3조제2호에 따른 농업인, 수산업·어촌발전 기본법 제3조제3호에 따른 어업인 또는 농어업경영체 육성 및 지원에 관한 법률 제16조에 따라 설립된 영농조합법인 및 같은 법 제19조에

따라 설립된 농업회사법인이 농지에 대하여 저당권의 설정등기 및 이전등기를 할 때(주도기령 별표 3 마).

⑥ 관계 법령에 따라 조세를 납부하여야 하는 자가 그 법령에서 정하는 바에 따라 분납·연부연납(세금 신고기한 경과 후 장기간 분할납부하는 것을 말한다) 또는 조세의 납부시기를 연기할 목적으로 제공한 담보에 대하여 저당권설정등기를 할 때(주도기령 별표 3 바).

⑦ 주택도시공사가 주택도시기금법 제26조에 따른 업무 중 보증업무를 수행하는 경우로서 건축허가를 받거나 부동산등기를 할 때(주도기령 별표 3 사).

⑧ 국가유공자 등 예우 및 지원에 관한 법률」, 「보훈보상대상자 지원에 관한 법률」, 「5·18민주유공자예우 및 단체설립에 관한 법률」, 「제대군인지원에 관한 법률」 및 「특수임무유공자 예우 및 단체설립에 관한 법률」을 적용받는 자가 대부금으로 취득한 재산을 담보로 제공하거나 대부를 받기 위하여 담보로 제공하는 재산에 대하여 근저당권설정등기를 할 때(주도기령 별표 3 아).

⑨ 다음의 어느 하나에 해당하는 사람이 담보로 제공하는 주택에 대하여 근저당권설정등기를 할 때(주도기령 별표 3 자).

㉠ 「한국주택금융공사법」 제43조의2에 따라 한국주택금융공사로부터 주택담보노후연금보증을 받는 사람

㉡ 장기주택저당대출(주택소유자가 주택에 저당권을 설정하고 「한국주택금융공사법」 제2조 제11호의 금융기관으로부터 연금방식으로 생활자금을 대출받는 것을 말한다)에 가입한 사람

⑩ 자본시장과 금융투자업에 관한 법률」 제229조제2호에 따른 부동산집합투자기구가 건축허가를 받거나 부동산등기를 할 때(주도기령 별표 3 차).

⑪ 외국인투자 촉진법 제2조에 따른 외국인투자기업이 업무용 부동산의 등기를 하는 경우, 외국인투자 촉진법 제9조에 해당하는 외국인투자기업은 매입대상채권액의 100퍼센트, 그 밖의 외국인투자기업은 매입대상채권액 중 외국인투자비율에 해당하는 금액(주도기규 별표 1, 1).

⑫ 한국환경공단법에 따른 한국환경공단이 업무용 부동산의 등기를 하는 경우(주도기규 별표 1, 3).

⑬ 신문 등의 진흥에 관한 법률 제9조에 따른 일반일간신문, 특수 일간신문, 일반주간신문 및 특수주간신문을 발행하기 위하여 등록한 자와 뉴스통신 진흥에 관한 법률 제8조에 따라 뉴스통신사업을 하기 위하여 등록한 자 및 방송법 제2조제3호에 따른 방송사업자가 언론사업 수행에 직접 사용되는 부동산(수익사업용은 제외한다)에 대한 등기를 하는 경우(주도기규 별표 1, 4).

⑭ 중소기업기본법 제2조에 따른 중소기업(중소기업창업 지원법 제3조 단서에서 정한 중소기업은 제외한다)이 자기의 부동산(공유 부동산인 경우에는 담보대출 받는 중소기업의 공유지분으로 한정한다)으로 금융기관(제2호의 금융기관을 말한다) 또는 「중소기업진흥에 관한 법률」에 따른 중소기업진흥공단의 담보대출을 받는 경우의 저당권설정등기(주도기규 별표 1, 8).

⑮ 제주특별자치도 설치 및 국제자유도시 조성을 위한 특별법」에 따른 제주국제자유도시개발센터가 업무용 부동산의 등기를 하는 경우(주도기규 별표 1, 12).

⑯ 자산유동화계획에 의하여 유동화자산을 양도 또는 신탁하거나 유동화자산에 대하여 저당권을 설정하는 경우(자유 36의2).

다. 설정비용의 부담자

근저당권설정비용을 채권자와 채무자(또는 설정자) 중 누가 부담하는지에 관하여는 종래 근저당권설정계약서에서 채무자(또는 설정자)가 부담하는 것으로 하였다. 그러나 그 부담자에 관하여 논란이 제기되자 근저당권설정계약서를 변경하여 채권자와 채무자(또는 설정자)가 개별적으로 합의하여 정하는 것으로 하였다가, 현재는 기본적으로 은행이 부담하는 것으로 하여 다음과 같이 정하고 있다. 우선 근저당권설정 직접 비용에 관하여는 등록면허세, 지방교육세, 등기신청 수수료 및 법무사 수수료는 근저당권설정등기를 하는 경우는 채권자가 부담하고, 근저당권설정말소등기를 하는 경우는 채무자(또는 설정자)가 부담하며, 국민주택채권매입비는 채무자(또는 설정자)가 부담한다. 다음에 근저당권설정 간접비용에 관하여는 근저당물건의 조사 및 감정평가수수료는 근저당권을 설정하기 위한 경우는 채권자가 부담하고, 채무자의 채무불이행으로 인하여 근저당권을 행사하는 경우는 채무자(또는 설정자)가 부담하며, 기타 비용으로서 부담 주체가 분명하지 않은 경우는 채권자와 채무자(또는 설정자) 균분으로 부담한다.

[참고] 저당권설정등기의 등기부(을구) 기재례

(1) 저당권설정등기

순위번호	등기목적	접 수	등 기 원 인	권리자 및 기타사항
1	저당권설정	○년 ○월 ○일 제○○호	○년 ○월 ○일 설정계약	채권액 ○○원 변제기 ○년 ○월 ○일 이자 년 ○% 이자지급시기 매월 25일 지연배상금율 년 ○% 채무자 ○○○ 서울 ○구 ○동 ○번지 ○호 저당권자 □□□ ○○○-○○-○○○○○○ 서울 ○구 ○동 ○번지 ○호

(2) 근저당권설정등기

순위번호	등기목적	접 수	등 기 원 인	권리자 및 기타사항
1	근저당권 설정	○년 ○월 ○일 제○○호	○년 ○월 ○일 설정계약	채권최고액 ○○원 채무자 ○○○ 서울 ○구 ○동 ○번지 ○호 근저당권자 □□은행 ○○○-○○-○○○○○○ 서울 ○구 ○동 ○번지 ○호 (취급지점 △△지점)

(3) 공동근저당권설정(5개 미만)

순위번호	등 기 목 적	접 수	등 기 원 인	권리자 및 기타사항
1	근저당권 설정	○년 ○월 ○일 제○○호	○년 ○월 ○일 설정계약	채권최고액 ○○원 채무자 ○○○ 서울 ○구 ○동 ○번지 ○호 근저당권자 □□은행 ○○○-○○-○○○○○○ 서울 ○구 ○동 ○번지 ○호 (취급지점 △△지점) **공동담보 건물등기 제○호[1]**

※ 주 1) 등기구획이 다른 공동담보 부동산인 때에는 ○동 건물등기 제○호로 다른 등기소 관할의 공동담보 부동산인 때에는 ○구 ○동 건물등기 제○호로 기재한다.

(4) 공동근저당권설정(5개 이상)

순위번호	등 기 목 적	접 수	등 기 원 인	권리자 및 기타사항
1	근저당권설정	○년 ○월 ○일 제○○호	○년 ○월 ○일 설정계약	채권최고액 ○○원 채무자 ○○○ 서울 ○구 ○동 ○번지 ○호 근저당권자 □□은행 ○○○-○○-○○○○○○ 서울 ○구 ○동 ○번지 ○호 (취급지점 △△지점) **공동담보 건물등기 제○호**

(3) 공동순위의 근저당권

예컨대 S은행과 K은행이 동일한 부동산을 담보로 A에게 각각 10억 원과 5억 원의 대출을 하려고 할 때에, S은행과 K은행 중 어느 일방을 선순위로 하고 다른 일방을 후순위로 하지 않고, 양자를 동일 순위로 하여 공평하게 근저당권을 설정하는 방법으로는, 다음과 같은 두 가지 방법을 생각해 볼 수 있다.

첫째는 S은행과 K은행이 15억 원의 대출을 10대 5의 비율로 공동융자하여 채권의 준공유자가 되고, 준공유 채권 15억 원을 담보하기 위한 근저당권설정계약도 공동으로 체결하여, 공동근저당권자로서 등기함으로써 근저당권의 준공유자가 되는 방법이고, 둘째는 S은행과 K은행이 각자의 대출약정에 따라 대출실행하고, 근저당권설정계약도 각자 체결하되 그 등기신청을 동시에 하여, 그 순위가 동일하게 되도록 하는 방법이다.

둘째의 방식에 의한 근저당권설정이 가능한 것은 부동산등기법 제11조 제3항은 「등기관은 접수번호의 순서에 따라 등기사무를 처리하여야 한다」고 규정하는 한편 부동산등기규칙 제65조 제2항은 「같은 부동산에 관하여 동시에 여러 개의 등기신청이 있는 경우에는 같은 접수번호를 부여하여야 한다」고 규정함으로써 동일 순위의 근저당권을 설정할 수 있도록 하고 있기 때문이다. 그리고 실무상 동시신청은 두 개의 근저당권설정등기신청서를 함께 제출하되 앞장의 첫머리 여백에 「동시신청」이라 주서(朱書)하고 그 신청서상에 일련번호를 붙이는 방법으로 하도록 하고 있다.

S은행과 K은행이 협조융자(또는 공동융자)의 방식으로 대출한 후 채권의 공

동관리를 하고자 하는 경우에는 첫째의 방식으로 근저당권을 설정하는 것이 적절하고, 각자 별개로 대출하고 채권관리도 각자 별개로 하고자 하는 경우에는 둘째의 방식으로 근저당권을 설정하는 것이 적절하다고 본다.

판례 3-5

준공유하는 근저당권의 법률관계

① 여러 채권자가 같은 기회에 어느 부동산에 관하여 하나의 근저당권을 설정받아 이를 준공유하는 경우 그 근저당권은 준공유자들의 피담보채권액을 모두 합쳐서 채권최고액까지 담보하게 되고, 피담보채권이 확정되기 전에는 근저당권에 대한 준공유비율을 정할 수 없으나 피담보채권액이 확정되면 각자 그 확정된 채권액의 비율에 따라 근저당권을 준공유하는 것이 되므로, 준공유자는 각기 그 채권액의 비율에 따라 변제 받는 것이 원칙이다. 그러나 준공유자 전원의 합의로 피담보채권의 확정 전에 위와 다른 비율을 정하거나 준공유자 중 일부가 먼저 변제받기로 약정하는 것을 금할 이유가 없으므로 그와 같은 약정이 있으면 그 약정에 따라야 하며, 이와 같은 별도의 약정을 등기하게 되면 제3자에 대하여도 효력이 있다.

② 근저당권의 준공유자들이 각자의 공유지분을 미리 특정하여 근저당권설정등기를 마쳤다면 그들은 처음부터 그 지분의 비율로 근저당권을 준공유하는 것이 되고, 이러한 경우 다른 특별한 사정이 없는 한 준공유자들 사이에는 각기 그 지분비율에 따라 변제받기로 하는 약정이 있었다고 봄이 상당하므로, 그 근저당권의 실행으로 인한 경매절차에서 배당을 하는 경매법원으로서는 배당시점에서의 준공유자 각자의 채권액의 비율에 따라 안분하여 배당할 것이 아니라 각자의 지분비율에 따라 안분하여 배당해야 하며, 어느 준공유자의 실제 채권액이 위 지분비율에 따른 배당액보다 적어 잔여액이 발생하게 되면 이를 다른 준공유자들에게 그 지분비율에 따라 다시 안분하는 방법으로 배당해야 한다(대판 2008.3.13. 2006다31887).

4. 근저당목적물의 부보와 질권설정

(1) 부보와 질권설정의 필요성

근저당목적물이 멸실·훼손되어 그 가치를 상실하게 될 경우에는, 채무불이행 시 그 교환가치로부터 우선변제를 받으려는 목적을 달성할 수 없게 된다. 그러므로 멸실·훼손의 가능성이 있는 저당목적물에 대하여는, 그 멸실·훼손이 있어도 그 가치를 보전할 수 있는 특별한 조치를 취하여 둘 필요가 있는 바, 그 수단으로서 보험제도를 이용할 수 있다.

따라서 멸실·훼손의 가능성이 있는 목적물에 근저당권을 설정하는 경우에는, 채무자나 근저당권설정자로 하여금 반드시 당해 근저당목적물을 보험에 들도록 하여야 한다. 그리고 이 근저당목적물의 부보와 관련하여서는 다음과 같은 2가지 점에 유의를 요한다. 첫째는 부보금액을 얼마로 할 것인가 하는 것이고 둘째는 그에 대한 채권보전의 방법이다.

전자의 경우는 채권보전에 필요한 정도의 보험금만 나오면 될 것이므로 반드시 근저당목적물의 실제가격에 상응하도록 부보시킬 필요는 없고, 현재의 채권액에 소정의 부보율(보통은 담보비율과 동일하다)을 곱하여 산출한 금액에서 멸실·훼손, 즉 이재(罹災)의 가능성이 없는 담보물(토지, 유가증권 등)의 가액을 공제한 금액으로 부보시키면 될 것이고, 후자의 경우는 보험금청구권에 대하여도 별도로 담보권(질권)을 설정하여 두면 될 것이다.

보험금에 대하여는 담보물권의 공통성질인 물상대위성에 의하여 근저당권의 효력이 미치므로,[54] 별도로 질권을 설정해둘 필요가 없지 않은가 하는 의문이 있을 수 있다. 그러나 보험금에 대하여 물상대위를 할 수 있다는 것만으로는 채권보전이 완전하게 이루어져 있다고 할 수가 없다. 예컨대 건물에 대한 근저당권과 건물보험금청구권에 대한 질권은 별개의 독립한 담보권에 속하므로, 양자가 경합하게 되는 경우가 생길 수 있고, 또 경합하지 않더라도 보험금에 대하여 근저당권에 기한 물상대위권을 행사하려면 당해 보험금이 지급되기 전에 압류하여야 하며, 따라서 압류 이전에 보험금이 지급되어 버리면 그 후에는 물상대위권을 행사할 수 없게 되는데, 저당권자가 이러한 사실을 정확하게 파악하여 적기에 권리를 행사한다는 것은 용이한 일이 아니기 때문이다.

그리고 보험금청구권에 대한 담보권설정은 보통의 경우에는 담보제공자로 하여금 담보제공자를 피보험자로 하여 보험계약을 체결하게 하고, 그 보험금청구권에 대하여 채권자 앞으로 질권을 설정하게 하면 된다.

(2) 물상대위권과 질권이 경합하는 경우의 우선순위

동일한 보험금청구권에 대하여, 근저당권에 기한 물상대위권과 질권이 경합하는 경우, 예컨대 S은행이 A에게 대출하면서 A소유의 X부동산에 근저당권을 설정받았으나, A가 X부동산의 이재시 보험회사에 대하여 가지는 보험금청구권

54) 민법주해(Ⅵ) 401(양승태), 곽윤직 물권법 410.

에 질권을 설정하지 않아, 동 보험금청구권에 대하여는 K가 A로부터 질권을 설정받은 후 X부동산에 보험사고가 발생한 때에는, A가 보험회사가 대하여 가지는 보험금지급청구권에 관하여 S은행의 물상대위권과 K의 질권이 경합하게 되는데, 이 경우 어느 쪽이 우선하는 것으로 보아야 할 것인지가 문제로 된다.

이에 관하여는 민법 제342조가 규정하는 물상대위를 위한 압류의 의미를 어떻게 볼 것인지에 따라 그 결론을 달리하게 된다. 물상대위를 위한 압류의 의미에 관하여는 요건행위설과 특정성보전설이 있다. 요건행위설은 압류는 물상대위권행사의 요건으로서 반드시 근저당권자 자신이 하는 것을 요하고, 다른 채권자가 그 채권보전을 위하여 하는 압류는 근저당권자의 권리를 보전하는 효력이 없다고 한다. 이에 대하여 특정성보전설은 압류는 담보물의 특정성을 보전하기 위한 것으로 다른 채권자에 의하여 이미 압류가 되어 있으면 특정성이 보전되는 것이므로 근저당권자가 물상대위권을 행사하기 위하여 다시 압류할 필요가 없다고 한다.

양 설을 위의 사례에 적용하면 요건행위설의 입장에서는 질권설정의 제3자 대항요건인 질권설정통지서 또는 질권설정승낙서상의 확정일자와 물상대위를 위한 압류일자를 기준으로 그 우선순위를 정하게 되는 반면, 특정성보전설의 입장에서는 질권설정의 제3자 대항요건인 질권설정통지서 또는 질권설정승낙서상의 확정일자와 근저당권의 설정등기일자를 기준으로 그 우선순위를 정하게 된다.

그러나 압류가 공시의 기능을 가질 수 있다고 하여도 그 중점은 대위목적물의 특정성보전을 목적으로 하는 것이라고 해석하여야 할 것이므로 특정성보전설이 타당하다. 또한 특정성보전설이 현재의 통설·판례이다.[55] 그리고 요건행위설에 의할 때에는 다음과 같은 결과가 발생되어 불합리하기도 하다. 즉, 보험금청구권에 대하여 물상대위권을 행사하기 위하여 동 청구권을 압류하려면, 보험계약체결후 보험목적물(담보목적물)에 보험사고가 발생하여야 하는데, 보험금청구권에 대한 질권설정은 보험계약체결과 동시에 하는 것이 보통이므로(일반적으로 보험증권에 질권설정을 승낙하는 내용을 기재하여 확정일자를 받는다), 시간적으로 보아 질권설정의 제3자 대항요건을 갖추는 시기가, 물상대위권을 행사하기 위하여 보험금청구권을 압류하는 시기보다 빠르게 되어 질권이 항상

55) 양 설의 논리적 근거 등 자세한 내용은 제5장 Ⅴ 참조.

우선하는 결과가 된다.

참고로 최근 일본의 최고재판소는 「채권에 대해 일반 채권자의 압류와 저당권자의 물상대위에 기한 압류가 경합한 경우에는 양자의 우열은 일반 채권자의 신청에 의한 압류명령의 제3채무자에게로의 송달과 저당권설정등기의 선후에 의해 결정되고 압류명령의 송달이 저당권설정등기 후이라면 배당을 받을 수 없다」고 판시함으로써[56] 물상대위권 행사를 위한 압류일자가 아니라 저당권설정등기일자를 기준으로 다른 권리자와 우열을 가려야 한다고 한 바 있다.

V. 근저당권설정의 효력이 문제되는 경우

1. 개설

거래의 실무에 있어서는 특정한 부동산에 설정한 근저당권이 그 근저당권설정계약에서 정하고 있는 채권 모두를 담보하지 못하게 되거나 근저당권 자체가 무효가 됨으로써 채권의 회수에 막대한 지장을 초래하는 경우가 있다. 따라서 거래의 원활한 수행을 위해서는 어떠한 경우에 채권의 담보로서 설정받은 근저당권이 무효로 되는지, 또 무효로 되지는 않으나 그 근저당권설정계약에서 정하고 있는 채권 모두를 담보하지 못하게 되는지를 파악하여 그에 대한 대책을 강구할 필요가 있는바, 이하에서는 부동산에 설정한 근저당권의 효력이 문제되는 여러 경우를 구체적으로 예시하여 그 유효성여부와 그에 따른 사전·사후대책에 관하여 알아보기로 한다.

2. 계약편입요건을 구비하지 않고 설정한 근저당권

채권자가 근저당권설정계약을 체결하기 위하여 미리 일방적으로 작성하여 두고 있는 근저당권설정계약서는 약관의 규제에 관한 법률(이하 약관규제법으로

56) 일본최고재판소 평성 10년(1998) 3월 27일 평성 8년(オ) 제1681호.

줄여서 사용하기로 한다)에서 규제하고 있는 약관에 해당한다. 약관은 거래의 일방 당사자(사업자)가 장래 다수의 타방 당사자(고객)와의 거래에 사용할 것을 예상하여 미리 인쇄된 서식으로 만들어 놓은 계약모형으로 사업자가 작성하는 특성상 사업자에게 유리하게 만들어지는 경향이 있다. 이에 약관규제법에서는 사업자가 약관에 의하여 고객에게 불공정한 거래를 함으로써 부당한 이득을 취하는 것을 방지하기 위한 여러 제도적인 장치를 마련하여 두고 있다.

사업자가 미리 일방적으로 작성하여둔 약관의 내용이 상대방인 고객을 구속하는 근거가 무엇인가에 관하여 판례는 「약관 자체가 법규범이거나 또는 법규범적 성질을 가지기 때문이 아니라 당사자가 그 약관의 규정을 계약내용에 포함시키기로 합의하였기 때문」이라고 한다.[57] 따라서 약관은 당사자 사이의 합의에 의하여 계약의 구성부분이 되었을 때에, 즉 당사자 사이의 합의에 의하여 약관이 계약의 일부로 편입되었을 때에 비로소 구속력을 가지게 되는데, 이와 같이 약관이 계약 속에 편입되어 그 내용을 구성하는 것을 계약에의 편입이라고 한다.

따라서 채권자가 미리 일방적으로 작성하여 두고 있는 근저당권설정계약서에 의하여 근저당권을 설정하는 때에는 반드시 약관의 계약편입요건을 구비하여야 한다. 약관의 계약편입요건은 다음과 같은 3가지로 구성되어 있다. 첫째는 약관의 내용을 쉽게 알 수 있도록 한글로 작성하고, 표준화·체계화된 용어를 사용하며, 약관의 중요한 내용을 부호, 색채, 굵고 큰 문자 등으로 명확하게 표시하여 알아보기 쉽게 약관을 작성하여야 하는 점이고(약규 3①), 둘째는 계약을 체결할 때에는 고객에게 약관의 내용을 계약의 종류에 따라 일반적으로 예상되는 방법으로 분명하게 밝히고, 고객이 요구할 경우 그 약관의 사본을 고객에게 내주어 고객이 약관의 내용을 알 수 있게 하여야 하는 점이며(약규 3②본), 셋째는 계약의 성질상 설명이 현저하게 곤란한 경우를 제외하고는 약관에서 정하여져 있는 중요한 내용을 고객이 이해할 수 있도록 설명하여야 하는 점이다(약규 3②).

위 3가지 계약편입요건 중 첫째의 경우는 약관의 작성에 관한 것이고 둘째의 경우 중 앞부분은 약관의 공시에 관한 것으로 개별적인 근저당권설정계약의 체

57) 대판 1998.9.8. 97다53663, 대판 2003.7.11. 2001다6619 참조.

결 전에 미리 공통적으로 갖추어 두고 있어야 하는 사항인 반면, 둘째의 경우 중 뒷부분과 셋째의 경우는 각 고객과 실제로 근저당권설정계약을 체결할 때에 구비하여야 하는 것으로 근저당권설정계약을 체결하는 여신업무의 담당자가 반드시 알고서 실행해야 하는 사항이다.

만일 사업자인 채권자가 근저당권설정계약을 체결할 때에 약관의 계약편입요건 중 둘째와 셋째의 요건을 구비하지 않아 근저당권자와 근저당권설정자 사이에 그 근저당권에 의하여 담보되는 채권의 범위에 관하여 오해가 생긴 때에는 근저당권설정계약서상의 내용에 불구하고 근저당권설정자가 인식하고 있었던 채권의 범위에서만 담보책임을 지게 된다(약규 3④).

사업자가 고객의 요구에 따라 약관의 사본을 교부하였는지 그리고 약관의 중요내용을 고객에게 설명하였는지에 관하여 당사자 사이에 다툼이 있는 경우에 그 입증책임을 사업자와 고객 중 누가 부담하는지에 관하여는 약관규제법의 고객보호 특성상 사업자가 고객에 대한 설명의무를 이행하였음을 입증해야 한다고 보는 것이 타당하다.

사업자가 고객에게 설명하여야 하는 중요한 내용이란 사회통념에 비추어 고객이 계약체결의 여부나 대가를 결정하는데 직접적인 영향을 미칠 수 있는 사항을 말하고, 약관조항 중에서 무엇이 중요한 내용에 해당하는지에 관하여는 일률적으로 말할 수 없으며, 구체적인 사건에서 개별적 사정을 고려하여 판단하여야 한다. 그리고 설명은 당해 계약의 체결 경위 및 방법, 약관에 대한 고객의 이해가능성, 당해 약관이 고객에게 미치는 불이익의 정도 등에 비추어 고객이 이해할 수 있는 방법으로 하여야 한다.[58]

약관의 중요한 내용에 해당하는 사항이라 하더라도 고객이나 그 대리인이 그 내용을 충분히 잘 알고 있는 경우에는 당해 약관이 바로 계약 내용이 되어 당사자에 대하여 구속력을 가지므로 사업자로서는 고객이나 그 대리인에게 약관의 내용을 따로 설명할 필요가 없다. 다만 이 경우 고객이나 그 대리인이 그 약관의 내용을 충분히 잘 알고 있다는 점은 이를 주장하는 사업자 측에서 입증하여야 한다.[59]

---

58) 대판 2013.2.15. 2011다69053 참조.
59) 대판 2003.8.22. 2003다27054 참조.

따라서 채권자가 근저당권설정자에 대하여 근저당권설정계약서상의 내용대로 담보책임을 물을 수 있으려면 근저당권설정자에게 약관의 사본 교부와 함께 중요내용을 잘 설명해 줌으로써 근저당권설정자로 하여금 근저당권설정계약 당시에 자신이 담보책임을 지게 되는 범위에 관하여 오해가 생기지 않도록 확실하게 인식시켜주고, 또한 근저당권설정자가 그 인식이 없었다고 다툴 경우에 대비하여 이를 입증할 수 있는 확실한 증거자료를 확보하고 있을 필요가 있다.

은행에서 서식으로 마련하여 두고 있는 근저당권설정계약서[60]상의 중요내용으로는 피담보채무의 범위, 채권최고액, 근저당권결산기라고 할 수 있다. 이에 따라 은행의 경우는 근저당권설정계약서상에 근저당권의 여러 유형 즉 보통저당권·특정근저당권·한정근저당권·포괄근저당권 의미에 관한 설명내용을 「담보제공자가(저당권설정자)가 꼭 알아두어야 할 사항」으로 하여 근저당권설정계약서 끝부분에 기재하여 두고 근저당권설정계약서 맨 앞면에 이를 읽어 보도록 하는 안내 문구를 두는 한편, 근저당권설정자로 하여금 피담보채무의 범위, 채권최고액, 근저당권결산기를 자필로 기재하도록 하는 이외에, 근저당권설정계약서의 사본을 받았음과 근저당권설정계약의 중요내용에 대하여 설명을 받았음을 인정하는 문구를 자필로 기재하도록 하고 있다.

3. 소유권자 확인을 잘못하고 설정받은 근저당권

예컨대 A가 B의 주민등록증을 위조한 후 B로 행세하여, 주민센터부터 B의 인감증명서를 발급받아 B소유의 부동산에 S은행 앞으로 근저당권을 설정하여 주었다거나 또는 H주식회사의 대표이사가 B인데, 위와 같은 방법으로 A가 B로 행세하여 법원으로부터 인감증명서를 발급받아 H주식회사 소유의 부동산에 S은행 앞으로 근저당권을 설정하여준 경우에는, 비록 S은행이 A를 B로 오인한 데에 과실이 없고 또한 동 부동산등기부에 S은행 앞으로 근저당권설정등기가 이루어졌다 하더라도, 그 근저당권은 효력을 발생할 수 없는 무효인 것으로 된다. 즉, 소유권자의 의사와는 전혀 관계없이 소유권자 아닌 자로부터 근저당권

60) 부록 Ⅰ. 2. 근저당권설정계약서 참조.

을 설정 받아도 그 근저당권은 소유자에 대한 관계에서 무효가 되는 것이다.

따라서 근저당권설정계약을 체결함에 있어서 예컨대 그 설정자가 개인 「홍길동」 또는 H주식회사의 대표이사 「홍길동」이라고 칭할 경우에는 우선 그가 실지로 「홍길동」인지의 여부를 확인하여야 한다. 「홍길동」이라 칭하는 자가 진짜 「홍길동」인지의 여부를 확인하는데 있어서 가장 일반적인 수단으로 사용되는 것은 주민등록증이다. 주민등록증은 주민등록법에 근거하여 관할시장이나 군수가 만 17세 이상의 주민에게 반드시 발급하여야 하고, 이를 발급받는 자는 항시 이를 소지할 의무를 지며(주민 17의8), 동 주민등록증에는 성명·주민등록번호·생년월일·주소 등의 기재와 얼굴표시 및 지문압날 까지 되어 있기 때문이다. 그러나 주민등록증에도 위조나 변조가 있을 수 있으므로, 주민등록증에 의하여 특정인의 신분을 확인하는 경우에는 그러한 위조나 변조 여부에도 세심한 주의를 기울일 필요가 있으며, 의심의 여지가 있는 경우에는 다른 경로를 통해서 본인인지의 여부를 확인해 보아야 하는 것이다. 그리고 본인확인이 잘못되어 소유권자가 아닌 자로부터 근저당권을 설정 받게 된 경우 그 담보제공자에 대한 조치는, 자신의 소유권취득이 원인무효임을 알고서도 이를 담보로 제공한 경우의 그 담보제공자에 준하는 것으로 보면 된다(구체적인 내용은 뒤에 설명하는 8. (1) 참조).

4. 의사무능력자로부터 설정받은 근저당권

의사능력 없는 자와 체결한 근저당권설정계약은 당연 무효이다. 의사능력이라 함은 개개의 행위를 함에 있어서 자기 행위의 의미나 결과를 정상적인 인식력과 예기력으로써 합리적으로 판단할 수 있는 정신적 능력 내지 지능을 말한다. 따라서 근저당권설정계약을 체결할 때에는 상대방이 의사능력이 있는지의 여부를 확인하여 보아야 한다. 의사능력의 유무에 관하여는 그 판단의 객관적인 기준이 없으므로 개별적인 거래행위시마다 구체적인 정황을 종합하여 판단할 수밖에 없다.

의사능력 없는 자로부터 근저당권을 설정받은 결과 그 근저당권이 무효가 되더라도 그 설정자에 대하여는 아무런 조치를 취할 수가 없다. 의사무능력자의 행위를 무효로 한 것은 그 의사무능력자를 보호하기 위한 것이기 때문이다. 그리고 이 경우 의사무능력자가 대출받은 채무자인 동시에 담보제공자인 경우에는 그 대출계약도 함께 무효가 되고, 이미 대출해준 금원에 대하여는 현존이익의 범위에서만 반환받을 수 있게 된다. 이에 대하여 채무자와 담보제공자가 다르고 채무자는 의사무능력자가 아니라면 그 채무자에 대하여 담보의 보완을 요구하고, 만일 이것이 여의치 않을 때에는 대출금의 기한 전 상환청구와 함께 그에 따른 강제집행의 보전 등 채권보전조치를 신속하게 취하여야 한다.

5. 제한능력자로부터 설정받은 근저당권

(1) 근저당권설정의 유효요건

근저당권설정이 유효하려면 근저당권설정자에게 앞에서 설명한 의사능력 이외에 행위능력이 있어야 한다. 행위능력이란 단독으로 완전·유효한 법률행위를 할 수 있는 지위 또는 자격이라고 할 수 있으며, 이와 같은 행위능력이 완전하지 못한 자를 제한능력자라고 한다. 현행법상 제한능력자로는 미성년자(민 4~8)·피성년후견인(민 9~11)·피한정후견인(민 12~14) 및 피특정후견인(민 14의2)의 4종류가 있다.[61)]

미성년자는 만 19세 미만의 사람을 말하고(민 4), 피성년후견인은 가정법원이 질병, 장애, 노령, 그 밖의 사유로 인한 정신적 제약으로 사무를 처리할 능력이 지속적으로 결여된 사람에 대하여 본인, 배우자, 4촌 이내의 친족, 미성년후견인, 미성년후견감독인, 한정후견인, 한정후견감독인, 특정후견인, 특정후견감독인, 검사 또는 지방자치단체의 장의 청구에 의하여 성년후견개시의 심판을 한 사람을 말한다(민 9①). 피한정후견인은 가정법원이 질병, 장애, 노령, 그 밖의 사유로 인한 정신적 제약으로 사무를 처리할 능력이 부족한 사람에 대하여 본인, 배우자, 4촌 이내의 친족, 미성년후견인, 미성년후견감독인, 성년후견인, 성년후견감독인, 특정후견인, 특정후견감독인, 검사 또는 지방자치단체의 장의 청

61) 제한능력자 제도는 2011.3.7. 개정 민법에 의하여 종전의 행위무능력자제도를 정비한 것으로 2013.7.1부터 시행되었다.

구에 의하여 한정후견개시의 심판을 한 사람을 말하고(민 12①), 피특정후견인은 가정법원이 질병, 장애, 노령, 그 밖의 사유로 인한 정신적 제약으로 일시적 후원 또는 특정한 사무에 관한 후원이 필요한 사람에 대하여 본인, 배우자, 4촌 이내의 친족, 미성년후견인, 미성년후견감독인, 검사 또는 지방자치단체의 장의 청구에 의하여 특정후견의 심판을 한 사람을 말한다(민 14의2①).

(2) 유효요건에 반한 근저당권의 효력

제한능력자 중 미성년자와 근저당권설정계약을 체결하고 근저당권을 설정하는 때에는 그 법정대리인으로부터 근저당권설정에 대한 동의를 받아야 한다(민 5①). 미성년자의 법정대리인으로는 친권자와 미성년후견인이 있다. 그러나 근저당권의 설정이 친권자와 이해상반행위가 되는 경우에는 그 친권자는 동의권이 없으므로 법원이 선임한 특별대리인의 동의를 받아야 한다(민 921). 또한 친권자가 친권을 상실하거나(민 924) 법률행위의 대리권과 재산관리권을 상실한 때에는 그 친권자는 미성년자의 근저당권설정에 동의할 권리가 없다(민 925). 그리고 미성년자의 법정대리인 중 미성년후견인이 미성년자의 근저당권설정에 동의를 함에 있어서는 미성년후견감독인의 동의를 받아야 한다(민 950①ⅳ).

근저당권설정에 대한 법정대리인의 동의 없이 미성년자와 근저당권설정계약을 체결하고 근저당권을 설정한 경우에도 그 근저당권이 당연 무효가 되는 것은 아니다. 다만 이 경우 미성년자 자신이나 그 법정대리인은 근저당권설정계약을 취소할 수 있고(민 5, 140), 이들의 근저당권설정계약취소가 있는 때에 비로소 그 근저당권은 처음부터 무효인 것으로 된다(민 141본). 그리고 미성년자의 근저당권설정에 미성년후견인의 동의가 있었으나 미성년후견인의 동의에 미성년후견감독인의 동의가 없었던 경우에는 미성년자 또는 미성년후견감독인이 근저당권설정계약을 취소할 수 있고 이 근저당권설정계약취소가 있어야 비로소 그 근저당권이 처음부터 무효인 것으로 된다(민 950③).

제한능력자 중 피성년후견인과는 근저당권설정계약을 체결하고 근저당권을 설정할 수 없다. 그러나 피성년후견인과 근저당권설정계약을 체결하였다고 하여 그 근저당권이 당연 무효인 것은 아니다. 이 경우 피성년후견인이나 그 법정대리인인 성년후견인은 근저당권설정계약을 취소할 수 있으며, 이 근저당권설정계약의 취소가 있어야 비로소 그 근저당권이 처음부터 무효인 것으로 된다(민 10①, 141본).

제한능력자 중 피한정후견인과의 근저당권설정계약은 그것이 가정법원에서 한정후견인의 동의 사항으로 결정한 것인 경우에 한하여 한정후견인의 동의를 받아야 한다(민 13①). 가정법원이 피한정후견인의 근저당권설정을 한정후견인의 동의 사항으로 결정한 경우에, 피한정후견인이 한정후견인의 동의 없이 근저당권설정계약을 체결하고 근저당권을 설정하였어도 그 근저당권이 당연 무효인 것은 아니다. 다만 이 경우 피한정후견인 자신이나 한정후견인은 근저당권설정계약을 취소할 수 있으며, 이 근저당권설정계약의 취소가 있어야 비로소 그 근저당권이 처음부터 무효인 것으로 된다(민 13④, 141본).

제한능력자 중 피특정후견인과의 근저당권설정계약은 유효하다. 피특정후견인에 대하여는 특정후견인의 후원이 있을 뿐 피특정후견인의 법률행위 자체에 어떠한 법적 제약이 따르는 것이 아니기 때문이다(민 14의2).

(3) 제한능력자 등의 확인수단

미성년자인지의 여부와 그 법정대리인인 친권자와 미성년후견인 및 미성년후견감독인이 누구인지는 가족관계 등록 등에 관한 법률과 가족관계등록 등에 관한 규칙에 의한 기본증명서(가등 15①ii, 가등규 21)에 의하여 확인할 수 있다. 그리고 피성년후견인·성년후견인·성년후견감독인이나 피한정후견인·한정후견인·한정후견감독인 또는 피특정후견인·특정후견인·특정후견감독인이 누구인지는 후견등기에 관한 법률에 의한 후견등기사항증명서 또는 후견등기사항부존재증명서에 의하여 확인할 수 있다.

(4) 유효요건에 반한 근저당권설정시의 대응방안

민법에서 규정하는 제한능력자의 보호규정에 위반하여 근저당권이 설정된 것인 경우 그 취소권자가 근저당권설정계약을 취소하면 근저당권은 처음부터 무효인 것이 되므로 채권자로서는 아직 대출금이 지급되지 않은 상태이면 지급을 하여서는 아니되고 지급된 상태이면 다음과 같이 대응하여야 한다.

우선 유효요건에 반한 근저당권설정에 제한능력자측이 책임져야할 사유가 있는지 또는 제한능력자측의 법정추인으로 볼 수 있는 사유가 있는지 검토하여 보아야 한다. 제한능력자가 속임수로써 자기를 행위능력자로 믿게 하거나 미성년자나 피한정후견인이 속임수로써 법정대리인의 동의가 있는 것으로 믿게 하고서 근저당권설정계약을 체결한 경우에는 근저당권설정계약을 취소할 수 없으므로 그 근저당권은 확정적으로 유효하게 되며(민 17), 법정추인의 사유가 있으면 이후 제한능력자측에서 근저당권설정계약을 취소할 수 없게 되어 근저당권이 확정적으로 유효로 되는 것이기 때문이다(민 145). 예를 들어 인감증명서와 주민등록표등본(또는 초본) 상의 생년월일을 변조함으로써 금융회사로 하여금 근저당권설정자를 행위능력자로 오인하게 한 경우에는 속임수로 근저당권을 설정한 것으로 볼 수 있으며, 근저당권설정자와 채무자가 동일인으로서 그 취소의 원인이 대출계약에도 함께 존재하는 때에 제한능력자의 법정대리인(제한능력자가 행위능력자가 된 때에는 그 행위능력자)이 근저당권설정의 사실을 알면서 대출계약에 따른 약정이자의 지급을 하는 경우에는 법정추인을 한 것으로 볼 수 있을 것이다.

다음에 제한능력자가 속임수로 근저당권을 설정한 것으로 볼 수 없고 또한 법정추인이 있는 것으로도 볼 수 없는 경우에는 신속히 그 법정대리인(제한능력자가 행위능력자가 된 때에는 그 행위능력자)과 접촉하여 추인을 받도록 하되(민 15), 만일 추인을 받을 수 없다고 판단되면 다음과 같이 처리하여야 한다. 첫째, 근저당권설정자와 채무자가 동일인으로서 그 취소의 원인이 대출계약에도 함께 존재하는 때에는 바로 철회권을 행사하여 근저당권설정계약과 대출계약을 철회하고(민 16), 지급된 대출금 중 제한능력자에게 현존하는 것의 반환청구를 하되 그 반환청구권의 보전을 위하여 제한능력자의 재산에 가압류 조치를 취해 두어야 한다. 그리고 이 경우 철회권을 최대한 빠른 시일내에 행사하여야 하는 것은 근저당권설정계약과 대출계약의 유효성 여부가 미확정인 상태에서 시일을 끌면 그 만큼 반환받을 현존이익이 줄어들게 되어 손해이기 때문이다(민 141단). 둘째, 근저당권설정자와 채무자가 다르고 채무자는 제한능력자가 아니라면, 바로 근저당권설정계약을 철회하고 채무자에게 그 근저당권의 담보가치에 상응하는 다른 담보의 제공을 요구하고(민 362, 은여기약기 6①), 만일 채무자가 이에 응하지 않으면 대출금의 기한 전 상환청구(민 388)와 함께 그 청구권 보전을 위하여 채무자의 재산에 가압류 조치를 취해 두어야 한다.

6. 대리권 없는 자로부터 설정받은 근저당권

(1) 근저당권설정의 유효요건

근저당권은 소유자 본인 이외에 소유자의 대리인으로부터도 설정받을 수 있다. 대리란 타인(대리인)이 본인의 이름으로 법률행위(의사표시)를 하거나 또는 의사표시를 수령함으로써 그 법률효과가 직접 본인에게 생기게 하는 제도이다.

대리인으로부터 설정받은 근저당권이 유효하려면 그 대리인이 본인을 대리할 수 있는 정당한 대리권을 가지고 있어야 한다. 대리권이 발생하는 원인은 본인의 의사표시에 의한 경우와 법률의 규정에 의한 경우로 크게 나누어 볼 수 있으며, 일반적으로 앞의 경우를 임의대리 뒤의 경우를 법정대리라고 부른다. 본인의 의사표시에 의한 대리 즉 임의대리가 발생하는 경우는 ① 본인의 수권행위에 의한 경우 ② 본인의 선임행위에 의한 경우(상 10, 15, 16, 745, 764) ③ 본인과 대리인 사이의 계약에 의한 경우(민 959의14, 상 87)로 분류하여 볼 수 있고, 법률의 규정에 의한 대리 즉 법정대리가 발생하는 경우는 ① 본인이 제한능력자인 경우(민 920, 938, 959의4) ② 본인이 부재자인 경우(민 25) ③ 자연인이 사망한 경우(민 1053, 1101) ④ 부부간의 일상가사에 관한 경우(민 827)로 분류하여 볼 수 있다.

본인의 의사표시에 의한 대리인 중 ② 본인의 선임행위에 의한 대리인으로는 상업사용인으로서 지배인(상 10), 부분적 포괄대리권을 가진 사용인(상 15), 물건판매점포의 사용인(상 16), 선장(상 749), 선박관리인(상 765)을 들 수 있으며, ③ 본인과 대리인 사이의 계약에 의한 대리인으로는 후견계약에 의한 임의후견인(민 959의14)과 대리상(상 87)이 있다. 본인의 의사표시에 의한 대리인의 3유형은 대리인을 누구로 할 것인지를 모두 본인이 정한다는 점에서 같지만, 그 대리권의 범위에 관하여는 ① 본인의 수권행위에 의한 대리인의 경우는 본인이 정하는 반면 ② 본인의 선임행위에 의한 대리인의 경우는 법률의 규정으로 정하여져 있고 ③ 본인과 대리인 사이의 계약에 의한 대리인의 경우는 본인과 대리인의 계약으로 정한다는 점에서 3유형이 서로 다르다.

법률의 규정에 의한 대리인 중 ① 본인이 제한능력자인 경우의 대리인은 제한능력자가 미성년자이면 친권자(민 920) 또는 미성년후견인(민 938), 피성년후견인이면 성년후견인(민 938), 피한정후견인이면 한정후견인(민 959의4)이고 ② 본인이 부재자인 경우의 대리인은 부재자재산관리인이다(민 25). 그리고 ③ 자연인이 사망한 경우의 대리인은 상속재산관리인(민 1053) 또는 유언집행자(민 1101)이며, ④ 부부간의 일상가사에 관한 경우의 대리인은 타방 배우자이다(민 827).

(2) 대리권 없는 자로부터 설정받은 근저당권의 효력

대리권 없는 자와 근저당권설정계약을 체결하고 설정한 근저당권은 소유자인 본인에 대하여 아무런 효력도 발생하지 않는 것이 원칙이다. 그러나 대리권 없는 자의 근저당권설정행위에 대하여 본인이 어느 정도 그 원인을 제공하고 있고 또한 그 상대방인 근저당권자가 대리인이라 칭하는 자의 대리권 없음에 대하여 선의·무과실인 경우에는 예외적으로 그 근저당권설정의 효력이 본인에 대하여도 발생한다. 앞의 경우 즉 본인에 대하여 근저당권설정의 효력이 발생하지 않는 경우를 협의의 무권대리라하고, 뒤의 경우 즉 본인에 대하여 근저당권설정의 효력이 발생하는 경우를 표현대리라고 한다.

현행법상 근저당권설정의 표현대리가 성립하는 경우로는 ① 소유자가 제3자에게 근저당권설정의 대리권을 수여하였음을 특정의 채권자(근저당권자)에게 표시하였으나, 실제로 그 제3자에게 대리권을 수여하지 않은 상태에서, 그 채권자가 제3자의 대리권 없음을 과실 없이 알지 못하고서, 그 제3자로부터 근저당권을 설정받은 경우(민 125) ② 제3자의 채권자에 대한 근저당권설정행위가 그의 대리권의 범위를 넘는 것이지만, 채권자가 그 대리권의 범위 내라고 믿은 데 대하여 정당한 이유가 있는 경우(민 126) ③ 제3자의 채권자에 대한 근저당권설정행위가 그의 대리권이 소멸한 후에 이루어진 것이지만, 채권자가 아직 대리권이 있다고 과실 없이 믿은 경우(민 129)의 3가지이다. 그리고 위 ①~③의 표현대리에 관한 민법의 규정은 임의대리에 관한 것이지만, 이 중 ②와 ③의 표현대리에 관한 민법의 규정은 법률의 규정에 의한 대리 즉 법정대리에 관하여도 적용된다는 것이 통설·판례[62]이다.

한편 본점 또는 지점의 영업주임, 기타 유사한 명칭을 가진 사용인(이를 표현지배인이라 한다)은, 선의의 제3자에 대하여 본점 또는 지점의 지배인과 동일한 권한을 가진 것으로 취급된다(상 14). 이는 처음부터 지배인이 아닌 자의 대리행위에는 위와 같은 표현대리에 관한 민법의 규정을 적용할 수 없으므로 특별히 상법에서 규정을 두어 본인으로 하여금 그 책임을 지도록 한 것이다. 그리고 이 표현지배인에 관한 상법의 규정은 상대방이 선의이기만 하면 적용되는 반면 표현대리에 관한 민법의 규정은 상대방이 선의이고 무과실이어야 적용된다는 점에 차이가 있다. 다만 과실에는 경과실과 중과실이 있는데 중과실이 있는 경우는 악의로 보아야 한다는 것이 통설이므로, 표현대리인과 표현지배인의 행위에 대한 본인의 책임에 관한 실제 차이는 표현대리인의 대리권 없는 대리행위에 대하여는 상대방에게 중과실은 물론이고 경과실이라도 있으면 본인의 책임이 인정되지 않음에 대하여 표현지배인의 대리권 없는 대리행위에 대하여는 상대방에게 중과실이 있는 경우만 본인의 책임이 인정되지 아니하고 경과실이 있는 경우는 본인의 책임이 인정된다는 점이라고 할 수 있다. 따라서 이들 표현지배인과 체결한 근저당권설정계약의 경우는, 이들에게 근저당권설정계약의 체결권한이 부여되어 있지 않다 하더라도, 근저당권자가 이들 표현지배인을 지배인과 동일한 권한이 있는 것으로 믿었고 그 믿은데 중대한 과실이 없으면, 그 근저당권은 유효하게 효력을 발생하게 된다.

(3) 대리권의 확인수단

본인의 의사표시에 의한 대리인 중 ① 본인의 수권행위에 의한 대리인은 본인이 대리인에게 작성하여 준 위임장에 의하여 확인하는 것이 보통이다. 그리고 ② 본인의 선임행위에 의한 대리인 중 지배인은 상업등기사항증명서(상업등기규칙 31)에 의하여, 선박관리인은 선박등기사항증명서(선등규 5④, 9)에 의하여, 선장이나 부분적 포괄대리권을 가진 상업사용인과 물건판매점포의 사용인은 본인의 선임확인서나 영업점포 등에서의 사실관계에 의하여 확인할 수 있고 ③ 본인과 대리인 사이의 계약에 의한 대리인 중 임의후견인은 공정증서로 작성한 본

62) 대판 1997.6.27. 97다3828, 대판 1975.1.28. 74다1199 참조.

인과 대리인의 계약서에 의하여(민 959의14②), 대리상은 본인과 대리상 사이의 계약서에 의하여 확인할 수 있다.

법률의 규정에 의한 대리인 중 ① 본인이 제한능력자인 경우의 대리인인 친권자(민 920) 또는 미성년후견인(민 938), 성년후견인(민 938), 한정후견인(민 959의4)은 후견등기에 관한 법률(입법 준비 중)에 의한 후견등기사항증명서에 의하여 확인할 수 있다. 다음에 ② 본인이 부재자인 경우의 대리인인 부재자재산관리인(민 25)과 ③ 자연인이 사망한 경우의 대리인인 상속재산관리인은 법원의 선임심판서에 의하여 확인할 수 있다(민 22①, 23, 1053①). 또한 자연인이 사망한 경우의 또 다른 대리인인 유언집행자(민 1101)는 유언집행자가 사망한 자의 유언으로 정해진 때에는 유언자의 유언에 의하여(민 1093), 유언자의 유언이 없어 상속인이 유언집행자가 되는 때에는 사망한 자의 가족관계증명서와 제적등본 등에 의하여, 그리고 유언집행자가 법원의 선임에 의하여 정해진 때에는 법원의 선임심판서에 의하여 확인할 수 있다(민 1096①). 그리고 ④ 부부간의 일상가사에 관한 경우의 대리인인 타방 배우자(민 827)는 가족관계증명서에 의하여 확인할 수 있다.

(4) 대리권 없는 자로부터 근저당권을 설정받은 경우의 대응방안

가. 대출계약과 근저당권설정계약 모두 대리권 없이 체결된 경우

채무자와 근저당권설정자가 동일인으로서 대리인(표현지배인)이 대출계약과 근저당권설정계약 모두에 관하여 본인을 대리할 수 있는 대리권이 없는 경우에 근저당권자로서는 표현대리(또는 표현지배인 관계)의 성립여부를 검토하여 다음과 같이 처리하여야 한다.

첫째, 표현대리(또는 표현지배인 관계)가 성립되는 것으로 판단되고 또한 본인도 이를 다투지 않으면, 본인으로부터 그 대리행위의 추인이나 표현대리(또는 표현지배인 관계)의 성립을 인정하는 확인서를 받아 두면 된다.

둘째, 본인이 표현대리(또는 표현지배인 관계)의 성립을 부정하고 채권자로서도 표현대리(또는 표현지배인 관계)가 성립되지 않는다고 판단되면 대출계약과 근저당권의 유효성을 인정받을 수 없어 본인에 대하여 대출계약에 따른 채무의 이행을 청구할 수 없고 근저당권도 무효로써 말소에 응하는 수밖에 없으므로 채권자로서는 이미 실행된 대출채권을 보전하기 위하여 다음과 같은 조치를 취해 두어야 한다.

채권자로서는 대리인(또는 표현지배인)에 대하여 일차적으로 무효인 근저당권의 담보가치에 상응하는 다른 담보를 제공하고 대출채무를 인수하도록 청구하되, 대리인(또는 표현지배인)이 이 청구에 응하지 않으면 바로 본인에 대한 대출계약과 근저당권설정계약이 무효임에 따라 채권자가 입을 손해의 배상을 청구하고(민 135①), 아울러 그 손해배상청구권을 보전하기 위하여 대리인(또는 표현지배인)의 재산에 가압류 조치를 취해 두어야 한다. 다만 채권자가 대리인(또는 표현지배인)에게 위와 같은 청구를 할 수 있으려면 대출계약과 근저당권설정계약을 체결할 때에 대리인에게 본인을 대리할 수 있는 대리권이 없다는 사실을 알았거나 알 수 있었던 경우가 아니어야 하고, 또한 대리인(또는 표현지배인)이 제한능력자가 아니어야 한다(민 135②).

셋째, 표현대리(또는 표현지배인 관계)가 성립되는 것으로 판단되지만 본인이 표현대리(또는 표현지배인 관계)의 성립을 다투는 경우에는, 본인을 상대로 소를 제기하여 근저당권이 유효하게 설정되었음을 확인하여 두는 방법과 대리인(또는 표현지배인)에게 대상 근저당권의 담보가치에 상응하는 다른 담보를 제공하고 대출채무를 인수하도록 청구하되, 대리인(또는 표현지배인)이 이에 응하지 않으면 대출계약과 근저당권설정계약이 무효임에 따라 채권자가 입을 손해의 배상을 청구하고(민 135①), 아울러 그 손해배상청구권을 보전하기 위하여 대리인(또는 표현지배인)의 재산에 가압류 조치를 취해 두는 것 중 어느 것이 유리한지 비교하여 다음과 같이 처리하여야 한다.

먼저 대리인(또는 표현지배인)에게 충분한 변제자력이 있는지 여부를 검토하여, 충분한 변제자력이 있는 것으로 판단되면, 일차적으로 대리인(또는 표현지배인)으로 하여금 대리권의 존재를 증명하거나 본인의 추인을 받아내도록 하고, 만일 대리인(또는 표현지배인)이 이를 충족시키지 못하면 대리인(또는 표현지배인)으로 하여금 그 근저당권의 담보가치에 상응하는 다른 담보를 제공하고 대출채무를 인수하도록 하되, 대리인(또는 표현지배인)이 이에 응하지 않으면 대출계약과 근저당권설정계약이 무효임에 따라 채권자가 입을 손해의 배상을 청구하고(민 135) 아울러 그 손해배상청구권을 보전하기 위하여 대리인(또는 표현지배인)의 재산에 가압류를 하여 두어야 한다. 반면에 대리인(또는 표현지배인)에게 충분한 변제자력이 없다고 판단되면, 본인을 상대로 소를 제기하여 대출계약과 근저당권설정의 유효임을 확인받아 두도록 하되, 그 유효성 확인에 실패할 경우에 대비하여 대리인(또는 표현지배인)으로부터 대출계약과 근저당권설정의 무효로 채권자가 입을 손해의 배상을 받을 수 있도록 미리 대리인의 재산에 가압류 등 채권보전 조치를 취해 두어야 한다.

나. 근저당권설정계약만 대리권 없이 체결된 경우

채무자와 근저당권설정자가 서로 다른 자로서 대출계약은 유효하나, 근저당권설정계약이 대리권 없이 체결된 경우에도 채권자로서는 표현대리(또는 표현지배인 관계)의 성립여부를 검토하여 다음과 같이 처리하여야 한다.

첫째, 표현대리(또는 표현지배인 관계)가 성립되는 것으로 판단되고 또한 본인도 이를 다투지 않으면, 본인으로부터 그 대리행위의 추인이나 표현대리(또는 표현지배인 관계)의 성립을 인정하는 확인서를 받아 두면 된다.

둘째, 본인이 표현대리(또는 표현지배인 관계)의 성립을 부정하고 근저당권자로서도 표현대리(또는 표현지배인 관계)가 성립되지 않는다고 판단되면 근저당권의 유효성을 인정받을 수 없어 근저당권의 말소에 응하는 수밖에 없다. 따라서 이 경우 채권자로서는 이미 실행된 대출채권을 보전하기 위하여 다음과 같은 조치를 취해 두어야 한다.

채무자에게는 일차적으로 무효인 근저당권의 담보가치에 상응하는 다른 담보의 제공을 청구하도록 하되(민 362, 은여기약기 6①), 그 청구에 따른 담보의 제공이 없으면 대출금의 기한 전 상환청구를 하고(민 388) 그 청구권을 보전하기 위하여 채무자의 재산에 가압류 조치를 취해 두어야 하고, 아울러 대리인(또는 표현지배인)에 대하여도 무효인 근저당권의 담보가치에 상응하는 다른 담보의 제공을 청구하되 그에 따른 담보의 제공이 없으면 바로 근저당권이 무효임에 따라 대출채권의 회수에 지장이 초래된 데에 따른 손해배상을 청구하고 아울러 그 손해배상청구권을 보전하기 위하여 대리인(또는 표현지배인)의 재산에 가압류조치를 취해 두어야 한다(민 135).

셋째, 표현대리(또는 표현지배인 관계)가 성립되는 것으로 판단되지만 본인이 표현대리(또는 표현지배인 관계)의 성립을 다투는 경우에는, 본인을 상대로 소를 제기하여 근저당권이 유효하게 설정되었음을 확인하여 두는 방법 이외에, 채무자에 대하여는 대상 근저당권의 담보가치에 상응하는 다른 담보를 제공을 요구하되(민 362, 은여기약기 6①), 그 청구에 따른 담보의 제공이 없으면 대출금의 기한 전 상환청구를 하고(민 388) 그 청구권을 보전하기 위하여 채무자의 재산에 가압류 조치를 취해 두어야 하고, 아울러 대리인(또는 표현지배인)에 대하여도 무효인 근저당권의 담보가치에 상응하는 다른 담보의 제공을 청구하되 그에 따른 담보의 제공이 없으면 바로 근저당권이 무효임에 따라 대출채권의 회수에 지장이 초래된 데에 따른 손해배상을 청구하고 아울러 그 손해배상청구권을 보전하기 위하여 대리인(또는 표현지배인)의 재산에 가압류조치를 취해 두어야 한다(민 135).

7. 대표권 없는 자로부터 설정받은 근저당권

(1) 근저당권설정의 유효요건

자연인 이외에 근저당권자가 될 수 있는 자로는 법인과 법인 아닌 사단(권리능력 없는 사단이라고도 한다) 또는 법인 아닌 재단(권리능력 없는 재단이라고도 한다)을 들 수 있다.

법인이란 자연인 이외의 존재로서 권리·의무의 주체가 될 수 있는 지위 즉 법인격이 주어진 것을 말한다. 현행법상 자연인 이외의 존재로서 법인격이 주어진 것을 크게 분류하여 보면 일정한 목적과 조직하에 결합한 사람의 집단(사단 또는 조합)인 사단법인과 일정한 목적을 가진 재산의 집단인 재단법인으로 나누어 볼 수 있다.

사단법인은 일정한 공동목적을 가진 인격체를 구성요소로 하여 법률상 구성된 법인으로서 그 설립근거법에 따라 민법상의 비영리법인과 상법상의 회사 및 특별법상의 특수법인으로 나누어 볼 수 있다. 재단법인은 일정한 목적을 위하여 출연된 재산을 개인의 권리에 귀속시키지 않고 그것을 독립의 것으로 하여 운용하도록 그 재산을 구성요소로 하여 법률상 구성된 법인으로서 그 설립근거법에 따라 민법상의 법인과 특별법상의 재단법인으로 나누어 볼 수 있다.

그런데 위와 같은 법인과 법인 아닌 사단 또는 법인 아닌 재단은 관념상의 존재이므로, 그 소유인 부동산에 대한 근저당권설정 등 현실적인 법률행위는 자연인인 대표기관을 통하여 할 수밖에 없으며, 그 대표기관의 법률행위가 법인과 법인 아닌 사단 또는 법인 아닌 재단의 법률행위로 간주되어, 그에 따른 권리의무가 법인과 법인 아닌 사단 또는 법인 아닌 재단에 귀속되게 된다. 따라서 근저당권설정자가 법인이나 법인 아닌 사단 또는 재단인 때에는 채권자로서는 그 법인이나 법인 아닌 사단 또는 재단의 대표기관이 누구인지 확인하여 그 대표기관과 근저당권설정계약을 체결하고 근저당권을 설정 받아야 한다.

민법상의 비영리법인의 대표기관은 이사이다(민 59). 영리법인인 상법상의 회사 중 합명회사의 대표기관은 각 사원 또는 업무집행사원이고(상 207), 합자회사의 대표기관은 무한책임사원(상 269, 207, 208), 주식회사의 대표기관은 대표이사(상 389), 유한회사의 대표기관은 이사이다(상 561). 대표기관이 여러 명인 때에는 각자 대표인 것이 원칙이나 정관이나 내부적인 의사결정으로 여러 명을 공동대표로 할 수도 있다(민 59, 상 208, 269, 389, 562). 특별법상의 법인의 대표기관은 각 특별법에 규정되어 있으며 그 명칭은 총재, 사장, 이사장, 조합장 등으로 다양하게 규정되어 있다. 법인 아닌 사단의 경우는 사원총회에서 정한 자가 그리고 법인 아닌 재단의 경우는 정관으로 정한 자가 대표기관이 되며 그 명칭은 회장, 이사장 등 다양하다.

(2) 대표권 없는 자로부터 설정받은 근저당권의 효력

대표권 없는 자와 근저당권설정계약을 체결하고 설정한 근저당권은 해당 법인이나 법인 아닌 사단 또는 재단에 대하여 아무런 효력도 발생하지 않는 것이 원칙이다. 그러나 법인의 대표에 관하여는 대리에 관한 규정이 준용되므로(민 59②), 앞에서 설명한 대리권 없는 자로부터 설정받은 근저당권의 효력에 관한 내용은 대표권 없는 자로부터 설정받은 근저당권의 효력에 대하여도 그대로 적용되는 것으로 보아야 한다.

따라서 ① 법인의 대표기관을 선정할 수 있는 사원총회나 이사회 등이 채권자에게 특정인을 그 법인의 대표기관으로 선정하였음을 표시하였으나, 실제로 특정인이 대표기관으로 선정되지 않은 상태에서, 채권자가 그 특정인의 대표권 없음을 과실 없이 알지 못하고서, 그 특정인으로부터 근저당권을 설정받은 경우(민 125준용) ② 대표기관의 채권자에 대한 근저당권설정행위가 그의 대표권의 범위를 넘는 것이지만, 채권자가 그 대표권의 범위 내라고 믿은 데 대하여 정당한 이유가 있는 경우(민 126준용) ③ 전 대표기관의 채권자에 대한 근저당권설정 행위가 그의 대표권이 소멸한 후에 이루어진 것이지만, 채권자가 아직 대표권이 있다고 과실 없이 믿은 경우(민 129준용)에는 그 근저당권은 유효하게 설정된 것으로 보아야 한다.

또한 주식회사의 경우 사장, 부사장, 전무, 상무, 기타 회사를 대표할 권한이 있는 것으로 인정될 만한 명칭을 사용한 이사(이를 표현대표이사라 한다)의 행위에 대하여는, 그 이사가 회사를 대표할 권한이 없는 경우에도, 회사는 선의의 제3자에 대하여 그 책임을 지게 된다(상 395). 이는 대표권이 없는 이사의 대표행위에는 위와 같은 표현대리에 관한 민법의 규정을 준용할 수 없으므로 특별히 상법에서 규정을 두어 주식회사에 대한 효력을 인정한 것이다. 그리고 표현대리에 관한 민법규정의 준용에 의한 표현대표자의 대표권 없는 대표행위에 대하여는 상대방이 선의이고 무과실이어야만 해당 주식회사의 책임이 인정되는 반면, 상법규정에 의한 표현대표이사의 대표권 없는 대표행위에 대하여는 상대방이 선의이기만 하면 해당 주식회사의 책임이 인정된다는 점에 차이가 있다. 다만 과실에는 경과실과 중과실이 있는데 중과실이 있는 경우는 악의로 보아야 한다는 것이 통설이므로, 민법규정의 준용에 의한 표현대표자의 대표행위에 대한 해당 주식회사의 책임과 상법규정에 의한 표현대표이사의 대표행위에 대한 해당 주식회사의 책임에 있어서의 실제 차이는, 민법규정의 준용에 의한 표현대표자의 대표권 없는 대표행위에 대한 해당 주식회사의 책임은 상대방이 악의이거나 선의라도 중과실은 물론이고 경과실이라도 있으면 인정되지 않는 반면, 상법규정에 의한 표현대표이사의 대표권 없는 대표행위에 대한 해당 주식회사의 책임은 상대방이 악의이거나 선의이지만 중대한 과실이 있는 경우만 인정되지 아니하고 선의이거나 악의라도 경과실이 있는 경우는 인정되지 않는다는 점이라고 할 수 있다. 따라서 이들 표현대표이사와 체결한 근저당권설정계약의 경우는, 이들에게 해당 법인 등을 대표하여 근저당권설정계약을 체결할 권한이 없다 하더라도, 근저당권자가 이들 표현대표이사를 대표이사와 동일한 권한이 있는 것으로 믿었고 그 믿은데 중대한 과실이 없으면, 그 근저당권은 유효하게 효력을 발생하게 된다.

(3) 대표권의 확인수단

민법상의 비영리법인의 대표기관인 이사(민 59)는 해당 비영리법인의 정관과 법인등기사항증명서에 의하여 확인할 수 있다. 그리고 영리법인인 합명회사·합자회사·주식회사·유한회사·유한책임회사의 대표기관인 업무집행사원이나 대표이사 등(상 207, 208, 269, 389, 561)은 해당 법인의 정관과 상업등기사항증명서에 의하여 확인할 수 있고, 특별법상의 법인의 대표기관은 특별법인 해당 법인의 설립근거법과 정관 및 법인등기사항증명서에 의하여 확인할 수 있다. 그러나 법인 아닌 사단이나 법인 아닌 재단의 경우는 등기에 의하여 공시되고 있지 않으므로 법인 아닌 사단의 경우는 정관과 대표기관의 선임에 관한 총회의사록 등에 의하여 그리고 법인 아닌 재단에 관하여는 정관 등에 의하여 사실관계를 조사하여 확인하는 수밖에 없다.

(4) 대표권 없는 자로부터 근저당권을 설정받은 경우의 대응방안

가. 대출계약과 근저당권설정계약 모두 대표권 없이 체결된 경우

채무자와 근저당권설정자가 동일인으로서 대출계약과 근저당권설정계약 모두에 관하여 대표권이 없는 경우에 근저당권자로서는 표현대리의 준용(또는 표현대표이사 관계)에 의한 근저당권의 유효성 여부를 검토하여 다음과 같이 처리하여야 한다.

첫째, 표현대리의 준용(또는 표현대표이사 관계)에 의하여 근저당권이 유효한 것으로 판단되고 또한 해당 법인 등도 이를 다투지 않으면, 해당 법인으로부터 그 대표행위의 추인이나 근저당권의 유효성을 인정하는 확인서를 받아 두면 된다.

둘째, 해당 법인 등이 표현대리의 준용(또는 표현대표이사 관계)에 의한 근저당권의 유효성을 부정하고 채권자로서도 표현대리의 준용(또는 표현대표이사 관계)이 인정되지 않는다고 판단되면 대출계약과 근저당권의 유효성을 인정받을 수 없어 해당 법인 등에 대하여 대출계약에 따른 채무의 이행을 청구할 수 없고 근저당권도 무효로써 말소에 응하는 수밖에 없으므로 채권자로서는 이미 실행된 대출채권을 보전하기 위하여 다음과 같은 조치를 취해 두어야 한다.

채권자로서는 대표행위자에 대하여 일차적으로 무효인 근저당권의 담보가치에 상응하는 다른 담보를 제공하고 대출채무를 인수하도록 청구하되, 대표행위자가 이 청구에 응하지 않으면 바로 해당 법인 등에 대한 대출계약과 근저당권설정계약이 무효임에 따라 채권자가 입을 손해의 배상을 청구하고(민 135①준용), 아울러 그 손해배상청구권을 보전하기 위하여 대표행위자의 재산에 가압류 조치를 취해 두어야 한다. 다만 채권자가 대표행위자에게 위와 같은 청구를 할 수 있으려면 대출계약과 근저당권설정계약을 체결할 때에 대표행위자에게 해당 법인 등을 대표할 수 있는 대표권이 없다는 사실을 알았거나 알 수 있었던 경우가 아니어야 하고, 또한 대표행위자가 제한능력자가 아니어야 한다(민 135②준용).

셋째, 표현대리의 준용(또는 표현대표이사 관계)에 의하여 근저당권이 유효한 것으로 판단되지만 해당 법인 등이 표현대리의 준용(또는 표현대표이사 관계)에 의한 근저당권의 유효성을 다투는 경우에는, 해당 법인 등을 상대로 소를 제기하여 근저당권이 유효하게 설정되었음을 확인하여 두는 방법과 대표행위자에게 대상 근저당권의 담보가치에 상응하는 다른 담보를 제공하고 대출채무를 인수하도록 청구하되, 대표행위자가 이에 응하지 않으면 대출계약과 근저당권설정계약이 무효임에 따라 채권자가 입을 손해의 배상을 청구하고(민 135①), 아울러 그 손해배상청구권을 보전하기 위하여 대표행위자의 재산에 가압류 조치를 취해 두는 것 중 어느 것이 유리한지 비교하여 다음과 같이 처리하여야 한다.

이에 관하여는 먼저 대표행위자에게 충분한 변제자력이 있는지 여부를 검토하여, 충분한 변제자력이 있는 것으로 판단되면, 일차적으로 대표행위자로 하여금 대표권의 존재를 증명하거나 해당 법인 등의 추인을 받아내도록 하고, 만일 대표행위자가 이를 충족시키지 못하면 대표행위자로 하여금 그 근저당권의 담보가치에 상응하는 다른 담보를 제공하고 대출채무를 인수하도록 하되, 대표행위자가 이에 응하지 않으면 대출계약과 근저당권설정계약이 무효임에 따라 채권자가 입을 손해의 배상을 청구하고(민 135) 아울러 그 손해배상청구권을 보전하기 위하여 대표행위자의 재산에 가압류를 하여 두어야 한다. 반면에 대표행위자에게 충분한 변제자력이 없다고 판단되면, 해당 법인 등을 상대로 소를 제기하여 대출계약과 근저당권설정의 유효임을 확인받아 두도록 하되, 그 유효성 확인에 실패할 경우에 대비하여 대표행위자로부터 대출계약과 근저당권설정의 무효로 채권자가 입을 손해의 배상을 받을 수 있도록 미리 대표행위자의 재산에 가압류 등 채권보전 조치를 취해 두어야 한다.

나. 근저당권설정계약만 대표권 없이 체결된 경우

채무자와 근저당권설정자가 서로 다른 자로서 대출계약은 유효하나, 근저당권설정계약이 대표권 없이 체결된 경우에도 채권자로서는 표현대리의 준용(또는 표현대표이사 관계)에 의한 근저당권의 유효성 여부를 검토하여 다음과 같이 처리하여야 한다.

첫째, 표현대리의 준용(또는 표현대표이사 관계)에 의한 근저당권의 유효성이 인정되는 것으로 판단되고 또한 해당 법인 등도 이를 다투지 않으면, 해당 법인으로부터 그 대표행위의 추인이나 표현대리의 준용(또는 표현대표이사 관계)에 의한 근저당권의 유효성을 인정하는 확인서를 받아 두면 된다.

둘째, 본인이 표현대리의 준용(또는 표현대표이사 관계)에 의한 근저당권의 유효성을 부정하고 근저당권자로서도 표현대리의 준용(또는 표현대표이사 관계)이 인정되지 않는 것으로 판단되면 근저당권의 유효성을 인정받을 수 없어 근저당권의 말소에 응하는 수밖에 없다. 따라서 이 경우 채권자로서는 이미 실행된 대출채권을 보전하기 위하여 다음과 같은 조치를 취해 두어야 한다.

채무자에게는 일차적으로 무효인 근저당권의 담보가치에 상응하는 다른 담보의 제공을 청구하도록 하되(민 362, 은여기약기 6①), 그 청구에 따른 담보의 제공이 없으면 대출금의 기한 전 상환청구를 하고(민 388) 그 청구권을 보전하기 위하여 채무자의 재산에 가압류 조치를 취해 두어야 하고, 아울러 대표행위자에 대하여도 무효인 근저당권의 담보가치에 상응하는 다른 담보의 제공을 청구하되 그에 따른 담보의 제공이 없으면 바로 근저당권이 무효임에 따라 대출채권의 회수에 지장이 초래된 데에 따른 손해배상을 청구하고 아울러 그 손해배상청구권을 보전하기 위하여 대표행위자의 재산에 가압류조치를 취해 두어야 한다(민 135).

셋째, 표현대리의 준용(또는 표현대표이사 관계)에 의하여 근저당권이 유효한 것으로 판단되지만 해당 법인 등이 표현대리의 준용(또는 표현대표이사 관계)에 관하여 다투는 경우에는, 해당 법인 등을 상대로 소를 제기하여 근저당권이 유효하게 설정되었음을 확인하여 두는 방법 이외에, 채무자에 대하여는 대상 근저당권의 담보가치에 상응하는 다른 담보를 제공을 요구하되(민 362, 은여기약기 6 ①), 그 청구에 따른 담보의 제공이 없으면 대출금의 기한 전 상환청구를 하고(민 388) 그 청구권을 보전하기 위하여 채무자의 재산에 가압류 조치를 취해 두어야 하고, 아울러 대표행위자에 대하여도 무효인 근저당권의 담보가치에 상응하는 다른 담보의 제공을 청구하되 그에 따른 담보의 제공이 없으면 바로 근저당권이 무효임에 따라 대출채권의 회수에 지장이 초래된 데에 따른 손해배상을 청구하고 아울러 그 손해배상청구권을 보전하기 위하여 대표행위자의 재산에 가압류조치를 취해 두어야 한다(민 135).

판례 3-6

표현대리의 성립과 무권대리의 추인을 인정한 사례

① 일상가사대리권 외에 별도의 기본대리권이 있는 처가 근저당권설정등기에 필요한 각종 서류를 소지하고 있는데다가 그 인감증명서가 본인인 남편이 발급 받은 것이고, 남편이 스스로 처에게 인감을 보냈음을 추단할 수 있는 문서와 남편의 무인이 찍힌 위임장 및 주민등록증 등을 제시하는 등 남편이 처에게 대리권을 수여하였다고 믿게 할 특별한 사정까지 있었다면, 그 상대방으로서는 처가 남편을 대리할 적법한 권한이 있었다고 믿은데 정당한 이유가 있다.

② 처가 타인으로부터 금원을 차용하면서 승낙 없이 남편 소유 부동산에 근저당권을 설정한 것을 알게 된 남편이, 처의 채무변제에 갈음하여 아파트와 토지를 처가 금전을 차용한 자에게 이전하고 그 토지의 시가에 따라 사후에 정산하기로 합의한 후 그 합의가 결렬되어 이행되지 않았다고 하더라도, 일단 처가 차용한 사채를 책임지기로 한 이상 남편은 처의 근저당권설정 및 금원차용의 무권대리행위를 추인한 것으로 보아야 한다(대판 1995.12.22. 94다45098).

8. 담보제공자의 소유권취득에 법적하자 있는 부동산에 설정받은 근저당권

(1) 근저당권자의 선의·악의 여하에 관계없이 무효인 경우

소유권이전과정에 원인무효사유가 있는 부동산에 설정 받은 근저당권은 무효로써 그 효력을 인정받을 수가 없다. 예컨대 A소유의 부동산이 B·C·D에게 순차로 소유권이전등기 되어 등기부상의 최종소유명의자인 D가 S은행에 근저당권을 설정하였다고 하는 경우에, 만일 A에서 B나 B에서 C 또는 C에서 D에로의 소유권이전에 원인무효사유가 있었다고 하면, D와 S은행 사이에 유효하게 근저당권설정계약이 이루어졌고 또한 그에 따라 동 부동산의 등기부에 근저당권의 설정등기까지 되었다고 하더라도, S은행은 동 부동산에 대하여 근저당권을 취득할 수 없게 된다.

우리 법제상으로는 등기에 공신력이 인정되어 있지 않아, A에서 B로의 소유권이전에 원인무효사유가 있었다고 하면, 그 후 C나 D 또는 S은행에의 소유권이전 또는 근저당권설정이 A에 대한 관계에서 모두 무효로 되고, B에서 C에의 소유권이전에 원인무효사유가 있었다고 하면, D 또는 S은행에의 소유권이전 또는 근저당권설정이 B에 대한 관계에서 모두 무효로 되며, C에서 D에의 소유권이전에 원인무효사유가 있었다고 하면, S은행에의 근저당권설정이 C에 대한 관계에서 무효로 되는 것이기 때문이다.

위 사례에서 A에서 B, B에서 C, 또는 C에서 D로의 소유권이전이 원인무효로 되는 것은, 그 소유권이전의 과정에 A나 B 또는 C의 의사나 행위가 전혀 게재되어 있지 않은 경우이다. 그 대표적인 예로서는 A에서 B로의 소유권이전등기가 A와는 전혀 관계없이 B가 A의 인감도장과 인감증명서를 위조하여, 허위의 매매계약서와 등기신청서 등을 작성하여 등기관을 기망함으로써 이루어진 경우 또는 B와 등기관이 결탁함으로써 이루어진 경우를 들 수 있다. 그리고 이와 같은 A에서 B로의 소유권이전등기가 원인무효인 경우는, 그 후 C가 B로부터 소유권이전을 받을 때에, A에서 B로의 소유권이전이 원인무효라는 사실을 알지 못하였고 또한 알지 못한데 전혀 과실이 없었다고 하더라도, A는 C에 대하여 자신의 소유권을 주장할 수 있고 또한 이러한 관계는 그 후의 권리취득자인 D나 S은행에 대하여도 마찬가지로 적용된다.

특정한 부동산의 소유권이전과정에 원인무효사유가 있는지를 미리 확인하고서 근저당권을 설정 받는다는 것은, 사전에 타인으로부터 그 제보를 받는다는 등 특수한 경우를 제외하고는 사실상 불가능한 일이라고 할 수 있다. 공적장부인 등기부의 기재내용을 일일이 의심하고서 그 진위를 밝혀가며 거래를 하려고 한다면 시간과 노력의 낭비를 가져와 업무의 마비를 초래하게 될 것이기 때문이다. 따라서 이 문제는 사전예방보다는 사건 발생시의 사후수습에 중점이 두어져야 한다. 사후수습에 있어서 특히 유의하여야 할 사항을 보면 다음과 같다. 첫째로 선의자라도 보호되지 않는 이 원인무효의 경우와 선의자가 보호되는 다른 경우를 혼동하지 말아야 한다. 둘째로 선의자라도 보호되지 않는 원인무효에 해당하는 것으로 판단되는 때에는, 그 근저당권설정자와 채무자를 상대로 담보의 보완을 요구하고, 그것이 여의치 않은 경우에는 손해배상의 청구나 담보채권의 기한 전 상환청구 및 그에 따른 강제집행의 보전 등 채권보전조치를 신속하게 취하여야 한다. 셋째로 자신의 소유권취득이 원인무효인 사실을 알면서도 이를 담보로 제공한 경우에는, 형법상으로는 사기죄(형 347 이하)를 구성할 수가 있다. 따라서 이 경우에는 근저당권설정자를 수사기관에 고소하여 형사처벌을 구하는 것이 좋다. 사기죄를 범한 자가 형사상의 소추를 받은 경우 관대한 처벌을 받으려면 그 사기행위를 당한 자의 피해를 배상하여야 하므로(형 51 이하), 이러한 고소는 근저당권설정자가 자발적으로 손해배상을 하게 하는데 크게 도움이 될 수 있을 것이기 때문이다.

(2) 근저당권자가 선의이면 유효인 경우

가. 근저당권설정자 앞 소유권이전등기의 원인행위가 취소된 경우

예컨대 S은행이 D로부터 D소유로 되어 있는 부동산에 근저당권을 설정 받았는데, 동 부동산의 전 소유자인 C가 D앞으로 소유권이전등기하게 된 원인행위인 매매계약이 착오나 사기 또는 강박에 의하여 이루어진 것임을 이유로 취소하고 D앞 소유권이전등기의 말소를 구하는 경우에, S은행이 D로부터 설정 받은 근저당권의 효력이 어떻게 되는지가 문제로 된다.

이 문제를 해결하려면 C의 D앞 소유권이전등기의 유효성 문제부터 검토해 보아야 한다. C의 D앞 소유권이전등기가 유효하다면 S은행의 근저당권설정등기도 당연히 유효한 것이기 때문이다. 따라서 S은행의 근저당권설정등기의 유효성이 문제로 되는 것은 C의 D앞 소유권이전등기가 무효로 되는 경우에 한한다.

C가 D앞으로 소유권이전등기하게 된 원인행위인 매매계약이 C가 매매계약 내용의 중요부분에 착오를 일으켜 이루어진 것이라면 C는 D에 대하여 매매계

약을 취소할 수 있고(민 109① 본), 이 취소가 있으면 D앞 소유권이전등기는 소급하여 무효로 되어(민 141 본) C는 D에게 소유권이전등기의 말소를 구할 수 있게 된다. 그러나 이 경우라도 매매계약 내용의 중요부분에 대한 착오가 C의 중대한 과실에 기한 것이면 C는 D에 대하여 매매계약을 취소할 수 없고(민 109① 단), 그에 따라 C의 D앞 소유권이전등기는 유효한 것이 된다.

또한 C가 D앞으로 소유권이전등기하게 된 원인행위인 매매계약이 D의 사기나 강박에 의하여 이루어진 것이면, C는 사기나 강박상태에서 벗어난 후에 그 매매계약을 취소할 수 있고(민 110①), 이 취소가 있으면 D앞 소유권이전등기는 소급하여 무효로 되어(민 141본) C는 D에게 소유권이전등기의 말소를 구할 수 있게 된다.

C가 D와의 매매계약을 착오나 사기 또는 강박을 이유로 취소하더라도 그 취소를 가지고 선의의 제3자에게 대항하지 못한다(민 109②, 110③). 따라서 이 경우 S은행이 C의 매매계약 취소로 D앞 소유권이전등기가 말소될 때까지 C와 D 사이의 매매계약이 취소되었다는 사실을 알지 못하고 D와 근저당권설정계약을 체결하고서 근저당권을 설정 받은 경우이면, D의 소유권이전등기가 말소되더라도 S은행의 근저당권설정등기는 C에 대한 관계에 있어서 그대로 유효한 것이 된다.[63]

나. 근저당권설정자 앞 소유권이전등기의 원인행위가 무효인 경우

예컨대 S은행이 D로부터 D소유로 되어 있는 부동산에 근저당권을 설정 받았는데, 동 부동산의 전 소유자인 C가 D앞으로 소유권이전등기하게 된 원인행위인 매매계약이 진의 아닌 의사표시[64]나 통정허위표시[65]에 기한 것으로서

---

63) 곽윤직 물권법 120.

64) 표의자(즉, 의사표시를 하는 자)가 내심적 효과의사와 표시상의 효과의사가 일치하지 않는다는 것을 알면서 하는 의사표시를 진의 아닌 의사표시 또는 비진의표시라고 한다. 예컨대 부동산을 매도할 의사가 없으면서, 매도하겠다고 하거나 매매계약서에 서명하는 경우에 이에 해당한다. 진의 아닌 의사표시는 상대방이 표의자의 진의 아님을 알았거나 알 수 있었을 경우에는 무효가 되나 그렇지 않은 경우에는 표시된 대로 효력을 발생하게 된다(민 107①).

65) 상대방과 짜고서 하는 진의 아닌 의사표시를 하는 것을 통정허위표시라고 한다. 예컨대 채무자가 자신이 소유하는 부동산에 대한 채권자의 강제집행을 면하기 위하여 타인과 짜고서 그 자와 매매계약을 체결하고 그 타인명의로 소유권이전등기를 하는 경우가 이에 해당한다. 통정허위표시는 당사자 사이에서는 당연히 무효가 된다(민 108①).

무효(민 107①단, 108①)임을 이유로 D앞 소유권이전등기의 말소를 구하는 경우에, S은행이 D로부터 설정 받은 근저당권의 효력이 어떻게 되는지 문제로 된다.

그러나 진의 아닌 의사표시의 무효나 통정허위표시의 무효는 선의의 제3자에게 대항하지 못하는 것이므로(민 107②, 108②), 매매계약의 무효에 따른 D앞 소유권이전등기의 말소가 있을 때까지 S은행이 C와 D사이의 매매계약이 무효라는 사실을 알지 못하고 D와 근저당권설정계약을 체결하고서 근저당권을 설정 받은 경우이면, D의 소유권이전등기가 말소되더라도 S은행의 근저당권설정등기는 C에 대한 관계에 있어서 그대로 유효한 것이 된다.

(3) 근저당권자가 악의라도 유효인 경우

가. 근저당권설정자앞 소유권이전등기의 원인행위가 해제된 경우

예컨대 S은행이 D로부터 D소유로 되어 있는 부동산에 근저당권을 설정 받았는데, 동 부동산의 전 소유자인 C가 D앞으로 소유권이전등기하게 된 원인행위인 매매계약을 해제하였음을 이유로 D앞 소유권이전등기의 말소를 구하는 경우에, S은행이 D로부터 설정 받은 근저당권의 효력이 어떻게 되는지 문제로 된다.

D앞으로 소유권이전등기가 이루어진 이후에 C가 D의 채무불이행 등을 이유로 매매계약을 해제하는 경우에, 부동산에 대한 D의 소유권이 어떻게 되는지에 관하여는 물권적효력설[66]과 채권적 효력설이 대립되어 있다. 물권적효력설은 매매계약의 해제로 D의 소유권이 당연히 소급해서 C에게 복귀하게 된다고 하고, 채권적효력설은 매매계약의 해제로 D의 소유권이 당연히 C에게 복귀하는 것이 아니라 단지 D에게 C앞으로 소유권을 복귀시켜줄 채무가 생길 뿐이라고 한다. 대법원의 판례는 물권적효력설을 채택하고 있다.

66) 곽윤직 채권각론 171.

판례 3-7

원인계약 해제와 물권행위의 효력

(1) 민법 제548조 제1항 본문에 의하면 계약이 해제되면 각 당사자는 상대방을 계약이 없었던 거와 같은 상태에 복귀케 할 의무를 부담한다는 뜻을 규정하고 있는바, 계약에 따른 채무의 이행으로 이미 등기나 인도를 하고 있는 경우에 그 원인 행위인 채권계약이 해제됨으로써 원상회복된다고 할 때 그 이론 구성에 관하여 해제가 있더라도 이행행위 그 자체는 그대로 효력을 보유하고 다만 그 급부를 반환하여 원상회복할 채권·채무관계가 발생할 뿐이라는 소위 채권적 효과설과 이미 행하여진 이행행위와 등기나 인도로 물권변동이 발생하고 있더라도 원인행위인 채권계약이 해제되면 일단 이전하였던 물권은 당연이 복귀한다는 소위 물권적 효과설이 대립되어 있다. 우리의 법제가 물권행위의 독자성과 무인성을 인정하고 있지 않는 점과 민법 제548조 제1항 단서가 거래안정을 위한 특별규정이란 점을 생각할 때 계약이 해제되면 그 계약의 이행으로 변동이 생겼던 물권은 당연히 그 계약이 없었던 원상태로 복귀한다고 봄이 타당하다 할 것이다(대판 1977.5.24. 75다1394).

(2) 매도인이 계약금만 지급받은 단계에서 매수인에게 소유권이전등기를 경료하여 주고가등기를 경료 받았는데 매수인이 대금지급의무를 이행하지 아니하자 판결에 의해 본 등기를 경료한 사안에서, 계약이 적법하게 해제되면 그 계약의 이행으로 변동이 되었던 물권은 당연히 그 계약이 없었던 상태로 복귀하는 것이므로, 위 가등기 및 이에 기한 본등기가 미지급된 매매잔대금을 담보하기 위한 등기라고 하더라도 매수인이 계속하여 매매에 의한 채무를 이행하지 아니하여 매매계약이 적법하게 해제된 것이라면, 매도인으로부터 매수인에게 넘어갔던 소유권은 당연히 복귀하여 매도인이 그 소유자라 할 것이다(대판 1995.5.12. 94다18881,18898).

채권적효력설에 의하면 C의 D에 대한 매매계약의 해제는 S은행의 근저당권에 아무런 영향을 미치지 않는다. 이에 대하여 물권적효력설에 의하면 S은행의 근저당권설정등기가 있기 전으로 소급해서 C앞으로 소유권이 복귀되는 결과가 되기 때문에 S은행의 근저당권의 효력이 어떻게 되는지 문제로 된다.

그러나 매매계약의 해제는 제3자의 권리를 해하지 못하는 것이므로(민 548① 단), C가 매매계약을 해제하기 전에 S은행이 D와 근저당권설정계약을 체결하고서 근저당권을 설정 받은 경우이면, D의 소유권이전등기가 말소되더라도, S은행의 근저당권설정등기는 C에 대한 관계에 있어서 그대로 유효한 것이 된다. 그리고 이 경우 S은행의 근저당권은 S은행이 D로부터 근저당권을 설정 받을 때, C와 D 사이에 매매계약의 해제사유가 있다는 것을 알고 있었다 할지라도 유효하다.

그런데 여기에서 한 가지 더 문제가 되는 것은 C가 매매계약을 해제하였으나 아직 D앞 소유권이전등기가 말소되기 전에, S은행이 D와 근저당권설정계약을 체결하고서 근저당권을 설정 받은 경우에 S은행의 근저당권이 어떻게 되는지이다. 그러나 이에 관하여는 취소의 경우에 준하여, D가 근저당권설정계약시에 C의 매매계약 해제사실을 알고 있었으면 근저당권의 유효를 주장할 수 없는 반면, 모르고 있었으면 근저당권의 유효를 주장할 수 있는 것으로 보아야 한다.[67] 대법원의 판례도 같은 취지이다.

판례 3-8

계약해제 후 말소등기 전 물권행위의 효력

계약당사자의 일방이 계약을 해제하였을 때에는 계약은 소급하여 소멸하여 해약당사자는 각 원상회복의 의무를 지게 되나 이 경우 계약해제로 인한 원상회복등기 등이 이루어지기 이전에 계약의 해제를 주장하는 자와 양립되지 아니하는 법률관계를 가지게 되었고 계약해제 사실을 몰랐던 제3자에 대하여는 계약해제를 주장할 수 없다(대판 1985.4.9. 84다카130,131).

나. 명의신탁 부동산에 근저당권을 설정받은 경우

부동산의 명의신탁이란 부동산에 관한 물권(부동산에 관한 소유권이나 그 밖의 물권을 말한다)을 대상으로 내부적인 관계에 있어서는 신탁자가 권리를 가지고 관리·수익하면서 등기부상의 권리자 명의만을 수탁자로 하여두는 것을 말한다. 이와 같은 명의신탁은 부동산투기와 조세면탈, 뇌물 등 부정한 자금의 은닉 또는 강제집행의 면탈 등을 목적으로 행하여지는 것이 보통이다.

부동산에 관한 물권을 대상으로 명의신탁을 하려면 명의신탁자와 명의수탁자 사이에 명의신탁약정을 하게 된다. 부동산 실권리자 명의등기에 관한 법률은 이 명의신탁약정을 「부동산에 관한 소유권이나 그 밖의 물권(이하 "부동산에 관한 물권"이라 한다)을 보유한 자 또는 사실상 취득하거나 취득하려고 하는 자[이하 "실권리자"(實權利者)라 한다]가 타인과의 사이에서 대내적으로는 실권리자가 부동산에 관한 물권을 보유하거나 보유하기로 하고 그에 관한 등기(가등기를 포함한다. 이하 같다)는 그 타인의 명의로 하기로 하는 약정[위임·위탁매매의 형식에 의하거나 추인(追認)에 의한 경우를 포함한다]을 말한다」고 정의하고 있다(부실명등 2 i 본).

67) 곽윤직 채권각론 175.

다만, 부동산 실권리자 명의등기에 관한 법률은 ① 채무의 변제를 담보하기 위하여 채권자가 부동산에 관한 물권을 이전(移轉)받거나 가등기하는 경우 ② 부동산의 위치와 면적을 특정하여 2인 이상이 구분소유하기로 하는 약정을 하고 그 구분소유자의 공유로 등기하는 경우 ③ 신탁법 또는 자본시장과 금융투자업에 관한 법률에 따른 신탁재산인 사실을 등기한 경우 그 등기를 위한 원인계약은 명의신탁약정이 아닌 것으로 규정하고 있다(부실명등 2 i 단).

부동산 실권리자 명의등기에 관한 법률은 부동산에 관한 물권을 대상으로 한 명의신탁이 부동산투기와 조세면탈 등의 불법적인 목적으로 이용되는 것을 방지하기 위하여 명의신탁약정과 그에 따른 등기로 이루어진 부동산에 관한 물권변동을 원칙적으로 무효로 하고 있다(부실명등 4①②본). 다만 부동산에 관한 물권거래의 건전성을 해치지 않는 범위에서 예외적으로 유효인 명의신탁에 관하여 규정하고 있다(부실명등 8).

명의신탁이 유효한 경우[68]에는 신탁부동산에 관한 물권은 대외적으로는 명의수탁자가 가지고 명의신탁자는 명의신탁계약을 해지하여 명의수탁자로부터 다시 찾아올 수 있는 채권적인 권리를 가질 뿐이다. 따라서 예를 들어 명의신탁자 A가 명의수탁자 B와 명의신탁약정을 하고 B 명의로 소유권이전등기를 하면 B는 유효하게 소유권을 취득하고, 만일 B가 제3자 D에게 처분하여 소유권이전등기를 해주거나 근저당권설정등기를 해주면, D는 그 신탁부동산에 관한 소유권이 명의신탁된 것임을 알고 있었는지의 여부에 불구하고 소유권 또는 근저당권을 취득한다. 이 경우 B는 명의신탁약정 위반에 따른 손해배상책임을 A에게 지게 되지만 이는 신탁부동산의 소유권이 D에게 이전되는 것과는 별개의 문제이다. 그러나 제3자 D가 명의수탁자 B의 배신행위에 적극 가담한 때에는 소유권이나 근저당권을 취득할 수 없는 것으로 보아야 한다(대판 2008.3.27. 2007다82875).

68) 유효인 명의신탁은 ① 종중(宗中)이 보유한 부동산에 관한 물권을 종중(종중과 그 대표자를 같이 표시하여 등기한 경우를 포함한다) 외의 자의 명의로 등기한 경우 ② 배우자 명의로 부동산에 관한 물권을 등기한 경우 ③ 종교단체의 명의로 그 산하 조직이 보유한 부동산에 관한 물권을 등기한 경우 중 어느 하나에 해당하는 경우로서 조세 포탈, 강제집행의 면탈(免脫) 또는 법령상 제한의 회피를 목적으로 하지 아니하는 경우이다(부실명등 8).

명의신탁약정이 무효인 경우[69]에는 그에 따른 등기로 이루어진 부동산에 관한 물권변동도 무효이다. 따라서 예를 들어 명의신탁자 A가 명의수탁자 B와 명의신탁약정을 하고 B 명의로 소유권이전등기를 하더라도 B 명의로의 소유권이전등기는 무효이고 B는 소유권을 취득하지 못한다(부실명등 4②본). 그러나 명의신탁자와 명의수탁자 사이에서는 무효인 명의신탁의 경우라도 거래의 안전을 위하여 명의신탁약정에 따른 등기로 이루어진 부동산에 관한 물권변동을 유효로 보는 2가지 예외가 있다.

첫째, 부동산에 관한 물권을 취득하기 위한 계약에서 명의수탁자가 어느 한쪽 당사자가 되고 상대방 당사자는 명의신탁약정이 있다는 사실을 알지 못한 경우 그 물권취득은 유효하다(부실명등 4②본). 예를 들면 명의신탁자 A와 명의수탁자 B가 명의신탁약정을 하고 부동산소유자 D와 매매계약을 체결하고 B앞으로 소유권이전등기를 할 때에 D가 A와 B사이에 명의신탁약정이 있었다는 사실을 알지 못하였다면, A와 B사이의 명의신탁약정이 무효라 할지라도 B 명의로의 소유권이전등기는 유효인 것이다.

둘째, 명의신탁약정과 그에 따른 등기로 이루어진 부동산에 관한 물권변동이 무효라도 그 무효를 제3자에게 대항할 수 없다(부실명등 4③). 예를 들어 명의신탁자 A와 명의수탁자 B가 명의신탁약정을 하고, A소유의 부동산을 B 명의로 소유권이전등기한 경우 B 명의의 소유권이전등기는 무효이지만, B가 명의신탁부동산을 제3자인 M에게 소유권이전등기 또는 근저당권설정등기를 하면 그 소유권이전등기 또는 근저당권설정등기는 유효한 것이 된다. 다만 이 경우 문제가 되는 것은 제3자 M이 악의인 경우, 즉 A와 B 사이의 명의신탁의 사실을 알고 있었던 경우에도, 그 소유권이전등기나 근저당권설정등기가 유효한지 여부이다. 이에 관하여는 유효설[70]과 무효설[71]로 견해가 갈린다. 그러나 법문이 「선의의

69) 무효인 명의신탁의 유형으로는 ① 명의신탁자가 자신의 명의로 되어 있는 부동산에 관한 물권을 명의수탁자 명의로 이전등기 하는 경우, ② 명의신탁자(물권취득자)가 제3자(물권 이전 또는 설정자)와 부동산에 관한 물권의 이전 또는 설정계약을 체결하고 그 제3자로부터 명의수탁자에게 바로 물권이전 또는 물권설정 등기를 하는 경우 ③ 명의신탁자의 위임에 따라 명의수탁자가 명의신탁자로부터 대금을 제공받아 제3자(물권 이전 또는 설정자)와 자신의 명의로 물권이전 또는 설정 계약을 체결하고 물권 이전 또는 설정 등기를 하는 경우의 3가지를 들 수 있다.

70) 이은영 물권법 271.

71) 곽윤직 물권법 140.

제3자」라고 규정하지 않고 단순히 「제3자」라고 규정하고 있는 점에 비추어 유효설이 타당하다. 다만 유효설을 취하더라도 그 제3자가 수탁자의 배신행위에 적극 가담한 때에는 소유권이나 근저당권을 취득할 수 없는 것으로 보아야 한다(대판 2008.3.27. 2007다82875).

판례 3-9

명의신탁 재산이 제3자에게 이전된 경우의 효력

부동산 실권리자명의 등기에 관한 법률 제8조의 특례가 적용되는 종중 등의 명의신탁에 있어서 명의수탁자는 신탁재산을 유효하게 제3자에게 처분할 수 있고 제3자가 명의신탁사실을 알았다 하여도 그의 소유권취득에 영향이 없는 것이기는 하지만, 특별한 사정이 있는 경우, 즉 명의수탁자로부터 신탁재산을 매수한 제3자가 명의수탁자의 명의신탁자에 대한 배임행위에 적극 가담한 경우에는 명의수탁자와 제3자 사이의 계약은 반사회적인 법률행위로서 무효라고 할 것이고, 이때 제3자가 명의수탁자의 배임행위에 적극 가담하는 행위란 수탁자가 단순히 등기명의만 수탁 받았을 뿐 그 부동산을 처분할 권한이 없는 줄을 잘 알면서 명의수탁자에게 실질소유자 몰래 신탁재산을 불법처분하도록 적극적으로 요청하거나 유도하는 등의 행위를 의미하는 것이다(대법원 1992.3.31. 선고 92다1148 판결, 대법원 1992.6.9. 선고 91다29842 판결 등 참조)(대판 2008.3.27. 2007다82875).

04

근저당권에 의하여 담보되는 채권의 범위

Ⅰ. 개설

근저당권은 담보되는 채권이 근저당권설정계약시에는 특정되지 않고 불특정인 상태로 있다가 나중에 일정한 기준에 따라 특정되어(이를 피담보채권의 확정이라 한다), 그 특정된 금액을 기본채권으로 하여 동 채권과 이에 부수된 채권을 일정한 한도액 범위에서 담보한다는 데에 그 특징이 있다. 따라서 근저당권에 있어서는 그 근저당권에 의하여 담보되는 구체적인 피담보채권액을 무엇을 기준으로 산출할 것인지가 중요한 바, 그 기준을 요약하여 제시하면 피담보채권의 확정 전에 근저당권설정계약으로 정한 거래관계에서 발생한 채권을 채권최고액을 한도로 하여 담보한다는 것으로 정리해 볼 수 있다.

그리고 근저당권은 근저당권설정 당시에 존재하는 채권뿐만 아니라 근저당권설정 이후에 새로이 발생하는 채권도 담보하는 것이기는 하지만, 이미 설정되어 있는 근저당권의 피담보채권이 확정되어 있는 상태인 때에는 확정 이후에 발생하는 새로운 여신채권을 담보할 수 없고 또 피담보채권이 확정되어 있지 않은 상태라도 새로이 발생하는 여신채권이 이미 설정한 근저당권설정계약에서 정하고 있는 여신거래계약에 의하여 발생한 것이 아니면 역시 담보할 수가 없다. 따라서 이미 설정되어 있는 근저당권을 담보로 새로운 여신을 제공하려고 하는 경우에는 이미 설정되어 있는 근저당권의 피담보채권이 확정되어 있는 상태인지 여부와 이미 설정되어 있는 근저당권이 새로운 여신채권도 담보하는 것인지 등을 검토하여 근저당권설정등기유용이나 근저당권설정변경계약을 하는 등의 조치를 취한 여신취급을 하여야 한다.

이하에서는 근저당권에 의하여 담보되는 채권의 범위를 정하는 3가지 기준이라 할 수 있는 근저당권설정계약과 피담보채권의 확정 및 채권최고액에 관하여 설명하고 아울러 이미 설정한 근저당권을 활용하여 새로운 여신을 취급함에 있어서 실무상 유의하여야 할 사항에 대하여 설명하기로 한다.

Ⅱ. 근저당권의 설정계약

근저당권에 의하여 담보되는 채권의 범위는 설정당사자가 근저당권설정계약으로 정한다. 예를 들면 금융거래에서 사용하고 있는 근담보용 근저당권설정계약서 제1조 1. 피담보채무의 범위에서 특정근담보를 선택하여 적어 넣고 그 아래 피담보채무를 발생시키는 근저당권자와 채무자 사이의 거래계약으로 2024년 1월 24일 여신거래약정서라고 적어 넣으면 그 근저당권은 2024년 1월 24일 여신거래약정서에 의하여 채무자가 근저당권자에게 부담하는 채무만을 담보하고, 같은 근저당권자와 채무자 사이에 2025년 1월 24일 여신거래약정서에 의한 거래약정이 체결되어도 그 여신거래약정서에 의하여 채무자가 근저당권자에게 부담하는 채무는 담보하지 않게 된다.

다음에 근담보용 근저당권설정계약서 제1조 1. 피담보채무의 범위에서 한정근담보를 선택하여 적어 넣고 그 아래 피담보채무를 발생시키는 근저당권자와 채무자 사이의 거래로 당좌대출거래라고 적어 넣으면 그 근저당권은 근저당권자와 채무자 사이에 근저당권설정 당시는 물론이고 근저당권설정 이후까지를 묻지 않고 근저당권자와 채무자 사이에 체결되는 모든 당좌대출거래로부터 발생하는 채무를 담보하게 된다. 그리고 근담보용 근저당권설정계약서 제1조 1. 피담보채무의 범위에서 포괄근담보를 선택하여 적어 넣으면 그 아래 열거되어 있는 근저당권자와 채무자 사이의 거래로부터 발생하는 모든 채무를 담보하게 된다.

한정근담보와 포괄근담보가 특정근담보와 다른 점은 특정근담보의 경우는 담보되는 채무가 그 근저당권설정 당시에 근저당권자와 채무자 사이에 이미 체결되어 있는 특정된 거래약정(예컨대 2024년 1월 24일 여신거래약정서)에 의하여 채무자가 근저당권자에 대하여 부담하는 채무만을 담보하는 것인 반면, 한정근담보와 포괄근담보는 근저당권설정 당시에는 체결되어 있지 않고 근저당권설정 후에 근저당권자와 채무자 사이에 체결된 근저당권자와 채무자 사이의 거래약정에 의하여 채무자가 근저당권자에 대하여 부담하는 채무까지도 담보하는 것이라는 점이다.

이에 따라 금융거래에 있어서는 한 번의 근저당권설정으로 근저당권설정 후에 근저당권자와 채무자 사이의 여신거래에서 발생하는 채무까지도 담보할 수 있어 편리한 한정근담보형 내지 포괄근담보형 근저당권이 주로 이용되어 왔고, 대법원판례도 근저당권자가 근저당권설정 후에 취득한 제3자와의 여신거래로 취득한 채무자에 대한 어음채권[72], 근저당권자와 제3자 사이의 여신거래에 대한 채무자의 보증채무[73]를 피담보채권으로 한 포괄근담보형 근저당권에 대하여도 그 유효성을 인정하였고, 다만 근저당설정자와 채무자 및 채권자와의 상호관계 등 제반 사정에 비추어 당사자의 의사가 계약서 문언과는 달리 일정한 범위 내의 채무만을 피담보채무로 약정한 취지라고 해석하는 것이 합리적이라고 인정되는 경우에는 당사자의 의사에 따라 그 담보책임의 범위를 제한할 수 있다고 한 바 있다[74].

그러나 포괄근담보형 근저당권이 유효하다 하더라도 금융거래에서 관용 되어 온 포괄근저당권설정이 과잉담보취득이라는 비판이 꾸준히 제기되어 오자, 금융감독당국에서는 은행법과 은행법시행령 및 은행업감독규정으로 포괄근저당권의 설정을 매우 제한적인 경우로 한정하는 규제를 하여 왔고, 나아가 2020년 3월 24일 제정하여 2021년 3월 25일 시행에 들어간 금융소비자 보호를 위한 법률에 근거한 금융소비자 보호에 관한 감독규정에서는 ① 계약서에 그 담보의 대상이 되는 채무를 특정하지 않는 행위나 ② 계약서상의 담보가 장래 다른 채무에도 적용된다는 내용으로 계약을 하는 행위를 하는 것을 "불공정영업행위"로서 금지하기에 이르렀다(금소보 20①, 금소보령 15④ⅲ라, 금소보감 14⑥ⅷ).

이에 따라 현재 금융거래에서 사용되는 근담보용 근저당권설정계약서에서 특정근담보가 아닌 한정근담보나 포괄근담보를 선택하여 적어 넣으면 금융소비자 보호에 관한 감독규정 제14조제6항제8호나목에서 규정하는 "불공정영업행위"인「계약서상의 담보가 장래 다른 채무에도 적용된다는 내용으로 계약을 하는 행위를 하는 것」에 해당되어 금지된다. 다만, 이 금지규정에 위반하여 한정근담보나 포괄근담보를 선택하여 근저당권을 설정하더라도 무효인 것은 아니고, 근

---

72) 대판 1999.7.23. 97다45952 참조.
73) 대판 2001.1.19. 2000다44911 참조.
74) 대판 2000.3.28. 99다32332 참조.

저당권설정자에게 해당 근저당권설정계약의 해지요구권이 발생하고 근저당권자에게 과징금과 과태료의 제재가 가해질 수 있을 뿐이다[75].

Ⅲ. 피담보채권의 확정

1. 확정의 의미

피담보채권의 확정이라 함은 근저당권에 의하여 담보되는 채권의 원본(원금)이 증감변동하는 것을 멈추고 그 합계액으로 확정되는 것을 말한다.[76] 근저당권의 피담보채권이 확정되면 그 근저당권은 확정되어 특정된 채권만을 담보하는 저당권으로 되고 이어 그 특정된 채권이 소멸하면 그에 따라 소멸하게 된다.

피담보채권이 확정된다는 것은 원금이 확정된다는 것이지 약정이자 등의 부수채권까지 확정된다는 것은 아니다. 따라서 담보되는 원금으로부터 발생되는 부수채권의 경우는 확정된 이후에 발생되는 것이라도 당연히 담보된다. 예컨대 2008년 2월 12일자로 피담보채권이 확정되었다고 하면 그 이전에 발생된 원금과 이 원금으로부터 발생된 이자(확정된 이후에 발생된 것도 포함한다) 등의 부수채권은 담보되나 그 이후에 발생된 원금과 그 원금으로부터 발생된 이자 등의 부수채권은 담보되지 않는 것이다.

근저당권의 피담보채권이 어떠한 사유로 확정되게 되는가에 관하여 일본 민법이 이에 관한 구체적인 규정을 두고 있는 것과는 달리 우리 민법은 아무런 규정을 두고 있지 않으므로 이는 해석에 의하여 해결하는 수밖에 없는 바 이하 그 구체적인 사유에 관하여 살펴보기로 한다.

---

75) 자세한 내용은 제1장 제2 2. ⑵ 아 금융소비자 보호에 관한 법률에 의한 제한 참조.

76) 피담보채권이 유동·교체될 수 있는 상태가 종료되는 것을 피담보채권의 확정이라고 하기도 하고(김재형 근저당권연구 236), 또는 근저당권의 피담보채권이 신진대사해 가는 것을 어느 시점에서 멈추게 하여, 이 후는 피담보채권 원금이 퇴장하는 경우는 있어도 새로이 등장하는 경우는 없는 상태로 되는 것이라고 하기도 하나(鈴木祿彌 根抵當法槪說 113) 모두 같은 의미이다.

2. 확정의 사유

(1) 결산기의 도래·존속기간의 만료

근저당권설정계약에서 결산기에 관하여 정하고 있으면 그 피담보채권은 그 결산기가 도래함으로써 확정하게 된다.

은행의 경우는 담보약관 서식 중 근저당권설정계약서 제1조 제3호에서, 근저당권결산기에 관하여 지정형과 자동확정형 및 장래지정형의 3개의 유형을 두고, 근저당권설정당사자가 이를 선택하여 정하도록 하고 있다.77)

지정형은 구체적인 연월일을 결산기로 기재한 것으로 그 일자에 피담보채권이 확정된다. 그런데 이 경우 예컨대 결산기가 2024년 4월 25일이라고 할 때 그 구체적인 확정시점이 25일이 시작되는 시점인지 아니면 종료되는 시점인지 문제로 되나 시작시점인 오전 0시로 보는 것이 타당하다.78) 자동확정형은 계약일로부터 3년이 경과하면 설정자는 서면통지에 의하여 결산기를 지정할 수 있고, 나아가 계약일로부터 5년이 경과하도록 설정자의 별도 의사표시가 없으면, 계약일로부터 5년이 경과하는 날이 결산기로 되어 피담보채권이 확정된다. 장래지정형은 계약일로부터 3년이 경과하면 설정자는 서면통지에 의하여 결산기를 지정할 수 있으나, 설정자가 따로 결산기를 지정하여 통지하지 아니하는 한 피담보채권이 확정되지 않는다.

근저당권설정계약에서 결산기가 아닌 존속기간을 정하고 있는 경우에 그 존속기간의 의미가 무엇인지 문제로 된다. 그런데 민법에는 근저당권의 존속기간에 관하여 아무런 규정을 두고 있지 않다. 따라서 근저당권의 존속기간이 가지는 의미는 해석으로 정하는 수 밖에 없다. 생각건대 근저당권의 존속기간은 그 기간의 만료로 근저당권이 소멸하는 것을 의미하는 것이 아니라 근저당거래가 종료되는 것, 즉, 근저당권의 피담보채권이 확정되는 것을 의미하는 것으로 보아야 한다.79) 다만 존속기간이 정하여진 경우에 구체적으로 피담보채권이 확정

---

77) 부록 Ⅰ. 2. 근저당권설정계약서 참조.

78) 일본 법무성 민사국 실무연수교재 제9-2, 물권법Ⅲ(근저당권)(제3판) 74[이인철 근저당권 ……… 459 재인용].

79) 김재형 근저당권연구 239, 이인철 근저당권 ……… 458.

되는 시기는 존속기간 말일의 시작 시점이 아니라 만료 시점으로 보아야 한다.

근저당권설정계약에서 결산기나 존속기간을 정하고 있는지 여부에 관계없이 그 근저당권의 기초가 되는 기본계약에 결산기나 존속기간이 정하여져 있는 경우에는 그 기본계약상의 결산기가 도래하거나 존속기간이 만료되는 때에도 피담보채권이 확정된다. 이와 같은 경우의 예로는 제2장 제1절에서 본 근저당권의 유형 중 특정근저당권이 설정되고, 그 기초가 되는 기본계약인 ○년 ○월 ○일의 여신거래약정서상에 여신거래의 결산기나 존속기간이 정하여져 있는 경우를 들 수 있다. 이와 같은 특정근저당권의 경우는 ○년 ○월 ○일의 여신거래약정서에 의하여 채무자가 채권자에 대하여 부담하는 채무만을 담보하는 것이어서 그 여신거래약정서상의 결산기가 도래하거나 존속기간이 만료되면 근저당권설정계약상의 결산기가 도래하거나 존속기간이 만료되지 않더라도 담보할 원금이 생길 수 없게 되는 것이기 때문이다. 그러나 한정근저당권이나 포괄근저당권이 설정된 경우는 개별 여신거래약정에서 정하고 있는 여신거래의 결산기가 도래하거나 존속기간이 만료되더라도 그 근저당권의 피담보채권은 확정되지 않는다.[80]

(2) 근저당권설정계약의 해지

근저당권설정계약상 결산기나 존속기간에 관하여 정하고 있는 바가 없으면 다른 특약이 없는 한 당사자는 언제라도 설정계약을 해지할 수 있다는 것이 통설[81]이며 피담보채권은 이 설정계약의 해지가 있으면 확정된다. 대법원의 판례[82]도 「존속기간이나 결산기의 정함이 없는 때에는 근저당권설정자가 근저당

80) 은행의 담보약관 서식 중 근저당권설정계약서에서는 존속기간을 정하지 않고 결산기를 정하고 있는데, 이는 존속기간의 의미가 다음과 같이 다의적이어서 금융거래에 혼란과 불편을 초래할 수 있기 때문이다. 즉, 근저당권의 존속기간을 정하고 있는 경우 그 존속기간은 ① 그 기간 중에 발생한 채무를 담보한다는 의미, ② 그 기간 중에 변제기한이 도래하는 채무를 담보한다는 의미, ③ 그 기간 중에 발생하고 또한 변제기한이 도래하는 채무를 담보한다는 의미 중 어느 것으로 보아야 할지의 문제가 생기게 되어 혼란을 초래하고 또한 이 중 어느 것으로 해석하건 그 존속기간 이전에 근저당권자와 채무자 사이의 여신거래로 인한 채무는 담보할 수가 없어 불편한 것이다.

81) 곽윤직 물권법 492, 장경학 물권법 847, 이영준 물권법 861, 김상용 물권법 755, 이은영 물권법 814.

82) 대판 2002.2.26. 2000다48265 참조.

권자를 상대로 언제든지 해지의 의사표시를 함으로써 피담보채무를 확정시킬 수 있다」고 한다. 그리고 특정근저당권의 경우는 근저당권설정계약상의 결산기나 존속기간과는 관계없이 그 특정근저당권의 기초가 되는 기본계약이 해지된 경우에도 피담보채권이 확정하게 된다.

근저당권설정계약의 해지 대신에 근저당권의 확정청구라는 용어를 사용해야 한다는 견해도 있다. 즉, 「근저당권의 존속기간을 약정하지 않은 때에는 다른 특약이 없는 한 근저당권설정자가 근저당권의 확정을 청구할 수 있다고 보아야 한다」[83]고 한 것, 「확정기일을 약정하지 아니한 경우에 근저당권설정자 특히 물상보증인인 근저당권설정자는 근저당권자에 대한 일방적인 의사표시에 의하여 근저당권을 확정시킬 수 있는 확정청구권을 인정함에 대하여 학설은 이를 긍정하고 있다」[84]고 한 것이 이에 해당한다. 또한 근저당권설정계약은 근저당권이라는 물권을 설정한다는 일회적인 목적을 가진 것이지 임대차계약과 같이 계속적인 채권적 법률관계를 발생시키는 것이 아니고 따라서 계속적인 채권적 법률관계의 해소를 목적으로 하는 해지라는 것은 근저당권설정계약과는 개념적으로 맞지 않는다는 이유로 물권계약으로서의 근저당권설정계약의 해지는 있을 수 없다는 견해도 있다.[85]

그러나 근저당권도 근저당거래를 계속적으로 한다는 의미에서 계속성이 있는 것이고 또한 근저당권의 확정청구라는 용어는 근저당권설정계약의 해지의 효력을 다른 일반계약의 해지의 효력과 다르게 규율하기 위해서 일본 민법에서 특별히 규정한 것으로[86], 그와 같은 규정이 없는 우리 민법상으로는 부적절한 용어사용인 것으로 생각한다. 즉, 우리 민법상으로는 근저당권설정계약의 해지와 다른 일반계약의 해지가 그 효력에 있어서 다를 바가 없으므로 특별한 효력이 있는 것처럼 오해를 불러일으킬 수 있는 근저당권의 확정청구라는 용어보다는

83) 김재형 근저당권연구 243.
84) 이인철 근저당권 ……… 459.
85) 권 성 근저당권 ……… 81.
86) 즉, 일본민법 제398조의 19는 「원본의 확정청구」라는 제목 하에 제1항에서 「근저당권설정자는 근저당권설정시로부터 3년이 경과한 때에는 담보해야 할 원본의 확정을 청구할 수 있다. 그러나 담보해야 할 원본의 확정기일을 약정한 때에는 그러하지 아니하다」고 규정하는 한편 제2항에서 「전항의 청구가 있은 때에는 담보해야 할 원본은 그 청구시로부터 2주간을 경과함으로써 확정된다」는 특별규정을 두고 있다.

근저당권설정계약의 해지라는 용어를 사용하는 것이 타당하다.[87]

근저당권설정계약의 해지가 있을 때 그 해지의 효력은 해지통고가 근저당권자에 도달한 때로부터 상당한 유예기간이 경과한 후에 발생하는 것으로 보아야 한다.[88] 그 이유는 예컨대 S은행이 거래처 A에 대한 일정액의 시설자금용 대출금을 담보하기 위하여 물상보증인 D의 부동산상에 근저당권을 설정 받았다고 할 경우에, 만일 대출금지급을 위한 건축공사는 이미 완료되었으나 아직 그 확인절차가 끝나지 않아 대출금지급이 이루어지지 않고 있는 사이에, D가 근저당권설정계약을 해지하여 피담보채권을 확정시킬 수 있다고 하면, 이후 S은행은 당사자 사이에 당연히 지급될 것으로 예정되어 있는 건축공사분에 대한 대출금을 지급할 수 없게 되는 불합리한 결과가 생기게 되기 때문이다. 다만 이 경우 유예기간을 어느 기간 정도로 볼 것인지는 획일적으로는 말할 수가 없고 구체적인 제반사정을 종합적으로 고려하여 합리적으로 정하는 수밖에 없다.

은행거래에 있어서는 결산기나 존속기간을 정하지 아니한 경우의 근저당권설정계약해지에 관하여, 근저당권설정계약서상에 근저당권설정자의 해지권행사를 제한하는 특별규정을 두는 한편 해지권행사시 그 해지의 효력이 발생하는 시기에 대하여도 특별규정을 두고 있다. 즉, 앞에서 설명한 근저당권설정계약서 제1조 제3호에 의하면, 결산기의 유형으로는 지정형 이외에 자동확정형과 장래지정형 두 가지가 있는데, 양 유형 모두 근저당권설정계약일로부터 3년이 경과한 후, 설정자가 서면통지에 의하여 결산기(통지도달일로부터 14일 이후의 일자로 정하여야 하며 이에 미달하는 때에는 통지도달일로부터 14일이 되는 날이 된다)를 지정할 수 있는 것으로 되어 있다.[89] 다만 자동확정형은 설정자의 결산기

---

87) 다만 우리나라에서도 일본과 같이 이에 관하여 특별규정을 두는 경우의 입법론상으로는 「근저당권설정계약의 해지」라는 용어를 그대로 사용하는 것보다는 「근저당권의 확정청구」 또는 「원본의 확정청구」라는 용어를 사용하는 것이 적합할 것으로 생각한다.

88) 이은영 물권법 814.

89) 결산기를 통지도달일로부터 14일 이후의 일자로 정하도록 한 것은, 앞의 예에서 본바와 같이 이미 예정되어 있는 시설자금대출금이 갑작스런 결산기의 지정으로 지급할 수 없게 되는 등의 불합리한 결과가 발생하는 것을 방지하기 위한 것이다. 따라서 14일의 유예기간이 있다고 하여 그 유예기간 중에 채무자에 대한 어떠한 대출을 하여도 채권최고액의 범위에서 모두 담보되는 것으로 보아서는 아니 되고, 부득이 대출취급을 하여야만 하는 특별한 경우에 한하는 것으로 보아야 한다.

지정이 없으면, 계약일로부터 5년이 되는 날이 자동적으로 결산기로 되어 피담보채권이 확정되는 반면, 장래지정형은 설정자의 결산기 지정이 없으면, 5년이 경과하여도 결산기가 도래하지 않아 피담보채권이 확정되지 않는다는 차이가 있다. 그리고 이 근저당권설정계약서 제1조 제3호는, 근저당권설정계약의 해지라는 표현을 쓰지 않고 결산기의 지정이라는 표현을 쓰고 있으나, 이 결산기의 지정은 그 실질이 근저당권설정계약 해지의 법률적 성질을 가지는 것으로 보아야 한다.

한편, 결산기나 존속기간을 정하고 있는 경우와 결산기나 존속기간을 정하고 있지 않으나 별도의 특약으로 일정기간이 경과하기 전에는 근저당권설정계약을 해지할 수 없도록 한 경우라도 근저당권의 피담보채권을 확정시키는 것이 합리적이라고 판단되는 특별한 사정이 있는 때에는 그 당사자는 결산기나 존속기간 또는 특약에 불구하고 근저당권설정계약을 해지할 수 있는 것으로 보아야 한다.[90] 그리고 이와 같은 특별한 사정은 근저당목적물의 소유자가 채무자인 경우보다는 물상보증인인 경우에 보다 너그럽게 인정되어야 할 것이고, 특히 제3취득자인 경우는 근저당목적물의 소유권을 취득하였다는 것만으로 해지권을 가지는 것으로 보아야 한다.[91]

대법원의 판례도 근저당권설정계약에 존속기간의 정함이 있다 하더라도 채권이 전부 소멸하고 당사자가 거래를 더 계속할 의사가 없는 경우에는 존속기간의 경과 전이라도 설정자는 설정계약을 해지할 수 있다고 하는 한편, 근저당채무가 소멸하였음을 이유로 근저당권설정등기의 말소등기절차를 구하는 행위에는 근저당권설정계약의 해지의 의사표시가 포함된 것으로 볼 것이라고 판시하고 있다.

---

90) 김재형 근저당권연구 243, 권성 근저당권 ········· 85, 이인철 근저당권 ········· 459.
91) 김재형 근저당권연구 243.

판례 4-1

근저당권설정계약의 해지

(1) 근저당채무가 소멸하였음을 이유로 근저당권설정등기의 말소등기절차를 구한다는 주장에는, 근저당권설정계약의 해지의 의사표시가 포함된 것으로 볼 수 있다 (대판 1987.5.26. 85다카1046).

(2) 근저당부동산을 매수하고 소유권이전등기를 경료한 제3자가 근저당권자에게 피담보채무의 일부를 대위변제하면서 피담보채무의 소멸을 이유로 근저당권의 말소를 요구한 경우, 그 의사표시에는 근저당부동산의 소유권을 취득한 제3자로서 근저당권설정계약을 해지하고 피담보채무를 확정시키고자 하는 의사표시가 포함되어 있다고 볼 수 있으므로 근저당권의 피담보채무는 그 설정계약에서 정한 바에 따라 확정된다(대판 2001.11.9. 2001다47528).

(3) 근저당권이라 함은 그 담보할 채권의 최고액만을 정하고 채무의 확정을 장래에 유보하여 설정하는 저당권을 말하고, 이 경우 그 피담보채무가 확정될 때까지의 채무의 소멸 또는 이전은 근저당권에 영향을 미치지 아니하므로, 근저당권설정자는 피담보채무가 확정된 이후에 그 확정된 피담보채무를 채권최고액의 범위 내에서 변제하고 근저당권의 소멸을 청구할 수 있다고 할 것이고, 피담보채무의 확정은 근저당권 설정계약에서 근저당권의 존속기간을 정하거나 근저당권으로 담보되는 기본적인 거래계약에서 결산기를 정한 경우에는 원칙적으로 존속기간이나 결산기가 도래한 때에 피담보채무가 확정된다고 할 것이지만, 이 경우에도 근저당권에 의하여 담보되는 채권이 전부 소멸하고 채무자가 채권자로부터 새로이 금원을 차용하는 등 거래를 계속할 의사가 없는 경우에는, 그 존속기간 또는 결산기가 경과하기 전이라 하더라도, 근저당권설정자는 계약을 해제하고 근저당권 설정등기의 말소를 구할 수 있다고 할 것이고, 존속기간이나 결산기의 정함이 없는 때에는 근저당권설정자가 근저당권자를 상대로 언제든지 해지의 의사표시를 함으로써 피담보채무를 확정시킬 수 있다(대판 2002.2.26. 2000다48265).

(3) 담보할 채무가 모두 변제된 경우

근저당권에 의하여 담보되는 채무가 모두 변제된 경우, 해당 근저당권의 피담보채권이 확정되는지 여부는 모두 변제된 당시에 근저당권설정 당사자가 근저당 설정을 계속 유지할 의사가 있었는지 여부에 대한 해석상의 문제라고 할 수 있다. 즉 모두 변제된 당시에 근저당권자와 근저당권설정자가 근저당 설정을 계속 유지할 의사를 가지고 있었다면 근저당권으로서의 효력이 그대로 유지되어 추가여신채권을 담보하는 것으로 보아야 하고, 근저당권설정자나 근저당권자가 근저당 설정을 계속 유지할 의사가 없었다면 근저당권으로서의 효력이 상실되어 추가여신채권을 담보하지 않는 것으로 보아야 한다.

근저당 설정을 계속 유지할 의사가 있었던 것으로 볼 수 있는 경우로는 근저당권자가 근저당권설정자로부터 근저당권으로서의 효력이 그대로 유지되고 있다는 확인서를 작성하여 받아둔 경우(확인서에는 확정일자를 받아두면 더욱 확실할 것임)와 근저당권자가 내부적인 실무처리 기준으로 채무가 모두 변제된 후 일정기간까지는 근저당권설정자의 요청이 없는 한 근저당 설정이 계속 유지되는 것으로 정하여 그에 따라 실무처리하고 있는 경우 등을 들 수 있다. 반면에 근저당 설정을 계속 유지할 의사가 없었던 것으로 볼 수 있는 경우로는 근저당권설정자가 근저당권의 말소등기를 청구하였으나 말소등기에 필요한 비용을 내지 않는 등의 사유로 말소신청을 하지 않고 있었던 경우와 근저당권자가 근저당권설정계약서에 완제 등의 표시를 하여 언제라도 말소등기에 응할 준비를 갖추어 두고 있었던 경우를 들 수 있다.

문제는 담보할 채무가 모두 변제된 상태에서 근저당권설정 당사자 사이에 특별한 행위 없이 일정기간이 경과한 경우 해당 근저당권의 피담보채권이 확정된 것으로 보아야 하는지 여부이나 이에 관하여는 견해가 갈릴 수 있다. 이에 금융소비자보호법에 근거한 금융소비자 보호에 관한 감독규정에서는 「근저당이 설정된 금전제공계약의 금융소비자가 채무를 모두 변제한 경우에 해당 담보를 제공한 자에 근저당 설정을 유지할 것인지를 확인하지 않는 행위」를 불공정영업행위로 규정하여 금지하고 있다(금소보감 14⑥x)[92].

그런데 여기에서 다시 문제가 되는 것은 근저당이 설정된 여신거래의 채무가 모두 변제되었음에도 근저당권자가 금융소비자 보호에 관한 감독규정에 따라 근저당권설정자에게 근저당 설정을 유지할 것인지의 여부에 대한 확인을 받지 아니하고 그대로 둔 경우에 근저당권의 피담보채권이 확정된 것으로 보아야 하는지 여부이다.

그러나 담보할 채무가 모두 변제된 경우 근저당 설정의 효력을 그대로 유지할 것인지 여부를 확인하라는 금융소비자 보호에 관한 감독규정은 근저당권설정자에 대한 감독차원에서의 의무 부과일 뿐, 그와 같은 확인을 즉시 하지 않았

92) 금융소비자보호법이 제정되기 전에도 금융감독원에서는 근저당권에 의하여 담보되는 채권이 0이 된 경우의 피담보채권의 확정여부를 명확히 하고자 하려는 취지에서 2012년 8월 8일 은행업감독규정을 개정하여, 은행은 근저당이 설정된 여신거래의 채무변제가 완료되었을 경우 담보제공자에게 근저당 설정을 유지할 것인지 여부를 확인하여야 할 것으로 한 바 있으나(은감규 88의3), 이 내용은 금융소비자보호법이 제정되어 시행됨으로써 금융소비자 보호에 관한 감독규정에 흡수되고, 은행업감독규정에서는 삭제된 바 있다.

다고 하여 해당 근저당권의 피담보채권이 바로 확정된 것으로 보아야 한다는 것은 아니다. 다만 이 경우 근저당권자가 금융감독차원에서의 제재를 받을 수는 있으나 이는 근저당권의 효력과는 별개인 것으로 보아야 한다. 따라서 담보할 채무가 모두 변제된 상태라도 이후 근저당권의 피담보채권이 확정되었다고 볼 수 있는 다른 특별한 사유가 없는 한, 금융소비자 보호에 관한 감독규정과 관계없이 그대로 근저당 설정의 효력이 계속 유지된다고 보는 것이 타당하다.

(4) 근저당목적물에 제3취득자가 생긴 경우

근저당권을 설정한 후 근저당목적물에 제3취득자가 생긴 경우, 예컨대 S은행이 A소유의 부동산에 채권최고액을 120백만 원으로 하는 근저당권을 설정 받고 A에게 100백만 원을 대출하였다가, 대출 잔액이 50백만 원인 상태에서 A가 근저당부동산을 B에게 매각하여 그 소유권이전등기를 한 경우에는 다음과 같은 후속조치를 취하는 것이 보통이다.

즉 A와 B는 S은행에 대한 A의 채무를 B가 인수하는 계약을 체결하고 S은행에 그 채무인수에 대한 승낙을 요청하고, 그러면 S은행은 채무인수의 승낙과 함께 근저당권의 채무자를 A에서 B로 변경하는 근저당권변경계약(계약인수용)을 체결하고 해당 근저당권의 채무자를 A에서 B로 변경하는 근저당권변경등기를 하고서 이후 B와 근저당거래를 하는 것이 보통이다.

그런데 실무에서는 위의 예에서 B가 A에게 지급할 잔금에서 50백만 원만 공제하고 소유권이전등기를 받은 후 조만간에 S은행에 대한 50백만 원의 채무를 변제하고서 근저당권을 말소시키고자 근저당권의 채무자를 A에서 B로 변경하는 근저당권변경등기를 하지 아니하고 그대로 두는 경우가 있는데(이는 채무자변경등기에 따른 시간과 비용을 절약하기 위한 것으로 볼 수 있다), 이후 S은행이 A의 요청에 따라 A에게 50백만 원의 추가대출을 하면 그 50백만 원의 추가대출채권을 근저당권에 의하여 담보할 수 있는지 문제로 된다.

위의 문제에 대한 답은 B의 소유권취득으로 S은행이 A로부터 설정받은 근저당권의 피담보채권이 확정된다고 보면 부정하게 되고, 확정되지 않는다고 보면 긍정하게 된다. 생각건대 근저당권이란 그 담보할 채권의 최고액만을 정하고 채무의 확정을 장래에 유보하여 설정하는 저당권이라는 점에서 B가 A로부터 근저당부동산의 소유권을 이전받은 이후에 특별히 근저당권설정계약을 해지한다는 의사표시를 S은행에 대하여 하지 않은 이상, 근저당부동산의 소유권이 A로부터 B에게로 이전되었다는 것만으로 S은행이 A로부터 설정받은 근저당권의 피담보채권이 확정되는 것은 아니라고 보아야 한다.

대법원도 위의 사례에서 B가 근저당부동산의 소유권을 이전받고서 S은행에 대하여 근저당권설정계약 해지의 의사표시를 하지 않은 이상 근저당권의 효력이 계속 유지된다는 것을 전제로 「제3취득자가 명시적인 해지의 의사표시를 하지는 아니하였지만 근저당권자에게 저당목적 부동산을 취득하였음을 내세우면서 앞으로 대위변제를 통하여 채권최고액 범위 내에서 피담보채무를 소멸시키고 근저당권의 소멸을 요구할 것이라는 전제에서 채무자의 피담보채무에 대하여 채무를 일부 변제하기 시작하는 등 제3취득자가 기존 근저당권설정계약의 존속을 통한 피담보채무의증감변동을 더 이상 용인하지 아니하겠다는 의사를 파악할 수 있는 어떤 외부적, 객관적 행위를 하고, 채권자도 그러한 사정 때문에 그 계약이 종료됨으로써 피담보채무가 확정된다고 하는 점을 객관적으로 인식할 수 있었던 경우라면, 제3취득자는 근저당권설정계약을 해지하는 묵시적인 의사표시를 한 것으로 볼 수 있으므로, 근저당권의 피담보채무는 그 설정계약에서 정한 바에 따라 확정된다」고 판시한 바 있다[93].

그런데 은행의 여신거래 실무에 있어서는 소비자대출의 경우 위의 사례와 같은 경우에 A로부터 추가대출신청을 받은 S은행으로서는 근저당부동산에 관한 등기사항증명서를 발급받아 근저당부동산의 소유권이 B에게 이전된 사실이 확인되면 A에 대한 추가대출을 하지 않는 것이 보통인데, 이와 같은 실무처리는 근저당부동산의 소유권이 A로부터 B에게로 이전되면 해당 근저당권의 피담보채권이 확정되어 추가대출채권을 담보할 수 없기 때문이 아닌가 하는 의문이 들 수 있다. 그러나 이와 같은 실무처리는 A로부터 B에게로 소유권이전에 따라 피담보채권이 확정되기 때문이 아니라, 일반의 대출채무자인 소비자가 법률관계를 잘못 인식하여 뜻하지 않는 피해를 보지 않도록 배려하기 위한 은행의 소비자에 대한 서비스일 뿐인 것으로 보아야 한다.

93) 대판 2002.5.24. 2002다7176 참조.

한편 위의 사례에 있어서 추가적인 논의를 요하는 것은 첫째, 근저당부동산을 매각하려고 하는 A로서는 S은행으로부터 일정 시점에서의 대출잔액증명서를 발급받아 이를 B에게 교부하는 수가 있는데, 이와 같은 대출잔액증명서의 발급신청이나 발급에 근저당권설정계약을 해지하는 의사표시가 포함되어 있는 것으로 보아 근저당권의 피담보채권이 확정되는 것으로 볼 수 있는가 하는 점과 둘째, 매수인 B가 소유권이전등기를 하기 전 매매계약 과정에서 근저당권 해지의 의사표시를 할 수 있는가 하는 점이다. 우선 첫째의 문제에 관하여는 대출잔액증명서란 특정 시점에서의 대출잔액이 얼마인가를 확인해 주는 기능만이 있을 뿐이라는 점에서 부정하는 것이 타당하다. 그리고 둘째의 문제에 관하여는 아직 소유권이전등기를 받지 않은 B는 제3취득자가 아니므로 근저당권설정계약해지의 의사표시를 할 수 없는 것으로 보아야 한다. 다만 B가 소유권이전등기를 받는 것을 조건으로 하여 근저당권설정계약해지의 의사표시를 할 수 있는지 여부에 관하여는 논란이 있을 수 있으나 S은행의 입장으로서는 긍정하는 입장에서 실무처리하는 것이 안전하다고 할 것이다.

(5) 근저당권 또는 피담보채권의 양도

가. 일반적인 경우

기본계약상의 채권자지위와 함께 근저당권의 전부를 양도한 경우에는 당해 근저당권의 채권자를 양수인으로 변경하는 근저당권변경등기를 하고서 양수인이 새로운 근저당권자로서 채권최고액의 범위에서 채무자와 근저당거래를 계속할 수 있다. 또한 기본계약상의 채권자지위와 함께 근저당권의 일부를 양도한 경우에는 당해 근저당권의 채권자로서 양수인을 추가하는 근저당권변경등기를 하고서 양도인 및 양수인이 채권최고액의 범위에서 채무자와 근저당거래를 계속할 수 있다. 따라서 기본계약상의 채권자지위와 함께 하는 근저당권의 전부 또는 일부 양도와 그에 따른 근저당권변경등기는 당해 근저당권의 피담보채권을 확정시키는 사유가 아니다.

이에 대하여 근저당권에 의하여 담보되는 채권 전부를 양도하고 그 채권양도계약에 의하여 양수인을 근저당권자로 하는 채권자변경등기를 한 때에는 당해 근저당권은 양수한 채권만을 담보하게 된다. 또한 근저당권에 의하여 담보되는 채권 일부를 양도하고 그 채권양도계약에 의하여 당해 근저당권의 채권자로서 양수인을 추가하는 근저당권변경등기를 한 때에는 당해 근저당권은 변경등기 당시 양도인이 채무자에 대하여 가지는 특정의 채권과 양수인이 양수한 채권만을 채권최고액의 범위에서 담보하게 된다. 따라서 이 경우의 특정채권의 전부 또는 일부 양도와 채권자 변경 또는 추가 등기는 당해 근저당권의 피담보채권을 확정시키는 사유가 된다.[94]

문제는 근저당권에 의하여 담보되는 채권의 일부를 양도하면서 양도인에 대한 관계에서는 근저당권의 피담보채권을 확정시키지 아니하고 근저당거래를 계속하면서 양수인에 대한 관계에서만 피담보채권을 확정시켜 그 양수된 채권만을 담보하도록 할 수 있는가 하는 점이다. 이에 관하여 대법원은 「근저당거래의 존속 중에 유동·교체될 수 있는 피담보채권을 양수, 대위변제 또는 압류·전부시켜, 특정된 상태로 담보하게 하는 것은 근저당권의 성질과 부합되지 않는다」고 판시하고 함으로써 부정하고 있고,[95] 이에 따라 대법원의 근저당권에 관한 등기사무처리지침[96] 또한 「근저당권의 피담보채권이 확정되기 전에 그 피담보채권이 양도 또는 대위변제된 경우에는 이를 원인으로 하여 근저당권이전등기를 신청할 수는 없다」고 함으로써 그 등기신청을 받아들이지 않고 있다.

나. 특별법에 의한 확정

자산유동화에 관한 법률에 의한 자산유동화계획에 의하여 양도 또는 신탁하고자 하는 유동화자산이 근저당권에 의하여 담보된 채권인 경우에는 자산보유자가 채무자에게 근저당권에 의하여 담보된 채권의 금액을 정하여 추가로 채권을 발생시키지 아니하고 그 채권의 전부를 양도 또는 신탁하겠다는 의사를 기재한 통지서를 내용증명우편으로 발송한 때에는 통지서를 발송한 날의 다음날에 당해 채권은 확정된 것으로 보게 된다(자유 7의 2본).

---

94) 자세한 내용은 제9장 Ⅳ. 3. 근저당권의 처분에 관한 내용 참조.
95) 대판 1996.6.14. 95다53812 참조.
96) 대법원 등기예규 제1471호(2012.6.29. 개정) 3②iii 참조.

이는 통상의 경우 근저당권에 의하여 담보되는 채권의 일부나 전부의 양도가 있어도, 당해 근저당권의 채권자를 변경 또는 추가하는 등기가 없는 경우 또는 등기가 있어도 그 등기원인이 기본계약상의 채권자지위의 변경인 경우이면 피담보채권이 확정되지 아니하고, 채권양도·양수를 원인으로 하여 근저당권의 채권자 변경 또는 추가등기를 한 때에 비로소 피담보채권이 확정되게 되므로 이에 대한 예외를 규정함으로써 근저당권에 의하여 담보되는 채권의 유동화를 쉽게 할 수 있도록 하기 위한 것이다.

그러나 당해 근저당권의 피담보채권 확정에 대하여 채무자가 10일 이내에 이의를 제기한 때에는 확정의 효력이 생기지 않는다(자유 7의 2본). 이는 채권자의 일방적인 의사표시만으로 근저당권의 피담보채권확정의 효력이 생기는 것으로 하면 근저당거래를 계속하고자 하는 채무자의 이익이 침해될 수 있으므로 채무자가 이의를 제기함으로써 피담보채권확정의 효력을 배제할 수 있도록 한 것이다. 10일 이내의 기산점이 언제인지는 법문에 규정된 바가 없어 확정의 효력이 발생하는 날인 채무자에게 통지서를 발송한 날의 다음 날 인지 아니면 채무자가 실제로 통지서를 받은 날 인지에 관하여 견해가 갈릴 수 있으나 채무자 보호의 차원에서 후자로 보는 것이 타당하다.

(6) 근저당권자의 경매신청

가. 피담보채권의 확정여부

근저당권자가 채무자의 채무불이행을 이유로 경매신청을 한 경우에 그 근저당권의 피담보채권이 확정되는지 여부에 관하여는 긍정설[97]과 부정설[98]이 대립되어 있다.

긍정설은 그 이유로서 근저당권자가 스스로 경매신청을 한 것은 채무자와 더 이상의 거래관계를 유지하지 아니하겠다는 의사를 표시한 것으로 볼 수 있는 것이기 때문이라고 한다.[99] 그리고 이와 같은 경매신청은 당해 근저당권에 기

97) 곽윤직 물권법 493, 장경학 물권법 848, 민법주해(Ⅶ) 23(박해성), 김재형 근저당권연구 246, 권용우 물권법 580, 이인철 근저당권 ········· 460.

98) 하경일 신물권법 943.

99) 민법주해(Ⅶ) 23(박해성).

한 경매신청뿐만 아니라 근저당권자가 당해 부동산 위에 가지고 있는 다른 담보권(저당권이나 가등기담보권 등)에 기한 경매 및 근저당권자가 당해 부동산의 소유자에 대하여 가지는 채권에 기한 강제경매를 포함하는 것으로 보아야 한다고 한다.[100]

이에 대하여 부정설은 근저당권자의 경매신청이 있다고 하여 바로 그 근저당권의 피담보채권이 확정되는 것이 아니라 경락기일(현행 민사집행법상으로는 매각결정기일)에 비로소 확정된다고 한다. 그 이유는 ① 근저당권자가 스스로 경매신청 하였다고 하여 이를 채무자와 더 이상의 거래관계를 유지하지 아니하겠다는 의사표시로 볼 근거가 없고, ② 근저당권자는 경락기일까지 채권계산서를 통하여 청구채권의 범위를 확장할 수 있고,[101] 그 이후에는 청구채권의 확장이 허용되지 않으므로 사실상 우선변제권이 인정되는 피담보채권의 범위는 경락기일에 이르러 확정되고,[102] 또 법원은 경락기일에 최고가매수인에게 경락허가결정을 선고함으로써 경락인(현행 민사집행법상으로는 매수인)은 정지조건부로 저당부동산의 소유권을 취득하므로[103] 근저당권은 그 이후에 생긴 다른 채무(원금)를 담보할 수 없게 된다는 점으로 미루어 볼 때, 근저당부동산에 대한 저당권의 실행이나 다른 채권자의 경매신청(임의, 강제 불문)으로 피담보채권은 경락기일에

100) 민법주해(Ⅶ) 23(박해성), 김재형 근저당권연구 246, 이인철 근저당권 ········· 460.

101) 채권자가 총 채권액 중의 일부만을 청구금액으로 하여 특정부동산에 대한 경매신청을 하였다가 채권계산서에 이를 확장 기재하여 나머지 채권액까지 청구할 수 있는가에 관하여 대법원판례는 한 때 강제경매에 있어서는 허용하지 않은(대결 1983.10.15. 83마393) 반면, 임의경매에 있어서는 허용하고(대판 1974.11.2. 74다1445) 있었다. 그러나 현재의 대법원 판례는 강제경매는 물론이고 임의경매에 있어서도 허용하지 않고(대판 1995.2.28. 94다8952) 있을 뿐만 아니라 배당요구의 방법으로 청구채권액을 확장하는 것까지 허용하지 아니하고 있다(대판 1997.2.28. 95다22788).

102) 부동산경매절차상 배당요구의 종기가 과거 민사소송법상으로는 경락기일까지로 되어 있었으나 현행 민사집행법상은 첫 매각기일 이전으로 법원이 정하도록 되어 있다(민집 84①).

103) 경매 부동산의 소유권이 경락인에게 이전되는 시기에 관하여는 경매법을 폐지하고 민사소송법(현재는 민사집행법)에 이를 흡수하기 전과 후에 있어서 차이가 있다. 즉, 흡수 전에 있어서는 임의경매의 경우는 구 경매법 제3조 제1항에 「경락인은 경락대금을 완납한 때에 경매의 목적인 권리를 취득한다」는 명문의 규정이 있어 경락대금납부기일(대금납부기일 이후에 대금을 납부한 때에는 실제로 대금을 납부한 날)을 소유권이전시기로 본 반면, 강제경매에 있어서는 민사소송법에 이와 같은 규정이 없어 견해가 나뉘어 있었으나 통설은 경락대금납부를 정지조건으로 하여 경락허가결정이 확정된 때 소유권이 경락인에 이전하는 것으로 보고 있었다. 그러나 흡수 후에 있어서는 위 경매법상의 규정을 민사소송법에 제646조의 2(현재는 민사집행법 제135조)에 흡수하여 신설함으로써 현재에 있어서는 임의경매건 강제경매건 모두 경락대금납부기일(대금납부기한 이전이나 이후에 대금을 납부한 때에는 실제로 대금을 납부한 날)을 소유권이전시기로 보고 있다.

이르러 비로소 확정된다고 새기는 것이 타당하기 때문이라고 한다.104)

그러나 부정설은 ① 스스로 경매신청을 하여 경매절차를 진행시키면서도 근저당거래를 계속할 수 있다는 것이 되어 통상의 거래관념에 부합되지 않고, ② 다음 항에서 설명하는 바와 같이 경매신청에는 근저당권설정계약 해지의 의사표시가 포함되어 있다고 보아야 한다는 점에서 찬성할 수가 없다. 따라서 긍정설이 타당하다고 생각한다. 대법원도 「근저당권자가 그 피담보채무의 불이행을 이유로 경매신청한 때에는 그 경매신청시에 근저당권은 확정되는 것이며 근저당권이 확정되면 그 이후에 발생하는 원금채권은 그 근저당권에 의하여 담보되지 않는다」고 판시함으로써 긍정설을 채택하고 있다.105)

판례 4-2

근저당권자의 경매신청과 피담보채권의 확정

(1) 원심이 확정한 사실에 의하면, 원판시 이 사건 근저당권자인 피고은행은 그 피담보채무의 불이행을 이유로 1984. 1. 23. 임의경매신청을 하여 경매개시결정까지 이루어졌고 피고는 위 경매신청이 있은 후인 1984. 6. 9.에 소외 김옥희에게 금 20,000,000원을 대여하였음이 명백하므로 피고의 위 김옥희에 대한 대여금반환채권은 위 경매신청으로 이미 확정된 위 근저당권의 피담보채권에 포함시킬 수 없다고 할 것이다. 원심이 반대의 입장에서 피고은행이 경매신청을 한 것만으로 근저당권이 확정된 것으로 볼 수 없다고 하여 원고의 주장을 배척한 것은 근저당권의 피담보채권의 범위를 오해한 위법이 있다(대판 1989.11.28. 89다카15601).

(2) 근저당권자가 피담보채무의 불이행을 이유로 경매신청을 한 경우에는 경매신청시에 근저당권의 피담보채권액이 확정되고, 그 이후부터 근저당권은 부종성을 가지게 되어 보통의 저당권과 같은 취급을 받게 된다(대판 1998.10.27. 97다26104).

나. 경매신청 전 기본계약과 근저당권설정계약의 해지 여부

근저당권자의 경매신청으로 당해 경매대상 부동산상 근저당권의 피담보채권이 확정되는지를 논함에 있어서는 그에 앞서 근저당권자의 경매신청요건으로서

104) 새로운 대법원판례 및 현행 민사집행법의 규정하에서 근저당권자의 경매신청으로 그 피담보채권이 확정되지 않는다는 부정설에 따라 근저당권자의 경매신청시 그 피담보채권이 확정되는 시점을 판단하여 보면 매수인이 매각대금을 납하고 소유권을 취득한 때라는 것이 된다. 매수인이 소유권을 취득하면 경매부동산상의 근저당권은 소멸하게 되어 그 이후 발생한 채권을 담보할 수 없게 되기 때문이다.

105) 대판 1988.10.11. 87다카545 참조.

기본계약과 근저당권설정계약의 해지를 선행시킬 필요가 있는지의 문제가 제기된다.

이에 관하여는 기본계약의 해지 없이는 채권액이 확정되지 않아 근저당권을 실행할 수 없다고 보아야 한다는 견해와,[106] 이론적으로 근저당권의 실행은 모든 채권의 확정을 요한다고 보아야 할 근거가 없고, 거래계속 중에 근저당권의 실행을 인정하여도 실제상 불합리한 점이 없다는 이유로 기본계약을 해지하지 않고서도 근저당권을 실행할 수 있다고 하는 견해가 있다.[107] 또한 개별적인 채권에 대한 채무불이행이 있는 경우에는 별도의 해지의 의사표시 없이 곧바로 경매를 신청함으로써 근저당권을 실행할 수 있다고 봄이 상당하다고 하는 견해도 있다.[108]

그런데 위의 견해는 모두 기본계약의 해지가 경매신청의 요건인지에 대하여서만 언급하고 있으나, 경매신청의 요건으로서 논의되어야 하는 것은 기본계약의 해지가 아니라 근저당권설정계약의 해지인 것으로 보아야 한다. 기본계약의 해지는 근저당권의 피담보채권이 확정되는 사유의 하나일 뿐, 기본계약의 해지가 없다고 하여 근저당권의 피담보채권이 확정되지 않는 것은 아니고, 기본계약이 해지되지 않은 상태에서도 근저당권설정계약이 해지됨으로써 피담보채권이 확정될 수 있는 것이기 때문이다.

대법원은 담보채무의 변제기도래는 경매신청의 요건인 것으로 보는 반면 근저당권설정계약의 해지는 경매신청의 요건이 아닌 것으로 보아, 「근저당권이 특정채권의 담보를 목적으로 하는 것이 아니고 당사자가 정한 일정한 기간 내에 채권자와 채무자간의 거래로 인하여 상호간에 발생할 수다한 채권·채무를 소정기간에 이를 상호계산한 결과 채무자가 채권자에 대하여 부담하는 잔존채무를 최고한도액내에서 담보하기 위한 것이므로 근저당권의 실행은 동 기간 경과 후가 아니면 할 수 없는 것이며 근저당권설정계약의 해제를 요하는 것은 아니다」고 판시한 바 있다.[109]

106) 법원실무제요 민사집행(II) 649.
107) 주석물권법(하) 419(이영준), 주석강제집행법(VI) 570(이재성), 김재형 근저당권연구 251.
108) 민형기 경매의 ……… 128.
109) 대결 1958.11.6. 4290민재항120 참조. 다만 이 판례에서 대법원은 근저당권설정계약의 「해지」가 아니라 「해제」라는 용어를 쓰고 있는데, 이는 「해제」의 의미가 계약의 효력을 소급하여 실효시키는 것이라는 점에서, 「해지」의 잘못 표기인 것으로 생각된다.

생각건대 논리적인 면에서 보면 근저당거래를 존속시키면서 근저당목적물에 대하여 경매신청을 할 수 있다고 보기는 어려울 것이므로 경매신청을 하려면 그에 앞서 근저당권설정계약을 해지하여 피담보채권을 확정시켜야 할 것으로 보인다. 그러나 경매신청에 앞서 근저당권설정계약해지의 의사표시를 반드시 명시적으로 해야 한다고 하면 근저당권의 실행절차가 지연되어 대단히 불합리하게 된다. 따라서 이에 관하여는 근저당권자의 경매신청이 있으면 경매개시결정을 정지조건으로 하는 근저당권설정계약해지의 의사표시가 함께 있은 것으로 보아 그 의사표시가 법원의 경매개시결정과 함께 근저당권설정자에게 도달하게 되는 것으로 보아 경매절차를 진행할 수 있는 것으로 보는 것이 타당하다고 생각한다.

다. 근저당권의 피담보채권이 확정되는 시기

근저당권자의 경매신청으로 그 근저당권의 피담보채권이 확정되게 된다고 하더라도, 그 확정의 시기를 언제로 볼 것인지 다시 문제로 된다. 이에 대하여는 경매신청시설과 경매개시결정시설의 2가지 견해가 있을 수 있다. 경매신청시설은 근저당권자의 경매신청이 있으면 그 피담보채권이 경매신청시에 즉시 확정되어 그 효력이 발생한다고 하는 반면, 경매개시결정시설은 근저당권자의 경매신청이 있다고 하여 바로 피담보채권 확정되는 것이 아니라 경매개시결정시에 비로소 확정되나 그 효력이 경매신청시로 소급하여 발생한다고 한다.

대법원판례가 어느 견해를 채택하고 있는지는 명확하지 않다. 대법원판례상 「경매신청시에 근저당권의 피담보채권액이 확정된다」고 하는 내용의 의미를 확정의 시기에 대한 것으로 보면 경매신청시설의 견해를 채택한 것으로 볼 수 있는 반면, 확정의 효력이 발생하는 시기에 대한 것으로 보면 경매개시결정시설을 채택한 것으로 볼 수 있기 때문이다. 따라서 이는 합리적인 해석으로 판단하는 수밖에 없다.

그런데 경매신청시설에 의하면 경매신청을 하였으나 부적법한 신청으로 경매신청이 각하되거나 경매개시결정이 있기 전에 경매신청을 취하함으로써 경매개시결정이 없었던 경우에도 피담보채권 확정의 효력을 인정할 것인가 하는 점이 다시 문제로 된다. 이에 관하여 이 견해는 경매신청이 각하되거나 경매개시결정 전에 신청을 취하하면 일단 확정되었던 피담보채권을 확정되지 아니한 것으로 그 부활을 인정하되, 다만 경매신청에 의하여 경매개시결정이 발하여져 경매절차가 개시된 뒤에는 종국적 환가에 이르기 전에 경매신청이 취하되거나 경매개시결정이 취소되더라도 확정의 효력에는 영향이 없는 것으로 보아야 한다고 한다.

그러나 경매신청시설은 확실한 근거가 없이 일단 확정된 근저당권의 부활을 인정하고 있다는 점에서 찬성할 수가 없다. 따라서 근저당권자의 경매신청으로 그 피담보채권이 확정되는 시기는 경매개시결정시로 보되 그 확정의 효력이 경매신청시로 소급한다고 보는 것이 타당하다. 그리고 이와 같이 해석하면 확정된 근저당권의 효력이 부활하게 되는 경우가 발생하지 않을 뿐만 아니라 근저당권자의 경매신청과 법원의 경매개시결정으로 근저당권의 피담보채권이 확정되는 것으로 보게 되어 이해관계인 사이에 공평을 기할 수 있게 된다.

라. 공동근저당 부동산상 근저당권의 피담보채권 확정

공동근저당권의 대상이 되는 담보물 중 어느 하나의 담보물에 대하여 경매신청을 하여 경매개시결정이 있는 경우, 다른 담보물에 대한 근저당권에 관하여도 피담보채권이 확정되게 되는가.

이에 관하여는 담보목적물이 여러 개 존재하는 경우에는 일부의 부동산에 대한 담보권을 실행하여 변제기가 도래한 채권의 만족의 얻고 다른 목적물에 관하여는 근저당거래를 계속하는 것이 실제의 요청에 부응하고 또 이론적으로 보아서도 근저당권의 실행은 전 채권의 확정을 요한다고 보아야 할 근거가 없고 거래계속 중에 근저당권의 실행을 인정하여도 불합당한 점이 없으므로 이를 긍정하여야 한다고 하여 피담보채권의 확정을 부정하는 견해가 있다.[110]

그러나 이 견해에 따라 공동저당목적물 중 어느 한 목적물에 대한 경매개시결정이 다른 공동저당목적물에 대한 근저당권의 피담보채권을 확정시키지 않는 것으로 하면, 공동저당목적물에 관하여 후순위저당권을 가지는 자가 민법 제368조 제2항에 의하여 가지는 권리(이른바 후순위저당권자의 대위권)를 침해받게

110) 주석물권법(하) 419(이영준).

된다. 예컨대 S은행이 채무자 A소유의 X·Y(시가 각각 1억 원) 두 부동산을 대상으로 채권최고액을 1억 원으로 하는 제1순위 공동근저당권을 설정한 후에, K은행이 X부동산에 채권최고액을 1억 원으로 하는 제2순위 단독근저당권을 설정한 사안에서, S은행이 X부동산에 대하여 경매신청을 하여 그 매각대금으로부터 1억 원을 배당받고서도, Y부동산을 담보로 1억 원을 한도로 계속 근저당거래를 하여 다시 1억 원까지 담보할 수 있다고 하면, X부동산에 대한 제2순위 근저당권자인 K은행은 X·Y 부동산이 동시에 경매되었더라면 배당받을 수 있었을 5천만 원을 가지고, Y부동산에 대한 S은행의 제1순위 근저당권을 대위할 수 없게 되는 것이다.

따라서 근저당권자가 공동근저당권의 대상이 되는 담보물 중 어느 하나의 담보물에 대하여 경매신청을 하여 경매개시결정이 있는 경우, 다른 담보물에 대한 근저당권의 피담보채권도 확정된다고 보는 것이 타당하다.[111] 공동근저당권의 대상이 되는 여러 개의 담보물 중 일부가 물상보증인의 소유에 속하는 경우에 근저당권자가 주채무자 소유의 담보물에 경매신청을 하여 그 경매개시결정이 있은 사안에 관하여는, 대법원도 물상보증인 소유의 담보물에 대한 근저당권의 피담보채권이 그 경매신청시에 확정되는 것으로 보고 있다. 주채무자 소유의 담보물에 대한 근저당권의 피담보채권이 확정됨을 인정하면서 공동담보물인 물상보증인 소유의 담보물에 대한 근저당권의 피담보채권이 확정되지 않는다고 하는 것은, 주채무자의 신용이 현저히 악화된 상태에서 오로지 물상보증인이 제공한 담보물의 담보가치에만 의존하여 대출을 하는 결과가 되어 신의칙에 반할 뿐만 아니라, 주채무자의 채무를 변제한 물상보증인이 민법 제481조(변제자의 법정대위)에 의하여 대위를 할 수 있는 권리를 침해하게 되어 부당하다는 점에서 이 대법원의 판례는 매우 타당하며, 그 취지는 공동담보목적물이 모두 주채무자의 소유에 속하는 경우에도 당연히 적용되어야 할 것으로 생각한다.

111) 김재형 근저당권연구 250.

판례 4-3

공동근저당 부동산상 근저당권의 피담보채권 확정여부

채권자가 물상보증인 소유 토지와 공동담보로 주채무자 소유 토지에 1번 근저당권을 취득한 후 이와 별도로 주채무자 소유 토지에 2번 근저당권을 취득한 사안에서, 물상보증인에 대한 근저당권의 피담보채권의 발생원인인 어음거래약정이 그 결산기가 정하여져 있지 않고 물상보증인의 토지에 대하여 아직 경매신청이 되지 않았더라도, 먼저 주채무자의 토지에 대하여 피담보채무의 불이행을 이유로 근저당권이 실행된 이상, 채권자와 물상보증인 사이의 근저당권 설정계약의 원인관계인 어음거래약정에 기한 거래는 그로써 종료되고 그 경매신청시에 그 피담보채권이 확정된다(대판 1996.3.8. 95다36596).

마. 경매신청의 취하 등이 있는 경우

근저당권자가 경매신청을 했으나 법원에 의하여 경매신청이 각하 또는 기각되거나 법원의 경매개시결정이 있기 전에 경매신청의 취하가 있은 때에는 피담보채권은 확정되지 않은 것으로 보아야 한다. 근저당권자의 경매신청은 법원의 경매개시결정을 전제로 하여 채무자와 더 이상의 거래관계를 유지하지 아니하겠다는 의사표시인 것으로 보는 것이 타당하고 경매신청의 취하는 그러한 의사표시의 철회로 볼 수 있는 것이기 때문이다.

그러나 근저당권자의 경매신청에 따라 법원이 경매개시결정을 하고서 경매절차를 진행하다가 근저당권자가 경매신청을 취하한 경우나, 채무자가 경매신청채권자의 채권을 변제함으로써 경매절차가 중도에 취소된 경우 또는 민사집행법 제102조에서 규정하는 남을 가망이 없을 경우의 경매취소가 있은 경우에는 피담보채권 확정의 효력에 영향을 미치지 않는 것으로 보아야 한다.[112] 대법원도 근저당권자가 피담보채무의 불이행을 이유로 근저당부동산에 경매신청을 함으로써, 법원이 경매개시결정을 하여 절차를 진행 중에 채무자의 채무변제로 경매신청을 취하한 후 채무자의 신청을 받아 추가대출을 한 사안에서, 경매신청의 취하에 따른 근저당권 부활의 효력을 인정하지 않고 추가대출금의 담보효력을 부인한 바 있다.[113]

문제는 처음부터 부적법하거나 이유가 없어 각하 또는 기각되어야 할 경매신청이 법원에 의해 받아들여져 경매개시결정이 있었다가, 후일 채무자나 경매 부동산소유자 등 이해관계인의 이의신청이 상소에 의하여 경매개시결정이 취소

112) 민법주해[Ⅶ] 23(박해성), 김재형 근저당권연구 249, 이인철 근저당권……… 461.
113) 대판 1989.11.28. 89다카15601, 대판 2002.11.26. 2001다73022 참조.

된 경우에도 피담보채권 확정의 효력에 영향을 미치지 않는 것으로 보아야 하는지 여부이다. 이에 관하여는 근저당권자의 경매신청으로 근저당권이 확정된다는 것은 채무자의 채무불이행을 전제로 한 것으로 생각된다고 하면서, 만일 근저당권자가 아무런 이유 없이 경매신청을 한 경우에는 근저당권이 확정되었다고 볼 수 없을 것이라고 하여 부정하는 견해가 있다.[114] 그러나 근저당권자의 경매신청에 따른 법원의 경매개시결정에 피담보채권 확정의 효력이 주어지는 것은 법원의 경매개시결정보다는 채무자와 더 이상의 거래관계를 유지하지 아니하겠다는 근저당권자의 의사에 기인하는 것으로 보아야 할 것이므로 긍정하는 것이 타당하다고 생각한다.

바. 물상대위권에 기한 압류신청

근저당목적물이 멸실되거나 수용되는 등으로 그 소유자가 보험금청구권이나 손해배상청구권 또는 수용보상금청구권 등을 가지는 경우에, 근저당권자는 민법 제370조에 의하여 준용되는 민법 제342조(물상대위)의 규정에 의하여 이를 압류함으로써, 그 보험금청구권이나 손해배상청구권 또는 수용보상금청구권 등에 근저당권을 행사할 수 있는데, 이 경우에는 근저당권자가 물상대위권 행사를 위한 압류신청을 하면, 근저당목적물에 대하여 경매신청을 한 경우에 준하여 법원의 압류명령이 있는 때에 압류신청시로 소급하여 근저당권의 피담보채권이 확정되는 것으로 보아야 한다.

근저당목적물의 일부가 멸실되거나 수용된 때에 물상대위권이 행사된 경우에도 근저당권은 전면적으로 확정한다. 근저당권에 기한 물상대위권이 행사되어 피담보채권 중의 일부가 회수되었음에도 근저당권이 확정하지 않고 이후의 거래에 의해 발생하는 채권이 이 근저당권에 의해 채권최고액까지 담보된다고 하는 것은 타당하지 않기 때문이다. 따라서 이러한 경우에는 근저당권자는 근저당권확정을 용인하고 물상대위권을 행사하든지, 물상대위권행사를 보류하여 근저당권을 미확정의 상태로 보존하든지 선택을 해야만 한다.[115]

---

114) 김재형 근저당권연구 248.
115) 鈴木祿彌 根抵當法槪說 151.

사. 근저당권에 기한 체납처분압류

국가나 지방자치단체가 조세·공과금채권을 담보하기 위하여 근저당권을 취득하고 있는 경우에는 자력집행권이 있는 관계로 법원에 경매신청을 할 필요 없이 바로 체납압류를 하는 방법으로 근저당권을 실행할 수 있고, 근저당권의 실행으로서 하는 근저당부동산의 체납압류는 바로 근저당거래 중단의사를 표시한 것으로 볼 수 있으므로 체납압류시에 당해 근저당권의 피담보채권이 확정되는 것으로 보아야 한다. 그리고 이 경우 근저당부동산에 대한 체납압류는 당해 근저당권의 의하여 담보되는 조세·공과금채권 이외에 담보되지 않는 다른 조세·공과금채권에 기한 경우도 포함되는 것으로 보아야 한다. 그러나 근저당권자가 국가나 지방자치단체라 하더라도, 그 근저당권에 의하여 담보되는 채권이 조세·공과금채권이 아니라 사경제 주체로서 가지는 일반채권이라면, 그 담보권실행을 위해서는 체납압류를 할 수 없고 법원에 임의경매를 신청해야 하는 것이므로, 이 경우에는 경매신청에 따른 법원의 경매개시결정이 있는 때에 경매신청시로 소급하여 당해 근저당권의 피담보채권이 확정되는 것으로 보아야 한다.

(7) 다른 채권자의 경매신청·체납처분압류

가. 문제의 소재

근저당부동산에 대하여 근저당권자 이외의 제3자, 즉 선순위 또는 후순위담보권자가 담보권실행을 위한 경매신청(민집 264 이하)을 하거나, 집행력 있는 정본을 소지한 일반채권자가 강제경매신청(민집 80 이하)을 함으로써 근저당부동산에 대한 경매절차가 진행되어 매수인이 근저당부동산의 소유권을 취득하면 그 근저당부동산상의 저당권은 모두 소멸하게 된다(민집 91②). 따라서 이 경우 매수인의 소유권취득으로 그 권리가 소멸하게 되는 근저당권자는 근저당부동산의 매각대금으로부터 자신의 순위에 따른 우선배당을 받아 채권의 만족을 구할 수 밖에 없게 되는데, 이 소멸하는 근저당권의 피담보채권이 어느 시점에서 확정되는 것으로 보아 그 담보채권액을 계산할 것인지가 문제로 된다. 또한 제3자의 신청으로 진행되던 경매절차가 매수인의 소유권취득으로 완결되지 않고 중도에 취하되거나 취소되는 경우에 일단 확정되었던 근저당권이 소급해서 확정되지 않은 것으로 되는지도 문제로 된다.

나. 피담보채권의 확정시기

근저당권자 이외의 제3자가 당해 저당부동산에 대하여 임의경매나 강제경매를 신청하여 그 경매개시결정이 있은 때에, 경매신청하지 않은 다른 근저당권자의 피담보채권이 언제 확정되는지에 대하여는 여러 학설이 대립되어 있다.

첫째는 경매개시결정이 있은 때라고 하는 경매개시결정시설이다[116]. 현재의 통설이라고 할 수 있다. 그러나 그렇게 보아야 하는 확실한 논거는 제시하지 않고 있다.

둘째는 근저당권자가 경매개시결정이 있은 것을 안 때라고 하는 경매개시결정인지시설이다.[117] 이 설은 특별한 사정이 없는 한 선순위근저당권자로서는, 후순위근저당권자의 신청에 의하여 근저당권의 목적물에 대하여 경매절차가 개시된 사실을 안 이후에는, 신용이 악화된 채무자와 더 이상 거래관계를 유지하지 아니할 의사가 있는 것으로 추정할 수 있는 것이고, 선순위근저당권자가 경매절차개시 사실을 알고 있었음에도 불구하고 당시까지 채무자에 대한 채권액이 채권최고액에 미달한다는 이유로, 그 후로도 채무자와 계속 거래함으로써 늘어난 채권까지 피담보채권에 포함시키는 것은, 선순위근저당권자를 보호할 법익이 적은 반면에 후순위근저당권자의 이익을 침해하는 바가 커서 부당하며, 후순위 근저당권자가 선순위 근저당권의 채권최고액 만큼 저당목적물의 담보가치가 감소될 것을 사전에 예상하고 후순위근저당권을 취득하였다고 하더라도, 선순위근저당권자가 경매절차개시를 알게 된 당시의 선순위근저당권의 피담보채권액이 채권최고액에 미달하는 만큼에 상당하는 이익을 후순위근저당권자가 당연히 취득한다고 하여 이를 두고 부당하다고 할 수는 없다는 점을 그 논거로 하고 있다.

셋째는 매수인이 매각대금을 납부하여 경매 부동산의 소유권을 취득한 때라는 소유권취득시설이다.[118] 이 설은 저당목적물에 경매절차가 진행되는 것을

116) 곽윤직 물권법 493, 권용우 물권법 580, 고상룡 물권법 710, 김용한 물권법론 587, 이영준 물권법 862, 장경학 물권법 848.

117) 김재형 근저당권연구 263, 대전고등법원 1999. 4.21. 선고 98나5775 판결.

118) 민법주해(Ⅶ) 24(박해성), 대전지방법원 1998. 7.24. 선고 97가합10837 판결.

알았다는 것만으로 선순위근저당권자의 근저당권이 그 근저당권자의 의사에 반하여 확정된다는 것은 불합리하다는 점과 매각대금납부시에 근저당권의 피담보채권이 확정된다고 할 때에는, 경매개시결정후 채무자와 근저당권자 사이의 계속거래에 의하여 후순위근저당권자 등이 손해를 입는 경우도 있을 수 있으나, 후순위권리자는 선순위의 근저당권자에게 그 최고액만큼의 우선권을 인정하고 자신의 권리를 취득하였다고 할 것이므로, 그러한 것을 피해라고 보기 어렵다는 점을 그 논거로 하고 있다.

대법원은 「부동산 경매절차에서 경매신청기입등기 이전에 등기되어 있는 근저당권은 경락으로 인하여 소멸되는 대신에 그 근저당권자는 민사소송법 제605조가 정하는 배당요구를 하지 아니하더라도 당연히 그 순위에 따라 배당을 받을 수 있고(대법원 1998.7.28. 선고 98다7179 판결 참조), 이러한 까닭으로 선순위근저당권이 설정되어 있는 부동산에 대하여 근저당권을 취득하는 거래를 하려는 사람들은 선순위근저당권의 채권최고액 만큼의 담보가치는 이미 선순위근저당권자에 의하여 파악되어 있는 것으로 인정하고 거래를 하는 것이 보통이므로 담보권실행을 위한 경매절차가 개시되었음을 선순위근저당권자가 안 때 이후의 어떤 시점에 선순위근저당권의 피담보채무액이 증가하더라도 그와 같이 증가한 피담보채무액이 선순위근저당권의 채권최고액 한도 안에 있다면 경매를 신청한 후순위근저당권자가 예측하지 못한 손해를 입게 된다고 볼 수 없다. 반면 선순위근저당권자는 자신이 경매신청을 하지 아니하였으면서도 경락으로 인하여 근저당권을 상실하게 되는 처지에 있으므로 거래의 안전을 해치지 아니하는 한도 안에서 선순위근저당권자가 파악한 담보가치를 최대한 활용할 수 있도록 함이 타당하다. 이와 같은 관점에서 보면 후순위근저당권자가 경매를 신청한 경우 선순위근저당권의 피담보채권은 그 근저당권이 소멸하는 시기, 즉 경락인이 경락대금을 완납한 때에 확정된다고 보아야 할 것이다」고 판시[119]함으로써 이 셋째 설의 입장을 취하고 있다.

넷째는 채권신고서의 제출시 또는 그 제출기한의 만료시라고 하는 설이다. 이 설은 스스로 경매를 신청하지 않은 근저당권자의 권리실행은 채권신고서의 제출시 또는 그 제출기한의 만료시에 한 것에 해당하고 따라서 이 때 피담보채권

119) 대판 1999.9.21. 99다26085 참조.

도 확정된다고 풀이해야 한다고 하고, 이러한 해석은 또한 근저당권자가 스스로 경매를 신청한 때의 피담보채권의 확정의 경우와 동일한 기준(권리실행시)으로 판단하게 하는 것이기도 하다고 하며, 그 논거로서 다음과 같이 경매개시결정인 지시설의 입장에 있는 원심(제2심)과 소유권취득시설의 입장에 있는 대법원(제3심)의 판례를 비판하고 있다.

우선 원심(제2심)판례에 대하여는 스스로 경매를 신청하지 않은 근저당권자에게는 적정한 채권신고기한까지 거래관계의 정리 등 자신의 권리실행을 위한 시간적 여유를 주어야 하는데, 원심판단에 따르면 채권신고의 최고를 통해 경매사실을 알게 된 선순위근저당권자에게 자신의 권리실행을 위한 시간적 여유를 전혀 주지 않게 되는 문제점이 있다고 한다.

다음에 대법원(제3심)판례에 대하여는 근저당권의 피담보채권이 경락대금완납시(현재는 매각대금완납시)에 확정된다면 애당초 경매가 불가능하게 된다는 문제점을 들고 있다. 그리고 그 이유는 민사소송법 제728조에 의한 제608조와 제616조의 준용(현재는 민사집행법 제268조에 의한 제91조와 제102조의 준용)에 의해 집행법원은 경매 부동산의 매각에 따른 잉여의 여부를 그 매각전에 판단해야 하는데, 근저당권의 피담보채권액이 확정되지 않는 한 그것이 불가능해지기 때문이라고 한다. 또한 이러한 점 때문에 근저당권자는 자신의 채권에 관한 계산서를 특정기일까지 집행법원에 제출하게 되어 있고(민사소송법 제728조에 의한 제653조의 준용 → 현재는 민사집행법 제268조에 의한 제84조 제4항 제5항의 준용), 이에 따라 구체적인 집행절차도 다음과 같이 진행된다고 한다. 즉, 집행법원은 경매개시결정을 한 때에는 근저당권자에게 채권신고의 최고를 하여 경매개시사실을 통지하게 되는데, 실무는 채권신고의 최고서가 근저당권자에게 도달하는데 소요되는 일수를 참작하여 그 예상 도달일로부터 약 2주 뒤의 일자를 제출시한으로 특정하여 최고를 하고 있는 실정이라고 한다.120)

이상 여러 학설과 판례를 검토해 보면 첫째 설은 근저당권자가 알지 못한 시점에서 근저당권의 피담보채권이 확정될 수 있기 때문에, 근저당권자로서는 채무자와의 매 거래시마다 등기부를 열람하여 경매개시결정이 있는지 여부를 확인해 보아야 하게 되는데, 이는 근저당권자에게 근거 없는 제약이 될 뿐만 아니

120) 김상수 경매를……… 14.

라 불필요하게 시간과 비용의 낭비를 가져와 불합리하다.

다음에 셋째 설은 선순위근저당권자가 채무자가 변제자력이 없다는 사실을 알고 있으면서도, 불필요하게 오로지 선순위담보권만을 믿고 채무자와 추가거래를 함으로써 경매신청인 등 후순위권리자의 기대이익을 해할 수 있어, 지나치게 선순위근저당권자의 보호에만 치중한 것이 아닌가 생각된다. 또한 셋째 설을 채택하고 있는 대법원판례가 근저당권의 피담보채권이 경락대금완납시(현재는 매각대금완납시)에 확정되는 것으로 보아야 한다는 논거로서 제시하고 있는 「선순위근저당권이 설정되어 있는 부동산에 대하여 근저당권을 취득하는 거래를 하려는 사람들은 선순위근저당권의 채권최고액 만큼의 담보가치는 이미 선순위근저당권자에 의하여 파악되어 있는 것으로 인정하고 거래를 하는 것이 보통이므로 담보권실행을 위한 경매절차가 개시되었음을 선순위근저당권자가 안 때 이후의 어떤 시점에 선순위근저당권의 피담보채무액이 증가하더라도 그와 같이 증가한 피담보채무액이 선순위근저당권의 채권최고액 한도 안에 있다면 경매를 신청한 후순위근저당권자가 예측하지 못한 손해를 입게 된다고 볼 수 없다」고 하는 내용도 전적으로 타당하다고 할 수만은 없다. 현행 민법이 저당권의 피담보채권에 대한 부종성과 순위승진의 원칙을 채택하고 있는 점에 비추어 볼 때 후순위근저당권자가 선순위근저당권의 피담보채권이 확정됨으로써 받을 이익이 전혀 없다고 할 수는 없는 것이기 때문이다.

대법원의 판례에 의하면 선순위근저당권자는 저당목적물에 대하여 다른 채권자의 신청에 의한 경매개시결정이 있음을 알고서도 더 나아가서는 동 목적물에 대하여 매각허가결정이 있은 후에도, 그 매수인이 매각대금을 납부하고 경매 부동산의 소유권을 취득할 때까지는 채무자에 대하여 추가적인 신용을 제공하고서, 그 추가된 채권까지 채권최고액범위에서 우선배당 받을 수 있다는 것이 되는데, 이는 채무자가 이미 변제능력을 상실하였고 또한 그러한 사실을 채권자가 사전에 알고 있었음에도, 단지 채권최고액에 여유가 있다는 것만으로 후순위저당권자 등 다른 채권자의 이해관계를 전혀 고려하지 않고 선순위저당권자의 이익만을 보호하는 것이 되어 신의칙과 형평의 원칙에도 반하는 결과가 된다. 또한 대법원의 판례에 의하면 예컨대 시가 1억 원의 부동산상에 채권최고액을 1억 원으로 하는 근저당권이 설정되어 있으나 담보할 채권액이 5백만 원 정도 밖에 없다 하더라도 선순위근저당권자와 채무자가 적절히 합의하여 대응하면 다른 채권자는 절대로 동 부동산에 대한 강제집행절차를 취하여 채권을 회수할 수가 없게 되는 불합리한 결과도 생기게 된다. 경매개시결정이 있고 나아가 매각허가결정이 있은 후에도 근저당권자가 채무자에 대한 채권을 추가로 발생시키면 모두 우선변제를 받을 수 있게 되기 때문이다.

한편, 넷째 설은 셋째 설에 따라 피담보채권이 매각대금 완납시에 확정된다면 집행법원은 경매 부동산의 매각에 따른 잉여의 여부를 그 매각 전[121]에 판단할 수 없게 되어 불합리하다는 점을 들어 이에 반대하고 있으나, 경매 부동산의 매각에 따른 잉여의 여부를 그 매각 전에 판단할 수 없게 되는 경우가 생기는 것은 동 견해에 따르더라도 마찬가지인 것으로 보아야 한다. 경매신청인보다 선순위의 근저당권자는 소정기간 내에 채권신고서를 내지 않더라도 집행법원에서는 채권최고액을 배당요구한 것으로 취급하여[122] 배당표를 작성하였다가, 최고가매수신고인에 대한 매각허가를 해주는 매각결정기일 이후 채권계산서를 제출하면 그에 따라 배당금액을 조정할 수 있어, 매각기일까지는 잉여의 가망이 없는 것으로 판단되었다가 그 후에 잉여의 가망이 있는 것으로 판단될 수 있는 것이기 때문이다. 또한 후순위근저당권자 등 다른 채권자의 경매신청으로 선순위근저당권의 피담보채권이 확정되는지 여부는 어디까지나 근저당권설정 당사자의 의사해석과 후순위근저당권자 등 이해관계인 사이의 이해조절이라는 면에서 판단하면 되는 것이지, 경매절차의 진행에 관한 절차적인 문제를 이에 개입시켜 판단할 필요는 없다고 본다. 따라서 이 점을 이유로 대법원의 판례를 비판하는 것은 적절하지 않은 것으로 생각한다.

결국 선순위근저당권자와 경매신청인 등 후순위권리자의 합리적인 이해관계 조절이라는 점에서 본다면, 둘째 설인 경매개시결정인지시설이 타당하다고 생각한다. 다만 경매개시결정인지시설에 의하더라도 구체적인 피담보채권의 확정시점을 어느 시점으로 볼 것인지에 관하여는 다시 인지한 바로 그 시점에서 확정된다는 견해와 인지한 다음날 확정된다는 견해[123] 등이 있을 수 있으나 인지

121) 매각전이 구체적으로 어느 시점인지가 불분명하나 그 취지에 비추어볼 때 집행법원이 최고가매수신고인에 대하여 매각허가를 하는 매각결정기일을 의미하는 것으로 보인다.
122) 주석강제집행법(VI) 200면(김상원) 참조.
123) 대전지방법원 1998. 7.24. 선고 97가합10837 판결이 바로 이 입장에 있다.

한 날로부터 상당한 유예기간이 경과한 후에 확정되는 것으로 보아야 한다. 경매절차개시를 안 날이나 그 다음날에 확정된다고 보는 것은, 경매신청을 하지 않은 근저당권자가 본인의 의사와는 무관하게 피담보채권의 확정을 강요당하게 되는 문제점이 있을 뿐만 아니라, 예컨대 금융회사의 시설자금대출에 있어서와 같이 건설공정에 따라 대출금지급이 이루어지게 되어 있고, 그에 따라 이미 그 공사진척분에 대한 조사가 이루어져 2~3일 내에 대출금지급을 해야 하는 상황에서, 오늘 근저당목적물에 대한 경매개시결정이 있었음을 알게 되면, 대출금지급을 할 수 없는 불합리한 결과가 생기게 되기 때문이다.

그러나 현실에 있어서는 대법원판례가 불확정설을 채택하고 있는 이상 매수인이 매각대금을 납부하고 경매부동산의 소유권을 취득하는 때에 확정되는 것으로 보고 실무처리할 수밖에 없다. 다만 대법원판례에 따라 경매신청하지 않은 선순위근저당권자의 피담보채권이 아직 확정되지 않은 것으로 취급된다 하여 선순위근저당권자가 무분별하게 채무자에게 추가대출을 하는 것은 후순위근저당권자 등에 대한 관계에서 신의성실의 원칙에 반하는 권리남용이 되어 추가대출금이 우선변제되지 않을 수도 있다는 점 유의를 요한다.

다. 경매신청의 취하 등이 있는 경우

근저당권자 아닌 다른 채권자가 근저당부동산에 경매신청을 함으로써 법원이 경매개시결정을 하고서 경매절차를 진행하다가 경매신청이 취하되었거나, 채무자가 경매신청채권자의 채권을 변제함으로써 경매절차가 중도에 취소된 등의 경우, 경매신청을 하지 않은 근저당권자의 피담보채권 확정의 효력에 어떠한 영향을 미치는지 문제로 된다.

다른 채권자의 경매신청시 근저당권자의 피담보채권의 확정시점에 관하여 소유권취득시설을 취하면, 경매신청의 취하나 경매개시결정의 취소는 근저당권의 피담보채권확정여부에 아무런 영향을 미치지 않는다. 이 설에 의하면 매수인의 소유권취득시까지는 근저당권의 피담보채권 자체가 확정되지 않기 때문이다. 그러나 경매개시결정시설이나 경매개시결정인지시설 등에 의하면, 그 시기가 경과하면 일단 근저당권의 피담보채권이 확정되기 때문에, 매수인의 소유권취득 이전에 경매신청이 취하되거나 경매개시결정이 취소되는 경우, 확정된 근저당권의 효력이 계속 그대로 유지되는지 아니면 확정되지 않았던 것으로 부활되는지의 여부가 문제로 된다.

이에 관하여는 경매개시결정인지시설의 입장에서 다른 채권자의 경매신청에 따라 근저당권의 피담보채권이 확정되는 것은 근저당권자의 의사에 반한 것이라는 이유로 또는 근저당권의 당사자들에게 거래를 종료시키려는 의사도 없었고 근저당권이 소멸되지도 않기 때문이라는 이유로 확정의 효력이 소급적으로 소멸하는 것으로 보아야 한다는 견해가 있다.[124]

그러나 일단 확정된 근저당권의 효력이 부활되는 것으로 하려면 그에 관한 법적근거가 있어야 하는데 일본[125]과 달리 민법에 아무런 규정이 없는 우리나라에 있어서는 확정된 근저당권의 효력이 계속 그대로 유지되는 것으로 보는 것이 타당하다고 생각한다.

라. 체납처분압류

국가나 지방자치단체의 체납처분압류가 있은 때에 압류부동산상에 설정되어 있는 다른 근저당권의 피담보채권이 확정되는가에 관하여도, 다른 채권자가 경매신청을 하여 경매개시결정이 있은 경우와 달리 취급할 이유가 없으므로, 근저당권자가 그 체납처분압류가 있음을 인지한 날로부터 상당한 유예기간이 경과한 후에 그 피담보채권이 확정되는 것으로 보아야 한다.

그러나 대법원판례는 조세채권자가 체납처분을 하는 경우에도 선순위 근저당권자의 피담보채권은 근저당권자 아닌 다른 채권자가 근저당부동산에 경매신청을 하여 경매절차가 진행되는 경우와 마찬가지로 그 근저당권이 소멸하는 시기 즉 체납처분절차에서의 매수인이 매수대금을 완납한 때에 확정된다고 한다. 따

124) 민법주해[VIII] 24(박해성), 김재형 근저당권연구 263.

125) 즉, 일본 민법 제398조의 20 제1항 제4호는 「근저당권자 저당부동산에 대한 경매절차의 개시 또는 체납처분으로 인한 압류가 있었음을 안 때로부터 2주간이 경과한 때」에는 근저당권의 피담보채권이 확정된 것으로 규정하는 한편 동조 제2항은 「전항 제4호의 경매절차의 개시 또는 압류 및 제5호의 파산선고의 효력이 소멸한 때에는 담보해야 할 원본은 확정되지 않은 것으로 본다. 그러나 원본이 확정된 것으로 하여 그 근저당권 또는 그것을 목적으로 하는 권리를 취득한 자가 있는 때에는 그러하지 아니하다」고 하여 경매절차개시의 효력이 소멸한 때에는 근저당권의 효력이 부활되는 것으로 규정하고 있다.

라서 실무적인 처리는 이에 따를 수밖에 없으나, 이 경우에 선순위근저당권자가 무분별하게 추가대출을 하는 것은 체납압류권자에 대한 관계에서 신의성실의 원칙에 반하는 권리남용이 되어 추가대출금이 우선변제되지 않을 수도 있다는 점 역시 유의를 요한다.

판례 4-4

체납처분시 선순위근저당권의 피담보채권 확정시기

국세에 우선하는 선순위 근저당권이 설정되어 있는 부동산에 대하여 체납처분을 하려는 조세채권자는 선순위 근저당권의 채권최고액만큼의 담보가치는 이미 선순위 근저당권자에 의하여 파악되어 있는 것으로 인정하고 절차를 취하는 것이 보통이라 할 것이므로, 체납처분절차가 개시된 이후의 어떤 시점에 선순위 근저당권의 피담보채무액이 증가하더라도 그와 같이 증가한 피담보채무액이 선순위 근저당권의 채권최고액 한도 안에 있다면 조세채권자가 예측하지 못한 손해를 입게 된다고 볼 수 없고, 반면 이러한 경우 선순위 근저당권자는 자신이 경매신청을 하지 아니하였으면서도 체납처분으로 인하여 근저당권을 상실하게 되므로 거래의 안전을 해하지 아니하는 한도 안에서 선순위 근저당권자가 파악한 담보가치를 최대한 활용할 수 있도록 함이 타당하고, 이와 같은 관점에서 보면, 후순위 근저당권자가 경매를 신청한 경우 선순위 근저당권의 피담보채권은 그 근저당권이 소멸하는 시기, 즉 경락인이 경락대금을 완납한 때에 확정되는 것과 마찬가지로, 조세채권자가 체납처분을 하는 경우에도 선순위 근저당권자의 피담보채권은 그 근저당권이 소멸하는 시기, 즉 매수대금을 완납한 때에 확정된다(대판 2001.12.11. 2001두7329).

(8) 채권자대위권에 의한 경매신청

근저당권자의 채권자가 채권자대위권에 의해 근저당권에 기한 경매신청을 한 경우에 당해 근저당권의 피담보채권이 언제 확정되는 것으로 보아야 하는지 문제로 된다. 이 문제는 채권자대위권에 기한 경매신청을 근저당권자의 경매신청으로 볼 것인지 아니면 다른 채권자의 경매신청으로 볼 것인지의 여하에 따라 그 결론이 달라지게 된다. 즉, 앞의 경우로 보면 경매개시결정이 있은 때에 경매신청시로 소급하여 피담보채권이 확정되는 것으로 보아야 하는 반면 뒤의 경우로 보면 다른 채권자가 경매신청한 경우와 마찬가지로 견해가 대립할 수 있다.

채권자대위권에 의한 경매신청에 있어서는 형식적으로는 근저당권자의 신청으로 경매절차가 진행되는 경우이지만 실질적으로는 근저당권자가 경매절차의 진행에 관여하지 않는다는 점에서 다른 채권자의 신청으로 경매절차가 진행되는 경우라는 점에서 뒤의 경우로 보아야 할 것으로 생각한다.[126] 따라서 경매개시결정을 인지한 날로부터 상당한 유예기간이 경과한 후에 피담보채권이 확정된다고 보는 것이 타당하다. 그러나 후순위근저당권자의 경매신청시 선순위근저당권의 피담보채권이 확정되는 시기에 대한 앞의 대법원판례에 의하면 매수인이 매각대금을 완납한 때에 확정되는 것으로 보아야 한다.

(9) 피담보채권의 기한이익상실·후순위저당권자의 대위

가. 피담보채권의 기한이익상실

근저당권에 의하여 담보되는 피담보채권의 일부 또는 전부에 대하여 채무자가 기한의 이익을 상실한 경우에도 그것만으로는 그 근저당권의 피담보채권이 확정되는 것으로 볼 수 없다. 채무자가 기한의 이익을 상실하였다고 하여 채권자가 반드시 담보권을 실행하여야 하는 것이 아니기 때문이다.[127]

나. 후순위저당권자의 대위

후순위저당권자의 대위권이란 동일한 채권의 담보로 수개의 부동산에 선순위저당권이 설정되었다가, 그 중 어느 한 부동산이 경매되어 선순위저당권자가 그 매각대금으로부터 우선변제를 받은 경우, 경매부동산의 후순위저당권자가 공동저당부동산이 동시에 경매되었다면 배당받을 수 있었을 금액의 한도에서 경매되지 않은 공동저당부동산상의 선순위저당권을 대위하여 선순위근저당권자에게 대위등기를 청구할 수 있는 권리를 말한다(민 368).

후순위저당권자의 대위권이 발생하면 대위대상 선순위근저당권의 피담보채권이 확정되는지 문제로 된다. 근저당권거래의 존속 중에는 피담보채권의 일부 양도나 대위변제가 있어도, 이를 이유로 양수인이나 대위변제자가 근저당권의 일부 이전등기나 대위등기를 청구할 수 없다는 점에서, 후순위저당권자의 대위권이 발생한 시점에서 대위대상 근저당권의 피담보채권이 확정되지 않은 상태라면 후순위저당권자가 선순위근저당권에게 대위등기를 청구할 수 없지 않은가

126) 鈴木祿彌 根抵當法槪說 153.
127) 박성근 포괄근저당권연구……… 72.

하는 점에서 제기되는 문제이다.

후순위저당권자의 대위권 발생 자체는 대위대상 근저당권의 피담보채권을 확정시키는 사유가 아니다. 그러나 근저당권자가 공동근저당권의 대상이 되는 담보물 중 어느 하나의 담보물에 대하여 경매신청을 하여 경매개시결정이 있으면, 경매 신청하지 않은 다른 담보물에 대한 근저당권의 피담보채권도 확정되는 것이므로(제4장 III. 2. (4) 라. 참조), 후순위저당권자의 대위권 발생 시점에는 당연히 대위대상 선순위근저당권의 피담보채권이 확정되어 있고, 그에 따라 후순위저당권자는 선순위근저당권에게 대위등기를 청구할 수 있는 것으로 보아야 한다.

(10) 피담보채권의 양도·대위변제

가. 통상의 경우

(가) 피담보채권의 확정여부

근저당거래의 존속 중 피담보채권의 전부 또는 일부에 관하여 양도 또는 대위변제[128]가 있어도 그것만으로는 당해 근저당권의 피담보채권이 확정되는 것으로 볼 수 없다. 근저당권이란 거래가 종료하기까지 담보할 채권이 계속적으로 증감·변동 되는 것을 그 성질로 하는 저당권이기 때문이다.

대법원판례도 「근저당거래관계가 계속 중인 경우, 즉 근저당권의 피담보채권이 확정되기 전에 그 채권의 일부를 양도하거나 대위변제한 경우 근저당권이

128) 대위변제란 주된 채무자가 아닌 제3자가 주된 채무자의 채무를 변제하는 것을 말하여 제3자 변제라고도 한다. 이해관계 있는 제3자, 즉 변제할 정당한 이익이 있는 제3자가 대위변제를 한 때에는 변제자는 대위변제한 채권 및 그 담보에 관한 채권자의 권리를 자기의 권리에 의하여 구상할 수 있는 범위에서 당연히 승계하여 행사할 수 있다(민 481, 482①). 이와 같이 대위변제로 채권자가 가지고 있었던 채권 및 그 담보에 관한 권리가 법률상 당연히 변제자에게 이전하는 것을 법정대위라고 한다. 이에 대하여 이해관계 없는 제3자가 대위변제를 한 때에는 변제자는 변제와 동시에 채권자의 승낙을 얻어야만 대위변제한 채권 및 그 담보에 관한 채권자의 권리를 자기의 권리에 의하여 구상할 수 있는 범위에서 승계하여 행사할 수 있다(민 480①). 변제자가 이와 같은 절차를 거쳐 채권자가 가지고 있던 채권 및 그 담보에 관한 권리를 승계하는 것을 임의대위라고 한다. 이해관계 있는 제3자에 있어서의 이해관계란 법률상의 이해관계만을 말하며, 연대보증인, 물상보증인, 저당목적물의 제3취득자 또는 후순위저당권 등이 이에 해당된다. 단순한 친지나 친족 또는 동업자 등과 같이 변제를 함에 대하여 사실상으로 이해관계를 가지는 자는 여기에서의 이해관계 있는 제3자에 속하지 않는다.

양수인이나 대위변제자에게 이전할 여지가 없다 할 것이다」라고 하고,[129] 대법원의 등기예규도 「근저당권의 피담보채권이 확정되기 전에 그 피담보채권이 양도 또는 대위변제된 경우에는 이를 원인으로 하여 근저당권이전등기를 신청할 수는 없다」고 규정하고 있는데[130], 이는 모두 피담보채권의 전부 또는 일부에 대한 양도 또는 대위변제가 피담보채권의 확정을 가져오지 않는다는 것을 전제로 하고 있다.

(나) 양수인의 권리

근저당거래의 존속 중 근저당권에 의하여 담보되는 채권의 전부 또는 일부에 관하여 양도가 있어도 근저당권의 피담보채권이 확정되지 않고, 그에 따라 양수인이 이를 원인으로 근저당권의 전부 또는 일부 이전등기를 청구할 수 없다고 할 때, 양수인은 당해 근저당권에 관하여 아무런 권리도 가지지 못하는 것인가.

생각건대 채권양도에 따른 저당권의 이전은 법률행위에 의한 것으로 이전등기가 있어야 그 효력이 발생하도록 되어 있으므로(민 186), 근저당권의 전부 또는 일부에 관한 이전등기가 이루어지지 않은 이상, 양수인으로서는 당해 근저당권에 관하여 아무런 권리도 가지지 못한다고 보는 것이 타당하다. 따라서 이 경우 양수인은 근저당권에 의하여 담보되지 않는 무담보채권을 양수한 것이 되고 양도인의 근저당권은 양도된 채권만큼 최권최고액에 여유가 생기는 것으로 보아야 한다.

그러나 근저당권의 채권자지위인수를 원인으로 채권자를 양수인으로 교체하거나 채권자에 양수인을 추가하는 근저당권변경등기를 하는 때에는, 교체의 경우는 양수인이 그리고 추가의 경우는 종전의 채권자 및 양수인이 채무자와 채권최고액의 범위에서 근저당거래를 할 수 있는 것이므로 양수채권도 당해 근저당권에 의하여 담보되는 것으로 보아야 한다.

---

129) 대판 1996.6.14. 95다53812, 대판 2000.12.26. 2000다54451 참조.
130) 근저당권에 관한 등기사무처리지침 3②iii 참조.

㈐ 대위변제자의 권리

근저당거래의 존속 중 근저당권에 의하여 담보되는 채권의 전부 또는 일부에 관하여 대위변제가 있어도 대위변제자가 근저당권의 전부 또는 일부에 대한 대위등기를 청구할 수 없고, 그에 따라 당해 근저당권의 피담보채권이 확정되지 않는다고 할 때, 대위변제자는 당해 근저당권에 관하여 아무런 권리도 가지지 못하는 것인가.

이에 관하여는 긍정설과 부정설이 대립되어 있다. 긍정설에 의하면 대위변제자는 근저당권에 의하여 담보되지 않는 채권을 취득할 뿐이고, 그에 따라 근저당권자는 대위변제된 금액만큼 채권최고액에 여유가 생기는 것으로 보게 된다. 이에 대하여 부정설에 의하면 근저당권의 대위등기 여부와는 관계없이 채권자와 대위변제자 사이에 근저당권의 준공유관계가 발생하여 당해 근저당권은 채권자의 피담보채권 이외에 대위변제자가 대위변제한 채권도 함께 담보하는 것으로 보게 된다.

긍정설은 그 논거로서 ① 근저당권에 있어서는 피담보채권의 유동·교체는 문제가 되지 않는다는 점[131] ② 대위변제로 인하여 그 채권은 피담보채권의 범위로부터 이탈된다는 점[132] ③ 근저당권에 의하여 담보되는 것은 계속적 거래로부터 발생하는 개개의 채권이라기 보다는 오히려 전체로서 부동하는 채권이며 계속적 거래관계 없는 확정채권을 가진 자와 준공유관계를 인정하는 것은 복잡한 법률문제를 발생시킨다는 점[133] 등을 들고 있다.

부정설은 그 논거로서 ① 피담보채권의 원본액이 근저당거래의 종료까지에는 확정되어 있지 않으나 개개의 채권은 역시 근저당권에 의하여 담보되어 있는 것이므로, 그것이 근저당거래의 종료시에 현존한 경우 당해 근저당권에 의하여 담보된다는 이익을 보유하고 있는 한 대위변제되어도 이러한 이익을 보유한 채로 양수인에게 이전한다고 해석하여야 한다는 점[134] ② 근저당권의 확정 후에 대위변제를 하면 근저당권이 이전되고 확정 전에 대위변제를 하면 근저당권이 이전되지 않는다고 하면, 예컨대 보증인이 자신의 보증채무는 이행기가 도래하였음에도

---

131) 곽윤직 물권법 493, 김상용 물권법 757.
132) 장경학 물권법 848, 고상룡 물권법 711.
133) 일본 주석민법(9) 273.
134) 김석우 근저당권의… 407.

불구하고 지체하고 있다가 모든 거래관계가 종료되어 근저당권이 확정된 후에 변제하면 근저당권의 일부이전이 인정되고 그 확정 전에 자신의 이행기가 도래한 즉시 변제하면 근저당권의 일부이전을 인정받지 못하게 되어 불합리하다는 점[135] ③ 부정설은 당사자의 구체적인 의사에 배치될 뿐만 아니라 이해관계의 면에 있어서도 기본계약관계의 이전과 달리 취급할 이유가 없고 따라서 피담보채권의 확정 후의 대위변제에 준하여 취급하는 것이 타당하다는 점[136] 등을 들고 있다.

대법원판례는 근저당권의 피담보채권이 확정되기 전에 그 채권의 일부를 대위변제한 경우 당해 근저당권의 일부에 관하여 대위등기를 청구할 수는 없지만, 그렇다고 대위변제한 채권의 담보적 효력까지 소멸하는 것은 아니고 후일 당해 근저당권의 피담보채권이 확정되면, 확정 당시 근저당권자가 채무자에 대하여 가지는 담보채권과 대위변제한 채권액을 채권최고액까지 담보하되, 근저당권자와 대위변제자 사이에서는 근저당권자가 우선변제권을 가진다고 함으로써 부정설을 채택하고 있다.[137]

채권양도에 따른 저당권의 이전은 법률행위에 의한 것으로 이전등기가 있어야 그 효력이 발생하도록 되어 있는 것과(민 186), 달리 법정대위에 따른 저당권

---

135) 민법주해[Ⅷ] 30(박해성). 그리고 이 견해는 이 경우 근저당권자와 대위변제자 사이에는 근저당권의 준공유상태가 되나, 대위변제시 근저당권자의 피담보채권이 확정되어 있지 아니하므로 각자의 지분은 정할 수 없고, 그 지분은 근저당거래가 종료되어 양도인의 피담보채권이 확정되면 채권액에 비례하여 정하여진다고 한다. 다만 이 경우 근저당권자의 근저당거래는 대위변제자가 중단시킬 수 없다고 할 것이므로 대위변제자는 확정 전에 단독으로 근저당권을 실행할 수 없고, 또한 근저당권자의 근저당권실행시에 근저당권자의 피담보채권과 대위변제자의 채권의 합계액이 채권최고액을 초과하거나 목적물의 경락대금을 넘는 경우에는, 확정 후의 피담보채권의 일부대위의 경우와 같이 채권자가 대위변제자에 우선하여 배당받는 것으로 봄이 타당하다고 한다.

136) 이영준 물권법 866.

137) 즉 대법원 2002.07.26. 선고 2001다53929 판결은 「채권자가 부동산에 대하여 근저당권을 가지고 있는 경우에는, 채권자는 대위변제자에게 일부 대위변제에 따른 저당권의 일부 이전의 부기등기를 경료해 주어야 할 의무가 있다 할 것이나, 이 경우에도 채권자는 일부 변제자에 대하여 우선변제권을 가지고 있다 할 것이고, 근저당권이라고 함은 계속적인 거래관계로부터 발생하고 소멸하는 불특정다수의 장래채권을 결산기에 계산하여 잔존하는 채무를 일정한 한도액의 범위 내에서 담보하는 저당권이어서, 거래가 종료하기까지 채권은 계속적으로 증감변동하는 것이므로, 근저당 거래관계가 계속중인 경우 즉, 근저당권의 피담보채권이 확정되기 전에 그 채권의 일부를 양도하거나 대위변제한 경우 근저당권이 양수인이나 대위변제자에게 이전할 여지는 없다 할 것이나, 그 근저당권에 의하여 담보되는 피담보채권이 확정되게 되면, 그 피담보채권액이 그 근저당권의 채권최고액을 초과하지 않는 한 그 근저당권 내지 그 실행으로 인한 경락대금에 대한 권리 중 그 피담보채권액을 담보하고 남는 부분은 저당권의 일부이전의 부기등기의 경료 여부와 관계없이 대위변제자에게 법률상 당연히 이전된다」고 한다.

의 이전은 법률의 규정에 의한 것으로 대위등기 없이 저당권이전의 효력이 발생하는 것이므로(민 187) 부정설이 타당하다. 다만 임의대위의 경우는 채권자의 승낙을 요하는 법률행위에 의한 저당권의 이전에 해당하여, 대위등기 없이 저당권이전의 효력이 발생하는 것이 아니므로, 대위변제자가 당해 근저당권에 관하여 아무런 권리도 가지지 못하는 것으로 보아야 한다. 또한 대위변제자가 보증인인 경우는 저당권의 등기에 그 대위를 부기하지 아니하면 저당물에 권리를 취득한 제3자에 대하여 채권자를 대위하지 못하므로(민 482② i) 그 범위에서 권리행사에 제한이 따르는 것으로 보아야 한다.

나. 특별약정이 있는 경우

㈎ 문제의 소재

피담보채권의 전부 또는 일부를 대상으로 하는 양도 또는 대위변제가 있는 경우에 채권자와 양수인 또는 대위변제자 사이에 근저당권의 전부 또는 일부에 관하여 이전등기 또는 대위등기를 해주기로 하는 특별한 약정이 있는 때에는 채권자는 그 약정에 따른 이전등기 또는 대위등기의 의무가 있다. 그런데 채권자와 양수인 또는 대위변제자 사이의 특별약정에 따라 근저당권자가 근저당권의 전부 또는 일부에 관하여 이전등기 또는 대위등기 의무를 이행하는 경우 당해 근저당권의 피담보채권이 확정되는지 문제로 된다. 이에 관하여는 피담보채권의 전부 또는 일부에 관하여 양도가 있는 경우와 대위변제가 있는 경우로 구분하여 알아볼 필요가 있다.

㈏ 양도의 경우

피담보채권의 확정 전에 피담보채권의 전부 또는 일부에 관하여 양도가 있고, 그 채권양도를 원인으로 하여 근저당권의 전부 또는 일부 이전등기를 신청하여 그 등기가 이루어진 때에는 당해 근저당권은 피담보채권이 확정되어, 전부 양도의 경우는 양수인이 양수한 채권만을 그리고 일부 양도의 경우는 양도인과 양수인이 공동근저당권자로서 피담보채권 중 양도하고 남은 양도인의 채권과 양수인이 양수한 채권만을 담보하고, 이후 새로운 거래로부터 발생한 채권을 담보할 수 없는 것으로 보아야 한다. 이 경우 근저당권 일부 이전등기의 신청인은 양도인과 양수인이 된다.

반면에 채권양도를 원인으로 하지 아니하고 근저당권의 채권자변경을 원인으로 하여 근저당권변경등기를 신청한 때에는 당해 근저당권은 피담보채권이 확정되지 않아, 전부 양도의 경우는 양수인이 근저당권자로서 그리고 일부 양도의 경우는 양도인과 양수인이 공동근저당권자로서 채권최고액의 범위에서 채무자와 근저당거래를 계속할 수 있는 것으로 보아야 한다. 다만 이 경우 근저당권변경등기의 신청인은 양도인과 양수인 및 채무자(채무자와 소유자가 다른 때에는 소유자까지)가 된다. 그리고 이 경우 공동근저당권자로서의 양도인과 양수인의 우선변제순위는 같은 것으로 보아야 한다.

㈐ 대위변제의 경우

피담보채권의 확정 전에 피담보채권의 전부 또는 일부에 관하여 대위변제가 있고 그 대위변제를 원인으로 한 근저당권의 대위등기가 있은 때에는 당해 근저당권은 피담보채권이 확정되어, 전부 대위의 경우는 대위변제자가 근저당권자로서 대위변제한 채권만을 그리고 일부 대위의 경우는 채권자와 대위변제자가 공동근저당권자로서 피담보채권 중 대위변제하고 남은 채권자의 채권과 대위변제자가 대위변제한 채권만을 담보하며, 이후 새로운 거래로부터 발생한 채권을 담보할 수 없는 것으로 보아야 한다. 앞에서 설명한 바와 같이 근저당권의 피담보채권이 확정되기 전에는 피담보채권의 전부 또는 일부에 관하여 대위변제가 있다 하더라도 당해 근저당권이 대위변제자에게 이전할 여지가 없는 것이기 때문이다.

특히 실무에 있어서는 근저당권의 피담보채권이 확정되지 않은 상태에서, 근저당권자가 대위등기의무가 없음에도 대위변제자의 요청에 따라, 근저당권의 전부 또는 일부 이전등기를 신청하고 등기소에서도 이를 수리하여 등기해주는 경우가 있는데, 이를 어떻게 법률적으로 설명할 것인지 문제로 된다. 그러나 이 경우는 근저당거래의 존속을 전제로 근저당권의 전부 또는 일부 이전등기가 이루어지는 것이 아니라, 근저당거래가 종료되어 그 피담보채무가 확정된 상태에서 그 근저당권(즉 확정근저당권)의 전부 또는 일부 이전등기가 이루어지는 것으로 보아야 한다. 즉, 대위변제를 원인으로 한 근저당권의 전부 또는 일부 이전등기신청이 있으면 실질적심사권이 없는 등기관으로서는 그 근저당권의 피담보채권이 확정된 상태에서 그 대위변제에 따른 근저당권의 전부 또는 일부 이전등기신청이 있는 것으로 보아 이를 수리할 수밖에 없는 것이고, 그에 따라 이 경우에는 근저당권자가 비록 근저당거래의 계속을 원하고 있었다고 할지라도 그 의사에 관계없이 그 근저당권의 피담보채권은 확정되어, 그 후 새로운 거래로부터 발생한 채권을 담보할 수 없는 것으로 보아야 한다. 그리고 이 경우 채권자와 대위변제자 사이의 우선변제순위는 채권자가 대위변제자에 우선하는 것으로 보아야 한다.

(11) 피담보채무의 인수

근저당권의 피담보채권이 확정되기 전에 이미 발생되어 있는 피담보채무의 전부 또는 일부를 제3자인 인수인이 인수하고 이를 채권자가 승낙하였어도 그 것만으로 당해 근저당권의 피담보채권이 확정되는 것으로 볼 수 없다. 근저당권이란 거래가 종료하기까지 담보할 채권이 계속적으로 증감·변동 되는 것을 그 성질로 하는 저당권이기 때문이다.

다만 근저당권의 피담보채권이 확정되지 않은 상태에서 피담보채무의 전부 또는 일부에 대한 인수를 원인으로 하여, 전부 인수의 경우는 채무자 교체 그리고 일부 인수의 경우는 채무자 추가의 채무자변경등기가 이루어진 때에는 피담보채권이 확정되어, 당해 근저당권은 이후 종전 채무자에 대한 관계에서건 인수인에 대한 관계에서건 새로운 거래로부터 발생하는 채권을 담보할 수 없게 되는 것으로 보아야 한다(자세한 내용은 제9장 Ⅲ. 3. ⑵ 가. 참조).

(12) 피담보채권에 대한 강제집행·체납처분

근저당거래의 존속 중에 그 근저당권에 의하여 담보되는 채권의 전부 또는 일부를 대상으로 압류명령, 가압류명령, 추심명령 또는 전부명령을 신청하여 그 효력이 발생한 경우나 체납처분압류가 있더라도 그것만으로는 그 근저당권의 피담보채권이 확정되는 것으로 볼 수 없다. 그 이유는 근저당거래의 존속 중 피담보채권의 일부에 관하여 양도 또는 대위변제가 있어도 그것만으로는 당해 근저당권의 피담보채권이 확정된 것으로 볼 수는 없는 것과 같다.

(13) 근저당권의 설정당사자의 사망

가. 채권자의 사망

근저당권자인 채권자가 사망한 경우 근저당거래와 관련하여 문제가 되는 것은 ① 근저당권의 피담보채권이 확정되는지 여부, ② 상속인에게 이전된 근저당권에 의하여 담보되는 채권의 범위, ③ 상속인이 여러 명인 경우의 근저당거래관계의 3가지이다.

첫째의 문제, 즉 근저당권자가 사망한 경우 그 근저당권의 피담보채권은 확정되는가에 관하여 우리나라에 있어서는 이를 부정하는 견해만 있다. 즉, 근저당권자 측에 상속이 발생한 경우 근저당권은 법률상 당연히 기본계약상의 지위와 함께 상속인에게 이전하나, 다만 상속인이 상속 전에 채무자에 대하여 가지고 있던 채권은 이 근저당권에 의하여 담보되지 않는다고 한다.[138] 근저당권자인 지위의 상속을 인정한다고 해서 채무자나 저당목적물의 소유자[139]에게 특별히 불이익이 되는 것은 아니므로, 근저당권자가 사망하더라도 그 근저당권의 피담보채권은 확정되지 않고, 그 근저당권은 기본계약상의 지위와 함께 당연히 상속인에게 이전하는 것으로 하되, 이 경우 채무자나 저당목적물의 소유자는 근저당권자의 사망을 이유로 기본계약 또는 근저당권설정계약을 해지함으로써 근저당권에 의하여 담보되는 채권의 범위를 확정시킬 수 있다고 하는 것이 타당하다. 따라서 근저당권자가 사망한 경우라도 채무자나 저당목적물의 소유자가 기본계약 또는 근저당권설정계약을 해지하지 않은 이상, 상속인은 근저당권자 지위의

---

138) 김석우 근저당권에……… 128, 주석물권법(하) 424(이영준), 민법주해(Ⅶ) 31(박해성).

139) 채무자와 담보목적물의 소유자가 다른 경우로는 처음부터 제3자(즉, 물상보증인) 소유의 부동산에 근저당권을 설정한 경우와 채무자 소유의 부동산에 근저당권을 설정한 후 채무자가 그 부동산을 제3자(즉, 근저당목적물의 제3취득자)에게 매각하여 그 소유권이전등기를 한 경우 등을 들 수 있다.

상속등기를 한 후 채무자와 근저당거래를 계속할 수 있다고 할 것이다. 그리고 기본계약 또는 근저당권설정계약의 해지가 있는 경우 그 해지의 효력은 사망시까지 소급하는 것이 아니라 해지의 통지가 근저당권자에게 도달한 때로부터 생기는 것으로 보아야 한다.

둘째로 상속인에게 이전된 근저당권에 의하여 담보되는 채권의 범위가 어떠한지에 관하여는, S가 A와의 어음대출거래로부터 발생하는 채권을 담보하기 위하여, A소유의 부동산에 채권최고액을 3억 원으로 하는 근저당권을 설정하고 거래하던 중 사망하고, 이를 K가 상속한 경우를 예로 들어 설명하면 다음과 같다. 우선 S의 사망 전에 S가 A와의 어음대출거래에 의하여 취득한 채권(이 채권도 K가 상속한다)이 K가 상속한 근저당권에 의하여 담보된다는 점에 대하여는 의문이 있을 수 없다. 또한 상속등기 이후 K가 A와의 어음대출거래로부터 취득하는 채권도 상속에 불구하고 근저당권의 피담보채권이 확정되지 아니한다고 보는 이상 이 근저당권에 의하여 담보할 수 있음에 대하여도 의문이 있을 수 없다.

문제는 S의 사망 전, 즉 K가 근저당권을 상속하기 전에 A와의 어음대출거래로부터 취득한 채권이 있다고 할 때 이 채권을 K가 상속한 근저당권에 의하여 담보할 수 있는가 하는 점이다. 이에 관하여는 근저당권에 의하여 담보되는 채권의 범위를, 현재 근저당거래의 당사자로 되어 있고 또한 그 당사자 사이에 근저당권설정계약에서 정한 거래관계로부터 발생한 채권이면 그 발생시기와 관계없이 모두 포함하는 것으로 보아 긍정하는 견해도 있을 수 있다. 그러나 근저당권에 의하여 담보되는 채권의 범위는 근저당거래의 당사자로 되어 있는 중에 근저당권설정계약에서 정한 거래관계로부터 발생한 채권이라고 보는 것이 근저당권설정계약의 취지에 부합된다고 할 것이므로 부정하는 것이 타당하다. 다만 부정한다 하더라도 상속 전의 어음대출금을 K가 상속받은 근저당권에 의하여 담보하게 할 수 없는 것은 아니다. 즉, 현재의 근저당권자 K가 A에게 새로운 어음대출을 하여 상속 전의 어음대출금을 상환하게 하거나 또는 현재의 근저당부동산의 소유자와 근저당권변경계약을 체결하여 상속 전의 어음대출금까지 담보채권으로 포함시키면 상속 전의 어음대출금도 담보하게 할 수가 있는 것이다.

셋째로 상속인이 여러 명인 때에 채무자와의 근저당거래를 상속인 각자가 할 수 있는 것인지 아니면 공동상속인 전원이 공동으로만 할 수 있는 것인지에 관하여는, 근저당권의 채권자 추가가 있는 경우와 같이 상속인 각자가 할 수 있는 것으로 보는 것이 타당하다고 생각한다.

나. 채무자의 사망

근저당권의 채무자가 사망한 경우 근저당거래와 관련하여 문제가 되는 것은 ① 근저당권의 피담보채권이 확정되는지 여부, ② 근저당권에 의하여 담보되는 채권의 범위, ③ 상속인이 여러 명인 경우의 근저당거래관계의 3가지이다.

첫째의 문제, 즉 근저당권의 채무자가 사망한 경우 그 상속인이 그 근저당권의 채무자지위를 승계하여 근저당거래를 계속할 수 있는 것으로 볼 것인가 아니면 피담보채권이 확정되어 근저당거래가 종료하는 것으로 볼 것인가에 관하여는 「원래 기본계약은 당사자 간의 신뢰관계를 기초로 하고 있으므로 기본계약의 상속성에 관하여는 의문의 여지가 있다. 특히 기본계약에 기하여 여신자에게 여신의무가 존재하는 경우에는 특히 신뢰관계가 강하고 따라서 일신전속성을 띠게 되어 상속성을 부정할 경우도 있을 것이다. 그러나 근대적 거래에 있어서는 당사자 간의 주관적 개성에 기한 인적신뢰관계는 점차 모습을 감추고 오히려 당사자의 자력 등의 물적인 신뢰관계가 전면에 대두되어 상속과 같은 포괄승계에 있어서는 일시에 신뢰관계가 절단된다고 보기 어렵다. 또 신뢰관계는 기본계약 그 자체보다도 신용공여에 나타나는 바, 최근의 거래의 실제에 있어서는 여신자는 여신의무를 부담하지 않고 신용을 공여할 것인가의 여부는 여신자가 자유로 결정한다. 만약 상속성을 부정하면 당사자가 거래의 계속을 희망하여도 새로이 기본계약을 체결하고 근저당권을 설정하지 않으면 아니 되는 바, 이는 매우 불편하다. 여기에서 일반적으로는 기본계약의 상속성과 또한 근저당거래의 승계를 인정하고, 만약 당사자가 거래의 계속을 바라지 않으면 해지권에 의하여 이것을 종료하게 한다고 해석하는 것이 타당하다. 여컨대 개개의 기본계약에 관하여 판단할 것이지만 원칙적으로는 상속성을 긍정할 것이라고 생각한다. 문제되는 것은 수신자와 저당권설정자가 다른 경우이다. 즉, 물상보증인이 근저당권을 설정하고 있는 경우이다. 물상보증인과 수신자간의 신뢰관계가 수신자의 사망에 의하여 소멸하고 따라서 근저당권은 소멸하는 것이 아닌가 하는 의문이 생기나 신뢰관계는 물적인 것으로 변화하고 있으며, 계약에 의한 수신자 변경의 경우와는 달리, 사망에 의한 상속의 경우에는 물상보증인의 동의 없이도 근저당권은 존속하는 것이라고 할 것이다. 포괄근저당권의 경우는 어떠한가. 포괄근저당권에는 단지 현재 및 장래의 전 채무를 담보하는 취지의 것과 일정한 기본계약이 존재하고 그에 부가하여 "기타 일체의 채무"를 담보한다는 취지의 것의 두 가지가 존재한다. 후자의 경우 비록 기본계약이 등기원인으로서 기재되어 있지 않아도 실체법적으로는 존재하기 때문에, 일반의 근저당의 경우와 같이 기본계약의 승계와 함께 근저당권은 그대로 존속한다고 생각할 것이다. 그런데 전자의 경우, 즉 순수한 포괄근저당의 경우는 기본계약 그것이 존재하지 않으므로 기본계약의 상속성의 문제가 아니라 오히려 포괄근저당권을 부담하고 있는 소유권이 상속인에게 승계되는가의 문제이다. 그러므로 순수한 포괄근저당의 경우에는 상속인 측의 이익이 고려되지 않으면 아니 된다. 또한 이러한 포괄근저당에 있어서는 그 성실상 포괄근저당권설정계약 자체에 당사자 간의 보다 강한 인적관계가 존재하므로 순수한 포괄근저당권은 상속에 의하여 보통의 저당권으로 전환하게 된다고 해석할 것이다」[140]고 하여 그 근저당권의 기본이 되는 기본계약이 존재하는 경우와 존재하지 않는 것으로 나누어 기본계약이 존재하지 않는 경우와 기본계약이 존재하는 경우라 하더라도 그 기본계약이 일신전속성을 지니고 있는 경우는 피담보채권이 확정되는 것으로 보되, 기본계약이 일신전속성을 지니고 있지 않은 경우는 근저당거래의 계속을 인정하여야 한다는 견해가 있다.

위의 견해를 금융거래에서 이용되고 있는 근저당권에 관하여 적용하여 보면, 앞에서 설명한 특정근저당권의 경우는 그 기본계약의 신뢰관계가 인적인 것에서 물적인 것으로 그 중점이 옮겨져 있다는 이유로 채무자의 사망이 피담보채권의 확정을 가져오지 않게 되는 반면, 한정근저당권과 포괄근저당권의 경우는 그 설정계약 자체에 당사자 간의 보다 강한 인적신뢰관계가 존재하기 때문에 채무자의 사망이 피담보채권의 확정을 가져오게 되며, 또한 이러한 결과는 담보목적물의 소유자가 채무자가 아닌 제3자인 경우라 하더라도 마찬가지라는 것이 된다.

그러나 위의 견해는 ① 한정근저당권과 포괄근저당권의 경우는 기본계약이 없다고 하나 반드시 그렇게 볼 수만은 없다는 점, ② 한정근저당권과 포괄근저당권에

140) 김석우 근저당권에……… 119~121, 주석물권법(하) 421~423(이영준).

관하여도 기본계약의 존재를 인정할 때에는 이들을 특정근저당권의 경우와 다르게 취급할 이유가 없다는 점,[141] ③ 저당목적물의 소유자가 채무자가 아닌 제3자인 경우 채무자의 변경은 담보제공자에게 중대한 영향을 미치는 요소라 할 것이어서 그 제3자의 동의 없이 채권자와 상속인간에 근저당거래의 계속을 인정한다는 것은 정당하다고 할 수 없다는 점, ④ 담보제공자가 채무자라고 할지라도 상속인이 수인인 때에는 그 중 어느 한 상속인의 입장에서 볼 때 다른 상속인과 채권자간의 새로운 거래에 있어서는 제3자의 지위에 서게 된다는 점 등에서 그 합리성을 인정할 수가 없다. 다만 그렇다고 하여 근저당권의 채무자가 사망하면 바로 근저당권의 피담보채권이 확정되는 것으로 보는 것도 근저당거래 당사자의 의사에 부합된다고 할 수 없고 또한 거래의 실정에도 맞지 않는다.

따라서 이에 관하여는 채무자와 소유자(근저당권설정자)가 다른 경우와 같은 경우로 나누어 다음과 같이 해석하여야 할 것으로 생각한다. 우선 채무자와 소유가자 다른 경우에는 채무자의 사망 후 근저당권자와 소유자의 합의로 근저당권의 존속을 합의하고 채무자변경등기를 하였으면 그 근저당권의 피담보채권은 확정되지 않고 근저당권자와 변경등기된 채무자는 원래의 근저당권설정계약내용에 따라 근저당거래를 계속할 수 있는 것으로 보되, 그러한 합의 및 등기가 있기 전에는 잠정적으로 근저당거래를 할 수 없고 나아가 상당한 기간이 지나도록 그러한 합의와 등기가 이루어지지 않으면 피담보채권이 확정되는 것으로 보는 것이 타당하다. 그리고 이 경우 근저당권자와 소유자가 근저당권 존속의 합의와 채무자변경등기를 함에 있어서 후순위저당권자 등 이해관계인의 동의는 요하지 않는 것으로 보아야 한다. 이들 후순위저당권자 등은 그 권리 취득시에 선순위근저당권자의 채권최고액을 이미 감안한 것으로 보아야 하기 때문이다. 또한 이 경우 근저당권은 특정근저당권이건 한정근저당권이건 포괄근저당권이건을 묻지 않고 동일한 것으로 보아야 한다. 다음에 채무자와 소유자가 같은 경우에는 채무자의 상속인이 상속받은 근저당목적물의 소유자로서 근저당권자와 존속의 합의를 하고 채무자변경등기를 하되 상속인이 여러 명인 때에는 상속인

---

141) 또한 현실의 거래에 있어서는 거래상의 편의를 도모하여 특정근저당보다는 한정근저당이 많이 이용되고 있고, 또한 기업금융거래에서는 포괄근저당도 제한적으로 이용되고 있기 때문에 한정근저당과 포괄근저당거래의 상속성을 인정하지 않으면 동견해가 주장하는 거래상의 편의도모라는 실제적인 효과를 거두기가 곤란하게 된다.

전원과 근저당권자가 근저당권 존속의 합의를 하고 상속인 전원 또는 합의된 일부 상속인을 채무자로 하는 채무자변경등기를 하고서 그 변경 등기된 채무자와 계속해서 근저당거래를 할 수 있는 것으로 보아야 한다.

한편, 이에 관한 대법원의 판례는 아직 나온 바가 없으나 대법원등기예규(제1471호 2012. 6. 29) 근저당권에 관한 등기사무처리지침 제5조에는 「근저당권의 채무자가 사망한 후 공동상속인 중 그 1인만이 채무자가 되려는 경우에는, 근저당권자 및 근저당권설정자 또는 소유자(제3취득자, 담보목적물의 공동상속인 등)가 상속재산분할협의서를 첨부하여 "협의분할에 의한 상속"을 등기원인으로 한 채무자변경의 근저당권변경등기를 공동으로 신청할 수 있다. 위 상속재산분할협의서에는 당해 근저당권의 채무자가 변경된다는 취지가 포함되어야 한다」고 규정되어 있어 대법원의 등기실무는 이상 설명한 바와 동일하게 처리되고 있는 것으로 보인다.

둘째로 채무자의 지위가 상속인에게 이전된 근저당권에 의하여 담보되는 채권의 범위가 어떠한지에 관하여는, S가 A와의 어음대출거래로부터 발생하는 채권을 담보하기 위하여, A소유의 부동산에 채권최고액을 3억 원으로 하는 근저당권을 설정하고 거래하던 중 A가 사망하고, 그 상속인이 B인 경우를 예로 들어 설명하면 다음과 같다. 우선 A의 사망 전에 S가 A와의 어음대출거래에 의하여 취득한 채권(그 채무자지위를 B가 상속한다)이 S가 A로부터 취득한 근저당권에 의하여 담보된다는 점에 대하여는 의문이 있을 수 없다. 또한 상속에 불구하고 근저당거래의 존속을 합의하고 채무자변경등기를 한 이상 이후 S가 B와의 어음대출거래로부터 취득하는 채권도 이 근저당권에 의하여 담보할 수 있음에 대하여도 의문이 있을 수 없다.

문제는 근저당권의 채무자를 A에서 B로 변경등기 하기 전에 S가 B와의 어음대출거래로부터 취득한 채권이 있다고 할 때 이 채권을 이 근저당권에 의하여 담보할 수 있는가 하는 점이다. 이에 관하여는 근저당권자가 사망한 경우에 관하여 본 바와 마찬가지의 이유에서 부정하는 것이 타당하다. 다만 부정한다 하더라도 채무자변경등기 전에 S가 B에 대하여 가지는 어음대출금을 이 근저당권에 의하여 담보하게 할 수 없는 것은 아니다. 즉, S가 B에게 새로운 어음대출을 하여 종전의 어음대출금을 상환하게 하거나 또는 현재의 근저당부동산의 소유자와 근저당권변경계약을 체결하여 채무자변경등기전의 어음대출금까지 담보채권으로 포함시키면 그 어음대출금도 담보하게 할 수가 있는 것이다.

셋째로 상속인이 여러 명인 때에, 근저당권자가 채무자 각자와 근저당거래를 할 수 있는 것인지 아니면 공동상속인 전원과 공동으로만 할 수 있는 것인지에 관하여는, 근저당권의 채무자 추가가 있는 경우와 같이 상속인 각자와 할 수 있는 것으로 보는 것이 타당하다고 생각한다.

다. 소유자의 사망

근저당권의 채무자와 근저당목적물의 소유자가 다른 경우 소유자의 사망이 피담보채권의 확정을 가져오는가도 문제이다. 이에 관한 국내의 학설로는 긍정하는 견해는 없고「물상보증인에 대한 관계에 있어서 근저당권이 존속하는가는 신용보증(근보증)의 상속성이 일반적으로 부정되고 있으므로 의문이기는 하지만, 신용보증에 있어서 보증한도액이 정하여져 있는 경우에는 상속이 인정되며 보증채무는 일반책임임에 대하여 물상보증은 특별책임임에 비추어 근저당권의 존속을 긍정할 것이다」[142]고 하여 이를 부정하는 견해만 있다.

매매나 증여 등에 의하여 저당목적물이 제3자에게 이전된 경우에 그것만으로는 근저당권의 피담보채권이 확정된다고 볼 수 없는 것인데, 이러한 결과를 상속에 의한 저당목적물의 소유권이전이라 하여 특별히 다르게 취급할 이유가 없으므로 위 부정설의 견해가 타당하다고 생각한다. 다만 이 경우에 상속인은 저당목적물의 소유자 사망을 이유로 근저당권설정계약의 해지를 할 수 있다고 해석하는 것이 타당하다고 본다.

(14) 근저당권의 설정당사자인 회사의 변동

가. 개설

근저당권의 설정당사자인 채권자나 채무자 또는 소유자가 회사인 경우 그 회사의 변동내용으로는 회사의 합병, 회사의 분할, 회사의 조직변경, 회사의 증자와 감자, 회사의 해산 및 회사의 계속 등이다.

근저당권의 설정당사자인 회사의 변동이 있는 경우 근저당거래와 관련하여

142) 주석물권법(하) 423(이영준).

문제가 되는 것 은 ① 근저당권의 피담보채권이 확정되는지 여부, ② 회사변동 후 근저당권에 의하여 담보되는 채권의 범위 2가지인 바, 이하에서 순차로 알아보기로 한다.

나. 회사의 합병

㈎ 회사합병의 의의

회사의 합병이란 둘 이상의 회사가 법정절차에 따라서 하나의 회사로 결합하는 행위 즉 합병 당사자인 회사의 일부 또는 전부가 해산하고 그 권리의무가 포괄적으로 존속회사 또는 신설회사에 이전함과 동시에 그 사원이 존속회사 또는 신설회사의 사원이 되는 효과를 가져 오는 것을 말한다(상 235, 269, 287의41, 530②, 603).

합병에는 한 회사가 존속하고 다른 회사가 소멸하는 흡수합병과 합병 당사자인 회사가 모두 소멸하고 새로운 회사를 설립하는 신설합병이 있다. 흡수합병에서 존속하는 회사를 존속회사라고 하고, 신설합병에서 설립되는 회사를 신설회사라고 한다. 그리고 신설합병이건 흡수합병이건 합병으로 인하여 법인격이 소멸하는 회사를 소멸회사라고 한다.

㈏ 채권자의 합병이 근저당권에 미치는 영향

㈀ 피담보채권의 확정여부

근저당권의 채권자인 회사가 합병을 한 경우 그 근저당권의 피담보채권은 확정되는지에 관하여 우리나라에 있어서는 이를 부정하는 견해만 있다. 즉, 근저당권의 채권자인 회사에 합병이 발생한 경우 근저당권은 법률상 당연히 기본계약상의 지위와 함께 합병 후의 회사에게 이전하나, 다만 채권자가 소멸회사인 경우 존속회사가 합병 전에 채무자에 대하여 가지고 있던 채권은 그 근저당권에 의하여 담보되지 않는다고 한다.[143]

합병 후의 존속회사나 신설회사에 근저당권의 채권자지위의 승계를 인정한다고 해서 채무자나 저당목적물의 소유자에게 특별히 불이익이 되는 것은 아니므

143) 김석우 근저당권에……… 128, 주석물권법(하) 424(이영준), 민법주해(Ⅶ) 31(박해성).

로 근저당권의 채권자인 회사의 합병이 있다고 해서 근저당권의 피담보채권이 확정된 것으로 볼 필요는 없고 단지 채무자나 저당목적물의 소유자에게 근저당권설정계약의 해지를 할 수 있는 권리만이 생긴다고 보는 것이 타당하다. 따라서 근저당권의 채권자인 회사의 합병이 있는 경우라도 채무자나 저당목적물의 소유자가 그 근저당권설정계약을 해지하지 않은 이상 신설회사 또는 소멸회사로부터 근저당권자의 채권자지위를 승계하는 존속회사는 합병에 따른 근저당권의 채권자변경등기(근저당권자인 회사가 존속회사인 경우는 변경등기를 요하지 않는다)를 한 후 채무자와 근저당거래를 계속할 수 있다.

㈏ 합병 후 근저당권에 의하여 담보되는 채권의 범위

합병 후 근저당권에 의하여 담보되는 채권의 범위가 어떠한지에 관하여는, S회사가 A와의 당좌대출거래로부터 발생하는 채권을 담보하기 위하여, A소유의 부동산에 채권최고액을 3억 원으로 하는 근저당권을 설정하고 거래하던 중 K회사에 흡수 합병된 경우를 예로 들어 설명하면 다음과 같다.

우선 S회사와 K회사가 합병하기 전에 S회사가 A와의 당좌대출거래에 의하여 취득한 채권(이 채권도 K회사가 승계한다)이 K회사에 이전된 근저당권에 의하여 담보된다는 점에 대하여는 의문이 있을 수 없다. 또한 합병에 따른 근저당권의 채권자변경등기 이후 K회사가 A와의 당좌대출거래로부터 취득하는 채권도 합병에 불구하고 채무자나 저당목적물의 소유자가 합병을 이유로 근저당권설정계약을 해지하지 않은 이상 이 근저당권에 의하여 담보할 수 있음에 대하여도 의문이 있을 수 없다.

문제는 합병 전, 즉 K회사가 근저당권을 승계하기 전에 A와의 당좌대출거래로 부터 취득한 채권이 있다고 할 때 이 채권을 K회사가 승계한 근저당권에 의하여 담보할 수 있는가 하는 점이다. 이에 관하여는 근저당권에 의하여 담보되는 채권의 범위를, 현재 근저당거래의 당사자로 되어 있고 또한 그 당사자 사이에 근저당권설정계약에서 정한 거래관계로부터 발생한 채권이면 그 발생시기와 관계없이 모두 포함하는 것으로 보아 긍정하는 견해도 있을 수 있다.

그러나 근저당권에 의하여 담보되는 채권의 범위는 근저당거래의 당사자로 되어 있는 중에 근저당권설정계약에서 정한 거래관계로부터 발생한 채권이라고 보는 것이 근저당권설정계약의 취지에 부합된다고 할 것이므로 부정하는 것이 타당하다. 다만 부정한다 하더라도 합병 전의 당좌대출금을 K회사가 승계한 근저당권에 의하여 담보하게 할 수 없는 것은 아니다. 즉, 현재의 근저당권자 K회사가 A에게 새로운 당좌대출을 하여 합병 전의 당좌대출금을 상환하게 하거나 또는 현재의 근저당부동산의 소유자인 A와 근저당권변경계약을 체결하여 합병 전의 당좌대출금까지 담보채권으로 포함시키면 합병 전의 당좌대출금도 담보하게 할 수가 있는 것이다.

㈐ 채무자의 합병이 근저당권에 미치는 영향

㈀ 피담보채권의 확정여부

근저당권의 채무자인 회사가 합병한 경우 존속회사가 그 근저당권의 채무자 지위를 승계하여 근저당거래를 계속할 수 있는 것으로 볼 것인가 아니면 피담보채권이 확정되어 근저당거래가 종료하는 것으로 볼 것인가에 관하여도 앞에서 설명한 채무자 사망의 경우와 마찬가지로 「법인의 경우에는 당사자 간에 보다 강한 물적 신뢰관계가 존재하고 또한 합병 후의 회사는 자본, 신용에 있어서 보다 우월한 것이 보통이다. 합병이 여신자에게 불리한 경우에는 여신자는 여신의무를 지지 않는 것이 보통이며, 비록 그렇다고 하여도 해지권에 의하여 기본계약관계를 종료시킬 수 있기 때문에 승계를 부정할 이유는 거의 없다. 또한 대개 상속의 경우와는 달리 합병은 계약에 의하여 행하여지며 따라서 근저당거래의 승계도 합병계약의 한 요소로서 당연히 고려되기 때문에 포괄근저당은 승계되지 않고 합병에 의하여 일반 저당권으로 된다고 해석할 것이다」[144]라고 함으로써 예컨대 금융기관에서 이용하고 있는 특정근저당의 경우는 존속회사가 근저당거래의 채무자지위를 승계하는 것으로 인정하되 한정근저당과 포괄근저당의 경우는 승계를 인정하지 않고 피담보채권이 확정되는 것으로 보아야 한다고 하는 견해가 있다.

그러나 위의 견해는 ① 한정근저당권과 포괄근저당권의 경우는 기본계약이 없다고 하나 반드시 그렇게 볼 수만은 없다는 점, ② 한정근저당권과 포괄근저

144) 주석물권법(하) 423(이영준).

당권에 관하여도 기본계약의 존재를 인정할 때에는 이들을 특정근저당권의 경우와 다르게 취급할 이유가 없다는 점[145], ③ 저당목적물의 소유자가 채무자가 아닌 제3자인 경우 채무자의 변경은 소유자에게 중대한 영향을 미치는 요소라 할 것이어서 그 제3자의 동의 없이 채권자와 합병 후 존속회사 간에 근저당거래의 계속을 인정한다는 것은 정당하다고 할 수 없다는 점 등에서 그 합리성을 인정 할 수가 없다. 다만 그렇다고 하여 근저당권의 채무자 측에 합병이 발생하면 바로 근저당권의 피담보채권이 확정되는 것으로 보는 것도 근저당거래 당사자의 의사에 부합된다고 할 수 없고 또한 거래의 실정에도 맞지 않는다.

생각건대 이에 관하여는 다음과 같이 경우를 나누어 볼 필요가 있다. 우선 소유자(담보제공자)가 바로 채무자인 경우에는 근저당권자(채권자)인 회사가 합병을 한 경우에 준하는 것으로 보면 된다. 그러나 담보제공자가 채무자가 아닌 제3자인 경우에는 근저당권자인 회사가 합병을 한 경우와 동일하게 볼 수가 없다. 담보제공자가 채무자가 아닌 제3자인 경우 채무자가 누구인가는 담보제공자의 이해관계에 중대한 영향을 미치는 사항(예컨대 채무자가 변제자력이 있는 자인 경우와 없는 자인 경우로 나누어 생각해 보라)이라 할 것이기 때문이다.

따라서 담보제공자가 채무자가 아닌 제3자인 경우에 대하여는 근저당권의 채무자가 사망한 경우에 준하여 다음과 같이 해석하는 것이 타당하다. 즉, 합병 후의 존속회사 또는 신설회사와 담보제공자가 근저당거래의 존속을 합의하여 채무자변경등기를 하면(합병 전 근저당권의 채무자가 존속회사인 때에는 변경등기를 요하지 않는다) 그 근저당권의 피담보채권은 확정되지 않는 것으로 보되, 그러한 합의와 등기가 있기 전에는 잠정적으로 근저당거래를 할 수 없고, 나아가 상당한 기간이 지나도록 그러한 합의와 등기가 없는 때에는, 그 근저당권의 피담보채권이 확정되는 것으로 보는 것이 타당하다.[146] 그러나 그밖에 후

---

145) 특히 현실의 기업거래에 있어서는 특정근저당이 이용되는 경우는 거의 없고 대부분의 경우 한정근저당과 포괄근저당이 이용되고 있기 때문에 한정근저당과 포괄근저당거래의 승계를 인정하지 않으면 동 견해가 주장하는 거래상의 편의도모라는 실제적인 효과를 거둘 수가 없게 된다.

146) 다만 이에 대하여는 저당목적물의 소유자가 채무자가 아닌 제3자라 하더라도 일단 존속회사가 그 근저당권의 채무자지위를 승계하여 근저당거래를 계속할 수 있는 것으로 하되 그 제3자가 합병 후 상당한 기간 내에 그 근저당거래의 해지를 할 수 있는 것으로 보는 것이 타당하다고 하는 견해도 있다(금융법률실무(여신편) 245).

순위저당권자 등 이해관계인의 동의는 요하지 않는 것으로 보아야 한다. 이들 후순위저당권자 등은 그 권리취득 시에 선순위근저당권자의 채권최고액을 이미 감안한 것으로 보아야 하기 때문이다.

㈁ 합병 후 근저당권에 의하여 담보되는 채권의 범위

근저당권의 채무자인 회사합병 후 근저당권에 의하여 담보되는 채권의 범위가 어떠한지에 관하여는, 합병으로 근저당권의 피담보채권이 확정되는지 여부에 따라 다르다.

우선 근저당권의 채무자와 저당목적물의 소유자가 동일인으로서 채무자인 회사의 합병을 이유로 소유자가 근저당권설정계약을 해지하였거나, 저당목적물의 소유자가 채무자가 아닌 제3자로서 소유자와 근저당권자가 근저당의 존속을 합의하지 않음으로써 근저당권의 피담보채권이 확정된 경우는 확정 전의 피담보채권만을 채권최고액의 범위에서 담보한다.

반면에 근저당권의 채무자와 저당목적물의 소유자가 동일인으로서 소유자의 근저당권설정계약을 해지가 없는 경우 또는 저당목적물의 소유자가 채무자가 아닌 제3자로서 소유자와 근저당권자가 근저당의 존속을 합의한 경우는 합병 전의 피담보채권 이외에 당해 근저당권설정계약에서 정하고 있는 바에 따라 합병 이후 채무자와의 거래관계로부터 발생하는 채권을 채권최고액의 범위에서 담보한다. 그리고 이 경우 합병 후의 근저당권자가 신설회사이거나 소멸회사로부터 근저당권을 승계하는 존속회사인 때에는 합병에 따른 채무자변경등기를 하여야 한다.

문제는 합병으로 근저당권의 피담보채권이 확정되지 않는 경우에 근저당권을 포괄승계한 신설회사 또는 소멸회사가, 합병으로 승계한 근저당권의 피담보채권의 범위에 부합되는 채권을 합병 전에 채무자로부터 취득한 것이 있다면, 이 채권을 합병으로 승계한 근저당권에 의하여 담보할 수 있는가 하는 점이다. 이에 관하여는 근저당권자가 합병한 경우에 관하여 본 바와 마찬가지의 이유에서 부정하는 것이 타당하다. 다만 부정한다 하더라도 이들 채권을 합병으로 승계한 근저당권에 의하여 담보하게 할 수 없는 것은 아니다. 즉, 합병 후 채무자에게 승계한 근저당권으로 담보되는 새로운 대출을 하여 이들 채권을 상환하게 하거나, 소유자와 근저당권변경계약을 체결하여 이들 채권을 담보채권으로 포함시키면 담보하게 할 수가 있는 것이다.

㈑ 소유자의 합병이 근저당권에 미치는 영향

㈀ 피담보채권의 확정여부

근저당권의 채무자와 근저당목적물의 소유자가 다른 경우 소유자의 회사합병이 피담보채권의 확정을 가져오는가도 문제이다. 이에 관한 국내의 학설로는 긍정하는 견해는 없고 부정하는 견해[147]만 있다.

매매나 증여 등에 의하여 저당목적물이 제3자에게 이전된 경우에, 그것만으로는 근저당권의 피담보채권이 확정된다고 볼 수 없는 것이고, 또한 상속에 의한 저당목적물의 소유권이전이 있다고 하여 근저당권의 피담보채권이 확정되는 것으로 보지 않는 이상, 합병의 경우에 관하여 이를 달리 취급할 이유가 없으므로, 부정설의 견해가 타당하다.

다만 이 경우 소유자인 존속회사는 합병을 이유로 근저당권설정계약의 해지를 할 수 있다고 할 것이다. 그리고 근저당권설정계약의 해지가 있는 경우 그 해지의 효력은 합병시까지 소급하는 것이 아니라 해지의 통지가 근저당권자에게 도달한 때로부터 생기는 것으로 보아야 한다.

㈁ 합병 후 근저당권에 의하여 담보되는 채권의 범위

합병 후의 근저당권이 존속회사 또는 신설회사가 합병 전의 피담보채권을 담보하는 점은 당연하지만, 합병 후 채무자와의 거래관계로부터 발생하는 채권도 담보하는지는 저당목적물의 소유자가 합병을 이유로 근저당권설정계약을 해지하였는지 여부에 따라 다르다.

해지가 있으면 해지 전의 피담보채권만을 채권최고액의 범위에서 담보하지만, 해지가 없으면 합병 전의 피담보채권 이외에 당해 근저당권설정계약에서 정하고 있는 바에 따라 합병 이후 채무자와의 거래관계로부터 발생하는 채권을 채권최고액의 범위에서 담보한다.

147) 주석물권법(하) 423(이영준).

다. 회사의 분할

㈎ 회사분할의 의의

회사의 분할이란 1개의 회사가 법정절차에 따라 2개 이상의 회사로 나뉘어 분할 전 회사의 권리의무가 분할 후 회사에 포괄적으로 승계됨과 동시에 분할 전 회사의 사원이 분할 후 회사의 사원이 되는 효과를 가져 오는 것을 말한다(상 530의2, 530의10).

회사의 분할은 주식회사에 한하여 인정되는 것으로 복합적인 사업을 경영하는 대기업에 있어서 특정사업부문의 기능별 전문화, 부진사업이나 적자사업의 분리에 의한 경영의 효율화, 이익분산에 의한 절세, 주주들 간의 이해 조정 등 다양한 목적을 위하여 활용되고 있다.

회사의 분할은 회사의 합병이 수반되는지의 여부에 따라 합병을 수반하지 않는 단순분할과 합병을 수반하는 분할합병이 있다.

단순분할은 다시 완전분할과 불완전분할로 구분하여 볼 수 있다. 완전분할이란 한 회사가 분할하여 전 재산이 2개 이상 분할 후 회사인 신설회사에 현물출자 되어 포괄승계 되고 분할 전 회사는 청산절차 없이 소멸되는 경우로서, 소멸분할 또는 전부분할이라고도 부른다.

이에 대하여 불완전분할은 한 개의 회사를 2개 이상의 회사로 분할하되, 분할 전 회사의 일부 재산을 현물출자 하여 새로운 회사를 설립하는 한편 분할 전 회사가 잔여 재산을 보유한 채 존속함으로써 신설회사와 존속회사가 함께 병존하는 경우로써, 존속분할 또는 일부분할이라고도 부른다.

그리고 분할합병은 다시 분할된 부분이 다른 회사에 흡수되는 흡수분할합병과 분할된 부분이 다른 기존 회사 또는 다른 회사의 분할된 부분과 합쳐져 새로운 회사를 설립하는 신설분할합병으로 구분하여 볼 수 있다.

회사분할의 유형 중 분할합병의 경우는 합병이 수반되므로 회사합병이 근저당권에 미치는 영향에서 설명한 바와 같다. 따라서 여기에서는 회사분할의 유형 중 단순분할이 근저당권에 미치는 영향에 대해서만 설명하기로 한다.

(나) 채권자의 분할이 근저당권에 미치는 영향

(ㄱ) 피담보채권의 확정여부

합병의 경우와 마찬가지로 분할 후의 존속회사나 신설회사에 근저당권의 채권자지위의 승계를 인정한다고 해서 채무자나 저당목적물의 소유자에게 특별히 불이익이 되는 것은 아니므로 근저당권의 채권자인 회사에 분할이 있다고 해서 그 근저당권의 피담보채권이 확정된 것으로 볼 필요는 없고 단지 채무자나 저당목적물의 소유자에게 그 근저당권설정계약의 해지를 할 수 있는 권리만이 생긴다고 보는 것이 타당하다.

따라서 근저당권의 채권자인 회사에 분할이 있는 경우라도 저당목적물의 채무자나 소유자가 그 근저당권설정계약을 해지하지 않은 이상 신설회사는 회사분할을 원인으로 하는 근저당권의 채권자변경등기(근저당권자가 존속회사인 경우는 변경등기를 요하지 않는다)를 한 후 채무자와 근저당거래를 계속할 수 있다.

(ㄴ) 분할 후 근저당권에 의하여 담보되는 채권의 범위

근저당권의 채권자인 회사가 단순분할을 하는 경우 분할 전 회사의 근저당권과 그 피담보채권을 분할 후 존속회사가 그대로 보유하는지 아니면 신설회사가 포괄승계 하는지는 주주총회의 승인을 얻은 분할계획서에서 정하고 있는 바에 따른다.

위의 경우 분할 전에 취득한 근저당권과 그 피담보채권을 존속회사가 그대로 보유하는 때에는 근저당권의 채권자변경등기를 요하지 않지만 신설회사이면 회사분할을 원인으로 근저당권의 채권자를 소멸회사(완전분할의 경우) 또는 존속회사(불완전분할의 경우)에서 신설회사로 변경하는 변경등기를 하여야 한다.

분할 후의 근저당권자가 분할계획서에 따라 포괄승계한 피담보채권을 담보할 수 있다는 점은 당연하지만, 분할 후 채무자와의 거래관계로부터 발생하는 채권을 담보할 수 있는지는 저당목적물의 채무자나 소유자가 분할을 이유로 근저당권설정계약을 해지하였는지 여부에 따라 다르다.

해지가 있으면 분할계획서에 따라 포괄승계한 피담보채권만을 채권최고액의 범위에서 담보하지만, 해지가 없으면 포괄승계한 피담보채권 이외에 당해 근저

당권의 설정계약에서 정하고 있는 바에 따라 분할 이후 채무자와의 거래관계로부터 발생하는 채권을 채권최고액의 범위에서 담보한다.

(다) 채무자의 분할이 근저당권에 미치는 영향

(ㄱ) 피담보채권의 확정여부

근저당목적물의 소유자가 채무자인 경우는 회사의 분할로 근저당권의 채무자가 존속회사로 그대로 유지되거나 신설회사로 변경되어도 채권자나 소유자에게 특별히 불이익이 되는 것이 아니므로 채무자인 회사의 분할이 있다고 해서 그 근저당권의 피담보채권이 확정되는 것으로 볼 필요가 없다.

그러나 근저당목적물의 소유자가 채무자가 아닌 제3자인 경우 채무자의 재산상태 변동(분할에 따른 채무자가 존속회사인 경우)이나 채무자의 변경(분할에 따른 채무자가 신설회사인 경우)은 소유자에게 중대한 영향을 미치는 요소라 할 것이어서 그 제3자의 동의 없이 채권자와 분할 후 채무자의 지위를 유지 또는 승계한 존속회사 또는 신설회사 사이에 근저당거래의 계속을 인정한다는 것은 정당하다고 할 수 없다. 또한 그렇다고 하여 근저당권의 채무자 측에 분할이 발생하면 바로 근저당권의 피담보채권이 확정되는 것으로 보는 것도 근저당거래 당사자의 의사에 부합된다고 할 수 없고 또한 거래의 실정에도 맞지 않다.

따라서 담보제공자가 채무자가 아닌 제3자인 경우에 대하여는 근저당권의 채무자가 사망한 경우에 준하여 다음과 같이 해석하는 것이 타당하다. 즉, 분할 후의 존속회사 또는 신설회사와 담보제공자가 근저당거래의 존속을 합의하여 채무자변경등기를 하면(채무자가 존속회사인 때에는 변경등기를 요하지 않는다) 그 근저당권의 피담보채권은 확정되지 않는 것으로 보되, 그러한 합의와 등기가 있기 전에는 잠정적으로 근저당거래를 할 수 없고, 나아가 상당한 기간이 지나도록 그러한 합의와 등기가 없는 때에는, 그 근저당권의 피담보채권이 확정되는 것으로 보는 것이 타당하다. 그러나 그밖에 후순위저당권자 등 이해관계인의 동의는 요하지 않는 것으로 보아야 한다. 이들 후순위저당권자 등은 그 권리취득시에 선순위근저당권자의 채권최고액을 이미 감안한 것으로 보아야 하기 때문이다.

(ㄴ) 분할 후 근저당권에 의하여 담보되는 채권의 범위

근저당권의 채무자인 회사가 단순분할을 하는 경우 분할 전 회사의 채무자지위와 피담보채무를 분할 후 존속회사가 그대로 부담하는지 아니면 신설회사가 포괄승계 하는지는 주주총회의 승인을 얻은 분할계획서에서 정하고 있는 바에 따른다.

위의 경우 분할 전의 피담보채무를 존속회사가 그대로 부담하는 때에는 근저당권자의 변경등기를 요하지 않지만 신설회사이면 회사분할을 원인으로 근저당권의 채무자를 소멸회사(완전분할의 경우) 또는 존속회사(불완전분할의 경우)에서 신설회사로 변경하는 변경등기를 하여야 한다.

회사분할 후 근저당권에 의하여 담보되는 채권의 범위가 어떠한지는 회사분할로 근저당권의 피담보채권이 확정되는지 여부에 따라 다르다. 우선 피담보채권이 확정된 때에는 근저당권은 그 피담보채권으로서 존속회사가 그대로 부담하거나 신설회사가 포괄승계하는 특정된 채무만을 담보한다. 다음에 피담보채권이 확정되지 않은 때에는 분할 전의 피담보채권으로서 존속회사가 그대로 부담하거나 신설회사가 포괄승계한 채무 이외에, 분할 이후 채무자의 지위를 그대로 유지한 존속회사 또는 포괄승계한 신설회사와 근저당권설정계약에서 정하고 있는 거래관계로부터 발생하는 채권을 채권최고액의 범위에서 담보하게 된다.

㈑ 소유자의 분할이 근저당권에 미치는 영향

(ㄱ) 피담보채권의 확정여부

근저당권의 채무자와 근저당목적물의 소유자가 다른 경우 소유자의 회사합병이 피담보채권의 확정을 가져오는지에 관하여는, 매매나 증여 등에 의하여 저당목적물이 제3자에게 이전된 경우에, 그것만으로는 근저당권의 피담보채권이 확정된다고 볼 수 없는 것이고, 또한 상속에 의한 저당목적물의 소유권이전이 있다고 하여 근저당권의 피담보채권이 확정되는 것으로 보지 않는 이상, 합병의 경우와 마찬가지로 분할의 경우도 부정하는 것이 타당하다.

다만 이 경우 소유자의 지위를 유지한 존속회사 또는 포괄승계한 신설회사는 분할을 이유로 근저당권설정계약의 해지를 할 수 있다고 할 것이다. 그리고 근저당권설정계약의 해지가 있는 경우 그 해지의 효력은 분할시까지 소급하는 것이 아

니라 해지의 통지가 근저당권자에게 도달한 때로부터 생기는 것으로 보아야 한다.

(ㄴ) 분할 후 근저당권에 의하여 담보되는 채권의 범위

분할 후의 근저당권이 존속회사 또는 신설회사가 분할계획서에 따라 포괄승계한 피담보채권을 담보하는 점은 당연하지만, 분할 후 채무자와의 거래관계로부터 발생하는 채권도 담보하는지는 저당목적물의 소유자가 분할을 이유로 근저당권설정계약을 해지하였는지 여부에 따라 다르다.

해지가 있으면 분할계획서에 따라 포괄승계한 피담보채권만을 채권최고액의 범위에서 담보하지만, 해지가 없으면 포괄승계한 피담보채권 이외에 당해 근저당권의 설정계약에서 정하고 있는 바에 따라 분할 이후 채무자와의 거래관계로부터 발생하는 채권을 채권최고액의 범위에서 담보한다.

라. 회사의 조직변경

(가) 조직변경의 의의

회사의 조직변경이란 회사가 그 법인격의 동일성을 유지하면서 그 성질이 비슷한 다른 종류의 회사로 그 법률상의 조직을 변경하는 것을 말한다. 조직변경은 변경 전의 회사가 소멸하고 변경 후 새로운 별개의 회사가 생기는 것이 아니라 법인격이 그대로 유지되는 점에서 합병과 구분된다. 조직변경에는 합명회사를 합자회사로 변경하는 경우(상 242), 합자회사를 합명회사로 변경하는 경우(상 286), 주식회사를 유한책임회사로 변경하는 경우(상 287 의43①), 유한책임회사를 주식회사로 변경하는 경우(상 287의43②), 주식회사를 유한회사로 변경하는 경우(상 604) 및 유한회사를 주식회사로 변경하는 경우(상 607)의 6가지가 있다.

(나) 채권자의 조직변경이 근저당권에 미치는 영향

(ㄱ) 피담보채권의 확정여부

근저당권의 채권자인 회사에 조직변경이 있다고 해서 채무자나 저당목적물의 소유자에게 특별히 불이익이 되는 것은 아니므로 근저당권의 채권자인 회사에 조직변경이 있어도 그 근저당권의 피담보채권이 확정된 것으로 볼 필요는 없다.

다만 이 경우 채무자 또는 소유자는 조직변경을 이유로 근저당권설정계약의 해지를 할 수 있다고 할 것이고, 근저당권설정계약의 해지가 있는 경우 그 해지의 효력은 분할시까지 소급하는 것이 아니라 해지의 통지가 근저당권의 채권자에게 도달한 때로부터 생기는 것으로 보아야 한다.

㈏ 조직변경 후 근저당권에 의하여 담보되는 채권의 범위

조직변경 후의 근저당권이 조직변경 전의 피담보채권을 담보하는 점은 당연하지만, 조직변경된 근저당권자(채권자)가 조직변경 후 채무자와의 거래관계로부터 발생하는 채권을 담보할 수 있는지는, 저당목적물의 채무자 또는 소유자가 조직변경을 이유로 근저당권설정계약을 해지하였는지 여부에 따라 다르다.

해지가 있으면 조직변경 전의 피담보채권만을 채권최고액의 범위에서 담보한다. 그리고 해지가 없으면 조직변경 전의 피담보채권 이외에 당해 근저당권의 설정계약에서 정하고 있는 바에 따라 조직변경 이후 채무자와의 거래관계로부터 발생하는 채권을 채권최고액의 범위에서 담보한다. 다만, 이 경우 근저당권자는 조직변경에 따른 근저당권의 채권자명의변경등기를 하여야 한다.

㈐ 채무자의 조직변경이 근저당권에 미치는 영향

㈀ 피담보채권의 확정여부

근저당목적물의 소유자가 채무자인 경우와 근저당목적물의 소유자가 채무자가 아닌 제3자인 경우로서, 근저당권의 채무자인 합명회사를 합자회사로 변경하는 경우(상 242), 합자회사를 합명회사로 변경하는 경우(상 286), 주식회사를 유한책임회사로 변경하는 경우(상 287의43①)는 채무자의 책임재산에 감소를 가져오지 않아 저당목적물의 소유자에게 특별히 불이익이 되는 것이 아니다. 따라서 이들 경우는 채무자인 회사의 조직변경이 있다고 해서 그 근저당권의 피담보채권이 확정된 것으로 볼 필요는 없고 단지 저당목적물의 소유자에게 그 근저당권설정계약의 해지를 할 수 있는 권리만이 생긴다고 보는 것이 타당하다.

반면에 근저당목적물의 소유자가 채무자가 아닌 제3자인 경우로서 유한책임회사를 주식회사로 변경하는 경우(상 287의43②), 주식회사를 유한회사로 변경하

는 경우(상 604) 및 유한회사를 주식회사로 변경하는 경우(상 607)는 채무자의 책임재산에 감소를 가져올 수 있어 저당목적물의 소유자에게 불이익을 가져올 수 있다. 따라서 이들 경우는 근저당권의 채무자가 사망한 경우에 준하여 다음과 같이 해석하는 것이 타당하다. 즉, 조직변경 후 담보제공자가 근저당거래의 존속을 합의하여 조직변경에 따른 채무자명의변경등기를 하면 그 근저당권의 피담보채권은 확정되지 않는 것으로 보되, 그러한 합의와 등기가 있기 전에는 잠정적으로 근저당거래를 할 수 없고, 나아가 상당한 기간이 지나도록 그러한 합의와 등기가 없는 때에는, 그 근저당권의 피담보채권이 확정되는 것으로 보는 것이 타당하다. 그러나 그밖에 후순위저당권자 등 이해관계인의 동의는 요하지 않는 것으로 보아야 한다. 이들 후순위저당권자 등은 그 권리취득 시에 선순위 근저당권자의 채권최고액을 이미 감안한 것으로 보아야 하기 때문이다.

(ㄴ) 조직변경 후 근저당권에 의하여 담보되는 채권의 범위

조직변경 후 근저당권에 의하여 담보되는 채권의 범위가 어떠한지는 조직변경으로 근저당권의 피담보채권이 확정되는지 여부에 따라 다르다.

우선 피담보채권이 확정된 때에는 근저당권은 그 확정된 채무만을 담보한다. 다음에 피담보채권이 확정되지 않은 때에는 조직변경 전의 피담보채권 이외에 조직변경된 회사와 채무자 사이의 근저당권설정계약에서 정하고 있는 거래관계로부터 발생하는 채권을 채권최고액의 범위에서 담보하게 된다.

(라) 소유자의 조직변경이 근저당권에 미치는 영향

(ㄱ) 피담보채권의 확정여부

근저당권의 채무자와 근저당목적물의 소유자가 다른 경우 소유자의 회사합병이 피담보채권의 확정을 가져오는지에 관하여는, 회사의 합병이나 분할에서와 같은 이유로 부정하는 것이 타당하다.

다만, 이 경우 소유자는 조직변경을 이유로 근저당권설정계약의 해지를 할 수 있다고 할 것이다. 그리고 근저당권설정계약의 해지가 있는 경우 그 해지의 효력은 분할시까지 소급하는 것이 아니라 해지의 통지가 근저당권자에게 도달한 때로부터 생기는 것으로 보아야 한다.

㈁ 조직변경 후 근저당권에 의하여 담보되는 채권의 범위

조직변경 후의 근저당권이 조직변경 전의 피담보채권을 담보하는 점은 당연하지만 조직변경된 근저당권자가 조직변경 후 채무자와의 거래관계로부터 발생하는 채권을 담보할 수 있는지는 저당목적물의 소유자가 조직변경을 이유로 근저당권설정계약을 해지하였는지 여부에 따라 다르다.

해지가 있으면 조직변경 전의 피담보채권만을 채권최고액의 범위에서 담보하지만, 해지가 없으면 조직변경 전의 피담보채권 이외에 당해 근저당권의 설정계약에서 정하고 있는 바에 따라 조직변경 이후 채무자와의 거래관계로부터 발생하는 채권을 채권최고액의 범위에서 담보한다.

마. 그 밖의 회사의 변동

㈀ 회사의 증자

증자란 회사가 보유할 재산액의 기준이 되는 자본을 증가시키는 행위 또는 그 행위의 법률효과를 말한다.

증자는 회사의 동일성에 변동을 가져오지 않을 뿐만 아니라 책임재산에 증가를 가져오는 것이므로 근저당권의 채권자인 회사가 증자를 하건, 근저당권의 채무자나 소유자가 증자를 하건 이미 설정되어 있는 근저당권에 아무런 영향이 없다.

㈁ 회사의 감자

감자란 회사가 보유할 재산액의 기준이 되는 자본을 감소하는 행위 또는 그 행위의 법률효과를 말한다.

감자는 회사의 동일성에 변동을 가져오지 않으므로 근저당권의 채권자인 회사가 감자를 하거나 저당목적물의 소유자와 채무자가 동일인 경우에 채무자가 감자를 하는 경우에는 이미 설정되어 있는 근저당권에 아무런 영향을 미치지 않는 것으로 보아야 한다. 또한 저당목적물의 소유자가 채무자 아닌 제3자라 하여도 그 채무자가 합명회사나 합자회사의 경우는 그 사원의 전부 또는 일부가 회사채무에 대하여 무제한의 직접책임을 부담하므로 감자가 이미 설정되어 있는 근저당권에 아무런 영향을 미치지 않는 것으로 보아야 한다.

그런데 주식회사와 유한책임회사 및 유한회사의 경우는 그 사원이 회사채무에 대하여 출자금액을 한도로 하는 유한책임을 부담하므로, 저당목적물의 소유자가 채무자 아닌 제3자인 경우 채무자인 회사의 자본감소는 채무자의 책임재산에 감소를 가져와 저당목적물의 소유자에게 불이익을 초래할 수 있다.

그러나 그렇다고 하여 회사의 명칭이나 동일성에 변동을 가져오지 않음에도 감자가 있다고 하여 바로 근저당권의 피담보채권이 확정된다고 하는 것도 타당하지 않다. 따라서 이 경우 소유자는 채무자의 자본감소를 이유로 저당목적물의 소유자에게 근저당권설정계약의 해지를 할 수 있는 권리만이 생긴다고 보는 것이 타당하다.

㈐ 회사의 해산

회사의 해산이란 회사가 본래의 적극적 활동을 정지하고 청산절차에 들어가는 것을 말하고, 청산이라 함은 해산한 회사의 재산관계를 정리하는 것을 말한다.

회사의 권리능력은 해산으로 바로 소멸되는 것이 아니라, 청산에 필요한 범위내로 제한될 뿐이다. 그리고 이 권리능력이 제한되는 회사 즉, 해산 후 청산종결까지 존속하는 회사를 일컬어 청산회사라고 한다. 청산중인 회사라고 해서 그것이 해산전의 회사 등과 별개의 인격체인 것은 아니다. 즉, 청산 전후의 회사는 권리능력의 범위에 차이가 있을 뿐 인격의 동일성은 그대로 유지하는 것이다.

따라서 근저당권의 채권자나 채무자 또는 소유자인 회사가 해산을 하더라도 그것만으로 바로 근저당권의 피담보채권이 확정되는 것으로 볼 수 없다. 다만, 이 경우 근저당권의 채권자나 채무자 또는 소유자인 회사는 해산을 이유로 근저당권설정계약의 해지를 할 수 있고, 이 해지가 있음으로서 비로소 근저당권의 피담보채권이 확정된다고 보는 것이 타당하다.

㈑ 회사의 계속

회사의 계속이란 일정한 사유의 발생으로 해산한 회사가 사원의 의사에 의하여 다시 해산 전의 회사로 그 동일성을 유지하여 복귀하는 것을 말한다. 회사의 계속으로 해산하였던 회사는 장래에 향하여 해전 전의 회사로 복귀하여, 청산의 목적범위로 제한되었던 권리능력을 다시 회사의 일반적 권리능력으로 회복한다.

회사의 계속은 해산한 회사가 그 동일성을 유지하여 다시 해산 전의 회사로 복귀하는 것이므로 근저당권의 채권자나 채무자 또는 소유자인 회사에 회사의 계속이 있는 경우 그것만으로 근저당권의 피담보채권이 확정되는 것이 아니다.

문제는 회사의 해산으로 확정된 근저당권의 피담보채권이 회사의 계속으로 확정되지 않는 것으로 회복되는가 하는 점이나, 일단 피담보채권이 확정된 근저당권을 원래대로 부활시킬 수는 없는 것이므로 부정하는 것이 타당하다.

따라서 회사의 계속은 회사의 계속 당시 존재하는 근저당권에 영향을 미치지 않으며, 회사의 계속 당시 피담보채권이 확정되어 있는 것은 확정된 상태로, 확정되지 않은 것은 확정되지 않은 상태로 아무런 변동이 생기지 않는 것으로 보아야 한다.

다만, 피담보채권이 확정된 근저당권을 근저당권설정등기유용이라는 방식으로 회복할 수는 있으나, 이는 근저당권설정등기유용에 따른 효력이지 회사의 계속과는 무관하다.

(15) 근저당권의 설정당사자의 파산

근저당권자가 파산선고가 받았다고 하여 근저당권의 피담보채권이 확정되는 것으로 볼 필요는 없다. 근저당권자의 파산으로 채무자나 소유자가 특별히 불이익하게 되는 것이 아니기 때문이다. 따라서 이 경우는 근저당권자에 갈음하여 파산관재인이 그 관리권한의 범위에서 원래의 근저당권설정계약내용에 따라 채무자와 근저당거래를 계속할 수 있는 것으로 본다.

채무자나 저당목적물의 소유자가 파산선고를 받은 때에 근저당권의 피담보채권이 확정되는가에 관하여는 「채무자에 대하여 파산선고가 내려진 경우 채무자는 거래능력을 잃게 되기 때문에 더 이상의 피담보채권의 발생의 가능성은 소멸하고, 따라서 근저당권은 파산선고시 확정된다고 하여야 할 것이다. 물상보증인에 대하여 파산선고가 내려진 경우, 파산이 파산자의 총재산에 대한 일괄적인 환가절차이기 때문에 당해 목적물에 대하여 경매 등의 신청이 있는 것과 같고, 따라서 이 점에서 근저당권은 확정된다고 보아야 하며, 또 파산법 제45조의 해석상 파산선고 후에는 근저당권자가 근저당권의 피담보채권을 취득하더라도 파산채권자에 대한 관계에서 그 취득을 대항할 수 없기 때문에 파산선고 후에는 피담보채권이 발생할 여지가 없고, 따라서 이 점에서도 파산선고시 근저당권은 확정된다고 보아야 한다. 다만 채무자나 물상보증인의 파산에 의한 확정도 근저당권자의 의사에 기한 것이 아니기 때문에 파산선고가 효력을 잃는 경우에도 확정의 효력은 소급하여 없어진다고 하여야 한다. 일본의 개정민법은 채무자 또는 물상보증인에 대한 파산선고를 확정의 한 원인으로 규정하고 있다(일본 민법 제398조의 20 제1항 제5호)」148)고 하는 내용의 확정설만이 주장되고 있다.

파산절차가 파산자의 총재산에 대한 총괄적인 강제집행절차임을 고려할 때 확정설이 타당하다고 생각한다. 다만 이 확정설이 파산선고가 효력을 잃는 경우 확정의 효력이 소급하여 없어진다고 하는 것은 명문의 규정이 없는 우리 민법상으로는 인정할 수 없다고 본다. 즉, 우리 민법상으로는 일단 확정된 근저당권은 파산선고가 그 효력을 잃는다고 하더라도 그대로 유지되는 것으로 볼 수밖에 없는 것이다.

(16) 근저당권의 설정당사자의 회생절차개시

가. 근저당권자의 회생절차개시

근저당권자에 대하여 회생절차가 개시되었다고 하여 근저당권의 피담보채권이 확정되는 것으로 볼 필요는 없다. 이로 인하여 채무자나 소유자가 특별히 불이익하게 되는 것이 아니기 때문이다. 따라서 이 경우는 근저당권자에 갈음하여 관리인이 그 관리권한의 범위에서 원래의 근저당권설정계약내용에 따라 채무자와 근저당거래를 계속할 수 있는 것으로 본다.

나. 채무자·소유자의 회생절차개시

채무자나 소유자에 대하여 회생절차가 개시된 경우에 근저당권의 피담보채권이 확정되는가에 관하여 채무자나 소유자에 대하여 구회사정리법상의 회사정리절차가 개시된 경우에 있어서와 마찬가지로 불확정설149)과 확정설150)로 견해

148) 민법주해(Ⅶ) 24(박해성), 이인철 근저당권……… 462.
149) 회사정리실무 338, 회사정리법해설 295·449, 민법주해[Ⅷ] 25(박해성), 박승두 회사정리법 457, 신용낙 회사정리절차개시결정……… 120 이하, 조해 회사갱생법(중) 524.

가 대립될 수 있다.

불확정설은 회생절차의 개시에 의하여 피담보채권이 확정된다고 하면 이후의 법률관계의 처리가 간명해지는 장점은 있으나, 이러한 결과는 채무자나 소유자를 갱생시키려는 회생절차의 목적에 부합되지 않고 또한 채권자나 채무자 등의 입장에 있어서도 피담보채권을 확정시키는 것이 반드시 유리한 것이 아니어서 타당성이 없다는 점을 그 논거로 하고 있다.

이에 대하여 확정설은 회생절차의 개시에 의하여 채무자나 소유자의 사업경영 및 재산관리·처분권이 관리인에 전속하게 되고(채회파 56), 채무자나 소유자에 대한 파산선고의 신청을 할 수 없게 되며, 회생채권 또는 회생담보권에 기하여 강제집행을 할 수 없게 되고, 이미 진행 중인 강제집행은 중지되며(채회파 58), 재산관계의 소송절차는 중단되고(채회파 59), 채무자나 소유자와 상대방간의 쌍방 이행미완료의 쌍무계약에 있어서도 새로이 그 처리가 도모되는(채회파 119) 등 채무자나 소유자는 법률관계의 모든 사항에 걸쳐 새로운 단계로 들어가게 되는 점을 고려할 때, 근저당권으로 담보되는 채권도 회생절차의 개시에 의하여 확정되는 것으로 보아야 한다고 한다. 또한 확정설은 이렇게 처리하는 것이 법률관계의 처리를 간명하게 하며, 만일 불확정설에 의할 경우에는 선순위근저당권자의 입장은 필요 이상으로 유리하게 되나, 후순위저근당권자는 현저히 불리하게 되어 보호의 균형을 잃게 됨으로써 불합리하다고 한다.

이상을 종합하여 보면 확정설은 절차의 명확성과 후순위권자의 보호를 주된 이유로 하고 있고, 불확정설은 금융의 편의를 도모하고 파탄에 이른 채무자나 소유자의 부담을 덜어주어 갱생에 도움을 주고자 하는 것을 주된 이유로 하고 있다. 양설 모두 나름대로의 타당근거를 가지고 있어 그 우열을 논하기 어려우나 구 회사정리법하의 대법원판례는 채무자에 대한 회사정리절차개시결정시 근저당권의 피담보채권이 확정되는 것으로 보는 확정설의 입장을 채택한 바 있다. 따라서 구 회사정리절차를 승계한 회생절차에 있어서도 실무상으로는 확정설의 입장에 따라 처리하여야 할 것으로 본다.

---

150) 임채홍·백창훈 회사정리법(상) 451, 김재형 근저당권연구 272 이하, 채원식 회사정리절차개시………(상) 80 이하, 오창석 회사정리법……… 195 이하, 송전이랑 회사갱생법 226.

판례 4-5

회사정리절차개시와 근저당권의 피담보채권 확정

근저당권이 설정된 뒤 채무자 또는 근저당권설정자에 대하여 회사정리절차개시결정이 내려진 경우, 그 근저당권의 피담보채무는 회사정리절차개시결정시점을 기준으로 확정되는 것으로 보아야 하므로, 그 이후 근저당권자가 정리회사 또는 정리회사의 관리인에게 그 사업의 경영을 위하여 추가로 금원을 융통하여 줌으로써 별도의 채권을 취득하였다 하더라도, 그 채권이 위 근저당권에 의하여 담보될 여지는 없다 할 것이다(대판 2001.6.1. 99다66649).

(17) 근저당권 설정당사자의 개인회생절차개시

근저당권자에 대하여 개인회생절차가 개시되었다고 하여 근저당권의 피담보채권이 확정되는 것으로 볼 필요가 없음은 근저당권자에 대하여 파산절차나 회생절차가 개시된 경우와 같다.

채무자 또는 소유자에 대하여 개인회생절차개시가 있은 경우 근저당권의 피담보채권이 확정되는지 여부도 문제이다. 이에 관하여도 긍정설과 부정설이 대립할 수 있다. 그러나 개인회생절차에 있어서는 회생절차와는 달리 변제계획의 인가결정일 또는 개인회생절차 폐지결정의 확정일 중 먼저 도래하는 날까지만 근저당권의 실행을 할 수 없고 그 이후는 근저당권을 실행할 수 있다는 점(채회파 600②)과 개인회생절차가 채무자의 사회생활에 지장을 초래하게 하지 않으면서 채무조정을 통하여 채무자의 회생을 도모하려는데 그 목적이 있다는 점 등을 고려할 때 부정설이 타당하다고 생각한다.

(18) 근저당권자의 설정당사자의 채권금융기관 관리절차개시

근저당권자에 대하여 기업구조조정촉진법에 의한 채권금융기관 관리절차개시가 개시되었다고 하여 근저당권의 피담보채권이 확정되는 것으로 볼 필요가 없음은 근저당권자에 대하여 회생절차나 개인회생절차가 개시된 경우와 같다.

채무자 또는 소유자에 대하여 기업구조조정촉진법에 의한 채권금융기관 관리절차개시가 있은 경우 근저당권의 피담보채권이 확정되는지 여부도 문제이나 부정하는 것이 타당하다. 기업구조조정촉진법에 의한 채권금융기관 관리절차는 경영정상화 가능성이 있는 부실징후기업을 신속하고 원활하게 구조 조정하여 정상 기업으로 회생시키기 위한 것으로 일정한 유예기간동안만 근저당권을 실행할 수 없게 하고 있을 뿐이기 때문이다. 또한 기업구조조정촉진법은 부실징후기업의 경영정상화를 위하여 필요하다고 판단되는 경우, 채권금융기관으로 하여금 채권금융기관협의회의 의결에 따라 당해 기업에 대하여 신규 신용공여를 할 수 있도록 하고 있는데(기촉 12①), 이와 같은 신규 신용공여를 원활하게 하기 위해서도 채무자 또는 소유자에 대하여 기업구조조정촉진법에 의한 채권금융기관 관리절차개시가 근저당권의 피담보채권확정에 영향을 미치지 않는 것으로 보아야 할 필요가 있다.

3. 확정의 효력

(1) 피담보채권의 범위

근저당권의 피담보채권이 확정되면 그 확정 전에 근저당권설정계약에서 정하고 있는 거래관계로부터 발생한 채권만이 담보되고 확정 이후에는 비록 근저당권설정계약에서 정하고 있는 거래관계로부터 발생한 채권이고 또한 그 채권액이 근저당권의 채권최고액 범위내의 것이라 하더라도 담보하지 않게 된다.

근저당권의 피담보채권이 확정되면 근저당권이 보통저당권으로 전환되는지에 관하여는 긍정하는 것이 통설[151]이고 대법원도 「근저당권의 경우에 있어서도 담보채권이 확정된 경우에는 일반 저당권으로 전환된다고 해석함이 타당할 것이다」고 판시함으로써[152] 이를 긍정하고 있다. 그러나 이에 대하여는 통설·판례와 다소 다르게 보통의 저당권과 유사한 법률관계가 생긴다고 보는 견해[153]가 있다. 또한 근저당권이 확정된다는 것은 그 확정시에 채권원본이 특정되고 그 이후 발생한 채권원본은 근저당권에 의하여 담보되지 아니한다는 의미에서 근저당권의 성질이 확정을 전후로 하여 바뀐다는 것일 뿐 최고액을 한도로 담보한다는 성질은 여전히 가지고 있으므로 확정으로 인하여 근저당권이 보통의 저당권으로

---

151) 곽윤직 물권법 493, 이영준 물권법 861, 김상용 물권법 756, 장경학 물권법 847, 권용우 물권법 580, 김용한 물권법론 587, 고상룡 물권법 708.
152) 대법원 1963.2.7. 선고 62다796 판결(요집 민Ⅰ-1, 600).
153) 이은영 물권법 814.

전환된다는 표현은 적절하지 않다는 견해가 있다.[154] 나아가 근저당권이 확정되었다는 것은 단순히 담보할 원본채권이 새로이 발생하지 않게 되어 그것이 모두 특정되었음을 의미하는 것이지 결코 근저당권이 그 성질을 바꾸어 보통저당권으로 전환되는 것이 아니라는 견해도 있다[155].

피담보채권의 범위에 관하여 보통저당권과 근저당권이 다른 점은 ① 보통저당권은 담보할 채권의 원본이 특정되어 증감변동하지 않으나 근저당권은 증감변동한다는 점, ② 보통저당권은 이자, 위약금, 원본의 이행기일을 경과한 1년분의 지연배상 및 저당권의 실행비용을 원본과 별개로 상한선의 제한 없이 담보하나 근저당권은 채권최고액을 상한선으로 한 원본·이자·위약금 및 지연배상금의 합계액에 근저당권실행비용을 더한 금액을 담보한다는 점[156], ③ 보통저당권은 지연배상(즉, 채무불이행으로 인한 손해배상)을 원본의 이행기일을 경과한 1년분에 한정하여 담보하나 근저당권은 원본·이자 등과 합산하여 채권최고액을 넘지 않는 한 1년분을 초과한 것이라도 담보한다는 점[157]이라고 할 수 있다.

생각건대 피담보채권의 확정으로 근저당권이 보통저당권으로 전환된다고 하는 견해는 보통저당권과 근저당권의 차이점 중 ①의 차이점이 없어진다는 데에 근거한 것이고, 보통저당권으로 전환되지 않고 근저당권으로서의 성질을 그대로 보유한다고 하는 견해는 근저당권의 피담보채권이 확정되더라도 ①의 차이점만 없어지고 ②③의 차이점은 그대로 유지된다는 데에 근거한 것이라고 볼 수 있다. 그런데 보통저당권으로 전환된다고 보는 견해도 피담보채권의 확정으로 ②③의 차이점이 없어지는 것으로 보고 있지는 않은 것 같다. 만일 피담보채권의 확정으로 근저당권이 ②③의 보통저당권의 성질을 가지는 것으로 전환된다고 하면, 지연배상이 이행기일을 경과한 1년분으로 한정되는 반면 확정 당시의 담보채권인 원본을 기준으로 그 원본과 이자·위약금 및 지연배상금의 합계액이 채권최고액을 초과하더라도 모두 담보되는 것으로 보아야 하는데, 보통저당권으로 전환된다고 하는 견해의 대부분이 이와 같이 설명하고 있지는 않기 때문이다. 다만 보통저당권으로 전환된다고 하는 견해 중 피담보채권이 확정되기 전

154) 민법주해[Ⅷ] 26(박해성).
155) 권성 근저당권 ……… 81, 김재형 근저당권연구 276.
156) 자세한 내용은 다음 Ⅳ. 2. 채권최고액에 포함되는 채권의 범위 참조.
157) 자세한 내용은 다음 Ⅳ. 2. 채권최고액에 포함되는 채권의 범위 참조.

에는 지연배상이 이행기일을 경과한 1년분에 한정되지 않으나 확정된 후에는 1년분으로 한정된다고 보는 견해에 의하면 위 ①③의 차이점이 없어지고 ②의 차이점만 유지되는 것이 된다.

즉, 피담보채권의 확정으로 근저당권이 보통저당권으로 전환되는 것으로 보는 견해라고 해서 모든 면에서 보통저당권과 똑같은 성질을 가지는 것으로 전환된다는 것이 아니라 보통저당권의 가장 큰 특징인 담보채권이 특정된다는 점에서 보통저당권으로 전환된다고 보고 있을 뿐인 것이다. 따라서 피담보채권의 확정으로 근저당권이 보통저당권으로 전환되는 것으로 보느냐 아니면 전환되지 않고 근저당권으로서 그대로 유지되느냐 하는 것은 결론에 있어서의 차이라고 하기보다는 표현에 관한 문제에 지나지 않는 것으로 생각된다. 어느 견해도 완전히 보통저당권으로 전환된다거나 모든 면에서 근저당권의 성질을 그대로 유지하는 것으로 보고 있지는 않기 때문이다. 결국 이 문제는 용어 사용의 적절성에 관한 것으로 보아야 하고, 이러한 측면에서 본다면 피담보채권이 확정된 후의 근저당권을 보통저당권이라고 하는 것은 부적절하고, 그렇다고 하여 그대로 근저당권이라고 하는 것도 부적절하다 할 것이므로, 이 3자를 구분할 수 있도록 확정근저당권이라고 하는 것이 좋을 것으로 생각한다.

이상을 요약하여 피담보채권이 확정된 근저당권, 즉 확정근저당권에 의하여 담보되는 채권의 범위를 보면 다음과 같다. 우선 근저당권이 확정된 이후에 발생한 원본채권은 확정근저당권에 의하여 담보되지 않는다. 그러나 확정한 원본채권으로부터 생기는 이자·위약금 및 지연배상금은 확정이후의 것이라도 실제 배당받을 때까지의 것을 채권최고액의 범위 내에서 담보된다. 그리고 지연배상금은 이행기일을 1년분을 초과하더라도 채권최고액을 넘지 않는 한 담보되는 반면 1년분을 초과하지 않더라도 채권최고액을 넘는 때에는 담보되지 않는다. 끝으로 근저당권의 실행비용은 채권최고액과는 상관없이 모두 담보된다.

(2) 피담보채권 확정의 등기

근저당권의 피담보채권이 확정된 경우에 이를 등기할 수 있는지 문제로 된다. 근저당권의 확정도 근저당권이라고 하는 물권의 내용변경이고, 실질적으로도 확정 전후에 의해 근저당권의 취급이 크게 다르기 때문에, 이것을 공시하기 위해서 근저당권의 확정등기를 할 수 있다고 보는 것이 타당하다. 그러나 현행 민법이나 부동산등기법에는 이에 관한 규정이 없어 그 등기절차가 마련되어 있지 않아 실무상 근저당권의 확정등기가 이루어진 예는 없는 것 같다.[158]

Ⅳ. 채권최고액

1. 채권최고액의 의미

근저당권에 있어서의 채권최고액이 어떠한 의미를 가지는 것인지에 관하여는 견해가 대립되어 있다. 제1설은 근저당권의 채권최고액은 우선변제권의 범위를 한정할 뿐만 아니라, 피담보채권에 관한 근저당권 행사의 한도, 환가권의 한도를 의미하는 것이라고 하고, 제2설은 근저당권의 채권최고액은 물상보증인이나 다른 채권자 등의 이해관계인에 대하여, 우선변제권을 주장할 수 있는 최고한도액을 의미하는 것이라고 한다.[159]

예컨대 A가 B소유의 부동산에 채권최고액을 5천만 원으로 하는 제1순위근저당권을 설정하였고 현재 그 피담보채권액이 1억 원이라고 할 때, 제1설에 의하면 B가 채무자이건 아니건 불문하고 5천만 원만 변제하면 근저당권의 말소를 구할 수 있는 반면, 제2설에 의하면 B가 물상보증인이거나 저당목적물의 제3취득자이면 5천만 원만 변제하고서 근저당권의 말소를 구할 수 있고, 채무자이면 1억 원 전액을 변제하여야 근저당권의 말소를 구할 수 있다는 것이 된다.

그러나 물상보증인 등 다른 이해관계인에게 영향을 주지 않는 이상, 근저당권의 효력을 특별히 제한할 필요가 없을 것이므로 제2설이 타당하다. 대법원의 판례도 제2설을 입장을 취하고 있다.

158) 일본의 경우는 근저당권의 피담보채권확정에 따른 등기절차가 마련되어 있으나 실제로 확정의 등기가 이루어진 예는 그리 많지 않다고 한다(鈴木祿彌 根抵當法槪說 171).
159) 법원실무제요 민사집행(II) 646. 남기정 신강제집행법(중) 464.

판례 4-6

근저당권의 채권최고액의 의미

(1) 저당권은 원본, 이자, 위약금, 채무불이행으로 인한 손해배상 및 저당권의 실행비용을 담보하는 것이며, 채권최고액의 정함이 있는 근저당권에 있어서 이러한 채권의 총액이 그 채권최고액을 초과하는 경우, 적어도 근저당권자와 채무자 겸 근저당권설정자와의 관계에 있어서는 위 채권 전액의 변제가 있을 때까지 근저당권의 효력은 채권최고액과는 관계없이 잔존채무에 여전히 미친다(대판 2001.10.12. 2000다59081).

(2) 채무자는 현실제공에 의한 변제뿐 아니라 변제의 목적물을 공탁하여서도 그 채무를 면할 수 있으나(민법 제487조) 공탁 자체가 부적법하여 무효인 경우에는 변제의 효력은 발생하지 않는다. 한편, 근저당권이라 함은 그 담보할 채권의 최고액만을 정하고 채무의 확정을 장래에 유보하여 설정하는 저당권을 말하는 것이므로 그 피담보채무가 확정될 때까지의 채무의 소멸 또는 이전은 근저당권에 영향을 미치지 않는다. 그리고 근저당부동산에 대하여 소유권, 전세권 등의 권리를 취득한 제3자는 피담보채무가 확정된 이후에 채권최고액의 범위 내에서 그 확정된 피담보채무를 변제하고 근저당권의 소멸을 청구할 수 있으나, 채무자가 그 부동산의 소유자 겸 근저당설정자인 경우에는 그 피담보채무는 채무자가 채권자인 근저당권자에 대하여 부담하는 채무 전액으로 보아야 하므로 채무자로서는 채권최고액이 아니라 확정된 피담보채무액 전액을 변제공탁하지 않는 한 적법한 변제공탁이 될 수 없다(대판 2011.7.28. 2010다88507).

2. 채권최고액에 포함되는 채권의 범위

(1) 개설

근저당권에 있어서도 저당권의 피담보채권의 범위에 관한 민법 제360조의 규정이 적용됨은 물론이다. 따라서 근저당권은 피담보채권이 확정되기 전에 근저당권설정계약에서 정하고 있는 거래계약으로부터 발생한 원금과 그에 부수하여 발생하는 이자, 위약금, 채무불이행으로 인한 손해배상, 저당권의 실행비용을 담보하게 된다. 다만 근저당권은 계속적인 거래관계로부터 발생하는 불특정 채권을 일정한 한도액까지 담보한다는 특성상, 부수채권에 관하여 별도로 등기를 할 것을 요하지 않고, 또한 담보되는 원금이나 부수채권의 구체적인 내용을 확정함에 있어서 보통저당권과 다른 점이 있는 바, 이하에서 살펴보기로 한다.

(2) 원금

피담보채권이 확정되기 전에 근저당권설정계약에서 정하고 있는 거래계약으로부터 발생한 것만을 담보하는 것이 원칙이다.

예를 들면 은행의 담보약관 서식 중 근저당권설정계약서에 의하여 근저당권을 설정한 경우에는, 제3자가 채무자에 대하여 가지고 있는 채권을 채권자가 제3자로부터 양수함으로써 취득하게 된 채권이나, 채권자가 채무자로부터 임차한 영업용건물에 대한 임대차보증금반환채권 또는 채무자가 채권자에게 가한 불법행위로 인한 손해배상채권 등과 같이 근저당권설정계약에서 미리 정하고 있는 거래관계로부터 취득한 채권이 아닌 우연한 관계로부터 취득한 채권은 비록 포괄근저당권을 설정하였다 하더라도, 그 근저당권에 의하여 담보되는 원금채권에 속하지 않는다.[160] 따라서 이들 채권을 담보하게 하려면 근저당권설정계약서상의 피담보채권에 이들 채권을 추가로 기재하여 근저당권설정계약을 체결하여야 한다.

그러나 당사자가 근저당권설정계약에서 피담보채권을 발생시키는 것으로 정하고 있는 거래계약이 무효로 되거나 해제·해지된 경우 또는 그 거래계약을 이행하지 않음으로써 발생하게 되는 부당이득반환청구권이나 손해배상청구권 등은 그 거래계약과 관련이 있는 것이므로 그 근저당권에 의하여 담보되는 채권에 속하는 것으로 보아야 한다.

판례 4-7

근저당권에 의하여 담보되는 채권의 범위

소비대차계약에 의거하여 부담하게 될 일체의 채무와 그 불이행으로 인한 손해배상채무를 담보하기 위하여 근저당권설정계약을 체결한 경우에는 이 근저당권은 소비대차계약이 무효로 됨으로써 발생하는 부당이득반환채권을 담보하는 것으로 보는 것이 위 근저당권설정계약의 취지에 부합한다(대결 1968.1.11. 67마576).

(3) 부수채권

근저당권에 의하여 담보되는 부수채권의 범위에 관하여 민법 제357조 제2항은 「채무의 이자는 최고액 중에 산입한 것으로 본다」고만 규정하고 있는 바 이 규정과 관련하여서는 다음과 같은 두 가지의 문제가 있다. 하나는 동 조항에서 규정하는 이자는 약정이자만을 의미하는가 아니면 지연이자(지연배상금)도 포함하는가 하는 문제이고, 다른 하나는 지연이자도 포함된다고 할 때 저당권의 피

160) 은행의 담보약관 서식 중 근저당권설정계약서(부록Ⅰ. 2.) 제1조 참조.

담보채권의 범위에 관한 민법 제360조 단서의 규정이 이 경우에도 적용되는가 하는 문제이다.

우선 첫째 문제에 관하여는 만일 민법 제357조 제2항에서 규정하는 이자가 약정이자만을 의미한다고 하면, 지연이자는 채권최고액과 무관하게 민법 제360조에 의거 우선변제를 받을 수 있다는 결과가 되어, 후순위저당권자를 비롯한 다른 채권자의 이익을 해하게 됨으로써 불합리한 결과를 초래하게 된다. 따라서 민법 제357조 제2항에서 규정하는 이자에는 지연배상금도 포함되는 것으로 보아야 하며 이에 대하여 반대하는 견해는 없다.[161]

다음에 둘째 문제에 관하여는 근저당권의 경우 지연배상금이 채권최고액의 범위에 포함된다고 하는 이상, 후순위저당권자나 다른 채권자를 해할 염려가 없다고 할 것이므로, 구태여 담보되는 범위를 보통저당권의 경우와 같이 원본의 이행기일을 경과한 후의 1년분으로 다시 제한할 필요가 없다는 견해[162]와 근저당권이 확정되어 근저당권을 실행할 수 있는데도 불구하고, 채권자가 태만하여 시일이 경과함으로써 지연이자가 늘어난 경우에도, 지연이자 모두의 우선변제권을 인정하여 채권자를 보호하는 것은 적절하지 못하다는 견지에서, 지연배상금을 근저당권의 확정 후 1년분으로 제한하여야 한다는 견해[163]가 주장되고 있다. 앞의 견해가 통설로서 타당하다. 따라서 근저당권자는 채권최고액의 범위 내이면 원본의 이행기일을 1년 초과한 지연배상금에 대하여도 제한 없이 우선변제를 받을 수 있는 반면, 채권최고액을 초과하면 1년분의 범위내의 지연배상금이라도 우선변제를 받을 수 없다.

보통저당권이 원본의 이행기일이 등기되어 지연배상금이 후순위저당권자 등 이해관계인에 대한 관계에서 이 등기된 원본의 이행기일로부터 1년분에 한정되고 그 초과분을 우선변제 받지 못하는 반면에, 근저당권의 경우는 원본의 이행기일이 등기되지 아니하고 담보할 채권최고액만 등기되므로 지연배상금이 채권최고액 범위 내이면 원본의 이행기일을 경과한 후의 1년분을 초과하는 지연배상금도 우선변제를 받는다는 특징이 있다.

---

161) 민법주해[Ⅶ] 20(박해성), 곽윤직 물권법 492.
162) 민법주해[Ⅶ] 21(박해성), 곽윤직 물권법 492, 김용한 물권법론 587, 이영준 물권법 947.
163) 김상용 물권법 816, 이은영 물권 812, 황적인 현대민법론 374.

위와 같은 보통저당권과 근저당권의 특징 때문에 금융거래의 실무에서는 보통저당권이 설정되는 경우는 거의 없고 대부분 특정근담보형 근저당권이 설정되고 있다. 그 이유는 예컨대 채권자 S은행과 채무자 A 사이에 체결된 대출금을 1억원, 상환기일(이행기일)을 2025년 1월 25일로 한 2024년 1월 25일자 여신거래약정서상의 채권을 담보하기 위하여 A의 부동산을 대상으로 보통저당권을 설정한 경우에는 A가 대출금의 상환기일을 2026년 1월 25일까지 연장신청하여도 S은행은 이를 받아줄 수가 없다. A가 연장된 상환기일인 2026년 1월 25일 이후에 대출원금과 부수채권의 상환을 지체할 경우 S은행은 지연배상금을 2025년 1월 25일을 지난 2026년 1월 25일까지의 것만 우선변제 받을 수 있고 연장된 상환기일인 2026년 1월 25일 이후의 것은 우선배당받을 수 없기 때문이다. 반면에 특정근담보형 근저당권을 설정한 경우에는 2026년 1월 25일 이후의 지연배상금을 채권최고액 범위에서 모두 담보할 수 있어 상환기일 연장이 가능하므로 채무자의 입장에서도 보통저당권보다는 특정근담보형 근저당권을 설정하는 것이 편리하다.

한편, 근저당권의 실행비용이 채권최고액에 포함되는가에 관하여는 긍정설[164]과 부정설[165]이 주장되고 있다. 긍정설은 민법 제357조가 최고액이라고 하고 있는 이상 일반저당권의 경우에 비하여 축소해석을 하여야 할 특별한 이유가 없기 때문이라고 하고, 부정설은 본래 근저당권에 있어서의 채권최고액이란 당사자 사이의 계속적인 거래관계에서 발생하는 채권의 담보한도액을 의미하는 것이기 때문이라고 한다. 부정설이 타당하다고 생각한다. 대법원의 판례도 같은 입장이다. 따라서 저당권실행비용의 경우는 채권최고액의 한도를 초과한 경우라도 민법 제360조에 의하여 우선변제를 받을 수 있게 된다. 그리고 이 경우 구체적으로 어떠한 것이 저당권의 실행비용이 되느냐 하는 것은 보통저당권의 경우와 동일한 것으로 보면 된다.

판례 4-8

근저당권의 실행비용이 채권최고액에 포함되는지 여부

경매 부동산을 매수한 제3취득자는 그 부동산으로 담보하는 채권최고액과 경매비용을 변제공탁하면 그 저당권의 소멸을 청구할 수 있다(대결 1971.5.15. 71마251).

---

164) 김용한 물권법론 587, 이영준 물권법 849.
165) 민법주해[Ⅷ] 21(박해성), 곽윤직 물권법 492.

3. 채권최고액을 넘는 금액의 배당에 관한 문제

근저당목적물이 경매되는 경우에 근저당권의 설정비용을 제외한 담보채권총액이 채권최고액을 초과하는 때에는 다음과 같은 3가지가 문제로 된다. 첫째는 근저당권자가 그 초과금액에 대하여 우선배당을 받을 수 있는가 하는 점이고, 둘째는 우선배당을 받을 수 있다고 할 경우에 근저당권자가 실제로 그 초과금액을 배당받기 위해서 어떠한 절차를 취하여야 하는가 하는 점이며, 셋째는 우선배당을 받을 수 없는 경우에 일반채권자로서 배당참가를 할 수 있는 것인지, 할 수 있다면 어떠한 절차를 취하여야 하는가 하는 점이다.

첫째의 문제에 관하여는 앞에서 설명한 채권최고액의 의미에 관한 제1설에 의하면 경매부동산의 소유자가 누구인지에 관계없이 채권최고액을 초과하는 금액에 대한 우선배당을 부정할 수밖에 없다. 이에 대하여 제2설에 의하면 경매부동산의 소유자가 채무자이고 다른 채권자의 배당참가가 없는 경우와 배당참가가 있어도 배당할 금액으로 배당에 참가한 모든 채권자의 채권액을 변제할 수 있으면 채권최고액을 초과하는 금액에 대한 우선배당을 긍정하게 되지만, 경매부동산의 소유자가 물상보증인이거나 제3취득자인 경우와 채무자라 하더라도 다른 채권자의 배당참가가 있고 배당할 금액이 배당에 참가한 모든 채권자의 채권을 만족시키기에 부족한 경우는 우선배당을 부정하게 된다.

둘째의 문제에 관하여는 우선배당을 긍정하는 이상, 초과하는 금액에 대하여 집행력 있는 정본을 소지하거나 초과하는 금액에 기하여 경매부동산에 가압류를 하고서 배당요구의 종기까지 배당요구하거나 경합압류를 해야 할 필요는 없으며, 경매신청서나 채권계산서상에 그 초과금액이 존재하는 것을 소명하는 것으로 초과금액을 배당받는데 충분한 것으로 보아야 한다. 대법원판례도 같다.

셋째의 문제에 관하여는 우선 경매부동산의 소유자가 물상보증인이거나 제3취득자인 경우는 채권최고액을 초과하는 금액에 대하여 우선변제권자로서는 물론이고 일반채권자로서도 배당을 받을 수 없는 것으로 보아야 한다. 물상보증인이나 제3취득자는 채무자가 아닌 자로서 채권최고액의 범위에서 물적 유한책임만을 지는 자이기 때문이다. 이에 대하여 경매부동산의 소유자가 채무자인 경우는 채권최고액을 초과하는 금액에 대하여 우선변제권자가 아닌 일반채권자로서 당연히 배당참가할 수 있는 것으로 보아야 한다. 다만 이 경우는 우선배당을 받는 근저당권자로서가 아니라 일반 채권자로서 배당참가하는 것이므로 다른 일반채권자와 같은 지위를 가지는 것으로 보아야 한다. 따라서 초과금액에 대하여 일반 채권자와 각 자의 채권액에 안분한 배당을 받으려면 당해 경매절차의 배당요구의 종기 이전에, 초과하는 금액에 대하여 집행력 있는 정본을 소지하거나 초과하는 금액에 기하여 경매부동산에 가압류를 하고서, 배당요구의 종기까지 배당요구를 하거나 경합압류를 해야만 한다. 대법원판례도 같다.

판례 4-9

채권최고액을 초과하는 금액을 배당받기 위한 절차

(1) 근저당권설정자와 채무자가 동일한 경우에 근저당권의 채권최고액은 후순위담보권자나 저당목적 부동산의 제3취득자에 대한 우선변제권의 한도로서의 의미를 갖는 것에 불과하고 그 부동산으로서는 그 최고액 범위내의 채권에 한하여서만 변제를 받을 수 있다는 이른바 책임의 한도라고 까지는 볼 수 없으므로 제3취득자나 후순위근저당권자가 없는 한 근저당권자의 채권액이 근저당권의 최고액을 초과하는 경우에 경락대금중 그 채권최고액을 초과하는 금액이 있더라도 이는 근저당권설정자에게 반환할 것은 아니고 근저당권자의 채권최고액을 초과하는 채무의 변제에 충당하여야 할 것이며, 한편 이 사건에 있어서와 같이 1990.1.13. 법률 제4201호로써 폐지된 구경매법에 의하여 진행되는 경매절차에서는 민사소송법 소정의 배당요구 등 배당절차에 관한 규정이 준용되지 아니하는 결과 배당요구가 허용되는 것을 전제로 하는 간이절차에 의한 민사분쟁사건처리 특례법(1990.1.13. 법률 제4204호로 개정되기 전의 것) 제5조(배당요구)의 규정은 앞서 본 바와 같이 근저당권설정자와 채무자가 같아 당해 임의경매절차에서 배당을 받을 수 있는 근저당권자의 채권최고액 초과 채권에 대하여는 적용이 없고 근저당권자는 그 채권액에 관한 소명만으로도 경매법원에 그 채권최고액을 초과하는 채권에 대한 경락대금의 교부를 청구할 수 있다(대판 1992.5.26. 92다1896).

(2) 피고의 이 사건 일반 채권은 위 공동근저당권의 채권최고액을 초과하는 부분으로서 우선변제의 효력이 미치지 않는 채권이라는 것인 바, 위와 같이 우선변제의 효력이 미치지 아니하는 피고의 이 사건 일반 채권에 관하여 원심 판시와 같이 가압류채권자인 원고와의 사이에 같은 순위로 안분비례하여 배당하기 위하여는 앞서와 같은 경매신청이나 채권계산서의 제출이 있는 것만으로 될 수 있는 것이 아니고 피고가 일반 채권에 관하여 별도로 민사소송법 제728조, 제605조의 규정에 의한 적법한 배당요구를 하였거나 그밖에 달리 배당을 받을 수 있는 채권으로서의 필요한 요건을 갖추고 있어야 하는 것이다. 원심판결에서 인용하고 있는 위 대법원 판결(대판 1992.5.26. 92다1896)은 구 경매법에 관한 것으로서 이 사건에 그대로 적용할 바가 못된다(대판 1998.4.10. 97다28216).

V. 이미 설정한 근저당권의 활용

1. 개설

여신거래처로부터 제공되는 담보물에 근저당권을 설정하고 처음 여신을 취급하는 때에는 제공된 담보물의 감정가액에 일정비율을 곱하여 산출한 금액에서 경매시 그 매수인에게 승계되는 권리의 가액과 여신공여자인 근저당권자보다 우선변제 되는 채권자의 채권액을 공제한 금액을 여신한도액으로 하여 여신금액을 정한 후 그 여신금액에 일정비율을 곱하여 산출한 금액을 채권최고액으로 한 근저당권을 설정하고서 여신취급을 하는 것이 보통이다. 이 경우 담보물의 감정가액에 곱하는 일정비율을 담보인정비율(담보물이 주택인 때에는 주택담보인정비율)이라 하고, 여신금액에 곱하는 일정비율을 설정비율이라고 한다.

그런데 근저당권에 의하여 담보되는 채권은 근저당거래의 존속 중에는 특정되지 않고 변동될 수 있어, 이미 설정한 근저당권에 의하여 담보되는 채권의 원금이 상환되어 줄어든 상태에서는 담보인정비율과 설정비율에 여유가 생기게 되는데 이 경우의 여유를 여신여력과 설정여력이라고 한다. 예를 들면 담보제공 부동산의 감정가액이 5억 원, 담보인정비율이 60%, 부동산 현황조사 결과 경매시 그 매수인에게 승계되는 권리의 가액과 여신공여자인 근저당권자보다 우선변제되는 채권자의 채권액의 합계액이 1억 원인 상태에서 여신금액을 2억 원(5억 원 × 60% - 1억 원)으로 하고 채권최고액을 2억 4천만 원(2억 원 × 설정비율 120%)으로 하는 근저당권을 설정하고 여신취급하였다가, 원금 일부가 상환되어 그 잔액이 5천만 원이라고 할 때, 그 근저당목적물의 여신여력은 1억 5천만 원이 되고[166] 설정여력은 1억 8천만 원[2억 4천만 원 - (5천만 원 × 120%)]이 된다.

이에 따라 여신거래의 실무에서는 거래처로부터 이미 취득하고 있는 근저당권의 여신여력과 설정여력을 원용한 새로운 여신공여신청을 받는 경우가 많이 발생하게

166) 다만 이는 근저당부동산의 감정가액이 새로운 여신취급 시점에서 5억 원을 그대로 유지하는 것을 전제로 하는 것이고 만일 감정가액이 변동이 되었다면 그 변동금액에 60%를 곱한 금액을 기준으로 다시 산출하여야 한다.

된다. 그러나 이와 같은 경우라도 이미 취득하고 있는 근저당권의 여신여력과 설정여력을 원용하여 새로운 여신을 공여하려면 여신공여 시점에 해당근저당권의 피담보채권이 확정되어 있지 아니하여야 하고 또한 새로이 제공하려고 하는 여신채권이 이미 설정되어 있는 근저당권에 의하여 담보되는 채권이어야만 한다. 만일 원용하고자 하는 근저당권의 피담보채권이 확정된 상태이거나 새로이 제공하려고 하는 여신채권이 이미 설정되어 있는 근저당권에 의하여 담보되지 않는 채권이라면 이를 보완하는 조치를 취한 후 여신취급을 하여야 한다. 이하에서는 이에 관한 사항을 경우를 구분하여 자세히 설명하기로 한다.

2. 피담보채권이 확정되지 않은 상태인 경우

새로이 여신을 제공하려는 시점에서 이미 설정되어 있는 근저당권의 피담보채권이 확정되지 않은 상태인 때에는 다음의 사항을 검토하여 여신금액을 산정하고 여신취급하여야 한다.

첫째, 이미 설정되어 있는 근저당목적물의 담보가액을 다시 평가하여야 한다. 예를 들어 위의 예에서 근저당 부동산의 감정가액이 5억 원 그대로 유지되어 있으면 여신여력은 현잔 5천만 원을 공제한 1억 5천만 원이 되지만, 4억 원으로 낮아졌다면 여신여력이 9천만 원(4억 원 × 60% - 1억 원[167] - 5천만 원)이 되고, 6억 원으로 높아졌다면 여신여력이 2억 1천만 원(6억원 × 60% - 1억 원 - 5천만 원)이 된다.

둘째, 이미 설정되어 있는 근저당권의 설정여력도 검토하여야 한다. 다만 이 경우 새로운 여신 취급 당시의 설정여력은 1억 8천만 원으로 변동이 없으므로 만일 새로운 여신액이 1억 5천만 원 이하이면 이미 설정되어 있는 근저당권 채권최고액의 증액이나 추가설정이 필요 없지만, 새로운 여신액이 1억 5천만 원을 초과하는 경우에는 그 초과금액에 120%를 곱한 금액의 채권최고액 증액이

167) 1억 원은 기존 근저당권설정 당시의 부동산 현황조사 결과 경매시 그 매수인에게 승계되는 권리의 가액과 그 근저당권자보다 우선변제되는 채권자의 채권액이므로 더 많아질 수 없는 것이 보통이다. 다만 근저당권설정자가 근로자를 고용하는 사용자라면 근저당권 설정 당시보다 근로자의 수가 늘어남으로써 최우선변제 되는 금액이 늘어날 수는 있다. 따라서 여신한도액 산출시 최우선변제 되는 근로자의 임금채권도 고려한 경우라면 새로운 대출시에도 늘어나는 최우선변제권 있는 임금채권도 추가로 고려하여야 한다.

나 추가설정을 하여야 한다. 그리고 채권최고액 증액이나 추가설정시에는 그 증액이나 추가설정금액을 그 증액이나 추가설정 당시의 이해관계인에게 대항할 수 없다는 점도 고려하여야 한다.

셋째, 이미 설정되어 있는 근저당권의 설정계약내용이 새로이 제공하려고 하는 여신채권도 담보하는 것인지 검토하여야 한다. 만일 이미 설정되어 있는 근저당권이 새로이 제공하려는 여신채권을 담보하지 않는 때에는 설정당사자가 근저당권설정계약변경계약을 체결하여 이미 설정되어 있는 근저당권이 새로이 제공하려는 여신채권도 담보하도록 하여야 한다.

예컨대 이미 설정되어 있는 근저당권이 특정근저당권으로서 그 피담보채무가 "2024.4.18.여신거래약정서"에 의한 거래로 말미암아 현재 및 장래에 부담하는 모든 채무로 되어 있고, 새로이 제공하려는 여신이 2025.4.18. 여신거래약정서에 의한 거래로 말미암아 현재 및 장래에 부담하는 모든 채무이면, 근저당권설정계약 변경계약서[168]에 의하여 근저당권설정변경계약을 체결하되 그 변경계약서 「피담보채무의 범위」란의 "변경후 피담보채무의 범위"를 담보제공자로 하여금 「2025.4.18. 여신거래약정서」로 적어 넣도록 한 후 여신취급하여야 한다. 이 때 주의하여야 할 사항은 2024.4.18. 여신거래약정서상의 채무가 모두 완제된 상태가 아니어야 하고 또한 근저당권설정계약서 제1조제3호에서 정하고 있는 결산기가 도래하지 않은 상태이어야 한다는 점이다. 2024.4.18. 여신거래약정서의 채무가 모두 완제된 상태이거나 결산기가 도래한 상태이면 이 특정근저당권의 피담보채권은 이미 확정된 것이어서 근저당권설정등기의 유용절차를 거치지 않는 한 새로운 여신채권을 담보할 수 없는 것이기 때문이다.

그리고 이미 설정되어 있는 근저당권이 한정근저당권으로서 그 피담보채무가 "일반자금대출(주택담보)" 거래로 말미암아 현재 및 장래에 부담하는 모든 채무로 되어 있고, 새로이 제공하려는 여신이 "당좌대출(기타부동산담보)"에 의한 거래로 말미암아 현재 및 장래에 부담하는 모든 채무이면, 근저당권설정계약변경계약서에 의하여 근저당권설정변경계약을 체결하되 그 변경계약서 「피담보채무의 범위」란의 "변경후 피담보채무의 범위"를 담보제공자로 하여금 기존의 일반자금대출(주택담보)금이 아직 남아 있는 상태이면 「"일반자금대출(주택담보)",

168) 부록Ⅰ. 은행의 담보약관 서식 5. 참조

"당좌대출(기타부동산담보)"」로 적어 넣도록 하고, 상환완료된 상태이면 「"당좌대출(기타부동산담보)"」로 적어 넣도록 한 후 여신취급하여야 한다. 물론 이 경우도 근저당권설정계약서 제1조 제3호에서 정하고 있는 결산기가 도래하지 않은 상태이어야 한다.[169] 만일 결산기가 도래한 상태이면 이 한정근저당권의 피담보채권은 이미 확정된 것이어서 근저당권설정등기의 유용절차를 거치지 않는 한 새로운 여신채권을 담보할 수 없는 것이기 때문이다.

다만, 피담보채권의 내용은 등기사항이 아니어서 근저당권설정계약변경계약은 등기를 요하지 아니하고 당사자 사이의 합의만으로 그 효력이 발생한다. 그리고 피담보채권의 내용변경을 위한 근저당권설정계약변경계약체결시에 후순위 근저당권자 등이 있다 하더라도 이들의 동의를 필요로 하지 않는다.

3. 피담보채권이 확정되어 있는 상태인 경우

(1) 여신취급을 위한 필요 조치

새로이 여신을 제공하려는 시점에서 이미 설정되어 있는 근저당권의 피담보채권이 확정되어 있으면 그 근저당권은 확정근저당권으로서 그 시점에 이미 발생되어 있는 특정된 여신채권 중 근저당권설정계약으로 정하고 있는 여신채권만을 담보하고 확정 이후에 발생된 새로운 여신채권은 담보하지 않는다. 따라서 이와 같은 경우에는 첫째로 근저당권설정등기의 유용을 하여 근저당권으로서의 효력을 회복시켜야 하고, 둘째로 이미 설정되어 있는 근저당권이 새로운 여신채권도 담보하는 것인지 확인하여 담보하지 않으면 근저당권설정계약변경계약을 체결하여 담보되는 것으로 하여야 하며, 셋째로 여신여력과 설정여력을 확인한 후 필요한 조치를 취하고서 여신취급하여야 한다.

169) 그러나 이미 설정되어 있는 근저당권에 의하여 담보되는 "일반자금대출(주택담보)"의 원리금은 이미 상환완료 되었어도 무방하다. 한정근저당권의 성질상 그 한정근저당권의 설정 당시에 존재하는 담보채권이 상환완료 되었다는 사실만으로는 그 한정근저당권의 피담보채권이 확정되는 것은 아니기 때문이다.

(2) 근저당권설정등기의 유용

가. 의의

저당권은 그 부종성에 따라 저당권으로 담보할 채권이 불성립하거나, 변제·시효의 완성 기타의 사유로 소멸하게 되면 함께 소멸하며, 반드시 그 저당권을 말소하는 등기가 있어야 소멸하는 것이 아니다. 그런데 처음부터 무효이거나 담보할 채권이 소멸하여 실효된 저당권의 등기가 말소되지 않고 그대로 남아 있는 경우에 당사자 사이의 계약으로 무효이거나 실효된 그 저당권의 효력을 회복시켜 이를 다른 채권의 담보를 위한 유효한 저당권으로 할 수 있는지가 문제로 되고 있는데 이를 저당권설정등기의 유용문제라고 한다.

예컨대 A은행이 B에게 1억 원을 빌려주고 동 채권을 담보하기 위하여 B소유의 부동산상에 저당권의 설정등기를 한 후 B가 1억 원의 변제를 하게 되면 동 저당권은 그에 따른 말소등기를 하지 않더라도 자동적으로 소멸하여 효력을 상실하게 된다. 그런데 이 실효된 저당권의 말소등기가 되지 않고 있는 사이에 A은행이 B에게 다시 1억 원을 빌려주고 동 부동산을 담보로 하려고 한다면 원칙적으로는 위 실효된 저당권은 말소등기를 하고 새로이 1억 원의 담보를 위한 저당권의 설정등기를 하여야 한다. 그러나 이러한 이중의 절차를 취한다는 것은 경제적인 측면에서 보면 시간과 비용의 낭비를 초래하여 불합리하다. 여기에서 이 실효된 등기를 당사자 간의 특약으로 다른 채권의 담보를 위한 저당권설정등기로 유용할 수 없는지가 논의되게 된 것이다.

근저당권의 경우는 근저당거래의 존속 중에는 유용의 문제가 생기지 않는다. 근저당권은 특정채권을 담보하는 것이 아니고 증감·변동하는 불특정채권을 담보하는 특성을 지니고 있어 일시적으로 담보할 채권이 없게 되더라도 그 근저당권으로서의 효력이 상실되지 않고 그 후에 발생하는 채권을 그 채권최고액 범위 내에서 당연히 담보하는 것이기 때문이다. 따라서 근저당권에 있어서는 근저당거래가 종료하여 그 후에 발생하는 채권을 담보할 수 없게 된 때에, 그러한 채권을 담보할 수 있도록 다시 근저당권의 효력을 회복시키고자 하는 경우에야 비로소 유용의 문제가 생기게 된다. 그리고 근저당권이 새로운 채권을 담보할 수 없게 되는 것은 그 근저당권에 의하여 담보할 피담보채권이 확정된 때라고 할 수 있다.

근저당권설정등기의 유용은 근저당권의 효력이 소멸되는 단계에 따라 다음과 같은 2가지 유형으로 이루어진다. 첫째는 근저당권의 피담보채권이 확정됨으로써 특정의 채권만을 담보하게 된 상태에서 다시 그 근저당권으로서의 효력을 부활시키기 위하여 유용하는 경우이고, 둘째는 피담보채권의 확정 후 그 확정된 피담보채권이 완제되어 저당권으로서의 효력이 완전히 소멸된 후에 그 근저당권의 효력을 부활시키기 위하여 유용하는 경우이다.

나. 유용의 인정여부

근저당권설정등기의 유용을 인정할 수 있는가에 관하여는 부정설과 무제한긍정설 및 제한적긍정설이 있다.

부정설은 저당권설정등기의 유용을 전면적으로 부정하는 견해이다. 그 주요 논거로서는「그러나 저당권등기에 기재된 피담보채권이 무효·취소로 인하여 불성립으로 돌아가거나, 변제 기타의 사유로 소멸한 후에, 새로이 채권액이 동일한 또는 채권액과 변제기가 동일한 채권을 성립시킨다고 하더라도, 새로 성립한 채권과 앞의 채권과 사이에 동일성이 있다고는 할 수 없다. 그러면 갑 채권을 위한 무효인 등기가 존재하는데, 을 채권을 담보하기 위한 저당권설정의 등기가 행하여진 경우에, 갑 채권과 을 채권이 그 금액에 있어서 동일하면 또는 그 금액과 변제기가 동일하면, 그 저당권등기와 저당권설정의 합의는 그 내용이 일치한다고 할 수 있을 것이냐? 저당권이 하나의 독립한 가치권이어서 일정액의 교환가치를 취득함에 그치고 갑 채권을 담보하느냐 을 채권을 담보하느냐가 문제가 되지 않는다면 문제를 긍정하여야 하겠지만, 민법의 저당권은 부종성이 강하여 특정의 채권을 담보하기 위하여 존재하는 것이므로 피담보채권을 떠나서는 저당권을 생각할 수 없고, 따라서 갑 채권을 위한 저당권의 등기와 을 채권을 위한 저당권설정의 합의와는 그 내용에 있어서 합치한다고 할 수 없다. 그러므로 결국, 불성립으로 돌아가거나 소멸해 버린 갑 채권을 위한 등기를, 새로 성립한 을 채권의 담보를 위하여 유용하는 것은 허용될 수 없다고 하지 않으면 아니 된다. 또 만약에 등기의 유용을 허용한다면, 등기의 유용에 의하여 새로 성립하는 저당권의 등기는 그 등기의 일자에 의하여 결정될 것이므로, 그 등기일자 후에, 그러나 등기유용 전에 설정된 저당권과 사이에 큰 불합리가 생길 것이다」는 점을 들고 있다.[170]

무제한긍정설은 저당권설정등기의 유용을 전면적으로 인정하는 견해이다. 그 논거로는 등기는 물권적 합의로부터 무인(無因)이기 때문에 말소되지 않고 있는 등기는 유용하더라도 무방하다는 점[171]과 등기는 현재의 진실한 권리관계를 공시하면 충분하고 그 변동과정까지 정확하게 반영하고 있을 필요가 없다는 점[172] 등을 들고 있다.

제한적긍정설은 저당권설정등기의 유용을 부분적으로 인정하는 견해로서, 채권불성립의 경우에는 그 채권을 위한 저당권등기를 신 채권에 유용할 수 있으나 소멸한 채권을 위한 저당권등기는 신 채권에 유용할 수 없다는 견해[173]와 저당권의 등기가 무효로 된 후에 그 부동산에 관하여 제3자가 이를 양수하거나 저당권을 취득하는 등 새로운 이해관계를 가지게 된 경우에는 등기를 유용할 수 없지만 그렇지 않은 경우에는 유용할 수 있다는 견해[174]의 두 가지가 있다. 후자의 견해로서 주장되는 주요내용으로는 「이 문제는 피담보채권의 소멸에 의하여 저당권은 당연히 소멸한다는 저당권의 부종성의 원리와, 실체법상의 권리관계에 부합하지 않는 등기(엄격히 말해서 무효라고 해야 할 등기)도 그것이 현재의 권리상태에 일치하게 되면, 이를 그 권리상태의 공시로서 유용할 수 있다(유효한 등기로서 다루어야 한다)는 이론, 이들 두 이론을 어떻게 조화시키느냐, 특히 후자의 적용을 어디까지 인정하느냐의 문제라고 생각한다. 그리고 등기라는 것이 결국은 그 부동산에 관하여 앞으로 거래관계에 들어가려고 하는 제3자에게 불측의 손해를 주지 않도록 하는 공시수단임을 생각한다면, 그러한

---

170) 김증한 물권법(하) 205. 다만 이 분도 「저자도 구저(구저)의 입장을 바꾸어 판례를 지지하기로 한다. 그것이 이론적으로 타당해서라기보다도, 등기의 유효요건을 너무 엄격하게 해석하면 실제적으로 무효등기가 빈번히 생기게 될 것이고, 그렇게 되면 거래의 안전을 크게 저해하게 되어 등기의 이상이 다른 구석으로부터 무너지게 될 터이기 때문이다」라고 하여 종래의 입장을 변경함으로써(김증한 물권법강의 401 이하). 현재 우리나라에 이 설을 주장하는 분은 없다.

171) 장경학 신물권법각론(하) 617. 다만 이 분도 현재는 견해를 바꾸어 판례의 입장을 지지함으로써(장경학 물권법 775) 현재 우리나라에 이 설을 주장하는 분도 없다

172) 석전문차랑 담보물권법(상) 128.

173) 최식 담보물권법 390.

174) 곽윤직 물권법 444, 장경학 물권법 775, 김용한 물권법론 554, 이영준 물권법 132, 김상용 물권법 691, 이은영 물권법 198, 고상룡 물권법 100.

제도로서의 최소한의 기능을 다할 수 있게 하는 것으로 충분하며, 따라서 상당히 너그럽게 그 유효성을 인정하더라도 폐해는 없을 것이다. 반대로 등기의 유효요건을 너무 엄격하게 해석한다면, 무효등기가 빈번히 생기게 될 것이고, 한편, 등기에 공신력이 인정되어 있지 않기 때문에 무효라는 흠 내지 하자는 그 후 선의로 등기부상의 권리를 전득한 자(예컨대 저당권의 선의의 양수인)에게도 언제까지나 영향을 미치게 되어, 부동산거래의 안전과 원활을 크게 저해한다. 뿐만 아니라 그러한 거래의 안전을 희생해서 과연 누구의 어떤 이익이 보호되는지를 생각할 때에, 보호되어야 할 합리적인 이익은 실제로 있는 것 같지 않다. 이러한 여러 가지를 생각할 때 판례의 태도는 타당한 것이다. 즉, 무효등기를 유용할 때까지 이해관계 있는 제3자가 나타나지 않으면 유효라고 보아서, 그와 같은 등기의 유용을 제한적으로 인정하여도 좋을 것이다」[175]고 한 것과 「특히 무효인 저당권설정등기의 유용에 관하여는 과거 무제한긍정설, 제한적긍정설, 부정설의 대립이 있었으나 현재는 이해관계인의 부존재를 요건으로 하는 제한적긍정설로 통일되었다. 등기의 유용을 허용함으로써 등기비용 등을 절약하는 것은 경제적이나 이에 의하여 제3자를 해하여서는 아니 되므로 제한적긍정설이 타당하다 할 것이다. 다만 이와 같은 제한을 가한다 할지라도 실제에 있어서는 그 제한은 별로 의미를 갖지 않는 것임을 유의하여야 한다. 왜냐하면 제3자의 저당권취득등기 또는 소유권이전등기가 행하여진 시점 이전으로 소급하여 등기유용의 합의가 있었던 것으로 주장하는 것은 대단히 용이한 일이기 때문이다. 그러므로 제한적긍정설은 사실상 무제한긍정설에 귀착되며 이에 의하여 사실상 소유자저당권을 인정하는 것과 같은 결과로 되는 것이다」[176]고 한 것을 들 수 있다.

대법원은 「근저당권설정등기를 한 뒤 그 피담보채권이 변제 또는 상계에 의하여 소멸한 경우에 당사자간에 있어서 다시 위의 근저당권과 동일내용의 근저

175) 곽윤직 물권법 444.

176) 이영준 물권법 132. 그러나 이 견해에 있어서 「제3자의 저당권취득등기 또는 소유권이전등기가 행하여진 시점 이전으로 소급하여 등기유용의 합의가 있었던 것으로 주장하는 것은 대단히 용이한 일」이라고 주장하는 점과 「제한적긍정설은 사실상 무제한긍정설에 귀착된다」고 주장하는 점에 대하여는 동의할 수가 없다. 이해관계 있는 제3자가 나타나기 전에 무효등기를 유용하였다는 사실의 입증책임은 무효등기유용의 유효성을 주장하는 자에게 있다고 보아야 할 것이기 때문이다.

당권설정계약을 체결하고 그 저당권설정계약에 관하여 기히 등재된 위 근저당권설정등기를 유용하기로 약정하였어도 제3자의 권리를 침해하지 아니하는 한 위 근저당권설정등기 역시 현재의 진실한 권리상태를 표시하고 있으므로 그 등기는 유효한 것」,[177] 「근저당권설정등기의 유용은 그 유용합의 이전에 있어서 등기상의 이해관계가 있는 제3자가 없는 경우에 한하여 가능한 것이라고 할 것이고 그 유용합의 전에 종료된 소유권이전등기청구권보전을 위한 가등기에 기하여 그 후에 본등기가 경료된 경우 그 유용합의는 그 등기명의인에 대한 관계에 있어서 효력이 없으므로 그 범위내에서 근저당권설정등기는 무효이다」,[178] 「갑과 을 사이에 을의 갑에 대한 채무담보조로 을 소유의 부동산에 이미 경료되어 있던 병 명의의 원인무효인 근저당권설정등기에 터잡아 이전등기를 경료하는 방법을 취하기로 합의하여 갑 앞으로 근저당권이전의 부기등기를 한 경우 갑과 을 사이의 위와 같은 합의는 원인무효인 병 명의의 근저당권설정등기에 터잡아 역시 원인무효의 등기가 될 수밖에 없는 갑 명의로 경료될 근저당권이전등기를 유용하기로 하는 합의에 불과한 것으로서, 이러한 등기유용에 관한 합의는 그 유용하기로 한 갑 명의의 근저당권이전등기가 경료되기 이전에 이미 위 부동산에 대하여 처분금지가처분을 하여 둠으로써 등기상의 이해관계를 가지게 된 정에 대한 관계에 있어서는 그 효력이 없다」[179]고 판시하여 제한적긍정설의 입장을 취하고 있다.

부정설은 저당권의 부종성만을 지나치게 강조한 것으로 현실성이 없고 또한 전면적긍정설은 저당권의 부종성이론을 전면적으로 부정하는 것이 되어 현행법체계상 무리이고 또 등기가 현재의 권리관계를 정확하게 반영하면 된다고 하는 것도 부종성이론에 비추어 보면 그 저당권이 무효로 된 후 유용합의 전에 이해관계를 가진 자에 대한 관계에서는 맞지 않는 것이므로 타당하다고 할 수 없다. 그리고 제한적긍정설 중 첫째의 것은 등기유용의 유효성을 채권불성립의 경우와 채권소멸의 경우로 나누어 달리 취급하고 있으나 양자를 특별히 구별할 이유가 없어 타당하지 않다. 따라서 제한적긍정설 중 둘째의 견해가 타당하다고

177) 대판 1961.12.14. 4293민상893 참조.
178) 대판 1974.9.10. 74다482 참조.
179) 대판 1994.1.28. 93다31702 참조.

본다. 현재 우리나라의 학설도 이 설로 통일되어 있다.[180]

다만 제한적긍정설 중 둘째의 견해를 따를 경우에는 이해관계 있는 제3자가 있음에도 불구하고 그 저당권설정등기를 유용하였을 때에 이를 절대적으로 무효로 보아야 할 것인지 아니면 그 제3자에 대한 관계에 있어서만 대항할 수 없는 상대적인 무효로 보아야 할 것인지의 문제가 생긴다.[181] 예컨대 S은행이 A 소유의 부동산에 제1순위근저당권을 설정하였다가 그 채권이 완제되어 근저당권이 소멸된 후에(말소등기는 하지 않았음) K은행이 새로운 근저당권을 설정한 상태에서 S은행과 A가 동근저당권설정등기의 유용을 하였다고 할 경우에, 이 유용을 절대적 무효로 본다면 S은행은 K은행에 이은 후순위저당권자로서 지위도 인정받을 수 없게 되어 위 부동산이 경매될 때에 S은행은 전혀 배당을 받을 수 없게 되는 반면, 상대적무효로 본다면 K은행에 이은 후순위저당권자로서의 지위를 인정받아 K은행이 배당받고 남은 잔액에 대하여 배당을 받을 수 있게 된다.

그러나 이해관계인을 해하지 않는 범위에서 저당권설정등기의 유용을 인정하는 이상 이 문제에 관하여도 구태여 이를 절대적 무효라고 보아야 할 이유가 없으며 따라서 상대적 무효로 보는 것이 타당하다고 본다. 앞에서 설명한 대법원의 판례도 「그 유용합의는 그 등기명의에 대한 관계에 있어서 효력이 없으므로 그 범위 내에서 근저당권설정등기는 무효이다」는 내용에 비추어 볼 때 상대적 무효의 입장을 취하고 있지 않은가 생각된다.

한편, 이해관계 있는 제3자가 있음에도 불구하고 저당권설정등기의 유용을

---

180) 그러나 보통저당권의 경우는 근저당권과는 달리 그에 의하여 담보되는 채권의 상환기일이 등기되기 때문에 무효 또는 실효된 저당권설정등기를 유용함에 있어서 그 상환기일과 관련하여 일정한 제약이 따른다. 예컨대 A은행이 B에게 상환기일을 2024년 6월 20일로 하여 1억 원의 대출을 하면서 이를 담보하기 위하여 B소유의 부동산에 저당권을 설정하였다가 그 대출금이 완제되었으나 저당권의 말소등기가 이루어지지 않은 상태에서 이 저당권설정등기를 유용하여 새로운 대출을 하고자 하는 경우에 그 새로운 대출금의 상환기일이 2024년 6월 20일 이전이면 그 유용에 별문제가 없으나 이후이면 그 유용에 문제가 생기게 된다. 즉, 근저당권의 경우는 약정이자와 지연배상금이 채권최고액의 범위 내에서 제한 없이 담보되지만 저당권의 경우는 약정이자는 등기된 상환기일까지의 기간에 등기된 이자율을 곱하여 산출한 금액을 넘어 담보될 수 없고 또 지연배상금도 등기된 상환기일 이후 1년분을 넘어 담보될 수 없도록 되어 있어 새로운 대출금의 상환기일이 2024년 6월 20일 이후인 경우에는 그 유용된 저당권으로 2024년 6월 20일 이후의 약정이자와 2025년 6월 20일 이후의 지연배상금을 담보할 수 없는 문제가 생기게 되는 것이다. 따라서 저당권설정등기의 유용은 등기된 상환기일을 넘지 않는 기일을 상환기일로 하는 새로운 대출을 하는 경우에만 그 담보적 기능을 제대로 수행하게 된다고 하겠다.

181) 학설은 이 점에 관하여서까지는 분명하게 언급을 하고 있지 않다.

한 경우에 그 유용이 이해관계 있는 제3자에 대한 관계에서만 상대적인 무효라고 할 경우에는 나아가 유용을 할 당시에 그 유용에 관하여 이해관계 있는 제3자의 동의까지 득하였다고 할 때에는 그 유용을 가지고 그 이해관계 있는 제3자에 대하여도 대항할 수 있을 것으로 생각된다. 따라서 이러한 경우에는 등기부상의 기재순위가 실제로도 그대로 유지되는 것이다.

다. 유용을 인정하는 경우의 특수문제[182)]

㈎ 이해관계 있는 제3자의 범위

무효인 등기의 유용은 등기가 무효로 된 후 당사자가 그 무효등기를 유용하기로 합의할 때까지의 사이에 등기상 이해관계 있는 제3자가 나타나지 않는 한 유효라는 것이 대법원의 판례임은 앞에서 설명한 바와 같다. 그러면 등기상의 이해관계 있는 제3자만 없으면 그 유용을 언제나 유효한 것으로 볼 수 있는 것인가. 그렇지가 않다. 동 판례는 등기 없이 제3자에 대한 대항력을 가지는 권리가 없었던 때에 나온 것으로, 그 후에 제정된 주택임대차보호법과 상가건물임대차보호법에 의하면 주거용 건물과 상가 건물의 임차인은 등기를 하지 않고서도 일정한 요건을 구비하면 제3자에 대하여 대항력을 가지는 것으로 되어 있기 때문이다. 따라서 저당권의 대상 목적물이 주거용 건물 또는 상가 건물로서 무효등기를 유용하기로 합의할 때까지 당해 주거용 건물의 소재지에 전입신고를 하고 당해 주거용 건물을 인도받아 거주하고 있는 임차인이 있는 경우 또는 당해 상가 건물의 소재지를 관할하는 세무서장에게 사업자등록을 하고서 당해 상가 건물을 인도받아 영업을 하고 있는 임차인이 있는 경우에는 그 자에 대한 관계에 있어서도 무효등기의 유효를 주장할 수 없는 것으로 보아야 한다.

또한 조세채권과의 관계에 있어서는 그 유용일자와 조세의 법정기일을 기준으로 하여 그 우선순위를 정해야 하고, 국민건강보험료와 국민연금보험료에 있어서도 그 유용일자와 보험료의 납기를 기준으로 하여 그 우선순위를 정해야 할 것으로 생각한다.

---

182) 이들 문제는 실무상으로는 자주 발생될 수 있는 것이나 학설상으로는 논의된 바가 없고 또한 판례도 없는 것 같다. 따라서 여기에서는 본인의 의견만을 개진하기로 한다.

(나) 유용합의일자의 소급

피담보채권이 확정된 근저당권설정등기나 무효 또는 실효된 근저당권설정등기의 유용은 유용당사자간의 합의만으로 그 효력이 생기는 것이기 때문에, 피담보채권이 확정되거나 근저당권설정등기가 무효 또는 실효된 후에 그 부동산에 대하여 저당권이나 전세권 또는 소유권 등의 새로운 권리를 취득한 자라 할지라도, 유용 당사자가 공모하여 그러한 새로운 권리의 취득 전에 유용합의가 있었던 것으로 주장하는 때에는 뜻하지 않은 손해를 보게 될 수가 있다. 또한 반대로 유용합의 당사자 간에 위와 같은 새로운 권리취득 전에 유용합의가 있었다 할지라도, 근저당권설정자인 합의당사자가 유용합의 후의 권리취득자와 공모하여 유용합의일자가 소급된 것으로 허위주장을 할 때에는 유용합의 당사자인 근저당권자가 뜻하지 않은 손해를 보게 될 수도 있다.

따라서 무효 또는 실효된 근저당권의 말소등기가 되어 있지 않은 부동산에 새로운 권리를 취득하고자 하는 자는 그 근저당권의 말소등기를 한 후에 그와 같은 권리를 취득하고, 또한 무효 또는 실효된 근저당권의 말소등기를 하지 않고 이를 당사자 간의 합의로 새로운 근저당권설정등기로서 유용하고자 하는 자는 그 유용합의서를 작성한 후 이에 확정일자를 받아두는 것이 안전하다. 그리고 피담보채권이 확정된 근저당권설정등기가 있는 부동산에 대하여 소유권 등의 새로운 권리를 취득하고자 하는 자는 그 확정된 담보채권을 변제하고 근저당권의 말소등기를 하거나 근저당권자로부터 근저당권의 피담보채권이 확정된 사실에 대하여 확인서를 받아둔 후에 그러한 권리를 취득하는 것이 안전하다. 또한 피담보채권이 확정된 근저당권을 원래의 근저당권으로 회복시키고자 그 설정등기를 유용하려고 하면 그 유용합의서를 작성한 후 이에 확정일자를 받아두는 것이 안전하다.

(다) 새로운 제3의 채무자와의 근저당권설정등기의 유용

근저당권의 피담보채권이 확정되어 완제되었으나 근저당권의 말소등기가 이루어지지 않은 상태에서 근저당권설정등기를 유용하여 근저당권자와 근저당 부동산의 새로운 소유자인 제3의 채무자 사이의 거래로부터 발생하는 채권을 담보하게 할 수 있는가.

예컨대 S은행이 A소유의 부동산에 채권최고액을 3억 원으로 하는 근저당권을 설정하고, A와 여신거래를 하다가 그 피담보채권이 확정된 후 그 여신채권이 완제되었으나, 동 근저당권의 말소등기를 하지 않은 상태에서, S은행이 동 근저당권설정등기를 유용하여 동 부동산의 소유권을 취득한 B와 여신거래를 하여 그 여신채권을 담보하게 할 수 있는가 하는 점이다. 만일 이것이 가능하다고 하면 B로서는 기존 근저당권의 말소등기와 새로운 근저당권의 설정등기를 하지 않아도 되기 때문에 비용과 시간을 절약할 수 있는 이점이 있어 논의되는 문제이다.

우선 동 부동산의 소유자가 A에서 B로 변경되었다는 것만으로는 이를 긍정할 수가 없다. 동 부동산의 등기부상에 A의 S은행에 대한 채무를 담보한다고 기재되어 있을 뿐 B의 S은행에 대한 채무를 담보한다고 기재되어 있지 않기 때문이다. 따라서 이 경우에 근저당권설정등기의 유용이 가능하다고 하려면 그에 앞서 동 근저당권설정등기상의 채무자를 A에서 B로 변경하는 등기가 가능하다는 것을 전제로 하여야 한다.

그러면 무효 또는 실효된 근저당권의 채무자를 변경하는 등기가 가능한 것인가. 근저당권자인 S은행과 구 소유자인 A 및 신 소유자 겸 채무자인 B가 근저당권설정등기의 유용을 합의하였고 또한 그 유용시까지 근저당 부동산에 대하여 이해관계를 가지는 제3자가 생기지 않은 경우에는 그 근저당권의 채무자변경등기가 가능한 것으로 보아야 한다. 또한 유용시에 근저당 부동산에 대하여 이해관계를 가지는 제3자가 있는 경우에도 그 제3자의 동의까지 받은 때에는 역시 그 근저당권의 채무자변경등기가 가능한 것으로 보아야 한다.[183]

원래 유용이란 원래대로의 효력을 발생할 수 없는 것이나, 다른 사정으로 그 등기가 현실의 권리관계에 부합하고 또 그 유용으로 인하여 타인의 권리를 해

183) 근저당권이 처음부터 무효이었거나 유효한 근저당권의 피담보채권이 확정된 후 또는 피담보채권의 완제로 실효된 후에, 이해관계인이 있다고 하여 반드시 그 이해관계인의 동의서를 첨부하여야만, 근저당권의 채무자변경등기를 할 수 있는 것은 아니다. 근저당권의 무효나 피담보채권이 확정된 것 또는 실효된 것을 숨기고 아직 유효하게 근저당권으로서의 효력이 존속하는 것으로 하여 이해관계인의 동의 없이 채무자변경등기를 신청하면 실질적심사권이 없는 등기관으로서는 그 신청에 따른 등기를 할 수밖에 없는 것이기 때문이다. 그러나 이 경우 근저당권자는 근저당권설정등기의 유용을 가지고 그 이해관계인에게 대항할 수 없는 것으로 보아야 한다.

하지 않으면 시간과 비용을 절약할 수 있다는 취지에서 이를 유효한 것으로 인정하려는 것인 점에 비추어 이 경우라고 하여 특별히 부정할 이유가 없기 때문이다.

㈑ 새로운 제3의 채권자와의 근저당권설정등기의 유용

근저당권의 피담보채권이 확정되어 완제되었으나 근저당권의 말소등기가 이루어지지 않은 상태에서 근저당권설정등기를 유용하여 근저당권설정자 겸 채무자와 새로운 제3의 채권자 사이의 거래로부터 발생하는 채권을 담보하게 할 수 있는가. 예컨대 S은행이 A소유의 부동산에 채권최고액을 3억 원으로 하는 근저당권을 설정하고, 여신거래를 하다가 그 피담보채권이 확정된 후 완제되었으나, 동 근저당권의 말소등기를 하지 않은 상태에서, K은행이 동 근저당권설정등기를 유용하여 A와 여신거래를 하고서 그 여신채권을 담보하게 할 수 있는가 하는 점이다.

이에 관하여도 앞에서 설명한 실효된 근저당권설정등기를 유용하여 근저당권자와 새로운 제3의 채무자 사이의 거래로부터 발생하는 채권을 담보하게 할 수 있다고 보는 것과 마찬가지의 취지에서 긍정하여야 할 것으로 본다. 다만 이 경우 S은행과 K은행 및 A 사이에 근저당권설정등기의 유용합의 이외에 당해 근저당권설정등기상의 채권자를 S은행에서 K은행으로 하는 변경등기가 필요하다는 점과 만일 유용시에 근저당부동산에 이해관계인이 있을 때에는 그 이해관계인의 동의가 있어야 한다는 점 등은 앞에서 설명한 새로운 제3의 채무자와의 근저당권설정등기유용에 관하여 설명한 바와 같은 것으로 보면 된다.

이에 관하여 대법원은 근저당권설정등기의 유용합의 이외에 채권자변경의 부기등기를 한 경우와 하지 않은 경우로 나누어, 부기등기를 한 경우에 관하여는 「부동산의 소유자 겸 채무자가 채권자인 저당권자에게 당해 저당권설정등기에 의하여 담보되는 채무를 모두 변제함으로써 저당권이 소멸된 경우 그 저당권설정등기 또한 효력을 상실하여 말소되어야 할 것이나, 그 부동산의 소유자가 새로운 제3의 채권자로부터 금원을 차용함에 있어 그 제3자와 사이에 새로운 차용금 채무를 담보하기 위하여 잔존하는 종전 채권자 명의의 저당권설정등기를 이용하여 이에 터잡아 새로운 제3의 채권자에게 저당권 이전의 부기등기를 경료하기로 하는 내용의 저당권등기유용의 합의를 하고 실제로 그 부기등기를 경료 하였다면, 그 저당권이전등기를 경료 받은 새로운 제3의 채권자로서는 언제든지 부동산의 소유자에 대하여 그 등기 유용의 합의를 주장하여 저당권설정등기의 말소청구에 대항할 수 있다고 할 것이고, 다만 그 저당권 이전의 부기등기 이전에 등기부상 이해관계를 가지게 된 자에 대하여는 위 등기유용의 합의 사실을 들어 위 저당권설정등기 및 그 저당권 이전의 부기등기의 유효를 주장할 수는 없다」고 판시하여 그 유용의 물권적 효력을 인정하는 한편, 아직 부기등기를 하지 않은 경우에 관하여는「채무자인 부동산소유자와 새로운 제3의 채권자와 사이에 저당권등기의 유용의 합의를 하였으나 아직 종전의 채권자 겸 근저당권자의 협력을 받지 못하여 저당권이전의 부기등기를 경료하지 못한 경우에는 부동산소유자와 종전의 채권자 사이에서는 저당권설정등기는 여전히 등기원인이 소멸한 무효의 등기라고 할 것이므로 부동산 소유자는 종전의 채권자에 대하여 그 저당권설정등기의 말소를 구할 수 있다고 할 것이지만, 부동산 소유자와 종전의 채권자 그리고 새로운 제3의 채권자 등 3자가 합의하여 저당권설정등기를 유용하기로 합의한 경우라면 종전의 채권자는 부동산소유자의 저당권설정등기말소청구에 대하여 그 3자 사이의 등기유용의 합의사실을 들어 대항할 수 있고 또한 부동산소유자로부터 그 부동산을 양도받기로 하였으나 아직 소유권이전등기를 경료 받지 아니하여 그 소유자를 대위하여 저당권설정등기의 말소를 구할 수밖에 없는 자에 대하여도 마찬가지로 대항할 수 있다」고 판시하여 그 유용에 대한 합의 당사자 사이의 채권적 효력을 인정하고 있다.[184)]

(3) 근저당권설정등기 유용 후의 조치

가. 근저당권설정계약변경계약체결

근저당권설정등기유용을 하여 피담보채권이 확정된 근저당권의 효력을 회복시켰다면 다음에는 효력이 회복된 이미 설정되어 있는 근저당권이 새로운 여신채권도 담보하는지 확인하여 담보하지 않는다면 근저당권설정자와 근저당권설

184) 대판 1998.3.24. 97다56242 참조.

정계약변경계약을 체결하여[185] 이미 설정되어 있는 근저당권이 새로이 제공하려는 여신채권도 담보하도록 하여야 한다. 다만 피담보채권의 내용은 등기사항이 아니어서 근저당권설정계약변경계약은 등기를 요하지 아니하고 당사자 사이의 합의만으로 그 효력이 발생한다.

나. 여신여력과 설정여력의 확인

근저당권설정등기유용을 하고 근저당권설정변경계약을 체결한 후에는 다음과 같이 이미 설정되어 있는 근저당목적물의 여신여력과 설정여력을 확인하여 필요한 조치를 취한 후 여신취급하여야 한다.

첫째, 근저당목적물의 담보가액을 다시 평가하여 이에 여신비율(주택인 경우는 주택담보대출비율)을 곱하여 제1차적인 여신한도액을 산정하여야 한다. 앞 사례에서의 제1차적인 여신한도액은 새로이 여신취급을 하려는 시점에서 근저당목적물의 담보가액이 5억 원을 그대로 유지하고 있으면 3억 원(5억 원 × 60%)이 되고, 4억 원으로 낮아졌으면 2억 4천만 원이 되며, 6억 원으로 높아졌으면 3억 6천만 원이 된다.

둘째, 새로운 여신취급을 하는 시점을 기준으로 근저당목적물에 대한 이해관계인[186]을 조사하여 제1차적으로 산출한 여신한도액에서 근저당목적물의 경매시 그 매수인에게 승계되는 권리의 가액과 여신공여자인 근저당권자보다 우선변제되는 채권자의 채권액의 합계액을 공제한 금액에서 다시 여신 현잔액을 공제한 금액을 새로이 취급할 수 있는 여신여력 즉 추가여신한도액으로 하여야 한다. 앞의 사례에서 처음 근저당권을 설정할 당시의 이해관계인 이외에 근저당권설정등기유용을 할 시점에서 이미 또 다른 이해관계인으로 채권최고액을 1억 원으로 하는 후순위근저당권이 설정되어 있다고 할 때의 여신여력 즉 추가여신한도액은 근저당목적물의 담보가액이 5억 원을 그대로 유지하고 있으면 5천만

185) 근저당권설정계약변경계약은 은행의 담보약관 서식 중 근저당권설정계약변경계약서에 의하여 체결하면 된다.

186) 이해관계인은 등기상으로 확인할 수 있는 이해관계인인 후순위근저당권 등 이외에 사실조사를 통하여 확인할 수 있는 주택임차인이나 상가건물임차인 또는 조세채권자 등을 포함한다. 즉 근저당권설정등기의 유용을 하는 경우에는 추가제공 여신에 관하여는 유용 시점에 새로이 근저당권이 설정되는 것으로 보고 여신여력을 산정하여야 한다.

원(5억 원[187] × 60%[188] - 1억 원[189] - 1억 원[190] - 5천만 원[191])이 되고, 4억 원으로 낮아졌으면 0원(4억 원 × 60% - 1억 원 - 1억 원 - 5천만 원)이 되며, 6억 원으로 높아졌으면 1억 1천만 원(4억 원 × 60% - 1억 원 - 1억 원 - 5천만 원)이 된다.

셋째, 이미 설정되어 있는 근저당권의 설정여력도 검토하여야 한다. 다만 이 경우 새로운 여신 취급 당시의 설정여력은 1억 8천만 원[2억 4천만 원 - (5천만 원 × 120%)]으로 변동이 없으므로 만일 새로운 여신액이 1억 5천만 원 이하이면 이미 설정되어 있는 근저당권 채권최고액의 증액이나 추가설정이 필요 없다. 그러나 새로운 여신액이 1억 5천만 원을 초과하는 경우에는 그 초과금액에 120%를 곱한 금액의 채권최고액 증액이나 추가설정을 하여야 한다.

187) 새로운 추가여신 제공시의 이미 설정되어 있는 근저당목적물의 담보평가액을 의미한다.

188) 이미 설정되어 있는 근저당목적물이 주택인 경우의 주택담보대출비율을 의미한다.

189) 이미 설정되어 있는 근저당권에 관하여 설정 당시에 조사하여 확인한 근저당목적물의 경매시 그 매수인에게 승계되는 권리의 가액과 여신공여자인 근저당권자보다 우선변제 되는 채권자의 채권액의 합계액을 의미한다.

190) 근저당권설정등기유용 당시에 이미 설정되어 있는 근저당권보다 후순위인 근저당권의 채권최고액을 의미한다. 이 후순위근저당권은 등기부상은 이미 설정되어 있는 근저당권보다 후순위이지만, 그 담보채권은 선순위 근저당권자가 유용 이후에 제공한 여신채권보다는 우선변제 되는 효력을 가진다. 다만 후순위 근저당권자가 선순위 근저당권자의 근저당권설정등기유용에 동의를 한 때에는 선순위 근저당권자가 유용 이후에 제공한 여신채권도 후순위 근저당권자의 담보채권보다 우선변제 되는 효력을 가진다.

191) 이미 설정되어 있는 근저당권에 의하여 담보되는 기존 여신의 아직 상환되지 않은 잔액을 의미한다.

05 근저당권의 효력이 미치는 목적물의 범위

Ⅰ. 부합물

Ⅱ. 종 물

Ⅲ. 과 실

Ⅳ. 분리·반출된 부합물·종물

Ⅴ. 물상대위

Ⅵ. 구분건물의 대지권

Ⅶ. 실제현황과 등기부 기재의 불일치

Ⅰ. 부합물

1. 원칙

(1) 부합의 의미

근저당권의 효력은 근저당부동산에 부합된 물건에 미친다(민 358본). 근저당부동산에 부합된다 함은 특정한 물건이 근저당부동산에 부착되어 부착된 물건을 훼손하지 아니하고서는 분리할 수 없게 된 경우나 분리에 과다한 비용을 요하는 경우 또는 분리할 경우 그 경제적 가치가 심히 감손되는 경우를 말한다.[192] 부합하는 물건에 동산 이외에 부동산도 포함되는지에 관하여는 긍정설과 부정설이 대립하나 대법원의 판례는 긍정설을 취하고 있다.[193] 부합의 시기는 근저당권설정 전이건 후이건 묻지 않는다.[194]

판례 5-1

부합의 기준

① 부합이라 함은 훼손하지 아니하면 분리할 수 없거나 분리에 과다한 비용을 요하는 경우는 물론 분리하게 되면 경제적 가치를 심히 감손케 하는 경우도 포함되며 부합의 원인은 인공적인 것도 포함된다고 해석할 것이다.

② 구 민법 제242조는 부동산의 소유자는 그 부동산에 종으로 부합한 물건의 소유권을 취득한다고 규정하고 있는바 그 입법취지로 보아 부합한 물건은 동산에만 한정되는 것은 아니고 부동산도 포함한다고 해석된다(대판 1962.1.31. 4294민상445).

(2) 토지에의 부합

입목은 토지의 부합물로서 이에 토지근저당권의 효력이 미치는 것이 원칙이다. 다만, 입목에 관한 법률에 의하여 등기한 입목과 명인방법[195]을 갖춘 수

192) 민법주해[V] 494(권오곤).
193) 민법주해[V] 493(권오곤), 곽윤직 물권법 273.
194) 곽윤직 물권법 449.
195) 명인방법이란 지상물을 토지로부터 분리하지 않은 채로, 토지의 소유권(또는 사용수익권)으로부터 분리해서, 그 자체를 독립해서 거래하는데 이용되는 공시방법을 말한다. 예컨대 수목의 집단의 경우에는 경계를 따라 적당한 거리를 두고 수피를 깎아서 거기에 소유자의 성명을 묵서하는 것이 이에 해당한다(곽윤직 물권법 184 참조).

목은 토지와 별개의 부동산으로 취급되므로 토지근저당권의 효력이 미치지 않는다. 건물도 독립된 부동산으로 토지의 부합물이 아니나 짓고 있는 건물은 그것이 토지와 구분되는 독립한 부동산이 되기 전에는 토지의 부합물에 해당한다. 주택의 조경용으로 식재 또는 설치된 정원수와 정원석 및 석등 등도 토지의 부합물에 해당한다. 농작물을 토지의 부합물로 볼 것인지의 여부에 관하여는, 긍정설[196]과 부정설[197]이 대립하고 있으나 대법원의 판례는 부정설을 취하고 있다.[197-1]

(3) 건물에의 부합

근저당 건물의 수리를 위하여 또는 효용성을 높이기 위하여 부착시킨 동산 예컨대, 벽면에 부착한 창틀, 아파트 베란다의 샷시나 건물내부의 싱크대 및 각종 인테리어 등은 건물의 부합물로서 이에 건물저당권의 효력이 미치는 것이 원칙이다.

특히 문제가 되는 것은 증축건물과 부속건물이다. 건물이 증축된 경우에 증축 부분이 기존건물에 부합된 것으로 볼 것인가 아닌가 하는 점은 증축 부분이 기존건물에 부착된 물리적 구조뿐만 아니라, 그 용도와 기능의 면에서 기존건물과 독립한 경제적 효용을 가지고 거래상 별개의 소유권 객체가 될 수 있는지의 여부 및 증축하여 이를 소유하는 자의 의사 등을 종합하여 판단하여야 한다는 것이 판례이다.[198] 부속건물도 증축건물과 동일하게 보아야 한다.

따라서 어떤 건물이 경매목적 건물과 동일 지번 상에 건립되어 있고 건축물대장상에 경매목적건물의 부속건물이나 증축건물이라고 기재되어 있다 하더라도 당연히 다른 건물의 부합물에 해당하는 것으로 보아 그 다른 건물에 설정된 근저당권의 효력이 미치는 것으로 단정할 수는 없으며,[199] 근저당권의 효력이 미치는지 여부는 위와 같이 양 건물의 물리적 구조와 경제적 효용 및 소유자의

196) 곽윤직 물권법 275, 장경학 물권법 484.
197) 김상용 물권법 449, 이영준 물권법 469, 이은영 물권법 484.
197-1) 대판 1963.2.21. 62나 913, 대판 1968.6.4. 684613, 614 참조
198) 대결 2012.4.30. 2011마1525 참조.
199) 대결 1966.10.5. 66마222 참조.

의사 등을 종합하여 그 실질을 기준으로 판단하여야 한다. 또한 같은 취지에서 채무자 소유의 대지와 건물에 대한 경매절차에서 경락인이 위 대지와 건물을 경락받으면서 위 대지 상에 있으나 제3자 소유인 별개의 독립된 건물을 채무자 소유 건물의 부합물로 경락을 받았다고 하더라도 그 소유권을 취득할 수 없다는 것이 판례이다.[200]

2. 예외

(1) 타인의 권원에 의하여 부속된 것

타인의 권원에 의하여 부속된 것은 부합물의 외형을 갖추었다 하더라도 근저당부동산의 소유자가 그 소유권을 취득할 수 없으므로(민 256단), 이에 근저당권이 효력이 미치지 아니한다(민 358단,전단). 타인의 권원이란 지상권, 전세권, 임차권 등과 같이 타인의 부동산에 자기의 동산을 부속시켜서 그 부동산을 이용할 수 있는 권리를 뜻한다. 따라서 그와 같은 권원이 없는 자가 토지소유자의 승낙을 받음이 없이 그 임차인의 승낙만을 받아 그 부동산 위에 나무를 심었다면 특별한 사정이 없는 한 토지소유자에 대하여 그 나무의 소유권을 주장할 수 없고,[201] 그에따라 토지에 설정한 근저당권의 효력이 나무에도 미치는 것으로 보아야 한다.

또한 타인이 그 권원에 의하여 부속시킨 것이라 하더라도, 그 부속된 물건이 사실상 분리복구가 불가능하여 거래상 독립한 권리의 객체성을 상실하고, 그 부동산과 일체를 이루게 된 경우에는, 그 부속된 물건에도 근저당권의 효력이 미치는 것으로 보아야 한다.[202] 예를 들면 사회관념상 토지로부터 독립성을 전혀 가지지 못하는 정원수·정원석 등과 건물로부터 독립성을 가지지 못하는 창틀·베란다 샷시·싱크대 등이 이에 해당한다.

200) 대판 1990.10.12. 90다카27969 참조.
201) 대판 1989.7.11. 88다카9067 참조.
202) 대판 2008.5.8. 2007다36933,36940 참조.

(2) 저당권설정계약에서 제외시킨 것

근저당권설정당사자는 설정계약에 의하여 근저당권의 효력이 부합물에 미치지 않는 것으로 할 수 있다(민 358단·후단). 다만 이 약정은 등기하여야 제3자에게 대항할 수 있다(부등 75).

II. 종물

1. 원칙

근저당권의 효력은 근저당부동산의 종물에도 미친다(민 358단). 여기에서 근저당권의 효력이 미치는 근저당부동산의 종물이라 함은 민법 제100조가 규정하는 종물과 같은 의미로서 주물인 근저당부동산의 상용에 이바지하고 있는 물건으로서 주물의 소유자가 소유하고 있는 것을 말한다. 따라서 주물의 소유자나 이용자의 상용에 공여되고 있더라도 주물 그 자체의 효용과는 관계없는 물건이나 주물의 소유자의 소유에 속하지 않은 것은 근저당권의 효력이 미치는 종물이 아니다.[203] 기타 앞에서 설명한 부합물에 관한 이론은 종물에 관하여도 그대로 적용된다.

근저당권의 효력은 근저당부동산에 종된 권리에도 미치는가. 종된 권리도 종물에 준하는 것으로 보아 긍정하는 것이 타당하다.[204] 따라서 예컨대 건물에 대한 저당권의 효력은 그 대지이용권인 지상권, 전세권, 임차권 등에 미치는 것으로 보아야 한다.[205] 다만 임차권의 경우는 그 양도에 임대인의 승낙을 요하므로(민 629), 그 근저당권의 실행에 따른 경매절차에서 건물을 매수하는 자는 임대인의 승낙이 있어야만 대지에 대한 임차권의 취득을 주장할 수 있다고 할 것이다.

---

203) 대결 2000.11.2. 2000마3530, 대판 2008.5.8. 2007다36933,36940 참조.
204) 대판 1996.4.26. 95다52864 참조.
205) 이은영 물권법 766.

2. 사례

호텔 건물의 객실에 비치되어 있는 침대 등 각종 가구와 전자제품 등이 호텔 건물의 종물에 속하는지 여부가 문제로 된다. 종물에 해당한다면 호텔 건물의 근저당권이 이들 물건에 미치므로, 호텔 건물의 근저당권자는 이들 물건을 호텔 건물과 함께 경매신청하여 그 경매대금으로부터 우선변제를 받을 수 있는 반면에, 종물에 해당하지 않는다면 이들 물건에는 근저당권의 효력이 미치지 않으므로 호텔 건물과 함께 경매신청할 수 없고, 별도로 유체동산에 대한 강제집행절차를 취할 수밖에 없다.

1985년 3월에 나온 대법원의 판결은 이들 물건은 호텔 건물의 종물이 아니라고 판시하고 있다. 그러나 이 대법원의 판례를 일반화하여 모든 호텔 건물의 객실에 비치되어 있는 각종 가구와 전자제품 등에 관하여 근저당권의 효력이 아니 미친다고 할 것은 아니다. 이 판례는 하나의 특정 사건에 대한 것에 지나지 않고 또 이 판례가 나온 시기와 현재를 비교해보면, 호텔운영의 상황이 상당히 달라졌다고 할 것이기 때문이다.

따라서 이들 물건에 대하여는 획일적으로 종물인지의 여부를 결정할 것이 아니라, 호텔 건물의 구조와 영업형태 등을 종합적으로 고려하여, 이들 물건이 없어도 호텔 영업을 하는데 지장이 없는 경우라면 종물이 아닌 것으로 볼 것이나, 이들 물건이 없으면 호텔 영업 자체를 할 수 없는 경우라면 종물로 보아야 할 것으로 생각한다. 그리고 이와 같은 관점에서 보면 적어도 고급호텔에 있는 이들 물건은 호텔 건물의 종물로 보는 것이 타당하다.

특히 1993년에 나온 대법원판례가 백화점 건물의 지하 2층 기계실에 설치되어 있는 전화교환설비가 과다한 비용을 들이지 않고서도 분리할 수 있는 독립한 물건이기는 하나, 백화점 건물의 효용과 기능을 다하기에 필요 불가결한 시설물로서 위 건물의 상용에 제공된 종물이라고 본 것은 위와 같은 취지를 반영한 것이라고 볼 수 있을 것이다.

판례 5-2

1. 건물의 종물이 아니라고 본 사례

호텔의 각 방실에 시설된 텔레비죤, 전화기, 호텔세탁실에 시설된 세탁기, 탈수기, 드라이크리닝기, 호텔주방의 냉장고, 제빙기, 호텔방송실에 시설된 브이티알(비데오), 앰프 등은 적어도 호텔의 경영자나 이용자의 상용에 공여됨은 별론으로 하고, 주물인 부동산 자체의 경제적 효용에 직접 이바지하지 아니함은 경험칙상 명백하므로 위 부동산에 대한 종물이라고 할 수는 없다(대판 1985.3.26. 84다카269).

2. 토지나 건물의 종물이라고 본 사례

(1) 백화점 건물의 지하 2층 기계실에 설치되어 있는 전화교환설비가 건물의 원소유자가 설치한 부속시설이며, 위 건물은 당초부터 그러한 시설을 수용하는 구조로 건축되었고, 위 시설들은 볼트와 전선 등으로 위 건물에 고정되어 각 층 각 방실까지 이어지는 전선 등에 연결되어 있을 뿐이어서 과다한 비용을 들이지 않고도 분리할 수 있고, 분리하더라도 독립한 동산으로서의 가치를 지니며, 그 자리에 다른 것으로 대체할 수 있는 것이라면 위 전화교환설비는 독립한 물건이기는 하나 그 용도, 설치된 위치와 그 위치에 해당하는 건물의 용도, 건물의 형태, 목적, 용도에 대한 관계를 종합하여 볼 때, 위 건물에 연결되거나 부착하는 방법으로 설치되어 위 건물인 10층 백화점의 효용과 기능을 다하기에 필요 불가결한 시설물로서 위 건물의 상용에 제공된 종물이라 할 것이다(대판 1993.8.13. 92다43142).

(2) 유류저장탱크와 주유기 7대는 이 사건 경매의 목적물인 토지에 부합되었다고 보아야 할 것이거나 건물의 상용에 공하기 위하여 부속시킨 종물로서 모두 이 사건 경매의 목적물이 되어야 할 것이므로, 재항고인이 경매절차 진행 중에 소유자로부터 별도로 위 물건들을 매수하였다고 하더라도 여전히 이 사건 토지 및 건물과 함께 매각되어야 할 것이어서 경매의 목적물에서 제외되는 것이 아니다(대결 2000.10.28. 2000마5527).

Ⅲ. 과실

과실이란 물건으로부터 생기는 경제적인 수익을 말하며 이 과실을 생기게 하는 물건을 원물이라고 한다. 과실에는 근저당권의 효력이 미치지 않는 것이 원칙이다(민 359본 반대해석). 과실에도 근저당권의 효력이 미친다고 하면 목적물의 이용권을 설정자로부터 빼앗는 것이 되어 근저당권의 성질에 반하기 때문이다.

그러나 근저당부동산에 대한 압류가 있은 후에 근저당권설정자가 그 부동산으로부터 수취한 과실 또는 수취할 수 있는 과실에는 근저당권의 효력이 미친다(민 359본). 이는 저당목적물의 소유자가 고의적으로 경매절차를 지연시킴으로써 과실을 취득하는 폐해를 방지할 필요가 있다는 점[206]과, 근저당목적물이 압류된 이후에는 소유자의 이용권보다는 저당권자의 담보가치를 보전해 줄 필요가 있다는 점[207]을 고려한 것이다.

그리고 여기에서 근저당권의 효력이 미친다는 것은 압류가 있은 후에 수취한 과실 또는 수취할 수 있는 과실과 근저당 부동산을 함께 경매의 대상으로 한다는 것을 의미한다.[208] 따라서 이 경우 경매 부동산의 최저매각가격은 압류의 효력이 미치는 과실까지를 포함하여 산정하여야 하고, 매수신청인의 매수가액도 이를 포함해서 산정하여야 하며, 매수인도 매각대금을 납부함으로써 경매 부동산과 과실의 소유권을 함께 취득하는 것으로 보아야 한다.

다만 근저당부동산에 대한 소유권, 지상권 또는 전세권을 취득한 제3자에 대하여는, 근저당권자가 압류한 사실을 통지한 후에 수취한 과실 또는 수취할 수 있는 과실에 한하여 근저당권의 효력이 미친다(민 359단). 이는 근저당목적물의 제3취득자가 알지 못하는 사이에 과실에 근저당권의 효력이 미치게 됨으로써 제3취득자의 수익권이 제한되는 것을 방지하기 위한 것이다. 그리고 민법 제359조 단서의 취지가 제3취득자의 보호에 있는 이상 비록 명문의 규정은 없지만, 근저당 부동산 위에 대항력 있는 임차권을 취득한 자도 여기에서의 제3자에 포함되는 것으로 보아야 한다.

과실에는 물건의 용법에 의하여 수취하는 천연과실(민 101①)과 물건의 사용대가로 받는 금전 기타의 물건인 법정과실(민 101②)이 있다. 천연과실이 여기에서의 과실을 의미하는 점에는 이론이 없다. 그러나 법정과실도 여기에서의 과실에 포함되는지 여부에 관하여는 통설인 긍정설[209]과 소수설인 부정설[210]로 견해가 나뉘어 있다. 민법이 천연과실에 한정하는 것으로 규정하고 있지 않고 또한 특별히 법정과실을 제외할 이유가 없다는 점에서 긍정설이 타당하다. 부동산에서 수취할 수 있는 천연과실의 예로는 토지저당권의 효력이 미치는 과목의 열매 등을 들 수 있고, 법정과실의 예로는 저당부동산을 임대함으로써 발생하는 차임 등을 들 수 있다.

---

206) 곽윤직 물권법 450, 이영준 물권법 801, 이은영 물권법 767.
207) 민법주해[VIII] 52(남효순).
208) 민법주해[VIII] 53(남효순).
209) 민법주해[VIII] 58(남효순), 곽윤직 물권법 450, 이은영 물권법 767.
210) 김기선 한국물권법 474.

Ⅳ. 분리·반출된 부합물·종물

부합물이나 종물이 근저당부동산으로부터 분리·반출되는 경우, 예컨대 정원수·정원석·엘리베이터·대문 등이 근저당부동산으로부터 분리·반출되는 경우, 근저당권이 그 분리·반출된 물건에도 미치는가. 이에 관하여는 그 분리·반출이 근저당권설정자의 정당한 부동산이용에 따라 이루어진 것인가 그렇지 않은 것인가로 나누어 살펴볼 필요가 있다.

첫째로 정당한 부동산이용에 따라 분리·반출된 물건에 대하여는 당연히 근저당권이 소멸하는 것으로 보아야 한다.[211] 저당권은 가치권으로서 설정자의 정당한 이용을 수용하여야 하기 때문이다.

둘째로 정당한 부동산의 이용과 관계없이 부당하게 분리·반출된 물건에 대한 근저당권의 효력에 관하여는 견해가 나뉘어 있다. 제1설은 이에 물상대위의 규정을 준용하여 비록 근저당 부동산으로부터 분리·반출된 것이라도, 근저당권자가 이를 압류하면 근저당권의 효력이 미치는 것으로 보아야 한다고 한다.[212] 제2설은 근저당권자는 근저당권에 기한 방해제거청구권 또는 방해예방청구권에 의하여 그 분리·반출을 금지할 수는 있으나, 일단 분리·반출되어 버린 때에는 그 분리·반출된 물건은 근저당권의 효력에서 벗어나게 된다고 한다. 다만 이 경우에도 부합물이나 종물이 분리된 상태에서 반출되지 않고 있어, 사회관념상으로 아직 저당 물건과 일체를 이루는 것으로 볼 수 있는 때에는, 그 분리된 물건에도 근저당권의 효력이 미친다고 한다.[213]

그러나 원래 물상대위권은 근저당목적물의 교환가치의 변형물에 행사할 수 있는 것인데, 근저당목적물로부터 분리·반출된 부합물이나 종물은 그러한 교환가치의 변형물로 볼 수 없는 것이므로, 이 제1설은 타당성이 없다고 본다. 또한 제1설은 현행 민법상 근저당목적물의 매각대금에 물상대위가 인정되지 않는 것과도 균형이 맞지 않는다. 따라서 제2설이 타당하다.

---

211) 민법주해[Ⅷ] 46(남효순).
212) 김기선 한국물권법 473.
213) 민법주해[Ⅷ] 48(남효순), 곽윤직 물권법 451, 이은영 물권법 769.

V. 물상대위

1. 물상대위의 객체

근저당권은 원래의 근저당목적물 뿐만 아니라 그 가치대표물에도 효력이 미친다(민 342, 370). 근저당목적물에 갈음하는 대표물로서 근저당권자가 추급할 수 있는 것은, 근저당목적물의 멸실·훼손 또는 공용징수로 인하여 근저당권자가 받을 금전 기타의 물건이다. 예컨대 보험금, 손해배상금, 토지수용보상금 등이다. 다만 보험금·보상금 등의 금전 기타의 물건 그 자체가 물상대위의 객체가 되는 것이 아니라 이들에 대한 목적물 소유자의 청구권이 물상대위의 객체가 되는 것임에 주의를 요한다.

그러나 근저당 목적물의 매각대금, 차임에는 물상대위가 인정되지 않는다.[214] 매각대금에 물상대위를 인정하지 않는 것은, 근저당 목적물이 매각되어도 매각된 저당목적물에 여전히 근저당권을 행사할 수 있기 때문이고, 차임에 물상대위를 인정하지 않는 것은 근저당권설정자에게 목적물의 이용권을 확보해 주기 위해서이다. 또한 근저당 물건이 붕괴된 경우의 건축자재에도 물상대위가 인정되지 않는다. 붕괴된 건축자재를 근저당 목적물의 가치변형물로 볼 수 없는 까닭이다.

2. 물상대위권의 행사방법

(1) 문제의 소재

근저당목적물을 보험에 가입한 후 보험사고가 발생함으로써, 근저당권설정자가 보험회사에 대하여 가지게 된 보험금지급청구권을 대상으로, 근저당권자가 물상대위권을 행사하고자 하는 경우와 관련하여서는 다음과 같은 4가지의 문제가 있다. 첫째는 보험금의 지급 전에 반드시 저당권자 스스로 압류를 하여야 하

214) 민법주해[VI] 401(양승태), 곽윤직 물권법 410, 이은영 물권법 566.

는 것인지이고, 둘째는 압류를 하려면 집행권원을 구비하고 있어야 하는지이며, 셋째는 물상대위권에 기하여 보험회사로부터 보험금을 지급받으려면 어떠한 절차를 밟아야 하는지이고, 넷째는 물상대위권행사시 저당권자로서 우선변제를 받을 수 있는 것인지이다.

(2) 근저당권자가 스스로 압류하여야 하는지 여부

이에 관하여는 요건행위설과 특정성보전설로 견해가 대립되어 있다. 요건행위설은 압류는 근저당권자 자신이 하는 것을 요하고 다른 채권자가 그 채권보전을 위하여 하는 압류는 근저당권자의 권리를 보전하는 효력이 없는 것이라고 하고[215], 특정성보전설은 다른 채권자에 의하여 이미 압류가 되어 있으면 근저당권자가 물상대위권을 행사하기 위하여 다시 스스로 압류할 필요가 없다고 한다[216].

요건행위설은 그 논거로서 압류는 특정성보전의 작용과 함께 물상대위의 목적으로 되는 채권이 근저당권의 효력에 따르는 것을 공시하는 작용을 가진다는 점을 들고 있다. 이에 대하여 특정성보전설은 그 논거로서 ① 물상대위권을 행사하기 위한 요건으로서 대위물의 지급 또는 인도 전에 압류할 것을 요하는 것은, 대위물이 불특정물인 경우에 그것이 지급 또는 인도에 의하여, 근저당물 소유자의 일반재산에 혼입된 때에는 특정성을 상실하게 되므로, 특정의 원칙상 물상대위권의 목적이 될 수 없으며, 만일 혼입 후에도 근저당권의 추급을 허용하면 다른 채권자를 해하고 나아가서는 법률관계의 분규를 초래하게 된다는 점 ② 근저당권자의 물상대위권은 공평의 견지에서 근저당권의 가치권적성격과 우선적효력에 의거하여 인정되며, 근저당목적물의 멸실·훼손이 있으면 당연히 그 대위물에 효력이 미치는 것으로 해석되고, 본래의 근저당권의 전부 또는 일부와 전보·보충의 관계에 서며, 본래의 근저당권과 동일성을 가진다는 점 ③ 대위물의 특정성이 유지되고 있으면, 근저당권에 관한 공시방법이 구비되어 있는 이상, 원목적물과의 견련성에 의하여 원목적물에 관한 공시방법(등기)으로서 대위물에

215) 김현태 신물권법(하) 121.
216) 민법주해(VI) 402(양승태). 곽윤직 물권법 411.

관한 공시를 할 수 있기 때문에, 대위물에 관한 독자적인 공시방법을 갖출 필요가 없다는 점을 들고 있다.

압류가 공시의 기능을 가질 수 있다고 하여도 그 중점은 대위목적물의 특정성보전을 목적으로 하는 것이라고 해석하여야 할 것이므로 특정성보전설이 타당하다. 또한 특정보전설이 현재의 통설·판례이다.

판례 5-3

저당권자의 압류가 물상대위권 행사의 요건인지 여부

민법 제370조에 의하여 준용되는 제342조 후문이 "저당권자가 물상대위권을 행사하기 위하여서는 저당권설정자가 지급받을 금전 기타 물건을 지급 또는 인도 전에 압류하여야 한다"라고 규정한 취지는 물상대위의 목적이 되는 금전 기타 물건의 특정성을 유지하여 제3자에게 불측의 손해를 입히지 아니하는 데 있는 것이므로(대판 1994.11.22 94다25728), 저당목적물의 변형물인 금전 기타 물건에 대하여 이미 제3자가 압류하여 그 금전 또는 물건이 특정된 이상 저당권자는 스스로 이를 압류하지 않고서도 물상대위권을 행사할 수 있다(대판 1996.7.12, 96다21058).

(3) 물상대위권행사를 위한 압류에 집행권원을 요하는지 여부

집행권원을 필요로 하지 않는다. 근저당권에 기한 물상대위권의 행사는 어디까지나 담보권의 실행절차이므로, 그 요건으로서 담보권의 존재를 증명하는 서류를 제출하여 개시하면 되는 것이고 일반채권자로서 강제집행을 하는 것이 아니기 때문이다.

판례 5-4

물상대위권행사를 위한 압류에 집행권원을 요하는지 여부

저당권에 기한 물상대위권을 갖는 채권자가 그 물상대위권을 행사하여 우선변제를 받음에 있어, 그 권리실행방법은 민사소송법 제733조에 의하여 채권에 대한 강제집행절차를 준용하여 채권의 압류 및 전부명령을 신청할 수 있다고 할 것이나, 이는 어디까지나 담보권의 실행절차이므로 그 요건으로서 담보권의 존재를 증명하는 서류를 제출하여 개시하면 되는 것이고, 일반채권자로서 강제집행을 하는 것이 아니므로 채무명의(집행권원)를 필요로 하지 않는다(대결1992.7.10. 92마380).

(4) 물상대위권에 기한 권리실행의 방법

예컨대 근저당권자가 물상대위권에 기하여 보험금의 지급을 받으려면, 민사집행법 제273조에 의하여 담보권의 존재를 증명하는 서류를 집행법원에 제출하여 민사집행법 제229조에 따라 압류·추심명령이나 압류·전부명령을 신청하고서, 법원의 압류·추심명령 또는 압류·전부명령이 보험회사에 송달되게 한 후, 그 압류·추심명령이나 압류·전부명령에 기하여 보험금의 지급을 청구를 하여야 한다.

그러나 전부명령의 경우 보험금청구권에 대하여 이미 다른 채권자의 신청에 의한 가압류명령이나 압류명령 또는 압류·추심명령이 보험회사에 송달되어 있는 상태이면, 이후 저당권자의 신청에 의한 법원의 전부명령이 보험회사에 송달되더라도, 그 전부명령은 가압류명령이나 압류명령에 저촉되어 무효가 된다. 따라서 이 경우 저당권자로서는 새로이 추심명령을 신청하여 법원의 추심명령이 보험회사에 송달되게 한 후 보험금의 지급을 청구하는 수 밖에 없다.

그리고 근저당권자의 물상대위권에 기한 법원의 압류명령이 보험회사에 송달되기 전에 다른 압류·추심채권자가 이미 보험회사로부터 보험금을 지급받은 경우라도, 아직 배당절차가 종료되지 아니한 때에는 근저당권자는 민사집행법 제247조 제1항에 의한 배당요구를 하는 방식으로 물상대위권을 행사할 수 있다. 다만 이 경우의 배당요구는 민사집행법 제247조에서 규정하고 있는 배당요구의 종기(즉 압류·추심채권자가 법원에 추심의 신고를 하기 전)까지 하여야 한다.

판례 5-5

1. 물상대위권에 기한 권리실행의 방법

민법 제370조, 제342조 단서가 저당권자는 물상대위권을 행사하기 위하여 저당권설정자가 받을 금전 기타 물건의 지급 또는 인도 전에 압류하여야 한다고 규정한 것은 물상대위의 목적인채권의 특정성을 유지하여 그 효력을 보전함과 동시에 제3자에게 불측의 손해를 입히지 않으려는데 있는 것이므로, 저당목적물의 변형물인 금전 기타 물건에 대하여 이미 제3자가 압류하여 그 금전 또는 물건이 특정된 이상 저당권자가 스스로 이를 압류하지 않고서도 물상대위권을 행사하여 일반채권자보다 우선변제를 받을 수 있으나, 그 행사방법으로는 민사소송법 제733조에 의하여 담보권의 존재를 증명하는 서류를 집행법원에 제출하여 채권압류 및 전부명령을 신청하는 것이거나 민사소송법 제580조 제1항에 의하여 배당요구를 하는 것이므로, 이러한 물상대위권의 행사에 나아가지 아니한 채 단지 수용대상 토지에 대하여 담보물권의 등기가 된 것만으로는 그 보상금으로부터 우선변제를 받을 수 없다(대판 1998.9.22. 98다12812).

2. 물상대위권에 기한 권리실행의 종기

(1) 민사소송법 제733조, 제580조의 각 규정의 취지에 비추어 보면 물상대위권에 기한 권리실행은 늦어도 민사소송법 제580조에서 규정하고 있는 배당요구의 종기까지 하여야만 물상대위권자의 우선변제권이 확보되는 것이고, 그 이후에는 그런 권리가 없다고 봄이 상당하다(대판 1994.11.22. 94다25728).

(2) 토지수용에 있어 기업자가 보상금을 변제공탁하였다고 하더라도 이 공탁금이 출급되어 수용대상 부동산 소유자의 일반재산에 혼입되기까지는 토지수용법 제69조 단서가 규정하는 '지불'이 있었다고 할 수 없고, 이는 보상금의 변제의 효과와는 별개의 문제라고 할 것이다(대결 1992.7.10. 92마380).

(5) 물상대위권에 기하여 우선변제를 받을 수 있는지 여부

근저당목적물의 멸실·훼손으로 근저당권설정자가 보험회사에 대하여 가지는 보험금청구권에 대하여, 근저당권설정자의 다른 채권자가 가압류나 압류를 한 경우에, 물상대위권을 행사하는 근저당권자와 가압류채권자 또는 압류채권자 사이의 배당우선순위에 관하여는 근저당권자가 우선하는 것으로 보아야 한다. 근저당권에 기한 물상대위권의 행사는 어디까지나 담보권실행의 일환으로서 하는 것이고, 그에 따라 근저당권자는 지급받은 보험금으로부터 원근저당권의 순위에 따라 우선변제 받을 수 있는 것으로 보아야 하기 때문이다[217]. 대법원의 판례[218]도 같은 입장을 취하고 있다.

217) 민법주해(VII) 237(남효순), 이은영 물권법 567.
218) 대판 1998.9.22. 98다12812(전게 라. 1. 대법원 판결) 참조.

Ⅵ. 구분건물의 대지권

1. 의의

오늘날 우리 사회의 건물형태는 1동의 건물을 하나의 소유권의 객체로 하는 단독 건물보다는 1동의 건물을 수직적 또는 수평적으로 구분하여 수십 또는 수백 개의 소유권의 객체로 하는 아파트·상가건물·주상복합 등 집합건물이 더 많이 축조되어 거래되고 있는 실정이다.

그런데 1부동산 1등기용지주의와 건물을 토지와 구분되는 별개의 부동산으로 취급하여 독자적으로 거래의 대상으로 할 수 있는 우리의 법제상 1개의 대지위에 수십 또는 수백 개의 구분건물이 존재하는 경우 각 구분건물의 소유자가 가지는 대지의 공유지분에 관한 권리를 1개의 대지등기부에 기록하여 관리하는 것은 대단히 불편하고 비경제적이라고 할 수 있다.

그래서 위와 같은 불편과 비경제성을 해소하기 위하여 현행 부동산등기법과 집합건물의 소유 및 관리에 관한 법률에서는 구분건물과 대지의 공유지분권 등 대지사용권을 대지권으로 하여 건물등기부에 함께 등기할 수 있도록 하는 한편 이들 양자를 분리하여 처분할 수 없도록 하는 원칙을 규정하고 있다.

위와 같은 입법조치로 구분건물과 대지권의 등기사무를 간편하게 할 수 있게 되어 거래상의 편의를 도모할 수 있게 된 반면, 대지사용권 및 대지권과 관련한 여러 새로운 법률문제를 야기하게 되었다. 대지권의 성립 전후에 구분건물에 관하여서만 소유권보존등기가 이루어진 상태에서 구분건물에 설정한 근저당권이 대지권에 미치는지 여부, 대지권등기 전 설정된 구분건물의 근저당권실행에 따른 법률관계, 대지권등기 전 구분건물의 대지에 대한 근저당권설정과 그 근저당권의 실행에 따른 법률관계, 대지 근저당권실행 전에 구분건물 근저당권이 실행되는 경우의 법률관계 등이 이에 해당한다.

이하에서는 이들 새로운 법률문제를 대상으로 현행법상의 해석론과 실무처리의 내용에 관하여 살펴본 후 그 한계를 밝혀 이를 합리적으로 해결할 수 있는 입법론을 제시하여 보고자 한다.

[참고]

1. 토지공유지분의 등기기재(예시)

[갑구] (소유권에 관한 사항)				
순위번호	등기목적	접수	등기원인	권리자 및 기타사항
1	소유권보존	2000년 8월 10일 제○호		소유자 김갑동 (-) 서울 ○구 ○동 ---
2	소유권이전	2010년 9월 8일 제○호	2010년 9월 8일 매매	공유자 지분 900분의 300 이을동(-) 서울 ○구 ○동 --- 지분 900분의 300 박병동(-) 서울 ○구 ○동 --- 지분 900분의 300 강성동(-) 서울 ○구 ○동 --- 거래가액 ○○○원
3	2번박병동지분 900분의 300 중 일부 (900분의 150) 이전	2010년 10월 6일 제○호	2010년 10월6일 매매	공유자 지분 900분의 150 한무동(-) 서울 ○구 ○동 --- 거래가액 ○○○원

2. 구분건물의 표제부 등기기재(예시)

(1) 1동의 건물의 표시(대지권 등기 후)

[표제부] (1동의 건물의 표시)				
표시번호	접수	소재지번, 건물명칭 및 번호	건물내역	등기원인 및 기타사항
1	2012년 3월 12일	서울 ○구 ○동 123 ○○아파트 제○동	철근콘크리트 구조 15층 아파트 1층 ○㎡ ~ 15층 ○㎡	도면편철장 ○책 ○호
(대지권의 목적인 토지의 표시)				
표시번호	소재지번	지목	면적	등기원인 및 기타사항
1	서울 ○구 ○동 123	대	○○㎡	2013년 3월 20일

(2) 전유부분의 건물의 표시(대지권 등기 후)

[표제부] (전유부분의 건물의 표시)				
표시번호	접수	소재지번, 건물명칭 및 번호	건물내역	등기원인 및 기타사항
1	2012년 3월 12일	제○층 제○호	철근콘크리트 구조 ○㎡	도면편철장 ○책 ○호

(대지권의 표시)			
표시번호	대지권의 종류	대지권의 비율	등기원인 및 기타사항
1	소유권 대지권	○○분의 ○	2013년 3월 15일 대지권 2013년 3월 20일

3. 구분건물 대지의 등기기재(예시)

(1) 표제부

[표제부]					
표시번호	접수	소재지번	지목	면적	등기원인 및 기타사항
1	2000년 8월 10일	서울 ○구 ○동 ---	대	○○㎡	

(2) 갑구(별도등기가 없는 경우)

[갑구] (소유권에 관한 사항)				
순위번호	등기목적	접수	등기원인	권리자 및 기타사항
1	소유권보존	2000년 8월 10일 제○호		소유자 김을동 (-) 서울 ○구 ○동 ---
2	소유권이전	2011년 3월 10일 제○호	2011년 3월 10일 매매	소유자 ㈜○○건설 (-) 서울 ○구 ○동 --- 거래가액 ○○○원
3	소유권대지권	2013년 3월 15일 제○호		건물의 표시 서울 ○구 ○동 123 ○○아파트 제○동 ○년○월○일 등기

2. 구분건물과 대지권

일동(일동)의 건물은 이를 반드시 하나의 건물로 취급하여야 하는 것이 아니고, 이를 수직적으로 또는 수평적으로 구분하여 각 층 또는 각 구획된 부분을 독립한 별개의 건물로 할 수가 있는데, 이 구분된 각 건물부분을 구분건물이라고 한다(민 215, 집건 1).

1동의 건물 중 구분된 각 부분이 구분건물이 되기 위하여는, 객관적·물리적인 측면에서 구분건물이 구조상·이용상의 독립성을 갖추어야 하고, 그 건물을 구분소유권의 객체로 하려는 의사표시 즉, 구분행위가 있어야 한다. 그리고 이러한 구분건물을 독립한 거래의 대상으로 하려면 구분된 각 부분에 대하여 각별로 소유권보존등기를 하여야 한다. 그러나 구분소유권의 객체로서 적합한 객관적·물리적 요건을 갖추지 못한 건물의 일부는 비록 이를 구분건물로 등기한 경우라도 구분건물이 될 수 없다.

판례 5-6

1. 구분건물이 되기 위한 요건

1동의 건물 중 구분된 각 부분이 구조상, 이용상 독립성을 가지고 있는 경우에 그 각 부분을 1개의 구분건물로 하는 것도 가능하고, 그 1동 전체를 1개의 건물로 하는 것도 가능하기 때문에, 이를 구분건물로 할 것인지 여부는 특별한 사정이 없는 한 소유자의 의사에 의하여 결정된다고 할 것이므로, 구분건물이 되기 위하여는 객관적, 물리적인 측면에서 구분건물이 구조상, 이용상의 독립성을 갖추어야 하고, 그 건물을 구분소유권의 객체로 하려는 의사표시, 즉 구분행위가 있어야 하는 것으로서, 소유자가 기존 건물에 증축을 한 경우에도 증축 부분이 구조상, 이용상의 독립성을 갖추었다는 사유만으로 당연히 구분소유권이 성립된다고 할 수는 없고, 소유자의 구분행위가 있어야 비로소 구분소유권이 성립된다고 할 것이며, 이 경우에 소유자가 기존 건물에 마쳐진 등기를 이와 같이 증축한 건물의 현황과 맞추어 1동의 건물로서 증축으로 인한 건물표시변경등기를 경료한 때에는 이를 구분건물로 하지 않고 그 전체를 1동의 건물로 하려는 의사였다고 봄이 상당하다(대판 1999.7.27. 98다35020).

2. 요건이 구비되지 않은 건물을 구분건물로 등기한 경우의 효력

구분소유권의 객체로서 적합한 물리적 요건을 갖추지 못한 건물의 일부는 그에 관한 구분소유권이 성립될 수 없는 것이어서, 건축물관리대장상 독립한 별개의 구분건물로 등재되고 등기부상에도 구분소유권의 목적으로 등기되어 있어 이러한 등기에 기초하여 경매절차가 진행되어 이를 낙찰받았다고 하더라도, 그 등기는 그 자체로 무효이므로 낙찰자는 그 소유권을 취득할 수 없다(대판 1999.11.9. 99다46096).

구분건물의 소유자가 전유부분(구분소유권의 목적인 건물부분)을 소유하기 위하여, 건물의 대지[219]에 대하여 가지는 권리를 대지사용권이라고 한다(집건 2vi). 그리고 대지사용권 중 규약이나 공정증서로서 특별히 분리·처분할 수 있음을 정하지 아니하여 일체·불가분성이 있는 것을 대지권이라고 한다(부등 40③).[220]

1동의 건물을 여러 개의 구분건물로 하여 여러 명이 소유하는 때에는, 그 일동의 건물이 소재하는 토지에 대한 권리(소유권 또는 용익권)는, 각 구분건물의 소유자가 지분으로 나누어 공동소유하는 것이 보통이다. 그런데 이 경우에도 일반의 건물과 토지에 대한 권리변동에 있어서와 동일하게, 구분건물과 토지의 공유지분에 대한 권리변동을, 건물등기부와 토지등기부에 따로 등기하여 공시해야 한다고 하면, 토지등기부의 기재가 너무 복잡하게 되어 등기사무처리가 번잡할 뿐만 아니라,[221] 구분건물의 소유권과 토지의 공유지분권을 둘러싼 법률관계를 효율적으로 규율할 수가 없게 된다.

이에 부동산등기법에서는 구분건물과 토지의 공유지분권을 건물등기부에 함께 등기할 수 있도록 하는(부등 42)[222] 한편, 집합건물의 소유 및 관리에 관한 법률에서는 제20조 제1항에 「구분소유자의 대지사용권은 그가 가지는 전유부분의 처분에 따른다」고 규정하고, 동조 제2항에 「구분건물의 소유자는 그가 가지는 전유부분과 분리하여 대지사용권을 처분할 수 없다. 다만 규약으로써 달리 정한 때에는 그러하지 아니하다」고 규정하며, 다시 제3항에 「제2항 본문의 분리처분금지는 그 취지를 등기하지 아니하면 선의로 물권을 취득한 제3자에 대하여 대항하지 못한다」고 규정하고 있다.[223]

---

219) 건물의 대지라 함은 전유부분이 속하는 1동의 건물이 소재하는 토지(법정대지) 및 집합건물의 소유 및 관리에 관한 법률 제4조(규약에 의한 건물의 대지)의 규정에 의하여 건물의 대지로 된 토지를 말한다(집건 2ⅴ).

220) 신현기 부동산등기법 각론 151, 오영관 부동산등기법 660.

221) 예컨대 하나의 토지에 여러 동의 아파트건물이 들어서고, 그 아파트건물이 수백(또는 수천)개의 구분건물로 나누어지는 경우에는, 하나의 토지에 수백(수천) 명의 공동소유자가 있게 되어, 이들 수백(수천) 명을 하나의 토지등기부에 모두 기재하여 관리하여야 하므로, 등기부가 너무 방대하고 복잡하게 된다.

222) 그 등기는 각 구분건물의 등기용지의 표제부를 둘로 구분하여, 첫째 부분에는 1동의 건물과 그 대지권의 목적인 토지를 표시하고, 둘째 부분에는 전유부분인 건물과 대지권(토지의 공유지분권)을 표시하는 방법으로 한다.

223) 이는 어떤 건물을 구분소유권의 목적으로 할 것인가는 소유자의 의사에 달려 있고, 특히 미등기건물의 경우 그것이 구분소유권의 목적인 건물인가는 객관적으로 명백하지 아니하며, 또한 구분건물로서 등기된 건물이라고 하더라도 대지권의 등기가 되지 아니한 경우에는 분리

구분건물의 대지권이 성립하려면 대지권의 등기가 있어야 하는가에 관하여는 물권의 변동에 관하여 등기를 성립요건으로 하고 있는 우리 법제상 긍정하여야 한다는 견해도 있을 수 있으나, 집합건물의 소유 및 관리에 관한 법률 제20조의 내용에 비추어 볼 때 부정하는 것이 타당하다.

판례 5-7

집합건물의 전유부분에 대한 소유권취득의 대지지분에 대한 효력

집합건물의 건축자로부터 전유부분과 대지지분을 함께 분양의 형식으로 매수하여 그 대금을 모두 지급함으로써 소유권 취득의 실질적 요건은 갖추었지만 전유부분에 대한 소유권이전등기만 마치고 대지지분에 대하여는 아직 소유권이전등기를 마치지 못한 자는 매매계약의 효력으로써 전유부분의 소유를 위하여 건물의 대지를 점유·사용할 권리가 있는바, 매수인의 지위에서 가지는 이러한 점유·사용권은 단순한 점유권과는 차원을 달리하는 본권으로서 집합건물의 소유 및 관리에 관한 법률 제2조 제6호 소정의 구분소유자가 전유부분을 소유하기 위하여 건물의 대지에 대하여 가지는 권리인 대지사용권에 해당한다(대결 2006.3.27. 2004마978).

3. 구분건물에 설정한 근저당권이 대지권에 미치는지 여부

(1) 대지권등기 전에 구분건물에 설정한 근저당권의 효력

가. 문제의 소재

구분건물의 전유부분과 대지권이 일체로서 등기되어 있는 때에는, 구분건물과 대지권을 분리하여 매각할 수 없으며 구분건물에 설정한 근저당권은 당연히 대지권에도 미친다(집건 20①②본). 문제는 구분건물의 소유자가 아직 대지권을 취득하지 않은 상태이거나 대지권을 취득하였다 하더라도 아직 대지권의 등기가 이루어지지 않은 상태에서 구분건물에만 근저당권을 설정한 경우에 그 근저당권이 유효한 것인지 여부와, 이를 긍정할 경우에 그 후 근저당권설정자가 취득하게 된 대지권이나 등기한 대지권에 근저당권의 효력이 미치는 것인지 여부 및 대지권의 등기가 이루어지기 전에 근저당권의 실행이 이루어지는 경우의 법률관계를 어떻게 구성할 것인지 등이다.

처분이 가능하다고 믿고 거래할 수 있으므로 분리처분의 금지에 위반한 처분이 있어도 그 무효를 선의의 제3자(상대방)에게 주장할 수 없도록 하여 거래안전을 보호하려는 것이다(민법주해[V], 276(김황식)).

[참고] 대지권 등기 전 구분건물의 등기기재(예시)

(1) 1동의 건물의 표시

[표제부] (1동의 건물의 표시)				
표시번호	접수	소재지번, 건물명칭 및 번호	건물내역	등기원인 및 기타사항
1	2012년 3월 12일	서울 ○구 ○동 123 ○○아파트 제○동	철근콘크리트 구조 15층 아파트	도면편철장 ○책 ○호

(대지권의 목적인 토지의 표시)				
표시번호	소재지번	지목	면적	등기원인 및 기타사항

(2) 전유부분의 건물의 표시

[표제부] (전유부분의 건물의 표시)				
표시번호	접수	소재지번, 건물명칭 및 번호	건물내역	등기원인 및 기타사항
1	2012년 3월 12일	제○층 제○호	철근콘크리트 구조 ○㎡	도면편철장 ○책 ○호

(대지권의 표시)			
표시번호	대지권의 종류	대지권의 비율	등기원인 및 기타사항

(3) 갑구

[갑구] (소유권에 관한 사항)				
순위번호	등기목적	접수	등기원인	권리자 및 기타사항
1	소유권보존	2012년 3월 12일 제○호		소유자 ㈜○○건설 (-) 서울 ○구 ○동 ---
2	소유권이전	2012년 3월 20일 제○호	2012년 3월 20일 매매	소유자 홍길동 (-) 서울 ○구 ○동 --- 거래가액 ○○○원

(4) 을구

[을구] (소유권 이외의 권리에 관한 사항)				
순위번호	등기목적	접수	등기원인	권리자 및 기타사항
1	근저당권설정	2012년 3월 20일 제○호	2012년 3월 20일 설정계약	채권최고액 ○○원 채무자 홍길동 서울 ○구 ○동 --- 근저당권자 ○○은행 (-) 서울 ○구 ○동 --- (취급지점 △△지점)

나. 대지사용권이 없는 상태에서 구분건물에 근저당권을 설정한 경우

근저당권설정자가 대지사용권을 취득하지 않은 상태에서 구분건물에 근저당권을 설정하는 경우는 구분건물과 대지사용권의 분리처분금지원칙 자체가 적용될 수 없는 것이므로 구분건물만을 대상으로 하는 근저당권으로서 당연히 그 효력이 생긴다. 다만 이 경우 문제가 되는 것은 근저당권을 설정할 당시에는 근저당권설정자가 대지사용권을 가지고 있지 않아 구분건물만을 대상으로 근저당권을 설정하였으나, 그 후 구분건물의 소유자가 대지사용권을 취득함으로써 구분건물과 대지사용권이 동일소유자의 소유에 속하게 된 때에, 구분건물에 설정한 근저당권의 효력이 그 대지사용권에까지 미치는가 하는 점이다. 이에 관하여는 이 경우 구분건물의 소유자가 취득하는 대지사용권은 구분건물의 종된 권리라 할 것이므로 구분건물만을 대상으로 설정한 근저당권의 효력이 구분건물의 종된 권리인 대지사용권에 당연히 미치는 것으로 보아야 한다.

판례 5-8

구분건물만을 대상으로 설정한 저당권의 효력이 대지사용권에 미치는지 여부

(1) 민법 제358조, 집합건물의 소유 및 관리에 관한 법률 제20조 제1항, 제2항, 제2조 제6항 등의 규정에 의하면, 구분건물의 전유부분만에 관하여 설정된 저당권의 효력은 대지사용권의 분리처분이 가능하도록 규약으로 정하는 등의 특별한 사정이 없는 한 그 전유부분의 소유자가 사후에라도 대지사용권을 취득함으로써 전유부분과 대지권이 동일소유자의 소유에 속하게 되었다면 그 대지사용권에까지 미치고 여기의 대지사용권에는 지상권 등 용익권

이외에 대지소유권도 포함된다고 해석함이 상당하다고 할 것이며, 구분건물의 전유부분 만에 관하여 저당권설정등기가 경료된 후에 대지권등기가 경료 되면서 그 저당권설정등기는 전유부분 만에 관한 것이라는 취지의 부기등기가 직권으로 경료 되었다고 하더라도 이를 대지사용권의 분리처분이 가능하도록 규약으로 정하거나 공정증서로써 정한 경우에 해당한다고 볼 수 없다(대판 2001.2.9. 2000다62179).

(2) 저당권의 효력이 저당부동산에 부합된 물건과 종물에 미친다는 민법 제358조 본문을 유추하여 보면 건물에 대한 저당권의 효력은 그 건물에 종된 권리인 건물의 소유를 목적으로 하는 지상권에도 미치게 되므로, 건물에 대한 저당권이 실행되어 경락인이 그 건물의 소유권을 취득하였다면 경락 후 건물을 철거한다는 등의 매각조건에서 경매되었다는 등 특별한 사정이 없는 한, 경락인은 건물 소유를 위한 지상권도 민법 제187조의 규정에 따라 등기 없이 당연히 취득하게 되고, 한편 이 경우에 경락인이 건물을 제3자에게 양도한 때에는, 특별한 사정이 없는 한 민법 제100조 제2항의 유추적용에 의하여 건물과 함께 종된 권리인 지상권도 양도하기로 한 것으로 봄이 상당하다(대판 1996.4.26. 95다52864).

다. 대지사용권의 미등기 상태에서 구분건물에 근저당권을 설정한 경우

근저당권설정자가 근저당권설정 당시에 이미 대지사용권을 취득하였으나 아직 대지권의 등기가 이루어지지 않은 상태에서 설정당사자가 명시적으로 대지사용권을 제외하기로 합의하고 구분건물만을 대상으로 근저당권을 설정한 경우는 규약으로 특별히 분리처분을 허용하고 있는 경우를 제외하고는 구분건물과 대지사용권의 분리처분금지원칙에 반한다(집건 20②).

이 경우 근저당권의 효력을 어떻게 볼 것인가에 관하여는 두 가지 견해가 있을 수 있다. 첫째는 구분건물에 대한 근저당권을 무효로 보는 것이고[224] 둘째는 대지사용권을 제외하기로 하는 합의만을 무효로 하여 근저당권의 효력이 대지사용권에도 미치는 것으로 보는 것이다.[225] 그러나 「구분소유자의 대지사용권은 그가 가지는 전유부분의 처분에 따른다」는 집합건물의 소유 및 관리에 관한 법률 제20조 제1항의 취지에 비추어 볼 때 둘째의 견해가 타당하다고 본다.

다만 대지사용권을 제외하기로 하고 구분건물에만 설정한 근저당권의 효력이 대지사용권에 미친다고 하더라도 대지권의 등기가 이루어지기 전에 대지사용권인 취지를 알지 못하고 당해 대지사용권을 대상으로 물권을 취득한 제3자에 대하여는 근저당권의 효력을 주장할 수 없다(집건 20③).

---

224) 박태신, 집합건물법해설, 2006, 62쪽

225) 오영관, 부동산등기법, 2006, 679쪽

라. 구분건물에 대한 근저당권설정 후 대지권의 등기가 이루어진 경우

구분건물에 근저당권을 설정한 후 대지권의 등기가 이루어진 경우에는 근저당권설정 당시 구분건물의 소유자가 대지사용권을 취득하고 있었는지 여하에 관계없이 구분건물에 설정한 근저당권은 당연히 대지권에도 미친다.

(2) 대지권등기 전 설정된 구분건물의 근저당권실행에 따른 법률관계

가. 경매대상 목적물

대지권의 등기가 되어 있지 않은 구분건물에 대하여 근저당권실행으로서의 경매신청을 하는 때에 그 대상 목적물로서 대지사용권이 포함되는지에 관하여는 경매신청 당시 구분건물의 소유자가 대지사용권을 취득하고 있다면 비록 등기되어 있지 않더라도 그 대지사용권이 분리처분이 가능하도록 규약으로 정해져 있는 경우가 아닌 한 포함되는 것으로 보아야 한다. 앞에서 이미 언급한 바와 같이 구분건물만을 대상으로 근저당권을 설정하였으나, 그 후에 구분건물의 소유자가 대지사용권을 취득함으로써 구분건물과 대지사용권이 동일소유자의 소유에 속하게 된 때에는, 구분건물에 설정한 저당권의 효력이 그 대지사용권에까지 미치는 것이기 때문이다.

따라서 대지권의 등기가 없는 구분건물에 대한 경매신청이 있는 경우에, 집행법원은 대지사용권이 있는지 여부와 구분건물의 전유부분 및 공용부분과 분리처분이 가능한 규약이나 공정증서가 있는지 여부 등에 관하여 집행관에게 현황조사명령을 하는 때에, 이를 함께 조사하도록 지시하는 한편 그 스스로도 관련자를 심문하는 등의 가능한 방법으로 필요한 자료를 수집하여야 하고, 그 결과 구분건물의 전유부분과 불가분적인 일체로서 경매의 대상이 되어야 할 대지사용권의 존재가 밝혀진 때에는 이를 매각목적물의 일부로서 경매평가에 포함시켜 최저매각가격을 정하여야 한다.[226)]

---

226) 주석 민사집행법(Ⅲ), 2004, 419~420쪽(이인복)

판례 5-9

구분건물에 대한 경매와 대지사용권

① 구분건물의 대지사용권은 전유부분 및 공용부분과 분리처분이 가능한 규약이나 공정증서가 없는 때에는 전유부분과 종속적 일체불가분성이 인정되어 전유부분에 대한 경매개시결정과 압류의 효력이 당연히 종물 내지 종된 권리인 대지사용권에도 미치며, 그와 같은 내용의 규약이나 공정증서가 있는 때에는 종속적 일체불가분성이 배제되어 전유부분에 대한 경매개시결정과 압류의 효력이 대지사용권에는 미치지 아니한다.

② 구분건물에 대한 경매에 있어서 비록 경매신청서에 대지사용권에 대한 아무런 표시가 없는 경우에도 집행법원으로서는 대지사용권이 있는지, 그 전유부분 및 공용부분과 분리처분이 가능한 규약이나 공정증서가 있는지 등에 관하여 집달관에게 현황조사명령을 하는 때에 이를 조사하도록 지시하는 한편, 그 스스로도 관련자를 심문하는 등의 가능한 방법으로 필요한 자료를 수집하여야 하고, 그 결과 전유부분과 불가분적인 일체로서 경매의 대상이 되어야 할 대지사용권의 존재가 밝혀진 때에는 이를 경매 목적물의 일부로서 경매 평가에 포함시켜 최저입찰가격을 정하여야 할 뿐만 아니라, 입찰기일의 공고와 입찰물건명세서의 작성에 있어서도 그 존재를 표시하여야 할 것이나, 그렇지 않고 대지사용권이 존재하지 아니하거나 존재하더라도 규약이나 공정증서로써 전유부분에 대한 처분상의 일체성이 배제되어 있는 경우에는 특별한 사정이 없는 한 전유부분 및 공용부분에 대하여만 경매절차를 진행하여야 한다.

③ 대지사용권이 존재함에도 그에 대한 경매신청이 없다는 이유로 집행법원이 대지사용권의 존부 등에 관하여 조사를 함이 없이 전유부분 및 공용부분에 대하여만 경매절차를 진행한 경우에 있어서도, 대지사용권에 대하여 분리 처분이 가능한 규약이나 공정증서가 없는 때에는 전유부분에 대한 경매개시결정 및 압류의 효력이 그 대지사용권에도 미치므로 일괄경매를 할 필요가 없고(다만 이 경우 이해관계인으로서는 입찰기일의 공고가 법률의 규정에 위반하거나 최저입찰가격의 결정 또는 입찰물건명세서 작성에 중대한 하자가 있음을 이유로 민사소송법 제632조, 제642조 제2항, 제633조 제6호등에 의하여 입찰허가에 대한 이의를 하거나 입찰허가결정에 대한 항고를 함으로써 구제받을 수 있다고 할 것이다), 그와 같은 내용의 규약이나 공정증서가 있는 때에는 전유부분에 대한 경매개시결정 및 압류의 효력이 대지사용권에는 미치지 아니하고 그 대지사용권이 경매 목적물에서 제외되어 일괄경매의 요건을 충족하지 아니하므로 일괄경매를 할 수가 없으므로, 구분건물의 대지사용권이 존재한다고 하더라도 그에 대한 경매신청이 없었던 이상 집행법원이 이를 그 전유부분 및 공용부분과 일괄경매를 하지 아니하였다 하여 그러한 사유만으로 경매절차에 하자가 있다고 할 수 없다(대결 1997.6.10. 97마814).

나. 대지권 등기 전 구분건물 매수인의 대지권취득

아파트 등 구분건물을 분양받아 분양대금을 모두 지급하였으나 대지의 분·합필 및 환지절차의 지연, 각 세대 당 지분비율 결정의 지연 등으로 인하여 아직 대지권등기가 이루어지지 않아 구분건물의 소유권이전등기만 받은 수분양자로부터 구분건물을 매수하여 구분건물의 소유권이전등기만 받은 매수인 또는 수

분양자가 구분건물에 근저당권을 설정하였다가 그 근저당권의 실행으로 인한 경매절차에서 구분건물을 매수한 매수인이 대지권을 취득하고 그에 따라 분양자에 대하여 직접 대지권의 등기를 청구할 수 있는지 문제로 된다. 그러나 이에 관하여도 구분건물의 소유자가 대지권의 등기와 관계없이 대지권을 취득하는 것으로 보는 이상 긍정하는 것이 타당하다.

대법원은 처음에는 「단순히 구분건물과 함께 그 대지지분을 매수한 자로서 매도인에게 매매를 원인으로 하여 그 대지지분에 관하여 가지는 소유권이전등기청구권과 같은 것은 같은 법 소정의 대지사용권에 해당하지 아니 한다」는 논거로 「구분건물을 분양받은 최초의 구분소유자 갑이 전유부분에 대한 소유권이전등기만 경료된 상태에서 전유부분 및 대지지분을 을에게 매도하여 전유부분에 관하여만 소유권이전등기를 경료하여 주었다가 후에 대지지분에 대하여 갑 명의로 소유권이전등기가 경료 되었음에도 을이 전유부분에 대하여 설정한 근저당권에 기하여 전유부분에 대한 경락이 있을 때까지 을에게 그 대지지분에 대한 소유권이전등기를 경료하여 주지 않아 을로서도 대지지분에 대하여 소유권을 취득하지 못하고 있었다면, 달리 을이 구분건물의 대지에 대하여 전유부분을 소유하기 위한 권리로서의 대지사용권을 취득하여 이를 가지고 있지 않는 한, 경락인 역시 경락에 의하여 전유부분을 소유하기 위한 대지소유권 기타의 대지사용권을 취득하지 못하는 것이므로 경락인은 대지사용권을 가지지 아니한 구분소유자에 해당하고, 전유부분에 대한 소유권을 상실한 후에 비로소 대지지분에 관한 소유권이전등기를 마친 을은 그 대지지분의 소유자로서 전유부분의 철거를 구할 권리를 가진 자에 해당하여 집합건물의 소유 및 관리에 관한 법률 제7조에 의하여 경락인에게 구분소유권을 시가로 매도할 것을 청구할 수 있다」고 판시하여[227] 이를 부정하였다.

그러나 대법원은 그 후 전원합의체판결에서 「집합건물의 건축자로부터 전유부분과 대지지분을 함께 분양의 형식으로 매수하여 그 대금을 모두 지급함으로써 소유권 취득의 실질적 요건은 갖추었지만 전유부분에 대한 소유권이전등기만 경료 받고 대지지분에 대하여는 위와 같은 사정으로 아직 소유권이전등기를 경료 받지 못한 자는 매매계약의 효력으로써 전유부분의 소유를 위하여

227) 대판 1996.12.20. 96다14661 참조.

건물의 대지를 점유·사용할 권리가 있는바, 매수인의 지위에서 가지는 이러한 점유·사용권은 단순한 점유권과는 차원을 달리하는 본권으로서 집합건물의 소유 및 관리에 관한 법률 제2조 제6호 소정의 구분소유자가 전유부분을 소유하기 위하여 건물의 대지에 대하여 가지는 권리인 대지사용권에 해당한다고 할 것이고, 수분양자로부터 전유부분과 대지지분을 다시 매수하거나 증여 등의 방법으로 양수받거나 전전 양수받은 자 역시 당초 수분양자가 가졌던 이러한 대지사용권을 취득한다」는 논거로 「집합건물의 소유 및 관리에 관한 법률의 규정내용과 입법취지를 종합하여 볼 때, 대지의 분·합필 및 환지절차의 지연, 각 세대 당 지분비율 결정의 지연 등의 사정이 없었다면 당연히 전유부분의 등기와 동시에 대지지분의 등기가 이루어졌을 것으로 예상되는 경우, 전유부분에 대하여만 소유권이전등기를 경료 받았으나 매수인의 지위에서 대지에 대하여 가지는 점유·사용권에 터잡아 대지를 점유하고 있는 수분양자는 대지지분에 대한 소유권이전등기를 받기 전에 대지에 대하여 가지는 점유·사용권인 대지사용권을 전유부분과 분리 처분하지 못할 뿐만 아니라, 전유부분 및 장래 취득할 대지지분을 다른 사람에게 양도한 후 그 중 전유부분에 대한 소유권이전등기를 경료해 준 다음 사후에 취득한 대지지분도 전유부분의 소유권을 취득한 양수인이 아닌 제3자에게 분리 처분하지 못한다 할 것이고, 이를 위반한 대지지분의 처분행위는 그 효력이 없다」고 판시하여[228] 앞의 판결을 변경함으로써 이를 긍정한 바 있다.

---

228) 대전합판 2000.11.16. 98다45652,45669 참조.

4. 대지권등기 전 구분건물의 대지에 대한 근저당권설정

(1) 구분건물의 대지에 대한 근저당권의 설정

대지권의 등기가 이루어지기 전에는 구분건물의 대지에 근저당권을 설정할 수가 있다. 그리고 구분건물의 대지에 근저당권이 설정되는 모습은 크게 두 가지 유형으로 나누어 볼 수 있다. 첫째는 나대지상에 근저당권이 설정되고 그 후에 구분건물이 축조되는 경우이고, 둘째는 구분건물이 축조 중에 있거나 축조 완료된 후 대지권의 등기가 이루어지기 전에 근저당권이 설정되는 경우이다.

[참고] 구분건물의 대지 및 구분건물 등기기재(예시)

1. 구분건물의 대지 등기

[표제부]					
표시번호	접수	소재지번	지목	면적	등기원인 및 기타사항
1	2000년 8월 10일	서울 ○구 ○동 ---	대	○○㎡	

[갑구] (소유권에 관한 사항)				
순위번호	등기목적	접수	등기원인	권리자 및 기타사항
1	소유권보존	2000년 8월 10일 제○호		소유자 김을동 (-) 서울 ○구 ○동 ---
2	소유권이전	2011년 3월 10일 제○호	2011년 3월 10일 매매	소유자 ㈜○○건설 (-) 서울 ○구 ○동 --- 거래가액 ○○○원
3	소유권대지권	2013년 3월 15일 제○호		건물의 표시 서울 ○구 ○동 123 ○○아파트 제○동 ○년○월○일 등기

[을구] (소유권 이외의 권리에 관한 사항)				
순위번호	등기목적	접수	등기원인	권리자 및 기타사항
1	근저당권설정	2011년 4월6일 제○호	2011년 4월6일 설정계약	채권최고액 ○○원 채무자 ㈜○○건설 서울 ○구 ○동 --- 근저당권자 ○○은행 (-) 서울 ○구 ○동 --- (취급지점 △△지점)

2. 구분건물의 등기

(1) 1동의 건물의 표시(대지권 등기 후)

[표제부] (1동의 건물의 표시)					
표시번호	접수	소재지번, 건물명칭 및 번호	건물내역		등기원인 및 기타사항
1	2012년 3월 12일	서울 ○구 ○동 123 ○○아파트 제○동	철근콘크리트 구조 15층 아파트 1층 ○㎡ ≀ 15층 ○㎡		도면편철장 ○책 ○호
(대지권의 목적인 토지의 표시)					
표시번호	소재지번		지목	면적	등기원인 및 기타사항
1	서울 ○구 ○동 123		대	○○㎡	2013년 3월 20일
2					별도등기 있음 2013년 3월 20일

(2) 전유부분의 건물의 표시(대지권 등기 후)

[표제부] (전유부분의 건물의 표시)				
표시번호	접수	소재지번, 건물명칭 및 번호	건물내역	등기원인 및 기타사항
1	2012년 3월 12일	제○층 제○호	철근콘크리트 구조 ○㎡	도면편철장 ○책 ○호
(대지권의 표시)				
표시번호	대지권의 종류		대지권의 비율	등기원인 및 기타사항
1	소유권 대지권		○○분의 ○	2013년 3월 15일 대지권 2013년 3월 20일

(3) 갑구

[갑구] (소유권에 관한 사항)				
순위번호	등기목적	접수	등기원인	권리자 및 기타사항
1	소유권보존	2012년 3월 12일 제○호		소유자 ㈜○○건설 (-) 서울 ○구 ○동 ---
2	소유권이전	2012년 3월 20일 제○호	2012년 3월 20일 매매	소유자 홍길동 (-) 서울 ○구 ○동 --- 거래가액 ○○원

(4) 을구

[을구] (소유권 이외의 권리에 관한 사항)				
순위번호	등기목적	접수	등기원인	권리자 및 기타사항
1	근저당권설정	2012년 3월 20일 제○호	2012년 3월 20일 설정계약	채권최고액 ○○원 채무자 홍길동 서울 ○구 ○동 --- 근저당권자 ○○은행 (-) 서울 ○구 ○동 --- (취급지점 △△지점)

(2) 구분건물의 대지에 대한 근저당권의 실행

가. 대지사용권의 소멸

대지권의 등기가 이루어지기 전에 구분건물의 대지에 근저당권이 설정되고 이어 구분건물과 대지권을 일체로 하여 근저당권이 설정된 후 구분건물의 대지에 대한 근저당권이 실행되고 그 경매절차에서 매수인이 매각대금을 납부하고 대지의 소유권을 취득하게 되면 구분건물의 대지사용권은 소멸하고 그에 따라 대지권등기는 말소된다.

나. 구분건물 소유자의 법정지상권취득 여부

대지에 대한 근저당권의 실행으로 구분건물의 대지사용권이 소멸하게 되면 대지의 매수인이 구분건물의 소유자들에게 구분건물의 철거를 요구할 수 있는지 문제로 된다.

이에 관하여는 결론부터 말해서 구분건물의 소유자가 대지의 매수인으로부터 법정지상권을 취득하는지 여부에 따라 법정지상권을 취득하면 철거를 요구할 수 없는 반면 법정지상권을 취득하지 못하면 철거를 요구할 수 있게 된다.

그런데 법정지상권이 성립하려면 대지에 대한 근저당권설정 당시 대지상에 구분건물이 존재하고 있어야 하고 또 그 대지와 구분건물을 동일인이 소유하고 있어야 한다(민 366). 그리고 이 경우의 구분건물은 반드시 허가받은 완성된 건물일 필요가 없으며, 미등기이거나 무허가·불법인 것은 물론이고, 근저당권설정 당시에 구분건물의 존재가 예측되고 또한 당시 사회경제적 관점에서 그 가치의 유지를 도모할 정도로 구분건물의 축조가 진행되어 있는 건축 중에 있는 구분건물도 포함한다.[229]

따라서 대지에 대한 근저당권이 근저당권설정자가 구분건물을 축조하기 시작한 이후에 설정된 것이면 대지의 경매시 그 매수인은 구분건물의 소유자 전원에게 민법 제366조에서 규정하는 법정지상권을 설정한 것이 되고 나아가 이 법정지상권이 대지사용권이 되므로 구분건물의 철거를 요구할 수 없다. 그러나 대지에 대한 근저당권이 설정된 이후에 근저당권설정자가 구분건물을 축조하기 시작한 것이면 구분건물의 소유자들은 대지의 경매시 대지의 매수인으로부터 법정지상권을 취득하지 못하며, 그에 따라 대지의 매수인은 구분건물의 소유자들에게 구분건물의 철거를 요구할 수 있다.

다. 대지 매수인의 구분건물 매도청구권

구분건물의 소유자들이 대지의 경매시 대지의 매수인으로부터 법정지상권을 취득하지 못함으로써 매수인의 청구에 따라 구분건물을 철거할 수밖에 없다고 하는 것은 사회·경제적으로 바람직하다고 할 수 없다.

---

229) 대판 1992.6.12. 92다7221 참조.

이에 집합건물의 소유 및 관리에 관한 법률은 제7조에 「대지사용권을 가지지 아니한 구분소유자가 있을 때에는 그 전유부분의 철거를 구할 권리를 가진 자는 그 구분소유자에 대하여 구분소유권을 시가로 매도할 것을 청구할 수 있다」고 규정함으로써, 위의 경우 대지의 매수인에게 구분건물을 자신에게 매도할 것을 청구할 수 있는 권리를 주어 구분건물이 철거되는 것을 방지할 수 있도록 하고 있다(집건 7).

그러나 이는 전유부분의 철거를 구할 권리를 가진 자, 즉 대지의 매수인에게 부여된 권리이므로 대지의 매수인이 구분건물의 소유자에게 매도청구를 하지 않으면 구분건물이 철거될 수밖에 없어 특히 다수의 구분건물소유자가 있을 경우 사회경제적으로 여러 문제를 발생시킬 수가 있다.

따라서 이 문제는 뒤에 설명하는 바와 같이 근저당권이 설정되어 있는 대지를 대상으로 여러 구분건물의 대지권등기가 이루어지면 그 대지에 대한 근저당권이 여러 구분건물의 대지권만을 대상으로 하는 공동근저당권으로 변경되는 것으로 보는 한편 이후에는 비록 대지만을 대상으로 하는 근저당권자라 하더라도 반드시 구분건물과 대지권을 일괄하여서만 경매청구할 수 있도록 입법화하여 해결하는 것이 타당하다고 생각한다. 그리고 이 경우 일괄경매된 매각대금의 구분건물 해당분에 대하여는 대지에 대한 근저당권자가 우선배당을 받을 수 없음은 당연하다.

위와 유사한 입법조치에 해당하는 현행법상의 규정으로는 공장저당법 제10조를 들 수 있다. 즉, 공장저당법은 제10조 제1항에 「저당권의 목적인 토지 또는 건물에 대한 압류, 가압류 또는 가처분은 제4조와 제5조의 규정에 의하여 저당권의 목적이 되는 물건에 미친다」고 규정하는 한편 제2항에 「제4조와 제5조의 규정에 의하여 저당권의 목적이 되는 물건은 토지 또는 건물과 같이 하지 아니하면 압류, 가압류 또는 가처분의 목적으로 하지 못한다」고 규정하고 있다.

이에 따라 토지 또는 건물만을 대상으로 제1순위의 일반근저당권이 설정된 이후에 그 토지 또는 건물에 기계·기구 기타 공용물이 설치되어 이를 대상으로 제2순위의 공장 근저당권이 설정된 경우에는 제1순위의 일반근저당권자라도 토지 또는 건물만을 대상으로 하여서는 경매청구를 할 수 없다. 또한 제1순위의 일반근저당권자가 토지 또는 건물만을 대상으로 하여 경매청구한 경우라도 법원은 토지 또는 건물과 기계·기타 공용물을 일괄하여 경매한다.[230]

5. 대지 근저당권실행 전에 구분건물 근저당권이 실행되는 경우의 법률관계

(1) 구분건물 근저당권 실행시 대지 근저당권의 처리

가. 현재의 실무

선순위인 구분건물의 대지에 대한 저당권과 후순위인 구분건물(대지권 포함)에 대한 근저당권이 병존하는 상태에서 구분건물(대지권 포함)에 대한 근저당권이 먼저 실행되는 경우에 구분건물(대지권 포함)에 대한 근저당권이 소멸하고 그 근저당권자가 매각대금으로부터 자신의 순위에 따른 우선배당을 받게 되는 점에 대하여는 다툼이 있을 수 없다(민집 91②). 문제는 선순위인 구분건물의 대지에 대한 근저당권을 어떻게 처리하며, 이 경우 대지 근저당권자의 지위를 어떻게 볼 것인가 하는 점이다.

이에 관하여 현재 집행법원의 경매실무에 있어서는 이 경우에 대하여도 「매각부동산 위의 모든 저당권은 매각으로 소멸된다」는 민사집행법 제91조 제2항을 적용하여, 구분건물의 대지권에 해당하는 대지의 공유지분만큼 구분건물의 대지에 대한 근저당권이 소멸하는 것으로 보고, 매각대금 중 구분건물에 해당하는 부분은 구분건물의 근저당권자에게 우선배당 하되 대지의 근저당권자는 우선배당을 받을 수 없는 것으로 하는 반면 대지권에 해당하는 부분은 대지의 근저당권자와 구분건물의 근저당권자가 모두 우선배당을 받을 수 있는 것으로 하되 그 순위에 있어서 대지의 근저당권자가 구분건물의 근저당권자보다 우선하는 것으로 처리하고 있다. 그리고 등기실무에 있어서는 구분건물의 대지등기부에 구분건물의 대지에 대한 근저당권 중 구분건물에 대한 근저당권의 목적인 대지권에 해당하는 대지의 공유지분만큼 소멸하는 것을 내용으로 하는 근저당권의 변경등기를 부기등기의 형식으로 하고 있다.

나. 실무에 대한 비판

위와 같은 실무처리는 구분건물의 대지권을 모두 합치면 대지의 단일한 소유

230) 대결 1972.6.16. 71마546, 대결 2000.4.14. 99마2273 참조.

권이 되므로 대지에 대한 근저당권과 구분건물의 대지권에 대한 근저당권은 구분건물의 대지권에 해당하는 대지의 공유지분에 관하여 동일한 목적물을 대상으로 하고 있다는 것을 전제로 하고 있다.

그러나 이와 같은 전제는 대지에 대한 근저당권과 일반의 대지 공유지분에 대한 근저당권이 병존하는 경우에 관하여는 타당하다고 할 수 있으나 대지에 대한 근저당권과 구분건물의 대지권에 대한 근저당권이 병존하는 경우에 관하여는 타당하지 않다고 생각한다. 그 이유는 다음과 같다.

우선 전자의 경우는 근저당권의 목적물인 대지가 단독소유에서 공동소유로 변경되더라도 근저당권자의 권리에 변동이 생기지 않는다. 즉, 근저당권의 목적물인 대지가 단독소유에서 공동소유로 변경된 후 어느 대지의 공유지분의 경매로 인하여 대지 근저당권에 관하여 그 공유지분에 해당하는 만큼 근저당권의 소멸을 인정하더라도 대지 근저당권자가 대지의 잔여 공유지분을 대상으로 한 근저당권의 실행에 아무런 제한을 받지 않아[231] 위와 같은 실무처리가 불합리한 결과를 초래하지 않는다.[232]

반면에 후자의 경우는 근저당권의 목적물인 대지에 관하여 여러 구분건물의 대지권이 성립됨으로써 공동소유로 변경되면 대지 근저당권자의 권리에 변동이 생긴다. 즉, 근저당권의 목적물인 대지에 관하여 구분건물의 대지권이 성립한 후 일부 구분건물(대지권 포함)의 경매로 인하여 대지 근저당권에 관하여 대지권에 해당하는 만큼 근저당권의 소멸을 인정하게 되면 집합건물의 소유 및 관리에 관한 법률 제20조에서 규정하는 구분건물과 대지권의 분리처분금지원칙에 따라 구분건물의 전유부분에 대하여 근저당권이 없는 대지 근저당권자로서는 대지의 잔여 공유지분(잔여 구분건물의 대지권)에 관하여 경매청구를 할 수 없는 제한을 받게 됨으로써 위와 같은 실무처리로 근저당권자가 뜻하지 않은 불

231) 예를 들어 A가 단독 소유하는 부동산에 관하여 S앞 저당권을 설정하고 이어 그 소유지분의 2분위 1을 B에게 매각하여 이전등기한 후, B가 자신의 공유지분을 대상으로 K앞 저당권을 설정하였다가 K의 저당권실행으로 B의 공유지분이 경매되어 P가 이를 매수한 경우, B의 공유지분에 해당하는 만큼 S의 저당권이 소멸하는 것으로 하더라도 S가 잔여 공유지분에 대하여 저당권실행을 하는데 아무런 제한이 생기지 않는다.

232) 같은 이유에서 A와 B가 공동소유하는 부동산에 관하여 A가 자신의 공유지분을 대상으로 S앞 저당권을 설정하고 이어 A와 B가 부동산 자체를 대상으로 D앞 전세권을 설정한 후, S의 저당권실행으로 인한 경매절차에서 P가 A의 공유지분을 매수한 경우 A의 공유지분에 해당하는 D의 전세권은 소멸하는 것으로 보아야 한다.

이익을 받게 되는 불합리한 결과를 초래하게 된다.

다만 후자의 경우라도 대지 근저당권자에게 대지의 잔여 공유지분(잔여 구분건물의 대지권)과 구분건물의 전유부분에 관하여 일괄경매청구권을 인정할 수 있다면 위와 같은 실무처리를 하더라도 대지 근저당권자에게 불이익이 초래되지 않는다. 그리고 민법은 제365조에 대지 근저당권자가 근저당목적물이 아닌 대지상의 건물을 일괄하여 경매청구할 수 있는 경우를 규정하고 있기도 하다. 그러나 뒤에 설명하는 바와 같이 민법 제365조에서 규정하는 일괄경매청구권은 매우 제한적으로 인정되어 있고 또한 의무사항이 아니라는 점에서 이를 근거로 위와 같은 실무처리가 타당하다고 할 수는 없다.

다. 현행법상의 해석론

㈎ 매수인의 대지 근저당권 인수

선순위의 대지 근저당권이 있는 상태에서 그 대지상의 일부 구분건물(대지권 포함)에 대한 근저당권이 실행되는 경우 선순위의 대지 근저당권자가 불이익을 받는 것을 방지하려면, 그 경매절차에서의 매수인은 선순위의 대지 근저당권을 인수하는 조건으로 구분건물(대지권 포함)의 소유권을 취득하며, 이 경우 대지 근저당권자는 구분건물(대지권 포함)의 매각대금으로부터 배당을 받을 수 없고 피담보채무의 불이행시 대지 자체를 경매청구할 수 있으며, 선순위의 대지에 대한 근저당권이 실행되면 여러 구분건물의 대지권은 소멸한다고 해석하는 수밖에 없다.

㈏ 대지권소멸에 따른 구분건물 소유자의 구제수단

대지에 대한 근저당권의 실행으로 구분건물의 대지권이 소멸하는 것으로 하면 다음에는 대지의 매수인과 구분건물의 소유자들과의 이해관계를 조절할 필요가 있으며, 이에 관하여는 다음과 같이 해결하는 것이 타당하다고 생각한다.

첫째, 대지에 대한 근저당권이 대지상에 구분건물의 축조가 시작된 이후에 설정된 것이면 대지의 경매시 그 매수인은 구분건물의 소유자 전원에게 민법 제366조에서 규정하는 바에 따른 법정지상권을 설정한 것으로 보아[233] 이 법정

233) 앞의 대판 1992.6.12. 92다7221 참조.

지상권이 대지사용권이 되는 것으로 보면 된다.

둘째, 대지에 대한 근저당권이 설정된 이후에 구분건물의 축조가 시작된 것이면 구분건물의 소유자들은 대지의 경매시 대지의 매수인으로부터 법정지상권을 취득하지 못한다. 따라서 이 경우 구분건물의 소유자들은 대지의 이용권이 없어 대지의 매수인이 집합건물의 소유 및 관리에 관한 법률 제7조에서 규정하는 바에 따라 구분건물 전체를 대상으로 매도청구권을 행사하지 않으면 구분건물을 철거할 수밖에 없게 된다.

라. 입법론

선순위인 구분건물의 대지에 대한 저당권과 후순위인 구분건물(대지권 포함)에 대한 근저당권이 병존하는 상태에서 구분건물(대지권 포함)에 대한 근저당권이 먼저 실행되는 경우에는 현재의 집행법원의 실무처리에 의하면, 선순위의 대지 근저당권자가 자신의 의사와 관계없이 대지의 잔여 공유지분(즉, 잔여 구분건물의 대지권)에 관하여 근저당권자로서의 경매청구를 할 수 없게 되는 불합리한 결과가 생기게 된다. 그리고 위 해석론에 의하면 선순위 대지 근저당권자의 경매청구권에 제약이 생기지는 않으나 선순위 대지 근저당권의 실행으로 여러 구분건물이 철거될 수밖에 없는 경우가 생기게 되어 사회·경제적으로 바람직하다고 할 수 없다.

그러나 앞에서 설명한 바와 같이 근저당권이 설정되어 있는 대지를 대상으로 여러 구분건물의 대지권이 성립되는 경우, 그 대지에 대한 근저당권이 여러 구분건물의 대지권을 대상으로 하는 공동저당권으로 변경되는 것으로 보는 한편 이후에는 비록 대지만을 대상으로 하는 저당권자라 하더라도 반드시 구분건물과 대지권을 일괄하여서만 경매청구할 수 있도록 입법화 한다면, 관련 당사자들에게 특별한 불이익을 초래함이 없이 위의 문제를 모두 해결할 수 있다. 이와 같은 입법조치가 이루어지면 선순위의 대지저당권자가 후순위의 어느 구분건물 저당권자의 저당권실행으로 인하여 경매청구권에 제한을 받게 되거나, 선순위의 대지저당권의 실행으로 인하여 구분건물이 철거될 수밖에 없는 문제가 발생하지 않게 되기 때문이다.

다만 여기에서 한 가지 문제가 되는 것은 대지저당권이 여러 구분건물의 대지권을 대상으로 하는 공동저당권으로 변경된 후 구분건물(대지권 포함)의 전부 또는 일부가 경매되는 경우에 그 매각대금을 선순위의 대지 근저당권자와 후순위의 대지권 근저당권자 사이에 어떻게 배당할 것인가 하는 점이다. 이에 관하여는 원칙적으로는 민법 제368조가 적용되는 것으로 보아야 한다. 예를 들어 시가 2억 원의 대지에 채권최고액을 1억 원으로 하는 S앞 근저당권이 설정된 후 구분건물이 축조되어 2개의 대지권등기가 이루어지고, 각 구분건물(대지권 포함)을 대상으로 H와 K앞으로 채권최고액을 2억 원으로 하는 근저당권이 각각 설정되었다가 경매되는 경우의 배당관계를 보면 다음과 같다. 우선 동시경매의 경우 즉, 구분건물 모두가 경매되어 배당할 금액이 4억 원(구분건물의 전유부분이 각각 1억 원이고 대지권이 각각 1억 원)이라고 하면, 각 구분건물의 전유부분의 가액은 H와 K가 제1순위로 배당받고 각 대지권의 가액은 S가 제1순위로 5천만 원씩 1억 원을 배당받으며 잔여 5천만 원은 H와 K가 제2순위로 5천만 원씩 배당받게 된다(민 368①). 다음에 이시경매의 경우 즉, 구분건물(대지권 포함) 중 어느 하나가 먼저 경매되어 배당할 금액이 2억 원(구분건물의 전유부분이 1억 원이고 대지권이 1억 원)이라고 하면, 구분건물의 전유부분의 가액 1억 원은 H(또는 K)가 제1순위로 배당받고 대지권의 가액 1억 원은 S가 제1순위로 전액 배당받되, H(또는 K)는 동시에 경매되었더라면 제2순위로 배당받았을 5천만 원을 가지고 S가 잔여 구분건물의 대지권에 대하여 가지는 근저당권을 대위하여 행사할 수 있게 된다(민 368②).

그런데 구분건물의 개수가 수십 또는 수백에 이르는 경우에 있어서도 이시경매에 관한 민법 제368조 제2항을 그대로 적용하는 것은 법률관계를 너무도 복잡하게 하여 매우 불합리하다. 따라서 여러 구분건물의 대지권들이 공동근저당권의 대상 목적물인 경우에 있어서는 예외적으로 집합건물의 소유 및 관리에 관한 법률에 특별규정을 두어 이시경매에 있어서도 공동근저당권자가 배당받을 수 있는 금액이 동시경매 했더라면 배당받을 수 있는 금액으로 한정되는 것으로 입법화하는 것이 타당하다고 생각한다. 그리고 이 경우 동시경매 했더라면 배당받을 수 있는 금액은 각 구분건물이 경매되는 경우마다 각별로, 경매되지 않은 잔여 대지권의 가액을 경매된 대지권의 매각대금과 동일한 것으로 보고 그에 안분하여 산정하는 것이 타당하다. 각 구분건물의 대지권은 집합건물이 축조된 대지의 공유지분이라는 점에서 특정의 위치에 고정되어 있는 구분건물의 전유부분과 달리 가격의 차별화가 인정될 수 없기 때문이다.

(2) 일부 구분건물 근저당권실행 후 대지 근저당권실행

가. 현행 실무의 후속절차

현재의 집행법원 실무에 의하면 선순위인 구분건물의 대지에 대한 근저당권과 후순위인 구분건물(대지권 포함)에 대한 근저당권이 병존하는 상태에서 여러 구분건물(대지권 포함) 중 일부 구분건물(대지권 포함)에 대한 근저당권이 실행되면 대지 근저당권자는 근저당권이 실행된 구분건물의 대지권에 해당하는 금액에 관하여 우선배당을 받고 그 대지권에 해당하는 대지의 공유지분에 해당하는 근저당권이 소멸되어 잔여 공유지분(잔여 구분건물의 대지권)에 대하여서만 근저당권을 가지게 된다.

위와 같은 실무처리가 현행법상 적절한 것이 아님은 앞에서 이미 지적한 바 있다. 그러나 여기에서는 위와 같은 실무처리가 해석상 가능한 것임을 전제로, 즉, 근저당권이 설정되어 있는 대지를 대상으로 여러 구분건물의 대지권등기가 이루어지면 그 대지에 대한 근저당권이 여러 구분건물의 대지권을 대상으로 하는 공동근저당권으로 변경되는 것임을 전제로, 어느 구분건물(대지권 포함)에 대한 근저당권이 실행되어 그 구분건물의 대지권에 해당하는 대지의 공유지분만큼 대지 근저당권이 소멸한 후의 잔여 공유지분에 대한 대지 근저당권의 실행에 관하여 설명하기로 한다.

나. 잔여 대지권만을 대상으로 하는 경매

대지에 대한 근저당권이 여러 대지권에 대한 공동근저당권으로 변경되는 것으로 보면 집합건물의 소유 및 관리에 관한 법률 제20조 제2항 본문에서 규정하는 구분건물과 대지사용권 분리처분금지의 원칙에 따라 대지권등기 전에 등기한 선순위의 대지 근저당권자라도 대지의 잔여 공유지분(즉, 잔여 구분건물의 대지권)만을 대상으로 하여서는 경매청구를 할 수 없게 된다. 그런데 이와 같이 보면 대지권등기 전에 등기한 선순위의 대지 근저당권자는 스스로 경매청구를 할 수 없게 되고 오로지 그 후에 구분건물에 설정된 근저당권이 실행되어야만 그 매각대금으로부터 우선배당을 받을 수 있게 되는 매우 불합리한 결과가 된다.

다. 구분건물과 대지권의 일괄경매

대지권등기 전에 등기한 선순위의 대지 근저당권자가 잔여 대지만을 대상으로 하여서는 경매청구를 할 수 없다 하더라도, 근저당목적물인 대지의 잔여 공유지분과 저당목적물이 아닌 구분건물을 일괄하여 경매청구할 수 있다고 하면, 현행 실무처리의 방식으로 선순위 대지 근저당권자가 부당하게 불이익을 받는 것으로 볼 수 없다. 대지나 대지권만을 경매하는 것보다는 구분건물과 대지권을 일괄하여 함께 경매하는 것이 오히려 매각을 용이하게 하는 결과를 가져오기 때문이다.

문제는 선순위의 대지 근저당권자에게 일괄경매청구권을 인정할 수 있는가 하는 점이다. 토지의 근저당권자가 근저당목적물이 아닌 그 지상의 건물을 저당목적물인 토지와 함께 일괄경매할 수 있도록 하고 있는 현행법상의 규정으로는 「토지를 목적으로 저당권을 설정한 후 그 설정자가 그 토지에 건물을 축조한 때에는 저당권자는 토지와 함께 그 건물에 대하여도 경매를 청구할 수 있다. 그러나 그 건물의 경매대가에 대하여는 우선변제를 받을 권리가 없다」는 민법 제365조를 들 수 있다.[234)]

그런데 민법 제365조에 의하여 대지 근저당권자가 구분건물에 대하여 일괄경매청구권을 가지려면 첫째로 대지에 근저당권을 설정할 당시에 그 대지상에 건물[235)]이 존재하지 않았어야 하고, 둘째로 근저당 대지상의 구분건물이 대지

---

234) 민사집행법에서도 제98조에 「법원은 여러 개의 부동산의 위치·형태·이용관계 등을 고려하여 이를 일괄매수하게 하는 것이 알맞다고 인정하는 경우에는 직권으로 또는 이해관계인의 신청에 따라 일괄매각하도록 결정할 수 있다」는 규정을 두고 있으나 이는 경매청구된 여러 개의 부동산을 개별매각할 것인지 또는 일괄매각할 것인지에 관한 것으로 경매청구권의 인정여부와는 관계가 없는 것으로 보아야 한다[주석 민사집행법(Ⅲ) 428쪽 이하(이인복) 참조].

235) 여기에서의 건물이란 미등기이거나 무허가·불법건물은 물론이고, 저당권설정 당시에 건물의 존재가 예측되고 또한 당시 사회경제적 관점에서 그 가치의 유지를 도모할 정도로 건물의 축조가 진행되어 있는 건축 중에 있는 건물도 포함한다. 대법원도 민법 제365조는 저당권설정자가 저당권을 설정한 후 저당목적물인 토지상에 건물을 축조함으로써 저당권의 실행이 곤란하여지거나 저당목적물의 담보가치의 하락을 방지하고자 함에 그 규정취지가 있다고 할 것이므로, 저당권설정 당시에 건물의 존재가 예측되고 또한 당시 사회경제적 관점에서 그 가치의 유지를 도모할 정도로 건물의 축조가 진행되어 있는 경우에는 위 규정은 적용되지 아니한다(대판 1987.4.28. 86다카2856)고 판시하고 있다.

근저당권의 설정자가 축조한 것이어야 한다.

그러나 실제에 있어서는 대지에 근저당권을 설정할 당시에 이미 구분건물이 축조되어 있거나 축조 중에 있는 경우가 허다할 것이고 이 경우에는 대지 근저당권자가 일괄경매청구권을 가질 수 없게 된다. 그 결과 이 경우의 대지 근저당권자는 구분건물과 대지사용권 분리처분불가의 원칙에 따라 대지권만의 경매청구를 할 수 없고 또한 민법 제365조에 의한 일괄경매청구도 할 수 없는 불이익을 감수할 수밖에 없게 되어 매우 불합리한 결과가 된다.236)

그리고 근저당 대지상의 구분건물이 대지 근저당권의 설정자가 축조한 것이 아니라 제3자가 축조한 것이면 대지 근저당권자의 일괄경매청구권은 인정되지 않는다. 또한 대지 근저당권의 설정자가 축조한 구분건물이라도 이를 제3자에게 양도한 때에는 대지 근저당권자의 일괄경매청구권은 인정되지 않는다.

따라서 대지에 대한 근저당권이 여러 대지사용권에 대한 공동근저당권으로 변경되는 것을 긍정한다고 하더라도 민법 제365조에서 규정하는 일괄경매청구권의 적용범위상의 한계로 인하여 어느 구분건물(대지권 포함)에 대한 근저당권의 실행으로 대지 근저당권자가 입게 되는 불이익을 모두 구제할 수가 없다. 결국 이에 관하여도 앞에서 설명한 바와 같은 입법조치가 있어야만 합리적으로 해결될 수가 있다.

6. 구분건물을 대상으로 한 근저당권설정시의 유의사항

(1) 대지권등기가 되어 있는 경우

대지권등기가 되어 있는 구분건물을 대상으로 근저당권을 설정하는 경우에는 먼저 구분건물의 등기사항증명서를 발급받아 표제부(1동의 건물의 표시) 상 대지권의 목적인 토지의 표시란에 「별도등기 있음」이란 기재가 있는지 여부를 확인하여야 한다.

236) 그러나 대지상의 건물이 구분건물이 아니면 대지저당권자는 대지와 건물의 일괄경매청구를 할 수 없는 대신 대지만의 경매청구를 할 수 있고, 그에 따라 대지만을 경매함으로써 대지소유자와 건물소유자가 달라지게 되면 건물소유자는 매수인으로부터 법정지상권(민 366)을 취득함으로써 건물의 사용·수익을 보장받을 수 있게 된다.

확인 결과 「별도등기 있음」이란 기재가 없거나 있어도 말소등기를 하겠다고 하는 때에는 구분건물과 대지의 공유지분을 함께 담보평가하여 구분건물을 대상으로 근저당권을 설정(별도등기 말소 포함)하고 여신취급하면 된다. 반면에 「별도등기 있음」이란 기재가 있고 별도등기의 말소를 할 수 없는 상황인 때에는 구분건물의 대지에 대한 등기사항증명서를 발급받아 별도등기가 어떤 것인지 확인하여 구분건물의 대지상에 선순위의 권리가 있는 것을 전제로 구분건물과 대지의 공유지분을 담보평가하여 구분건물에 근저당권을 설정하고 여신취급하여야 한다. 예를 들어 별도등기가 소유권이전청구권가등기라고 하면 대지의 공유지분을 제외한 구분건물만이 근저당권의 목적물이 되는 것으로 담보평가하여 여신취급하여야 하고, 근저당권설정등기이면 구분건물과 대지 공유지분의 평가액에서 그 근저당권채권최고액에 대지의 공유지분비율을 곱하여 산출한 금액을 공제한 가액을 담보가액으로 하여 여신취급하여야 한다.

[참고] 별도등기의 말소 기재(예시)

(1) 구분건물의 대지등기

[표제부]					
표시번호	접수	소재지번	지목	면적	등기원인 및 기타사항
1	2000년 8월 10일 제○호	서울 ○구 ○동 ---	대	○○㎡	

[을구] (소유권 이외의 권리에 관한 사항)				
순위번호	등기목적	접수	등기원인	권리자 및 기타사항
1	근저당권설정	2011년 4월 6일 제○호	2011년 4월 6일 설정계약	채권최고액 ○○원 채무자 ㈜○○건설 서울 ○구 ○동 --- 근저당권자 ○○은행 (-) 서울 ○구 ○동 --- (취급지점 △△지점)
2	1번 근저당권 말소	2013년 4월 10일 제○호	2013년 4월 10일 해지	

⑵ 구분건물의 등기

[표제부] (1동의 건물의 표시)					
표시번호	접수	소재지번, 건물명칭 및 번호	건물내역		등기원인 및 기타사항
1	○년○월○일 제 호	서울 ○구 ○동 123 ○○아파트 제○동	철근콘크리트 구조 15층 아파트		정비사업시행으로 인하여 등기 도면편철장 ○책 ○호
(대지권의 목적인 토지의 표시)					
표시번호	소재지번		지목	면적	등기원인 및 기타사항
1	서울 ○구 ○동 123		대	○○㎡	2013년 3월 20일
2					별도등기 있음 2013년 3월 20일
3					별도등기 말소 2013.4.10

(2) 대지권등기가 되어 있지 않은 경우

대지권등기가 되어 있지 않은 구분건물을 대상으로 근저당권을 설정하는 경우에는 그 구분건물이 축조되어 있는 토지가 주택법 제16조 제1항 또는 제3항에 따른 사업계획승인을 받아 시행하는 주택건설사업에 의하여 건설된 주택의 대지인지의 여부에 따라 다음과 같이 처리하여야 할 것으로 본다.

주택건설사업에 의하여 건설된 주택의 대지인 경우에는 그 대지의 등기사항증명서를 발급받아 그 대지상에 사업주체의 다른 권리자의 근저당권 등이 존재하지 아니하고, 나아가 「이 토지는 주택법에 따라 입주자를 모집한 토지(주택조합의 경우에는 주택건설사업계획승인이 신청된 토지를 말한다)로서 입주예정자의 동의를 얻지 아니하고는 당해 토지에 대하여 양도 또는 제한물권을 설정하거나 압류·가압류·가처분 등 소유권에 제한을 가하는 일체의 행위를 할 수 없음」이라는 내용의 부기등기가 되어 있으면, 구분건물과 대지의 공유지분을 함께 담보평가하여 근저당권을 설정하고 여신취급하면 된다. 이 부기등기일 이후 구분건물의 소유자가 대지의 공유지분에 대한 소유권이전등기를 신청할 수 있는 날 이후 60일까지의 기간 동안 당해 대지를 양수하거나 제한물권을 설정 받은 자 또는 압류·가압류·가처분 등 소유권에 제한을 가하는 행위를 한 자가 있어도 이는 모두 무효가 되고(주택 61⑤본), 이후 구분건물의 표제부에 대지권등기가 이루어지면 구분건물에 설정한 근저당권의 효력이 당연히 대지권에도 미치게 되며, 나아가 구분건물의 표제부에 대지권등기가 이루어지기 전에 근저당주택에 경매가 실시되는 경우에도 법원은 구분건물과 대지권을 함께 경매의 대상으로 하여야 하고 그 경매에서의 매수인이 매각대금을 납부하고 구분건물의 소유권을 취득하면 사업주체에 대한 대지권등기청구권까지 함께 취득하게 되어 매각대금의 저감을 가져오지 않아 근저당권자가 배당받을 금액의 저감을 초래하지 아니하기 때문이다.

그러나 주택건설사업에 의하여 건설된 주택의 대지가 아닌 경우에는 사업주체가 구분건물이 축조되어 있는 토지에 근저당권 등을 설정하는 것이 금지되어 있지 않고, 또한 사업주체의 채권자가 구분건물이 축조되어 있는 토지를 대상으로 압류·가압류·가처분 등 소유권에 제한을 가하는 행위를 하는 것도 금지되어 있지 않으므로 토지를 제외한 구분건물만을 대상으로 담보평가하여 그 범위에서 여신취급 여부를 결정하여야 할 것으로 본다.

[참고] 사업주체의 금지사항 등기 기재(예시)

[갑구] (소유권에 관한 사항)				
순위번호	등기목적	접수	등기원인	권리자 및 기타사항
1	소유권보존	2012년 3월 12일 제○호		소유자 ㈜○○건설 (-) 서울 ○구 ○동 ---
2	소유권이전	2012년 3월 20일 제○호	2012년 3월 20일 매매	소유자 홍길동 (-) 서울 ○구 ○동 --- 거래가액 ○○원
2-1	금지사항등기	2012년 6월 12일 제○호	2012년 6월 11일 입주자모집공고 승인신청	이 토지는 주택법에 따라 입주자를 모집한 토지(주택조합의 경우에는 주택건설사업계획승인이 신청된 토지를 말한다)로서 입주예정자의 동의를 얻지 아니하고는 당해 토지에 대하여 양도 또는 제한물권을 설정하거나 압류·가압류·가처분 등 소유권에 제한을 가하는 일체의 행위를 할 수 없음

Ⅶ. 실재현황과 등기부 기재의 불일치

1. 문제의 소재

담보로 제공되는 부동산 중에는 실제면적과 등기면적이 일치하지 않는 경우 또는 등기부에 등기되어 있지 않은 부속건물이나 증축건물이 있는 경우가 있다. 이와 같은 경우에는, 소유자로 하여금 등기부의 기재를 실제의 부동산 현황과 일치하도록 변경등기하게 한 후, 근저당권을 설정하는 것이 가장 바람직하다고 할 수 있다. 문제는 부동산의 소유자가 변경등기 자체를 하고 싶어하지 않는 경우[237]나, 변경등기를 하고 싶어도 할 수 없는 경우[238]이다. 이하에서는 이와 같은 경우의 실무처리에 관하여 알아보기로 한다.

2. 실제면적과 등기면적이 일치하지 않는 경우

실제면적과 등기면적이 일치하지 않는 경우라도, 등기부상의 부동산이 어느 것인지를 알 수 있으면, 그 등기부상의 부동산에 설정한 근저당권은, 실제면적에 대하여 그 효력을 가지는 것이므로, 실제면적을 기준으로 평가하여 담보취득하면 된다. 그러나 실제면적과 등기면적의 불일치가 너무 심하여, 등기부상의 부동산이 어느 것인지를 알 수 없으면, 그 등기부상의 부동산에 설정한 근저당권은 대상 목적물의 불특정으로 인하여 무효가 되므로 담보취득해서는 아니된다.

실제면적과 등기면적의 불일치를 담보취득 이후에 발견한 때에는, 위 기준에 따라 근저당권의 유효성 여부를 따져보아, 무효라고 판단되면 채무자로부터 새로이 담보를 제공받아야 한다. 그리고 유효라고 판단되는 때에도, 실제면적이 등기면적보다 작아 실제면적을 기준으로 담보가치를 평가할 경우 담보부족이 생기면, 채무자로부터 추가담보를 제공받아야 한다. 이 경우 만일 채무자가 새로운 담보나 추가담보의 제공을 하지 않으면, 채권자로서는 기한이익을 상실시켜 바로 채권회수절차에 들어갈 수밖에 없다.

---

237) 예컨대 건물 소유자가 세금을 적게 내기 위하여 일부러 건물의 면적을 실제면적보다 작게 등기한 경우 등이 이에 해당한다.

238) 건축관련 법령에 위배하여 부속건물이나 증축건물을 축조한 경우 등이 이에 해당한다.

판례 5-10

건물에 관한 소유권보존등기의 효력

건물에 관한 소유권보존등기가 당해 건물의 객관적, 물리적 현황을 공시하는 등기로서 효력이 있는지의 여부는, 등기부에 표시된 소재, 지번, 종류, 구조와 면적 등이 실제 건물과 간에 사회통념상 동일성이 인정될 정도로 합치되는지의 여부에 따라 결정된다(대판 1996.6.14. 94다53006).

3. 등기되지 않은 부속건물이나 증축건물이 있는 경우

(1) 처리기준

담보로 제공된 토지와 본건물 이외에 토지 위에 등기되지 않은 부속건물이나 증축건물이 있는 경우에는, 그 건물을 누가 축조한 것인지 여부, 그리고 그 건물이 등기되어 있는 본건물과 별개로 소유권보존등기를 할 수 있는 독립한 건물에 해당하는지 아니면 본건물의 부합물이나 종물에 해당하는 것인지의 여부를 조사한 후, 다음과 같이 처리하여야 한다.

판례 5-11

기존건물에 대한 저당권의 효력이 증축건물에 미치는지 여부

기존 건물에 관하여 증축 후의 현존 건물의 현황에 맞추어 증축으로 인한 건물표시변경등기가 경료된 경우에는 특별한 사정이 없는 한 그 소유자는 증축 부분을 구분건물로 하지 않고 증축 후의 현존 건물 전체를 1개의 건물로 하려는 의사였다고 봄이 상당하고, 이 경우 증축 부분이 기존 건물의 구성 부분이거나 이에 부합된 것으로서 기존 건물과 증축 후의 현존 건물 사이에 동일성이 인정된다면, 위 건물표시변경등기는 증축 후의 현존 건물을 표상하는 유효한 등기라고 할 것이고, 또한 기존 건물에 대하여 이미 설정되어 있던 저당권의 효력은 법률에 특별한 규정이나 설정행위 등에 다른 약정이 없는 한 증축 부분에도 미친다고 할 것이므로 기존 건물에 설정된 저당권의 효력을 증축 부분에 미치게 하는 취지의 저당권변경등기를 할 수 없는 것이고, 설사 그러한 등기가 경료 되었다고 하더라도 아무런 효력이 없으며, 한편 증축 부분이 기존 건물의 구성 부분이거나 이에 부합된 것이 아닌 별개의 건물이고 이를 구분건물로 할 의사였다면 구분건물로서 등기를 하여야 할 것이지 건물표시변경등기를 할 수는 없는 것이므로, 그 건물표시변경등기가 경료된 후 기존 건물에 설정된 저당권의 효력을 증축 부분에 미치게 하는 취지의 저당권변경등기를 하였다고 하더라도 그 저당권의 효력이 별개의 건물인 증축 부분에 미칠 수는 없다(대판 1999.7.27. 98다32540).

(2) 소유자가 축조한 것으로 독립한 건물인 경우

미등기의 부속건물이나 증축건물이 소유자가 축조한 것으로 독립한 건물에 해당하는 때에는, 그 부속건물이나 증축건물의 이용에 필요한 면적의 토지에 법정지상권이 설정된다는 것을 전제로 한 토지의 평가액에 본건물의 평가액을 합산한 금액을 담보가액으로 하여 담보취득한다. 저당토지상에 토지소유자의 소유에 속하는 건물이 있었으나 토지만을 대상으로 저당권을 설정하였다가 토지만이 경매됨으로써 토지소유자와 건물소유자가 달라지게 된 때에는, 그 경매절차상의 토지매수인은 건물소유자에게 그 건물의 이용에 필요한 면적의 토지를 대상으로 법정지상권을 설정해준 것이 되므로(민 366) 토지의 매수가격을 법정지상권에 의하여 제한받는 만큼 낮게 신고할 것이고, 그에 따라 토지의 저당권자가 배당받을 금액도 그만큼 적어지게 될 것이기 때문이다.

(3) 소유자가 축조한 것으로 독립한 건물이 아닌 경우

미등기의 부속건물이나 증축건물이 소유자가 축조한 것으로 독립한 건물이 아닌 본건물의 부합물이나 종물에 해당하는 때에는, 정상적인 토지의 평가액과 본건물의 평가액 및 부속건물이나 증축건물의 평가액을 합한 금액 모두를 담보가액으로 하여 담보취득 한다. 부속건물이나 증축건물이 본건물의 부합물에 해당하는 때에는 본건물에 설정한 저당권이 부속건물이나 증축건물에도 미치고, 그에 따라 채무자의 채무이행이 없으면 저당권자는 이들 모두를 경매의 대상으로 하여, 그 매각대금으로부터 우선변제 받을 수 있기 때문이다. 다만 이 경우라도 부속건물이나 증축건물이 무허가 건물 등에 해당하여 철거될 수 있는 것이라면 담보가액에 포함하여서는 아니 되고, 오히려 철거로 인하여 본건물에 훼손이 생길 수 있는지 여부를 검토하여 훼손으로 생길 수 있는 본건물의 가치감소액 만큼을 담보가액에서 공제하여야 한다.

(4) 타인이 토지와 본건물의 이용권을 확보하여 축조한 것인 경우

미등기의 부속건물이나 증축건물이 타인이 토지와 본건물의 이용권을 확보하여 축조한 것인 때에는, 그 미등기의 부속건물이나 증축건물이 독립한 건물이건 본건물의 부합물이나 종물에 해당하는 것이건 정상적인 토지의 평가액에 본건물의 평가액을 합한 금액에서 부속건물이나 증축건물을 철거시키는데 드는 비용과 철거에 따라 본건물에 훼손이 생길 경우의 가치 감소액을 공제한 금액을 담보가액으로 하여 담보취득 한다. 부속건물이나 증축건물의 평가액을 담보가액에 포함시키지 않은 것은 부속건물이나 증축건물에 저당권의 효력이 미치지 않기 때문이고, 토지의 담보가액을 정상적으로 평가한 것은 부속건물이나 증축건물에 저당권의 효력이 미치지 않는 경우에도 토지의 경매시 부속건물이나 증축건물의 소유자가 토지의 매수인으로부터 지상권을 취득한 것으로 간주되지 않고 오히려 토지 및 본건물의 매수인이 부속건물이나 증축건물의 철거를 요구할 수 있기 때문이다.

반면에 타인이 토지와 본건물의 이용권을 확보하여 축조한 것인 경우라도 부속건물이나 증축건물이 부합물로서 본건물의 본체적 구성부분이 되어 버린 경우에는 본건물의 소유권이 부합물에 미치고 또한 저당권의 효력도 부합물에 미치는 것이므로 증축건물의 가액을 담보가액에 포함시킬 수 있다. 다만 이 경우라도 부속건물이나 증축건물의 축조자는 그로 인하여 입은 손해를 부당이득에 관한 규정에 따라 소유자에게 보상청구할 수 있고(민 261), 나아가 그 보상금청구권을 가지고 본건물에 대하여 유치권을 행사할 수 있으므로(민 320), 이 유치권이 존속하는 동안은 증축건물의 평가액을 담보가액에 포함시켜서는 아니된다. 이 경우는 저당목적물에 대하여 경매절차가 진행되더라도 유치권자가 그 경매절차상의 매수인에 대하여 보상금의 지급이 없으면 경매목적물을 인도하지 않을 권리를 가지기 때문에 경매목적물을 매수하려는 자가 유치권자에 지급할 금액만큼 매수가액을 낮게 함으로써 저당권자가 배당받을 금액이 적어지는 것이기 때문이다.

(5) 타인이 토지와 본건물의 이용권 없이 불법으로 축조한 것인 경우

미등기의 부속건물이나 증축건물이 타인이 토지와 본건물의 이용권 없이 불법으로 축조한 것인 때에는, 그 부속건물이나 증축건물이 본건물과 독립한 건물인 경우와 본건물의 부합물이나 종물인 경우로 나누어 다음과 같이 처리한다.

본건물과 독립한 건물이면 정상적인 토지의 평가액에 본건물의 평가액을 합한 금액에서 부속건물이나 증축건물을 철거시키는데 드는 비용과 철거에 따라 본건물에 훼손이 생길 경우의 가치 감소액을 공제한 금액을 담보가액으로 하여 담보취득 한다. 이 경우는 본건물의 저당권이 부속건물이나 증축건물에 미치지 않으나, 그렇다고 하여 경매시 부속건물이나 증축건물의 소유자가 토지의 매수인으로부터 지상권을 취득한 것으로 간주되지도 않아, 토지 및 본건물의 매수인이 부속건물이나 증축건물의 철거를 요구할 수 있기 때문이다.

본건물의 부합물이거나 종물이면 정상적인 토지의 평가액과 본건물의 평가액 및 부속건물이나 증축건물의 평가액을 합한 금액 모두를 담보가액으로 하여 담보취득할 수 있다. 이 경우는 본건물의 소유권이 부속건물이나 증축건물에 미치고 그에 따라 본건물에 대한 저당권의 효력이 부속건물이나 증축건물에 미치기 때문이다. 그러나 이 경우라도 부속건물이나 증축건물이 무허가 건물 등에 해당하여 철거될 수 있는 것이라면 담보가액에 포함하여서는 아니 되고, 오히려 철거로 인하여 본건물에 훼손이 생길 수 있는지 여부를 검토하여 훼손으로 감소될 금액만큼 담보가액에서 공제하여야 한다. 그밖에 이와 관련하여 문제가 되는 점을 보면 다음과 같다.

첫째, 이 경우 부속건물이나 증축건물의 축조자는 그로 인하여 입은 손해를 부당이득에 관한 규정에 따라 소유자에게 보상청구할 수 있으므로(민 261), 그 보상액만큼 담보가액에서 공제해야 하지 않는가 하는 점이다. 그러나 이 경우 부속건물이나 증축건물의 축조자가 저당권설정자인 본건물의 소유자에 대해서 가지는 보상청구권은 채권적 청구권에 지나지 않아 저당권자의 담보채권보다는 후순위인 것으로 보아야 하므로 공제할 필요가 없다고 본다.

둘째, 이 경우 부속건물이나 증축건물의 축조자는 그 보상금청구권을 가지고 본건물에 대하여 유치권을 행사할 수 있으므로(민 320①)[239], 이 유치권이 존속하는 동안은 증축건물의 가액을 담보가액에 포함시킬 수 없지 않은가 하는 점이다. 그러나 부속건물이나 증축건물의 축조자가 그 보상금청구권을 가지고 본건물에 대하여 유치권을 행사할 수 있으려면 토지 및 본건물의 점유가 합법적

239) 곽윤직 물권법 218, 김용한 물권법론 205, 장경학 물권법 331, 이은영 물권법 367.

인 것이어야 하는데(민 320②), 여기에서는 점유가 불법이므로 축조자가 유치권을 가질 수 없는 것으로 보아야 한다.

셋째, 이 경우 부속건물이나 증축건물의 축조자는 그 축조비용을 필요비나 유익비로서 경매대가로부터 저당권자보다 우선상환받을 수 있으므로(민 367), 그 해당액을 담보가액에 포함시킬 수 없지 않은가 하는 점이다. 그러나 필요비나 유익비로서 경매대가로부터 저당권자보다 우선상환받으려면, 부속건물이나 증축건물이 당해 저당권이 설정된 후에 축조된 것이어야 하는데, 여기에서는 저당권이 설정되기 전에 축조된 것이므로 저당권자보다 우선상환받을 수 있는 필요비나 유익비에 해당하지 않는 것으로 보아야 한다.

06 근저당권자의 권리

I. 기본적인 권리

1. 우선변제권

근저당권자의 가장 기본적인 권리는 근저당목적물의 매각대금으로부터 자신의 채권을 우선적으로 변제받을 수 있는 권리라고 할 수 있는데 이를 근저당권자의 우선변제권이라고 한다.

근저당권자가 근저당목적물의 매각대금으로부터 우선변제를 받는다고 하는 것은, 다른 일반채권자들보다 우선변제를 받는다는 것을 의미한다. 따라서 일반채권자가 아닌 또 다른 우선변제청구권자들과의 변제순위에 관하여는, 그 우선변제권을 규정하고 있는 법률의 규정과 그 해석에 의하여 정하는 수밖에 없는 바 이에 관하여는 따로 뒤에 설명하기로 한다.

2. 임의경매청구권

우리 민사집행법은 금전채무를 이행하지 아니하는 채무자의 재산에 대한 강제집행을 국가의 집행기관에 신청할 수 있는 유형으로 2가지를 규정하고 있다. 하나는 집행력 있는 정본[240]에 의한 강제집행의 신청이고 다른 하나는 물적담보권에 의한 강제집행의 신청이다. 강제집행의 대상목적물이 부동산인 경우 집행력 있는 정본에 의한 강제집행의 신청을 강제경매신청이라 하고 물적담보권에 의한 강제집행의 신청을 강제경매신청이라 한다.

근저당권은 가장 전형적인 물적담보권으로서 근저당권자로서는 그 담보되는

240) 집행력 있는 정본이란 집행권원에 집행문을 부여받은 것을 말한다. 집행권원이란 강제집행에 의하여 실현시킬 사법(私法)상의 이행청구권의 존재와 범위를 표시하고 그 청구권에 집행력을 인정한 공정의 문서를 말한다. 집행권원으로는 확정판결과 가집행선고 있는 미확정판결, 화해조서, 조정조서, 집행증서 등이 있다. 집행권원제도의 취지는 실체적 권리의 존부와 범위에 관하여는 집행기관이 아닌 다른 기관으로 하여금 공증케 하고, 집행기관으로서는 실체적 권리의 판단에 관여함이 없이 오로지 공증된 청구권의 강제실현에만 전념할 수 있게 하려는 것이다. 집행문이란 이를 내어주는 시점에서 집행권원이 유효하며, 집행에 적합하다는 점과 집행의 당사자가 누구인가를 명확하게 하기 위하여, 집행문부여기관이 집행권원 정본의 끝에 덧붙여 공증하는 문언을 말한다.

채무의 이행이 없는 경우 집행력 있는 정본의 소지하지 않고서도 근저당권의 존재를 증명하는 등기사항증명서를 첨부하여 근저당목적물의 소재지를 관할하는 지방법원에 당해 근저당목적물을 대상으로 임의경매신청을 할 수 있다는 점에 그 특징이 있다(민집 264①, 268, 79). 또한 근저당권자는 근저당목적물을 대상으로 임의경매신청을 함에 있어서 신청 당시 근저당목적물의 소유자가 누구인지를 묻지 않으며, 그 매각대금으로부터 다른 일반채권자보다 우선변제를 받는다는 특징도 있다.

토지와 건물은 별개의 부동산이므로 양자를 공동담보로 하여 근저당권을 설정하지 않은 이상, 어느 일방에 대한 근저당권을 가지고 다른 일방에 대하여 경매청구를 할 수 없는 것이 원칙이다. 다만 예외적으로 토지를 목적으로 근저당권을 설정한 후 그 설정자가 그 토지에 건물을 축조한 때에는, 근저당권자는 토지와 함께 그 건물에 대하여도 경매를 청구할 수 있다. 그러나 그 건물의 경매대가에 대하여는 우선변제를 받을 권리가 없다(민 365). 이와 같은 토지근저당권자의 권리를 일괄경매청구권이라고 한다.

3. 배당요구권

근저당목적물에 대하여 이미 다른 채권자의 신청에 의한 경매절차가 진행중인 때에는, 근저당권자는 별도로 경매청구를 할 것까지도 없이 그 절차에서의 매각대금으로부터 자신의 채권을 변제하여 줄 것을 청구할 수 있는데(민집 88) 이를 저당권자의 배당요구권이라 한다. 즉 민사집행법 제88조는 타인의 신청으로 진행되는 부동산경매절차에 있어서 「집행력 있는 정본을 가진 채권자, 경매개시결정이 등기된 뒤에 가압류를 한 채권자, 민법·상법, 그 밖의 법률에 의하여 우선변제청구권이 있는 채권자는 배당요구를 할 수 있다」고 규정하고 있는데 근저당권자는 민법에 의하여 우선변제청구권이 있는 채권자에 해당된다.

다만 배당요구채권자는 다른 채권자의 신청에 의한 경매절차에 편승하여 자신의 채권의 만족을 구하는 것이므로, 배당에 관련한 사항을 제외하고는 그 경매절차의 진행에 독자적인 권리를 가지지 않는다. 따라서 배당요구채권자는 경매절차진행 중 경매신청인의 경매취하로 경매절차가 종료되는 것을 저지할 수 없으며 그로 인하여 경매절차가 종료되면 배당요구의 효력도 실효된다.

II. 근저당권의 침해에 대한 구제

1. 근저당권침해의 의의

근저당권자가 근저당목적물에 대하여 가지는 담보권의 효력을 위법하게 해하는 것을 근저당권의 침해라고 한다. 근저당권의 침해가 되는 대표적인 예로서는 근저당목적물의 소유자나 제3자가 근저당권자의 동의 없이 근저당목적물을 멸실시키기거나 훼손함으로써 근저당권자가 근저당목적물의 교환가치로부터 우선변제를 받지 못하게 하거나 지장을 초래하는 것을 들 수 있다. 그리고 위와 같은 근저당목적물에 대한 적극적 침해 이외에, 소유자가 근저당목적물이 멸실·훼손되는 것을 부당하게 방치하는 것도 근저당권의 소극적인 침해가 될 수 있다.

그러나 근저당권은 원래 근저당목적물의 사용·수익을 그 소유자로부터 빼앗는 것이 아니므로, 근저당 목적물이 통상의 경제적 용도에 따라 이용되고 있는 한, 그 소유자가 부합물이나 종물을 근저당목적물로부터 분리한다거나 또는 근저당 목적물을 제3자에게 용익하게 하여도 근저당권의 침해가 되지 않는다. 또한 근저당권은 추급력이 있으므로 소유자가 저당목적물을 제3자에게 양도하더라도 그것만으로는 근저당권을 침해하는 것이 되지 않는다.

2. 근저당권침해에 대한 구제방법

(1) 물권적청구권

가. 침해행위의 제거·예방청구

근저당권자는 근저당권을 침해하는 자에 대하여 그 침해의 제거를 청구할 수 있고, 침해의 염려가 있는 행위를 하는 자에 대하여 그 예방이나 손해배상의 담보를 청구할 수 있다(민 370, 214). 예컨대 건물에 대한 근저당권자는 자신의 동의 없이 건물을 철거 또는 훼손하는 자에 대하여 그 행위를 중지할 것을 요구할 수 있고, 철거 또는 훼손의 우려가 있는 행위를 하는 자에 대하여 그 예방이나 손해배상의 담보를 청구할 수 있는 것이다. 그리고 이러한 중지나 예방 등의 청구는 근저당권 불가분의 원칙상 비록 대상 부동산의 잔여가치로 피담보채권의 변제를 받는데 지장이 없다고 하더라도 할 수 있다는 것이 통설이다.[241] 그러나 근저당권은 목적물의 점유를 수반하지 않기 때문에 근저당권자 자신에 대하여 목적물을 반환할 것을 청구하지는 못한다.[242]

판례 6-1

저당권에 기한 방해배제청구권

① 저당권자는 저당권 설정 이후 환가에 이르기까지 저당물의 교환가치에 대한 지배권능을 보유하고 있으므로 저당목적물의 소유자 또는 제3자가 저당목적물을 물리적으로 멸실·훼손하는 경우는 물론 그 밖의 행위로 저당부동산의 교환가치가 하락할 우려가 있는 등 저당권자의 우선변제청구권의 행사가 방해되는 결과가 발생한다면 저당권자는 저당권에 기한 방해배제청구권을 행사하여 방해행위의 제거를 청구할 수 있다.

② 대지의 소유자가 나대지 상태에서 저당권을 설정한 다음 대지상에 건물을 신축하기 시작하였으나 피담보채무를 변제하지 못함으로써 저당권이 실행에 이르렀거나 실행이 예상되는 상황인데도 소유자 또는 제3자가 신축공사를 계속한다면 신축건물을 위한 법정지상권이 성립하지 않는다고 할지라도 경매절차에 의한 매수인으로서는 신축건물의 소유자로 하여금 이를 철거하게 하고 대지를 인도받기까지 별도의 비용과 시간을 들여야 하므로, 저당목적 대지상에 건물신축공사가 진행되고 있다면, 이는 경매절차에서 매수희망자를 감소시키거나 매각가격을 저감시켜 결국 저당권자가 지배하는 교환가치의 실현을 방해하거나 방해할 염려가 있는 사정에 해당한다(대판 2006.1.27. 2003다58454).

나. 부합물이나 종물의 반출금지청구

근저당권자는 대상 부동산의 소유자가 통상의 관리·이용의 범위를 넘어 대상 부동산의 부합물이나 종물을 분리·반출하는 경우 그 분리행위의 중지를 청구할 수 있음은 물론이고 이미 분리된 부합물이나 종물의 반출을 저지할 수 있다.

241) 곽윤직 물권법 476. 김상용 물권법 735.
242) 곽윤직 물권법 477. 김상용 물권법 735, 이영준 물권법 835, 이은영 물권법 668.

다. 유해등기의 말소청구

피담보채권이 변제되어 이미 소멸된 선순위근저당권이 아직 말소되지 않고 있는 등과 같이 법률상으로는 무효인 등기일지라도, 사실상 근저당권의 행사에 장애가 될 수 있는 등기가 있는 때에는 근저당권자는 그 말소를 청구할 수 있다.

그러나 아직 선순위근저당권으로서의 효력이 소멸되어 있지 않은 이상 후순위근저당권자가 선순위근저당권의 피담보채무를 변제하고 민법 제364조에 의하여 선순위근저당권의 소멸을 청구하고 그에 따른 말소를 구할 수는 없다.

판례 6-2

후순위근저당권자의 저당권소멸청구권 인정 여부

민법 제364조는 "저당부동산에 대하여 소유권, 지상권 또는 전세권을 취득한 제3자는 저당권자에게 그 부동산으로 담보된 채권을 변제하고 저당권의 소멸을 청구할 수 있다."고 규정하고 있다. 그러므로 근저당부동산에 대하여 민법 제364조의 규정에 의한 권리를 취득한 제3자는 피담보채무가 확정된 이후에 채권최고액의 범위 내에서 그 확정된 피담보채무를 변제하고 근저당권의 소멸을 청구할 수 있으나, 근저당부동산에 대하여 후순위근저당권을 취득한 자는 민법 제364조에서 정한 권리를 행사할 수 있는 제3취득자에 해당하지 아니하므로 이러한 후순위근저당권자가 선순위근저당권의 피담보채무가 확정된 이후에 그 확정된 피담보채무를 변제한 것은 민법 제469조의 규정에 의한 이해관계 있는 제3자의 변제로서 유효한 것인지 따져볼 수는 있을지언정 민법 제364조의 규정에 따라 선순자의 변제로서 유효한 것인지 따져볼 수는 있을지언정 민법 제364조의 규정에 따라 선순위근저당권의 소멸을 청구할 수 있는 사유로는 삼을 수 없다(대판 2006.1.26. 2005다17341).

라. 강제집행에 대한 제3자이의의 소

근저당목적물에 대하여 다른 채권자가 강제집행을 하더라도, 이는 근저당권을 침해하는 행위가 되지 않는다. 근저당권자는 그 강제집행절차에서 우선변제를 받으면 되는 것이기 때문이다. 그러나 근저당권에 우선하는 권리를 가지지 않은 다른 채권자가 근저당목적물의 일부(예컨대 부합물 또는 종물)에 대하여만 강제집행을 하는 경우에는, 근저당권자는 근저당목적물의 일체성이 침해된다는 것을 이유로 제3자이의의 소(민집 48)를 제기하여 이를 방지할 수 있다.

(2) 손해배상청구권

근저당권자는 근저당권을 침해하는 자에 대하여 불법행위로 인한 손해배상청구를 할 수 있다(민 750). 그러나 근저당권자의 이러한 손해배상청구권은 그 침해의 대상이 근저당권이란 특성에 따라 일반의 불법행위로 인한 손해배상청구권과 다음과 같은 점에서 대비된다.

첫째, 손해배상청구권이 발생하려면 목적물의 침해로 근저당권자가 채권의 완전한 만족을 얻을 수 없게 되어야 한다. 비록 근저당권의 침해로 그 교환가치가 떨어진다 해도, 채권의 변제를 받는데 지장이 없다고 하면 근저당권자로서는 손해가 없는 것이기 때문이다.

둘째, 근저당목적물에 대한 침해가 있을 때에 피담보채권의 변제기에 불구하고 바로 손해배상의 청구를 할 수 있는가의 문제가 있으나 이에 관하여는 긍정하는 것이 통설이다.[243] 근저당권의 실행 이전에 손해액을 산정하는 것이 불가능한 것은 아니므로 긍정하는 것이 타당하다고 본다.

(3) 담보물보충청구권

근저당권설정자의 책임 있는 사유로 인하여 근저당 목적물의 가액이 현저히 감소된 때에는, 근저당권자는 위와 같은 청구권을 행사할 수 있는 이외에, 근저당권설정자에 대하여 그 원상회복 또는 상당한 담보의 제공을 청구할 수도 있다(민 362).

담보물보충청구권이 성립하기 위해서는 첫째, 근저당목적물의 가액의 현저한 감소(근저당목적물의 멸실·훼손 등에 따른 교환가치의 감소로 피담보채권을 완제하지 못할 염려가 있는 경우)가 있어야 하고 둘째, 그와 같은 감소가 근저당권설정자의 책임 있는 사유로 발생하여야 한다. 따라서 천재지변에 의한 근저당목적물의 멸실·훼손이나 경제사정의 변동에 따른 근저당목적물의 가액 감소의 경우는 담보물보충청구권이 발생하지 않는다.

한편, 채무자와 근저당권설정자가 다른 경우에 채무자 또는 근저당권설정자

---

243) 민법주해[VIII] 84(남효순), 곽윤직 물권법 477, 김상용 물권법 736, 이영준 물권법 837.

의 책임 있는 사유로 근저당목적물의 가액이 현저히 감소된 때에는, 근저당권자는 그 채무자에 대하여도 원상회복 또는 상당한 담보의 제공을 청구할 수 있는 것으로 보아야 한다.

다만 근저당권자가 이 담보물보충청구권을 행사하는 경우에는 앞에서 설명한 손해배상청구권이나 뒤에 설명할 기한이익상실에 의한 즉시변제청구권은 행사할 수 없는 것으로 보아야 한다.

(4) 즉시변제청구권

채무자가 담보를 손상·감소 또는 멸실하게 한 때에는 기한의 이익을 잃는다(민 388 i). 따라서 이 경우에 근저당권자는 위와 같은 여러 청구권을 행사할 수 있는 이외에 즉시 변제를 청구할 수 있고 채무자가 이에 응하지 않으면 근저당권을 실행할 수 있다. 또한 근저당권자가 담보물보충청구를 하였으나 충분한 담보물의 보충이 이루어지지 않는 때에는, 근저당권자는 채무자에 대하여 기한의 이익을 상실시켜 즉시 변제청구할 수 있다.

(5) 말소된 근저당권설정등기의 회복

근저당권설정등기가 위조된 등기서류에 의하여 원인 없이 말소된 때에는 근저당권자는 말소된 근저당권설정등기의 회복을 청구할 수 있다. 그러나 근저당권설정등기가 말소된 상태에서 근저당 부동산이 경매되어 매수인이 근저당 부동산의 소유권을 취득한 경우에 그 매수인에 대하여는 근저당권설정등기의 회복을 청구할 수 없다. 부동산에 설정되어 있는 근저당권은 매수인이 근저당 부동산의 소유권을 취득하면 소멸하는 것이기 때문이다(민집 91②). 다만 이 경우 근저당권자는 근저당권설정등기의 말소로 배당받지 못한 금액에 대하여 말소등기를 한 자를 상대로 한 손해배상청구를 하는 이외에, 배당받은 자를 상대로 그 배당받은 금액의 범위에서 부당이득반환청구를 함으로써 구제받을 수 있다.

판례 6-3

근저당권설정등기가 불법으로 말소된 경우의 구제수단

① 부동산에 관하여 근저당권설정등기가 경료 되었다가 그 등기가 위조된 등기서류에 의하여 아무런 원인 없이 말소되었다는 사정만으로는 곧바로 근저당권이 소멸하는 것은 아니라고 할 것이지만, 부동산이 경매절차에서 경락되면 그 부동산에 존재하였던 근저당권은 당연히 소멸하는 것이므로, 근저당권설정등기가 원인 없이 말소된 이후에 그 근저당 목적물인 부동산에 관하여 다른 근저당권자 등 권리자의 경매신청에 따라 경매절차가 진행되어 경락허가결정이 확정되고 경락인이 경락대금을 완납하였다면, 원인 없이 말소된 근저당권은 이에 의하여 소멸한다.

② 근저당권설정등기가 위법하게 말소되어 아직 회복등기를 경료하지 못한 연유로 그 부동산에 대한 경매절차에서 피담보채권액에 해당하는 금액을 전혀 배당받지 못한 근저당권자로서는 위 경매절차에서 실제로 배당받은 자에 대하여 부당이득반환청구의 소로 서 그 배당금의 한도 내에서 그 근저당권설정등기가 말소되지 아니하였더라면 배당받았을 금액의 지급을 구할 수 있을 뿐이고, 이미 소멸한 근저당권에 관한 말소등기의 회복등기를 위하여 현소유자를 상대로 그 승낙의 의사표시를 구할 수는 없다(대판 1998.10.2. 98다27197).

07 근저당권과 다른 권리의 관계

Ⅰ. 개설

Ⅱ. 다른 저당권

Ⅲ. 유치권

Ⅳ. 소유권이전청구권가등기

Ⅴ. 가압류

Ⅵ. 처분금지가처분

Ⅶ. 지상권

Ⅷ. 전세권

Ⅸ. 임차권

Ⅹ. 주택임차권

XI. 상가건물임차권

XII. 조세채권

XIII. 근로자의 임금우선변제권

XIV. 그 밖의 우선특권

Ⅰ. 개설

1. 담보가치의 결정요인

근저당권은 채무자의 채무불이행시 근저당 목적물을 경매 처분하여 그 매각대금으로부터 담보채권의 우선변제를 받는 권리이다. 따라서 근저당권의 담보가치는 첫째, 근저당 목적물이 경매절차에서 얼마의 가격으로 경매될 것인지와 둘째, 그 경매가격으로부터 근저당권자보다 우선변제 받을 수 있는 채권자의 채권액이 얼마나 되는지에 따라 결정된다. 담보가치의 결정요인인 이 두 가지 사항을 좀 더 구체적으로 살펴보면 다음과 같다.

첫째, 근저당 목적물의 경매가격은 근저당 목적물의 객관적인 가치인 시가에서, 그 근저당 목적물에 대한 여러 권리자들의 권리 중 매수인에게 인수되는 권리의 가액을 공제한 금액이 되는 것으로 보아야 한다. 예컨대 D가 제1순위로 전세금을 5천만 원으로 하는 전세권설정등기를 하고 있는 A소유의 시가 1억 원의 부동산에, K가 제2순위로 근저당권을 설정한 후 근저당 부동산이 경매되는 경우에, 그 경매가격은 시가 1억 원이 아니라 5천만 원이 되는 것이다. 이 경우는 매수인이 D의 전세권을 인수하게 되므로 일단 5천만 원에 매각허가 받은 후 소정의 전세기간이 만료되면 D에게 전세금 5천만 원을 내주고서야 매각허가 받은 부동산을 사용·수익할 수 있게 되는 것이기 때문이다.

둘째, 근저당 부동산의 담보가치는 근저당 부동산의 매각대금에서, 근저당권자보다 우선변제 받을 수 있는 채권자의 채권액을 공제한 금액이 되는 것으로 보아야 한다. 예컨대 A소유의 시가 1억 원의 부동산에 K가 제1순위로 채권최고액을 3천만 원으로 하는 근저당권을 설정하고, D가 제2순위로 전세금을 4천만 원으로 하는 전세권을 설정한 후, S가 제3순위로 근저당권을 설정하고자 하는 경우 그 담보가치는 3천만 원이 된다. 이 경우는 매수인이 K의 제1순위 근저당권과 D의 제2순위 전세권을 인수하지 않고 소멸하는 조건으로 경매 부동산의 소유권을 취득하게 되므로, 그 경매가격이 1억 원이 되지만 K와 D가 매각대금으로부터 S보다 우선변제를 받게 되는 것이기 때문이다.

2. 소멸주의와 인수주의

부동산을 소유자 자신이 임의로 매각할 경우에 있어서는, 매수인은 당연히 저당권·전세권 등의 부담이 있는 그 상태대로 소유권을 취득하게 된다. 그러나 경매절차라는 강제수단에 의하여 매각할 경우에 있어서는, 매수인에게 저당권·유치권·지상권·전세권 등의 부담을 인수시켜 소유권을 취득시킬 것인지, 아니면 그러한 부담을 모두 소멸시키고 완전한 소유권을 취득시킬 것인지에 관하여 입법 예가 나뉘어 있는데, 앞의 경우를 인수주의라 하고 뒤의 경우를 소멸주의라고 한다.

소멸주의는 ① 1회의 경매로 저당권 등 부동산상의 모든 부담을 소멸시켜 경매의 반복을 피하게 함으로써 비용을 절약하게 할 수 있다는 점, ② 매수인에게 완전한 소유권을 취득하게 하는 점 등의 장점이 있는 반면에, ① 가격여하에 불구하고 매각하여 부담을 소멸하게 함으로써 경매신청인보다 우선권을 가지는 권리자에게 그 뜻에 반하는 시기에 불충분하게 채권을 회수할 것을 강요하게 되어 부당하다는 점, ② 매수인으로 하여금 일시에 많은 대금을 지급하게 함으로써 경매를 곤란하게 할 수 있다는 점 등의 단점이 있다.

이에 대하여 인수주의는 ① 경매신청인 이외의 부동산상의 권리자에게 자신의 뜻에 반한 채권의 회수를 강요하지 않는 점, ② 매각대금이 소멸주의에 비하여 저렴할 것이므로 경매를 용이하게 할 수 있는 장점이 있는 반면에, 부동산의 모든 부담을 매수인이 인수하게 함으로써 매수인에게 무거운 부담을 주게 되는 단점이 있다.

현행법상 경매 부동산상의 부담으로서 매수인의 소유권취득으로 매수인에게 인수되지 아니하고 소멸하는 것으로는 ① 경매개시결정등기(민집 144ⅲ, 268), ② 저당권(민집 91②, 268), ③ 담보가등기(가담 13, 15), ④ 가압류등기(법률에 명문의 규정은 없으나 통설), ⑤ 배당요구한 전세권(91④, 268), ⑥ 배당요구한 보증금이 전액 변제되는 대항력 있는 주택임차권과 상가건물임차권(주임보 3의5, 상임보 8)을 들 수 있다. 특히 이들 권리는 경매신청인의 권리보다 선순위이건 후순위이건을 불문하고 매수인에게 인수되지 아니하고 소멸한다는 점에 그 특징이 있다.

그리고 경매 부동산상의 부담으로서 이 ① 내지 ⑥ 이외의 권리[244]는 ① 내지 ⑥의 모든 권리보다 선순위의 것이면 매수인에게 인수되는 반면, ① 내지 ⑥의 권리 중 어느 하나의 권리보다 후순위의 것이면 매수인의 소유권취득으로 소멸하는 ① 내지 ⑥의 권리와 함께 소멸하게 된다.

종래의 통설과 판례를 종합하여 경매부동산상 각종 부담의 소멸과 인수 여부를 정리하여 보면 다음과 같다. 또한 부동산을 대상으로 진행되는 국제징수법에 의한 공매절차에 있어서 공매 부동산상에 존재하는 각종의 부담으로서 매수인의 소유권취득으로 인수되거나 소멸되는 권리도 민사집행법에 의한 경매절차에 준한다(국징 92).

[참고] 경매부동산상 부담의 소멸과 인수

- **경매로 인하여 순위에 관계없이 소멸하는 것**
  - ① 경매개시결정등기
  - ② 저당권
  - ③ 담보가등기
  - ④ 가압류등기
  - ⑤ 배당요구의 종기까지 배당요구한 전세권
  - ⑥ 배당요구의 종기까지 배당요구한 보증금이 전액 변제되는 대항력 있는 주택임차권 또는 상가건물임차권
- **경매신청인의 권리보다 선순위인 ①~⑥의 권리가 없는 경우**
  - 원칙 - 인수
  - 예외 - 배당요구의 종기까지 배당요구한 대항력 있는 주택임차권 또는 상가건물임차권의 변제되는 보증금은 소멸하고 변제되지 않는 보증금은 인수
  - **①~⑥의 권리 이외의 것으로 경매신청인의 권리보다 후순위의 것 - 소멸**
- **경매신청인의 권리보다 선순위인 ①~⑥의 권리가 있는 경우**
  - **①~⑥의 권리 이외의 것으로 ①~⑥의 권리보다 선순위의 것**
    - 원칙 - 인수
    - 예외 - 배당요구의 종기까지 배당요구한 대항력 있는 주택임차권 또는 상가건물임차권의 변제되는 보증금은 소멸하고 변제되지 않는 보증금은 인수
  - **①~⑥의 권리 이외의 것으로 ①~⑥의 권리보다 후순위의 것 - 소멸**

244) ①~⑥의 권리 이외의 권리로는 진정한 소유권이전청구권가등기, 환매등기, 가처분등기, 지상권, 지역권, 배당요구하지 않은 전세권, 등기한 임차권, 배당요구하였으나 보증금이 전액 변제되지 아니하는 주택임차권 또는 상가건물임차권 등이 있다.

이하에서는 근저당권을 설정하려고 하는 부동산상에 존재하는 각종 권리를 대상으로 그 권리의 내용, 근저당권과의 관계, 그리고 그러한 권리가 있는 부동산의 담보가치에 대하여 알아보기로 한다.

Ⅱ. 다른 저당권

1. 일반원칙

동일한 부동산 위에 여러 개의 저당권(근저당권을 포함한다. 이하 같다)이 설정되어 있는 경우에, 그 여러 개의 저당권자 사이의 우선변제순위는 그 설정등기의 선후에 의하여 정하여진다. 따라서 후순위저당권자는 선순위저당권자가 우선변제를 받고 남은 잔액에 대하여만 우선변제를 받을 수 있게 된다. 다만 선순위의 저당권이 변제 기타의 사유로 인하여 소멸하면, 순위승진의 원칙[245]에 따라 후순위저당권의 순위가 한 단계 올라가게 된다.

2. 공동저당에 있어서의 후순위저당권자 보호

(1) 후순위저당권자 보호의 필요성

공동저당권에 있어서는 여러 개의 각 담보물상에 피담보채권 전액을 담보하는 여러 개의 저당권이 존재하므로, 공동저당권자는 채무자의 채무불이행시 담보물 전부에 대하여 동시나 순차로 또는 어느 담보물만을 선택하여 담보권을 실행할 수 있다. 그 결과 채권자의 선택여하에 따라서는 담보부동산의 후순위저

245) 저당권의 순위에 관한 원칙에는 순위승진의 원칙과 순위확정의 원칙이 있다. 순위승진의 원칙이란 예컨대 제1순위의 저당권이 변제 기타의 원인으로 소멸하면 그 후의 제2순위저당권과 제3순위저당권이 한 순위씩 올라가 제1순위저당권과 제2순위저당권이 되는 것을 말하고, 순위확정의 원칙이란 제1순위의 저당권이 소멸하더라도 제2순위저당권과 제3순위저당권의 순위에 변동이 생기지 않는 것을 말한다. 저당권의 순위에 관하여 어느 원칙을 취할 것인가는 입법정책상의 문제이나 우리나라의 경우는 순위승진의 원칙을 채용하고 있다.

당권자나 소유자 등에게 대단히 불공평한 결과를 가져올 수 있게 된다.

예컨대 A가 1억 원의 채권에 관하여 시가가 각각 1억 원인 X·Y부동산에 제1순위 공동저당권을 설정 받은 후, B와 C가 각각 1억 원의 채권에 관하여 X 및 Y부동산에 각각 제2순위 단독저당권을 설정 받았다고 할 때, 만일 A가 먼저 X부동산부터 담보권실행하여 1억 원의 우선변제를 받게 되면, B는 X부동산으로부터 전혀 우선변제를 받지 못하게 되는 반면, C는 Y부동산으로부터 1억 원의 채권 전액을 우선변제 받게 되고, 반대로 Y부동산부터 담보권실행하면, C는 전혀 우선변제를 받지 못하게 되는 반면, B는 1억 원 전액을 우선변제 받게 되는 불공평한 결과가 생기게 된다.

또한 위와 같은 결과를 그대로 인정한다면, 공동저당권의 목적물은 다른 물건과 공동으로 담보되고 있다는 것과는 관계없이, 채권자의 선택 여하에 따라 각 담보물이 피담보채권 전액에 대하여 책임지게 되는 경우가 생길 수 있게 되어, 공동담보물의 소유자가 공동담보물 중의 어느 하나만을 대상으로 후순위저당권을 설정하고 추가금융을 얻는 것을 극히 곤란하게 한다. 예컨대 앞의 예에서 B와 C는 최악의 경우 자신의 채권에 대하여 전혀 우선변제를 받지 못하는 결과가 발생할 수 있으므로 추가금융을 제공하지 않으려고 하게 되는 것이다.

위와 같은 결과는 채권자의 선택이라는 우연한 사정으로 인하여, 후순위담보권자 사이의 불공평을 초래하고, 나아가 소유자의 잉여담보가치 이용을 막아 합리적이라고 할 수 없다. 여기에서 민법은 공동담보권자의 자유선택권을 원칙적으로 존중하면서도, 각 저당목적물에 합리적인 부담을 할당하는 조치를 규정함으로써 소유자나 후순위저당권자의 지위를 보호하고 있다.

(2) 공동근저당부동산이 모두 채무자 소유인 경우

가. 동시배당시의 후순위근저당권자 보호

공동저당의 대상 부동산 전부를 동시에 경매하여 그 경매대가를 동시에 배당하는 때에는, 각 부동산의 경매대가에 비례하여 피담보채권의 분담을 정한다(민368①). 그리고 각 부동산에 관하여 그 비례안분액을 초과한 금액은 후순위저당권자 등에게 배당한다. 예컨대 A가 6천만 원의 채권에 관하여 X부동산(시가 6

천만 원)과 Y부동산(시가 4천만 원)에 제1순위 공동저당권을 설정 받은 후, B가 2천4백만 원의 채권에 관하여 X부동산에 대하여 제2순위 단독저당권을 설정 받고, 또한 C가 1천6백만 원의 채권에 관하여 Y부동산에 제2순위 단독저당권을 설정 받은 상태에서, X·Y부동산이 전부 경매되어 그 대가 1억 원을 배당한다고 하면, A는 X부동산으로부터 3천6백만 원[6천만 원 × 6/(6 + 4)], Y부동산으로부터 2천4백만 원[6천만 원 × 4/(6 + 4)]의 배당을 받고, B·C는 각각 X·Y부동산의 남은 대가 2천4백만 원과 1천6백만 원의 배당을 받게 된다.

위와 같은 민법 제368조 제1항의 규정은 주로 공동저당권자의 이익을 해하지 않을 정도로 그의 자의(恣意)를 막고, 그러함으로써 후순위저당권자 사이에서 공평을 유지하려는 취지의 것이다. 그런데 부동산의 경매대가의 배당에 참가하는 자는 저당권자에 한하지 않고 다른 담보권자·집행권원을 가지는 배당요구채권자·가압류채권자 등도 있어, 공동저당권자를 해하지 않는 범위에서 이들 여러 배당채권자를 보호한다는 것도 요구되므로, 이 규정은 부동산에 관하여 후순위저당권자가 있든 없든 이를 묻지 않고서 적용된다.[246)]

그리고 공동저당 부동산 중에 선순위저당권이 설정된 부동산이 있는 경우에는, 그 경매대가로부터 선순위저당권자가 우선변제를 받고 남은 대가를 기준으로 하여 그 부동산의 부담부분을 정하게 된다. 예컨대 위 사례에서 A의 공동저당권에 앞서 D가 2천만 원의 채권에 관하여 X부동산에 제1순위단독저당권을 설정 받았다고 하면, X·Y부동산의 경매대가 1억 원은 D가 X부동산으로부터 2천만 원을 배당받고, 다음에 A가 X부동산으로부터 3천만 원[6천만 원 × (6 - 2)/(6 - 2+4)]의 배당과 Y부동산으로부터 3천만 원[6천만 원 × 4/(6 - 2+4)]의 배당을 받으며, B·C는 각각 X·Y부동산의 남은 대가 1천만 원의 배당을 받게 된다.

나. 순차배당시의 후순위저당권자 보호

(가) 후순위저당권자의 대위권

공동저당의 대상 부동산 중에서 어느 부동산만이 경매되어 그 대가를 먼저 배당하는 경우에는, 공동저당권자는 그 대가로부터 채권 전부의 변제를 받을 수

246) 민법주해[Ⅷ] 186(조대현), 곽윤직 물권법 483, 김상용 물권법 744, 이영준 물권법 849, 이은영 물권법 796.

있다. 그러나 이 경우에 그 경매된 부동산의 후순위저당권자는, 만일 동시에 배당을 하였더라면 다른 부동산이 공동저당채권을 부담하였을 금액의 한도에서, 공동저당권자에 대위하여 그 저당권을 행사할 수 있다(민 368②). 예를 들면 앞의 예에서 X부동산의 경매대가 만을 먼저 배당하는 때에는, A는 그 대가 6천만 원에서 채권 6천만 원 전부의 변제를 받게 되며, 이때에 X부동산 위의 후순위저당권자인 B는, A가 공동저당의 목적인 다른 부동산으로부터 동시배당을 하였더라면 변제를 받았을 금액의 한도에서, 즉 Y부동산으로부터 2천4백만 원까지, A의 저당권을 대위행사해서 자기의 채권 2천4백만 원을 우선변제 받을 수 있다. B의 이러한 권리를 후순위저당권자의 대위권이라고 한다. 그리고 여기에서 후순위저당권자라 함은 공동저당권자의 바로 다음 순위의 저당권자뿐만 아니라, 그 이후의 저당권자 모두를 포함한다. 예를 들면 앞의 예에서 X부동산에 대한 B의 제2순위 저당채권액이 1천6백만 원이고, 그 다음에 E가 1천2백만 원의 채권에 관하여 제3순위의 저당권을 가지고 있었다고 하면, B뿐만 아니라 E도 Y부동산에 대한 A의 공동저당권에 대위할 자격이 있는 것이다. 그러나 이 경우 Y부동산으로부터 대위할 금액에 대한 B·E사이에서의 분배에 있어서는 B가 E에게 우선한다.

㈏ 일부 변제시의 대위권발생 여부

후순위저당권자의 대위권은 선순위공동저당권자가 피담보채권의 일부만을 변제받은 경우에도 인정되는지가 문제로 된다. 이에 관하여는 만일 이를 부정하면, 선순위공동저당권자가 어느 부동산의 대가 전액으로 그 채권의 일부만을 변제받은 경우에는, 그 저당부동산의 후순위저당권자는 담보권의 이익을 가질 수 없게 됨에 반하여, 다른 저당부동산의 후순위저당권자는 유리한 배당을 받게 되어 후순위저당권자 사이에 불공평한 결과를 가져온다는 이유로 긍정하는 것이 통설이다.247)

다만 이 경우 후순위저당권자의 대위권이 발생하는 시기는 선순위공동저당권자의 채권이 완제되는 때인 것으로 보아야 한다. 선순위공동저당권자가 어느 부

247) 민법주해[Ⅷ] 196(조대현), 곽윤직 물권법 484, 김상용 물권법 745, 이영준 물권법 851, 이은영 물권법 797.

동산의 경매대가로부터 피담보채권의 일부만을 배당받은 때에는, 피담보채권의 잔액을 변제받을 때까지 나머지 부동산에 대한 저당권을 행사할 수 있는 것인데, 그 전에 후순위저당권자의 대위권행사를 인정하면 이와 같은 선순위 공동저당권자의 권리가 침해되기 때문이다.[248]

㈐ 대위의 효력

대위에 의하여 선순위공동저당권자의 저당권은 후순위저당권자에게 법률상 당연히 이전하게 된다(민 187). 따라서 이 경우 후순위저당권자는 선순위공동저당권자에게 저당권의 이전등기를 청구할 수 있으며, 그 이전등기는 부기등기의 형식으로 한다.

이 경우 후순위저당권자가 대위의 부기등기를 하지 않고서도 대위권을 행사할 수 있는가. 아직 대위할 공동저당권자의 저당권설정등기가 말소되지 않고 있는 동안에는, 대위의 부기등기를 하지 않고서도 대위권을 행사할 수 있다는데 이론이 없다. 문제는 대위할 공동저당권자의 저당권설정등기가 말소된 경우에도 대위의 부기등기 없이 대위권을 행사할 수 있는지 여부이다. 이에 관하여는 견해가 대립되어 있다.

제1설은 말소된 후 새로운 저당권이 설정되었는지의 여부에 관계없이 대위를 할 수 있다고 한다. 제1설은 그 논거로서 ① 대위될 저당권등기가 말소된 경우와 그렇지 않은 경우를 구별할 근거가 없다는 점, ② 새로 저당권을 설정하려는 자는 등기부에 의하여 공동저당권이 말소된 사실과 후순위저당권이 있다는 사실을 알 수 있어 마땅히 대위를 예상할 수 있는 것이므로, 대위등기 없이 대위를 인정하더라도 거래의 안전을 해하는 것이 아니라는 점을 들고 있다.[249]

제2설은 말소된 후 새로운 저당권이 설정되었는지 여부에 관계없이 대위를 할 수 없다고 한다. 제2설은 그 논거로서 공동저당권등기가 말소된 때에는 그 공동저당권도 소멸하므로, 후순위자가 대위할 공동저당권이 존재하지 않게 되어 대위가 불가능하게 된다는 점을 들고 있다.[250]

---

248) 민법주해[Ⅷ] 196(조대현), 김상용 물권법 745, 이영준 물권법 851, 이은영 물권법 797.
249) 민법주해[Ⅷ] 201(조대현), 이영준 물권법 852.
250) 이은영 물권법 799.

제3설은 채무자나 저당권설정자에 대하여는 대위를 주장할 수 있으나, 말소된 후 제3자를 위한 저당권이 설정된 경우 그 제3자에 대하여는 대위를 주장할 수 없다고 한다. 제3설은 그 논거로서 채무자나 저당권설정자는 다른 부동산의 후순위자에 의하여 대위행사되는 것을 당연히 미리 예상하여야 할 처지에 있기 때문에 이들에 대하여 대위의 등기 없이도 대위를 주장할 수 있다고 하여도 좋으나, 대위될 저당권설정등기가 말소되고 그 후에 제3자를 위한 저당권이 설정된 경우에도 대위를 주장할 수 있는 것으로 하면 거래의 안전을 해치게 된다는 점을 들고 있다.[251]

제1설은 후순위저당권자는 보호할 수 있으나 거래의 안전에 문제가 있고, 제2설은 후순위저당권자의 대위가 법률에 의한 이전이라는 점을 고려하지 않고 있다는 점에서 문제가 있다. 따라서 이 점을 조화 있게 해결한 제3설이 타당하다.

㈑ 대위권발생 전의 후순위저당권자의 지위

앞에서 본 바와 같이 후순위저당권자의 대위권이 발생하는 시기는 공동저당권자가 채권전액의 변제를 받은 때이므로, 그 때까지 후순위저당권자는 어떠한 지위를 가지는지 문제로 된다.

이에 대하여는 대위권이 발생하기 전의 후순위저당권자는 단순히 장래 대위권을 취득할 수 있는 희망적 지위를 가지고 있음에 불과하다고 보아, 공동저당권자가 후순위저당권의 대상 부동산이 아닌 다른 공동저당부동산(즉, 장래 후순위저당권자의 대위목적물이 될 부동산)상의 저당권을 대위권이 발생되기 전에 포기하면, 후순위저당권자는 대위권을 취득할 수 없게 된다고 하는 견해가 있을 수 있다.

그러나 이와 같이 볼 경우에는 공동저당권자의 자의(恣意)에 의하여 어떤 부동산의 부담이 증대됨으로써, 그 부동산상의 후순위저당권자는 그 부동산만으로 공동저당권자의 총 채권액을 부담할 것을 각오하지 않으면 아니 되게 되어, 담보가치의 고정화를 피하고 부동산소유자 및 후순위저당권자를 보호하려는 민법 제368조 제2항의 취지를 관철할 수 없게 된다.

---

251) 곽윤직 물권법 485, 김상용 물권법 746, 장경학 물권법 837.

따라서 대위권발생 전의 후순위저당권자의 지위도 단순히 희망적 지위로서의 반사적 이익을 가진 자가 아닌 일종의 권리자로서 보호되어야 한다. 다만 그 보호의 방법이 문제인 바, 이에 관하여는 ① 공동저당권자가 후순위저당권의 목적으로 되어 있지 않은 부동산 위의 저당권을 포기하려면 후순위저당권자의 동의가 있어야 한다는 견해[252], ② 후순위저당권자의 동의가 없어도 저당권을 포기할 수 있으나, 후에 후순위저당권이 존재하는 부동산을 경매하는 경우에는, 그 경매대금을 배당함에 있어 그 포기의 목적물인 부동산의 가액에 비례한 안분액(즉, 공동저당권자의 포기가 없었다면 후순위저당권자가 대위할 수 있는 금액) 만큼, 후순위저당권자에 대하여 우선변제를 받을 없게 된다는 견해[253], ③후순위저당권자의 동의 없이도 저당권을 포기할 수 있으나, 후순위저당권자의 동의 없이 한 저당권의 포기는 후순위저당권자에 대하여 대항할 수 없다는 견해[254] 등이 주장되고 있으나 대법원판례는 ②의 견해를 채택하고 있다.

①②의 견해는 공동저당권자의 담보권행사에 관한 자유선택권을 후퇴시킴으로써 후순위저당권자를 보호하려는 것이나, 이것은 공동저당권자의 자유선택권을 존중하고 그와 조화시킬 수 있는 범위에서 후순위저당권자의 이익을 보호하려는 민법의 취지에 부합되지 않아 타당하다고 할 수 없다. 그리고 ③의 견해는 후순위저당권자의 보호에 치중한 나머지 거래의 안전을 해하게 되어 타당하지 않다.

따라서 이 문제는 다음과 같이 해결하는 것이 타당하다고 본다. 즉, 보통의 경우는 ③의 견해에 따르되, 공동저당권자의 저당권포기에 따른 말소등기 후 동 부동산상에 새로운 이해관계인(새로운 저당권의 설정 등)이 생긴 때에는, 그 이해관계인과의 관계에서는 대위권보전의 가등기 시점과 그 이해관계인의 대항력 구비 시점(저당권의 설정등기일자 등)을 비교하여 그 우선순위를 가리도록 하는

---

252) 김상용 물권법 746, 김용한 물권법 594.

253) 일본대법원결정 소화 11(1936). 7. 14. 일본최고재판소 소화 44(1969). 7. 3(민법주해[VIII] 178 참조).

254) 이영준 물권법 852. 이 견해에 의하면 후순위저당권의 목적으로 되어 있지 않은 부동산 위의 저당권을 포기한 후 후순위저당권의 목적물인 부동산이 경매되는 때에, 선순위공동저당권자는 그 경매대금으로부터 채권 전액에 대하여 우선변제를 받을 수 있으나, 이 경우 후순위저당권자는 마치 포기가 없었던 경우와 같이 포기의 목적물인 부동산에 대하여 민법 제368조 제2항에 따라 대위권을 행사할 수 있다는 것이 된다.

것이다. 이와 같이 해석하는 것이 선순위공동저당권자의 담보권행사에 관한 자유선택권과 후순위저당권자의 보호 및 거래의 안전보호의 요청을 가장 조화 있게 충족시킬 수 있을 것이기 때문이다.

판례 7-1

선순위 공동저당권자가 일부 부동산에 대한 저당권을 포기한 경우의 법률관계

채무자 소유의 수개 부동산에 관하여 공동저당권이 설정된 경우 민법 제368조 제2항 후문에 의한 후순위저당권자의 대위권은 선순위 공동저당권자가 공동저당의 목적물인 부동산 중 일부의 경매대가로부터 배당받은 금액이 그 부동산의 책임분담액을 초과하는 경우에 비로소 인정되는 것이지만, 후순위저당권자로서는 선순위 공동저당권자가 피담보채권을 변제받지 않은 상태에서도 추후 공동저당 목적 부동산 중 일부에 관한 경매절차에서 선순위 공동저당권자가 그 부동산의 책임분담액을 초과하는 경매대가를 배당받는 경우 다른 공동저당 목적 부동산에 관하여 선순위 공동저당권자를 대위하여 저당권을 행사할 수 있다는 대위의 기대를 가진다고 보아야 하고, 후순위저당권자의 이와 같은 대위에 관한 정당한 기대는 보호되어야 하므로, 선순위 공동저당권자가 피담보채권을 변제받기 전에 공동저당 목적 부동산 중 일부에 관한 저당권을 포기한 경우에는, 후순위저당권자가 있는 부동산에 관한 경매절차에서, 저당권을 포기하지 아니하였더라면 후순위저당권자가 대위할 수 있었던 한도에서는 후순위저당권자에 우선하여 배당을 받을 수 없다고 보아야 하고, 이러한 법리는 공동근저당권의 경우에도 마찬가지로 적용된다고 보아야 한다(대판 2009.12.10. 2009다41250).

(3) 공동근저당부동산 일부가 물상보증인 소유인 경우

가. 문제의 소재

공동근저당부동산의 일부가 채무자 소유가 아닌 물상보증인 소유인 경우 예컨대 K은행이 채무자 A소유의 X부동산(시가 4억 원)과 물상보증인 D소유의 Y부동산(시가 6억 원)을 대상으로 채권최고액을 6억 원으로 하는 제1순위 공동근저당권을 설정한 후, H은행이 X부동산을 대상으로 채권최고액을 4억 원으로 하는 제2순위 단독근저당권을 설정하고, S은행이 Y부동산을 대상으로 채권최고액을 4억 원으로 하는 제2순위 단독근저당권을 설정한 경우에는 후순위근저당권자 뿐만 아니라 물상보증인도 보호하여야 한다는 점에서 후순위근저당권자와 물상보증인 중 누구를 우선적으로 보호하여야 하는지 문제로 된다. 이에 관하여는 먼저 순차배당이 이루어지는 경우와 동시배당이 이루어지는 경우의 순서로 설명하기로 한다.

나. 순차배당이 이루어지는 경우

(가) 물상보증인 소유의 부동산이 먼저 경매되는 경우

위의 예에서 물상보증인 D의 소유인 Y부동산이 먼저 경매되어 그 배당할 금액이 6억 원인 경우, X·Y부동산의 제1순위 공동근저당권자 K은행, 채무자 A 소유의 X부동산에 대한 제1순위 근저당권자 H은행, Y부동산의 소유자 D 및 Y 부동산의 제2순위 근저당권 S은행 사이의 법률관계가 어떤지 문제로 된다.

우선 K은행이 6억 원 전액을 배당받고 Y부동산에 대한 K은행과 S은행의 근저당권이 소멸하게 되는 점에 대해서는 이론이 없다. 그러나 아직 경매되지 않은 X부동산에 대하여 K은행, H은행, D 및 S은행이 어떤 권리를 가지고 의무를 부담하는지에 대해서는 물상보증인 D의 변제자대위권(민 481)과 X부동산의 제2순위 근저당권자 H은행의 우선변제권 중 어느 쪽을 우선시키는지에 따라 결론이 달라진다.

먼저 변제자대위권을 우선시키면 Y부동산의 소유자인 물상보증인 D가 그 구상권[255]의 범위에서 채무자 A소유의 X부동산에 대한 채권자 K은행의 제1순위 근저당권을 전부 대위하게 됨으로써 후일 X부동산이 경매되는 경우 제2순위 근저당권자인 H은행은 배당받을 금액이 없게 된다.

다음에 후순위근저당권자대위권을 우선시키면 X부동산이 먼저 경매된 경우라도 X부동산에 대한 제2순위 근저당권자인 H은행은 후일 Y부동산이 경매되는 경우에 X·Y부동산이 동시에 경매되었더라면 배당받았을 금액[256]만큼 Y부동산에 대한 K은행의 제1순위 근저당권을 일부 대위하여 배당을 받는 것이므로(민 368②) Y부동산이 먼저 경매되는 경우에도 X·Y부동산이 동시에 경매되었더라면 배당받을 수 있는 금액만큼 배당받게 되고 그에 따라 물상보증인 D가 대위변제자로서 배당받을 금액이 그 만큼 줄어들게 된다.

---

255) 이 경우 물상보증인 D가 채무자인 A에 대하여 취득하게 되는 구상권의 범위는 주채무액 6억 원과 면책된 날 이후의 법정이자 및 피할 수 없는 비용·기타의 손해배상액이다(민 441, 425②). 그리고 면책된 날 이후의 법정이자 및 피할 수 없는 비용·기타의 손해배상액에 관하여는 주채무자 A와 다른 약정이 있으면 그 약정에 따른다.

256) X·Y부동산이 동시에 경매되어 그 배당할 금액이 10억 원이라고 하면, K은행은 X부동산으로부터 2억 4천만 원[6억 × 4/(10)], Y부동산으로부터 3억 6천만 원[6억 × 6/(10)]의 배당을 받고, H은행은 X부동산으로부터 1억 6천만 원의 배당을 받으며, S은행은 Y부동산으로부터 2억 4천만 원의 배당을 받는다는 것이 된다.

변제자의 대위권과 후순위근저당권자의 대위권 중 어느 쪽을 우선시킬 것인지에 관하여는 주채무자 A소유의 부동산에 대한 후순위근저당권자인 H은행을 우선적으로 보호하여야 한다는 견해[257]와 물상보증인 D를 우선적으로 보호하여야 한다는 견해[258]가 대립되어 있다. 앞의 견해는 공동저당의 목적물을 제공하여 물상보증인이 된 자는 부동산의 가격(경매대가)에 따른 피담보채권의 안분액 만은 이를 부담할 것을 감수한 것으로 보아야 한다는 점을 논거로 하고, 뒤의 견해는 공동저당의 목적물 중에 채무자의 소유물과 물상보증인의 소유물이 같이 있는 경우에는, 물상보증인은 채무자 소유의 부동산으로 담보되지 않은 금액에 한해서 자신의 부동산으로 담보책임을 진다는 기대를 가지는데 채무자와 물상보증인 소유의 부동산을 동일하게 취급하여 후순위저당권자에게 우선권을 줌으로써 위와 같은 물상보증인의 기대를 깨뜨린다는 것은 타당하지 않다는 점을 논거로 한다. 뒤의 견해가 타당하다. 대법원판례도 같다.

다만, 물상보증인 D가 X부동산에 대한 K은행의 제1순위 근저당권을 행사할 수 있으려면 등기부상 K은행이 근저당권자로 등기되어 있는 것을 대위의 부기등기에 의하여 D앞으로 이전시키는 등기를 하여야 하고, 이 경우 K은행은 대위의 부기등기에 의한 근저당권의 D앞 이전등기에 협력할 의무가 있다(민 484①).

그리고 Y부동산에 대한 경매에서 매수인의 소유권취득으로 제2순위 근저당권이 소멸한 S은행은 물상대위의 법리(민 342, 370)에 따라 그 근저당권설정자인 D가 변제자대위에 의하여 취득한 X부동산에 대한 제1순위 근저당권을 압류함으로써 X부동산의 경매대가로부터 그 채권최고액의 범위에서 우선배당을 받을 수 있다.

만일 대위의 부기등기를 하지 않은 사이에 K은행이 X부동산에 대한 제1순위 근저당권을 말소하고 A가 다른 채권자에게 새로이 근저당권을 설정하는 등 다른 이해관계인이 생긴 때에는 D와 S은행은 변제자대위 및 물상대위에 기하여 대항할 수 없다는 것이 대법원판례이다. 다만 이 경우 D는 K은행에 대하여 대위에의 협력의무 위반을 이유로 X부동산의 경매대금으로부터 우선배당을 받을 있었을 금액만큼의 손해배상을 청구할 수 있다.

---

257) 김상용 물권법 747, 김용한 물권법 595, 이영준 물권법 854, 장경학 839.
258) 곽윤직 물권법 486, 이은영 물권법 798.

판례 7-2

순차배당시의 후순위저당권자와 물상보증인의 경합

(1) 공동저당의 목적인 채무자 소유의 부동산과 물상보증인 소유의 부동산에 각각 채권자를 달리하는 후순위 저당권이 설정되어 있는 경우, 물상보증인 소유의 부동산에 대하여 먼저 경매가 이루어져 그 경매대금의 교부에 의하여 1번 저당권자가 변제를 받은 때에는 물상보증인은 채무자에 대하여 구상권을 취득함과 동시에 민법 제481조, 제482조의 규정에 의한 변제자대위에 의하여 채무자 소유의 부동산에 대한 1번 저당권을 취득하고, 이러한 경우 물상보증인 소유의 부동산에 대한 후순위 저당권자는 물상보증인에게 이전한 1번 저당권으로부터 우선하여 변제를 받을 수 있다. 따라서 자기 소유의 부동산이 먼저 경매되어 1번 저당권자에게 대위변제를 한 물상보증인은 1번 저당권을 대위취득하고, 그 물상보증인 소유의 부동산의 후순위 저당권자는 1번 저당권에 대하여 물상대위를 할 수 있으므로, 물상보증인이 대위취득한 선순위 저당권설정등기에 대하여는 말소등기가 경료될 것이 아니라 물상보증인 앞으로 대위에 의한 저당권이전의 부기등기가 경료되어야 하고, 아직 경매되지 아니한 공동저당물의 소유자로서는 1번 저당권자에 대한 피담보채무가 소멸하였다는 사정만으로 말소등기를 청구할 수 없다(대판 2012.7.26. 2010다78708).

(2) 공동근저당의 목적인 채무자 갑 소유 부동산과 물상보증인 을 소유 부동산 중 을 소유 부동산에 먼저 경매가 이루어져 공동근저당권자인 병이 변제를 받았는데, 을 소유 부동산에 대한 후순위저당권자 정이 을 명의로 대위의 부기등기를 하지 않고 있는 동안 병이 임의로 갑 소유 부동산에 설정되어 있던 공동근저당권을 말소하였고, 그 후 갑 소유 부동산에 무 명의의 근저당권이 설정되었다가 경매로 그 부동산이 매각된 경우, 민법 제482조 제2항 제1호에 의하여 갑과 정은 무에게 대항할 수 없다(대판 2011.8.18. 2011다30666,30673).

㈏ 채무자 소유의 부동산이 먼저 경매되는 경우

위의 예에서 채무자 A의 소유인 X부동산이 먼저 경매되어 그 배당할 금액이 4억 원인 경우, X·Y부동산의 제1순위 공동근저당권자 K은행, 채무자 A소유의 X부동산에 대한 제1순위 근저당권자 H은행, Y부동산의 소유자 D 및 Y부동산의 제2순위 근저당권 S은행 사이의 법률관계가 어떤지 문제로 된다.

이 경우도 K은행이 4억 원 전액을 배당받고 X부동산에 대한 K은행과 H은행의 근저당권이 소멸하게 되는 점에 대해서는 이론이 없다. 그러나 아직 경매되지 않은 Y부동산에 대하여 K은행, H은행, D 및 S은행이 어떤 권리를 가지고 의무를 부담하는지에 대해서는 물상보증인 D의 변제자대위권(민 481)과 X부동산에 대한 H은행의 후순위근저당권자대위권 중 어느 쪽을 우선시키는지에 따라 결론이 달라진다.

변제자대위권을 우선시키면 X부동산의 제2순위 근저당권자는 Y부동산에 대한 K은행의 제1순위 근저당권을 대위할 수가 없는 반면, 후순위근저당권자대위권을 우선시키면 X·Y부동산이 동시에 경매되었더라면 배당받았을 금액[259] 만큼 Y부동산에 대한 K은행의 제1순위 근저당권을 일부 대위하여 배당 받을 수 있게 되지만, 물상보증인 소유의 부동산이 먼저 경매되는 경우에서 본 바와 같이 물상보증인의 변제자대위권을 우선시키는 것이 타당하므로 H은행은 Y부동산에 대한 K은행의 제1순위 근저당권을 대위할 수가 없는 것으로 보는 것이 타당하다.

그리고 이 경우 X·Y부동산의 제1순위 공동근저당권자 K은행은 그 피담보채권 중 아직 4억 원만 우선배당을 받은 것이므로 불가분성에 따라 Y부동산에 대하여 아직 2억 원의 우선배당을 받을 권리가 남아 있다. 따라서 후일 Y부동산이 경매되면 그 매각대금 중 2억 원을 K은행에 제1순위로 배당하고 잔여 금액을 S은행에 제2순위로 배당한다.

다. 동시배당이 이루어지는 경우

위의 예에서 X·Y부동산이 동시에 경매되어 배당할 금액이 X부동산 4억 원·Y부동산 6억 원 합계 10억 원인 경우 이 10억 원을 제1순위 공동근저당권자인 K은행, 물상보증인 D, X부동산의 제2순위 단독근저당권 H은행 및 Y부동산의 2순위 단독근저당권 S은행 사이에 어떻게 배당할 것인지 문제로 된다.

이에 관하여도 물상보증인과 후순위근저당권자 중 누구의 권리를 우선시키는지에 따라 그 결론이 달라진다. 물상보증인의 권리를 우선시키면 주채무자 소유 부동산의 배당할 금액을 가지고 모두 배당하지 못한 채권액에 한하여 물상보증인 소유 부동산의 배당할 금액을 가지고 K은행에 배당하여야 하기 때문에 X부동산의 배당할 금액 4억 원과 Y부동산의 배당할 금액 6억 원 중 2억 원 합계 6억 원을 K은행에 배당하고, Y부동산의 배당할 금액 6억 원 중 잔여

259) X·Y부동산이 동시에 경매되어 그 배당할 금액이 10억 원이라고 하면, K은행은 X부동산으로부터 2억 4천만 원[6억 × 4/(10)], Y부동산으로부터 3억 6천만 원[6억 × 6/(10)]의 배당을 받고, H은행은 X부동산으로부터 1억 6천만 원의 배당을 받으며, S은행은 Y부동산으로부터 2억 4천만 원의 배당을 받는다는 것이 된다.

4억 원은 S은행에 배당하여야 한다.[260] 이에 대하여 후순위근저당권자의 권리를 우선시키면 공동저당의 목적물을 제공하여 물상보증인이 된 자는 부동산의 가격(경매대가)에 따른 피담보채권의 안분액 만큼은 이를 부담할 것을 감수한 것으로 보아야 하기 때문에 X부동산으로부터 2억 4천만 원[6억 × 4/(10)], Y부동산으로부터 3억 6천만 원[6억 × 6/(10)]을 K은행에 배당하고, X부동산의 잔여 금액 1억 6천만 원은 H은행에 그리고 Y부동산의 잔여 금액 2억 4천만 원은 S은행에 배당하여야 한다.

그러나 동시배당이 이루어지는 경우도 순차배당이 이루어지는 경우와 마찬가지의 이유에서 물상보증인의 권리를 우선시키는 것이 타당하다. 대법원판례도 같다.

판례 7-3

동시배당시의 후순위저당권자와 물상보증인의 경합

공동저당권이 설정되어 있는 수개의 부동산 중 일부는 채무자 소유이고 일부는 물상보증인의 소유인 경우 위 각 부동산의 경매대가를 동시에 배당하는 때에는, 물상보증인이 민법 제481조, 제482조의 규정에 의한 변제자대위에 의하여 채무자 소유 부동산에 대하여 담보권을 행사할 수 있는 지위에 있는 점 등을 고려할 때, "동일한 채권의 담보로 수개의 부동산에 저당권을 설정한 경우에 그 부동산의 경매대가를 동시에 배당하는 때에는 각 부동산의 경매대가에 비례하여 그 채권의 분담을 정한다"고 규정하고 있는 민법 제368조 제1항은 적용되지 아니한다고 봄이 상당하다. 따라서 이러한 경우 경매법원으로서는 채무자 소유 부동산의 경매대가에서 공동저당권자에게 우선적으로 배당을 하고, 부족분이 있는 경우에 한하여 물상보증인 소유 부동산의 경매대가에서 추가로 배당을 하여야 한다(대판 2010.4.15. 2008다41475).

(4) 공동근저당부동산 일부가 제3취득자의 소유인 경우

제1순위 공동근저당부동산 중의 일부나 전부에 관하여 제3취득자가 생긴 경우에는 제3취득자와 공동근저당부동산의 제2순위 단독근저당권이 어느 시점에 설정된 것인지 및 공동저당부동산중 어느 부동산에 제2순위 단독근저당권이 설정된 것인지에 따라 그 법률관계가 다르다.

260) 물상보증인을 우선적으로 보호하여야 한다는 입장에서 보면 Y부동산의 배당할 금액 6억 원 중 잔여 4억 원은 그 소유자인 D에게 반환되어야 하지만, 이는 Y부동산에 S은행의 근저당권 등이 설정되어 있지 않은 경우이고 이 사례에서는 D로부터 설정받은 S은행의 근저당권이 있으므로 그 근저당권자인 S은행에 배당하여야 하는 것이다.

우선 K은행이 채무자 A소유의 X부동산(시가 4억 원)과 Y부동산(시가 6억 원)을 대상으로 채권최고액을 4억 원으로 하는 제1순위 공동근저당권을 설정하고, 이어서 A가 X부동산을 대상으로 H은행에 채권최고액을 4억 원으로 하는 제2순위 단독근저당권을 설정한 후, Y부동산을 매각하여 제3취득자가 생긴 경우 그 제3취득자에 대한 관계에서는 X부동산에 대한 제2순위 근저당권자의 권리가 제3취득자의 변제자대위권에 우선하는 것으로 보아야 한다. 이 경우는 H은행이 X부동산을 대상으로 제2순위 근저당권을 설정할 때에 X부동산과 공동저당관계에 있는 Y부동산의 소유권이 A에게 귀속되고 있어 제1순위 공동근저당권자인 K은행이 채권최고액 6억 원의 범위에서 X·Y부동산으로부터 각각의 가액에 안분한 금액만큼 제1순위로 배당받고 X부동산의 배당액 중 제1순위에 배당되고 남은 잔액을 제2순위로 배당받을 기대를 가지는 것이고, X부동산에 대한 제2순위 근저당권설정이 있은 후 A로부터 Y부동산의 소유권을 취득하는 제3취득자로서도 그러한 기대를 전제로 소유권을 취득한다고 보는 것이 타당하기 때문이다.

따라서 위의 예에서 ⑴ X·Y부동산이 동시에 경매되어 그 배당할 금액이 10억 원이라고 하면 K은행이 X·Y부동산으로부터 각각 2억 4천만 원과 3억 6천만 원을 배당받고 H은행이 X부동산으로부터 1억 6천만 원 그리고 S은행이 Y부동산으로부터 2억 4천만 원을 배당받게 되고 ⑵ X부동산이 먼저 경매되어 배당할 금액이 4억 원이면 K은행이 4억 원 전액을 배당받고 H은행은 1억 6천만 원의 범위에서 Y부동산에 대한 K은행이 제1순위 근저당권을 일부대위하여 후일 Y부동산이 경매되어 배당할 금액이 6억 원이면 K은행과 H은행 및 S은행이 각각 2억 원과 1억 6천만 원 및 2억 4천만 원을 배당받게 되며 ⑶ X부동산이 먼저 경매되어 배당할 금액이 6억 원이면 K은행은 6억 원 전액을 배당받고 S은행은 X부동산에 대한 K은행의 제1순위 근저당권을 변제자로서 동시경매 되었더라면 제1순위 근저당권자로서 우선배당받았을 금액의 범위에서 대위하여 후일 X부동산이 경매되어 그 배당할 금액이 4억 원이면 H은행 과 S은행이 각각 1억 6천만 원과 2억 4천만 원을 배당받게 된다.

같은 이유에서 A가 Y부동산을 대상으로 S은행에 채권최고액을 4억 원으로 하는 제2순위 단독근저당권을 설정한 후, X부동산을 매각하여 제3취득자가 생긴 경우도 그 제3취득자에 대한 관계에서는 Y부동산에 대한 제2순위 근저당권자의 권리가 제3취득자의 변제자대위권에 우선하는 것으로 보아야 한다.

반면에 K은행이 채무자 A소유의 X부동산(시가 4억 원)과 Y부동산(시가 6억 원)을 대상으로 채권최고액을 6억 원으로 하는 제1순위 공동근저당권을 설정하고, 이어서 A가 Y부동산을 매각하여 제3취득자가 그 소유권을 취득한 후, A가 X부동산을 대상으로 H은행에 채권최고액을 4억 원으로 하는 제2순위 단독근저당권을 설정한 경우는 제3취득자의 변제자대위권이 X부동산에 대한 제2순위 근저당권자 H은행의 권리에 우선하는 것으로 보아야 한다. 이 경우 Y부동산의 제3취득자는 물상보증인과 다르지 않기 때문이다.

따라서 (1) X·Y부동산이 동시에 경매되어 그 배당할 금액이 10억 원이라고 하면 K은행이 X·Y부동산으로부터 각각 4억 원과 2억 원을 배당받고 Y부동산의 배당 잔액 4억 원은 제3취득자에게 반환되고 (2) X부동산이 먼저 경매되어 배당할 금액이 4억 원이면 K은행이 4억 원 전액을 배당받고 후일 Y부동산이 경매되어 배당할 금액이 6억 원이면 K은행이 2억 원을 배당받고 잔액 4억 원은 제3취득자에게 반환되며 (3) Y부동산이 먼저 경매되어 배당할 금액이 6억 원이면 K은행이 6억 원 전액을 배당받고 제3취득자는 X부동산에 대한 K은행의 제1순위 근저당권을 채무자 A에 대한 구상권의 범위에서 대위하여 후일 X부동산이 경매되어 배당할 금액이 4억 원이면 4억 원 전액을 배당받게 된다.

같은 이유에서 K은행이 채무자 A소유의 X부동산(시가 4억 원)과 Y부동산(시가 6억 원)을 대상으로 채권최고액을 6억 원으로 하는 제1순위 공동근저당권을 설정하고, 이어서 A가 X부동산을 매각하여 제3취득자가 그 소유권을 취득한 후, A가 Y부동산을 대상으로 S은행에 채권최고액을 4억 원으로 하는 제2순위 단독근저당권을 설정한 경우도 제3취득자의 변제자대위권이 Y부동산에 대한 제2순위 근저당권자 S은행의 권리에 우선하는 것으로 보아야 한다.

III. 유치권

1. 유치권제도의 개요

(1) 유치권의 의의

유치권이란 타인의 물건 또는 유가증권을 점유한 자가 채권의 변제가 있을 때까지, 그 물건 또는 유가증권을 유치할 수 있는 권리(민 320~328, 상 58)를 말한다. 예를 들면 TV 등 가전제품을 인도받아 수선한 자가 수선비를 지급받을 때까지 가전제품의 인도를 거절할 수 있고, 건물의 용익권자가 필요비나 유익비[261]를 지급한 경우에 필요비나 유익비를 지급받을 때까지 또는 건물을 인도받아 리모델링한 자가 리모델링비를 지급받을 때까지 건물의 인도를 거절할 수 있는 권리가 유치권인 것이다.

유치권도 채권담보의 목적을 가진다는 점에서는 근저당권 등의 다른 담보물권과 같다. 그러나 근저당권의 경우는 당사자 사이의 근저당권설정계약과 근저당권설정등기에 의하여 성립되는 약정담보물권인 반면, 유치권은 소유자와 채권자와의 사이의 계약에 의하여 설정되는 것이 아니라 법이 정하는 일정한 객관적 요건을 갖춤으로써 발생하는 이른바 법정담보물권이라는 점에서 구분된다.

(2) 유치권의 유형

유치권은 그 발생원인이 민법에 의한 것인지 상법에 의한 것인지에 따라 민사유치권(민 320①)과 상사유치권(상 58, 91, 111, 120, 147 등)으로 구분된다. 민

---

261) 필요비란 근저당부동산을 통상적으로 사용하기에 적합한 상태로 유지하고 보존하기 위하여 지출한 비용으로 통상의 필요비와 그 이외의 필요비로 구분된다. 통상의 필요비는 부동산의 사용에 필요한 일상적인 지출비용을 말하고, 그 이외의 필요비는 부동산의 사용에 필요한 임시 또는 특별한 지출비용을 말한다. 타인의 부동산에 필요비를 지출한 자라 하여도 그 부동산의 과실을 취득하거나 그 부동산을 이용하는 경우에는 통상의 필요비는 상환청구할 수 없고(민 203①, 대판 1964.7.14. 63다1119 참조), 그 이외의 필요비에 한하여 상환청구할 수 있을 뿐이다. 유익비란 근저당부동산의 객관적 가치를 증가시키기 위하여 지출한 비용을 말한다. 타인의 부동산에 유익비를 지출한 자는 그 가액의 증가가 현존하는 경우에 한하여 소유자의 선택에 따라 그 지출금액이나 증가액의 상환청구를 할 수 있다(민 203③).

사유치권과 상사유치권은 그 유치적 효력에 있어서는 차이가 없고, 그 성립요건에 있어서 다음과 같은 차이가 있다.

민사유치권이 성립되려면 담보채권이 대상부동산에 관하여 생긴 것이어야 한다(민 320①). 즉 담보채권과 대상부동산 사이에 견련관계가 있어야만 유치권이 성립하게 된다. 그리고 담보채권과 대상부동산 사이의 견련관계는 담보채권이 대상부동산 자체로부터 발생한 경우나, 담보채권이 대상부동산의 반환청구권과 동일한 법률관계 또는 동일한 사실관계로부터 발생한 경우에 인정될 수 있다.

이에 대하여 상사유치권은 단지 상인 간의 상행위에 기하여 채권을 가지는 사람이 채무자와의 상행위(그 상행위가 채권 발생의 원인이 된 상행위일 것이 요구되지 아니한다)에 기하여 채무자 소유의 물건을 점유하는 것만으로 바로 성립한다는 점에 특징이 있다.

(3) 유치권자의 권리

가. 유치권

유치권자는 그 담보채권의 전액을 변제받을 때까지 목적물을 점유하고 인도를 거절할 권리가 있다. 그리고 유치권은 대세적 효력이 있는 권리는 물권에 속하므로 채무자에 대해서는 물론이고 제3자에 대해서도 행사할 수 있다. 행사할 수 있다는 것은 유치권에 의하여 담보되는 채권을 변제하지 아니하면 목적물을 인도하지 않을 수 있다는 것을 말한다.

또한 유치권자는 대상부동산이 경매되는 경우에 그 매수인에 대해서도 유치권을 행사할 수 있다. 그리고 이는 부동산경매절차에서 유치권자가 유치권에 대한 권리신고를 하지 않아 법원이 매각물건명세서상에 유치권의 존재를 기재하지 않음으로써 매수인이 유치권이 존재하지 않은 것으로 하여 매수신고를 하였다 하더라도 마찬가지이다. 민사집행법은 부동산경매절차에 관하여 「매수인은 유치권자(留置權者)에게 그 유치권(留置權)으로 담보하는 채권을 변제할 책임이 있다(민집 91⑤, 275)」고 규정함으로써 그 권리신고를 전제로 하고 있지 않기 때문이다. 따라서 이 경우 매수인은 유치권자에게 유치권에 의하여 담보되는 채권을 변제하여야만 유치권자로부터 경매부동산의 인도를 받을 수 있다.

그러나 유치권은 유치권자가 대상목적물에 대한 점유를 잃으면 소멸한다. 또한 유치권은 법정담보물권으로서 담보채권에 부종하는 성질이 있으므로 담보채권이 발생하지 않으면 성립하지 않고, 성립하였어도 어떤 원인으로든 담보채권이 소멸하면 소멸한다.

나. 임의경매청구권과 우선변제권

유치권자는 유치권에 의하여 담보되는 채권의 변제를 받기 위하여 유치물을 경매할 수 있다(민 322①). 경매는 민사집행법에서 규정하는 담보권실행을 위한 경매의 예에 따라 실시한다(민집 274). 또한 정당한 이유있는 때에는 유치권자는 감정인의 평가에 의하여 유치물로 직접 변제에 충당할 것을 법원에 청구할 수 있다. 이 경우에는 유치권자는 미리 채무자에게 통지하여야 한다(민 322②).

유치권은 담보물권이기는 하나 근저당권 등 다른 담보물권과 같이 우선변제권이 있는 것이 아니다. 따라서 유치권자는 유치권의 대상목적물이 경매되는 경우에도 그 매각대금으로부터 배당을 요구하여 우선변제를 받을 수 없다.

그러나 유치권자는 그 유치권에 의하여 담보되는 채권의 변제가 없으면 대상목적물의 매수인 등 누구에 대해서도 그 대상목적물을 계속 점유하고 인도를 거부할 수 있는 대세적 권리를 가지고 있다(민 320①, 민집 91⑤ 참조)는 점에서 사실상 최우선변제권자로서의 지위를 가진다고 할 수 있다.

다. 그 밖의 권리

유치권자는 유치물의 과실을 수취하여 다른 채권보다 먼저 그 채권의 변제에 충당할 수 있다. 그러나 과실이 금전이 아닌 때에는 경매하여야 한다(민 323①). 과실은 먼저 채권의 이자에 충당하고 그 잉여가 있으면 원본에 충당한다(민 323②). 유치권자는 유치물의 보존에 필요한 범위에서 유치물을 사용할 수 있다(민 324②단).

유치권자가 유치물에 관하여 필요비를 지출한 때에는 소유자에게 그 상환을 청구할 수 있다(민 325①). 유치권자가 유치물에 관하여 유익비를 지출한 때에는 그 가액의 증가가 현존한 경우에 한하여 소유자의 선택에 좇아 그 지출한 금액이나 증가액의 상환을 청구할 수 있다. 그러나 법원은 소유자의 청구에 의하여 상당한 상환기간을 허여할 수 있다(민 325②).

(4) 유치권자의 의무

유치권자는 선량한 관리자의 주의로 유치물을 점유하여야 한다(민 324①). 또한 유치권자는 채무자의 승낙 없이 유치물의 사용, 대여 또는 담보제공을 하지 못한다(민 324②본). 유치권자가 선량한 관리자의 주의로 유치물을 점유하지 아니하거나, 유치권자가 채무자의 승낙 없이 유치물의 사용, 대여 또는 담보제공을 한 때에는 채무자는 유치권의 소멸을 청구할 수 있다(민 324③). 이 청구권은 형성권의 일종으로 유치권자에 대한 일방적인 의사표시로 유치권 소멸의 효력이 생긴다.

2. 근저당권과의 관계

(1) 상호관계

유치권이 성립되어 있는 부동산이라고 하여 그 소유자가 근저당권을 설정할 수 없는 것이 아니고 또한 근저당권이 설정되어 있는 동산이라고 하여 유치권이 성립될 수 없는 것도 아니다. 따라서 양자는 동일한 부동산을 대상으로 하여 병존할 수 있다.

그런데 동일한 부동산을 대상으로 유치권과 근저당권이 병존하는 상태에서 대상부동산이 경매되는 경우, 유치적 효력이라는 유치권의 특성으로 인하여 근저당권은 유치권에 영향을 미칠 수 없는 반면, 유치권은 근저당권에 상당한 영향을 미치게 된다.

(2) 유치권이 근저당권에 미치는 영향

동일한 부동산을 대상으로 유치권과 근저당권이 병존하는 상태에서 대상 부동산이 경매되는 경우 그 매수인은 유치권에 의하여 담보되는 채권액을 변제하여야만 유치권자로부터 대상 부동산의 인도를 받을 수 있으므로 대상 부동산의 매수가액을 그 담보채권액만큼 적게 할 것이고 그에 따라 근저당권자가 배당받을 수 있는 금액도 그만큼 적어지게 된다는 점에서 근저당권에 영향을 미치게 된다. 또한 이와 같은 효과는 유치권이 근저당권이 설정된 후에 성립된 경우도 마찬가지로 발생하게 된다. 근저당권이 설정된 후에 유치권이 성립한 경우에도 유치권자는 그 유치권에 의하여 담보되는 채권이 변제되지 않는 한 누구에 대해서도 대상목적물의 인도를 거절할 수 있는 권리를 가지고 있기 때문이다.

대법원판례도 「부동산 경매절차에서의 매수인은 민사집행법 제91조 제5항에 따라 유치권자에게 그 유치권으로 담보하는 채권을 변제할 책임이 있는 것이 원칙이나, 채무자 소유의 건물 등 부동산에 경매개시결정의 기입등기가 경료되어 압류의 효력이 발생한 후에 채무자가 위 부동산에 관한 공사대금 채권자에게 그 점유를 이전함으로써 그로 하여금 유치권을 취득하게 한 경우, 그와 같은 점유의 이전은 목적물의 교환가치를 감소시킬 우려가 있는 처분행위에 해당하여 민사집행법 제92조 제1항, 제83조 제4항에 따른 압류의 처분금지효에 저촉되므로 점유자로서는 위 유치권을 내세워 그 부동산에 관한 경매절차의 매수인에게 대항할 수 없다. 그러나 이러한 법리는 경매로 인한 압류의 효력이 발생하기 전에 유치권을 취득한 경우에는 적용되지 아니하고, 유치권 취득시기가 근저당권설정 후라거나 유치권 취득 전에 설정된 근저당권에 기하여 경매절차가 개시되었다고 하여 달리 볼 것은 아니다」고 한다.[262)]

판례 7-4

유치권과 근저당권의 관계

① 우리 법에서 유치권제도는 무엇보다도 권리자에게 그 목적인 물건을 유치하여 계속 점유할 수 있는 대세적 권능을 인정한다(민법 제320조 제1항, 민사집행법 제91조 제5항 등 참조). 그리하여 소유권 등에 기하여 목적물을 인도받고자 하는 사람(물건의 점유는 대부분의 경우에 그 사용수익가치를 실현하는 전제가 된다)은 유치권자가 가지는 그 피담보채권을 만족시키는 등으로 유치권이 소멸하지 아니하는 한 그 인도를 받을 수 없으므로 실제로는 그 변제를 강요당하는 셈이 된다. 그와 같이 하여 유치권은 유치권자의 그 채권의 만족을 간접적으

262) 대판 2009.1.15. 2008다70763.

로 확보하려는 것이다. 그런데 우리 법상 저당권 등의 부동산담보권은 이른바 비점유담보로서 그 권리자가 목적물을 점유함이 없이 설정되고 유지될 수 있고 실제로도 저당권자 등이 목적물을 점유하는 일은 매우 드물다. 따라서 어떠한 부동산에 저당권 또는 근저당권과 같이 담보권이 설정된 경우에도 그 설정 후에 제3자가 그 목적물을 점유함으로써 그 위에 유치권을 취득하게 될 수 있다. 이와 같이 저당권 등의 설정 후에 유치권이 성립한 경우에도 마찬가지로 유치권자는 그 저당권의 실행절차에서 목적물을 매수한 사람을 포함하여 목적물의 소유자 기타 권리자에 대하여 위와 같은 대세적인 인도거절권능을 행사할 수 있다. 따라서 부동산유치권은 대부분의 경우에 사실상 최우선순위의 담보권으로서 작용하여, 유치권자는 자신의 채권을 목적물의 교환가치로부터 일반채권자는 물론 저당권자 등에 대하여도 그 성립의 선후를 불문하여 우선적으로 자기 채권의 만족을 얻을 수 있게 된다. 이렇게 되면 유치권의 성립 전에 저당권 등 담보를 설정받고 신용을 제공한 사람으로서는 목적물의 담보가치가 자신이 애초 예상·계산하였던 것과는 달리 현저히 하락하는 경우가 발생할 수 있다. 이와 같이 유치권제도는 "시간에서 앞선 사람은 권리에서도 앞선다"는 일반적 법원칙의 예외로 인정되는 것으로서, 특히 부동산담보거래에 일정한 부담을 주는 것을 감수하면서 마련된 것이다.

유치권은 목적물의 소유자와 채권자와의 사이의 계약에 의하여 설정되는 것이 아니라 법이 정하는 일정한 객관적 요건(민법 제320조 제1항, 상법 제58조, 제91조, 제111조, 제120조, 제147조 등 참조)을 갖춤으로써 발생하는 이른바 법정담보물권이다. 법이 유치권제도를 마련하여 위와 같은 거래상의 부담을 감수하는 것은 유치권에 의하여 우선적으로 만족을 확보하여 주려는 그 피담보채권에 특별한 보호가치가 있다는 것에 바탕을 둔 것으로서, 그러한 보호가치는 예를 들어 민법 제320조 이하의 민사유치권의 경우에는 객관적으로 점유자의 채권과 그 목적물 사이에 특수한 관계(민법 제320조 제1항의 문언에 의하면 "그 물건에 관한 생긴 채권"일 것, 즉 이른바 '물건과 채권과의 견련관계'가 있는 것)가 있는 것에서 인정된다. 나아가 상법 제58조에서 정하는 상사유치권은 단지 상인 간의 상행위에 기하여 채권을 가지는 사람이 채무자와의 상행위(그 상행위가 채권 발생의 원인이 된 상행위일 것이 요구되지 아니한다)에 기하여 채무자 소유의 물건을 점유하는 것만으로 바로 성립하는 것으로서, 피담보채권의 보호가치라는 측면에서 보면 위와 같이 목적물과 피담보채권 사이의 이른바 견련관계를 요구하는 민사유치권보다 그 인정범위가 현저하게 광범위하다.

이상과 같은 사정을 고려하여 보면, 유치권제도와 관련하여서는 거래당사자가 유치권을 자신의 이익을 위하여 고의적으로 작출함으로써 앞서 본 유치권의 최우선순위담보권으로서의 지위를 부당하게 이용하고 전체 담보권질서에 관한 법의 구상을 왜곡할 위험이 내재한다. 이러한 위험에 대처하여, 개별 사안의 구체적인 사정을 종합적으로 고려할 때 신의성실의 원칙에 반한다고 평가되는 유치권제도 남용의 유치권 행사는 이를 허용하여서는 안 될 것이다.

② 채무자가 채무초과의 상태에 이미 빠졌거나 그러한 상태가 임박함으로써 채권자가 원래라면 자기 채권의 충분한 만족을 얻을 가능성이 현저히 낮아진 상태에서 이미 채무자 소유의 목적물에 저당권 기타 담보물권이 설정되어 있어서 유치권의 성립에 의하여 저당권자 등이 그 채권 만족상의 불이익을 입을 것을 잘 알면서 자기 채권의 우선적 만족을 위하여 위와 같이 취약한 재정적 지위에 있는 채무자와의 사이에 의도적으로 유치권의 성립요건을 충족하는 내용의 거래를 일으키고 그에 기하여 목적물을 점유하게 됨으로써 유치권이 성립하였다면, 유치권자가 그 유치권을 저당권자 등에 대하여 주장하는 것은 다른 특별한 사정이 없는 한 신의칙에 반하는 권리행사 또는 권리남용으로서 허용되지 아니한다. 그리고 저당권자 등은

> 경매절차 기타 채권실행절차에서 위와 같은 유치권을 배제하기 위하여 그 부존재의 확인 등을 소로써 청구할 수 있다고 할 것이다.
>
> ③ 채무자 갑 주식회사 소유의 건물 등에 관하여 을 은행 명의의 1순위 근저당권이 설정되어 있었는데, 2순위 근저당권자인 병 주식회사가 갑 회사와 건물 일부에 관하여 임대차계약을 체결하고 건물 일부를 점유하고 있던 중 을 은행의 신청에 의하여 개시된 경매절차에서 유치권신고를 한 사안에서, 경매개시결정 기입등기가 마쳐지기 전에 임대차계약이 체결되어 병 회사가 건물 일부를 점유하고 있으며, 병 회사의 갑 회사에 대한 채권은 상인인 병 회사와 갑 회사 사이의 상행위로 인한 채권으로서 임대차계약 당시 이미 변제기에 도달하였고 상인인 병 회사가 건물 일부를 임차한 행위는 채무자인 갑 회사에 대한 상행위로 인한 것으로 인정되므로, 병 회사는 상사유치권자로서 갑 회사에 대한 채권 변제를 받을 때까지 유치목적물인 건물 일부를 점유할 권리가 있으나, 위 건물 등에 관한 저당권 설정 경과, 병 회사와 갑 회사의 임대차계약 체결 경위와 내용 및 체결 후의 정황, 경매에 이르기까지의 사정 등을 종합하여 보면, 병 회사는 선순위 근저당권자인 을 은행의 신청에 의하여 건물 등에 관한 경매절차가 곧 개시되리라는 사정을 충분히 인식하면서 임대차계약을 체결하고 그에 따라 유치목적물을 이전받았다고 보이므로, 병 회사가 선순위 근저당권자의 신청에 의하여 개시된 경매절차에서 유치권을 주장하는 것은 신의칙상 허용될 수 없다(대판 2011.12.22. 2011다84298).

3. 유치권에 대한 근저당권자의 대응방안

(1) 근저당권설정 당시 유치권이 존재하는 경우

근저당권을 설정하려고 하는 부동산에 관하여 다른 채권자의 유치권이 존재하는 때에는 근저당권자로서는 그 유치권자의 담보채권에 해당하는 금액만큼 낮추어 그 담보가액을 인정하는 방법으로 대응하면 된다.

(2) 근저당권설정 후 유치권이 성립한 경우

가. 신의칙에 반하여 성립된 또는 가공의 유치권 신고에 따른 대응방안

근저당권을 설정할 당시에는 유치권이 존재하지 않았으나 근저당권을 설정한 후에 유치권이 성립한 경우라도 그 유치권에 의하여 담보되는 채권이 근저당부동산의 필요비나 유익비에 해당하는 경우에는 그 필요비나 유익비는 근저당부동산의 보존이나 가액상승에 기여한 것이므로 근저당권자의 채권보전에 지장을

초래하지 않는다.[263]

문제는 근저당권의 실행으로서 하는 경매절차에 있어서 채무자와 담합한 제3자가 집행법원에 유치권을 신고함으로써 경매부동산의 매각가액이 낮아져 채권보전에 지장이 초래되는 경우이다. 특히 상사유치권의 성립에는 담보채권과 유치권 사이의 견련관계를 요하지 않는다는 점을 이용하여 근저당부동산의 소유자가 신의칙에 반하여 특정의 채권자에게 근저당부동산의 점유를 이전시켜 그 채권자가 상사유치권을 취득하게 함으로써 사실상으로 최우선변제 받을 수 있게 해준다거나 또는 가공의 유치권을 만들어 대항해 오는 경우가 있는데 이에 대한 근저당권자의 대응방안이 무엇인지 문제로 된다. 위와 같은 경우 근저당권자로서의 대응방안은 다음 2가지이다. 첫째는 당해 경매절차의 일시정지를 명하는 재판(민집 266①v)을 구하여 경매절차를 일시 정지시킨 후 상사유치권자 또는 가공의 유치권자를 상대로 사해행위취소청구의 소(민 406)를 제기하거나, 상사유치권자의 권리행사를 신의성실의 원칙에 반하는 권리남용으로서 배제하는 유치권부존재확인의 소를 제기하여[264] 당해 경매절차에서 유치권을 주장할 수 없도록 한 후 경매절차를 진행시키는 것이다. 그리고 둘째는 당해 경매절차에 참가하여 대상부동산을 매수한 후 상사유치권자 또는 가공의 유치권자를 상대로 사해행위취소 및 유치물인도청구의 소를 제기하거나, 상사유치권자의 권리행사를 신의성실의 원칙에 반하는 권리남용으로서 배제하는 유치권부존재확인 및 유치물인도청구의 소를 제기하여 유치권의 존재를 부인하고 유치권자로부터 대상부동산을 인도받아 처분하는 것이다.

---

263) 필요비나 유익비 상환청구권자는 경매절차에서의 매각대금으로부터 최우선배당을 받는 것과 배당을 받지 아니하고 매수인에게 유치권으로서 대항하여 담보채권을 변제받고 대상부동산을 인도하는 것 중 선택할 수가 있으나, 어느 경우든 이로 인하여 근저당권자에게 불이익이 되는 것은 아니다. 필요비나 유익비가 지출되지 않은 경우에 비하여 필요비나 유익비가 지출됨으로써 그 만큼 대상부동산의 가치가 유지되거나 높아진 것이기 때문이다. 또한 최우선배당을 받으려면 첫 매각기일 이전으로 법원이 정한 배당요구의 종기까지 배당을 요구하여야 하는데, 배당요구가 있으면 매수인은 유치권을 인수하지 않는다는 것을 전제로 매수가격을 신고할 것이므로 경매부동산의 매각가액을 떨어뜨리는 요인이 되지 아니하고, 배당요구가 없으면 유치권이 매수인에게 인수되어 매각가액을 떨어뜨리는 대신 유치권자가 매각대금으로부터 담보채권의 최우선배당을 받을 수 없게 되어 역시 근저당권자가 배당받을 금액에 차이가 나는 것도 아니다.

264) 대판 2011.12.22. 2011다84298 참조.

나. 매수신고 후 유치권의 존재를 안 경우의 대응방안

근저당목적물에 대하여 진행된 경매절차에서 근저당권자가 매각기일에 유치권의 존재를 알지 못한 상태에서 매수신고를 하여 최고가매수신고인이 된 후 유치권의 존재를 알게 된 때에는 다음과 같이 대응하여 구제받을 수 있다.

아직 매각허가결정이 나기 전인 경우에는 매각허가결정이 있기 전까지 민사집행법 제121조 제6호에서 규정하는「부동산에 관한 중대한 권리관계가 변동된 사실이 경매절차의 진행 중에 밝혀진 때」를 이유로 경매법원에 매각허가에 대한 이의신청(민집 120, 268)을 하여 매각불허가결정이 나도록 하여 구제받아야 하고,[265] 매각허가결정이 난 후 매각허가결정이 확정되기 전인 경우에는 즉시항고를 하는 방법으로 구제받을 수 있으며(민집 130, 268), 매각허가결정이 확정된 뒤에는 매각대금을 낼 때까지 매각허가결정의 취소신청을 하여 구제받을 수 있다(민집 127, 268).

매수인이 매각대금을 납부하여 소유권을 취득한 이후에는 유치권으로 인하여 소유권취득의 목적을 달성할 수 없는 경우에는 경매목적물의 소유자에 대하여 경매의 해제를 하고 매수대금의 반환을 청구할 수 있고 그 밖의 경우는 유치권에 의하여 담보되는 채권액만큼 매수대금의 감액을 청구할 수 있다(민 578①, 575①). 이 경우 경매목적물의 소유자가 자력(資力)이 없는 때에는 매수인은 배당을 받은 채권자에 대하여 그 대금전부나 일부의 반환을 청구할 수 있다(민 578②). 그리고 이 경우 경매목적물의 소유자가 유치권의 존재를 알고 고지하지 아니하거나 집행채권자가 유치권의 존재를 알고 경매를 청구할 때에는 매수인은 이를 안 경매목적물의 소유자나 채권자에 대하여 손해배상을 청구할 수 있다(민 578③).

265) 대법원 2007.5.15. 자 2007마128 결정도「부동산 임의경매절차에서 매수신고인이 당해 부동산에 관하여 유치권이 존재하지 않는 것으로 알고 매수신청을 하여 이미 최고가매수신고인으로 정하여졌음에도 그 이후 매각결정기일까지 사이에 유치권의 신고가 있을 뿐만 아니라 그 유치권이 성립될 여지가 없음이 명백하지 아니한 경우, 집행법원으로서는 장차 매수신고인이 인수할 매각부동산에 관한 권리의 부담이 현저히 증가하여 민사집행법 제121조 제6호가 규정하는 이의 사유가 발생된 것으로 보아 이해관계인의 이의 또는 직권으로 매각을 허가하지 아니하는 결정을 하는 것이 상당하다(대법원 2005.8.8.자 2005마643 결정 참조)」고 한다.

Ⅳ. 소유권이전청구권가등기

1. 가등기제도의 개요

(1) 가등기의 의의

후일에 하게 될 본등기의 순위를 보전하기 위하여 하는 등기를 가등기라고 한다. 가등기는 후일에 하게 될 본등기가 무엇인가에 따라 소유권이전청구권가등기와 전세권설정청구권가등기 및 저당권설정청구권가등기 등으로 구분하여 볼 수 있다.

현실의 거래에 있어서는 소유권이전청구권가등기가 주로 이용되고 있는 바 그 효용성을 보면 다음과 같다. 예컨대 K가 A에게 일정한 기간이 지나면 특정 부동산의 소유권이전등기를 해주기로 하였으나, K가 A에 대한 약속을 지키지 않고 다른 사람에게 대상 부동산의 소유권이전등기를 해 줄 경우, A는 K로부터 대상 부동산의 소유권이전등기를 받는 것이 불가능해지고, 대신 K에 대하여 금전에 의한 손해배상을 받을 수밖에 없게 되는데, 만일 이 때에 K가 손해배상을 할 변제자력이 없으면 A는 큰 손실을 보게 된다.

그런데 이 경우 A가 미리 소유권이전청구권가등기를 해두면, K가 A에 대한 약속을 지키지 않고 다른 사람에게 대상 부동산의 소유권이전등기를 해주더라도, 후일 A가 소유권이전청구권가등기에 기하여 본등기인 소유권이전등기를 하면, 그 소유권이전등기가 소유권이전청구권가등기일자에 이루어진 것으로 되어 그 이후에 이루어진 다른 사람에 대한 소유권이전등기 등이 모두 말소됨으로써 A는 대상 부동산의 소유권을 취득할 수 있게 된다.[266)]

소유권이전청구권가등기는 실제로 소유권이전청구권을 보전하기 위하여 하는 경우 이외에 일정액의 금전채권을 담보하기 위하여 하는 경우도 있다. 앞의 경

266) 가등기는 본등기의 순위를 보전하는 효력이 있을 뿐 가등기에 이어 본등기를 하였다고 하여 본등기의 효력이 가등일까지 소급하는 것은 아니다. 즉 소유권이전본등기를 한 경우 그 소유권 취득의 효력은 본등기를 한 때에 생기게 되고 가등기일까지 소급하는 것이 아니다. 따라서 가등기 후 본등기 전까지 제3자 앞으로 이루어진 소유권이전등기 등은 본등기를 함으로써 말소되기 까지는 유효하게 그 효력을 가진다.

우를 진정한 소유권이전청구권가등기(또는 줄여서 진정한 가등기)라고 하는 반면 뒤의 경우를 채권담보 목적의 소유권이전청구권가등기(또는 줄여서 담보가등기)라고 한다.

[참고]

1. 가등기의 기재(예시)

[갑구] (소유권에 관한 사항)				
순위번호	등기목적	접수	등기원인	권리자 및 기타사항
1	소유권보존	2010년 5월 12일 제○호		소유자 김갑동 (-) 서울 ○구 ○동 ---
2	소유권이전 청구권가등기	2012년 6월 20일 제○호	2012년 6월 20일 매매예약	권리자 이을동 (-) 서울 ○구 ○동 ---
3	소유권이전	2012년 8월 10일 제○호	2012년 8월 10일 매매	소유자 박병동 (-) 서울 ○구 ○동 --- 거래가액 ○○○원

2. 가등기에 기한 본등기의 기재(예시)

[갑구] (소유권에 관한 사항)				
순위번호	등기목적	접수	등기원인	권리자 및 기타사항
1	소유권보존	2010년 5월 12일 제○호		소유자 김갑동 (-) 서울 ○구 ○동 ---
2	소유권이전 청구권가등기	2012년 6월 20일 제○호	2012년 6월 20일 매매예약	권리자 이을동 (-) 서울 ○구 ○동 ---
	소유권이전	2013년 3월 20일 제○호	2013년 3월 20일 매매	소유자 이을동 (-) 서울 ○구 ○동 ---

[갑구] (소유권에 관한 사항)				
순위번호	등기목적	접수	등기원인	권리자 및 기타사항
3	소유권이전	2012년 8월 10일 제○호	2012년 8월 10일 매매	소유자 박병동 (-) 서울 ○구 ○동 --- 거래가액 ○○○원
4	3번소유권 이전등기말소	2013년 3월 20일 제○호	2013년 3월 20일 2번소유권 이전본등기	

(2) 진정한 소유권이전청구권가등기

진정한 가등기는 매매예약을 원인으로 한 특정한 부동산의 소유권이전등기청구권을 보전하기 위하여 하는 것이 보통이지만 매매계약을 원인으로 하여서도 할 수 있다. 예를 들면 매수인 D가 매도인 A와 매매계약을 체결하고 계약금을 지급한 후 1개월 후에 중도금, 다시 1개월 후에 잔금을 지급하기로 하였다고 할 때 매도인의 신용상태가 좋지 않아 계약금이나 중도금 지급 후 잔금 지급까지 매도인이 매매부동산의 소유권이전등기를 제3자에게 먼저 해주거나 매도인의 채권자가 매매부동산에 압류·가압류·가처분 등의 조치를 취할 염려가 있는 경우에는 매수인으로서는 계약금지급 단계에서 또는 중도금지급 단계에서 매수인에게 요구하여 미리 매매계약을 원인으로 한 소유권이전청구권가등기를 해둘 필요가 있는 것이다.

(3) 채권담보 목적의 소유권이전청구권가등기

가. 담보가등기의 의의

대물변제의 예약이나 매매의 예약을 원인으로 한 채권담보 목적의 소유권이전청구권가등기를 담보가등기라고 부른다. 담보가등기는 예컨대 A가 S로부터 1억원을 월 2%의 이율로 1년간 빌리면서, 원리금을 제대로 변제하지 못할 경우에는, S의 요구에 따라 X부동산(시가 2억원 상당)을 대물변제로서 S앞으로 소유권이전하기로 하거나(대물변제의 예약) 또는 원금과 소유권이전시까지의 이자의 합계액으로 S가 매수하기로(매매의 예약) 약정하고, 이 약정에 의하여 S가 가지게 되는 장래의 소유권이전등기청구권을 보전하기 위하여 X부동산에 소유권이전청구권보전을 위한 가등기를 한 후, A가 원리금의 변제를 완료하면 그 가등기를 말소하되, 제대로 변제하지 않으면 S는 예약완결권을 행사하여 X부동산에 대한 소유권이전의 본등기를 함으로써, X부동산의 소유권을 취득하거나 X부동산에 대한 경매를 신청하여 그 현금화대금으로부터 우선변제 받는 방식의 담보이다(가담 1 이하).

나. 담보가등기권의 실행

담보가등기권자가 채무자의 채무불이행시 담보가등기권을 실행하는 방법은 두 가지이다. 하나는 권리취득에 의한 실행이고 다른 하나는 경매에 의한 실행이다.

권리취득에 의한 실행은 채무자의 채무불이행시 가등기담보권자가 대상 목적물의 평가액과 피담보채권액을 산출하여 일정기간 내에 채무의 변제가 없으면 그 차액을 지급하고 본등기를 하겠다는 내용의 통지를 담보제공자에게 한 후, 채무자가 그 기간 내에 채무를 변제하지 않으면 담보제공자에게 그 차액을 지급하고서(차액이 없거나 부족한 때에는 지급 없이 바로) 소유권이전의 본등기를 청구하는 방법으로 한다.

경매에 의한 실행은 대상 부동산에 대하여 민사집행법에 의한 경매를 청구해서 그 매각대금으로부터 자기채권의 우선변제를 받는 방법이다. 이것은 권리취득에 의한 실행을 하려면 채무이행을 독촉하고서 그 이행에 필요한 유예기간(2개월 이상이어야 함)을 주어야 하고, 또한 피담보채권액보다 대상 목적물의 가액이 클 경우 그 차액을 현실적으로 담보제공자에게 지급하여야 한다는 점에서 담보권실행의 절차가 번거롭고 부담이 될 수 있기 때문에 가등기담보권자에게 담보권 실행방법에 관한 선택의 폭을 넓혀주기 위한 것이다.

다. 경매에 있어서의 담보가등기권자의 배당참가

담보가등기의 목적물에 대하여는 다른 권리자 즉 저당권자나 전세권자 및 일반채권자에 의하여서도 민사집행법에 의한 경매가 신청되어서 경매절차가 개시될 수 있는데, 이 경우 담보가등기권자의 법적지위가 어떠한가가 문제로 된다. 이에 관하여는 다음과 같은 3가지 방면에서의 검토를 요한다.

첫째는 담보가등기의 목적물에 대하여 다른 채권자의 신청에 의한 경매절차가 진행중인 경우에 담보가등기권자도 그 절차에 참가하여 배당을 받을 수 있는가 하는 점이다. 담보가등기권자가 스스로 경매청구하여 그 절차에서 채권의 만족을 얻을 수 있는 이상(가담 12①) 다른 채권자의 신청으로 경매절차가 개시된 경우라고 이를 달리 취급할 이유가 없으며, 또한 이 경우에 담보가등기권자의 배당참가를 인정하지 않는다면 경매절차의 안정을 크게 해치게 된다. 여기에서 가등기담보 등에 관한 법률은 담보가등기가 경료된 부동산에 대하여 다른 채권자에 의한 경매가 개시된 경우에 담보가등기권자는 다른 채권자보다 자기 채권의 우선변제를 받을 권리가 있다고 함으로써 담보가등기권자의 배당참가를 인정하고 있다(가담 13전). 그리고 또한 담보가등기권이 설정되어 있는 부동산에 관하여 경매가 행하여진 때에는 담보가등기권은 그 경매에 의한 부동산의 매각으로 소멸하는 것으로 규정함으로써(가담 15) 배당참가 이외의 방법으로 채권자가 만족을 얻을 수 없음을 명백히 하고 있다.

둘째는 다른 채권자의 신청에 의한 경매절차에 담보가등기권자가 배당참가할 수 있다고 할 때에 그 참가절차가 어떠한가 하는 점이다. 원래 특정부동산의 등기부상에 나타난 가등기의 기재만으로는 그것이 담보목적의 가등기인지의 여부나 피담보채권의 범위를 알 수가 없다. 따라서 이 경우의 경매절차에서 담보가등기권자가 배당을 받기 위해서는 그에 따른 특별한 절차를 필요로 하는 바, 이에 관하여 가등기담보 등에 관한 법률은 경매법원으로 하여금 가등기권리자에 대하여 그 가등기가 담보가등기인 때에는 그 내용 및 채권(이자 기타의 부수채권을 포함한다)의 존부·원인 및 수액을 담보가등기가 아닌 때에는 그 내용을 경매법원에 신고할 것을 최고하도록 하고(가담 16①), 이 최고에도 불구하고 담보가등기권자가 채권신고를 하지 않으면 배당을 받을 수 없는 것으로 하고 있다(가담 16②). 그리고 이 경우 채권신고에 따른 배당의 순위에 관하여는 그 담보가등기권리를 저당권으로 보고 그 담보가등기가 경료된 때에 그 저당권의 설정등기가 행하여진 것으로 보게 된다(가담 13후).

셋째는 다른 채권자의 신청에 의하여 경매절차가 진행되는 경우에 담보가등기권자는 권리취득에 의한 담보권실행을 할 수 없게 되고 그 경매절차에 참가하여서만 자기채권의 만족을 받을 수 밖에 없는가 하는 점이다. 이에 관하여 가등기담보 등에 관한 법률 제14조는 「담보가등기가 경료된 부동산에 대하여 경매 등 개시의 결정이 있는 경우에 그 경매의 신청이 청산금을 지급하기 전에 행하여진 때(청산금이 없는 경우에는 청산기간의 경과전)에는 담보가등기권리자는 그 가등기에 기한 본등기를 청구할 수 없다」고 규정함으로써 담보가등기권자로 하여금 그 후순위권리자의 신청으로 개시된 경매절차를 통해서만 우선변제를 받도록 하고 있다.

2. 근저당권과의 관계

(1) 상호관계

담보가등기와 근저당권은 양자 모두 채권담보를 목적으로 한다는 점에서 어느 한 쪽이 선순위이고 다른 한 쪽이 후순위인 상태로 병존하게 된다. 그리고 진정한 소유권이전청구권가등기와 근저당권도 가등기에 기하여 본등기가 이루어지기거나 대상 부동산에 경매절차가 실시되기 전까지는 독립하여 병존하게 된다.

그러나 가등기에 기하여 본등기가 이루어지거나 대상 부동산에 경매절차가 실시되어 매수인이 소유권을 취득하게 되면 가등기와 근저당권은 상호 영향을 미치게 된다. 구체적으로 어떠한 영향을 미치는지는 가등기와 근저당권설정등기 중 어느 것이 먼저 된 것인지에 따라 다르다. 이하에서 순차로 살펴보기로 한다.

(2) 담보가등기의 경우

가. 담보가등기권이 실행되는 경우

㈎ 권리취득에 의한 실행의 경우

㈀ 담보가등기권이 근저당권보다 선순위인 경우

담보가등기권이 근저당권보다 선순위인 경우는 담보가등기권자가 담보권을 실행하여 소유권이전의 본등기를 하면 담보가등기권자는 그 본등기의 순위를 가등기일을 기준으로 확보하게 되고, 그에 따라 담보가등기보다 후순위로 성립한 근저당권은 소멸하게 되어 등기관이 직권으로 말소하게 된다. 다만 이 경우 근저당권자는 담보가등기권자에 대하여 그 소유권취득을 위한 청산금의 범위에서 자신의 피담보채권에 대한 지급을 청구할 수 있다(가담 5).

(ㄴ) 담보가등기권이 근저당권보다 후순위인 경우

담보가등기권이 근저당권보다 후순위인 경우는 담보가등기권자가 담보권을 실행하여 소유권이전의 본등기를 함으로써 대상 부동산의 소유권을 취득하더라도 근저당권자의 지위에 아무런 영향을 미치지 않으며, 이 경우 담보가등기권자는 근저당권 부동산의 제3취득자가 된다. 즉, 이 경우 담보가등기권자는 근저당권의 부담이 있는 부동산의 소유권을 취득하게 되는 것이다. 따라서 담보가등기권자가 본등기를 함으로써 대상 부동산의 소유권을 취득한 이후라도 근저당권자는 담보채무의 변제가 없으면, 대상 부동산에 대하여 임의경매를 신청하여 그 매각대금으로부터 우선변제를 받는데 아무런 영향을 받지 않는다.

(나) 경매에 의한 실행의 경우

권리취득에 의한 실행이 번거롭다고 생각하면 담보가등기권자는 가등기가 담보가등기라는 사실과 담보의 내용을 증명하여 대상부동산에 대한 경매를 신청할 수 있으며, 이 경우 담보가등기권은 저당권으로 취급된다(가담 13).

담보가등기권자가 대상부동산에 경매를 신청하여 그 경매절차에서 매수인이 매각대금을 지급하여 대상부동산의 소유권을 취득하면 담보가등기권과 근저당권은 모두 소멸하고, 담보가등기권자와 근저당권자는 매각대금으로부터 그 순위에 따른 배당을 받게 된다.

나. 근저당권이 실행되는 경우

담보가등기권이 설정되어 있는 부동산에 대하여 근저당권자의 신청에 의한 경매가 개시된 경우에 담보가등기권자는 다른 채권자보다 자기채권을 우선변제 받을 권리가 있다. 이 경우 그 순위에 관하여는 그 담보가등기권리를 저당권으로 보고, 그 담보가등기를 마친 때에 그 저당권의 설정등기(設定登記)가 행하여진 것으로 본다(가담 13).

또한 담보가등기권이 설정되어 있는 부동산에 대하여 근저당권자의 경매신청에 따른 경매개시결정이 있는 경우에 그 경매의 신청이 청산금을 지급하기 전에 행하여진 경우(청산금이 없는 경우에는 청산기간이 지나기 전)에는 담보가등기권자는 그 가등기에 따른 본등기를 청구할 수 없게 된다(가담 14).

따라서 대상부동산에 대하여 근저당권자의 신청에 의한 경매절차가 개시되어 매수인이 매각대금을 납부하고 소유권을 취득하면 담보가등기권과 근저당권은 그 순위에 관계 없이 모두 소멸하고, 담보가등기권자와 근저당권자는 그 순위에 따른 배당을 받게 된다.

(3) 진정한 가등기의 경우

가. 가등기에 기한 본등기가 이루어지는 경우

㈎ 가등기권이 근저당권보다 선순위인 경우

대상 목적물에 대하여 근저당권에 기한 경매절차가 실시되기 전에 그 가등기에 기한 본등기가 이루어지면 그 본등기의 순위가 가등기일을 기준으로 확보된다. 따라서 예컨대 A소유의 부동산에 S가 소유권이전청구권가등기를 하고 이어 D가 근저당권실징등기를 하였다가, S가 소유권이전의 본등기를 하면 그 소유권이전의 순위가 가등기일을 기준으로 확보되고, 그에 따라 D의 근저당권설정등기는 A의 소유권에 저촉되어 등기관이 직권으로 말소하게 된다.[267]

㈏ 근저당권이 가등기권보다 선순위인 경우

근저당 목적물에 대한 경매절차가 실시되기 전에 그 가등기에 기하여 본등기가 이루어지면 그 가등기권자는 근저당 목적물의 제3취득자가 된다. 즉, 이 경우 가등기권자는 근저당권의 부담이 있는 부동산의 소유권을 취득하게 되는 것이다. 따라서 가등기권자가 본등기를 함으로써 대상 부동산의 소유권을 취득한 이후라도 근저당권자는 담보채무의 변제가 없으면, 대상 부동산에 대하여 임의경매를 신청하여 그 매각대금으로부터 우선변제를 받는데 아무런 영향을 받지 않는다.

나. 근저당권이 실행되는 경우

㈎ 가등기권이 근저당권보다 선순위인 경우

가등기에 의하여 보전하고자 한 본등기가 이루어지기 전에 대상 목적물에 대

267) 근저당권설정등기 이외에도 가등기 이후에 이루어진 지상권·전세권 등 다른 모든 권리도 함께 소멸하며 이들 중 등기된 권리는 A의 소유권에 저촉되어 등기관이 직권으로 말소하게 된다.

하여 근저당권에 기한 경매절차가 실시되면, 가등기는 매수인의 소유권취득으로 소멸하지 않고 매수인에게 승계된다. 따라서 예컨대 A소유의 부동산에 S가 소유권이전청구권가등기를 하고 이어 D가 근저당권설정등기를 하였다가 D의 신청으로 실시된 경매절차에서 M이 동 부동산의 소유권을 취득하였다면 M은 S의 소유권이전청구권가등기를 승계하게 된다. 그 결과 후일 S가 소유권이전의 본등기를 하게 되면 S는 가등기일자에 대상 부동산에 대한 소유권을 취득한 것이 되고, 그에 따라 M의 소유권이전등기는 S의 소유권에 저촉되는 것이 되어 등기관이 직권으로 말소하게 된다. 따라서 이러한 경우는 사실상 동 부동산에 대한 경매절차가 진행되기 어려울 것이다.

㈏ 근저당권이 가등기권보다 선순위인 경우

가등기에 기한 본등기가 이루어지기 전에 대상 목적물에 대한 경매절차가 실시되면, 그 가등기는 매수인의 소유권취득으로 선순위의 근저당권과 함께 소멸하게 된다.[268] 이 경우 가등기를 소멸시키지 않고 매수인에게 승계되는 것으로 하면 매수인이 없거나 매수가격이 매우 낮아지게 되어 매수대금으로부터 배당을 받아야 하는 선순위의 근저당권자가 큰 피해를 입게 되기 때문이다.

그리고 여기에서 가등기가 저당권보다 후순위라고 하는 것은, 제1순위의 근저당권과 제2순위의 가등기가 있는 상태에서 제1순위 근저당권자의 신청으로 경매절차가 실시되는 경우는 물론이고, 제1순위의 근저당권과 제2순위의 가등기 및 제3순위의 근저당권이 있는 상태에서 제3순위 근저당권자의 신청으로 경매절차가 실시되는 경우까지를 포함한다.

그런데 소유권이전청구권보전의 가등기권자는 대상 목적물이 경매되어 매수인이 소유권을 취득함으로써 그 가등기가 소멸하게 되더라도 담보권자가 아니기 때문에 매각대금으로부터의 우선배당을 요구하지 못한다. 다만 가등기권리의 상실에 따라 가등기의무자에 대하여 손해배상채권을 취득하게 되고 이 손해

268) 경매 목적물상에 가등기와 근저당권 이외에 ① 경매개시결정등기(민집 144iii), ② 다른 저당권(민집 91②), ③ 담보가등기(가담 13, 15), ④ 가압류등기(법률에 명문의 규정은 없으나 통설), ⑤ 배당요구한 전세권(91④), ⑥ 배당요구한 보증금이 전액 변제되는 대항력 있는 주택임차권과 상가건물임차권(주임보 3의5, 상임보 8)이 있는 때에 매수인의 소유권취득으로 가등기가 소멸하지 아니하고 매수인에게 인수되려면, 그 가등기는 근저당권을 물론이고 이들 ①~⑥보다 먼저 성립된 것이어야 한다.

배상청구권에 기하여 배당참가를 할 수는 있다.

그러나 이 경우의 배당참가는 일반채권자로서 하는 것이기 때문에 가등기보다 선순위로 등기한 근저당권자는 물론이고 후순위로 등기한 근저당권자보다 후순위로 배당받게 된다. 그 결과 선순위 근저당권자가 배당받고 남는 금액이 있다고 하더라도 가등기 후에 등기한 후순위근저당권자의 피담보채권액이 잔여금액을 초과하는 때에는 가등기권자는 전혀 배당을 받을 수 없게 된다. 예컨대 시가가 1억 원인 A소유의 부동산에 채권최고액을 2천만 원으로 하는 S앞 근저당권설정등기, D앞 소유권이전청구권가등기, 채권최고액을 8천만 원으로 하는 K앞 근저당권설정등기가 된 후 동 부동산에 경매절차가 진행되어 배당할 금액이 1억 원이라고 하면 동 배당금은 제1순위로 S에게 2천만 원, 제2순위로 K에게 8천만 원의 순위로 배당되고 D는 전혀 배당을 받지 못하게 되는 것이다.

따라서 이와 같은 경우 가등기권자가 그 권리를 보전하려면 자기보다 선순위의 근저당권에 의하여 담보되는 채권을 변제하고 그 근저당권을 말소시켜 가등기가 제1순위인 상태에서 경매가 실시되도록 하는 수밖에 없다. 예컨대 앞의 예에서 D가 S의 담보채권 2천만 원을 변제하여 그 근저당권을 소멸시키고 자신의 가등기가 제1순위인 상태에서 경매절차가 실시되도록 하면, 그 경매절차에서의 매수인은 D의 가등기를 승계하는 조건으로 동 부동산의 소유권을 취득하게 되고, 그에 따라 그 후 D가 소유권이전의 본등기를 할 경우 매수인 앞 소유권이전등기를 등기관이 직권으로 말소하게 되어 D의 권리가 보전되는 것이다.

그러면 이와 같은 효과를 얻기 위하여 가등기권자인 D는 언제까지 동 주택에 대한 S의 제1순위근저당권을 소멸시켜야 하는가. 이에 관하여는 여러 가지 견해가 있을 수 있으나 매수인이 매각대금을 지급하고서 소유권을 취득하기 전까지로 보아야 할 것으로 생각한다. 대법원의 판례도 비록 가등기에 관한 사안이 아니고 주택임대차에 관한 사안이기는 하나, 주택임차인이 선순위근저당권을 소멸시키고 자신의 주택임차권을 매수인에게 대항할 수 있게 할 수 있는 최종 시한이 언제까지인지에 관하여, 매각대금을 지급하고서 소유권을 취득하기 전까지라고 판시한 바 있다.[269)]

그런데 이렇게 되면 매수인은 D의 가등기권리가 소멸하는 것을 전제로 매수

---

269) 대결 1998.8.24. 98마1031 참조.

가격을 신고하였다가 이를 승계하게 됨으로써 가등기권리가 승계되는 부담을 안게 되어 손해를 보게 되는데, 이 경우 매수인이 D의 가등기를 승계하게 됨으로써 입게 되는 손해를 피하려면 부동산에 관한 중대한 권리관계가 변동된 사실이 경매절차의 진행 중에 밝혀진 것(민집 121vi)을 이유로 집행법원에 매각허가결정의 취소신청을 하여 구제받을 수밖에 없다(민집 127①).

3. 가등기에 대한 근저당권자의 대응방안

근저당권을 설정할 당시에 대상목적물에 가등기가 존재하지 않은 경우에는 대상부동산의 담보가액에 가등기를 고려할 필요가 없다. 근저당권이 설정된 후에 설정되는 가등기는 근저당부동산의 경매시 매수인에게 승계되지 아니하고 소멸하게 되므로 매수인이 매수신고가격에 가등기의 가액을 공제하지 않아 근저당권자가 배당받을 금액의 저감을 가져오지 아니하기 때문이다.

반면에 근저당권을 설정할 당시에 대상부동산에 가등기가 설정되어 있는 때에는 그 가등기가 진정한 가등기이면 담보가액을 전혀 인정할 수가 없고 담보가등기이면 그 가등기에 의하여 담보되는 채권액만큼 공제하여 담보가액을 인정하여야 한다. 담보가등기는 대상부동산의 경매시 저당권으로 취급되어 그 순위에 따른 배당을 받게 되기 때문이다.

그런데 근저당부동산의 등기부에 기재되어 있는 가등기의 내용만으로는 그것이 진정한 가등기인지 담보가등기인지를 알 수 없는 것이 보통이므로, 가등기가 되어 있는 부동산에 근저당권을 설정하려는 경우에 그 가등기가 진정한 가등기인지 아니면 담보가등기인지를 어떻게 구별하는가 하는 점이다. 이에 관하여는 소유자와 가등기권자로부터 그 가등기가 담보가등기란 점과 담보채권의 내용에 대한 확인서를 받은 경우 이외에는 진정한 가등기로 추정하고 업무처리를 하는 수밖에 없다.

대법원은 권리신고가 되지 않아 담보가등기인지 진정한 가등기인지 알 수 없는 경우에도 그 가등기가 등기부상 최선순위이면 집행법원으로서는 일단 이를 진정한 가등기로 보아 매수인에게 그 부담이 인수될 수 있다는 취지를 매각물건명세서에 기재한 후 그에 기하여 경매절차를 진행하면 된다고 한다. 이에 따라 실무에서는 제1순위의 소유권이전청구권가등기가 담보가등기임에도 담보가등기권자가 집행법원의 최고에도 권리신고를 하지 않아 매각기일에 계속 유찰이 이루어지는 경우 제2순위의 근저당권자가 어떻게 대응하여야 하는지 문제로 된다.

생각건대 이 경우 제2순위 근저당권자로서는 제1순위 소유권이전청구권가등기가 담보가등기임을 증명할 수 있는 자료가 있으면 이를 집행법원에 제출하여 집행법원이 매수인에 대한 관계에서 담보가등기권이 소멸하는 것을 전제로 경매가 이루어지도록 하면 된다. 문제는 제1순위 소유권이전청구권가등기가 담보가등기임을 증명할 수 있는 자료가 없는 경우인데, 이 때에는 계속 유찰되어 남을 가망이 없는 것으로 경매가 취소[270]되기를 기다리거나 또는 제2순위 근저당권자 자신이 당해 경매절차에 참가하여 최저가액으로 대상부동산을 매수한 후 담보가등기의 말소를 구하는 것[271] 중 선택하는 수밖에 없을 것으로 생각된다.

판례 7-5

담보가등기인지 진정한 가등기인지 알 수 없는 경우의 경매절차

부동산의 강제경매절차에서 경매목적 부동산이 낙찰된 때에도 소유권이전등기청구권의 순위보전을 위한 가등기는 그보다 선순위의 담보권이나 가압류가 없는 이상 담보목적의 가등기와는 달리 말소되지 아니한 채 낙찰인에게 인수되는 것인바, 권리신고가 되지 않아 담보가등기인지 순위보전의 가등기인지 알 수 없는 경우에도 그 가등기가 등기부상 최선순위이면 집행법원으로서는 일단 이를 순위보전을 위한 가등기로 보아 낙찰인에게 그 부담이 인수될 수 있다는 취지를 입찰물건명세서에 기재한 후 그에 기하여 경매절차를 진행하면 족한 것이지, 반드시 그 가등기가 담보가등기인지 순위보전의 가등기인지 밝혀질 때까지 경매절차를 중지하여야 하는 것은 아니다 (대결 2003.10.6. 2003마1438).

---

270) 집행법원은 최저매각가격으로 「압류채권자의 채권에 우선하는 부동산의 모든 부담과 절차비용」을 변제하면 남을 것이 없겠다고 인정한 때에는 압류채권자에게 이를 통지하여야 하며, 이 통지를 받은 날로부터 1주 이내에 압류채권자가 대상부동산상의 모든 부담과 절차비용을 변제하고 남을 만한 가격을 정하여 그 가격에 맞는 매수신고가 없을 때에는 자기가 그 가격으로 매수할 것을 신청하면서, 충분한 보증을 제공하지 아니하면 경매절차를 취소하여야 한다 (민집 102①②). 이는 시간과 비용의 낭비만을 초래할 뿐 압류채권자가 아무 것도 얻는 것이 없는 무익한 경매절차가 진행되는 것을 방지하기 위한 것이다.

271) 그러나 경매절차에 참가하여 대상부동산을 매수하는 것은 경매부동산에 존재하는 소유권이전청구권가등기가 담보가등기로 판명되면 큰 이익이 될 수 있지만, 만일 진정한 가등기로 판명되는 때에는 매수가액만큼의 손실을 볼 수도 있으므로 신중히 결정하여야 한다. 다만 경매부동산상에 담보가등기이건 진정한 가등기이건 실제로 권리를 가지고 있는 소유권이전청구권가등기권자가 법원으로부터 권리신고의 최고를 받고서도 그 권리의 내용을 신고하지 않는다는 것은 매우 이례적이라 할 것이므로, 신고를 하지 않은 소유권이전청구권가등기권자는 최고를 받은 사실을 알지 못하였다는 등 특별한 사정이 없는 한 등기만 되어 있는 형식적인 권리자 일 가능성이 큰 것으로 추정해 볼 수는 있을 것이다.

V. 가압류

1. 가압류제도의 개요

(1) 가압류의 의의

가압류는 금전채권을 가진 자가 채무불이행이 있음에도 채무자의 무자력으로 인하여 강제집행을 할 수 없게 되는 것을 방지하기 위하여 미리 강제집행이 가능한 채무자의 재산에 관하여 그 처분권을 채무자로부터 빼앗아 둠으로서 후일의 강제집행을 보전하기 위한 수단으로서 이용되고 있다.

예컨대 D가 A에 대한 3천만 원의 금전채무를 이행하지 않는 경우 A가 강제집행의 방법으로 D로부터 금전채권의 이행을 받으려면, 그에 앞서 A는 D를 상대로 법원에 금전채무이행청구소송을 제기하여 그 승소판결을 받는 등 집행권원을 구비하여야 한다. 그런데 채권자가 이 집행권원을 구비하는 데에는 상당한 기간이 소요되게 된다. 또 집행권원을 구비하고 있다 하더라도 그것이 기한부이거나 조건부인 때에는, 그 기한이 도래하거나 조건이 성취되기까지는 강제집행을 할 수가 없다. 그렇다고 이러한 기간 동안에 채무자로 하여금 재산의 처분을 자유로 할 수 있게 한다면, 채권자가 강제집행의 요건을 구비하여 집행에 착수할 수 있게 되었다 하더라도, 그 이전에 재산을 처분하거나 은닉·훼손·낭비하여 버림으로써 채권자의 강제집행을 법률상 또는 사실상으로 불가능하게 하거나 곤란하게 할 수가 있다. 따라서 강제집행이 그 기능을 제대로 발휘하게 하려면 강제집행이 개시되기까지 채무자의 재산을 현상 그대로 유지시켜 둘 필요가 있는데 바로 이를 위한 제도가 가압류이다.

가압류의 목적물이 부동산인 경우에는 가압류의 등기가 있어야 가압류의 효력이 발생하게 된다. 그리고 대상 부동산에 가압류의 등기가 이루어지게 하려면 관할법원에 신청하여 가압류명령을 받은 후 그 가압류명령에 기하여 법원이 관할등기소에 가압류등기의 촉탁을 하게 하여야 한다. 다만 가압류명령신청에 대한 법원의 재판은 가압류제도가 후일의 강제집행을 보전하기 위한 것이라는 성질상 가압류채무자를 심문함이 없이 채권자가 제출한 자료만으로 신속하게 이루어지는 것이 보통이다.

[참고] 가압류등기의 기재(예시)

[갑구] (소유권에 관한 사항)				
순위번호	등기목적	접수	등기원인	권리자 및 기타사항
1	소유권보존	2012년 3월 12일 제○호		소유자 ㈜○○건설 (-) 서울 ○구 ○동 ---
2	소유권이전	2012년 3월 20일 제○호	2012년 3월 20일 매매	소유자 홍길동 (-) 서울 ○구 ○동 --- 거래가액 ○○원
3	가압류	2012년 6월 12일 제○호	2012년 6월 7일 서울중앙지방법원의 가압류결정 (2012카단1234)	이 토지는 주택법에 따라 청구금액 금 50백만원 채권자 정을동 서울 ○구 ○동 ---

(2) 가압류집행의 효력

가. 상대적 처분금지의 효력

가압류명령의 집행이 있으면, 채무자는 가압류의 목적물에 대하여 이를 다른 데에 양도하거나, 담보로 제공하는 등 일체의 처분행위를 할 수 없게 된다. 다만 이러한 효력은 상대적인 것으로서 채무자가 가압류 목적물을 다른 데에 양도하거나 담보로 제공하더라도 절대적으로 무효가 되는 것이 아니라 가압류채권자에 대해서만 대항할 수 없을 뿐이다. 왜냐하면 가압류의 처분금지효력은 집행보전의 목적을 달성하는데 필요한 범위 내로 한정하면 되는 것으로, 이를 넘어서 채무자의 이익이나 일반거래상의 안전까지 희생시킬 필요가 없는 것이기 때문이다. 따라서 채무자의 처분행위가 있은 후에 가압류의 집행이 취소되면 그 처분행위는 완전히 유효한 것이 된다.

가압류채권자에게는 가압류목적물로부터 우선변제권이 인정되어 있지 않다. 가압류명령이란 가압류채무자에 대한 처분금지효력발생을 목적으로 하는 것이지 가압류채권자에 대한 우선변제권 부여를 목적으로 하는 것이 아니기 때문이다. 그 결과 가압류집행 이전에 가압류목적물에 대하여 선순위 담보권이 설정되어 있으면, 가압류채권자는 그 선순위담보권자보다 후순위로 배당받게 되고 또 다른 일반채권자의 배당참가가 있으면 채권자평등의 원칙에 따라 채권발생의 선후에 관계없이 각자의 채권액에 안분한 금액으로 배당받게 된다.

나. 처분금지의 효력이 미치는 범위

(가) 객관적 범위

처분금지의 효력이 미치는 객관적 범위에 관하여는, 가압류집행이 본압류 집행으로 전이(轉移)한 후의 그 집행권원에 포함되는 채권에 대하여는, 보전하고자 하는 채권액을 초과하는 금액에 대하여도 그 효력이 미친다고 하는 견해도 있으나, 가압류집행의 효력을 상대적인 것으로 해석하는 취지에 비추어 볼 때, 가압류명령 신청시에 보전하고자 한 채권액을 한도로 하여 그 효력이 미친다고 하는 것이 통설·판례이다.

예컨대 채권자 S가 가압류에 의하여 보전하고자 하는 채권액을 30백만 원으로 하여 가압류 집행한, 채무자 A 소유의 부동산이 제3자인 D에게 양도되어 그 소유권이전등기가 된 후, S가 본안소송에서 그 채권액을 60백만 원으로 확정시켜 그 부동산에 대한 강제집행을 실시한 결과, 배당가능액이 60백만 원이고 다른 배당요구채권자는 없다고 할 경우, S가 배당받을 수 있는 금액은 후자의 견해에 의하면 30백만 원이 되나(잔여 30백만 원은 D에게 교부된다) 전자의 견해에 의하면 60백만 원이 된다.

판례 7-6

처분금지의 효력이 미치는 객관적 범위

가압류집행후 가압류목적물의 소유권이 제3자에게 이전된 경우 가압류채권자는 채무명의를 얻어 제3취득자가 아닌 가압류채무자를 집행채무자로 하여 그 가압류를 본압류로 전이하는 강제집행을 실행할 수 있으나, 이 경우 그 강제집행은 가압류의 처분금지적 효력이 미치는 객관적 범위인 가압류결정 당시의 청구금액의 한도 안에서만 집행채무자인 가압류 채무자의 책임재산에 대한 강제집행절차라 할 것이고, 가압류결정 당시의 청구금액이 채권의 원금만을 기재한 것으로서 가압류채권자가 가압류채무자에 대하여 원금 채권 이외에 이자와 소송비용채권을 가지고 있다 하더라도 가압류결정 당시의 청구금액을 넘어서는 이자와 소송비용채권에 관하여는 가압류의 처분금지적 효력이 미치는 것이 아니므로, 가압류채권자는 가압류목적물의 매각대금에서 가압류결정 당시의 청구금액을 넘어서는 이자와 소송비용채권을 배당받을 수 없다(대판 1998.11.10. 98다43441).

㈏ 주관적 범위

처분금지의 효력이 미치는 주관적범위 즉, 가압류 후에 가압류채무자가 가압류의 목적물을 처분한 경우에, 그 처분행위를 누구에 대한 관계에서 대항할 수 없게 되는지에 관하여는, 두 가지의 견해가 대립되어 있다. 하나는 개별상대효설이고 다른 하나는 절차상대효설이다.

전설은 가압류 후의 처분행위로서 대항할 수 없다는 것은 그 처분행위가 있기 전에 압류나 가압류 또는 배당요구 등으로, 이미 강제집행절차에 참가하고 있는 채권자에 대하여서만 대항할 수 없다는 것일 뿐, 처분행위가 있은 후에 새로이 압류나 가압류 또는 배당요구 등을 하려는 채권자에 대하여서까지 대항할 수 없는 것은 아니라고 하고, 후설은 가압류 후의 처분행위로서 대항할 수 없다는 것은, 그 처분행위가 있기 전 뿐만 아니라 처분행위가 있은 후에 압류나 가압류 또는 배당요구 등을 한 채권자에 대하여서도 대항할 수 없다는 것을 의미한다고 한다. 대법원의 판례는 개별상대효설을 채택하고 있다.

판례 7-7

처분금지의 효력이 미치는 주관적 범위

부동산에 대하여 가압류등기가 먼저 되고 나서 근저당권설정등기가 마쳐진 경우에 그 근저당권등기는 가압류에 의한 처분금지의 효력 때문에 그 집행보전의 목적을 달성하는데 필요한 범위 안에서 가압류채권자에 대한 관계에서만 상대적으로 무효라 할 것인 바, 이 경우 가압류채권자와 근저당권자 및 위 근저당권설정등기 후 강제경매신청을 한 압류채권자 사이의 배당관계에 있어서, 근저당권자는 선순위 가압류채권자에 대하여는 우선변제권을 주장할 수 없으므로 1차로 채권액에 따른 안분비례에 의하여 평등배당을 받은 다음, 후순위 경매신청압류채권자에 대하여는 우선변제권이 인정되므로 경매신청압류채권자가 받을 배당액으로부터 자기의 채권액을 만족시킬 때까지 이를 흡수하여 배당받을 수 있다 할 것이다(대결 1994.11.29. 94마417).

2. 근저당권과의 관계

(1) 상호관계

가압류가 되어 있는 부동산이라고 하여 그 소유자가 근저당권을 설정할 수 없는 것이 아니고 또한 이미 근저당권이 설정되어 있는 부동산이라고 하여 가압류를 할 수 없는 것도 아니다. 따라서 가압류와 근저당권은 대상 부동산에 경매절차가 실시되어 매수인이 소유권을 취득하기 전까지는 독립하여 병존하게 된다.

최선순위의 가압류가 되어 있는 부동산이 경매되는 경우 그 가압류가 매수인에게 인수되는지 여부에 관하여는 법률에 명문의 규정이 없어 견해가 대립할 수 있다. 그러나 가압류는 가압류채권자가 그 가압류채권에 관하여 본안소송에서 승소하면, 어차피 매각대금에서 배당을 받고 소멸하는 것이므로, 그 가압류채권액에 관하여 배당참가한 것으로 취급하면 충분하기 때문에 그 순위에 관계없이 매수인에게 인수되지 않고 모두 소멸하는 것으로 보아야 한다. 법원의 실무도 소멸하는 것으로 보아 매수인 앞 소유권이전등기와 함께 말소처리하고 있다.

판례 7-8

가압류목적물의 소유권이 제3자에게 이전된 후 경매된 경우

부동산에 대한 선순위가압류등기 후 가압류목적물의 소유권이 제3자에게 이전되고 그 후 제3취득자의 채권자가 경매를 신청하여 매각된 경우, 가압류채권자는 그 매각절차에서 당해 가압류목적물의 매각대금 중 가압류결정 당시의 청구금액을 한도로 배당을 받을 수 있고, 이 경우 종전 소유자를 채무자로 한 가압류등기는 말소촉탁의 대상이 될 수 있다.

그러나 경우에 따라서는 집행법원이 종전 소유자를 채무자로 하는 가압류등기의 부담을 매수인이 인수하는 것을 전제로 하여 위 가압류채권자를 배당절차에서 배제하고 매각절차를 진행시킬 수도 있으며, 이와 같이 매수인이 위 가압류등기의 부담을 인수하는 것을 전제로 매각절차를 진행시킨 경우에는 위 가압류의 효력이 소멸하지 아니하므로 집행법원의 말소촉탁이 될 수 없다. 따라서 종전 소유자를 채무자로 하는 가압류등기가 이루어진 부동산에 대하여 매각절차가 진행되었다는 사정만으로 위 가압류의 효력이 소멸하였다고 단정할 수 없고, 구체적인 매각절차를 살펴 집행법원이 위 가압류등기의 부담을 매수인이 인수하는 것을 전제로 하여 매각절차를 진행하였는가 여부에 따라 위 가압류 효력의 소멸 여부를 판단하여야 한다(대판 2007.4.13. 2005다8682).

(2) 매각대금으로부터의 배당순위

목적물에 대하여 경매절차가 실시되면 가압류는 근저당권보다 선순위의 것이건 후순위의 것이건 매수인에 대한 관계에서 소멸하며 가압류등기는 근저당권등기와 함께 말소된다.

그리고 이 경우 가압류권자는 그 가압류등기가 근저당권등기보다 먼저 된 것이면 그 매각대금으로부터 근저당권자와 동순위로 배당받을 수 있으나, 후에 된 것이면 근저당권자가 우선변제 받고 남은 잔액에 대하여만 배당받을 수 있게 된다.

문제는 예컨대 채권자 A가 채무자 R의 부동산에 대하여 보전하고자 하는 채권액을 3천만 원으로 하여 가압류집행을 한 후에, R이 동 부동산에 대하여 다른 채권자 B앞으로 채권최고액을 3천만 원으로 한 근저당권을 설정해준 상태에서, 가압류채권자인 A가 집행권원을 얻어 경매신청하여 경매결과 배당가능액이 3천만 원이고, 배당요구채권자의 채권액이 가압류채권자인 A 3천만 원·근저당권자인 B 3천만 원·집행력 있는 정본을 소지한 다른 채권자 C 3천만 원이라고 할 때, 각 채권자가 배당받을 수 있는 금액이 얼마인가 하는 점이다.

대법원판례인 개별상대효설에 의하면 배당가능액 3천만 원은 A에게 1천만 원(3천만 원 × 3천/9천), B에게 2천만 원(B의 몫 1천만 원 = 3천만 원 × 3천/9천 + C의 몫 1천만 원 = 3천만 원 × 3천/9천)이 배당되고, C는 배당을 받을 수 없게 된다. A에 대한 관계에서는 A·B·C가 모두 평등하나, B와 C의 관계에서는 B가 C보다 우선하기 때문이다. 이에 대하여 절차상대효설에 의하면 A·B·C에게 각각 1천만 원씩 배당되게 된다.

개별상대효설에 의하면 C는 배당요구를 할 수는 있으나, 배당요구해 보아야 자기보다 우선하는 저당권자의 존재로 인하여 배당을 받을 수 없기 때문에 배당요구 자체를 하지 않을 수도 있으며, 만일 C가 배당요구를 하지 않는다면 A와 B는 각각 1천5백만 원씩의 배당을 받게 된다.

3. 가압류에 대한 근저당권자의 대응방안

근저당권을 설정할 당시에 대상목적물에 가압류등기가 되어 있지 않은 경우에는 대상부동산의 담보가액에 가압류를 고려할 필요가 없다. 근저당권이 설정된 후에 등기된 가압류를 근저당부동산의 경매시 매수인에게 승계되지 아니하고 소멸하게 되고, 그 피보전채권도 근저당권에 의하여 담보되는 채권보다 후순위이기 때문이다.

반면에 가압류등기가 있는 부동산에 근저당권을 설정하려고 하는 경우에 그 담보가치는 통상의 담보가액에서 동 부동산이 경매되는 경우에 가압류채권자가 그 근저당권자와 같은 순위로 배당받을 금액만큼 공제한 가액으로 하여야 한다.

그러나 가압류채권자가 근저당권자와 같은 순위로 배당받을 금액은 가압류채권액과 근저당권에 의하여 담보되는 채권액의 비율에 따라 사후적으로 산출할 수밖에 없으며 근저당권을 설정할 당시에 그 담보가치를 미리 확정하는 것은 불가능하다.

예컨대 가압류채권액이 3억 원인 가압류등기가 있는 부동산(통상의 담보가액 3억 원)을 대상으로 채권최고액을 3억 원으로 하는 근저당권을 설정하는 경우의 담보가치는, 가압류채권액과 근저당권에 의하여 담보되는 채권액이 각각 3억씩이면 1억5천만 원이 되고, 3억 원과 2억 원이면 1억2천만 원이 되며, 3억 원과 1억 원이면 7천5백만 원이 된다.

Ⅵ. 처분금지가처분

1. 처분금지가처분제도의 개요

(1) 처분금지가처분의 의의

처분금지가처분은 특정한 부동산에 대하여 소유권이전청구권이나 전세권설정청구권 등을 가진 자가 소유권자의 의무불이행이 있음에도 청구권의 강제집행을 할 수 없게 되는 것을 방지하기 위하여 미리 그 청구권의 강제집행을 보전하기 위한 수단으로서 이용되고 있다.

예컨대 A가 D소유의 부동산을 매수하고서 매매대금의 지급 등 매수인으로서의 의무를 다 하였으나 D가 A에게 소유권이전등기를 해주지 않는 경우 A가 강제집행의 방법으로 D로부터 대상 부동산의 소유권이전등기를 받으려면 다음과 같은 절차를 밟아야 한다. 우선 A는 D를 상대로 법원에 소유권이전등기청구소송을 제기하여 그 승소판결을 받은 후 관할등기소에 그 판결서를 첨부하여 단독으로 자신 앞 소유권이전등기를 신청하여야 한다. 그러면 등기관은 D의 A앞 소유권이전등기신청이 없음에도 불구하고 법원의 판결서를 근거로 직권으로 대상 부동산의 소유명의를 D에서 A에게로 이전시켜주게 된다.

그런데 A가 D를 상대로 소유권이전등기청구소송을 제기하여 승소판결을 받기까지는 상당한 시일이 걸리게 되는데, 그 사이에 D가 제3자 앞으로 대상 부동산의 소유권이전등기를 해버리면 A는 그 후 승소판결을 받더라도 자신 앞으로 대상 부동산의 소유권이전등기를 강제할 수가 없게 된다. 따라서 A로서는 법원으로부터 승소판결을 받을 때까지 D가 대상 부동산을 처분할 수 없도록 할 필요가 있는데 바로 그러한 목적으로 이용되는 것이 가처분등기인 것이다.

소유권이전등기청구권자인 A가 D에 대하여 가지고 있는 소유권이전등기청구권 등을 보전하기 위하여 대상 부동산에 이 가처분등기가 이루어지게 하려면 관할법원에 신청하여 가처분명령을 받은 후 그 가처분명령에 기하여 법원이 관할등기소에 가처분등기의 촉탁을 하게 하여야 한다. 다만 A의 가처분명령신청에 대한 법원의 재판은 가처분제도가 후일의 강제집행을 보전하기 위한 것이라는 성질상 D를 심문함이 없이 A가 제출한 자료만으로 신속하게 이루어지는 것이 보통이다.

[참고]

1. 가처분등기의 기재(예시)

[갑구] (소유권에 관한 사항)				
순위번호	등기목적	접수	등기원인	권리자 및 기타사항
1	소유권보존	2012년 3월 12일 제○호		소유자 ㈜○○건설 (-) 서울 ○구 ○동 ---

[갑구] (소유권에 관한 사항)				
순위번호	등기목적	접수	등기원인	권리자 및 기타사항
2	소유권이전	2012년 3월 20일 제○호	2012년 3월 20일 매매	소유자 홍길동 (-) 서울 ○구 ○동 --- 거래가액 ○○원
3	가처분	2012년 6월 12일 제○호	2012년 6월 7일 서울중앙지방법원의 가처분 (2012카합1234)	피보전권리 근저당권설정등기 청구권 채권자 정을동 (-) 서울 ○구 ○동 --- 금지사항 양도, 담보권 설정 기타 일체의 처분행위 금지

2. 본안소송 승소 후 근저당권기재(예시)

[을구] (소유권 이외의 권리에 관한 사항)				
순위번호	등기목적	접수	등기원인	권리자 및 기타사항
1	근저당권설정 (2012년 5월 29일 접수 제○호 가처분에 기함	2013년 4월 22일 제○호	2013년 4월 19일 설정계약	채권최고액 ○○원 채무자 홍길동 서울 ○구 ○동 --- 근저당권자 ○○은행 (-) 서울 ○구 ○동 --- (취급지점 △△지점)

(2) 처분금지가처분 집행의 효력

가. 처분금지의 효력

부동산을 대상으로 하는 처분금지가처분은 그 명령에 기한 집행 즉 부동산등기부에 처분금지가처분의 등기가 이루어져야 가처분채무자 및 제3자에 대하여 그 내용에 따른 구속력을 가지게 된다. 따라서 예컨대 처분금지가처분명령이 발하여졌다고 하더라도 그 등기가 이루어지기 전에 가처분채무자가 대상부동산을 매각하여 제3자 명의로 소유권이전등기를 마친 경우에는 그 소유권이전등기는 완전히 유효하며, 이 경우 처분금지가처분명령은 집행불능이 된다. 그러나 제3

자 명의의 소유권이전등기가 가처분등기 이후에 이루어졌다면 소유권이전등기의 원인행위인 매매 등의 처분행위가 가처분등기 전에 있었건 후에 있었건 그 제3자는 그 소유권취득을 가지고 가처분채권자에게 대항하지 못한다.

나. 처분금지의 주관적 범위

처분금지가처분에 위반한 처분행위는 가처분채무자와 그 상대방 및 제3자 사이에서는 완전히 유효하고 단지 가처분채권자에 대해서만 대항할 수 없는 상대적 효력이 있다.

가처분집행의 상대적 효력에 따라 가처분채권자는 본안소송에서의 승소판결 확정 등으로 실체법상의 권리를 확정하지 않는 한 단순히 가처분채권자의 지위만으로 가처분목적물에 대하여 가처분채무자로부터 소유권이전등기나 저당권설정등기 등의 권리를 취득한 자에게 그 등기의 말소를 청구하지 못한다. 또한 가처분채무자는 가처분채권자의 권리가 확정되기 전까지는 가처분목적물에 관하여 소유권이전등기나 저당권설정등기 등 처분행위를 할 수 있음은 물론이고, 가처분채무자로부터 소유권을 취득한 제3취득자도 목적부동산의 명도를 받아 직접 사용·수익하거나 타인에게 임대하는 등 소유자로서의 모든 권리를 행사할 수 있으며 저당권자로서도 가처분채무자의 채무불이행시 저당권의 실행을 할 수 있다. 그리고 후일 가처분신청의 취하나 가처분재판의 취소 등으로 그 가처분등기가 적법하게 말소되거나 가처분채권자가 본안소송에서 패소 확정되면 그 소유권이전등기나 저당권설정등기 등 처분행위는 완전히 유효한 것으로 확정된다. 그러나 가처분채권자가 본안소송에서의 승소판결 확정 등으로 실체법상의 권리를 확정한 경우에는 그 소유권이전등기나 저당권설정등기 등 처분행위는 가처분권리자의 실체적 권리에 상반되는 범위에서 가처분권리자에게 대항할 수 없는 것이 된다.

판례 7-9

처분금지의 주관적범위

채무자 소유의 부동산에 대하여 처분금지가처분결정이 된 경우에 가처분채무자는 그 부동산을 처분할 수 없는 것이 아니고 다만 그 처분을 가지고 가처분에 저촉하는 범위내에서 가처분채권자에게 대항할 수 없는 것에 지나지 않는다(대판 1988.9.13. 86다카191).

다. 처분금지의 객관적 범위

가처분에 의한 처분금지의 효력은 가처분채권자의 권리를 침해하는 한도에서만 생기는 것이므로 가처분채권자는 본안소송에서의 승소판결 확정 등으로 실체법상의 권리가 확정되더라도 그 확정된 피보전권리의 한도에서만 가처분위반의 효력을 주장할 수 있다. 예컨대 저당권설정등기청구권을 피보전권리로 한 처분금지가처분등기가 있은 후에 가처분채무자가 대상부동산을 처분하여 제3자 명의의 소유권이전등기를 하였고 이어서 가처분채권자의 본안승소판결이 확정되었다 하더라도 제3자 명의의 소유권이전등기는 말소되는 것이 아니라 가처분채권자의 저당권이라는 부담을 안은 채 그대로 유효하게 존속하는 것으로 보아야 한다.

판례 7-10

처분금지의 객관적 범위

가처분에 의한 처분금지의 효력은 가처분 채권자의 권리를 침해하는 한도에서만 생기는 것이므로 가처분 채권자는 피보전권리의 한도에서 가처분위반의 처분행위의 효력을 부정할 수 있다 할 것인 바 임차권은 목적물의 사용·수익을 내용으로 하는 권리로서 근저당권의 존속이 임차권의 실현에 장애가 되지 아니한다 할 것이고 가처분등기 후에 설정된 근저당권의 실행이 있다 하더라도 선행된 가처분 등기와 임차권설정등기 청구를 인용한 본안판결에 기하여 임차권을 제3자에게 대항할 수 있다 할 것이니 근저당권의 설정으로 인하여 가처분에 의하여 보전된 임차권이 아무런 침해를 받지 아니한다 할 것이므로 위 가처분권자는 그 가처분 후에 마쳐진 근저당권설정등기의 말소를 구할 수 없다(대결 1984.4.16. 84마7).

라. 피보전권리의 등기절차

처분금지가처분집행의 위와 같은 효력에 의하면 가처분등기가 이루어진 후의 처분등기는 일단 유효하나 가처분채권자에게는 대항할 수 없는 것이므로 가처분채권자가 본안소송에서 승소하게 되면 그 가처분등기와 저촉되는 모든 등기명의자는 가처분채권자에 대하여 그 등기의 말소의무를 지게 된다. 그리고 이 경우의 말소절차는 등기관이 직권으로 말소하는 것이 아니라, 가처분채권자가 본안확정판결의 정본을 첨부하여 그 판결에 기한 소유권이전등기신청과 아울러 저촉되는 등기의 말소를 신청하는 경우에야 비로소 등기관이 가처분등기 후의 등기를 말소하고 가처분에 기한 소유권이전등기를 하게 된다(1993.3.13. 대법원 등기예규 제611호 488항).

2. 근저당권과의 관계

(1) 상호관계

가처분등기가 이루어진 부동산이라고 하여 그 소유자가 근저당권설정등기를 할 수 없는 것이 아니고, 또한 이미 근저당권설정등기가 되어 있는 부동산이라고 하여 가처분등기를 할 수 없는 것도 아니다. 따라서 가처분등기와 근저당권설정등기는 가처분등기에 기하여 소유권이전이나 전세권설정 등의 본안등기가 이루어지거나 근저당권에 기하여 경매절차가 실시되어 매수인이 소유권을 취득하기 전까지는 독립하여 병존하게 된다.

그러나 대상 부동산상에 가처분등기에 기한 본안등기가 이루어지거나 근저당권에 기한 경매절차가 실시되어 매수인이 소유권을 취득하게 되면 가처분등기와 근저당권은 상호 영향을 미치게 된다. 구체적으로 어떠한 영향을 미치는지는 가처분등기와 근저당권설정등기 중 어느 것이 먼저 된 것인지에 따라 다르다. 이하에서 순차로 살펴보기로 한다.

(2) 가처분등기에 기한 본안등기가 이루어지는 경우

가. 가처분등기가 근저당권보다 선순위인 경우

대상 목적물에 대하여 근저당권에 기한 경매절차가 실시되기 전에, 가처분등기에 의하여 보전하고자 한 본안등기가 이루어지면, 본안등기의 효력이 가처분등기일까지 소급하여 발생하게 된다. 따라서 예컨대 A소유의 부동산에 S의 소유권이전청구권을 보전하기 위한 가처분등기가 이루어진 후에 A가 D앞으로 근저당권설정등기를 해주었다가, S가 본안소송에서 승소하여 소유권이전등기를 하게 되면, S는 그 가처분등기일자에 대상 부동산에 대한 소유권을 취득한 것이 되고, 그에 따라 D의 근저당권설정등기는 S의 소유권에 저촉되는 것이 되어 S의 신청에 따라 등기관이 직권으로 말소하게 된다.[272] 이에 대하여 A소유의 부

272) 근저당권설정등기 이외에도 가처분등기 이후에 이루어진 지상권·전세권 등 다른 모든 권리도 함께 소멸하며 이들 중 등기된 권리는 S의 소유권에 저촉되어 등기관이 직권으로 말소하게 된다.

동산에 S의 전세권설정청구권을 보전하기 위한 가처분등기가 이루어지고 그 후에 A가 D앞으로 근저당권설정등기를 해주었다가, S가 본안소송에서 승소하여 전세권설정등기를 하게 되면, S는 그 가처분등기일자에 대상 부동산에 대한 전세권을 취득한 것이 되고, 그에 따라 D의 근저당권은 그 효력을 유지하나 S의 선순위 전세권에 이은 후순위 근저당권이 된다.

나. 근저당권이 가처분등기보다 선순위인 경우

대상 목적물에 대하여 경매절차가 실시되기 전에 가처분등기에 기하여 본안등기가 이루어지면 가처분권자는 근저당목적물의 제3취득자가 된다. 즉, 이 경우 가처분권자는 본안등기가 소유권이전등기이면, 근저당목적물의 제3취득자의 지위를 가지게 되는 한편, 본안등기가 전세권의 설정등기이면, 근저당권에 이은 후순위 전세권자의 지위를 가지게 된다. 따라서 가처분권자가 본안등기를 한 이후라도 근저당권자는 담보채무의 변제가 없으면, 대상 부동산에 대하여 임의경매를 신청하여 그 매각대금으로부터 우선변제를 받는데 아무런 영향을 받지 않는다.

(3) 근저당권이 실행되는 경우

가. 가처분등기가 근저당권보다 선순위인 경우

가처분등기에 의하여 보전하고자 한 본안등기가 이루어지기 전에 대상 목적물에 대하여 근저당권에 기한 경매절차가 실시되는 경우, 가처분등기는 매수인의 소유권 취득으로 소멸하지 않고 매수인에게 승계 된다.[273] 따라서 예컨대 A 소유의 부동산에 S의 소유권이전청구권을 보전하기 위한 가처분등기가 이루어진 후, A가 D앞으로 근저당권설정등기를 해주었다가 D의 신청으로 실시된 경매절차에서 M이 동 부동산의 소유권을 취득하였다면, M은 S의 소유권이전청구권보전을 위한 가처분등기를 인수하게 된다. 그 결과 후일 S가 본안소송에서 승

---

273) 경매 목적물상에 가처분등기와 근저당권 이외에 ① 경매개시결정등기(민집 144iii), ② 다른 저당권(민집 91②), ③ 담보가등기(가담 13, 15), ④ 가압류등기(법률에 명문의 규정은 없으나 통설), ⑤ 배당요구한 전세권(91④), ⑥ 배당요구한 보증금이 전액 변제되는 대항력 있는 주택임차권과 상가건물임차권(주임보 3의5, 상임보 8)이 있은 때에, 매수인의 소유권취득으로 가처분등기가 말소되지 아니하고 매수인에게 인수되려면, 가처분등기는 근저당권을 물론이고 이들 ①~③보다 먼저 이루어진 것이어야 한다.

소하여 소유권이전등기를 하게 되면, S는 그 가처분등기일자에 대상 부동산에 대한 소유권을 취득한 것이 되고, 그에 따라 M앞 소유권이전등기는 S의 소유권에 저촉되는 것이 되어 S의 신청에 따라 등기관이 직권으로 말소하게 된다. 이에 대하여 A소유의 부동산에 S의 전세권설정청구권을 보전하기 위한 가처분등기가 이루어진 후, A가 D앞으로 근저당권설정등기를 해주었다가 D의 신청으로 실시된 경매절차에서 M이 동 부동산의 소유권을 취득하였다면, M은 S의 전세권설정청구권보전을 위한 가처분등기를 인수하게 된다. 그 결과 후일 S가 본안소송에서 승소하여 전세권설정등기를 하게 되면, S는 가처분등기일자에 대상 부동산에 대한 전세권을 취득한 것이 되고, 그에 따라 M의 소유권은 그 효력을 유지하나 S의 선순위 전세권을 승계하게 된다.

나. 근저당권이 가처분등기보다 선순위인 경우

가처분등기에 기한 본안등기가 이루어지기 전에 대상 목적물에 대한 경매절차가 실시되면, 그 가처분등기는 매수인의 소유권취득으로 선순위의 근저당권과 함께 소멸하게 된다.[274] 이 경우 가처분등기를 소멸시키지 않고 매수인에게 승계되는 것으로 하면 매수인이 없거나 매수가격이 매우 낮아지게 되어 매수대금으로부터 배당을 받아야 하는 선순위의 근저당권자가 큰 피해를 입게 되기 때문이다.

그리고 여기에서 가처분등기가 근저당권보다 후순위라고 하는 것은, 제1순위의 근저당권과 제2순위의 가처분등기가 있는 상태에서, 제1순위 근저당권자의 신청으로 경매절차가 실시되는 경우는 물론이고, 제1순위의 근저당권과 제2순위의 가처분등기 및 제3순위의 근저당권이 있는 상태에서, 제3순위 근저당권자의 신청으로 경매절차가 실시되는 경우까지를 포함한다.

한편, 소유권이전의 보전을 위한 가처분권자는 대상 목적물이 경매되어 매수인이 소유권을 취득함으로써 그 가처분등기가 소멸하게 되더라도 담보권자가 아니기 때문에 매각대금으로부터의 우선배당을 요구하지 못한다. 다만 가처분

274) 경매 목적물상에 가처분등기와 근저당권 이외에 ① 경매개시결정등기(민집 144iii), ② 다른 저당권(민집 91②), ③ 담보가등기(가담 13, 15), ④ 가압류등기(법률에 명문의 규정은 없으나 통설), ⑤ 배당요구한 전세권(91④), ⑥ 배당요구한 보증금이 전액 변제되는 대항력 있는 주택임차권과 상가건물임차권(주임보 3의5, 상임보 8)이 있은 때에는, 가처분등기가 근저당권보다는 먼저 이루어진 것이라 하더라도 이들 ①~⑥ 중 어느 하나의 권리보다 후에 이루어진 것이라면 가처분등기는 매수인의 소유권취득으로 소멸하는 ①~⑥의 권리와 함께 소멸하여 말소된다.

권리의 상실에 따라, 가처분채무자에 대하여 손해배상채권을 취득하게 되고, 이 손해배상청구권에 기하여 배당참가를 할 수는 있다.

그러나 이 경우의 배당참가는 일반채권자로서 하는 것이기 때문에 가처분등기보다 선순위로 등기한 근저당권자는 물론이고 후순위로 등기한 근저당권자보다 후순위로 배당받게 된다. 그 결과 선순위 근저당권자가 배당받고 남는 금액이 있다고 하더라도 가처분등기 후에 등기한 후순위 근저당권자의 피담보채권액이 잔여금액을 초과하는 때에는 가처분권자는 전혀 배당을 받을 수 없게 된다. 예컨대 시가가 1억 원인 A소유의 부동산에 채권최고액을 2천만 원으로 하는 S앞 근저당권설정등기, D앞 가처분등기, 채권최고액을 8천만 원으로 하는 K앞 근저당권설정등기가 된 후 동 부동산에 경매절차가 진행되어 배당할 금액이 1억 원이라고 하면 동배당금은 제1순위로 S에게 2천만 원, 제2순위로 K에게 8천만 원의 순위로 배당되고 D는 전혀 배당을 받지 못하게 되는 것이다.

따라서 이와 같은 경우 가처분권자가 그 권리를 보전하려면 자기보다 선순위의 근저당권에 의하여 담보되는 채권을 변제하고 그 근저당권을 말소시켜 가처분등기가 제1순위인 상태에서 경매가 실시되도록 하는 수밖에 없다. 예컨대 앞의 예에서 D가 S의 담보채권 2천만 원을 변제하여 그 근저당권을 소멸시키고 자신의 가처분등기가 제1순위인 상태에서 경매절차가 실시되도록 하면, 그 경매절차에서의 매수인은 D의 가처분등기를 승계하는 조건으로 동 부동산의 소유권을 취득하게 되고, 그에 따라 그 후 D가 소유권이전의 본안등기를 할 경우 매수인 앞 소유권이전등기를 등기관이 직권으로 말소하게 되어 D의 권리가 보전되는 것이다.

그리고 이와 같은 효과를 얻기 위하여 가처분권자인 D는 언제까지 동주택에 대한 S의 제1순위근저당권을 소멸시켜야 하며, 이로 인하여 손해를 보게 되는 매수인이 어떠한 방법으로 구제를 받을 수 있는지에 관하여는, 앞에서 설명한 진정한 소유권이전청구권가등기권자의 경우에 준하는 것으로 보면 된다.

3. 처분금지가처분에 대한 근저당권자의 대응방안

근저당권을 설정할 당시에 대상목적물에 처분금지가처분등기 되어 있지 않은 경우에는 대상부동산의 담보가액에 처분금지가처권을 고려할 필요가 없다. 근저당권이 설정된 후에 이루어진 처분금가처분권은 근저당부동산의 경매시 매수인에게 승계되지 아니하고 소멸하게 되므로 근저당권가 배당받을 금액의 저감을 가져오지 아니하기 때문이다.

반면에 근저당권을 설정할 당시에 대상부동산에 처분금지가처분등기가 되어 있는 때에는 그것이 소유권이전청구권을 보전하기 위한 것이면 담보가액을 인정하여서는 아니되고, 전세권이나 지상권 또는 저당권 등의 등기청구권을 보전하기 위한 것이면 그러한 등기가 선행되어 있는 것으로 보고 담보가액을 산정하여야 한다. 이 경우는 근저당권을 실행하는 경우 그 경매절차의 매수인이 경매부동산의 소유권을 취득하더라도 처분금지가처분권을 승계하게 되기 때문이다.

Ⅶ. 지상권

1. 지상권제도의 개요

(1) 지상권의 의의

지상권이란 타인의 토지에서 건물 기타의 공작물이나 수목을 소유하기 위하여, 그 토지를 사용할 수 있는 물권을 말한다(민 279). 지상권은 1필의 토지를 대상으로 설정하는 것이 보통이지만 1필의 토지의 일부를 대상으로 하여서도 설정할 수 있다(부등 69vi).

(2) 지상권의 유형

가. 보통지상권과 구분지상권

보통지상권은 토지의 상하 모두를 대상으로 건물 기타의 공작물이나 수목을 소유하기 위한 지상권(민 278)임에 대하여 구분지상권은 토지의 지하 또는 지상의 공간 중 상하의 범위를 정하여 건물 기타 공작물을 소유하기 위한 지상권(민 289의2①)을 말한다.

구분지상권은 건물 기타의 공작물만을 소유하기 위하여 설정할 수 있을 뿐

수목을 소유하기 위해서는 설정할 수 없는 점에서 보통지상권과 구별된다. 토지에 배타성 있는 다른 사람의 용익권이 존재하는 때에는 그 토지의 소유자는 구분지상권을 설정할 수 없으나 그 용익권자 및 그 용익권을 목적으로 하는 권리를 가진 자 전원의 승낙이 있으면 이를 설정할 수 있다. 이 경우 토지의 용익권을 가진 자는 그 구분지상권의 행사를 방해하여서는 아니된다(민 289의2②).

[참고] 지상권등기기재(예시)

(1) 보통지상권(토지 전부 대상)

[을구] (소유권 이외의 권리에 관한 사항)				
순위번호	등기목적	접수	등기원인	권리자 및 기타사항
1	지상권 설정	2013년 4월 22일 제○호	2013년 4월 21일 설정계약	목적 철근콘크리조 건물의 소유 범위 토지 전부 존속기간 2013년 4월 21일부터 30년 지료 금 ○○원 지급시기 매월 21일 지상권자 박기동 (-) 서울 ○구 ○동 ---

주) 토지 일부를 대상으로 한 지상권설정의 경우는 권리자 및 기타사항 란의 범위를 「동남쪽 ○○㎡」 등으로 표시한다.

(2) 구분지상권(지상구간)

[을구] (소유권 이외의 권리에 관한 사항)				
순위번호	등기목적	접수	등기원인	권리자 및 기타사항
1	구분지상권 설정	2013년 4월 22일 제○호	2013년 4월 21일 설정계약	목적 고가철도소유 범위 토지의 서북간 ○○지점을 포함한 평균해면을 기준으로 하여 지상 15m로부터 지상 30m 사이 존속기간 2013년 4월 21일부터 80년 지상권자 서울특별시 411

주) 지하구간을 대상으로 하는 지상권의 경우는 권리자 및 기타사항 란의 범위를 「토지의 남쪽 끝지점을 포함한 수평면을 기준으로 하여 지하 15m로부터 지하 30m 사이」 등으로 표시한다.

나. 약정지상권과 법정지상권

㈎ 의의

토지의 소유자와 이용자 사이의 지상권설정계약과 지상권설정등기에 의하여 성립하는 지상권을 약정지상권이라 하고, 토지의 소유자와 이용자 사이의 지상권설정계약 없이 일정한 사실관계에 기초하여 법률상 당연히 성립하는 지상권을 법정지상권이라 한다.

법정지상권은 토지와 지상건물을 독립한 별개의 부동산으로 취급하고 있는 현행 법률 체계에 있어서 토지와 지상건물이 동일인의 소유에 속하여 있다가, 건물소유자가 토지의 이용권을 확보할 기회가 없이 토지소유자와 건물소유자가 달라지는 경우에 토지의 이용권을 확보하지 못한 건물소유자가 건물을 철거할 수밖에 없게 되는 불합리한 결과가 발생하는 것을 방지하고 아울러 건물의 철거라는 사회·경제적손실을 최소화하려는 데에 그 존재의의가 있는 것으로, 민법 그 밖의 법률에 의하여 인정되는 이외에 관습법에 의하여서도 인정되어 있는 바 그 내용을 보면 다음과 같다.

㈏ 민법 등에 의한 법정지상권

대지와 건물이 동일한 소유자에 속한 경우에 건물에만 전세권을 설정한 후 그 대지소유권의 특별승계로 대지소유자가 변경된 때에는 그 대지소유권의 특별승계인은 전세권설정자에 대하여 지상권을 설정한 것으로 본다(민 305①).

토지와 지상건물이 동일한 소유자에 속한 경우에 토지 또는 지상건물에만 저당권을 설정하였다가 저당물의 경매로 인하여 토지와 그 지상건물이 다른 소유자에 속하게 된 때에는 토지소유자는 건물소유자에 대하여 지상권을 설정한 것으로 본다(민 366①).

토지와 지상건물이 동일한 소유자에게 속하는 경우에 토지 또는 지상건물에 대하여만 양도담보권이나 담보가등기권 등 담보권을 설정하였다가 귀속청산 또는 권리취득의 방식으로 담보권이 실행되어 토지와 지상건물이 다른 소유자에 속하게 된 때에는 토지소유자는 지상건물소유자에 대하여 지상권을 설정한 것으로 본다(가담 10).

토지와 입목이 동일한 소유자에 속한 경우에 입목의 경매나 그 밖의 사유로 토지와 입목이 각각 다른 소유자에게 속하게 되는 경우에는 토지소유자는 입목소유자에 대하여 지상권을 설정한 것으로 본다(입목 6①).

㈐ 관습에 의한 법정지상권

관습에 의한 법정지상권이란 민법 등의 법률에서 정하고 있는 사유 이외의 사유로 동일인의 소유에 속하였던 토지와 지상건물의 소유자가 다르게 된 경우 건물소유자와 토지소유자 사이에 특별히 지상건물을 철거한다는 특약이 없으면 건물소유자가 토지소유자로부터 건물의 소유를 위하여 취득하게 되는 지상권을 말한다.

관습에 의한 법정지상권이 성립하기 위한 요건으로서 토지와 지상건물이 동일한 소유자에게 속하는 시점은 애초부터 원시적으로 동일인의 소유에 속하였을 필요는 없고 그 소유권이 유효하게 변동될 당시에 동일인이 토지와 그 지상 건물을 소유하였던 것으로 충분하다고 할 것이고, 강제경매에 있어서 관습에 의한 법정지상권이 성립하기 위한 요건으로서 토지와 그 지상 건물이 동일인에 속하는 시점은 매수인이 소유권을 취득하는 매각대금의 완납시가 아니라 그 압류의 효력이 발생하는 때인 것으로 보아야 하고, 나아가 경매의 목적이 된 부동산에 대하여 가압류가 있고 그것이 본압류로 이행되어 경매절차가 진행된 경우에는 가압류가 효력을 발생한 때인 것으로 보아야 한다. 그리고 건물을 철거하기로 하는 합의가 있었다는 등의 특별한 사정의 존재에 관한 주장입증책임은 그러한 사정의 존재를 주장하는 쪽에 있는 것으로 보아야 한다.

관습에 의한 법정지상권은 민법 등의 성문법에 의하여 인정되는 법정지상권이 아니라 판례에 의하여 인정되는 법정지상권이라는 점에 그 특징이 있다. 관습에 의한 법정지상권을 인정하고 있는 이유로 판례[275]는 「원래 관습에 의한

275) 대판 1968.8.30. 68다1029. 그리고 동일인의 소유에 속하였던 토지와 지상건물의 소유자가 다르게 된 원인으로서 판례는 매매(대판 1993.2.23. 92다49218), 증여(대판 2000.1.18. 98다58696,58702), 국세징수법에 의한 공매(대판 1967.11.28. 67다1831), 강제경매(대판 1970.9.29. 70다1454), 공유물의 분할(대판 1967.11.14. 67다1105), 귀속재산불하(대판 1986.9.9. 85다카2275) 등을 들고 있다.

지상권을 인정한 취지는 건물과 토지를 별개의 물건으로서 취급하고 있는 우리 법체 하에서는 건물과 그 건물이 서 있는 토지는 항상 별개의 물건으로 거래되고 있으나, 실지에 있어서 건물은 그 성질상 그 토지의 이용 없이는 건물로서의 이용을 할 수 없는 것이므로, 같은 소유자의 소유에 속하였던 건물과 그 대지 중 어느 하나가 매매 등으로 그 소유자를 달리한 때에는 다른 특별한 사정이 없는 한, 건물소유자로 하여금 대지에 대하여 지상권을 취득한 것으로 봄으로써, 그 건물로 하여금 건물로서의 가치를 유지케 하자는 국민경제상의 필요에 의하여 인정한 제도라 할 것이다」고 한다.

판례 7-11

관습상의 법정지상권

(1) ① 토지 또는 건물이 동일한 소유자에게 속하였다가 건물 또는 토지가 매매 기타 원인으로 인하여 양자의 소유자가 다르게 된 때에 그 건물을 철거하기로 하는 합의가 있었다는 등 특별한 사정이 없는 한 건물소유자는 토지소유자에 대하여 그 건물을 위한 관습상의 지상권을 취득하게 되고, 건물을 철거하기로 하는 합의가 있었다는 등의 특별한 사정의 존재에 관한 주장입증책임은 그러한 사정의 존재를 주장하는 쪽에 있다.

② 관습상의 지상권은 법률행위로 인한 물권의 취득이 아니고 관습법에 의한 부동산물권의 취득이므로 등기를 필요로 하지 아니하고 지상권취득의 효력이 발생하고 이 관습상의 법정지상권은 물권으로서의 효력에 의하여 이를 취득할 당시의 토지소유자나 이로부터 소유권을 전득한 제3자에게 대하여도 등기없이 위 지상권을 주장할 수 있다(대판 1988.9.27. 87다카279).

(2) ① 동일인의 소유에 속하고 있던 토지와 그 지상 건물이 강제경매 또는 국세징수법에 의한 공매 등으로 인하여 소유자가 다르게 된 경우에는 그 건물을 철거한다는 특약이 없는 한 건물소유자는 토지소유자에 대하여 그 건물의 소유를 위한 관습상 법정지상권을 취득한다. 원래 관습상 법정지상권이 성립하려면 토지와 그 지상 건물이 애초부터 원시적으로 동일인의 소유에 속하였을 필요는 없고, 그 소유권이 유효하게 변동될 당시에 동일인이 토지와 그 지상 건물을 소유하였던 것으로 족하다.

② 강제경매의 목적이 된 토지 또는 그 지상 건물의 소유권이 강제경매로 인하여 그 절차상의 매수인에게 이전된 경우에 건물의 소유를 위한 관습상 법정지상권이 성립하는가 하는 문제에 있어서는 그 매수인이 소유권을 취득하는 매각대금의 완납시가 아니라 그 압류의 효력이 발생하는 때를 기준으로 하여 토지와 그 지상 건물이 동일인에 속하였는지가 판단되어야 한다. 강제경매개시결정의 기입등기가 이루어져 압류의 효력이 발생한 후에 경매목적물의 소유권을 취득한 이른바 제3취득자는 그의 권리를 경매절차상 매수인에게 대항하지 못하고, 나아가 그 명의로 경료된 소유권이전등기는 매수인이 인수하지 아니하는 부동산의 부담에 관한 기입에 해당하므로(민사집행법 제144조 제1항 제2호 참조) 매각대금이 완납되면 직권으로 그 말소가 촉탁되어야 하는 것이어서, 결국 매각대금 완납 당시 소유자가 누구인지는 이 문제맥락에서 별다른 의미를 가질 수 없다는 점 등을 고려하여

보면 더욱 그러하다. 한편 강제경매개시결정 이전에 가압류가 있는 경우에는, 그 가압류가 강제경매개시결정으로 인하여 본압류로 이행되어 가압류집행이 본집행에 포섭됨으로써 당초부터 본집행이 있었던 것과 같은 효력이 있다. 따라서 경매의 목적이 된 부동산에 대하여 가압류가 있고 그것이 본압류로 이행되어 경매절차가 진행된 경우에는, 애초 가압류가 효력을 발생하는 때를 기준으로 토지와 그 지상 건물이 동일인에 속하였는지를 판단하여야 한다(대전합판 2012.10.18. 2010다52140).

㈑ 분묘기지권

분묘기지권이란 타인의 토지에 분묘(그 내부에 사람의 유골, 유해, 유발 등 시신을 매장하여 사자를 안장한 장소)를 설치한 자가 그 분묘의 수호 및 제사에 필요한 범위 내에서 타인의 토지를 사용할 수 있는 지상권 유사의 관습상 물권으로서 법정지상권의 일종에 속한다. 분묘기지권이 성립하는 경우는 ① 토지소유자와의 합의에 의하여 분묘기지권을 취득하는 경우 ② 타인 소유의 토지에 소유자의 승낙 없이 분묘를 설치하여 20년간 평온·공연하게 그 분묘의 기지를 점유함으로써 분묘기지권을 시효취득하는 경우,[276] ③ 자기 소유의 토지에 분묘를 설치한 후 분묘의 이장 등에 관한 특별한 합의 없이 토지의 소유자가 변경된 때에 토지의 구소유자가 신소유자로부터 분묘기지권을 취득하는 경우[277]의 3가지이다. 그리고 토지의 소유자가 변경된 때는 매매나 증여 또는 교환 등의 계약에 의하여 변경되는 경우는 물론이고 토지가 경매되어 변경되는 경우도 포함되는 것으로 보아야 한다.[278]

다만 분묘기지권이 성립하기 위해서는 봉분 등 외부에서 분묘의 존재를 인식할 수 있는 형태를 갖추고 있어야 하고, 평장되어 있거나 암장되어 있어 객관적으로 인식할 수 있는 외형을 갖추고 있지 아니한 경우에는 분묘기지권이 인정되지 아니한다.[279] 또한 장래 묘소로서 정하여 설치한 것으로서 현재 그 분묘

276) 대판 1995.2.28. 94다37912, 대판 1996.6.14. 96다14036 판결, 대판 2011.11.10. 2011다63017, 63024 참조.

277) 대판 1967.10.12. 67다1920 참조.

278) 대법원판례도 「자기소유 토지 위에 분묘를 설치하고 그 후 그 토지가 강제경매에 의하여 소유자를 달리하게 된 경우에 특히 그 분묘를 파 옮긴다는 조건이 없는 한 분묘의 소유자는 위 토지상에 그 분묘소유를 위한 지상권 유사의 물권을 취득한다고 할 것이다(대판 1976.10.26. 76다1359,1360)」고 한다.

279) 대판 1991.10.25. 91다18040 참조.

내에 시신이 안장되어 있지 아니한 경우는 외형상 분묘의 형태만 갖추었을 뿐이지 실제 분묘라 할 수 없으므로 분묘기지권이 인정되지 아니한다.[280]

(3) 지상권자의 권리

가. 토지사용권

약정지상권자는 지상권설정계약으로 정한 목적의 범위에서 토지를 사용하는 권리를 가진다. 이에 대하여 법정지상권자는 법정지상권의 성립원인이 되는 지상건물 기타의 공작물이나 수목의 소유 또는 분묘의 수호 및 제사에 필요한 범위 내에서 토지를 사용하는 권리를 가진다. 지상권자의 위와 같은 토지사용권이 방해되는 경우에는 지상권자는 토지의 점유자로서 또는 지상권자로서 반환청구권과 방해배제청구권 및 방해예방청구권 등의 물권적청구권(민 290, 213, 214)을 행사하여 구제받을 수 있다.

나. 존속기간

㈎ 약정지상권의 경우

약정지상권의 존속기간에 관하여는 최장존속기간에는 아무런 제한이 없으나, 최단존속기간에 관하여는 ① 석조, 석회조, 연와조 또는 이와 유사한 견고한 건물이나 수목의 소유를 목적으로 하는 때에는 30년 ② 위 ① 이외의 건물의 소유를 목적으로 하는 때에는 15년 ③ 건물 이외의 공작물의 소유를 목적으로 하는 때에는 5년 이하로 할 수 없고(민 280①), 만일 이 기간보다 단축한 기간을 정한 때에는 전항의 기간까지 연장되도록(민 289②) 제한되어 있다.

지상권설정계약으로 지상권의 존속기간을 정하지 아니한 때에는 그 기간은 법정 최단존속기간(민 280①)으로 하며, 지상권설정당시에 공작물의 종류와 구조를 정하지 아니한 때에는 지상권은 최단존속기간이 15년인 건물의 소유를 목적으로 한 것으로 본다(민 289②). 지상권이 소멸한 경우에 건물 기타 공작물이나 수목이 현존한 때에는 지상권자는 계약의 갱신을 청구할 수 있으며(민 283①),

---

280) 대판 1976.10.26. 76다1359,1360 참조.

이에 따라 당사자가 계약을 갱신하는 경우에는 지상권의 존속기간은 갱신한 날로부터 법정 최단존속기간(민 280)보다 단축하지 못한다. 그러나 당사자는 이보다 장기의 기간을 정할 수 있다. 지상권자의 갱신청구에 대하여 지상권설정자는 갱신을 거절할 수 있으나 이 경우 지상권자는 상당한 가액으로 지상의 공작물이나 수목의 매수를 청구할 수 있다(민 283②).

㈏ 법정지상권의 경우

법정지상권의 존속기간은 기간의 약정이 없는 것으로 되어 민법 제281조 및 제280조에 의하여, 30년(지상건물이 석조, 석회조, 연와조 또는 이와 유사한 견고한 건물인 경우) 또는 15년(기타 건물인 경우)이 된다. 그리고 건물의 개축·증축 등이 있는 경우, 존속기간을 정하는 건물의 종류는 구건물을 기준으로 한다. 가등기담보 등에 관한 법률에 의하여 지상건물의 소유자가 취득하는 법정지상권의 존속기간은 당사자가 협의하여 정하여야 하나 만일 협의가 성립되지 않으면 당사자의 청구에 의하여 법원이 정한다(가담 10 제2문). 관습상의 법정지상권의 존속기간에 대하여는 다른 특별한 사정이 없는 한, 민법 제281조 및 제280조가 준용되는 것으로 보아야 한다[281]. 그리고 분묘기지권의 존속기간은 당사자 사이에 약정이 있는 등 특별한 사정이 있으면 그에 따르되, 그러한 사정이 없는 경우에는 권리자가 분묘의 수호와 봉사를 계속하며 그 분묘가 존속하고 있는 동안은 계속된다.[282] 그 밖에 존속기간의 갱신 등은 약정지상권에 준한다.

다. 지상권의 처분

지상권자는 타인에게 그 권리를 양도하거나 그 권리의 존속기간 내에서 그 토지를 임대할 수 있으며(민 282), 지상권설정계약으로 양도 또는 임대를 금지하는 특약을 하더라도 그 특약은 효력이 없다(민 289). 또한 지상권을 대상으로 저당권을 설정할 수도 있다(민 371①). 다만 지상권설정계약으로 지상권에 대한 저당권의 설정을 금지할 수 있는지에 대하여는 민법 제289조가 명문으로 규정하고 있지 않아 긍정설[283]과 부정설[284]로 견해가 갈려 있다.

281) 대판 1968.8.30. 68다1029 참조.
282) 대판 2009.5.14. 2009다1092 참조.

(4) 지상권자의 의무

가. 지료지급의무

㈎ 약정지상권의 경우

약정지상권의 경우 지상권자의 토지소유자에 대한 지료지급은 지상권의 성립요건이 아니다. 따라서 당사자 사이에 지료지급에 관한 약정이 있어야만 지상권자의 토지소유자에 대한 지료지급의무가 생긴다. 지료의 금액과 지급시기에 관한 당사자 사이의 약정은 이를 등기하여야만 제3자에게 대항할 수 있다(부등 69ⅳ).

㈏ 법정지상권의 경우

민법과 가등기담보 등에 관한 법률에 의하여 건물 등의 소유자가 취득하는 법정지상권의 경우는 지상권자가 토지소유자에게 지료를 지급하여야 한다. 지료의 금액과 지급시기는 당사자가 협의하여 정하면 될 것이나 만일 당사자 사이에 협의가 이루어지지 않으면 당사자의 청구에 의하여 법원이 이를 정한다(민 305①단, 366단, 가담 10제2문), 입목에 관한 법률에 의하여 입목소유자가 취득하는 법정지상권에 관하여는 당사자가 약정으로 정하도록 되어 있으나(입목 6②), 역시 약정이 이루어지지 않으면 당사자의 청구에 의하여 법원이 정하는 것으로 보아야 한다.

관습상의 법정지상권의 경우에 관하여는 민법의 지상권에 관한 규정이 준용되어야 하므로,[285] 지료의 금액과 지급시기는 당사자가 협의하여 정하되 협의가 이루어지지 않으면 당사자의 청구에 의하여 법원이 이를 정하는 것으로 보아야 한다. 그리고 분묘기지권의 경우는 당사자 사이에 지료에 관한 약정이 있으면 그에 따르되 그러한 약정이 없으면 지료의 지급의무가 없는 것으로 보는 것이 타당하다.

---

283) 민법주해(Ⅵ) 40(박재윤), 곽윤직 물권법 317.
284) 주석민법[물권(3)] 52(윤형배), 이영준 물권법(2000) 614, 김상용 물권법(2003) 482.
285) 대판 1968.8.30. 68다1029 참조.

판례 7-12

분묘기지권자의 지료지급

지상권에 있어서 지료의 지급은 그 요소가 아니어서 지료에 관한 약정이 없는 이상 지료의 지급을 구할 수 없는 점에 비추어 보면, 분묘기지권을 시효취득하는 경우에도 지료를 지급할 필요가 없다고 해석함이 상당하다(대판 1995.2.28. 94다37912).

나. 지상물수거의무 등

지상권이 소멸한 때에는 지상권자는 건물 기타 공작물이나 수목을 수거하여 토지를 원상에 회복하여야 한다(민 285①). 이 경우에 지상권설정자가 상당한 가액을 제공하여 그 공작물이나 수목의 매수를 청구한 때에는 지상권자는 정당한 이유 없이 이를 거절하지 못한다(민 285②).

지료가 토지에 관한 조세 기타 부담의 증감이나 지가의 변동으로 인하여 상당하지 아니하게 된 때에는 당사자는 그 증감을 청구할 수 있다(민 286). 지상권자가 2년 이상의 지료를 지급하지 아니한 때에는 지상권설정자는 지상권의 소멸을 청구할 수 있다(민 287). 지상권이 저당권의 목적인 때 또는 그 토지에 있는 건물, 수목이 저당권의 목적이 된 때에는 지상권설정자의 지상권소멸 청구는 저당권자에게 통지한 후 상당한 기간이 경과함으로써 그 효력이 생긴다(민 288).

(5) 지상권과 근저당권의 관련성

지상권과 근저당권은 ① 지상권 자체가 근저당권의 목적물이 된다는 점 ② 지상권이 설정되어 있는 토지를 대상으로 근저당권을 설정하거나 근저당권이 설정되어 있는 토지를 대상으로 지상권이 설정되는 경우가 있는 점 ③ 건물이나 입목 등이 있는 토지에 근저당권을 설정하는 경우에 법정지상권이 성립될 수 있다는 점 ④ 근저당권이 설정된 나지에 건물이 축조되는 경우가 있다는 점 ⑤ 나지(裸地)에 근저당권을 설정하는 경우에 약정지상권을 함께 설정하는 관행이 있다는 점 ⑥ 저당토지상의 공동저당건물을 헐고 신축하는 경우가 있다는 점에서 서로 관련되어 있다. 다만, 다만 이 중 ①에 대해서는 이 책 제6장 Ⅳ. 3. 지상권에서 설명한 바 있으므로 이하에서는 ②~⑥ 대해서만 설명하기로 한다.

2. 지상권이 설정된 토지에 설정하는 근저당권

(1) 지상권과 근저당권의 관계

지상권이 설정되어 있는 토지라고 하여 그 소유자가 근저당권을 설정할 수 없는 것이 아니고 또한 이미 근저당권이 설정되어 있는 토지라고 하여 지상권을 설정할 수 없는 것도 아니다. 따라서 지상권과 근저당권은 대상 토지상에 경매절차가 실시되어 매수인이 소유권을 취득하기 전까지는 독립하여 병존하게 된다.

그러나 대상 토지에 경매절차가 실시되어 매수인이 소유권을 취득하게 되면 지상권과 근저당권은 상호 영향을 미치게 된다. 구체적으로 어떠한 영향을 미치는지는 경매 토지상에 존재하는 지상권등기와 근저당권설정등기 중 어느 것이 먼저 된 것인지에 따라 다르다. 이하에서 순차로 살펴보기로 한다.

(2) 지상권이 근저당권보다 선순위인 경우

지상권이 성립되어 있는 토지에 근저당권을 설정하였다가 토지가 경매되는 경우에는 그 지상권은 매수인의 소유권취득으로 소멸하지 아니하고 매수인에게 인수되는 것이 원칙이다.[286] 이 경우 지상권이 매수인에게 인수되는 것으로 하면 매수인은 지상권의 가액만큼 공제한 금액을 매수가액으로 할 것이고 그에 따라 근저당권자가 배당받을 금액이 그 만큼 줄어들게 됨으로써 근저당권자가 뜻하지 않은 손해를 보게 되어 불합리하기 때문이다.

따라서 근저당권보다 먼저 성립된 지상권이 존재하는 토지를 경매절차에서 매수하려는 자는 경매토지의 통상적인 가액에서 지상권의 가액만큼 공제한 금액을 매수가액으로 하여 매수신청 하여야 하고, 그에 따라 근저당권자도 지상권이 없는 토지가 경매되는 경우에 배당받을 수 있는 금액보다 지상권 가액만큼 적은 배당을 받게 된다.

---

286) 경매 토지상에 지상권과 근저당권 이외에 ① 경매개시결정등기(민집 144①iii, 268) ② 다른 저당권(민집 91②, 268) ③ 담보가등기(가담 13, 15) ④ 가압류등기(법률에 명문의 규정은 없으나 통설) ⑤ 배당요구한 전세권(민집 91④, 268) 이 있은 때에는, 지상권이 저당권보다는 먼저 이루어진 것이라 하더라도 이들 ①~⑤ 중 어느 하나의 권리보다 후에 이루어진 것이라면 지상권은 매수인의 소유권취득으로 소멸하는 ①~⑤의 권리와 함께 소멸하여 말소등기 된다.

(3) 근저당권이 지상권보다 선순위인 경우

근저당권이 성립되어 있는 토지에 지상권을 설정하였다가 토지가 경매되는 경우에는 그 지상권은 매수인에게 인수되지 아니하고 소멸하는 것이 원칙이다. 따라서 이 경우 토지를 경매절차에서 매수하려는 자는 지상권의 부담이 없는 토지의 가액을 매수가액으로 매수신청할 수 있고, 그에 따라 근저당권자가 배당받을 금액도 지상권의 가액만큼 적어지는 것이 아니다. 다만 지상권이 매수인에게 인수되지는 않는다고 하여도 매수인이 지상권자에게 토지의 인도를 청구하는 경우에 지상권자가 이에 응하지 않으면 민사소송과 민사집행절차를 통하여 인도받을 수밖에 없어 그에 따른 시간과 비용이 들게 될 것이므로 그만큼 매수가액과 배당받을 금액이 적어질 수는 있다.

(4) 지상권에 대한 근저당권자의 대응방안

지상권이 설정되어 있는 토지를 담보로 취득하는 경우에는 대상토지의 감정평가액으로부터 지상권의 가액만큼 공제한 금액을 담보가액으로 하여야 한다. 이에 대하여 근저당권이 설정된 이후에 설정된 지상권은 근저당권자의 신청으로 경매절차가 진행되는 경우 그 근저당권과 함께 소멸되어 매수인에게 인수되지 않으므로 근저당권자가 이를 고려할 필요가 없다. 다만 채무자의 채무불이행으로 대상토지를 경매하는 경우 토지매수인이 지상권자로부터 민사소송과 민사집행절차를 통하여 토지를 인도받는데 들어가는 비용만큼을 대상토지의 감정평가액으로부터 공제하여 담보가액으로 하는 것을 고려해 볼 수 있다.

3. 건물 등이 있는 토지에 설정하는 근저당권

(1) 건물이 있는 경우

가. 문제의 소재

토지위에 건물이 있는 경우 토지와 건물 모두에 근저당권을 설정하는 것이 보통이나, 때로는 토지와 지상건물의 소유자가 다르다거나 지상건물의 전부 또는 일부가 미등기 상태에 있는 등의 이유로, 양자 모두에 대한 근저당권의 설정이 곤란한 경우가 있다. 그러나 이러한 경우에도 건물을 토지와 구분되는 별개의 부동산으로 취급하는 현행 법제상으로는, 토지에만 근저당권을 설정하거나 또는 건물에만 근저당권을 설정하는 것도 얼마든지 가능하다.

그런데 토지 위에 건물이 있음에도 양자 모두를 대상으로 공동근저당권을 설정하지 않고 어느 일방에만 근저당권을 설정하는 경우에는 그 근저당권의 실행시 건물소유자가 토지소유자로부터 법정지상권을 취득하게 되고 그에 따라 토지의 매각가액이 지상권의 가액만큼 낮아져 토지 근저당권자의 채권보전에 지장이 초래될 수 있다. 이하에서는 토지 또는 건물에만 근저당권을 설정하였다가 경매되는 경우에 건물소유자의 법정지상권이 성립하기 위한 요건과 그 법정지상권의 효력 및 그에 따른 근저당권자의 대응방안에 관하여 알아보기로 한다.

나. 법정지상권의 성립요건

㈎ 근저당권설정 당시에 토지위에 건물이 존재할 것

㈀ 취지

법정지상권이 성립하려면 근저당권설정 당시에 당해 토지 위에 건물이 존재하고 있었어야 한다. 건물이 없는 토지(즉, 나대지)에 근저당권을 설정하는 자는 지상권의 제한이 없는 토지의 담보가치를 파악하고 있을 것인데, 그 후에 세워진 건물에 관하여 법정지상권의 성립을 인정할 경우에는, 그 토지의 담보가치는 떨어지고 따라서 근저당권자는 뜻하지 않은 손해를 보게 될 것이기 때문이다.

그러므로 건물이 없는 토지에 근저당권을 설정한 후 근저당권설정자가 그 위에 건물을 건축하였다가 담보권의 실행을 위한 경매절차에서 경매로 인하여 그 토지와 지상 건물이 소유자를 달리하였을 경우에는 그 건물을 위한 법정지상권은 성립하지 않는다.[287)]

근저당권설정 당시에 당해 토지 위에 건물이 존재하고 있는 상태에서 토지만을 대상으로 근저당권을 설정하면서 설정당사자가 민법 제366조에서 규정하는 법정지상권의 성립을 배제하는 특약을 한 경우, 그 특약의 유효성에 관하여는 민

---

287) 대결 1995.12.11. 95마1262 참조.

법 제366조를 가치권과 이용권의 조절을 위한 공익상의 필요에 따라 지상권의 설정을 강제하기 위한 강행규정으로 보아야 한다는 점에서 부정하는 것이 타당하다.[288]

㈏ 건물의 의미

건물소유자의 법정지상권이 성립하기 위하여 근저당권을 설정할 당시에 토지 위에 존재하는 건물은 미등기이거나 무허가인 것이라도 무방하다.[289] 또한 건축 중에 있었던 건물이라도 건물의 규모와 종류가 외형상 예상할 수 있는 정도까지 건축이 진전되어 있는 것이면 법정지상권이 성립한다.[290] 그리고 근저당권설정 당시 건물이 존재한 이상 그 이후 건물을 개축·증축하는 경우는 물론이고 건물이 멸실되거나 철거된 후 재축·신축하는 경우에도 법정지상권은 성립한다. 다만 그 법정지상권의 존속기간·범위 등은 구 건물을 기준으로 하여 그 이용에 일반적으로 필요한 범위내로 제한된다.[291]

㈐ 특수한 경우

대지에 대하여 근저당권을 설정할 당시 근저당권자를 위하여 동시에 지상권을 설정하여 주었다고 하더라도 근저당권 설정 당시 이미 그 대지상에 건물을 소유하고 있고 그 건물에 관하여 이를 철거하기로 하는 등 특별한 사유가 없으며, 근저당권의 실행으로 그 지상권도 소멸한 경우에는 건물을 위한 법정지상권이 발생하게 된다.[292] 그리고 공유로 등기된 토지의 소유관계가 구분소유적 공유관계에 있는 경우에는 공유자 중 1인이 소유하고 있는 건물과 그 대지는 다른 공유자와의 내부관계에 있어서는 그 공유자의 단독소유로 되었다 할 것이므로 건물을 소유하고 있는 공유자가 그 건물 또는 토지지분에 대하여 근저당권을 설정하였다가 그 후 근저당권의 실행으로 소유자가 달라지게 되면 건물 소유자는 그 건물의 소유를 위한 법정지상권을 취득하게 되며, 이는 구분소유적

---

288) 대판 1988.10.25. 87다카1564 참조.
289) 대판 1964.9.22. 63아62, 대판 1988.4.12. 87다카2404, 대판 1991.8.13. 91다16631 참조.
290) 대판 2004.2.13. 2003다29043, 대판 2004.6.11. 2004다13533, 대판 2011.1.13. 2010다67159 참조.
291) 대판 1992.6.26. 92다9388, 대판 2001.3.13. 2000다48517,48524,48531 참조.
292) 대판 1991.1.11. 91다23462 참조.

공유관계에 있는 토지의 공유자들이 그 토지 위에 각자 독자적으로 별개의 건물을 소유하면서 그 토지 전체에 대하여 근저당권을 설정하였다가 그 근저당권의 실행으로 토지와 건물의 소유자가 달라지게 된 경우에도 마찬가지인 것으로 보아야 한다.[293]

건물이 없는 토지에 저당권을 설정한 때에는 그 후 근저당권설정자가 근저당권자의 승낙을 얻어 저당토지상에 건물을 축조한 경우에도 법정지상권은 성립하지 않는다. 다만 이러한 경우에 있어서도 근저당권자가 경매절차에서 그 토지를 매각 허가받은 때에는, 건물의 소유자에게 지상권을 설정해줄 의무를 부담하게 된다고 하는 견해[294]가 있으나, 근저당 토지상에 건물의 축조를 승낙하였다는 사실만으로는 그러한 의무가 생기는 것으로 볼 수 없다. 즉, 근저당권자가 건물의 축조를 승낙하면서 후일 토지의 소유권을 취득한 때에는 당해 건물의 소유를 위하여 지상권을 설정해 주기로 한다거나, 지상건물을 철거시키지 않겠다는 등 지상권 설정 그 자체를 목적으로 한 합의가 없는 한, 토지를 매각 허가받은 근저당권자가 반드시 지상권을 설정해 주어야 할 의무를 부담한다고 할 수 없는 것이다.

(나) 경매로 인하여 토지와 건물의 소유자가 달라지게 되었을 것

법정지상권이 성립하려면 경매의 결과 토지와 건물의 소유자가 서로 달라지게 되었어야 한다. 그리고 이 경우 경매는 근저당권자의 신청으로 개시된 것이건 다른 채권자의 신청으로 개시된 것이건 묻지 않는다.

그러나 토지에 제1순위의 근저당권을 설정한 후에 건물을 축조하고 그 토지에 제2순위의 근저당권을 설정하여 제2순위 근저당권자의 신청으로 경매가 이루어지더라도 법정지상권은 성립되지 않는다. 경매가 있으면 모든 근저당권은 매수인에 대한 관계에 있어서 소멸하게 되어(민집 91②), 결과적으로 제1순위 근저당권자의 신청으로 경매가 이루어진 것과 같게 되기 때문이다. 다만 근저당부동산이 경매되기 전에 제1순위의 근저당권이 변제 등의 사유로 소멸한 경우에는 법정지상권이 성립되는 것으로 보아야 한다.

---

293) 대판 2004.6.11. 2004다13533 참조.
294) 민법주해[Ⅶ] 140(남효순).

㈐ 토지와 건물을 동일인이 소유하고 있었을 것

법정지상권이 성립하려면 근저당권을 설정할 때에 토지와 건물이 동일한 소유자에게 속하고 있었어야 한다. 따라서 근저당권설정 당시에 토지와 건물이 각각 다른 자의 소유에 속하고 있었던 때에는, 경매의 결과 토지와 건물의 소유자가 달라지게 되었어도 법정지상권은 인정되지 않는다. 이러한 경우에는 이미 토지소유자와 건물소유자 사이에 토지의 이용에 관한 법률관계가 형성되어 있어, 그 토지나 건물 위의 근저당권은 그러한 법률관계를 전제로 해서 존립하는 것으로 보면 되기 때문이다. 예컨대 건물소유자가 토지의 이용권이 없이 불법으로 타인의 토지 위에 건물을 축조한 것이라면, 토지소유자는 건물소유자에 대하여 그 건물의 철거를 요구할 수 있는 것이므로, 경매로 인하여 토지의 소유권을 취득한 자도 당연히 그 건물의 철거를 요구할 수 있는 것이고, 반면에 건물소유자가 토지의 이용권으로서 전세권이나 임차권 등의 권리를 설정 받고 있었으면, 경매로 인하여 토지의 소유권을 취득한 자는 그러한 용익권에 의하여 제한을 받는 토지소유권을 취득한 것으로 보면 될 것이며, 건물의 소유권을 취득한 자는 그러한 토지용익권이 붙어 있는 건물소유권을 취득한 것으로 보면 되는 것이다.

근저당권설정 당시에는 토지와 건물의 소유자가 동일인이었으나, 그 후에 토지와 건물 중 어느 하나를 처분함으로써 토지와 건물의 소유자가 달라진 상태에서 경매가 진행된 경우에도, 토지소유자는 건물소유자에게 지상권을 설정해 준 것으로 보게 되는가. 이에 관하여는 토지와 건물 중 어느 하나를 처분하는 때에 건물소유자와 토지소유자 사이에 토지의 이용관계가 정하여진다고 하더라도, 그와 같은 용익관계는 그 보다 선순위인 근저당권의 실행으로 인하여 소멸하게 되므로(민집 91③), 건물의 철거라는 사회·경제적손실을 최소화하려는 민법 제366조(법정지상권)의 취지에 비추어 긍정하여야 한다.[295]

대법원판례도 위와 같은 경우 근저당권자로서는 근저당권설정 당시에 법정지상권의 부담을 예상하였을 것이고 또 근저당권설정자는 근저당권설정 당시의 담보가치가 근저당권이 실행될 때에도 최소한 그대로 유지되어 있으면 될 것이므로, 위와 같은 경우 법정지상권을 인정하더라도 근저당권자 또는 근저당권설

295) 민법주해[Ⅶ] 144(남효순). 곽윤직 물권법 471.

정자에게는 불측의 손해가 생기지 않는 반면, 법정지상권을 인정하지 않는다면 건물을 양수한 제3자는 건물을 철거하여야 하는 손해를 입게 되는 불합리한 결과가 된다는 이유로 법정지상권의 취득을 긍정하고 있다.296)

근저당권설정 당시 토지상에 미등기건물을 소유하고 있던 자가 토지와 미등기건물을 함께 매각하였으나, 토지에 대하여서만 양수인에게 소유권이전등기를 해준 상태에서 토지가 경매된 경우에도 토지매수인은 지상권을 설정해 준 것으로 보게 되지만 이 경우 법정지상권을 취득하는 자는 양수인이 아닌 양도인이다. 건물의 소유권이 이전되려면 소유권이전등기가 있어야 하는데 미등기건물인 관계로 양수인 앞으로 소유권이전등기가 되어 있지 않아 여전히 양도인을 미등기건물의 소유자로 보아야 하기 때문이다. 이에 따라 토지의 매수인으로서는 건물의 점유자이지만 지상권자가 아닌 양수인을 상대로 건물의 철거를 요구할 수 있는 것인지 문제로 된다. 그러나 이 경우 양수인은 지상권을 취득한 양도인에 대하여 토지 매수인으로부터의 지상권설정등기를 한 후 이를 자신 앞으로 이전등기해 줄 것을 청구할 수 있고, 또한 양도인이 이에 응하지 않으면 채권자대위의 법리에 따라 지상권설정등기 및 그 이전등기절차의 이행을 청구할 수 있는 것이므로, 이와 같은 상태에서 토지의 매수인이 법정지상권을 취득할 지위에 있는 건물양수인에 대하여 건물의 철거를 구하는 것은 지상권의 부담을 용인하고 지상권설정등기절차를 이행할 의무가 있는 자가 그 권리자를 상대로 한 것이어서 신의성실의 원칙상 허용될 수 없는 것으로 보아야 한다.297)

다. 법정지상권의 효력

㈎ 법정지상권의 성립시기

법정지상권은 경매절차에서의 매수인이 매각대금을 완납하고 소유권을 취득한 때에 성립한다. 그리고 법정지상권은 법률의 규정에 의한 부동산에 관한 물권취득에 속하므로 등기를 필요로 하지 아니하고 그 효력이 발생하고, 이를 취득할 당시의 토지소유자나 이로부터 그 토지소유권을 전득한 제3자에 대하여도 등기 없이 지상권을 주장할 수 있다(민 187본). 그러나 이를 다른 자에게 처분하

296) 대판 1999.11.23. 99다52602 참조.
297) 대전합판 1985.4.9. 84다카1131,1132, 대판 1991.5.28. 91다6658 참조.

려면 등기하여야 한다(민 187단).[298]

(나) 법정지상권의 등기

법정지상권이 성립한 경우 그 등기는 건물소유자와 토지소유자가 공동으로 등기소에 신청하여 하는 것이 원칙이나, 토지소유자가 공동신청에 불응하는 때에는 건물소유자는 토지소유자를 상대로 지상권설정등기청구소송을 제기하여 승소의 판결이 확정되면, 이에 기하여 단독으로 등기소에 신청하여 하는 수밖에 없다.

법정지상권을 취득한 건물소유자가 지상권설정등기를 하지 않고 건물을 다른 자에게 양도한 경우에는, 그 양도인은 토지소유자와 건물을 철거하기로 합의하였다는 등의 특별한 사유가 없는 한, 건물의 양수인에 대하여 지상권설정등기를 한 후에 이의 이전등기절차를 이행하여 줄 의무를 부담한다. 또한 이와 같이 지상권설정등기를 해줄 의무가 있는 토지소유자는, 아직 지상권의 이전등기를 하지 않은 건물양수인에 대하여도 지상건물의 철거를 청구하지 못한다.

판례 7-13

법정지상권을 등기함이 없이 건물을 양도한 경우의 법률관계

(1) 저당물의 경매로 인하여 토지와 그 지상건물이 다른 소유자에게 속하게 되어 토지상에 법정지상권을 취득한 건물소유자가 법정지상권의 설정등기를 경료함이 없이 건물을 양도하는 경우에 그 건물을 철거하기로 하는 합의가 있었다는 등의 특별한 사정이 없는 이상 건물과 함께 지상권을 양도하기로 하는 채권적 계약이 있는 것으로 보아 지상권자는 건물의 양수인에 대하여 지상권설정등기를 한 후에 이의 양도등기절차를 이행하여 줄 의무를 부담한다(대판 1981.9.8. 80다2873).

(2) 미등기의 법정지상권자로부터 건물소유권 및 법정지상권을 양수한 자는 채권자대위에 따라 전의 건물소유자들을 순차로 대위하여 지상권설정등기 및 이전등기를 청구할 수 있으므로 토지소유자가 건물양수인을 상대로 건물철거를 구하는 것은 지상권의 부담을 용인하고 설정등기절차를 이행할 의무 있는 자가 그 권리자를 상대로 청구하는 것이어서 신의성실의 원칙상 허용될 수 없다(대전합판 1985.4.9. 84다카1131,1132).

(다) 법정지상권의 내용

법정지상권의 효력이 미치는 토지의 범위는, 반드시 그 건물의 대지에 한정되는 것은 아니고, 건물의 이용에 필요한 범위내의 대지에 대하여 인정된다. 그리

298) 대판 1965.9.23. 65다1222, 대판 1979.8.28. 79다1087 참조.

고 건물을 개축·증축하는 경우와 멸실되거나 철거한 후 재축·신축하는 경우에는, 구 건물을 기준으로 그 이용에 필요한 범위내의 대지에 대하여만 인정된다.

따라서 경매결과 토지와 건물의 소유자가 달라지게 된 경우, 구건물의 이용에 일반적으로 필요한 범위를 넘는 토지의 사용을 요하는 개축·증축 등의 건물부분은, 토지매수인에 대한 관계에 있어서 철거당할 수밖에 없게 된다. 다만 이러한 경우에도, 토지매수인의 건물철거요구가 정당한 토지소유권행사의 범위를 넘어서는 권리남용이 되는 경우(예컨대 건물소유자에게 지나치게 과도한 가격으로 토지를 매각하려는 목적으로 철거를 요구하는 경우)에는, 그 철거요구가 받아들여지지 않을 수도 있으나 이것은 별개의 법률문제인 것으로 보아야 한다.

법정지상권의 존속기간은 기간의 약정이 없는 것으로 되어 민법 제281조 및 제280조에 의하여, 30년(지상건물이 석조, 석회조, 연와조 또는 이와 유사한 견고한 건물인 경우) 또는 15년(기타 건물인 경우)이 된다. 그리고 건물의 개축·증축 등이 있는 경우, 존속기간을 정하는 건물의 종류도 구건물을 기준으로 하게 됨은 물론이다.

법정지상권도 타인의 토지를 이용하는 권리라는 점에서 지상권자는 지료를 부담하여야 한다. 그리고 이 지료는 우선 당사자가 협의하여 정하면 될 것이나, 협의가 성립하지 않을 경우에는 당사자의 청구에 의하여 법원이 정하게 된다(민 366단).

라. 토지 또는 건물에만 근저당권을 설정하는 경우의 대응책

㈎ 토지에만 근저당권을 설정하는 경우

토지에 지상건물이 있는 상태에서 토지에만 근저당권을 설정하는 경우에는, 그 근저당권자는 피담보채무의 불이행시 토지에 대하여만 경매를 신청할 수 있고(또한 민법 제365조의 규정에 의한 일괄경매청구도 인정되지 않는다), 또 그 경매 결과 토지와 건물의 소유자가 달라지게 되면 토지소유자는 건물소유자에 대하여 지상권을 설정해준 것으로 간주된다. 따라서 위의 경매절차에서 토지를 매수하려는 자는 지상권에 의하여 그 사용이 제한되는 상태의 토지를 매각허가받을 수밖에 없게 되고, 그에 따라 그 토지의 매각가액은 그러한 제한이 없는 경우보다 낮은 금액으로 형성될 것이며, 그 결과 근저당권자가 우선변제받을 수 있는 금액도 그 만큼 적어지게 된다. 그러므로 위와 같은 토지를 담보로 하여 금융거래를 함에 있어서는, 그 담보가치를 정상적인 토지의 가액이 아니라 지상권에 의하여 제한받는 토지의 가액으로 하여야 할 것으로 본다.

㈏ 건물에만 근저당권을 설정한 경우

토지와 지상건물이 동일인의 소유인 상태에서 건물에만 근저당권을 설정한 경우에는, 그 근저당권자는 피담보채무의 불이행시 건물에 대하여만 경매를 신청할 수 있으며, 경매 결과 토지와 건물의 소유자가 달라지게 되면 건물소유자는 토지소유자로부터 법정지상권을 취득하게 된다.

그리고 이 경우 건물의 매수인이 취득하게 되는 법정지상권은 건물의 종된 권리로서 건물에 설정한 근저당권의 효력이 미치게 된다.[299]

대법원판례도 「민법 제358조 본문은 "근저당권의 효력은 저당부동산에 부합된 물건과 종물에 미친다."고 규정하고 있는바, 이 규정은 저당부동산에 종된 권리에도 유추적용되어 건물에 대한 저당권의 효력은 그 건물의 소유를 목적으로 하는 지상권에도 미친다고 보아야 할 것이다」고 한다.[300] 따라서 이 경우는 건물만을 대상으로 근저당권을 취득하더라도 건물의 감정평가액을 감액하여 담보가액으로 할 필요는 없다.

그러나 토지와 지상건물의 소유자가 서로 다른 상태에서 건물에 대하여만 근저당권을 설정한 후 건물의 경매가 이루어지는 경우에는 그 건물소유자에게 법정지상권이 인정되지 않는다. 이에 따라 이 경우에는 토지소유자에 대한 관계에서 건물이 철거되어야 할 것이므로, 건물의 경매절차에서 건물의 매각이 이루어지기 어려울 뿐만 아니라 이루어진다 하더라도 그 매각가액은 아주 낮아질 수밖에 없다. 따라서 토지와 지상건물의 소유자가 서로 다른 상태에서 건물에만 근저당권을 설정할 경우에는 그 건물에 대한 담보가액을 인정하지 않고 평가외 담보로 취급하여야 한다.

299) 고선철, 지상권의… 322쪽.
300) 대판 1992.7.14. 92다527 참조.

(2) 입목이 있는 경우

토지에 입목이 식재(植栽)되어 있는 경우에 그 입목이 토지소유자가 식재한 것이거나 타인이 식재한 것이라도 그 타인이 토지소유자로부터 토지의 이용권이 없이 무단으로 식재한 것인 때에는 토지의 부합물로서 토지의 소유권이 입목에도 미치는 것이 원칙이다(민 256본). 따라서 이 경우는 토지에 설정한 근저당권이 입목에도 미치게 되므로 그 입목을 대상으로 별도로 근저당권을 설정할 수가 없으며 설정할 필요도 없다.

이에 대하여 타인이 토지소유자로부터 지상권이나 임차권 등의 이용권을 취득하여 식재한 입목은 토지의 부합물이지만 토지소유권에 귀속되지 아니하고 식재한 자의 소유에 귀속된다(민 256단). 또한 토지소유자의 소유에 귀속되는 입목이라도 토지소유자가 그 입목을 대상으로 입목에 관한 법률에 의하여 등기를 하였거나 관습법상의 명인방법[301]으로 토지와 구분되는 별개의 소유권의 대상으로 표시한 것은 토지소유권이 식재된 입목에 미치지 않아 토지에 설정한 근저당권이 입목에 미치지 않는다. 따라서 이 경우는 입목을 토지와 함께 담보의 대상으로 하는 이외에 입목만을 대상으로 또는 토지만을 대상으로 근저당권을 설정하는 경우가 발생할 수 있다. 다만, 입목만을 대상으로 하는 근저당권은 이 책 제8장 Ⅱ. 입목 근저당으로 설명하므로 이하에서는 토지만을 대상으로 저당권을 설정하는 경우와 입목과 토지를 공동담보로 하여 저당권을 설정하는 경우

301) 명인방법이란 특정한 수목의 소유권이 누구에게 귀속하고 있다는 것을 명백히 인식하게 하는 수단을 총칭하는 것이다. 따라서 특정되지 아니한 수목을 대상으로 하여서는 명인방법을 갖출 수가 없다(대판 1972.12.12. 72다1351). 그리고 특정한 수목을 대상으로 하는 것이라도 그것이 소유권을 공시하는 명인방법으로 인정되려면 그 표시만으로 어느 수목이 누구의 것임을 명백히 인식할 수 있어야 한다. 종래의 대법원판례가 명인방법으로 인정한 사례로는 ① 임야의 수 개소에 “입산금지 소유자 아무”라는 표기를 써서 붙인 경우(대판 1967.12.18. 66다2382) ② 입목에 새끼줄을 치고 또는 철인으로 O표를 하였고 요소에 소유자를 게시한 경우(대판 1976.4.27. 76다72) ③ 집행관이 임야의 입구부근에 그 지상입목들이 갑의 소유에 속한다는 공시문을 붙인 팻말을 세운 경우(대판 1989.10.13. 89다카9064) 등을 들 수 있고, 명인방법으로 인정하지 않은 사례로는 ① 임야에 있는 입목중 일부인 일정수량의 원목을 매수하고 그 영업소장 명의로 “본건 임야내 입목을 당회사에서 매수한 지상권림임을 공시함”이라는 내용의 게시판을 세워둔 경우(대판 1973.5.22. 72다2351) ② 법원의 검증당시 재판장의 수령 10년 이상된 수목을 흰페인트칠로 표시하라는 명에 따라 측량감정인이 이 사건 포푸라의 표피에 흰 페인트칠을 하고 편의상 그 위에 일련번호를 붙인 경우(대판 1990.2.13. 89다카23022) ③ 토지의 주위에 울타리를 치고 그 안에 수목을 정원수로 심어 가꾸어 온 사실만 있는 경우(대판 1991.4.12. 90다20220) 등을 들 수 있다.

에 대해서만 설명하기로 한다.

토지에 식재되어 있는 것으로서 토지소유권이 미치지 않는 입목의 경우 즉 타인의 그 권원에 의하여 식재한 입목이거나, 토지소유권이 미치는 것이라도 토지소유자가 입목에 관한 법률에 의한 입목등기를 하였거나 관습법상의 명인방법을 갖춘 입목인 경우는 토지를 대상으로 근저당권을 취득할 때에 입목도 함께 담보취득하고[302], 토지와 입목의 감정평가액을 합산하여 담보가액으로 하는 것이 좋다.

반면에 입목을 제외하고 토지만을 대상으로 근저당권을 설정하는 경우에는 토지의 감정평가액에서 입목소유자에게 인정되는 지상권 또는 임차권 등 용익권의 감정평가액을 공제한 가액을 담보가액으로 하여야 한다. 토지와 입목이 동일한 소유자에 속한 경우에 토지만을 대상으로 근저당권을 설정하였다가 입목의 경매나 그 밖의 사유로 토지와 입목이 각각 다른 소유자에게 속하게 되는 경우에 토지소유자는 입목소유자에 대하여 지상권을 설정한 것으로 보게 되고(입목 6①), 그에 따라 토지근저당권의 실행으로 진행되는 경매절차에서 토지를 매수하려는 자는 토지의 감정평가액에서 입목소유자에게 인정되는 법정지상권의 감정평가액에 해당하는 금액만큼 공제한 금액을 매수가액으로 신고함으로써 토지근저당권자가 배당받을 수 있는 금액이 그만큼 적어지게 될 것이기 때문이다. 또한 토지와 입목의 소유자가 다른 상태에서 토지가 경매되는 경우라도 근저당권설정 전에 그 입목소유자가 토지소유자로부터 제3자대항력이 있는 지상권이나 임차권 등의 용익권을 가지고 있는 때에는 그 토지의 매수인은 입목소유자의 지상권이나 임차권 등의 용익권을 인수하게 되므로 마찬가지의 결과가 된다.

(3) 분묘가 있는 경우

분묘가 설치되어 있는 토지를 대상으로 근저당권을 설정하는 경우에는 먼저 해당 분묘의 소유자가 누구인지 조사하여야 한다.

---

302) 법관습법상의 명인방법을 갖춘 입목에 대하여는 등기에 의하여 공시되고 있지 않아 근저당권을 설정할 수가 없으므로 종래의 판례에 의하여 그 효력이 인정되어온 양도담보의 형태로 담보취득할 수밖에 없다. 그리고 이 경우 양도담보권의 설정을 위한 입목의 소유권이전 또한 명인방법으로 한다.

조사결과 토지소유자가 소유·관리하는 분묘인 경우에는 토지의 감정평가액에서 분묘소유자가 취득하게 되는 법정지상권의 감정평가액만큼 공제한 가액을 담보가액으로 인정하여야 한다. 자기 소유의 토지에 분묘를 설치하였다가 토지가 경매됨으로써 토지소유권을 잃게 되는 경우 그 토지소유자는 토지의 매수인으로부터 분묘의 소유·관리에 필요한 범위에서 분묘기지권이라는 법정지상권을 취득하게 되기 때문이다.

이에 대하여 토지소유자가 아닌 타인이 소유·관리하는 분묘인 경우에는 토지소유자와 타인 사이에 해당 분묘에 대하여 어떠한 관계에 있는지 추가로 조사하여, 분묘의 소유자가 토지소유자로부터 이미 분묘기지권을 취득하고 있는 경우이면 토지의 감정평가액에서 분묘소유자가 취득하게 되는 법정지상권의 감정평가액만큼 공제한 가액을 담보가액으로 인정하여야 한다. 이 경우는 타인의 분묘기지권이 설정된 후에 근저당권이 설정된 것이므로 근저당권실행시 토지의 매수인이 분묘기지권을 인수하게 되는 것이기 때문이다. 반면에 분묘소유자가 토지소유자에 대하여 분묘를 철거하거나 이장하여야 하는 관계라면 토지의 감정평가액에서 분묘의 강제철거나 강제이장에 필요한 비용만큼을 공제한 가액을 담보가액으로 하면 된다. 이 경우는 토지의 경매시 매수인이 분묘기지권을 인수하지 않아 분묘소유자에 대하여 분묘의 철거나 이장을 청구할 수 있기 때문이다.

4. 근저당권이 설정된 나지에 건물이 축조되는 경우

(1) 문제의 소재

지상건물이 없는 토지(이른바 나대지)에 근저당권을 설정하는 때에는 다음과 같은 점이 문제로 된다. 첫째는 근저당권자의 동의 없이도 근저당권설정자가 저당토지상에 건물을 축조할 수 있는가 하는 점이고, 둘째는 근저당권설정 후 저당토지상에 건물이 축조되면 그 건물로 인하여 근저당권자의 지위에 어떠한 영향이 생기는가 하는 점이며, 셋째는 근저당권자가 저당토지상에 지상권을 설정받는 경우에 어떠한 이점이 있는가 하는 점이다.

(2) 건물의 축조가능 여부

저당권이란 저당목적물을 저당권설정자의 사용·수익에 맡겨 두면서, 채무의 변제가 없을 때에 그 물건의 가액으로부터 우선변제를 받는 것을 목적으로 하는 권리이기 때문에, 근저당권자는 근저당권자라는 지위만으로는 근저당권설정자가 근저당 토지상에 건물을 축조하는 것을 막을 수 없으며, 근저당권설정자는 근저당권자의 동의 없이도 근저당 토지상에 자유로 건물을 축조할 수 있다.

(3) 건물을 축조한 경우의 법률관계

가. 토지근저당권이 건물에 미치는지의 여부

근저당 토지상에 건물이 축조되더라도 토지에 설정된 근저당권의 효력은 건물에는 미치지 않으며, 건물에 대하여도 근저당권의 효력이 미치게 하려면 동건물에 대하여도 다시 근저당권을 설정하여야 한다.

나. 토지와 건물에 대한 일괄경매청구권

㈎ 취지

근저당 토지상에 건물이 축조된 경우에 근저당권자는 그 건물에 대하여도 근저당권의 효력이 미치는 것으로 할 수는 없으나, 그 근저당권에 의하여 담보되는 피담보채무가 변제되지 않을 때에는 근저당 토지와 함께 그 건물에 대하여도 경매를 청구할 수 있다(민 365본). 따라서 이 경우에는 근저당 토지만을 경매하여도 근저당권자가 채권을 변제받기에 충분하다 하더라도 과잉경매의 금지에 관한 민사집행법 제124조의 규정은 적용되지 않는다.303)

이와 같이 토지근저당권자에게 그 지상건물에 대한 일괄경매청구권을 인정한 이유는, 저당권은 담보물의 교환가치의 취득을 목적으로 할 뿐 담보물의 이용을 제한하지 아니하여 근저당권설정자로서는 근저당권설정 후에도 그 지상에 건물을 신축할 수 있는데, 후에 그 근저당권의 실행으로 토지가 제3자에게 매각될 경우에 건물을 철거하여야 한다면 사회경제적으로 현저한 불이익이 생기게 되

---

303) 민법주해[Ⅷ] 130, 곽윤직 물권법 474, 이영준 물권법 830, 김상용 물권법 731.

어 이를 방지할 필요가 있으므로 이러한 이해관계를 조절하고, 근저당권자에게도 근저당 토지 상의 건물의 존재로 인하여 생기게 되는 경매의 어려움을 해소하여 근저당권의 실행을 쉽게 할 수 있도록 하려는 데에 있다.[304]

㈏ 성립요건

첫째, 토지에 근저당권을 설정할 당시에 그 지상에 건물이 존재하지 않았어야 한다. 그리고 여기에서의 건물이란 미등기이거나 무허가·불법건물은 물론이고, 근저당권설정 당시에 건물의 존재가 예측되고 또한 당시 사회경제적 관점에서 그 가치의 유지를 도모할 정도로 건물의 축조가 진행되어 있는 건축 중에 있는 건물도 포함한다.[305]

둘째, 근저당 토지상의 건물은 근저당권설정자가 축조한 것이어야 하고 제3자가 축조한 것인 경우에는 일괄경매청구를 하지 못한다.[306] 또한 근저당권을 실행하기 전에 근저당권설정자가 지상건물을 타에 양도한 경우에도 일괄경매청구가 허용되지 않는다.[307] 그러나 제3자가 축조한 건물을 근저당권설정자가 양수한 경우에는 일괄경매청구를 할 수 있는 것으로 보아야 한다. 그리고 제1순위의 근저당권이 설정되고 나서 그 지상에 건물이 축조된 후 제2순위의 근저당권이 설정된 경우에는, 제1순위 근저당권자는 물론이고 제1순위 근저당권이 말소되고 있지 않은 한 제2순위 근저당권자도 일괄경매청구를 할 수 있는 것으로 보아야 한다. 제2순위 근저당권자의 경매청구로 제1순위 근저당권도 함께 소멸하게 되므로(민집 91②), 제1순위 근저당권자의 경매신청이 있는 경우와 같이 취급하여야 제1순위 근저당권자에게 불이익이 초래되지 않을 것이기 때문이다.

셋째, 축조건물에 대하여 소유권보존등기가 되어 있어야 한다. 그러나 미등기라 하더라도 그 건물이 채무자의 소유임을 증명할 서류, 그 건물의 지번·구조·면적을 증명할 서류 및 그 건물에 관한 건축허가 또는 건축신고를 증명할 서류

304) 대결 2001.6.13. 2001마1632 참조.
305) 민법주해[Ⅶ] 131(남효순).
306) 민법주해[Ⅶ] 131, 곽윤직 물권법 473, 이영준 물권법 831, 김상용 물권법 731.
307) 이영준 물권법 831, 김상용 물권법 731.

를 구비할 수 있는 때에는 이 서류를 첨부하여 일괄경매신청을 할 수 있다(민집 268, 81①ii). 만일 근저당권자가 이들 증명서류를 구비할 수 없는 때에는 공적 장부를 주관하는 공공기관에 이를 증명하여 줄 것을 청구할 수 있다(민집 268, 81②). 또한 증명사항 중 건물의 지번·구조·면적을 증명하지 못한 경우에는 일괄경매신청과 동시에 그 조사를 집행법원에 신청할 수 있다(민집 268, 81③).

판례 7-14

1. 토지저당권 설정 당시 건물이 존재하는지 여부에 대한 판단기준

민법 제365조는 저당권설정자가 저당권을 설정한 후 저당목적물인 토지상에 건물을 축조함으로써 저당권의 실행이 곤란하여지거나 저당목적물의 담보가치의 하락을 방지하고자 함에 그 규정취지가 있다고 할 것이므로, 저당권설정 당시에 건물의 존재가 예측되고 또한 당시 사회경제적 관점에서 그 가치의 유지를 도모할 정도로 건물의 축조가 진행되어 있는 경우에는 위 규정은 적용되지 아니한다(대판 1987.4.28. 86다카2856).

2. 타인이 축조한 건물을 저당권설정자가 취득한 경우의 일괄경매청구

저당지상의 건물에 대한 일괄경매청구권은 저당권설정자가 건물을 축조한 경우뿐만 아니라 저당권설정자로부터 저당토지에 대한 용익권을 설정받은 자가 그 토지에 건물을 축조한 경우라도 그 후 저당권설정자가 그 건물의 소유권을 취득한 경우에는 저당권자는 토지와 함께 그 건물에 대하여 경매를 청구할 수 있다(대판 2003.4.11. 2003다3850 참조).

3. 일괄경매청구의 시기와 방법

① 민법 제365조에 기한 일괄경매청구권은 토지의 저당권자가 토지에 대하여 경매를 신청한 후에도 그 토지상의 건물에 대하여 토지에 관한 경매기일 공고시까지는 일괄경매의 추가신청을 할 수 있고, 이 경우에 집행법원은 두 개의 경매사건을 병합하여 일괄경매절차를 진행함이 상당하다.

② 민법 제365조에 기하여 건물에 대한 일괄경매를 추가신청하는 경우에, 그 신청서에는 민사소송규칙 제204조(현행은 민사집행규칙 제192조)에 정해진 기재사항과 아울러 민법 제365조의 일괄경매의 요건사실 이외에 이미 선행하여 토지에 대하여 부동산경매사건이 계속되어 있다는 취지와 그 토지의 경매신청에 추가하여 지상건물에 대하여 일괄경매를 신청하는 취지를 기재하여 소정의 인지를 붙여야 하며, 반드시 담보권의 등기가 되어 있는 토지등기부등본을 첨부하여 법원에 제출하여야 한다(대결 2001.6.13. 2001마1632).

다. 일괄경매의 효력

토지근저당권자가 토지와 지상건물을 일괄경매 신청하는 경우, 토지근저당권자는 그 건물의 경매대가에 대하여는 우선변제를 받을 권리가 없다(민 365단). 건물에 대하여는 근저당권자가 아니기 때문이다.

그러나 일괄경매신청한 건물의 경매대가로부터 토지근저당권자가 우선변제채권자가 아닌 일반채권자의 지위에서 배당을 받을 권리는 있다. 이 경우 토지근저당권자는 일반채권자의 지위에서 배당받기 위하여 민사집행법 제88조에 따른 별도의 배당요구절차를 취해야 하는가. 다른 채권자의 배당참가가 없는 경우에는 별도의 배당요구절차를 취하지 않더라도 배당받을 수 있다고 보는 것이 보통이다.308)

문제는 다른 일반채권자의 배당참가가 있는 경우에도 별도의 배당요구절차를 취하지 않고서 그 다른 채권자와 각자의 채권액에 안분한 평등배당을 받을 수 있는지 여부이다. 이에 관하여는 부정설과 긍정설로 견해가 대립될 수 있다. 부정설은 우선변제권이 없는 이상 다른 일반채권자와 동일한 조건으로 배당참가를 허용해야 형평에 맞는다는 점을 논거로 하고, 긍정설은 일괄경매신청에 따른 일괄경매개시결정으로 건물에 대하여도 압류의 효력이 발생하게 되고 이 압류에 배당요구의 효력이 인정된다는 점을 논거로 한다. 민사집행법상 배당요구의 종기까지 경매신청을 한 압류채권자는 당연히 배당요구한 것으로 취급된다는 점에서(민집 148ⅰ) 긍정설이 타당하다고 생각한다.

라. 법정지상권의 성립여부

건물이 없는 토지에 근저당권을 설정한 후에 건물이 축조된 때에는, 토지에 대한 근저당권의 실행으로 토지소유자와 건물소유자가 달라지게 되더라도, 건물소유자를 위한 법정지상권은 성립되지 않는다. 이러한 경우에도 법정지상권의 성립을 인정한다면, 지상건물이 없는 토지를 담보로 취득하는 자도 언제나 법정지상권의 제한을 받는 토지의 담보가치만을 인정하여야 할 것이고, 그에 따라 토지의 담보로서의 효용은 크게 저해될 것이기 때문이다.

308) 민법주해[Ⅶ] 133, 이영준 물권법 816, 김상용 물권법 792.

5. 근저당권과 함께 설정하는 지상권

(1) 근저당권과 함께 지상권을 설정하는 이유

나지(裸地)에 근저당권을 설정한 후 근저당권설정자나 제3자가 나지에 건물을 축조하는 것이 근저당권자의 권리를 침해하는 것인지 문제로 된다. 이에 관하여는 근저당권설정자가 그 지상에 건물을 축조하는 것은 토지소유권의 정당한 이용범위에 속하므로 근저당권의 침해가 아니라는 견해[309]와 건물의 축조로 사실상 경매가 이루어지지 못하거나 철거될 건물의 존재로 인하여 경매대가가 낮아질 수밖에 없기 때문에 건물축조는 근저당권자의 담보가치를 훼손하는 침해가 된다는 견해[310]가 있다.

그러나 근저당권은 담보물권으로서 저당목적물의 사용·수익을 목적으로 하는 것이 아니므로 근저당권설정자나 제3자가 저당목적물을 사용·수익하는 것을 근저당권의 침해라 할 수 없고, 나지(裸地)의 경우는 통상의 용법에 따른 사용·수익이 건물의 축조라 할 것이므로 근저당권설정 후 저당토지상에 건물을 축조하는 것 자체를 근저당권의 침해라고 할 수는 없다.[311] 다만 저당목적물의 사용·수익은 어디까지나 저당목적물의 통상의 용법에 따른 사용·수익에 한하는 것이고, 이를 넘어 저당목적물의 멸실·훼손 등 담보가치의 감소를 가져오는 사용·수익은 근저당권의 침해라 할 것이므로, 건물의 축조로 사실상 경매가 이루어지지 못하거나 철거될 건물의 존재로 인하여 경매대가가 낮아져 저당채권의 우선변제를 받는데 지장이 초래되는 경우에는 토지근저당권의 침해가 되는 것으로 보아야 한다.

대법원판례도 「저당권은 저당권자가 채무 담보로 제공된 부동산에 대하여 점유를 이전받지 않고 다른 채권자보다 자기 채권의 우선변제를 받는 것을 본질적 내용으로 하는 담보물권이므로(민법 제356조 참조), 담보로 제공된 부동산 소유자로부터 점유권원을 설정 받은 제3자가 통상의 용법에 따라 부동산을 사용·수익하는 한 저당권을 침해한다고 볼 수 없다(대법원 2006.1.27. 선고 2003다

309) 김증한·김학동 물권법 507.
310) 김재형 저당권에 기한... 118 이하.
311) 최수정 담보를 위한... 95.

58454 판결 등 참조). 그러나 점유권원을 설정 받은 제3자의 점유가 저당권의 실현을 방해하기 위한 것이고, 그 점유에 의해서 저당권자의 교환가치의 실현 또는 우선변제청구권의 행사와 같은 저당권의 실현을 방해하는 특별한 사정이 있는 경우에는 저당권의 침해로 인정될 수 있을 것이다(대법원 2005.4.29. 선고 2005다3243 판결 등 참조)」고 한다.[312][313]

그리고 나지(裸地)에 근저당권을 설정한 후 근저당권설정자나 제3자가 나지에 건물을 축조하는 것이 근저당권자의 권리를 침해하는 것이 아니고 그에 따라 근저당권자가 건물의 축조를 저지할 수 없다 하더라도, 토지근저당권자의 토지에 대한 경매신청으로 토지와 지상건물이 서로 다른 사람의 소유에 속하게 되더라도 건물소유자가 토지의 매수인으로부터 법정지상권을 취득하지 못하므로 근저당권자의 채권보전에 심각한 영향을 미치는 것은 아니다. 그럼에도 나지(裸地)에 근저당권을 설정하는 경우에 지상권을 함께 설정하는 것[314]은 다음 2가지의 이유에 기인하는 것이라고 할 수 있다. 첫째 근저당권자가 저당목적물의 담보가치 감소를 가져오는 사용·수익의 배제를 구할 수 있다고 하더라도, 나지(裸地)를 대상으로 하는 근저당권의 경우 나지상 건물의 축조를 어떤 기준으로 근저당권의 침해가 되거나 되지 않는다고 판단할 것인지는 매우 어려운 것이어서 이에 관하여 당사자 사이에 여러 가지 분쟁이 발생할 수 있고, 둘째 근저당권자가 근저당토지상의 건물축조를 막을 수가 없어 일단 건물이 축조되면 토지만의 경매시 건물소유자가 토지의 매수인으로부터 법정지상권을 취득할 수 없다고 하더라도, 건물의 강제철거를 위한 절차의 번거로움과 시간·비용 등으로

---

312) 대판 2007.10.25. 2007다47896. 또한 대판 2006.1.27. 2003다58454에서도 「저당권자는 근저당권 설정 이후 환가에 이르기까지 저당물의 교환가치에 대한 지배권능을 보유하고 있으므로 저당목적물의 소유자 또는 제3자가 저당목적물을 물리적으로 멸실·훼손하는 경우는 물론 그 밖의 행위로 저당부동산의 교환가치가 하락할 우려가 있는 등 저당권자의 우선변제청구권의 행사가 방해되는 결과가 발생한다면 저당권자는 근저당권에 기한 방해배제청구권을 행사하여 방해행위의 제거를 청구할 수 있다」고 판시하고 있다.

313) 이와 같이 나지 상태에서 저당권을 설정한 후 저당권설정자나 제3자가 나지상에 건물을 축조함으로써 토지의 경매가 사실상 이루어지지 못하거나 철거될 건물의 존재로 인하여 경매대가가 낮아져 저당권자의 담보가치가 훼손된다면 지상권자가 아닌 저당권자의 지위에서도 저당권의 방해배제청구권에 기하여 건물의 축조중지와 철거를 청구할 수 있다는 이유로 나지에 저당권을 설정하면서 함께 지상권을 설정하는 것은 불필요한 것이라는 견해도 있다[김재형, 저당권에 기한... 120].

314) 이와 같은 이유로 설정하는 지상권을 담보지상권, 병존지상권, 병용지상권, 담보목적의 약정지상권 등으로 부른다[김현선 나대지에 저당권을... 174].

인하여 토지의 매수를 꺼리거나 매수가액을 낮게 함으로서 담보채권의 보전에 지장이 초래될 수 있으므로, 담보물권인 근저당권 이외에 용익물권인 지상권까지 확보함으로서 근저당토지상에 근저당권자가 원하지 않는 건물이 축조되는 것을 미연에 방지하기 위한 것이라고 할 수 있다.

(2) 근저당권과 함께 설정하는 지상권의 효력

나지(裸地)를 대상으로 근저당권을 설정하는 경우에 함께 설정하는 지상권은 그 설정목적이 토지의 사용·수익이 아니라 근저당권의 담보적 효력을 강화시키려는데 있다는 점에서 그 유효성에 관하여 무효설과 유효설로 견해가 대립되어 있다. 무효설은 ① 근저당권의 담보가치만을 확보하기 위한 지상권은, 사용권은 없고 방해배제청구권만을 인정하는 새로운 유형의 지상권으로서 우리 민법이 예정하고 있는 지상권에 해당하지 않는 것으로 물권법정주의(민 185)에 어긋난다는 점[315] ② 저당목적물의 담보가치를 확보하기 위하여 지상물의 소유를 목적으로 하는 지상권설정계약을 체결하는 것은 내심의 의사는 근저당권의 담보가치 확보인데 반하여 겉으로 드러난 계약내용이나 그에 따른 등기는 지상물의 소유를 목적으로 하는 것이기 때문에 통정허위표시(민 108)로서 무효라는 점[316] ③ 저당토지에 대한 용익행위를 전면적으로 금지하는 담보지상권의 설정은 근저당권의 효력범위를 넘는 과잉보호로서 사회경제적 이익에 반할 수 있다는 점[317] 등을 그 논거로 한다.

이에 대하여 유효설은 ① 관습법에 의하여 창설된 물권으로 보아야 한다는 점[318] ② 우리민법상 토지와 공작물 등은 별개의 부동산으로 지상권에서 공작물 등의 소유는 토지를 사용하는 전형적인 내용에 지나지 않으며 공작물 등의 소유 자체가 지상권의 본질적인 요소는 아니라는 점[319] ③ 근저당권자는 지상권을 통하여 저당토지의 사용가능성을 대세적으로 확보한 것이며 토지를 직접 사용하는지 아니면 지상권설정자로 하여금 사용하게 하는지와 같은 현실적인

315) 윤진수 저당권에 대한 침해를... 295~298, 김현선 나대지에 저당권을... 185.
316) 윤진수 저당권에 대한 침해를... 299
317) 이진기 저당권침해와... 74, 78.
318) 김 현 지상권침해에 대한... 100.
319) 최수정 담보를 위한... 107. 곽윤직 물권법 30.

사용 양태는 지상권의 효력에 영향을 미치지 않는다는 점[320] ④ 법률행위의 형식과 경제적 목적이 상이하다고 해서 곧 그 법률행위가 통정허위표시가 무효로 되는 것이 아니며 이는 양도담보의 경우 소유권이전이라고 하는 법형식과 담보라고 하는 경제적 목적이 서로 상이하다고 해서 통정허위표시로서 무효가 아니라고 보는 것과 같은 이치라는 점 등을 그 논거로 한다.[321]

생각건대 유효설이 주장하는 논거 중 ①의 경우는 성문법을 개폐하는 효력이 없고 오로지 성문법을 보충하는 효력만 있는 관습법의 성질상[322] 민법이 예정하고 있는 지상권과 다른 내용의 지상권을 인정할 수는 없을 뿐만 아니라 담보지상권을 설정하는 관행이 법적확신으로 지지되고 있는지 의문이라는 점[323]에서 타당성이 없고, ②③의 경우는 지상권자의 토지 사용 가능성을 전제로 하고 있다는 점에서 지상권의 법률적 성질에 대한 설명으로서는 타당하다고 할 수 있으나, 토지의 사용을 전제로 하지 않고 오로지 근저당권의 담보가치를 확보하기 위하여 설정하는 지상권의 유효성에 대한 논거로서는 적절하지 않고, ④의 경우도 양도담보의 경우는 채무자의 채무불이행시 채권자가 최종적으로 양도담보목적물의 반환의무를 면하고 확정적으로 소유권자가 된다는 점에서 통정허위표시로 볼 수 없는 반면, 지상권의 경우는 채무자의 채무불이행시 채권자가 저당목적물의 경매절차를 통하여 채권회수를 할 수 있을 뿐 확정적으로 지상권자가 되는 것이 아니라는 점에서 통정허위표시로 보아야 하고 그에 따라 무효설이 타당하다고 생각한다.

그러나 대법원판례는「토지에 관하여 저당권을 취득함과 아울러 그 저당권의 담보가치를 확보하기 위하여 지상권을 취득하는 경우, 특별한 사정이 없는 한 당해 지상권은 저당권이 실행될 때까지 제3자가 용익권을 취득하거나 목적 토지의 담보가치를 하락시키는 침해행위를 하는 것을 배제함으로써 저당 부동산의 담보가치를 확보하는 데에 그 목적이 있다고 할 것이므로, 그와 같은 경우 제3자가 비록 토지소유자로부터 신축중인 지상 건물에 관한 건축주 명의를 변

320) 최수정 담보를 위한... 108.
321) 최수정 담보를 위한... 108.
322) 곽윤직 물권법 25.
323) 최수정 담보를 위한... 106~107, 김현선 나대지에 저당권을... 186쪽.

경받았다 하더라도, 그 지상권자에게 대항할 수 있는 권원이 없는 한 지상권자로서는 제3자에 대하여 목적 토지 위에 건물을 축조하는 것을 중지하도록 요구할 수 있다」고 판시함으로써 유효설을 채택하고 있다.[324] 따라서 이하에서는 저당권의 효력을 강화시키기 위하여 설정하는 지상권도 유효하다는 것을 전제로 그에 따른 법률관계에 대하여 설명하기로 한다.

(3) 지상권자의 토지사용승낙

가. 토지사용승낙의 법적성질

채권자가 근저당 토지상에 지상권까지 설정 받았다 하더라도, 근저당권설정자가 토지상에 건물을 축조하기 위하여 지상권자인 채권자에 대하여 토지사용을 승낙해줄 것을 요청하여 왔을 때에 이를 무조건 거절할 수만은 없을 것이므로, 통상의 경우 채권자는 후일 축조된 건물을 토지근저당권에 공동담보로 추가할 것을 확약받고 사용승낙을 해주는 것이 보통이다. 그러면 이러한 지상권자의 토지사용승낙은 법률적으로 어떤 의미를 가지는 것인가. 이에 관하여는 우선 토지사용승낙의 의미 즉 토지의 사용관계에 관하여 명확한 합의를 한 것이 있으면 그에 따르면 될 것이고, 그러한 합의 없이 단순히 사용승낙만을 한 것이라면 민법 제609조 이하에서 규정하는 사용대차의 성질을 가지는 것으로 보아야 한다.

나. 축조건물의 담보제공의무불이행시의 대응방안

근저당권자 겸 지상권자의 토지사용승낙을 받아 건물을 축조한 한 토지소유자가 축조건물에 대하여 근저당권의 설정을 하지 않는 등의 배신행위를 하는 경우에는, 채권자는 이러한 사용대차계약을 해지하고 토지의 사용을 위하여 지상건물의 철거를 요구할 수 있는지 문제로 된다.

이에 관하여는 이 경우 근저당권자 겸 지상권자가 토지만을 경매신청하게 되면 토지의 매수인이 건물의 강제철거를 위한 절차의 번거로움과 시간·비용 등으로 인하여 토지의 매수를 꺼리거나 매수가액을 낮게 함으로써 저당채권의 우

324) 대결 2004.3.29. 2003마1753 참조.

선변제를 초래할 수 있으므로 일단 지상권자의 지위에서 지상건물의 철거를 시키고서 경매신청을 하는 것이 좋다는 이유로 긍정하는 견해가 있을 수가 있다.

그러나 금전채권을 담보하기 위하여 나지에 근저당권을 설정하면서 함께 지상권을 설정하는 것은, 그 근본취지가 토지의 사용을 위한 것이 아니라 근저당권의 효력을 강화하기 위한 것에 지나지 않으므로, 이와 같은 배신행위가 있는 경우에는 담보채권의 기한이익을 상실시켜 토지에 대한 근저당권을 실행하여 그 매각대금으로부터 우선배당을 받는 것이 옳다고 할 것이다. 그리고 이와 같은 경우 근저당권자는 토지와 건물의 일괄경매를 청구할 수 있는 것이 보통이고, 또 일괄경매를 청구할 수 없다고 하더라도 건물소유자는 토지의 매수인에 대하여 법정지상권의 성립을 주장할 수 없는 것이므로, 근저당권자의 입장에서 볼 때 건물을 철거시키고서 나지 상태로 경매하는 경우와 건물이 있는 상태에서 토지만을 경매하는 경우 사이에 채권보전에 큰 차이가 발생하는 것이 아니다. 건물을 철거시킨 후 나지 상태로 경매하는 경우에는 매수가액이 낮아지지 않아 근저당권자가 우선배당 받는 금액이 적어지지 않겠지만, 건물을 철거시키는데 따른 절차적 번거로움과 시간 및 비용이 들어 결국 이들 비용 등을 공제하면, 건물이 있는 상태에서 토지만을 경매하는 경우 그 매수인이 건물의 강제철거비용 등을 고려하여 매수가액을 낮게 함으로써 근저당권자가 우선변제 받는 금액과 큰 차이가 없을 것이기 때문이다.

따라서 채무자가 신축건물을 토지근저당권에 공동담보로 제공하지 않는 경우에는 채권자로서는 지상권에 기하여 건물의 철거[325]를 요구하기 보다는 기한의 이익을 상실시켜 바로 근저당권의 실행에 착수하고, 토지의 매각대금으로부터 담보채권 전액을 우선변제 받을 수 없을 것으로 판단되면 신속하게 채무자의 다른 재산을 찾아 가압류 등의 조치를 취하는 것이 좋다고 생각한다.

---

325) 특히 이와 같은 경우에 건물의 철거를 요구하는 것은 신의측에 반하는 권리남용이 될 수도 있다고 본다. 지상권의 설정 자체가 당초부터 토지의 사용을 목적으로 한 것이 아니라 근저당권의 담보적 효력을 강화시키려는데 있는 것이고 또한 근저당권자의 입장에서는 근저당권의 실행에 의한 채권회수가 본래적 수단이며, 신축건물을 철거시켜 나지 상태로 경매하건 건물이 있는 상태로 경매하건 그 결과로서 근저당권자가 얻는 것에 큰 차이가 없기 때문이다.

(4) 지상권자의 승낙 없는 건물축조

가. 건물축조의 가능 여부

지상권이 설정되어 있는 토지에 지상권자의 토지사용 승낙 없이 토지소유자가 건물을 축조하기 위한 건축허가를 받을 수 있는지 문제로 된다. 이에 관하여 2016년 7월 20일 건축법시행규칙이 개정되기 전에는 건축허가신청서에 「건축할 대지의 소유 또는 그 사용에 관한 권리를 증명하는 서류」를 첨부하도록 규정하고 있어(개정전 건축규 6① i 의2), 이 문언의 해석을 어떻게 하는가에 따라 지상권자의 토지사용 승낙 여부에 관하여 견해가 갈려 있었다.

즉 위 문언 중 앞 부분, 즉 소유에 관한 권리를 증명하는 서류는 소유권자를 대상으로 한 것이고 뒷 부분, 즉 사용에 관한 권리를 증명하는 서류는 소유권자가 아닌 용익권자를 대상으로 한 것으로 해석하면, 대지의 소유권자는 지상권의 설정 등으로 사용권이 없다 하더라도 그 소유권만을 증명하면 되는 것이므로 건축허가신청서에 지상권자의 토지사용승낙서 첨부가 필요 없게 된다. 이에 대하여 앞 부분, 즉 소유에 관한 권리 증명하는 서류는 소유권과 사용권을 모두 가지는 자에 한하고 소유권자라도 사용권이 없는 경우에는 뒷 부분, 즉 사용에 관한 권리를 증명하는 서류를 첨부해야 하는 것으로 해석하면 건축허가신청서에 지상권자의 토지사용승낙서 첨부가 필요하게 된다.

그러나 2016년 7월 20일 개정된 건축법시행규칙에서는 건축허가신청자를 건축할 대지의 소유권자와 소유권 없는 사용권자로 구분하여 ① 소유권자의 경우는 건축할 대지의 소유에 관한 권리를 증명하는 서류(건축규 6① i 의2본)를 ② 소유권 없는 사용권자는 건축할 대지를 사용할 수 있는 권원을 확보하였음을 증명하는 서류(건축규 6① i 의3)를 첨부하면 되는 것으로 규정함으로써 지상권이 설정되어 있는 대지의 소유자라도 지상권자의 토지사용승낙서 첨부 없이 소유에 관한 권리를 증명하는 서류만을 첨부하면 되는 것으로 입법적으로 해결하였다.

나. 건물의 철거요구 가능 여부

지상권자의 토지사용승낙 없이 저당토지 상에 건물이 축조되고 있는 경우에 저당채권자가 지상권자라는 지위에서 그 건물축조의 중지와 철거를 요구할 수 있는가. 이에 관하여 대법원판례는 「토지에 관하여 저당권을 취득함과 아울러 그 저당권의 담보가치를 확보하기 위하여 지상권을 취득하는 경우, 특별한 사정이 없는 한 그 지상권은 저당권이 실행될 때까지 제3자가 용익권을 취득하거나 목적 토지의 담보가치를 하락시키는 침해행위를 하는 것을 배제함으로써 저당부동산의 담보가치를 확보하는 데에 그 목적이 있다고 할 것이므로, 제3자가 저당권의 목적인 토지 위에 건물을 신축하는 경우에는, 그 제3자가 지상권자에게 대항할 수 있는 권원을 가지고 있다는 등의 특별한 사정이 없는 한, 지상권자는 그 방해배제청구로서 신축중인 건물의 철거와 대지의 인도 등을 구할 수 있다고 할 것이다」고 함으로써 긍정하고 있다.326)

그러나 위와 같은 결과는 어디까지나 건물이 사회·경제적으로 그 유지가 필요할 정도로 축조되기 전인 경우에만 적용할 수 있는 것이고, 이미 그 단계를 넘어서 축조가 진행된 경우에 있어서는 적용할 수 없는 것으로 생각한다. 건물이 사회·경제적으로 그 유지가 필요할 정도로 축조된 후이면 위 (3) 나.에서 설명한 바와 같이 건물을 철거시키고서 나대지 상태에서 경매하건 건물이 있는 상태에서 경매하건 근저당권자의 채권보전에 큰 차이가 없는 것이기 때문이다.

따라서 채권자가 저당토지 상에 지상권까지 설정하는 경우의 효용성은 저당토지의 소유자 등이 저당토지 상에 근저당권자의 채권보전에 지장이 초래될 수 있는 건물을 축조하려고 할 때에 이를 사전에 저지할 수 있는 근거를 확보해 주는 정도에 지나지 않는다고 할 수 있다. 그러나 이와 같은 효용성도 지상권설정자인 저당토지의 소유자가 건물을 축조하겠다고 하면 근저당권자 겸 지상권자가 특별한 이유가 없는 한 이를 거절할 수가 없는 것이고 일단 건물이 축조되면 지상권자의 지위는 큰 의미가 없다고 할 것이므로 근저당권의 효력을 강화하기 위한 지상권의 설정은 비용만 추가로 들어갈 뿐 실익이 별로 없다고 할 것이다.

---

326) 대판 2008.2.15. 2005다47205 참조. 또한 대판 2006.1.27. 2003다58454도 「대지의 소유자가 나대지 상태에서 저당권을 설정한 다음 대지상에 건물을 신축하기 시작하였으나 피담보채무를 변제하지 못함으로써 저당권이 실행에 이르렀거나 실행이 예상되는 상황인데도 소유자 또는 제3자가 신축공사를 계속한다면 신축건물을 위한 법정지상권이 성립하지 않는다고 할지라도 경매절차에 의한 매수인으로서는 신축건물의 소유자로 하여금 이를 철거하게 하고 대지를 인도받기까지 별도의 비용과 시간을 들여야 하므로, 저당목적 대지상에 건물 신축공사가 진행되고 있다면, 이는 경매절차에서 매수희망자를 감소시키거나 매각가격을 저감시켜 결국 저당권자가 지배하는 교환가치의 실현을 방해하거나 방해할 염려가 있는 사정에 해당한다」고 한 바 있다.

(5) 후순위근저당권의 설정

가. 지상권의 근저당권에 대한 부종성

나지에 근저당권을 설정하면서 근저당권의 담보적 효력을 강화하기 위하여 지상권을 함께 설정한 경우에 근저당권이 피담보채권의 소멸로 소멸하게 되면 지상권도 함께 소멸하게 되는지 문제로 된다.

이에 관하여는 지상권과 근저당권은 별개의 담보물권이라는 점을 강조하면 근저당권의 소멸로 당연히 지상권까지 소멸하는 것으로 볼 수 없게 된다. 그러나 근저당권의 담보적 효력을 강화하기 위한 지상권설정의 목적에 비추어 볼 때에는 근저당권이 소멸하였음에도 지상권만 별도로 그 효력을 유지한다는 것이 타당하지 않다. 따라서 근저당권의 담보적 효력을 강화하기 위하여 설정하는 지상권은 근저당권의 종된 권리로서 근저당권과 함께 그 운명을 같이 하는 것으로 보아야 한다.[327]

대법원판례도 「근저당권 등 담보권 설정의 당사자들이 그 목적이 된 토지 위에 차후 용익권이 설정되거나 건물 또는 공작물이 축조·설치되는 등으로써 그 목적물의 담보가치가 저감하는 것을 막는 것을 주요한 목적으로 하여 채권자 앞으로 아울러 지상권을 설정하였다면, 그 피담보채권이 변제 등으로 만족을 얻어 소멸한 경우는 물론이고 시효소멸한 경우에도 그 지상권은 피담보채권에 부종하여 소멸한다」고 한다.[328]

나. 후순위근저당권의 담보가치

선순위의 근저당권자가 지상권까지 설정 받은 토지에 대하여 다른 채권자가 후순위의 근저당권을 설정할 경우, 예를 들어 K가 담보평가액이 5억 원인 나지를 담보로 취득하고 A에게 2억 원을 대출하면서 제1순위 지상권과 채권최고액을 2억 4천만 원으로 하는 제2순위 근저당권을 설정 받은 후 S가 제3순위의 근저당권을 설정 받는 경우에 그 담보가액을 얼마로 볼 것인지 문제로 된다.

이에 관하여는 저당부동산이 경매되는 경우에 K의 지상권이 매수인에게 승

---

327) 최수정 담보를 위한... 115.
328) 대판 2011.4.14. 2011다6342 참조.

계되는지 여부에 따라 S가 설정 받는 제3순위 근저당권의 담보가액이 결정된다. 즉 K의 지상권이 매수인에게 승계되는 경우에는 매수인이 지상권의 가액을 공제한 금액으로 매수신청을 할 것이므로 매수인은 4억 원의 금액으로 매수신청을 하여 배당할 금액이 4억 원[329]이 될 것이고, 그에 따라 S가 배당받을 수 있는 금액은 4억 원에서 제1순위 근저당권의 채권최고액 2억 4천만 원을 공제한 1억 6천만 원이 될 것이다. 이에 대하여 K의 지상권이 매수인에게 승계되지 아니하고 소멸하는 경우라면 매수인은 지상권의 가액 1억 원을 고려함이 없이 5억 원의 금액으로 매수신청을 것이므로 매수인은 5억 원의 금액으로 매수신청을 하여 배당할 금액이 5억 원이 될 것이고 그에 따라 S가 배당받을 수 있는 금액은 5억 원에서 제1순위 근저당권의 채권최고액 2억 4천만 원을 공제한 2억 6천만 원이 된다.[330]

그런데 위 사례에서 만일 K의 제1순위 지상권이 근저당권과 무관하게 독자적으로 토지의 이용권을 확보하기 위하여 설정 받은 것이라면[331] 토지의 경매시 매수인에게 인수되고, 그에 따라 S가 제3순위로 설정 받은 근저당권의 담보가액은 1억 6천만 원이 될 것이지만, 근저당권의 담보적 기능을 강화시키기 위하여 설정 받은 것이라면 근저당권의 종된 권리로서 근저당권이 소멸하면 근저당권과 함께 소멸하게 되므로 그 담보가액은 2억 6천만 원이 되는 것으로 보아야 한다.

---

329) 설명의 편의상 저당부동산의 감정평가액 5억 원에 변동이 없고 경매비용 등이 없는 것으로 하고 지상권의 감정평가액을 1억 원으로 한다.

330) 부동산이 경매되는 경우 경매부동산상에 존재하는 각종 권리 중 ① 경매개시결정등기(민집 144①iii, 268) ② 저당권(민집 91②, 268) ③ 담보가등기(가담 13, 15) ④ 가압류등기(법률에 명문의 규정은 없으나 통설) ⑤ 배당요구한 전세권(민집 91④, 268) ⑥ 배당요구한 보증금이 전액 변제되는 대항력 있는 주택임차권 또는 상가건물임차권(주임보 3의5, 상임보 8)은 매수인의 소유권취득으로 모두 소멸한다. 이에 대하여 위 ①~⑥ 이외의 권리는 경매부동산상에 존재하는 ①~⑥의 권리보다 선순위의 것은 매수인에게 인수되고, ①~⑥의 권리보다 후순위의 것은 소멸하는 ①~⑥의 권리와 함께 소멸한다. 그러나 ①~⑥의 권리보다 선순위의 것이라도 배당요구한 보증금이 전액 변제되지 않는 대항력 있는 주택임차권 또는 상가건물임차권의 경우는, 변제되는 보증금 해당액은 소멸하고 변제되지 않는 보증금 해당액은 매수인에게 인수된다.

331) K의 지상권이 근저당권과 무관하게 독자적으로 토지의 이용권을 확보하기 위한 것이라면 사례에 있어서와 같이 반드시 제1순위로 설정하고 근저당권은 제2순위로 설정하여야 한다. 만일 근저당권을 제1순위로 하고 지상권을 제2순위로 하면 제1순위의 근저당권이 소멸하는 결과 그 보다 후순위인 지상권은 매수인에게 승계되지 아니하고 소멸하는 근저당권과 함께 소멸하게 되는 것이기 때문이다.

(6) 지상권설정의 타당성

금융회사 등이 금전채권의 담보로 나지(裸地)상에 근저당권을 설정하는 경우에 지상권을 함께 설정하는 관행은 다음과 같은 이유에서 타당성이 없으므로 폐지하는 것이 타당하다.

① 근저당권설정시 지상권을 함께 설정하는 이유가 토지이용권을 확보하기 위한 것이 아니라 토지소유자의 건물축조시 근저당권자의 승낙을 받도록 하기 위한 것이어서 토지소유자가 건물축조를 위하여 토지사용승낙을 요청해온 경우 근저당권자가 승낙을 아니할 수가 없는 점

② 토지사용승낙시 토지소유자로부터 완공시 축조건물을 토지근저당권에 최선순위의 공동담보로 추가하겠다는 각서를 받고 있으나, 근저당권설정계약서 제2조 제2항에 「근저당 토지상에 미등기건물이 있는 경우 또는 장래 건물을 신축할 경우에 채권자가 채권보전상 필요에 따라 청구하는 때에는 설정자는 지체 없이 그 보존등기를 하는 동시에 그 건물에 제1조에 의한 근저당권을 추가 설정합니다」라고 규정되어 있어 각서 없이도 동일한 목적을 달성할 수 있는 점

③ 토지소유자가 지상권자의 승낙 없이도 건축허가를 받아 건물을 축조할 수가 있고, 이 경우 지상권자의 지위에서 법원에 건축공사정지가처분절차를 밟아 건물축조를 할 수 없게 한다 하여도 토지소유자가 뒤늦게라도 토지사용승낙을 요청하여 오면 끝까지 건물축조를 막을 수는 없는 것이므로 결국 축조건물의 담보제공을 조건으로 토지사용승낙을 할 수밖에 없고, 그 후 토지소유자가 축조건물을 토지근저당권에 공동담보로 제공하겠다는 의무를 이행하지 않는다 하더라도 토지근저당권을 실행할 수 있을 뿐 지상권자의 지위에서 축조건물의 철거를 요구할 수는 없다는 점

④ 근저당권자의 입장에서 볼 때 건물을 철거시킨 후 나지 상태로 경매하는 경우와 건물이 있는 상태에서 토지만을 경매하는 경우 사이에 채권보전에 큰 차이가 발생하는 것이 아닌 점. 즉 건물을 철거시킨 후 나지 상태로 경매하는 경우에는 매수가액이 낮아지지 않아 근저당권자가 우선배당 받는 금액이 적어지지 않겠지만, 건물을 철거시키는데 따른 절차적 번거로움과

시간 및 비용이 들어 결국 이들 비용 등을 공제하면, 건물이 있는 상태에서 토지만을 경매하는 경우 그 매수인이 건물의 강제철거비용 등을 고려하여 매수가액을 낮게 함으로써 근저당권자가 우선변제 받는 금액과 큰 차이가 없다는 점

⑤ 종래에는 지상권설정비용을 채무자나 근저당권설정자가 부담하였으나 현재는 근저당권설정비용은 물론이고 지상권설정비용까지 금융회사가 부담하는 것으로 되어 있어 실익 없는 비용부담을 줄일 필요가 있는 점

⑥ 여신을 제공하면서 토지의 용익의사가 없이 근저당권 이외에 용익물권에 속하는 지상권까지 설정하는 것은 채권담보의 목적을 넘는 권리취득으로서 공정거래에 반하는 불건전 영업행위가 될 수 있는 점

6. 근저당토지상의 공동저당건물을 헐고 신축한 경우

(1) 문제의 소재

실무에 있어서는 동일인의 소유에 속하는 토지와 지상건물 모두에 근저당권을 설정 받고서 여신취급을 하였으나 그 후 지상건물의 소유자가 근저당권의 목적인 건물을 멸실시키고 새로운 건물을 축조하는 경우가 있다.

그런데 저당건물을 멸실시키고 새 건물을 신축한 경우 멸실된 구 건물과 신축건물은 전혀 별개의 건물에 속한다. 등기실무상으로도 구 건물의 등기부는 폐쇄되고 신축건물에 대하여는 새로운 등기부가 작성된다. 여기에서 문제가 되는 것은 구 건물의 멸실과 새 건물의 축조가 종전의 토지·건물에 설정한 근저당권에 어떠한 영향을 미치는지, 그리고 이 경우 근저당권자의 대응방안은 무엇인가 하는 점이다.

토지와 지상건물 모두에 근저당권을 설정한 후 지상건물의 소유자가 근저당권의 목적인 건물을 멸실시키고 새로운 건물을 축조하는 경우는 도시및주거환경정비법에 의한 공용환권으로 하는 경우와 건물소유자가 개별적으로 하는 경우의 2가지 유형으로 구분하여 볼 수 있다. 따라서 이하에서는 이 2가지 유형을 대상으로 저당건물을 멸실시키고 새 건물을 축조한 경우 종전의 토지·건물

에 설정한 근저당권에 미치는 영향과 그에 따른 근저당권자의 대응방안 무엇인가에 대하여 알아보기로 한다.

(2) 공용환권으로 하는 경우

가. 공용환권의 의의

공용환권이란 도시환경을 개선하고 주거생활의 질을 높이기 위하여 일정한 구역 내의 토지등을 대상으로 그 토지등소유자[332]의 의사에 불구하고 그 기반시설을 정비하고 토지등을 개량하거나 건설하여 종전의 토지등소유자에 대한 권리를 새로이 정비된 토지등으로 변환시키는 것을 말한다. 현행법상은 도시 및 주거환경정비법에 의한 정비사업인 ① 주거환경개선사업 ② 재개발사업 ③ 재건축사업으로 공용환권이 이루어지고 있다(도주환 2ⅱ).

주거환경개선사업이란 도시저소득 주민이 집단거주하는 지역으로서 정비기반시설이 극히 열악하고 노후·불량건축물이 과도하게 밀집한 지역의 주거환경을 개선하거나 단독주택 및 다세대주택이 밀집한 지역에서 정비기반시설과 공동이용시설 확충을 통하여 주거환경을 보전·정비·개량하기 위한 사업이고(도주환 2ⅱ가), 재개발사업이란 정비기반시설이 열악하고 노후·불량건축물이 밀집한 지역에서 주거환경을 개선하거나 상업지역·공업지역 등에서 도시기능의 회복 및 상권활성화 등을 위하여 도시환경을 개선하기 위한 사업이며(도주환 2ⅱ나), 재건축사업이란 정비기반시설은 양호하나 노후·불량건축물에 해당하는 공동주택이 밀집한 지역에서 주거환경을 개선하기 위한 사업이다(도주환 2ⅱ나).

---

332) "토지등소유자"란 다음 각 목의 어느 하나에 해당하는 자를 말한다. 다만, 도시 및 주거환경정비법 제27조제1항에 따라 「자본시장과 금융투자업에 관한 법률」 제8조제7항에 따른 신탁업자(이하 "신탁업자"라 한다)가 사업시행자로 지정된 경우 토지등소유자가 정비사업을 목적으로 신탁업자에게 신탁한 토지 또는 건축물에 대하여는 위탁자를 토지등소유자로 본다(도주환 2ix).
가. 주거환경개선사업 및 재개발사업의 경우에는 정비구역에 위치한 토지 또는 건축물의 소유자 또는 그 지상권자
나. 재건축사업의 경우에는 정비구역에 위치한 건축물 및 그 부속토지의 소유자

나. 종전 토지·건물 소유자의 권리

첫째, 종전의 토지·건물 소유자는 사업시행으로 조성된 토지·건물에 대하여 사업시행자에게 분양신청을 하여 그 소유권을 이전받을 수 있다. 분양신청은 사업시행자가 종전의 토지·건물의 소유자에게 도시 및 주거환경정비법 제72조 제1항 소정의 통지를 한 날로부터 30일 이상 60일 이내의 기간으로 정한 분양신청기간 내에 하여야 한다. 다만, 사업시행자는 관리처분계획의 수립에 지장이 없다고 판단하는 경우에는 분양신청기간을 20일의 범위 이내에서 연장할 수 있다(도주환 72②). 분양신청에 따른 소유권취득은 법률에 의한 취득이므로 소유권이전등기가 없어도 사업시행자가 이전내용을 당해 지방자치단체의 공보에 고시한 날의 다음 날 이루어진다(도주환 86②). 그리고 소유권취득에 따른 이전등기는 사업시행자가 지방법원지원 또는 등기소에 촉탁(시장·군수 또는 자치구청장이 사업시행자인 경우 해당) 또는 신청하여서 한다(도주환 88①②).

둘째, 종전의 토지·건물 소유자로서 ① 분양신청을 하지 아니한 자 ② 분양신청기간 종료 이전에 분양신청을 철회한 자 ③ 도시 및 주거환경정비법 제72조제6항 본문에 따라 분양신청을 할 수 없는 자 ④ 도시 및 주거환경정비법 제74조에 따라 인가된 관리처분계획에 따라 분양대상에서 제외된 자에 대하여 사업시행자는 관리처분계획이 인가·고시된 다음 날부터 90일 이내에 토지, 건축물 또는 그 밖의 권리의 손실보상에 관한 협의를 하여 산정한 청산금 등을 지급하여야 한다(도주환 73①, 도주환령 60①). 이 경우 협의가 성립되지 아니하면 사업시행자는 그 기간의 만료일 다음 날부터 60일 이내에 수용재결을 신청하거나 매도청구소송을 제기하여야 하고(도주환 73②), 그 기간을 넘겨서 수용재결을 신청하거나 매도청구소송을 제기한 경우에는 해당 토지등 소유자에게 지연일수(遲延日數)에 따른 이자를 지급하여야 한다. 이 경우 이자는 100분의 15 이하의 범위에서 대통령령으로 정하는 이율을 적용하여 산정한다(도주환 73③, 도주환령 60②).

셋째, 대지 또는 건축물을 분양받은 자가 종전에 소유하고 있던 토지 또는 건축물의 가격과 분양받은 대지 또는 건축물의 가격 사이에 차이가 있는 경우 사업시행자는 도시 및 주거환경정비법 제86조제2항에 따른 이전고시가 있은 후에 그 차액에 상당하는 금액(이하 "청산금"이라 한다)을 분양받은 자로부터 징수하거나 분양받은 자에게 지급하여야 한다(도주환 89①). 다만 이 청산금에 대하여 사업시행자는 정관등[333]에서 분할징수 및 분할지급을 정하고 있거나 총회의 의결을 거쳐 따로 정한 경우에는 관리처분계획인가 후부터 도시 및 주거환경정비법 제86조제2항에 따른 이전고시가 있은 날까지 일정 기간별로 분할징수하거나 분할지급할 수 있다(도주환 89②).

다. 근저당권에 미치는 영향

사업시행자가 근저당목적물인 건물을 포함한 사업시행지역 내에 있는 모든 건물을 헐고 새로이 건물을 축조하더라도 근저당권자로서 이에 이의를 제기할 수 없다. 근저당권이란 대상목적물의 사용·수익을 목적으로 하는 것이 아니고 또한 정비사업이 도시기능의 회복이 필요하거나 주거환경이 불량한 지역을 계획적으로 정비하고 노후·불량건축물을 효율적으로 개량함으로써 도시환경을 개선하고 주거생활의 질을 높이기 위한 공익적인 목적으로 하는 것이기 때문이다(도주환 1 참조).

다만 사업시행자가 정비사업으로 조성된 토지·건물의 소유권을 이전하고 그 내용을 당해 지방자치단체의 공보에 고시하기 전까지는 근저당권의 실행에 아무런 제한 받지 않으므로 통상의 경우와 동일하게 처리하면 된다. 그러나 이전고시가 있은 날부터 그 이전고시에 따른 등기가 이루어질 때까지는 경매개시결정등기를 할 수 없어 경매절차를 진행할 수 없는 제한을 받게 된다(도주환 88③).

사업시행으로 종전의 건물이 멸실되고 토지의 지적이 새로 정리되어 종전 토지·건물의 소유자가 분양신청을 함으로써 조성된 토지·건물의 소유권을 취득하게 되면 종전 토지·건물에 설정되어 있는 근저당권은 당연히 조성된 토지·건물에 이기되어 그 효력이 미치게 된다(도주환 87①). 따라서 이 경우 근저당권자로서는 채무자의 채무불이행시 조성된 토지·건물 모두를 대상으로 근저당권을 실행할 수 있으므로, 토지만을 경매함으로써 토지소유자와 건물소유자가 다르게

333) "정관등"이란 ①도시 및 주거환경정비법 제40조에 따른 조합의 정관 ②사업시행자인 토지등 소유자가 자치적으로 정한 규약 ③시장·군수등, 토지주택공사등 또는 신탁업자가 도시 및 주거환경정비법 제53조에 따라 작성한 시행규정 중 어느 하나에 해당하는 것을 말한다.

되어 건물소유자가 토지소유자로부터 법정지상권을 취득하게 됨으로써 토지의 매각가액이 낮아져 저당채권의 보전에 지장이 초래되는 경우는 발생하지 않는다. 또한 종전 토지·건물의 소유자가 분양신청을 하지 않는 등으로 조성된 토지·건물의 소유권을 취득하지 못하는 경우는 종전 토지·건물의 소유자가 사업시행자에 대하여 가지는 청산금지급청구권에 대하여 그 지급전에 압류를 하여 물상대위권을 행사할 수 있을 뿐 조성된 토지·건물에 대하여 임의경매를 청구할 수 있는 것이 아니므로 역시 법정지상권의 문제는 생기지 않는다.

라. 근저당권자의 대응방안

첫째, 종전 토지·건물의 소유자가 분양신청을 함으로써 주택재개발사업 등으로 조성된 토지·건물의 소유권을 취득하는 경우에는 조성된 토지·건물에 대한 근저당권자로서 권리를 행사하면 된다. 공용환권의 경우 종전 토지·건물에 설정되어 있던 근저당권은 종전 토지·건물의 소유자가 취득하는 조성된 토지·건물에 설정된 것으로 되어 그대로 존속하기 때문이다(도주환 87①). 이 경우 조성된 토지·건물에 대한 근저당권등기는 소유자에 대한 소유권등기와 함께 사업시행자가 관할등기소에 촉탁 또는 신청하는 방법으로 한다(도주환 88①).

둘째, 종전 토지·건물의 소유자가 분양신청을 하지 않는 등으로 주택재개발사업으로 조성된 토지·건물의 소유권을 취득하지 못하는 경우에, 종전 토지·건물에 대한 근저당권자로서는 종전 토지·건물의 소유자가 사업시행자에 대하여 가지는 협의 보상금으로서의 청산금지급청구권 등에 대하여 그 지급 전에 압류를 하여 물상대위권을 행사함으로써 담보채권을 보전할 수 있다(도주환 91).

셋째, 사업시행자로부터 분양받은 조성된 토지·건물의 가격이 종전 토지·건물의 가격에 미달하는 경우 종전 토지·건물의 소유자는 사업시행자에 대하여 그 부족분에 해당하는 청산금지급청구권을 가지므로, 만일 조성된 토지·건물의 가액으로 여신채권의 담보에 충분하지 않은 경우에, 종전 토지·건물에 대한 근저당권자로서는 이 청산금지급청구권에 대하여 그 지급 전에 압류를 하여 물상대위권을 행사함으로써 담보채권을 보전할 수 있다(도주환 91).

(3) 건물소유자가 개별적으로 하는 경우

가. 근저당권에 미치는 영향

구 건물을 멸실시키는 행위가 도시및주거환경정비법에 의한 사업시행으로 이루어지는 것이 아니라 새 건물을 축조하기 위한 구 건물소유자의 개별행위로 이루어지는 것인 경우에는 구 건물에 대한 근저당권은 신축건물로 이전되는 것이 아니라 소멸하게 되고 그에 따라 근저당권자는 토지에 대한 근저당권만을 보유하게 된다.

구 건물에 대한 근저당권이 소멸하고 신축건물에 근저당권의 효력이 미치지 않음에 따라 근저당권자가 토지만을 대상으로 경매신청하여 토지가 매각되면 토지와 건물이 각각 다른 사람의 소유에 속하게 될 수 있는데 이 경우 건물소유자가 토지소유자로부터 법정지상권을 취득하게 되는지 문제로 된다.

이에 관하여는 긍정설과 부정설로 견해가 대립할 수 있으나 종래의 대법원판례는 긍정하는 견해를 채택하고 있었다.[334] 그러나 이 대법원판례에 대하여는 건물의 멸실에 따른 건물의 담보가치가 상실됨과 함께 토지의 매각가액이 낮아져(토지의 경매시 그 매수인이 건물소유자에 대하여 법정지상권의 부담을 안게 되기 때문임) 토지의 담보가치가 훼손됨으로써 근저당권자에게 예기치 않은 손해를 주게 되어 불합리하다는 비판이 있었다.

이에 대법원은 위와 같은 비판을 수용하여 2003년 12월 18일자 전원합의체 판결로 동일소유자에 속하는 토지와 건물에 관하여 공동근저당권을 설정한 후 건물을 철거하고 새 건물을 축조하였으나 새 건물에 토지와 동순위의 공동근저당권을 설정하지 아니한 상태에서 토지만을 경매하여 토지와 건물의 소유자가 달라지게 된 경우에는 건물소유자가 토지소유자로부터 법정지상권을 취득할 수 없는 것으로 판시한 바 있다.[335] 다만 이 대법원판례는 공동저당건물을 철거하고 새 건물을 지은 모든 경우에 관하여 법정지상권의 성립을 부정한 것이 아니라 새 건물에 공동근저당권이 설정되지 않은 경우에 한한다. 따라서 새 건물에 공동근저당권이 설정되었음에도 토지만을 경매함으로써 토지와 건물의 소유자

334) 대판 1990.7.10. 90다카6399, 대판 1992.6.26. 92다9388, 대판 1993.6.25. 92다20330, 대판 2000.12.12. 2000다19007, 대판 2001.3.13. 2000다48517,48524,48531.

335) 대전합판 2003.12.18. 98다43601 참조.

가 달라지게 된 경우에는 건물소유자가 토지소유자로부터 법정지상권을 취득할 수 있는 것이다.

따라서 이 경우에는 토지의 매각가액이 법정지상권의 가액만큼 낮아지게 되는 문제는 생기지 않으며, 그에 따라 토지의 매각가액만으로 담보채권의 우선변제에 충분하다고 하면 채권보전에 지장이 초래되는 것이 아니므로 별도의 특별대책을 강구할 필요는 없다. 문제는 토지의 매각가액만으로 담보채권의 우선변제를 받기에 부족한 경우이다. 이 경우 채권자는 토지근저당권만을 보유하게 됨으로써 채권보전에 상당한 지장이 초래될 수가 있기 때문이다. 이하에서는 근저당 건물을 헐고 새 건물을 축조한 자가 근저당권설정자(채무자 또는 물상보증인)인 경우와 근저당 목적물의 제3취득자인 경우로 나누어 설명하기로 한다.

판례 7-15

공동저당건물을 헐고 신축한 경우의 법정지상권 성립여부

(1) 민법 제366조 소정의 법정지상권이 성립하려면 저당권 설정 당시 저당권의 목적이 되는 토지 위에 건물이 존재하여야 하는데, 저당권 설정 당시의 건물을 그 후 개축·증축한 경우는 물론이고 그 건물이 멸실되거나 철거된 후 재건축·신축한 경우에도 법정지상권이 성립하며, 이 경우 신건물과 구건물 사이에 동일성이 있거나 소유자가 동일할 것을 요하는 것은 아니라 할 것이지만, 그 법정지상권의 내용인 존속기간·범위 등은 구건물을 기준으로 하여야 할 것이다(대판 2000.12.12. 2000다19007).

(2) 동일인의 소유에 속하는 토지 및 그 지상 건물에 관하여 공동저당권이 설정된 후 그 지상 건물이 철거되고 새로 건물이 신축된 경우에는 그 신축건물의 소유자가 토지의 소유자와 동일하고 토지의 저당권자에게 신축건물에 관하여 토지의 저당권과 동일한 순위의 공동저당권을 설정해 주는 등 특별한 사정이 없는 한 저당물의 경매로 인하여 토지와 그 신축건물이 다른 소유자에 속하게 되더라도 그 신축건물을 위한 법정지상권은 성립하지 않는다고 해석하여야 하는바, 그 이유는 동일인의 소유에 속하는 토지 및 그 지상 건물에 관하여 공동저당권이 설정된 경우에는, 처음부터 지상 건물로 인하여 토지의 이용이 제한 받는 것을 용인하고 토지에 대하여만 저당권을 설정하여 법정지상권의 가치만큼 감소된 토지의 교환가치를 담보로 취득한 경우와는 달리, 공동저당권자는 토지 및 건물 각각의 교환가치 전부를 담보로 취득한 것으로서, 저당권의 목적이 된 건물이 그대로 존속하는 이상은 건물을 위한 법정지상권이 성립해도 그로 인하여 토지의 교환가치에서 제외된 법정지상권의 가액 상당 가치는 법정지상권이 성립하는 건물의 교환가치에서 되찾을 수 있어 궁극적으로 토지에 관하여 아무런 제한이 없는 나대지로서의 교환가치 전체를 실현시킬 수 있다고 기대하지만, 건물이 철거된 후 신축된 건물에 토지와 동순위의 공동저당권이 설정되지 아니 하였는데도 그 신축건물을 위한 법정지상권이 성립한다고 해석하게 되면, 공동저당권자가 법정지상권이 성립하는 신축건물의 교환가치를 취득할 수 없게 되는 결과 법정지상권의 가액 상당 가치를 되찾을 길이 막혀 위와 같이 당초 나대지로서의 토지의 교환가치 전체를 기대하여 담보를 취득한 공동저당권자에게 불측의 손해를 입게 하기 때문이다(대전합판 2003.12.18. 98다43601).

나. 근저당권의 대응방안

㈎ 근저당권설정자가 멸실시키고 신축한 경우

㈀ 담보의 보충청구

근저당권설정자가 구 건물을 헐고 새 건물을 축조한 경우에 채권자로서 가장 바람직스러운 것은 근저당권설정자로부터 신축건물을 담보로 제공받거나 다른 담보를 보충적으로 제공받는 것이다. 채권자가 근저당권설정자에 대하여 신축건물의 담보제공 등 담보의 보충을 요구할 수 있는 근거는 일반적으로는 「저당권설정자의 책임 있는 사유로 인하여 저당물의 가액이 현저히 감소된 때에는 저당권자는 저당권설정자에 대하여 그 원상회복 또는 상당한 담보제공을 청구할 수 있다」고 규정하고 있는 민법 제362조를 들 수 있고, 은행거래에 있어서는 「채무자 또는 보증인의 신용악화·담보가치의 감소 등의 사유로 채권보전상 필요하다고 인정된 때에는 채무자는 은행의 청구에 의하여 곧 은행이 인정하는 담보를 제공하거나 보증인을 세우기로 한다」고 규정하고 있는 은행여신거래기본약관 표준서식 제6조 제1항 및 「근저당 토지상에 미등기건물이 있는 경우 또는 장래 건물을 신축할 경우에 채권자가 채권보전상 필요에 따라 청구하는 때에는 설정자는 지체 없이 그 보존등기를 하는 동시에 그 건물을 제1조에 의한 근저당권을 추가 설정한다」고 규정하고 있는 근저당권설정계약서 표준서식 제2조 제2항을 들 수 있다.

은행거래에 있어서는 채권자가 근저당권설정계약서 표준서식 제2조 제2항에 의하여 신축건물의 담보제공을 강제할 수도 있다. 그러나 채권자 앞 근저당권설정등기가 이루어지기 전에 근저당권설정자가 신축건물을 제3자에게 처분하여 버리면 신축건물에 대한 선순위의 담보취득이 불가능해지게 된다. 따라서 근저당권설정자가 담보제공에 응하지 않을 가능성이 있어 보이는 때에는, 채권자는 신속히 신축건물의 처분을 금지시키는 가처분절차를 취해 두고서 근저당권설정자에 대하여 담보제공을 종용하되, 그래도 응하지 않는 경우에는 신축건물을 대상으로 하는 근저당권설정등기청구의 소를 제기하여 그 승소판결을 받아, 그 판결서를 첨부하여 단독으로 등기신청 하는 방법으로 근저당권설정을 강제하여야 한다.

㈁ 근저당권설정자의 다른 재산에 대한 가압류 등

근저당권설정자가 신축건물을 제3자에게 처분함으로써 선순위의 담보취득이 불가능하고 또한 다른 담보의 제공도 없는 때에는, 채권자로서는 채무자에 대한 여신채권의 기한이익을 상실시켜 채무자에게 바로 여신채권의 상환을 청구할 수 있다. 그리고 여신채권의 기한 전 상환청구를 하였으나 채무자의 임의이행이 없으면, 채권자로서는 부득이 강제집행절차를 취할 수밖에 없는데, 이 경우에는 특히 다음의 점에 유의하여야 한다.

첫째로 토지에 대한 저당권을 실행하여 배당받을 수 있는 금액이 얼마나 될 것인지를 판단하여 보고, 배당받을 수 없는 채권의 회수를 위하여 신속히 근저당권설정자의 다른 재산을 찾아 가압류절차를 취해두어야 한다.

둘째로 신축건물에 대하여 제3자에게 근저당권 등의 제한물권을 설정해 주었을 뿐 아직 그 소유권이 근저당권설정자에게 있는 상태이면 토지와 신축건물을 일괄경매청구 하여야 한다. 토지와 신축건물이 일괄경매 되면 경매가 보다 원활하게 진행될 수 있을 것이기 때문이다. 다만 이 경우 근저당권자가 건물의 매각가액으로부터 우선변제를 받을 수 없음은 물론이다.

판례 7-16

저당건물을 멸실시키고 신축한 건물에 대한 토지저당권자의 일괄경매청구권

토지와 그 지상 건물의 소유자가 이에 대하여 공동저당권을 설정한 후 건물을 철거하고 그 토지상에 새로이 건물을 축조하여 소유하고 있는 경우에는 건물이 없는 나대지 상에 저당권을 설정한 후 그 설정자가 건물을 축조한 경우와 마찬가지로 저당권자는 민법 제365조에 의하여 그 토지와 신축건물의 일괄경매를 청구할 수 있다(대결 1998.4.28. 97마2935).

㈂ 권리행사방해죄로 고소

근저당권자는 「타인의 점유 또는 권리의 목적이 된 자기의 물건 또는 전자기록 등 특수 매체기록을 취거, 은닉 또는 손괴하여 타인의 권리행사를 방해한 자는 5년 이하의 징역 또는 7백만 원 이하의 벌금에 처한다」는 형법 제323조의 규정에 따라, 저당건물을 멸실시킨 근저당권설정자를 관할 검사 또는 사법경찰관에게 고소할 수 있다(형소 237①).

이와 같은 고소는 채무자가 신축건물이나 다른 담보를 제공하게 하는데 도움이 될 수 있다. 저당건물을 멸실시킴으로써 권리행사방해죄를 지은 근저당권설정자가 형의 감경(형 51, 53)이나 선고유예(형 59 이하) 또는 집행유예(형 62) 등의 관대한 처분을 받으려면, 원칙적으로 채권자가 받은 손해의 원상복구에 최대한의 협력을 하여야 하기 때문이다.

(나) 제3취득자가 멸실시키고 신축한 경우

(ㄱ) 채무자에 대한 대응방안

근저당권설정자가 근저당 토지와 건물을 양수인에게 매각하여 소유권이전등기를 한 후 그 양수인인 제3취득자가 근저당 건물을 멸실시키고 새 건물을 축조한 경우에도 채권자는 채무자에 대하여 담보의 보충을 청구할 수 있다. 그리고 채무자가 그 담보의 보충청구에 불응하면 채권자는 여신채권의 기한이익을 상실시켜 바로 여신채권의 상환을 청구할 수 있다. 이 점은 근저당권설정자가 근저당 건물을 멸실시킨 경우와 다르지 않다.

그러나 근저당권설정자가 근저당 건물을 멸실시킨 경우와는 달리 이 경우에 있어서는 채권자가 신축건물에 대한 근저당권설정을 강제할 수 없고 또한 근저당권설정자를 권리행사방해죄로 고소할 수가 없다. 신축건물에 대한 근저당권설정을 강제할 수 없는 것은 신축건물의 소유권이 근저당권설정자에게 있는 것이 아니라 제3취득자에게 있기 때문이고, 근저당권설정자를 권리행사방해죄로 고소할 수 없는 것은 근저당 건물을 근저당권설정자가 멸실시킨 것이 아니라 제3취득자가 멸실시킨 것이기 때문이다. 다만 제3취득자의 근저당 건물 멸실행위에 근저당권설정자가 가담을 하였다면 근저당권설정자도 권리행사방해죄의 공범으로 고소할 수 있을 것이다.

(ㄴ) 제3취득자에 대한 손해배상청구

채권자는 제3취득자에 대하여 그 멸실행위로 인하여 우선배당 받을 수 없게 된 금액에 관하여 손해배상을 할 것을 청구할 수 있다. 근저당권자의 동의 없이 근저당 건물을 멸실시키는 것은 근저당권자에 대한 불법행위가 되기 때문이다(민 750).

그리고 채권자는 이 손해배상청구권을 피보전채권으로 하여 제3취득자의 소유인 신축건물을 가압류할 수 있다. 또한 손해배상청구권에 대하여 집행권원을 얻은 때에는 근저당권의 대상인 토지와 신축건물 모두를 대상으로 경매를 신청할 수 있다. 다만 이 경우 신축건물의 매각대금으로부터는 우선변제를 받을 수 없고 손해배상채권을 가지고 일반채권자로서 제3취득자의 다른 채권자와 채권액에 안분하는 배당을 받을 수밖에 없다.

따라서 이 경우 채권자로서는 토지에 대한 근저당권을 먼저 실행하고 그 후에 손해배상채권에 기한 건물의 경매신청을 뒤에 할 것인지, 집행권원을 얻을 때까지 토지에 대한 근저당권실행을 유보하였다가 신축건물과 함께 경매신청할 것인지를 선택해야 한다. 그 선택기준은 순차로 경매신청을 하여 그 매각가액으로부터 채권 전부를 상환 받을 수 있다고 판단되면(토지만을 먼저 경매하면 토지에 대한 법정지상권의 성립으로 토지의 매각가액이 줄어들 수 있다) 순차로 경매신청을 하여도 무방할 것이나, 전부를 상환 받을 수 없다고 판단되면 토지의 매각가액을 높이기 위해서 손해배상채권에 대한 집행권원을 얻을 때까지 기다려 양자를 함께 경매신청하여야 할 것으로 본다.

㈐ 제3취득자를 권리행사방해죄로 고소

채권자는 근저당 건물을 멸실시킨 제3취득자를 형법 제323조에서 규정하는 권리행사방해죄로서 관할 검사 또는 사법경찰관에게 고소할 수 있다(형소 237①).

멸실행위자인 제3취득자를 고소했다고 해서, 채권자가 입은 손해가 자동적으로 배상되는 것은 아니다. 따라서 채권자가 근저당 건물의 멸실로 인한 손해를 배상받으려면, 멸실행위자에 대하여 별도의 손해배상청구를 하여야 한다. 다만 형사상의 소추는 멸실행위자가 자진하여 손해를 배상하게 하는데 도움이 될 수는 있다. 멸실행위자가 형의 감경(형 51, 53)이나 선고유예(형 59 이하) 또는 집행유예(형 62)를 받으려면, 원칙적으로 피해자의 피해를 배상하여야 하기 때문이다. 반면에 멸실행위자가 형사처벌을 받았다고 하여, 피해자에 대한 손해배상책임이 없어지는 것도 아니다. 형사책임과 민사책임은 전혀 별개의 것이기 때문이다.

Ⅷ. 전세권

1. 전세권제도의 개요

(1) 전세권의 의의

전세권이란 전세금을 지급하고 타인의 부동산을 점유하여 그 부동산의 용도에 좇아 사용·수익하며, 그 부동산 전부에 대하여 후순위권리자 기타 채권자보다 전세금의 우선변제를 받을 권리를 말한다(민 303①).

전세권은 우리나라에만 존재하는 독특한 제도로 민법 제정 전부터 관습상 거래되어온 채권적전세를 민법 제정시 용익물권으로 제도화한 것이다. 민법 제정시는 전세권자에게 전세금반환청구권에 관하여 전세부동산으로부터의 우선변제권을 인정하지 않았지만 1984년 민법개정시 전세권자에게 전세금반환청구권에 대한 우선변제권이 부여되어 현재에 이르고 있다.

전세권의 대상인 부동산은 1필의 토지 또는 1동의 건물 전부를 대상으로 하는 것은 물론이고 1필의 토지의 일부 또는 1동의 건물의 일부라도 무방하다(부등 72①ii).

(2) 전세권의 법적성질

전세권의 법률적 성질에 관하여는 용익물권으로 보아야 한다는 견해[336]와 담보물권[337]으로 보아야 한다는 견해도 있으나 용익물권 겸 담보물권으로 보아야 한다는 것이 통설이다. 다만 용익물권 겸 담보물권으로 보아야 한다는 견해는 다시 용익물권의 성질이 본체적인 것이고 담보물권의 성질은 부가적인 것으로 보아야 한다는 견해[338]와 2가지의 성질을 동격으로 보아야 한다는 견해[339]로

336) 양창수 전세권 95~96.
337) 김기선 한국물권법(1990) 306~308.
338) 강태성 물권법 715, 김상용 물권법(2003) 538, 김증한/김학동 물권법 413, 이상태 전세권자의… 583.
339) 강대성 전세권저당권이... 33, 고상룡 물권법 471, 남양우 전세권을... 81, 오경미 채권담보전세권... 113, 오시영 전세권 존속기간... 511.

갈려 있다. 대법원판례는 용익물권 겸 담보물권으로 보아야 한다는 입장에 있지만 용익물권의 성질을 본체적인 것으로 보아야 하는지 용익물권과 담보물권의 성질을 동격으로 보아야 하는지에 관하여는 명확하게 일치하지 않는다.[340] 전세금반환청구권에 관하여 우선변제권과 임의경매청구권이 인정되어 있는 점을 고려할 때 용익물권 겸 담보물권으로 보되 양 성질을 동격으로 보는 것이 타당하다고 생각한다.

(3) 전세권의 성립요건

가. 개설

전세권은 ① 전세권설정자와 전세권자가 특정한 부동산의 사용·수익을 목적으로 전세권설정계약을 체결한 후 ② 전세권자가 전세권설정자에게 전세금을 지급하고 ③ 대상 부동산상에 전세권설정등기를 함으로써 성립되는 것이 보통이다. 그런데 현실에 있어서는 특정한 부동산의 사용·수익 보다는 채권담보의 목적으로 전세권을 설정하는 경우가 있는가 하면 전세권설정계약과 전세권설정등기만 있고 전세권자가 전세권설정자에게 전세금을 지급하지 아니하는 경우도 있고 또한 전세권자와 전세권설정자가 전세권설정계약을 체결하고서 전세권자가 전세권설정자에게 전세금까지 지급하였으나 전세권설정등기를 하지 않은 경우가 있어 그 유효성 등이 문제로 되는 바 이하에서 순차로 설명하기로 한다.

나. 채권담보목적 전세권의 유효성

채권담보목적의 전세권이란 특정한 부동산의 사용·수익 보다는 채권담보의 목적으로 전세권을 설정하는 전세권을 말한다. 예를 들면 기존의 임대차계약의 당사자가 임대차보증금반환채권을 담보하기 위하여 전세권을 설정하는 경우나 공사도급계약상의 공사대금채권을 담보하기 위하여 신축한 건물에 전세권을 설정하는 경우 등이 이에 해당된다.

---

340) 용익물권 위주로 해석될 수 있는 판례로는 대판 1999.9.17. 98다31301, 대판 2000.6.9. 99다15122를 들 수 있고, 양 성질을 동등하게 가지는 것으로 해석될 수 있는 판례로는 대판 1995.2.10. 94다18508, 대판 2005.3.25. 2003다35659를 들 수 있다(이상태 전세권자의… 582, 강대성 전세권저당권이… 23 참조)

채권담보목적 전세권의 유효성에 관하여는 무효설과 유효설이 주장되고 있다. 무효설은 실질은 임대차계약이면서 전세권설정등기가 경료된 경우 임대인과 임차인 사이에서는 임대차계약만이 유효하고 외형만 작출된 전세권설정계약은 통정허위표시에 해당하여 무효라고 한다.[341] 이에 대하여 유효설은 ① 당사자 사이의 기본계약관계에서 발생하는 피담보채권(임대차보증금반환채권, 공사대금 채권 등)으로 전세금의 지급에 갈음할 수 있으므로 전세금의 지급이라는 요건에 문제가 없다는 점 ② 목적물의 인도 혹은 계속적인 점유는 전세권의 성립요건 또는 존속요건이 아니므로 전세권자가 현실적으로 목적물을 인도받아 사용·수익하지 않더라도 장차 전세권자가 목적물을 사용·수익하는 것을 완전히 배제하는 것이 아니라면 목적물의 사용·수익이라는 부분도 충족된다는 점 ③ 채권담보전세권을 설정한 당사자의 의사는 통상 전세권의 존속기간 만료시 전세권설정자는 피담보채무를 변제하고 이를 이행하지 않을 경우 상대방은 전세권에 기하여 경매청구권, 우선변제권을 행사할 것을 목적으로 하고 있다고 해석되므로 유효성을 제한할 이유가 없다는 점 ④ 당사자 사이에는 기본계약상의 피담보채권을 담보하기 위한 목적으로 전세권을 설정한다는 의사의 일치가 명맥히 존재하기 때문에 채권담보전세권 설정계약을 외형만 작출된 통정허위표시라 할 수가 없다는 점 등을 논거로 유효라고 한다.[342]

대법원판례는 「전세권이 용익물권적 성격과 담보물권적 성격을 겸비하고 있다는 점 및 목적물의 인도는 전세권의 성립요건이 아닌 점 등에 비추어 볼 때, 당사자가 주로 채권담보의 목적으로 전세권을 설정하였고, 그 설정과 동시에 목적물을 인도하지 아니한 경우라 하더라도, 장차 전세권자가 목적물을 사용·수익하는 것을 완전히 배제하는 것이 아니라면, 그 전세권의 효력을 부인할 수는 없다」고 함으로써 유효설의 입장을 채택하고 있다.[343] 또한 대법원판례는

---

341) 이미선, 전세권저당권자의... 224. 다만 이 견해는 무효라도 그 무효로써 그 전세권설정계약에 의하여 형성된 법률관계를 토대로 별개의 법률원인에 의하여 새로운 법률상 이해관계를 갖게 된 제3자인 전세권저당권자에게 대항하기 위해서는 전세권저당권자가 그와 같은 사정을 알고 있어야 한다고 하고, 이에 따라 전세권설정자인 임대인은 전세권저당권자의 악의를 증명하지 못하는 한 전세권설정계약이 무효임을 들어 전세권저당권설정등기의 말소를 구할 수 없고 전세금의 반환을 구하는 전세권저당권자의 청구를 다툴 수 없다고 한다.

342) 오경미 채권담보전세권과... 124~125.

343) 대판 1995.2.10. 94다18508, 대판 2009.1.30. 2008다67217 참조.

「전세권이 담보물권적 성격을 아울러 가지고 있는 이상 부종성과 수반성이 있기는 하지만, 다른 담보권과 마찬가지로 전세권자와 전세권설정자 및 제3자 사이에 합의가 있으면 그 전세권자의 명의를 제3자로 하는 것도 가능하므로, 임대차계약에 바탕을 두고 이에 기한 임차보증금반환채권을 담보할 목적으로 임대인, 임차인 및 제3자 사이의 합의에 따라 제3자 명의로 경료된 전세권설정등기는 유효하다 할 것이고, 비록 임대인과 임차인 또는 제3자 사이에 실제로 전세권설정계약이 체결되거나 전세금이 수수된 바 없다거나, 위 전세권설정등기의 피담보채권인 임차보증금반환채권의 귀속자는 임차인이고 제3자는 임대인에 대하여 직접 어떤 채권을 가지고 있지 아니하다 하더라도 달리 볼 것은 아니다」고 한다.[344]

그러나 위 대법원판례도 장차 전세권자가 목적물을 사용·수익하는 것을 완전히 배제하는 것이라면 이는 무효라고 한다.[345] 또한 실제로는 전세권설정계약이 없음에도 불구하고 임대차계약에 기한 임차보증금반환채권을 담보할 목적으로 임차인과 임대인, 제3자 사이의 합의에 따라 제3자 명의로 전세권설정등기를 경료한 후 그 전세권에 대하여 근저당권이 설정된 경우, 가사 위 전세권설정계약만 놓고 보아 그것이 통정허위표시에 해당하여 무효라고 한다 하더라도, 이로써 위 전세권설정계약에 의하여 형성된 법률관계를 토대로 별개의 법률원인에 의하여 새로운 법률상 이해관계를 갖게 된 근저당권자에 대해서는 그와 같은 사정을 알고 있었던 경우에만 그 무효를 주장할 수 있다고 한다.[346]

전세권의 담보물권적 성질을 고려할 때 채권담보목적으로 설정된 전세권을 무효로 볼 수는 없을 것이고, 그렇다고 전세권의 용익물권적 성질을 고려할 때 전세권자가 목적물을 사용·수익하는 것을 완전히 배제하는 전세권을 인정한다는 것은 「물권은 법률 또는 관습법에 의하는 외에는 임의로 창설하지 못한다」고 규정하고 있는 민법 제185조에 위반된다는 점에서 대법원판례의 입장이 타당하다고 생각한다. 따라서 장차 전세권자가 목적물을 사용·수익하는 것을 완전히 배제하는 내용의 전세권설정계약 예를 들면 임대차보증금반환채권을 담보할

344) 대판 1998.9.4. 98다20981 참조.
345) 대판 1995.2.10. 94다18508 참조.
346) 대판 1998.9.4. 98다20981, 대판 2006.2.9. 2005다59864, 대판 2013.2.15. 2012다49292 참조.

목적으로 임대차목적물이 아닌 다른 부동산에 전세권설정계약을 체결하고 전세권설정등기를 한 경우 그러한 전세권은 무효인 것으로 보아야 한다.

한편, 임대차계약의 당사자가 임대차부동산을 대상으로 전세권을 설정한 경우는 임대차보증금반환채권을 담보하기 위한 것으로 보아 당사자 사이에 임대차와 전세 관계가 병존하는 것으로 보아야 하는지 아니면 임대차가 종료되고 임대차보증금반환채권을 전세금으로 하는 전세권이 새로이 설정된 것으로 보아야 하는지의 문제가 있으나,[347] 용익권자를 두텁게 보호하는 취지에서 임대차와 전세 관계가 병존하는 것으로 보는 것이 타당하다고 생각한다.[348] 다만 전세권은 물권으로 전세권자가 전세권설정자의 승낙 없이 양도할 수 있으나 임차권은 채권으로 임차인이 임대인의 승낙 없이 양도할 수 없다는 점에서 전세권이 양도된 경우 그 양수인은 전세권설정자에 대하여 임차권을 주장할 수 없는 것으로 보아야 한다. 또한 전세부동산이 양도된 경우에도 그 양수인은 물권으로서의 공시방법을 갖춘 전세권에 대해서만 인식하는 것이 보통일 것이므로 그 양수인에 대한 관계에서는 임대차관계가 소멸하는 것으로 보아야 한다.

다. 전세금의 지급이 전세권의 성립요건인지 여부

전세권설정자에 대한 전세금지급이 전세권의 성립요건인지의 여부에 대하여는 긍정설과 부정설로 견해가 갈려 있다.

긍정설은 그 논거로 ① 전세금의 지급이 없는 전세권을 인정하면 월세로 차임을 지급하기로 하는 임대차계약도 등기만 하면 전세권이 될 수 있게 되어 전세권의 고유한 특성이 유지될 수 없게 된다는 점 ② 전세권의 담보물권적 성격

---

347) 이 문제에 대한 논의의 실익은 예컨대 임차인 A와 임대인 B가 임대차기간을 3년으로 하되 A가 B에게 3개월 전에 통지함으로써 임대차계약을 해지할 수 있다는 특약을 둔 임대차계약을 체결하고서 그 임대차보증금반환채권을 담보하기 위하여 전세권을 설정하였는데 전세권설정계약서에는 3개월 전에 통지함으로써 전세권설정계약을 해지할 수 있다는 특약을 두지 않은 경우에, 임대차와 전세가 병존하는 것으로 보면 임차인이 3개월 전에 통지함으로써 임차보증금(전세금)을 반환받을 수 있는 반면에 임대차가 종료하고 새로이 전세권이 설정된 것으로 보면 3개월 전에 통지함으로써 전세금을 반환받을 수 없다는 점에 있다.

348) 대법원은 2011.3.24. 선고 2010다95062 판결에서 「임대인과 임차인이 임대차계약을 체결하면서 임대차보증금을 전세금으로 하는 전세권설정등기를 경료한 경우 임대차보증금은 전세금의 성질을 겸하게 되므로, 당사자 사이에 다른 약정이 없는 한 임대차보증금 반환의무는 민법 제317조에 따라 전세권설정등기의 말소의무와도 동시이행관계에 있다」고 하는데, 이는 병존설의 입장에서 한 판결인 것으로 보인다.

에 비추어 볼 때 전세금의 지급은 피담보채권의 발생에 해당하게 되고, 담보물권은 피담보채권의 존재를 요건으로 하므로 전세금이 지급되어야 전세권이 성립한다고 보아야 한다는 점 ③ 전세권등기는 되었지만 실제 전세금이 지급되기 전에 부동산소유권이 양도되면 전세권자는 그 양수인에 대하여 전세권을 주장할 수 없다고 해석함이 타당한데, 그 이유는 전세계약 이후 전세금지급 이전에 당사자는 그 계약에 기해 목적물의 인도청구권을 가지며 이는 채권적 성질을 가질 뿐인데, 만약 이 경우에 부동산의 양수인이 전세권설정자의 지위를 인수받아 목적물을 사용·수익케 하고 그 종료시 전세금을 반환해야 한다고 해석한다면, 아직 현실화되지 않은 전세의 권리관계를 양수인에게 부담시키게 되어 부당한 결과가 되기 때문이라는 점 등을 들고 있다.349)

부정설은 그 논거로 ① 전세금의 지급을 전세권의 요소로 보는 경우에는 당사자들이 무상으로 부동산을 빌리기로 합의하는 경우(혹은 일정한 기간 후에 전세금 전부 또는 일부를 지급하기로 하는 경우)에 이의 유효성을 인정하기 어렵게 된다는 점 ② 민법 제303조 제1항에서는 "전세금을 지급하고"와 "타인의 부동산을 점유하여"라고 규정하고 있는데, 전세금지급을 전세권의 성립요건으로 보는 것은 부동산점유를 성립요건으로 보지 않는 것과 모순된다는 점 ③ 전세금지급을 전세권성립의 요소로 보는 이유가 전세권자가 전세금지급을 약정하고 실제로는 이를 지급하지 않았는데 전세권소멸시에 이의 반환을 청구하는 것을 방지하기 위한 것이라면, 전세권자가 전세금을 지급하지 않은 경우에는 전세금반환청구권을 가지지 않는다고 하는 것으로 충분하다는 점 ④ 민법 제303조 제1항에서 "전세금을 지급하고"라고 규정하고 있는 것은 전세권설정계약을 체결할 때에 전세금의 지급에 관한 내용을 포함시켜야 한다는 것을 의미할 뿐 전세금이 지급되어야만 전세권이 성립한다는 것이 아니라는 점 ⑤ 사적자치의 원칙상 전세금의 사후 지급을 조건으로 하는 특약이 있는 전세권 성립을 부정할 이유가 없다는 점 ⑥ 전세금의 사후 지급을 조건으로 하는 특약이 있는 전세권 성립을

---

349) 이은영 물권법(제4판) 655. 그밖에 곽윤직 물권법(신정수정) 351~352면, 이영준 물권법(신정2판) 670면, 김기선 한국물권법 310면, 송덕수 물권법 391면, 김상용 물권법(2009) 499면, 고상용 물권법 475면, 이상태 물권법 372면, 이덕환 물권법 621면, 소성규 물권법 418면, 박순성 전세권에 관한... 88면, 오경미 채권담보전세권과... 115~117면, 권용우 전세금반환청구권의 양도 172면.

인정하여도 전세금이 실제로 지급될 때까지 목적부동산의 인도를 동시이행의 항변권에 의하여 거절할 수 있으므로 전세금의 현실적인 지급을 성립요건으로 하지 않더라도 전세권설정자에게 전혀 불리할 것이 없다는 점 ⑦ 다른 용익물권인 지상권과 지역권의 경우 지료의 지급을 그 성립요건으로 하지 않고 있음에도 전세권의 경우만 전세금의 지급을 그 성립요건으로 하는 것은 정당하지 않다는 점 등을 들고 있다.[350)]

대법원은 「전세금의 지급은 전세권 성립의 요소가 되는 것이지만 그렇다고 하여 전세금의 지급이 반드시 현실적으로 수수되어야만 하는 것은 아니고 기존의 채권으로 전세금의 지급에 갈음할 수도 있다」고 판시함으로써[351)] 성립요건설을 채택하고 있다.

성립요건부정설의 논거 중 ①의 경우는 전세금의 지급이 없이 전세권설정등기가 이루어진 경우라도 후일 전세금이 지급되면 그 때부터 전세권의 성립을 인정하면 되고, 만일 설정당사자 사이의 합의로 전세금지급이 없는 것으로 하였다면 전세권으로서는 무효로 하되 무상의 임대차계약으로 인정하면[352)] 용익권자로서는 그 목적을 달성할 수 있을 것이므로 구태여 전세금지급이 없는 전세권의 성립을 인정할 필요가 없다는 점 ②의 경우는 민법 제303조 제1항의 내용 중 "타인의 부동산을 점유하여"는 전세권이 부동산을 대상으로 하는 용익물권으로서 등기가 성립요건이지 점유는 그 성립요건이 아니라고 보아야 한다는 점에서 전세권의 내용에 대상부동산의 점유도 포함된다는 점을 강조한 것으로 해석하는 것이 타당하다는 점 ③의 경우는 전세금지급을 전세권성립의 요소로 보는 이상 전세권설정계약과 전세권설정등기까지 있으나 전세금의 지급이 없으면 전세권 자체의 성립이 없어 전세금반환청구권 자체가 성립되지 아니하고, 후일 전세금이 지급되면 그 때 비로소 전세권이 성립하여 전세금반환청구권이 성립되는 것으므로 그 결론에 있어서 부정설과 다르지 않다는 점 ④의 경우는 "전세

---

350) 김증한·김학동 물권법 415면, 양창수 전세권 100면, 오시영 전세권의 용익물권성과... 242면.

351) 대법원 1995.2.10. 선고 94다18508 판결, 2009.1.30. 선고 2008다67217 판결 참조.

352) 임대차계약은 유상계약이라는 점에서 무상의 임대차계약을 인정할 수 없지 않은가 하는 의문이 들 수 있으나 채권계약은 사적자치에 의하여 사회질서를 위반하는 것이 아닌 한 민법의 규정과 다른 합의를 할 수 있는 것이므로 가능하다고 할 수 있으며, 오히려 이와 같이 보는 것이 물권법정주의가 적용되는 전세금지급 없는 전세권을 인정하는 것보다 합리적이라고 생각한다.

금을 지급하고"와 "전세금지급에 관하여 약정하고"는 전혀 다른 내용이라는 점에서 법문의 해석범위를 넘는 것이라는 점 ⑤의 경우는 전세권을 물권으로 보는 이상 물권법정주의 원칙에 따라 전세권에 관한 민법 규정 자체의 해석상 인정되는 것은 몰라도 사적자치의 원칙에 따라 전세금의 사후 지급을 조건으로 하는 특약이 있는 전세권 성립을 인정하는 것은 타당하지 않다는 점 ⑥의 경우는 전세금지급 없이 미리 전세권자에게 목적물을 인도한 경우에는 적용될 수 없는 점 ⑦의 경우는 무상의 지상권과 지역권이 인정된다고 하여서 전세권의 경우도 반드시 무상의 것을 인정하여야 하는 것은 아니라는 점 등에서 성립요건부정설이 주장하는 논거는 모두 타당하다고 할 수 없다. 특히 우리 법제상 담보물권은 피담보채권에 부종하는 성질이 있어 전세권을 담보물권으로 보는 이상 전세권도 피담보채권에 부종하는 것으로 보아야 한다는 점에서 다수설과 판례가 채택하고 있는 성립요건설이 타당하다.

라. 전세권설정등기를 하지 않은 경우의 효력

① 전세권설정계약을 체결하고서 ② 전세권설정자에게 전세금까지 지급하였으나 ③ 전세권설정등기를 하지 않았다고 하여 전세권설정계약 자체가 무효로 되는 것은 아니다.

위 ①②③의 요건을 모두 구비한 경우 물권적전세라고 하고, ①②의 요건은 구비하였으나 ③의 요건을 구비하지 않은 경우를 채권적전세 또는 미등기전세라 부르기도 한다. 그러나 단순히 전세권이라고 하면 법률적으로는 물권적전세권만을 의미하는 것으로 보아야 한다. 따라서 이하에서도 전세권이란 물권적전세권만을 의미하는 것으로 보기로 한다.

채권적전세는 그 법률적 성질이 특수한 임대차에 속하는 것으로 보아야 하므로 그 내용에 대하여는 임차권자와 근저당권자의 관계로서 다음 항에서 설명하기로 하고 여기에서는 전세권에 대하여서만 설명하기로 한다.

[참고] 전세권등기기재(예시)

[을구] (소유권 이외의 권리에 관한 사항)				
순위번호	등기목적	접수	등기원인	권리자 및 기타사항
1	전세권설정	2013년 4월 22일 제○호	2013년 4월 21일 설정계약	전세금 ○○○원 범위 건물 전부 존속기간 2013년 4월 8일부터 2015년 4월 7일까지 전세권자 박을동 (-) 서울 ○구 ○동 ---

(4) 전세권의 존속기간

가. 존속기간

전세권의 존속기간은 설정당사자간의 계약으로 정하게 되나, 최장기간을 10년 이상으로 할 수 없고 만일 10년이 넘는 때에는 10년으로 단축된다(민 312①). 그리고 건물에 대한 전세권의 존속기간에 대하여는 최단기간의 제한이 있다. 즉, 건물에 대한 존속기간은 1년 미만으로 할 수 없으며 1년 미만으로 정한 때에는 1년으로 연장된다(민 312②). 다만 건물전세권의 최단기간 제한은 전세권자를 보호하기 위한 것이므로 전세권자 자신이 약정한 1년 미만의 기간을 그대로 주장하는 것은 허용되는 것으로 보아야 한다.

전세권의 존속기간을 약정하지 아니한 때에는, 각 당사자는 언제든지 상대방에 대하여 전세권의 소멸을 통고할 수 있고, 상대방이 이 통고를 받은 날로부터 6월이 경과하면 전세권은 소멸한다(민 313). 그러나 건물을 대상으로 하는 전세권의 경우는 최단기간이 전세권설정자에 대한 관계에서는 1년이므로, 전세권설정자가 존속기간을 정하지 아니한 전세권의 소멸통고를 하여 전세권자가 그 통고를 받은 날로부터 6월이 경과하였다 하더라도, 아직 최단기간인 1년이 경과하지 아니한 때에는 그 1년이 경과한 후라야 비로소 전세권이 소멸하는 것으로 보아야 한다.

전세권의 존속기간은 설정당사자 사이의 계약으로 이를 갱신할 수 있다. 그러나 그 기간은 갱신할 날로부터 10년을 넘지 못한다(민 312③). 당사자 사이의 계약으로 이루어지는 존속기간의 갱신은 이를 등기하여야 그 효력이 생긴다(민

186). 그리고 이 갱신에 따른 등기는 적어도 원래의 존속기간이 만료되는 날까지는 이루어져야 한다. 갱신 없이 존속기간이 만료되면 그 전세권은 소멸하고 그 후는 전세권의 용익권적 기능이 상실되어 전세금반환청구권에 대한 담보권적 기능만 남게 되는 것이기 때문이다.

설정당사자 사이에 갱신에 관한 합의가 없으면 전세권은 존속기간의 만료로 소멸하는 것이 원칙이다. 그러나 대상 목적물이 건물인 경우에는 설정당사자 사이에 갱신에 관한 합의가 없더라도 자동적으로 갱신의 효력이 발생하는 경우가 있다. 즉, 건물의 전세권설정자가 전세권의 존속기간 만료 전 6월부터 1월까지 사이에 전세권자에 대하여 갱신거절의 통지 또는 조건을 변경하지 아니하면 갱신하지 아니한다는 뜻의 통지를 하지 아니한 경우에는 그 기간이 만료된 때에 전 전세권과 동일한 조건으로 다시 전세권을 설정한 것으로 본다. 이 경우 전세권의 존속기간은 그 정함이 없는 것으로 본다(민 312④).

그리고 전세권이 법정갱신된 경우 이는 법률의 규정에 의한 물권의 변동이므로 전세권갱신에 관한 등기를 필요로 하지 아니하고, 전세권자는 등기 없이도 전세권설정자나 그 목적물을 취득한 제3자에 대하여 갱신된 권리를 주장할 수 있다는 것이 대법원판례이다.[353]

나. 존속기간 만료의 의미

전세권의 존속기간은 당사자가 설정계약으로 정한 기간이 만료되는 경우가 있고 합의갱신 또는 법정갱신에 의하여 연장된 기간이 만료되는 경우가 있으며(민 312), 처음부터 존속기간을 약정하지 않아 당사자 중의 일방이 소멸통고하여 6월이 경과함으로써 만료되는 경우가 있는데(민 313), 이와 같이 전세권의 존속기간이 만료되면 전세권이 소멸하게 되는지 문제로 된다.

이에 관하여는 소멸설과 존속설 및 용익물권적권능소멸설로 견해가 대립되어 있다. 소멸설은 존속기간의 만료는 법률의 규정에 의한 물권변동(민 187)으로 전세권설정등기의 말소 없이도 전세권이 소멸하게 된다고 한다.[354] 존속설은 전

353) 대판 2010.3.25. 2009다35743 참조

354) 곽윤직 물권법(신정수정) 363, 김증한/김학동 물권법 428, 고상룡 물권법 491, 김상용 물권법(2003) 555, 양창수 전세권 95.

세금의 반환을 전세권소멸의 요건으로 보아 전세금이 전세권자에게 반환되어야 비로소 전세권이 소멸한다고 한다.[355] 용익물권적권능소멸설 전세권은 용익물권인 동시에 담보물권의 성질도 겸유하고 있으므로 전세권의 존속기간만료로 소멸하는 것은 전세권의 용익물권적 권능이고 전세권의 담보물권적 권능은 전세금을 반환받을 때까지 소멸하지 않는다고 한다.[356]

대법원판례는 처음에는 「전세권이 기간만료로 종료된 경우 전세권은 전세권설정등기의 말소등기 없이도 당연히 소멸한다」고 하여,[357] 소멸설을 채택하는 것으로 보일 수 있었으나 그 후 「전세권의 존속기간이 만료되면 전세권의 용익물권적 권능은 전세권설정등기의 말소 없이도 당연히 소멸하고 단지 전세금반환채권을 담보하는 담보물권적 권능의 범위 내에서 전세금의 반환시까지 그 전세권설정등기의 효력이 존속하고 있다」고 함으로써[358] 용익물권적권능소멸설을 채택하고 있음을 분명히 하였고 이후의 판결도 같은 입장에 있다.[359]

존속기간이 만료되었음에도 전세권의 용익물권적 권능이 그대로 남아 있다는 것은 타당하다고 할 수 없고,[360] 그렇다고 존속기간의 만료로 전세권의 담보물권적 권능까지 모두 소멸한다고 해석하면 전세권자가 그 전세금반환채권을 가지고 임의경매청구권과 우선변제권을 행사할 수 있는 여지가 없게 되어 부당한 결과가 초래된다는 점에서 용익물권적권능소멸설이 타당하다고 생각한다.

---

355) 이은영 물권법(제4판) 650, 박순성 전세권에 관한... 91 이하. 즉 이 견해는 존속기간이 만료된 후에도 전세금과 목적물 반환 및 전세권설정등기의 말소라는 청산과정이 있다는 것을 이유로 전세권의 존속기간을 마치 저당권에서 피담보채권의 변제기 정도로 이해한다.

356) 강대성 전세권저당권의... 36, 오경미 채권담보전세권과... 130, 이상태 전세권저당권자의... 587~588.

357) 대판 1999.9.17. 98다31301 참조.

358) 대판 2005.3.25. 2003다35659 참조.

359) 대판 2008.3.13. 2006다29372,29389도 「전세권의 존속기간이 만료하면 전세권의 용익물권적 권능이 소멸하기 때문에」라고 하여 용익물권적권능소멸설을 채택하고 있다.

360) 임대차기간이 끝난 주택임대차에 관하여도 존속기간이 만료된 전세권에 있어서와 같은 문제가 발생될 수 있으나 주택임대차보호법에서는 「임대차기간이 끝난 경우에도 임차인이 보증금을 반환받을 때까지는 임대차관계가 존속되는 것으로 본다(주임보 4②」는 규정을 두어 입법적으로 해결하고 있다. 그러나 이와 같은 규정을 두고 있지 않은 민법상의 전세권에 있어서는 전세권의 존속을 인정할 수 없는 것으로 보아야 한다.

(5) 전세권자의 권리

가. 인도불이행시의 구제수단

전세권자는 대상 부동산을 직접 지배해서 사용·수익할 수 있는 권리를 가진다. 따라서 전세권이 설정되었음에도 전세권설정자가 대상 부동산의 점유를 전세권자에게 이전시키지 않는 때에는 전세권의 물권적효력에 기하여 그 인도를 청구할 수 있다. 또한 전세권설정자가 대상 부동산을 인도한 후에 그 사용·수익을 방해하거나 방해할 염려가 있는 때에는, 전세권자는 전세권의 물권적효력에 기하여 그 방해제거조치나 방해예방조치를 하여줄 것을 청구할 수 있다. 그리고 전세권설정자가 대상 부동산의 점유를 이전하지 않거나 또는 사용·수익을 방해하는 것은 민법 제750조에서 규정하는 불법행위가 되므로 전세권자는 그로 인한 손해의 배상을 전세권설정자에게 청구할 수 있다.

나. 전세권의 처분권

전세권자는 전세권을 타인에게 양도 또는 담보로 제공할 수 있고 그 존속기간 내에서 그 목적물을 타인에게 전전세(轉傳貰) 또는 임대할 수 있다(민 306본).

전세권의 양도는 부동산물권변동의 일반원칙에 따라 전세권자와 제3자가 전세권의 양도계약을 체결하고 이를 등기원인으로 하여 전세권의 이전등기를 하는 방법으로 하면 된다. 양도대금은 전세권설정자에게 지급한 금액보다 고액이라도 상관없다는 것이 통설이다. 그러나 양수인이 나중에 전세권설정자로부터 반환청구할 수 있는 금액은 양도인이 전세권설정자에게 지급한 등기된 전세금에 한한다.

전세권의 존속기간이 만료된 이후에도 전세권을 양도할 수 있는지 양도할 수 있다면 그 방법은 무엇인지 문제로 되나 대법원판례는 「전세권설정등기를 마친 민법상의 전세권은 그 성질상 용익물권적 성격과 담보물권적 성격을 겸비한 것으로서, 전세권의 존속기간이 만료되면 전세권의 용익물권적 권능은 전세권설정등기의 말소 없이도 당연히 소멸하고 단지 전세금반환채권을 담보하는 담보물권적 권능의 범위 내에서 전세금의 반환시까지 그 전세권설정등기의 효력이 존속하고 있다 할 것인데, 이와 같이 존속기간의 경과로서 본래의 용익물권적

권능이 소멸하고 담보물권적 권능만 남은 전세권에 대해서도 그 피담보채권인 전세금반환채권과 함께 제3자에게 이를 양도할 수 있다 할 것이지만 이 경우에는 민법 제450조 제2항 소정의 확정일자 있는 증서에 의한 채권양도절차를 거치지 않는 한 위 전세금반환채권의 압류·전부 채권자 등 제3자에게 위 전세보증금반환채권의 양도사실로써 대항할 수 없다」고 한다.[361]

전세권의 담보제공이란 전세권자가 타인에 대하여 부담하는 채무의 담보로 전세권에 저당권을 설정하는 것을 말한다. 다만 이에 관하여는 뒤에 전세권을 대상으로 하는 저당권으로서 자세히 설명하기로 한다.

전전세란 전세권자가 자신이 가진 전세권의 범위에서 대상 부동산의 전부 또는 일부를 대상으로 제3자에게 다시 전세권을 설정하는 것을 말한다. 전전세권의 설정도 전전세권설정계약을 체결하고 전전세권의 등기를 하여야 함은 전세권의 경우와 동일하며, 그 효력도 전세권에 준하는 것으로 보면 된다. 다만 원전세권자와 전전세권자가 체결하는 전세관계는 전전세권자와 원전세권자의 관계에 그치는 것으로, 전전세권자는 원전세권설정자(소유자)에 대하여 직접으로는 아무런 권리의무도 가지지 아니한다.

임대란 전세권자가 자신이 가진 전세권의 범위에서 대상 부동산의 전부 또는 일부에 대하여 제3자와 임대차계약을 체결하고 대상 부동산을 제3자로 하여금 사용·수익하게 하는 것을 말한다. 전세권자(임대인)와 임차인이 체결하는 임대차관계는 전세권자(임대인)과 임차인 사이의 관계에 그치는 것으로, 임차인은 전세권설정자(소유자)에 대하여 직접으로는 아무런 권리의무도 가지지 아니한다.

전세권자가 타인에게 전세권을 양도 또는 담보제공하거나 대상 부동산을 전전세 또는 임대하는 데에 전세권설정자의 동의는 이를 요하지 않는다. 그러나 설정행위로 이를 금지한 때에는 그러하지 아니하다(민 306단). 다만 이와 같은 금지특약을 가지고 제3자에게 대항할 수 있으려면 이를 등기하여야 한다(부등 139①).

361) 대판 2005.3.25. 2003다35659 참조.

다. 전세금반환청구권행사를 위한 권리

㈎ 임의경매청구권

존속기간의 만료 등으로 용익관계가 종료되었으나 전세권설정자가 전세금의 반환을 하지 않으면, 전세권자는 민사집행법의 규정에 따라 대상 부동산에 대한 경매를 신청하여 그 매각대금으로부터 우선변제를 받을 수 있다(민 318, 303). 전세권자의 임의경매청구권에 관하여는 다음과 같은 점이 문제로 된다.

첫째는 전세권자가 대상 부동산에 대한 경매를 신청하려면 그에 앞서 전세권설정자에 대하여 대상 부동산의 반환의무와 전세권설정등기말소의무의 이행 또는 이행제공을 하여야 하는가 하는 점이다. 이에 관하여는 대상 부동산의 반환의무는 이행 또는 이행제공할 필요가 있으나 전세권설정등기말소의무는 이행 또는 이행제공할 필요가 없다는 견해와 양자 모두 이행하여야 한다는 견해가 주장되고 있다. 앞의 견해는 말소등기는 전세권의 소멸요건이 아니라는 점과 거래관행이 양자를 동시이행관계에 두지 않고 있다는 점을 논거로 하고 있고, 뒤의 견해는 말소등기도 함께 일괄 타결하여 전세권설정자를 편하게 하는 것이 형평에 맞는다는 점을 논거로 하고 있다. 대법원의 판례는 뒤의 견해를 채택하고 있다.

판례 7-17

전세권에 기한 경매신청을 하기 위한 요건

전세권자의 전세목적물 인도의무 및 전세권설정등기 말소등기의무와 전세권설정자의 전세금반환의무는 서로 동시이행의 관계에 있으므로 전세권자인 채권자가 전세목적물에 대한 경매를 청구하려면 우선 전세권 설정자에 대하여 전세목적물의 인도의무 및 전세권설정등기말소 의무의 이행제공을 완료하여 전세권설정자를 이행지체에 빠뜨려야 한다(대결 1977.4.13. 77마90).

둘째는 1동의 건물 또는 1필의 토지의 일부가 전세권의 대상 목적물인 경우에 전세권자가 전세 목적물인 건물 또는 토지의 일부를 대상으로 경매를 신청할 수 있는지 나아가 건물 또는 토지 전부를 대상으로 경매를 신청할 수 있는지 여부이다. 우선 1동의 건물 또는 1필의 토지의 일부에 대하여는 그 부분을 분할하여 따로 소유권보존등기를 하지 않은 이상 매각할 수가 없는 것이므로 전세 목적물인 건물 또는 토지의 일부만을 대상으로 하여 경매를 신청하는 것은 허용되지 않는 것으로 보아야 하며 이에 대하여는 이론이 없다.

이에 대하여 1동의 건물 또는 1필의 토지의 일부에 대한 전세권에 기하여 1동의 건물 또는 1필의 토지의 전부에 대한 경매를 신청할 수 있는지에 관하여는 긍정설과 부정설로 견해가 대립되어 있다. 긍정설은 민법 제303조 제1조가 부동산의 일부에 대한 전세권자가 부동산 전부에 대하여 우선변제 받을 수 있는 것으로 규정하고 있다는 점과 전세권설정자는 언제라도 전세금을 반환하면 경매를 막을 수 있으므로 일부에 대한 전세권자에게 전부에 대한 경매청구를 허용하더라도 전세권설정자의 보호에 그리 미흡하지 않다는 점을 논거로 하고 있고, 부정설은 전세권의 대상이 아닌 부분에 경매청구를 허용할 수 없다는 점을 논거로 하고 있다. 대법원의 판례는 후자의 견해, 즉 부정설을 채택하고 있다.

부정설에 의하면 부동산의 일부에 대한 전세권자는 전세권설정자가 전세금을 반환하지 않더라도 전세권에 기하여서는 부동산의 일부에 대하여서건 전부에 대하여서건 경매청구를 할 수가 없고, 다른 채권자가 부동산 전부에 대하여 경매청구를 하여 경매절차가 개시되면 배당요구를 하여 배당받는 수밖에 없으며, 스스로 경매청구를 할 수 있으려면 별도로 전세금반환청구소송을 하여 승소판결을 받는 등 집행권원을 취득하여야 한다.

판례 7-18

건물 일부의 전세권자가 건물 전부의 경매청구를 할 수 있는지 여부

건물의 일부에 대하여 전세권이 설정되어 있는 경우 그 전세권자는 민법 제303조 제1항의 규정에 의하여 그 건물 전부에 대하여 후순위권리자 기타 채권자보다 전세금의 우선변제를 받을 권리가 있고, 민법 제318조의 규정에 의하여 전세권설정자가 전세금의 반환을 지체한 때에는 전세권의 목적물의 경매를 청구할 수 있는 것이나, 전세권의 목적물이 아닌 나머지 건물부분에 대하여는 우선변제권은 별론으로 하고 경매신청권은 없으므로,

위와 같은 경우 전세권자는 전세권의 목적이 된 부분을 초과하여 건물 전부의 경매를 청구할 수 없다고 할 것이고, 그 전세권의 목적이 된 부분이 구조상 또는 이용상 독립성이 없어 독립한 소유권의 객체로 분할할 수 없고 따라서 그 부분만의 경매신청이 불가능하다고 하여 달리 볼 것은 아니다(대결 2001.7.2. 2001마212).

㈏ 배당요구권

대상 부동산에 대하여 전세권설정자의 다른 채권자 등이 경매청구를 하여 경매절차가 진행되는 경우에 전세권자는 그 매각대금으로부터 우선변제청구권자

로서의 배당요구를 하여 전세금의 우선변제를 받을 수 있다(민집 88). 이 경우 배당요구는 대상 부동산에 대한 경매개시결정 당시에 존속기간이 만료되었는지 여하를 묻지 아니하며, 만일 존속기간이 만료되지 아니하였음에도 배당요구를 한 때에는 당해 전세권은 매수인의 소유권취득으로 소멸하게 된다(민집 91④단).

전세권자의 배당요구는 법원이 정한 배당요구의 종기까지만 허용된다. 배당요구의 종기는 경매개시결정에 따른 압류의 효력이 생긴 때에 집행법원이 절차에 필요한 기간을 감안하여 첫 매각기일 이전으로 정하게 되어 있다(민집 84①).

㈐ 우선변제권

전세권자는 대상 부동산으로부터 후순위권리자 기타 채권자보다 전세금의 우선변제를 받을 권리가 있다. 토지와 건물이 동일인의 소유에 속하는 상태에서 건물에 대하여만 전세권설정등기를 한 경우에는 건물의 매각대금으로부터만 우선변제를 받을 수 있다.

전세권자는 부동산의 일부에 대하여서만 전세권설정등기를 하더라도 전세권의 대상이 아닌 부분을 포함한 부동산 전부의 매각대금으로부터 그 순위에 따라 우선변제를 받는다. 전세권자의 우선변제권을 규정하고 있는 민법 제303조 후단의 내용이 「그 부동산 전부에 대하여 후순위권리자 기타 채권자보다 전세금의 우선변제를 받을 권리가 있다」고 되어 있기 때문이다.

㈑ 조세채권에 대한 우선변제의 특례

주택임대차보호법 제2조에 따른 주거용 건물에 설정된 전세권에 의하여 담보된 채권에 대하여는 국민의 주거생활의 안정을 위하여 당해세 절대우선의 원칙에 대한 특례가 인정되어 있다.

즉 전세권이 설정된 재산이 국세의 강제징수 또는 경매 절차 등을 통하여 매각되어 그 매각금액에서 국세를 징수하는 경우 통상의 경우는 해당 재산에 대하여 부과된 당해세(국세의 경우는 상속세, 증여세 및 종합부동산세, 지방세의 경우는 재산세, 지역자원시설세 및 지방교육세)는 전세권의 설정등기일이 당해세의 법정기일 전이라 하더라도 당해세가 전세권에 의하여 담보된 채권에 우선하여 징수된다.

그러나 주거용 건물에 설정된 전세권에 의하여 담보된 채권은 전세권의 설정등기일자가 당해세의 법정기일보다 늦지 않으면 해당 주거용 건물에 대하여 부과된 당해세의 우선 징수 순서에 대신하여 변제될 수 있다. 다만, 이 경우 대신 변제되는 금액은 우선 징수할 수 있었던 해당 주거용 건물에 대하여 부과된 당해세의 징수액에 한정하며, 전세권에 의하여 담보된 채권보다 우선 변제되는 저당권 등의 변제액과 해당 주거용 건물에 대하여 부과된 당해세를 우선 징수하는 경우에 배분받을 수 있었던 「주택임대차보호법」 제3조의2제2항에 따라 대항요건과 확정일자를 갖춘 임차권에 의하여 담보된 임대차보증금반환채권 또는 같은 법 제2조에 따른 주거용 건물에 설정된 전세권에 의하여 담보된 채권의 변제액에는 영향을 미치지 아니한다(국기 35⑦, 지기 71⑥).

라. 제3자에 대한 대항력

㈎ 대항력의 의미

제3자에 대한 대항력이란 당사자 사이에 체결한 전세권설정계약의 내용을 당사자 이외의 제3자에 대하여도 주장할 수 있는 효력을 말한다. 전세권을 대상으로 제3자에 대한 대항력이 있는 경우와 없는 경우를 예를 들어 설명하면 다음과 같다.

예컨대 A소유의 부동산에 A와 D가 전세권설정계약을 체결하여 D가 A에게 전세금을 지급하고 A가 D앞으로 전세권설정등기를 해준 후 A가 대상 부동산을 K에게 매각하여 K앞으로 소유권이전등기를 해주었다고 할 때, D의 전세권에 제3자대항력이 있다면 D는 K의 소유권취득에 불구하고 A와 체결한 전세권설정계약상의 존속기간동안 대상 부동산을 사용·수익할 권리를 가지고 또 그 후 존속기간이 만료되는 경우에도 전세금을 반환받을 때까지 대상 부동산을 K에게 반환하지 아니할 수 있을 뿐만 아니라 전세금의 반환이 없으면 대상 부동산에 대한 경매를 신청하여 그 매각대금으로부터 우선변제를 받을 수 있는 반면, 제3자대항력이 없다면 D는 A와 체결한 전세권설정계약상 아직 존속기간이 남아 있다 하더라도 바로 대상 부동산을 신 소유자에게 반환하여야 하고 전세금은 구 소유자인 A에게 청구하여 받는 수밖에 없다.

㈏ 대항력의 내용

대항력의 내용은 제3자가 어떤 원인으로 대상 부동산의 소유권을 취득하였는지, 그리고 소유권취득시에 전세권의 존속기간이 만료되어 있었는지 여부에 따라 다르다.

먼저 대상 부동산의 소유권이 매매·증여·상속 등 사법(私法)상의 원인에 의하여 제3자에게로 이전된 경우에 관하여 보면 다음과 같다. 첫째로, 제3자 앞 소유권이전등기시 전세권의 존속기간이 만료되지 않은 상태이면 전세권자는 신 소유자에 대하여도 남아 있는 기간 동안 대상 부동산을 사용·수익할 수 있고, 그 후 존속기간이 만료되면 전세금의 반환과 동시이행으로 대상 부동산을 신 소유자에 반환할 권리와 의무를 가진다. 둘째로, 제3자 앞 소유권이전등기시 전세권의 존속기간이 만료되어 있는 상태이면 전세권자는 신 소유자에게 전세금의 반환을 청구할 수는 있으나 대상 부동산의 계속적인 사용·수익을 주장할 수가 없고, 그에 따라 신 소유자는 전세금의 반환과 동시이행으로서 바로 대상 부동산의 반환을 전세권자에게 요구할 수 있다.

다음에 경매에 의하여 대상 부동산의 소유권이 제3자에게 이전된 경우를 보면 다음과 같다. 우선 매수인에게 대항할 수 있는 전세권자가 배당요구의 종기까지 전세금의 배당요구를 한 때에는 전세권을 가지고 신 소유자에게 대항할 수 없는 것이므로(민집 91④단), 경매에 있어서 대항력의 내용으로서 논의되는 것은 매수인에게 대항할 수 있는 전세권자가 배당요구의 종기까지 전세금의 배당요구를 하지 않은 경우에 한한다. 그리고 이 경우 대항력의 내용은 매수인이 경매 부동산의 소유권을 취득하는 때인 매각대금 납부시를 기준으로 하여 그 시점에서 전세권의 존속기간이 만료되어 있는 상태인지 여부로 나누어 앞에서 설명한 매매 등에 의한 소유권이전의 경우에 준하는 것으로 보면 된다.

이상의 내용을 종합하면 대항력 있는 전세권은 대상 부동산의 소유권이전이 있더라도 소유권이전 당시의 전세관계를 유지한 채 신 소유자와 전세권자의 전세관계로서 계속 존속하게 된다는 것이다. 다만 구 소유자와 전세권자 사이에 존재하는 전세관계 중 전세권설정등기의 기재내용과 다른 부분은 구 소유자와 전세권자 사이의 관계에 그치고 신 소유자에 대하여는 등기의 기재내용에 따른 효력만 있는 것으로 보아야 한다. 예컨대 구 소유자와 전세권자가 전세금을 증액하였다거나 존속기간을 연장 또는 갱신(법정갱신 포함)한 경우에도 이를 등기하지 않은 상태에서 소유권이 이전된 때에는 전세권자는 전세금의 증액이나 존속기간의 연장 또는 갱신을 신 소유자에게 주장할 수 없는 것이다.

문제는 위의 어느 경우이든 신 소유자가 구 소유자와 전세권자 사이의 전세관계를 인수하게 되면 구 소유자인 전세권설정자는 전세권자의 동의가 없이도 전세관계에서 완전히 이탈하여 전세금반환의무를 면하게 되는지 이다. 이에 관하여는 민법에 명문의 규정이 없어 견해가 갈릴 수 있다. 그러나 전세권설정자로서의 권리·의무는 대상 부동산의 소유자이기만 하면 취득하고 이행할 수 있는 것으로 대상 부동산의 소유자가 누구인지는 그다지 중요한 것이 아니므로, 대상 부동산의 소유권이전이 있으면 전세권설정자의 지위도 당연히 구 소유자로부터 신 소유자에게로 이전되고, 그에 따라 구소유자인 전세권설정자는 전세관계에서 완전히 이탈하여 전세금반환의무를 면한다고 보는 것이 타당하다.

판례 7-19

신 소유자에 대한 전세권 대항의 의미

전세권이 성립한 후 목적물의 소유권이 이전되는 경우에 있어서 전세권 관계가 전세권자와 전세권설정자인 종전 소유자와 사이에 계속 존속되는 것인지 아니면 전세권자와 목적물의 소유권을 취득한 신 소유자와 사이에 동일한 내용으로 존속되는지에 관하여 민법에 명시적인 규정은 없으나, 전세목적물의 소유권이 이전된 경우 민법이 전세권 관계로부터 생기는 상환청구, 소멸청구, 갱신청구, 전세금증감청구, 원상회복, 매수청구 등의 법률관계의 당사자로 규정하고 있는 전세권설정자 또는 소유자는 모두 목적물의 소유권을 취득한 신 소유자로 새길 수밖에 없다고 할 것이므로, 전세권은 전세권자와 목적물의 소유권을 취득한 신 소유자 사이에서 계속 동일한 내용으로 존속하게 된다고 보아야 할 것이고, 따라서 목적물의 신 소유자는 구 소유자와 전세권자 사이에 성립한 전세권의 내용에 따른 권리의무의 직접적인 당사자가 되어 전세권이 소멸하는 때에 전세권자에 대하여 전세권설정자의 지위에서 전세금반환의무를 부담하게 되고, 구 소유자는 전세권설정자의 지위를 상실하여 전세금반환의무를 면하게 된다고 보아야 하고, 전세권이 전세금 채권을 담보하는 담보물권적 성질을 가지고 있다고 하여도 전세권은 전세금이 존재하지 않으면 독립하여 존재할 수 없는 용익물권으로서 전세금은 전세권과 분리될 수 없는 요소이므로 전세권 관계로 생기는 위와 같은 법률관계가 신 소유자에게 이전되었다고 보는 이상, 전세금 채권 관계만이 따로 분리되어 전 소유자와 사이에 남아 있다고 할 수는 없을 것이고, 당연히 신 소유자에게 이전되었다고 보는 것이 옳다(대판 2000.6.9. 99다15122, 같은 취지 2006.5.11. 2006다6072).

㈐ 대항력의 존부

매매·증여 등의 개별적인 계약이나 또는 상속·합병 등의 포괄적인 승계원인에 의하여 대상부동산의 소유권이 전세권설정자로부터 제3자에게로 이전된 때에는 전세권자는 구소유자로부터 취득한 전세권을 가지고 신소유자인 제3자에게 대항할 수 있다.

그러나 대상 부동산에 민사집행법에 의한 경매절차가 진행되는 경우에 전세권을 매수인에게 대항할 수 있는지 여부는 전세권보다 선순위이지만 매각으로 인하여 소멸하는 다른 권리가 있는지 여부나 전세권자가 배당요구를 하였는지 여부에 따라 다른 바, 이에 관하여는 다음 근저당권과의 관계로서 설명하기로 한다.

(6) 전세권자의 의무

전세권자는 설정자에게 전세금을 지급하는 외에 따로 사용료를 지급할 의무가 없다. 전세관계에서는 전세권자의 부동산 사용수익권과 전세권설정자의 전세금 이용수익권이 서로 대가관계에 있는 것이기 때문이다.

전세권자는 용익관계가 종료되는 경우에 대상 부동산을 전세권설정자에게 반환할 의무를 부담한다. 그러나 이 대상 부동산의 반환의무는 전세권설정자의 전세금반환의무와 동시이행의 관계에 있다. 따라서 전세권설정자가 전세금을 반환하지 않으면, 전세권자는 대상 부동산의 반환을 하지 않고 계속 점유하여 유치할 수가 있다. 다만, 이러한 동시이행의 관계는 대상 부동산의 소유자에 변경이 생긴 때에는, 그 용익관계를 신 소유자에 대하여도 대항할 수 있는 경우에 한하여 적용됨은 물론이다.

(7) 전세권과 근저당권의 관련성

전세권과 근저당권은 ① 전세권 자체가 근저당권의 목적물이 된다는 점 ② 동일한 부동산을 대상으로 전세권과 근저당권이 설정되는 경우가 있는 점 ③ 전세금반환청구권을 담보하기 위하여 근저당권설정등기를 하는 경우가 있다는 점에서 서로 관련되어 있다. 다만 ①의 경우는 제8장 Ⅳ. 2. 전세권에서 설명하기로 하고 이하에서는 ②와 ③에 대해서만 순차로 설명하기로 한다.

2. 동일한 부동산상의 전세권과 근저당권의 법률관계

(1) 전세권과 근저당권의 상호관계

전세권이 설정되어 있는 부동산이라고 하여 그 소유자가 근저당권을 설정할 수 없는 것이 아니고 또한 이미 근저당권이 설정되어 있는 부동산이라고 하여 전세권을 설정할 수 없는 것도 아니다. 따라서 전세권과 근저당권은 대상 부동산상에 경매절차가 실시되어 매수인이 소유권을 취득하기 전까지는 독립하여 병존하게 된다.

그러나 대상 부동산에 경매절차가 실시되어 매수인이 소유권을 취득하게 되면 전세권과 근저당권은 상호 영향을 미치게 된다. 구체적으로 어떠한 영향을 미치는지는 경매 부동산상에 존재하는 전세권등기와 근저당권설정등기 중 어느 것이 먼저 된 것인지에 따라 다르다. 이하에서 순차로 살펴보기로 한다.

(2) 전세권이 근저당권보다 선순위인 경우

전세권이 성립되어 있는 부동산에 근저당권을 설정하였다가 부동산이 경매되는 경우에는 그 전세권은 매수인의 소유권취득으로 소멸하지 아니하고 매수인에게 인수되는 것이 원칙이다.[362] 그러나 전세권자가 배당요구의 종기[363]까지

362) 경매 부동산상에 전세권과 근저당권 이외에 ① 경매개시결정등기(민집 144①iii, 268) ② 다른 저당권(민집 91②, 268) ③ 담보가등기(가담 13, 15) ④ 가압류등기(법률에 명문의 규정은 없으나 통설) ⑤ 배당요구한 전세권(민집 91④, 268) ⑥ 배당요구한 보증금이 전액 변제되는 대항력 있는 주택임차권 또는 상가건물임차권(주임보 3의5, 상임보 8)가 있은 때에, 매수인의 소유권취득으로 전세권이 소멸하지 아니하고 매수인에게 인수되려면, 그 전세권은 근저당권은 물론이고 이들 ①~⑥ 보다도 먼저 성립된 것이어야 한다.

363) 배당요구의 종기는 법원이 절차에 필요한 기간을 감안하여 첫 매각기일 이전으로 정한다(민집 84①). 구 민사소송법이 배당요구의 종기를 경락기일 또는 입찰기일(현재는 매각결정기일)로 규정하고 있던 것을 민사집행법에서 이와 같이 앞으로 당긴 것이다. 그 이유는 배당요구의 종기를 구 민사소송법에서와 같이 경락기일 또는 낙찰기일까지로 할 경우에는 매수인에게는 생각하지 않은 이익을 안겨주는 반면, 저당권자에 대하여는 뜻하지 않은 불이익을 초래하는 불합리한 결과가 생길 수 있기 때문에 이를 방지하기 위한 것이다.

전세금의 배당요구를 한 때에는 그 전세권은 매수인에게 인수되지 않고 소멸하며, 이 경우 전세권자는 매각대금으로부터 근저당권자보다 우선배당을 받게 된다. 즉 근저당권자보다 선순위의 전세권자는 전세부동산이 경매되는 경우에 매수인에 대한 전세권의 인수를 주장하여 전세권의 존속기간동안 전세부동산을 이용하고서 전세금의 반환과 동시이행으로 매수인에게 전세부동산을 인도하는 것과 배당요구의 종기까지 전세권설정계약을 해지하여 전세권을 소멸시키고 매각대금으로부터의 배당을 요구하여 근저당권자보다 우선배당을 받는 것 중 선택할 수 있다.

다만 선순위의 전세권자가 매수인에 대한 전세권의 인수를 주장하는 것과 매각대금으로부터의 배당을 받는 것 중 어느 것을 선택하든 후순위의 근저당권자의 지위에 차이가 생기는 것은 아니다. 선순위의 전세권자가 매수인에 대한 전세권의 인수를 선택하는 경우에는 매수인이 경매부동산의 시가에서 인수되는 전세권의 전세금만큼 공제한 가액을 매수신청가액으로 할 것이므로 후순위의 근저당권자가 배당받을 금액이 그 만큼 적어지게 될 것이고, 선순위의 전세권자가 매각대금으로부터의 배당을 선택하는 경우에는 매수인이 전세권을 인수하지 아니하므로 경매부동산의 시가를 그대로(즉 전세금을 공제하지 아니하고) 매수신청가액으로 할 것이지만 이 경우 전세권자는 매각대금으로부터 후순위의 근저당권자보다 우선배당을 받게 됨으로써 결국 후순위의 근저당권자가 배당받게 되는 금액에 차이가 생기지 않는 것이기 때문이다.

예컨대 전세금 4천만 원의 제1순위 전세권과 채권최고액 6천만 원의 제2순위 근저당권이 설정되어 있는 시가 1억 원의 부동산이 경매되는 경우에, 매수인이 매각기일에 전세권의 승계를 예상하여 매수신청가액을 6천만 원으로 하였으나, 그 후 전세권자가 매각결정기일까지 매각대금으로부터의 배당을 요구하게 되면, 저당권자는 배당받을 금액이 2천만 원으로 줄어들게 되는 불이익을 받는 반면, 매수인은 4천만 원의 전세금을 지급하지 않아도 되는 이익을 보는 불합리한 결과가 발생할 수 있다.

이와 같은 불합리한 결과의 발생을 방지하기 위하여, 민사집행법은 경매개시결정에 따른 압류의 효력이 생긴 때(그 경매개시결정전에 다른 경매개시결정이 있은 경우를 제외한다)에는, 집행법원은 절차에 필요한 기간을 감안하여, 배당요구를 할 수 있는 종기를 첫 매각기일 이전으로 정하도록 하는(민집 84①) 한편, 선순위의 전세권자라도 배당요구를 하면, 전세권이 소멸하도록 한 것이다(민집 91④단).

따라서, 이 민사집행법의 규정에 의하면 위의 예에서 선순위의 전세권자는 첫 매각기일 이전으로 정해지는 배당요구의 종기까지 배당요구를 하지 않으면 배당요구 자체를 할 수 없어 매수인이 전세권을 인수하는 것으로 만족하여야 하고 또한 배당요구의 종기 이전에 배당요구를 하면 그 전세권은 매수인에게 인수되지 않으므로 매수인은 전세권의 소멸을 전제로 매수신고가격을 1억 원까지로 할 수 있을 것이어서 위와 같은 불합리한 결과는 발생할 수가 없게 된다.

(3) 전세권이 근저당권보다 후순위인 경우

전세권이 근저당권보다 후순위인 경우에 대상 부동산에 대하여 경매절차가 실시되면, 그 전세권은 매수인의 소유권취득으로 소멸하게 되는 근저당권과 함께 소멸하게 된다.[364] 이 경우 전세권을 소멸시키지 않고 매수인에게 승계되는 것으로 하면 매수신고가액이 낮아지게 되어 매각대금으로부터 배당을 받아야 하는 선순위의 권리자가 큰 피해를 입게 되기 때문이다.

예컨대, 시가가 1억 원인 A소유의 부동산에 채권최고액을 4천만 원으로 하는 S앞 근저당권설정등기가 된 후 D앞 전세권이 설정되었다가 S의 신청으로 대상 부동산에 경매절차가 실시되는 경우에 그 매수인이 D앞 전세권을 인수하게 된다고 하면 매수신고가액이 낮아져 근저당권자인 S가 배당받을 금액이 적어져 피해를 입게 된다. 따라서 이 경우 매수인의 소유권취득으로 소멸하는 저당권보다 후순위의 권리는 모두 저당권과 함께 소멸하는 것으로 보는 것이다.

그리고 여기에서 전세권이 저당권보다 후순위라고 하는 것은 제1순위의 저당권과 제2순위의 전세권이 있는 상태에서 제1순위 저당권자의 신청으로 경매절차가 실시되는 경우는 물론이고, 제1순위의 저당권과 제2순위의 전세권 및 제3순위의 저당권이 있는 상태에서 제3순위 저당권자의 신청으로 경매절차가 실시되는 경우까지를 포함한다.

전세권자는 대상 부동산이 경매됨으로써 그 권리가 소멸하더라도 전세금에 관하여 우선변제권이 있으므로 매각대금으로부터 자신의 순위에 따른 우선변제를 받을 수 있다. 그러나 아직 전세권의 존속기간이 남아 있다 하더라도 대상 부동산을 사용·수익할 수는 없다. 따라서 이 경우 전세권자가 매수인에게 대항하여 남은 존속기간 동안 대상 부동산을 사용·수익할 수 있도록 하려면 전세권보다 선순위인 저당권에 의하여 담보되는 채권을 변제하고 그 저당권을 말소시켜 전세권이 제1순위인 상태에서 경매가 실시되도록 하는 수밖에 없다.

---

364) 경매 부동산상에 전세권과 근저당권 이외에 ① 경매개시결정등기(민집 144iii), ② 다른 저당권(민집 91②), ③ 담보가등기(가담 13, 15), ④ 가압류등기(법률에 명문의 규정은 없으나 통설), ⑤ 배당요구한 다른 전세권(민집 91④), ⑥ 배당요구한 보증금이 전액 변제되는 대항력 있는 주택임차권 또는 상가건물임차권(주임보 3의5, 상임보 8)이 있은 때에는, 전세권이 근저당권보다는 먼저 성립된 것이라 하더라도 이들 ①~⑥ 중 어느 하나의 권리보다 후에 성립된 것이라면 전세권은 매수인의 소유권취득으로 소멸하는 ①~⑥의 권리와 함께 소멸하여 말소된다.

예컨대, 앞의 예에서 D가 S의 담보채권 4천만 원을 변제하여 그 근저당권을 소멸시키고 자신의 전세권이 제1순위인 상태에서 경매절차가 실시되도록 하면, 그 경매절차에서의 매수인은 D의 전세권을 인수하는 조건으로 매각부동산의 소유권을 취득하게 되므로, D는 남은 존속기간 동안 대상 부동산을 사용·수익한 후 전세금을 반환받는 것과 동시이행으로 대상 부동산을 매수인에게 반환할 수 있게 된다.

그러면 이와 같은 효과를 얻기 위하여 전세권자인 D는 언제까지 매각 부동산에 대한 S의 제1순위근저당권을 소멸시켜야 하는지의 문제가 있으나 이에 관하여도 앞에서 설명한 진정한 소유권이전청구권가등기의 경우와 마찬가지로 매수인이 매각대금을 지급하고서 소유권을 취득하기 전까지로 보아야 할 것으로 생각한다.

그런데 이렇게 되면 매수인은 D의 전세권이 소멸하는 것을 전제로 매수가액을 신고하였다가 이를 인수하는 부담을 안게 되어 손해를 보게 되는데, 이 경우 매수인이 D의 전세권을 인수함으로써 입게 되는 손해를 피하려면 부동산에 관한 중대한 권리관계가 변동된 사실이 경매절차의 진행 중에 밝혀진 것(민집 121 vi)을 이유로 집행법원에 매각허가결정의 취소신청을 하여 구제받을 수밖에 없다(민집 127①).

(4) 전세권에 대한 근저당권자의 대응방안

근저당권을 설정하려고 하는 부동산상에 이미 전세권이 설정되어 있는 때에는, 그 부동산의 담보가액을 산정함에 있어서 대상부동산의 감정평가액으로부터 전세금을 공제하여야 한다. 근저당부동산이 경매되는 경우 근저당권자는 경매 부동산의 매각대금으로부터 배당을 받게 되는데, 경매 부동산의 매수인은 그 매수신청가격을 결정함에 있어서 자신이 인수하게 되는 전세권의 전세금을 공제할 것이기 때문이다. 이에 대하여 근저당권이 설정된 이후에 설정된 전세권은 근저당권자의 신청으로 경매절차가 진행되는 경우 그 근저당권과 함께 소멸되어 매수인에게 인수되지 않으므로 근저당권자가 이를 고려할 필요가 없다.

3. 전세금반환청구권의 담보를 위한 근저당권

(1) 문제의 소재

토지와 지상건물 전부를 빌리는 경우에는 토지와 지상건물 모두를 대상으로 전세권설정등기를 하면 전세금자가 전세금을 반환받는데 큰 문제가 없다. 이 경우 전세권설정자가 전세금반환의무를 이행하지 않으면 전세권자는 전세권설정자에 대하여 전세목적물의 인도의무 및 전세권설정등기말소 의무의 이행제공을 완료하여 전세권설정자를 이행지체에 빠뜨린 후[365] 토지와 지상건물을 대상으로 임의경매를 청구하여 그 매각대금으로부터 우선변제를 받아 전세금의 반환을 받을 수 있기 때문이다.

그런데 빌리고자 하는 목적물이 1필의 토지의 일부이거나 1동의 건물의 일부인 경우에 그 일부만을 대상으로 전세권설정등기를 하는 때에는, 전세권설정자가 전세금반환의무를 이행하지 않는 경우 전세권자가 대상목적물에 대하여 임의경매청구권을 행사하거나 대상목적물의 매각대금으로부터 우선변제를 받는데 상당한 제약이 따른다. 이에 따라 실무에서는 빌리고자 하는 목적물이 1필의 토지의 일부이거나 1동의 건물의 일부이면, 그 소유자에게 지급하는 전세금반환청구권을 담보하기 위하여 전세권설정등기를 하지 아니하고 전세금반환청구권을 피담보채권으로 하는 근저당권설정등기를 하고 있다.

이하에서는 1필의 토지의 일부 또는 1동의 건물의 일부를 빌리면서 전세권설정등기를 하는 경우와 근저당권설정등기를 하는 경우의 차이점과 용익권자로서의 최선의 대응방안이 무엇인지 알아보기로 한다.

(2) 1필의 토지의 일부를 빌리는 경우

1필의 토지의 일부를 빌리는 자가 토지소유자와 전세권설정계약을 체결한 후 전세금을 지급하고 1필의 토지의 일부만을 대상으로 전세권설정등기를 한 때에는 전세권설정계약에서 정한 존속기간 동안 토지의 전세권을 제3자에 대하여도

365) 대결 1977.4.13. 77마90 참조.

대항할 수 있는 장점이 있는 반면, 토지소유자의 전세금반환의무 이행이 없는 경우에 전세권자가 전세권의 목적물인 토지의 일부만을 대상으로 임의경매청구를 할 수가 없는 단점이 있다. 전세권의 목적물인 일부 토지를 분필하여 별개의 토지로 하지 않은 이상 1필의 토지의 일부만을 대상으로 한 임의경매청구는 이를 할 수가 없기 때문이다. 다만 이 경우 전세권자는 전세권설정자의 다른 채권자의 신청으로 전세권설정등기가 되어 있는 일부 토지를 포함한 1필의 토지 전부에 대하여 경매절차가 진행되면 그 토지 전부의 매각대금으로부터 우선변제의 순위에 따른 배당을 받을 수는 있다.

이에 대하여 1필의 토지의 일부를 빌리는 자가 토지소유자와 토지 일부에 대한 전세권설정계약을 체결한 후 토지소유자에게 전세금을 지급하고 1필의 토지 전부를 대상으로 그 전세금반환청구권을 피담보채권으로 하는 근저당권설정등기를 한 때에는, 토지소유자의 전세금반환의무 이행이 없는 경우에 토지의 전세권자가 임의경매청구를 하여 그 경매절차의 매각대금으로부터 우선변제의 순위에 따른 배당을 받을 수 있는 장점이 있는 반면, 토지소유자와의 전세권설정계약에서 정한 존속기간을 제3자에게 대항할 수 없는 단점이 있다.

따라서 1필의 토지의 일부를 대상으로 하는 전세권설정등기를 하는 경우에 전세권자가 1필의 토지의 일부나 전부에 대한 임의경매청구를 할 수 없는 단점을 보완하여 임의경매청구를 할 수 있으면서 토지소유자와 합의한 전세권의 존속기간을 제3자에게도 대항할 수 있게 하려면, 1필의 토지 전부를 대상으로 전세금반환청구권을 피담보채권으로 하는 근저당권설정등기를 하는 이외에 1필의 토지 일부에 대한 전세권설정등기를 함께 하여야 한다. 다만 근저당권설정등기 이외에 전세권설정등기를 함께 하는 경우에는 그에 따른 등기비용이 등이 추가로 소요되므로, 근저당권설정등기만을 하는 것과 근저당권설정등기 이외에 전세권설정등기도 함께 하는 것 중 어느 쪽을 선택할 것인지는 안정적인 용익권 확보와 비용절약 중 어느 것을 우선시할 것인지 고려하여 판단해야 한다.

(3) 1동의 건물의 일부를 빌리는 경우

1동의 건물의 일부를 빌리는 자가 건물소유자와 전세권설정계약을 체결한 후 전세금을 지급하고 1동의 건물의 일부만을 대상으로 전세권설정등기를 하는 경우와 건물소유자와 건물 일부에 대한 전세권설정계약을 체결한 후 건물소유자에게 전세금 또는 보증금을 지급하고 1동의 건물 전부를 대상으로 전세금반환청구권을 피담보채권으로 하는 근저당권설정등기를 하는 경우의 장단점은 앞에서 설명한 1필의 토지 일부를 빌리는 경우와 같다.

그런데 1동의 건물의 일부를 빌리는 경우에는 1동의 건물 전부를 대상으로 전세권설정등기를 하는 경우와 다르게 건물이 축조되어 있는 토지를 제외하고 1동의 건물의 일부에 대해서만 전세권설정등기를 하는 것이 보통이어서,[366] 전세권자의 전세권반환청구권 보전과 관련하여 토지가 전세권의 대상이 되지 않는데 따른 불이익이 추가된다. 특히 1동의 건물을 대상으로 여러 전세권자가 있는 경우에 전세권의 대상이 아닌 토지와 전세권의 대상인 건물이 함께 경매되는 때에는 여러 이해관계인 사이의 분쟁으로 인하여 그 매각가액이 낮아질 수밖에 없는데 토지의 매각가액이 전세권자가 우선배당 받을 수 있는 금액에서 제외된다면, 많은 후순위의 전세권자가 배당을 받을 수 없게 된다.[367]

따라서 1동의 건물의 일부를 빌리는 경우에는 건물소유자와 1동의 건물 일부를 대상으로 전세권설정계약을 체결한 후 건물소유자에게 전세금을 지급하고 1동의 건물과 1동의 건물이 축조되어 있는 1필의 토지 전부를 대상으로 전세금반환청구권을 피담보채권으로 하는 근저당권설정등기를 하는 것이 좋다. 또한 이 경우 근저당권설정등기와 함께 1동의 건물 일부에 대한 전세권설정등기를 하여 두면 건물의 전세권자가 건물소유자와의 전세권설정계약에서 정한 존속기간을 제3자에게 대항할 수 있는 효력도 생긴다. 다만 근저당권설정등기 이외에 전세권설정등기를 함께 하는 경우에는 그에 따른 등기비용이 등이 추가로 소요되므로, 근저당권설정등기만을 하는 것과 근저당권설정등기 이외에 전세권설정

366) 1필의 토지의 일부를 대상으로 해서도 전세권설정등기를 할 수 있으므로 1동의 건물이 축조되어 있는 1필의 토지의 일부 면적[산식 : 1필의 토지의 면적 × (전세권의 대상인 1동의 건물의 일부 면적/1동의 건물의 총면적)] 을 대상으로 건물과 함께 전세권설정등기를 할 수 없는 것은 아니나, 실무상은 대부분의 경우 1동의 건물의 일부만을 대상으로 전세권설정등기를 하고 있다.

367) 1동의 건물을 여러 부분으로 나누어 그 중 어느 부분을 대상으로 전세권을 설정 받은 자는 전세대상인 부분의 가액을 별도로 산출하여 그 가액으로부터 우선변제를 받는 것이 아니라 1동의 건물 전부의 매각가액으로부터 전세권설정등기를 한 순서에 따라 배당을 받게 되기 때문이다.

등기도 함께 하는 것 중 어느 쪽을 선택할 것인지는 안정적인 용익권 확보와 비용절약 중 어느 것을 우선시할 것인지 고려하여 판단해야 한다.

전세권은 ① 전세권자와 전세권설정자가 전세권설정계약을 체결한 후, ② 전세권자가 전세권설정자에게 전세금을 지급하고, ③ 대상 부동산상에 전세권설정등기를 함으로써 성립된다. 그런데 현실에 있어서는 전세권자와 전세권설정자가 전세권설정계약을 체결하고서 전세권자가 전세권설정자에게 전세금까지 지급하였으나 전세권설정등기를 하지 않은 경우가 있다. 그러나 전세권설정등기를 하지 않았다고 하여 전세권설정계약 자체가 무효로 되는 것은 아니다.

위 ①②③의 요건을 모두 구비한 경우 물권적전세라고 하고, ①②의 요건은 구비하였으나 ③의 요건을 구비하지 않은 경우를 채권적전세 또는 미등기전세라고 부르기도 한다. 그러나 단순히 전세권이라고 하면 법률적으로는 물권적전세권만을 의미하는 것으로 보아야 한다. 따라서 이하에서도 전세권이란 물권적전세권만을 의미하는 것으로 보기로 한다.

채권적전세는 그 법률적 성질이 특수한 임대차에 속하는 것으로 보아야 하므로 그 내용에 대하여는 임차권자와 저당권자의 관계로서 다음 항에서 설명하기로 하고 여기에서는 전세권에 대하여서만 설명하기로 한다.

Ⅸ. 임차권

1. 임차권제도의 개요

(1) 임차권의 의의

임차권이란 임대차에 의하여 임차인이 임대차의 목적물을 사용·수익할 수 있는 권리를 말한다. 그리고 임대차란 당사자 일방이 상대방에게 목적물을 사용·수익하게 할 것을 약정하고 상대방이 이에 대하여 차임을 지급할 것을 약정함으로써 그 효력이 생기는 계약을 말한다(민 618). 여기에서 목적물을 사용·수익하게 하는 당사자 일방을 임대인이라 하고, 차임을 지급하고 목적물을 사용·수익하는 상대방을 임차인이라 하며, 그리고 사용·수익의 목적물을 임차물 또는 임대물이라 한다.

임대차제도는 당사자 사이의 계약만으로 성립하는 점에서 당사자 사이의 전세권설정계약 이외에 전세금의 지급과 전세권설정등기를 요하는 전세제도와 구분된다. 그러나 임대차도 등기가 필수적인 것이 아니라는 것이지 이를 등기할 수 없다는 것은 아니다. 임대차계약을 체결하고 임차권설정등기를 한 경우는 이를 등기한 임대차라고 한다. 또한 전세에 있어서도 전세권설정계약을 체결하고 전세금을 지급하고서 전세권설정등기를 하지 않은 경우가 있으며 이를 이른바 채권적전세 또는 미등기전세라고 한다.

그런데 채권적전세는 그 법률관계가 등기하지 않은 임대차와 거의 같다. 따라서 타인의 부동산을 그 대가를 지급하고 빌려쓰는 법률관계는, 이를 ① 물권적 전세, ② 등기한 임대차, ③ 등기하지 않은 임대차 및 채권적전세의 3가지로 구분하여 볼 수 있다. 이 중 물권적전세에 대하여는 앞에서 이미 설명한 바 있고, 채권적전세는 등기하지 않은 임대차에 준하는 것으로 보면 된다.

임대차의 목적물인 부동산 중 주택임대차보호법이 적용되는 주택과 상가건물 임대차보호법이 적용되는 상가건물의 경우는 민법상의 임대차에 관한 규정 이외에 특별법인 주택임대차보호법과 상가건물임대차보호법이 적용된다. 따라서 주택이나 상가건물을 대상으로 하는 임대차에 관하여는 항목을 달리 하여 별도로 설명하기로 하고, 이하에서는 주택이나 상가건물이 아닌 부동산을 대상으로 하는 등기한 임대차와 등기하지 않은 임대차(채권적 전세 포함)에 관하여서만 설명하기로 한다.

판례 7-20

전세권과 임대차의 법적 성질

전세권은 전세금을 지급하고 타인의 부동산을 점유하여 그 부동산의 용도에 좇아 사용·수익하며 그 부동산 전부에 대하여 후순위권리자 기타 채권자보다 전세금의 우선변제를 받을 권리를 내용으로 하는 물권이지만, 임대차는 당사자 일방이 상대방에게 목적물을 사용·수익하게 할 것을 약정하고 상대방이 이에 대하여 차임을 지급할 것을 약정함으로써 그 효력이 발생하는 채권계약으로서, 주택임차인이 주택임대차보호법 제3조 제1항의 대항요건을 갖추거나 민법 제621조의 규정에 의한 주택임대차등기를 마치더라도 채권계약이라는 기본적인 성질에 변함이 없다(대판 2007.6.28. 2004다69741).

[참고] 임차권등기기재(예시)

[을구] (소유권 이외의 권리에 관한 사항)				
순위번호	등기목적	접수	등기원인	권리자 및 기타사항
1	임차권설정	2013년 4월 22일 제○호	2013년 4월 21일 설정계약	임차보증금 ○○○원 차임 월 ○○원 차임지급시기 매월 ○일 범위 건물 전부 존속기간 2013년 4월 8일부터 2015년 4월 7일까지 임차권자 박을동 (-) 서울 ○구 ○동 ---

(2) 임대차의 보증금

가. 보증금의 의의

보증금이란 부동산임대차에서 임대차관계가 종료되어 임차부동산을 반환하는 때까지 임차인이 임대차와 관련하여 임대인에게 부담하는 차임이나 임차부동산의 멸실·훼손에 따른 손해배상 등의 채무를 담보하기 위하여 임차인 또는 제3자가 임대인에게 지급하는 금전을 말한다.

대법원판례는 「부동산 임대차에 있어서 수수된 보증금은 임료채무, 목적물의 멸실·훼손 등으로 인한 손해배상채무 등 임대차관계에 따른 임차인의 모든 채무를 담보하는 것으로서 그 피담보채무 상당액은 임대차관계의 종료 후 목적물이 반환될 때에 특별한 사정이 없는 한 별도의 의사표시 없이 보증금에서 당연히 공제된다」고 한다.[368)]

보증금은 보증금계약에 의하여 수수되는 것으로 거래의 실제에 있어서는 보증금만 지급하고 차임을 지급하지 않는 경우와 차임을 지급하면서 보증금도 지급하는 경우로 구분해 볼 수 있다. 어느 경우이든 보증금계약은 임대차계약과는 별개의 것으로 민법에 의하여 규율되지 않는 관습상의 것이다. 따라서 보증금의 성질과 내용 및 효력 등은 전적으로 해석에 의하여 판단하는 수밖에 없다.

368) 대판 1999.12.7. 99다50729 참조.

나. 보증금계약의 법적성질

보증금계약은 임대차와 별개의 계약이지만 임대차에 종된 계약으로서 금전의 수수를 수반하는 요물계약으로 행하여지는 것이 보통이나 반드시 요물계약으로 하여야 하는 것은 아니고 보증금을 교부한다는 채권·채무를 발생시키는 낙성계약으로 할 수도 있다.[369] 보증금계약은 반드시 임대차계약과 동시에 하여야 하는 것은 아니고, 임대차계약 성립 후 별도의 계약으로 할 수도 있다. 다만 보증금계약은 임대차계약의 종된 계약이므로 임대차계약이 유효하게 성립되지 않으면 그 효력이 없다. 또한 보증금계약은 임대차와는 별개의 계약이므로 임차인이 아닌 제3자가 보증금계약의 당사자가 될 수도 있다.

다. 보증금의 담보적 효력

보증금은 임대차관계가 종료되어 목적물을 반환하는 때까지 임대차관계에서 발생하는 임차인의 임대인에 대한 모든 채무를 담보한다. 즉 보증금은 ① 연체차임·관리비 ② 차임·관리비 연체로 인한 임대차계약의 해지와 그에 따른 임대차부동산의 인도 및 연체 차임·관리비의 지급을 구하는 소송비용[370] ③ 임차인의 고의 또는 과실에 의한 임대차부동산의 멸실·훼손에 따른 손해배상채무 등을 담보한다. 또한 임차인이 임대차부동산을 사용·수익하는 동안 그 사용·수익을 위하여 그 목적물에 관하여 발생한 관리비·수도료·전기료 등 용익에 관한 채무도 임대차계약에서 달리 약정하였다는 등의 특별한 사정이 없는 한 임대차관계의 성질상 보증금에 의하여 담보되는 임차인의 채무에 속한다.[371]

보증금에 의하여 담보되는 연체 차임·관리비 등은 임대차관계의 종료 후 목적물이 반환될 때에 특별한 사정이 없는 한 별도의 의사표시 없이 보증금에서 당연히 공제되며, 임대인은 임대차보증금에서 그 피담보채무를 공제한 나머지만을 임차인에게 반환할 의무가 있다.[372] 문제는 임대차의 존속 중에 담보채무가 발생한 경우 즉 차임 등의 연체가 발생한 경우 임대인이 임대차관계가 종료

369) 곽윤직 채권각론 266.
370) 대판 2012.9.27. 2012다49490 참조.
371) 대판 2012.6.28. 2012다19154 참조.
372) 대판 2012.6.28. 2012다19154 참조.

되지 않은 상태에서 보증금을 연체 차임·관리비 등에 충당할 수 있는가 하는 점이나, 대법원판례는 충당하는 것과 충당하지 않고 임차인에게 청구하는 것을 선택하여 행사할 수 있으나 임대인이 임대차의 존속 중에 연체차임 등을 보증금에서 충당하려면 반드시 임차인에 대한 의사표시를 하여야 하며 의사표시 없이 당연히 보증금에서 충당되는 것은 아니라고 한다.[373][374]

임차인이 다른 사람에게 임대차보증금 반환채권을 양도하고 이를 임대인에게 통지하였어도 임차인이 임대차목적물을 인도하기 전까지는 임대인은 임차인의 연체차임 등을 보증금에서 충당할 수 있는 것으로 보아야 한다. 임대인의 임대차보증금 반환의무는 임대차관계가 종료되는 경우에 임대차보증금 중에서 목적물을 반환받을 때까지 생긴 임차인의 모든 채무를 공제한 나머지 금액에 관하여서만 비로소 이행기에 도달하는 것이기 때문이다.[375]

임대차의 묵시의 갱신이 있는 경우 즉 임대차기간이 만료한 후 임차인이 임차물의 사용·수익을 계속하는 경우에 임대인이 상당한 기간 내에 이의를 하지 아니함으로써 전임대차와 동일한 조건으로 다시 임대차한 것으로 보게 되는 경우(민 639①본) 임차인이 제공한 보증금은 그대로 유지되지만 제3자가 제공한 보증금은 담보로서의 효력이 소멸하여 그 제공자인 제3자는 임대인에게 반환청구를 할 수 있게 된다(민 639②).

판례 7-21

보증금에 의하여 담보되는 채무의 주장·입증책임

임대차계약의 경우 임대차보증금에서 그 피담보채무 등을 공제하려면 임대인으로서는 그 피담보채무인 연체차임, 연체관리비 등을 임대차보증금에서 공제하여야 한다는 주장을 하여야 하고 나아가 그 임대차보증금에서 공제될 차임채권, 관리비채권 등의 발생원인에 관하여 주장·입증을 하여야 하는 것이며, 다만 그 발생한 채권이 변제 등의 이유로 소멸하였는지에 관하여는 임차인이 주장·입증책임을 부담한다(대판 2005.9.28. 2005다8323, 8330).

373) 대판 2013.2.28. 2011다49608,49615 참조.

374) 반면에 임차인은 특별한 사정이 없는 한 임대차계약이 종료되었다 하더라도 목적물이 명도되지 않았다면 임대차보증금이 있음을 이유로 연체차임의 지급을 거절할 수 없다(대판 2007.8.23. 2007다21856,21863).

375) 대판 2012.9.27. 2012다49490 참조.

(3) 임대차의 존속기간

임대차의 존속기간은 당사자가 임대차계약으로 정한다. 최단기간이나 최장기간의 제한은 없다. 2016.1.6. 개정 전의 민법에서는 최장기간을 20년 이상으로 할 수 없는 제한이 있었으나 그 입법취지가 불분명하고 계약의 자유를 침해하므로 헌법에 위반된다는 헌법재판소의 결정(2011헌바234, 2013.12.26. 선고)을 반영하여 2016.1.6. 개정 및 시행된 민법에서 그 제한을 폐지한 바 있다.

그러나 처분능력, 권한 없는 자가 ① 식목, 채염 또는 석조, 석회조, 연와조 및 이와 유사한 건축을 목적으로 한 토지의 임대차는 10년 ② 기타 토지의 임대차는 5년 ③ 건물 기타 공작물의 임대차는 3년 ④ 동산의 임대차는 6월의 기간을 넘지 못하는 임대차기간의 제한이 있다(민 619 참조). 처분능력, 권한 없는 자란 이른바 처분행위는 할 수 없고 보존·이용·개량행위에 해당하는 관리행위만 할 수 있는 자로서 대리권의 범위가 불분명한 대리인을 그 예로 들 수 있다.

당사자가 임대차계약으로 존속기간을 정하지 아니한 때에는 당사자, 즉 임대인이나 임차인은 언제든지 임대차계약해지의 통고를 할 수 있다(민 635①). 해지통고가 있은 때에 그 해지의 효력은, 임대인이 해지통고를 한 경우이면 임차인이 해지통고를 받은 날로부터 6개월이 경과한 후에 생기고, 임차인이 해지통고를 한 경우이면 임대인이 해지통고를 받은 날로부터 1개월이 경과한 후에 생긴다(민 635②ⅰ).

임대자의 존속기간은 당사자 사이의 계약으로 이를 갱신할 수 있다. 갱신기간은 당사자가 갱신계약으로 정한다. 갱신기간에 관하여도 2016.1.6. 개정 전의 민법에서는 최장기간을 10년 이상으로 할 수 없는 제한이 있었으나 2016.1.6. 개정 및 시행된 민법에서 폐지되었다. 한편, 건물 기타 공작물의 소유 또는 식목, 채염, 목축을 목적으로 한 토지임대차의 기간이 만료한 경우에 건물, 수목 기타 지상시설이 현존한 때에는 임차인은 임대인에 대하여 임대차계약의 갱신을 청구할 수 있고, 임대인이 이에 불응하면 그 지상시설의 매수를 청구할 수 있다(민 643).

임대차기간이 만료한 후 임차인이 임차물의 사용, 수익을 계속하는 경우에 임대인이 상당한 기간 내에 이의를 하지 아니한 때에는 전임대차와 동일한 조건으로 다시 임대차한 것으로 본다(민 639①본). 다만 이 경우 임대차의 존속기간은 전임대차와 동일한 것으로 되지 않고 기간의 약정이 없는 것으로 된다. 따라서 당사자는 언제든지 임대차계약의 해지를 통고할 수 있고, 이 해지통고는 임차인이 한 것이면 임대인이 그 통고를 받은 날로부터 1개월, 임대인이 한 것이면 그 통고를 받은 날로부터 6개월이 경과한 후에 그 효력을 발생하게 된다(민639①단, 635). 이와 같이 당사자사이의 갱신약정 없이 자동으로 갱신의 효력이 발생하는 경우를 법정갱신이라고 한다. 그러나 이러한 법정갱신에 관한 민법의 규정은 임의규정으로서 당사자가 임대차계약시 특약으로 미리 그 적용을 배제할 수 있는 것으로 해석되고 있다.

(4) 임차인의 권리

가. 인도불이행시의 구제수단

임차인은 내상 부동산을 사용·수익할 수 있도록 해줄 것을 임대인에게 청구할 수 있는 권리를 가진다. 여기에서의 임차인은 임대차등기를 한 임차인이건 임대차등기를 하지 않은 임차인이건 묻지 않는다.

임대차계약의 효력이 발생하였음에도 불구하고 임대인이 대상 부동산의 점유를 이전하여 임차인으로 하여금 사용·수익할 수 있도록 하여주지 않으면 임차인은 그 채권적 효력에 기하여 대상 부동산의 인도를 청구할 수 있다. 또한 임대인이 대상 부동산의 인도를 하지 않는 것은 민법 제390조에서 규정하는 채무불이행이 되므로 임차인은 그로 인한 손해의 배상을 임대인에게 청구할 수 있다.

나. 보증금반환청구권

㈎ 보증금반환청구권의 발생시기

보증금은 임차인이 임대차와 관련하여 임대인에게 부담하는 차임 등의 채무를 담보하기 위하여 지급되는 것이므로 담보관계의 소멸시 담보에 충당하고 남는 금액을 임대인에게 반환청구할 수 있다.

보증금반환청구권의 발생시기에 관하여는 임대차가 종료한 후 임차인이 임대차부동산을 반환한 때에 비로소 발생한다고 하는 견해가 있다.[376] 그러나 이 견해에 의하면 임차인이 임대차부동산을 반환하고서 보증금을 반환받을 수 없는 경우가 발생할 수 있어 타당하다고 할 수 없다. 따라서 보증금반환청구권은 임대차부동산의 반환과 동시이행으로 그 시점에서 담보채무를 공제한 금액에 관하여 발생하는 것으로 보아야 한다. 대법원판례가 「임대차계약에 있어서 임대차보증금은 임대차계약 종료 후 목적물을 임대인에게 인도할 때까지 발생하는 임대차에 관한 임차인의 모든 채무를 담보한다」고 한 것[377]은 바로 이 점을 고려한 것이라고 할 수 있다.

㈏ 보증금 반환청구권 행사를 위한 권리

등기한 임대차이건 등기하지 아니한 임대차이건, 임차인은 존속기간의 만료 등으로 임대차가 종료되었으나 임대인이 보증금의 반환을 하지 않는 경우에, 바로 대상 부동산의 임의경매를 신청할 수가 없다. 물권적 전세권자의 경우와는 달리 임대차에 있어서는 임대차등기를 하였다 하여도 임차인에게 임의경매청구권이 부여되어 있지 않기 때문이다.

따라서 임차인은 그 보증금반환청구권에 관하여 집행력 있는 정본을 소지하고서 또한 임차부동산을 임대인에게 반환한 후에야 비로소 강제경매를 신청할 수 있으며, 그 경매절차에서의 매각대금으로부터도 우선배당을 받을 권리가 없어 다른 채권자의 배당참가가 있는 경우 그 배당참가채권자가 우선변제권을 가진 채권자이면 그 채권자보다 후순위로 배당받게 되며 우선변제권이 없는 일반채권자이면 채권자평등의 원칙에 따라 각 자의 채권액에 따른 안분배당을 받게 된다.

또한 임대인의 다른 채권자가 대상 부동산의 경매를 신청하여 그 경매절차가 진행됨으로써 임차권이 소멸하게 되는 경우에도, 바로 그 매각대금으로부터의 배당요구를 할 수가 없고 집행력 있는 정본을 소지하거나 대상 부동산에 대하여 가압류한 후에야 비로소 배당요구를 할 수 있다. 타인의 신청으로 진행되는 경매절차에서 배당요구를 함으로써 배당에 참가할 수 있는 채권자는 「집행력

376) 곽윤직 채권각론 267.
377) 대판 2012.6.28. 2012다19154 참조.

있는 정본을 가진 채권자, 경매개시결정이 등기된 뒤에 가압류를 한 채권자, 민법·상법, 그 밖의 법률에 의하여 우선변제청구권이 있는 채권자」로 한정되어 있기 때문이다(민집 88).

다. 임차권의 처분

등기한 임대차이건 등기하지 아니한 임대차이건 임차인은 임대인의 동의 없이 그 권리를 양도하거나 임차물을 전대하지 못한다(민 629①). 임차인의 권리, 즉 임차권을 양도한다는 것은 임차권을 그 동일성을 유지하면서 제3자에게 이전시키는 것을 말한다. 임차권의 양도가 있으면 임차인은 임차인의 지위에서 벗어나고 양수인이 임차인의 지위를 승계하여 임차인으로서의 권리·의무를 가지게 된다. 그리고 임차물의 전대란 임차인이 자신이 임대인(즉, 전대인)이 되어 그가 빌린 임차물을 다시 제3자(즉, 전차인)로 하여금 사용·수익하게 하는 계약을 말한다.

임대인의 동의 없이 이루어진 임차권의 양도나 임차물의 전대라도 임차인(양도인)과 양수인 또는 임차인(전대인)과 전차인 사이에서는 유효하게 효력을 발생한다. 그러나 양수인 또는 전차인은 동의하지 않은 임대인에 대하여 임차권을 취득하였음을 주장하지 못하므로 목적물에 대한 점유는 임대인에 대한 관계에서 불법점유가 된다. 따라서 이 경우 임차인은 양수인 또는 전차인에 대하여 임대인의 동의를 얻어줄 의무를 부담한다. 한편, 임대인은 임차인에 대하여 자신의 동의 없이 임차권을 양도한 것 또는 임차물을 전대한 것을 이유로 임대차계약을 해지할 수 있다(민 629②). 그리고 임대인이 임대차계약을 해지하지 아니한 상태에서는 양수인이나 전차인에게 목적물의 점유를 임차인에게 복귀시킬 것을 청구할 수 있고 나아가 임대차계약을 해지한 때에는 목적물을 자신에게 인도할 것을 청구할 수 있다.

임차권 자체를 담보로 제공할 수 있는지에 관하여는, 민법에 아무런 규정이 없으므로 부정하여야 한다. 다만 임차권자가 임대차관계의 종료시, 임대인에 대하여 가지는 보증금반환청구권은 지명채권의 일종으로서 이를 담보로 제공할 수가 있으나, 이는 용익권인 임차권 자체의 담보제공과는 구별되는 것이다.

라. 제3자에 대한 대항력

㈎ 대항력의 존부

제3자에 대한 대항력이란 당사자 사이에 체결한 임대차계약의 내용을 당사자 이외의 제3자에 대하여도 주장할 수 있는 효력을 말한다. 부동산임차인은 당사자간에 반대약정이 없으면 임대인에 대하여 그 임대차등기절차에 협력할 것을 청구할 수 있고, 부동산임대차를 등기한 때에는 그 때부터 제3자에 대하여 효력이 생긴다(민 621). 즉, 등기한 임차권은 제3자에 대한 대항력이 있는 반면, 등기하지 않은 임차권이나 채권적전세권은 제3자에 대한 대항력이 없는 것이 원칙이다.

매매·증여 등의 개별적인 계약이나 또는 상속·합병 등의 포괄적인 승계원인에 의하여 대상 부동산의 소유권이 임대인으로부터 제3자에게로 이전된 때에는 등기한 임차권자는 구 소유자로부터 취득한 임차권을 가지고 신 소유자인 제3자에게 대항할 수 있다. 그러나 대상 부동산에 민사집행법에 의한 경매절차가 진행되는 경우에 등기한 임차권을 매수인에게 대항할 수 있는지 여부는 임차권보다 선순위이지만 매각으로 인하여 소멸하는 다른 권리가 있는지 여부에 따라 다른 바, 이에 관하여는 이하에서 근저당권과의 관계로서 설명하기로 한다.

㈏ 대항력의 내용

㈀ 신 소유자의 임대차 승계

특정의 부동산을 대상으로 한 임대차가 제3자에 대한 대항력을 가지는 경우 그 대항력의 내용은 제3자가 어떤 원인으로 대상 부동산의 소유권을 취득하였는지 그리고 소유권 취득시에 임대차의 존속기간이 만료되었는지 여부에 따라 다르다.

먼저 대상 부동산의 소유권이 매매·증여·상속 등 사법(私法)상의 원인에 의하여 제3자에게로 이전된 경우에 관하여 보면 다음과 같다. 첫째로, 제3자 앞 소유권이전등기시 임대차의 존속기간이 만료되지 않은 상태이면 임차인은 신 소유자에 대하여도 남아 있는 기간 동안 대상 부동산을 사용·수익할 수 있고, 그 후 존속기간이 만료되면 보증금의 반환과 동시이행으로 대상 부동산을 신 소유자에 반환할 권리와 의무를 가진다. 둘째로, 제3자 앞 소유권이전등기시 임대차의 존속기간이 만료되어 있는 상태이면 임차인은 신 소유자에게 보증금의 반환을 청구할 수는 있으나 대상 부동산의 계속적인 사용·수익을 주장할 수가 없고, 그에 따라 신 소유자는 보증금의 반환과 동시이행으로서 바로 대상 부동산의 반환을 임차인에게 요구할 수 있다.

다음에 경매의 경우에 있어서의 대항력의 내용은 매수인이 경매 부동산의 소유권을 취득하는 때인 매각대금 납부시를 기준으로 하여 그 시점에서 임대차의 존속기간이 만료되어 있는 상태인지 여부로 나누어 앞에서 설명한 매매 등에 의한 소유권이전의 경우에 준하는 것으로 보면 된다.

판례 7-22

임대차기간 종료 후의 승계인에 대한 보증금반환청구권

등기된 임차권에는 용익권적 권능 외에 임차보증금반환채권에 대한 담보권적 권능이 있고, 임대차기간이 종료되면 용익권적 권능은 임차권등기의 말소등기 없이도 곧바로 소멸하나 담보권적 권능은 곧바로 소멸하지 않는다고 할 것이어서, 임차권자는 임대차기간이 종료한 후에도 임차보증금을 반환받기까지는 임대인이나 그 승계인에 대하여 임차권등기의 말소를 거부할 수 있다고 할 것이고, 따라서 임차권등기가 원인 없이 말소된 때에는 그 방해를 배제하기 위한 청구를 할 수 있다(대판 2002.2.26. 99다67079).

한편, 임대차가 대상 부동산의 매매나 경매에 의한 소유권이전으로 구 소유자로부터 신 소유자에게로 이전된다고 할 때 신 소유자와 임차인 사이에 형성되는 임대차관계의 내용은 다음과 같다. 첫째, 구 소유자와 임대차계약으로 합의한 차임의 액·지급시기·지급방법 등은 그대로 신 소유자에게 승계된다. 다만 이들 중 지급시기에 관한 특약이 있거나 차임을 전급(前給)한 경우에는 그 내용을 등기하여야 하므로(부등 156①), 그 내용이 등기되어 있지 않으면 그 등기되지 않은 부분은 신 소유자에게 주장하지 못한다. 둘째, 구 소유자에게 지급한 보증금도 이를 등기하여야 하는 것이므로 만일 그 등기를 하지 않았다면 임차인은 신 소유자에게 보증금의 반환청구를 하지 못한다. 셋째, 구 소유자와 합의한 임대차의 존속기간이 있다 하더라도 이를 등기하지 않았으면 신 소유자에 대한 관계에서는 존속기간의 약정이 없는 것으로 된다. 넷째, 임차권의 양도나 임차물의 전대에 대하여 구 소유자가 동의한 바 있다 하여도 그 내용이 등기되어 있지 않으면 신 소유자에 대한 관계에서는 동의한 바 없는 것으로 된다. 그리고 당초의 임대차계약내용이 임대차계약의 변경으로 변동되어 있는 경우에도 그 변경등기가 되어 있지 않으면 변경 전 내용으로 신 소유자에게 승계된다.

㈁ 구 소유자의 임대차관계 이탈

신 소유자가 구 소유자와 임차인 사이의 임대차관계를 인수하게 되면 구 소유자인 임대인은 임차인의 동의가 없이도 임대차관계에서 완전히 이탈하여 보증금반환의무를 면하게 되는지 여부는 민법에 명문의 규정이 없어 문제로 되나, 임대인으로서의 권리·의무는 대상 부동산의 소유자이기만 하면 취득하고 이행할 수 있는 것으로 대상 부동산의 소유자가 누구인지는 그다지 중요한 것이 아니므로, 대상 부동산의 소유권이전이 있으면 임대인의 지위도 당연히 구 소유자로부터 신 소유자에게로 이전되고, 그에 따라 구 소유자는 임대차관계에서 완전히 이탈하여 보증금반환채무를 면한다고 보는 것이 타당하다.

그러나 기간만료나 당사자의 합의 등으로 임대차가 종료된 이후에 대상 부동산이 양도된 때에는 임차인이 임대인의 지위승계를 원하지 않는 경우 대상 부동산의 양도사실을 안 때로부터 상당한 기간 내에 이의를 제기함으로써 신 소유자가 임대차관계를 승계함으로써 구 소유자가 임대차관계에서 완전히 이탈하여 보증금반환채무를 면하게 되는 것을 저지하고 구 소유자로부터 보증금의 반환을 받을 수 있는 것으로 보아야 한다.[378] 임대차가 종료된 때에는 임대인은 임차인에게 즉시 보증금의 반환을 하여야 하는데, 이 시점에서 변제자력이 충분한 구 소유자가 변제자력이 없는 자에게 대상 부동산의 소유권을 이전시킴으로써 바로 보증금반환채무를 면하게 하는 것은 임차인에게 합리적인 이유 없이 불이익을 주는 것이 되어 타당하지 않기 때문이다.

㈂ 유치권의 성부

임대차관계를 신 소유자에게 대항할 수 없는 경우라도 임차인은 신 소유자에 대하여 대상 부동산에 대한 유치권을 주장하여 보증금의 반환이 없다는 이

378) 주택을 대상으로 하는 임대차에 있어서는 대법원판례가 위와 같은 결론을 긍정하고 있다(대판 2002.9.4. 2001다64615 참조).

유로 대상 부동산의 반환청구를 거절할 수 있는 것인지의 여부가 문제로 된다. 이에 관하여는 긍정설[379]과 부정설[380]이 대립되어 있으나, 대법원의 판례는 부정설을 채택하고 있다. 유치권의 성립하기 위해서는 채권이 대상 부동산에 관하여 생긴 것이어야 하고(민 320①), 이 경우 대상 부동산에 관하여 생긴 것이라는 의미는 대상 부동산의 가치를 증대시키거나 또는 대상 부동산으로부터 받은 손해이어야 하는 것인데, 부동산 임대차에 있어서 보증금반환채권과 대상 부동산 사이에는 그와 같은 관계를 인정할 수 없다는 점에서 부정하는 것이 타당하다.

또한 이를 긍정하게 되면 임대차등기를 하여 대항력을 구비하지 않고서도 모든 임차인은 대상부동산으로부터 사실상으로 최우선변제를 받는 것과 같은 효과를 가져오게 될 뿐만 아니라 거래의 안전을 심하게 저해하게 되어 매우 불합리한 결과가 된다. 예컨대 1억 원 상당의 부동산에 선순위의 저당권이 설정된 후에, 보증금을 5천만 원으로 하는 임대차계약이 체결되었다가, 대상 부동산에 경매가 진행되는 경우에, 임차인이 그 경매절차의 매수인에 대하여도 유치권을 주장할 수 있는 것으로 하면, 매수인은 매수가격을 5천만 원 이하로 하게 될 것이므로, 선순위의 저당권자는 저당권설정 이후에 임대차가 성립하게 될 것을 고려하여 그 보증금 상당액을 공제한 가액을 담보가액으로 할 수밖에 없다. 또한 등기하지 아니한 임대차는 그 임대차관계가 외부에 공시되지 아니하여 대상 부동산의 매수인이 쉽게 이를 인지할 수가 없는데, 그럼에도 불구하고 임차인에게 유치권을 인정하면 매수인에게 예측하지 아니한 손해를 입힐 수 있어 부동산 거래의 안전을 심히 저해하게 된다.

대상 부동산의 소유자 변경이 생기고 임차인이 전 소유자와의 임대차관계를 신 소유자에게 대항할 수 있는 경우에 신 소유자가 임대차관계를 인수하여 대상 부동산의 반환과 동시에 임차인에게 반환하여야 하는 보증금은 다음에 설명하는 바와 같다. 우선 보증금은 등기사항이므로(부등 156①) 보증금에 관하여 등기를 하지 아니한 때에는 신 소유자는 임차인에 대하여 보증금의 반환의무를 부담하지 아니한다. 그리고 등기를 한 경우에도 임차인이 구 소유자에게 지급하

379) 사법논집(20) 205(강병호).
380) 민법주해[XV] 채권(8) 192(민일영)

지 않은 연체차임이 있어 구 소유자가 그 연체차임을 보증금으로부터 충당한 때에는 그 잔액에 대하여서만 반환의무를 부담한다.

판례 7-23

1. 임차보증금 반환청구권에 기한 유치권의 성립여부

건물의 임대차에 있어서 임차인의 임대인에게 지급한 임차보증금 반환청구권이나 임대인이 건물시설을 아니하기 때문에 임차인에게 건물을 임차목적대로 사용 못한 것을 이유로 하는 손해배상청구권은 모두 민법 제320조에 규정된 소위 그 건물에 관하여 생긴 채권이라 할 수 없으므로(보증금에 관한 당원 1960.9.29. 선고 4292민상229 판결 참조) 원심판결이 이와 같은 취지에서 보증금반환채권과 손해배상채권에 관한 피고의 유치권 주장을 배척한 조치는 정당하다(대판 1976.5.11. 75다1305).

2. 권리금반환청구권에 기한 유치권의 성립여부

임대인과 임차인 사이에 건물명도시 권리금을 반환하기로 하는 약정이 있었다 하더라도 그와 같은 권리금반환청구권은 건물에 관하여 생긴 채권이라 할 수 없으므로 그와 같은 채권을 가지고 건물에 대한 유치권을 행사할 수 없다(대판 1994.10.14. 93다62119).

㈑ 대항력이 없는 경우의 보증금반환청구권

등기하지 않은 임대차나 채권적전세의 경우 임차인은 임대인과 임대차계약을 제3자에게 대항할 수 없다. 따라서 임대차부동산의 신 소유자는 임차인이 구 소유자에 대하여 가지는 보증금반환청구권을 인수하지 않으므로, 임차인은 구 소유자와의 임대차계약에 따른 임대차의 존속기간 만료 여부에 관계없이 신 소유자의 청구에 따라 임대차부동산을 인도하여야 하고, 이 경우 보증금은 구 소유자에게 청구하여 반환받을 수밖에 없다.

구 소유자와 신 소유자가 매매계약을 체결하면서 매매대금에서 공제하는 방법으로 보증금을 신 소유자가 인수하기로 하는 특약을 한 경우 그 인수는 특별한 사정이 없는 이상 구 소유자인 매도인을 면책시키는 면책적 채무인수가 아니라 이행인수[381]로 보아야 하고, 면책적 채무인수로 보기 위해서는 이에 대한 채권자 즉 임차인의 승낙이 있어야 한다.[382] 다만 이 경우 임차인의 승낙은 반

381) 이행인수란 채무자를 대신하여 채무를 이행할 것을 약속하는 제3자와 채무자 사이의 계약을 말한다. 이행인수에 있어서의 제3자는 직접 채권자에 대하여 채무를 부담하는 것이 아니고 채무자도 채권자에 대한 채무를 면하지 않는다는 점에서 면책적 채무인수와 구분된다.

382) 대판 1995.8.11. 94다58599, 대판 1997.6.24. 97다1273, 대판 2001.4.27. 2000다69026, 대판 2006.9.22. 2006다135 참조.

드시 명시적 의사표시에 의하여야 하는 것은 아니고 묵시적 의사표시에 의하여서도 가능하다고 할 것이나, 주택의 임차인이 제3자에 대한 대항력을 갖추기 전에 임차주택의 소유권이 양도되어 당연히 양수인이 임대차보증금 반환채무를 면책적으로 인수한 것으로 볼 수 없는 경우 주택임차인의 어떠한 행위를 임대차보증금 반환채무의 면책적 인수에 대한 묵시적 승낙의 의사표시에 해당한다고 볼 것인지 여부는 그 행위 당시 임대차보증금의 객관적 회수가능성 등 제반 사정을 고려하여 신중하게 판단하여야 한다.[383]

마. 권리금

권리금이란 주로 영업용 건물의 임대차(채권적 전세 포함)에 있어서 임차인이 임대인에게 지급하는 임대차보증금 이외에 임대차건물의 전임차인에게 지급하는 금전으로, 특정한 장소에서의 영업시설·비품과 일정한 기간 동안 영업을 함에 따라 생긴 거래처·신용·영업상의 노하우(know-how)등의 이전에 따른 대가라고 할 수 있다.

권리금은 임대인과는 무관하게 임차인들 사이에 관행상 주고받는 것이 보통으로 그 권리금은 임대차계약의 내용을 이루는 것은 아니어서 임대차계약의 종료시 임차인이 임대인에 대하여 반환청구권을 가지지 않는다. 그러나 권리금이 임대인에게 지급되는 경우도 있는데 이 경우 임차인이 임대인에 대하여 권리금 반환청구권을 가지는 것인지 문제로 되는데, 이에 관하여는 임차인이 약정된 임대차의 존속기간 유효하게 임차목적물을 이용한 경우는 반환청구권을 가지지 않는 반면 임대인의 사정으로 임대차계약이 중도 해지됨으로써 당초 보장된 기간 동안의 이용이 불가능해졌다는 등의 특별한 사정이 있는 때에는 그 잔여기간에 해당하는 권리금의 반환청구권을 가지는 것으로 보는 것이 타당하다. 대법원판례도 같다.

383) 대판 2008.9.11. 2008다39663 참조.

판례 7-24

임대인에게 지급한 권리금의 반환청구가 가능한지 여부

영업용 건물의 임대차에 수반하여 행하여지는 권리금의 지급이 임대차계약의 내용을 이루는 것은 아니고, 권리금 자체는 거기의 영업시설·비품 등 유형물이나 거래처, 신용, 영업상의 노하우(know-how) 혹은 점포 위치에 따른 영업상의 이점 등 무형의 재산적 가치의 양도 또는 일정 기간 동안의 이용대가라고 볼 것인바, 권리금이 그 수수 후 일정한 기간 이상으로 그 임대차를 존속시키기로 하는 임차권 보장의 약정하에 임차인으로부터 임대인에게 지급된 경우에 보장기간 동안의 이용이 유효하게 이루어지면 임대인은 그 권리금의 반환의무를 지지 아니한다. 반면에 임대인의 사정으로 임대차계약이 중도 해지됨으로써 당초 보장된 기간 동안의 이용이 불가능해졌다는 등의 특별한 사정이 있는 때에는 임대인이 임차인에 대하여 그 잔여기간에 해당하는 권리금의 반환의무를 진다(대판 2012.10.25. 2012다58593).

(5) 임차인의 의무

가. 사용료

임차인은 임차물을 사용·수익하는 대가로서 차임을 지급할 의무를 부담한다(민 618). 차임은 반드시 금전으로만 지급하여야 하는 것은 아니나 거래의 현실에 있어서는 대부분 금전으로 지급하고 있다. 차임의 액과 지급시기는 당사자가 임대차계약의 내용으로 자유로이 정할 수 있다. 만일 당사자의 약정으로 지급시기를 정하지 아니한 때에는 건물이나 대지에 대하여는 매월 말에 기타 토지에 대하여는 매년 말에 지급하여야 한다(민 633본).

한편, 임대차계약의 당사자는 차임을 지급하는 대신에 보증금을 지급하기로 할 수가 있고 또한 보증금과 차임을 함께 지급하기로 할 수도 있다. 임대차에 있어서 임차인이 임대인에게 보증금을 지급하는 때에는 그 보증금의 운용수익이 차임에 해당하게 된다. 그리고 임대차에 있어서의 보증금과 차임은 채권적전세에 있어서의 전세금(또는 전세보증금)과 월세에 대응하는 것으로 보면 된다.

보증금은 임차인이 임대차관계에서 임대인에게 부담하게 되는 채무 예컨대 차임이나 임차물의 멸실·훼손에 따른 손해배상채무 등을 담보한다. 따라서 임대차가 종료한 때에 임차인이 임대차와 관련하여 임대인에 대하여 부담하는 채무가 있으면 임대인은 그 금액만큼 보증금에서 공제할 수 있다.

문제는 임대차의 존속 중에 임대인이 연체된 차임을 보증금으로부터 공제할 수 있는지의 여부이다. 이에 관하여는 긍정하는 것이 일반이다. 또한 임대인은 연체차임을 보증금에서 공제하지 않고 바로 그 지급을 임차인에게 청구할 수도 있으며, 이 경우 임차인은 임대차가 종료된 후가 아닌 한 보증금에서 충당할 것을 주장하여 그 지급을 거절할 수 없는 것으로 해석되고 있다.

나. 대상 부동산의 반환

임대차관계가 종료되는 경우에 임차인은 대상 부동산을 임대인에게 반환할 의무를 부담한다. 그런데 이 경우 대상 부동산의 반환의무가 임대인의 보증금반환의무와 동시이행의 관계에 있는지 여부가 문제로 된다.

이에 관하여는 긍정설과 부정설이 대립되어 있다. 긍정설에 의하면 임대인이 보증금을 반환하지 않으면 임차인도 대상 부동산을 반환하지 않고 계속 점유할 수가 있는 반면, 부정설에 의하면 임차인은 대상 부동산을 먼저 반환하고 기타 임대인에 대한 모든 채무를 이행한 후 보증금의 반환청구를 할 수 있게 된다. 그 이유로서 긍정설은 임대인은 임대차의 종료시에 임차인의 채무불이행이 없는 것을 조건으로 보증금반환의무를 부담하는 것이기 때문이라고 하고, 부정설은 임대인은 대상 목적물을 반환받은 때에 임차인의 채무불이행이 없는 것을 조건으로 보증금반환의무를 부담하는 것이기 때문이라고 한다.[384]

그러나 긍정설을 취한다고 해서 임대인에게 특별히 불이익한 것이 없는 반면 부정설을 취하게 되면 임차인이 임대인의 무자력(無資力)으로 보증금을 반환받을 수 없는 경우가 발생할 수 있어 임차인에게 불이익하다는 점에서 형평의 원칙에 비추어 긍정설이 타당하다고 생각한다. 대법원의 판례도 긍정설을 채택하고 있다.

---

384) 민법주해[XV] 188(민일영), 주석민법[채권각칙(3)] 499.

판례 7-25

보증금반환과 임차목적물반환의 동시이행관계

임대차계약의 기간이 만료된 경우에 임차인이 임차목적물을 명도할 의무와 임대인이 보증금 중 연체차임 등 당해 임대차에 관하여 명도시까지 생긴 모든 채무를 청산한 나머지를 반환할 의무는 동시이행의 관계가 있다(대전합판 1977.9.28. 77다1241,1242).

(6) 임차권과 근저당권의 관련성

전세권과 달리 임차권 자체는 임차권등기를 한 것인지의 여부에 관계없이 근저당권의 목적물이 될 수 없다. 그러나 임차권과 근저당권은 ① 동일한 부동산을 대상으로 임대차계약과 근저당권설정이 이루어지는 경우가 있는 점 ② 보증금반환청구권을 담보하기 위하여 근저당권설정등기를 하는 경우가 있다는 점에서 서로 관련되어 있는 바, 각 경우에 관하여 이하에서 순차로 설명하기로 한다.

2. 동일한 부동산상의 임차권과 근저당권의 법률관계

(1) 임차권과 근저당권의 상호관계

임대차가 있는 부동산이라고 하여 그 소유자가 근저당권을 설정할 수 없는 것이 아니고 또한 이미 근저당권이 설정되어 있는 부동산이라고 하여 임대차계약을 할 수 없는 것도 아니다. 따라서 임차권과 근저당권은 대상 부동산상에 경매절차가 실시되어 매수인이 소유권을 취득하기 전까지는 독립하여 병존하게 된다.

그러나 대상 부동산에 경매절차가 실시되어 매수인이 소유권을 취득하게 되면 임차권과 근저당권은 상호 영향을 미치게 된다. 구체적으로 어떠한 영향을 미치는지는 경매 부동산상에 존재하는 임차권등기와 근저당권설정등기 중 어느 것이 먼저 된 것인지에 따라 다르다.

(2) 임차권이 근저당권보다 선순위인 경우

가. 임대차관계의 매수인에 대한 대항 가능여부

대상 부동산에 대하여 경매절차가 실시되는 경우 등기한 임차권은 그 임대차관계가 매수인에게 승계되어 임차인은 구 소유자와의 임대차관계를 신 소유자인 매수인에 대하여도 대항할 수 있는 것이 원칙이다.[385)]

그러나 등기하지 않은 임차권은 근저당권보다 선순위로 성립된 경우라도 그 임대차관계가 매수인에게 승계되지 않으며, 그에 따라 이들 임차인은 구 소유자와의 임대차관계를 신 소유자인 매수인에 대하여 대항할 수 없게 된다.

나. 보증금의 배당요구 가능여부

임차인은 임대차의 등기여부에 관계없이 보증금반환청구권에 관하여 우선변제권이 없다. 따라서 임차인이 경매절차의 진행 중에 임대차관계를 종료시켜 임대인에 대한 관계에서 보증금반환청구권을 발생시키더라도, 배당요구의 종기까지 그 보증금반환청구권에 관하여 집행력 있는 정본을 소지하거나 또는 대상 부동산에 대하여 가압류를 한 경우가 아니면, 매각대금으로부터 배당요구를 하지 못한다. 민사집행법 제88조 제1항은 타인의 신청에 의하여 진행되는 경매절차에서 배당요구를 할 수 있는 채권자를 ① 집행력 있는 정본을 가진 채권자, ② 경매개시결정이 등기된 뒤에 가압류를 한 채권자, ③ 민법·상법 그 밖의 법률에 의하여 우선변제청구권이 있는 채권자로 한정하고 있기 때문이다.

또한 임차인은 배당요구의 종기까지 그 보증금반환청구권에 관하여 집행력 있는 정본을 소지하거나 또는 대상 부동산에 대하여 가압류를 하고서 배당요구를 하더라도, 그 보증금반환청구권에 관하여 우선변제권이 인정되어 있지 않아 임차권보다 후순위로 등기된 근저당권자에 배당하고 남는 금액이 있는

---

385) 경매 부동산상에 등기한 임차권과 근저당권 이외에 ① 경매개시결정등기(민집 144iii, 268), ② 다른 저당권(민집 91②, 268), ③ 담보가등기(가담 13, 15), ④ 가압류등기(법률에 명문의 규정은 없으나 통설), ⑤ 배당요구한 전세권(민집 91④, 268), ⑥ 배당요구한 보증금이 전액 변제되는 대항력 있는 주택임차권 또는 상가건물임차권(주임보 3의5, 상임보 8)이가 있은 때에, 매수인의 소유권취득으로 임차권이 소멸하지 아니하고 매수인에게 인수되려면, 그 임차권 등기는 근저당권은 물론이고 이들 ①~⑥ 보다도 먼저 이루어진 것이어야 한다.

경우에 한하여, 다른 배당참가한 일반채권자와 각자의 채권액에 안분하여 배당받게 된다.

다만 임대차등기를 한 임차인의 경우는 매각대금으로부터의 우선변제는 받을 수 없다 하더라도, 그 임대차관계가 매수인에게 승계되므로 매수인이 보증금을 반환할 때까지 대상 부동산을 반환하지 않고 계속 점유함으로써 사실상으로 우선변제를 받는 효과를 거둘 수가 있다. 문제는 임대차등기를 한 임차인이, 배당요구의 종기까지 임대차가 종료되고 또한 배당을 요구할 수 있는 채권자로서의 요건을 구비하고 있는 경우(즉, 보증금반환청구권에 관하여 집행력 있는 정본을 소지하거나 대상 부동산을 가압류한 경우)에 배당요구를 하고서도 배당되지 못하는 잔여 보증금의 반환을 받을 때까지 매수인에 대하여 대상 부동산의 반환을 거절할 수 있는지 여부이다.

이에 관하여는 긍정설과 부정설로 견해가 갈릴 수 있으나 다음과 같은 이유로 긍정설이 타당하다고 본다. 첫째는 전세권의 경우와 달리 임차권에 관하여는 배당요구가 임차권의 소멸사유로 되어 있지 않다는 점이다. 둘째는 배당요구를 하였다고 임차권이 소멸하는 것으로 하면, 우선변제권이 없는 임차인으로서는 전혀 배당을 받지 못하고 매수인에 대한 대항력만 상실하는 결과가 되어, 임차인에게 매우 가혹할 뿐만 아니라 임차인 보호의 취지에도 배치된다는 점이다. 셋째는 배당요구의 종기를 개정 전의 민사소송법이 낙찰기일로 하고 있는 것과는 달리 현행 민사집행법은 첫 매각기일 이전으로 정하도록 하고 있어, 매수인이 대항력 있는 임차인의 배당요구가 있는지 여부를 미리 알고서 이를 감안하여 매수신고가격을 정할 수 있다는 점에서 긍정하더라도 매수인에게 특별히 불이익이 초래되지 않는다는 점이다.

다만 이와 같은 긍정설에 대하여는 대상 목적물의 반환과 보증금반환이 동시이행관계에 있어, 우선변제되는 일부금액을 배당받으려면 대상 목적물을 매수인에게 반환하거나 반환제공하여야 한다는 점에서, 경매법원으로부터 매각대금의 우선배당을 받고 잔여 금액에 대하여 임대차의 대항력을 주장할 수는 없지 않는가 하는 비판이 제기될 수 있다. 그러나 배당요구와 배당금의 수령은 구별하여야 할 것으로, 대상 부동산의 반환과 동시이행관계에 있는 것은 배당금의 수령이지 배당요구가 아니다. 따라서 배당요구는 대상 부동산의 반환 전에도 할 수 있는 것으로 보아야 하고, 단지 법원으로서는 대상 부동산의 반환 또는 반환제공이 있기 전에는, 임차인에 대한 배당금을 공탁하여 두었다가 매수인의 반환확인 또는 임차인의 반환제공증명이 있는 경우에 교부해야 하는 것으로 보아야 한다.

(3) 임차권이 근저당권보다 후순위인 경우

대상 목적물에 대하여 경매절차가 실시되는 경우 임차권은 임대차의 등기를 한 여부에 관계없이 근저당권과 함께 소멸되어, 임차인은 전 소유자와의 임대차 관계를 신 소유자인 매수인에 대하여 대항할 수 없게 된다.[386] 따라서 이 경우에 임차인은 매각대금으로부터의 배당요구를 하여 보증금반환청구권에 대한 만족을 구할 수밖에 없다.

그리고 여기에서 임대차등기가 근저당권보다 후순위라고 하는 것은 제1순위의 근저당권과 제2순위의 임대차등기가 있는 상태에서 제1순위 근저당권자의 신청으로 경매절차가 실시되는 경우는 물론이고, 제1순위의 근저당권과 제2순위의 임대차등기 및 제3순위의 근저당권이 있는 상태에서 제3순위 근저당권자의 신청으로 경매절차가 실시되는 경우까지를 포함한다.

한편, 임차인은 임대차등기를 하였다고 할지라도 대상 부동산의 매각대금으로부터 우선변제를 받을 수 있는 권리가 없어 우선변제권자가 아닌 일반채권자로서 배당참가할 수밖에 없고 또한 그 배당순위에 있어서도 제1순위 근저당권자에 대하여서는 물론이고 제3순위 근저당권자에 대하여서도 후순위가 된다. 그 결과 선순위 근저당권자가 배당받고 남는 금액이 있다고 하더라도 임대차등기후에 등기한 후순위 근저당권자의 피담보채권액이 잔여금액을 초과하는 때에는 임차인은 전혀 배당을 받을 수 없게 된다. 예컨대 시가가 1억 원인 A소유의 부동산에 채권최고액을 1천만 원으로 하는 S앞 근저당권설정등기, D앞 보증금 5천만 원의 임대차등기, 채권최고액을 9천만 원으로 하는 K앞 근저당권설정등기가 된 후 동 부동산에 경매절차가 진행되어 배당할 금액이 1억 원이라고 하

386) 경매 부동산상에 등기한 임차권과 근저당권 이외에 ① 경매개시결정등기(민집 144ⅲ), ② 다른 저당권(민집 91②), ③ 담보가등기(가담 13, 15), ④ 가압류등기(법률에 명문의 규정은 없으나 통설)가 있은 때에는, 등기한 임차권이 근저당권보다는 먼저 성립된 것이라 하더라도 이들 ①~④ 중 어느 하나의 권리보다 후에 성립된 것이라면 등기한 임차권은 매수인의 소유권취득으로 소멸하는 ①~④의 권리와 함께 소멸하여 말소된다.

면 동 배당금은 제1순위로 S에게 1천만 원, 제2순위로 K에게 9천만 원의 순위로 배당되고 D는 전혀 배당을 받지 못하게 되는 것이다.

따라서 이와 같은 경우 임차인이 그 권리를 보전하려면 자기보다 선순위의 근저당권에 의하여 담보되는 채권을 변제하고 그 근저당권을 말소시켜 임대차등기가 제1순위인 상태에서 경매가 실시되도록 하는 수밖에 없다. 예컨대 앞의 예에서 D가 S의 담보채권 1천만 원을 변제하여 그 근저당권을 소멸시키고 자신의 임대차등기가 제1순위인 상태에서 경매절차가 실시되도록 하면, 그 경매절차에서의 매수인은 D의 임대차등기를 승계하는 조건으로 동 부동산의 소유권을 취득하게 되어 D는 매수인이 보증금을 반환하지 않으면 대상 부동산의 반환을 거절할 수 있어 5천만 원의 보증금반환채권을 보전할 수 있게 되는 것이다.

그리고 이와 같은 효과를 얻기 위하여 임차인인 D는 언제까지 동 주택에 대한 S의 제1순위근저당권을 소멸시켜야 하며, 이로 인하여 손해를 보게 되는 매수인이 어떠한 방법으로 구제를 받을 수 있는지에 관하여는, 앞에서 설명한 진정한 소유권이전청구권가등기권자의 경우에 준하는 것으로 보면 된다.

(4) 임차권에 대한 근저당권자의 대응방안

근저당권을 설정하려고 하는 부동산상에 이미 임차권등기가 되어 있는 때에는, 그 부동산의 담보가액을 산정함에 있어서 대상부동산의 감정평가액으로부터 임대차보증금을 공제하여야 한다. 근저당부동산이 경매되는 경우 근저당권자는 경매 부동산의 매각대금으로부터 배당을 받게 되는데, 경매 부동산의 매수인은 그 매수가격을 결정함에 있어서 자신이 인수하게 되는 임대차의 보증금을 공제할 것이기 때문이다.

반면에 근저당권이 설정된 이후에 등기된 임차권은 근저당권자의 신청으로 경매절차가 진행되는 경우 그 근저당권과 함께 소멸되어 매수인에게 인수되지 않으므로 근저당권자가 이를 고려할 필요가 없다. 또한 임대차가 있기는 하나 임대차등기가 되어 있지 않은 부동산을 담보로 취득하는 때에는, 그 부동산의 담보가액을 산정함에 있어서 임대차보증금을 공제하지 않아도 된다. 이 경우는 대상 부동산의 매수인이 임대차를 인수하지 않기 때문이다. 다만 경매 부동산의 매수인이 임대차를 인수하지 않는다 할지라도, 임차인으로부터 경매 부동산을 반환 받으려면 시간과 비용 및 노력을 요하게 되어 그에 상응하는 정도의 매수가격의 저감을 가져오는 것이 보통이므로, 그에 상응하는 금액만큼을 담보가액에서 공제할 필요는 있다.

[참고] 전세권과 임차권의 비교

<table>
<tr><th colspan="2">구 분</th><th>물권적전세</th><th>등기한 임대차</th><th>등기 아니한 임대차</th><th>채권적전세</th></tr>
<tr><td colspan="2">(1) 성립요건</td><td>o 전세권설정계약
o 전세금지급
o 전세권설정등기</td><td>o 임대차계약
o 임차권설정등기</td><td>임대차계약</td><td>전세계약
(특수한임대차)</td></tr>
<tr><td colspan="2">(2) 용익권의 성질</td><td>물권</td><td colspan="3">채권</td></tr>
<tr><td colspan="2">(3) 존속기간
o 최단기간
o 최장기간</td><td>
1년(건물에 한함)
10년</td><td colspan="3">
없음
없음</td></tr>
<tr><td rowspan="4">(4)
용익권자의 권리</td><td>①인도불이행시의 구제수단</td><td>o 물권적청구권행사
- 반환청구
- 방해제거청구
- 방해예방청구
o 불법행위로 인한 손해배상청구</td><td colspan="3">o 채권적청구권행사 - 인도청구
o 채무불이행으로 인한 손해배상청구</td></tr>
<tr><td>②처분</td><td>양도, 전전세, 임대, 또는 담보제공에 설정자의 동의 불요</td><td colspan="3">o 양도 또는전대에 임대인의 동의 필요
o 담보제공 불가</td></tr>
<tr><td>③전세금, 보증금 반환청구권확보를 위한 권리
o 임의경매청구권
o 배당요구권
o 우선변제권</td><td>
있음
있음
있음</td><td colspan="3">
없음(집행정본이 있어야 경매청구 가능)
없음(집행정본이 있거나 경매목적물에 가압류를 한 경우에만 배당요구 가능)
없음</td></tr>
<tr><td>④제3자대항력
o 매매의 경우
o 경매의 경우</td><td>
있음
o 저당권보다 선순위인 것 : 있음
o 저당권보다 후순위인 것 : 없음
*저당권보다 선순위라도 배당요구를 한 때는 없음</td><td>
있음
o 저당권보다 선순위인 것 : 있음
o 저당권보다 후순위인 것 : 없음</td><td colspan="2">
없음
없음</td></tr>
</table>

구 분		물권적전세	등기한 임대차	등기 아니한 임대차	채권적전세
(5) 용익권자의 의무	①사용료	없음	o 차임지급 o 보증금지급으로 차임지급에 갈음		o 월세지급 o 전세보증금지급으로 월세지급에 갈음
	②목적물반환	전세금반환과 동시이행 관계	보증금반환과 동시이행관계		전세보증금반환과 동시이행 관계

3. 보증금반환청구권의 담보를 위한 근저당권

임대차에 있어서는 임차권설정등기를 하였다 하더라도 물권적 전세와는 달리 대상 부동산이 1필의 토지의 일부나 1동의 건물의 일부인 경우는 물론이고 전부인 경우라도 임차인에게 보증금반환청구권의 확보를 위한 임의경매청구권과 우선변제청구권이 인정되어 있지 않다. 그 결과 소유자인 임대인의 보증금반환이 없는 경우 임차인은 보증금반환청구권에 관한 집행권원을 취득하여 강제경매를 신청하는 수밖에 없다. 그러나 이 경우 임차인은 매각대금으로부터의 우선변제권이 없어 보증금 전액을 반환받지 못할 수가 있다.

따라서 부동산을 임차하고 그 소유자에게 보증금을 지급하는 경우 그 보증금반환청구권에 관하여 대상 부동산 전체에 대한 임의경매청구권과 우선변제권을 확보하려면 보증금반환청구권을 피담보채권으로 하는 근저당권을 설정하여야 한다. 다만 이 경우 임차인은 소유자와의 임대차계약에서 정한 임차권의 존속기간을 제3자에게 대항할 수 없는 단점이 있다. 그러므로 임대인과 합의한 임차권의 존속기간을 제3자에게도 대항할 수 있게 하려면 보증금반환청구권을 피담보채권으로 하는 근저당권설정등기를 하는 이외에 대상 부동산에 임차권설정등기를 함께 하여야 한다.

그런데 근저당권설정등기 이외에 임차권설정등기를 함께 하는 경우에는 그에 따른 등기비용이 등이 추가로 소요되므로, 근저당권설정등기만을 하는 것과 근저당권설정등기 이외에 임차권설정등기도 함께 하는 것 중 어느 쪽을 선택할 것인지는 안정적인 용익권 확보와 비용절약 중 어느 것을 우선시할 것인지 고려하여 판단해야 한다.

X. 주택임차권

1. 주택임차권제도의 개요

(1) 주택임차권의 의의

주택임차권이란 주택을 대상으로 하는 임대차에 의하여 주택임차인이 임대차의 목적물인 주택을 사용·수익할 수 있는 권리를 말한다.

주택을 대상으로 하여서도 이상 살펴본 ① 물권적전세, ② 등기한 임대차, ③ 등기하지 아니한 임대차 및 채권적전세의 3가지 용익관계가 설정될 수 있는데 이들 3가지의 용익관계 중 용익권자의 권리를 가장 잘 보호하는 것은 물권적전세이고, 그 다음이 등기한 임대차이며, 채권적전세나 등기하지 아니한 임대차의 경우는 용익권자의 보호가 아주 미흡하다는 것을 알 수 있다.

그런데 현실의 거래에 있어서는 주택수급의 불균형으로 인하여, 주택을 빌려쓰는 자가 물권적전세나 등기한 임대차를 이용하지 못하고, 대부분의 경우 등기하지 아니한 임대차나 채권적전세를 이용할 수밖에 없는 실정이다. 그 결과 대상 부동산이 매매되거나 경매되어 그 소유권이 제3자에게 이전하게 되면, 용익권자가 구 소유자와의 주택이용관계를 신 소유자에게 대항할 수 없을 뿐 아니라, 대상 부동산의 매각대금으로부터 우선변제도 받지 못하고 빌린 주택에서 쫓겨나야 했다. 이러한 결과는 커다란 사회적 문제를 야기하게 되었고 이의 해결을 위한 특별입법이 요망되었다.

이에 1981년에는 주택임차인의 주거생활 안정을 도모한다는 취지에서 주택임대차보호법이 제정되게 되었으며 그 후 몇 차례의 개정을 거쳐 오늘에 이르게 되었다. 이 주택임대차보호법은 주택임차인의 보호를 위한 것으로 그 내용을 요약하여 보면 ① 존속기간과 차임·보증금에 관한 특례, ② 등기 이외의 요건구비에 의한 제3자 대항력 부여, ③ 소액보증금 중 일정액에 대한 최우선변제권 인정, ④ 보증금 전액에 대한 순차적우선변제권 인정, ⑤ 임차권등기명령에 의한 보호, ⑥ 보증금반환청구권행사의 절차상 특례, ⑦ 주택임차권의 승계에 관한 특례, ⑧ 주택임대차와 관련된 분쟁해결절차상의 특례, ⑨ 주택임대차표준계약서의 사용의 9

가지라고 할 수 있다. 이하에서는 이상 9가지의 보호내용과 그 적용범위 및 이들 주택임차인과 저당권자의 관계에 관하여 순차로 설명하기로 한다.

(2) 존속기간과 차임·보증금에 관한 특례

가. 최단존속기간

일반임대차에 있어서는 최단존속기간의 제한이 없다. 그러나 주택임대차에 있어서 기간의 정함이 없거나 기간을 2년 미만으로 정한 경우에는 그 기간을 2년으로 본다. 다만 임차인은 2년 미만으로 정한 기간이 유효함을 주장할 수 있다(주임보 4①). 즉 주택임대차의 최단존속기간이 2년이라는 것은 임차인을 위한 것이므로 임대차의 존속기간을 2년 미만으로 정한 경우라도 임대인에 대해서는 효력이 있다.

따라서 주택임대차에 있어서 그 임대차기간을 2년 미만인 예컨대 1년으로 약정한 경우 임차인은 임대인에 대하여 약정 임대차기간 1년이 끝날 즈음 임대차계약의 종료와 임대차계약의 2년 존속 중 선택할 수 있고, 임대인도 임차인에 대하여 어떤 선택을 할 것인지 결정하여 달라는 요구를 할 수 있는 것으로 보아야 한다.

그러면 위와 같은 임차인의 선택과 임대인의 선택요구는 언제까지 이루어져야 하는가. 이에 관하여는 임대차기간이 끝나기 6개월 전부터 1개월(2020.12.10. 이후 최초로 체결되거나 갱신된 임대차계약은 2개월) 전까지의 기간에 이루어져야 할 것으로 본다. 이 기간 내에 임대인과 임차인의 아무런 의사표시가 없으면 주택임대차보호법 제6조와 제6조의 2 및 부칙 제2조에 따라 다음에 설명하는 임대차계약의 법정갱신이 되는 것으로 보아야 하기 때문이다.

나. 임대차계약의 법정갱신

임대인이 임대차기간이 끝나기 6개월 전부터 1개월(2020.12.10. 이후 최초로 체결되거나 갱신된 임대차계약은 2개월) 전까지의 기간에 임차인에게 갱신거절(更新拒絶)의 통지를 하지 아니하거나 계약조건을 변경하지 아니하면 갱신하지 아니한다는 뜻의 통지를 하지 아니한 경우에는 그 기간이 끝난 때에 전 임대차와 동일한 조건으로 다시 임대차한 것으로 본다. 임차인이 임대차기간이 끝나기 1개월(2020.12.10. 이후 최초로 체결되거나 갱신된 임대차계약은 2개월) 전까지 통지하지 아니한 경우에도 또한 같다(주임보 6①, 부②). 그러나 이와 같은 임대차계약의 자동갱신은 2기(期)의 차임액(借賃額)에 달하도록 연체하거나 그 밖에 임차인으로서의 의무를 현저히 위반한 임차인에 대하여는 적용하지 아니한다(주임보 6③).

위와 같이 임대차계약이 법정갱신되는 경우 그 갱신된 임대차의 존속기간은 2년으로 본다(주임보 6②). 그러나 이 경우 임차인은 언제든지 임대인에게 계약해지(契約解止)를 통지할 수 있고, 이 해지는 임대인이 그 통지를 받은 날부터 3개월이 지나면 그 효력이 발생한다(주임보 6의2).

한편, 임대차기간을 2년 미만인 예컨대 1년으로 약정한 경우에 임차인이 1년의 임대차기간이 끝나기 6개월 전부터 1개월(2020.12.10. 이후 최초로 체결되거나 갱신된 임대차계약은 2개월) 전까지 임대차의 종료를 선택하면 임대차계약은 종료되고, 임대차계약의 2년 존속을 선택하면 임대차의 존속기간이 처음부터 2년이었던 것으로 되어 임대차계약의 법정갱신에 관한 주택임대차보호법 제6조와 제6조의 2의 규정이 적용된다.

문제는 1년의 임대차기간이 끝나기 6개월 전부터 1개월(2020.12.10. 이후 최초로 체결되거나 갱신된 임대차계약은 2개월) 전까지 임차인과 임대인 모두 아무런 의사표시가 없었던 경우와 임대인이 임차인에게 임대차계약의 종료와 임대차계약의 2년 존속 중 선택할 것을 요구하였으나 동 기간 내에 임차인이 아무런 선택을 하지 않은 경우의 법률관계이다.

첫째의 문제는 임대차기간이 1년이 끝난 때에 임대차계약이 법정갱신된 것으로 보아야 한다. 다만, 이 경우 갱신된 임대차에 대하여도 주택임대차보호법 제6조와 제6조의 2의 규정이 적용되는지 문제될 수 있으나, 동법 제6조와 제6조의 2의 규정은 임대차계약 전반에 관한 것이지 임대차계약기간이 2년인 경우만을 대상으로 한 것이 아니므로 긍정하는 것이 타당하다.[387)]

둘째의 문제는 임대인이 임차인에게 임대차계약의 종료와 임대차계약의 2년 존속 중 선택할 것만을 요구한 경우는 주택임대차보호법 제6조에서 규정하는

387) 대판 1996.4.26. 96다5551 참조.

임대차기간이 끝나기 6개월 전부터 1개월(2020.12.10. 이후 최초로 체결되거나 갱신된 임대차계약은 2개월) 전까지의 기간에 임차인에게 갱신거절(更新拒絶)의 통지를 하거나 계약조건을 변경하지 아니하면 갱신하지 아니한다는 뜻의 통지를 한 경우가 아니므로 동법 제6조에서 규정하는 법정갱신이 이루어진 것으로 보아 동법 제6조와 제6조의 2의 규정이 적용되는 것으로 보아야 한다.

다만, 둘째의 경우 임대인이 임차인에게 선택을 요구하는 통지를 하는 때에, 임대차기간이 끝나기 1개월(2020.12.10. 이후 최초로 체결되거나 갱신된 임대차계약은 2개월) 전부터 회신을 받는데 적절한 기한까지 선택이 없으면, 임대차종료 또는 임대차기간 2년을 선택한 것으로 간주하겠다는 내용을 넣었음에도, 임차인이 아무런 선택을 하지 아니하고 소정기간의 지나면, 임대인의 임차인에 대한 통지내용에 따라 임대차종료 또는 임대차기간 2년의 효력이 생긴다고 보는 것이 타당하다.

판례 7-26

존속기간 2년 미만 임대차계약의 법정갱신

임차인이 주택임대차보호법 제4조 제1항의 적용을 배제하고 2년 미만으로 정한 임대차기간의 만료를 주장할 수 있는 것은 임차인 스스로 그 약정 임대차 기간이 만료되어 임대차가 종료되었음을 이유로 그 종료에 터잡은 임차보증금 반환채권 등의 권리를 행사하는 경우에 한정되고, 임차인이 2년 미만의 약정 임대차기간이 만료되고 다시 임대차가 묵시적으로 갱신되었다는 이유로 같은 법 제6조 제1항, 제4조 제1항에 따른 새로운 2년간의 임대차의 존속을 주장하는 경우까지 같은 법이 보장하고 있는 기간보다 짧은 약정 임대차기간을 주장할 수는 없다(대판 1996.4.26. 96다5551).

다. 임대차계약의 갱신요구 등

임대인이 임대차기간이 끝나기 6개월 전부터 1개월(2020.12.10. 이후 최초로 체결되거나 갱신된 임대차계약은 2개월) 전까지의 기간에 임차인에게 갱신거절(更新拒絶)의 통지를 하거나 계약조건을 변경하지 아니하면 갱신하지 아니한다는 뜻의 통지를 한 때에도, 임차인이 임대차기간이 끝나기 6개월 전부터 1개월(2020.12.10. 이후 최초로 체결되거나 갱신된 임대차계약은 2개월) 전까지의 기간 이내에 임대차계약의 갱신을 요구할 경우 임대인은 정당한 사유 없이 거절하지 못한다. 다만, 다음의 어느 하나에 해당하는 경우에는 그러하지 아니하다(주임보 6의3①).

① 임차인이 2기의 차임액에 해당하는 금액에 이르도록 차임을 연체한 사실이 있는 경우
② 임차인이 거짓이나 그 밖의 부정한 방법으로 임차한 경우
③ 서로 합의하여 임대인이 임차인에게 상당한 보상을 제공한 경우
④ 임차인이 임대인의 동의 없이 목적 주택의 전부 또는 일부를 전대(轉貸)한 경우
⑤ 임차인이 임차한 주택의 전부 또는 일부를 고의나 중대한 과실로 파손한 경우
⑥ 임차한 주택의 전부 또는 일부가 멸실되어 임대차의 목적을 달성하지 못할 경우
⑦ 임대인이 다음 각 목의 어느 하나에 해당하는 사유로 목적 주택의 전부 또는 대부분을 철거하거나 재건축하기 위하여 목적 주택의 점유를 회복할 필요가 있는 경우
  i) 임대차계약 체결 당시 공사시기 및 소요기간 등을 포함한 철거 또는 재건축 계획을 임차인에게 구체적으로 고지하고 그 계획에 따르는 경우
  ii) 건물이 노후·훼손 또는 일부 멸실되는 등 안전사고의 우려가 있는 경우
  iii) 다른 법령에 따라 철거 또는 재건축이 이루어지는 경우
⑧ 임대인(임대인의 직계존속·직계비속을 포함한다)이 목적 주택에 실제 거주하려는 경우
⑨ 그 밖에 임차인이 임차인으로서의 의무를 현저히 위반하거나 임대차를 계속하기 어려운 중대한 사유가 있는 경우

임차인은 위와 같은 계약갱신요구권을 1회에 한하여 행사할 수 있다. 이 경우 갱신되는 임대차의 존속기간은 2년으로 본다(주임보 6의3②). 갱신되는 임대차는 전 임대차와 동일한 조건으로 다시 계약된 것으로 본다. 다만, 차임과 보증금은 주택임대차보호법 제7조의 범위에서 증감할 수 있다(주임보 6의3③). 갱신요구에 따라 갱신된 임대차계약에 관하여 임차인은 언제든지 임대인에게 계약해지(契約解止)를 통지할 수 있으며, 임차인의 해지는 임대인이 그 통지를 받은 날

부터 3개월이 지나면 그 효력이 발생한다(주임보 6의3④, 6의2).

임대인(임대인의 직계존속·직계비속을 포함한다)이 목적 주택에 실제 거주하려고 갱신을 거절하였음에도 불구하고 갱신요구가 거절되지 아니하였더라면 갱신되었을 기간이 만료되기 전에 정당한 사유 없이 제3자에게 목적 주택을 임대한 경우 임대인은 갱신거절로 인하여 임차인이 입은 손해를 배상하여야 하는데(주임보 6의3⑤), 그 손해배상액은 거절 당시 당사자 간에 손해배상액의 예정에 관한 합의가 이루어지지 않는 한 다음의 금액 중 큰 금액으로 한다(주임보 6의3⑥).

① 갱신거절 당시 월차임(차임 외에 보증금이 있는 경우에는 그 보증금을 주택임대차보호법 제7조의2 각 호 중 낮은 비율에 따라 월 단위의 차임으로 전환한 금액을 포함한다. 이하 "환산월차임"이라 한다)의 3개월분에 해당하는 금액

② 임대인이 제3자에게 임대하여 얻은 환산월차임과 갱신거절 당시 환산월차임 간 차액의 2년분에 해당하는 금액

③ 임대인(임대인의 직계존속·직계비속을 포함한다)이 목적 주택에 실제 거주하려고 갱신을 거절함으로 인하여 임차인이 입은 손해액

라. 임대차관계의 존속의제

주택임대차보호법은 임대차가 기간만료, 해지통고 등으로 종료한 경우에도, 임차인이 보증금을 반환받을 때까지는 임대차관계가 존속하는 것으로 의제하고 있다(주임보 4②). 보증금의 반환과 주택의 인도가 동시이행의 관계에 있음에도 불구하고, 위와 같은 임대차관계의 존속 의제조항을 별도로 둔 취지는, 임대차 종료 후 보증금의 반환 전에 임대인이 주택의 소유권을 이전한 경우, 대항력을 구비한 임차인이 전 소유자와의 임대차관계를 신 소유자에 대하여 대항할 수 있는지 여부에 관하여 견해의 대립이 있을 수 있으므로, 대항할 수 있음을 명백히 함으로써 임차인을 두텁게 보호하려는 것이다.

즉, 대항력을 구비한 임대차가 기간만료 또는 해지통고로 종료하면 임차인에게는 보증금반환청구권만 남게 될 뿐, 그 임차권의 제3자에 대한 대항력은 소멸

하게 된다는 견해가 있는데, 이 견해에 의하면 임대차가 종료된 상태에서 목적물의 소유권이 제3자에게 이전되면 비록 임차인이 동시이행의 항변권을 가지고 있다 할지라도, 이는 채권적인 것에 불과하므로 신 소유자에게까지 동시이행관계를 주장할 수 없는 것이고, 또한 주택양수인의 임대인지위 승계조항(주임보 3②) 역시 소멸된 임차권에는 적용할 수가 없다는 것이 된다. 바로 이러한 점을 고려하여 주택임대차보호법은 임대차관계가 종료한 경우에도, 보증금의 반환시까지 임대차관계가 계속 존속하는 것으로 의제함으로써, 신 소유자에게 임대인의 지위가 승계되도록 한 것이다.

임대차관계가 존속하는 것으로 인정되는 결과 다음과 같은 효과가 생긴다. 임대차관계가 종료한 후에도, 임차인은 임대인 또는 양수인이 보증금을 반환하면서 주택의 인도를 청구할 때까지 당해 주택을 계속 사용할 수 있다. 다만 이 경우 만료된 임대차관계가 차임을 지급하는 것이라면, 그에 해당되는 차임은 임대인 또는 양수인에게 지급하여야 한다.

마. 차임 등의 증액청구 제한

(가) 개요

약정한 차임이나 보증금이 임차주택에 관한 조세, 공과금, 그 밖의 부담의 증감이나 경제사정의 변동으로 인하여 적절하지 아니하게 된 때에 당사자는 장래에 대하여 그 증감을 청구할 수 있는 점은 일반임대차나 주택임대차에 있어서 차이가 없다(민법 628, 주임보 7①본, 민임주 3).

그러나 차임이나 보증금의 증액청구를 할 수 있는 시기와 증액율 및 보증금의 월차임 전환에 대하여 일반임대차의 경우는 특별한 제한이 없는 반면 주택임대차의 경우는 증액에 대하여 일정한 제한이 있으며, 구체적인 제한의 내용에 관하여는 임대인이 민간임대주택에 관한 특별법 제5조에 따라 임대사업자의 등록을 한 자인지의 여부에 따라 차이가 있다. 이하에서는 민간임대주택에 관한 특별법 제5조에 따라 임대사업자의 등록을 한 임대인과 등록을 하지 않은 임대인으로 구분하여 알아보기로 한다.

(나) 임대사업자의 등록을 하지 않은 임대인

(ㄱ) 특례의 내용

임대사업자의 등록을 하지 않은 임대인이란 민간임대주택에 관한 특별법 제5조에 따라 임대사업자의 등록을 하지 않은 임대인을 말한다. 이들 임대인에 대하여는 주택임대차보호법에서 규정하는 차임이나 보증금의 증액청구를 할 수 있는 시기와 증액율 및 보증금의 월차임 전환 등에 대하여 다음과 같은 특례가 적용된다.

첫째, 임대인은 임대차계약 또는 약정한 차임이나 보증금의 증액이 있은 후 1년 이내에는 증액청구를 할 수 없다(주임보 7①단). 그런데 여기에서 「1년 이내에 증액청구할 수 없다」는 의미와 관련하여서 ① 2년의 임대차계약을 체결하였다가 1년이 지난 후 또는 ② 1년의 임대차계약을 체결하였다가 1년이 지난 후 기존의 임차인에 대하여 증액청구하는 것이 가능한지 문제로 된다.

①의 경우는 임대차의 존속기간 내이고 ②의 경우는 임차인이 2년을 주장하면 2년의 존속기간이 보장되므로 증액청구할 수 없는 것이 원칙이다. 그러나 1년이 지난 후 약정한 차임이나 보증금이 임차주택에 관한 조세, 공과금, 그 밖의 부담의 증감이나 경제사정의 변동으로 인하여 적절하지 아니하게 된 때라는 요건을 충족하는 경우이면 주택임대차보호법 제7조제1항 본문에 따라 예외적으로 증액청구가 가능하다고 본다. 다만, 임대인의 증액청구가 있어도 임차인이 이에 동의하지 않으면 증액청구의 요건구비여부와 증액내용의 적절성 등에 관하여 주택임대차보호법 제22조 이하에서 규정하는 조정절차 또는 민사소송법에서 규정하는 법원의 재판절차를 거쳐야 하므로 실제로 증액을 하는 것이 쉽지 않다.

둘째, 차임이나 보증금의 증액청구를 할 수 있는 경우에도 그 증액청구는 약정한 차임이나 보증금의 20분의 1의 금액을 초과하지 못한다. 다만, 특별시·광역시·특별자치시·도 및 특별자치도는 관할 구역 내의 지역별 임대차 시장 여건 등을 고려하여 본문의 범위에서 증액청구의 상한을 조례로 달리 정할 수 있다(주임보 7②).

셋째, 보증금의 전부 또는 일부를 월 단위의 차임으로 전환하는 경우에는 그 전환되는 금액에 다음 중 낮은 비율을 곱한 월차임(月借賃)의 범위를 초과할 수 없다(주임보 7의2, 주임보령 9).

① 은행법에 따른 은행에서 적용하는 대출금리와 해당 지역의 경제 여건 등을 고려하여 대통령령으로 정하는 비율(현재는 연 1할)

② 한국은행에서 공시한 기준금리(현재 0.5%)에 대통령령으로 정하는 이율(현재는 2%)을 더한 비율

넷째, 임차인이 위의 증액비율을 초과하여 차임 또는 보증금을 지급하거나 월차임 산정률을 초과하여 차임을 지급한 경우에는 초과 지급된 차임 또는 보증금 상당금액의 반환을 청구할 수 있다(주임보 10의2).

㈏ 특례의 적용범위

이상과 같은 차임 등의 증액청구 제한에 관한 특례는 기존의 임대차계약이 법정갱신된 경우(주임보 6, 7)와 임차인의 갱신요구에 따라 임대차계약이 갱신된 경우(주임보 6의3③)에 적용된다.

그러나 법정갱신이나 갱신요구에 따른 임대차계약갱신이 아닌 임대차계약갱신에 있어서는 증액청구 제한에 관한 특례가 적용되지 않는다. 따라서 이 경우 임대인은 임차인과 협의하여 종전 차임이나 보증금의 20분의 1을 넘는 금액이나 보증금의 월차임 전환비율을 넘는 월차임을 정하여 임대차계약을 체결할 수 있는 것이다. 다만 이와 같은 임대차계약을 체결한 경우에 임차인은 차후에 계약갱신요구권을 1회 행사할 수 있게 된다.

또한 기존의 임대차계약이 종료되고 다른 임차인과 새로운 임대차계약을 체결하는 경우에도 차임 등의 증액청구 제한에 관한 특례는 적용되지 않는다. 즉 임차인이 바뀌는 경우에는 차임 등의 증액청구 제한에 관한 특례가 적용되지 않아 임대인은 종전 차임이나 보증금의 20분의 1을 넘는 금액이나 보증금의 월차임 전환비율을 넘는 월차임을 정하여 임대차계약을 체결할 수 있는 것이다.

㈐ 임대사업자의 등록을 한 임대인

㈎ 특례의 내용

임대사업자의 등록을 한 임대인이란 소득세나 양도세 등의 혜택을 받기 위하여 민간임대주택에 관한 특별법 제5조에 따라 임대사업자의 등록을 한 임대인

을 말한다. 이들 임대인에 대하여는 주택임대차보호법상의 특례규정의 적용에 앞서 민간임대주택에 관한 특별법상의 특례규정이 우선적으로 적용되는데(민임주 3), 그 구체적인 내용은 다음과 같다.

첫째, 임대사업자는 임대차계약 또는 약정한 임대료의 증액이 있은 후 1년 이내에는 임대료 증액 청구를 하지 못한다(민임주 44③). 그리고 여기에서 「1년 이내에 증액청구할 수 없다」는 의미는 임대사업자의 등록을 하지 않은 임대인에 관하여 앞에서 설명한 바와 같다.

둘째, 임대사업자는 임대기간 동안 임대료의 증액을 청구하는 경우에는 임대료의 5퍼센트의 범위에서 주거비 물가지수, 인근 지역의 임대료 변동률, 임대주택 세대 수 등을 고려하여 대통령령으로 정하는 증액 비율을 초과하여 청구해서는 아니 된다(민임주 44②).

셋째, 임대사업자가 임대료의 증액을 청구하면서 임대보증금과 월임대료를 상호 간에 전환하려는 경우에는 임차인의 동의를 받아야 하며, 전환되는 월임대료는 「주택임대차보호법」 제7조의2에 따른 범위를 초과할 수 없다. 월임대료를 임대보증금으로 전환하는 경우에도 또한 같다(민임주 44④, 민임주규 18).

넷째, 임차인은 민간임대주택에 관한 특별법 제44조제2항에 따른 증액 비율을 초과하여 증액된 임대료를 지급한 경우 초과 지급한 임대료 상당금액의 반환을 청구할 수 있다(민임주 44의2).

㈏ 적용범위

민간임대주택에 관한 특별법 제5조에 따라 임대사업자의 등록을 하고 있는 동안은 동법에서 규정하고 있는 의무임대기간이 지나기 전은 물론이고 지난 후라도 기존의 임대차계약이 갱신되는 경우이건 기존의 임대차계약이 종료되고 새로운 임대차계약을 체결하는 경우이건 관계없이 차임 등의 증액청구 제한에 관한 계속적으로 적용된다(민임주 44 참조).

또한 기존 임대차계약의 존속기간 만료 전에 기존 임대차계약을 종료시키고 새로운 임대차계약을 체결하는 경우에 5% 이내의 증액청구가 가능한가. 이에 관하여는 기존 임대차계약의 존속기간이 1년 지나기 전에 새로운 임대차계약을 체결하는 때에는 증액을 할 수 없는 반면, 1년이 지난 후에 새로운 임대차계약을 체결하는 때에는 증액할 수 있는 것으로 보아야 한다.

그리고 5% 이내 제한시의 기준이 되는 차임 및 보증금은 임대사업자가 정하는 임대료가 된다. 다만, 민간임대주택에 관한 특별법 제5조에 따른 민간임대주택 등록 당시 존속 중인 임대차계약이 있는 경우에는 그 임대차계약에 따른 임대료가 된다(민임주 44①ii).

그러나 임대사업을 폐지하고 임대사업자의 등록을 말소한 때에는 임대사업자의 등록을 하지 않은 임대인으로서의 지위를 가지므로 민간임대주택에 관한 특별법에서 규정하는 특례가 아닌 앞에서 설명한 주택임대차보호법에서 규정하는 특례가 적용된다.

다만 위와 같은 차임 등의 증액청구 제한은 기존의 임차인에 대한 관계에서만 적용되고, 기존 임차인과의 임대차를 종료시키고 새로운 임차인과 임대차계약을 체결하는 때에는 적용되지 않는다. 이에 따라 임대인이 기존의 임차인에게 주택임대차보호법에서 규정하는 제한을 초과하는 보증금 또는 차임의 증액을 청구하더라도 임차인은 이를 거절할 수가 없다. 이를 거절하면 임대인이 기존의 임대차를 종료시키고 새로운 임차인을 구하여 임대차계약을 체결할 것이기 때문이다. 따라서 주택임대차보호법에서 규정하는 차임 등의 증액청구 제한을 실효성 있게 하려면 주택임대차보호법을 개정하여 동법에서 규정하는 증액제한이 기존의 임차인은 물론이고 새로운 임차인에 대하여도 적용되도록 하여야 한다.

(3) 제3자에 대한 대항력에 관한 특례

가. 특례의 취지

대항력이란 임차인이 임대인과 임차주택을 대상으로 체결한 임대차의 내용을 임대인 이외의 제3자에게 주장할 수 있는 효력으로서 그 내용은 물권적전세권과 등기한 임대차에 있어서와 같다.

민법에 의하면 부동산을 대상으로 하는 임대차를 임대인 이외의 제3자에게 대항할 수 있으려면 임대차등기를 하여야 한다. 그런데 임대차등기를 하려면 임대인이 등기신청에 협력을 하여야 하나 주택수급의 불균형으로 임대인의 협력을 얻을 수 없으므로, 주택임대차보호법에서 임대인의 협력이 없어도 임차인이 독자적으로 제3자대항요건을 구비할 수 있도록 특례를 두게 된 것이다.

주택임대차보호법에서 규정하는 주택임대차의 제3자대항요건은 「주택의 인도」와 「주민등록」이다(주임보 3①). 주택임차인이 이 두 가지 요건을 구비하고 있으면, 보통 주택임차권의 대항력을 갖추었다고 한다. 보증금의 지급은 주택임대차의 대항력구비요건이 아니다. 따라서 적법하게 임대차계약을 체결하여 그 임대차관계가 유지되고 있는 이상 반드시 새로운 이해관계인이 생기기 전까지 임대인에게 그 보증금을 전부 지급하여야 하는 것은 아니다.[388]

대항력을 구비한 주택임차인은 임대인이 임대주택의 소유권을 제3자에게 이전시키더라도 그 신 소유자에 대하여 임차인으로서의 지위를 주장하고 임차주택의 사용·수익을 계속할 수 있다. 그러나 「주택의 인도」와 「주민등록」 중 어느 하나라도 갖추지 못한 경우에는 대상 목적물이 비록 주택이라 할지라도, 그 임차인은 앞에서 설명한 채권적전세권자나 등기하지 아니한 임대차에 있어서의 임차인과 동일한 법률적 지위를 가지게 된다.

나. 대항력의 구비요건

㈎ 주택의 인도

㈀ 인도의 의의와 방법

주택임차인이 당해 임차권을 가지고 임대인 이외의 제3자에게 대항할 수 있으려면, 우선 주택의 인도를 받아야 한다. 주택의 인도를 받는다 함은 임차인이 임대차의 대상 목적물인 주택의 점유를 이전받아 사실상의 지배권을 확보하는 것을 말한다. 예컨대 임차인이 임차주택에 들어와서 거주한다든가 이사짐을 옮긴다든가 열쇠를 인계받는 경우처럼, 사회통념상 주택에 대한 실력적 지배관계가 임대인으로부터 임차인에게 이전되었다고 인정될 수 있는 사실이 있으면 「인도(引渡)」가 있다고 볼 수 있을 것이다.

임차인이 임대인으로부터 임대차의 대상 목적물인 주택의 인도를 받는 방식으로는, 현행법상 민법 제188조 제1항에서 규정하는 현실의 인도방식 이외에

---

388) 대판 2001.1.19. 2000다61855 참조.

간편한 인도방식이 인정되어 있다. 현실의 인도라 함은 임대인이 자기의 실력적 지배하에 있는 주택의 점유를 직접 임차인에게 이전시키는 것으로서 가장 일반적인 인도방식이라 할 수 있다. 다음에 간편한 인도라 함은 현실의 인도 없이 점유이전(占有移轉)의 의사표시만으로 임대인으로부터 임차인에의 점유이전이 일어난 것으로 간주되는 경우를 말하는데 이에는 다시 다음과 같은 3가지 형태가 있다.

첫째는, 예컨대 D가 소유자 A로부터 사용대차 형식으로 이미 점유하여 사용하고 있는 주택에 관하여, D와 A간에 새로이 임대차계약이 체결되거나 또는 소유자 A와 임차인 B간에 임대차계약이 체결된 후, 임차인 B와 전차인 D간에 전대차계약이 체결되어 전차인 D가 이미 점유 사용하고 있는 주택에 관하여, 소유자인 A와 전차인 D간에 직접 임대차계약이 체결되는 등의 경우에 이루어지는 간이인도방식(민 188②)이다. 둘째는, 예컨대 소유자 A와 임차인 B간에 임대차계약이 체결되고, 다시 임차인 B와 전차인 C간에 전대차계약이 체결되어 전차인 C가 주택을 점유 사용하고 있던 중에, D가 B와 C간의 전대차 계약을 인수하는 조건으로 B의 임차권을 양수하는 등의 경우에 이루어지는 목적물반환청구권의 양도에 의한 인도방식(민 190)이다. 셋째는, 주택소유자가 주택을 양도하면서 그 매수인과 임대차계약을 체결하여, 그 주택을 계속 점유 사용하는 등의 경우에 이루어지는 점유개정에 의한 인도방식(민 189)이다. 이와 같은 간편한 인도방식에 의한 인도도 주택임차권의 대항력 구비요건으로서의 인도에 포함되는 것으로 보아야 한다.[389]

㈁ 간접점유

간접점유는 물건을 직접 지배하거나 점유보조자[390]를 통해서 지배하는 직접 점유와 대비되는 개념으로서, 어떤 자가 타인과의 일정한 법률관계에 의거하여

389) 민법주해[XV] 209(민일영), 주석민법[채권각칙(3)] 517(고상룡).

390) 점유보조자란 「가사상, 영업상 기타 유사한 관계에 의하여 타인의 지시를 받아 물건에 대한 사실상의 지배를 하는 자」를 말한다(민 195). 점유보조자는 주택을 사실상으로 지배하고 있다 하더라도 점유자가 아니고 지시를 하는 타인만 이 점유자가 되는 점에 특징이 있다. 주택의 경우는 가족공동생활을 하는 자녀가 대표적인 점유보조자에 해당한다. 그러나 배우자의 경우는 남녀평등의 원칙상 부부 사이에 가족공동생활에 있어서의 종속관계가 있다고 할 수 없으므로 공동점유로 보는 것이 타당하다.

그 타인에게 점유를 이전한 경우에 그 자에게 인정되는 점유를 말하며, 그러한 법률관계로서 민법은 「지상권·전세권·질권·사용대차·임대차·임치 기타의 관계」를 들고 있다(민 194).

주택임차인의 주택에 대한 점유취득은 위와 같은 간접점유방식에 의한 것까지를 포함하는 것으로 보아야 한다. 따라서 예컨대 임차인 A가 소유자 B와 임대차계약을 체결하고 B의 승낙을 받아 제3자인 C로 하여금 직접 점유하여 사용·수익하게 하는 것도 가능하다. 그리고 이 간접점유는 임대차계약 당초부터 개시됨은 물론이고 직접점유이었다가 후에 적법한 전대차에 의하여 간접점유로 바뀌어도 무방하다.391)

㈏ 주민등록

㈀ 주민등록의 의의

주택임차인이 당해 임차권을 가지고 임대인 이외의 제3자에게 대항할 수 있으려면 당해 주택의 인도를 받는 이외에 주민등록도 마쳐야 한다.

주민등록이란 시장·군수 또는 구청장이 그 관할 구역 내에 30일 이상 거주할 목적으로 주소나 거소(이하 "거주지"라 한다)를 가진 자(이하 "주민"이라 한다)를 주민등록법의 규정에 따라 등록하는 것을 말한다(주민 6①). 시장·군수 또는 구청장은 주민등록사항을 기록하기 위하여 전자정보시스템(이하 "주민등록정보시스템"이라 한다)으로 개인별 및 세대별(世帶別) 주민등록표(이하 "주민등록표"라 한다)와 세대별 주민등록표 색인부를 작성하고 기록·관리·보존하여야 한다(주민 7①). 개인별 주민등록표는 개인에 관한 기록을 종합적으로 기록·관리하며 세대별 주민등록표는 그 세대에 관한 기록을 통합하여 기록·관리한다(주민 7②).

주민의 등록 또는 그 등록사항의 정정이나 말소는 원칙적으로 주민의 신고에 따라 한다(주민 8). 신고는 신고사유가 발생한 날부터 14일 이내에 하여야 하고 신고의무자는 세대주이다. 다만, 세대주가 신고할 수 없으면 그를 대신하여 세대를 관리하는 자 또는 본인이 하거나 세대주의 위임을 받은 세대주의 배우자 또는 직계혈족이 할 수 있다(주민 11). 신고사항은 ① 성명, ② 성별, ③ 생년월

---

391) 자세한 내용은 뒤에 설명하는 ⑺ 주택임차권의 양도와 전대 참조

일, ④ 세대주와의 관계, ⑤ 합숙하는 곳은 관리책임자, ⑥「가족관계의 등록 등에 관한 법률」 제10조제1항에 따른 등록기준지(이하 "등록기준지"라 한다), ⑦ 주소, ⑧ 가족관계등록이 되어 있지 아니한 자 또는 가족관계등록의 여부가 분명하지 아니한 자는 그 사유, ⑨ 대한민국의 국적을 가지지 아니한 자는 그 국적명이나 국적의 유무, ⑩ 거주지를 이동하는 경우에는 전입 전의 주소 또는 전입지와 해당 연월일이다(주민 10).

하나의 세대에 속하는 자의 전원 또는 그 일부가 거주지를 이동하면 신고의무자는 신 거주지에 전입한 날부터 14일 이내에 신 거주지의 시장·군수 또는 구청장에게 전입신고(轉入申告)를 하여야 한다(주민 16①). 다음에 전입신고를 받은 신 거주지의 시장·군수 또는 구청장은 지체 없이 전 거주지의 시장·군수 또는 구청장에게 전입신고 사항을 알리고 주민등록정보시스템을 이용하여 주민등록표와 관련 공부(公簿)의 이송(移送)을 요청하여야 하고(주민 16②), 이 이송요청을 받은 전 거주지의 시장·군수 또는 구청장은 전출대상자(轉出對象者)가 세대원 전원이거나 세대주를 포함한 세대의 일부 전출인 경우에는 주민등록표와 관련 공부를, 세대주를 제외한 세대의 일부의 전출인 경우에는 전출자의 개인별 주민등록표와 관련 공부를 지체 없이 정리하여 신 거주지의 시장·군수 또는 구청장에게 주민등록정보시스템을 이용하여 이송하여야 한다(주민 16③). 그리고 신 거주지의 시장·군수 또는 구청장은 주민등록표와 관련 공부가 이송되어 오면 전입신고서와 대조·확인한 후 지체 없이 주민등록표와 관련 공부를 정리 또는 작성하여야 한다(주민 16④).

이상 살펴본 바에 의하면 주민의 거주지변경은 전입신고, 주민등록표 등의 이송요청, 주민등록표 등의 이송 및 주민등록표 등의 정리 또는 작성이라는 4단계를 거치도록 되어 있다. 그러나 주민으로서는 전입신고를 함으로써 위 절차를 마치게 되어 있으므로, 주택임대차보호법도 그러한 점을 감안하여 제3조 제1항에 주민등록표의 정리·작성시기 여하와는 관계없이 「전입신고를 한 때에 주민등록이 된 것으로 본다」고 규정하고 있다.

㈏ 주민등록의 임대차 공시기능

주택임대차보호법 제3조 제1항에서 주택의 인도와 더불어 대항력의 요건으로 규정하고 있는 주민등록은, 거래의 안전을 위하여 임차권의 존재를 제3자가 명백히 인식할 수 있게 하는 공시방법으로 마련된 것으로서, 주민등록이 어떤 임대차를 공시하는 효력이 있는가의 여부는 그 주민등록으로 제3자가 임차권의 존재를 인식할 수 있는가에 따라 결정된다고 할 것이므로, 주민등록이 대항력의 요건을 충족시킬 수 있는 공시방법이 되려면, 단순히 형식적으로 주민등록이 되어 있다는 것만으로는 부족하고 주민등록에 의하여 표상되는 점유관계가 임차권을 매개로 하는 점유임을 제3자가 인식할 수 있는 정도는 되어야 한다는 것이 대법원판례이다.[392]

그리고 이러한 기준에 따라 대법원이 대항력을 인정하지 않은 사례로는 ① 주택의 실제의 동 표시와 불일치한 임차인의 주민등록은 임대차의 공시방법으로서 유효한 것이라고 할 수 없고, 임차인은 실제 동 표시와 맞게 주민등록이 정리된 이후에야 비로소 대항력을 취득한다고 한 것[393], ② 다세대주택의 동·호수 표시 없이 그 부지 중 일부 지번으로만 주민등록을 한 경우 주택임대차보호법상의 대항력이 없다고 한 것[394], ③ 주민등록에 동·호수를 기재하게 한 주민등록법시행령 제5조 제5항의 규정(1994. 7. 1부터 시행)이 신설되기 전과 후를 구분하여 대항력을 구비하였는지 여부를 달리 판단하여야 하는 것은 아니라고 한 것[395], ④ 임차인이 현관문에 부착된 표시대로 주민등록을 한 결과 등기부상 실제 표시와 다르게 된 경우 주택임대차보호법에 따른 대항력이 없다고 한 것[396], ⑤ 등기부상 동·호수 표시인 '다동 103호'와 불일치한 '라동 103'호로 된 주민등록이 임대차의 공시방법으로서 유효하다고 할 수 없다고 한 것[397], ⑥ 건축중인 주택을 임차하여 주민등록을 마친 임차인의 주민등록상의 주소 기재가 당시의 주택 현황과 일치하였으나, 그 후 사정변경으로 등기부상 주택의 표시가 달라진 경우 그 주민등록은 달라진 주택 표시를 전제로 등기부상 이해관계를 가지게 된 제3자에 대한 공시방법으로서 효력이 없다고 한 것[398], ⑦ 신축중인 연립주택 중 1세대를 임차한 자가 주민등록 전입신고를 함에 있어서 호수를 기재하지 않은 채 그 연립주

392) 대판 2001.1.30. 2000다58026,58033, 대판 2007.2.8. 2006다70516 참조.
393) 대판 1994.11.22. 94다13176 참조.
394) 대판 1996.2.23. 95다48421 참조.
395) 대판 1996.3.12. 95다46104 참조.
396) 대판 1999.4.13. 99다4207 참조.
397) 대판 1999.4.13. 99다4207 참조.
398) 대판 1999.9.3. 99다15597 참조.

택 부지의 지번만으로 전입신고를 하였다가, 그 후 위 연립주택에 관하여 준공검사가 이루어지면서 건축물관리대장이 작성되자 호수를 기재하여 주소정정신고를 한 경우, 임차인의 최초 전입신고에 따른 주민등록으로는 위 임대차의 공시방법으로서 유효한 것이라고 볼 수 없다고 한 것[399], ⑧ 주택을 임차하여 적법한 전입신고를 마친 후에 그 대지가 분할됨으로써 주택의 지번이 변경되자, 갱신된 임대차계약서에는 새로운 지번을 표시하였으나 주민등록상 주소는 주택에 대한 경매개시결정 기입등기가 경료된 후에야 변경한 경우, 임차인은 주택에 대한 유효한 공시방법인 주민등록을 갖추었다고 볼 수 없어 경락인에게 대항할 수 없다고 한 것[400], ⑨ 실제 지번인 '산 53의 6'이나 등기부상 지번인 '산 53'과 일치하지 아니한 '53의 6'에 등재된 주민등록이 주택임대차보호법 제3조 제1항 소정의 대항요건으로서 유효하지 않다고 한 것[401], ⑩ 임차주택의 부지를 비롯한 세 필의 토지가 같은 담장 안에 있고 그 지상에 임차주택 이외에는 다른 건물이 건립되어 있지 않다 하더라도 임차인이 임차주택의 부지가 아닌 인접한 다른 토지의 지번으로 주민등록을 마쳤다면 유효한 공시방법으로 볼 수 없다고 한 것[402] 등이 있다.

반면에 대항력을 인정한 사례로는 ① 다가구용 단독주택에 관하여 집합건물의 소유 및 관리에 관한 법률에 의하여 구분건물로의 구분등기가 경료 되었으나 소관청이 집합건축물관리대장을 작성하지 않은 경우, 위 건물의 일부나 전부를 임차한 임차인이 전유 부분의 표시 없이 지번만을 기재하여 전입신고를 한 것이 임대차의 공시방법으로 유효하다고 한 것[403], ② 주택 임차인이 주민등록 전입신고를 할 당시 건축물관리대장 및 등기부가 작성되기 전이지만, 그 전입신고 내용이 실제 건물의 소재지 지번과 정확히 일치하는 경우, 그 후 토지분할 등의 사정으로 지번이 변경되었다고 하더라도 주택임대차보호법 제3조 제1항 소정의 주민등록으로 유효하다고 한 것[404], ③ 부동산등기부상 건물의 표제부에 '에이(A)동'이라고 기재되어 있는 연립주택의 임차인이 전입신고를 함에 있어 주소지를 '가동'으로 신고하였으나 주소지 대지 위에는 2개 동의 연립주택 외에는 다

399) 대판 2000.4.7. 99다66212 참조.
400) 대판 2000.4.21. 2000다1549 참조.
401) 대판 2000.6.9. 2000다8069 참조.
402) 대판 2001.4.24. 2000다44799 참조.
403) 대판 1999.5.25. 99다8322 참조.
404) 대판 1999.12.7. 99다44762 참조.

른 건물이 전혀 없고, 그 2개 동도 층당 세대수가 한 동은 4세대씩, 다른 동은 6세대씩으로서 크기가 달라서 외관상 혼동의 여지가 없으며, 실제 건물 외벽에는 '가동', '나동'으로 표기되어 사회생활상 그렇게 호칭되어 온 경우, 사회통념상 '가동', '나동', '에이동', '비동'은 표시 순서에 따라 각각 같은 건물을 의미하는 것이라고 인식될 여지가 있고, 더욱이 경매기록에서 경매목적물의 표시가 '에이동'과 '가동'으로 병기되어 있었던 이상, 경매가 진행되면서 낙찰인을 포함하여 입찰에 참가하고자 한 사람들로서도 위 임대차를 대항력 있는 임대차로 인식하는 데에 아무런 어려움이 없었다는 이유로 임차인의 주민등록이 임대차의 공시방법으로 유효하다고 한 것[405], ④ 처음에 다가구용 단독주택으로 소유권보존등기가 경료된 건물의 일부를 임차한 임차인은 이를 인도받고 임차 건물의 지번을 정확히 기재하여 전입신고를 하면 주택임대차보호법 소정의 대항력을 적법하게 취득하고, 나중에 다가구용 단독주택이 다세대 주택으로 변경되었다는 사정만으로 임차인이 이미 취득한 대항력을 상실하게 되는 것은 아니다라고 한 것[406] 등을 들 수 있다.

건축 중인 주택을 임차하여 주민등록을 마친 임차인의 주민등록이 그 후 소유권보존등기가 경료되고 이를 바탕으로 저당권을 취득하여 등기부상 이해관계를 가지게 된 제3자에 대한 관계에서 임대차를 공시하는 효력이 있는지 여부는 그 제3자의 입장에서 보아 사회통념상 그 주민등록으로 당해 주택에 임차인이 주소 또는 거소를 가진 자로 등록되어 있다고 인식할 수 있는지 여부에 따라 판단하여야 한다.[407]

㈐ 부적법한 전입신고의 경우

주민등록법의 규정을 위반한 부적법한 전입신고에 따라 이루어진 주민등록이 임대차의 공시방법으로서 효력이 있는지 문제로 된다.

부적법한 전입신고를 한 자에 대하여는 3년 이하의 징역 또는 3천만원 이하의 벌금에 처하거나(주민 37~39), 1천만원 이하의 과태료를 부과하게 되는데(주

405) 대판 2003.6.10. 2002다59351 참조.
406) 대판 2007.2.8. 2006다70516 참조.
407) 대판 2008.2.14. 2007다33224 참조.

민 40), 그러한 부적법한 전입신고 따라 이루어진 주민등록에 비록 사법상의 것일지라도 어떠한 법적효력을 부여하는 것이 불합리하다는 견지에서, 적법한 전입신고를 한 경우에 한하여 대항력의 취득요건을 갖춘 것으로 보아야 한다는 견해가 있을 수 있다.

그러나 주민등록법은 지방행정사무의 편의를 위하여 제정된 공법일 뿐 동법의 위반이 곧 사법상의 효력까지를 좌우하는 것으로 볼 수 없는 것이므로, 부실의 전입신고일지라도 그에 따른 주민등록이 이루어져 그 주민등록에 의하여 표상되는 점유관계가 임차권을 매개로 하는 점유임을 제3자가 인식할 수 있는 정도인 때에는 대항력의 취득요건을 갖춘 것으로 보는 것이 타당하다.

㈃ 주민등록이 주택의 실제지번과 다르게 된 경우

주민등록이 임차주택의 실제지번과 다르게 된 경우의 대항력 발생시기는, 임차인이 전입신고를 올바르게(즉, 임차주택의 소재지 지번으로)하였는데 담당공무원의 착오로 주민등록표상에 틀리게 기재된 경우에는 전입신고를 한 때이고,[408] 임차인이 전입신고를 올바르게 하지 않음으로써 주민등록표상에 틀리게 기재된 경우에는 그 기재가 올바르게 정정된 때이다.[409] 그러나 담당공무원의 착오가 있다 하더라도 담당공무원이 신고내용을 주민등록표상에 잘못 기재한 것이 아니라 담당공무원의 수정요구로 임차인이 수정하여 전입신고함으로서 주민등록표상에 잘못 기재된 경우에는 그 기재가 올바르게 정정된 때에 대항력이 발생한다.

임차인이 전입신고를 올바르게 하지 않음으로써 주민등록이 주택의 실제지번과 다르게 되어 있는 이상, 임차주택에 대하여 권리를 취득한 이해관계인이 그 취득 당시 임차인의 주민등록이 주택의 실제지번과 다르게 되어 있다는 사실을 알았거나 알 수 있었다고 할지라도, 임차인은 그 이해관계인에 대하여 주택임차권을 가지고 대항할 수 없는 것이 원칙이다. 다만 이 경우 주민등록이 주택의 실제지번과 다르다는 이유로 주택임대차의 대항력을 부정하는 것이 신의칙에 비추어 용납될 수 없는

408) 대판 1991.8.13. 91다18118 참조.
409) 대판 1987.11.10. 87다카1573, 대판 1989.6.29. 89다카3370, 대판 1990.5.22. 89다카18648 참조.

경우에는 예외적으로 대항력이 인정될 수 있으나 이는 주택임대차에 특유한 것이 아니라 신의칙에 따른 일반 법리의 적용효과일 뿐이다.

판례 7-27

1. 주택임차권의 대항력 발생시기

① 주민등록은 단순히 주민의 거주관계를 파악하고 인구의 동태를 명확히 하는 것 외에도 주민등록에 따라 공법관계상의 여러 가지 법률상 효과가 나타나게 되는 것으로서, 주민등록의 신고는 행정청에 도달하기만 하면 신고로서의 효력이 발생하는 것이 아니라 행정청이 수리한 경우에 비로소 신고의 효력이 발생한다. 따라서 주민등록 신고서를 행정청에 제출하였다가 행정청이 이를 수리하기 전에 신고서의 내용을 수정하여 위와 같이 수정된 전입신고서가 수리되었다면 수정된 사항에 따라서 주민등록 신고가 이루어진 것으로 보는 것이 타당하다.

② 정확한 지번과 동, 호수로 주민등록 전입신고서를 작성·제출하였는데 담당공무원이 착오로 수정을 요구하여, 잘못된 지번으로 수정하고 동, 호수 기재를 삭제한 주민등록 전입신고서를 다시 작성·제출하여 그대로 주민등록이 된 사안에서, 그 주민등록이 임대차의 공시방법으로서 유효하지 않고 이것이 담당공무원의 요구에 기인한 것이라 하더라도 마찬가지이다(대판 2009.1.30. 2006다17850)

2. 근저당권자의 임대차 대항력 부정이 신의칙에 반하기 위한 요건

근저당권자가 임차인의 주민등록상 주소가 등기부상 표시와 다르다는 이유로 임대차의 대항력을 부정하는 주장이 신의칙에 비추어 용납될 수 없는 경우에는 예외적으로 그 주장을 배척할 수 있으나, 이는 주택임대차보호법에 의하여 인정되는 법률관계를 신의칙과 같은 일반원칙에 의하여 제한하는 것이어서 법적 안정성을 해할 수 있으므로 그 적용에 신중을 기하여야 한다. 그러므로 근저당권자가 근저당권 설정에 앞서 임차인의 주민등록상 주소가 등기부상 표시와 다르다는 사정을 알았거나 알 수 있었다는 사정만으로는 임대차의 대항력을 부정하는 근저당권자의 주장이 신의칙에 위배된다고 할 수 없고, 임차인의 주민등록이 잘못되었다는 사실을 알면서 그 임차인을 선순위의 권리로 인정하고 그만큼 감액한 상태의 담보가치를 취득하겠다는 전제에서 근저당권을 설정하였으면서도 부당한 이익을 얻으려는 의도로 사후에 임차인의 손해는 전혀 고려함이 없이 그 주민등록의 잘못에 따른 임대차의 대항력 결여를 주장하는 경우와 같이, 근저당권자의 권리행사가 상대방의 신의에 반하고 정의관념에 비추어 용인될 수 없는 정도의 상태에 이른다는 사정이 구체적으로 인정되어야 한다(대판 2008.2.14. 2007다33224).

(ㅁ) 공동거주자만의 주민등록을 한 경우

대항력의 취득요건으로서 주민등록을 마칠 것과 관련하여 그 주민등록은 임차인 자신의 주민등록임을 필요로 하느냐 아니면, 그 처나 자 등 점유보조자인 공동거주자의 주민등록만으로도 갈음할 수 있느냐가 다시 문제된다. 주택임대차보호법의 제정취지에 비추어 공동거주자의 주거도 보호되어야 하며 그로 인하여 제3자에게 불측(불측)의 손해를 끼칠 염려도 적으므로 적극적으로 해석하는 것이 타당하다. 대법원판례도 「주택임대차보호법 제3조 제1항에서 규정하고 있는 주민등록이라는 대항요건은 임차인 본인뿐 아니라 그 배우자나 자녀 등 가족의 주민등록을 포함한다고 보아야 한다」고 한다.[410]

(바) 임차주택을 간접점유하고 있는 경우

임차인이 임차주택을 자신이나 자신의 가족이 점유하여 사용하지 않고 타인으로 하여금 점유하여 사용하게 함으로써 간접점유하고 있는 경우, 대항력 구비요건으로서의 주민등록은 임차인인 간접점유자의 것이어야 하는지 아니면 임차주택을 점유하여 사용하고 있는 직접점유자의 것이어야 하는지의 문제가 있으나, 대법원의 판례는 실제로 거주하는 직접점유자가 자신의 주민등록을 마친 경우에 한하여 비로소 그 임차인(간접점유자)의 임대차가 제3자에 대하여 적법하게 대항력을 취득할 수 있다고 한다.

판례 7-28

간접점유하는 임차주택의 공시방법이 되는 주민등록

주택임대차보호법 제3조 제1항 소정의 대항력은 임차인이 당해 주택에 거주하면서 이를 직접점유하는 경우뿐만 아니라 타인의 점유를 매개로 하여 이를 간접점유하는 경우에도 인정될 수 있을 것이나, 그 경우 당해 주택에 실제로 거주하지 아니하는 간접점유자인 임차인은 주민등록의 대상이 되는 '당해 주택에 주소 또는 거소를 가진 자'(주민등록법 제6조 제1항)가 아니어서 그 자의 주민등록은 주민등록법 소정의 적법한 주민등록이라고 할 수 없고, 따라서 간접점유자에 불과한 임차인 자신의 주민등록으로는 대항력의 요건을 적법하게 갖추었다고 할 수 없으며, 임차인과의 점유매개관계에 기하여 당해 주택에 실제로 거주하는 직접점유자가 자신의 주민등록을 마친 경우에 한하여 비로소 그 임차인의 임대차가 제3자에 대하여 적법하게 대항력을 취득할 수 있다(대판 2001.1.19. 2000다55645).

다. 대항력 구비의 효력

(가) 일반적 효력

주택임차권의 대항력의 주된 효력은 임차인이 임차주택의 여러 이해관계인에 대하여, 자신의 권리를 주장하여 임대차기간동안 주택을 사용한 후 보증금의 반환을 받아갈 수 있다는 점에 있다.

---

410) 대판 1988.6.14. 87다카3093, 3094 참조.

매매·증여 등의 개별적인 계약이나 또는 상속·합병 등의 포괄적인 승계원인에 의하여 대상 부동산의 소유권이 주택임대인으로부터 제3자에게로 이전된 때에는 대항력을 구비한 주택임차권자는 구 소유자로부터 취득한 주택임차권을 가지고 신 소유자인 제3자에게 대항할 수 있다. 그러나 대상 부동산에 민사집행법에 의한 경매절차가 진행되는 경우에 대항력을 구비한 주택임차권을 매수인에게 대항할 수 있는지 여부는 주택임차권보다 선순위이지만 매각으로 인하여 소멸하는 다른 권리가 있는지 여부에 따라 다른 바, 이에 관하여는 이하에서 제목을 바꾸어 설명하기로 한다.

㈏ 소유권취득자에 대한 관계

㈀ 임대차관계의 당연승계

대항력을 구비한 임대차관계의 존속 중에 임차주택을 양수한 자(또는 기타 임대할 권리를 승계한 자)는 임대인의 지위를 승계한 것으로 본다(주임보 3②). 이 경우 양수인이 주택임대인의 지위를 승계하는 것은 주택임차인을 보호하려는 법정승계로 보아야 하므로, 주택임차인에 대하여 채권양도에 있어서와 같은 통지와 승낙은 요하지 않는다.

임차주택의 전 소유자인 주택임대인과 신 소유자가 주택임대인의 지위승계를 배제하고자 하는 특약을 한 경우 그 효력은 인정되는가. 이에 관하여는 주택임대차보호법 제10조가 「이 법의 규정에 위반된 약정으로서 임차인에게 불리한 것은 그 효력이 없다」고 규정하고 있으므로 동조의 취지에 비추어 무효라고 본다. 다만 임차인이 신 소유자와의 합의에 의해 전 소유자와의 임대차관계를 승계시키지 않고 새로이 임대차계약을 체결하는 것은 동조의 규정과는 무관한 것으로 유효하다고 할 것이다.[411)]

그리고 위와 같은 당연승계의 결과는 그 소유권취득이 매매, 교환, 증여 등의 법률행위에 의한 것이든 상속, 판결, 경매, 국세징수법에 의한 공매 등의 법률의 규정에 의한 것이든 불문하고 발생된다.

전소유자와의 주택임대차관계를 임차주택의 현소유자에 대하여도 대항할 수

411) 민법주해[XV] 220(민일영).

있는지 여부(즉 주택임대차의 제3자대항력 여부)를 표로 나타내어 보면 다음과 같다.

- 매매의 경우
  - 대항요건을 구비한 주택임차권 - 있음
  - 대항요건을 구비하지 않은 주택임차권 - 없음
- 경매 또는 공매의 경우
  - 대상주택에 관하여 저당권 등[412]이 존재하지 않는 때
    - 대항요건을 구비한 주택임차권
      - 경매개시결정등기보다 먼저 구비한 것
        - 배당요구의 종기까지 배당요구한 경우
          - 보증금이 전액 변제되는 경우 - 없음
          - 보증금이 전액 변제되지 않는 경우 - 변제되지 않는 금액에 관하여 있음
        - 배당요구의 종기까지 배당요구하지 않은 경우 - 있음
      - 경매개시결정등기보다 뒤에 구비한 것 - 없음
    - 대항요건을 구비하지 않은 주택임차권 - 없음
  - 대상주택에 관하여 저당권 등이 존재하는 때
    - 대항요건을 구비한 임차권
      - 저당권 등보다 먼저 구비한 것
        - 배당요구의 종기까지 배당요구한 경우
          - 보증금이 전액 변제되는 경우 - 없음
          - 보증금이 전액 변제되지 않는 경우 - 변제되지 않는 금액에 관하여 있음
        - 배당요구의 종기까지 배당요구하지 않은 경우 - 있음
      - 저당권 등보다 뒤에 구비한 것 - 없음
    - 대항요건을 구비하지 않은 주택임차권 - 없음

한편 경매 또는 공매에 있어서는 매각기일 또는 공매의 공고에 대항력 있는 임대차의 기재를 요하고(민집 106iii, 268, 국징 67②x) 그 흠결은 경매절차 또는 공매절

412) 저당권 등이란 ① 경매개시결정등기(민집 144①iii, 268) ② 저당권(민집 91②, 268) ③ 담보가등기(가담 13, 15) ④ 가압류등기(법률에 명문의 규정은 없으나 통설) ⑤ 배당요구한 전세권(민집 91④, 268) ⑥ 배당요구한 보증금이 전액 변제되는 대항력 있는 주택임차권 또는 상가건물임차권(주임보 3의5, 상임보 8)을 말한다.

차의 위법으로서 하자가 되지만, 이는 경매절차 또는 공매절차의 하자에 그치고 공고되지 아니하였다 하여 임차인이 매수인에 대한 관계에서 대항력을 상실하게 되는 것은 아니다. 미등기인 경우에도 그 건물의 소유권을 양수하여 사실상 소유자로 권리행사를 하는 자는 양수인에 해당한다. 그러나 양도담보로 소유권을 취득하는 자는 양수인에 해당하지 않는다. 부동산을 대상으로 하는 양도담보에 관하여는 가등기담보등에 관한 법률이 적용되어(가담 1) 동법에서 정하는 청산절차(가담 3 이하)를 거쳐야만 소유권을 취득하게 되기 때문이다.

판례 7-29

주택임대인의 지위를 승계하는 양수인의 해당 여부

(1) 주택임대차보호법의 목적과 동법 제3조 제2항의 규정에 비추어 볼 때, 건물이 미등기인 관계로 그 건물에 대하여 아직 소유권이전등기를 경료하지는 못하였지만 그 건물에 대하여 사실상 소유자로서의 권리를 행사하고 있는 자는 전 소유자로부터 위 건물의 일부를 임차한 자에 대한 관계에서는 위 사실상 소유자가 동법 제3조 제2항 소정의 주택의 양수인으로서 임대인의 지위를 승계하였다고 볼 수 있다(대판 1987.3.24. 86다카164).

(2) 주택임대차보호법 제3조 제2항의 규정에 의하여 임대인의 지위를 승계한 것으로 보게 되는 임차주택의 양수인이 될 수 있는 경우는 주택을 임대할 권리나 이를 수반하는 권리를 종국적, 확정적으로 이전받게 되는 경우라야 하므로, 매매, 증여, 경매, 상속, 공용징수 등에 의하여 임차주택의 소유권을 취득한 자 등은 위 조항에서 말하는 임차주택의 양수인에 해당된다고 할 것이나, 이른바 주택의 양도담보의 경우는 채권담보를 위하여 신탁적으로 양도담보권자에게 주택의 소유권이 이전될 뿐이어서, 특별한 사정이 없는 한, 양도담보권자가 주택의 사용수익권을 갖게 되는 것이 아니고 또 주택의 소유권이 양도담보권자에게 확정적, 종국적으로 이전되는 것도 아니므로 양도담보권자는 이 법 조항에서 말하는 "양수인"에 해당되지 아니한다고 보는 것이 상당하다(대판 1993.11.23. 93다4083).

임대차계약이 존속기간의 만료, 해지권의 행사 등에 의하여 적법하게 종료된 후에 소유자가 바뀐 경우에도 신 소유자는 임대인의 지위를 승계하게 되는가. 이에 관하여 주택임대차보호법 제4조 제2항은 「임대차가 종료된 경우에도 임차인이 보증금을 반환받을 때까지는 임대차관계는 존속하는 것으로 본다」고 규정하고 있다. 따라서 이 경우 전 소유자와 임차인 사이의 임대차관계는 종료된 상태 그대로 신 소유자에게 승계되는 것으로 보아야 한다.

(ㄴ) 당연 승계되는 임대차관계의 내용

신 소유자에 의해 승계되는 임대차관계의 내용은 당연승계의 법리상 종래의 임대차계약의 내용과 동일할 수밖에 없다. 등기에 의해 대항력을 취득하는 경우에 있어서는, 그 등기절차에 관하여 부동산등기법 제74조가 차임액과 지급시기, 존속기간, 임차권의 양도 또는 전대의 허용 등을 필요적 기재사항으로 명정(明正)하고 있으므로, 이러한 필요적 기재사항에 관한 한 등기가 되지 아니하면 신 소유자 등의 제3자에게 대항할 수가 없다. 그러나 주택임대차보호법에 의해 대항력을 취득하는 경우에는 부동산등기법 제156조의 적용이 없으므로 실제의 계약내용대로 대항할 수 있다고 본다. 당연승계 되는 임대차관계의 구체적인 내용은 다음과 같다.

차임의 액은 종전 그대로이고 차임증감의 특약도 그대로 승계됨이 원칙이다. 따라서 예컨대 인접건물의 공사 중 차임을 면제하고 그 준공 후 다시 협의하여 정하기로 하는 것과 같은 약정은 그대로 승계된다. 그러나 합리적인 이유 없이 이루어진 차임면제 또는 감액의 합의는 신 소유자에게 승계되지 않는다.

임차주택의 소유권이전 후 발생하는 차임청구권은 신 소유자에게 이전한다. 그러나 그 이전에 발생하여 아직 지급되지 아니한 차임은, 따로 채권양수절차를 취하지 않은 한 신 소유자에게 승계되지 않는다. 마찬가지로 임대차관계와 관련하여 이미 발생한 손해배상청구권도 신 소유자에게 이전하지 않는다고 본다. 다만 임차인이 소유권이 이전된 사실을 알지 못하고 전 소유자에게 지급한 차임은 채권의 준점유자에 대한 변제로서 보호받을 수 있을 것이다.

차임의 지급시기, 방법 등에 관한 약정도 그대로 승계된다. 따라서 추심채무의 약정도 그대로 승계되고 본래 신 소유자에게 지급해야 할 기간분의 차임이 전 소유자와의 차임선불약정에 의해 미리 지급된 경우에도 임차인은 그로써 대항할 수 있다.

임대차계약에 있어서는 보증금을 교부함이 오히려 통례이고 이러한 임차보증금관계는 임대차관계와 일체가 되어 있으므로 임대인지위의 승계로 당연히 신 소유자에게 이전한다. 다만 소유권의 이전시 연체차임 등 전 소유자에게 보증금(또는 전세보증금)에 의하여 담보된 채무가 있었을 때에는, 그것은 당연히 공제되고 신 소유자는 그 잔액에 관하여서만 승계하게 된다. 그리고 임차보증금의 증감에 관한 특약, 장래 일정시기에 임차보증금을 지급하기로 하는 특약 등도 그대로 승계된다.

임대차의 존속기간은 종전과 같으므로 결국 잔여기간이 승계된 기간으로 되며, 기간의 정함이 없는 경우나 갱신된 경우 등도 그 상태대로 신 소유자에게 승계된다. 그리고 승계 전에 이미 발생한 임차인의 위약사실 등 해지사유도 그대로 승계된다고 본다. 소유자의 교체에 의해 임차인이 이에서 벗어난다는 것은 오히려 불합리하기 때문이다. 또한 전 소유자가 주택임대차보호법 제6조 제1항에 따라 한 갱신거절의 통지도 그대로 승계된다고 본다. 그리고 임차목적물인 주택에 대한 임차인의 자본투자라고 할 수 있는 건물부속물의 부착, 필요비·유익비의 지급 등은 이에 의해 목적물에 부가된 가치가 신 소유자에게 승계되며 또한 임대차관계의 한 내용이 되므로 신 소유자에게 승계되어, 임차인은 신 소유자에 대하여 그 매수청구권과 비용상환청구권을 행사할 수 있을 것이다.

㈐ 전 소유자의 임대차관계이탈여부

임대차관계의 존속 중에 임차주택의 소유권이 이전되면, 신 소유자의 임대인 지위승계로 인하여 전 소유자가 임차보증금반환채무를 면하게 되는지 문제로 된다. 이에 관하여는 임대인의 지위승계가 있더라도 전 소유자의 면책은 인정될 수 없고, 임차보증금반환채무를 신 소유자가 중첩적으로 인수한 것과 같은 상태가 되어, 임차인은 전 소유자에 대하여도 임차보증금의 반환을 청구할 수 있다고 하는 견해[413]와 임차인이 임차주택의 양도사실을 알고서도 상당한 기간이 지나도록 아무런 의사를 표시하지 않은 때에는, 임대인의 지위가 신 소유자에게 당연승계 되어 전 소유자가 보증금반환채무를 면하게 되나, 상당한 기간 내에 임대인지위의 양수인에 대한 승계에 반대하는 의사를 표시한 때에는 임대인지위의 승계는 없고, 양수인만이 그대로 임대인으로서의 의무를 부담하는 것으로 보아야 한다는 견해[414]가 있다.

그러나 대법원판례는 임차주택의 신 소유자가 주택임대차보호법 제3조 제2항의 규정에 따라 임대인의 지위를 승계함으로써, 전 소유자는 임대차관계에서 완

413) 이재성 임대주택……… 61 이하 참조.
414) 민법주해[XV] 220(민일영), 김학동 주택임대차보호법 19 이하 참조.

전히 이탈되어 임차보증금의 반환채무를 면하게 된다고 한다. 그리고 그 이유는 만일 보증금반환채무가 양도인에게 남아 있다고 해석하면 임대차관계에서 발생하는 채권·채무, 즉 목적물의 사용·수익을 하게 하는 채무, 수선의무, 필요비, 유익비상환의무 등은 모두 이전하는데 오로지 보증금반환채무만이 남는 것이 되어 불합리할 뿐만 아니라 임대차계약의 위와 같은 여러 채권·채무는 임대인이 어떤 사람인가 하는 개인적 색채보다는 부동산 자체와 관련된 것이 대부분으로서 임대목적물의 소유자로서 거의 완전하게 이행할 수 있는 성질의 것이며, 임차인으로서는 동시이행의 항변, 유치권의 행사 등에 의하여 이행을 확보할 수 있어 임대인의 교체에 의하여 큰 영향을 받지 않기 때문이라고 한다.[415] 다만 대항력 있는 주택임대차가 기간만료나 당사자의 합의 등으로 종료된 이후에 임차주택이 양도된 경우에는 주택임차인이 임대인의 지위위승계를 원하지 않으면 예외적으로 임차인이 임차주택의 양도사실을 안 때로부터 상당한 기간 내에 이의를 제기함으로써 승계되는 임대차관계의 구속으로부터 벗어날 수 있고 이와 같은 경우에는 양도인의 임차인에 대한 보증금 반환채무는 소멸하지 않는다고 한다.[416]

판례 7-30

전부명령의 제3채무자인 임대인이 보증금반환채무를 면하는지 여부

주택임대차보호법 제3조 제1항의 대항요건을 갖춘 임차인의 임대차보증금반환채권에 대한 압류 및 전부명령이 확정되어 임차인의 임대차보증금반환채권이 집행채권자에게 이전된 경우 제3채무자인 임대인으로서는 임차인에 대하여 부담하고 있던 채무를 집행채권자에 대하여 부담하게 될 뿐 그가 임대차목적물인 주택의 소유자로서 이를 제3자에게 매도할 권능은 그대로 보유하는 것이며, 위와 같이 소유자인 임대인이 당해 주택을 매도한 경우 주택임대차보호법 제3조 제2항에 따라 전부채권자에 대한 보증금지급의무를 면하게 되므로, 결국 임대인은 전부금지급의무를 부담하지 않는다(대판 2005.9.9. 2005다23773).

㈐ 용익권취득자에 대한 관계

주택임차권자와 용익권취득자와의 관계는 동일한 주택에 전세권이나 임차권이 중복되어 발생하는 경우 그 우열관계를 어떻게 정할 것인지의 문제를 말한

415) 대판 1987.7.10. 86다카1114, 대판 1994.3.11. 93다29648 참조.
416) 대판 2002.9.4. 2001다64615 참조.

다. 이에 관하여는 우선 주택임대차보호법에 의하여 대항요건을 갖춘 임차권자 상호간에는 먼저 대항요건을 갖춘 자, 즉 주택의 인도와 전입신고를 먼저 마친 자가 우선하게 된다는 점에 대하여는 의문이 없다고 할 것이다. 다음에 민법의 규정에 의해, 즉 등기에 의해 대항력을 취득하는 임차권자와의 관계에 있어서는, 주택임대차보호법이 정하는 대항요건(주택의 인도와 전입신고)과 민법이 정하는 대항요건(등기)간에 대항요건으로서의 질적 차이를 두어야 할 근거나 이유가 없으므로, 일반이론에 따라 대항력취득의 요건을 먼저 구비한 자가 우선한다고 본다.

그러면 이중의 임대차계약이 체결되어 한쪽은 주택의 인도를 받았으나 주민등록(전입신고)을 마치지 아니하였고 다른 한쪽은 주민등록은 마쳤으나 주택의 인도를 받지 못한 경우 또는 한쪽은 주택의 인도를 받았으나 주민등록을 마치지 아니하였고 다른 한 쪽은 주택의 인도는 받지 못하였으나 임대차등기를 한 경우는 어떠한가. 전자의 경우는 양쪽 모두 대항력을 갖추지 못하고 있으므로 임대인으로부터 사실상으로 채무의 이행을 받고 있는 주택의 인도를 받은 쪽이 우선한다고 할 것이고, 후자의 경우는 대항력을 갖춘 자와 갖추지 못한 자의 관계이므로 등기를 한 자가 우선한다고 할 것이다.

그리고 주택임차인이 그 대항요건을 구비한 후 그에 대항할 수 없는 용익권을 취득한 자 또는 불법점유자 등에 의하여 당해 주택의 사용에 방해를 받는 때에는, 점유소권(민 204, 205)이나 소유자가 가지는 물권적청구권(민 213, 214)의 대위행사를 통하여 그 방해를 배제할 수 있으며 더 나아가 주택임차권 자체에 의거한 방해배제도 청구할 수 있다.

㈑ 가등기권리자에 대한 관계

가등기란 부동산의 물권변동을 일어나게 할 청구권(소유권이전, 제한물권 설정 등)을 가지는 자의 보호를 위한 일시적·예비적 보전수단으로 인정되는 등기로서, 가등기 그 자체만으로는 아무런 실체적 효력도 발생되지 않기 때문에 임차권자와의 관계도 잠재적인 상태로만 남아 있을 뿐 그 대항관계가 표면에 나타나지 않는다. 그러나 그 가등기에 의거하여 보전하고자 하였던 청구권을 실현하는 본등기가 이루어질 경우에는, 그 본등기의 순위가 가등기의 시점까지 소급하게 되므로 그러한 권리자와 임차권자간의 대항관계가 표면에 나타나게 되고, 이러한 경우의 임차권자와 본등기권자 사이의 우열관계는 가등기를 한 시점에서 본등기를 한 경우와 동일하게 취급하면 된다. 따라서 가등기 이후에 임차권의 대항요건을 구비한 자는 비록 임차권의 대항요건구비 이후에 본등기를 하였다 할지라도 그 본등기권자에게는 대항할 수가 없게 된다. 그리고 이 경우 관계당사자간의 구체적인 법률관계는 앞에서 설명한 소유권취득자 및 지상권·전세권·임차권 등 용익권취득자와의 관계와 뒤에 설명하는 저당권자와의 관계에 있어서와 동일한 것으로 보면 된다.

한편, 가등기담보 등에 관한 법률에 의한 채권담보를 위한 가등기, 즉 담보가등기와 주택임차권과의 관계는 어떠한가. 우선 임차권의 대항요건이 구비된 이후 담보가등기가 행하여진 경우에는, 그 담보가등기에 의거하여 소유권을 취득한 자 또는 경매절차에서의 매수인에 대하여 그 임차권을 가지고 대항할 수 있으며, 이 점은 앞에서 설명한 청구권보전을 위한 가등기의 경우와 다를 바가 없다. 그러나 담보가등기가 행하여진 후에 대항력을 취득한 경우에 관하여는 청구권보전을 위한 가등기와는 달리 가등기담보 등에 관한 법률에서 임차인보호를 위한 특별규정을 두고 있다. 즉, 동법 제5조 제5항에서는 담보가등기권자가 청산에 의하여 소유권을 취득하는 경우, 담보가등기후 대항력을 취득한 임차인에게 청산금의 범위 내에서 동시이행의 항변권을 인정하고 있다. 따라서 담보가등기가 먼저 설정되어 있는 주택을 임차한 경우일지라도, 그 담보가등기의 실행에 의하여 담보가등기권자가 소유권을 취득하려고 할 때에는, 임차인은 담보가등기권자가 채무자(주택소유자)에게 반환하여야 할 청산금(담보부동산의 가액에서 채권의 원리금 및 기타 우선변제권 있는 채권액을 공제한 금액)의 범위 안에서 보증금을 반환하지 아니하면 그 주택의 인도를 할 수 없다는 항변을 담보가등기권자에게 할 수 있다. 결국 이상을 요약하면 담보가등기권자의 소유권취득을 위한 청산금은 담보권자, 임차권자, 일반채권자의 순서로 그 배분순위가 결정된다고 할 수 있을 것이다.

그러면 위와 같은 담보권자, 임차권자, 일반채권자라는 배분순위는 담보가등기권자가 권리의 실행방법으로서 청산에 의한 소유권취득이 아닌 경매의 방법을 취한 경우에도 적용되는가. 이에 관하여는 긍정과 부정의 양론이 있을 수 있을 것이나, 법문이 청산금으로 한정하여 명시하고 있는 점에 비추어 부정하여야 할 것으로 생각한다.

(마) 보증금반환청구권행사를 위한 권리

(ㄱ) 임의경매청구권의 존부

대항요건(즉, 주택의 인도와 주민등록)을 구비한 주택임차인이라도, 대상 목적물에 대한 임의경매청구권은 인정되어 있지 않다. 따라서 임대차기간이 만료되었으나 임대인이 보증금의 반환을 하지 않더라도 바로 대상 목적물의 임의경매를 신청할 수가 없고, 그 보증금반환청구권에 관하여 집행력 있는 정본을 소지한 후에야 비로소 강제경매를 신청할 수 있을 뿐이다.

(ㄴ) 배당요구권의 존부

단순히 대항요건만을 구비한 주택임차인에게는 배당요구권이 인정되어 있지 않다. 타인의 신청으로 진행되는 부동산 경매절차에 있어서 배당요구를 하여 배당참가할 수 있는 채권자는 ① 집행력 있는 정본을 가진 채권자 ② 경매개시결정이 등기된 뒤에 가압류를 한 채권자 ③ 민법·상법, 그 밖의 법률에 의하여 우선변제청구권이 있는 채권자로 한정되어 있기 때문이다(민집 88①). 따라서 대상 목적물에 대하여 다른 채권자의 신청으로 경매절차가 진행됨으로써 그 임차권이 소멸하게 되는 경우에도, 이들 임차인은 바로 그 매각대금으로부터의 배당요구를 할 수가 없고 집행력 있는 정본을 소지하거나 대상 목적물에 대하여 가압류한 후에야 비로소 배당요구를 할 수 있다.

(ㄷ) 우선변제권의 존부

단순히 대항요건만을 구비한 주택임차인에게는 우선변제권이 인정되어 있지 않다. 따라서 대상 목적물에 대하여 다른 채권자의 신청으로 경매절차가 진행됨으로써 그 임차권이 소멸하게 되는 경우에도, 이들 임차인은 매각대금으로부터 우선변제를 받을 수가 없고 저당권자 등의 우선채권자들에게 변제되고 남은 잔액이 있는 경우에 한하여, 다른 일반채권자들과 함께 채권액에 안분하여 변제받는 수밖에 없다.

라. 대항력의 취득시기와 존속요건

(가) 취득시기

대항력의 취득시기에 관하여 주택임대차보호법 제3조 제1항은 주택의 인도와 주민등록(전입신고)을 마친 때에 「그 다음 날」부터 생기는 것으로 규정하고 있다. 따라서 예컨대 주택의 인도일이 2024년 2월 20일이고 전입신고일이 2024년 2월 22일이라고 하면, 2024년 2월 22일(전입신고일)의 다음 날인 2024년 2월 23일 오전 0시부터 대항력을 취득하게 되고, 주택의 인도일이 2024년 2월 20일이고 전입신고일이 2024년 2월 15일이라고 하면, 2024년 2월 20일(주택의 인도일)의 다음 날인 2024년 2월 21일 오전 0시부터 대항력을 취득하게 된다.[417)]

이는 인도 및 전입신고를 한 날과 제3자의 소유권이전등기일이나 용익권설정등기일 또는 저당권설정등기일이 동일한 날인 경우, 그 선후 결정에 어려움이 생기는 것을 피하기 위한 것으로 볼 수 있다. 그런데 이렇게 되면 임차인이 당해 주택에 오전 중에 입주하고 전입신고를 마쳐도, 동시에 또는 오후에 당해 주택의 소유권이나 전세권 또는 저당권 등을 취득한 자가 있으면, 그에 대하여는 대항할 수 없어 임차인 보호에 미흡한 점이 있다.[418)] 이에 따라 입법상으로는 주택임대차보호법 제3조 제1항의 법문에서 「그 다음 날」을 삭제하여 대항요건을 구비한 순간부터 바로 대항력이 발생하는 것으로 하고, 그 선후는 입증의 문제로 해결하도록 하자는 의견이 있다.[419)] 입법론 상으로는 고려해 볼 수 있는 것이 아닌가 생각한다.

전 소유자가 신소유자에 대한 관계에서 임차인이 되는 경우 예를 들면 A가 전입신고를 하고 거주하고 있던 소유주택을 2024.5.22. B에게 매도하는 매매계약을 체결하면서 B를 임대인, A를 임차인으로 하는 임대차계약도 함께 체결하고 2024.6.25. B앞으로 소유권이전등기를 한 후 계속 거주하는 경우 A가 임차인으로서의 대항력을 취득하는 시기는 소유자로서의 주민등록이 임차인으로서의 주민등록으로 바뀌는 2024.6.25.의 다음 날인 2024.6.26. 오전 0시인 것으

417) 대판 1999.5.25. 99다9981 참조.
418) 주석민법[채권각칙(3)] 527(고상룡).
419) 민법주해[XV] 215(민일영).

로 보아야 한다. 이와 같은 경우 제3자로서는 그 주택에 관하여 A로부터 B앞으로 소유권이전등기가 경료되기 전에는 A의 주민등록이 소유권 아닌 임차권을 매개로 하는 점유라는 것을 인식하기 어려웠다 할 것이므로, A의 주민등록은 그 주택에 관하여 B명의의 소유권이전등기가 경료된 2024.6.25. 이전에는 주택임대차의 대항력 인정의 요건이 되는 적법한 공시방법으로서의 효력이 없고, 그 이후에야 비로소 A와 B사이의 임대차를 공시하는 유효한 공시방법이 되는 것이기 때문이다.[420] 따라서 B가 A로부터의 소유권이전등기와 함께 S은행 앞 근저당권설정등기를 하는 경우 S은행의 근저당권설정이 B의 주택임차권의 대항력구비에 앞서는 것이 된다.

그러나 전입신고하고 거주하고 있지만 소유자와의 임대차계약이 아니라서 주택임대차보호법에 의한 대항력을 구비한 주택임차인으로 보호받지 못하고 있는 상태에서 임대인이 대상 주택의 소유권을 취득한 경우 예를 들면 C가 2024.5.22. A소유 임대아파트의 임차인인 B로부터 아파트를 임차하여 전입신고를 마치고 거주하던 중 B가 2024.6.25. A로부터 위 아파트를 분양받아 자기 명의로 소유권이전등기를 하고 같은 날 S은행에 근저당권을 설정한 경우, 비록 임대인인 B가 C와 위 임대차계약을 체결한 이후에, 그리고 C가 위 전입신고를 한 이후에 위 아파트에 대한 소유권을 취득하였다고 하더라도, 주민등록상 전입신고를 한 날로부터 소유자 아닌 C가 거주하는 것으로 나타나 있어서 제3자들이 보기에 C의 주민등록이 소유권 아닌 임차권을 매개로 하는 점유라는 것을 인식할 수 있었으므로 위 주민등록은 C가 전입신고를 마친 날로부터 임대차를 공시하는 기능을 수행하고 있었다고 할 것이고 이에 따라 C는 B명의의 소유권이전등기가 경료되는 즉시 임차권의 대항력을 취득한 것으로 되는데, 근저당권설정등기는 그 접수순서에 있어서 소유권이전등기의 다음 순위가 되므로 C의 주택임차권의 대항력구비가 S은행의 근저당권설정에 앞서는 것으로 보아야 한다.[421]

---

420) 대판 1999.4.23. 98다32939, 대판 2000.2.11. 99다59306 참조.
421) 대판 2001.1.30. 2000다58026,58033 참조.

판례 7-31

1. 낙찰인과 종전 임차인 사이의 대항력 취득시기

경매절차에서 낙찰인이 주민등록은 되어 있으나 대항력은 없는 종전 임차인과의 사이에 새로이 임대차계약을 체결하고 낙찰대금을 납부한 경우, 종전 임차인의 주민등록은 낙찰인의 소유권취득 이전부터 낙찰인과 종전 임차인 사이의 임대차관계를 공시하는 기능을 수행하고 있었으므로, 종전 임차인은 당해 부동산에 관하여 낙찰인이 낙찰대금을 납부하여 소유권을 취득하는 즉시 임차권의 대항력을 취득한다(대판 2002.11.8. 2002다38361,38378).

2. 보증금의 지급과 주택임대차의 대항력취득시기

임차인이 주택의 인도와 전입신고를 마친 때에는 주택임대차보호법 제3조에 의하여 그 다음날부터 임차주택의 양수인에 대하여 대항력을 취득하게 되므로, 보증금의 반환을 받을 때까지 임대차관계의 존속을 주장할 수 있는 권리를 가지게 되는 것이고, 여기서 임차인이라 함은 적법하게 임대차계약을 체결하여 그 임대차관계가 유지되고 있으면 족한 것이며, 반드시 새로운 이해관계인이 생기기 전까지 임대인에게 그 보증금을 전부 지급하여야 하는 것은 아니다(대판 2001.1.19. 2000다61855).

㈏ 존속요건

㈀ 인도 및 주민등록과의 관계

주택의 인도와 주민등록은 대항력의 취득요건일 뿐 아니라 그 존속요건이다. 따라서 주택의 인도와 주민등록은 대항코자 하는 제3자의 출현시에도 계속되고 있어야 하고, 대상 주택의 경매시에는 배당요구의 종기까지 존속하고 있어야 한다. 배당요구의 종기가 연장된 때에는 그 연장된 때까지도 존속하고 있어야 한다. 다만 임차인이 주택의 점유를 제3자에게 침탈당했다가 점유소권(占有訴權)에 의하여 회복된 경우에는 대항력의 계속성은 인정되는 것으로 본다.

임차인이 주택의 인도와 주민등록을 마친 후, 즉 주택임차권의 대항요건을 모두 갖춘 후에, 임차주택에 대하여 임대인의 다른 채권자의 담보권설정등기나 압류(또는 가압류)등기가 되어 있는 상태에서, 거주는 하면서 주민등록(세대구성원 전원의 주민등록)만을 일시 다른 곳으로 이전하였다가 다시 복귀시킨 경우, 또는 임차인이 임대인으로부터 아직 임차보증금의 반환을 받지 아니하고 주민등록도 이전시키지 않은 채로 임차주택의 점유를 임대인에게 일시 이전하였다가 다시 회복한 경우, 임차권의 대항력이 최초에 주택의 인도와 주민등록을 마친 때까지로 소급하여 회복되는지는 문제이다.

이에 관하여는 대항요건의 흠결 후 새로운 이해관계인의 출현이 없는 경우와 있는 경우로 나누어, 전자의 경우에는 대항력이 소급하여 회복되게 되나 후자의 경우에는 회복되지 않는다고 하는 견해가 있다.[422] 그러나 대법원의 판례는 전자나 후자의 경우 모두 주택임차권의 대항력 회복을 인정하지 않고, 주민등록이 복귀된 다음날로부터 새로이 대항력이 구비되는 것으로 보고 있는데 그 내용을 보면 다음과 같다.

임차인이 그 가족과 함께 그 주택에 대한 점유를 계속하고 있으면서 그 가족의 주민등록은 그대로 둔 채 임차인만 주민등록을 일시 다른 곳으로 옮긴 일이 있다 하더라도 전체적으로나 종국적으로 주민등록의 이탈이라고 볼 수 없는 이상 임대차의 제3자에 대한 대항력을 상실하지 아니한다.[423] 반면에 어떤 이유에서든지 그 가족과 함께 일시적이나마 다른 곳으로 주민등록을 이전하였다면 이는 전체적으로나 종국적으로 주민등록의 이탈이라고 볼 수 있으므로 그 대항력은 그 전출 당시 이미 대항요건의 상실로 소멸되는 것이고, 그 후 그 임차인이 얼마 있지 않아 다시 원래의 주소지로 주민등록을 재전입하였다 하더라도 이로써 소멸되었던 대항력이 당초에 소급하여 회복되는 것이 아니라 그 재전입한 때부터 그와는 동일성이 없는 새로운 대항력이 다시 발생하게 된다.[424] 그러나 주민등록이 주택임차인의 의사에 의하지 않고 제3자에 의하여 임의로 이전되었고 그와 같이 주민등록이 잘못 이전된 데 대하여 주택임차인에게 책임을 물을 만한 사유도 없는 경우, 주택임차인이 이미 취득한 대항력은 주민등록의 이전에도 불구하고 그대로 유지된다.[425]

판례 7-32

주민등록의 이전이 주택임대차의 대항력에 미치는 영향

주택임대차보호법 제8조에서 임차인에게 같은 법 제3조 제1항 소정의 주택의 인도와 주민등록을 요건으로 명시하여 그 보증금 중 일정액의 한도 내에서는 등기된 담보물권자에게도 우선하여 변제받을 권리를 부여하고 있는 점, 위 임차인은 배당요구의 방법으로 우선변제권을 행사하는 점, 배당요구시까지만 위 요건을 구비하면 족하다고 한다면 동일한 임차주택에 대하여 주택임대차보호법 제8조 소정의 임차인 이외에 같은 법 제3조의2 소정의 임차인이 출현하여 배

422) 윤천희 주택임차권……… 51 이하 참조.
423) 대판 1989.1.17. 88다카143, 대판 1996.1.26. 95다30338 참조.
424) 대판 1998.1.23. 97다43468 참조.
425) 대판 2000.9.29. 2000다37012 참조.

당요구를 하는 등 경매절차상의 다른 이해관계인들에게 피해를 입힐 수도 있는 점 등에 비추어 볼 때, 공시방법이 없는 주택임대차에 있어서 주택의 인도와 주민등록이라는 우선변제의 요건은 그 우선변제권 취득시에만 구비하면 족한 것이 아니고, 민사집행법상 배당요구의 종기까지 계속 존속하고 있어야 한다(대판 2007.6.14. 2007다17475).

주택임차인의 의사에 의하지 아니하고 시장 군수 또는 구청장에 의하여 직권조치로 주민등록이 말소된 경우에는 원칙적으로 그 대항력은 상실된다고 할 것이지만, 주민등록법상의 직권말소제도는 거주관계 등 인구의 동태를 상시로 명확히 파악하여 주민생활의 편익을 증진시키고 행정사무의 적정한 처리를 도모하기 위한 것이고, 주택임대차보호법에서 주민등록을 대항력의 요건으로 규정하고 있는 것은 거래의 안전을 위하여 임대차의 존재를 제3자가 명백히 인식할 수 있게 하기 위한 것으로서 그 취지가 다르므로, 직권말소 후 동법 소정의 이의절차에 따라 그 말소된 주민등록이 회복되거나 동법 시행령 제29조에 의하여 재등록이 이루어짐으로써 주택임차인에게 주민등록을 유지할 의사가 있었다는 것이 명백히 드러난 경우에는 소급하여 그 대항력이 유지된다고 할 것이고, 다만 그 직권말소가 구 주민등록법 소정의 이의절차에 의하여 회복된 것이 아닌 경우에는 직권말소 후 재등록이 이루어지기 이전에 주민등록이 없는 것으로 믿고 임차주택에 관하여 새로운 이해관계를 맺은 선의의 제3자에 대하여는 임차인은 대항력의 유지를 주장할 수 없다고 보아야 한다.[426]

㈏ 임대차계약과의 관계

주택임차인이 임차주택에 관하여 주택임대차보호법상의 대항력을 갖춘 이후에 임차보증금의 인상이나 임차주택의 매도에 따라 임대인 또는 매수인과 새로운 임대차계약서를 작성한 경우에, 그 임대차관계의 대항력은 최초에 취득한 때로부터 계속 유지되는 것인가 아니면 새로운 임대차계약서를 작성한 때로부터 다시 시작되는 것인가.

이에 관하여는 한 하급심의 판례에서 「주택의 매수인이 잔대금을 지급함에 있어, 주택임대차보호법상의 대항력을 갖춘 임차인과 매도인간의 임대차계약관계를 그대로 인수하고 확인하는 의미에서, 동일자로 임차인에게 자기 명의로 된

426) 대판 2002.10.11. 2002다20957, 대판 2008.3.13. 2007다54023 참조.

임대차계약서 및 전세보증금의 영수증을 교부해 준 것이라면, 이는 종전 임대차계약을 소멸시키고 새로운 임대차계약을 체결한 것이 아니라, 종전 임대차계약을 동일성을 해함이 없이 그대로 승계한 것으로 봄이 상당하다(서울고등법원 1986. 3. 5. 선고 85나3083, 3948 판결)」고 판시하여 전자의 견해를 채택한 바 있는데, 이 판례의 견해가 타당하다고 생각한다.

다만 실무적으로는 위와 같은 경우에 새로운 임대차계약서를 작성하기보다는 종전의 임대차계약의 내용을 변경하는 변경계약서를 작성하여, 종전의 임대차계약서와 함께 보관하는 것이 분쟁의 소지를 사전에 없앤다는 점에서 보다 적절하다고 하겠다.

(4) 소액보증금 중 일정액에 대한 최우선변제권에 관한 특례

가. 특례의 취지

주택임차권자는 주택임대차보호법 제3조에 의하여 등기 없이도 주택의 인도와 주민등록을 마침으로써 임대차등기를 하지 않고서도 제3자에 대한 대항력을 가지게 된다. 그 결과 임차주택을 인도받고 임차주택의 소재지에 전입신고를 한 주택임차인은 그 후 임대인이 임차주택을 제3자에게 매각하여 소유권이전등기를 하더라도 그 매수인에게 매도인과 체결한 임대차계약을 가지고 대항할 수 있다. 또한 임차주택에 대하여 타인이 저당권 등의 권리를 취득하기 전에 주택임대차의 대항력을 구비한 임차인은 임차주택에 대하여 경매가 이루어져 그 경매절차에서 매수인이 임차주택의 소유권을 취득하더라도 전 소유자와 체결한 임대차계약을 가지고 대항할 수 있다.

그러나 주택임차인이 임차주택을 인도받고 전입신고를 하여 임대차의 대항력을 구비하기 전에 임차주택에 대하여 이미 저당권 등의 권리를 취득한 자가 있는 경우에, 그 임차주택에 대하여 경매가 이루어져 그 경매절차에서 매수인이 임차주택의 소유권을 취득하게 되면, 주택임차인은 그 매수인에 대하여는 전 소유자와 체결한 임대차계약을 가지고 대항할 수 없어 보증금의 반환이 없어도 임차주택을 반환할 수밖에 없고, 또한 보증금반환청구권에 대하여 우선변제권이 인정되어 있지 않아 경매대금으로부터 보증금의 우선변제를 받을 수도 없다. 따라서 경매대금으로부터 배당을 받아 보증금을 회수하지 못한 주택임차인은 임대인인 구 소유자에 대하여 별도로 보증금의 반환을 청구할 수밖에 없는데, 이 경우 만일 구 소유자가 무자력(無資力)이면 보증금을 반환받을 수가 없게 된다.

그런데 위와 같은 결과는 재산이라고 해야 보증금이 전부라고 할 수 있는 영세서민이 다른 곳으로 이사하여 거주할 수 있는 기반을 상실하게 함으로써 그 생존을 불안하게 하는 사회적 문제를 일으키게 된다. 소액임대차제도는 바로 이러한 영세서민의 생존을 보장한다는 차원에서 마련된 것이며, 그 특징은 임차인의 소액보증금 중 일정액에 대하여 그 임대차의 대항요건구비 순서에 관계없이, 저당권자 등 다른 담보물권자보다 최우선변제를 받을 수 있는 권리를 부여한 데에 있다(주임보 8).

나. 최우선변제권의 성립요건

(개) 대항요건의 구비

주택임차인이 그 보증금 중 일정액에 대하여 최우선변제권을 가지려면 우선 주택임대차의 대항요건인 주택의 인도와 주민등록을 구비하여야 한다.

주택임대차의 대항요건을 언제까지 구비하고 있어야 하는가에 관하여, 종래에는 주택임대차보호법상 아무런 규정이 없었기 때문에 학설상으로는 압류시설과 소유권이전시설의 대립이 있었으나, 다수 학설 및 판례는 사회적·경제적 약자인 영세임차인을 두텁게 보호한다는 취지에서 소유권이전시설의 입장을 취하여, 임의경매에 있어서는 매수인이 대금납부기일에 매각대금을 납부하기 전까지, 강제경매에 있어서는 매각허가결정이 확정되기 전까지 대항요건을 구비하면 되는 것으로 하고 있었다.

그런데 위와 같은 해석이 영세임차인의 보호에 상당한 기여를 한 것은 사실이나, 한편으로 소유자의 담보책임 면탈에 악용되는 폐단이 있었다. 즉, 대상부동산에 경매절차가 개시되면 소유자가 친척 등을 동원하여 여러 개의 소액임대차계약을 체결하고 주민등록을 한 후 배당요구하게 함으로써 의도적으로 경매신청채권자의 배당액을 감소시키는 폐단이 발생한 것이다. 이에 따라 1989

년 12월 개정된 주택임대차보호법은 그러한 폐단을 방지하고자, 동법에 제8조 제1항 후단을 신설, 「이 경우 임차인은 주택에 대한 경매신청의 등기 전에 제3조 제1항의 요건을 갖추어야 한다」고 규정함으로써 압류시설의 입장을 취하고 있다.

㈏ 임대차보증금의 소액

㈀ 소액보증금의 물적범위

소액보증금의 물적범위는 주택임대차보호법시행령에서 정하도록 되어 있으며, 현재 최우선변제권이 인정되는 소액보증금은 ① 서울특별시에서는 165백만 원 ② 「수도권정비계획법」에 따른 과밀억제권역(서울특별시는 제외한다), 세종특별자치시, 용인시, 화성시 및 김포시에서는 145백만 원 ③ 광역시(「수도권정비계획법」에 따른 과밀억제권역에 포함된 지역과 군지역은 제외한다), 안산시, 광주시, 파주시, 이천시 및 평택시에서는 85백만 원 ④ 그 밖의 지역에서는 75백만원 이하이다(주임보 8, 주임보령 11). 그리고 여기에서 보증금이 165백만 원 이하나 145백만 원 이하라고 하는 것은 보증금의 전체 금액이 165백만 원 이하나 145백만 원 이하라는 것을 의미하며, 보증금이 이를 초과하는 경우에는 그 전액에 대하여 최우선변제권이 인정되지 않는다. 따라서 당초의 보증금액 또는 계약 갱신에 의한 보증금액이 위의 금액을 초과하는 경우에는 그 보증금 전액에 대하여 최우선변제권을 인정받을 수 없게 된다.

수도권정비계획법에 따른 과밀억제권역이란 인구와 산업이 지나치게 집중되었거나 집중될 우려가 있어 이전하거나 정비할 필요가 있는 지역(동법 6①ⅰ)으로서, ① 서울특별시 ② 인천광역시[강화군, 옹진군, 서구 대곡동·불로동·마전동·금곡동·오류동·왕길동·당하동·원당동, 인천경제자유구역(경제자유구역에서 해제된 지역을 포함한다) 및 남동 국가산업단지는 제외한다] ③ 의정부시 ④ 구리시 ⑤ 남양주시(호평동, 평내동, 금곡동, 일패동, 이패동, 삼패동, 가운동, 수석동, 지금동 및 도농동만 해당한다) ⑥하남시 ⑦ 고양시 ⑧ 수원시 ⑨ 성남시 ⑩ 안양시 ⑪ 부천시 ⑫ 광명시 ⑬ 과천시 ⑭ 의왕시 ⑮ 군포시 ⑯ 시흥시[반월특수지역(반월특수지역에서 해제된 지역을 포함한다)은 제외한다]를 말한다(동법 6

②, 동법시행령 9).

처음 임대차계약을 체결할 당시에는 보증금액이 많아 소액임차인에 해당하지 않았지만 그 후 새로운 임대차계약에 의하여 임대인과의 사이에 정당하게 보증금을 감액하여 소액임차인에 해당하게 되었다면, 그 임대차계약이 통정허위표시에 의한 계약이어서 무효라는 등의 특별한 사정이 없는 한 그러한 임차인이 같은 법상 소액임차인으로 보호받을 수 있다.[427] 소액보증금의 액수와 그 중 최우선변제 되는 금액은 계속 증액되어 왔으며 그 내용은 다음 표와 같다. 그리고 그 증액에 따른 경과조치로서 주택임대차보호법시행령은 개정규정은 이 영 시행 당시 존속 중인 임대차계약에 대해서도 적용하되, 이 영 시행 전에 임차주택에 대하여 담보물권을 취득한 자에 대해서는 종전의 규정에 따른다고 규정하고 있다(주임보령 부칙 2).

[참고] 소액보증금과 최우선변제금의 변동 내용

시 행 시 기	지 역 별	소액보증금	최우선변제금액
84. 1.1~87. 11. 30	- 서울특별시·광역시 - 기타지역	3백만 원 이하 2백만 원 이하	3백만 원 까지 2백만 원 까지
87. 12.1~90. 2. 18	- 서울특별시·광역시 - 기타지역	5백만 원 이하 4백만 원 이하	5백만 원 이하 4백만 원 이하
90. 2.1~95. 10. 18	- 서울특별시·광역시 - 기타지역	20백만 원 이하 15백만 원 이하	7백만 원 까지 5백만 원 까지
95. 10.1~01. 9. 14	- 서울특별시·광역시 - 기타지역	30백만 원 이하 20백만 원 이하	12백만 원 까지 8백만 원 까지
01. 9. 15~08. 8. 20	- 수도권정비계획법에 의한 수도권 중 과밀억제권역 - 광역시(군지역과 인천광역시지역 제외) - 기타지역	40백만 원 이하 35백만 원 이하 30백만 원 이하	16백만 원 까지 14백만 원 까지 12백만 원 까지
08. 8. 21~10. 7. 25	- 수도권정비계획법에 의한 수도권 중 과밀억제권역 - 광역시(군지역과 인천광역시지역 제외) - 기타지역	60백만 원 이하 50백만 원 이하 40백만 원 이하	20백만 원 까지 17백만 원 까지 14백만 원 까지

427) 대판 2008.5.15. 2007다23203 참조.

시 행 시 기	지 역 별	소액보증금	최우선변제금액
10. 7. 26~13. 12. 31	- 서울특별시	75백만 원 이하	25백만 원 까지
	- 수도권정비계획법에 따른 과밀억제권역(서울특별시는 제외한다)	65백만 원 이하	22백만 원 까지
	- 광역시(수도권정비계획법에 따른 과밀억제권역에 포함된 지역과 군지역은 제외한다), 안산시, 용인시, 김포시 및 광주시	55백만 원 이하	19백만 원 까지
	- 그 밖의 지역	40백만 원 이하	14백만 원 까지
14. 1. 1~16. 3. 30	- 서울특별시	95백만 원 이하	32백만 원 까지
	- 수도권정비계획법에 따른 과밀억제권역(서울특별시는 제외한다)	80백만 원 이하	27백만 원 까지
	- 광역시(수도권정비계획법에 따른 과밀억제권역에 포함된 지역과 군지역은 제외한다), 안산시, 용인시, 김포시 및 광주시	60백만 원 이하	20백만 원 까지
	- 그 밖의 지역	45백만 원 이하	15백만 원 까지
16. 3. 31~18. 9. 17	- 서울특별시	100백만 원 이하	34백만 원 까지
	- 수도권정비계획법에 따른 과밀억제권역(서울특별시는 제외한다)	80백만 원 이하	27백만 원 까지
	- 광역시(수도권정비계획법에 따른 과밀억제권역에 포함된 지역과 군지역은 제외한다), 세종특별자치시, 안산시, 용인시, 김포시 및 광주시	60백만 원 이하	20백만 원 까지
	- 그 밖의 지역	50백만 원 이하	17백만 원 까지
18.9.18~21.5.10	- 서울특별시	110백만 원 이하	37백만 원 까지
	- 수도권정비계획법에 따른 과밀억제권역(서울특별시는 제외한다), 세종특별자치시, 용인시 및 화성시	100백만 원 이하	34백만 원 까지
	- 광역시(「수도권정비계획법」에 따른 과밀억제권역에 포함된 지역과 군지역은 제외한다), 안산시, 김포시, 광주시 및 파주시	60백만 원 이하	20백만 원 까지
	- 그 밖의 지역	50백만 원 이하	17백만 원 까지
21.5.11~23.2.20	- 서울특별시	150백만 원 이하	50백만 원 까지
	- 수도권정비계획법에 따른 과밀억제권역(서울특별시는 제외한다), 세종특별자치시, 용인시, 화성시 및 김포시	130백만 원 이하	43백만 원 까지
	- 광역시(「수도권정비계획법」에 따른 과밀억제권역에 포함된 지역과 군지역은 제외한다), 안산시, 광주시, 파주시, 이천시 및 평택시	70백만 원 이하	23백만 원 까지
	- 그 밖의 지역	60백만 원 이하	20백만 원 까지

시 행 시 기	지 역 별	소액보증금	최우선변제금액
23.2.21 이후	- 서울특별시	165백만 원 이하	55백만 원 까지
	- 수도권정비계획법에 따른 과밀억제권역(서울특별시는 제외한다), 세종특별자치시, 용인시, 화성시 및 김포시	145백만 원 이하	48백만 원 까지
	- 광역시(「수도권정비계획법」에 따른 과밀억제권역에 포함된 지역과 군지역은 제외한다), 안산시, 광주시, 파주시, 이천시 및 평택시	85백만 원 이하	28백만 원 까지
	- 그 밖의 지역	75백만 원 이하	25백만 원 까지

판례 7-33

소액보증금의 적용에 관한 경과조치

주택임대차보호법(1989.12.30. 법률 제4188호) 부칙 제3항에 의하면 이 법 시행 전에 임대주택에 대하여 담보물권을 취득한 자에 대하여는 종전의 규정에 의한다고 규정하고 있어 현행법 시행 전에 부동산에 대하여 근저당권을 취득한 자에 대한 관계에 있어서는 구 주택임대차보호법에 의하여 소액임차인에 해당하는지 여부를 가려야 한다(대판 1993.9.14. 92다49539).

소액보증금의 액수와 그 중 최우선변제되는 금액의 증액에 따른 경과조치의 적용과 관련하여서는 한 가지 문제가 있다. 예컨대 시가 600백만 원 상당의 주택(서울특별시 소재)을 소유하고 있는 A가 2023년 1월 25일 S에게 채권최고액을 400백만 원으로 하는 제1순위근저당권을 설정하고, 이어 2023년 3월 15일 K에게 채권최고액을 200백만 원으로 하는 제2순위근저당권을 설정한 후 2023년 3월 20일 D와 보증금을 160백만 원으로 하는 임대차계약을 체결하고서 D가 2023년 4월 16일 주택점유 및 전입신고를 한 경우에, D가 S에 대해서는 최우선변제권을 주장할 수 없음은 당연하나 K에 대해서도 최우선변제권을 주장할 수 없는 것인지 하는 점이다(S가 저당권을 취득할 당시에 적용되는 구 소액임대차보호법시행령상으로는 소액보증금이 150백만 원 이하이었던 반면, K가 저당권을 취득할 당시에 적용되는 현행 주택임대차보호법시행령상으로는 소액보증금이 165백만 원 이하이기 때문에 발생하는 문제임).

이에 대하여는 긍정설과 부정설로 견해가 갈릴 수 있다. 동일 주택에 여러 순위의 저당권이 설정된 경우, 긍정설은 맨 앞 순위의 저당권이 설정된 시점을 기준으로 D의 보증금이 소액인지 여부를 판단하여 그 이후의 모든 권리자의 배당금액과 순위를 정해야 한다고 하고, 부정설은 각 저당권이 설정된 시점을 기준으로 각 별로 D의 보증금이 소액인지 여부를 판단하여 각 채권자의 배당금액과 순위를 정해야 한다고 한다. 위 사례에서 대상 주택이 경매되어 배당할 금액이 550백만 원이고, S와 K의 배당요구채권액이 각각 400백만 원과 200백만 원이라고 할 때, 긍정설에 의하면 D는 S에 대하여서는 물론이고 K에 대하여도 최우선변제권을 주장할 수 없어, 배당할 금액 550백만 원은 S에게 제1순위로 400백만원·K에게 제2순위로 159백만 원이 배당되는 반면, 부정설에 의하면 D는 S에 대하여는 최우선변제권을 주장할 수 없으나, K에 대하여는 최우선변제권을 주장할 수 있어, 배당할 금액 550백만 원은, S에게 제1순위로 400백만 원·D에게 제2순위로 55백만 원·K에게 제3순위로 95백만 원이 배당된다.

그러나 주택임대차보호법시행령 부칙 제2조가 「이 영 시행 전에 임차주택에 대하여 담보물권을 취득한 자에 대하여는 종전의 규정에 따른다」고 규정하고 있는 점과 주택임대차보호법이 주택임차인을 보호하기 위한 것이라는 점을 고려할 때, 주택임차인에게 유리한 결과가 되는 부정설의 입장이 타당하다.

㈏ 소액보증금의 인적범위

소액보증금의 범위는 각 임차인이 지급한 금액을 기준으로 한다. 따라서 한 채의 주택에 여러 명의 임차인이 존재하는 경우, 소액보증금인가의 여부는 각 임차인이 지급한 보증금액별로 판단하여야 하며, 각 임차인이 지급한 보증금액 전체를 합산하여 판단하는 것이 아니다. 다만 한 채의 주택에 임차인이 2인 이상이라 할지라도, 이들이 가족공동생활을 하는 경우에는 이들을 1인의 임차인으로 보아, 각자 지급한 금액을 합산하여 소액보증금인지의 여부를 판단한다(주임보령 3④). 선순위담보권과의 관계를 고려할 때 우선변제권의 혜택을 받기 위하여 소액보증금의 범위를 넘는 보증금을 고의로 쪼개어 여러 명의 임차인이 존재하는 것과 같은 외형을 취하는 경우 이들을 보호하는 것은 부당하기 때문이다.

다. 최우선변제권의 적용효과

㈎ 최우선변제권

보증금 중 일정액을 다른 담보물권자보다 우선하여 변제받는다. 대항력을 구비한 일자가 저당권자 등의 설정등기일자보다 후이라도 저당권자 등보다 우선변제 받는다는 점에 특징이 있다. 그래서 이러한 주택임차인의 우선변제권을 최우선변제권이라고 부른다. 최우선변제되는 보증금의 액수는 ① 서울특별시에서는 55백만 원까지 ② 수도권정비계획법에 따른 과밀억제권역(서울특별시는 제외한다), 세종특별자치시, 용인시, 화성시 및 김포시에서는 48백만 원까지 ③ 광역시(「수도권정비계획법」에 따른 과밀억제권역에 포함된 지역과 군지역은 제외한다), 안산시, 광주시, 파주시, 이천시 및 평택시에서는 28백만 원까지 ④ 그 밖의 지역에서는 25백만 원까지이다(주임보 8③, 주임보령 10).

소액임차권자가 다른 담보물권자보다 우선변제 받을 수 있는 범위는 대지가액을 포함한 주택가액의 2분의 1에 한정된다(주임보 8③단). 주택가액은 매각대금에 매수보증금에 대한 배당기일까지의 이자, 몰수된 매수·항고보증금 등을 포함한 금액에서 집행비용을 공제한 실제 배당할 금액을 말한다.[428]

판례 7-34

최우선변제권의 한도가 되는 주택가액의 의미

주택임대차보호법 제8조 소정의 우선변제권의 한도가 되는 주택가액의 2분의 1에서 '주택가액'이라 함은 낙찰대금(현재는 매각대금)에다가 입찰보증금(현재는 매수보증금)에 대한 배당기일까지의 이자, 몰수된 입찰보증금 등을 포함한 금액에서 집행비용을 공제한 실제 배당할 금액이라고 봄이 상당하다(대판 2001.4.27. 2001다8974).

주택가액에는 대지가액이 포함된다. 따라서 건물만의 임차인이라 할지라도 대지를 포함한 환가대금으로부터 우선변제를 받는다.[429] 건물과 대지가 시기를 달리하여 경매되더라도 각 경매절차에 모두 참가하여 우선변제를 받을 수 있으며, 먼저 경매되는 물건의 매각대금 2분의 1 한도 안에서 우선변제를 받고, 만일 잔여 보증금이 있으면 후에 경매되는 목적물의 매각대금 2분의 1 한도 안에

428) 재판예규 제866-41호 주택임대차보호법 제8조에 관한 질의회답(재민 84-10) 문 9 참조.
429) 재판예규 제866-41호 주택임대차보호법 제8조에 관한 질의회답(재민 84-10) 문 12 참조.

서 다시 우선변제를 받는다.430)

그러나 대지와 주택의 소유자가 다를 경우에는 대지와 건물은 별개의 부동산으로 취급되므로, 대지를 제외한 주택가액의 2분의 1 범위에서만 우선변제를 받을 수 있다고 할 것이다. 또한 나대지상에 저당권이 설정된 후에 건물이 축조된 경우에도, 그 저당권자에 대한 관계에서는 대지를 제외한 주택가액의 2분의 1 범위에서만 우선변제를 받을 수 있는 것으로 보아야 한다.

하나의 주택에 임차인이 2인 이상이고 그 각 보증금 중 일정액의 합산액이 주택가액의 2분의 1을 초과하는 경우에는, 그 각 보증금 중 일정액의 합산액에 대한 각 임차인의 보증금 중 일정액의 비율로, 그 주택가액의 2분의 1에 해당하는 금액을 분할한 금액을 각 임차인의 보증금 중 일정액으로 본다(주임보령 3③).

우선변제를 받을 수 있는 목적물은 임차주택에 한한다. 따라서 소액보증금 중 일정액(또는 임차인이 수인이 있을 경우 소액보증금 중 일정액의 합계액)이 임차주택가액의 2분의 1을 초과함으로써 우선변제를 받지 못한 잔액은, 임대인의 다른 재산에서 우선변제 받을 수 있는 것이 아니다.

판례 7-35

1. 대지가액에 주택임차인의 최우선변제권이 미치는지 여부

(1) 임차주택의 환가대금 및 주택가액에 건물뿐만 아니라 대지의 환가대금 및 가액도 포함된다고 규정하고 있는 주택임대차보호법(1999. 1. 21. 법률 제5641호로 개정되기 전의 것) 제3조의2 제1항 및 제8조 제3항의 각 규정과 같은 법의 입법 취지 및 통상적으로 건물의 임대차에는 당연히 그 부지 부분의 이용을 수반하는 것인 점 등을 종합하여 보면, 대지에 관한 저당권의 실행으로 경매가 진행된 경우에도 그 지상 건물의 소액임차인은 대지의 환가대금 중에서 소액보증금을 우선변제 받을 수 있다고 할 것이나, 이와 같은 법리는 대지에 관한 저당권 설정 당시에 이미 그 지상 건물이 존재하는 경우에만 적용될 수 있는 것이고, 저당권 설정 후에 비로소 건물이 신축된 경우에까지 공시방법이 불완전한 소액임차인에게 우선변제권을 인정한다면 저당권자가 예측할 수 없는 손해를 입게 되는 범위가 지나치게 확대되어 부당하므로, 이러한 경우에는 소액임차인은 대지의 환가대금에 대하여 우선변제를 받을 수 없다고 보아야 한다(대판 1999.7.23. 99다25532).

(2) 대항요건 및 확정일자를 갖춘 임차인과 소액임차인은 임차주택과 그 대지가 함께 경매될 경우뿐만 아니라 임차주택과 별도로 그 대지만이 경매될 경우에도 그 대지의 환가대금에 대하여 우선변제권을 행사할 수 있고, 이와 같은 우선변제권은 이른바 법정담보물권의 성격을 갖는 것으로서 임대차 성립시의 임차 목적물인 임차주택 및 대지의 가액을 기초로 임차인을 보호하고자 인정되는 것이므로, 임대차 성립 당시 임대인의 소유였던 대지가 타인에게 양도되어 임차주택과 대지의 소유자가 서로 달라지게 된 경우에도 마찬가지이다(대전합판 2007.6.21. 2004다26133).

430) 재판예규 제866-41호 주택임대차보호법 제8조에 관한 질의회답(재민 84-10) 문 13, 14 참조.

(나) 다른 권리자와의 우선관계

(ㄱ) 조세와의 관계

국세기본법은 임차주택을 매각함에 있어서 그 매각대금 중에서 국세, 가산금을 징수하는 경우에는 소액보증금 중 일정액이 국세에 우선함을 정하고 있다(국기 35①ⅳ). 따라서 법원에 의한 경매절차가 진행되는 경우는 물론이고 세무서에 의하여 국세체납처분에 의한 공매절차가 진행되는 경우에도 소액보증금 중 일정액은 국세에 우선하여 지급되게 된다. 한편, 지방세와의 관계에 있어서는 지방세법에서 국세기본법과 유사한 내용의 정함을 두고 있다(지기 71①ⅳ).

(ㄴ) 담보물권과의 관계

소액임차인의 소액보증금 중 일정액의 채권은 담보물권에 의하여 담보하는 채권에 우선한다. 담보물권이 소액임대차보다 먼저 성립하고 있는가를 묻지 않는다. 그리고 여기에서 담보물권이라 함은 저당권뿐만 아니라 전세권도 포함되며 가등기담보 등에 관한 법률상의 담보가등기도 이에 해당된다.

따라서 주택을 담보로 한 금융에 있어 담보권자로서 안전한 채권회수를 기하려면, 주택의 담보평가시 각 방별로 소액보증금이 생길 수 있음을 예상하여, 방개수에 해당하는 소액보증금 중 일정액의 합계액과 주택가액의 2분의 1 중 적은 금액을 주택평가액에서 공제하는 수밖에 없다.

(ㄷ) 순차적우선변제권자와의 관계

소액임차인의 소액보증금 중 일정액의 채권은 주택임대차보호법상의 대항요건과 확정일자를 갖춘 순차적우선변제권자에 우선한다. 그리고 이 경우 순차적우선변제권자가 소액임차인의 지위를 겸하는 경우에는 먼저 소액임차인으로서 보호받는 보증금 중 일정액을 우선시키고 난 후 나머지 임차보증금채권액에 대하여 대항요건과 확정일자를 갖춘 순서에 따라 우선순위를 정해지는 것으로 보아야 한다.

판례 7-36

순차적우선변제권자와 최우선변제권자의 지위를 겸하는 경우의 순위

주택임대차보호법 제3조의2 제2항은 대항요건(주택인도와 주민등록전입신고)과 임대차계약증서상의 확정일자를 갖춘 주택임차인에게 부동산 담보권에 유사한 권리를 인정한다는 취지로서, 이에 따라 대항요건과 확정일자를 갖춘 임차인들 상호간에는 대항요건과 확정일자를 최종적으로 갖춘 순서대로 우선변제받을 순위를 정하게 되므로, 만일 대항요건과 확정일자를 갖춘 임차인들이 주택임대차보호법 제8조 제1항에 의하여 보증금 중 일정액의 보호를 받는 소액임차인의 지위를 겸하는 경우, 먼저 소액임차인으로서 보호받는 일정액을 우선 배당하고 난 후의 나머지 임차보증금채권액에 대하여는 대항요건과 확정일자를 갖춘 임차인으로서의 순위에 따라 배당을 하여야 하는 것이다(대판 2007.11.15. 2007다45562).

㈃ 근로자임금우선특권과의 관계

사용자가 소유하는 주택에 대하여 경매 등이 개시된 경우에 근로자의 최우선변제권과 주택임차인의 최우선변제권 사이의 우선순위는, 근로기준법과 주택임대차보호법이 서로 최우선순위로 변제하여야 할 것으로 규정하고 있을 뿐 양자의 순위에 관하여 규정하고 있는 바가 없으므로, 양 채권자는 동순위로서 각자의 채권액에 비례하여 안분배당 받는 것으로 보아야 한다.

㈐ 기타 보증금반환청구권행사를 위한 권리

㈀ 임의경매청구권

주택임차인의 보증금이 소액이고 주택임대차의 대항요건(즉, 주택의 인도와 주민등록)을 구비하고 있다 하더라도 주택임차인에게 대상 목적물에 대한 임의경매청구권은 인정되어 있지 않다. 따라서 임대차기간이 만료되었으나 임대인이 보증금의 반환을 하지 않더라도, 주택임차인이 바로 대상 목적물의 임의경매를 신청할 수는 없고, 그 보증금반환청구권에 관하여 집행력 있는 정본을 소지한 후에야, 비로소 강제경매를 신청할 수 있을 뿐이다.

㈁ 배당요구권

최우선변제권을 가진 임차인은 소액보증금반환채권을 가지고 대상 목적물에 대하여 스스로 경매신청을 할 수는 없지만, 다른 채권자의 신청에 의하여 경매절차가 진행되는 때에는 그 최우선변제권에 기하여 배당요구를 할 수 있다(민집

88①, 주임보 8).

그러나 최우선변제권을 가진 주택임차인이라도 자신이 그러한 권리를 가지고 있다는 사실을 증빙서류를 갖추어 신고하고, 배당요구의 종기까지 배당요구를 하여야 그 매각대금으로부터 최우선변제를 받을 수 있으며, 권리신고를 하지 않는다든가 또는 권리신고만 하고 배당요구를 하지 아니하면 최우선변제를 받을 수 없게 된다.

배당요구를 하지 아니함으로써 최우선변제를 받지 못한 주택임차인은 배당요구하였더라면 자신이 받았을 금액을 배당받은 자를 상대로 부당이득반환청구를 할 수 있는가. 이에 관하여 대법원은 과거 긍정하는 입장을 취한 경우도 있었으나 최근에는 부정하는 입장을 취하고 있다.

판례 7-37

배당요구하지 않은 소액임차인의 부당이득반환청구권 인정여부

(1) 소액임차인이 배당요구를 하지 아니하여 근저당권자가 소액임차인이 배당받아야 할 임차보상금 상당의 금원까지 배당받았다면 이에 의하여 실체법상의 권리가 확정되는 것이 아니므로 소액임차인은 근저당권자에 대하여 소액보상금 상당의 부당이득반환청구권을 갖게 된다(대판 1990.3.27. 90다카315,322,339).

(2) 민사소송법 제605조 제1항에서 규정하는 배당요구가 필요한 배당요구채권자는 경락기일까지 배당요구를 한 경우에 한하여 비로소 배당을 받을 수 있고, 적법한 배당요구를 하지 아니한 경우에는 비록 실체법상 우선변제청구권이 있다 하더라도 경락대금으로부터 배당을 받을 수는 없을 것이므로, 이러한 배당요구채권자가 적법한 배당요구를 하지 아니하여 그를 배당에서 제외하는 것으로 배당표가 작성·확정되고 그 확정된 배당표에 따라 배당이 실시되었다면 그가 적법한 배당요구를 한 경우에 배당받을 수 있었던 금액 상당의 금원이 후순위채권자에게 배당되었다고 하여 이를 법률상 원인이 없는 것이라고 할 수 없으며, 주택임대차보호법에 의하여 우선변제청구권이 인정되는 소액임차인의 소액보증금반환채권은 위와 같은 배당요구가 필요한 배당요구채권에 해당한다(대판 2002.1.22. 2001다70702).

㈑ 압류금지

최우선변제의 대상이 되는 소액보증금 중 일정액에 대하여는 주택임차인의 채권자가 이를 압류할 수 없다(민집 246①vi). 이는 2010.7.23. 개정되어 2010.10.24. 시행되는 민사집행법에 처음 규정된 것으로 세계적인 금융위기와 이로 인한 경제 불황이 지속되면서 임차인들의 유일한 재산이다시피 한 임대차보증금에 대한 강제집행도 빈번히 이루어지고 있는 점 등을 고려하여 주택임대차보호법에 따라 최우선변제를 받을 수 있는 임대차보증금을 압류금지채권에 추가하여 임차인들의 주거안정을 도모하려는 것이다.

(5) 보증금 전액에 대한 순차적우선변제권에 관한 특례

가. 특례의 취지

앞에서 설명한 주택임차권의 대항력과 보증금 중 일정액에 대한 최우선변제제도만으로는 주택임차인의 보호가 미흡하다고 할 수 있다. 예컨대 이미 저당권이 설정되어 있는 주택에 주택임대차보호법상의 대항요건(주택인도 및 주민등록)을 갖춘 이른바 「중간임차인」은, 그 보다도 뒤에 설정된 저당권의 실행이나 집행권원을 얻은 일반채권자의 강제집행이 있으면, 선순위저당권이 소멸하게 되는 결과(민집 91②) 매수인에게 그 임차권을 가지고 대항할 수가 없다. 또한 임차인에게는 우선변제권이 부여되어 있지 않기 때문에 그 보증금반환채권에 관하여도 후순위저당권자에게 배당하고 잔여가 있는 때에 한하여 다른 일반채권자와 같은 순위로 배당받을 수밖에 없다.

그리고 보증금 중 일정액에 대한 최우선변제제도도 보증금이 소액인 경우에 그 보증금 중 일정액에 대해서만 최우선변제권을 부여하고 있어, 보증금이 소액이 아니거나 소액이더라도 최우선변제 받는 금액을 제외한 보증금에 대하여는 여전히 보호를 받을 수 없는 한계가 있다. 여기에서 주택임차인의 보증금반환채권에 일반적으로 우선변제권을 인정하고자 도입한 것이 바로 순차적우선변제권제도인 것이다. 다만 순차적우선변제권제도는 최우선변제권제도와 달리 그 요건구비순서에 따라 우선변제를 받는다는 점에 그 특징이 있다.

나. 순차적우선변제권의 성립요건

㈎ 대항요건의 구비

주택임차인이 그 보증금에 대하여 순차적우선변제권을 가지려면 우선 주택임대차의 대항요건인 주택의 인도와 주민등록을 하여야 한다.

(나) 임대차계약서상 확정일자구비

주택임차인이 보증금의 액수에 관계없이 순차적우선변제권을 인정받으려면 임대차계약서상에 확정일자를 갖추어 두어야 한다(주임보 3의2②본). 또한 보증금이 소액이라고 하더라도 그 임대차계약서상에 확정일자를 받아두면, 최우선변제를 받을 수 있는 금액을 넘는 금액에 대하여 순차적우선변제권을 가지게 됨은 물론이다. 주택의 인도와 주민등록 이외에 이와 같이 임대차계약서상에 확정일자를 받으라고 한 것은, 주택의 인도와 주민등록만으로 순차적우선변제권을 인정하게 되면 임대차계약서를 소급하여 작성함으로써, 저당권자 등 다른 권리자를 해할 염려가 있기 때문에 이를 방지하기 위한 것이다.

판례 7-38

임대차계약서상에 확정일자를 받게 한 취지

주택임대차보호법 제3조의2 제2항에 의하면, 주택임차인은 같은 법 제3조 제1항에 규정된 대항요건과 임대차계약서상에 확정일자를 갖춘 경우에는 경매절차 등에서 보증금을 우선하여 변제받을 수 있고, 여기서 확정일자의 요건을 규정한 것은 임대인과 임차인 사이의 담합으로 임차보증금의 액수를 사후에 변경하는 것을 방지하고자 하는 취지일 뿐, 대항요건으로 규정된 주민등록과 같이 당해 임대차의 존재 사실을 제3자에게 공시하고자 하는 것은 아니므로, 확정일자를 받은 임대차계약서가 당사자 사이에 체결된 당해 임대차계약에 관한 것으로서 진정하게 작성된 이상, 위와 같이 임대차계약서에 임대차 목적물을 표시하면서 아파트의 명칭과 그 전유 부분의 동·호수의 기재를 누락하였다는 사유만으로 주택임대차보호법 제3조의2 제2항에 규정된 확정일자의 요건을 갖추지 못하였다고 볼 수는 없다(대판 1999.6.11. 99다7992).

확정일자는 주택 소재지의 읍·면사무소, 동 주민센터 또는 시(특별시·광역시·특별자치시는 제외하고, 특별자치도는 포함한다)·군·구(자치구를 말한다)의 출장소, 지방법원 및 그 지원과 등기소 또는 공증인법에 따른 공증인(이하 "확정일자부여기관"이라 한다)이 부여한다(주임보 3의6①). 확정일자부여기관은 해당 주택의 소재지, 확정일자 부여일, 차임 및 보증금 등을 기재한 확정일자부를 작성하여야 한다. 이 경우 전산처리정보조직을 이용할 수 있다(주임보 3의6②).

주택의 임대차에 이해관계가 있는 자는 확정일자부여기관에 해당 주택의 확정일자 부여일, 차임 및 보증금 등 정보의 제공을 요청할 수 있다. 이 경우 요청을 받은 확정일자부여기관은 정당한 사유 없이 이를 거부할 수 없다(주임보 3

의6③). 임대차계약을 체결하려는 자는 임대인의 동의를 받아 확정일자부여기관에 해당 주택의 확정일자 부여일, 차임 및 보증금 등 정보의 제공을 요청할 수 있다(주임보 3의6④).

확정일자를 부여받거나 정보를 제공받으려는 자는 수수료를 내야하며(주임보 3의6⑤), 확정일자의 부여방법, 정보의 제공을 요청할 수 있는 이해관계 있는 자의 범위, 정보제공의 요청방법, 요청할 수 있는 정보의 범위 및 제공방법 및 확정일자의 부여 및 정보제공 수수료에 관하여는 확정일자 부여기관이 주택 소재지의 읍·면사무소, 동 주민센터 또는 시(특별시·광역시·특별자치시는 제외하고, 특별자치도는 포함한다)·군·구(자치구를 말한다)의 출장소 또는 공증인법에 따른 공증인인 경우는 주택임대차보호법시행령 제5조~제7조에서 정하고 있고, 지방법원 및 그 지원과 등기소인 경우는 주택임대차계약증서의 확정일자 부여 및 정보제공에 관한 규칙(대법원규칙 제2506호, 2013.12.10. 제정)에서 정하고 있다.

다. 순차적우선변제권의 적용효과

㈎ 순차적우선변제권

대항요건을 구비한 주택임차인이 임대차계약서상에 확정일자를 받아두고 있는 경우에는, 그 대항요건을 갖춘 일자, 즉 주택의 인도 및 전입신고 중 늦게 이루어진 것의 다음 일자와 임대차계약서상의 확정일자 중 후의 일자를 기준으로, 다른 담보물권자 또는 조세채권자와의 우선변제순위를 가리게 된다(주임보 3의2②). 이와 같이 다른 담보물권자와 그 요건구비 순서에 따라 우선변제를 받는다는 점에서 이 우선변제권을 순차적우선변제권이라고 한다.

따라서 예컨대 저당권설정등기일자가 2024. 3. 12일인 경우에, 주택임차인의 주택인도 및 전입신고 일자가 2024. 3. 12이고 임대차계약서상의 확정일자가 2024. 3. 11이면 저당권자가 우선하게 되는 반면(이 때는 2024. 3. 12의 다음 날인 2024. 3. 13에 대항력을 구비한 것이 되기 때문임), 주택임차인의 주택인도 및 전입신고 일자가 2024. 3. 11이고 임대차계약서상의 확정일자가 2024. 3. 11이면 주택임차인이 우선하게 된다(이 때는 2024. 3. 11의 다음 날인 2024. 3. 12 오전 0시에 대항력을 구비한 것이 되기 때문임). 그리고 만일 주택임차인의 주택인도 및 전입신고 일자가 2024. 3. 11이고 임대차계약서상의 확정일자가 2024. 3. 12이면 저당권자와 주택임차인이 동일한 순위를 가지게 된다(이 때는 확정일자를 구비한 시점과 등기신청을 접수한 시점 중 어느 것이 먼저인지를 판단할 수가 없기 때문임).

주택임차인들이 그 순위에 따라 우선변제받을 수 있는 보증금의 합계액은 주택가액의 2분의 1을 초과해도 무방하다. 이것은 소액임차인들이 최우선변제받을 수 있는 「보증금 중 일정액」의 합계액이, 주택가액의 2분의 1을 넘지 못하는 것과 다르다(주임보 8③, 주임보령 3②). 그리고 여기에서의 주택가액이란 소액보증금에 관하여 설명한 바와 같다.

㈏ 기타 보증금반환청구권행사를 위한 권리

㈀ 임의경매청구권

대항요건(즉, 주택의 인도와 주민등록)을 구비하고 또한 임대차계약서상에 확정일자를 받아둔 주택임차인이라도 대상 목적물에 대한 임의경매청구권은 인정되어 있지 않다. 따라서 임대차기간이 만료되었으나 임대인이 보증금의 반환을 하지 않더라도 주택임차인이 바로 대상 목적물의 임의경매를 신청할 수는 없고, 그 보증금반환청구권에 관하여 집행력 있는 정본을 소지한 후에야 비로소 강제경매를 신청할 수 있을 뿐이다.

㈁ 배당요구권의 존부

순차적우선변제권을 가지고 있는 주택임차인은 대상 목적물에 대하여 스스로 임의경매신청을 할 수는 없지만, 다른 채권자의 신청에 의하여 경매절차가 진행되는 때에는 그 순차적우선변제권에 기하여 배당요구를 할 수 있다(민집 88①, 주임보 3의2②).

그러나 순차적우선변제권을 가진 주택임차인이라도 자신이 그러한 권리를 가지고 있다는 사실을 증빙서류를 갖추어 신고하고, 배당요구의 종기까지 배당요구를 하여야 그 매각대금으로부터 우선변제를 받을 수 있으며, 권리신고를 하지 않는다든가 또는 권리신고만 하고 배당요구를 하지 아니하면 우선변제를 받을 수 없게 된다.

배당요구를 하지 아니함으로써 대상 부동산의 경매대금으로부터 순차적우선변제를 받지 못한 주택임차인은, 배당요구 하였더라면 자신이 받았을 금액을 배당받은 자를 상대로 하여 부당이득반환청구도 할 수 없다는 것이 대법원의 판례이다.

판례 7-39

배당요구를 하지 않은 자에 대한 부당이득반환청구권 인정여부

민사소송법 제728조에 의하여 담보권의 실행을 위한 경매절차에 준용되는 같은 법 제605조 제1항에서 규정하는 배당요구채권자는 경락기일까지 배당요구를 한 경우에 한하여 비로소 배당을 받을 수 있고, 적법한 배당요구를 하지 아니한 경우에는 실체법상 우선변제청구권이 있는 채권자라 하더라도 배당을 받을 수 없으므로, 이러한 배당요구 채권자가 적법한 배당요구를 하지 아니하여 그를 배당에서 제외하는 것으로 배당표가 작성·확정되고 그 확정된 배당표에 따라 배당이 실시되었다면, 그가 적법한 배당요구를 한 경우에 배당받을 수 있었던 금액 상당의 금원이 후순위 채권자에게 배당되었다 하여 이를 법률상 원인이 없는 것이라고 볼 수 없다(대판 1997.2.25. 96다10263).

라. 조세채권에 대한 우선변제의 특례

「주택임대차보호법」 제3조의2제2항에 따라 대항요건과 확정일자를 갖춘 임차권에 의하여 담보된 임대차보증금반환채권에 대하여는 국민의 주거생활의 안정을 위하여 당해세 절대우선의 원칙에 대한 특례가 인정되어 있다.

즉 통상의 경우는 임차권이 설정된 재산이 국세의 강제징수 또는 경매 절차 등을 통하여 매각되어 그 매각금액에서 국세를 징수하는 경우 해당 재산에 대하여 부과된 당해세(국세의 경우는 상속세, 증여세 및 종합부동산세, 지방세의 경우는 재산세, 지역자원시설세 및 지방교육세)는 임차권의 등기일자 또는 대항요건의 구비일자와 확정일자(상가건물의 경우)가 당해세의 법정기일 전이라 하더라도 당해세가 임차권의 보증금반환채권에 우선하여 징수된다.

그러나 주택임대차보호법 제2조에 따른 주거용 건물을 대상으로 「주택임대차보호법」 제3조의2제2항에 따라 대항요건과 확정일자를 갖춘 임차권에 의하여 담보된 임대차보증금반환채권은 대항요건의 구비일자와 확정일자가 해당 주거용 건물에 부과된 당해세의 법정기일보다 늦지 않으면 해당 당해세의 우선 징수 순서에 대신하여 변제될 수 있다. 다만, 이 경우 대신 변제되는 금액은 우선 징수할 수 있었던 해당 당해세의 징수액에 한정하며, 해당 임대차보증금반환채권에 의하여 담보된 채권보다 우선 변제되는 저당권 등의 변제액과 해당 재산에 대하여 부과된 당해세를 우선 징수하는 경우에 배분받을 수 있었던 「주택임대차보호법」 제3조의2제2항에 따라 대항요건과 확정일자를 갖춘 임차권에 의하여 담보된 임대차보증금반환채권 또는 같은 법 제2조에 따른 주거용 건물에 설정된 전세권에 의하여 담보된 채권의 변제액에는 영향을 미치지 아니한다(국기 35⑦, 지기 71⑥).

마. 보증금반환채권을 양수한 금융기관의 우선변제권 승계

주택임차인이 취득한 순차적우선변제권 있는 보증금반환채권(주임보 3의2②, 3의3⑤, 3의4①)을 다음의 금융기관이 계약으로 양수한 경우에는 양수한 금액의 범위에서 그 순차적우선변제권을 승계한다(주임보 3의2⑦). 이는 주택임차인이 보증금반환채권을 담보로 전세자금 등을 빌리는 경우 그 담보권자에게 우선변제권이 인정되지 않아 높은 대출이자를 부담하게 되므로 보증금반환채권을 양수한 금융기관 등에 우선변제권을 인정함으로써 주택 임차인이 낮은 금리로 전세자금 등을 빌릴 수 있도록 하기 위한 것이다.

① 은행법에 따른 은행
② 중소기업은행법에 따른 중소기업은행
③ 한국산업은행법에 따른 한국산업은행
④ 농업협동조합법에 따른 농협은행
⑤ 수산업협동조합법에 따른 수산업협동조합중앙회
⑥ 우체국예금·보험에 관한 법률에 따른 체신관서
⑦ 한국주택금융공사법에 따른 한국주택금융공사
⑧ 보험업법 제4조 제1항 제2호 라목의 보증보험을 보험종목으로 허가받은 보험회사
⑨ 주택도시기금법에 따른 주택도시보증공사
⑩ 그 밖에 ①부터 ⑨까지에 준하는 것으로서 대통령령으로 정하는 기관

그러나 주택임차인이 취득한 순차적우선변제권 있는 보증금반환채권을 위 금융기관이 계약으로 양수하였다 하더라도 ① 임차인이 주택임대차의 제3자 대항요건을 상실한 경우 ② 임차권등기명령에 의한 임차권등기가 말소된 경우 ③ 민법

제621조에 따른 임대차등기가 말소된 경우 중의 어느 하나에 해당하는 경우에는 우선변제권을 행사할 수 없다(주임보 3의2⑧). 또한 위 금융기관이 주택임차인으로부터 양수한 보증금반환채권에 관한 우선변제권을 행사하기 위하여 임차인을 대리하거나 대위하여 임대차를 해지할 수 없다(주임보 3의2⑨).

(6) 임차권등기명령제도

가. 제도의 취지

임차권등기명령제도란 임대차가 종료된 후 보증금을 반환받지 못한 임차인에게 단독으로 임차권등기를 경료할 수 있게 하고서, 이 임차권등기를 한 임차인에게 주택의 점유나 주민등록과는 관계없이 종전에 이미 취득하고 있던 대항력과 우선변제권을 그대로 보유하게 한 제도를 말한다.

종래에는 임차인이 임대차가 종료된 후 보증금을 반환받지 못한 상태에서 다른 곳으로 이사 가거나 주민등록을 전출하면, 종전에 가지고 있던 대항력과 우선변제권을 상실하게 되어 보증금을 반환받기가 어렵게 되는 문제점이 있었다.

그러나 1999년 1월 21일에 주택임대차보호법을 개정하여 1999년 3월 1일부터 시행에 들어간 임차권등기명령제도에 의하면, 임대차계약기간이 만료된 임차인이 근무지 변경 등으로 다른 곳으로 이사할 필요가 있는 경우에, 임차권등기명령신청을 하고 그에 따라 임차주택에 임차권등기가 경료되면, 그 이후부터는 주택의 점유와 주민등록의 요건을 갖추지 아니하더라도 이미 취득하고 있던 대항력과 우선변제권을 상실하지 않기 때문에, 임차인이 안심하고 자유롭게 주거를 이전할 수 있게 된 것이다. 그리고 이 임차권등기명령제도는 이 개정규정 시행 당시 존속 중인 임대차에 대하여도 적용된다(주임보 부칙②).

나. 임차권등기명령에 의한 임차권등기의 절차

㈎ 임차권등기명령의 신청

임차권등기명령의 신청은 임대차가 종료된 후 보증금을 반환받지 못한 임차인이, 임차주택의 소재지를 관할하는 지방법원·지방법원지원 또는 시·군법원에

할 수 있다(주임보 3의3①). 주택임차인이 취득한 순차적우선변제권 있는 보증금반환채권을 양수한 금융기관(주임보 3의2⑦)은 임차인을 대위하여 임차권등기명령을 신청할 수 있다(주임보 3의2⑨). 임대차의 종료는 임대차기간이 만료된 경우는 물론이고 계약해지 등으로 임대차가 종료된 경우를 포함한다. 임대차계약 종료 전 1월까지 임대인이나 임차인의 아무런 의사표시가 없어 묵시의 경신(주임보 6)이 이루어진 경우에는 임차인이 계약해지의 통고를 하여 임대인이 이를 받은 날로부터 3개월이 경과하여야 임차권등기명령을 신청할 수 있다.

임차권등기명령을 신청함에 있어서는 신청서에 ① 신청의 취지 및 이유, ② 임대차의 목적인 주택(임대차의 목적이 주택의 일부분인 경우에는 그 도면을 첨부한다), ③ 임차권등기의 원인이 된 사실(임차인이 제3조 제1항·제2항 또는 제3항의 규정에 따른 대항력을 취득하였거나 제3조의2 제2항의 규정에 따른 우선변제권을 취득한 경우에는 그 사실), ④ 그 밖에 대법원규칙으로 정하는 사항을 적어야 하며, 신정의 이유 및 임차권등기의 원인이 된 사실을 소명하여야 한다(주임보 3의3②).

㈏ 임차권등기명령의 신청에 대한 재판

임차권등기명령의 신청에 대하여는 가압류신청에 대한 재판절차가 준용된다(주임보 3의3③). 따라서 변론 없이 서면심리방식에 따라 임차권등기명령의 발령 여부를 심리하여 그 신청이 이유 있다고 인정되면 임차권등기명령을 발령한다. 그러나 가압류에 관하여 적용되는 가압류담보금(민집 280②③④)과 가압류해방금액(민집 282) 및 본안제소명령(민집 287)에 관한 규정 등은 임차권등기명령에는 준용되지 않는다.

㈐ 임차권등기명령의 집행

임차인의 임차권등기명령신청이 이유 있는 것으로 인정하여 법원이 임차권등기명령을 발령하고 그 효력이 발생하면, 법원은 임차주택의 소재지를 관할하는 등기소에 지체 없이 재판서의 등본을 첨부하여 임차권등기를 촉탁하고, 그 촉탁을 받은 관할등기소의 등기관은 건물등기부에 임차권등기를 기입하게 된다.

임차권등기명령에 의하여 임차권등기를 한 임차인은 임차권등기명령의 신청 및 그에 따른 임차권등기와 관련하여 소요된 비용을 임대인에게 청구할 수 있다(주임보 3의3⑧).

다. 임차권등기명령에 의한 임차권등기의 효력

임차인이 임차권등기 이전에 임차주택의 점유와 주민등록을 하여 대항력을 갖추고 있고 또한 임대차계약서상에 확정일자를 받아두어 우선변제권을 가지고 있는 경우에는, 임차권등기가 마쳐진 이후에 주택의 점유와 주민등록의 요건을 상실하더라도, 즉 다른 곳으로 이사하거나 주민등록을 전출하더라도 원래 구비하고 있던 대항력과 우선변제권을 그대로 유지할 수 있게 된다(주임보 3의3⑤단).

임차인이 임차권등기 이전에 임차주택의 점유와 주민등록을 하고 있지 않아 대항력과 우선변제권을 취득하고 있지 않은 경우에는, 임차주택의 점유와 주민등록 여부와는 관계없이 임차권등기가 된 때로부터 대항력과 우선변제권을 취득하게 된다(주임보 3의3⑤본).

임차권등기명령의 집행에 의한 임차권등기가 경료된 주택(임대차의 목적이 주택의 일부분인 경우에는 해당부분에 한한다)을 그 이후에 임차한 임차인은 주택임대차보호법 제8조에 의한 소액보증금을 받을 권리를 가지지 못한다(주임보 3의3⑥). 이 경우의 소액임차인까지 최우선변제권을 부여하면 임차권등기명령에 의하여 동일한 임차주택에 이중의 최우선변제를 하게 됨으로써, 임차권등기명령에 의하여 임차권등기를 한 임차인은 물론이고 근저당권자 등 다른 이해관계인의 이익을 크게 해하게 되기 때문이다.

라. 민법에 의한 임대차등기의 효력

임차권등기명령에 의한 임차권등기의 효력에 관한 주택임대차보호법의 규정은 민법 제621조에 의한 주택임대차등기의 효력에 관하여 준용된다(주임보 3의4①). 그 결과 주택을 대상으로 하는 임대차에 있어서 임차인이 임대인의 협력을 얻어 임대차등기를 하는 경우에는 다음과 같이 대항력과 우선변제권을 가지게 된다.

첫째, 임차인이 임대차등기 이전에 임차주택의 점유와 주민등록을 하여 대항력을 갖추고 있고 또한 임대차계약서상에 확정일자를 받아두어 우선변제권을 가지고 있는 경우에는, 임대차등기가 마쳐진 이후에 주택의 점유와 주민등록의 요건을 상실하더라도, 즉 다른 곳으로 이사하거나 주민등록을 전출하더라도, 원래 구비하고 있던 대항력과 우선변제권을 그대로 유지할 수 있게 된다(주임보 3의3⑤단). 따라서 임차인이 대항력 또는 우선변제권을 갖추고 임대인의 협력을 얻어 임대차등기를 신청하는 경우에는, 신청서에 부동산등기법 제156조에 규정된 사항 이외에 ① 주민등록을 마친 날, ② 임차주택을 점유한 날, ③ 임대차계약서상의 확정일자를 받은 날을 기재하여야 하며, 이를 증명할 수 있는 서면(임대차의 목적이 주택의 일부분인 경우에는 해당부분의 도면을 포함한다)을 첨부하여야 한다(주임보 3의4②).

둘째, 임차인이 임대차등기 이전에 임차주택의 점유와 주민등록을 하고 있지 않아 대항력과 우선변제권을 취득하고 있지 않은 경우에는, 임차주택의 점유와 주민등록 여부와는 관계없이 임대차등기가 된 때로부터 대항력과 우선변제권을 취득하게 된다(주임보 3의3⑤본).

그러나 위와 같은 주택임대차보호법 제3조의4의 개정규정은 이 법 시행 전(즉, 1999. 3. 1전)에 이미 경료된 임대차등기에 대하여는 적용되지 않는다(주임보 부칙③).

판례 7-40

임차권등기의 말소와 보증금반환의무의 동시이행 여부

주택임대차보호법 제3조의3 규정에 의한 임차권등기는 이미 임대차계약이 종료하였음에도 임대인이 그 보증금을 반환하지 않는 상태에서 경료되게 되므로, 이미 사실상 이행지체에 빠진 임대인의 임대차보증금의 반환의무와 그에 대응하는 임차인의 권리를 보전하기 위하여 새로이 경료하는 임차권등기에 대한 임차인의 말소의무를 동시이행관계에 있는 것으로 해석할 것은 아니고, 특히 위 임차권등기는 임차인으로 하여금 기왕의 대항력이나 우선변제권을 유지하도록 해 주는 담보적 기능만을 주목적으로 하는 점 등에 비추어 볼 때, 임대인의 임대차보증금의 반환의무가 임차인의 임차권등기 말소의무보다 먼저 이행되어야 할 의무이다(대판 2005.6.9. 2005다4529).

(7) 보증금반환청구권행사를 위한 절차상의 특례

가. 특례의 취지

임대차의 경우는 임대차의 등기 여부와 관계없이 또한 주택임대차보호법 제2조에 따른 주거용 건물을 대상으로 「주택임대차보호법」 제3조의2제2항에 따라 대항요건과 확정일자를 갖추었다 하더라도, 임차인에게 전세권자나 저당권자와 같은 임의경매청구권이 부여되어 있지 않다. 또한 임대차가 종료된 경우 임차인(채권적전세권자 포함)의 임대차목적물반환과 임대인(채권적전세권설정자 포함)의 보증금(채권적전세금 포함)반환은 동시이행의 관계에 있다.

따라서 임대차(채권적전세 포함)가 종료되었음에도 임대인이 보증금을 반환하지 않는 경우 임차인이 임대인으로부터 보증금반환을 강제하려면 먼저 보증금반환청구의 소를 제기하여 승소판결을 받는 등 보증금반환청구권에 대한 집행권원을 취득하여야 하는데, 보증금반환청구의 소를 제기하려면 임대인에게 임대차목적물반환 의무의 이행 또는 이행제공을 하여야 하는 것이 원칙이다. 다만, 임대차목적물반환과 동시이행을 조건으로 보증금반환청구의 소를 제기하면 예외적으로 먼저 임대인에게 대상 부동산의 반환의무의 이행 또는 이행제공을 하지 않아도 되므로 이는 실무상으로는 문제가 되지 않는다.

그러나 보증금반환청구권에 관하여 집행권원을 소지한 임차인이 대상 부동산에 강제경매를 신청하려면 반드시 임대인에 대한 임대차목적물반환 의무의 이행 또는 이행제공을 먼저 하여야 한다. 그런데 현실에 있어서 경제적 약자인 임차인이 임대인에게 임대차목적물반환 의무의 이행 또는 이행제공을 먼저 하려면, 다른 부동산을 임차하여 이사를 하여야 하는데 아직 보증금반환을 받지 못한 임차인으로서는 다른 부동산을 임차할 자금이 없어 사실상 임대인으로부터의 보증금반환을 강제할 수가 없었고, 또한 보증금반환청구소송에 있어서도 민사소송법에서 규정하는 일반소송절차를 적용하는 것이 임차인보호에 미흡한 점이 있어 주택임대차보호법에 임차인의 보증금반환청구권행사를 위한 몇 가지 절차상의 특례를 규정하고 있다.

나. 특례의 내용

㈎ 보증금반환청구소송 절차상의 특례

임차인이 임대인에 대하여 제기하는 보증금반환청구소송에 관하여는 「소액사건심판법」의 일부 규정을 준용하여 ① 신속한 소장송달의 특례(소심 6) ② 되도록 한 차례의 변론기일로 심리(審理)를 마치도록 하고, 변론기일 전이라도 당사자로 하여금 증거신청을 할 수 있도록 하는 등 기일의 지정 등에 관한 특례(소심 7) ③ 직권으로 증거조사를 할 수 있게 하는 등 증거조사에 관한 특칙(소심 10) ④ 판결의 선고는 변론종결 후 즉시 할 수 있도록 하는 등 판결에 관한 특례(소심 11의 2)를 적용하도록 하고 있다(주임보 13).

㈏ 집행권원에 기한 집행절차상의 특례

임차인(주택임대차보호법 제3조제2항 및 제3항의 법인을 포함한다. 이하 같다)이 임차주택에 대하여 보증금반환청구소송의 확정판결이나 그 밖에 이에 준하는 집행권원(執行權原)에 따라서 경매를 신청하는 경우에는 집행개시(執行開始)요건에 관한 「민사집행법」 제41조에도 불구하고 반대의무(反對義務)의 이행이나 이행의 제공을 집행개시의 요건으로 하지 아니한다(주임보 3의2①). 이에 따라 「주택임대차보호법」 제3조의2제2항에 따라 대항요건과 확정일자를 갖추고 보증금반환청구권에 관하여 집행권원을 소지한 임차인은 임대인에게 임대차목적물을 반환하지 아니하고 계속 점유하여 사용하면서 「민사집행법」에 따른 경매신청을 할 수 있다.

또한 주택임대차보호법 제3조제1항·제2항 또는 제3항의 대항요건(對抗要件)과 임대차계약증서(제3조제2항 및 제3항의 경우에는 법인과 임대인 사이의 임대차계약증서를 말한다)상의 확정일자(確定日字)를 갖춘 임차인은 「민사집행법」에 따른 경매 또는 「국세징수법」에 따른 공매(公賣)를 할 때에 임차주택(대지를 포함한다)의 환가대금(換價代金)에서 후순위권리자(後順位權利者)나 그 밖의 채권자보다 우선하여 보증금을 변제(辨濟)받을 권리가 있다(주임보 3의2②). 다만, 임차인이 법원으로부터 보증금을 받으려면 임대차목적물을 양수인(경매절차나 공매절차에서의 매수인)에게 인도하여야 한다(주임보 3의2③).

그리고 주택임대차보호법 제3조의2제2항 또는 제7항에 따른 우선변제의 순위와 보증금에 대하여 이의가 있는 이해관계인은 경매법원이나 체납처분청에 이의를 신청할 수 있으며(주임보 3의2④), 경매법원에 이의를 신청하는 경우에는 「민사집행법」 제152조부터 제161조까지의 규정을 준용하고(주임보 3의2⑤), 이의신청을 받은 체납처분청은 이해관계인이 이의신청일부터 7일 이내에 임차인 또는 제7항에 따라 우선변제권을 승계한 금융기관 등을 상대로 소(訴)를 제기한 것을 증명하면 해당 소송이 끝날 때까지 이의가 신청된 범위에서 임차인 또는 제7항에 따라 우선변제권을 승계한 금융기관 등에 대한 보증금의 변제를 유보(留保)하고 남은 금액을 배분하여야 한다. 이 경우 유보된 보증금은 소송의 결과에 따라 배분한다(주임보 3의2⑥).

[참고] 물권적전세권과 등기 있는 임차권 및 주택임차권의 비교

구 분	물권적전세	등기 있는 임대차	최우선변제권 있는 임대차	순차적우선변제권 있는 임대차
1. 성립요건	·전세권설정계약 ·전세금지급 ·전세권설정등기	·임대차계약 ·임대차설정등기	·임대차계약 ·주택의 인도와 주민등록(전입신고)-경매신청등기 전 완료 ·보증금의 소액	·임대차계약 ·주택의 인도와 주민등록(전입신고) ·임대차계약서상 확정일자
2. 효력 (1) 보증금반환 청구권확보를 위한 권리				
① 임의경매 청구권	있음	없음	없음	없음
② 배당요구권	있음	있음	있음	있음
③ 우선변제권	없음	없음	있음	없음
·최우선변제권	다만 최우선변제의 요건 구비시 : 있음	다만 최우선변제의 요건 구비시 : 있음	다만 최우선변제의 요건 구비시 : 있음	다만 최우선변제의 요건 구비시 : 있음
·순차적우선변제권	있음	있음	없음 다만 임대차계약서상에 확정일자 구비시 : 그 초과액에 대하여 있음	있음

구 분	물권적전세	등기 있는 임대차	최우선변제권 있는 임대차	순차적우선변제권 있는 임대차
⑵ 제3자대항력 ·매매의 경우	있음	있음	있음	있음
·경매의 경우	·저당권보다 먼저 등기된 것 : 있음 * 예외 : 배당요구 한 경우 없음 ·저당권보다 후에 등기된 것 : 없음	·없음. 다만 보증금(또는 전세금)이 전액 변제되지 않은 대항력이 있는 임차권(또는 채권적전세권)의 경우 있음.		

(8) 주택임차권의 승계에 관한 특례

가. 특례의 취지

민법에서 규정하는 상속의 법리에 의하면 임차인이 사망한 경우 임대인에 대한 보증금반환청구권과 임차주택의 임대인에 대한 반환의무는 상속인에게 이전하게 된다. 그런데 이 경우에 임차주택에서 가정공동생활을 하던 사실상의 혼인 관계에 있는 자가 민법에서 규정하는 상속인이 아니면, 임차주택에서 가정공동생활을 하던 사실상의 혼인 관계에 있는 자가 임차주택에서 쫓겨날 수밖에 없는 사회적인 문제가 발생하게 된다. 주택임차권의 승계에 관한 특례를 규정하는 주택임대차보호법은 제9조는 이 문제를 해결하기 위한 것이다.

나. 특례의 내용

㈎ 상속인이 없는 경우

임차인이 상속인 없이 사망한 경우에는 그 주택에서 가정공동생활을 하던 사실상의 혼인 관계에 있는 자가 임차인의 권리와 의무를 승계한다(주임보 9①). 그리고 이 경우 임대차 관계에서 생긴 채권·채무는 임차인의 권리의무를 승계한 자에게 귀속된다(주임보 9④).

민법에서 규정하는 상속의 일반 법리에 의하면 임차인과 사실상의 혼인 관계에 있는 자는 상속인이 아니다. 그리고 상속인이 없는 피상속인의 재산상의 권리와 의무는 청산하여 남는 것은 국고에 귀속되고 남는 의무는 소멸한다.

이에 따라 주택임대차보호법은 사망한 자의 주택에서 가정공동생활을 하던 사실상의 혼인 관계에 있는 자를 보호하기 위하여 상속인 없이 사망한 임차인의 권리와 의무를 국고에 귀속시키는 민법 규정의 적용을 배제하는 특별규정을 두고 있는 것이다.

그런데 임차인의 권리와 의무를 종합한 결과 의무가 남는 경우(예컨대 밀린 월차임이 보증금을 초과하는 경우), 그 주택에서 가정공동생활을 하던 사실상의 혼인 관계에 있는 자가 임차인의 권리와 의무를 승계하면 오히려 불리한 결과가 될 수 있다.

그러나 위와 같은 경우 가정공동생활을 하던 사실상의 혼인 관계에 있는 자는 임차인이 사망한 후 1개월 이내에 임대인에게 승계에 반대의사를 표시함으로써 임차인의 권리와 의무를 승계하지 않을 수 있으므로(주임보 9③), 승계의 유·불리를 비교하여 적절히 대응하여야 한다.

㈏ 상속인이 있는 경우

임차인이 사망한 때에 사망 당시 상속인이 있으나 상속인이 그 주택에서 가정공동생활을 하고 있지 아니한 경우에는 그 주택에서 가정공동생활을 하던 사실상의 혼인 관계에 있는 자와 2촌 이내의 친족이 공동으로 임차인의 권리와 의무를 승계한다(주임보 9②). 그리고 이 경우도 임대차 관계에서 생긴 채권·채무는 임차인의 권리의무를 승계한 자에게 귀속된다(주임보 9④).

민법에서 규정하는 상속의 일반 법리에 의하면 사망한 임차인의 상속인이 있으면 그 상속인이 임차인의 권리와 의무를 승계하고, 비록 임차주택에서 가정공동생활을 하던 사실상의 혼인 관계에 있는 자가 있어도 그는 임차인의 권리와 의무를 승계할 수가 없다.

이에 따라 주택임대차보호법은 사망한 자의 주택에서 가정공동생활을 하던 사실상의 혼인 관계에 있는 자를 보호하기 위하여 민법의 규정과 다른 특례로서 사실상의 혼인 관계에 있는 자와 2촌 이내의 친족이 공동으로 임차인의 권리와 의무를 승계하도록 한 것이다. 다만, 이 주택임대차보호법에서 규정하는 특례의 적용에 관하여 몇 가지 유의할 점이 있다.

첫째, 사실상의 혼인관계에 있는 자를 어느 범위에서 인정할 것인가 하는 점이다. 이에 관하여 판례는 사실혼이란 당사자 사이에 주관적으로 혼인의 의사가 있고, 객관적으로도 사회관념상 가족질서적인 면에서 부부공동생활을 인정할 만한 혼인생활의 실체가 있는 경우라야 한다[431] 하고, 법률상 배우자 있는 자는 그 법률혼 관계가 사실상 이혼상태라는 등의 특별한 사정이 없는 한 사실혼을 인정하지 않으며[432], 사실상 이혼상태는 중혼에 해당하는 혼인으로서 법률혼인 전 혼인이 사실상 이혼상태에 있는 경우의 후혼의 경우[433] 정도로 이를 매우 엄격하게 인정하고 있다.

둘째, 2촌 이내의 친족의 의미를 어떻게 볼 것인가 하는 점이다. 예를 들어 사망한 임차인에게 1촌인 부모가 있고 1촌인 자녀가 있으며 2촌인 형제자매가 있다면 이들이 임차주택에서 가정공동생활을 하던 사실상의 혼인 관계에 있는 자와 공동상속인이 되는가 하는 점이다. 그러나 2촌 이내의 친족이 공동상속인이 되는 순위는 민법의 규정에 따르는 것으로 보아야 하며, 이에 따라 위의 경우 사망한 임차인의 자녀가 있으면 부모와 형제자매는 상속인이 될 수 없고 자녀만이 사실상의 혼인 관계에 있는 자와 공동상속인이 되는 것으로 보아야 한다.

셋째, 매우 드문 사례이기는 하지만 법률혼 관계가 사실상 이혼상태에 있지만 유효한 이혼신고가 되어 있지 않은 경우 법률혼 관계에 있는 배우자를 사실상의 혼인 관계에 있는 자와 공동상속인으로 인정할 것인지 여부이다. 이에 관하여는 긍정설과 부정설로 견해가 갈릴 수 있으나, ① 사실상 이혼상태에 있다는 것은 법률상 이혼이 있었던 것과 마찬가지로 보아야 한다는 점[434]과 ② 주택임대차보호법에서 사실상의 혼인 관계에 있는 자와 공동상속인이 되는 자로 배우자를 제외하고 2촌 이내의 친족으로 규정하고 있는 것은 사실혼과 법률혼을 동시에 인정할 수 없다는 점을 전제로 한 것으로 보아야 한다는 점에 비추어 부정설이 타당하다.

넷째, 사실상의 혼인 관계에 있는 자가 사망한 임차인의 권리와 의무를 승계하는 것은 임차인과 가정공동생활을 하고 있던 주택에 한정되고, 그 이외에 사망한 임차인의 권리와 의무는 민법에서 규정하는 상속의 일반법리에 따른다.

---

431) 대판 2010.3.25. 2009다84141 참조.
432) 대결 1995.7.3. 94스30 참조.
433) 대판 2009.12.24. 2009다64161 참조.
434) 대판 1993.7.27. 93누1497 참조.

다섯째, 임차인의 권리와 의무를 종합한 결과 의무가 남는 경우(예컨대 밀린 월차임이 보증금을 초과하는 경우), 그 주택에서 가정공동생활을 하던 사실상의 혼인 관계에 있는 자가 임차인의 권리와 의무를 승계하면 오히려 불리한 결과가 될 수 있는데, 이 경우는 상속인 없는 경우와 마찬가지로 임차인이 사망한 후 1개월 이내에 임대인에게 승계에 반대의사를 표시함으로써 임차인의 권리와 의무를 승계하지 않을 수 있다(주임보 9③).

(9) 주택임대차와 관련된 분쟁해결절차상의 특례

가. 특례의 취지

주택임대차는 국민의 생활관계에 있어서 매우 일상적으로 많은 건수가 다양하게 발생하고 있다. 그런데 이와 같은 주택임대차와 관련된 당사자 사이의 분쟁을 일반의 소송절차나 조정절차 등에 의하여 해결하려면 시일이 많이 걸리고 비용도 많이 들어 효율적이라고 할 수 없다.

이에 주택임대차보호법에서는 주택임대차와 관련된 분쟁해결절차상의 특례를 규정하고 있는데, 이는 주택임대차분쟁조정위원회에 의한 간이·신속하고 저렴한 비용에 의한 분쟁조정절차로 주택임대차와 관련하여 어려움을 겪고 있는 국민들에게 공정하고 신속한 분쟁조정 서비스를 제공하려는 것이다.

나. 특례의 내용

㈎ 주택임대차분쟁조정위원회

주택임대차분쟁조정위원회(이하 조정위원회라 한다)는 「법률구조법」 제8조에 따른 대한법률구조공단의 지부, 「한국토지주택공사법」에 따른 한국토지주택공사의 지사 또는 사무소 및 「한국감정원법」에 따른 한국감정원의 지사 또는 사무소에 다음과 같이 둔다(주임보 14①제1문, 주임보령 21). 그리고 특별시·광역시·특별자치시·도 및 특별자치도(이하 "시·도"라 한다)는 그 지방자치단체의 실정을 고려하여 조정위원회를 둘 수 있다(주임보 14①제2문).

조정위원회의 설치 및 관할구역(제21조 관련)

기관	지부, 지사 또는 사무소	관할구역
대한법률 구조공단	서울중앙지부	서울특별시, 강원도
	수원지부	인천광역시, 경기도
	대전지부	대전광역시, 세종특별자치시, 충청북도, 충청남도
	대구지부	대구광역시, 경상북도
	부산지부	부산광역시, 울산광역시, 경상남도
	광주지부	광주광역시, 전라북도, 전라남도, 제주특별자치도
한국토지 주택공사	인천지역본부	인천광역시
	충북지역본부	충청북도
	경남지역본부	경상남도
	경기지역본부	경기도
	부산울산지역본부	울산광역시
	제주지역본부	제주특별자치도
한국 감정원	서울동부지사	서울특별시
	전주지사	전라북도
	춘천지사	강원도
	경기서부지사	경기도
	대전지사	세종특별자치시
	포항지사	경상북도

조정위원회는 다음의 사항을 심의·조정한다(주임보 14②, 주임보령 22).

① 차임 또는 보증금의 증감에 관한 분쟁

② 임대차 기간에 관한 분쟁

③ 보증금 또는 임차주택의 반환에 관한 분쟁

④ 임차주택의 유지·수선 의무에 관한 분쟁

⑤ 임대차계약의 이행 및 임대차계약 내용의 해석에 관한 분쟁

⑥ 임대차계약 갱신 및 종료에 관한 분쟁

⑦ 임대차계약의 불이행 등에 따른 손해배상청구에 관한 분쟁

⑧ 공인중개사 보수 등 비용부담에 관한 분쟁

⑨ 주택임대차표준계약서 사용에 관한 분쟁

⑩ 그 밖에 ⑤부터 ⑨까지의 규정에 준하는 분쟁으로서 조정위원회의 위원장(이하 "위원장"이라 한다)이 조정이 필요하다고 인정하는 분쟁

(나) 분쟁조정의 절차

(ㄱ) 조정의 신청

주택임대차분쟁의 당사자는 해당 주택이 소재하는 지역을 관할하는 조정위원회에 당사자, 대리인, 신청의 취지와 분쟁의 내용 등을 기재한 서면(「전자문서 및 전자거래 기본법」 제2조제1호에 따른 전자문서를 포함한다) 또는 구두로 분쟁의 조정을 신청할 수 있다(주임보 21①, 주임보령 30①③제1문). 구두로 조정을 신청하는 경우 조정신청인은 심사관 또는 조사관에게 당사자, 대리인, 신청의 취지와 분쟁의 내용 등을 진술하여야 한다. 그리고 조정신청시 증거서류 또는 증거물이 있는 경우에는 이를 첨부하거나 제출하여야 한다(주임보령 30③제2문). 또한 조정을 신청하는 자는 신청시에 다음의 수수료를 내야 한다(주임보령 33①).

조정목적의 값	수수료
1억원 미만	10,000원
1억원 이상 3억원 미만	20,000원
3억원 이상 5억원 미만	30,000원
5억원 이상 10억원 미만	50,000원
10억원 이상	100,000원
※ 조정목적의 값을 산정할 수 없는 경우 신청인이 내야 하는 수수료는 1만원으로 한다.	

다만, 신청인이 주택임대차보호법 제8조(보증금 중 일정액의 보호)에 따라 우선변제를 받을 수 있는 임차인이거나 국민기초생활 보장법 제2조제2호에 따른 수급자인 등 주택임대차보호법시행령 제33조 제2항 각 호의 어느 하나에 해당하는 때에는 조정신청에 따른 수수료를 면제할 수 있고, 동법시행령 제33조 제3항 각 호의 어느 하나에 해당하는 경우에는 수수료의 환급을 청구할 수 있다. 수수료의 납부방법 및 수수료의 환급절차 등에 관하여 필요한 사항은 법무부장관과 국토교통부장관이 공동으로 정하여 고시하거나 시·도의 조례로 정한다(주임보령 33④).

(ㄴ) 조정의 절차와 효력

조정위원회의 조정절차는 조정절차 및 조정의 효력 등 분쟁조정에 관한 안내(주임보 21②, 주임보령 31), 조정절차의 개시(주임보 22①), 피신청인에 대한 조정신청서의 송달(주임보 22②), 조정신청사건의 조사·심의(주임보 24), 조정을 하지 아니하는 결정 또는 조정안의 작성(주임보 25~26)의 순서로 진행된다. 그리고 조정절차에 관하여 주택임대차보호법에서 규정하지 아니한 사항에 대하여는 민사조정법이 준용된다(주임보 29).

조정위원회는 분쟁의 조정신청을 받은 날부터 60일 이내에 그 분쟁조정을 마쳐야 한다. 다만, 부득이한 사정이 있는 경우에는 조정위원회의 의결을 거쳐 30일의 범위에서 그 기간을 연장할 수 있으며(주임보 23①), 이에 따라 기간을 연장한 경우에는 기간 연장의 사유와 그 밖에 기간 연장에 관한 사항을 당사자에게 통보하여야 한다(주임보 23②).

조정위원회는 해당 분쟁이 그 성질상 조정을 하기에 적당하지 아니하다고 인정하거나 당사자가 부당한 목적으로 조정을 신청한 것으로 인정할 때에는 조정을 하지 아니할 수 있으며, 이에 조정을 하지 아니하기로 결정하였을 때에는 그 사실을 당사자에게 통지하여야 한다(주임보 25).

조정위원회가 조정안을 작성한 경우에는 그 조정안을 지체 없이 각 당사자에게 통지하여야 하며(주임보 26①), 이에 따라 조정안을 통지받은 당사자가 통지받은 날부터 14일 이내에 수락의 의사를 서면으로 표시하지 아니한 경우에는 조정을 거부한 것으로 본다(주임보 26②).

조정안을 통지받은 각 당사자가 조정안을 수락한 경우에는 조정안과 동일한 내용의 합의가 성립된 것으로 보며(주임보 26③), 합의가 성립한 경우 조정위원회 위원장은 조정안의 내용을 조정서로 작성한다. 조정위원회위원장은 각 당사자 간에 금전, 그 밖의 대체물의 지급 또는 부동산의 인도에 관하여 강제집행을 승낙하는 취지의 합의가 있는 경우에는 그 내용을 조정서에 기재하여야 한다(주임보 26④).

강제집행을 승낙하는 취지의 내용이 기재된 조정서의 정본은 민사집행법 제56조에도 불구하고 집행력 있는 집행권원과 같은 효력을 가진다. 다만, 각 당사자가 조정안을 수락한 경우에도 조정서의 내용에 관하여 청구에 관한 이의의 소를 제기하여 다툴 수는 있으며, 이 경우 청구에 관한 이의는 그 이유가 조정안을 수락하기 전의 것이라도 무방하다(주임보 27단서, 민집 44②).

(10) 주택임대차표준계약서의 사용

주택임대차계약을 서면으로 체결할 때에는 법무부장관이 국토교통부장관과 협의하여 정하는 주택임대차표준계약서를 우선적으로 사용한다(주임보 30본). 이는 주택임대차보호법 등에서 규정하는 임대인과 임차인의 권리·의무 관계를 명확하게 할 수 있도록 하기 위한 것이다. 다만 주택임대차계약의 당사자가 다른 서식을 사용하기로 합의한 경우에는 주택임대차표준계약서를 사용하지 않아도 된다(주임보 30단). 이에 따라 일반의 주택임대차계약에는 주택임대차표준계약서가 사용되는 경우가 많지 않다.

그러나 민간임대주택에 관한 특별법에서 규정하는 임대사업자가 민간임대주택에 대한 임대차계약을 체결하려는 경우에는 국토교통부령으로 정하는 표준임대차계약서를 의무적으로 사용하여야 하며(동법 47①), 이를 위반한 때에는 1천만원 이하의 과태료 부과처분을 받는(동법 67②vi) 한편, 임대사업자에게 부여되어 있는 양도소득세감면의 혜택을 받을 수 없는(조특제 97의3~97의5) 등의 불이익을 받는다.

(11) 주택임대차의 정보제공에 관한 특례

가. 특례의 취지

주택을 대상으로 하는 권리관계로서 해당 주택 또는 그 대지의 등기기록에 기록된 권리는 해당 주택 또는 그 대지의 등기사항증명서를 발급받아 확인할 수가 있다. 그러나 임차인(채권적전세권자 포함)이 제3자대항력을 갖추고 보증금(채권적전세금 포함)반환청구권에 대하여 우선변제권까지 가지는 주택임대차(채권적전세 포함)와 미납·체납 조세의 존부와 내용에 대하여는 해당 주택 또는 그 대지의 등기기록으로 공시되는 것이 아니어서 등기사항증명서로 확인할 수가 없다.

이에 따라 주택의 임대차에 이해관계가 있는 자 또는 주택을 대상으로 임대차계약을 체결하려고 하는 자는 해당 주택을 대상으로 하는 임대차와 그 소유자의 미납·체납 조세의 존부와 내용을 확인할 수 있는 수단이 필요하지만, 이들 임대차나 그 소유자의 미납·체납 조세의 존부와 내용은 개인의 신용정보에 해당하는 것이어서 주택임대차의 확정일자 부여기관이나 조세의 징수권자가 쉽게 공개할 수 있는 사항이 아니다.

그러나 한편으로 주택의 임대차에 이해관계가 있는 자 또는 주택을 대상으로 임대차계약을 체결하려고 하는 자를 대상으로 해당 주택의 임대차나 그 소유자의 미납·체납 조세의 존부와 내용을 알려주는 것은 공공의 이익을 위하여 필요한 것이라고 할 수 있다. 이에 주택임대차보호법에서는 개인의 신용정보보호와 공공의 이익을 조화롭게 충족시킬 수 있는 범위에서 주택의 임대차에 이해관계가 있는 자의 정보제공 요청과 주택임대차계약을 체결하려고 하는 자에 대한 임대인의 정보 제시 의무에 관한 특례규정을 두고 있다.

나. 특례의 내용

㈎ 이해관계가 있는 자의 정보제공 요청

주택의 임대차에 이해관계가 있는 자는 확정일자부여기관에 해당 주택의 확정일자 부여일, 차임 및 보증금 등 정보의 제공을 요청할 수 있다. 이 경우 요청을 받은 확정일자부여기관은 정당한 사유 없이 이를 거부할 수 없다(주임보 3의6③). 임대차계약을 체결하려는 자는 임대인의 동의를 받아 확정일자부여기관에 해당 주택의 확정일자 부여일, 차임 및 보증금 등의 정보제공을 요청할 수 있다(주임보 3의6④).

정보제공을 요청할 수 있는 주택의 임대차에 이해관계가 있는 자는 다음 각 호의 어느 하나에 해당하는 자로 한다(주임보 3의6⑥, 주임보령 5).

① 해당 주택의 임대인·임차인

② 해당 주택의 소유자

③ 해당 주택 또는 그 대지의 등기기록에 기록된 권리자 중 환매권자, 지상권자, 전세권자, 질권자, 저당권자·근저당권자, 임차권자, 신탁등기의 수탁자, 가등기권리자, 압류채권자 및 경매개시결정의 채권자이다(주택임대차계약증서상의 확정일자 부여 및 임대차 정보제공에 관한 규칙 6)

④ 주택임대차보호법 제3조의2제7항에 따라 우선변제권을 승계한 금융기관

⑤ 주택임대차보호법 제6조의3 제1항제8호의 사유로 계약의 갱신이 거절된 임대차계약의 임차인이었던 자

⑥ 제1호부터 제5호까지의 규정에 준하는 지위 또는 권리를 가지는 자로서 법무부령으로 정하는 자(현재 법무부령으로 정한 자는 없음)

요청할 수 있는 정보의 범위 및 제공방법은 다음과 같다. 우선 ① 해당 주택의 임대인·임차인과 ⑤ 주택임대차보호법 제6조의3 제1항제8호의 사유로 계약의 갱신이 거절된 임대차계약의 임차인이었던 자의 경우는 주택임대차보호법 제3조의6 제3항에 따라 확정일자부여기관에 해당 임대차계약(위 ⑤에 해당하는 자의 경우에는 갱신요구가 거절되지 않았더라면 갱신되었을 기간 중에 존속하는 임대차계약을 말한다)에 관한 다음 각호의 사항의 열람 또는 그 내용을 기록한 서면의 교부를 요청할 수 있다(주임보 3의6⑥, 주임보령 6①).

① 임대차목적물

② 임대인·임차인의 인적사항(주택임대차보호법시행령 제5조제5호에 해당하는 자는 임대인·임차인의 성명, 법인명 또는 단체명으로 한정한다)

③ 확정일자 부여일

④ 차임·보증금

⑤ 임대차기간

다음에 ② 해당 주택의 소유자 ③ 해당 주택 또는 그 대지의 등기기록에 기록된 권리자 중 환매권자, 지상권자, 전세권자, 질권자, 저당권자·근저당권자, 임차권자, 신탁등기의 수탁자, 가등기권리자, 압류채권자 및 경매개시결정의 채권자 ④ 주택임대차보호법 제3조의2제7항에 따라 우선변제권을 승계한 금융기관 또는 ⑥ 제1호부터 제5호까지의 규정에 준하는 지위 또는 권리를 가지는 자로서 법무부령으로 정하는 자의 어느 하나에 해당하는 자이거나 임대차계약을 체결하려는 자는 주택임대차보호법 제3조의6 제3항 또는 제4항에 따라 확정일자부여기관에 다음 각호의 사항의 열람 또는 그 내용을 기록한 서면의 교부를 요청할 수 있다(주임보 3의6⑥, 주임보령 6②).

① 임대차목적물

② 확정일자 부여일

③ 차임·보증금

④ 임대차기간

정보제공을 요청할 수 있는 자의 임대차 정보제공 요청방법은 다음과 같다. 우선 주택의 임대차에 이해관계가 있는 자가 임대차 정보제공을 요청하는 경우에는 별지 제3호서식의 임대차 정보제공 요청서에 다음 각 호의 서류를 첨부하여 제출하여야 한다(주임보 3의6⑥, 주임보령 6③, 주택임대차계약증서상의 확정일자 부여 및 임대차 정보제공에 관한 규칙 7①).

① 해당 주택의 임대인·임차인의 경우, 계약증서 등 해당 주택의 계약당사자임을 증명하는 서류

② 해당 주택의 소유자의 경우, 해당 주택의 등기사항증명서 등 소유자임을 증명하는 서류

③ 해당 주택 또는 그 대지의 등기기록에 기록된 권리자 중 환매권자, 지상권자, 전세권자, 질권자, 저당권자·근저당권자, 임차권자, 신탁등기의 수탁자, 가능기권리자, 압류채권자 및 경매개시결정의 채권자의 경우 해당 주택 또는 그 대지의 등기사항증명서 등 권리자임을 증명하는 서류

④ 주택임대차보호법 제3조의2제7항에 따라 우선변제권을 승계한 금융기관의 경우, 채권양도증서 등 우선변제권을 승계하였음을 증명하는 서류

⑤ 주택임대차보호법 제6조의3 제1항제8호의 사유로 계약의 갱신이 거절된 임대차계약의 임차인이었던 자의 경우, 계약증서 등 해당 주택의 임차인이었던 자임을 증명하는 서류

다음에 임대차계약을 체결하려는 자가 임대차 정보제공을 요청하는 경우에는 다음 각호의 서류를 제출하여야 한다(주임보 3의6⑥, 주임보령 6③, 주택임대차계약증서상의 확정일자 부여 및 임대차 정보제공에 관한 규칙 7②).

① 별지 제3호서식의 임대차 정보제공 요청서

② 임대인의 동의서

③ 인감증명서, 본인서명사실확인서 또는 신분증명서 사본 등 임대인의 동의를 받았음을 증명할 수 있는 서류

[별지 제3호서식] 임대차 정보제공 요청서

■ 주택임대차계약증서상의 확정일자 부여 및 임대차 정보제공에 관한 규칙[별지 제3호서식] 〈개정 2020. 9. 29.〉

임대차 정보제공 요청서

(앞쪽)

<table>
<tr><td>접수번호</td><td>접수일자</td><td>발급일</td><td>처리기간 즉시</td></tr>
</table>

<table>
<tr><td rowspan="4">요청인</td><td>성명(법인명)</td><td>주민등록번호(법인등록번호)</td></tr>
<tr><td>주소(본점 소재지)</td><td>휴대전화번호:
주소지 전화번호:</td></tr>
<tr><td colspan="2">[ ] 이해관계인(해당사유:)
1. 해당 주택의 임대인·임차인
2. 해당 주택의 소유자
3. 해당 주택 또는 그 대지의 등기기록에 기록된 권리자
4. 「주택임대차보호법」 제3조의2제7항에 따라 우선변제권을 승계한 금융기관
5. 「주택임대차보호법」 제6조의3제1항제8호의 사유로 계약의 갱신이 거절된 임대차계약의 임차인이었던 자</td></tr>
<tr><td colspan="2">[ ] 임대차계약을 체결하려는 자</td></tr>
</table>

<table>
<tr><td rowspan="5">요청내용</td><td colspan="2">주택소재지 · 임대차목적물(건물명, 동, 열, 층, 호수까지 구체적으로 기재합니다)</td></tr>
<tr><td>요청기간</td><td>_____년 __월 __일 ~ _____년 __월 __일</td></tr>
<tr><td colspan="2">요청정보</td></tr>
<tr><td colspan="2">[ ] 확정일자 부여현황(일반)
[ ] 확정일자 부여현황(임차인 특정)
(임차인 성명: ____________)
[ ] 확정일자 부여현황(임대인·임차인용)
(임차인 성명: ____________)
[ ] 확정일자 부여현황(계약 갱신이 거절된 임대차계약의 임차인용)</td></tr>
<tr><td colspan="2">구분
1. 열람 ( ) 2. 출력물 교부 ( )</td></tr>
</table>

「주택임대차보호법」 제3조의6에 따라 위 주택의 임대차 정보제공을 요청합니다.

년 월 일

신청인 성명: 주민등록번호: (서명 또는 인)

읍·면·동장 또는 시·군·구
출장소의 장 / 공증인 *000* 귀하

210mm×297mm[백상지 80g/㎡]

(나) 임차인에 대한 임대인의 정보 제시 의무

임대차계약을 체결할 때 임대인은 다음 각호의 사항을 임차인에게 제시하여야 한다(주임보 3의7).

① 주택임대차보호법 제3조의6제3항에 따른 해당 주택의 확정일자 부여일, 차임 및 보증금 등 정보. 다만, 임대인이 임대차계약을 체결하기 전에 제3조의6제4항에 따라 동의함으로써 이를 갈음할 수 있다.

② 국세징수법 제108조에 따른 납세증명서 및 지방세징수법 제5조제2항에 따른 납세증명서. 다만, 임대인이 임대차계약을 체결하기 전에 국세징수법 제109조제1항에 따른 미납국세와 체납액의 열람 및 지방세징수법 제6조제1항에 따른 미납지방세의 열람에 각각 동의함으로써 이를 갈음할 수 있다.

(12) 주택임대차보호법의 적용범위

가. 서설

주택임대차보호법 제2조는 동 법의 적용범위에 관하여 「이 법은 주거용 건물(이하 "주택"이라 한다)의 전부 또는 일부의 임대차에 관하여 적용한다. 그 임차주택(賃借住宅)의 일부가 주거 외의 목적으로 사용되는 경우에도 또한 같다」고 규정하고 있다. 그리고 주택임대차보호법에 의한 주택임차인 보호의 내용을 크게 분류하여 보면 앞에서 본 바와 같이 ① 존속기간과 차임·보증금에 관한 특례 ② 등기에 의하지 않은 제3자 대항력 부여 ③ 소액보증금 중 일정액에 대한 최우선변제권 인정 ④ 보증금 전액에 대한 순차적우선변제권 인정 ⑤ 임차권등기명령에 의한 보호 ⑥ 보증금반환청구권행사의 절차상 특례라고 할 수 있다.

위 임차인 보호의 내용 중 ①⑤⑥의 경우는 주거용 건물을 대상으로 하는 임대차이기만 하면 적용되는 반면, ③④⑤의 경우는 그 이외에 임차인이 주택의 인도와 주민등록을 갖추어야 적용된다는 점에서 구분된다. 이에 따라 주택임차인이 주민등록법에 의한 주민등록이 되어 있지 않은 재외동포나 외국인인 경우에도 적용되는지, 그리고 주택임대차보호법이 국민 주거생활의 안정을 보장함을 목적으로 하고 있다는 점(주임보 1)에서 임차인이 법인인 경우에도 주택임대차보호법이 적용되는지 문제로 된다. 또한 주택임차권의 양도나 임차주택의 전대에 관하여는 임대인의 동의가 있어야 한다는 점(민 629①)에서 주택임차권이 양도되거나 임차주택이 전대된 경우에도 동 법이 적용되는지 문제로 된다. 이하에서 순차로 설명하기로 한다.

나. 주거용건물(주택)

㈎ 대상범위

주택임대차보호법이 적용되는 대상 목적물은 주거용건물, 즉 주택에 한정되고 점포, 사무실, 공장, 창고 등 영업용건물이나 기타 비주거용건물은 제외된다.

어떤 건물이 주거용인지의 여부는 건축물대장이나 등기부 등 공부의 기재만에 의하여 결정할 것이 아니라, 그 임차의 목적·건물의 위치와 구조 등에 관한 실지용도에 따라서 그 실질을 기준으로 판단해야 한다. 따라서 공부상으로는 공장용 건물로 기재되어 있다고 하여도 그 구조를 사실상 주거용으로 변경하여 임대차계약을 체결한 경우에는 동 건물도 주택임대차보호법의 적용대상이 된다. 그리고 이 경우 주거용건물인가의 판단시점은 임대차계약의 체결시를 기준으로 하여야 한다. 그러므로 계약체결시 주거용건물이 아니었는데 후에 임차인이 임의로 주거용으로 개조하였다 하더라도 주택임대차보호법은 적용되지 않는다. 또한 건물의 등기 여부는 묻지 않으며 미등기건물이라도 주거용인 이상 동법의 적용대상이 된다.

판례 7-41

주거용건물인지의 여부를 판단하는 기준 경우

(1) 구 주택임대차보호법(1981.3.5. 법률 제3379호) 제2조 소정의 주거용 건물이란 공부상의 표시에 불구하고 그 실지용도에 따라서 정하여야 하고 또한 한 건물의 비주거용 부분과 아울러 주거용 부분이 함께 임대차의 목적이 되어 각기 그 용도에 따라 사용되는 경우 그 주거용 부분에 관하여 본 법이 적용되느냐의 여부는 구체적인 경우에 따라 합목적적으로 결정하여야 하며, 더우기 위 주택임대차보호법이 적용되려면 먼저 임대차계약 체결 당시를 기준으로 하여 그 건물의 구조상 주거용 또는 그와 겸용될 정도의 건물의 형태가 실질적으로 갖추어져 있어야 하고, 만일 그 당시에는 주거용 건물부분이 존재하지 아니하였는데 임차인이 그 후 임의로 주거용으로 개조하였다면 임대인이 그 개조를 승락하였다는 등의 특별한 사정이 없는 한 위 법의 적용은 있을 수 없다(대판 1986.1.21. 85다카1367, 같은 취지; 대판 1987.3.24. 86다카823).

(2) 주택임대차보호법은 주택의 임대차에 관하여 민법에 대한 특례를 규정함으로써 국민의 주거생활의 안정을 보장함을 목적으로 하고 있고, 주택의 전부 또는 일부의 임대차에 관하여 적용된다고 규정하고 있을 뿐 임차주택이 관할관청의 허가를 받은 건물인지, 등기를 마친 건물인지 아닌지를 구별하고 있지 아니하므로, 어느 건물이 국민의 주거생활의 용도로 사용되는 주택에 해당하는 이상 비록 그 건물에 관하여 아직 등기를 마치지 아니하였거나 등기가 이루어질 수 없는 사정이 있다고 하더라도 다른 특별한 규정이 없는 한 같은 법의 적용대상이 된다(대전합판 2007.6.21. 2004다26133).

㈏ 겸용건물

주거용부분과 비주거용부분이 함께 병존하는 건물이 동일인에게 임대되어 각기 그 용도에 따라 사용되는 경우 그 주거용부분에 주택임대차보호법이 적용되는가. 이에 관하여 동법은 제2조 후단에 「그 임대주택의 일부가 주거 외의 목적으로 사용되는 경우에도 또한 같다」고 규정하고 있다. 따라서 임대건물의 주요부분이 주거용으로 사용되고 일부만이 주거 외의 목적으로 사용되는 경우에는 그 건물전부에 대하여 동법이 적용되게 된다. 또한 그 반대해석으로 건물의 주요부분이 비주거용으로 사용되고 일부만이 주거용으로 사용되는 경우에는 동법이 적용되지 않는다.

문제는 건물의 주요부분이 주거용인지 아니면 비주거용인지를 어떠한 기준으로 판단할 것인가이다. 이에 관하여는 획일적 기준을 정할 수는 없고 구체적인 개별 사안에 따라 그 임대차의 목적, 전체 건물과 임대차목적물의 구조와 형태 및 임차인의 임대차목적물의 이용관계 그리고 임차인이 그곳에서 일상생활을 영위하는지 여부 등을 아울러 고려하여 합목적적으로 결정하는 수밖에 없다.

위와 같은 기준에 따라 대법원이 동법의 적용을 긍정한 사례로는 「건물이 공부상으로 단층 작업소 및 근린생활시설로 표시되어 있으나, 실제로 갑은 주거 및 인쇄소 경영 목적으로, 을은 주거 및 슈퍼마켓 경영 목적으로 임차하여 가족들과 함께 입주하여 그 곳에서 일상생활을 영위하는 한편, 인쇄소 또는 슈퍼마켓을 경영하고 있으며, 갑의 경우는 주거용으로 사용되는 부분이 비주거용으로 사용되는 부분보다 넓고, 을의 경우는 비주거용으로 사용되는 부분이 더 넓기는 하지만 주거용으로 사용되는 부분도 상당한 면적이고, 위 각 부분이 갑·을의 유일한 주거라는 점에서 주택임대차보호법 제2조 후문에서 정한 주거용 건물로 인정할 수 있다」한 것[435]을 들 수 있고, 부정한 사례로는 「방 2개와 주방이 딸린 다방이 영업용으로서 비주거용 건물이라고 보여지고, 설사 그 중 방 및 다방의 주방을 주거 목적에 사용한다고 하더라도 이는 어디까지나 다방의 영업에 부수적인 것으로서 그러한 주거목적 사용은 비주거용 건물의 일부가 주거목적으로 사용되는 것일 뿐, 주택임대차보호법 제2조 후문에서 말하는 "주거용 건물의 일부가 주거 외의 목적으로 사용되는 경우"에 해당한다고 볼 수 없다한 것[436]을 들 수 있다.

판례 7-42

1. 겸용건물의 주거용건물 해당여부에 대한 판단기준

주택임대차보호법 제2조 소정의 주거용 건물에 해당하는지 여부는 임대차 목적물의 공부상의 표시만을 기준으로 할 것이 아니라 그 실지용도에 따라서 정하여야 하고, 건물의 일부가 임대차의 목적이 되어 주거용과 비주거용으로 겸용되는 경우에는 구체적인 경우에 따라 그 임대차의 목적, 전체 건물과 임대차 목적물의 구조와 형태 및 임차인의 임대차 목적물의 이용관계 그리고 임차인이 그 곳에서 일상생활을 영위하는지 여부 등을 아울러 고려하여 합목적적으로 결정하여야 한다(대판 1996.3.12. 95다51953).

2. 비주거용건물의 일부가 주거용으로 사용되는 경우

임차주택의 일부가 주거 외의 목적으로 사용되는 경우에도 주택임대차보호법 제2조의 규정에 의하여 그 법률의 적용을 받는 주거용 건물에 포함되나 주거생활의 안정을 보장하기 위한 입법의 목적에 비추어 거꾸로 비주거용 건물에 주거의 목적으로 일부를 사용하는 경우에는 동법 제2조가 말하고 있는 일부라는 범위를 벗어나 이를 주거용 건물이라 할 수 없고 이러한 건물은 위 법률의 보호대상에서 제외된다(대판 1987.4.28. 86다카2407).

㈐ 주거용건물의 일부

주택임대차보호법은 주거용건물의 일부에 관한 임대차에도 적용되는 바, 이 경우 주거용건물의 일부는 구분건물과 같이 객관적으로 독립의 존재를 인정할 수 있는 실체를 갖추고 있어야 하는지가 문제로 된다. 물권인 전세권에 관하여는 건물의 일부가 구분건물과 같은 실체를 갖추고 있지 않아도 된다는 데 이설(異說)이 없으며, 부동산등기법 제139조도 이러한 경우 건물의 도면을 첨부하여 등기신청을 하도록 규정하고 있다.

---

435) 대판 1995.3.10. 94다52522 참조. 그밖에 주택임대차보호법의 적용을 긍정한 것으로는 대판 1988.12.27. 87다카2024, 및 대판 1987.8.25. 87다카793 등이 있다

436) 대판 1996.3.12. 95다51953 참조. 그밖에 주택임대차보호법의 적용을 부정한 것으로는 대판 1987.3.24. 86다카823 및 대판 1987.4.28. 86다카2407 등이 있다.

주택임대차보호법 제2조에서 규정하는 주거용건물의 일부에 대한 임대차에 관하여도 이를 전세권의 경우와 다르게 취급할 이유가 없으므로, 그 대상 부분이 구분건물이거나 또는 그에 준할 정도의 독립성을 갖출 것을 요하지 아니한다고 본다. 따라서 화장실이나 마루, 층계 등을 공동으로 사용하는 소위 셋방의 경우도 동법의 적용대상이 된다.

다. 임대차

(가) 의의

임대차라 함은 당사자의 일방이 상대방에게 목적물을 사용·수익하게 할 것을 약정하고, 상대방이 이에 대하여 차임을 지급할 것을 약정함으로써 성립하는 계약(민 618)을 말한다. 임대차는 타인의 물건을 사용·수익하는 계약관계라는 점에서 소비대차 및 사용대차와 유사하다. 그러나 임대차와 소비대차는 전자에 있어서의 임차인은 임차물의 소유권을 취득하지 않고서 사용·수익하다가 그 자체를 반환하여야 함에 대하여, 후자에 있어서의 차주는 차용물의 소유권을 취득하여 소비한 후 차용물과 동종·동질·동량의 것으로 반환하면 된다는 점에서 구별되고, 임대차와 사용대차는 전자에 있어서의 임차인은 그 사용대가로서 차임을 지급하여야 함에 대하여, 후자에 있어서의 사용차주는 이를 지급하지 않는다는 점에서 구별된다.

(나) 일시사용을 위한 임대차

임대차라 하더라도 일시사용을 위한 것인 경우에는 주택임대차보호법의 적용이 없다(주임보 11). 여기에서 일시사용이란 어떠한 의미를 갖는가. 법에 구체적인 규정이 없으므로 해석에 의하여 해결할 수밖에 없는 바, 일시사용이란 의미는 임대기간이 단기이고 임대차의 목적이 임시적·잠정적인 것을 나타내는 것으로, 결국은 임대차계약의 내용·목적 기타 제반사항을 고려하여, 임차인보호를 위하여 동법의 적용을 긍정할 것인가에 의해 합목적으로 판단하는 수밖에 없다.

일시사용을 위한 임대차에는 주택임대차보호법이 적용되지 아니할 뿐만 아니라, 임차인의 보호를 위한 민법상의 규정들까지도 그 적용이 배제되고 있다(민 653).

이는 휴양시설인 콘도미니엄이나 특별한 사정으로 일정기간 입주가 곤란한 주택을 단기간 타인에게 임대하는 경우 등과 같은 일시사용을 위한 임대차에까지 민법의 임대차에 관한 규정이나 주택임대차보호법의 규정을 적용하는 것은 오히려 불합리하다는 점을 고려한 것이다.

㈐ 채권적전세

물권적전세의 경우는 전세권자에게 용익물권자로서의 강력한 지위가 보장되어 있으므로 주택임대차보호법은 적용의 필요성이 없으며 또한 그 성질상으로도 적용대상이 아니라고 할 수 있다. 그러나 채권적전세의 경우에 관하여는 채권적 전세권자의 지위가 임차인의 지위와 유사하므로, 이에 관하여도 동법의 적용을 인정할 필요성은 충분히 인정된다. 그런데 제정 당초의 주택임대차보호법은 임대차에 관하여서만 동법의 적용을 규정하고, 채권적전세에 대한 적용여부에 관하여는 아무런 언급을 하지 않고 있었기 때문에 그 적용여부에 관하여 견해가 나뉘어 있었다. 그러나 1983. 12. 30 동법의 개정시 제12조에 「이 법은 주택의 등기하지 아니한 전세계약에 관하여 이를 적용한다. 이 경우 전세금은 임대차의 보증금으로 본다」는 규정이 신설된바 있으므로, 현재로서는 채권적전세도 주택임대차보호법의 적용대상이 됨에 의문이 없다고 할 것이다.

㈑ 물권적전세권자와 주택임차인의 지위를 겸한 경우

물권적전세권자가 주택임차인의 지위를 겸하고 있는 경우에는 양 권리 모두를 행사할 수 있는 것으로 보아야 한다. 주택임차인으로서의 우선변제를 받을 수 있는 권리와 전세권자로서 우선변제를 받을 수 있는 권리는 근거규정 및 성립요건을 달리하는 별개의 것이기 때문이다. 따라서 주택임대차보호법상 대항력을 갖춘 임차인이 임차주택에 관하여 전세권설정등기를 경료 하였다거나 전세권자로서 배당절차에 참가하여 전세금의 일부에 대하여 우선변제를 받은 사유만으로는 변제받지 못한 나머지 보증금에 기한 대항력 행사에 어떤 장애가 있다고 볼 수 없다는 것이 대법원판례이다.[437)]

---

437) 대판 1993.12.24. 93다39676, 대판 2007.6.28. 2004다69741 참조.

판례 7-43

전세권자가 주택임대차보호법상의 보호를 받을 수 있는지 여부

주택에 관하여 임대차계약을 체결한 임차인이 자신의 지위를 강화하기 위한 방편으로 따로 전세권설정계약서를 작성하고 전세권설정등기를 한 경우에, 따로 작성된 전세권설정계약서가 원래의 임대차계약서와 계약일자가 다르다고 하여도 계약당사자, 계약목적물 및 보증금액(전세금액) 등에 비추어 동일성을 인정할 수 있다면 그 전세권설정계약서 또한 원래의 임대차계약에 관한 증서로 볼 수 있고, 등기필증에 찍힌 등기관의 접수인은 첨부된 등기원인계약서에 대하여 민법 부칙 제3조 제4항 후단에 의한 확정일자에 해당한다고 할 것이므로, 위와 같은 전세권설정계약서가 첨부된 등기필증에 등기관의 접수인이 찍혀 있다면 그 원래의 임대차에 관한 계약증서에 확정일자가 있는 것으로 보아야 할 것이고, 이 경우 원래의 임대차는 대지 및 건물 전부에 관한 것이나 사정에 의하여 전세권설정계약서는 건물에 관하여만 작성되고 전세권등기도 건물에 관하여만 마쳐졌다고 하더라도 전세금액이 임대차보증금액과 동일한 금액으로 기재된 이상 대지 및 건물 전부에 관한 임대차의 계약증서에 확정일자가 있는 것으로 봄이 상당하다(대판 2002.11.8. 2001다51725).

㈐ 형식적인 임대차계약의 경우

주택임대차로서의 우선변제권을 취득한 것처럼 외관을 만들었을 뿐 실제 주택을 주거용으로 사용·수익할 목적을 갖지 아니한 계약에는 주택임대차보호법이 적용되지 않는 것으로 보아야 한다. 따라서 채권자가 주택임대차보호법상의 대항력을 취득하는 방법으로 기존 채권을 우선변제 받을 목적으로 주택임대차계약의 형식을 빌려 기존 채권을 임대차보증금으로 하기로 하고 주택의 인도와 주민등록을 마침으로써 주택임대차로서의 대항력을 취득한 것처럼 외관을 만들었을 뿐 실제 주택을 주거용으로 사용·수익할 목적을 갖지 아니한 계약은 주택임대차계약으로서는 통정허위표시에 해당되어 무효라고 할 것이므로 이에 주택임대차보호법이 정하고 있는 대항력이 부여되지 않는다.[438] 그리고 주택과 그 대지에 관한 자기의 공유지분을 다른 공유자에게 명의신탁한 공동소유자로서 그 주택의 일부분을 사용·수익해 오던 자가 그 주택 등이 경매되는 경우 자기의 지분을 제3자에게 대항할 수 없게 되는 것에 대비하여 다른 공유자와 사이에 임대차계약서를 작성하고 확정일자를 받아두었을 뿐인 경우에는 주택임대차보호법이 정하고 있는 우선변제권이 인정되지 않는다.[439] 또한

438) 대판 2002.3.12. 2000다24184 참조.
439) 대판 2003.7.22. 2003다21445 참조.

채권자가 채무자 소유의 주택에 관하여 채무자와 임대차계약을 체결하고 전입신고를 마친 다음 그곳에 거주하였다고 하더라도 실제 임대차계약의 주된 목적이 주택을 사용수익하려는 것에 있는 것이 아니고, 실제적으로는 소액임차인으로 보호받아 선순위 담보권자에 우선하여 채권을 회수하려는 것에 주된 목적이 있었던 경우에는 그러한 임차인을 주택임대차보호법상 소액임차인으로 보호할 수 없다.440)

라. 법인

임대인과 임차인 중 어느 일방이 법인인 경우에도 주택임대차보호법이 적용되는가. 임대인이 법인이고 임차인이 자연인인 경우에 주택임대차보호법이 적용되는 점에는 의문이 없다. 문제는 법인이 임차인으로서 주택을 임차하여 그 직원으로 하여금 거주하게 하는 경우에 그 직원이 주택의 소재지에 전입신고를 하고 아울러 임대차계약서에 확정일자를 받아두면 그 임대차에 관하여도 주택임대차보호법이 적용되는가 하는 점이다.

이에 관하여 판례는 ① 주택임대차보호법은 자연인인 서민들의 주거생활의 안정을 보호하려는 취지에서 제정된 것이지 법인을 그 보호 대상으로 삼고 있다고는 할 수 없는 점 ②법인은 그 성질상 주택임대차보호법 제3조 제1항에서 규정하는 주민등록을 할 수 없고, 법인의 직원이 주민등록을 마쳤다 하여 이를 법인의 주민등록으로 볼 수는 없다는 점을 이유로 주택임대차보호법의 적용을 부정하고 있다.441)

판례 7-44

법인인 임차인에 대하여 주택임대차보호법을 적용할 수 있는지 여부

주택임대차보호법 제3조 제1항, 제2항의 규정에 의하면, 주택의 임차인은 건물에 입주하고 주민등록을 함으로써 제3자에 대하여 대항력을 갖추게 되고, 대항력이 구비된 후에 임차건물이 양도된 경우 양수인은 임대인의 지위를 승계한 것으로 본다고 하고 있으며, 이 경우 임차보증금반환채무는 임대인의 지위를 승계한 양수인에게 이전되고 양도인의 채무는 소멸하는 것으로 해석할 것이나, 법인에게 주택을 임대한 경우에는 법인은 주택임대차보호법 제3조 제1항 소정의 대항요

440) 대판 2001.5.8. 2001다14733, 대판 2008.5.15. 2007다23203 참조.
441) 대판 1997.7.11. 96다7236 참조.

건의 하나인 주민등록을 구비할 수 없으므로 임대인이 위 임대주택을 양도하더라도 그 양수인이 주택임대차보호법에 의하여 임대인의 지위를 당연히 승계하는 것이 아니고 따라서 임대인의 임차보증금반환채무를 면책시키기로 하는 당사자들 사이의 특약이 있다는 등의 특별한 사정이 없는 한 임대인의 법인에 대한 임차보증금반환채무는 소멸하지 아니한다(대판 2003.7.25. 2003다2918).

그러나 임차인이 (1) 주택도시기금을 재원으로 하여 저소득층 무주택자에게 주거생활 안정을 목적으로 전세임대주택을 지원하는 법인인 ① 한국토지주택공사법에 따른 한국토지주택공사 ②지방공기업법 제49조에 따라 주택사업을 목적으로 설립된 지방공사이거나(주임보 3②, 주임보령 2) (2) 중소기업기본법 제2조에 따른 중소기업에 해당하는 법인인 경우(주임보 3③)에는 예외적으로 다음과 같이 주택임대차보호법에 의한 임차인 보호의 내용이 적용된다.

첫째로 임차인이 (1)의 법인인 한국토지주택공사와 지방공사인 경우는 주택을 임차한 후 지방자치단체의 장 또는 그 법인이 선정한 입주자가 그 주택을 인도받고 주민등록을 마쳤을 때에는 등기가 없는 경우에도 제3자 대항력이 생기고(주임보 3②), (2)의 법인인 중소기업인 경우는 해당 법인이 소속 직원의 주거용으로 주택을 임차한 후 그 법인이 선정한 직원이 해당 주택을 인도받고 주민등록을 마쳤을 때에는 등기가 없는 경우에도 그 다음 날부터 제3자 대항력이 생긴다. 그리고 임대차가 끝나기 전에 그 직원이 변경된 경우에는 그 법인이 선정한 새로운 직원이 주택을 인도받고 주민등록을 마친 다음 날부터 제3자대항력이 생긴다(주임보 3③).

둘째로 위 (1)과 (2)의 법인이 제3자 대항요건(對抗要件)을 구비하고 아울러 임대차계약증서상에 확정일자(確定日字)를 받아둔 때에는 민사집행법에 따른 경매 또는 국세징수법에 따른 공매(公賣)를 할 때에 임차주택(대지를 포함한다)의 환가대금(換價代金)에서 후순위권리자(後順位權利者)나 그 밖의 채권자보다 우선하여 보증금을 변제(辨濟)받을 권리(이른바 순차적우선변제권)를 가진다(주임보 3의2②). 다만 이 경우 보증금의 변제를 받으려면 임차주택을 양수인에게 인도하여야 한다(주임보 3의2③).

셋째로 임대차가 끝난 후 보증금이 반환되지 아니한 경우 위 (1)과 (2)의 법인인 임차인은 임차주택의 소재지를 관할하는 지방법원·지방법원지원 또는 시·군법원에 임차권등기명령을 신청할 수 있고(주임보 3의3①), 민법 第621조의 규정에 의한 임대차등기를 할 수 있다(주임보 3의4①). 이 경우 임차권등기절차 및 임차권등기의 효력은 자연인이 임차인인 경우와 같다(주임보 3의3, 3의4).

넷째로 위 (1)과 (2)의 법인이 임차주택에 대하여 보증금반환청구소송의 확정판결이나 그 밖에 이에 준하는 집행권원(執行權原)에 따라서 경매를 신청하는 경우에는 집행개시(執行開始)요건에 관한 「민사집행법」 제41조에도 불구하고 반대의무(反對義務)의 이행이나 이행의 제공을 집행개시의 요건으로 하지 아니한다(주임보 3의2①).

마. 재외동포

주민등록의 구비를 요건으로 하는 주택임차인 보호에 관한 주택임대차보호법의 규정이 재외동포가 주택임차인인 경우에도 적용되는가. 재외동포란 재외국민과 외국국적동포를 통칭한다. 재외국민이란 대한민국의 국민으로서 외국의 영주권을 취득한 자 또는 영주할 목적으로 외국에 거주하고 있는 자를 말하고, 외국국적동포란 ① 대한민국의 국적을 보유하였던 자(대한민국정부 수립 이전에 국외로 이주한 동포를 포함한다)로서 외국국적을 취득한 자, ② 부모의 일방 또는 조부모의 일방이 대한민국의 국적을 보유하였던 자로서 외국국적을 취득한 자를 말한다(재동출법 2, 재동출법령 3).

재외동포의 출입국과 법적지위에 관한 법률 제6조에 의하여 국내거소신고를 한 재외국민이나 외국국적동포가 주택임차인인 경우에는 주택임대차보호법이 적용되는 것으로 보아야 한다. 재외국민의 경우는 대한민국의 국적을 가지고 있다는 점에서 당연히 주택임대차보호법이 적용되는 것으로 보아야 하고, 외국국적동포인 경우는 재외동포의 출입국과 법적지위에 관한 법률 제11조 제1항에 「국내거소신고를 한 외국국적동포는 부동산 거래신고 등에 관한 법률 제9조제1항제1호에 따른 경우 외에는 대한민국 안에서 부동산을 취득·보유·이용 및 처분할 때에 대한민국의 국민과 동등한 권리를 갖는다. 다만, 부동산 거래신고 등에 관한 법률 제3조제1항 및 제8조에 따른 신고를 하여야 한다」고 규정되어 있기 때문이다.

재외동포가 주택임차인인 경우 주택임대차보호법에 의한 주택임대차의 대항력구비요건으로서의 전입신고는 재외동포의 출입국과 법적지위에 관한 법률 제6조에 의한 국내거소신고로써 갈음하는 것으로 보면 된다. 또한 재외동포의 경우 법령에 규정된 각종 절차와 거래관계 등에서 주민등록증, 주민등록표 등본·초본, 외국인등록증 또는 외국인등록 사실증명이 필요한 경우에는 국내거소신고증(재동출법 7⑦에 따른 모바일국내거소신고증을 포함한다)이나 국내거소신고 사실증명으로 그에 갈음할 수 있으며, 재외동포의 출입국과 법적지위에 관한 법률 또는 다른 법률에서 실물 국내거소신고증이나 국내거소신고증에 기재된 성명, 사진, 거소신고번호 등의 확인이 필요한 경우 모바일국내거소신고증의 확인으로 이를 갈음할 수 있다(재동출법 9).

바. 외국인

주민등록의 구비를 요건으로 하는 주택임차인 보호에 관한 주택임대차보호법의 규정이 외국인이 주택임차인인 경우에도 적용되는가. 이에 관하여는 ① 사회법적인 성질을 가지는 주택임대차보호법의 성질에 비추어 국적을 달리한다 하여 외국인의 보호를 배제할 이유가 없다는 점 ② 출입국관리법에 외국인등록제도와 체류지변경신고제도가 마련되어 있다는 점에서 긍정하는 것이 타당하다. 이 경우 주택임대차보호법의 적용요건인 주민등록으로서의 전입신고는 외국인등록신청과 체류지변경신고로 갈음하는 것으로 보면 된다. 외국인등록과 체류지변경신고절차는 다음과 같다.

외국인이 입국한 날부터 90일을 초과하여 대한민국에 체류하려면 대통령령으로 정하는 바에 따라 입국한 날부터 90일 이내에 그의 체류지를 관할하는 지방출입국·외국인관서의 장에게 외국인등록을 하여야 한다(출관 31①본). 외국인등록사항은 ① 성명, 성별, 생년월일 및 국적 ② 여권의 번호·발급일자 및 유효기간 ③ 근무처와 직위 또는 담당업무 ④ 본국의 주소와 국내 체류지 ⑤ 체류자격과 체류기간 ⑥ 입국일자 및 입국항 ⑦ 사증에 관한 사항 ⑧ 동반자(「민법」 제779조에 따른 가족의 관계에 있는 사람으로서 동거하는 사람을 말한다)에 관한 사항 ⑨ 「초·중등교육법」 제2조 각 호의 어느 하나에 해당하는 학교에의 재학 여부 ⑩ 사업자 등록번호 ⑪직업 및 연간소득금액[영 제23조제1항부터 제3항까지에 따른 체류자격을 가진 사람 또는 영 별표 1의2 중 10. 주재(D-7)부터 12. 무역경영(D-9)까지의 체류자격을 가진 사람에 한정한다]이다(출관 32, 출관규 47). 그밖에 외국인등록과 체류지변경신청의 구체적인 절차는 출입국관리법 제33조~제36조 참조.

사. 임차권의 양도와 임차물의 전대

임차권의 양도란 임차권을 그 동일성을 유지하면서 제3자에게 이전시키는 것을 말한다. 임차물의 전대란 임차인이 자신이 임대인(즉 전대인)이 되어 그가 빌린 임차물을 다시 제3자(즉 전차인)로 하여금 사용·수익하게 하는 계약을 말한다. 임차권의 양도와 임차물의 전대가 있는 경우에도 주택임대차보호법이 적용되는가.

주택임대차보호법 제3조 제1항에 의한 대항력을 갖춘 주택임차인이 임대인의 동의를 얻어 적법하게 임차권을 양도하거나 임차물을 전대한 경우, 양수인이나 전차인에게 점유가 승계되고 주민등록이 단절된 것으로 볼 수 없을 정도의 기간 내에 전입신고가 이루어졌다면 비록 위 임차권의 양도나 전대에 의하여 임차권의 공시방법인 점유와 주민등록이 변경되었다 하더라도 원래의 임차인이 갖는 임차권의 대항력은 소멸되지 아니하고 동일성을 유지한 채로 존속한다고 보아야 한다. 이러한 경우 임차권 양도에 의하여 임차권은 동일성을 유지하면서 양수인에게 이전되고 원래의 임차인은 임대차관계에서 탈퇴하므로 임차권 양수인은 원래의 임차인이 주택임대차보호법 제3조의2 제2항 및 같은 법 제8조 제1항에 의하여 가지는 우선변제권을 행사할 수 있고, 전차인은 원래의 임차인이 주택임대차보호법 제3조의2 제2항 및 같은 법 제8조 제1항에 의하여 가지는 우선변제권을 대위 행사할 수 있다.[442]

반면에 주택임대차보호법 제3조 제1항에 의한 대항력을 갖춘 주택임차인이 임대인의 승낙 없이 임차권을 양도한 경우에는 대항력이 소멸하는 것으로 보아야 한다. 이 경우 양도인은 임대차주택을 점유하고 있지 않아 주택임대차보호법 제3조 제1항에 의한 대항력을 상실한 상태이고, 양수인은 임대인의 승낙이 없

---

442) 대판 2010.6.10. 2009다101275 참조.

어 양도인으로부터 취득한 임차권을 가지고 임대인에게 대항할 수 없기 때문이다. 그리고 대항력을 갖춘 주택임차인이 임대인의 승낙 없이 임차물의 전부를 전대한 경우도 마찬가지인 것으로 보아야 한다. 다만 주택임대차보호법 제3조 제1항에 의한 대항력 구비요건으로서의 주택에 대한 점유는 간접점유방식에 의한 것까지를 포함하는 것으로 보아 전대인(임차인)이 간접점유권을 가지고 있는 전대차의 경우는 대항력을 유지하는 것으로 생각할 수가 있으나, 대항력구비요건으로서의 간접점유는 임대인의 승낙을 받은 적법한 전대차에 한하는 것이므로[443] 임대인의 승낙이 없는 임차물 전부의 전대차가 있는 경우는 대항력이 소멸하는 것으로 보아야 한다. 문제는 임대인의 승낙 없이 한 일부 전대의 경우에도 대항력이 소멸하는가 하는 점이다. 이에 관하여는 비록 임차물의 전부는 아니지만 전대인(임차인)의 점유가 유지되어 있다는 점에서 임대인이 임대차계약을 해지할 수 있는 것은 별론으로 하고 대항력 자체는 소멸하지 아니하고 유지된다고 보는 것이 타당하다.

한편 주택임차인으로부터 임차권의 양수가 아닌 임차보증금반환채권만을 양수한 자나 다른 채권에 대한 담보 목적으로 임차보증금반환채권을 양수한 자는 주택임대차보호법상의 우선변제권을 행사할 수 있는 임차인에 해당한다고 볼 수 없으므로, 그 양수인은 임차주택에 대한 경매절차에서 주택임대차보호법상의 임차보증금 우선변제권자의 지위에서 배당요구를 할 수 없고, 일반 금전채권자로서의 요건을 갖추어 배당요구를 할 수 있을 뿐이다.[444]

판례 7-45

주택임차인이 임차물을 전대한 경우의 제3자대항력

① 주택임대차보호법 제3조 제1항에 정한 대항요건은 임차인이 당해 주택에 거주하면서 이를 직접 점유하는 경우뿐만 아니라 타인의 점유를 매개로 하여 이를 간접점유하는 경우에도 인정될 수 있다.

② 주택임차인이 임차주택을 직접 점유하여 거주하지 않고 그곳에 주민등록을 하지 아니한 경우라 하더라도, 임대인의 승낙을 받아 적법하게 임차주택을 전대하고 그 전차인이 주택을 인도받아 자신의 주민등록을 마친 때에는, 이로써 당해 주택이 임대차의 목적이 되어 있다는 사실이 충분히 공시될 수 있으므로, 임차인은 주택임대차보호법에 정한 대항요건을 적법하게 갖추었다고 볼 것이다.

443) 대판 2007.11.29. 2005다64255 참조.
444) 대판 2010.5.27. 2010다10276 참조.

③ 임차인이 비록 임대인으로부터 별도의 승낙을 얻지 아니하고 제3자에게 임차물을 사용·수익하도록 한 경우에 있어서도, 임차인의 당해 행위가 임대인에 대한 배신적 행위라고 할 수 없는 특별한 사정이 인정되는 경우에는, 임대인은 자신의 동의 없이 전대차가 이루어졌다는 것만을 이유로 임대차계약을 해지할 수 없으며, 전차인은 그 전대차나 그에 따른 사용·수익을 임대인에게 주장할 수 있다 할 것이다.
④ 주택의 전대차가 그 당사자 사이뿐 아니라 임대인에 대하여도 주장할 수 있는 적법, 유효한 것이라고 평가되는 경우에는, 전차인이 임차인으로부터 주택을 인도받아 자신의 주민등록을 마치고 있다면 이로써 주택이 임대차의 목적이 되어 있다는 사실은 충분히 공시될 수 있고 또 이러한 경우 다른 공시방법도 있을 수 없으므로, 결국 임차인의 대항요건은 전차인의 직접 점유 및 주민등록으로써 적법, 유효하게 유지, 존속한다고 보아야 한다. 이와 같이 해석하는 것이 임차인의 주거생활의 안정과 임차보증금의 회수확보 등 주택임대차보호법의 취지에 부합함은 물론이고, 또 그와 같이 해석한다고 해서 이미 원래의 임대차에 의하여 대항을 받고 있었던 제3자에게 불측의 손해를 준다거나 형평에 어긋나는 결과가 되는 것도 아니다(대판 2007.11.29. 2005다64255).

(13) 주택임차권과 근저당권의 관련성

주택임차권과 근저당권은 ① 주택임차권이 설정되어 있는 주택을 대상으로 근저당권을 설정하는 경우가 있다는 점 ② 근저당권이 설정되어 있는 주택을 대상으로 주택임차권이 설정되는 경우가 있다는 점에서 서로 관련되어 있는 바, 이하에서 주택임차권과 근저당권의 관계로서 자세히 설명하기로 한다.

2. 근저당권과의 관계

(1) 상호관계

주택임차권이 설정되어 있는 부동산이라고 하여 그 소유자가 근저당권을 설정할 수 없는 것이 아니고 또한 이미 근저당권이 설정되어 있는 부동산이라고 하여 주택임차권을 설정할 수 없는 것도 아니다. 따라서 주택임차권과 근저당권은 대상 부동산상에 경매절차가 실시되어 매수인이 소유권을 취득하기 전까지는 독립하여 병존하게 된다.

그러나 대상 부동산에 경매절차가 실시되어 매수인이 소유권을 취득하게 되면 주택임차권과 근저당권은 상호 영향을 미치게 된다. 구체적으로 어떠한 영향을 미치는지는 경매 부동산상에 존재하는 주택임차권의 대항력구비일자 또는 임대차계약서상의 확정일자와 근저당권의 설정등기일자 중 어느 것이 먼저인지에 따라 다르다. 이하에서 순차로 살펴보기로 한다.

(2) 주택임대차관계의 매수인에 대한 대항 가능여부

가. 주택임차권이 근저당권보다 선순위인 경우

(가) 배당요구를 하지 않은 경우

대상 주택에 대하여 경매절차가 실시되는 경우 근저당권보다 선순위로 대항력을 구비한 주택임차권은 주택임차인이 첫 매각기일 이전으로 법원이 정한 배당요구의 종기까지 배당요구를 하지 않는 한 매수인에게 승계되어, 주택임차인은 구 소유자와의 주택임대차관계를 신 소유자인 매수인에 대하여도 대항할 수 있다.[445] 이 경우 존속기간이 만료되는 등으로 주택임대차관계가 종료되어 있는 때에는 주택임차인은 그 종료된 상태로 주택임대차관계를 신 소유자인 매수인에 대하여 대항할 수 있다.

반면에 대항력을 구비하지 않은 주택임차권은 근저당권보다 선순위로 성립된 경우로서 배당요구의 종기까지 배당요구를 하지 않았다 하더라도 그 주택임대차관계가 매수인에게 승계되지 않으며, 그에 따라 이들 주택임차인은 구 소유자와의 주택임대차관계를 신 소유자인 매수인에 대하여 대항할 수 없어 매수인에게 임대차부동산을 인도할 수밖에 없고 보증금은 구 소유자로부터 반환받을 수밖에 없다.

(나) 배당요구하여 보증금이 모두 변제되는 경우

(ㄱ) 매수인에 대한 주택임차권의 대항가능 여부

대항력을 구비한 주택임차권이 근저당권보다 선순위로 성립된 경우[446]라도

445) 경매 주택에 대항력을 구비한 주택임차권과 근저당권 이외에 ① 경매개시결정등기(민집 144iii) ② 다른 저당권(민집 91②) ③ 담보가등기(가담 13, 15) ④ 가압류등기(법률에 명문의 규정은 없으나 통설) ⑤ 배당요구한 전세권(민집 91④) ⑥ 배당요구한 보증금이 전액 변제되는 대항력 있는 다른 주택임차권(주임보 3의5)이 있은 때에, 매수인의 소유권취득으로 주택임차권이 소멸하지 아니하고 매수인에게 인수되려면, 그 대항력구비는 근저당권은 물론이고 이들 ①~⑥ 보다도 먼저 이루어진 것이어야 한다.

446) 또한 경매 부동산상에 대항력을 구비한 주택임차권과 근저당권 이외에 ① 경매개시결정등기(민집 144iii), ② 다른 저당권(민집 91②), ③ 담보가등기(가담 13, 15), ④ 가압류등기(법률에 명문의 규정은 없으나 통설)가 있은 때에는 주택임차권의 대항력구비가 근저당권은 물론이고 이들 ①~④ 보다도 먼저 이루어진 것이어야 한다.

주택임차인이 첫 매각기일 이전으로 법원이 정한 배당요구의 종기까지 배당요구를 하여 보증금 전액을 배당받을 수 있는 때에는 그 주택임차권은 매수인의 소유권취득으로 소멸하고(주임보 3의5본), 그에 따라 주택임차인은 구 소유자와의 주택임대차관계를 신 소유자인 매수인에 대하여 대항할 수 없게 된다. 이는 대항력과 우선변제권을 모두 구비한 주택임차인에 대하여, 매수인에 대한 주택임차권의 대항과 매각대금으로부터의 우선변제를 선택할 수 있도록 하는 경우에 생기는 다음과 같은 불합리한 결과의 발생을 방지하기 위한 것이다.

즉, 현행 민사집행법이 제정되어 시행되기 전의 구 민사소송법은 부동산경매절차에 있어서 배당요구의 종기를 낙찰기일(현행 민사집행법상으로는 매각결정기일이 이에 해당된다)까지로 하고 있었고 또한 이 주택임대차보호법 제3조의5의 규정(1999년 1월 21일 개정되어 1999년 3월 1일부터 시행)이 신설되기 전의 대법원판례가 대항력과 우선변제권을 모두 구비한 주택임차인은 매수인에 대한 주택임차권의 대항과 매각대금으로부터 우선변제를 선택할 수 있는 것(대판 1996.7.12. 94다37646 참조)으로 하고 있었기 때문에 다음과 같은 불합리한 결과가 발생하는 것을 막을 수가 없었다.

예컨대 제1순위의 주택임차권(보증금 2억 원)과 제2순위의 근저당권(채권최고액 2억 원)이 설정되어 있는 시가 4억 원의 부동산이 경매되는 경우에, 주택임차인의 임차권이 매수인(구 민사소송법상은 낙찰인)에게 대항할 수 있는 것이면, 매수인은 일단 주택임대차가 승계되는 것을 전제로 2억 원 이하의 가격으로 매수신고(구 민사소송법상은 입찰신고)할 수밖에 없게 된다. 그런데 매수인의 매수신고 후 매각결정기일(구 민사소송법상은 낙찰기일)에서의 매각허가결정(구 민사소송법상은 낙찰허가결정)이 있기 전에, 주택임차인이 매수인에 대한 주택임차권의 대항을 선택하지 않고, 매각대금으로부터의 우선변제를 선택하여 배당요구를 하게 되면(구 민사소송법상으로는 낙찰기일까지 배당요구를 할 수 있기 때문에 이와 같은 배당요구를 하는 것이 가능하다), 제2순위의 근저당권자는 배당을 받을 수가 없어 손해를 보는 반면에, 매수인은 뜻하지 않게 보증금의 반환의무를 면하게 되어 이익을 얻는 불합리한 결과가 생기게 된다.

그런데 개정된 주택임대차보호법에 따라 보증금이 전액 변제되는 주택임차권이 매수인의 소유권취득으로 인하여 소멸하는 것으로 하면, 매수인은 처음부터 이러한 임차권의 부담이 없는 부동산의 가치를 평가하여 매수가격을 신고하게 되고, 또한 저당권자나 주택임차인도 그 매각대금으로부터 자신의 순위에 따라 배당을 받게 되므로, 뜻하지 않게 저당권자가 손해를 보는 반면에 매수인이 이익을 보게 되는 불합리한 결과는 발생하지 않게 되는 것이다.

(ㄴ) 주택임대차의 존속 중에 배당요구를 할 수 있는지 여부

현행 민사집행법에 의하면 배당요구의 종기는 첫 매각기일 이전으로 법원이 정하게 되는데(민집 84①), 배당요구의 종기까지 주택임대차가 종료되지 않는 경우에도 주택임차인이 배당요구를 할 수 있는지 문제로 되나, 임차주택에 대하여 경매절차가 진행된다는 것은 임대인 측의 사정으로 주택임대차를 계속 유지할 수 없는 사유가 발생한 것으로 볼 수 있으므로 긍정하는 것이 타당하다. 그리고 대항력을 갖춘 임차인이 임대차기간이 종료되지 아니하였음에도 경매법원에 배당요구를 하는 것은, 스스로 더 이상 임대차관계의 존속을 원하지 아니함을 명백히 표명하는 것이어서 다른 특별한 사정이 없는 한 이를 임대차해지의 의사표시로 볼 수 있고, 경매법원이 임대인에게 배당요구 사실의 통지를 하면 결국 임차인의 해지의사가 경매법원을 통하여 임대인에게 전달되어, 그 때 해지통지가 임대인에게 도달된 것으로 되어 임대차계약해지의 효력이 생기는 것으로 보아야 한다. 대법원판례도 같다.

판례 7-46

임대차관계의 존속 중에 배당요구를 할 수 있는지 여부

① 임차주택의 양수인에게 대항할 수 있는 임차권자라도 스스로 임대차관계의 승계를 원하지 아니할 때에는 승계되는 임대차관계의 구속을 면할 수 있다고 보아야 하므로, 임차주택이 임대차기간의 만료 전에 경매되는 경우 임대차계약을 해지함으로써 종료시키고 우선변제를 청구할 수 있다. 그 경우 임차인에게 인정되는 해지권은 임차인의 사전 동의 없이 임대차 목적물인 주택이 경락으로 양도됨에 따라 임차인이 임대차의 승계를 원하지 아니할 경우에는 스스로 임대차를 종료시킬 수 있어야 한다는 공평의 원칙 및 신의성실의 원칙에 근거한 것이므로 해지통고 즉시 그 효력이 생긴다.

② 임대차의 목적물인 주택이 경매되는 경우에 대항력을 갖춘 임차인이 임대차기간이 종료되지 아니하였음에도 경매법원에 배당요구를 하는 것은, 스스로 더 이상 임대차관계의 존속을 원하지 아니함을 명백히 표명하는 것이어서 다른 특별한 사정이 없는 한 이를 임대차해지의 의사표시로 볼 수 있고, 한편 민사소송법 제606조 제1항은 배당요구 사실을 경매법원이 채무자에게 통지하도록 규정하고 있고 제728조가 담보권실행을 위한 경매에도 준용하고 있으므로, 경매

> 법원이 위 법조에 정한 바에 따라 임대인에게 배당요구 사실의 통지를 하면 결국 임차인의 해지의사가 경매법원을 통하여 임대인에게 전달되어 그 때 해지통지가 임대인에게 도달된 것으로 볼 것이니, 임대차관계는 그 배당요구 통지의 임대인에 대한 도달 즉시 해지로 종료된다. 따라서 임차주택이 임대차기간의 만료 전에 경매되는 경우에 대항력 있는 임차인이 배당요구를 하고 그 배당요구의 통지가 임대인에게 도달하였다면 임대차관계는 이로써 종료되어 주택임대차보호법 제3조의2 제1항 단서에 해당하지 않게 되므로, 임차인에게 같은 법조 제1항 본문 또는 제8조 제1항에 의한 우선변제권을 인정하여야 한다(대판 1996.7.12. 94다37646).

㈐ 배당요구하여 보증금이 모두 변제되지 않는 경우

㈀ 주택임대차의 매수인 승계

근저당권보다 선순위로 대항력을 구비한 주택임차권으로서 그 임차인이 배당요구의 종기까지 배당요구를 하였으나 매각대금으로 보증금이 모두 변제되지 않는 것은 매각에 의하여 소멸하지 아니하고 매수인에게 승계된다(주임보 3의5단).

이는 매각대금으로부터 보증금을 전액 배당받을 수 없는 대항력 있는 주택임차인을 보호하기 위한 것이다. 보증금이 전액 변제되지 아니한 대항력 있는 임차권으로는, 예컨대 주택의 점유와 주민등록을 제1순위로 하여 대항력을 구비하였으나 임대차계약서상에 확정일자를 받아두지 않았거나 저당권설정등기일자보다 늦게 받아둔 경우, 주택의 점유와 주민등록은 물론이고 임대차계약서상에 확정일자도 제1순위로 구비하였으나 당해 주택의 매각대금이 임차인의 보증금에 미치지 못하는 경우 등을 들 수 있다.

㈁ 대항할 수 있는 보증금의 금액

근저당권보다 선순위로 대항력을 구비한 주택임차권으로서 그 임차인이 배당요구의 종기까지 배당요구를 하였으나 매각대금으로 보증금이 모두 변제되지 않아 매수인에게 전 소유자와의 임대차관계를 대항할 수 있다고 할 때 주택임차인이 신 소유자인 매수인에게 승계되는 보증금의 금액이 얼마인지 문제로 되나, 이에 관하여는 주택임차인이 보증금 모두를 배당요구하여 현실로 배당받은 금액을 공제한 나머지 보증금을 의미하는 것은 아니라 전 소유자인 임대인에게 지급한 보증금 중 경매절차에서 올바른 배당순위에 따른 배당이 실시될 경우의 배당액을 공제한 나머지 금액을 의미하는 것으로 보아야 한다. 따라서 주택임차인이 경매절차에서 보증금 모두를 배당요구하여 현실로 배당받은 금액이 배당받을 수 있었던 금액보다 적은 경우라도(즉 법원이 배당을 잘못한 경우라도) 매수인을 상대로 그 차액의 반환을 구할 수는 없고 오로지 과다 배당받은 후순위 배당채권자를 상대로 부당이득의 반환을 구하여 구제받는 수밖에 없다. 대법원판례도 같다.[447)]

그런데 여기에서 임차주택과 보증금의 반환이 동시이행의 관계에 있다는 점에서 주택임차인이 배당요구하여 보증금의 일부를 배당을 받고서 배당받지 못한 잔여 보증금을 가지고 매수인에게 대항할 수 있다고 하면 주택임차인이 배당받지 못한 일부 보증금만으로 계속 주택을 사용할 수 있다는 것이 되어 불공평하지 않은가 하는 의문이 들 수 있다. 그러나 배당요구와 배당금의 수령은 구별하여야 할 것으로, 임차주택의 반환과 동시이행관계에 있는 것은 배당금의 수령이지 배당요구가 아니다. 따라서 배당요구는 임차주택의 반환 전에도 할 수 있는 것으로 보아야 하고, 법원으로서도 임차주택의 반환이나 반환제공이 있기 전에는 임차인에 대한 배당금을 공탁하여 두었다가, 매수인의 반환확인이 있거나 임차인의 반환제공증명이 있는 경우에 교부하는 것이므로 불공평한 결과는 생기지 않는다.

판례 7-47

대항력과 우선변제권의 권리를 겸유하고 있는 주택임차인의 지위

주택임대차보호법상의 대항력과 우선변제권의 두 가지 권리를 겸유하고 있는 임차인이 우선변제권을 선택하여 제1경매절차에서 보증금 전액에 대하여 배당요구를 하였으나 보증금 전액을 배당받을 수 없었던 때에는 경락인에게 대항하여 이를 반환받을 때까지 임대차관계의 존속을 주장할 수 있을 뿐이고, 임차인의 우선변제권은 경락으로 인하여 소멸하는 것이므로 제2경매절차에서 우선변제권에 의한 배당을 받을 수 없다(대판 2001.3.27. 98다4552).

나. 주택임차권이 근저당권보다 후순위인 경우

주택임대차의 대항요건구비가 근저당권설정등기보다 후인 경우[448)]에, 대상부동산에 대하여 경매절차가 실시되면 주택임차권은 근저당권과 함께 소멸되

447) 대판 2001.3.23. 2000다30165 참조.

448) 경매 부동산상에 대항력 있는 주택임차권과 근저당권 이외에 ① 경매개시결정등기(민집 144 iii), ② 다른 저당권(민집 91②), ③ 담보가등기(가담 13, 15), ④ 가압류등기(법률에 명문의 규정은 없으나 통설)가 있은 때에는, 대항력 있는 주택임차권이 근저당권보다는 먼저 성립된 것이라 하더라도 이들 ①~④ 중 어느 하나의 권리보다 후에 성립된 것이라면 주택임차권은 매수인의 소유권취득으로 소멸하는 ①~④의 권리와 함께 소멸한다.

어, 주택임차권자는 전 소유자와의 용익관계를 신 소유자인 매수인에 대하여 대항할 수 없게 된다. 따라서 이 경우에 주택임차권자는 매각대금으로부터의 배당요구를 하여 그 순위에 따라 전세금 또는 보증금반환청구권의 만족을 구할 수밖에 없다.

판례 7-48

저당권보다 후순위 주택임차권의 매수인에 대한 대항여부

경매목적 부동산이 경락된 경우에는 소멸된 선순위저당권보다 뒤에 등기되었거나 대항력을 갖춘 임차권은 함께 소멸하는 것이고, 따라서 그 경락인은 주택임대차보호법 제3조에서 말하는 임차주택의 양수인 중에 포함된다고 할 수 없을 것이므로 경락인에 대하여 그 임차권의 효력을 주장할 수 없다(대판 2000.2.11. 99다59306).

(3) 주택임대차 보증금의 배당

대상 부동산이 경매됨으로써 주택임차권이 소멸하는 경우 주택임차권자는 매각대금으로부터 배당을 받아 보증금의 반환을 받을 수밖에 없으며, 배당받지 못한 보증금에 대하여는 전 소유자에게 반환 청구할 수밖에 없고 신 소유자인 매수인에게는 반환 청구할 수가 없다.

주택임차권자가 매각대금으로부터 보증금의 배당을 받으려면 첫 매각기일 이전으로 법원이 정한 배당요구의 종기까지 배당요구를 하여야 한다. 배당요구는 보증금반환채권에 관하여 우선변제권이 있으면 그 증빙을 하여 할 수 있으나 우선변제권이 없으면 보증금반환채권에 관하여 집행력 있는 정본을 구비하거나 대상 부동산을 가압류한 후라야 비로소 할 수 있다.

대항요건 구비와 함께 임대차계약서상에 확정일자를 받아둔 주택임차인은 그 보증금반환채권에 관하여 순차적우선변제권이 있으나, 단순히 대항요건만을 구비하고 임대차계약서상에 확정일자를 받아 두지 않은 주택임차인에게는 보증금반환채권에 우선변제권이 인정되어 있지 않다. 그러나 이 경우 보증금의 액수가 소액보증금에 해당하는 경우에는 그 소액보증금 중 일정액에 대하여 최우선변제권이 인정되어 있다(주임보 8, 주임보령 3①, 4).

(4) 대항력 있는 주택임차권이 있는 부동산의 담보가치

가. 통상의 경우

근저당권을 설정하려고 하는 부동산상에 이미 대항력 있는 주택임차권이 설정되어 있는 때에는, 그 부동산의 담보가액을 산정함에 있어서 그 주택임차인의 보증금을 공제하여야 한다. 근저당부동산이 경매되는 경우 근저당권자는 경매부동산의 매각대금으로부터 배당을 받게 되는데, 경매 부동산의 매수인은 그 매수신청가격을 결정함에 있어서 자신이 인수하게 되는 주택임대차의 보증금을 공제할 것이기 때문이다.

나. 제1·제2순위 근저당권 사이에 대항력 있는 임차권이 있는 경우

예컨대 시가 6억 원 상당의 A소유의 주택에 S가 제1순위근저당권 5천만 원을 설정하고, 다음에 D가 보증금 4억 원의 임대차계약을 체결하여 입주 및 주민등록을 마친 후(임대차계약증서상에 확정일자를 구비하지 않은 것으로 한다) 다시 K가 제2순위근저당권 6억 원을 설정한 경우, 주택임차인 D와 제2순위근저당권자 K의 법률적 지위는 어떠한가.

우선 이 상태 그대로 동 주택이 경매되면 S와 K의 근저당권은 물론이고 D의 주택임차권도 소멸하게 된다. 소멸하는 근저당권보다 후순위의 권리는 그 근저당권과 함께 소멸하는 것이기 때문이다. 따라서 이 경우 매수인은 경매주택의 매수신고가격을 6억 원까지로 할 수 있고, 그 매각대금은 S에게 1순위로 5천만 원, K에게 2순위로 5억5천만 원이 배당되고, D에게는 배당되지 않는다. D는 보증금이 소액이 아니어서 최우선변제권이 없고 또 임대차계약서상에 확정일자를 받지 않았기 때문에 우선변제권도 없기 때문이다. 그 결과 이 경우 D는 전 소유자인 A로부터 보증금을 반환받을 수밖에 없으며 A가 무자력이면 보증금을 회수할 길이 없게 된다.

그러나 위 사례에서 D가 S에 대한 A의 채무를 대위변제하여 제1순위근저당권을 소멸시킴으로써, D의 임차권이 제1순위인 상태에서 동 주택이 매각되도록 하면 D의 임차권이 매수인에게 인수되게 된다. 그리고 이렇게 되면 매수인은 동 주택의 매수신고가액을 2억 원으로 할 수밖에 없고, 그에 따라 K도 2억 원을 배당받게 된다. 즉, 이 경우 D는 5천만 원의 대위변제자금을 추가로 투입함으로써, 4억 원의 보증금을 반환받지 않으면 동 주택을 반환하지 않을 수 있는 권리를 계속 확보할 수 있는 것이다. 그러면 이와 같은 효과를 얻기 위하여 임차인 D는 언제까지 동 주택에 대한 S의 제1순위근저당권을 소멸시켜야 하는가. 이에 관하여는 여러 가지 견해가 있을 수 있으나 대법원의 판례는 매수인이 매각대금을 지급하고서 소유권을 취득하기 전까지라고 한다[449].

그런데 이렇게 되면 매수인은 D의 임차권이 소멸하는 것을 전제로 매수가격을 신고하였다가 이를 승계하게 됨으로써 그 보증금 해당액만큼의 부담을 안게 되어 손해를 보게 되는데, 이 경우 매수인이 D의 임차권을 승계하게 됨으로써 입게 되는 손해를 피하려면 부동산에 관한 중대한 권리관계가 변동된 사실이 경매절차의 진행 중에 밝혀진 것(민집 121vi)을 이유로 집행법원에 매각허가결정의 취소신청을 하여 구제받을 수밖에 없다(민집 127①)[450].

위 사례의 경우 제2순위근저당권자인 K는 동 주택에 대한 담보가치를 얼마로 파악할 수 있는가. 결론부터 말하면 다른 이해관계인 없이 D와 S 및 K의 관계에서만 볼 경우 2억 원에서 5억 5천만 원 사이인 것으로 보아야 한다. S의 제1순위근저당권이 존재하는 상태에서 경매되면 매각대금이 6억 원으로 되어, S와 K가 5천만 원과 5억5천만 원의 배당을 받게 되는 반면, S의 제1순위근저당권이 존재하지 않은 상태에서 경매되면 매각대금이 2억 원으로 되어 K에게 2억 원이 배당될 것이기 때문이다.

판례 7-49

후순위임차인이 선순위저당권을 소멸시켜 매수인에게 대항할 수 있는 최종시기

(1) ① 담보권의 실행을 위한 부동산의 입찰절차에 있어서, 주택임대차보호법 제3조에 정한 대항요건을 갖춘 임차권보다 선순위의 근저당권이 있는 경우에는, 낙찰로 인하여 선순위 근저당권이 소멸하면 그보다 후순위의 임차권도 선순위 근저당권이 확보한 담보가치의 보장을 위하여 그 대항력을 상실하는 것이지만, 낙찰로 인하여 근저당권이 소멸하고 낙찰인이 소유권을 취득하게 되는 시점인 낙찰대금지급기일 이전에 선순위 근저당권이 다른 사유로 소멸한 경우에는, 대항력 있는 임차권의 존재로 인하여 담보가치의 손상을 받을 선순위 근저당권이 없게 되므로 임차권의 대항력이 소멸하지 아니한다.

---

449) 대판 2002.6.28. 2002다14273 참조.
450) 대결 1998.8.24. 98마1031 참조.

> ② 선순위 근저당권의 존재로 후순위 임차권의 대항력이 소멸하는 것으로 알고 부동산을 낙찰받았으나, 그 이후 선순위 근저당권의 소멸로 인하여 임차권의 대항력이 존속하는 것으로 변경됨으로써 낙찰부동산의 부담이 현저히 증가하는 경우에는, 낙찰인으로서는 민사소송법 제639조 제1항의 유추적용에 의하여 낙찰허가결정의 취소신청을 할 수 있다(대결 1998.8.24. 98마1031).
>
> (2) 담보권의 실행을 위한 부동산의 입찰절차에 있어서 주택임대차보호법 제3조에 정한 대항요건을 갖춘 임차권보다 선순위의 근저당권이 있는 경우에는 낙찰로 인하여 선순위 근저당권이 소멸하면 그보다 후순위의 임차권도 선순위 근저당권이 확보한 담보가치의 보장을 위하여 그 대항력을 상실하는 것이지만, 낙찰로 인하여 근저당권이 소멸하고 낙찰인이 소유권을 취득하게 되는 시점인 낙찰대금지급기일 이전에 선순위 근저당권이 다른 사유로 소멸한 경우에는 대항력 있는 임차권의 존재로 인하여 담보가치의 손상을 받을 선순위 근저당권이 없게 되므로 임차권의 대항력이 소멸하지 아니한다(대판 2002.6.28. 2002다14273).
>
> (3) 선순위 근저당권의 존재로 후순위 임차권이 소멸하는 것으로 알고 부동산을 낙찰받았으나, 그 후 채무자가 후순위 임차권의 대항력을 존속시킬 목적으로 선순위 근저당권의 피담보채무를 모두 변제하고 그 근저당권을 소멸시키고도 이 점에 대하여 낙찰자에게 아무런 고지도 하지 않아 낙찰자가 대항력 있는 임차권이 존속하게 된다는 사정을 알지 못한 채 대금지급기일에 낙찰대금을 지급하였다면, 채무자는 민법 제578조 제3항의 규정에 의하여 낙찰자가 입게 된 손해를 배상할 책임이 있다 할 것이다(대판 2003.4.25. 2002다70075).

다. 임대차보증금의 확인이 잘못된 경우

대항력 있는 임대차관계가 존재하는 주택에 근저당권을 설정하고자 할 때에는, 그 임대차관계에서의 임차보증금이 얼마인가를 확인하여, 당해 주택의 담보가치를 평가할 때에 그 금액만큼 공제하여야 한다. 그 확인의 수단으로는 임차인과 소유권자간의 임대차계약서 사본(원본대조를 요한다)이나 임차인과 소유자가 연명한 임대차관계확인서를 징구하는 방법 등을 들 수 있다.

그런데 이러한 임대차관계의 확인과 관련하여서는, 주택소유자의 부탁으로 임차인이 실제의 임대차관계와 다르게 임대차관계가 없는 것으로 또는 보증금의 액수를 적게 확인하여 줌에 따라, 채권자가 이를 믿고 대상주택의 담보가액을 산출하여 대출취급 하였다가 채무불이행으로 대상주택에 대하여 경매신청하는 경우, 그 경매절차에서 매수인이 임대차관계를 인수하는 것으로 보아야 할 것인지 여부와 임차인에 대한 배당을 어떻게 할 것인지에 대한 판단을 실제의 임대차관계를 기준으로 하여 할 것인지 아니면 임차인이 채권자에게 확인해 준 내용을 기준으로 하여야 할 것인지 문제로 된다.

이에 관하여 대법원판례는 그 후 실시된 경매절차에서 임차인이 임대차관계를 밝히지 않은 경우와 밝힌 경우를 구분하여 다음과 같이 판시하고 있다. 먼저 밝히지 않은 사안의 경우를 보면 매수인의 임대차관계 인수여부에 관하여는 임차인의 금반언 내지 신의칙 위반을 이유로 부정하고 있다. 그리고 이 경우 임차인에 대한 배당에 관하여는 임대차관계를 밝히지 않은 이상 배당요구 자체가 없었을 것이므로 당연히 배제될 수밖에 없다. 다음에 밝힌 사안의 경우를 보면 매수인의 임대차관계 인수여부에 관하여는 채권자에 대한 임대차관계의 부인이 매수인의 매수가격결정에 신뢰를 준 것이 아니라는 이유로 실제의 임대차관계를 기준으로 인수를 긍정한 반면, 임차인에 대한 배당에 관하여는 임차인의 금반언 내지 신의칙 위반을 이유로 부정하고 있다.

판례 7-50

1. 임대차관계의 인수를 인정하지 않은 경우

임대인인 갑이 을에게 임차하여준 자기소유의 건물을 담보로 제공하고 은행융자를 받음에 있어 임차인인 을이 위 건물의 담보가치를 높게 평가받도록 하기 위하여 은행직원에게 아무런 임료도 지급함이 없이 무상으로 거주하고 있다는 거짓 내용의 확인서를 작성해 주었으며 또 위 건물에 대한 경매절차가 끝날 때까지도 그 임대차관계를 밝히지 아니하여 경락인인 병이 이를 알지 못하였다면 을이 병의 명도청구에 즈음하여서 태도를 번복하여 그 임대료(전세금)반환을 요구하면서 그 명도를 거부하는 것은 특단의 사정이 없는 한 금반언 내지 신의칙에 위반된다(대판 1987.12.8. 87다카1738. 같은 취지; 대판 1987.11.24. 87다카1708. 1987.5.12. 86다카2788).

2. 임대차관계의 인수를 인정한 경우

은행직원이 근저당권 실행의 경매절차와는 아무런 관련도 없이 행한 담보건물에 대한 임대차 조사에서 임차인이 그 임차사실을 숨겼다고 하더라도 그 후의 경매절차에서 임대차 관계가 분명히 된 이상은 은행이 경매가격을 결정함에 있어서 신뢰를 준 것이라고는 할 수 없는 것이므로, 위와 같이 일시 임대차 관계를 숨긴 사실만을 가지고서 은행의 건물명도청구에 대하여 임차인이 주택임대차보호법 제3조 소정의 임차권의 대항력에 기하여 하는 임차보증금 반환과의 동시이행의 항변이 신의성실의 원칙에 반하는 것이라고는 볼 수 없다(대판 1987.1.20. 86다카1852).

3. 임차보증금반환채권에 대한 배당요구를 인정하지 않은 경우

근저당권자가 담보로 제공된 건물에 대한 담보가치를 조사할 당시 대항력을 갖춘 임차인이 그 임대차 사실을 부인하고 임차보증금에 대한 권리주장을 않겠다는 내용의 확인서를 작성해 준 경우, 그 후 그 건물에 대한 경매절차에서 이를 번복하여 대항력 있는 임대차의 존재를 주장함과 아울러 근저당권자보다 우선적 지위를 가지는 확정일자부 임차인임을 주장하여 그 임차보증금반환채권에 대한 배당요구를 하는 것은 특별한 사정이 없는 한 금반언 및 신의칙에 위반되어 허용될 수 없다(대판 1997.6.27. 97다12211).

위 판례들에 의하면 채권자가 여신취급에 앞서 임차인과 임대인의 연명으로 그 임대차관계의 내용에 관한 확인서를 받아 두었다 하더라도, 그 후 경매절차에서 그 확인서가 허위인 것을 밝히면, 임차인이 그 매각대금으로부터 확인서를 제출한 채권자보다 우선배당을 받을 수는 없으나, 매수인의 매수가격에 영향을 미쳐 보증금해당액만큼 배당받을 금액이 적어짐으로써 대출채권회수에 지장이 초래될 수 있다. 그러나 이 경우 근저당권자인 채권자로서는 임차인에 대하여 허위사실 확인이라는 불법행위를 이유로 적게 배당받은 금액만큼의 손해배상책임을 물어 매수인이 임차인에게 반환할 보증금반환채권에 강제집행절차를 취하여 대응할 수 있다.

라. 근저당권설정 후 선순위임대차의 보증금이 증액된 경우

예컨대 시가가 10억 원 상당의 A소유의 주택에 D가 보증금 5억 원의 임대차계약을 체결하고 입주 및 주민등록을 마친 후, S가 채권최고액을 5억 원으로 하는 제1순위근저당권을 설정하였고 그 후 다시 A와 D 사이에 임대차보증금을 5억 원에서 6억 원으로 올리는 임대차변경계약을 체결하였다가 동 부동산이 경매되어 M이 이를 매수한 경우의 법률관계는 어떠한가.

이에 관하여는 우선 변경된 임대차계약도 전체로서의 임대차관계를 이룬다는 견지에서, 증액된 금액까지를 포함하는 6억 원 전액의 임차보증금 반환채무가 매수인 M에게 인수된다고 하는 견해가 있을 수 있다. 그러나 그와 같이 해석할 때에는, 근저당권자 S가 뜻하지 않는 손해를 보게 된다. 앞에서 설명한 바와 같이 매수인에게 인수되는 임차보증금은 경매가격에 영향을 미쳐 그 매각대금이 5억 원이 아닌 4억 원이 되고, 그에 따라 제1순위근저당권자에 대한 배당금도 설정 당시에 예상한 5억 원이 아닌 4억 원으로 줄어들게 되기 때문이다.

따라서 위와 같은 결과의 발생을 방지하려면 근저당권설정 이후에 증액된 임차보증금은 매수인에게 인수되지 않고 전 소유자에 대한 보증금반환채권으로서 그대로 남는다고 할 수밖에 없다. 즉, 증액된 1억 원의 임차보증금은 S의 근저당권이 설정된 후에 임대차관계가 발생한 경우와 동일하게 취급하여야 하는 것이다.

판례 7-51

저당권설정 후 증액된 보증금을 경락인이 인수하는지 여부

(1) 대항력을 갖춘 임차인이 저당권설정등기 이후에 임대인과 보증금을 증액하기로 합의하고 초과부분을 지급한 경우 임차인이 저당권설정등기 이전에 취득하고 있던 임차권으로 선순위로서 저당권자에게 대항할 수 있음은 물론이나 저당권설정등기 후에 건물주와의 사이에 임차보증금을 증액하기로 한 합의는 건물주가 저당권자를 해치는 법률행위를 할 수 없게 된 결과 그 합의 당사자 사이에서만 효력이 있는 것이고 저당권자에게는 대항할 수 없다고 할 수밖에 없으므로 임차인은 위 저당권에 기하여 건물은 경락받은 소유자의 건물명도청구에 대하여 증액전 임차보증금을 상환받을 때까지 그 건물을 명도할 수 없다고 주장할 수 있을 뿐이고 저당권설정등기 이후에 증액한 임차보증금으로써는 소유자에게 대항할 수 없는 것이다(대판 1990.8.24. 90다카11377).

(2) 대항력과 우선변제권을 갖춘 임대차계약이 갱신된 경우에도 종전 보증금의 범위 내에서는 최초 임대차계약에 의한 대항력과 우선변제권이 그대로 유지된다(대판 2012.7.12. 2010다42990).

마. 소액임차보증금의 담보가액 반영

주택을 대상으로 근저당권을 설정하고 대출을 하는 경우에 다른 권리관계를 고려하지 아니하고 전세권과 임차권 등 용익관계와 최우선변제권 있는 소액보증금 중 일정액만을 반영하여 대출한도액을 산정하는 산식을 제시하면 다음과 같다.

〈근저당권설정 당시 대상주택에 아무런 용익관계가 존재하지 않은 경우〉

◦대출한도액 = ① - ②

① 주택가액 × 주택담보대출비율

② (주택가액 × 주택담보대출비율)의 2분의 1 금액과 (대상주택의 방수 × 소액보증금 중 일정액)의 금액 중 적은 금액

〈근저당권설정 당시에 이미 대항력을 구비한 용익관계가 존재하는 경우〉

◦대출한도액 = ①과 ②의 금액 중 적은 금액

① (주택가액 × 주택담보대출비율) - 전세금 또는 보증금

② [주택가액 × 주택담보대출비율] - [(주택가액 × 주택담보대출비율)의 2분의 1 금액과 (대상주택의 방수 × 소액보증금 중 일정액)의 금액 중 적은 금액}]

바. 주택임대차관계를 반영한 대출한도액 산정사례

㈎ 사례의 내용

주택을 담보로 하는 대출을 함에 있어서 그 대출한도액을 산출해 보기 위한 사례는 다음과 같다.

① 대출취급은행 S은행(주택담보대출비율 70%)

② 대출신청인 D(근로자를 고용하고 있는 사용자가 아니고, 총부채상환비율의 적용에 아무런 문제가 없으며, 조세체납도 없는 상태)

③ 담보대상 주택(소재지 서울특별시)의 감정평가액이 800백만 원이고 방이 6개

④ 담보대상주택의 임대차 현황(방 3개는 보증금 120백만 원·월세 100만 원에 G에게 임대, 잔여 방 3개는 보증금 100백만 원·월세 110만 원에 H에게 임대 중이며, G·H 모두 입주 및 전입신고를 완료하였고 임대차계약서상에 확정일자도 받아둔 상태)

㈏ 대출한도액의 산정

㈀ 산정방법

주택담보대출에 있어서의 대출한도액은 담보주택이 경매될 경우 그 매각대금으로부터 근저당권자가 우선변제 받을 수 있는 금액으로 하는 것이 보통이다. 따라서 대출한도액은 일차적으로 대출실행 후 담보주택의 가액이 낮아질 수 있다는 점을 고려하여 근저당권설정 당시의 주택평가액에 주택담보대출비율을 곱하여 산출한 금액에서 경매시 매수인에게 인수되는 담보주택상의 권리가액을 공제한 후 다시 경매절차에서의 매각대금으로부터 당해 근저당권자보다 우선변제권 있는 채권자의 채권액을 공제한 금액으로 하여야 한다.

위 사례를 대상으로 대출한도액을 산정하여 보면 우선 일차적으로 근저당권설정시의 주택평가액 800백만 원에 주택담보대출비율 70%를 곱하면 560백만 원이 된다. 이 금액은 담보주택의 가액이 담보주택에 경매절차에서 560백만 원까지 낮아질 수 있다는 점과 근저당권에 의하여 담보되는 채권이 원금 이외에 약정이자와 지연배상금 및 근저당권실행비용까지 포함하는 점을 고려한 것이

다. 다음에 이 560백만 원에서 경매시 매수인에게 인수됨으로써 경매주택의 매각가액을 낮추게 될 권리의 가액과 당해 근저당권자보다 우선변제 되는 채권자의 채권액을 공제한 금액이 대출한도액이 된다. 그리고 이 경우 경매시 매수인에게 인수되는 권리의 가액과 당해 근저당권자보다 우선변제 되는 채권자의 채권액은 근저당권설정 당시의 것뿐만 아니라 근저당권설정 이후에 변동될 수 있는 것까지 고려하여야 하는데 그 고려 방법은 다음과 같이 2가지 방안이 있다.

제1방안은 근저당권설정 당시에 존재하는 주택임대차가 근저당권설정 후에 모두 소멸되고 새로이 대상주택의 방마다 최우선변제권 있는 주택임대차 관계가 새로이 형성될 수 있다는 것만 고려한 것이고, 제2방안은 근저당권설정 당시에 존재하는 주택임대차가 근저당권설정 후에도 그대로 유지되는 경우와 모두 변동되는 경우 및 일부만 변동되는 경우까지를 고려한 것이다. 제1방안은 대출한도액 산출이 비교적 간단하고 여신한도액을 다소 높일 수 있는 장점이 있는 반면 대출채권의 담보적 안전성이 다소 미흡하다는 단점이 있고, 제2방안은 대출채권의 담보적 안전성을 높일 수 있는 장점이 있는 반면 대출한도액 산출이 복잡하고 여신한도액이 낮아지는 단점이 있다. 따라서 어느 방안을 채택할 것인지는 금융회사 등의 여신공여자가 여신거래의 여러 상황을 고려하여 결정할 사항이다.

㈏ 제1방안

이 방안에 따른 위 사례의 대출한도액은 주택가액 800백만 원에 주택담보대출비율 70%를 곱하여 산출한 560백만 원에서 ① 근저당권설정 당시에 존재하는 주택임대차의 보증금 220백만 원을 공제한 금액 340백만 원과 ② 560백만 원의 2분의 1에 해당하는 280백만 원(최우선변제 되는 소액보증금의 한도액)과 방 6개에 55백만 원을 곱하여 산출한 330백만 원 중 적은 금액을 공제한 280백만 원 중 적은 금액인 280백만 원이 된다.

㈐ 제2방안

위 사례에 있어서 주택가액 800백만 원에 주택담보대출비율 70%를 곱하여 산출한 560백만 원을 기준으로 근저당권설정 당시에 존재하는 주택임대차가 근저당권설정 후에도 그대로 유지되는 경우와 변동되는 각 경우를 가정하여 대출한도액을 산정하여 보면 다음과 같다.

첫째, 담보주택이 경매될 때까지 G와 H의 임대차관계가 그대로 유지될 것으로 가정하면 매각가액은 G와 H의 임대차보증금을 공제한 340백만 원(560백만 원 - 220백만 원)이 될 것이므로 S은행이 우선변제 받을 수 있는 한도액은 340백만 원이 된다.

둘째, 담보주택이 경매될 때 G와 H의 임대차관계가 모두 종료되고 방 6개에, 새로이 6인과의 임대차계약이 각각 체결될 것으로 가정하면 담보주택의 매각가액은 560백만 원이 될 것이고 이 중에서 소액보증금의 합계액은 330백만 원(55백만 원×6)이나 이 중 최우선변제 되는 것은 주택가액의 2분의 1인 280백만 원을 넘을 수 없으므로, S은행이 우선변제 받을 수 있는 한도액은 280백만 원이 된다.

셋째, 담보주택이 경매될 때 G의 임대차관계는 그대로 유지되고 있으나, H의 임대차관계가 종료되고 방 3개에 새로이 3인과의 임대차계약이 각각 체결될 것으로 가정하면, 담보주택의 매각가액은 440백만 원(560백만 원 - 120백만 원)이 될 것이고, 이 중에서 소액보증금 165백만 원(55백만 원×3)이 최우선변제 될 것이므로 S은행이 우선변제 받을 수 있는 한도액은 275백만 원이 된다.

넷째, 담보주택이 경매될 때 H의 임대차관계는 그대로 유지되고 있으나, G의 임대차관계가 종료되고 방 3개에 새로이 3인과의 임대차계약이 각각 체결될 것으로 가정하면, 담보주택의 매각가액은 440백만 원(560백만 원 - 100백만 원)이 될 것이고 이 중에서 소액보증금 165백만 원(55백만 원×3)이 최우선변제 될 것이므로 S은행이 우선변제 받을 수 있는 한도액은 295백만 원이 된다.

대출채권의 안전한 회수만을 고려하면 이상 4개의 모형 중 셋째의 모형인 275백만 원을 대출한도액으로 해야 한다는 결론이 된다. 그러나 금융회사의 영업전략 면에서 보면 대출채권회수의 안전성 확보가 반드시 이윤극대화를 가져오는 것은 아니다. 대출 재원이 남아 돌아감에도 안전성만을 추구하여 대출한도액을 낮게 함으로써, 그에 따라 감소되는 대손액보다 대출한도액을 낮게 함에 따른 영업이익의 감소가 더 크다면 총 영업이익이 감소되어 오히려 손해가 되는 것이기 때문이다. 따라서 대출확대가 필요한 경우에는 대출한도액을 둘째의 모형인 280백만 원으로 할 수도 있다.

또한 아주 예외적인 경우를 가정하면 더 낮은 금액이 대출한도액이 될 수도 있다. 예컨대 위 사례에서 G와 H가 동일한 보증금으로 각각 방 2개씩만 사용하기로 하고 방 1개씩을 E에게 반환하여 E가 이 방 2개에 새로이 2인과의 임대차계약을 체결하면 담보주택의 매각가액은 340백만 원(560백만 원 - 220백만 원)이 될 것이고 이 중에서 소액보증금 110백만 원(55백만 원×2)이 최우선변제 될것이므로 S은행이 우선변제 받을 수 있는 한도액은 230백만 원이 된다.

그러나 이와 같은 경우는 발생가능성이 크지 않은 매우 이례적인 것이므로 G와 H의 임대차보증금이 시세에 비하여 아주 낮은 것이 아니면 대출한도액 산출시의 고려사항에서 제외하는 것이 좋다. 지나치게 대출채권의 안정성만을 추구하면 총대손액의 감소분보다 총영업이익의 감소분을 더 크게 함으로써 오히려 손해가 될 수 있기 때문이다.

XI. 상가건물임차권

1. 상가건물임차권제도의 개요

(1) 상가건물임차권의 의의

상가건물임차권이란 상가건물을 대상으로 하는 보증금액이 일정액 이하인 임대차의 임차인이 임대차의 목적물인 상가건물의 사용·수익과 관련하여 가지는 권리를 말한다.

주택을 대상으로 하는 임대차나 채권적전세에 있어서의 임차인(채권적전세권자를 포함한다. 이하 같다)에 대하여는 주택임대차보호법에 의하여 이상과 같은 특별보호를 위한 법적장치가 마련되어 있으나, 상가건물을 대상으로 하는 임대차나 채권적전세에 있어서의 임차인에 대하여는 특별보호를 위한 법적장치가 마련되어 있지 않고 일반 민법에 의하여 규율되고 있었다.

그러나 상가건물의 임차인도 경제적·사회적 약자라는 점에서 민법의 규정만으로는 그 보호가 미흡하므로, 주택임차인과 같이 특별보호를 할 필요가 있다는 사회적 인식이 확산되어, 2001년 12월에는 상가건물임차인의 특별보호를 위한 법적장치를 마련한 상가건물임대차보호법이 제정되어, 2002년 11월 1일부터 시행하도록 되었다.

상가건물을 대상으로 하는 임대차에 관하여 상가건물임대차보호법은 ① 존속기간과 차임·보증금에 관한 특례 ② 등기하지 않은 임대차의 제3자에 대한 대항력 부여 ③ 소액보증금 중 일정액에 대한 최우선 변제권부여 ④ 보증금 전액에 대한 순차적 우선변제권 부여 ⑤ 임차권등기명령에 의한 보호 ⑥ 보증금반환청구권행사를 위한 절차상의 특례 ⑦ 권리금회수기회부여에 관한 특례 ⑧ 상가건물임대차와 관련된 분쟁해결절차상의 특례 ⑨ 표준계약서의 사용 9가지를 규정하고 있다.

주택임대차보호법에서 규정하는 임차인 보호를 위한 특례가 모든 주택임대차에 적용되는 것과 다르게, 상가건물임대차보호법에서 규정하는 임차인 보호를 위한 특례는 보증금이 일정액 이하인 경우에는 모두 적용되는 반면, 보증금이 일정액을 초과하는 경우에는 그 일부만 적용되도록 되어 있다.

상가건물임대차보호법에서 규정하는 임차인 보호를 위한 특례가 모두 적용되는 보증금의 액수는 상가건물임대차보호법 제14조의2에 따른 상가건물임대차위원회의 심의를 거쳐 대통령령으로 정한다(상임보 2①). 그리고 이 보증금의 액수를 정할 때에는 해당 지역의 경제 여건 및 임대차 목적물의 규모 등을 고려하여 지역별로 구분하여 규정하되, 보증금 외에 차임이 있는 경우에는 그 차임액에 은행법에 따른 은행의 대출금리 등을 고려하여 대통령령으로 정하는 비율을 곱하여 환산한 금액을 포함하여야 한다(상임보 2②). 여기에서 보증금외의 차임액은 월 단위의 차임액으로 하고(주임보령 2②), 대통령령으로 정하는 비율은 1분의 100을 말한다(주임보령 2③).

상가건물임대차보호법에서 규정하는 임차인 보호를 위한 특례가 모두 적용되는 보증금의 구체적인 액수의 변동 추이를 보면 아래 [참고] 표와 같다.

[참고] 임차인 보호를 위한 특례가 모두 적용되는 보증금의 액수

시 행 시 기	지 역 별	보증금액
02. 11. 1~08. 8. 20	- 서울특별시 - 수도권정비계획법에 의한 수도권 중 과밀억제권역(서울특별시 제외) - 광역시(군지역과 인천광역시지역 제외) - 그 밖의 지역	240백만 원 이하 190백만 원 이하 150백만 원 이하 140백만 원 이하
08. 8. 21~10. 7. 25	- 서울특별시 - 수도권정비계획법에 의한 수도권 중 과밀억제권역(서울특별시 제외) - 광역시(군지역과 인천광역시지역 제외) - 그 밖의 지역	260백만 원 이하 210백만 원 이하 160백만 원 이하 150백만 원 이하
10. 7. 26~13. 12. 31	- 서울특별시 - 수도권정비계획법에 따른 과밀억제권역(서울특별시는 제외한다) - 광역시(수도권정비계획법에 따른 과밀억제권역에 포함된 지역과 군지역은 제외한다), 안산시, 용인시, 김포시 및 광주시 - 그 밖의 지역	300백만 원 이하 250백만 원 이하 180백만 원 이하 150백만 원 이하
14.1.1~18. 1. 25	- 서울특별시 - 수도권정비계획법에 따른 과밀억제권역(서울특별시는 제외한다) - 광역시(수도권정비계획법에 따른 과밀억제권역에 포함된 지역과 군지역은 제외한다), 안산시, 용인시, 김포시 및 광주시 - 그 밖의 지역	400백만 원 이하 300백만 원 이하 240백만 원 이하 180백만 원 이하
18.1.26-19.4.16	- 서울특별시 - 수도권정비계획법에 따른 과밀억제권역(서울특별시는 제외한다) 및 부산광역시 - 광역시(수도권정비계획법에 따른 과밀억제권역에 포함된 지역과 군지역, 부산광역시는 제외한다), 세종특별자치시, 파주시, 화성시, 안산시, 용인시, 김포시 및 광주시 - 그 밖의 지역	6억 원 이하 6억 9천만 원 이하 3억9천만 원 이하 2억7천만 원 이하
19.4.17 이후	- 서울특별시 - 수도권정비계획법에 따른 과밀억제권역(서울특별시는 제외한다) 및 부산광역시 - 광역시(수도권정비계획법에 따른 과밀억제권역에 포함된 지역과 군지역, 부산광역시는 제외한다), 세종특별자치시, 파주시, 화성시, 안산시, 용인시, 김포시 및 광주시 - 그 밖의 지역	9억 원 이하 6억 9천만원 이하 5억4천만 원 이하 3억 7천만 원 이하

주) 만일 보증금 이외에 차임이 있는 때에는 월차임에 100을 곱한 금액을 보증금에 더하여 그 해당여부를 판단한다(상임보 2②, 상임보령 2②③).

상가건물임대차보호법에서 규정하는 임차인 보호를 위한 특례 중 ①~⑥과 ⑧~⑨의 경우는 그 내용과 기본구조가 주택임대차보호법이 규정하고 있는 주택임차인 보호를 위한 특례와 대체로 같다. 그러나 ⑦의 경우는 상가건물임대차보호법에서만 규정하고 있는 특별한 임차인 보호내용에 속한다. 이는 주택임대차에 있어서는 보증금 이외에 권리금이라는 것이 존재하지 않기 때문이다.

이하에서는 중복을 피하여 상가건물을 대상으로 하는 임대차에 특수한 점을 대상으로 상가건물임대차보호법상의 특별취급을 적용받기 위한 요건, 내용, 적용범위 및 근저당권과의 관계 등에 관하여 설명하기로 한다.

(2) 존속기간과 차임·보증금에 관한 특례

가. 존속기간

㈎ 최단존속기간

기간의 정함이 없거나 기간을 1년 미만으로 정한 임대차는 그 기간을 1년으로 본다. 다만, 임차인은 1년 미만으로 정한 기간이 유효함을 주장할 수 있다(상임보 9①). 따라서 상가건물임대차에 있어서 그 기간을 1년 미만으로 약정한 경우, 임차인은 약정기간이 경과할 시점에서 약정기간이 만료됨을 이유로 임차보증금의 반환을 구하는 것과 1년을 계약기간으로 주장하는 것을 선택할 수 있다.

이상의 최단존속기간에 관한 특례는 보증금이 일정액 이하인 경우에만 적용된다(상임보 2③).

㈏ 임대차계약기간의 갱신

㈀ 임차인의 임대차계약 갱신요구권

임대인은 임차인이 임대차기간이 만료되기 6개월 전부터 1개월 전까지 사이에 계약갱신을 요구할 경우 정당한 사유 없이 거절하지 못한다(상임보 10①본). 임차인의 이 계약갱신요구권은 이른바 형성권[451]에 해당하는 것으로 보아야 한다. 따라서 임차인이 임대차계약의 갱신을 요구하면 임대인의 승낙이나 동의 없

451) 형성권이란 권리자의 일방적 의사표시에 의하여 상대방의 승낙이나 동의를 요하지 아니하고 법률관계의 발생·변경·소멸 등의 변동을 발생시키는 권리를 말한다.

이도 바로 계약갱신의 효력이 발생하게 된다.

임차인의 계약갱신요구권은 최초의 임대차기간을 포함한 전체 임대차기간이 10년을 초과하지 아니하는 범위에서만 행사할 수 있다(상임보 10②). 갱신되는 임대차는 전 임대차와 동일한 조건으로 다시 계약된 것으로 본다(상임보 10③본). 그러나 다음 중 어느 하나에 해당하는 경우에는 임차인은 임대인에게 계약갱신을 요구할 수 없다(상임보 10①단).

① 임차인이 3기의 차임액에 해당하는 금액에 이르도록 차임을 연체한 사실이 있는 경우
② 임차인이 거짓이나 그 밖의 부정한 방법으로 임차한 경우
③ 서로 합의하여 임대인이 임차인에게 상당한 보상을 제공한 경우
④ 임차인이 임대인의 동의 없이 목적 건물의 전부 또는 일부를 전대(轉貸)한 경우
⑤ 임차인이 임차한 건물의 전부 또는 일부를 고의나 중대한 과실로 파손한 경우
⑥ 임차한 건물의 전부 또는 일부가 멸실되어 임대차의 목적을 달성하지 못할 경우
⑦ 임대인이 다음 각 목의 어느 하나에 해당하는 사유로 목적 건물의 전부 또는 대부분을 철거하거나 재건축하기 위하여 목적 건물의 점유를 회복할 필요가 있는 경우
㉮ 임대차계약 체결 당시 공사시기 및 소요기간 등을 포함한 철거 또는 재건축 계획을 임차인에게 구체적으로 고지하고 그 계획에 따르는 경우
㉯ 건물이 노후·훼손 또는 일부 멸실되는 등 안전사고의 우려가 있는 경우
㉰ 다른 법령에 따라 철거 또는 재건축이 이루어지는 경우
⑧ 그 밖에 임차인이 임차인으로서의 의무를 현저히 위반하거나 임대차를 계속하기 어려운 중대한 사유가 있는 경우

상가건물임차인의 계약갱신요구권에 관한 내용은 임차인이 임대인의 동의를 받아 대상건물을 전대(轉貸)한 경우에 그 전대인(轉貸人)과 전차인(轉借人) 사이의 전대차관계에도 적용된다(상임보 13①). 다만 상가건물임차인은 임대인의 동의가 없으면 임대차의 대상건물을 전대할 수 없고(민 629①), 임차인이 이에 위반

하여 전대한 때에는 임대인이 임대차계약을 해지할 수 있으므로(민 629②), 전차인은 전대인(즉 임차인)에 대한 계약갱신요구권을 가지고 임대인에게 대항할 수 없는 것으로 보아야 한다. 반면에 임차인이 임대인의 동의를 얻어 임대차의 대상건물을 전대한 경우에는 임대인과 임차인의 합의로 임대차계약을 종료한 때에도 전차인의 권리는 소멸하지 않으며(민 631), 이 경우 전차인은 임차인의 계약갱신요구권 행사기간 이내에 임차인을 대위(代位)하여 임대인에게 계약갱신요구권을 행사할 수 있다(상임보 13②).

임차인의 임대차계약 갱신요구권에 관한 특례는 보증금의 액수에 관계없이 모든 상가건물임대차에 적용된다(상임보 2③). 그러나 임대차계약 갱신에 따른 차임과 보증금의 증액제한에 관한 내용(상임보 11)은 보증금이 일정액 이하인 경우에만 적용된다(상임보 2③).

(ㄴ) 임대차계약의 법정갱신

임대인이 임대차기간이 만료되기 6개월 전부터 1개월 전까지 사이에 임차인에게 갱신 거절의 통지 또는 조건 변경의 통지를 하지 아니한 경우에는 그 기간이 만료된 때에 전 임대차와 동일한 조건으로 다시 임대차한 것으로 본다. 이 경우에 임대차의 존속기간은 1년으로 본다(상임보 10④). 이 경우 임차인은 언제든지 임대인에게 계약해지의 통고를 할 수 있고, 임대인이 통고를 받은 날부터 3개월이 지나면 효력이 발생한다(상임보 10⑤). 그리고 이 임대차계약의 법정갱신에 관한 내용은 임대차대상 상가건물을 전대한 경우에 그 전대인과 전차인 사이의 전대차계약에도 적용된다(상임보 13①). 임대차계약의 법정갱신에 관한 특례는 보증금이 일정액 이하인 경우에만 적용된다(상임보 2③).

(ㄷ) 임대차관계의 존속의제

임대차가 기간만료, 해지통고 등으로 종료한 경우에도, 임차인이 보증금을 돌려받을 때까지는 임대차 관계는 존속하는 것으로 본다(상임보 9②). 이와 같이 임대차관계가 존속하는 것으로 간주하는 조항을 별도로 둔 취지는 주택임대차에 있어서와 같다. 임대차계약의 존속의제에 관한 특례는 보증금이 일정액 이하인 경우에만 적용된다(상임보 2③).

나. 차임 등의 증감청구 및 증액청구 제한

차임 또는 보증금이 임차건물에 관한 조세, 공과금, 그 밖의 부담의 증감이나 「감염병의 예방 및 관리에 관한 법률」 제2조제2호에 따른 제1급감염병 등에 의한 경제사정의 변동으로 인하여 상당하지 아니하게 된 경우에는 당사자는 장래의 차임 또는 보증금에 대하여 증감을 청구할 수 있다(상임보 11①본). 장래의 차임 또는 보증금에 대한 증감청구는 임대차의 존속기간 중이라도 법에서 정하고 있는 증감요인이 생기면 할 수 있는 것으로 보아야 하나 존속기간이 끝남에 따른 임대차계약의 갱신을 하는 때에 하는 것이 보통이다.

차임 또는 보증금의 증액청구는 청구 당시의 차임 또는 보증금의 100분의 5의 금액을 초과하지 못하며(상임보 11①단, 상임보령 4), 임대차계약 또는 약정한 차임 등의 증액이 있은 후 1년 이내에는 하지 못한다(상임보 11②). 그리고 「감염병의 예방 및 관리에 관한 법률」 제2조제2호에 따른 제1급감염병에 의한 경제사정의 변동으로 차임 등이 감액된 후 임대인이 주택임대차보호법 제11조제1항에 따라 증액을 청구하는 경우에는 증액된 차임 등이 감액 전 차임 등의 금액에 달할 때까지는 같은 항 단서를 적용하지 아니한다(상임보 11③).

보증금의 전부 또는 일부를 월 단위의 차임으로 전환하는 경우에는 그 전환되는 금액에 ① 은행법에 따른 은행의 대출금리 및 해당 지역의 경제 여건 등을 고려하여 대통령령으로 정하는 비율(현재 연 1할 2푼)과 ② 한국은행에서 공시한 기준금리(현재 연 0.5푼)에 대통령령으로 정하는 배수(현재 4.5배)를 곱한 비율 중 낮은 비율을 곱한 월 차임의 범위를 초과할 수 없는 제한이 있다(상임보 12, 상임보령 5).

차임 등의 증감청구 및 증액제한에 관한 상가건물임대차보호법 제11조와 월차임 전환 시 산정률의 제한에 관한 동법 제12조의 규정은 임차인의 임대차계약 갱신요구권 행사로 임대차계약이 갱신된 경우에도 적용된다. 다만, 임차인의 갱신청구권은 형성권으로 그 행사가 있으면 임대인의 의사와 관계없이 갱신이 이루어지는 것이므로, 차임 등의 증감은 갱신 후 임대인과 임차인이 합의하여 정하여야 하고, 당사자 사이에 합의가 이루어지지 않으면 증감을 원하는 당사자 일방이 법원에 소를 제기하여 법원의 재판으로 정하는 수밖에 없다.

또한 차임 등의 증감청구 및 증액제한에 관한 상가건물임대차보호법 제11조와 월 차임 전환 시 산정률의 제한에 관한 동법 제12조의 규정은 임대차 대상 상가건물의 전대가 있은 경우에 그 전대인과 전차인 사이의 전대차계약에도 적용된다(상임보 13①).

차임 등의 증감청구 및 증액제한과 월 차임 전환 시 산정률의 제한에 관한 특례는 보증금이 일정액 이하인 경우에만 적용된다(상임보 2③).

다. 차임연체와 계약해지 등

임차인의 차임연체액이 3기의 차임액에 달하는 때에는 임대인은 계약을 해지할 수 있다(상임보 10의8). 다만, 임차인이 2020년 9월 29일부터 6개월까지의 기간 동안 연체한 차임액은 임대인이 ① 임차인의 계약갱신요구에 대한 거절(상임보 10①ⅰ) ② 임차인의 권리금회수기회보호 거절(상임보 10의4①단) ③ 계약해지(상임보 10의8)를 할 수 있는 차임연체액으로 보지 아니한다. 이 경우 연체한 차임액에 대한 임대인의 그 밖의 권리는 영향을 받지 아니한다(상임보 10의9). 이 차임연체와 계약해지 등에 관한 특례는 보증의 액수에 관계없이 모든 상가건물 임대차에 적용된다(상임보 2③).

(3) 제3자에 대한 대항력에 관한 특례

가. 대항력의 구비요건

상가건물임대차의 대항력을 구비하기 위해서는 상가건물을 대상으로 하는 임대차계약 이외에 상가건물의 인도와 사업자등록을 필요로 한다. 「상가건물의 인도」와 「사업자등록」 중 어느 하나라도 갖추지 못한 경우에는 대상목적물이 비록 상가건물이라 할지라도 그 임차인은 앞에서 설명한 채권적전세권자나 등기하지 않은 임대차에 있어서의 임차인과 같은 법률적 지위를 가지게 된다.

「상가건물의 인도」를 받는다는 것은 주택임대차에 있어서 「주택의 인도」를 받는다는 것과 같다. 그리고 「사업자등록」은 부가가치세법 제8조, 소득세법 제168조 또는 법인세법 제111조에 따른 사업자등록을 신청한 때에 이루어진 것으로 본다(상임보 3①).

상가건물임대차의 제3자 대항력에 관한 특례는 보증금의 액수에 관계없이 모든 상가건물임대차에 적용된다(상임보 2③).

판례 7-52

대항력을 인정받기 위한 사업자등록 방법

상가건물임대차보호법 제3조 제1항에서 건물의 인도와 더불어 대항력의 요건으로 규정하고 있는 사업자등록은 거래의 안전을 위하여 임차권의 존재를 제3자가 명백히 인식할 수 있게 하는 공시방법으로서 마련된 것이므로, 사업자등록이 어떤 임대차를 공시하는 효력이 있는지 여부는 일반 사회통념상 그 사업자등록으로 당해 임대차건물에 사업장을 임차한 사업자가 존재하고 있다고 인식할 수 있는지 여부에 따라 판단하여야 한다.

사업자등록신청서에 첨부한 임대차계약서상의 임대차목적물 소재지가 당해 상가건물에 대한 등기부상의 표시와 불일치하는 경우에는 특별한 사정이 없는 한 그 사업자등록은 제3자에 대한 관계에서 유효한 임대차의 공시방법이 될 수 없고, 상가건물임대차에 관한 각 법령 규정에 의하면, 사업자가 상가건물의 일부분을 임차하는 경우에는 사업자등록신청서에 해당 부분의 도면을 첨부하여야 하고, 이해관계인은 임대차의 목적이 건물의 일부분인 경우 그 부분 도면의 열람 또는 제공을 요청할 수 있으므로, 건물의 일부분을 임차한 경우 그 사업자등록이 제3자에 대한 관계에서 유효한 임대차의 공시방법이 되기 위해서는 사업자등록신청시 그 임차 부분을 표시한 도면을 첨부하여야 한다(대판 2008.9.25. 2008다44238).

나. 대항력의 내용

상가건물임차권 대항력의 주된 내용은 임차인이 임차상가건물의 여러 이해관계인에 대하여, 자신의 권리를 주장하여 임대차기간동안 상가건물을 사용한 후 보증금의 반환을 받아갈 수 있다는 점에 있다. 상가건물의 인도와 사업자등록이라는 요건(즉, 대항요건)을 구비한 임차권은 제3자에 대한 대항력이 있는 것이 원칙이다. 그러나 이러한 원칙에 대하여는 예외가 있는 바, 그 구체적인 내용은 주택임대차에 있어서와 같다.

또한 임차인과 임대차대상 상가건물의 소유권취득자 사이의 관계, 즉 임대차관계의 당연승계(상임보 3②), 당연승계되는 임대차관계의 내용, 전소유자의 임대차관계이탈여부, 임대차계약종료후의 임대차관계 존속(상임보 9②)과 신소유자의 임대차관계 승계여부도 주택임대차에 있어서와 같다. 그리고 임차인과 다른 용익권취득자 및 가등기권리자 사이의 관계도 주택임대차에 관한 설명 내용 중 전입신고를 사업자등록신고로 바꾸어 생각하면 된다.

다. 대항력의 취득시기와 존속요건

대항력의 취득시기에 관하여 상가건물임대차보호법 제3조 제1항은 건물의 인도와 사업자등록을 신청한 때에, 「그 다음 날」부터 생기는 것으로 규정하고 있다(상임보 3①). 「그 다음 날」이란 주택임대차보호법 제3조 제1항에서 규정하는 「그 다음 날」과 같은 의미이다.

건물의 인도와 사업자등록은 대항력의 취득요건일 뿐 아니라 그 존속요건이다. 따라서 상가건물의 인도와 사업자등록은 대항코자 하는 제3자의 출현시에도 계속되고 있어야 하고, 대상상가건물의 경매시에는 배당요구의 종기까지 존속하고 있어야 한다.

대항력의 존속요건으로서의 건물의 인도와 사업자등록의 구체적인 의미는 주택임대차에 있어서의 주택의 인도와 주민등록에 준하여 생각하면 된다. 또한 대항력을 갖춘 이후에 보증금의 인상이나 임차건물의 매도에 따라 임대인 또는 매수인과 새로운 임대차계약서를 작성한 경우에, 그 임대차관계의 대항력이 최초에 취득한 때로부터 계속 유지되는 것인지, 아니면 새로운 임대차계약서를 작성한 때로부터 다시 시작되는 것인지에 관하여도 주택임대차의 경우에 준한다.

(4) 소액보증금 중 일정액의 최우선변제권에 관한 특례

가. 최우선변제권의 성립요건

상가건물임차인의 최우선변제권이 성립하는데 필요한 요건은 상가건물임대차계약 이외에 보증금이 소액이라는 것과 상가건물의 인도와 사업자등록을 상가건물에 대한 경매신청의 등기 전에 구비하는 것이다. 이 상가건물임차인의 최우선변제권은 임차인의 소액보증금 중 일정액에 관하여 임차인에게 그 요건구비의 순서에 관계없이 대상부동산의 가액 일정부분으로부터 저당권자 등 다른 모든 담보물권자보다 우선변제를 받을 수 있는 권리를 부여하고 있는 점에 그 특징이 있다(상임보 14①).

최우선변제를 받을 임차인 및 보증금 중 일정액의 범위와 기준은 임대건물가액(임대인 소유의 대지가액을 포함한다)의 2분의 1 범위에서 해당 지역의 경제여건, 보증금 및 차임 등을 고려하여 상가건물임대차보호법 제14조의2에 따른 상가건물임대차위원회의 심의를 거쳐 대통령령으로 정한다(상임보 14③). 그리고 보증금 이외에 차임이 있는 때에는 월 차임에 100을 곱한 금액을 보증금에 더하여 최우선변제를 받을 임차인의 범위를 정한다(상임보령 6, 상임보 2②, 상임보령 2②③). 이는 보증금 이외에 차임이 있더라도 보증금만을 기준으로 최우선변제를 받을 임차인의 해당여부를 판단하는 주택임대차의 경우와 다르다. 최우선변제를 받을 임차인의 해당여부를 판단하는 소액보증금(상임보령 6)과 그 소액보증금 중 일정액인 최우선변제금(상임보령 7①)의 변동 추이를 보면 아래 [참고] 표와 같다.

[참고] 소액보증금과 최우선변제금의 변동 내용

시행시기	지역별	소액보증금	최우선변제금액
02. 11. 1 ~10. 7. 25	- 서울특별시 - 수도권정비계획법에 의한 수도권 중 과밀억제권역(서울특별시 제외) - 광역시(군지역과 인천광역시지역 제외) - 그 밖의 지역	45백만 원 이하 39백만 원 이하 30백만 원 이하 25백만 원 이하	1,350만 원 1,170만 원 900만 원 750만 원
10. 7. 26 이후	- 서울특별시 - 수도권정비계획법에 따른 과밀억제권역(서울특별시는 제외한다) - 광역시(수도권정비계획법에 따른 과밀억제권역에 포함된 지역과 군지역은 제외한다), 안산시, 용인시, 김포시 및 광주시 - 그 밖의 지역	50백만 원 이하 45백만 원 이하 30백만 원 이하 25백만 원 이하	1,500만 원 1,350만 원 900만 원 750만 원
14.1.1 이후	- 서울특별시 - 수도권정비계획법에 따른 과밀억제권역(서울특별시는 제외한다) - 광역시(수도권정비계획법에 따른 과밀억제권역에 포함된 지역과 군지역은 제외한다), 안산시, 용인시, 김포시 및 광주시 - 그 밖의 지역	65백만 원 이하 55백만 원 이하 38백만 원 이하 30백만 원 이하	22백만 원 이하 19백만 원 이하 13백만 원 이하 10백만 원 이하

나. 최우선변제권의 내용

상가건물임차인이 최우선변제 받을 수 있는 금액은 상가건물의 가액의 2분의 1에 해당하는 금액을 한도로 한다(상임보 14③, 상임보령 7②). 그리고 하나의 상가건물에 임차인이 2인 이상이고, 그 각 보증금 중 일정액의 합산액이 상가건물의 가액의 2분의 1을 초과하는 경우에는 그 각 보증금 중 일정액의 합산액에 대한 각 임차인의 보증금 중 일정액의 비율로 그 상가건물의 가액의 2분의 1에 해당하는 금액을 분할한 금액을 각 임차인의 보증금 중 일정액으로 본다(상임보 14③, 상임보령 7③). 그밖에 상가건물의 가액의 의미와 조세채권자 및 근로자임금우선특권자 등 다른 권리자와의 관계 및 최우선변제권 있는 보증금반환청구권행사를 위한 임차인의 권리 등은 주택임대차의 경우에 준한다.

(5) 보증금 전액에 대한 순차적우선변제권에 관한 특례

가. 순차적우선변제권의 성립요건

상가건물임차인의 순차적우선변제권이 성립하는데 필요한 요건은 상가건물임대차계약 이외에 상가건물의 인도와 사업자등록을 구비하고 관할 세무서장으로부터 임대차계약서상의 확정일자를 받아 두어야 한다. 순자석우선변세권은 그 요건구비순서에 따라 보증금 전액에 대하여 우선변제를 받는다는 데에 그 특징이 있다(상임보 5②). 보증금이 소액이라고 하더라도 그 임대차계약서상에 확정일자를 받아두면 최우선변제를 받을 수 있는 금액을 넘는 금액에 대하여 순차적우선변제권을 가지게 된다.

상가건물임차인 보증금 전액에 대한 순차적우선변제에 관한 특례는 보증금이 일정액 이하인 경우에만 적용된다(상임보 2③).

나. 순차적우선변제권의 내용

대항요건을 구비한 상가건물임차인이 임대차계약서상에 확정일자를 받아두고 있는 경우에는, 주택임대차에 있어서와 마찬가지로 그 대항요건을 갖춘 일자 즉, 상가건물의 인도 및 사업자등록 중 늦게 이루어진 것의 다음 일자와 임대차계약서상의 확정일자 중 후의 일자를 기준으로, 다른 담보물권자 또는 조세채권자와의 우선변제순위를 가리게 된다(상임보 5②). 그밖에 순차적우선변제권 있는 보증금반환청구권행사를 위한 임차인의 권리 등은 주택임대차의 경우에 준한다.

판례 7-53

상가건물임대차 대항력의 존속요건

① 상가건물의 임차인이 임대차보증금 반환채권에 대하여 상가건물 임대차보호법 제3조 제1항 소정의 대항력 또는 같은 법 제5조 제2항 소정의 우선변제권을 가지려면 임대차의 목적인 상가건물의 인도 및 부가가치세법 등에 의한 사업자등록을 구비하고, 관할세무서장으로부터 확정일자를 받아야 하며, 그 중 사업자등록은 대항력 또는 우선변제권의 취득요건일 뿐만 아니라 존속요건이기도 하므로, 배당요구의 종기까지 존속하고 있어야 한다.

② 부가가치세법 제5조 제4항, 제5항의 규정 취지에 비추어 보면, 상가건물을 임차하고 사업자등록을 마친 사업자가 임차 건물의 전대차 등으로 당해 사업을 개시하지 않거나 사실상 폐업한 경우에는 그 사업자등록은 부가가치세법 및 상가건물 임대차보호법이 상가임대차의 공시방법으로 요구하는 적법한 사업자등록이라고 볼 수 없고, 이 경우 임차인이 상가건물 임대차보호법상의 대항력 및 우선변제권을 유지하기 위해서는 건물을 직접 점유하면서 사업을 운영하는 전차인이 그 명의로 사업자등록을 하여야 한다(대판 2006.1.13. 2005다64002).

다. 보증금반환청구권을 양수한 금융기관의 우선변제권 승계

상가건물임차인이 취득한 순차적우선변제권 있는 보증금반환청구권(상임보 5②, 6⑤, 7①)을 다음의 금융기관 등이 계약으로 양수한 경우에는 양수한 금액의 범위에서 그 순차적우선변제권을 승계한다(상임보 5⑦).

① 은행법에 따른 은행

② 중소기업은행법에 따른 중소기업은행

③ 한국산업은행법에 따른 한국산업은행

④ 농업협동조합법에 따른 농협은행

⑤ 수산업협동조합법에 따른 수산업협동조합중앙회

⑥ 우체국예금·보험에 관한 법률에 따른 체신관서

⑦ 보험업법 제4조 제1항 제2호 라목의 보증보험을 보험종목으로 허가받은 보험회사

⑧ 그 밖에 제1호부터 제7호까지에 준하는 것으로서 대통령령으로 정하는 기관

그러나 상가건물임차인이 취득한 순차적우선변제권 있는 보증금반환채권을 위 금융기관이 계약으로 양수하였다 하더라도 ① 임차인이 상가건물임대차의 제3자 대항요건 상실한 경우 ② 임차권등기명령에 의한 임차권등기가 말소된 경우 ③ 민법 제621조에 따른 임대차등기가 말소된 경우 중의 어느 하나에 해당하는 경

우에는 우선변제권을 행사할 수 없다(상임보 5⑧). 또한 위 금융기관 등은 상가건물임차인으로부터 양수한 보증금반환채권에 관한 순차적우선변제권을 행사하기 위하여 임차인을 대리하거나 대위하여 임대차를 해지할 수 없다(상임보 5⑨).

(6) 임차권등기명령제도

임대차가 종료된 후 보증금이 반환되지 아니한 경우 임차인은 임차건물의 소재지를 관할하는 지방법원, 지방법원지원 또는 시·군법원에 임차권등기명령을 신청할 수 있다(상임보 6①). 그밖에 임차권등기명령에 관한 사항 및 민법에 의한 임대차등기의 효력은 주택임대차의 경우에 준한다. 임차권등기명령에 관한 특례는 보증금이 일정액 이하인 경우에만 적용된다(상임보 2③).

(7) 보증금반환청구권행사를 위한 절차상의 특례

임차인이 임차건물에 대하여 보증금반환청구소송의 확정판결 그밖에 이에 준하는 집행권원에 기한 경매를 신청하는 경우에는, 민사집행법 제41조의 규정에 불구하고 반대의무의 이행 또는 이행의 제공을 집행개시의 요건으로 하지 아니한다(상임보 5①). 그밖에 이 특례의 취지 및 내용은 주택임대차의 경우에 준한다. 보증금반환청구권행사를 위한 절차상의 특례는 보증금이 일정액 이하인 경우에만 적용된다(상임보 2③).

(8) 권리금회수기회부여에 관한 특례

가. 권리금과 권리금계약

권리금이란 임대차 목적물인 상가건물에서 영업을 하는 자 또는 영업을 하려는 자가 영업시설·비품, 거래처, 신용, 영업상의 노하우, 상가건물의 위치에 따른 영업상의 이점 등 유형·무형의 재산적 가치의 양도 또는 이용대가로서 임대인, 임차인에게 보증금과 차임 이외에 지급하는 금전 등의 대가를 말한다(상임보 10의3①). 그리고 권리금계약이란 신규임차인이 되려는 자가 임차인에게 권리금을 지급하기로 하는 계약을 말한다(상임보 10의3②).

나. 권리금회수기회보호에 관한 임대인과 임차인의 의무

㈎ 임대인의 의무

임대인은 임대차기간이 끝나기 6개월 전부터 임대차 종료 시까지 다음 중의 어느 하나에 해당하는 행위를 함으로써 권리금 계약에 따라 임차인이 주선한 신규임차인이 되려는 자로부터 권리금을 지급받는 것을 방해하여서는 아니 된다(상임보 10의4①본).

① 임차인이 주선한 신규임차인이 되려는 자에게 권리금을 요구하거나 임차인이 주선한 신규임차인이 되려는 자로부터 권리금을 수수하는 행위
② 임차인이 주선한 신규임차인이 되려는 자로 하여금 임차인에게 권리금을 지급하지 못하게 하는 행위
③ 임차인이 주선한 신규임차인이 되려는 자에게 상가건물에 관한 조세, 공과금, 주변 상가건물의 차임 및 보증금, 그 밖의 부담에 따른 금액에 비추어 현저히 고액의 차임과 보증금을 요구하는 행위
④ 그 밖에 정당한 사유 없이 임대인이 임차인이 주선한 신규임차인이 되려는 자와 임대차계약의 체결을 거절하는 행위

그러나 임대인이 임차인의 임대차갱신청구를 거절할 수 있는 사유(상임보 10①)가 있는 경우에는 임차인의 권리금회수기회를 보호할 의무가 없다(상임보 10의4①단). 또한 다음 중 어느 하나에 해당하는 경우에는 임대인이 임차인이 주선한 신규임차인이 되려는 자와 임대차계약의 체결을 거절하는 정당한 사유가 있는 것으로 본다(상임보 10의4②).

① 임차인이 주선한 신규임차인이 되려는 자가 보증금 또는 차임을 지급할 자력이 없는 경우
② 임차인이 주선한 신규임차인이 되려는 자가 임차인으로서의 의무를 위반할 우려가 있거나 그 밖에 임대차를 유지하기 어려운 상당한 사유가 있는 경우
③ 임대차 목적물인 상가건물을 1년 6개월 이상 영리목적으로 사용하지 아니한 경우

④ 임대인이 선택한 신규임차인이 임차인과 권리금 계약을 체결하고 그 권리금을 지급한 경우

(나) 임차인의 의무

임차인은 임대인에게 임차인이 주선한 신규임차인이 되려는 자의 보증금 및 차임을 지급할 자력 또는 그 밖에 임차인으로서의 의무를 이행할 의사 및 능력에 관하여 자신이 알고 있는 정보를 제공하여야 한다(상임보 10의4⑤).

다. 권리금회수기회보호의무 위반에 따른 임대인의 책임

임대인이 제1항을 권리금회수기회보호의무를 위반하여 임차인에게 손해를 발생하게 한 때에는 그 손해를 배상할 책임이 있다. 이 경우 그 손해배상액은 신규임차인이 임차인에게 지급하기로 한 권리금과 임대차 종료 당시의 권리금 중 낮은 금액을 넘지 못한다(상임보 10의4③).

임차인이 권리금회수기회보호의무 위반을 이유로 임대인에게 손해배상을 청구할 권리는 임대차가 종료한 날부터 3년 이내에 행사하지 아니하면 시효의 완성으로 소멸한다(상임보 10의4④).

라. 권리금회수기회부여에 관한 특례의 적용범위

권리금회수기회부여에 관한 특례(상임보 10의4)는 보증금의 액수에 관계없이 모든 상가건물임대차에 적용된다(상임보 2③).

그러나 권리금회수기회부여에 관한 특례(상임보 10의4)는 다음 각 호의 어느 하나에 해당하는 상가건물임대차의 경우에는 적용하지 아니한다(상임보 10의5).

① 임대차 목적물인 상가건물이 「유통산업발전법」 제2조에 따른 대규모점포 또는 준대규모점포의 일부인 경우(다만, 「전통시장 및 상점가 육성을 위한 특별법」 제2조제1호에 따른 전통시장은 제외한다)

② 임대차 목적물인 상가건물이 「국유재산법」에 따른 국유재산 또는 「공유재산 및 물품 관리법」에 따른 공유재산인 경우

(9) 상가건물임대차와 관련된 분쟁해결절차상의 특례

상가건물임대차분쟁조정위원회(이하 조정위원회라 한다)는 법률구조법 제8조에 따른 대한법률구조공단의 ① 서울중앙지부 ② 수원지부 ③ 대전지부 ④ 대구지부 ⑤ 부산지부 ⑥ 광주지부에 둔다(상임보 20①, 상임보령 8①). 조정위원회는 상가건물임대차보호법의 적용을 받는 상가건물임대차와 관련된 분쟁에 관하여 다음 각 호의 사항을 심의·조정한다(상임보 20②, 상임보령 9).

① 차임 또는 보증금의 증감에 관한 분쟁
② 임대차 기간에 관한 분쟁
③ 보증금 또는 임차상가건물의 반환에 관한 분쟁
④ 임차상가건물의 유지·수선 의무에 관한 분쟁
⑤ 권리금에 관한 분쟁
⑥ 임대차계약의 이행 및 임대차계약 내용의 해석에 관한 분쟁
⑦ 임대차계약 갱신 및 종료에 관한 분쟁
⑧ 임대차계약의 불이행 등에 따른 손해배상청구에 관한 분쟁
⑨ 공인중개사 보수 등 비용부담에 관한 분쟁
⑩ 상가건물임대차보호법 제19조에 따른 상가건물임대차표준계약서의 사용에 관한 분쟁
⑪ 그 밖에 ⑥부터 ⑩까지의 규정에 준하는 분쟁으로서 조정위원회의 위원장이 조정이 필요하다고 인정하는 분쟁

상가건물임대차보호법에서 상가건물임대차와 관련된 분쟁해결절차상의 특례를 규정하고 있는 취지는 주택임대차보호법에서 주택임대차와 관련된 분쟁해결절차상의 특례를 규정하고 있는 것과 대체로 동일하다.

그리고 조정위원회에 대하여는 상가건물임대차보호법에 규정한 사항 외에는 주택임대차분쟁조정위원회에 관한 주택임대차보호법 제14조부터 제29조까지의 규정을 준용되며, 이 경우 "주택임대차분쟁조정위원회"는 "상가건물임대차분쟁조정위원회"로 본다(상임보 21). 따라서 상가건물임대차와 관련된 분쟁조정의 절차와 효력에 대하여는 주택임대차와 관련한 분쟁조정의 절차와 효력에 있어서

와 같은 것으로 보면 된다.

상가건물임대차보호법에서 규정하는 상가건물임대차와 관련된 분쟁해결절차상의 특례는 보증금이 일정액 이하인 경우에만 적용된다(상임보 2①단③).

(10) 표준계약서의 사용

법무부장관은 국토교통부장관과 협의를 거쳐 보증금, 차임액, 임대차기간, 수선비 분담 등의 내용이 기재된 상가건물임대차표준계약서를 정하여 그 사용을 권장할 수 있다(상임보 19). 또한 국토교통부장관은 법무부장관과 협의를 거쳐 임차인과 신규임차인이 되려는 자의 권리금 계약 체결을 위한 표준권리금계약서를 정하여 그 사용을 권장할 수 있다(상임보 10의6).

이는 상가건물임대차보호법 등에서 규정하는 임대인과 임차인의 권리·의무관계를 명확히 할 수 있도록 하기 위한 것이다. 그러나 이 표준계약서의 사용은 권장 사항에 지나지 않기 때문에 임대인이나 임차인의 의무적 사용을 강제하는 것이 아니다.

상가건물임대차보호법에서 규정하는 표준계약서의 사용은 보증금의 액수에 관계없이 모든 상가건물임대차에 적용된다(상임보 2③).

(11) 상가건물임대차보호법의 적용범위

가. 상가건물

상가건물임대차보호법이 적용되는 대상목적물은 부가가치세법 제5조, 소득세법 제168조 또는 법인세법 제111조의 규정에 따른 사업자등록을 신청할 수 있는 상가건물에 한정된다(상임보 2①본). 건물의 등기 여부는 묻지 않으며 미등기건물이라도 상가건물인 이상 동법의 적용대상이 된다. 그러나 이와 같은 상가건물에 해당하더라도 보증금의 액수가 일정액(구체적인 내용은 앞에서 설명한 상가건물임대차의 특별취급을 위한 공통요건 참조)을 초과하는 때에는 상가건물임대차보호법은 그 일부 규정만 적용된다.

영업용부분과 비영업용 부분이 함께 병존하는 건물이 동일인에게 임대되어 각기 그 용도에 따라 사용되는 경우 그 영업용부분에 상가건물임대차보호법이 적용되는가. 이에 관하여 동법 제2조는 「임대차 목적물의 주된 부분을 영업용으로 사용하는 경우를 포함한다」고 규정하고 있다. 따라서 임대건물의 주요부분이 영업용으로 사용되고 일부만이 비영업용의 목적으로 사용되는 경우에는 그 건물 전부에 대하여 동법이 적용되게 된다. 또한 그 반대해석으로 건물의 주요부분이 비영업용으로 사용되고, 일부만이 영업용으로 사용되는 경우에는 동법이 적용이 되지 않는다.

문제는 건물의 주요부분이 영업용인지 아니면 비영업용인지를 어떠한 기준으로 판단할 것인가이다. 이에 관하여는 획일적 기준을 정할 수는 없고 구체적인 개별 사안에 따라 그 임차인의 목적, 전체 건물과 임대차목적물의 구조와 형태 및 임차인의 임대차목적물의 이용관계, 그리고 임차인이 그곳에서 일상생활을 영위하는지 여부 등을 아울러 고려하여 합목적적으로 결정하는 수밖에 없다.

한편, 상가건물임대차보호법은 영업용건물의 일부에 관한 임대차에도 적용되는 바, 이 경우 상가건물의 일부가 구분건물과 같이 객관적으로 독립의 존재를 인정할 수 있는 실체를 갖추고 있어야 하는지가 문제로 되나, 주택임대차에 있어서와 같이, 임대차의 대상부분이 반드시 구분건물이거나 또는 그에 준할 정도의 독립성을 갖출 것을 요하지 아니한다고 보는 것이 타당하다.

판례 7-54

상가건물의 해당여부를 판단하는 기준

상가건물 임대차보호법의 목적과 같은 법 제2조 제1항 본문, 제3조 제1항에 비추어 보면, 상가건물 임대차보호법이 적용되는 상가건물 임대차는 사업자등록 대상이 되는 건물로서 임대차 목적물인 건물을 영리를 목적으로 하는 영업용으로 사용하는 임대차를 가리킨다. 그리고 상가건물 임대차보호법이 적용되는 상가건물에 해당하는지는 공부상 표시가 아닌 건물의 현황·용도 등에 비추어 영업용으로 사용하느냐에 따라 실질적으로 판단하여야 하고, 단순히 상품의 보관·제조·가공 등 사실행위만이 이루어지는 공장·창고 등은 영업용으로 사용하는 경우라고 할 수 없으나 그곳에서 그러한 사실행위와 더불어 영리를 목적으로 하는 활동이 함께 이루어진다면 상가건물 임대차보호법 적용대상인 상가건물에 해당한다(대판 2011.7.28. 2009다40967).

나. 그 밖의 적용범위

상가건물임대차보호법은 목적건물의 등기하지 아니한 전세계약에 관하여 이를 준용한다. 이 경우 전세금은 임대차의 보증금으로 본다(상임보 17). 그러나 일시사용을 위한 임대차임이 명백한 경우에는 이를 적용하지 아니한다(상임보 16). 일시사용 목적의 의미는 주택임대차에 있어서와 같다.

한편, 상가건물임대차보호법이 법인 또는 법인 아닌 단체인 임차인에 대하여도 적용되는지 문제로 된다. 법인 또는 법인 아닌 단체는 그 성질상 주거생활을 할 수 없으나 상업활동을 할 수 있는 것이므로 긍정하는 것이 타당하다. 그리고 외국인과 외국법인 등에 대하여도 적용되는지 여부에 대하여는 이들도 내외국인 평등주의의 취지에서 국내에서 사업자등록을 할 수 있는 범위에서 긍정하는 것이 타당하다.

(12) 상가건물임대차의 확인

상가건물의 임대차에 이해관계가 있는 자는 관할 세무서장에게 해당 상가건물의 확정일자 부여일, 차임 및 보증금 등 정보의 제공을 요청할 수 있다. 이 경우 요청을 받은 관할 세무서장은 정당한 사유 없이 이를 거부할 수 없다(상임보 4③).

정보의 제공을 요청할 수 있는 상가건물의 임대차에 이해관계가 있는 자는 ① 해당 상가건물 임대차계약의 임대인·임차인 ② 해당 상가건물의 소유자 ③ 해당 상가건물 또는 그 대지의 등기부에 기록된 권리자 중 법무부령으로 정하는 자 ④ 상가건물임대차보호법 제5조제7항에 따라 우선변제권을 승계한 금융기관 등 ⑤ 제1호부터 제4호까지에서 규정한 자에 준하는 지위 또는 권리를 가지는 자로서 임대차 정보의 제공에 관하여 법원의 판결을 받은 자를 말한다(상임보령 3의2).

임대차계약의 당사자는 관할 세무서장에게 ① 임대인·임차인의 인적사항(상임보령 3④iii에 따른 정보를 말한다. 다만, 주민등록번호 및 외국인등록번호의 경우에는 앞 6자리에 한정한다) ② 상가건물의 소재지, 임대차 목적물 및 면적 ③ 사업자등록 신청일 ④ 보증금·차임 및 임대차기간 ⑤ 확정일자 부여일 ⑥ 임대차계약이 변경되거나 갱신된 경우에는 변경·갱신된 날짜, 새로운 확정일자 부여일, 변경된 보증금·차임 및 임대차기간 ⑦ 그 밖에 법무부령으로 정하는 사항의 사항이 기재된 서면의 열람 또는 교부를 요청할 수 있다(상임보령 3의3①).

임대차계약의 당사자가 아닌 이해관계인 또는 임대차계약을 체결하려는 자는 관할 세무서장에게 ① 상가건물의 소재지, 임대차 목적물 및 면적 ② 사업자등록 신청일 ③ 보증금 및 차임, 임대차기간 ④ 확정일자 부여일 ⑤ 임대차계약이 변경되거나 갱신된 경우에는 변경·갱신된 날짜, 새로운 확정일자 부여일, 변경된 보증금·차임 및 임대차기간 ⑥ 그 밖에 법무부령으로 정하는 사항이 기재된 서면의 열람 또는 교부를 요청할 수 있다(상임보령 3의3②).

2. 상가건물임차권과 근저당권의 관계

상가건물임차권과 근저당권은 ① 상가건물임차권이 설정되어 있는 상가건물을 대상으로 근저당권을 설정하는 경우가 있다는 점 ② 근저당권이 설정되어 있는 상가건물을 대상으로 상가건물임차권이 설정되는 경우가 있다는 점에서 서로 관련되어 있다는 점 주택임차권과 근저당권에 있어서와 같다.

대항력 있는 상가건물임차권이 설정되어 있는 상가건물이라고 하여 그 소유자가 근저당권을 설정할 수 없는 것이 아니고 또한 이미 근저당권이 설정되어 있는 상가건물이라고 하여 대항력 있는 주택임차권을 설정할 수 없는 것도 아니며, 그에 따라 대항력 있는 상가건물임차권과 근저당권은 대상 상가건물에 경매절차가 실시되어 매수인이 소유권을 취득하기 전까지는 독립하여 병존하게 되는 점 또한 주택임차권과 근저당권에 있어서와 같다.

그리고 대상 상가건물에 경매절차가 실시되어 매수인이 소유권을 취득하게 되면 대항력 있는 상가건물임차권과 근저당권은 상호 영향을 미치게 되는 점도 주택임차권과 근저당권에 있어서와 같다. 구체적으로 어떠한 영향을 미치는지 즉 상가건물임차권의 매수인에 대한 대항가능 여부와 상가건물임대차 보증금의 배당관계 및 대항력 있는 상가건물임차권이 있는 상가건물의 담보가치 등에 관하여는 주택에 경매절차가 실시되는 경우에 준하여 생각하면 된다.

XII. 조세채권

1. 조세의 종류

조세란 국세와 지방세를 말한다. 국세란 국가가 그 구성원으로부터 징수하는 세금으로 ① 소득세 ② 법인세 ③ 상속세와 증여세 ④ 종합부동산세 ⑤ 부가가치세 ⑥ 개별소비세 ⑦ 교통·에너지·환경세 ⑧ 주세(酒稅) ⑨ 인지세(印紙稅) ⑩ 증권거래세 ⑪ 교육세 ⑫ 농어촌특별세 ⑬ 재평가세 ⑭ 관세 ⑮ 임시수입부가세 말한다(국지조 2). 그리고 지방세란 지방자치단체가 그 구성원으로부터 징수하는 세금으로 (1) 보통세인 ① 취득세 ② 등록면허세 ③ 레저세 ④ 담배소비세 ⑤ 지방소비세 ⑥ 주민세 ⑦ 지방소득세 ⑧ 재산세 ⑨ 자동차세 (2) 목적세인 ① 지역자원시설세 ② 지방교육세를 말한다(국지조 3).

2. 조세우선의 원칙

조세는 다른 공과금이나 저당권 등의 담보권에 의하여 담보되는 채권 및 그 밖의 채권에 우선하는 것이 원칙이다. 즉 국세 및 강제징수비는 다른 공과금이나 그 밖의 채권에 우선하여 징수하는 것이 원칙이고(국기 35①본), 지방자치단체의 징수금도 다른 공과금과 그 밖의 채권에 우선하여 징수하는 것이 원칙이다(지기 71①본).

납세의무자 소유의 여러 부동산에 대하여 조세우선변제권이 행사된 경우 공동저당권에 관한 민법 제368조가 유추 적용되는지 문제로 되나, 판례는 조세우선변제권은 일정한 범위 내에서는 조세채무자의 총재산에 대하여 우선변제권이 인정된다는 점에서 이른바 법정담보물권으로서의 성격을 갖고 있다. 따라서 조세채무자의 부동산이 여럿인 경우에는 마치 그 부동산 전부에 대한 공동저당권자와 유사한 지위에 서게 된다고 보아 긍정하고 있다.[452]

다만, 위와 같은 조세우선의 원칙에 대하여는 국세기본법과 지방세기본법에

452) 대판 2006.5.26. 2003다18401 참조.

서 여러 예외를 규정하고 있으므로 이하에서는 이들 예외에 관하여 설명하기로 한다.

3. 조세우선의 원칙에 대한 예외

(1) 예외를 인정하는 취지

조세우선의 원칙에 대하여는 국세기본법과 지방세기본법에 일정한 예외를 두고 있는데, 그 취지는 국세 및 강제징수비와 지방자치단체의 징수금이 조세채권이라는 이유만으로 아무런 공시방법도 구비하지 아니하고 있음에도 공시방법(저당권 등의 경우)이나 제3자대항요건(지명채권질권 등의 경우)을 구비한 전세권, 질권 또는 저당권 등의 담보권에 의하여 담보되는 채권에 우선하는 것으로 하면 이들 담보권자에게 뜻하지 않은 손해를 끼치게 되어 담보제도의 근저를 동요시키게 될 것이므로 이를 방지하기 위한 것이다. 예외의 구체적인 내용에 대하여는 국세와 지방세의 경우로 나누어 이하에서 설명하기로 한다.

(2) 국세의 경우

가. 국세에 우선하는 채권

다음 중 어느 하나에 해당하는 공과금과 그 밖의 채권은 국세 및 강제징수비에 우선한다(국기 35①단).

① 지방세나 공과금의 체납처분 또는 강제징수를 할 때 그 체납처분 또는 강제징수 금액 중에서 국세 및 강제징수비를 징수하는 경우의 그 지방세나 공과금의 체납처분비 또는 강제징수비

② 강제집행·경매 또는 파산 절차에 따라 재산을 매각할 때 그 매각금액 중에서 국세 및 강제징수비를 징수하는 경우의 그 강제집행, 경매 또는 파산 절차에 든 비용

③ 법정기일 전에 다음의 어느 하나에 해당하는 권리가 설정된 재산이 국세

의 강제징수 또는 경매 절차 등을 통하여 매각(국세기본법 제35조제1항제3호의2에 해당하는 재산의 매각은 제외한다)되어 그 매각금액에서 국세를 징수하는 경우 그 권리에 의하여 담보된 채권 또는 임대차보증금반환채권.

가. 전세권, 질권 또는 저당권[453]

나. 「주택임대차보호법」 제3조의2제2항 또는 「상가건물 임대차보호법」 제5조제2항에 따라 대항요건과 확정일자를 갖춘 임차권

다. 납세의무자를 등기의무자로 하고 채무불이행을 정지조건으로 하는 대물변제(代物辨濟)의 예약에 따라 채권 담보의 목적으로 가등기(가등록을 포함한다)를 마친 가등기 담보권

④ 「주택임대차보호법」 제8조 또는 「상가건물 임대차보호법」 제14조가 적용되는 임대차관계에 있는 주택 또는 건물을 매각할 때 그 매각금액 중에서 국세를 징수하는 경우 임대차에 관한 보증금 중 일정 금액으로서 「주택임대차보호법」 제8조 또는 「상가건물 임대차보호법」 제14조에 따라 임차인이 우선하여 변제받을 수 있는 금액에 관한 채권

⑤ 사용자의 재산을 매각하거나 추심(推尋)할 때 그 매각금액 또는 추심금액 중에서 국세를 징수하는 경우에 「근로기준법」 제38조 또는 「근로자퇴직급여 보장법」 제12조에 따라 국세에 우선하여 변제되는 임금, 퇴직금, 재해보상금, 그 밖에 근로관계로 인한 채권

나. 국세와 우선순위를 정하는 기준

㈎ 국세의 법정기일

㈀ 각 경우의 법정기일

국세의 법정기일이란 다음의 어느 하나에 해당하는 기일을 말한다(국기 35②).

① 과세표준과 세액의 신고에 따라 납세의무가 확정되는 국세[중간예납하는 법인세와 예정신고납부하는 부가가치세 및 소득세(「소득세법」 제105조에

453) 2010.6.10. 제정되어 2012.6.11. 시행된 동산·채권 등의 담보에 관한 법률에 의하여 제한물권으로서의 담보물권에 해당하는 동산담보권과 채권담보권이 신설된 바 있다. 따라서 「질권 또는 저당권」은 「질권·저당권 또는 동산·채권 등의 담보에 관한 법률에 따른 담보권」으로 변경할 필요가 있으며 변경전이라도 이와 같이 이해하는 것이 타당하다. 같은 내용이 있는 근로기준법 제38조는 동법 개정시 이미 이와 같이 변경한 바 있다.

따라 신고하는 경우로 한정한다)를 포함한다]의 경우 신고한 해당 세액 : 그 신고일

② 과세표준과 세액을 정부가 결정·경정 또는 수시부과 결정을 하는 경우 고지한 해당 세액(국세기본법 제47조의4에 따른 납부지연가산세 중 납부고지서에 따른 납부기한 후의 납부지연가산세와 같은 법 제47조의5에 따른 원천징수 등 납부지연가산세 중 납부고지서에 따른 납부기한 후의 원천징수 등 납부지연가산세를 포함한다) : 그 납부고지서의 발송일

③ 인지세와 원천징수의무자나 납세조합으로부터 징수하는 소득세·법인세 및 농어촌특별세 : 그 납세의무의 확정일

④ 제2차 납세의무자(보증인을 포함한다)의 재산에서 징수하는 국세 : 「국세징수법」 제7조에 따른 납부고지서의 발송일

⑤ 국세기본법 제42조에 따른 양도담보재산에서 징수하는 국세 : 「국세징수법」 제7조에 따른 납부고지서의 발송일

⑥ 「국세징수법」 제31조제2항에 따라 납세자의 재산을 압류한 경우에 그 압류와 관련하여 확정된 국세 : 그 압류등기일 또는 등록일

⑦ 「부가가치세법」 제3조의2에 따라 신탁재산에서 징수하는 부가가치세등 : 같은 법 제52조의2제1항에 따른 납부고지서의 발송일

⑧ 「종합부동산세법」 제7조의2 및 제12조의2에 따라 신탁재산에서 징수하는 종합부동산세등 : 같은 법 제16조의2제1항에 따른 납부고지서의 발송일

㈏ 법정기일 전의 의미

법정기일이 예를 들어 3월 10일이라고 할 때 3월 10일까지 포함하는 의미인지 아니면 3월 10일 제외한 3월 9일까지를 의미하는 것인지 문제로 된다. 이는 전세권, 질권 또는 저당권 등 담보권의 공시일자나 제3자대항요건 구비일자가 국세의 법정기일과 같은 일자인 예컨대 3월 10일 경우 어느 쪽이 우선하는지 결정하는 판단기준이 된다는 점에서 큰 의미가 있다. 「전」의 의미를 3월 10일까지인 것으로 해석하면 저당권 등의 피담보채권이 우선하게 되는 반면, 3월 9일까지인 것으로 해석하면 국세가 우선하게 되는 것이기 때문이다.

「전」이나 「후」는 「이전」이나 「이후」와 구분되는 개념으로 「이전」이나 「이

후」가 해당 일자를 포함하는 의미를 가지는 것이므로 「전」이나 「후」는 해당 일자를 제외하는 의미를 가지는 것으로 보아 3월 10일까지가 아닌 3월 9일까지라고 보는 것이 타당하다. 서울민사지방법원에서 작성한 보전처분 및 입찰에 관한 실무지침에서도 해당 일자를 제외하는 3월 9일까지인 것으로 해석하고 있다.

㈐ 법정기일과 관련한 그 밖의 문제

은행 등이 원천징수하는 이자소득세의 법정기일은 언제인지 문제로 되나, 판례는 국세기본법 제21조 제2항, 제22조 제2항 제3호의 규정에 의하면 원천징수 이자소득세의 납부의무는 원천징수의무자가 이자를 지급하는 때에 특별한 절차 없이 성립하고 확정되는 것이므로, 같은 법 제35조 제1항 단서 제3호 (다)목(현재는 제2항 제3호)의 규정에 따라 저당권 등의 피담보채권과의 우선관계를 결정하는 법정기일도 그 때로 볼 것이라고 한다.[454]

전세권, 질권 또는 저당권 등의 담보권에 의하여 담보되는 채권이 국세에 우선하기 위해서는 국세기본법에서 규정하는 바와 같이 납세의무자의 재산을 대상으로 설정된 담보권의 공시일자나 제3자대항요건구비일자가 국세의 법정기일 전이면 충분하고 그 담보채권의 발생시기 여하는 불문한다. 판례도 같다[455].

가산세는 본세의 성실한 이행을 확보하기 위하여 그 의무를 이행하지 아니한 경우에 그 법에 의하여 산출한 세액에 가산하여 징수하는 금액으로서, 가산세가 본세의 명목으로 부과· 징수된다고 하더라도 본세와는 본질적으로 그 성질이 다르므로, 그 납세고지서의 발송일을 법정기일로 보아야 한다는 것이 판례이다[456].

㈏ 전세권·질권·저당권 등의 설정사실 증명

전세권, 질권 또는 저당권과 「주택임대차보호법」 제3조의2제2항 또는 「상가

454) 대판 1998.9.8. 97다12037 참조.
455) 대판 1962.7.19. 62다190 참조.
456) 대판 2001.4.24. 2001다10076 참조.

건물 임대차보호법」 제5조제2항에 따라 대항요건과 확정일자를 갖춘 임차권 및 납세의무자를 등기의무자로 하고 채무불이행을 정지조건으로 하는 대물변제(代物辨濟)의 예약에 따라 채권 담보의 목적으로 가등기(가등록을 포함한다. 이하 같다)를 마친 가등기 담보권에 해당하는 권리가 설정된 사실은 다음 중 어느 하나에 해당하는 방법으로 증명한다(국기 35①iii, 국기령 18②).

① 부동산등기부 등본

② 공증인의 증명

③ 질권에 대한 증명으로서 세무서장이 인정하는 것

④ 공문서 또는 금융회사 등의 장부상의 증명으로서 세무서장이 인정하는 것

다. 특수한 경우

㈎ 담보가등기의 경우

법정기일 후에 납세의무자를 등기의무자로 하고 채무불이행을 정지조건으로 하는 대물변제(代物辨濟)의 예약에 따라 채권 담보의 목적으로 가등기(가등록을 포함한다. 이하 같다)가 이루어진 경우라도 체납압류가 이루어지기 전에 담보가등기권의 실행으로 그 가등기에 따른 본등기가 이루어진 이후에는 대상목적물로부터 담보가등기권설정자의 체납조세는 징수될 수 없다.

그러나 법정기일 후에 납세의무자를 등기의무자로 하고 채무불이행을 정지조건으로 하는 대물변제(代物辨濟)의 예약에 따라 채권 담보의 목적으로 가등기를 마친 사실이 대통령령(국기령 18②)으로 정하는 바에 따라 증명되는 재산을 매각하여 그 매각금액에서 국세를 징수하는 경우에는 그 재산을 압류한 날 이후에 그 가등기에 따른 본등기가 이루어지더라도 그 국세는 그 가등기에 의해 담보된 채권보다 우선한다(국기 35④).

㈏ 양도담보권의 경우

납세자가 국세 및 강제징수비를 체납한 경우에 그 납세자에게 양도담보재산이 있을 때에는 그 납세자의 다른 재산에 대하여 강제징수를 하여도 징수할 금액에 미치지 못하는 경우에만 「국세징수법」에서 정하는 바에 따라 그 양도담보

재산으로써 납세자의 국세 및 강제징수비를 징수할 수 있다. 다만, 그 국세의 법정기일 전에 담보의 목적이 된 양도담보재산에 대해서는 그러하지 아니하다(국기 42①).

「국세징수법」 제7조제1항에 따라 양도담보권자에게 납부고지가 있은 후 납세자가 양도에 의하여 실질적으로 담보된 채무를 불이행하여 해당 재산이 양도담보권자에게 확정적으로 귀속되고 양도담보권이 소멸하는 경우에는 납부고지 당시의 양도담보재산이 계속하여 양도담보재산으로서 존속하는 것으로 본다(국기 42②).

"양도담보재산"이란 당사자 간의 계약에 의하여 납세자가 그 재산을 양도하였을 때에 실질적으로 양도인에 대한 채권담보의 목적이 된 재산을 말한다(국기 42③).

양도담보권의 설정으로 양도담보재산의 소유권은 물권적으로 양도담보권자에게 귀속되고, 양도담보설정자는 담보채무를 완제하고서 양도담보권자로부터 소유권의 회복을 구할 수 있는 채권적인 권리만이 있는 것이므로 양도담보재산으로부터는 양도담보설정자의 체납조세를 징수할 수 없는 것이지만, 그 실질이 담보라는 점을 고려하여 국세기본법에 위와 같은 특별규정을 두고 있는 것이다.

㈐ 거짓 담보권 등의 경우

세무서장은 납세자가 제3자와 짜고 거짓으로 재산에 다음 중 어느 하나에 해당하는 계약을 하고 그 등기 또는 등록을 하거나 「주택임대차보호법」 제3조의2 제2항 또는 「상가건물 임대차보호법」 제5조제2항에 따른 대항요건과 확정일자를 갖춘 임대차 계약을 체결함으로써 그 재산의 매각금액으로 국세를 징수하기가 곤란하다고 인정할 때에는 그 행위의 취소를 법원에 청구할 수 있다. 이 경우 납세자가 국세의 법정기일 전 1년 내에 특수관계인 중 대통령령(국기령 18의2)으로 정하는 자와 전세권·질권 또는 저당권 설정계약, 임대차 계약, 가등기 설정계약 또는 양도담보 설정계약을 한 경우에는 짜고 한 거짓 계약으로 추정한다(국기 35⑥).

① 전세권·질권 또는 저당권의 설정계약(국기 35①iii가)
② 임대차 계약(국기 35①iii나)
③ 담보가등기 설정계약(국기 35①iii다)
④ 양도담보 설정계약(국기 42②)

짜고 한 거짓 계약으로 추정되는 계약의 특수관계인의 범위에 관하여는 국세기본법시행령 제18조의 2 참조.

㈑ 다른 조세채권과의 우선순위

국세 강제징수에 따라 납세자의 재산을 압류한 경우에 다른 국세 및 강제징수비 또는 지방세의 교부청구(「국세징수법」 제61조 또는 「지방세징수법」 제67조에 따라 참가압류를 한 경우를 포함한다. 이하 같다)가 있으면 압류와 관계되는 국세 및 강제징수비는 교부청구된 다른 국세 및 강제징수비 또는 지방세보다 우선하여 징수한다(국기 36①).

지방세 체납처분에 의하여 납세자의 재산을 압류한 경우에 국세 및 강제징수비의 교부청구가 있으면 교부청구된 국세 및 강제징수비는 압류에 관계되는 지방세의 다음 순위로 징수한다(국기 36②).

납세담보물을 매각하였을 때에는 제36조에도 불구하고 그 국세 및 강제징수비는 매각대금 중에서 다른 국세 및 강제징수비와 지방세에 우선하여 징수한다(국기 37).

(3) 지방세의 경우

가. 지방세에 우선하는 채권

다음 중 어느 하나에 해당하는 공과금과 그 밖의 채권은 지방자치단체의 징수금에 우선한다(지기 71①단).

① 국세 또는 공과금의 체납처분을 하여 그 체납처분 금액에서 지방자치단체의 징수금을 징수하는 경우의 그 국세 또는 공과금의 체납처분비
② 강제집행·경매 또는 파산절차에 따라 재산을 매각하여 그 매각금액에서

지방자치단체의 징수금을 징수하는 경우의 해당 강제집행·경매 또는 파산 절차에 든 비용

③ “법정기일” 전에 전세권·질권·저당권[457]의 설정을 등기·등록한 사실 또는 「주택임대차보호법」 제3조의2제2항 및 「상가건물 임대차보호법」 제5조제2항에 따른 대항요건과 임대차계약증서상의 확정일자(確定日字)를 갖춘 사실이 대통령령으로 정하는 바에 따라 증명되는 재산을 매각하여 그 매각금액에서 지방세(그 재산에 대하여 부과된 지방세는 제외한다)를 징수하는 경우의 그 전세권·질권·저당권에 따라 담보된 채권, 등기 또는 확정일자를 갖춘 임대차계약증서상의 보증금

④ 「주택임대차보호법」 제8조 또는 「상가건물 임대차보호법」 제14조가 적용되는 임대차관계에 있는 주택 또는 건물을 매각하여 그 매각금액에서 지방세를 징수하는 경우에는 임대차에 관한 보증금 중 일정액으로서 각 규정에 따라 임차인이 우선하여 변제받을 수 있는 금액에 관한 채권

⑤ 사용자의 재산을 매각하거나 추심하여 그 매각금액 또는 추심금액에서 지방세를 징수하는 경우에는 「근로기준법」 제38조제2항 및 「근로자퇴직급여 보장법」 제12조제2항에 따라 지방세에 우선하여 변제되는 임금, 퇴직금, 재해보상금

나. 지방세와 우선순위를 정하는 기준

㈎ 지방세의 법정기일

지방세의 법정기일이란 다음의 어느 하나에 해당하는 기일을 말한다(지기71①iii).

① 과세표준과 세액의 신고에 의하여 납세의무가 확정되는 지방세의 경우 신고한 해당 세액에 대해서는 그 신고일

② 과세표준과 세액을 지방자치단체가 결정 또는 경정하는 경우에 고지한 해당 세액(국세기본법 제55조제1항제3호·제4호에 따른 납부지연가산세 및 같은 법 제56조제1항제3호에 따른 특별징수 납부지연가산세를 포함한다)

---

457) 국세기본법 제35조의 경우와 마찬가지로 「질권 또는 저당권」은 「질권·저당권 또는 동산·채권 등의 담보에 관한 법률에 따른 담보권」으로 이해하는 것이 타당하다.

에 대해서는 납세고지서의 발송일

③ 특별징수의무자로부터 징수하는 지방세의 경우에는 가목 및 나목의 기일과 관계없이 그 납세의무의 확정일

④ 양도담보재산 또는 제2차 납세의무자의 재산에서 지방세를 징수하는 경우에는 납부통지서의 발송일

⑤ 「지방세징수법」 제33조제2항에 따라 납세자의 재산을 압류한 경우에 그 압류와 관련하여 확정된 세액에 대해서는 ①부터 ④까지의 기일과 관계없이 그 압류등기일 또는 등록일

법정기일 전의 의미와 법정기일과 관련한 그 밖의 문제는 국세에서 설명한 바와 같다.

㈏ 전세권·질권·저당권 등의 설정사실 증명

전세권·질권·저당권의 설정을 등기·등록한 사실 또는 주택임대차보호법 제3조의2제2항 및 상가건물 임대차보호법 제5조제2항에 따른 대항요건과 임대차계약증서상의 확정일자를 갖춘 사실은 다음 중 어느 하나에 해당하는 것으로 증명한다(지기 71①iii, 지기령 50).

① 등기사항증명서

② 공증인의 증명

③ 질권에 대한 증명으로서 지방자치단체의 장이 인정하는 것

④ 금융회사 등의 장부등으로 증명되는 것으로서 지방자치단체의 장이 인정하는 것

⑤ 그 밖에 공부(公簿)상으로 증명되는 것

다. 특수한 경우

㈎ 담보가등기의 경우

납세의무자를 등기의무자로 하고 채무불이행을 정지조건으로 하는 대물변제의 예약(豫約)을 근거로 하여 권리이전의 청구권 보전(保全)을 위한 가등기(가등록을 포함한다. 이하 같다)와 그 밖에 이와 유사한 담보의 대상으로 된 가등기

가 되어 있는 재산을 압류하는 경우에 그 가등기를 근거로 한 본등기가 압류 후에 되었을 때에는 그 가등기의 권리자는 그 재산에 대한 체납처분에 대하여 그 가등기를 근거로 한 권리를 주장할 수 없다. 다만, 지방세(그 재산에 대하여 부과된 지방세는 제외한다)의 법정기일 전에 가등기된 재산에 대해서는 그 권리를 주장할 수 있다(지기 71②).

㈏ 양도담보의 경우

납세자가 지방자치단체의 징수금을 체납한 경우에 그 납세자에게 양도담보재산이 있을 때에는 그 납세자의 다른 재산에 대하여 체납처분을 집행하고도 징수할 금액이 부족한 경우에만 그 양도담보재산으로써 납세자에 대한 지방자치단체의 징수금을 징수할 수 있다. 다만, 지방자치단체의 징수금의 법정기일 전에 담보의 대상이 된 양도담보재산에 대해서는 지방자치단체의 징수금을 징수할 수 없다(지기 75①). 이 경우 양도담보재산은 당사자 간의 양도담보설정계약에 따라 납세자가 그 재산을 양도한 때에 실질적으로 양도인에 대한 채권담보의 대상이 된 재산으로 한다(지기 75②).

납세자가 종중(宗中)인 경우로서 지방자치단체의 징수금을 체납한 경우 그 납세자에게 「부동산 실권리자명의 등기에 관한 법률」 제8조제1호에 따라 종중 외의 자에게 명의신탁한 재산이 있을 때에는 그 납세자의 다른 재산에 대하여 체납처분을 집행하고도 징수할 금액이 부족한 경우에만 그 명의신탁한 재산으로써 납세자에 대한 지방자치단체의 징수금을 징수할 수 있다(지기 75③).

㈐ 거짓 담보권 등의 경우

지방자치단체의 장은 납세자가 제3자와 짜고 거짓으로 그 재산에 대하여 지방세기본법 제71조제1항제3호에 따른 임대차계약, 전세권·질권 또는 저당권의 설정계약, 같은 조 제2항에 따른 가등기설정계약 또는 같은 법 제75조에 따른 양도담보설정계약을 하고 확정일자를 갖추거나 등기 또는 등록 등을 하여, 그 재산의 매각금액으로 지방자치단체의 징수금을 징수하기 어렵다고 인정하면 그 행위의 취소를 법원에 청구할 수 있다. 이 경우 납세자가 지방세의 법정기일 전

1년 내에 그의 특수관계인 중 대통령령(지기령 51, 24②)으로 정하는 자와 「주택임대차보호법」 또는 「상가건물 임대차보호법」에 따른 임대차계약, 전세권·질권 또는 저당권의 설정계약, 가등기설정계약 또는 양도담보설정계약을 한 경우에는 상대방과 짜고 한 거짓계약으로 추정한다(지기 71④).

㈑ 다른 조세채권과의 우선순위

지방자치단체의 징수금 체납으로 인하여 납세자의 재산에 대한 체납처분을 하였을 경우에 그 체납처분비는 지방세기본법 제71조제1항제3호 및 제74조에도 불구하고 다른 지방자치단체의 징수금과 국세 및 그 밖의 채권에 우선하여 징수한다(지기 72).

지방자치단체의 징수금의 체납처분에 의하여 납세자의 재산을 압류한 후 다른 지방자치단체의 징수금 또는 국세의 교부청구가 있으면 압류에 관계되는 지방자치단체의 징수금은 교부청구한 다른 지방자치단체의 징수금 또는 국세에 우선하여 징수한다(지기 73①).

다른 지방자치단체의 징수금 또는 국세의 체납처분에 의하여 납세자의 재산을 압류한 후 지방자치단체의 징수금 교부청구가 있으면 교부청구한 지방자치단체의 징수금은 압류에 관계되는 지방자치단체의 징수금 또는 국세의 다음으로 징수한다(지기 73②).

납세담보가 되어 있는 재산을 매각하였을 때에는 지방세기본법 제73조에도 불구하고 해당 지방자치단체에서 다른 지방자치단체의 징수금과 국세에 우선하여 징수한다(지기 74).

4. 당해세인 경우의 특례

(1) 국세의 경우

가. 당해세 절대우선

국세기본법 제35조 제1항제3호에도 불구하고 해당 재산에 대하여 부과된 상속세, 증여세 및 종합부동산세는 같은 호에 따른 채권 또는 임대차보증금반환채권보다 우선하며, 같은 조 제1항제3호의2에도 불구하고 해당 재산에 대하여 부과된 종합부동산세는 같은 호에 따른 채권 또는 임대차보증금반환채권보다 우선한다(국기 35③).

해당 재산에 대하여 부과된 상속세, 증여세 및 종합부동산세를 이른바 당해세라고 하며, 이 당해세를 당해세의 법정기일 전에 설정된 저당권 등에 의하여 담보되는 채권보다 우선징수하도록 한 것을 당해세 절대우선의 원칙이라고 한다.

당해세 절대우선의 적용범위에 관하여 2019년 12월 31일 개정 전 국세기본법 제35조 제1항 제3호에서는 해당 국세의 법정기일보다 전세권, 질권 또는 저당권 등 담보권의 공시일자나 제3자대항요건구비일자가 앞선 채권 등에는 선순위인 반면, 주택임대차보호법 제8조 또는 상가건물임대차보호법 제14조에 따른 소액임차인의 보증금 중 일정액과 근로기준법 제38조 또는 근로자퇴직급여보장법 제12조에 따른 임금, 퇴직금, 재해보상금, 그 밖에 근로관계로 인한 채권에는 후순위인 것으로 규정되어 있었다(동법 제35조 제1항 제4호 제5호 참조).

그런데 2019년 12월 31일 개정되어 2020년 1월 1일 시행된 국세기본법 제35조 제3항에서는 개정 전 국세기본법 제35조 제1항 제3호에만 적용되던 당해세 절대 우선의 특례를 동조 동항 제4호와 제5호에도 적용되는 것으로 하고 있어, 당해세가 주택임대차보호법 제8조 또는 상가건물임대차보호법 제14조에 따른 소액임차인의 보증금 중 일정액과 근로기준법 제38조 또는 근로자퇴직급여보장법 제12조에 따른 임금, 퇴직금, 재해보상금, 그 밖에 근로관계로 인한 채권에도 우선하는지 문제로 되었다.

이에 관하여 국세청에서는 「국세기본법 제35조 제3항은 제1항에도 불구하고 해당 재산에 대하여 부과된 상속세, 증여세 및 종합부동산세는 '법정기일 전에 설정된 제1항 각호의 권리에 의하여 담보된 채권 또는 임대차보증금반환채권'보다 우선한다」라고 규정되어 있어, 당해세는 법정기일 전에 설정된 권리에 의하여 담보된 채권 또는 임대차보증금반환채권(제1항 제3호)에 해당하지 않는, 제1항 제4호(주택 및 상가건물 소액보증금 중 일정액의 채권)와 제5호(근로관계채권) 채권보다 우선징수될 수 없다고 해석한 바 있으며

(2020.12.22. 징세과-6215 참조), 실무에서도 우선하지 않는 것으로 처리하고 있었다.

그러나 국세기본법 제35조 제3항에서 규정하는「법정기일 전에 설정된 제1항 각호의 권리에 의하여 담보된 채권 또는 임대차보증금반환채권」중에는,「주택임대차보호법 제8조 또는 상가건물임대차보호법 제14조에 따른 소액임차인의 보증금 중 일정액과 근로기준법 제38조 또는 근로자퇴직급여보장법 제12조에 따른 임금, 퇴직금, 재해보상금, 그 밖에 근로관계로 인한 채권」도 포함된다고 볼 수 있다는 점에서, 위 국세청의 해석에는 여전히 의문이 남았었다.

이에 2022년 12월 31일 개정되어 2023년 1월 1일 시행된 국세기본법 제35조 제3항에서는 당해세 절대우선의 원칙이 적용되는 범위에서 제1항 제4호(주택 및 상가건물 소액보증금 중 일정액의 채권)와 제5호(근로관계채권)를 제외함으로써 해석상의 의문을 입법적으로 해결한 바 있다.

국세기본법에서 당해세의 특례를 정하고 있는 것은「그 재산에 대하여 부과」된 이른바 당해세는 그 재산에 관하여 발생한 것이므로 이를 절대적으로 우선시켜 국가재정을 튼튼히 하려는 데에 있다. 그런데 이 당해세 제도는 이들 담보권자의 권리를 지나치게 제한하는 것으로 위헌이 아닌가 하는 의문이 들 수 있다. 그러나 헌법재판소에서는「국세기본법 제35조 제1항 제3호의 "(그 재산에 대하여 부과된 국세와 가산금을 제외한다)"는 부분 중 당해 재산의 소유 그 자체를 과세의 대상으로 하여 부과하는 이른바 강학상의 재산세에 해당하는 국세와 가산금 부분은 담보권자의 예측가능성을 해치지 아니하므로 과세요건 명확주의에 위반되지 아니하고, 재산권인 저당권 등의 본질적인 내용을 침해하거나 그 내용을 과도하게 제한하는 것이라고 볼 수 없다(헌재 1999. 5. 27. 97헌바8)」라고 하여 합헌결정을 한 바 있다[458].

---

458) 헌재 1999.5.27. 97헌바8 참조.

[참고] 국세인 당해세의 변천내용

적용기간	당해세의 종류	관계법령
1989.12.31. 이전	상속세·증여세·재평가세	국세기본법시행령
1990.01.01~1998.12.31	상속세·증여세·재평가세·토지초과이득세[459]	1989.12.30. 국세기본법시행령개정
1999.01.01~2003.12.30	상속세·증여세·재평가세	1998.12.31. 국세기본법시행령개정
2003.12.31~2005.01.04	상속세·증여세[460]	2003.12.30. 국세기본법 및 국세기본법시행령개정
2005.01.05. 이후	상속세·증여세·종합부동산세[461]	2005.1.5. 국세기본법개정

나. 당해세 절대우선의 예외

당해세 절대우선의 원칙에는 주거생활의 안정을 위한 특례가 규정되어 있다. 이 특례에 의하면 「주택임대차보호법」 제3조의2 제2항에 따라 대항요건과 확정일자를 갖춘 임차권에 의하여 담보된 임대차보증금반환채권 또는 같은 법 제2조에 따른 주거용 건물에 설정된 전세권에 의하여 담보된 채권(이하 "임대차보증금반환채권등"이라 한다)의 경우는 해당 임차권 또는 전세권이 설정된 재산이 국세의 강제징수 또는 경매 절차를 통하여 매각되어 그 매각금액에서 국세를 징수하는 경우 그 확정일자 또는 설정일보다 법정기일이 늦은 해당 재산에 대하여 부과된 국세인 상속세, 증여세 및 종합부동산세의 우선 징수순서에 대신하여 변제될 수 있다. 다만, 이 경우 대신 변제되는 금액은 우선 징수할 수 있었던 해당 재산에 대하여 부과된 상속세, 증여세 및 종합부동산세의 징수액에 한정하며, 임대차보증금반환채권등보다 우선 변제되는 저당권 등의 변제액과 제3

459) 1989.12.30. 토지초과이득세법(법률 제4177호)의 제정으로 신설되어 당해세로 규정되었다가 1998.12.28. 토지초과이득세법이 폐지(법률 제5586호)됨에 따라 당해세에서 제외되었다.

460) 2003.12.30. 이전에 부과하였거나 부과하여야 할 재평가세에 대하여 종전의 규정에 따라 당해세 우선의 원칙이 적용되는지 여부에 관하여는 아무런 규정을 두고 있지 않으나 긍정하는 것이 타당하다(지방세로서 당해세이었던 취득세와 등록세에 관하여는 1999.12.31. 개정 지방세법시행령 부칙 제2조에서 명문으로 긍정하고 있다).

461) ① 2005.1.5. 세제개편으로 새로이 종합부동산세법이 제정(법률 제7328호)되어 국세로서 종합부동산세가 신설됨으로써 같은 날 국세기본법 제35조제5항이 개정되어 당해세로 추가된 것이다.

② 2005.1.5. 이후 부과된 종합부동산세가 2005.1.4. 이전에 설정된 저당권에 관하여도 적용되는지 여부가 문제로 되나, 헌법 제23조의 재산권보장원칙과 제13조제2항의 소급입법에 의한 재산권제한의 금지원칙 등에 비추어 부정하는 것이 타당하다.

항에 따라 해당 재산에 대하여 부과된 상속세, 증여세 및 종합부동산세를 우선 징수하는 경우에 배분받을 수 있었던 임대차보증금반환채권등의 변제액에는 영향을 미치지 아니한다(국기 35⑦).

이는 당해세 절대우선의 원칙을 유지하되, 절대우선하는 당해세인 국세와 「주택임대차보호법」 제3조의2 제2항에 따라 대항요건과 확정일자를 갖춘 임차권에 의하여 담보된 임대차보증금반환채권 또는 같은 법 제2조에 따른 주거용 건물에 설정된 전세권에 의하여 담보된 채권이 병존하는 경우에 절대우선하는 당해세의 범위에서 그 당해세에 대신하여 "임대차보증금반환채권등"을 변제토록 하는 예외만을 인정하고 그 이외에는 원래의 순위를 그대로 인정한다는 특례이다.

(2) 지방세의 경우

가. 당해세 절대우선

지방세기본법 제71조제1항제3호에 따라 지방자치단체의 징수금의 법정기일 전에 전세권·질권·저당권의 설정을 등기·등록한 사실 또는 「주택임대차보호법」 제3조의2제2항 및 「상가건물 임대차보호법」 제5조제2항에 따른 대항요건과 임대차계약증서상의 확정일자(確定日字)를 갖춘 사실이 증명된 채권 등이라도 해당 재산에 대하여 부과된 지방자치단체의 징수금에 대하여는 우선하지 못한다(지기 71③iii).

해당 재산에 대하여 부과된 지방자치단체의 징수금을 이른바 당해세라고 한다. 지방세 중 당해세는 재산세·자동차세(자동차 소유에 대한 자동차세만 해당한다)·지역자원시설세(소방분에 대한 지역자원시설세만 해당한다) 및 지방교육세(재산세와 자동차세에 부가되는 지방교육세만 해당한다)로 한정되어 있다(지기 71⑤).

당해세인 지방세라도 주택임대차보호법 제8조 또는 상가건물임대차보호법 제14조에 따른 소액임차인의 보증금 중 일정액과 근로기준법 제38조 또는 근로자퇴직급여보장법 제12조에 따른 임금, 퇴직금, 재해보상금, 그 밖에 근로관계로 인한 채권에 대하여는 후순위가 된다(지기 71①iii 참조).

[참고] 지방세인 당해세의 변천내용

적용기간	당해세의 종류	관계법령
1991.12.14. 이전	당해세 폐지	1991.12.14. 지방세법개정
1996.01.01~1999.12.31	취득세·등록세·재산세·자동차세·종합토지세·도시계획세·공동시설세462)	1995.12.06. 지방세법개정 1996.12.31.지방세법시행령개정
2000.01.05~2010.12.31	재산세·자동차세·종합토지세·도시계획세·공동시설세463)	1999.12.31. 지방세법시행령개정
2005.12.31~2005.1.4	재산세·자동차세·도시계획세·공동시설세·지방교육세(재산세와 자동차세분에 한함)464)	2005.01.05. 지방세법 및 지방세법시행령 개정
2011.01.01~2020.12.31	재산세·자동차세(자동차 소유에 대한 자동차세만 해당한다)·지역자원시설세(특정부동산에 대한 지역자원시설세만 해당한다) 및 지방교육세(재산세와 자동차세에 부가되는 지방교육세만 해당한다)465)	2010.03.31. 지방세법개정 및 지방세기본법제정

462) 1996.1.1.부터 시행된 개정 지방세법에 의하여 부활된 당해세가, 부활 전에 설정된 저당권에 관하여도 적용되는지 여부가 문제로 되나 헌법 제23조의 재산권보장원칙(헌 23)과 제13조제2항의 소급입법에 의한 재산권제한의 금지원칙 등에 비추어 부정하는 것이 타당하다(대판 1999.4.9. 98다60880 참조).

463) 1999.12.31. 이전에 부과하였거나 부과하여야 할 취득세와 등록세에 대하여는 종전의 규정에 따라 당해세 우선의 원칙이 적용된다(1999.12.31. 개정 지방세법시행령 부칙 ②).

464) ① 2005.1.5. 세제개편으로 지방세법이 개정(법률 제7332호)되어 재산세와 종합토지세가 재산세로 일원화됨에 따라 종합토지세가 당해세에서 제외되고, 지방세법시행령의 개정(대통령령 제18669호)으로 지방교육세(재산세와 자동차세분에 한함)가 새로이 당해세로 추가된 것이다.
② 2005.1.4. 이전에 부과하였거나 부과하여야 할 종합토지세에 대하여는 종전의 규정에 따라 당해세 우선의 원칙이 적용된다(2005.1.5. 개정 지방세법시행령 부칙 2).
③ 2005.1.5. 이후 부과된 지방교육세(재산세와 자동차세분에 한함)가 2005.1.4. 이전에 설정된 저당권에 관하여도 적용되는지 여부가 문제로 되나, 위 4)의 취득세와 등록세에 있어서와 같은 취지에서 부정하는 것이 타당하다.

465) 2010.3.31. 개정 및 제정된 지방세제의 개편내용에 의하면 이전의 지방세법은 지방세기본법, 지방세법, 지방세특례제한법 분리되어 2011.1.1.부터 시행되었다. 새로이 제정된 지방세기본법에서는 종래 지방세법에서 규정하던 지방세의 세목을 조정하여 ①재산세와 도시계획세를 재산세로 ②등록세와 면허세를 등록면허세로 ③공동시설세와 지역개발세를 지역자원시설세로 ④자동차세와 주행세를 자동차세로 통합하였고 ⑤도축세는 축산 산업의 국가경쟁력 향상을 위해 폐지하였다(지기 8). 그런데 새로이 제정된 지방세기본법에서 조정 규정한 지방세의 명칭만을 보면, 구 지방세법상 당해세가 아닌 지역개발세와 주행세가 당해세인 공동시설세 및 자동차세와 각각 통합되어 당해세인 지역자원시설세 및 자동차세가 되었다는 점에서, 이번 지방세제의 개편으로 당해세가 늘어난 것처럼 보인다. 그러나 새로이 제정된 지방세기본법에서는 자동차세와 지역자원시설세 모두를 당해세로 하고 있지 않고 자동차 소유에 대한 자동차세와, 특정부동산에 대한 지역자원시설세만 당해세에 해당된다고 함으로써 지역자원시설세 중 지역개발세 해당 부분과 자동차세 중 주행세 해당 부분이 당해세가 아님을 분명히 하고 있어 개정전 지방세법에서 규정하는 당해세와 차이가 없다.

적용기간	당해세의 종류	관계법령
2021.01.01. 이후	재산세·자동차세(자동차 소유에 대한 자동차세만 해당한다)·지역자원시설세(소방분에 대한 지역자원시설세만 해당한다) 및 지방교육세(재산세와 자동차세에 부가되는 지방교육세만 해당한다.466)	2019.12.31. 지방세법 및 지방세기본법 개정

나. 당해세 절대우선의 예외

당해세 절대우선의 원칙에는 주거생활의 안정을 위한 특례가 규정되어 있다. 이 특례에 의하면 「주택임대차보호법」 제3조의2제2항에 따라 대항요건과 확정일자를 갖춘 임차권에 의하여 담보된 보증금반환채권 또는 같은 법 제2조에 따른 주거용 건물에 설정된 전세권에 의하여 담보된 채권(이하에서 "임대차보증금반환채권등"이라 한다)은 해당 임차권 또는 전세권이 설정된 재산이 지방세의 체납처분 또는 경매·공매 절차를 통하여 매각되어 그 매각금액에서 지방세를 징수하는 경우 그 확정일자 또는 설정일보다 법정기일이 늦은 해당 재산에 대하여 부과된 지방세기본법 제71조제5항제1호[재산세], 제3호[지역자원시설세(소방분에 대한 지역자원시설세만 해당한다)] 및 제4호[지방교육세(재산세에 부가되는 지방교육세만 해당한다)에 해당하는 지방세(이하 "재산세등"이라 한다)의 우선 징수 순서에 대신하여 변제될 수 있다. 이 경우 대신 변제되는 금액은 우선 징수할 수 있었던 해당 재산에 대하여 부과된 "재산세등"의 징수액에 한정하며, "임대차보증금반환채권등"보다 우선 변제되는 저당권 등의 변제액과 지방세기본법 제71조제1항제3호 각 목 외의 부분 및 같은 조 제2항 단서에 따라 해당 재산에 대하여 부과된 "재산세등"을 우선 징수하는 경우에 배분받을 수 있었던 "임대차

466) 2019.12.31. 개정되어 2021.1.1. 시행되기 전의 지방세법 제142조제1항제2호는 소방시설, 오물처리시설, 수리시설, 그 밖의 공공시설로 인하여 이익을 받는 자의 건축물, 선박 및 토지를 "특정부동산"이라 하고, 이를 대상으로 부과하는 지역자원시설세 특정부동산 지역자원시설세라 하였고(지세 142①ii), 2019.12.31. 개정되어 2021.1.1. 시행되기 전의 지방세기본법 제71조제5항은 이 특정부동산 지역자원시설세를 당해세로 규정하고 있었다. 이에 대하여 2019.12.31. 개정되어 2021.1.1. 시행된 지방세법 제142조제1항제3호는 소방시설로 인하여 이익을 받는 자의 건축물(주택의 건축물 부분을 포함) 및 선박(납세지를 관할하는 지방자치단체에 소방선이 없는 경우는 제외)을 대상으로 부과되는 지역자원시설세를 소방분 지역자원시설세로 규정하고, 2019.12.31. 개정되어 2021.1.1. 시행된 지방세기본법 제71조제5항은 이 소방분 지역자원시설세 당해세로 규정하고 있다.

보증금반환채권등"의 변제액에는 영향을 미치지 아니한다(지기 71⑥).

이는 당해세 절대우선의 원칙을 유지하되, 절대우선하는 당해세인 지방세와 「주택임대차보호법」 제3조의2 제2항에 따라 대항요건과 확정일자를 갖춘 임차권에 의하여 담보된 임대차보증금반환채권 또는 같은 법 제2조에 따른 주거용 건물에 설정된 전세권에 의하여 담보된 채권이 병존하는 경우에 절대우선하는 당해세의 범위에서 그 당해세에 대신하여 "임대차보증금반환채권등"을 변제토록 하는 예외만을 인정하고 그 이외에는 원래의 순위를 그대로 인정한다는 특례이다.

5. 조세우선권과 근저당권 등의 관계

(1) 통상의 우선순위

근저당권 등 ① 전세권, 질권 또는 저당권 ② 「주택임대차보호법」 제3조의2 제2항 또는 「상가건물 임대차보호법」 제5조제2항에 따라 대항요건과 확정일자를 갖춘 임차권 ③ 납세의무자를 등기의무자로 하고 채무불이행을 정지조건으로 하는 대물변제(代物辨濟)의 예약에 따라 채권 담보의 목적으로 가등기(가등록을 포함한다. 이하 같다)를 마친 가등기 담보권의 어느 하나가 설정된 부동산이 조세의 강제징수 또는 경매 절차 등을 통하여 매각된 경우, 조세채권과 근저당권 등 위 ①②③의 권리에 의하여 담보되는 채권과의 사이의 우선순위는 근저당권 등 위 ①②③의 설정등기일자 또는 대항력구비일과 확정일자 중 늦은 일자가 조세의 법정기일전이면 근저당권 등 위 ①②③의 권리에 의하여 담보되는 채권이 우선하고, 조세의 법정기일 후이거나 같으면 조세채권이 우선한다(국기 35① iii, 지기 71①iii).

(2) 소유자 변동이 있는 경우

가. 문제의 소재

근저당권 등 위 ①②③의 권리의 어느 하나가 설정된 부동산이 양도나 상속 또는 증여로 소유자가 변동된 후에, 해당 부동산이 조세의 강제징수 또는 경매절차 등을 통하여 매각된 경우 양도나 상속 또는 증여되기 전의 소유자인 양도인, 피상속인, 증여자에 대한 조세 및 양도나 상속 또는 증여된 후의 소유자인 양수인, 상속인, 수증자에 대한 조세가 근저당권 등 위 ①③의 권리에 의하여 담보되는 채권과의 사이에 어떤 기준에 따라 우선순위가 정해지는지 문제로 된다.

나. 양도인, 피상속인, 증여자 대한 조세

양도인이나 피상속인 또는 증여자에게 부과된 국세나 지방세는 근저당권 등 위 ①②③의 권리의 어느 하나에 해당하는 권리가 설정된 부동산의 소유자가 변동되기 전에 체납압류를 하지 않은 이상, 당해세이거나 그 법정기일이 근저당권 등 위 ①②③의 권리 설정 이전이라 하더라도, 해당 부동산이 조세의 강제징수 또는 경매 절차 등을 통하여 매각된 경우, 그 매각대금으로부터 우선징수를 할 수 없는 것으로 보아야 한다. 근저당권 등 위 ①②③의 권리는 등기부기록 등 제3자 대항력구비에 필요한 공시가 되어 있어 제3자가 소유권취득시에 그 내용을 알 수 있는 반면, 국세나 지방세는 미리 체납압류를 하지 않은 이상 제3자 대항력구비를 위한 공시가 되어 있지 않아, 해당 부동산의 소유권을 취득하는 제3자가 소유권취득시에 그 내용을 알 수 없는 것이기 때문이다.

대법원판례도 「국세기본법 제35조에 의하여 인정되는 국세의 우선권은 납세자의 재산에 대한 강제집행, 경매, 체납처분 등의 강제환가절차에서 국세를 다른 공과금 기타 채권에 우선하여 징수하는 효력을 의미할 뿐 그 이상으로 납세자의 총재산에 대하여 조세채권을 위한 일반의 선취특권이나 특별담보권을 인정하는 것은 아니므로, 국세의 우선권을 근거로 이미 제3자 앞으로 소유권이 이전된 재산권을 압류할 수는 없고, 이는 당해 재산에 대하여 부과된 국세의 경우도 마찬가지이다」라고 판시하고 있다.[467)]

467) 대판 1996.10.15. 96다17424 참조.

판례 7-55

양수재산으로부터 양도인의 국세를 우선 징수할 수 있는지 여부

납세의무자의 소유가 아닌 재산에 의하여 국세를 징수할 수는 없으므로 국세의 체납처분 등에 의하여 납세의무자의 재산이 압류되기 전에 제3자가 그 소유권을 취득하였다면 그 재산에 대하여는 원칙적으로 국세의 우선징수권이 미치지 아니하므로, 부동산에 대한 강제집행절차가 진행되는 도중에 그 목적물이 제3자에게 양도된 경우에도 그 이전에 양도인의 체납국세에 관하여 체납처분 등으로 압류를 한 바 없다면 그 이후에 그 체납국세에 관하여 교부청구를 하더라도 낙찰대금으로부터 우선 배당을 받을 수 없고, 따라서 그러한 교부청구에 기하여 우선 배당을 받았다면 이는 다른 배당권자에 대한 관계에서 부당이득이 된다(대판 1998.8.21. 98다24396).

다. 양수인, 상속인, 수증자에 대한 조세

(가) 양도에 의한 소유권이전의 경우

양수인이나 상속인 또는 수증자에게 부과된 국세나 지방세는 국세기본법 제35조 제1항 제3호 및 지방세기본법 제71조 제1항 제3호의 법문을 문리 그대로 해석하면, 해당 국세나 지방세가 당해세이거나 그 법정기일이 근저당권 등 위 ①②③의 권리 설정 이전 이전이면 근저당권 등 위 ①②③의 권리에 우선하게 된다.

그런데 이렇게 되면 근저당권 등 위 ①②③의 권리가 설정된 부동산의 소유권이 양도나 상속 또는 증여로 다액의 조세를 체납하고 있는 제3자에게 이전되고, 그 양수인이나 상속인 또는 수증자가 체납하고 있는 조세가 당해세이거나 법정기일이 근저당권 등 위 ①②③의 권리가 설정된 날 이전이면 근저당권자 등 위 ①②③의 권리자는 뜻하지 않은 손해를 보게 되는 불합리한 결과가 된다.

예컨대 S앞으로 채권최고액을 1억 원으로 하는 근저당권이 설정(등기일자 2020.3.20)되어 있는 A소유 부동산(시가 1억 원)이, B에게 소유권이전등기(등기일자 2020.11.20)된 후 경매되어, 그 배당할 금액이 1억 원이고 A·B의 체납소득세가 A 2천만 원(법정기일 2020.2.20), B 8천만 원(법정기일 2020.2.25)인 경우, 배당할 금액 1억 원이 만일 B에 대한 소유권이전등기가 없었다면 A의 체납소득세 2천만 원, S은행 8천만 원의 순서로 배당되었을 것인데, B에 대한 소유권이전등기가 있음으로써 B의 체납소득세 8천만 원, S은행 2천만 원의 순서로 배당됨으로써, S은행이 뜻하지 않게 6천만 원만큼의 배당을 적게 받는 손해를 보게 되므로, 이와 같은 불합리한 결과의 발생을 방지할 필요가 있는 것이다.

당해세나 법정기일이 근저당권의 설정등기일자 이전인 국세나 지방세에 관하여, 근저당권을 설정 받고자 하는 자로서는 근저당권설정자에 대한 것은 미리 예측할 수 있지만 근저당목적물이 제3자에게 양도될 경우의 그 제3자에 대한 것까지는 미리 예측할 수가 없다. 근저당목적물이 누구에게 양도될지를 미리 알 수가 없는 것이기 때문이다. 따라서 이와 같이 근저당권자가 그 근저당권을 설정받을 당시에 예측할 수 없는 우연한 사정, 즉 근저당목적물이 다액의 조세체납을 하고 있는 제3자에게 양도되었다는 사실로 인하여, 그 피담보채권을 변제받을 수 없게 된다고 하는 것은 불합리하다고 하지 않을 수 없는 것이다.

이에 대법원판례는 위와 같은 불합리한 결과의 발생을 방지하려는 취지에서 「국세기본법 제35조 제1항 제3호의 규정 또는 지방세법 제31조 제2항 제3호(현재는 지방세기본법 제71조 제1항 제3호)의 규정에 의하여 국세나 지방세에 대하여 우선적으로 보호되는 저당권부채권은 당해 저당권설정 당시의 저당권자와 설정자와의 관계를 기본으로 하여 그 설정자의 납세의무를 기준으로 한 취지라고 해석되고, 이러한 국세나 지방세 등의 우선징수로부터 배제되는 저당권부채권은 설정자가 저당부동산을 제3자에게 양도하고 그 양수인에게 국세나 지방세의 체납이 있었다고 하더라도 특별규정이 없는 현행법하에서는 그 보호의 적격이 상실되는 것은 아니라고 할 것이므로, 저당부동산이 저당권설정자로부터 제3자에게 양도되고 위 설정자에게 저당권에 우선하여 징수당할 아무런 조세의 체납이 없었다면 양수인인 제3자에 대하여 부과한 국세 또는 지방세를 법정기일이 앞선다거나 당해세라 하여 우선 징수할 수 없다고 할 것이고, 이러한 법리는 저당부동산의 양도와 함께 설정자인 양도인, 양수인 및 저당권자 등 3자의 합의에 의하여 저당권자와 양도인 사이에 체결되었던 저당권설정계약상의 양도인이 가지는 계약상의 채무자 및 설정자로서의 지위를 양수인이 승계하기로 하는 내용의 계약인수가 이루어진 경우라고 하여 달리 볼 것이 아니다」는 판시를 한 바 있다.[468]

468) 대판 2005.3.10. 2004다51153 참조.

㈏ 상속에 의한 소유권이전의 경우

근저당권설정자가 사망하여 근저당목적물에 관하여 상속이 발생함으로써 소유자가 변경된 경우, 저당목적물에 관하여 상속인에게 부과된 상속세가 당해세로 그 근저당권의 피담보채권에 우선하게 되는지의 여부가 문제로 된다. 그러나 이를 긍정하게 되면 근저당권설정자의 사망이란 우연한 사실로 근저당권자가 뜻하지 않은 손해를 보게 되므로 부정하는 것이 타당하다.

판례도 「국세에 대하여 우선적으로 보호되는 저당권으로 담보되는 채권이라 함은 원래 저당권설정 당시의 저당권자와 저당권설정자와의 관계를 기본으로 하여 그 설정자의 납세의무를 기준으로 한 것이라고 해석되므로, 저당권설정자가 그 피담보채권에 우선하여 징수당할 조세의 체납이 없는 상태에서 사망한 경우에 그 상속인에 대하여 부과된 국세인 상속세는 이를 당해세라 하여 우선 징수할 수 없다」고 판시한 바 있다.[469]

판례 7-56

상속 전 설정된 저당권과 상속세의 우선순위

국세에 대하여 우선적으로 보호되는 저당권으로 담보되는 채권이라 함은 원래 저당권설정 당시의 저당권자와 저당권설정자와의 관계를 기본으로 하여 그 설정자의 납세의무를 기준으로 한 것이라고 해석되어지므로, 저당권설정자가 그 피담보채권에 우선하여 징수당할 아무런 조세의 체납도 없는 상태에서 사망한 경우에 그 상속인에 대하여 부과한 국세인 상속세는 이를 당해세라 하여 우선 징수할 수 없고, 이러한 법리는 저당권의 목적인 재산 그 자체를 매각한 대금 중에서 국세를 징수하는 경우뿐만 아니라 그 재산이 수용되어 그 수용보상금이 공탁된 관계로 그 공탁금이 물상대위의 대상이 된 경우에도 동일하게 적용된다(대판 1996.7.12. 96다21058).

㈐ 증여에 의한 소유권이전의 경우

근저당권설정자가 근저당목적물을 증여한 경우, 수증자와 증여자(근저당권설정자)에게 부과되는 증여세가 당해세로서 근저당권의 설정등기일자에 관계없이, 그 근저당권의 피담보채권에 우선하게 되는지 문제로 된다. 이에 관하여 증여자가 납부하여야 하게 되는 증여세의 경우는 조세채권에 추급력이 인정되어 있지 않기 때문에 수증자의 재산이 된 근저당목적물의 가액으로부터 우선징수될 수

469) 대판 1997.5.9. 96다55204 참조.

없음은 당연하다고 할 수 있다.

이에 대하여 반면에 수증자가 납부하여야 하는 증여세의 경우는 앞에서 설명한 대법원판례460)에 의하면, 증여자가 납부하여야 할 증여세 중 목적재산의 매각대금을 배당할 때까지 체납되어 있는 금액은, 당해세로서 그 근저당권의 피담보채권보다 언제나 우선하는 것으로 생각될 수가 있다. 그러나 이 경우 증여세의 우선징수를 긍정하게 되면, 근저당권자가 뜻하지 않은 손해를 보게 되어 불합리하므로 부정하는 것이 타당하다. 대법원의 판례도 「목적물의 양도인 증여가 행하여진 경우 당해세인 증여세의 납세의무자는 어디까지나 당해 재산을 소유하고 있는 양수인인 수증자라고 할 것이고 구 상속세법(1993.12.31. 법률 제4662호로 개정되기 전의 것) 제29조의2 제2항의 규정(수증자가 납부하지 아니하는 증여세를 증여자가 납부할 의무가 있다는 내용)이 있다고 하여 위 증여세가 양도인인 증여자 자신의 조세로 바뀌는 것은 아니다」고 판시함으로써 이를 부정하고 있다.[470]

㈑ 현행 국세기본법의 내용

2022년 12월 31일 개정되어 2023년 1월 1일 시행된 국세기본법에서는 제35조 제1항에 제3의2호를 신설하여 위 대법원판례의 입장을 보다 명확하게 국세기본법에 규정함으로 이 문제를 입법적으로 아래와 같이 해결하였다.

근저당권 등 ① 전세권, 질권 또는 저당권 ② 「주택임대차보호법」 제3조의2 제2항 또는 「상가건물 임대차보호법」 제5조제2항에 따라 대항요건과 확정일자를 갖춘 임차권 ③ 납세의무자를 등기의무자로 하고 채무불이행을 정지조건으로 하는 대물변제(代物辨濟)의 예약에 따라 채권 담보의 목적으로 가등기(가등록을 포함한다. 이하 같다)를 마친 가등기담보권의 어느 하나에 해당하는 권리가 설정된 부동산이 양도, 상속 또는 증여된 후 해당 재산이 국세의 강제징수 또는 경매 절차 등을 통하여 매각되어 그 매각금액에서 국세를 징수하는 경우 해당 재산에 설정된 근저당권 등 위 ①②③의 권리에 의하여 담보된 채권 또는 임대차보증금반환채권은 양수인이나 상속인 또는 수증자에게 부과된 국세 및 강제

---

470) 대판 1994.3.22. 93다49581 참조.

징수비에 우선한다(국기 35①iii의2본). 다만, 다음의 2가지 경우에 해당하는 양수인이나 상속인 또는 수증자에게 부과된 국세 및 강제징수비가 근저당권 등 위 ①②③의 권리에 우선한다(국기 35①iii의2단).

첫째, 해당 재산에 대하여 부과된 종합부동산세는 해당 재산에 설정된 근저당권 등 위 ①②③의 권리에 의하여 담보된 채권 또는 임대차보증금반환채권보다 우선한다(국기 35③후단). 다만, 이 경우라도 「주택임대차보호법」 제3조의2제2항에 따라 대항요건과 확정일자를 갖춘 임차권에 의하여 담보된 임대차보증금반환채권 또는 같은 법 제2조에 따른 주거용 건물에 설정된 전세권에 의하여 담보된 채권은 당해세 절대우선의 예외가 적용되어, 그 확정일자 또는 설정일보다 법정기일이 늦은 종합부동산세의 징수액에 한하여 그 우선 징수 순서에 대신하여 변제될 수 있다(국기 35⑦).

둘째, 종합부동산세 이외는 법정기일이 근저당권 등 위 ①②③의 권리의 설정일보다 빠른 국세에 한하여 아래의 방법에 따라 계산한 금액의 범위에서 해당 재산에 설정된 근저당권 등 위 ①②③의 권리에 의하여 담보된 채권 또는 임대차보증금반환채권보다 우선한다(국기 35①iii의2단, 국기령 18③).

① 직전 보유자가 해당 재산을 보유하기 전에 해당 재산에 설정된 근저당권 등 위 ①②③의 권리가 없는 경우 : 직전 보유자 보유기간 중의 근저당권 등 위 ①②③의 권리 설정일 중 가장 빠른 날보다 법정기일이 빠른 직전 보유자의 국세 체납액을 모두 더한 금액

② 직전 보유자가 해당 재산을 보유하기 전에 해당 재산에 설정된 근저당권 등 위 ①②③의 권리가 있는 경우 : 0원

국세기본법 제35조제1항제3호의2의 규정을 위 사례에 적용하면, 근저당 부동산의 매각대금으로부터 근저당채권에 우선하여 배당받을 수 있는 양수인의 체납국세는 법정기일이 근저당권설정등기일 이전이거나 당해세 중 종합부동산세인 조세이어야 한다. 특히 종합부동산세 이외의 국세는 양도가 없었더라면 우선배당 받을 수 있었던 양도인의 체납조세액을 한도로 한다. 예를 들면 위의 사례에서 배당할 금액 1억 원은 B의 체납소득세 2천만 원, S은행의 근저당채권 8천만 원의 순서로 배당되는 것이다.

그리고 양수인이나 상속인 또는 수증자에게 부과된 지방세에 관하여는 지방

세기본법에 규정되어 있는 내용이 없으나, 종합부동산세 이외의 국세의 경우에 준하는 것으로 보는 것이 타당하다.

(3) 보험사고가 발생한 경우

가. 문제의 소재

근저당목적물에 보험사고가 발생하면 보험회사로부터 보험계약의 내용에 따른 보험금이 지급되게 되는데 이 보험금과 관련하여서는, 근저당권자의 물상대위권과 그 보험금청구권에 대하여 다른 채권자가 질권을 설정하고 있을 경우의 질권 및 조세체납처분에 의하여 그 보험금이 압류된 경우의 당해 조세채권 사이의 우선순위는 어떻게 결정되는지, 또 그러한 경우에 근저당권자가 취하여야 할 실무상의 대응책은 무엇인지의 문제가 있다.

나. 물상대위권과 질권 및 조세징수권 사이의 우선관계

㈎ 물상대위권과 질권의 우선관계

동일한 보험금청구권에 대하여 근저당권에 의거한 물상대위권과 질권이 경합할 경우에 어느 쪽이 우선하는지에 관하여는 근저당권의 설정등기일자와 질권의 제3자 대항요건을 구비한 일자를 대비하여 앞서는 쪽이 우선하는 것으로 보되, 만일 양 일자가 같은 때에는 동순위로서 각 자의 피담보채권액에 안분하는 것으로 보아야 한다.[471]

㈏ 질권과 조세징수권의 우선관계

동일한 보험금청구권상에 질권과 조세징수권이 경합하는 경우에는, 국세기본법 제35조 제1항 제3호 및 지방세법 제31조 제2항 제3호의 규정에 의하여, 질권설정의 제3자 대항요건을 구비한 일자가 국세 또는 지방세의 법정기일 전인가의 여부에 따라 그 우선관계가 결정된다.

---

471) 자세한 내용은 제3장 Ⅲ. 3. ⑵ 참조.

㈐ 물상대위권과 조세징수권의 우선관계

보험금청구권이 조세체납처분으로 압류되어 근저당권자의 물상대위권과 경합할 경우에, 양자의 우선관계가 어떻게 결정되는가는 문제이다. 이에 관하여는 앞에서 설명한 물상대위권과 질권 및 조세징수권 사이의 우선관계에서 살펴본 바를 종합하여 볼 때, 근저당권의 설정등기가 체납조세의 법정기일 전에 되어 있는가의 여부에 따라 그 우선순위를 결정해야 한다는 견해와, 물상대위를 위한 근저당권자의 압류일자가 체납조세의 법정기일전인가의 여부에 따라 그 우선순위를 결정하여야 한다는 견해의 두 가지를 생각해 볼 수 있는 바, 앞에서 설명한 특정성보전설의 입장에서는 앞의 견해를 취하게 될 것이고 요건행위설의 입장에서는 뒤의 견해를 취하게 될 것이다. 그러나 이미 물상대위권과 질권의 우선관계에서 살펴본 바와 같이 앞의 견해가 타당하다고 본다.

다. 실무상의 문제점과 대응책

근저당목적물을 보험에 가입시키고 그 보험금청구권에 질권을 설정하였다가 보험사고가 발생하여 그 보험금청구권에 조세징수권자의 체납압류가 있은 경우, 예컨대 S은행이 A주식회사의 공장건물에 근저당권을 설정하는 한편, 공장건물을 K보험회사에 보험가입토록 하여 그 보험금청구권에 질권을 설정하였다가 보험사고가 발생하자 관할세무서가 A주식회사의 법인세 체납을 이유로 보험금청구권을 압류한 경우와 관련하여 문제가 되는 것이 있다.

위의 예에서 S은행이 설정받은 질권의 확정일자가 체납 법인세의 법정기일 전이면 문제가 없으나, 법정기일 이후이면 S은행이 보험금청구권에 대한 질권을 주장해서는 세무서의 조세징수권에 우선할 수 없어 근저당권자로서의 물상대위권을 행사할 수밖에 없고, 이 경우 물상대위권을 행사하려면 K보험회사가 보험금을 지급하기 전에 압류를 해야 하는데, 압류 전에 K보험회사가 세무서에 보험금을 지급해 버리면 근저당권자로서의 물상대위권을 행사할 수 없게 되는가 하는 점이다. 보험계약은 기간을 1년으로 하여 체결하는 것이 보통이어서 그 보험금청구권을 대상으로 하는 질권설정도 매년 갱신하여야 하는 관계로 질권의 확정일자가 보험계약을 갱신할 때마다 뒤로 밀리기 때문에 생기는 문제이다.

앞의 예에서 체납 법인세의 법정기일이 2020. 8. 20.이고 S은행이 설정 받은 질권의 확정일자가 2020. 4. 10.이라고 하면 동 보험금에 대하여 S은행의 질권이 세무서의 조세징수권에 우선하게 되나, 보험기간 1년이 지나 2021. 4. 10. 새로이 보험계약을 체결하고 그 보험금청구권을 대상으로 S은행이 2021. 4. 10.을 확정일자로 한 새로운 질권을 설정 받은 후에 보험사고가 발생하게 되면 이제는 관할세무서의 조세징수권이 S은행의 질권에 우선하게 된다. 따라서 이 경우 S은행으로서는 근저당권에 기한 물상대위권을 행사하여야 조세채권에 대하여 우선권을 주장할 수가 있는데, 만일 S은행이 K보험회사가 세무서에 보험금을 지급할 때까지(세무서는 조세징수권에 기한 자력집행권이 있어 K보험회사로서는 보험금을 세무서에 지급할 수밖에 없다) 압류를 하지 못하였다면 이후는 물상대위권을 행사할 수 없게 되는가 하는 점이 문제로 되는 것이다.

지급 전 압류의 의미를 K보험회사의 지급전이라는 의미로 해석하면 S은행은 물상대위권을 행사할 수 없게 되어 동 보험금은 조세채권에 충당될 수밖에 없다. 이에 대하여 K보험회사가 관할세무서에 보험금을 지급하였다 하더라도 그 보험금이 관할세무서에서의 배분절차가 종료되기 전까지는 특정성이 유지되어 있다고 보아, 지급 전 압류의 의미를 배분절차가 종료되기 전까지로 해석하면 S은행으로서는 그때까지 물상대위권을 행사함으로써 조세채권에 대한 우선권을 주장할 수 있다는 것이 된다.

그러나 현행 국세징수법상 관할세무서가 제3채무자(위의 예에서 K보험회사)로부터 지급받은 금액으로부터 배분받을 수 있는 권리자로 취급될 수 있는 기준시점은 관할세무서가 제3채무자로부터 체납압류금액(위의 예에서 보험금)을 지급받은 때라고 보아야 하므로, 세무서가 제3채무자로부터 지급받은 시점에 물상대위권에 기한 압류가 이루어져 있지 않으면 배분받을 권리자에서 제외되는 것으로 볼 수밖에 없다.

따라서 근저당권자가 저당목적물에 대한 보험금청구권에 질권을 설정 받은 후 보험사고가 발생한 사건에 있어서, 근저당권의 설정등기일자는 설정자가 체납하고 있는 조세의 법정기일 전이지만 보험금청구권에 대한 질권의 확정일자가 체납조세의 법정기일 이후이면, 근저당권자로서는 조세체납절차의 진행에 따라 보험회사가 관할세무서에 보험금을 지급하기 전에 반드시 물상대위권에 기한 압류를 해두어야만, 그 체납절차에서 관할세무서로부터 저당권의 피담보채권을 조세채권에 우선하여 배분받을 수 있음을 유의하여야 한다.

그런데 여기에서 또 한 가지 문제가 되는 것은 보험사고가 발생한 경우 보험회사가 그 사실을 질권자에 통지해야 하는 의무가 있는지 여부이다. 보험회사가 이와 같은 의무를 질권자에게 부담한다면 저당권자로서는 비록 질권에 기하여서는 조세채권에 대하여 우선권을 주장할 수 없지만, 보험사고가 발생한 사실을 보험회사로부터 통지 받아, 보험금이 관할세무서에 지급되기 전에 물상대위권에 기한 압류를 함으로써 저당권의 피담보채권을 조세채권에 우선하여 배분받을 수 있게 되어 채권관리에 매우 편리할 것이기 때문이다.

그러나 보험회사는 별도의 특약이 없는 한 질권자의 동의 없이 보험금을 질권설정자에게 지급하여서는 아니될 뿐 보험사고가 발생한 사실을 질권자에게 통지할 의무는 없는 것으로 보아야 한다. 따라서 실무상으로는 보험회사로부터 질권설정승낙을 받을 때에 보험사고가 발생하면 그 사실을 질권자에게 반느시 통지하도록 하는 내용의 확약까지 받아두는 것이 좋을 것으로 본다.

한편, 보험사고가 발생하는 경우에 대비하여 근저당권자가 보험금청구권에 대한 조세징수권과의 경합을 배제하고 당해 보험금으로 그 근저당권에 의하여 담보되는 채권에 대한 우선적 변제를 미리 확보해 두기 위해서는 근저당권자가 직접 그 보험계약의 피보험자가 되는 수밖에 없다. 이와 같이 하면 보험사고가 발생하는 경우에 당해 보험금의 청구권자(즉, 보험수익자)가 저당권자로 되어, 보험금이 지급되는 한 근저당권의 설정등기일자가 체납조세의 법정기일 전인지의 여부를 묻지 않고 항상 근저당채권의 우선변제가 보장되기 때문이다. 다만 채무자로 하여금 근저당권자를 피보험자로 하여 보험계약을 체결하게 할 때에는 보험가입 금액을 채권자가 담보로 하고자 하는 금액(예컨대 근저당권의 경우 채권최고액) 범위 내로 한정하여야 한다. 채권자의 담보이익을 넘는 금액에 대하여는 피보험이익이 없는 초과보험으로 되어 무효로 취급될 가능성이 있기 때문이다.

그런데 이상과 같이 보험에 가입할 경우에는 채권자의 담보권보전이라는 면에서는 가장 확실하게 되지만, 채무자(또는 소유자)의 보험가입이익과 관련해서 생각하면 다음과 같은 의문이 제기될 수 있다. 첫째는 채무자가 채권자가 담보로 하고자 하는 금액을 초과하는 담보목적물의 가액까지 보험에 가입하고자 할 때에는 어떻게 할 것인가 하는 점이고, 둘째는 실제로 보험사고가 발생하여 보험금이 지급될 때에는 채무의 일부변제 등에 의하여 당해 보험금이 채권자가 변제받을 채권액을 초과할 수 있는데 이 경우 초과보험이 되는가 하는 점이다.

그러나 첫째 의문으로 채권자의 담보이익을 초과하는 금액에 대하여는 채무자를 피보험자로 하여 계약체결(이때에는 한 개의 보험계약에 피보험자가 둘이 되게 된다)하면 될 것이고, 둘째 의문에 대하여는 피보험이익은 원칙적으로 보험계약체결 당시를 기준으로 하므로 문제가 되지 않을 것이며, 또한 보험계약체결 후 채무의 일부변제 등으로 근저당권자가 지급받을 금액이 변제받을 채권액을 초과하는 경우에도 그 초과금액을 채무자(또는 소유자)에게 반환하여 귀속시키면 역시 문제가 되지 않을 것으로 본다.

XIII. 근로자의 임금우선변제권

1. 임금우선변제권의 의의

근로자의 임금우선변제권이란 근로자가 임금·재해보상금 기타 근로관계로 인한 채권과 퇴직급여등(이하 임금채권이라 한다)에 관하여, 사용자의 총재산으로부터 다른 채권자보다 우선변제 받을 수 있는 권리로서, 사회적·경제적 약자인 근로자의 생존권을 보장하는 차원에서 마련된 제도이다.

임금우선변제권은 일반우선변제권과 최우선변제권으로 구분된다. 일반우선변제권은 질권·저당권 등의 담보권에 따라 담보된 채권 보다는 후순위로 변제되어야 하지만 조세·공과금 및 다른 채권보다는 우선하여 변제되어야 하는 임금채권(다만, 질권·저당권 등의 담보권에 우선하는 조세·공과금은 제외)이고, 최우선변제권은 질권·저당권 등의 담보권에 따라 담보된 채권, 조세·공과금 및 다른 채권에 우선하여 변제되어야 하는 임금채권이다.

임금우선변제권 중 최우선변제권은 그 발생시기가 언제인가에 관계없이 또 그 총액에 대한 제한도 없이, 질권이나 저당권 등에 의하여 담보되는 채권에 우선하게 된다는 점에서, 저당권·질권 등 물적담보권의 우선변제적 효력을 크게 약화시키는 요인으로 작용하고 있어, 물적담보권을 취득하고 금융을 제공하려는 자의 입장에서는 가장 유의하여야 할 사항이라고 할 수 있다.

2. 임금우선변제권의 내용

(1) 최우선변제권의 내용

사용자의 총재산에 대하여 질권·저당권 또는 동산·채권 등의 담보에 관한 법률에 따른 담보권[472]에 따라 담보된 채권, 조세·공과금 및 다른 채권에 우선하여 변제되어야 하는 최우선변제권 있는 임금채권은 ① 최종 3개월분의 임금 ② 재해보상금(근기 38②) ③ 최종 3년간의 퇴직급여등이다(근퇴보 12②).

최종 3년간의 퇴직급여등에 있어 있어서 퇴직급여등은 ① 퇴직금 ② 확정급여형퇴직연금제도의 급여(근퇴보 15) ③ 확정기여형퇴직연금제도의 부담금 중 미납입 부담금 및 미납입 부담금에 대한 지연이자(근퇴보 20③) ④ 개인형퇴직연금제도의 부담금 중 미납입 부담금 및 미납입 부담금에 대한 지연이자(근퇴보 25② ⅳ)를 말한다.

퇴직급여등 중 ① 퇴직금 ② 확정급여형퇴직연금제도의 급여는 계속근로기간 1년에 대하여 30일분의 평균임금으로 계산한 금액으로 하고(근퇴보 12③), ③ 확정기여형퇴직연금제도의 부담금 ④ 개인형퇴직연금제도의 부담금은 가입자의 연간 임금총액의 12분의 1에 해당하는 금액으로 계산한 금액으로 한다(근퇴보 12④).

그러나 위 근로기준법 제38조와 근로자퇴직급여보장법 제12조의 규정이, 근로자의 임금채권과 질권·저당권 등 담보권에 따라 담보되는 채권 사이의 우선

472) 퇴직급여보장법 제12조 제1항에서는 근로기준법 제38조 제1항과 달리 「질권 또는 저당권」이라고만 규정하고 있으나, 근로기준법 제38조 제1항의 경우와 달리볼 이유가 없으므로 퇴직급여보장법 제12조 제1항에서도 「질권 또는 저당권」은 「질권·저당권 또는 동산·채권 등의 담보에 관한 법률에 따른 담보권」으로 이해하여야 한다.

순위를 모두 정해주고 있는 것은 아니며, 다음의 경우 등에 관하여는 그 우선순위에 관하여 정하고 있는 바가 없어 해석으로 해결하는 수밖에 없다.

첫째는 사용자의 주택에 대하여 경매 등이 개시된 경우, 근로자의 최우선변제권 있는 임금채권과 주택임차인 또는 상가건물임차인의 최우선변제채권액(보증금 중 일정액) 사이의 우선순위이다. 이에 관하여는 근로기준법 또는 근로자퇴직급여보장법과 주택임대차보호법 또는 상가건물임대차보호법에서 서로 최우선변제하여야 할 것으로 규정하고 있으므로, 양 채권자는 같은 순위의 권리자로서 채권액에 비례하여 안분배당 받는 것으로 보아야 한다.

둘째는 가등기담보의 대상인 사용자의 재산에 대하여 경매 등이 개시되는 경우, 근로자의 최우선변제권 있는 임금채권과 가등기담보권자의 피담보채권 사이의 우선순위이다. 이에 관하여는 가등기담보 등에 관한 법률에서 경매 등의 경우에는 가등기담보권자를 저당권자로 보도록 규정하고 있으므로(가담 13), 근로자의 임금채권과 저당권부채권의 우선순위에 준하는 것으로 보면 된다.

[참고] 최우선변제권 있는 임금채권의 변천내용

적용기간	최우선변제권의 범위	계산방법
1987.11.28. 1989. 3.28.	최종 3월분의 임금[1)]	
1989. 3.29. 1997.12.23.	최종 3월분의 임금과 퇴직금 및 재해보상금[2)]	
1997.12.24. 2005.11.30.	① 최종 3월분의 임금 ② 최종 3년분의 퇴직금 ③ 재해보상금[3)]	② 최종 3년분의 퇴직금 : 계속근로년수 1년에 대하여 30일분의 평균임금으로 계산
2005.12.1. 2012. 7.25.	(1) 근로기준법 ① 최종 3월분의 임금 ② 재해보상금 (2) 근로자퇴직급여보장법 : 최종 3년 분의 퇴직금[4)]	최종 3년분의 퇴직금 : 계속근로기간 1년에 대하여 30일분의 평균임금으로 계산
2012. 7.26. 현재	1. 근로기준법 ① 최종 3월분의 임금 ② 재해보상금 2. ① 근로자퇴직급여보장법 : 최종 3년분의 ① 퇴직금 ② 확정급여형 퇴직연금제도의 급여 ③ 확정기여	① 퇴직금 ② 확정급여형퇴직연금제도의 급여 : 계속근로기간 1년에 대하여 30일분의 평균임금으로 계산한 금액 ③ 확정기여형퇴직연금제도의 부담금 ④ 개인형퇴직연금제도의 부담금 :

적용기간	최우선변제권의 범위	계산방법
	형퇴직연금제도의 부담금 중 미납입 부담금 및 미납입 부담금에 대한 지연이자 ④ 개인형퇴직연금제도의 부담금 중 미납입 부담금 및 미납입 부담금에 대한 지연이자[5]	가입자의 연간 임금총액의 12분의 1에 해당하는 금액으로 계산

1) 최종 3월분의 임금에 대하여 최우선변제권을 부여하는 제도는 1987.11.28 시행된 개정 근로기준법에 의하여 처음 도입되었다. 그런데 이 최우선변제권을 인정한 근로기준법상의 규정이 그 시행 전(1987.11.28전)에 이미 성립한 질권이나 저당권에 의하여 담보되는 채권에 관하여도 적용되는지에 관하여는, 동법에 아무런 규정이 없어 해석상 문제이나 소급금지의 원칙에 비추어볼 때 부정하는 것이 타당하다. 판례도 같다(대판 1990.7.10. 89다카13155).

2) 최종 3월분의 임금은 1989.3.29 시행된 개정 근로기준법에서 「최종 3월분의 임금과 퇴직금 및 재해보상금」으로 확대되었다(동법 30의2②). 다만 이 확대된 부분은 동 개정 근로기준법이 시행된 이후의 것으로 한정하였다(동법 부칙 2).
그런데 「최종 3월분의 임금과 퇴직금 및 재해보상금」의 해석과 관련하여서는, 최종 3월분이라는 문언이 임금에만 적용되는 것인지 아니면 퇴직금 및 재해보상금에도 해당되는 것인지에 대하여 상당한 논란이 있었으나, 대법원의 판례는 앞의 경우로 해석한 바 있다(대판 1996.2.23.94다21160).
그러나 이와 같이 해석하면 최우선변제 되는 퇴직금의 금액이 너무 커서 근저당권 등의 담보적 기능이 유명무실하게 되는 문제점이 생기게 된다. 여기에서 동조항의 위헌성 여부가 제기되게 되었고, 헌법재판소에서는 퇴직금전액을 최우선변제 되는 것으로 하면 저당권의 우선변제적 효력이 형해화 되어 저당권의 본질적 내용을 침해하게 된다는 이유로, 동 조항의 퇴직금부분에 대하여 헌법불합치결정을 한 바 있다(헌재 1997.8.21. 94헌바19 등).

3) 1997.12.24. 시행된 개정 근로기준법은 퇴직금부분에 대한 헌법재판소의 헌법불합치결정에 따라 개정된 것이다. 개정내용이 그대로 적용되는 것은 개정법의 시행이후에 채용된 근로자이다. 시행전에 채용된 근로자로서 개정법 시행후 퇴직하는 근로자의 경우에는 1989년 3월 29일이후부터 이 법 시행전까지의 계속근로년수에 대한 퇴직금에 이 법 시행후의 계속근로년수에 대하여 발생하는 최종 3년간의 퇴직금을 합산한 금액을 우선변제의 대상으로 한다(동법 부칙 2②). 그리고 이 경우 우선변제의 대상이 되는 퇴직금은 계속근로년수 1년에 대하여 30일분의 평균임금으로 계산한 금액으로 하되(동법 부칙 2③), 250일분의 평균임금을 초과할 수 없다(동법 부칙 2④).

4) 인구 고령화에 대응하여 일시금 위주로 운영되고 있던 퇴직금제도를 퇴직연금제도로 전환할 수 있도록 하여 노후 소득재원 확충을 통한 근로자의 노후 생활안정에 기여하도록 하는 한편, 상시근로자 4인 이하 사업장에 대하여 퇴직급여제도를 확대 적용하도록 하려는 목적으로 근로자퇴직급여보장법을 새로이 제정함에 따른 것으로 임금우선변제권의 내용은 종전과 같다.

5) 빠르게 진행되는 고령화시대를 맞아 더 많은 근로자들이 퇴직연금제도를 통해 안정적인 노후재원을 마련할 수 있도록 퇴직연금제도에 가입한 근로자의 수급권을 강화하고, 노사가 해당 사업장에서 설정할 수 있는 퇴직연금제도를 다양화함에 따른 것이다.
개정내용이 그대로 적용되는 것은 1997.12.24 이후에 채용된 근로자이다. 1997.12.24 전에 채용된 근로자로서 1997.12.24 이후에 퇴직하는 근로자의 경우에는 1989.3.29 이후부터 1997.12.23일까지의 계속근로기간에 대한 퇴직금에 1997.12.24일 이후의 계속근로기간에 대하여 발생하는 최종 3년간의 퇴직금을 합산한 금액을 우선변제의 대상으로 한다(동법 부칙 9②). 그리고 이 경우 우선변제의 대상이 되는 퇴직금은 계속근로기간 1년에 대하여 30일분의 평균임금으로 계산한 금액으로 하되(동법 부칙 9③), 250일분의 평균임금을 초과할 수 없다(동법 부칙 9④).

(2) 일반우선변제권의 내용

질권·저당권 등의 담보권에 따라 담보된 채권 보다는 후순위로 변제되어야 하지만 조세·공과금 및 다른 채권보다는 우선하여 변제되어야 하는 임금채권(다만, 질권·저당권 등의 담보권에 우선하는 조세·공과금은 제외)은 최우선변제권 있는 임금채권 이외의 임금채권이다(근기 38①, 근퇴보 12①).

일반우선변제권 있는 임금채권은 질권·저당권 등의 담보권에 따라 담보된 채권 보다는 후순위나 조세·공과금 보다는 선순위라는 점에 특징이 있다. 여기에서 질권·저당권 등의 담보권에 우선하는 조세·공과금과 일반우선변제권 있는 임금채권의 우선순위가 어떤지 문제로 되나 이 경우에 관하여 근로기준법과 근로자퇴직급여보장법은 조세·공과금이 일반우선변제권 있는 임금채권보다 우선하는 것으로 규정하고 있다.

따라서 조세·공과금과 일반우선변제권 있는 임금채권 사이의 우선순위는 질권·저당권 등의 담보권에 따라 담보되는 채권이 존부나 조세·공과금과 우선순위에 따라 달라지게 된다. 우선 질권·저당권 등의 담보권에 따라 담보되는 채권이 없으면 ① 일반우선변제권 있는 임금채권 ② 조세·공과금의 순위가 된다. 다음에 질권·저당권 등의 담보권에 따라 담보되는 채권이 있으면 그 질권·저당권 등의 담보권에 따라 담보되는 채권과 조세·공과금의 우선순위에 따라 질권·저당권 등의 담보권에 따라 담보되는 채권이 우선하면 ① 질권·저당권 등의 담보권에 따라 담보되는 채권 ② 일반우선변제권 있는 임금채권 ③ 조세·공과금의 순위가 되는 반면, 조세·공과금이 우선하면 ① 조세·공과금 ② 질권·저당권 등의 담보권에 따라 담보되는 채권 ③ 일반우선변제권 있는 임금채권의 순위가 된다.

그런데 전세권 또는 주택임대차(또는 상가건물임대차)의 대상인 사용자의 재산에 경매 등이 개시된 경우에 일반우선변제권 있는 임금채권과 전세권자의 전세금반환채권 또는 주택임차인(또는 상가건물임차인)의 순차적우선변제권 있는 보증금반환채권 사이의 우선순위에 관하여는 근로기준법과 근로자퇴직급여보장법 등에 아무런 규정이 없어 이들 사이의 우선순위를 어떻게 볼 것인지 문제로 된다.

이에 관하여는 근로기준법 제38조 제1항과 근로자퇴직급여보장법 제12조 제

1항이 근로자의 임금채권에 우선하는 채권으로서, 질권·저당권 또는 동산·채권 등의 담보에 관한 법률에 따른 담보권에 따라 담보된 채권과 이들 담보된 채권에 우선하는 조세·공과금만을 규정하고 있다는 점에서 일반우선변제권 있는 임금채권이 우선하는 것으로 해석하여야 할 것으로도 보인다.

그러나 이와 같이 해석할 때에는 경매부동산에 저당권에 우선하는 전세권이나 주택임차권(또는 상가건물임차권)이 있을 경우, 동 저당권자의 피담보채권과 전세권자나 주택임차권자(또는 상가건물임차권자)의 전세금반환채권 또는 보증금반환채권과 저당권자의 피담보채권 및 근로자의 임금채권 사이의 우선순위를 정할 수 없는 모순이 생기게 되어 불합리하다. 또한 전세권자나 순차적우선변제권 있는 임차권자를 저당권자와 달리 취급할 하등의 이유도 없다. 따라서 이에 관하여도 전세금반환채권 또는 보증금반환채권이 일반우선변제권 있는 임금채권 보다 우선한다고 보는 것이 타당하다.

(3) 그 밖의 내용

가. 지연배상금에의 적용여부

사용자가 근로자에 대한 임금·재해보상금 기타 근로관계로 인한 채권과 퇴직급여등의 지급을 지체한 경우 그 지연배상금에 대하여도 근로자가 임금우선변제권을 가지는지 문제로 된다. 그러나 임금채권의 지연배상금에 대하여도 임금우선변제권을 인정하는 경우에는 임금우선변제권이 지나치게 확대되어 담보권자 등 다른 채권자를 합리적인 이유 없이 불이익 주는 결과가 되므로 부정하는 것이 타당하다. 판례도 같다.

판례 7-57

지연배상금에 대한 임금우선변제권의 적용여부

임금 등 채권의 최우선변제권은 근로자의 생활안정을 위한 사회정책적 고려에서 담보물권자 등의 희생 아래 인정되고 있는 점, 민법 제334조, 제360조 등에 의하면 공시방법이 있는 민법상의 담보물권의 경우에도 우선변제권이 있는 피담보채권에 포함되는 이자 등 부대채권 및 그 범위에 관하여 별도로 규정하고 있음에 반하여, 위 근로기준법의 규정에는 최우선변제권이 있는 채권으로 원본채권만을 열거하고 있는 점 등에 비추어 볼 때, 임금 등에 대한 지연손해금 채권에 대하여는 최우선변제권이 인정되지 않는다고 봄이 상당하다(대판 2000.01.28. 99마5143).

나. 근로자 해당여부의 판단기준

근로기준법상의 근로자에 해당하는지 여부를 어떻게 판단할 것인지 문제로 되나, 대법원은 「근로기준법상의 근로자에 해당하는지 여부는 계약의 형식이 고용계약인지 도급계약인지보다 그 실질에 있어 근로자가 사업 또는 사업장에 임금을 목적으로 종속적인 관계에서 사용자에게 근로를 제공하였는지 여부에 따라 판단하여야 하고, 위에서 말하는 종속적인 관계가 있는지 여부는 업무 내용을 사용자가 정하고 취업규칙 또는 복무(인사)규정 등의 적용을 받으며 업무수행 과정에서 사용자가 상당한 지휘·감독을 하는지, 사용자가 근무시간과 근무장소를 지정하고 근로자가 이에 구속을 받는지, 노무제공자가 스스로 비품·원자재나 작업도구 등을 소유하거나 제3자를 고용하여 업무를 대행하게 하는 등 독립하여 자신의 계산으로 사업을 영위할 수 있는지, 노무 제공을 통한 이윤의 창출과 손실의 초래 등 위험을 스스로 안고 있는지와, 보수의 성격이 근로 자체의 대상적(對償的) 성격인지, 기본급이나 고정급이 정하여졌는지 및 근로소득세의 원천징수 여부 등 보수에 관한 사항, 근로 제공 관계의 계속성과 사용자에 대한 전속성의 유무와 그 정도, 사회보장제도에 관한 법령에서 근로자로서 지위를 인정받는지 등의 경제적·사회적 여러 조건을 종합하여 판단하여야 한다. 다만, 기본급이나 고정급이 정하여졌는지, 근로소득세를 원천징수하였는지, 사회보장제도에 관하여 근로자로 인정받는지 등의 사정은 사용자가 경제적으로 우월한 지위를 이용하여 임의로 정할 여지가 크다는 점에서, 그러한 점들이 인정되지 않는다는 것만으로 근로자성을 쉽게 부정하여서는 안 된다고 한다.[473]

다. 사용자의 범위

근로기준법과 근로자퇴직급여보장법은 「이 법에서 사용자라 함은 사업주 또는 사업경영담당자 기타 근로자에 관한 사항에 대하여 사업주를 위하여 행위하는 자를 말한다」고 규정하고 있는데(근기 2①ii, 근퇴보 2ii), 근로자의 임금우선특권의 대상이 되는 사용자의 총재산」에 있어서의 「사용자」도, 이 근로기준법 제2조와 근로자퇴직급여보장법 제2조에서 규정하는 「사용자」와 동일한 것인가

473) 대판 2011.7.14. 2009다37923 참조.

하는 점이 문제로 된다.

그러나 근로기준법 제2조와 근로자퇴직급여보장법 제2조가 사용자의 범위를 「사업주」 이외에 「사업경영담당자」와 「기타 근로자에 관한 사항에 대하여 사업주를 위하여 행위 하는 자」까지로 넓게 규정한 것은, 근로기준법에 규정되어 있는 각종 근로조건의 준수의무를 「사업주」에 대해서만 부과하여서는 그 실질적인 효과를 거둘 수가 없기 때문에 그 실행담당자에게까지 확대한 것이나, 임금의 지급에 있어서는 그와 같은 염려가 없다는 점에서 임금우선특권의 대상이 되는 「사용자의 총재산」에 있어서의 「사용자」는 근로기준법 제2조와 근로자퇴직급여보장법 제2조에 규정하는 사용자의 유형 중 「사업주」만을 의미하는 것으로 해석하는 것이 타당하다. 또한 이 경우의 사용자를 「사업주」 이외에 「사업경영담당자」와 「기타 근로자에 관한 사항에 대하여 사업주를 위하여 행위 하는 자」까지로 확대할 때에는, 「사업주」에 종속하여 「사업주」로부터 급여를 지급받아야할 자가 오히려 급여를 지급해야 하는 불합리한 결과를 가져오게 된다. 그리고 여기에서 「사업주」라 함은 그 사업의 경영주체를 말하는 것으로, 개인기업에 있어서는 그 기업주 개인, 회사 기타 법인기업에 있어서는 법인 그 자체를 의미하는 것으로 보아야 한다.

판례 7-58

임금우선변제권의 적용대상인 사용자의 총재산의 의미

① 근로기준법 제30조의2(현행은 제38조) 제2항의 규정은 근로자의 최저생활을 보장하고 자 하는 공익적 요청에서 예외적으로 일반 담보물권의 효력을 일부 제한하고 임금채권의 우선변제권을 규정한 것으로서, 그 입법취지에 비추어 보면 여기서 임금 우선변제권의 적용대상이 되는 '사용자의 총재산'이라 함은 근로계약의 당사자로서 임금채무를 1차적으로 부담하는 사업주인 사용자의 총재산을 의미하고, 따라서 사용자가 법인인 경우에는 법인 자체의 재산만을 가리키며 법인의 대표자 등 사업경영 담당자의 개인재산은 이에 포함되지 않는다고 봄이 상당하다.

② 합자회사가 회사재산으로 채무를 완제할 수 없거나 또는 회사재산에 대한 강제집행이 주효하지 못하여 결국 합자회사의 무한책임사원이 근로자들에 대한 회사의 임금채무를 변제할 책임을 지게 되었다 하더라도, 보충적인 위 책임의 성질이나 일반 담보권자의 신뢰보호 및 거래질서에 미치는 영향 등을 고려할 때 이를 회사가 사업주로서 임금채무를 부담하는 경우와 동일하다고 보아 무한책임사원 개인 소유의 재산까지 임금우선변제권의 대상이 되는 '사용자의 총재산'에 포함된다고 해석할 수는 없다(대판 1996.2.9. 95다719, 같은 취지; 대판 1997.12.12. 95다56798).

3. 임금우선변제권과 근저당권의 관계

(1) 통상의 경우

사용자의 재산이 민사집행 또는 체납처분에 따라 현금화되는 경우 그 현금화 대금으로부터 임금우선변제권자와 근저당권자 사이의 우선변제순위는 다음과 같다.

첫째, 배당참가 또는 배분참가 채권자가 임금우선변제권자과 근저당권자만 있으면 ① 최우선변제권 있는 임금채권 ② 근저당권에 의하여 담보되는 채권 ③ 일반우선변제권 있는 임금채권의 순서가 된다.

둘째, 배당참가 또는 배분참가 채권자가 임금우선변제권자, 근저당권자 및 조세·공과금채권자인 경우는 (1) 근저당권에 의하여 담보되는 채권이 조세·공과금채권보다 우선하는 때에는 ① 최우선변제권 있는 임금채권 ② 근저당권에 의하여 담보되는 채권 ③ 일반우선변제권 있는 임금채권 ④ 조세·공과금채권의 순서가 되고, (2) 조세·공과금채권이 근저당권에 의하여 담보되는 채권보다 우선하는 때에는 ① 최우선변제권 있는 임금채권 ② 조세·공과금채권 ③ 근저당권에 의하여 담보되는 채권 ④ 일반우선변제권 있는 임금채권의 순서가 된다.

셋째, 사용자의 재산이 주택(또는 상가건물)으로 배당참가 또는 배분참가 채권자가 임금우선변제권자, 근저당권자, 조세·공과금채권자 및 최우선변제권 있는 임차인인 경우는 (1) 근저당권에 의하여 담보되는 채권이 조세·공과금채권보다 우선하는 때에는 ① 최우선변제권 있는 임금채권과 최우선변제권 있는 보증금반환채권 ② 근저당권에 의하여 담보되는 채권 ③ 일반우선변제권 있는 임금채권 ④ 조세·공과금채권의 순서가 되고, (2) 조세·공과금채권이 근저당권에 의하여 담보되는 채권보다 우선하는 때에는 ① 최우선변제권 있는 임금채권과 최우선변제권 있는 보증금반환채권 ② 조세·공과금채권 ③ 근저당권에 의하여 담보되는 채권 ④ 일반우선변제권 있는 임금채권의 순서가 된다.

(2) 특수한 경우

가. 최우선변제권 있는 임금채권의 대위행사

사용자의 총재산에 대하여 임금채권의 최우선변제권을 행사할 수 있는 결과, 근로자가 사용자의 어느 재산에 대하여 최우선변제권을 행사하는가에 따라, 각 부동산에 저당권 등 담보물권을 가진 자 상호간에 불공평한 결과가 발생하게 된다. 예컨대 X부동산과 Y부동산(시가 각각 1억 원)을 소유하고 있는 A주식회사가, X부동산에 대하여는 S은행에 그리고 Y부동산에 대하여는 K은행에, 채권최고액을 각각 1억 원으로 하는 근저당권을 설정해 준 후 도산하여, 최우선변제권을 행사할 수 있는 임금채권이 1억 원이라고 할 때, 근로자들이 X부동산에 최우선변제권을 행사하면 S은행은 전혀 우선변제를 받을 수 없게 되는 반면에 K은행은 1억 원까지 우선변제를 받을 수 있게 되고, 반대로 Y부동산에 최우선변제권을 행사하면 K은행은 전혀 우선변제를 받을 수 없게 되는 반면에 S은행은 1억 원까지 우선변제를 받을 수 있게 되는 불합리한 결과가 발생한다.

여기에서 앞의 예에서 근로자들이 X부동산에 최우선변제권을 행사함으로써 우선변제를 받을 수 없게 된 저당권자인 S은행이, 양 부동산이 동시에 경매되었더라면 우선배당 받게 되었을 금액 범위에서 Y부동산에 대한 근로자의 최우선변제권을, 근로자를 대위하여 행사하게 할 수 있지 않을까 하는 문제가 제기된다. 이에 관하여는 현행법상 명문의 규정이 없어 견해가 갈릴 수 있으나 판례는 이를 긍정하고 있다. 공평의 원칙에 비추어 볼 때 긍정하는 것이 타당하다.

판례 7-59

최우선변제권 있는 임금채권의 대위행사

① 임금채권 우선특권은 사용자의 총재산에 대하여 저당권 등에 의하여 담보된 채권, 조세 등에 우선하여 변제받을 수 있는 이른바 법정담보물권으로서, 사용자 소유의 수 개의 부동산 중 일부가 먼저 경매되어 그 경매대가에서 임금채권자가 우선특권에 따라 우선변제 받은 결과 그 경매한 부동산의 저당권자가 민법 제368조 제1항에 의하여 위 수 개의 부동산으로부터 임금채권이 동시배당되는 경우보다 불이익을 받은 경우에는, 같은 조 제2항 후문을 유추적용하여 위와 같이 불이익을 받은 저당권자로서는 임금채권자가 위 수 개의 부동산으로부터 동시에 배당받았다면 다른 부동산의 경매대가에서 변제를 받을 수 있었던 금액의 한도 안에서 선순위자인 임금채권자를 대위하여 다른 부동산의 경매절차에서 우선하여 배당받을 수 있다.

② 임금채권 우선특권을 담보하는 사용자 소유의 수 개의 부동산 중 일부의 경매대가에서 그 임금채권 전부가 변제되어 그 경매 부동산의 저당권자가 민법 제368조 제2항 후문의 유추적용에 따라 다른 부동산의 경매대가에 대하여 임금채권자를 대위하여 임금채권 우선특권을 행사하는 때에는, 그 저당권자가 임금채권 우선특권이 행사됨으로써 배당받지 못한 금액을 사용자 소유 수 개의 부동산의 경매대가가 동시에 배당될 경우 각 부동산의 경매대가에 비례하여 임금채권자에게 배당될 임금채권 분담액의 비율에 따라 나눈 금액에 대해서만 임금채권 우선특권을 대위행사할 수 있다(대판 2002.12.10. 2002다48399).

나. 최우선변제권 있는 임금채권자의 담보보존의무

최우선변제권의 대위행사를 인정하는 경우에는 다시 근로자들이 최우선변제권의 대위행사를 할 수 있는 근저당권자 등에게 민법 제485조에서 규정하는 담보보존의무를 부담하게 되는지 문제로 된다. 이를 긍정하게 되면 예컨대 앞의 예에서 X부동산이 경매되는 경우에 근로자들이 최우선변제권에 기한 배당참가를 하지 않으면, X·Y부동산이 동시에 경매되었을 경우 X부동산으로부터 배당받았을 금액만큼 Y부동산에 대한 최우선변제권을 상실하게 되고 그에 따라 Y부동산의 근저당권자가 보호를 받게 된다. 이에 관하여도 현행법상 명문의 규정이 없어 견해가 갈릴 수 있으나 판례는 부정하고 있다.

판례 7-60

최우선변제권 있는 임금채권자의 담보보존의무 인정여부

① 근로자가 후순위저당권자가 존재하는 사용자의 재산에 대하여 임금채권 우선변제권을 행사하는 경우에 민법 제485조를 유추적용할 수 없다. 왜냐하면, 민법 제485조는 변제할 정당한 이익이 있는 자의 출연에 의한 변제에 따른 구상권 및 대위에 대한 기대권을 두텁게 보호하기 위하여 특별히 마련된 조항이므로 구상권의 발생이 예상되지 않는 경우에 유추적용하는 것은 적절하지 않고, 만일 유추적용을 인정하게 되면 근로자는 사용자의 재산에 대하여 별개로 경매절차가 진행될 경우 해당 재산의 책임분담액에 맞추어 개별 경매절차마다 일일이 임금채권 우선변제권을 행사하지 않으면 그 한도에서 우선변제권이 배제되는 불이익을 입게 되는바, 이는 근로자에게 지나친 비용과 노력을 요구하므로 근로자의 생활안정을 위하여 임금채권을 강하게 보장하는 근로기준법의 입법 취지에 현저히 반하는 결과를 초래하기 때문이다.

② 근로자가 사용자의 다른 재산에 대한 권리자 등과 공모하여 오로지 후순위저당권자의 대위에 관한 정당한 기대를 해하려는 의도 아래 후순위저당권의 목적물이 아닌 사용자의 다른 재산에 대하여 손쉽게 행사할 수 있었던 임금채권 우선변제권 행사를 포기해 버린 경우처럼, 근로자가 임금채권 우선변제권을 사용자의 일부 재산에 대하여만 선택적으로 행사하는 것이 사회생활상 용인될 수 없을 만큼 부당하여 권리남용으로 평가될 수 있는 경우에는 후순위저당권자의 대위에 관한 정당한 기대를 침해한 한도에서 임금채권 우선변제권이 배제되거나 제한될 수 있다(대판 2006.12.07. 2005다77558).

다. 사용자의 재산이 양도된 경우

사용자의 부동산이 최우선변제권 있는 근로자에 의하여 압류 또는 참가압류됨이 없이 양도된 경우에, 양도인의 근로자가 양수인이 양수부동산을 소유하고 있는 상태에서 임금채권의 최우선변제권을 행사할 수 있는지 여부가 문제로 된다. 그러나 근로기준법에 최우선변제권의 추급력을 인정하는 규정이 없다는 점과, 이를 긍정할 경우 공시되지 않은 근로자의 최우선변제권 있는 임금채권으로 인하여, 거래의 안전이 크게 위협받게 된다는 점을 고려할 때 부정하는 것이 타당하다. 판례도 같다.

또한 근저당권이 설정되어 있는 부동산을 근로자를 고용하고 있는 사용자가 양수한 경우에, 그 양수인의 근로자가 최우선변제권 있는 임금채권을 가지고, 근저당부동산의 매각대금으로부터 근저당권자에 우선하여 변제받을 수 있는지 문제로 된다. 그러나 만일 이를 긍정하게 되면 근저당권자가 사용자가 아닌 부동산의 소유자로부터 근저당권을 설정 받았다거나 또는 최우선변제권 있는 임금채권의 체불이 없는 사용자로부터 근저당권을 설정 받았다 할지라도, 그 부동산이 최우선변제권 있는 임금채권의 체불이 있는 사용자의 소유가 되면 그 근저당권자는 체불임금으로 인하여 뜻하지 않게 담보가치를 상실하게 되는 매우 불합리한 결과를 초래하게 된다는 점과 근로자를 사용하고 있는 사용자가 근저당권이 설정되어 있는 재산을 취득한 경우에는, 그 근저당권에 의하여 담보되는 재산을 공제한 순 재산가치에 대하여서만 근로자가 임금채권의 최우선변제권을 행사할 수 있다고 보는 것이 보다 합리적이라는 점을 고려할 때 역시 부정하는 것이 타당하다. 판례도 같다.

판례 7-61

1. 임금우선변제권의 추급력인정 여부

근로기준법 제30조의2(현재는 38조) 제2항이 사용자의 특정재산에 대한 배타적 지배권을 본질로 하는 추급효까지 인정한 것은 아니므로, 사용자의 재산이 제3자에게 양도된 경우에 있어서는 양도인인 사용자에 대한 임금 등 채권의 우선권은 이 재산에 대하여는 더 이상 추구될 수 없고, 양수인의 양수재산에 대하여까지 우선권을 인정할 수는 없다(대판 1994.01.11. 93다3093).

2. 양수인의 근로자가 양수재산에 최우선변제권을 행사할 수 있는지 여부

① 근로기준법 제37조(현재는 38조) 제2항이 사용자가 재산을 특정승계 취득하기 전에 설정된 담보권에 대하여까지 그 임금채권의 우선변제권을 인정한 것은 아니다.

② 개인병원 형태로 운영되던 사업을 의료법인 형태로 전환하면서 근저당권의 목적물인 부동산 등 물적 시설을 의료법인에 출자하고 그에 따라 근로자들의 근로관계도 법인에 단절 없이 승계된 경우와 같이 사업의 인적 조직·물적 시설이 그의 동일성을 유지하면서 일체로서 이전되어 형식적으로 경영주체의 변경이 있을 뿐 개인병원과 의료법인 사이에 실질적인 동일성이 인정되는 경우에는 담보된 재산만이 특정승계된 경우와는 달라서, 고용이 승계된 근로자는 물론 법인 전환 후에 신규로 채용된 근로자들도 사용자가 재산을 취득하기 전에 설정된 담보권에 대하여 임금 등의 우선변제권을 가진다(대판 2004.05.27. 2002다65905).

4. 실무상의 유의점

근로자의 임금채권 중 최우선변제권 있는 것은 그 발생시기가 언제인가를 묻지 않고, 질권이나 저당권 등 물적담보권이 설정되어 있는 사용자의 재산으로부터 질권자나 저당권자 등의 물적담보권보다 우선변제되기 때문에, 근로자를 고용하고 있는 사용자의 재산에 물적담보권을 설정받고 금융을 제공하였다 하더라도, 그 담보권설정 후에 사용자에게 최우선변제권 있는 임금채권의 체불이 발생하게 되면 채권자로서는 담보의 실효를 거둘 수가 없게 된다.

따라서 위와 같은 문제의 발생을 사전에 방지하려면 담보목적물의 평가액에서 향후에 체불되어 담보권자의 피담보채권보다 우선변제될 수 있는 금액을 예상하여 미리 공제하는 수밖에 없다. 그리고 이 공제예상액은 연간 지급되는 임금액의 4분의 1에 해당하는 금액(최종 3월분 해당액)과 연간 지급되는 재해보상금 및 모든 근로자가 일시에 퇴직할 경우에 지급하여야 할 퇴직급여등의 합계액으로 추산해 볼 수 있을 것이다.

그러나 담보목적물의 평가액에서 질권이나 저당권의 피담보채권보다 우선 변제될 체불가능한 최우선변제권 있는 임금채권 모두를 공제해 버린다면 담보여신이란 사실상 존재하기가 어렵게 된다. 특히 사용자의 여러 재산이 여러 명의 채권자에게 분산되어 담보제공 되어 있는 경우에는 더욱 그렇다. 근로자는 사용자의 어떤 재산에 대하여도 위 임금채권의 최우선변제권을 행사할 수 있으므로, 각 채권자는 자신에게 제공된 각 담보물의 가액만을 기준으로 체불가능한 최우선변제권 있는 임금채권을 각별로 중복하여 공제하여야 할 것이기 때문이다. 예컨대 사용자인 채무자 A가 10억 원으로 평가되는 자신의 총 재산을 각각 2억 원 상당으로 나누어, 채권자 B·C·D·E·F 5인에게 담보로 제공하고 2억 원씩의 여신을 제공받는 경우에, 각 채권자의 질권이나 저당권의 피담보채권에 우선하는 A가 체불할 수 있는 최우선변제권 있는 임금채권의 추산액이 2억 원 이상이라고 하면, 어느 채권자도 자신에게 제공된 담보목적물에 대하여 담보가치를 인정할 수 없게 된다.

그래서 기업에 대한 현실의 여신실무에 있어서는 위와 같은 특수성과 체불가능한 최우선변제권 있는 임금채권액의 예측곤란 등을 이유로, 취득담보물의 평가액에서 체불가능한 최우선변제권 있는 임금채권액을 공제하지 않는 경우가 많다. 그 결과 기업여신에 있어서는 물적담보를 취득하고 있다고 하더라도, 채권의 상환가능성에 그만큼 불확실성의 요소가 더 존재하는 것으로 볼 수 있다. 따라서 기업여신에 있어서 이러한 채권상환의 불확실성을 줄이려면 담보취득의 요건을 강화하거나 또는 여신적격요건 내지 사후관리를 강화하는 수밖에 없다. 그런데 전자의 경우는 공급이 수요를 앞서는 시장경제 여건하에서는 금융서비스의 경쟁력을 약화시키는 요인으로도 작용하는 면이 있으므로, 향후의 금융에 있어서는 후자의 경우에 보다 중점이 주어져야 할 것으로 본다.

XIV. 그 밖의 우선특권

1. 각종 공과금의 우선징수권

(1) 공과금의 의의

"공과금"(公課金)이란 「국세징수법」에서 규정하는 강제징수의 예에 따라 징수할 수 있는 채권 중 국세, 관세, 임시수입부가세, 지방세와 이와 관계되는 강제징수비를 제외한 것을 말한다(국기 2viii). 그런데 이들 공과금 중에는 그 징수에 있어서 조세채권 다음의 우선권을 부여하고 있는 것들이 있으므로, 이하에서는 이들 우선징수권 있는 공과금과 질권이나 저당권에 의하여 담보되는 채권 사이의 우선순위가 어떠한가에 관하여 살펴보기로 한다.

(2) 국민건강보험료와 국민연금보험료의 우선징수권

국민건강보험법에 따라 국민건강보험공단이 징수하는 보험료 기타 징수금(이하 "보험료등"이라 한다)은 국세 및 지방세를 제외한 기타의 채권에 우선하여 징수한다. 다만, 보험료등의 납부기한 전에 전세권·질권·저당권 또는 「동산·채권 등의 담보에 관한 법률」에 따른 담보권의 설정을 등기 또는 등록한 사실이 증명되는 재산을 매각할 때에 그 매각대금 중에서 보험료등을 징수하는 경우 그 전세권·질권·저당권 또는 「동산·채권 등의 담보에 관한 법률」에 따른 담보권으로 담보된 채권에 대하여는 그러하지 아니하다(국건보 85).

따라서 저당권에 의하여 담보되는 채권(이하 저당채권이라 한다)과 국민건강보험법에 따른 보험료등의 우선순위는 저당권의 설정등기일자와 보험료등의 납부기한을 비교하여 저당권의 설정등기일자가 보험료등의 납부기한 전인 경우에 한하여 저당채권이 우선하고 그 이외의 경우는 보험료등이 저당채권에 우선한다. 만일 저당권의 설정등기일자와 보험료등의 납부기한이 동일한 일자인 경우에는 보험료등이 저당채권에 우선한다. 그리고 국민건강보험법 제78조의 2에 따라 부과되는 가산금과 저당채권의 우선순위는 조세채권과 저당채권의 우선순위에 있어서와 마찬가지로 가산금 자체의 납부기한을 기준으로 저당채권과의 우선순위가 정해지는 것으로 보아야 한다.

그런데 저당채권과 국민건강보험법에 따른 보험료등의 우선순위를 저당권의 설정등기일자와 보험료등의 납부기한을 비교하여 정하도록 한 것은, ① 피보험자가 공무원·교직원피보험자 및 지역피보험자이고 보험자가 국민의료보험관리공단인(구 국민의료보험법 5, 9) 경우는 1999년 2월 8일부터이고(구 국민의료보험법 56의2, 부칙 1), ② 피보험자자가 공무원·교직원피보험자 및 지역피보험자 이외의 자이고 보험자가 조합(이른바 직장의료보험조합)인 경우(구 의료보험법 4, 12)는 2000년 1월 1일부터이다.

그 이전에는 ②의 경우는 「보험료의 징수순위는 국세 및 지방세를 제외한 다른 채권에 우선한다」고만 규정되어 있었고(구 의료보험법 58) ①의 경우는 보험료의 징수순위에 관한 규정 자체가 없었으나, 이후 이른바 지역의료보험제도와 직장의료보험제도를 통합하기 위하여 구 국민의료보험법과 구 의료보험법을 통합한 국민건강보험법(1999.2.8.제정, 2000.1.1.시행)에 현행과 같이 규정되게 되었다.

그리고 구 의료보험법 제58조의 규정에 따라 정해지는 저당채권과 보험료등의 우선순위에 대하여는, 언제나 저당채권이 우선한다는 견해와 국세나 지방세에 우선하지 못하는 저당채권보다는 보험료등이 우선한다는 견해가 대립하고 있었으나, 대법원판례는 구 의료보험법 제58조와 동일한 내용으로 규정되어 있는 구 산업재해보상보험법 제76조의 적용과 관련하여 언제나 저당채권이 보험료등에 우선하는 것으로 판시하고 있었다.[474)]

여기에서 ① 구 국민의료보험법이 개정·시행된 1999.2.7. 전과 국민건강보험법이 제정·시행된 2000.1.1. 전에 납부기한이 도래한 보험료등과 저당채권의 우선순위와 ② 1999.2.7. 전과 2000.1.1. 전에 설정된 저당권에 의하여 담보되는 채권과 국민건강보험법에 따른 보험료등의 우선순위도 저당권의 설정등기일자와 보험료등의 납부기한을 비교하여 정하여야 하는가 하는 점이 문제로 된다.

먼저 위 ①의 경우에 관하여는 국민건강보험법 부칙 제9조 제3항에 「이 법 시행당시 종전의 의료보험법 및 국민의료보험법에 의하여 납부기한이 경과된 보험료등의 징수에 관하여는 종전의 규정에 의한다」고 규정되어 있으므로 언제나 저당채권이 우선하는 것으로 보아야 한다. 대법원판례도 같은 취지로 판시한 바 있다.[475)] 이에 대하여 ②의 경우에 관하여는 국민건강보험법에 아무런 경과조치를 두고 있지 않아 문제이나 소급금지의 원칙에 따라 그 적용이 없는 것으로 해석하여 저당채권이 언제나 우선하는 것으로 보아야 한다.

한편 국민연금법 제98조는 연금보험료 그 밖의 이 법에 따른 징수금을 징수하는 순위는 국민건강보험법에 따른 보험료와 같은순위로 한다고 규정하고 있다. 따라서 국민연금법에 의하여 징수하는 국민연금보험료와 저당채권 사이의 우선순위는 저당권의 설정등기일자와 국민연금보험료의 납부기한을 비교하여 먼저인

---

474) 대판 1990.3.9. 89다카17898 참조.
475) 대판 2005.10.7. 2005다24394 참조.

것이 우선하는 것으로 보아야 한다. 만일 저당권의 설정등기일자와 국민연금보험료의 납부기한이 같은 일자인 때에는 국민연금보험료가 우선하는 것으로 보아야 한다.

[참고] 저당채권과 보험료등의 우선순위

구 분	적 용 기 준
언제나 저당채권이 국민건강보험료와 연금보험료에 우선하는 경우	- 1999.12.31. 이전에 저당권이 설정되었거나 보험료등의 납부기한이 도래하는 경우 - 다만, 구 지역의료보험료의 경우는1999.2.7. 이전에 저당권이 설정 되었거나 보험료등의 납부기한이 도래하는 경우
저당권설정등기일자와 납부기한을 비교하여 우선순위를 정하는 경우	- 2000.1.1. 이후에 저당권이 설정되고 또한 보험료등의 납부기한이 도래하는 경우 - 다만, 구 지역의료보험료의 경우는1999.2.8. 이후에 저당권이 설정 되고 또한 보험료등의 납부기한이 도래하는 경우

(3) 고용보험료와 산재보험료의 우선징수권

고용보험 및 산업재해보상보험의 보험료징수 등에 관한 법률에 따라 국민건강보험공단이 보험사업에 드는 비용에 충당하기 위하여 보험가입자로부터 징수하는 ① 고용안정·직업능력개발사업 및 실업급여의 보험료(이하 "고용보험료"라 한다) ② 산재보험의 보험료(이하 "산재보험료"라 한다) 그 밖의 징수금은 국세 및 지방세를 제외한 다른 채권보다 우선하여 징수한다. 다만, 고용보험료·산재보험료 그 밖의 징수금(이하 보험료등이라 한다)의 납부기한 전에 전세권·질권·저당권 또는 「동산·채권 등의 담보에 관한 법률」에 따른 담보권의 설정을 등기하거나 등록한 사실이 증명되는 재산을 매각하여 그 매각대금 중에서 보험료등을 징수하는 경우에 그 전세권·질권·저당권 또는 「동산·채권 등의 담보에 관한 법률」에 따른 담보권에 의하여 담보된 채권에 대하여는 그러하지 아니하다 (고산보 30, 13①).

따라서 저당권에 의하여 담보되는 채권과 고용보험 및 산업재해보상보험의 보험료징수 등에 관한 법률에 따른 보험료등의 우선순위는 저당권의 설정등기일자와 보험료등의 납부기한을 비교하여 저당권의 설정등기일자가 보험료등의 납부기한 전인 경우에 한하여 저당권에 의하여 담보되는 채권이 우선하고 그 이외의 경우는 보험료등이 저당권에 의하여 담보되는 채권에 우선한다. 만일 저당권의 설정등기일자와 보험료등의 납부기한이 동일한 일자인 경우에는 보험료등이 저당권에 의하여 담보되는 채권에 우선한다.

그런데 저당권에 의하여 담보되는 채권과 보험료등의 우선순위를 저당권의 설정등기일자와 보험료등의 납부기한을 비교하여 정하도록 규정한 고용보험 및 산업재해보상보험의 보험료징수 등에 관한 법률의 시행일은 2005년 1월 1일이고, 2004년 12월 31일 이전에 종전 고용보험법 및 산업재해보상보험법에 따라 징수 또는 납부하였거나 징수 또는 납부하여야 할 보험료 그 밖의 징수금에 대하여는 종전의 고용보험법 및 산재해보상보험법에 의하도록 되어 있다(고산보 부칙 2). 따라서 2004년 12월 31까지 종전 고용보험법 및 산업재해보상보험법에 따라 징수 또는 납부하였거나 징수 또는 납부하여야 할 보험료등은 저당권에 의하여 담보되는 채권에 우선할 수가 없고 언제나 저당권에 의하여 담보되는 채권이 보험료등에 우선한다(앞의 대법원판례 참조).

한편 고용보험및산업재해보상보험의보험료징수등에관한법률의 시행일 전인 2004년 12월 31일까지 설정된 저당권에 의하여 담보되는 채권과 2005년 1월 1일 이후가 납부기한인 보험료등의 우선순위에 대하여 동법 제30조를 적용할 것인지에 여부에 관하여는 동법에 아무런 경과조치를 두고 있지 않아 문제이나, 국민건강보험료와 저당권에 의하여 담보되는 채권의 우선순위에서 설명한 바와 같이 소급금지의 원칙에 따라 그 적용이 없는 것으로 해석하여 저당채권이 언제나 우선하는 것으로 보아야 한다.

(4) 개발부담금의 우선징수권

개발부담금 및 가산금 등은 국세와 지방세를 제외한 그 밖의 채권에 우선하여 징수한다. 다만, 개발부담금 납부고지일 전에 전세권, 질권 또는 저당권의 설정을 등기하거나 등록한 사실이 증명되는 재산을 매각할 때 그 매각대금 중에서 개발부담금과 가산금 등을 징수하는 경우 그 전세권, 질권 또는 저당권으로 담보된 채권에 대하여는 그러하지 아니하다(개이환 22②).

따라서 저당권에 의하여 담보되는 채권(이하 저당채권이라 한다)과 개발이익

환수에 관한 법률에 따른 개발부담금과 가산금 등의 우선순위는, 저당권의 설정등기일자와 개발부담금의 납부고지일을 비교하여 저당권의 설정등기일자가 개발부담금의 납부고지일 전인 경우에 한하여 저당채권이 우선하고, 그 이외의 경우는 개발부담금과 가산금 등이 저당채권에 우선한다. 만일 저당권의 설정등기일자가 개발부담금의 납부고지일이 동일한 일자인 경우에는 개발부담금이 저당채권에 우선한다. 그리고 개발이익 환수에 관한 법률에 따라 부과되는 가산금과 저당채권의 우선순위는 조세채권과 저당채권의 우선순위에 있어서와 마찬가지로 가산금 자체의 납부고지일을 기준으로 저당채권과의 우선순위가 정해지는 것으로 보아야 한다.

「개발부담금」이란 개발이익 중 개발이익 환수에 관한 법률에 따라 특별자치시장·특별자치도지사·시장·군수 또는 구청장(자치구의 구청장을 말한다)이 부과·징수하는 금액을 말하고(개이환 2ⅳ), 「개발이익」이란 개발사업의 시행이나 토지이용계획의 변경, 그 밖에 사회적·경제적 요인에 따라 정상지가(正常地價) 상승분을 초과하여 개발사업을 시행하는 자나 토지소유자에게 귀속되는 토지가액의 증가분을 말한다(개이환 2ⅰ). 그리고 「개발사업」이란 국가나 지방자치단체로부터 인가·허가·면허 등(신고를 포함한다)을 받아 시행하는 택지개발사업이나 산업단지개발사업 등 제5조에 따른 사업을 말하며(개이환 2ⅱ), 「정상지가상승분」이란 금융기관의 정기예금 이자율 또는 부동산 거래신고 등에 관한 법률 제19조에 따라 국토교통부장관이 조사한 평균지가변동률(그 개발사업 대상 토지가 속하는 해당 시·군·자치구의 평균지가변동률을 말한다) 등을 고려하여 개발이익 환수에 관한 법률시행령으로 정하는 기준에 따라 산정한 금액을 말한다(개이환 2ⅲ).

(5) 그 밖의 공과금의 우선징수권

국민건강보험법·국민연금법·고용보험 및 산업재해보상보험의 보험료징수 등에 관한 법률·개발이익의 환수에 관한 법률 이외에 국가 또는 공공단체의 공과금에 관하여 우선징수권을 규정하고 있는 것으로는, 행정대집행법 제6조 제2항의 「대집행에 요한 비용에 대하여서는 행정청은 사무비의 소속에 따라 국세에 다음 가는 순위의 선취득권(先取得權)을 가진다」는 규정과, 우편법 제24조 제3항의 「제1항과 제2항의 체납 요금등과 연체료는 조세를 제외한 다른 채권에 우선한다」는 규정 및 보조금 관리에 관한 법률 제33조의3 제2항의 「제1항에 따른 반환금, 제재부가금 및 가산금의 징수는 국세와 지방세를 제외하고는 다른 공과금이나 그 밖의 채권에 우선한다」는 규정 등을 들 수 있다.

이들 공과금과 근저당권에 의하여 담보되는 채권 사이의 우선순위에 관하여는 각 규정의 문언내용만을 형식적으로 해석할 때에는 공과금이 우선하는 것으로 보아야 할 것 같으나, 앞에서 설명한 구 산업재해보상보험법에 의한 산업재해보상보험금의 우선징수권에 관한 대법원판례와 동일한 논지에서, 근저당권에 의하여 담보되는 채권이 우선하는 것으로 보는 것이 타당하다.

2. 그 밖의 우선변제채권

(1) 질권이나 저당권과의 우선순위를 정하고 있는 경우

주식회사, 유한회사 및 상호회사의 사용인이, 소속회사에 대하여 신원보증금의 반환을 받을 채권 기타 고용관계로 인한 채권을 가지고 있는 때에는, 그 회사의 총재산에 대하여 질권·저당권이나 동산·채권 등의 담보에 관한 법률에 따른 담보권에 의하여 담보되는 채권을 제외하고는, 다른 채권에 우선하여 변제받을 권리를 가진다(상 468, 583 보험업 64).

한국거래소는 증권시장 또는 파생상품시장에서의 매매에 따른 결제완료 전에 대금·증권 및 품목이 인도된 경우에 해당 회원이 그 결제를 이행하지 아니함으로써 한국거래소에 손해를 끼친 때에는 그 회원의 재산에 관하여 다른 채권자보다 우선하여 변제를 받을 권리가 있다. 다만, 그 결제의 이행 기한이 도래하기 전에 설정된 전세권·질권·저당권 또는 동산·채권 등의 담보에 관한 법률에 따른 담보권에 의하여 담보된 채권에 대하여는 우선하여 변제를 받을 권리가 없다(자시금투 400③).

(2) 질권이나 저당권과의 우선순위를 정하고 있지 않은 경우

보험계약자나 보험금을 취득할 자는 피보험자를 위하여 적립한 금액을 주식회사가 이 법에 따른 금융위원회의 명령에 따라 예탁한 자산에서 다른 채권자보다 우선하여 변제를 받을 권리를 가진다(보험업 33). 또한 보험계약자나 보험금을 취득할 자가 보험중개사의 보험계약체결 중개행위와 관련하여 손해를 입은 경우에는 그 손해액을 보험업법 제89조제3항에 따른 영업보증금에서 다른 채권자보다 우선하여 변제받을 권리를 가진다(보험업 103).

회원은 장래 증권시장 또는 파생상품시장에서의 매매거래와 관련하여 발생할 수 있는 채무의 이행을 보증하기 위하여 한국거래소에 회원보증금을 예치하여야 하는데(자시금투 395①), 이 회원보증금에 대하여 한국거래소는 자본시장과 금융투자업에 관한 법률 제398조에 따라 회원을 대신하여 채무를 이행 또는 인수함으로써 취득한 채권을 그 회원에 대한 회원보증금과 상계하여서는 아니 되고(자시금투 395②), 회원에게 증권 또는 장내파생상품의 매매를 위탁한 자는 그 위탁으로 발생한 채권에 대하여 그 회원의 회원보증금에 관하여 다른 채권자보다 우선하여 변제받을 권리가 있다(자시금투 395③). 다만 이 위탁자의 회원보증금에 대한 우선권은 자본시장과 금융투자업에 관한 법률 제400조 제3항에 의한 한국거래소의 우선권보다는 후순위이다(자시금투 400④).

한국거래소의 회원이 증권시장 또는 파생상품시장에서의 매매거래에 따른 채무를 이행하지 아니하여 거래소 또는 다른 회원에게 손해를 끼친 경우 그 손해를 입은 한국거래소 또는 다른 회원은 그 손해를 끼친 회원의 회원보증금·거래증거금 및 공동기금 지분에 대하여 다른 채권자보다 우선하여 변제받을 권리를 가진다(자시금투 400①). 또한 한국거래소는 회원이 증권시장 또는 파생상품시장에서의 매매에 따른 결제를 위하여 납부한 대금·증권 및 품목에 관하여 다른 채권자보다 우선하여 변제를 받을 권리가 있다(자시금투 400②).

그리고 이상의 우선변제권의 대상이 되는 공탁금 등의 재산에 대하여는, 그 성질상 질권이나 저당권을 설정할 수 없을 것이기 때문에, 그 우선변제채권과 질권이나 저당권에 의하여 담보되는 채권 사이의 우선순위는 문제가 되지 않을 것이다.

08

토지·건물 이외의 재산을 대상으로 하는 근저당권

Ⅰ. 개설

토지나 건물 이외에 그 권리관계를 등기나 등록에 의하여 공시하는 물건이나 재산권으로서 부동산과 유사하게 취급되는 것으로는 부동산상의 권리, 입목, 특수한 물권, 부동산과 동산 등의 복합체인 재단 및 특수동산을 들 수 있다.

특수동산이란 민법상으로는 동산에 속하지만 그 권리관계를 부동산과 같이 공적장부인 등기부나 등록부에 기재하여 공시하는 관계로, 이들을 대상으로 하는 담보권의 설정이나 강제집행의 방법이 부동산을 대상으로 하는 경우와 유사한 것으로써 선박법상의 선박, 자동차 등 특정동산저당법상의 자동차·건설기계·소형선박·항공기가 이에 속한다.

이상의 물건이나 재산권을 담보로 취득하는 방법으로는, 저당권이나 가등기담보권(또는 가등록담보권) 또는 양도담보권을 설정하는 3가지를 들 수 있다. 그리고 이들 3가지 담보권의 설정방법과 효력 등에 관한 일반사항은, 토지나 건물에 대한 경우와 대체로 동일하다.

다만 대상목적물의 용도나 성질이 토지나 건물과 다르다는 점에서 구체적인 담보권의 설정방법과 효력 등에 있어서는 토지나 건물과 다른 특수성이 있다. 이하에서는 이상의 물건이나 재산권에 대한 저당권의 설정방법과 효력 등이, 토지나 건물에 대한 저당권의 경우와 다른 점에 관하여만 설명하기로 한다.

Ⅱ. 입목 근저당

1. 대상목적물

토지에 식재되어 있는 입목으로서 근저당권의 대상으로 할 수 있는 것은 그 소유자가 입목에 관한 법률에 의하여 소유권보존등기를 한 것이다(입목 2). 소유권보존등기를 한 입목은 토지와는 별개의 독립된 부동산으로 취급되며, 따라서 토지와는 분리하여 양도하거나 또는 저당권의 목적으로 할 수 있다(입목 3). 입목으로서 소유권보존등기를 할 수 있는 「수목의 집단」의 범위는 1필의 토지 또는 1필의 토지의 일부분에 생립하고 있는 모든 수종의 수목이다(입목령 1). 입목으로서 소유권보존등기를 하려면 그에 앞서 시·군에 비치된 입목등록원부에 등록을 하여야 한다(입목 8).

2. 근저당권의 설정

입목을 대상으로 하는 저당권은 채권자와 담보제공자가 근저당권설정계약을 체결하고 이를 입목등기부에 등기함으로써 설정된다. 입목을 대상으로 하는 근저당권에 있어서 유의하여야 할 특수한 점을 보면 다음과 같다.

첫째, 입목을 근저당권의 목적으로 하고자 하는 자는 그 입목을 보험(농업협동조합법에 의한 공제를 포함한다)에 붙여야 한다(입목 22). 보험의 내용은 근저당권의 목적이 되는 입목에 관한 산림화재 및 풍수해의 위험을 담보하는 보험회사의 손해보험 또는 농업협동조합의 공제로 한다(입목령 3).

둘째, 입목을 목적으로 하는 근저당권설정의 등기를 신청하는 경우에는, 신청서에 부동산등기법 제75조에 게기한 사항 이외에 시업방법을 기재하여야 한다(입목 21). 또한 근저당권의 목적이 된 입목의 소유자는 당사자간에 약정된 시업방법에 따라 그 입목을 조성·육림하여야 한다(입목 5①). 다만 천재·지변 기타 불가항력으로 입목에 손실이 발생한 때에는 입목소유자의 조성·육림책임이 면제된다(입목 5②).

셋째, 근저당권이 설정된 입목에 대하여 근저당권설정자가 벌채·개간 등의 허가를 신청하는 경우에는 근저당권자의 동의서를 첨부하여야 하고, 허가신청을 받은 행정기관이 이를 허가하거나 기각한 때에는 지체 없이 그 사실을 근저당권자에게 통지하여야 한다(입목령 2).

넷째, 입목을 목적으로 하는 근저당권의 효력은 입목을 벌채한 경우에 그 토지로부터 분리된 수목에 대하여도 미친다. 그리고 이 때에 근저당권자는 기한이 도래하기 전이라도 분리된 수목을 경매할 수 있다. 다만 그 매각대금은 이를 공탁하여야 한다. 한편 수목의 소유자는 상당한 담보를 공탁하고 분리수목에 대한 경매의 면제를 신청할 수 있다(입목 4).

다섯째, 지상권자 또는 토지의 임차인에게 속하는 입목이 근저당권의 목적이 되어 있는 경우에는, 지상권자 또는 임차인은 근저당권자의 승낙 없이 그 권리를 포기하거나 계약을 해지하지 못한다(입목 7).

3. 입목의 담보가액

입목의 담보가액은 감정평가업자에게 의뢰하여 평가하는 것이 좋다. 문제는 토지와 입목이 동일한 소유자에 속한 경우에 입목의 경매나 그 밖의 사유로 토지와 입목이 각각 다른 소유자에게 속하게 되는 경우에는 토지소유자는 입목소유자에 대하여 지상권을 설정한 것으로 보게 되므로(입목 6①), 이와 같이 성립되는 법정지상권으로 인하여 입목의 담보가액을 낮추어야 하는가 하는 점이다. 그러나 이 경우의 법정지상권은 경매에 참가하여 입목을 매수한 자가 토지소유자로부터 취득하는 것으로 매수인에게 불이익하게 작용되는 아니어서 입목의 경매절차에서 매수가액을 낮추는 요인이 되지 않으므로 입목의 감정평가액을 그대로 담보가액으로 인정하는 것이 타당하다.

한편 토지와 입목의 소유자가 다른 경우에 입목에만 근저당권을 설정하였다가, 입목이 경매되는 경우에는 입목의 소유자가 토지소유자로부터 법정지상권을 취득하지 못한다. 그러나 이 경우도 경매절차에서 입목을 매수한 자는 근저당권설정자인 종전 소유자가 토지소유자로부터 취득한 토지이용권인 지상권 또는 임차권을 입목소유권의 종된 권리로서 입목소유권과 함께 취득하게 되므로 입목의 매각가액이 당초 저당권설정 당시 평가했던 담보가액보다 낮아지는 것으로 볼 수 없으므로 이 경우 또한 입목의 감정평가액을 그대로 담보가액으로 인정하여도 무방하다.

4. 등기하지 않은 입목의 담보취득

등기하지 않은 입목에 대하여는 현행법상 담보취득의 방법이 마련되어 있지 않다. 그러나 관습법상의 명인방법을 갖춘 입목은 토지와 구분되는 별개의 부동산으로 취급되므로 담보의 대상으로 할 수 있다. 다만 관습법상의 명인방법을 갖춘 입목은 등기에 의하여 공시되고 있지 않아 근저당권을 설정할 수가 없으므로 종래의 판례에 의하여 그 효력이 인정되어온 양도담보의 형태로 담보취득할 수밖에 없다. 그리고 이 경우 양도담보권의 설정을 위한 입목의 소유권이전 또한 명인방법으로 한다.

Ⅲ. 재단 근저당

1. 재단 근저당제도의 의의와 유형

재단 근저당제도는 토지, 건물, 광업권, 기계·기구 그 밖의 공장 공용물, 자동차 등 등기나 등록이 가능한 동산, 지상권·전세권, 임차권, 지적재산권 등으로 구성된 기업재산의 전부 또는 일부를 대상으로 1개의 저당권을 설정할 수 있도록 하여 기업경영에 필요한 자금을 확보할 수 있게 함으로써 기업의 유지와 건전한 발전 및 지하자원의 개발과 산업의 발달을 도모함을 목적으로 하는 제도를 말한다.

재단 근저당제도를 인정하는 이유는 기업경영에 필요한 위와 같은 물건이나 권리는 서로 유기적인 관련 하에 결합되어 있어, 이를 개개의 물건이나 권리로 분해하여 각별로 담보의 대상으로 하게 하는 것보다는 그 전부 또는 일부를 하나의 재단으로 묶어, 일괄하여 담보의 대상으로 하게 하는 것이 더 높은 담보가치를 인정받을 수 있어 기업금융을 원활하게 할 수 있다는 데에 있다.

재단저당제도에 대하여는 공장 및 광업재단 저당법[476]이 규율하고 있으며 동법에서 인정하고 있는 재단 근저당권은 크게 공장재단 근저당권과 광업재단 근

476) 공장 및 광업재단 저당법은 종래의 공장저당법을 전면 개정하는 한편 광업재단저당법을 폐지하여 흡수 통합한 것으로 2009년 3월 25일부터 시행되었다. 동법이 시행되기 전에는 공장재단저당권에 관하여는 공장저당법이 규율하고 있었고 광업재단저당권에 관하여는 광업재단저당법이 규율하고 있었으나 양 법률 모두 기업의 재산 일체를 하나의 담보물로 허용하는 공통의 목적을 가지고 있다는 점에서 기업담보에 관한 기본법의 기틀을 마련하고자 하나의 법률로 통합한 것이다.

저당권으로 구분해 볼 수 있고, 공장재단 근저당권은 다시 공장 근저당권과 공장재단 근저당권으로 구분해 볼 수 있으며, 공장 근저당권은 다시 공장토지 근저당권과 공장건물 근저당권으로 구분해 볼 수 있다.

2. 공장재단 근저당권

(1) 의의

공장재단근저당제도에 의하여 공장재단을 대상으로 설정한 근저당권을 공장재단 근저당권이라고 한다. 공장재단 근저당권은 하나의 담보물로 구성하는 목적물의 범위가 어떠한가에 따라 공장 근저당권과 공장재단 근저당권으로 분류된다. 공장 근저당권은 공장에 속하는 토지 또는 건물 중 어느 것을 대상으로 하는지에 따라 공장토지 근저당권과 공장건물 근저당권으로 구분된다.

공장 근저당권은 광협 2가지 의미로 사용되고 있다. 협의로는 공장토지 근저당권 또는 공장건물 근저당권의 의미로 사용되고 있는 한편, 광의로는 공장토지 근저당권 또는 공장건물 근저당권 이외에 공장재단 근저당권까지를 포함하는 의미로 사용되고 있으나, 보통은 협의의 공장 근저당권만을 공장 근저당권이라고 한다. 따라서 이하에서도 공장 근저당권이라 함은 단순히 공장토지 근저당권 또는 공장건물 근저당권만을 의미하는 협의의 의미로 사용하기로 한다.

공장 근저당권의 2유형인 공장토지 근저당권 또는 공장건물 근저당권은 공장 및 광업재단저당법에서 규정하는 공장에 속하는 토지나 건물에 근저당권을 설정하면 그 토지나 건물에 부합된 물건과 토지나 건물에 설치된 기계·기구 그 밖의 공장 공용물에까지 근저당권의 효력이 미친다는 점 특징이 있다.

이에 대하여 공장재단 근저당권은 공장 및 광업재단저당법에서 규정하는 공장에 속하는 토지, 건물, 기계·기구 그 밖의 공장 공용물, 자동차 등 등기나 등록이 가능한 동산, 지상권·전세권, 임대인이 동의한 경우의 임차권, 지적재산권의 권리로 공장재단을 구성하여 별도의 소유권보존등기를 한 후 그 공장재단을 대상으로 근저당권을 설정한다는 점에 특징이 있다.

다만 공장 근저당권과 공장재단 근저당권은 모두 공장 및 광업재단저당법에서 규정하는 공장을 대상으로 근저당권을 설정한다는 점에서는 같다. 따라서 이하에서는 먼저 공장 및 광업재단저당법에서 규정하는 공장의 의미와 그와 같은 공장이 되기 위한 요건에 관하여 설명한 후 공장 근저당권과 공장재단 근저당권의 대상목적물과 설정방법 및 효력에 대하여 순차로 설명하기로 한다.

[참고] 근저당권의 효력이 미치는 목적물의 범위

<table>
<tr><td colspan="5">공장재단 구성물의 범위</td><td rowspan="3">재단구성에 포함시킬 수 없는 물건</td></tr>
<tr><td colspan="4">공장 근저당권의 효력 범위</td><td rowspan="3">• 기계, 기구, 전봇대, 전선, 배관, 레일, 그 밖의 부속물
• 항공기, 선박, 자동차 등 등기나 등록이 가능한 동산
• 지상권, 전세권
• 임대인이 동의한 경우의 임차권
• 지적재산권</td></tr>
<tr><td colspan="3">민법상 근저당권의 효력 범위</td><td></td></tr>
<tr><td>근저당권의 목적물(토지 또는 건물)</td><td>부합물</td><td>종물</td><td>설치 기계·기구 그 밖의 공장 공용물</td><td>• 타인의 권리의 목적이 된 물건
• 가압류·가처분의 목적이 된 물건
• 다른 재단에 소속된 물건</td></tr>
</table>

(2) 공장재단 근저당권의 대상이 되는 공장

가. 공장의 의미

공장이라는 용어는 아주 다의적으로 사용되고 있다. 즉, 경제적인 의미에서의 공장과 법률적인 의미에서의 공장이 서로 다르며, 또 법률적인 의미에서의 공장이라 하더라도, 개개의 법령에서 그 제정목적에 따라 서로 다른 의미를 부여하여 사용하고 있다.

예컨대 산업집적활성화 및 공장설립에 관한 법률은, 공장을 「건축물 또는 공작물, 물품제조공정을 형성하는 기계·장치 등 제조시설과 그 부대시설(이하 "제조시설등"이라 한다)을 갖추고, 대통령령이 정하는 제조업을 영위하기 위한 사업장으로서 대통령령이 정하는 것을 말한다(동법 2 i)」고 정의하고 있고, 건축법 시행령은 「물품의 제조·가공(염색·도장·표백·재봉·건조·인쇄 등을 포함한다) 또는 수리에 계속적으로 이용되는 건축물로서 제1종 근린생활시설, 제2종 근린생활시설, 위험물저장 및 처리시설, 자동차관련시설, 분뇨 및 쓰레기처리시설 등으로 따로 분류되지 아니한 것」을 공장으로 분류하고 있다(동령 별표 1 「용도별 건축물의 종류(제3조의4 관련)」 17).

공장 및 광업재단저당법도 공장재단 근저당권의 대상목적물이 되는 공장의 정의에 관하여 별도의 규정을 두어 「공장이란 영업을 하기 위하여 물품의 제조·가공, 인쇄, 촬영, 방송 또는 전기나 가스의 공급 목적에 사용하는 장소를 말한다」고 규정하고 있다(공광저 2 i).

나. 공장이 되기 위한 요건

㈎ 다음의 목적에 사용하는 장소의 하나일 것

㈀ 물품의 제조·가공의 목적에 사용하는 장소

물품의 제조라 함은 원재료에 노동력을 가하여 새로운 물건을 만들어 내는 것을 말하고, 가공이라 함은 원재료에 동일성을 잃지 않을 정도로 변경을 가하는 것을 말한다.

단순히 물품의 저장을 위한 창고나 물품의 판매를 위한 장소 및 볼링장과 같은 오락장은, 공장 근저당권을 설정할 수 있는 공장으로 볼 수 없다. 그러나 물품을 제조 또는 가공해서 보관하거나 판매하는 장소는, 공장 근저당권을 설정할 수 있는 공장으로 볼 수 있다. 옥수수 등의 곡물창고(이른바 싸이로)와 냉동냉장설비가 있는 장소를, 공장 근저당권을 설정할 수 있는 공장으로 볼 수 있는지는 문제이나, 단순보관만이 아닌 식품가공의 성질을 가지는 경우라면, 공장 근저당권을 설정할 수 있는 공장으로 보아도 무방할 것으로 생각한다.

㈁ 인쇄나 촬영의 목적에 사용하는 장소

서적인쇄공장이나 신문사의 인쇄공장은, 인쇄의 목적에 사용하는 장소로서 공장에 해당된다. 그러나 인쇄를 하는 장소가 아니라, 인쇄된 물건을 중계하거나 판매하는 장소는, 공장이 될 수 없다. 서적제본시설은, 인쇄공장내에 설치되어 있을 때에는, 인쇄의 목적에 사용하는 장소로서 그것이 독립된 기업조직일 때에는, 물품의 가공의 목적에 사용하는 장소로서 공장이 된다. 그러나 단순히 출판의 기획·편집을 함에 지나지 않는 출판사와 같은 것은, 인쇄의 목적에 사용하는 장소로 보기 어렵다.

촬영의 목적에 사용하는 장소라 함은, 영화회사의 촬영소와 사진관을 가리킨다. 그러나 영화관 또는 극장은, 영화의 상영을 목적으로 하는 장소이지, 촬영을 목적으로 하는 장소가 아니므로, 아무리 그 규모가 크다 하더라도 공장으로 취급할 수 없다.

㈐ 전기나 가스의 공급의 목적에 사용하는 장소

전기의 공급의 목적에 사용하는 장소라 함은, 발전시설·송전시설·변전시설과 같이 전기를 발생시켜 수요자에게 이를 공급함에 필요한 일체의 시설을 말하며, 송전선도 이에 포함된다. 발전소 또는 가스제조공장은, 전기 또는 가스를 「제조」하는 장소이지만, 전기 또는 가스는 「물품」이 아니므로, 여기에서 말하는 「전기나 가스의 공급의 목적에 사용하는 장소」로 보아 공장으로 취급된다.

가스의 공급의 목적에 사용하는 장소라 함은, 가스발생시설, 가스저장시설, 정제시설, 배송기, 정압기, 도관, 수전시설 등 가스를 발생하게 하여, 이를 수요자에게 공급함에 사용되는 일체의 시설을 말한다. 천연가스를 공급하는 시설도 포함되며 또한 액화석유가스와 같은 액화가스를 만드는 시설도 포함된다.

물의 공급의 목적에 사용되는 장소를 공장으로 볼 수 있는가는 문제이다. 전기나 가스의 공급의 목적에 사용되는 장소를 공장으로 보는 이상, 물의 공급의 목적에 사용되는 장소를 공장으로 보지 못할 이유는 없다. 그럼에도 공장 및 광업재단 저당법이 물의 공급의 목적에 사용하는 장소를, 공장으로 하는 명문의 규정을 두지 않은 것은, 입법의 불비라고 할 수밖에 없다. 이러한 취지에서, 일본에서는 물의 공급에 사용하는 장소를, 전기나 가스의 공급의 목적에 사용하는 장소에 준하는 것으로 보아, 공장으로 취급하고 있다. 그리고 물의 공급에 사용하는 장소를 공장으로 볼 수 있다면, 온탕·냉탕·온난 또는 저온의 공기 등을 공급함에 사용하는 장소, 예컨대 냉난방집중센터나 정제된 유류의 저장·공급을 위한 주유소의 시설도, 공장으로 볼 수 있을 것이다.

㈑ 방송의 목적에 사용하는 장소

방송이라 함은 공중에게 수신될 것을 목적으로, 정치·경제·사회·문화 등 제 현상을 보도·논평하며, 교양·음악·연예 등을 전파하기 위하여 하는 무선통신의 송신을 말하고, 「방송의 목적에 사용하는 장소」라 함은, 위와 같은 송신을 위한 전기시설이 있는 장소를 말한다. 그리고 여기에서 송신을 위한 전기시설은, 무선통신시설만을 의미하고, 유선통신시설은 이에 포함되지 않는다. 예컨대 텔레비전방송시설 등이 이에 해당된다.

판례 8-1

공장 근저당권을 설정할 수 없다고 한 사례

1층이 근린생활시설이고 2층이 점포 및 탈의실로 되어 있는 건물 1동과 어른용 및 어린이용 풀장 각 1개, 미끄럼대, 물탱크 정수지 등으로 구성된 운동 및 오락과 휴식을 목적으로 하는 수영장 시설은, 이를 공장저당법 제2조 제1, 2항에 규정된 공장 즉 영업을 하기 위하여 '물품의 제조, 가공 또는 인쇄나 촬영의 목적에 사용하는 장소'나 '방송의 목적 또는 전기나 가스의 공급의 목적에 사용하는 장소'라고 볼 수 없고, 따라서 그 건물과 구축물은 같은 법 제5조, 제4조에서 말하는 공장에 속한 건물 및 건물에 부가되어 이와 일체를 이루는 물건 또는 기계, 기구, 기타의 공장의 공용물에 해당되지 아니하여, 그 건물과 구축물에 대한 근저당권설정등기 중 구축물을 공장저당의 목적물로 한 부분은 무효이다(대판 1995.9.15. 94다25902).

㈏ 영업을 하기 위한 장소일 것

공장근저당의 대상목적물이 되는 공장은 「영업을 하기 위한 장소」이어야 한다. 전술한 장소 중의 어느 하나에 해당한다 하더라도, 그것이 영업을 하기 위한 장소가 아닐 때에는, 공장이 될 수 없다. 따라서 교도소 또는 직업훈련소에 「물품의 제조·가공이나 인쇄의 목적에 사용하는 장소」가 설치되어 있다고 하더라도, 이를 공장이라고 할 수 없는 것이다.

영업을 하기 위한 것인가 아닌가는, 그 장소의 사용이 영업의 이익을 위한 것인가 아닌가에 의하여 판단하여야 할 것이며, 그 이익의 기여에 직접적이냐 간접적이냐는 묻지 않는다고 할 것이다. 따라서 예컨대 물품의 제조·가공을 영업으로 하는 회사의 자가발전시설이나, 조합원의 공동이용을 위하여 농업협동조합이 소유하는 발전시설 또는 우유처리시설과 같은 것도, 공장으로 보아야 한다.

영업을 위하여 사용되는 상태는 일정기간 계속될 것을 요한다. 따라서 영업을 위하여 설치된 장소라 할지라도, 가설적인 장소에 지나지 않을 때에는, 공장으로 볼 수 없다. 그리고 여기에서 일정기간이 어느 정도의 기간을 말하는가는, 획일적인 기준으로 정해질 수는 없고, 그 설비의 상황이나 목적 등을 고려하여 개별적으로 판단하는 수밖에 없다.

(3) 공장 근저당권

가. 공장 근저당권의 대상목적물

공장에 속하는 토지, 그 토지에 부합된 물건과 그 토지에 설치된 기계·기구 그 밖의 공장 공용물이 공장토지 근저당권의 대상목적물이고, 공장에 속하는 건물, 그 건물에 부합된 물건과 그 건물에 설치된 기계·기구 그 밖의 공장 공용물이 공장건물 근저당권의 대상목적물이다.

따라서 공장토지 근저당권의 대상목적물에 그 토지상의 건물을 포함시킬 수 없고 공장건물 근저당권의 대상목적물에 그 건물의 토지를 포함시킬 수는 없다. 다만 공장에 속하는 토지와 그 토지상의 건물을 공동담보로 하여 공동근저당권을 설정할 수 있는데, 이 경우 공장토지에는 공장토지 근저당권이 설정되고 건물에는 일반 근저당권이 설정된다. 또한 공장건물과 그 건물의 토지를 공동담보로 하여 공동근저당권을 설정할 수 있는데, 이 경우 공장건물에는 공장건물 근저당권이 설정되고 토지에는 일반 근저당권이 설정된다.

물론 토지와 그 토지상의 건물이 모두 공장에 속하는 경우에는 공장 토지와 공장 건물을 공동담보로 하여 공동근저당권을 설정할 수 있는데, 이 경우 공장토지에는 공장토지 근저당권이 설정되고 공장 건물에는 공장건물 근저당권이 설정된다.

그런데 공장에 설치된 기계·기구 그 밖의 공장 공용물을 건물과 함께 공장건물 근저당권의 대상목적물로 함과 아울러 그 건물의 토지와 함께 공장토지 근저당권의 대상목적물로도 할 수 있는지 문제로 된다. 이에 관하여는 원칙적으로는 부정하여야 할 것이나 공장에 설치된 기계·기구 그 밖의 공장 공용물이 토지와 건물 모두에 사용되는 것이라면 예외적으로 긍정할 수 있을 것으로 생각한다.

한편, 공장이 1필의 토지로 구성되어 있고 그 토지의 일부에만 기계·기구 그 밖의 공장 공용물이 설치되어 있는 경우에도 기계·기구 그 밖의 공장 공용물이 설치되어 있지 않은 부분까지 전부 공장토지 근저당권의 목적으로 할 수 있으며 기계·기구 그 밖의 공장 공용물이 설치되어 있는 부분과 설치되어 있지 않은 부분을 분할하여 분필의 등기를 한 후 그 각각에 공장토지 근저당권과 일반 근저당권을 설정할 수 있다. 또한 하나의 공장에 속하는 토지가 여러 필지인 경우에는 각 필지별로 그에 속하는 기계·기구 그 밖의 공장 공용물을 묶어 여러 개의 공장을 대상으로 하는 공동 공장토지 근저당권을 설정할 수도 있다. 그리고 공장에 속하는 1동의 건물에 대하여도 위에서 설명한 토지에 대한 경우와 마찬가지로 생각하면 된다.

나. 공장 근지당권의 설정방법

공장토지 근저당권은 채권자와 담보제공자가 근저당권설정계약을 체결하고 이를 토지등기부에 등기함으로써 설정되는 점은 다른 목적물에 대한 근저당권의 경우와 다를 바가 없다. 그러나 공장토지 근저당권의 설정등기를 신청함에 있어서는 그 토지에 설치된 기계·기구 그 밖의 공장 공용물로서 제3조에 따라 근저당권의 목적이 되는 것의 목록을 제출하여야 한다(공광저 6①). 그리고 공장건물 근저당권은 공장토지 근저당권의 설정방법에 준한다(공광저 6①).

공장토지 근저당권 또는 공장건물 근저당권의 목적이 되는 것의 목록은 실무상 기계·기구목록이라 하는데 이 목록의 제출이 있으면 등기관은 토지 또는 건물에 관한 근저당권의 등기사항 말미에 이러한 목록의 제출이 있다는 사실을 부기하여야 하며, 그 부기가 있으면 이 목록은 등기부의 일부로 보고 기록된 내용은 등기된 것으로 본다(공광저 6②, 36).

이와 같이 공장토지 근저당권 또는 공장건물 근저당권을 설정하기 위하여서는 기계·기구목록을 제출하여야 하는데, 이 목록제출과 그에 따른 등기의 의미에 관하여는 공장에 속하는 기계·기구 그 밖의 공장 공용물에 공장토지 근저당권 또는 공장건물 근저당권의 효력이 미치게 하기 위한 공장토지 근저당권 또는 공장건물 근저당권의 성립요건이라는 것이 통설·판례이다. 따라서 공장의 토지 또는 건물에 설치된 기계·기구 그 밖의 공장 공용물이라 할지라도, 목록제출에 의하여 등기되지 아니하면 공장토지 근저당권 또는 공장건물 근저당권의 효력이 미치지 아니하는 것으로 보아야 한다.

다만 공장의 토지 또는 건물에 공장토지 근저당권 또는 공장건물 근저당권이 아닌 민법상의 일반 근저당권을 설정하였다 할지라도 그 부속물이 민법상의 부합물이나 종물에 해당하면, 그 근저당권의 효력은 민법 제358조에 의하여 당연히 그 공장 건물이나 토지의 종물 또는 부합물에까지 미친다.

판례 8-2

1. 기계·기구 목록 제출의 효력

공장저당법 제4조, 제5조, 제7조, 제47조, 제53조(공광저 3, 4, 6, 36, 42) 및 민법 제186조의 규정 등을 종합하여 보면, 공장의 토지 또는 건물에 설치된 기계·기구 기타 공장의 공용물은, 공장저당법 제7조(공광저 6) 소정의 기계·기구목록에 기재되어야만, 공장저당의 효력이 미친다고 해석하여야 한다(대판 1988.2.9. 87다카1514,1515 동취지 대결 1993.4.6. 93마116).

2. 공장건물이나 토지에 설정한 일반 근저당권의 효력

공장저당법에 의한 공장저당을 설정함에 있어서는 공장의 토지, 건물에 설치된 기계·기구 등은 같은 법 제7조(공광저 6) 소정의 기계·기구 목록에 기재하여야만 공장저당의 효력이 생기나, 이와는 달리 공장건물이나 토지에 대하여 민법상의 일반 저당권이 설정된 경우에는 공장저당법과는 상관이 없으므로 같은 법 제7조에 의한 목록의 작성이 없더라도 그 저당권의 효력은 민법 제358조에 의하여 당연히 그 공장건물이나 토지의 종물 또는 부합물에까지 미친다(대판 1995.6.29. 94다6345).

다. 공장 근저당권의 효력

(가) 효력이 미치는 목적물의 범위

(ㄱ) 공장에 속하는 토지 또는 건물

공장토지 근저당권은 민법상의 일반 토지근저당권에 있어서와 같이 토지를 대상으로 하여 설정하고 또 그 토지에 효력을 미치고, 공장건물 근저당권은 민법상의 일반 건물근저당권에 있어서와 같이 건물을 대상으로 하여 설정하고 또 그 건물에 효력을 미친다. 그러나 공장에 속한 토지에 설정된 공장토지 근저당권은 그 토지상의 건물에 미치지 않고, 공장에 속하는 건물에 설정된 공장건물 근저당권도 그 부지인 토지에는 미치지 않는다.

(ㄴ) 부합된 물건

공장토지 근저당권 또는 공장건물 근저당권의 효력은 공장에 속하는 토지 또는 건물에 부합된 물건에 미친다(공광저 3본, 4). 토지 또는 건물에 부합된 물건이란 이른바 민법상의 부합물로서 토지 또는 건물의 일부분이 되었다고 인정되는 것을 말한다. 부합물인 한 근저당권설정등기의 전후 어느 때에 부합되었느냐를 묻지 않고 또 등기하여 공시하여야 하는 것도 아닌 점에서, 토지나 건물만을 대상으로 하는 일반 근저당권의 경우와 다르지 않다. 다만 설정행위에 특별한 약정이 있는 경우와 민법 제406조(채권자취소권)에 따라 채권자가 채무자의 행위를 취소할 수 있는 경우에는 그러하지 아니하다(공광저 3단, 4).

(ㄷ) 종물

공장토지 근저당권 또는 공장건물 근저당권의 효력은 공장에 속하는 토지 또는 건물의 종물에도 미치는가. 공장 및 광업재단저당법에서는 이에 관하여 아무런 규정을 두고 있지 않으나 긍정하여야 할 것으로 본다. 「저당권의 효력은 저당부동산에 부합된 물건과 종물에도 미친다」는 민법 제358조의 규정은 공장토지 근저당권 또는 공장건물 근저당권의 대상인 토지 또는 건물에도 당연히 적용되는 것으로 보아야 할 것이기 때문이다. 그리고 위와 같이 종물을 부합물에 대한 경우와 동일하게 취급하는 이상 부합물에 공장토지 근저당권 또는 공장건물 근저당권의 효력이 미치는 것을 제한하고 있는 공장 및 광업재단저당법 제3조 단서의 규정은 종물에 관하여도 그 적용이 있다고 할 것이다.

(ㄹ) 기계·기구 그 밖의 공장 공용물

기계·기구 그 밖의 공장 공용물은 기계·기구목록으로 제출되어 등기된 것에 한하여 공장토지 근저당권 또는 공장건물 근저당권의 효력이 미친다. 그리고 기계·기구 그 밖의 공장 공용물이란 어느 것이건 공장에 속하는 토지나 건물에 설치되어 있는 것이어야 한다.

여기에서 말하는 공용물에 유체물 이외에 지상권이나 임차권 등의 권리가 포함되는지에 관하여는 긍정설과 부정설이 대립되어 있으나, 앞에서 설명한 바와 같이 종된 권리를 종물에 준하는 것으로 보아 일반 토지 또는 건물 근저당권의 효력이 미치는 것으로 보는 이상, 공장토지 근저당권 또는 공장건물 근저당권의 경우를 달리 볼 이유가 없으므로 긍정하는 것이 타당하다.

다만 특허권 등의 지식재산권은 이를 공장의 종된 권리로 볼 수 없으므로, 공장토지 근저당권 또는 공장건물 근저당권의 대상으로 할 수 없다고 할 것이다. 공장재단 근저당권에 있어서는 공장 및 광업재단근저당법 제13조에서 특허권 등의 지식재산권도 재단구성물로서 열거하여, 그것들이 공장재단 근저당권의 목적임을 명백히 하고 있으나 공장토지 근저당권 또는 공장건물 근저당권에 있어서는 이와 같은 규정이 없기 때문이다.

한편 공장내에 있는 타자기·책상·캐비닛·금고 등의 사무용품은 일응 공장공용물에 포함되지 않는다고 볼 수 있으나, 사무용품이라고 하여 무조건 공용물에 포함되지 않는다고 할 수 없고, 이러한 물건들이 공장의 공용물에 포함되는지의 여부는, 그 물건이 설치되어 있는 장소 그 용법 기타 모든 사정을 감안하여 구체적으로 판단하여야 한다.

판례 8-3

1. 사무용품을 공장 근저당권의 대상으로 할 수 있는지 여부

원심이 인용하고 있는 이 사건 제1심 판결에 의하면 원심판결서 제1목록에 기재된 물건들은 타자기, 책상, 캐비넷 등 사무용품으로서 공장저당법 제7조(공광저 6)에 의한 저당권의 목적물인 공장건물이나 토지에 설치한 기계·기구 기타 공장의 공용물이라고는 할 수 없다라는 취지로 판시되어 있다. 그러나 위의 물건들이 공장의 공용물이 될 수 있을 것인지의 여부는 그 물건이 설치되어 있는 장소, 그 용법 기타 모든 사정에 관하여 구체적으로 심리하지 아니하고서는 가릴 수 없으리라고 생각되는데 기록에 의하면 원심은 이 점에 관하여 아무러한 심리도 가하지 아니하고 위에서 본 바와 같은 사실을 인정하고 있는 것이다. 이러한 원심의 처사는 심리미진으로 인한 사실오인의 위법을 범한 것이라 할 것이다(대판 1971.8.31. 71다1469).2. 타인의 토지에 걸쳐서 설치된 폐수처리시설에 대한 공장 근저당권의 효력

폐수처리시설이 공장저당법에 의하여 근저당권이 설정된 공장 토지와 그에 인접한 공장 토지가 아닌 타인 소유의 토지에 걸쳐서 설치되어 있는 경우, 그것이 설치된 토지에 부합되었다고 보기보다는 그 구조, 형태 또는 기능 등에 비추어 볼 때, 공장저당의 목적인 공장에 속하는 토지와 건물 및 기계, 기구와 함께 일체를 이루는 기업시설로서 그 공장 소유자의 소유에 속한다고 봄이 상당하므로, 그 공장에 속하는 토지와 건물 및 기계, 기구 위에 설정된 공장저당권의 효력은 그 폐수처리시설에도 미친다(대판 1997.10.10. 97다3750).

㈏ 타인의 소유물에 대한 공장 근저당권의 효력

공장 근저당권의 목적인 공장에 속하는 토지나 건물에 부합된 물건과 그 토지나 건물에 설치된 기계·기구 그 밖의 공장 공용물의 전부 또는 일부가 공장 근저당권설정자의 소유가 아닌 타인의 소유물인 경우 그에 대하여도 공장 근저당권의 효력이 미치게 할 수 있는가.

이에 관하여는 ① 공장 근저당권의 효력이 미칠 공장에 속하는 토지나 건물에 설치된 기계·기구 그 밖의 공장 공용물이 타인의 소유물이라도 무방하다고 하는 것은, 타인의 권원에 의하여 근저당부동산에 부합된 물건에는 근저당권의 효력이 미치지 않는 것으로 정하고 있는 민법 제358조 및 제256조의 규정과 균형을 잃게 하는 결과가 되어 타당하지 않다는 점 ② 물권법정주의의 원칙상 법률이 명문의 규정으로 인정하고 있지 않은 한, 제3자 즉 토지나 건물에 설치된 기계·기구 그 밖의 공장 공용물의 소유자의 의사(공장 근저당권의 목적으로 해도 좋다는 동의)에 의하여 근저당권의 효력을 토지나 건물에 설치된 기계·기구 그 밖의 공장 공용물에 미치게 하거나 미치지 않게 할 수 없다는 점 ③ 근저당권의 설정은 대상 목적물의 인도를 요건으로 하지 않으므로, 공장 근저당권자가 토지나 건물에 설치된 기계·기구 그 밖의 공장 공용물을 토지나 건물 소유자의 소유에 속하는 것으로 과실 없이 믿었다 하더라도, 이에 공신의 원칙을 적용하여 선의취득을 인정할 수 없다는 점 등에 비추어 볼 때 소극적으로 해석하는 것이 타당하다. 대법원의 판례도 같다.

그 결과 하나의 공장을 구성하는 토지나 건물과 그 토지나 건물에 설치된 기계·기구 그 밖의 공장 공용물의 소유자가 다른 경우에는 공장 근저당권을 설정할 수 없으며, 설령 설정등기가 이루어졌다고 하여도 공장 근저당권은 그 토지나 건물에 설치된 기계·기구 그 밖의 공장 공용물에 미치지 않는 것으로 보아야 한다. 따라서 토지나 건물에 설치된 기계·기구 그 밖의 공장 공용물을 공장 근저당권의 목적물로 하려고 하는 경우에는 그것이 공장을 구성하는 토지 또는 건물 소유자의 소유에 속하는지의 여부에 관하여 항상 세심한 주의를 기울여야 한다. 이와 관련하여 실무상 다음과 같은 두 가지 점에 주의를 요한다.

첫째는 기계·기구 그 밖의 공장 공용물이 설치될 건물이 건축 중에 있다거나 설치될 기계·기구 그 밖의 공장 공용물이 제작 또는 운송 중에 있는 경우이다. 이러한 경우에는 그 시점에서는 공장 근저당권의 설정이 불가능하므로, 당해 건물이 완공되거나 기계·기구 그 밖의 공장 공용물이 제작 또는 운송 완료되어 공장 근저당권의 설정이 가능하게 될 때까지 잠정적으로 당해 기계·기구 그 밖의 공장 공용물을 양도담보로 취득하여 둘 필요가 있다. 그렇지 않으면 공장 근저당권의 설정 이전에 채무자가 당해 기계·기구 그 밖의 공장 공용물을 제3자에게 매각하거나 담보제공 함으로써, 후에 설정된 공장 근저당권의 효력이 당해 기계·기구 그 밖의 공장 공용물에 미치지 않게 될 염려가 있으나, 미리 양도담보권을 설정해 두면 그 양도담보권설정 이후의 채무자의 처분행위를 무효화할 수 있어 공장 근저당권의 안전한 확보가 가능해지기 때문이다.

둘째는 공장에 속하는 토지나 건물의 소유자와 기계·기구 그 밖의 공장 공용물의 소유자가 다르나, 이를 소위 명의신탁의 방법으로 일치시켜 담보제공 하여 오는 경우이다. 이때 소유자를 일치시키는 방법으로는 토지나 건물의 소유권을 기계·기구 그 밖의 공장 공용물 소유자에게 명의신탁 하는 방법과, 기계·기구 그 밖의 공장 공용물의 소유권을 토지나 건물의 소유자에게 명의신탁 하는 두 가지 경우가 있다. 종래 대법원판례는 토지나 건물 등과 같이 공적 장부에 의하여, 그 권리관계가 공시되는 재산에 대하여서는 명의신탁의 효력을 인정하고, 기계·기구 그 밖의 공장 공용물과 같이 공적 장부에 의하여 그 권리관계가 공시되지 않는 재산에 대하여는 명의신탁의 효력을 인정하지 않았다. 이에 따라 기계·기구 그 밖의 공장 공용물의 소유권을 토지나 건물의 소유자에게 명의신탁 하여 공장 근저당권을 설정하는 경우는 그 효력을 인정받을 수 없는 반면에, 토지 또는 건물의 소유권을 기계·기구 그 밖의 공장 공용물의 소유자에게 명의신탁 하여 공장 근저당권을 설정하는 경우에는 그 효력을 인정받을 수가 있었다. 그런데 1995년 3월 30일 부동산 실권리자 명의 등기에 관한 법률이 제정되어 토지나 건물 등의 부동산을 대상으로 하는 명의신탁의 효력이 부정됨으로써(동법 4①② 참조), 현재는 토지나 건물의 소유권을 기계·기구 그 밖의 공장 공용물의 소유자에게 명의신탁 하여 공장 근저당권을 설정하더라도 그 효력을 인정받을 수가 없지 않은가 하는 의문이 들 수 있다. 그러나 부동산 실권리자 명의 등기에 관한 법률 제4조 제3항에 의하면 명의신탁약정 및 그에 따른 등기의

무효는 제3자(선의의 제3자가 아님)에게 대항하지 못하는 것이므로 그 무효인 등기명의인으로부터 공장 근저당권을 설정 받은 경우에도 여전히 공장 근저당권의 효력을 인정받을 수 있는 것으로 보아야 한다.

판례 8-4

1. 타인소유의 기계·기구에 설정한 공장 근저당권의 효력

공장저당법 제4조, 제5조(공광저 3, 4)의 규정에 의하여 저당권의 목적이 되는 것으로 목록에 기재되어 있다고 하더라도 그것이 저당권설정자가 아닌 제3자의 소유인 경우에는 위 저당권의 효력이 미칠 수 없는 것이다(대결 1992.8.29. 92마576).

2. 양도담보물인 기계·기구에 설정한 공장저당권의 효력

공장저당법 제4조, 제5조의 규정에 의하여 저당권의 목적이 되는 것으로 목록에 기재되어 있는 동산이라고 하더라도 그것이 저당권설정자가 아닌 제3자의 소유인 경우에는 위 저당권의 효력이 미칠 수 없다고 할 것이고, 그 목록에 기재되어 있는 동산이 점유개정의 방법에 의하여 이미 양도담보에 제공되어 있는 것인 경우에도 그 동산은 제3자인 저당권자와의 관계에 있어서는 양도담보권자의 소유에 속하므로, 마찬가지로 공장저당법에 의한 저당권의 효력이 미칠 수 없다고 보아야 한다(대결 1998.10.12. 98그64).

㈐ 공장 근저당권의 목적물의 분리

㈀ 분리된 물건에 대한 공장 근저당권의 소멸

공장 소유자가 공장 근저당권자의 동의를 받아 토지나 건물에 부합된 물건을 분리한 경우 그 물건에 관하여는 근저당권이 소멸한다(공광저 9①). 또한 공장 소유자가 공장 근저당권자의 동의를 받아 토지나 건물에 설치한 기계·기구 그 밖의 공장 공용물을 분리한 경우 그 물건에 관하여는 근저당권이 소멸한다(공광저 9②).

㈁ 분리에 대한 공장 근저당권자의 동의의무

공장 소유자가 공장 근저당권의 목적인 토지, 건물이나 그 토지나 건물에 부합된 물건과 그 토지나 건물에 설치된 기계·기구 그 밖의 공장 공용물로서 공장 근저당권의 목적이 되는 물건에 대한 압류, 가압류 또는 가처분이 있기 전에 공장 근저당권자의 이익을 위하여 정당한 사유를 들어 토지나 건물에 부합된 물건의 분리 또는 토지나 건물에 설치된 기계·기구 그 밖의 공장 공용물의 분리에 대한 동의를 요구하면 공장 근저당권자는 그 동의를 거절하지 못한다(공광저 9③).

㈐ 공장 근저당권의 추급력

공장 근저당권자는 공장 근저당권의 목적인 토지, 건물이나 토지나 건물에 부합된 물건과 토지나 건물에 설치된 기계·기구 그 밖의 공장 공용물로서 공장 근저당권의 목적이 되는 물건이 제3취득자에게 인도된 후에도 그 물건에 대하여 공장 근저당권을 행사할 수 있다(공광저 7본). 이는 공장 근저당권의 목적인 토지나 건물에 부합된 물건과 그 토지나 건물에 설치된 기계·기구 그 밖의 공장 공용물이 공장 근저당권자의 동의 없이 분리될 경우가 많을 것임 감안하여 공장 근저당권자의 보호를 위하여 특별히 규정한 것이다.

그러나 공장 근저당권의 목적인 토지나 건물에 부합된 물건과 그 토지나 건물에 설치된 기계·기구 그 밖의 공장 공용물이라도, 공장 근저당권의 설정 후에 분리된 것은 독립한 동산으로서 거래의 대상이 될 수 있으므로, 제3취득자가 민법 제249조 내지 제251조의 규정에 의하여 이를 선의취득하면, 공장 근저당권자는 그 물건에 대하여는 근저당권을 행사할 수 없게 된다(공광저 7단).

판례 8-5

설정자로부터 일탈한 공장근저당목적물의 원상회복

저당권자는 물권에 기하여 그 침해가 있는 때에는 그 제거나 예방을 청구할 수 있다고 할 것인바, 공장저당권의 목적 동산이 저당권자의 동의를 얻지 아니하고 설치된 공장으로부터 반출된 경우에는 저당권자는 점유권이 없기 때문에 설정자로부터 일탈한 저당목적물을 저당권자 자신에게 반환할 것을 청구할 수는 없지만, 저당목적물이 제3자에게 선의취득되지 아니하는 한 원래의 설치 장소에 원상회복할 것을 청구함은 저당권의 성질에 반하지 아니함은 물론 저당권자가 가지는 방해배제권의 당연한 행사에 해당한다(대판 1996.3.22. 95다55184).

㈑ 우선변제의 순위

㈀ 토지나 건물과 그 부합물

공장 근저당권의 목적인 토지나 건물에 설정된 일반 근저당권과 공장 근저당권간 또는 공장 근저당권 상호간의 우선순위는 그 설정등기의 선후에 의하여 결정된다. 또한 토지나 건물에 부합된 물건에 대하여도 그 설정등기의 선후에 의하여 그 우선순위가 결정된다.

(ㄴ) 토지나 건물에 설치된 기계·기구 그 밖의 공장 공용물

기계·기구 그 밖의 공장 공용물의 목록을 제출하여 등기한 근저당권과 그렇지 않은 근저당권 사이에서는, 목록을 제출하여 등기한 근저당권이 우선함에 대하여는 이론이 없다. 그러나 기계·기구 그 밖의 공장 공용물의 목록을 제출하여 등기한 근저당권 사이의 당해 기계·기구 그 밖의 공장 공용물에 대한 우선순위에 관하여는, 목록제출에 따른 등기의 선후에 불구하고 토지나 건물에 대한 근저당권설정등기의 선후에 의하여 그 우선순위를 정해야 한다는 견해와 토지나 건물에 대한 근저당권설정등기의 선후에 불구하고 목록제출에 따른 등기의 선후에 의하여 그 우선순위를 정해야 한다는 견해가 대립되어 있다. 예컨대 공장 토지와 그에 설치된 기계·기구 a b에 S가 제1순위 공장 근저당권을 설정하고, K가 다시 공장토지와 그에 설치된 기계·기구 a b c d에 제2순위 공장 근저당권을 설정한 후, S가 제1순위 공장 근저당권에 기계·기구 c d를 목록 추가한 경우, 전자의 견해에 의하면 기계·기구 a b c d 모두에 대하여 S가 1순위가 되나, 후자의 견해에 의하면 기계·기구 c d에 대하여는 K가 1순위가 된다.

전자의 견해는 그 논거로서 첫째 공장 근저당권에 있어서의 기계·기구 그 밖의 공장 공용물의 목록기재는 제3자에 대한 대항요건이라는 점, 둘째 공장재단 근저당권의 경우는 그 재단목록의 추가변경등기가 있어도 추가된 물건에 대한 우선변제의 순위를 공장재단 근저당권 자체의 순위에 따르도록 되어 있는데, 이러한 공장재단목록의 변경등기에 관한 공장 및 광업재단저당법 제42조 이하의 규정이 공장 근저당권의 기계·기구 그 밖의 공장 공용물의 목록변경에도 준용되므로(공광저 6②) 그 추가 기계·기구 그 밖의 공장 공용물에 대한 우선변제의 순위도 공장재단 근저당권의 경우와 동일하게 취급하여야 한다는 점, 셋째 부동산등기법 제6조 제1항은 「부기등기는 주등기의 순위에 의한다. 그러나 부기등기 상호간의 순위는 그 전후에 의한다」고 규정하고 있는데, 공장 근저당권에 있어서의 기계·기구 그 밖의 공장 공용물의 목록 추가는 변경등기라는 부기등기의 형식에 의하게 되므로 기계·기구 그 밖의 공장 공용물의 목록추가에 따른 변경등기가 있어도 그 기계·기구 그 밖의 공장 공용물에 대한 우선변제의 순위는 주등기인 공장 근저당권 자체의 순위에 의하여야 한다는 점을 들고 있다.

그러나 법원의 배당실무는 후자의 견해에 따라 처리하고 있으며 이론적으로

도 전자의 견해는 다음과 같은 점에서 타당성이 없어 후자의 견해가 타당하다고 본다. 즉 전자의 견해 중 첫째는 대법원이 공장 근저당권에 있어서의 기계·기구 그 밖의 공장 공용물의 목록제출과 등기를 공장 근저당권의 효력발생요건으로 보는 것과 맞지 않을 뿐만 아니라, 대항요건주의를 따른다고 하더라도 목록제출을 하지 않았거나 늦게 한 자는 목록제출을 했거나 먼저 한 자에게 대항할 수 없다고 보아야 할 것이므로 타당성이 없다. 다음에 공장 및 광업재단저당법 제6조 제2항에 의하여 준용되는 동법 제42조 이하의 규정은 기계·기구 그 밖의 공장 공용물의 목록변경절차에 관한 것일 뿐 그 우선변제의 순위에 관한 것이 아니므로, 공장 근저당권에 있어서의 목록 추가한 기계·기구 그 밖의 공장 공용물의 우선변제순위를 반드시 공장재단 근저당권의 경우와 동일하게 볼 것이 아니고, 또한 공장재단 근저당권의 경우는 재단의 구성목록이 표제부에 기재되는 사항으로서 여러 개의 근저당권이 있어도 재단목록은 하나뿐이어서 전체 목록을 대상으로 하여 그 우선변제의 순위가 정하여질 수밖에 없으나, 공장 근저당권의 경우는 그 기계·기구 그 밖의 공장 공용물의 목록이 을구에 기재되는 사항으로서 근저당권의 설정 수에 상응하는 여러 개의 목록이 존재하고 또 그 목록의 변경도 별개로 이루어지므로, 이를 실효성 있게 하려면 그 우선순위도 당연히 각 기계·기구 그 밖의 공장 공용물마다 별개로 정하여지는 것으로 보아야 하며, 따라서 전자의 견해에 있어서의 둘째 논거도 타당성이 없다. 마지막으로 하나의 공장에 여러 순위의 일반근저당권 및 공장저당권이 설정되고 그 후 기계·기구 그 밖의 공장 공용물의 목록을 제출하여 일반 근저당권을 공장 근저당권으로 변경하거나 또는 공장 근저당권에 기계·기구 그 밖의 공장 공용물의 목록을 추가하는 경우 그 기계·기구 그 밖의 공장 공용물에 대한 우선변제의 순위를 정함에 있어서는 후자의 견해처럼 「부기등기의 순위는 주등기의 순위에 의한다」는 부동산등기법 제6조 제1항 본문의 규정을 적용하여, 주등기인 토지나 건물에 대한 근저당권을 설정한 순서에 의할 것이 아니고, 「부기등기 상호간의 순위는 그 전후에 의한다」는 동항 단서의 규정을 적용하여 기계·기구 그 밖의 공장 공용물의 목록 기재등기 또는 목록 추가등기의 순서에 의하여야 할 것으로 본다. 왜냐하면 부동산등기법 제6조 제1항 단서의 규정은, 예컨대 전세권을 대상으로 한 근저당권의 설정에서와 같이 부기등기의 형식으로 새로운 물권을 설정하는 경우, 그 부기등기에 의한 각 권리자간의 우선순위를 정하기 위한 것으로 볼 수 있는데, 공장 근저당권에 있어서의 기계·기구 그 밖의 공장 공용물의 목록에 관한 부기등기도 그 실질상은 기계·기구 그 밖의 공장 공용물을 대상으로 한 새로운 근저당권의 설정으로 볼 수 있을 것이기 때문이다. 그리고 이와 같이 기계·기구 그 밖의 공장 공용물의 목록에 관한 부기등기를 그 기계·기구 그 밖의 공장 공용물을 대상으로 한 새로운 근저당권의 설정으로 볼 수 있는 것은 기계·기구 그 밖의 공장 공용물의 목록기재를 공장 근저당권의 효력발생요건으로 보는 경우에는 더욱 명백해진다. 따라서 전자의 견해의 셋째 논거도 타당성이 없다.

판례 8-6

공동근저당에 관한 규정의 공장근저당에의 준용

민법 제368조 제1항은 동일한 채권의 담보로 수 개의 부동산에 저당권을 설정한 경우에 그 부동산의 경매대가를 동시에 배당하는 때에는 각 부동산의 경매대가에 비례하여 채권의 분담을 정하도록 규정하고 있는바, 위 조항은 저당목적물이 수 개의 부동산인 경우 만이 아니라 공장저당법에 의한 저당권의 목적물인 토지와 건물 및 거기에 설치된 기계·기구의 경매대가를 동시에 배당하는 경우에도 적용 및 준용되고, 이러한 법리는 선순위 근저당권자가 토지에 대한 단독 근저당권을 취득한 시점과 그 단독 근저당권을 공장저당법에 의하여 공장에 속하는 동일한 토지와 그 지상의 건물 및 기계·기구에 대한 공동근저당권으로 변경하여 취득한 시점과의 사이에 후순위 근저당권자가 토지에 대한 근저당권을 취득한 경우에도 마찬가지로 적용 및 준용된다(대판 1998.4.24. 97다51650).

㈒ 경매에 있어서의 특수성

㈀ 압류 등의 효력이 미치는 범위

공장 근저당권의 목적인 토지나 건물에 대한 압류, 가압류 또는 가처분은 공장 및 광업재단저당법 제3조 및 제4조에 따라 근저당권의 목적이 되는 물건에 효력이 미친다(공광저 8①). 공장 및 광업재단저당법 제3조와 제4조의 규정에 의하여 근저당권의 목적이 되는 물건이란 공장에 속하는 토지나 건물에 부합된 물건과 토지나 건물에 설치된 기계·기구 그 밖의 공장 공용물로서 목록제출 하여 등기된 물건을 말한다.

공장근저당의 목적인 토지나 건물에 대하여 압류, 가압류 또는 가처분이 행하여진 경우에, 그 압류 등의 효력은 토지나 건물에 부합된 물건과 토지나 건물에 설치된 기계·기구 그 밖의 공장 공용물에 당연히 미치므로, 특별히 토지나 건물에 부합된 물건과 토지나 건물에 설치된 기계·기구 그 밖의 공장 공용물에 대하여 따로 압류 등을 행할 필요는 없다. 경매개시결정을 하는 경우도 마찬가지이다.

공장에 속하는 토지나 건물을 대상으로 경매개시결정을 할 때에는 토지나 건물에 부합된 물건과 토지나 건물에 설치된 기계·기구 그 밖의 공장 공용물의 목록을 함께 작성한 후 이를 포함하여 하는 것이 보통이다. 그러나 그 목록의 일부가 개시결정에 누락되어 있거나 토지나 건물에 대해서만 경매개시결정을 한 때에도, 그 개시결정에 의한 압류의 효력은 토지나 건물에 부합된 물건과 토지나 건물에 설치된 기계·기구 그 밖의 공장 공용물 전체에 미치므로, 누락된 부분을 대상으로 별도의 경매개시결정을 할 것을 요하지 않고 경매법원이 이를 함께 평가하여 경매하는 것으로 충분하다.

판례 8-7

공장 근저당권의 목적인 토지 또는 건물에 대한 압류의 효력

공장저당법 제4조, 제5조(공광저 3, 4)는 공장에 속하는 토지 또는 건물에 설정한 저당권의 효력은 그 토지 또는 건물에 설치된 기계·기구 기타의 공장공용물에 미치고, 같은 법 제10조 제1항(공광저 8①)은 공장저당권의 목적인 토지 또는 건물에 대한 압류의 효력이 공장공용물에 미친다고 하여 집행의 불가분성을 규정하고 있으므로, 법원의 경매절차에서 공장저당권의 목적인 토지 또는 건물에 대한 경매개시결정이 내려져 위 토지 또는 건물이 압류된 경우에는 특별한 사정이 없는 한 공장저당권의 목적인 토지 또는 건물과 함께 그 공장공용물도 법률상 당연히 일괄경매 되어 경락허가결정도 일괄하여 이루어지는 것이고, 경매법원이 경매개시결정에서 공장공용물을 경매목적물로 명시하지 아니하거나 경매목적물의 감정평가와 물건명세서에서 이를 누락하였다고 하여도 이를 달리 볼 것은 아니라 할 것이며, 경매법원이 경락허가결정에서 그 목적물을 표시함에 있어 공장공용물을 누락하였다고 하더라도 특별한 사정이 없는 한 이는 오기 기타 이에 유사한 오류가 있음에 불과한 것으로서 경매법원은 이를 보충하는 경정결정을 할 수 있다(대결 2000.4.14. 99마2273).

㈁ 분리하여 하는 압류 등의 금지

공장에 속하는 토지나 건물에 부합된 물건과 토지나 건물에 설치된 기계·기구 그 밖의 공장 공용물로서 공장 근저당권의 목적이 되는 물건은 토지나 건물과 함께하지 아니하면 압류, 가압류 또는 가처분의 목적으로 하지 못한다(공광저 8②).

또한 공장 근저당권의 대상인 토지나 건물을 토지나 건물에 부합된 물건과 토지나 건물에 설치된 기계·기구 그 밖의 공장 공용물로서 공장 근저당권의 목적이 되는 물건과 분리하여 압류, 가압류 또는 가처분의 목적으로 하는 것도 허용되지 않는다. 따라서 공장근저당의 대상인 토지나 건물의 가액만으로 충분히 채권의 변제를 받을 수 있는 공장 근저당권자라 할지라도, 토지나 건물을 토지나 건물에 부합된 물건과 토지나 건물에 설치된 기계·기구 그 밖의 공장 공용물과 분리하여 경매신청하지 못한다.

판례 8-8

공장 근저당권의 효력이 기계·기구에 미치지 아니하는 경우

공장의 토지 또는 건물에 설치된 기계·기구 기타 공장의 공용물은 공장저당법 제7조(공광저 6) 소정의 기계·기구 목록에 기재되어야만 공장저당의 효력이 미치고, 공장저당법 제10조(공광저 8)는 저당권의 효력이 기계·기구 등에 미치는 경우에 그 집행의 불가 분성을 규정하고 있으므로, 공장저당이 설정된 공장의 토지 또는 건물에 대하여 압류 또는 가압류가 된 경우에 있어서도 그 때까지 기계·기구 목록이 전혀 제출된 바가 없다면, 그 압류 및 가압류의 효력이 기계·기구에까지 미친다고 할 수는 없다(대판 1995.6.29. 94다20174).

㈂ 일괄경매

공장에 속하는 토지나 건물과 그 토지나 건물에 부합된 물건과 그 토지에 설치된 기계·기구 그 밖의 공장 공용물은 일체로 담보가치가 파악된 것이므로, 이것이 경매에 붙여진 경우에는 이를 일괄하여 경매하여야 한다. 일체로서 경매되는 것이 사회경제적으로 바람직하고 근저당권자 및 그 설정자에게도 유익하기 때문이다. 그 결과 공장에 속하는 토지나 건물과 그 토지나 건물에 부합된 물건과 그 토지나 건물에 설치된 기계·기구 그 밖의 공장 공용물은 일괄하여 최저매각가격이 정하여져야 하고, 매수가격도 일괄한 신고가 있어야 하며 또 매각허가결정의 선고도 일괄하여 하여야 한다.

판례 8-9

토지나 건물과 그에 설치된 기계·기구의 일괄경매

(1) 공장근저당(공장재단근저당이 아닌 협의의 공장근저당)의 목적물이 된 토지 또는 건물과 그에 설치된 기계·기구 등은 이를 일체로 하여서만 경매를 할 수 있다(대결 1969.12.9. 69마920).

(2) 토지, 건물에 대한 보통근저당권이 설정되어 있고 토지, 건물 위에 공장근저당법 제7조(공광저 6조)에 의한 공장 근저당권이 설정되어 있을 경우 보통 근저당권자가 토지, 건물에 대한 경매신청을 하면 그 토지, 건물과 더불어 그 기계·기구 등도 같이 경매하여야 한다(대결 1972.6.16. 71마546).

(3) 공장근저당법 제4조, 제5조, 제7조 제1항(공광저 3, 4, 6①)에 의하면, 공장근저당의 목적이 된 토지 또는 건물과 거기에 설치된 기계, 기구 등은 이를 분할하여 경매할 수 없으므로, 그 부동산에 신청근근저당권자 이외의 근근저당권자의 공장근저당이 있을 때에는 경매법원으로서는 그 근근저당권자의 공장근저당의 목적이 된 기계·기구 등도 함께 일괄경매하여야 한다(대결 2003.2.19. 2001마785).

(4) 공장재단 근저당권

가. 서설

공장재단근저당권은 하나 또는 둘 이상의 공장으로 구성된 공장재단을 대상으로 하는 근저당권을 말한다(공광저 10). 공장재단 근저당권의 설정도 공장재단을 대상으로 하는 당사자 간의 근저당권설정 합의와 등기로써 이루어지는 점은 다른 근저당권의 경우와 다르지 않다. 또 그 효력 일반도 다른 근저당권의 경우와 같다. 다만 공장재단 근저당권은 그 대상 목적물이 특별한 절차를 통해서 설정된 공장재단이라는 점에 특수성이 있다. 따라서 이하에서는 이 공장재단의 설정과 관련한 여러 사항에 관하여 알아보기로 한다.

나. 공장재단의 설정목적물

공장재단의 구성물이 될 수 있는 것은 ① 공장에 속하는 토지, 건물, 그 밖의 공작물 ② 기계, 기구, 전봇대, 전선(電線), 배관(配管), 레일, 그 밖의 부속물 ③ 항공기, 선박, 자동차 등 등기나 등록이 가능한 동산 ④ 지상권 및 전세권 ⑤ 임대인이 동의한 경우에는 물건의 임차권 ⑥ 지식재산권이다(공광저 13①).

공장에 속하는 토지란 공장조업에 공용되는 토지를 뜻하는 것으로서, 공장자체의 부지에 한하지 아니하고 예컨대 공장 종업원 기숙사의 부지·원재료의 하치장·시멘트공장인 경우의 원석 또는 석회의 채취지 등과 같이 공장으로부터 멀리 떨어져 있는 토지도 포함한다. 그리고 기계, 기구 등을 공장재단의 구성물로 함에 있어서는 그것이 공장에 속하는 토지나 건물에 부합되거나 설치된 것임을 요하지 않는다. 이 점은 공장 및 광업재단근저당법 제3조가 규정하는 공장토지 근저당권이나 제4조가 규정하는 공장건물 근저당권의 경우와 그 취지를 달리한다. 따라서 예컨대 원료나 제품 등의 운반을 위한 공장용의 선박, 운반차 등도 공장재단의 구성물로 할 수 있다.

공장재단의 구성물이 될 수 있는 것으로 열거하고 있는 공장 및 광업재단근저당법 제13조 제1항의 규정은 한정적인 것으로 해석되고 있다. 따라서 여기에 열거되지 아니한 것 예컨대 채권·전화가입권·상호권·행정청의 면허에 의한 권리 등은, 그것이 공장소유자의 소유에 속하는 경우에도 이를 공장재단의 구성물로 하지 못한다.

다. 공장재단의 설정범위

㈎ 하나 또는 둘 이상의 공장에 대한 설정

여러 개의 공장이 동일한 소유자에게 속하는 경우에 그 소유자는 그가 소유하는 각 공장마다 각각 별개의 공장재단을 설정할 수 있고, 그 여러 개의 공장 중의 일부 또는 전부를 일괄하여 1개의 공장재단을 설정할 수도 있다(공광저 10①제1문). 그리고 여러 개의 공장으로 1개의 공장재단을 설정하는 경우에도 각 공장이 지역적으로 인접하고 있을 필요는 없으며, 예컨대 공장이 서울·부산·대구 등에 흩어져 있더라도 이들로써 1개의 공장재단을 설정할 수 있다.

㈏ 소유자가 다른 여러 개의 공장에 대한 설정

여러 개의 공장이 각각 다른 소유자에게 속하는 경우에도 그 여러 개의 공장으로 1개의 공장재단을 설정할 수 있다(공광저 10①제2문). 예컨대 A가 X공장을 소유하고 B가 Y공장을 소유하는 경우에도, X공장과 Y공장을 한데 묶어 1개의 공장재단을 설정할 수 있는 것이다. 다만 이 경우의 X공장 또는 Y공장은 어느 것이나 공장 및 광업재단근저당법 제2조 제1호가 규정하는 공장에 해당하는 것으로서, 독립한 재단설정의 가능성을 가지고 있을 것이 요구된다. 즉, 필요하다고 인정되는 경우에는 X공장으로서는 X공장재단을 Y공장으로서는 Y공장재단을 설정할 수가 있어야 한다. 따라서 1개의 공장이 부분을 달리하여 2인 이상의 소유에 속하는 경우, 예컨대 공장의 토지는 A의 소유이고 건물, 기계 등은 B의 소유인 것과 같은 경우에는 비록 A와 B가 공동으로 한다 하더라도 그 공장으로 공장재단을 설정할 수 없는 것으로 보아야 한다. 다만 B가 A소유의 토지에 대하여 지상권이나 전세권 또는 임차권을 가지고 있는 경우에는, B가 그 지상권 등과 B소유의 건물, 기계 등으로 1개의 공장재단을 설정하는 것은 가능하다.

㈐ 공장의 일부에 대한 설정

공장재단은 ① 공장에 속하는 토지, 건물, 그 밖의 공작물 ② 기계, 기구, 전봇대, 전선(電線), 배관(配管), 레일, 그 밖의 부속물 ③ 항공기, 선박, 자동차 등 등기나 등록이 가능한 동산 ④ 지상권 및 전세권 ⑤ 임대인이 동의한 경우에는 물건의 임차권 ⑥ 지식재산권 중의 일부로써 구성할 수도 있다(공광저 13①). 다만 여기에서 말하는 일부라는 의미는 위 ① 내지 ⑥의 전부라야만 하는 것이 아니고, 그 중 일부만을 선택하여 공장재단을 구성할 수 있다고 하는 소위 공장재단의 구성물에 관한 선택주의를 표명한 것일 뿐, 1개의 공장에 속하는 위 ① 내지 ⑥의 일부만으로 공장재단을 설정한 후 잔여 부분으로 새로이 별개의 공장재단을 설정할 수 있다는 것은 아님에 주의를 요한다. 즉 1개의 공장을 구분하여 2개의 공장재단을 설정할 수는 없는 것이다.

공장의 일부인 기계, 기구만을 구성물로 하는 공장재단은 설정할 수 없는 것으로 본다. 공장 및 광업재단근저당법 제10조에서 규정하는 1개의 공장이란 최소한의 기업적 기능을 수행할 수 있는 객관적인 설비를 갖추고 있는 것으로서 장소적인 관념이 수반되어야 하기 때문이다. 또한 공장에 속하는 여러 개의 토지 또는 건물만이나 여러 개의 토지와 건물만으로써 공장재단을 설정할 수 있고 기계, 기구를 반드시 공장재단의 구성물로 포함시켜야 하는 것은 아니나, 1필의 토지 또는 1개의 건물만으로써 공장재단을 설정할 수는 없다고 본다.

라. 공장재단의 설정요건

앞에서 설명한 공장재단의 설정범위에 해당한다 하더라도 그것을 실제로 공장재단의 구성물로 하기 위하여서는 다시 다음의 요건을 구비하여야 한다.

첫째, 공장에 속하는 토지나 건물로서 미등기된 것이 있으면 공장재단을 설정하기 전에 그 토지나 건물의 소유권보존등기를 하여야 한다(공광저 13②).

둘째, 공장재단의 구성물은 타인의 권리의 목적인 물건이거나 압류, 가압류 또는 가처분의 목적인 물건이 아니어야 한다(공광저 13③). 그러나 등기나 등록을 권리관계의 공시방법으로 하지 않는 일반 동산이나 등기나 등록을 권리관계의 공시방법으로 하는 물건으로서, 공장재단의 소유권보존등기신청 당시에 타인의 권리나 압류, 가압류 또는 가처분의 등기나 등록이 되어 있지 않은 것은, 그 권리자나 압류·가압류 또는 가처분권자가 등기관이 관보에 공고한 소정의 권리신고기간내에 권리신고를 하지 않으면, 그 권리가 존재하지 아니하는 것으로 보게 되고 또한 압류·가압류 또는 가처분은 그 효력을 상실하게 된다(공광저 33①③). 따라서 타인의 권리의 목적인 물건이나 압류, 가압류 또는 가처분의 목적인 물건이라도 소정의 권리신고기간내에 권리신고를 하지 않아 그 권리가 존재하지 아니한 것으로 보게 되거나 압류·가압류 또는 가처분의 효력이 상실된 경우에는 공장재단의 구성물로 할 수 있다.

셋째, 공장재단의 구성물은 동시에 다른 공장재단에 속하게 하지 못한다(공광저 10②). 그런데 어떤 물건 또는 권리가 다른 공장재단에 속하고 있는지의 여부는, 그것이 등기 또는 등록되어 있는 것이면 공장 및 광업재단근저당법 제35조의 규정에 의하여, 등기부 또는 등록원부에 공장재단에 속하였다는 취지의 기재가 되어 있을 것이므로 등기관이 그 사실을 알 수 있겠지만, 등기 또는 등록이 되지 아니한 것에 관하여는 공장 및 광업재단근저당법 제33조 제1항의 규정에 의한 공고기간 내에 권리의 신고가 있어야만 비로소 등기관이 이를 알 수 있게 될 것이므로, 이러한 것에 관하여도 공장 및 광업재단근저당법 제33조 제3항의 규정을 적용하여 그 신고가 없으면 공장재단의 구성물로 할 수 있다는 결과가 된다.

마. 공장재단의 설정절차

(가) 소유권보존등기의 신청

공장재단은 공장재단등기부에 소유권보존등기를 함으로써 설정한다(공광저 11①). 따라서 공장재단은 그 소유권보존등기가 있어야 설정되고, 그 설정절차는 결국 소유권보존등기를 하기 위한 절차라고 할 수 있다. 공장재단의 소유권보존등기는 공장소유자의 신청에 의하여 행하여진다. 그리고 여러 개의 공장으로 1개의 공장재단을 설정하는 경우에, 그 여러 개의 공장이 각각 다른 소유자에게 속하는 때에는, 그 각각 다른 소유자 전원의 신청을 필요로 한다.

공장재단의 소유권보존등기신청서에는 부동산등기법 제48조에서 규정하는 일반등기사항 이외에 ① 공장의 명칭 ② 공장의 위치 ③ 주된 영업소 ④ 영업의 종류 ⑤ 공장 소유자의 성명 또는 명칭. 2개 이상의 공장으로 재단을 구성하는 경우로서 각 공장의 소유자가 다른 경우에만 해당한다. ⑥ 공장재단목록의 번호 ⑦ 공장도면의 번호를 적어야 한다(공광저 30, 51). 특히 공장재단목록은 공장재단을 구성하는 물건 또는 권리의 표시를 기재한 것으로서, 공장재단이 어떠한 것들로 구성되는 것인가를 명확히 하기 위하여 작성되는 것인데 공장재단의 소유권보존등기가 완료됨으로써 공장재단이 성립한 때에는 그 목록은 등기부의 일부로 보고 기록된 내용은 등기된 것으로 본다(공광저 36).

공장재단의 관할등기소는 공장 소재지의 지방법원, 그 지원 또는 등기소(이하 "등기소"라 한다)이다(공광저 25①). 공장이 여러 개의 등기소의 관할 구역에 걸쳐 있거나 공장재단을 구성하는 여러 개의 공장이 여러 개의 등기소의 관할 구역에 있는 경우에는 신청을 받아 그 각 등기소를 관할하는 바로 위의 상급법원의 장이 관할 등기소를 지정한다(공광저 25②).

(나) 소유권보존등기실행전의 절차

(ㄱ) 등기신청이 있다는 취지의 공시

공장재단에 관한 소유권보존등기 신청을 받으면 그 공장재단의 구성물로 예정된 것으로서 등기가 된 것에 관하여 등기관은 직권으로 그 등기기록 중 해당 구에 공장재단에 속하게 될 것으로서 그 재단에 관하여 소유권보존등기가 신청되었다는 사실, 신청서의 접수연월일과 접수번호를 기록하여야 한다(공광저 32①).

공장재단에 속하게 될 것으로서 등기되어 있는 것이 그 공장재단의 관할등기소가 아닌 다른 등기소의 관할에 속하는 때에는, 공장재단의 관할등기소의 등기관은 관계등기부에 기록하여야 할 사항을 지체 없이 그 다른 등기소에 통지하여야 하고, 이 통지를 받은 등기소는 관계등기부에 통지받은 사항을 기록한 후 그 등기사항증명서를 공장재단의 관할등기소에 송부하여야 한다(공광저 32②③). 또한 위와 같은 절차는 지식재산권이 공장재단에 속하게 되는 경우에도 준용된다. 다만 이 경우의 통지는 이를 특허청에 하여야 한다(공광저 32④).

㈏ 이해관계인에 대한 공고

공장재단의 소유권보존등기 신청을 받으면 등기관은 공장재단에 속하게 될 동산에 관하여 권리를 가지는 자 또는 압류·가압류나 가처분의 채권자는 일정 기간 내에 그 권리를 신고하라는 공고[477]를 관보에 하여야 한다. 이 경우 권리신고 기간은 1개월 이상 3개월 이하로 하여야 한다(공광저 33①).

위 권리신고 기간 내에 권리의 신고가 없으면 그 권리는 존재하지 아니하는 것으로 보고, 압류, 가압류 또는 가처분은 그 효력을 상실한다. 다만, 소유권보존등기 신청이 각하되거나[478][479] 소유권보존등기가 효력을 상실한 경우에는 그러하지 아니하다(공광저 33③).

---

477) 공장재단의 소유권보존등기 신청이 권리신고 기간이 끝나기 전에 각하되면 등기관은 이 공고를 지체 없이 취소하여야 한다(공광저 33②).

478) 부동산등기법 제29조에 규정된 경우 이외에 다음 중의 어느 하나에 해당하는 경우 등기관은 공장재단의 소유권보존등기 신청을 각하하여야 한다(공광저 34①).

1. 등기기록 또는 그 등기사항증명서나 등록에 관한 원부의 등본에 의하여 공장재단에 속하게 될 것이 타인의 권리의 목적이거나 압류, 가압류 또는 가처분의 목적인 것이 명백한 경우
2. 공장재단 목록 기록 내용이 등기기록 또는 그 등기사항증명서나 등록에 관한 원부의 등본과 일치하지 아니하는 경우
3. 공장재단에 속하게 될 동산에 대하여 권리를 가지는 자 또는 압류, 가압류나 가처분의 채권자가 그 권리를 신고한 경우에 제33조제1항의 권리신고 기간이 끝난 후 1주 내에 권리신고가 취소되지 아니하거나 그 권리신고가 이유 없다는 사실이 증명되지 아니할 경우

479) 소유권보존등기 신청을 각하한 경우 등기관은 등기된 공장재단의 구성물에 되어 있는 등기신청이 있다는 취지의 공시(공광저 32①)를 말소하여야 한다(공광저 34②). 또한 이 경우 다른 등기소나 특허청에 소유권보존등기가 신청되었다는 사실을 통지한 등기소는 그 신청을 각하한 사실을 지체 없이 통지하여야 하고, 이 통지를 받은 등기소나 특허청은 등기신청이 있다는 취지의 기록(공광저 32③④)을 말소하여야 한다(공광저 34③④).

위 권리신고기간 내에 권리가 있음을 신고한 자가 있으면 등기관은 그 사실을 소유권보존등기 신청인에게 통지하여야 한다(공광저 33④). 이 경우 소유권보존등기 신청인이 권리신고 기간이 끝난 후 1주 내에 권리신고가 취소되었다거나 그 권리신고가 이유 없다는 사실을 증명하지 아니하면 공장재단의 소유권보존등기신청은 각하된다(공광저 34①iii).

㈐ 소유권보존등기의 실행

공장재단의 소유권보존등기는 그 신청에 관하여 공장 및 광업재단근저당법 제34조에 규정하는 각하사유가 존재하지 아니하여야 실행된다. 즉 공장재단의 소유권보존등기신청에 각하사유가 없는 경우 그 소유권보존등기는 소정의 권리신고기간 내에 권리신고가 없으면 그 시점에서 실행되고, 권리신고가 있으면 그 신청인이 그 권리신고 기간이 끝난 후 1주일 내에 권리신고가 취소되었다거나 그 권리신고가 이유 없다는 사실을 증명한 때에 실행된다.

등기관은 공장재단에 관하여 소유권보존등기를 하면 그 공장재단 구성물의 등기기록 중 해당 구에 공장재단에 속한다는 사실을 기록해야 한다(공광저 35①). 이 경우 기록하여야 할 사항이 다른 등기소의 관할에 속할 때에는 지체 없이 그 등기소에 그 사항을 통지하여야 하고(공광저 35②, 32②), 이 통지를 받은 등기소는 관계등기부에 통지받은 사항을 기록한 후 그 등기사항증명서를 통지한 등기소에 송부하여야 한다(공광저 35②, 32③). 또한 위와 같은 절차는 지식재산권이 공장재단에 속하게 되는 경우에도 준용된다. 다만 이 경우의 통지는 이를 특허청에 하여야 한다(공광저 35②, 32④).

바. 공장재단의 설정효과

㈎ 공장재단 구성 예정물의 양도 등 금지

㈀ 등기 또는 등록되어 있는 공장재단 구성 예정물

등기 또는 등록되어 있는 것으로서 공장재단의 구성물로 예정된 것은 그 등기부나 등록부에 공장재단의 구성물로서 소유권보존등기 신청 사실이 기록된(공광저 32①) 후에는 양도하거나 소유권 외의 권리의 목적으로 하지 못한다(공광저 15①).

그리고 등기 또는 등록되어 있는 것으로서 공장재단의 구성물로 예정된 것은 그 등기부나 등록부에 공장재단의 구성물로서 소유권보존등기 신청 사실이 기록된(공광저 32①) 후에는 공장재단의 소유권보존등기 신청이 각하되지 아니하는 동안과 그 소유권보존등기가 효력을 상실하지 아니하는 동안은 매각허가결정을 하지 못하며(공광저 16①), 만일 소유권보존등기 신청 사실이 기록된 후에 한 압류, 가압류 또는 가처분의 등기는 공장재단의 근저당권설정등기가 있으면 효력을 상실하고(공광저 17①), 이에 따라 압류, 가압류 또는 가처분의 등기가 효력을 상실하면 법원은 이해관계인의 신청을 받거나 직권으로 그 압류, 가압류 또는 가처분 명령을 취소하여야 한다(공광저 17②).

(ㄴ) 동산인 공장재단 구성 예정물

공장재단의 구성물로 예정된 동산은 소유권보존등기 신청을 받은 등기관이, 그 동산에 관하여 권리를 가지는 자에 대하여 1개월 이상 3개월 이하로 정한 권리신고기간 내에 신고하라는 공고를 한 후에는 양도하지 못하며 소유권 외의 권리의 목적으로 하지 못한다(공광저 15②).

그리고 공장재단의 구성물로 예정된 동산에 대하여 권리신고의 공고가 된 후에 그 동산이 압류된 경우에는 공장재단의 소유권보존등기 신청이 각하되지 아니하는 동안과 그 소유권보존등기가 효력을 상실하지 아니하는 동안은 매각허가결정을 하지 못하며(공광저 16②), 만일 권리신고의 공고가 된 후에 한 압류, 가압류 또는 가처분은 공장재단의 근저당권설정등기가 있으면 효력을 잃는다(공광저 17③).

(나) 공장재단구성물의 양도 등 금지

공장재단의 소유권보존등기가 있는 경우 공장재단 목록은 등기부의 일부로 보고 기록된 내용은 등기된 것으로 본다(공광저 36). 공장재단의 구성물은 공장재단과 분리하여 양도하거나 소유권 외의 권리, 압류, 가압류 또는 가처분의 목적으로 하지 못한다. 다만, 근저당권자가 동의한 경우에는 임대차의 목적물로 할 수 있다(공광저 14).

그런데 등기나 등록의 제도가 없는 동산의 경우는 제3자가 어떤 동산이 공장재단의 구성물이 된 사실을 과실 없이 알지 못하고 평온·공연하게 그 동산을 매수하거나 질권 취득하는 경우가 생길 수 있는데 이 경우 제3자에게 선의취득을 인정할 수 있는지 문제로 된다. 이에 관하여는 공장 및 광업재단근저당법공장근저당법에 아무런 규정이 없으나 현실의 점유자를 권리자로 추정하여 거래할 수밖에 없는 동산 거래의 특성상 거래의 안전을 위하여 긍정하는 것이 타당하다고 본다.

㈐ 독립한 1개의 부동산으로 취급

소유권보존등기에 의하여 성립된 공장재단은 독립한 1개의 부동산으로 간주된다(공광저 12①). 공장재단이 이와 같이 1개의 부동산으로 간주되는 것은 다른 법령의 적용에 있어서 중요한 의미를 가진다. 즉, 1개의 부동산으로 간주되기 때문에 민법 기타의 실체법은 물론 민사집행법 등의 절차법에 있어서의 부동산에 관한 규정은, 그 성질에 반하지 않는 한 공장재단에 대하여도 그대로 적용된다.

공장재단은 부동산으로 간주되지만 소유권과 근저당권의 목적으로 할 수 있을 뿐이고, 그 이외의 민사상 규정된 부동산물권의 대상으로 하는 것은 허용되지 않는다(공광저 12②본). 다만 근저당권자의 동의를 얻은 경우에는 임대차의 목적물로 할 수 있다(공광저 12②단). 그리고 여기에서 소유권과 근저당권 이외의 권리에는 이른바 처분의 제한은 포함되지 않으므로 공장재단을 압류, 가압류 또는 가처분의 목적으로 하는 것은 금지되지 아니한다.

공장재단의 소유권보존등기의 효력은 소유권보존등기를 한 날부터 10개월 내에 근저당권설정등기를 하지 아니하면 상실된다(공광저 11②).

사. 공장재단의 변동

㈎ 공장재단의 분할

공장재단의 분할이란 1개의 공장재단을 나누어서 그 나누어진 각 부분을 별개의 공장재단으로 하는 것을 말한다. 공장 소유자는 여러 개의 공장에 설정한 1개의 공장재단을 분할하여 여러 개의 공장재단으로 할 수 있다(공광저 18①본). 공장재단의 분할은 등기함으로써 효력이 생긴다(공광저 18③).

근저당권의 목적인 공장재단은 그 근저당권자가 동의한 경우에만 분할할 수 있다(공광저 18①단). 따라서 이미 근저당권의 목적이 된 공장재단의 분할등기를 신청하는 경우에는 분할 후 근저당권이 소멸하는 공장재단을 표시하고 그 분할에 근저당권자가 동의하였음을 증명하는 서면을 첨부하여야 한다(공광저 37②). 근저당권이 설정된 공장재단을 분할하여 그 일부를 다른 공장재단으로 하는 경우 그 다른 공장재단에 관하여는 근저당권이 소멸한다(공광저 19①).

㈏ 공장재단의 합병

공장재단의 합병이란 여러 개의 공장재단을 합해서 1개의 공장재단으로 하는 것을 말한다. 공장 소유자는 여러 개의 공장재단을 합병하여 하나의 공장재단으로 할 수 있다(공광저 18②본).

그러나 ① 합병하려는 공장재단의 등기기록에 소유권등기와 근저당권등기 외의 등기가 있는 경우나 ② 합병하려는 여러 개의 공장재단 중 둘 이상의 공장재단에 이미 근저당권이 설정되어 있는 경우에는 하나의 공장재단으로 할 수 없다(공광저 18②단). 공장재단의 합병은 등기함으로써 효력이 생긴다(공광저 18③).

㈐ 공장재단 구성물의 분리

공장 소유자가 근저당권자의 동의를 받아 공장재단의 구성물을 공장재단에서 분리한 경우 그 분리된 구성물에 관하여는 근저당권이 소멸한다(공광저 20①).

공장 소유자가 공장재단의 구성물에 대한 압류, 가압류 또는 가처분이 있기 전에 근저당권자의 이익을 위하여 정당한 사유를 들어 공장재단의 구성물을 공장재단에서 분리하는 것에 대한 동의를 요구하면 근저당권자는 그 동의를 거절하지 못한다(공광저 20②, 9③).

㈑ 공장재단목록의 변경

공장재단 목록에 기록한 사항이 변경되면 소유자는 지체 없이 공장재단 목록의 변경등기를 신청하여야 한다(공광저 42①). 공장재단 목록의 변경등기 신청서에는 근저당권 설정에 관한 동의서 또는 이를 대신할 재판의 등본을 첨부하여야 한다(공광저 42②).

아. 공장재단의 소멸

공장재단을 목적으로 설정된 근저당권이 소멸하면 소유자는 공장재단의 소멸등기를 신청할 수 있다. 다만, 그 공장재단의 등기기록에 소유권등기 외의 등기가 있는 경우에는 그러하지 아니하다(공광저 48). 이 공장재단의 소멸등기신청에 따른 소멸등기가 있으면 공장재단은 소멸한다(공광저 21ii). 또한 공장재단은 공장재단에 설정된 근저당권이 소멸한 후 10개월 내에 새로운 근저당권을 설정하지 아니한 경우에도 소멸한다(공광저 21 i).

3. 광업재단 근저당권

(1) 광업재단의 설정목적물

광업재단이란 광업권과 광업권에 기하여 광물을 채굴·취득하기 위한 각종 설비 및 이에 부속하는 사업의 설비로 구성되는 일단의 기업재산으로서 공장 및 광업재단근저당법에 따라 소유권과 근저당권의 목적이 되는 것을 말한다(공광저 2iii).

광업권자는 광업재단을 설정하여 근저당권의 목적으로 할 수 있다(공광저 52). 즉 광업재단은 광업권자만이 설정할 수 있다. 광업재단은 광업권과 ① 토지, 건물, 그 밖의 공작물 ② 기계, 기구, 그 밖의 부속물 ③ 항공기, 선박, 자동차 등 등기 또는 등록이 가능한 동산 ④ 지상권이나 그 밖의 토지사용권 ⑤ 임대인이 동의하는 경우에는 물건의 임차권 ⑥ 지식재산권으로서 그 광업에 관하여 동일한 광업권자에 속하는 것의 전부 또는 일부로 구성할 수 있다(공광저 53).

(2) 광업재단의 설정범위 등

광업재단의 설정범위, 설정요건, 설정절차, 설정효과 및 변동과 소멸에 관하여는 공장 및 광업재단근저당법 제2장의 공장재단에 관한 규정이 준용된다. 이 경우 공장재단은 광업재단으로 본다(공광저 54). 따라서 광업재단을 담보로 취득하는 방법은 앞에서 설명한 공장재단을 담보로 취득하는 경우와 대체로 동일하다.

(3) 근저당권자 보호를 위한 특칙

가. 규정취지

광업재단의 경우는 공장재단의 경우와는 달리 광업권을 재단구성의 필수요소로 하는 결과, 광업재단에 속하는 광업권이 소멸하는 때에는 광업재단을 유지할 수 없게 되어 광업재단 근저당권자에게 크게 불이익하게 된다. 여기에서 공장 및 광업재단근저당법은 광업권이 취소되거나 광업권자가 폐업을 함으로써 광업권이 소멸하는 경우의 근저당권자를 보호하기 위하여 근저당권의 실행에 관한 다음과 같은 특칙을 두고 있다.

나. 근저당권의 실행을 위한 특칙

공장 및 광업재단근저당법은 산업통상자원부장관이 광업법에 따른 광업권 취소의 등록을 하거나 광업권자가 광업을 폐업한 경우의 광업재단 근저당권자의 보호를 위하여 다음과 같은 특칙을 규정하고 있는데 그 내용은 다음과 같다.

광업권 취소의 등록이나 광업의 폐업이 있으면 산업통상자원부장관은 이를 지체 없이 근저당권자에게 통지하여야 한다(공광저 55①, 56). 근저당권자는 이 통지를 받으면 즉시 그 권리를 실행할 수 있다. 다만 그 근저당권실행의 절차는 통지를 받은 날부터 6개월 내에 밟아야 한다(공광저 55②, 56). 이 경우 광업재단 근저당권은 근저당권자가 ① 근저당권실행의 절차를 밟지 않은 때에는 광업권 취소 등록이나 광업 폐업의 통지를 받은 날부터 6개월이 지날 때까지 ② 근저당권실행의 절차를 밟은 때에는 근저당권의 실행이 끝날 때까지 근저당권 실행의 목적 범위에서 존속하는 것으로 간주된다(공광저 55③, 56). 그리고 광업재단 근저당권의 실행에 따라 매수인이 취득한 광업권은 광업권 취소 등록일에 취득한 것으로 간주된다(공광저 55④, 56). 그러나 이상의 광업재단 근저당권자의 보호에 관한 내용은 광업법 제34조에 따른 공익상의 이유에 따라 광업권이 취소된 경우에는 적용되지 않는다(공광저 55⑤).

다. 미 설립법인의 경매참가에 관한 특칙

광업재단근저당법은 아직 설립되지 아니한 법인의 경매참가제도를 인정하여 일정한 요건 하에 경매목적물인 광업재단의 소유권이 그 매수인에 의하여 설립된 법인 앞으로 직접 이전되도록 하고 있다. 이는 광업재단 근저당권의 실행으로 인하여 경매에 붙여진 광업권을 목적으로 하여 법인을 설립하고자 하는 경우에, 통상의 방법에 의하면 우선 그 자가 당해 경매절차에서 매수인이 되어 경매 목적물인 광업재단의 소유권을 취득한 후 그것을 설립하고자 하는 법인에 현물출자 하든가 또는 설립된 법인이 후일 그 자로부터 광업재단을 양수해야 하는 불편을 제거하여 광업재단의 경매를 원활하게 함으로써 광업재단 근저당권자를 보호하려는 것으로 그 내용을 보면 다음과 같다.

경매의 목적이 된 광업권을 목적으로 하여 대한민국의 법률에 따라 법인을 설립하려는 자가 그 경매에 참가하는 경우에는 경매신청과 동시에 그 뜻을 집행법원에 신고하여야 하고(공광저 57①), 아울러 그 경매신청에 관하여 연대책임을 진다(공광저 57②). 또한 경매의 목적이 된 광업권을 목적으로 하여 대한민국의 법률에 따라 법인을 설립하려는 자가 경매에 참가하여 경매로 광업재단을 매수한 자(이하 "매수인"이라 한다)는 매각허가결정이 확정된 날부터 3개월 내에 법인을 설립하고 이를 집행법원에 신고하여야 한다(공광저 58①).

매수인은 법인 설립일부터 1주 이내에 매각대금을 집행법원에 지급하여야 한다. 다만, 매수인이 채권자인 경우에는 매각대금 중에서 채권액을 공제하고 그 잔액만을 지급한다(공광저 58②). 그리고 매수인이 설립한 법인이 매각대금을 지급한 때에 경매의 목적물인 광업재단의 소유권을 취득한다(공광저 58②). 만일 매수인이 매각허가결정이 확정된 날부터 3개월의 기간 내에 법인설립신고를 하지 아니하거나 법인 설립일부터 1주의 기간 내에 매각대금을 지급하지 아니하면 집행법원은 직권으로 광업재단의 재경매를 명하여야 한다(공광저 59).

Ⅳ. 권리 근저당

1. 권리 근저당의 의의

소유권 이외의 물권을 대상목적물로 하는 근저당권을 권리근저당권 또는 물권근저당권이라고 한다. 현행법상 권리근저당권의 목적물이 되는 것으로는 지상권과 전세권(민 371) 이외에 광업권(광업 3iii~iii의3, 10①), 어업권(수산업 2vii, 16②), 내수면어업권(내수어업 2v, 7②), 유료도로관리권(유도 10①, 11), 댐사용권(댐주지 2iii, 29), 공항시설관리권(공항시 26①③), 항만시설관리권(공항시 24①②) 등이 있다.

이들 물권을 대상으로 하는 근저당권에 대하여는, 이들 권리를 물권으로 인정하는 법률에서 특별히 정하고 있는 경우를 제외하고는, 부동산에 관한 민법 기타의 법률이 준용된다(민 371①, 372, 광업 10①, 수산업 16②, 내수어업 7②, 유도 11, 댐주지 29, 공항시 26③, 항만 24②).

따라서 이들 물권을 대상으로 하는 근저당권의 설정방법과 효력도, 해당 개별 법률이 특별히 정하고 있는 경우를 제외하고는, 앞에서 설명한 부동산을 대상으로 하는 근저당권의 경우와 같다. 이하에서는 이들 물권을 대상으로 하는 근저당권의 특수한 점에 대하여 설명하기로 한다.

2. 전세권

(1) 개설

전세권을 대상으로 하여서도 근저당권을 설정할 수 있다(민 371①). 전세권을 대상으로 하여 설정한 근저당권을 약칭하여 전세권근저당권이라고도 부른다.

전세권을 대상으로 하는 근저당권도 설정당사자가 근저당권설정계약을 체결하고 관할등기소에 근저당권설정등기를 신청하여 그 등기가 이루어짐으로써 설정되는 점은 토지나 건물을 대상으로 하는 근저당권의 경우와 다르지 않다. 그러나 전세권근저당권은 그 대상 목적물이 특정 부동산 자체가 아니라 전세권이라는 제한물권이라는 점에서 토지나 건물을 대상으로 하는 근저당권의 경우와는 여러 면에서 다르다.

특히 전세권근저당권에 있어서 가장 기본적으로 문제가 되는 것은 전세권근저당권의 대상목적물과 그 법적성질을 어떻게 볼 것인가 하는 점이고, 이를 바탕으로 하여 ① 전세권설정자에 대한 전세권근저당권의 효력 ② 전세권근저당권의 실행절차 ③ 전세권근저당권설정 후 전세권을 소멸하게 하는 행위의 효력 ④ 전세권근저당권자에 대한 전세권설정자의 항변 ⑤ 전세부동산의 소유권이 이전된 경우 전세권근저당권자의 지위 ⑥ 부동산 일부 전세권근저당권자의 지위 ⑦ 구분건물을 대상으로 하는 전세권근저당권자의 지위에 관한 법률문제가 제기된다. 이하에서 순차로 설명하기로 한다.

[참고] 전세권근저당권 등기기재(예시)

[을구] (소유권 이외의 권리에 관한 사항)				
순위번호	등기목적	접수	등기원인	권리자 및 기타사항
1	전세권설정	2013년 4월 22일 제○호	2013년 4월 21일 설정계약	전세금 ○○○원 범위 건물 전부 존속기간 2013년 4월 8일부터 2015년 4월 7일까지 전세권자 박을동 (-) 서울 ○구 ○동 ---
1-1	1번 전세권 근저당권설정	2013년 5월 8일 제○호	2013년 5월 8일 설정계약	채권최고액 ○○○원 채무자 박을동 서울 ○구 ○동 --- 근저당권자 강병수 (-) 서울 ○구 ○동 ---

(2) 전세권근저당권의 대상목적물과 법적성질

전세권근저당권의 대상목적물을 무엇으로 볼 것인지에 관하여는 용익물권적권능설과 용익물권적권능과 담보물권적권능 포함설 및 용익물권적권능과 담보물권적권능 및 전세금반환청구권 포함설이 주장되고 있다.

용익물권적권능설은 전세권의 법적성질을 순수한 용익물권으로 보거나 용익물권과 담보물권 겸유로 보더라도 그 본질을 용익물권으로 보는 입장에서 주장한다. 이 견해에 의하면 전세권근저당권의 대상이 되는 것은 전세권의 용익물권적 권능일 뿐이어서 전세권의 존속기간이 만료되면 전세권의 용익물권적 권능이 소멸하므로 전세권근저당권의 대상목적물이 멸실된 것과 같이 되어 전세권근저당권이 소멸하게 된다고 한다.[480] 이에 따라 전세권근저당권의 법적성질에 관하여도 이 견해는 용익물권을 대상으로 하는 담보물권의 성질을 가지는 것으로 본다.

용익물권적권능과 담보물권적권능 포함설은 전세권의 법적성질을 용익물권적 권능과 담보물권적 권능을 동격으로 겸유하는 것으로 보는 입장에서 주로 주장한다. 이 견해에 의하면 전세권근저당권의 대상이 되는 것은 전세권의 용익물권적 권능과 전세금반환채권을 담보하는 담보물권적권능을 모두 포함하므로 전세권의 존속기간이 만료되는 경우 전세권의 용익물권적 권능은 소멸하지만 담보물권적권능은 그대로 유지되고 그 범위에서 전세권근저당권은 소멸하지 아니하고 존속한다고 한다.[481] 이에 따라 전세권근저당권의 법적성질에 관하여 이 견해는 담보권부 채권(즉 전세권이라는 담보물권과 그 전세권에 의하여 담보되는 전세금반환채권)에 대한 권리질권의 성질을 가지는 것으로 본다.

용익물권적권능과 담보물권적권능 및 전세금반환청구권 포함설은 전세권의 법적성질에 관한 용익물권·담보물권 분리설의 입장에서 주장한다. 이 견해는 전세권의 존속기간이 만료되는 경우 전세권의 담보물권적 권능은 물론이고 용익물권적 권능도 소멸하지 않는다고 하는 점에서 용익물권적권능과 담보물권적 권능 포함설과 구분된다. 그리고 전세권근저당권의 법적성질에 관하여 담보권부 채권(즉 전세권이라는 담보물권과 그 전세권에 의하여 담보되는 전세금반환청구권)에 대한 권리질권의 성질을 가지는 것으로 보는 점은 용익물권적권능과 담보물권적권능 포함설과 같지만 전세금반환청구권을 채권적청구권이 아닌 물권적청구권으로 보는 점에서 용익물권적권능과 담보물권적권능 포함설과 구분

480) 오경미 채권담보전세권과... 133면, 이원일 전세권에 대하여... 99면.
481) 남양우 전세권을... 83면, 김창섭 전세권에 대한... 226~227면, 강대성 전세권저당권의... 39면, 추신영 전세권저당권의... 67면, 이상태 전세권저당권자의... 591~593면,

된다.[482]

대법원은 「전세권에 대하여 저당권이 설정된 경우 그 저당권의 목적물은 물권인 전세권 자체이지 전세금반환채권은 그 목적물이 아니고, 전세권의 존속기간이 만료되면 전세권은 소멸하므로 더 이상 전세권 자체에 대하여 저당권을 실행할 수 없게 되고, 이러한 경우에는 민법 제370조, 제342조 및 민사소송법 제733조에 의하여 저당권의 목적물인 전세권에 갈음하여 존속하는 것으로 볼 수 있는 전세금반환채권에 대하여 압류 및 추심명령 또는 전부명령을 받거나 제3자가 전세금반환채권에 대하여 실시한 강제집행절차에서 배당요구를 하는 등의 방법으로 자신의 권리를 행사하여 비로소 전세권설정자에 대해 전세금의 지급을 구할 수 있게 된다」고 판시함으로써[483] 용익물권적권능설을 채택하고 있다.

용익물권적권능설은 용익물권적 권능과 담보물권적 권능을 포함하고 있는 것임에도 용익물권적 권능만 포함하는 것으로 제한적으로 해석할 이유가 없다는 점에서 타당하지 않다. 그리고 용익물권적권능과 담보물권적권능 및 전세금반환청구권 포함설은 전세금반환청구권을 물권적청구권으로 보는 한편 전세권의 용익물권적권능과 담보물권적권능의 분리를 인정하고 있다는 점에서 전세권근저당권자의 지위를 강화하는 장점은 있지만 입법적인 뒷받침이 없는 한 그와 같은 법리가 우리의 법제상 물권법정주의에 반하는 등으로 허용될 수 없는 것이라는 점에서 무리한 해석이라고 할 수 있다. 따라서 용익물권적권능과 담보물권적권능 포함설이 타당하다.

(3) 전세권설정자에 대한 전세권근저당권의 효력

가. 문제의 소재

전세권근저당권의 담보로서의 효용성은 저당목적물인 전세권의 가치가 얼마나 하는 것인지 그리고 전세권근저당권자가 전세권근저당권의 효력을 전세권설정자인 전세대상목적물의 소유자에게도 주장할 수 있는 것인지 여부에 달려 있

482) 오시영 전세권 존속기간... 515~516면, 521~524면, 박순성 전세권에 관한... 111면,
483) 대판 1999.9.17. 98다31301, 대판 2008.12.24. 2008다65396, 대판 2008.3.13. 2006다29372,29389도 같은 취지임.

다. 그런데 이 중 전세권의 가치는 전세권의 대상인 부동산의 가액과 전세권의 순위를 기준으로 전세권근저당권자가 사전에 평가할 수가 있는 것이므로 문제가 되지 않는다.

따라서 문제가 되는 것은 전세권근저당권자가 전세권근저당권의 효력을 전세권설정자인 전세대상목적물의 소유자에게도 주장할 수 있는 것인지 여부이다. 즉 이를 긍정하면 전세권근저당권자로서는 자신의 동의가 없는 한 전세권자에게 전세금이 지급될 수 없으므로 근저당권설정자인 전세권자의 채무이행이 없으면 언제든지 담보권을 실행하여 자신의 채권을 우선변제 받아 채권의 만족을 구할 수 있을 것이지만, 이를 부정하면 전세권의 존속기간이 만료되면 전세권설정자는 언제든지 전세권근저당권자의 동의 없이 전세금을 전세권자에게 반환할 수 있으며, 전세금이 전세권자에게 반환되면 전세권이 소멸하고 그에 따라 그 전세권을 대상으로 하는 근저당권도 소멸하게 됨으로써 채권보전에 커다란 지장이 초래될 수 있기 때문이다.

나. 학설·판례

전세권근저당권자가 전세권근저당권의 효력을 전세권설정자인 대상부동산의 소유자에게도 주장할 수 있는지 여부에 대하여는 전세권과 전세금반환청구권의 법적성질을 어떻게 보는지에 따라 부정설과 채권질권 유추적용설 및 긍정설로 견해가 갈려있다.

부정설은 전세권설정자는 전세금반환청구권에 대한 제3자의 압류 등이 없는 한 전세권자에 대해서만 전세금반환의무를 부담한다고 한다.484) 따라서 이 부정설에 의하면 전세권근저당권자는 전세권자가 전세권설정자에 대하여 가지는 전세금반환청구권에 대하여 별도로 압류 등의 절차를 취하지 않은 이상 전세권설정자가 전세권자에게 전세금을 반환하고 전세권을 소멸시키는 것을 방지할 수 없다는 것이 된다. 전세권의 법적성질을 순수한 용익물권으로 보거나 용익물권과 담보물권 겸유로 보더라도 그 본질을 용익물권으로 보는 견해는 이에 대하여 직접적으로 언급하고 있지는 않으나 부정설의 입장에 있는 것으로 보인다.

---

484) 김동옥 저당권의 목적물로... 689면, 오경미 채권담보전세권과... 140~141면, 이원일 전세권에 대하여... 100면.

이들 견해는 전세권근저당권의 대상이 되는 것은 전세권의 용익물권적 권능일 뿐이고 전세권자가 전세권설정자에 대하여 가지는 전세금반환청구권은 채권적 청구권으로서 전세권근저당권의 대상이 아니라고 보기 때문이다.

부정설에 의하면 전세권근저당권자는 전세권자의 채무불이행이 있어도 전세권설정자인 전세부동산의 소유자에 대하여 전세금을 자신에게 반환하여 줄 것을 청구할 수 없고, 전세권의 존속기간이 만료되지 않은 상태에서는 전세권 자체를 대상으로 경매를 신청하여 그 매각대금으로부터 우선변제를 받는 방법으로, 그리고 전세권의 존속기간이 만료된 상태에서는 전세권자가 전세권설정자에 대하여 가지는 전세금반환청구권에 물상대위권을 행사하는 방법으로 채권을 만족을 구하는 수밖에 없다.

채권질권 유추적용설은 채권질권에 관한 민법 제349조를 전세권근저당권에 유추적용하여 근저당권을 설정한 전세권자가 전세권설정자에게 근저당권설정 사실을 통지하거나 전세권설정자가 이를 승낙하면, 전세권근저당권자는 전세금반환청구권에 대한 압류 및 전부명령 또는 추심명령이 없어도 전세권설정자에 대하여 근저당권을 주장할 수 있으며, 나아가 민법 제353조를 유추적용하여 전세권근저당권자는 전세권설정자에 대하여 전세권자의 추심위임 없이 자기 채권의 한도에서 전세금의 반환을 직접 청구할 수 있고, 만일 전세금반환청구권의 변제기가 전세권근저당권에 의하여 담보되는 채권의 변제기보다 먼저 도래한 때에는 전세권설정자에 대하여 전세금의 공탁을 청구할 수 있다고 한다.[485]

전세권의 법적성질을 용익물권과 담보물권 겸유로 보되 양 성질을 동격으로 보아, 전세권근저당권의 대상이 되는 것은 전세부동산의 사용·수익이라는 용익물권적 권능과 전세금반환청구권이라는 채권적청구권을 담보하는 담보물권적 권능을 모두 포함하는 것으로서, 존속기간의 만료로 소멸하는 것은 용익물권적 권능일 뿐 담보물권적 권능은 여전히 남아 있다고 보는 입장에서 주장한다. 그 논거는 전세권의 법적성질을 용익물권과 담보물권 겸유로 보되 양 성질을 동격으로 보아, 전세권근저당권의 대상이 되는 것은 전세부동산의 사용·수익이라는

485) 남양우 전세권을... 86~87, 이상태 전세권저당권자의... 597~598, 강대성 전세권저당권의... 38~39, 박순성 전세권에 관한... 111~112면, 김창섭 전세권에 대한... 237~238면, 추신영 전세권저당권의... 71면, 이재도 전세권저당권의... 98면.

용익물권적 권능과 전세금반환청구권이라는 채권적청구권을 담보하는 담보물권적 권능을 모두 포함하는 것으로서, 존속기간의 만료로 소멸하는 것은 용익물권적 권능일 뿐 담보물권적 권능은 여전히 남아 있는데 이 경우 담보물권의 실질이 채권질권과 같은 성질을 가지는 것이기 때문이라고 한다.

그러나 전세권의 법적성질을 용익물권과 담보물권 겸유로 보되 양 성질을 동격으로 보면서도 채권질권에 관한 민법 제349조를 전세권근저당권에 유추적용하는 것을 반대하고 부정설이 타당하다고 하는 견해가 있다. 그리고 이 견해는 그 논거로 채권에 불과한 전세금반환채권을 전세권근저당권의 목적물이라고 해석하여 채권질권에 관한 규정을 전세권근저당권에 바로 준용하는 것은 질권의 체계와 근저당권의 체계를 혼동하는 결과를 초래하여 물권법정주의와 부딪치게 되는 더 큰 문제를 갖고 있고 또한 근거 없이 전세권근저당권에 채권질권의 규정을 유추적용하는 것은 해석론만으로는 채택하기 어렵고 입법적 보완이 필요하다는 점을 들고 있다.[486]

긍정설은 채권질권의 대항요건에 관한 민법 제349조(지명채권에 대한 질권의 대항요건)와 제450조(지명채권양도의 대항요건) 및 제451조(승낙, 통지의 효과)를 전세권근저당권에 유추적용할 필요 없이, 즉 근저당권을 설정한 전세권자가 전세권설정자에게 근저당권설정 사실을 통지하거나 전세권설정자가 이를 승낙함이 없이도, 전세권근저당권자는 전세권을 대상으로 근저당권설정등기를 한 자체로 전세권설정자에 대하여 근저당권을 주장할 수 있다고 한다.[487] 이 긍정설은 전세권의 법적성질을 용익물권·담보물권의 성질을 겸유하되 양 성질을 동격으로 보는 한편 용익물권과 담보물권을 분리하여 보아야 한다는 용익물권·담보물권 분리설의 입장에서 주장한다. 긍정설은 용익물권과 담보물권의 성질을 동격으로 겸유한 것으로 보는 점은 채권질권 유추적용설과 같이 하지만 전세금반환청구권을 채권적청구권이 아닌 물권적청구권으로 보는 점과 존속기간이 만료되어도 전세금반환이 없으면 용익물권적 권능도 소멸하지 않는다고 하는 점에서 채권질권 유추적용설과 구분된다. 이 견해는 존속기간이 만료되어도 전세금반환이 없으면 용익물권적 권능이 소멸하지 않는 논거로 다음의 2가지를 들

486) 오경미 채권담보전세권과... 114~115면, 133~134면.
487) 오시영 전세권 존속기간... 528면.

고 있다.

첫째는 전세금반환청구권은 전세권근저당권의 물상대위물이 아니라는 점이다.[488] 그 이유는 물상대위성은 담보목적물이 당초 당사자가 예상하지 못한 뜻밖의 상황 예를 들면 저당물이 멸실·훼손 또는 공용징수로 인하여 담보물이 존재하지 않게 됨과 동시에 담보권설정자(소유자)가 그에 갈음하여 일정한 금전 또는 기타 물건에 대한 청구권을 취득할 경우, 그러한 청구권은 저당물의 교환가치의 대상물이므로 담보권자가 그 담보목적물에 갈음하여 이 대상물에 대해 우선권을 보장해주는 것으로 담보권의 본질에서 나오는 성질이라 할 수 있는데, 전세금반환청구권은 전세목적물이 그대로 존재하는 상태에서 전세권의 용익권능이 소멸될 때 전세권자가 비로소 이행(변제)을 청구할 수 있는 조건부권리 내지 기한부권리일 뿐, 전세목적물의 멸실·훼손또는 공용징수로 인하여 발생하는 물상대위물이 아니기 때문이라고 한다. 즉 전세금반환청구권은 전세목적물의 변형물이라기 보다는 전세권자와 전세권설정자 사이에 전세권설정계약 당시에 교부된 보증금에 대한 반환청구권으로서 전세권 성립과 동시에 기한부·조건부 권리로 전세권자에게 인정된 권리이고, 이 전세권자에 우선권을 갖고 있는 전세권근저당권자가 이를 우선권자로서 행사하는 것일 뿐 물상대위권을 행사하는 것으로 볼 수 없다고 한다.

둘째는 전세권의 존속기간이 지났다고 하여 바로 전세권이 소멸하는 것이 아니라는 점이다. 그 이유는 민법 제312조 제4항은 건물의 전세권설정자가 전세권의 존속기간 만료 전 6월부터 1월까지의 사이에 전세권자에 대하여 갱신거절의 통지 또는 조건을 변경하지 아니하면 갱신하지 아니한다는 뜻의 통지를 하지 아니한 경우에는 그 기간이 만료된 때에 전 전세권과 동일한 조건으로 다시 전세권을 설정한 것으로 보며, 이 경우 전세권의 존속기간은 그 정함이 없는 것으로 보도록 하는 법정갱신제도의 도입으로, 전세권이 원래의 존속기간이 종료되었다고 하여 당연히 소멸한다고 볼 수 없게 되었기 때문이라고 한다.[489]

또한 이 견해는 근저당권을 설정한 전세권자가 전세권설정자에게 근저당권설

488) 이에 관하여는 추신영 전세권저당권의... 67면도 같은 취지이다.
489) 오시영 전세권저당권의... 517~519면.

정사실을 통지하거나 전세권설정자가 이를 승낙함이 없이도, 전세권근저당권자가 전세권을 대상으로 근저당권설정등기를 한 자체로 전세권설정자에 대하여 근저당권을 주장할 수 있는 논거를 다음과 같이 제시하고 있다.

우선 전세권근저당권은 명칭이 근저당권으로 되어 있지만 그 본질은 채권담보부 권리질권의 성질을 가지고 있는 담보물권으로 보아야 하고, 그에 따라 담보물권으로서의 전세권을 대상으로 근저당권을 설정할 때에는 같은 담보물권인 근저당권부채권을 대상으로 질권을 설정하는 경우 근저당권등기에 질권의 부기등기를 하도록 한 민법 제348조(저당채권에 대한 질권과 부기등기)의 규정을 유추적용하여 전세권등기에 질권의 부기등기를 하여야 하겠지만, 민법 제371조(지상권, 전세권을 목적으로 하는 근저당권)가 전세권을 대상으로 하여서는 근저당권등기를 하도록 하고 있어 질권의 부기등기를 할 수 없으므로 전세권근저당권등기를 그 실질에 있어서 질권의 부기등기로 보아야 한다고 한다.

다음에 이 경우 문제가 되는 것은 전세권에 의하여 담보되는 전세금반환청구권에 관하여 지명채권의 채무자 대항요건과 제3자 대항요건에 관하여 규정하고 있는 민법 제349조와 제450조 및 제451조의 규정이 적용되는 것으로 보아야 할 것인지 문제로 되는데, 이에 관하여 이 견해는 다음과 같은 2가지 이유로 그 적용을 부정하고 있다. 첫째는 담보권설정의 통지와 승낙은 대외적으로 채권자가 변동되었다는 사실의 공시를 명확히 하여 대항력의 충돌을 해결하자는 의미인데, 담보물권인 전세권(저당권에 준함)에 의하여 담보되는 전세금반환청구권(저당권의 피담보채권에 준함)의 경우는 전세권저당권등기(질권의 부기등기에 준함)를 함으로써 충분히 권리변동의 공시기능을 다한 것으로 볼 수 있다는 것이고, 둘째는 저당권에 준용할 민법의 다른 조항에 관하여 규정하고 있는 민법 제370조(준용규정)가 채권질권의 대항요건에 관한 민법 제349조(지명채권에 대한 질권의 대항요건)를 준용하도록 규정하고 있지 않다는 점이다.[490]

대법원은 「원래 동시이행항변권은 공평의 관념과 신의칙에 입각하여 각 당사

---

490) 오시영 전세권저당권의... 527~529면. 같은 취지에서 이 견해는 저당권부 채권의 양도(또는 질권설정)에 관하여 통설과 판례가 질권의 부기등기와 양도(또는 질권설정)의 채무자와 제3자 대항요건(민 349, 450, 451)을 함께 구비하여야 할 것으로 보고 있음에 반하여 질권의 부기등기만 구비하면 채무자와 제3자 대항요건(민 349, 450, 451)을 구비하지 않더라도 질권의 효력을 채무자와 제3자에게 대항할 수 있다고 한다.

자가 부담하는 채무가 서로 대가적 의미를 가지고 관련되어 있을 때 그 이행에 있어서 견련관계를 인정하여 당사자 일방은 상대방이 채무를 이행하거나 이행의 제공을 하지 아니한 채 당사자 일방의 채무의 이행을 청구할 때에는 자기의 채무이행을 거절할 수 있도록 하는 제도인 점, 전세권을 목적물로 하는 저당권의 설정은 전세권의 목적물 소유자의 의사와는 상관없이 전세권자의 동의만 있으면 가능한 것이고, 원래 전세권에 있어 전세권설정자가 부담하는 전세금반환의무는 전세금반환채권에 대한 제3자의 압류 등이 없는 한 전세권자에 대해 전세금을 지급함으로써 그 의무이행을 다할 뿐이라는 점에 비추어 볼 때, 전세권저당권이 설정된 경우에도 전세권이 기간만료로 소멸되면 전세권설정자는 전세금반환채권에 대한 제3자의 압류 등이 없는 한 전세권자에 대하여만 전세금반환의무를 부담한다고 보아야 한다」고 판시함으로써 부정설을 채택하고 있다.[491]

다. 결론

전세권근저당권자의 입장에서만 보면 긍정설이 전세권근저당권자를 가장 두텁게 보호하고 있어 전세권근저당권제도의 이용을 활성화할 수 있는 장점이 있는 것이 사실이다. 그러나 긍정설은 ① 전세금반환청구권을 물권적청구권으로 보고 있는 점과 ② 전세권설정자에 대한 전세권근저당권설정 사실의 통지나 전세권근저당권설정에 대한 전세권설정자의 승낙이 없이도, 전세권근저당권자가 전세권근저당권등기를 하였다는 사실만으로 전세권근저당권을 가지고 전세권설정자에게 대항할 수 있다는 점을 전제로 하고 있다는 점에 문제가 있어 타당하다고 할 수 없다.

그 이유는 ①의 경우는 물권법정주의에 반한다는 점이다. 그리고 ②의 경우는 전세권근저당권은 그 대상목적물이 용익물권 겸 담보물권이라는 물권과 담보물권에 의하여 담보되는 전세금반환채권을 대상으로 하고 있어 근저당권부 채권을 대상으로 하는 권리질권과 그 실질이 같은 것으로 볼 수 있고, 이에 따라 근저당권에 대한 질권의 부기등기와 근저당권부채권에 대한 질권설정의 채무자 및 제3자에 대한 대항요건 구비가 필요한 것처럼, 전세권근저당권의 등기와 전

491) 대판 1999.9.17. 98다31301, 같은 취지 대판 2008.12.24. 2008다65396.

세금반환채권에 대한 근저당권설정의 채무자 및 제3자에 대한 대항요건구비가 필요한 것임에도 이를 필요하지 않는 것으로 하고 있다는 점에 타당하다고 할 수 없다. 물론 긍정설의 입장에서는 근저당권부채권에 대한 질권설정에 있어서도 근저당권부채권에 관한 권리변동이 질권설정의 부기등기에 의하여 공시되어 있으므로 별도로 채무자 및 제3자에 대한 대항요건구비가 필요하지 않다고 하지만, 근저당권이란 물권으로서의 담보권과 그에 의하여 담보되는 채권은 전혀 별개의 권리라는 점에서 양 자의 권리변동이 있을 경우 각 권리변동에 따라 구비하여야 하는 요건 또한 각각 구비하여야 하는 것으로 보는 것이 타당하다고 본다. 또한 채무자에 대한 대항요건을 구비하지 않았음에도 채무자인 전세권설정자에게 전세권근저당권을 가지고 대항할 수 있는 것으로 하면, 전세권근저당권의 설정에 전혀 관여한 바가 없는 전세권설정자가 전세권근저당권설정의 사실을 알지 못한 상태에서 전세권자에게 전세금을 반환한 경우 전세금을 이중지급해야 하는 위험을 아무런 법적근거 없이 부담하게 되는 불합리한 점이 있어 타당하다고 할 수 없다.

따라서 채권질권 유추적용설이 타당하다고 생각한다. 그리고 전세권의 법적 성질을 용익물권과 담보물권 겸유로 보되 양 성질을 동격으로 보면서도 채권질권에 관한 민법 제349조를 전세권근저당권에 유추적용하는 것은 질권의 체계와 근저당권의 체계를 혼동하는 결과를 초래하여 물권법정주의와 부딪치게 되어 타당하지 않다고 하는 견해는[492] 다음과 같은 이유로 타당하지 않다. 우선 이 견해는 전세권의 담보물권적 권능의 성질에 반한다. 담보물권이란 담보할 채권에 부종하는 성질이 있어서 다른 특별한 약정이 없는 한 존속기간의 만료로 소멸하는 것이 아니고, 그에 따라 존속기간의 만료로 소멸하는 것은 전세권의 용익물권적 권능이지 담보물권적 권능은 아니라고 보는 것이 타당하다. 다음에 민법 제349조를 전세권근저당권에 유추적용하는 것은 질권의 체계와 저당권의 체계를 혼동하는 결과를 초래하여 물권법정주의 반한다는 것은, 원래 법률이 허용하지 않는 법률행위에는 그 법률행위와 형식이 일치하는 경우는 물론이고 형식은 다르나 실질이 일치하는 경우 모두를 허용하지 않는 경우와 형식이 일치하는 경우만 허용되지 아니하고 실질이 일치하는 경우는 허용되는 경우로 구분하여 볼 수가 있

492) 오경미 채권담보전세권과... 114~115면, 133~134면.

는데, 전세권을 대상으로 하는 저당권은 그 실질이 부동산을 목적으로 하는 질권설정에 해당한다는 점에서 위 2가지 유형 중 후자에 해당되고, 후자에 해당되는 이상 전자의 경우에 적용되는 일부 법률규정을 유추적용한다고 해서 물권법정주의에 반하는 것이라고 할 수 없다. 특히 그와 같은 유추적용으로 어떤 불합리한 결과가 발생하는 것이 아니고, 오히려 가뜩이나 약한 전세권저당권자의 지위를 조금이나마 보완할 수 있어 해석상으로 불허할 사항이 아니다.

(4) 전세권근저당권의 실행절차

가. 문제의 소재

전세권을 대상으로 하는 근저당권의 실행은 전세권의 존속기간이 만료되기 전이면 민사집행법에서 규정하고 있는 부동산경매절차(민집 264 이하)에 의하여 한다(민 318).[493] 전세권은 근저당권의 대상 목적물로서 부동산과 동일시되는 것이기 때문이다. 대법원도 「전세권에 대하여 설정된 저당권은 민사소송법 제724조(현재는 민집 264) 소정의 부동산경매절차에 의하여 실행하는 것」이라고 판시한다.[494] 그리고 이 경우 경매의 대상이 되는 것은 부동산 자체가 아니라 부동산용익권인 전세권이며, 전세권근저당권자는 전세권의 매각가액으로부터 자신의 순위에 따른 우선변제를 받아 채권의 만족을 얻게 된다. 여기까지는 전세권근저당권의 실행도 그 대상목적물이 전세권이라는 점 이외에 토지·건물 등 일반의 부동산을 대상으로 하는 근저당권의 실행과 다르지 않으며 이에 관하여는 이론(異論)이 없다.

그런데 전세권의 존속기간이 만료된 이후에도 만료되기 전과 같이 전세권근저당권자가 전세권을 대상으로 하는 경매를 신청할 수 있는가에 관하여는 견해가 일치하지 않고 갈려 있다. 특히 현실에 있어서는 전세권의 존속기간 중 전세권근저당권을 실행하는 경우가 많지 않고 또한 전세권근저당권의 존속기간 중

493) 민법주해[Ⅷ] 물권(4)(박영사, 1996) 239면(조대현), 법원실무제요 민사집행(Ⅲ)(법원행정처, 2003) 17면, 이덕환 물권법 650면, 강대성 강대성 전세권저당권의... 41면, 이재도 전세권저당권의... 94면, 이미선 전세권저당권자의... 220면, 추신영 전세권저당권의... 68면, 김동옥 저당권의 목적물로... 690면.

494) 대결 1995.9.18. 95마684 참조.

경매절차가 개시되었다고 하더라도 경매절차 진행 중 전세권의 존속기간이 만료되는 경우가 많아 이 경우의 전세권근저당권자의 구제수단이 무엇인지 문제로 된다.

나. 전세권근저당권자의 구제수단

㈎ 학설·판례

전세권의 존속기간이 만료된 이후의 전세권근저당권자의 구제수단에 관하여는 물상대위설과 채권질권실행설 및 경매청구설로 견해가 갈려있다.

물상대위설은 전세권의 존속기간이 만료되면 전세권의 용익물권적 권능이 소멸한다는 견해를 취하는 입장에서 주장한다. 이 견해에 의하면 전세권의 용익물권적 권능이 소멸하면 전세권의 용익물권적 권능을 목적으로 하는 근저당권도 저당목적물의 멸실에 준하여 소멸하지만, 근저당권의 물상대위성으로 말미암아 그 대체물이라고 볼 수 있는 전세금반환채권에 전세권근저당권이 존속하게 되고, 그에 따라 전세권근저당권자는 전세권에는 직접 경매청구를 할 수 없지만 그 대체물인 전세금반환채권에 압류·추심명령 또는 압류·전부명령을 받거나 제3자가 전세금반환채권에 대하여 실시한 강제집행절차에서 배당요구를 하는 등의 방법으로 자신의 권리를 행사할 수 있고, 전세권설정자는 전세금반환채권에 대한 제3자의 압류 등이 없는 한 전세권자에 대해서만 전세금반환의무를 부담한다고 한다.495)

채권질권실행설은 전세권의 존속기간이 만료됨으로써 전세권의 용익물권적 권능이 소멸한다 하더라도 담보물권적 권능은 여전히 남아 있다는 것을 전제로, 담보물권적 권능이 남은 전세권에 저당권이 설정되어 있는 것과 같은 구조이어서 그 실질이 채권질권과 같은 성질을 띠게 되므로, 이에 채권질권의 대항요건을 규정하고 있는 민법 제349조 제1항을 유추적용하여 근저당권을 설정한 전세권자가 전세권설정자에게 근저당권설정사실을 통지하거나 전세권설정자가 이를 승낙하면, 전세권근저당권자는 전세권설정자에 대하여 대항력을 가지게 되

495) 오경미 채권담보전세권과... 139~141면, 김동옥 저당권의 목적물로... 691면, 이원일 전세권에 대하여... 99~100면.

고 전세권근저당권자는 전세금반환채권에 대한 압류·전부명령 또는 압류·추심명령이 없어도 전세권설정자에 대하여 담보채권의 한도에서 전세금의 반환을 직접 청구할 수 있고, 아울러 민법 제345조를 유추적용하여 민사집행법 제273조에 따른 강제집행절차도 취할 수 있다고 한다.[496]

또한 같은 채권질권실행설을 취하면서도 전세권근저당권의 법적성질을 저당채권(전세권 및 전세보증금반환채권)에 대한 질권으로 이해하면서, 근저당권이 설정되지 않은 지명채권은 이를 등기를 통해 공시할 방법이 없기 때문에 제3자에 대한 대항력이 충돌할 경우의 우선순위를 결정하기 위하여 확정일자 있는 증서에 의한 채권양도(또는 질권설정) 사실의 통지나 승낙을 통해 공시할 필요성이 있으나, 근저당권이 설정된 지명채권은 질권설정이나 채권양도가 있을 경우 근저당권에 대한 질권의 부기등기(채권자가 변경되었다는 사실이나 질권자가 존재한다는 사실에 대한 공시)를 함으로써 공시의 기능을 다하고 있으므로, 근저당권에 대한 질권의 부기등기에 해당하는 전세권에 대한 근저당권등기를 함으로써 전세권자가 전세권설정자에게 근저당권설정 사실을 통지하거나 전세권설정자가 이를 승낙하지 않아도 전세권근저당권자는 전세권설정자에게 직접 전세금의 반환을 청구할 수 있다고 하는 견해도 있다.[497]

경매청구설은 전세권의 존속기간이 만료한 이후에도 전세권근저당권의 목적물은 용익물권적 권능을 겸유하는 전세권 그 자체라는 전제하에, 전세권의 존속기간이 만료되어도 그 사실만으로는 전세권 그 자체 또는 전세권의 용익물권적 권능은 소멸되지 않으며, 그에 따라 전세금반환채권 자체가 소멸되지 않는 한 전세권을 목적으로 하는 근저당권도 소멸하지 않는다고 한다. 따라서 이 견해에 의하면 전세권근저당권자는 전세권의 존속기간이 만료한 후에도 전세금반환채권이 소멸하지 않는 한 전세권 자체에 대한 경매를 청구하여 그 매각대금으로부터 만족을 얻거나 스스로 전세권을 매각허가 받아 전세권자로서 전세권설정자에게 전세금의 반환을 청구할 수 있다고 한다.[498]

특히 이 견해는 전세권의 존속기간이 만료된다는 것은 전세권 자체가 소멸하

496) 이상태 전세권저당권자의... 597~498면, 남양우 전세권을... 88~89, 강대성 전세권저당권의... 43~44면,
497) 오시영 전세권의 용익물권성과.. 530면.
498) 박순성 전세권에 관한... 111면.

거나 전세권의 용익물권적 권능이 소멸하게 된다는 의미가 아니라 전세권의 존속기간이 만료됨으로써 전세권설정자로서는 전세금을 반환하고 전세권을 소멸시킬 수 있게 되고 전세권자로서는 전세권설정자에게 목적물의 인도와 등기서류의 교부나 그 이행제공을 통하여 전세권설정자를 지체에 빠뜨린 후 경매청구권을 행사하여 우선변제를 받을 수 있게 되는 기한이 도래하게 된다는 의미로 해석하여야 한다고 하고, 그에 따라 전세권의 존속기간이 만료한 이후에도 기한이 도래하였다는 의미 이외에는 전세권의 법률적 성격에는 아무런 변화가 없으므로 전세권은 용익물권적 요소와 담보물권적 요소를 여전히 겸비한 채 존속한다고 한다.[499]

대법원의 판례로는 「전세권에 대하여 저당권이 설정된 경우 그 저당권의 목적물은 물권인 전세권 자체이지 전세금반환채권은 그 목적물이 아니고, 전세권의 존속기간이 만료되면 전세권은 소멸하므로 더 이상 전세권 자체에 대하여 저당권을 실행할 수 없게 되고, 이러한 경우에는 민법 제370조, 제342조 및 민사소송법 제733조에 의하여 저당권의 목적물인 전세권에 갈음하여 존속하는 것으로 볼 수 있는 전세금반환채권에 대하여 압류 및 추심명령 또는 전부명령을 받거나 제3자가 전세금반환채권에 대하여 실시한 강제집행절차에서 배당요구를 하는 등의 방법으로 자신의 권리를 행사하여 비로소 전세권설정자에 대해 전세금의 지급을 구할 수 있게 된다」고 한 것이 있다.[500] 학설은 대체로 이 판례가 물상대위설을 채택한 것이라고 판단하고 있는 것 같다.[501]

그러나 위 판례가 채권질권실행설을 부인하고 있는 것은 아니라고 생각된다. 그 이유는 위 판례는 전세권근저당권을 설정하는 경우에 대부분 전세권근저당권 등기만 하고, 거기에서 더 나아가 전세권자가 전세권설정자에게 전세권근저당권 설정사실을 통지하지 않는 것이 현실이라는 점을 고려할 때, 전세권근저당권 설정사실의 전세권설정자에 대한 통지나 전세권설정자의 전세권근저당권설정에 대한 승낙이 없는 상태에서 전세권의 존속기간이 만료된 경우에는, 전세권근

499) 박순성 전세권에 관한... 91~92면.

500) 대판 1999.9.17. 98다31301 참조. 대판 2008.3.13. 2006다29372,29389도 같은 취지임.

501) 김현선 나대지에 저당권을... 202면, 추신영 전세권저당권의... 69면, 오시영 전세권 존속기간... 514면, 김창섭 전세권에 대한... 218~220면, 남양우 전세권을... 82~83면, 오경미 채권담보전세권과... 137면, 이원일 전세권에 대하여... 100면.

저당권자가 전세권 자체를 대상으로 경매신청을 할 수 없는 것은 물론이고 전세권근저당권을 가지고 전세권설정자에게 대항할 수도 없는 것이므로, 이와 같은 경우에 있어서는 전세금반환청구권을 압류하거나 제3자가 실시하는 강제집행절차에서 배당요구를 하는 방법으로만 그 권리를 행사할 수 있다는 것으로 판단하였다고 보는 것이 보다 합리적이라고 할 것이기 때문이다.

또한 최근의 대법원판례는 「전세권설정등기를 마친 민법상의 전세권은 그 성질상 용익물권적 성격과 담보물권적 성격을 겸비한 것으로서, 전세권의 존속기간이 만료되면 전세권의 용익물권적 권능은 전세권설정등기의 말소 없이도 당연히 소멸하고 단지 전세금반환채권을 담보하는 담보물권적 권능의 범위 내에서 전세금의 반환시까지 그 전세권설정등기의 효력이 존속하고 있다 할 것인데, 이와 같이 존속기간의 경과로서 본래의 용익물권적 권능이 소멸하고 담보물권적 권능만 남은 전세권에 대해서도 그 피담보채권인 전세금반환채권과 함께 제3자에게 이를 양도할 수 있다 할 것이지만 이 경우에는 민법 제450조 제2항 소정의 확정일자 있는 증서에 의한 채권양도절차를 거치지 않는 한 위 전세금반환채권의 압류·전부 채권자 등 제3자에게 위 전세보증금반환채권의 양도사실로써 대항할 수 없다」고 판시하고 있는데[502] 이는 대법원이 채권질권실행설의 입장을 채택한 것이라고 볼 수 있다.

따라서 이상의 대법원판례를 종합해 볼 때 판례는 채권질권실행설의 입장을 채택하였다고 보는 것이 타당하다고 생각한다.

(나) 결론

경매청구설은 용익물권적 권능이 소멸하고 전세금반환채권을 담보하는 담보물권적 권능만 남은 전세권을 민사집행법 제264조 이하에서 규정하는 부동산경매절차에 따라 경매할 수 있다는 것이 되어 대상목적물에 따라 강제집행의 방법을 달리 규정하고 있는 민사집행법의 원칙에 반하여 타당하다고 할 수 없다. 그리고 물상대위설은 전세권의 존속기간이 만료되는 경우 전세권의 용익물권적 권능은 소멸하여도 담보물권적 권능은 소멸하지 않는 점과 전세권의 담보

---

502) 대판 2005.3.25. 2003다35659.

물권적 권능에 의하여 담보되는 전세금반환채권은 전세권자가 처음부터 전세권에 기하여 가지는 권리이지 전세권이 소멸하는 경우에 가지게 되는 대상청구권이 아니라는 점을 간과하고 있다는 점에서 타당하다고 할 수 없다. 따라서 채권질권실행설이 타당하다고 본다.

(5) 전세권근저당권설정 후 전세권을 소멸하게 하는 행위의 효력

가. 문제의 소재

민법 제371조 제2항에는 「지상권 또는 전세권을 목적으로 저당권을 설정한 자는 저당권자의 동의없이 지상권 또는 전세권을 소멸하게 하는 행위를 하지 못한다」고 규정되어 있는데, 이는 전세권근저당권설정 후 전세권자가 자유로 전세권을 소멸하게 하는 행위를 할 수 있다고 하면, 전세권근저당권제도 자체를 유지할 수 없기 때문에 전세권근저당권자를 보호하기 위하여 민법에 특별히 규정된 것이다. 문제는 민법 제371조 제2항에 규정된 "전세권을 소멸하게 하는 행위"가 구체적으로 무엇을 의미하는지 그리고 전세권근저당권설정자가 이에 반하는 행위를 하였을 때 그 효력이 어떠한가 하는 점이다.

나. 전세권을 소멸하게 하는 행위의 의미

전세권을 소멸하게 하는 행위란 전세권의 포기 또는 전세권설정계약의 합의해제(또는 해지) 등과 같이, 근저당권설정자가 그 의사에 기하여 적극적으로 전세권을 소멸시키는 행위를 말한다. 따라서 전세권이 존속기간의 만료·목적물의 멸실·소멸시효의 완성·전세권자의 채무불이행에 따른 전세권설정자의 해제(또는 해지) 등과 같이, 근저당권설정자의 의사에 기하지 않고 소멸되는 경우는 여기에서의 전세권소멸행위에 포함되지 않는다.

전세권소멸행위를 할 수 없는 근저당권설정자는 근저당권설정 당시의 전세권자 뿐만 아니라 그 승계인도 포함되는 것으로 보아야 한다. 전세권을 소멸하게 하는 행위를 할 수 없는 자를 근저당권설정자로 한정하면, 근저당권설정자가 제3자와 통모하여 근저당권이 설정된 전세권을 쉽게 소멸시킬 수 있게 되어 이를 금지시킨 의미가 없어지기 때문이다.[503]

다. 전세권근저당권자의 동의 없이 이루어진 전세권소멸행위의 효력

전세권자가 근저당권자의 동의 없이 전세권을 소멸시키는 행위를 한 경우에도 그 행위가 절대적으로 무효로 되는 것은 아니고 그 소멸행위를 가지고 근저당권자에게 대항할 수 없을 뿐이다[504]. 따라서 전세권자와 전세권설정자 사이에서는 유효하게 전세권소멸의 효력이 발생하게 되고, 단지 전세권근저당권자의 채권담보범위에서만 전세권이 존속하게 되는 것으로 보아야 한다.

전세권자가 전세권근저당권자의 동의 없이 전세권을 소멸하게 하거나 감축한(예컨대 전세금을 1억 원에서 8천만 원으로 감액한) 경우에 그 소멸 또는 감축의 무효를 전세권설정자에 대하여도 주장할 수 있는지 문제로 된다. 이에 관하여는 이 경우 전세권근저당권자가 자신의 동의 없이 전세권자와 전세권설정자 사이에 이루어진 전세권의 합의해지에 의한 소멸이나 감축의 무효를 전세권설정자에게 대항할 수 없다고 한다면 전세권근저당권자가 전혀 보호를 받을 수 없게 되어 위 민법 규정을 둔 의미가 없으므로 소멸이나 감축의 무효를 전세권설정자에 대하여도 주장할 수 있다고 보는 것이 타당하다.[505]

대법원도 임차인 A와 부동산소유자 B사이에 이루어진 임대차계약상의 보증금 1억 원의 반환채권을 담보하기 위하여 A와 B가 대상부동산에 전세금을 1억 원으로 하는 전세권설정등기를 하였고, 다시 A의 채권자인 C가 A에 대한 채권을 담보하기 위하여 A의 전세권을 대상으로 근저당권설정등기를 하였으며,[506] 이후 전세권의 존속기간 중 전세권근저당권설정자인 전세권자 A와 전세권설정자 B가 임대차보증금을 1억 원에서 8천만 원으로 감축하기로 임대차계약을 변경하였고, 전세권의 존속기간이 만료된 후 전세권근저당권자 C가 A의 B에 대한 전세금반환채권 1억 원을 대상으로 채권압류 및 추심명령을 받은 사안에서, A와 B사이에서는 전세권이 그 계약 내용대로 변경되어 전세금이 1억 원에서 8

503) 민법주해[VII] 물권(4)(박영사, 1996) 240면(조대현). 주석물권법(하)(한국사법행정학회, 1993) 615면(이영준).

504) 민법주해[VII] 물권(4)(박영사, 1996) 240면(조대현). 주석물권법(하)(한국사법행정학회, 1993) 614면(이영준).

505) 이상태 전세권저당권자의... 602면, 오경미 채권담보전세권과... 147면.

506) 이와 같은 채권담보목적의 전세권이 유효한지 여부에 대하여는 논란이 있는데 이에 관하여는 제7장 VIII.1.(3)나.에서 설명 참조.

천만 원으로 일부 소멸한다고 할 것이지만, 전세권근저당권자인 C에 대한 관계에서는 전세권자인 A는 물론이고 전세권설정자인 B도 C의 동의가 있지 않는 한 전세권의 일부 소멸(즉 감축)을 주장할 수 없다고 판시한 바 있다.[507)]

그런데 위와 같이 전세권근저당권자가 전세권자와 전세권설정자 사이에 이루어진 전세권소멸이나 감축행위를 전세권자는 물론이고 전세권설정자에 대하여도 주장할 수 있다고 하면, 전세권이 존속기간만료로 소멸되는 경우 전세권설정자는 전세권자에 대하여만 전세금반환의무를 부담한다고 하는 대법원판례와 상반되는 것이 아닌가 하는 의문이 들 수 있다. 그러나 전세권설정자가 전세권자에 대하여만 전세금반환의무를 부담한다는 것은 전세금반환채권이 전세권근저당권자나 다른 채권자에 의하여 압류되기 전까지이고, 압류가 된 이후에는 전세권자에 대한 지급이 금지되고 그 이후 전세권근저당권자는 추심명령이나 전부명령을 받아 담보채권의 범위에서 직접 전세권설정자에게 전세금의 반환을 청구할 수 있는 것이므로 상반된다고 볼 것이 아니다. 즉 위 사안에서 C가 A의 B에 대한 전세금반환채권을 압류하지 않은 상태에서는 B는 A에게 전세금 8천만 원을 지급함으로써 전세권의 소멸을 가지고 C에게 대항할 수 있으나, C가 압류한 이후에는 A에 대한 전세금지급으로 C에게 대항할 수 없으며 이 경우 압류된 전세금은 8천만 원이 아니고 1억 원이 되는 것이다. 또한 전세권의 존속기간이 만료된 이후의 전세권근저당권자의 구제수단에 관하여 채권질권실행설에 따르면, A의 B에 대한 전세권을 대상으로 A와 C가 전세권근저당권을 설정하고 A가 전세권근저당권설정사실을 B에게 통지하거나 B가 전세권근저당권설정을 승낙한 때에는 압류가 있은 경우와 마찬가지로, 그 통지나 승낙이 있은 이후에 있은 A와 B 사이에 이루어진 전세권소멸이나 감축은 이를 가지고 C에게 대항할 수 없으며, 그에 따라 C는 채권질권자에 준하는 전세권근저당권자로서 담보채권의 범위에서 직접 B에게 전세금의 반환을 청구할 수 있는 것으로 보아야 한다.

---

507) 대판 2006.2.9. 2005다59864 참조.

(6) 전세권근저당권자에 대한 전세권설정자의 항변

가. 문제의 소재

전세권근저당권은 전세권의 존속기간이 만료된 때에 전세권근저당권자가 물상대위권에 기한 압류·추심명령이나 압류·전부명령에 기하여 또는 전세권설정자에 대한 전세권근저당권설정의 대항요건구비(전세권자가 한 전세권설정사실의 전세권설정자에 대한 통지 또는 전세권근저당권설정에 대한 전세권설정자의 승낙)에 따라 전세권설정자에게 전세금의 지급을 청구한 경우 전세권설정자가 전세권자에 대하여 가지는 여러 항변권 중 어느 범위의 항변권을 가지고 대항할 수 있는지에 따라서도 그 담보가치가 결정되는 것으로 볼 수 있다. 즉 전세권설정자가 전세권근저당권자에게 대항할 수 있는 전세권자에 대한 항변권이 무엇인가는 전세권근저당권의 담보가치를 평가함에 있어서 매우 중요한 요소라 할 수 있는 바 이하에서 알아보기로 한다.

나. 채권집행 또는 채권질권의 일반법리 적용여부

일반의 채권집행 또는 채권질권실행의 일반법리에 의하면 집행채권자 또는 질권자가 집행채무자 또는 질권설정자의 채무자 즉 제3채무자에 대하여 채무의 이행을 청구하는 경우 제3채무자는 압류 또는 질권설정의 대항요건구비시까지 집행채무자 또는 질권설정자에게 대항할 수 있는 모든 사유를 가지고 집행채권자 또는 질권자에게 대항할 수 있는 것이 원칙이다.

그렇다면 위와 같은 원칙이 전세권근저당권자가 전세권자가 가지는 전세금반환채권을 대상으로 물상대위권자로서 압류·추심명령이나 압류·전부명령에 따라 전세권설정자에게 지급청구하거나, 전세권근저당권의 전세권설정자에 대한 대항요건구비자(즉 전세권자가 전세권설정사실을 전세권설정자에게 통지하거나 전세권설정자가 전세권설정을 승낙한 경우)로서 지급청구하는 경우에도 그대로 적용되는 것인지 문제로 된다.

그러나 일반의 채권집행 또는 채권질권실행의 일반법리를 전세권근저당권실행에도 그대로 적용할 수는 없는 것으로 보아야 한다. 그 이유는 전세권자의 전세권설정자에 대한 전세금지급은 전세권의 성립요건일 뿐만 아니라 전세권의 존속기간 만료시 전세금반환은 전세부동산의 반환과 동시이행관계에 있고(민 317), 전세금은 전세권자의 책임 있는 사유로 인하여 전세목적물이 멸실된 때에 그 전세권자가 전세권설정자에 부담하는 손해배상채무만을 담보할 뿐(민 315), 월차임 등이 있다고 하여 이들 월차임까지 담보하는 것으로 볼 수는 없기 때문이다. 또한 전세권설정자와 전세권자 사이의 내부적 관계로부터 발행하는 항변사유를 아무런 제한 없이 전세권근저당권자에게 주장할 수 있는 것으로 하면 전세권근저당권자에게 너무 가혹하여[508] 전세권근저당권제도의 존재의의를 상실하게 할 수 있어 불합리하다.

대법원도 「전세금은 그 성격에 비추어 민법 제315조에 정한 전세권설정자의 전세권자에 대한 손해배상채권 외 다른 채권까지 담보한다고 볼 수 없으므로, 전세권설정자가 전세권자에 대하여 위 손해배상채권 외 다른 채권을 가지고 있더라도 다른 특별한 사정이 없는 한 이를 가지고 전세금반환채권에 대하여 물상대위권을 행사한 전세권저당권자에게 상계 등으로 대항할 수 없다」고 판시한 바 있다.[509]

다. 동시이행의 항변

민법 제317조에는 「전세권이 소멸한 때에는 전세권설정자는 전세권자로부터 그 목적물의 인도 및 전세권설정등기의 말소등기에 필요한 서류의 교부를 받는 동시에 전세금을 반환하여야 한다」고 규정되어 있다. 즉 전세금반환과 전세부동산의 인도 및 전세권설정등기의 말소등기에 필요한 서류의 교부는 동시이행의 관계에 있다.

따라서 전세권근저당권자가 전세권설정자로부터 전세금을 지급받으려면 전세권자의 전세권설정자에 대한 전세부동산의 인도와 전세권설정등기의 말소등기에 필요한 서류의 교부가 있어야 하다. 그리고 이 경우 전세권설정등기의 말소등기에 필요한 서류로는 그 전세권말소등기를 승낙하는 전세권근저당권자의 승낙서와 인감증명서도 포함되어야 한다. 부동산등기법 제57조 제1항에는 「등기

---

508) 이상태 전세권저당권자의... 601면.

509) 대판 2008.3.13. 2006다29372,29389 참조.

의 말소를 신청하는 경우에 그 말소에 대하여 등기상 이해관계 있는 제3자가 있을 때에는 제3자의 승낙이 있어야 한다」고 규정되어 있기 때문이다.

그런데 전세권설정자에 대한 전세부동산의 인도와 전세권설정등기의 말소등기에 필요한 서류의 교부는 전세권근저당권의 설정자인 전세권자가 하는 것이므로, 이 부분이 순조롭게 이루어지지 않으면 전세권설정자로부터 전세금을 반환받을 수가 없어, 이 경우 전세권근저당권자의 대응방안이 문제로 된다. 이에 관하여는 전세권자의 자발적인 협조를 얻는 것이 가장 좋을 것이나 여의치 않은 경우에는 전세권근저당권자가 전세권자를 상대로 전세부동산의 전세권설정자에 인도 및 전세권설정등기의 말소등기를 구하는 소를 제기하여 그 승소판결을 받아 강제집행의 방법으로 해결하는 수밖에 없다.

(7) 전세부동산의 소유권이 이전된 경우 전세권근저당권자의 지위

가. 문제의 소재

전세권을 대상으로 전세권근저당권이 설정된 후 전세부동산의 소유권이 매매·증여·상속 등 사법(私法)상의 원인에 의하여 또는 경매·공매 등의 공법상의 원인에 의하여 이전된 경우의 법률관계에 관하여는 첫째 전세권자에 대한 전세금반환채무가 전세권설정자인 종전의 소유자와 새로운 소유자 중 누구에게 어떤 방법으로 귀속되는 것인지, 둘째 이 경우 전세권근저당권자가 전세권에 대하여 가지는 권리에 어떠한 영향을 미치는지 것인지 문제로 된다. 다만 증여·상속의 경우는 매매의 경우에 준하고 공매의 경우는 경매의 경우에 준하므로 이하에서 매매와 경매로 나누어 이상의 문제에 대하여 알아보기로 한다.

나. 매매에 의한 소유권이전의 경우

㈎ 전세권자 및 신·구 소유자 사이의 법률관계

전세권이 설정된 부동산의 소유권이 매매에 의하여 이전된 경우에도 전세권자는 새로운 소유자에게 전세권을 가지고 대항할 수 있다. 그리고 이 경우 대항할 수 있다는 것은 예컨대 A소유의 부동산에 A와 D가 전세권설정계약을 체결하여 D가 A에게 전세금을 지급하고 A가 D앞으로 전세권설정등기를 해준 후 A가 대상 부동산을 K에게 매각하여 K앞으로 소유권이전등기를 해주었다고 할 때, D는 K의 소유권취득에 불구하고 A와 체결한 전세권설정계약상의 존속기간 동안 대상 부동산을 사용·수익할 권리를 가지고 또 그 후 존속기간이 만료되는 경우에도 전세금을 반환받을 때까지 대상 부동산을 K에게 반환하지 아니할 수 있을 뿐만 아니라 전세금의 반환이 없으면 전세권근저당권을 실행하여 담보채권의 만족을 구할 수 있다는 것을 말한다.

문제는 전세권자가 새로운 소유자에게 전세권을 가지고 대항할 수 있다고 할 때 종전의 소유자가 전세권자에 대한 전세금반환채무를 면하는가 하는 점이다. 이에 관하여는 ① 이를 긍정하는 견해와 ② 전 소유자만이 전세금반환채무를 부담한다는 견해[510] ③ 전세권설정자의 지위승계가 있더라도 전 소유자의 면책은 인정될 수 없고, 전세금반환채무를 신 소유자가 중첩적으로 인수한 것과 같은 상태가 되어, 전세권자는 전 소유자에 대하여도 전세금의 반환을 청구할 수 있다고 하는 견해[511] ④ 전세권자가 전세부동산의 소유권이전사실을 알고서도 상당한 기간이 지나도록 아무런 의사를 표시하지 않은 때에는, 전세권설정자의 지위가 신 소유자에게 당연승계 되어 전 소유자가 전세금반환채무를 면하게 되나, 상당한 기간 내에 전세권설정자지위의 양수인에 대한 승계에 반대하는 의사를 표시한 때에는 전세권설정자지위의 승계는 없고, 양수인만이 그대로 전세권설정자로서의 의무를 부담하는 것으로 보아야 한다는 견해[512]가 있을 수 있다.

---

510) 송덕수 물권법 405면. 이 견해는 그 이유로 전 소유자가 보증금반환채무를 면한다고 하면 신 소유자가 무자력이고 그 목적물의 교환가치로 완전히 변제를 받지 못할 경우 전세권자를 보호하지 못하는 결과가 되기 때문이라고 한다. 그러나 전세권자는 전세권설정자의 변제자력보다는 전세부동산의 가치를 고려하여 전세권을 설정여부를 결정하는 보통이고 또한 신 소유자의 변제자력이 전 소유자의 변제자력보다 양호할 수도 있다는 점에서 전 소유자의 면책을 인정한다고 해서 전세권자를 특히 보호하지 못하는 것으로 볼 수는 없다.

511) 이재성 임대주택을... 61 이하 참조. 이는 대항력을 구비한 주택임대차에 있어서 임차주택의 소유권이 이전된 경우 임차인과 임차부동산의 구 소유자 및 신 소유자와의 관계에 대한 것이나 그 법률관계는 전세권자와 전세부동산의 구 소유자 및 신 소유자에 대한 관계에서도 그대로 적용될 수 있는 것으로 본다.

512) 민법주해[XV] 채권(8)(박영사, 1997) 220면(민일영), 김학동 주택임대차보호법... 19면 이하 참조. 이 또한 대항력을 구비한 주택임대차에 있어서 임차주택의 소유권이 이전된 경우 임차인과 임차부동산의 구 소유자 및 신 소유자와의 관계에 대한 것이나 그 법률관계는 전세권자와 전세부동산의 구 소유자 및 신 소유자에 대한 관계에서도 그대로 적용될 수 있는 것으로 본다.

그러나 ②의 견해는 현실에 있어서 전 소유자는 전세금만큼을 공제한 금액을 매매대금으로 받고서 대상부동산의 인도와 소유권이전등기를 하는 것이 관행인데 소유권이전등기와 인도를 한 후에도 전세금반환채무를 여전히 부담한다고 하면 오히려 전 소유자가 전세금의 이중지급위험에 빠지게 되어 타당하다고 할 수 없고 ③의 견해는 전세부동산의 소유권이 이전됨에 따라 전세금반환채무를 부담하는 자가 계속 늘어나게 됨으로써 법률관계를 불필요하게 복잡하게 하고 전세권자만을 지나치게 보호하는 것이 되어 타당하다고 할 수 없으며 ④의 견해는 이론적으로는 합리적인 것 같지만 상당한 기간의 의미가 애매하여 법률관계를 불안정한 상태에 빠뜨려 당사자 사이에 불필요한 분쟁을 일으키게 할 소지가 있어 타당하고 할 수 없다.

생각건대 부동산을 대상으로 하는 전세권이 용익물권적 성질과 담보물권적 성질을 겸유하고 있다는 점을 고려할 때 전세권설정자로서의 의무는 소유자라는 지위에서만 이행가능한 것이라 할 것이므로 ①의 견해가 타당하다고 생각한다. 대법원판례도 전세부동산의 신 소유자가 전세권설정자의 지위를 승계함으로써, 전 소유자는 전세관계에서 완전히 이탈되어 전세금반환채무를 면하게 된다는 하는 ①의 견해를 채택하고 있다.[513)]

513) 즉 대법원은 「전세권이 성립한 후 목적물의 소유권이 이전되는 경우에 있어서 전세권 관계가 전세권자와 전세권설정자인 종전 소유자와 사이에 계속 존속되는 것인지 아니면 전세권자와 목적물의 소유권을 취득한 신 소유자와 사이에 동일한 내용으로 존속되는지에 관하여 민법에 명시적인 규정은 없으나, 전세목적물의 소유권이 이전된 경우 민법이 전세권 관계로부터 생기는 상환청구, 소멸청구, 갱신청구, 전세금증감청구, 원상회복, 매수청구 등의 법률관계의 당사자로 규정하고 있는 전세권설정자 또는 소유자는 모두 목적물의 소유권을 취득한 신 소유자로 새길 수밖에 없다고 할 것이므로, 전세권은 전세권자와 목적물의 소유권을 취득한 신 소유자 사이에서 계속 동일한 내용으로 존속하게 된다고 보아야 할 것이고, 따라서 목적물의 신 소유자는 구 소유자와 전세권자 사이에 성립한 전세권의 내용에 따른 권리의무의 직접적인 당사자가 되어 전세권이 소멸하는 때에 전세권자에 대하여 전세권설정자의 지위에서 전세금반환의무를 부담하게 되고, 구 소유자는 전세권설정자의 지위를 상실하여 전세금반환의무를 면하게 된다고 보아야 하고, 전세권이 전세금 채권을 담보하는 담보물권적 성질을 가지고 있다고 하여도 전세권은 전세금이 존재하지 않으면 독립하여 존재할 수 없는 용익물권으로서 전세금은 전세권과 분리될 수 없는 요소이므로 전세권 관계로 생기는 위와 같은 법률관계가 신 소유자에게 이전되었다고 보는 이상, 전세금 채권 관계만이 따로 분리되어 전 소유자와 사이에 남아 있다고 할 수는 없을 것이고, 당연히 신 소유자에게 이전되었다고 보는 것이 옳다(대판 2000.6.9. 99다15122)」고 판시함으로써 ①의 견해를 채택하고 있다.

(나) 전세권근저당권자와 신 소유자 사이의 법률관계

전세권근저당권이 설정되어 있는 전세부동산의 소유권이 매매에 의하여 이전됨으로써 전 소유자는 전세관계에서 완전히 이탈되어 전세금반환채무를 면하고 신 소유자가 전세관계를 승계하게 되는 경우에 전세권근저당권자는 신 소유자에 대하여도 전세권근저당권을 행사할 수 있는지 문제로 된다. 이에 관하여는 다음과 같이 경우를 나누어 살펴볼 필요가 있다.

첫째는 전세부동산의 소유권이 이전될 당시에 아직 전세권의 존속기간이 만료되어 있지 아니하고 전세권자의 채무불이행시에도 아직 전세권이 존속기간이 만료되지 않은 경우이다. 이 경우는 용익물권으로서의 전세권이 아직 유효하게 존속하고 있으므로 전세권근저당권자로서는 전세부동산의 소유권이 누구에게 귀속되어 있는지와 관계없이 전세권 자체를 대상으로 임의경매를 청구하여 담보채권의 만족을 구할 수 있어 전세부동산의 소유권이 이전되기 전과 별로 다를 것이 없다.

둘째는 전세부동산의 소유권이 이전될 당시에는 전세권의 존속기간이 만료되어 있지 아니하였으나 전세권자의 채무불이행시에는 전세권의 존속기간이 만료되어 있는 경우이다. 이 경우는 신 소유자가 전세권의 부담이 있는 부동산의 소유권을 취득한 것이므로 전세권근저당권자는 신 소유자에 대한 관계에서 앞에서 설명한 존속기간 만료 후 전세권근저당권자의 구제수단에 관한 내용이 그대로 적용되는 것으로 보면 된다.

셋째는 전세권부동산의 소유권이 이전될 당시에 이미 전세권의 존속기간이 만료되어 있는 경우이다. 이 경우는 앞에서 설명한 존속기간 만료 후 전세권근저당권자의 구제수단에 관하여 물상대위설과 채권질권실행설 및 경매청구설 중 어느 견해를 취하는지에 따라 그 결론이 달라지게 된다.[514)]

물상대위설에 의하면 다음과 같은 결론이 된다. 전세부동산의 소유권이 신 소유자에게 이전될 당시에 전세권자의 구 소유자에 대한 전세금반환채권이 압류되어 있지 않은 상태이면 전세권근저당권자는 신 소유자에게 아무런 권리를 행사할 수 없게 된다. 물상대위권을 행사하려면 지급 또는 인도 전에 압류를 하여

514) 전세권저당권에 관한 많은 논문이 있으나 이 점에 관하여는 학계나 실무계에서 전혀 논의되고 있지 않은 것 같다. 따라서 본고에서는 이에 관한 저자의 의견만 제시하기로 한다.

야 하는데(민 342, 370) 전세부동산의 소유권이전으로 전세금반환채무자가 변경됨으로써 지급전 압류(또는 가압류)를 할 수 없게 된 것으로 보아야 하기 때문이다. 문제는 전세권자의 구 소유자에 대한 전세금반환채권이 압류되어 있는 상태에서 전세부동산의 소유권이 신 소유자에게 이전된 경우이다. 이 경우는 압류되어 있는 전세금반환채무를 신 소유자가 승계한 것으로 보아 전세권근저당권자가 신소유자에 대하여도 그 권리를 행사할 수 있다고 볼 여지가 있기 때문이다. 그러나 ① 전세권근저당권은 소유자와는 무관하게 전세권자와 전세권근저당권자 사이에 설정되는 것이어서 전세권설정자는 전세권자에 대해서만 전세금반환채무를 부담한다는 점 ② 전세금반환채권이 압류되어 있다는 것은 압류채권자와 압류채무자(전 소유자)만이 알고 있는 것으로 신 소유자는 쉽게 알 수 있는 사항이 아님에도 대항력을 인정하면 이를 알지 못한 신 소유자가 이중으로 전세금을 반환해야 하는 위험을 법적근거 없이 부담하게 되어 불합리한 점 ③ 전세부동산의 소유권이전시 전 소유자는 전세금반환채무를 면하고 신 소유자만이 전세금반환채무를 부담한다는 점 등을 고려할 때 신 소유자가 압류사실을 알고서 전세부동산의 소유권을 취득하지 않은 이상 전세권근저당권자는 전세금반환채권의 압류를 가지고 신 소유자에게 대항할 수 없다고 보는 것이 타당하다고 생각한다. 그리고 이 경우 전세부동산의 소유권을 취득할 때 신 소유자가 전세금반환채권에 관하여 압류가 있었다는 사실을 알고 있었는지의 여부에 대한 주장·입증책임은 전세권근저당권자에게 있는 것으로 보아야 한다.

채권질권실행설에 의하면 다음과 같은 결론이 된다. 전세부동산의 소유권이 신 소유자에게 이전될 당시에 전세권자가 전 소유자에게 전세권근저당권설정사실을 통지한 바가 없고 또한 전세권설정자가 전세권근저당권설정을 승낙하지도 않은 상태이면 전세권근저당권자는 신 소유자에게 아무런 권리를 행사할 수 없게 된다. 이 경우는 채권질권의 채무자에 대한 대항요건을 구비하지 않은 경우에 준하여 전세권근저당권설정사실을 전세권설정자에게 대항할 수 없는 상태에서 소유권이전이 이루어진 것이 되고, 이후 전세부동산의 소유권이 이전됨으로써 전세권근저당권설정사실의 전세권설정자에 대한 대항요건을 구비할 시기를 잃은 것이 되기 때문이다. 문제는 전세부동산의 소유권이 신 소유자에게 이전될 당시에 전세권자가 전 소유자에게 전세권근저당권설정사실을 통지하였거나 전세권설정자가 전세권근저당권설정을 승낙한 상태에서 전세부동산의 소유권이 신 소유자에게 이전된 경우이다. 이 경우는 채무자(전세권설정자인 전 소유자)에 대한 대항요건이 구비되어 있는 전세금반환채무를 신 소유자가 승계한 것으로 보아 전세권근저당권자가 신 소유자에 대하여도 그 권리를 행사할 수 있다고 볼 여지가 있기 때문이다. 그러나 ① 전세권근저당권은 소유자와는 무관하게 전세권자와 전세권근저당권자 사이에 설정되는 것이어서 전세권설정자는 전세권자에 대해서만 전세금반환채무를 부담한다는 점 ② 전세금반환채권에 대한 근저당권설정사실의 전세권설정자에 대한 대항요건이 구비되어 있다는 것은 전세권근저당권자와 전세권자 및 전 소유자만이 알고 있는 것으로 신 소유자는 쉽게 알 수 있는 사항이 아님에도 대항력을 인정하면 이를 알지 못한 신 소유자가 이중으로 전세금을 반환해야 하는 위험을 법적근거 없이 부담하게 될 수 있는 점 ③ 전세부동산의 소유권이전시 전 소유자는 전세금반환채무를 면하고 신 소유자만이 전세금반환채무를 부담한다는 점 등을 고려할 때 신 소유자가 전세금반환채권을 대상으로 하는 근저당권설정의 전세권설정자에 대한 대항요건이 구비되어 있다는 사실을 알고서 전세부동산의 소유권을 취득하지 않은 이상 전세권근저당권자는 그 대항요건구비의 사실을 가지고 신 소유자에게 대항할 수 없다고 보는 것이 타당하다고 생각한다. 그리고 이 경우 전세부동산의 소유권을 취득할 때 신 소유자가 전세금반환채권을 대상으로 하는 근저당권설정의 전세권설정자에 대한 대항요건이 구비되어 있었다는 사실을 알고 있었는지의 여부에 대한 주장·입증책임은 전세권근저당권자에게 있는 것으로 보아야 한다.

경매청구설에 의하면 다음과 같은 결론이 된다. 전세부동산의 소유권이 신 소유자에게 이전될 당시에 전세권자가 전 소유자에게 전세권근저당권설정의 사실을 통지한 바가 없고 또한 전세권설정자가 전세권근저당권설정을 승낙하지 않은 상태라도 전세권근저당권자는 신 소유자에게 전세권근저당권을 가지고 대항할 수 있다.

생각건대 경매청구설은 전세권근저당권의 공시적 기능을 바탕으로 전세금반환채권에 대한 전세권근저당권의 대세적 효력을 인정하여 전세권근저당권자를 두텁게 보호함으로써 전세권근저당권제도의 이용을 활성화할 수 있은 이점이 있으나, 이는 입법론으로서는 몰라도 현행법의 해석론으로 채택하기에는 무리가 있다는 점은 이미 설명한 바 있다. 또한 물상대위설도 이미 앞에서 설명한 바와 같이 전세권의 담보물권적 권능에 의하여 담보되는 전세금반환채권은 전세권자가 처음부터 전세권에 기하여 가지는 권리이지 전세권이 소멸하는 경우에 가지게 되는 대상청구권이 아니라는 점을 간과하고 있다는 점에서 타당하다고 할 수 없다. 따라서 채권질권실행설의 내용이 타당하다고 본다.

다. 경매에 의한 소유권이전의 경우

㈎ 전세권자의 지위

전세권이 설정되어 있는 부동산이 경매되는 경우 전세권이 그 경매절차에서의 매수인에게 인수되는지 아니면 매수인에 대한 관계에서 소멸하고 전세권자가 매각대금으로부터 배당을 받게 되는지는, 당해 경매가 전세권자에 의하여 이루어진 경우와 다른 채권자에 의하여 이루어진 것인지로 구분하여 검토할 필요가 있다.

우선 전세권자의 신청으로 경매가 이루어진 경우는 전세권은 소멸하고 전세권자는 그 경매절차에서의 매각대금으로부터 자신의 순위에 따른 배당을 받아 만족을 구하게 된다. 이에 대하여 다른 채권자에 의하여 경매신청이 이루어진 경우는 그 전세권이 경매신청인의 권리보다 선순위의 것이면 매수인에게 인수되고 후순위이면 소멸하는 것이 원칙이다.[515] 다만 경매신청인의 권리 등 보다 선순위의 전세권이라도 그 전세권자가 배당요구의 종기[516]까지 전세금의 배당요구를 한 때에는 그 전세권은 매수인에게 인수되지 않고 소멸하게 된다. 그리고 전세권이 소멸하는 경우 전세권자는 매각대금으로부터 자신의 순위에 따른 배당을 받아 만족을 구하게 된다.

---

515) 경매 부동산상에 전세권과 경매신청인의 권리 이외에 ① 경매개시결정등기(민집 144①iii, 268) ② 저당권(민집 91②, 268) ③ 담보가등기(가담 13, 15) ④ 가압류등기(법률에 명문의 규정은 없으나 통설)가 있은 때에는, 전세권이 경매신청인의 권리는 물론이고 이들 ①~④의 권리보다 선순위이어야만 매수인의 소유권취득으로 전세권이 소멸하지 아니하고 매수인에게 인수되고, 전세권이 경매신청인의 권리나 이들 ①~④의 권리보다 후순위이면 매수인에게 인수되지 아니하고 이들 권리와 함께 소멸한다.

516) 배당요구의 종기는 법원이 절차에 필요한 기간을 감안하여 첫 매각기일 이전으로 정한다(민집 84①).

(나) 전세권근저당권자의 지위

전세권근저당권이 설정되어 있는 부동산이 경매되는 경우 전세권근저당권자의 지위는 그 경매절차에서 전세권근저당권의 대상인 전세권이 매수인에게 인수되는지 아니면 소멸하는지에 따라 다를 수밖에 없다. 우선 전세권이 매수인에게 인수되는 경우는 전세부동산의 소유권이 전 소유자로부터 신 소유자에게 이전되고 이 경우 전 소유자는 전세관계에서 이탈되어 전세금반환채무를 면하고 신 소유자가 전세관계를 승계하여 전세금반환채무를 부담하게 되므로 앞에서 설명한 매매에 의하여 소유권이 이전된 경우와 같다고 보면 된다.

문제는 전세권이 소멸하는 경우이다. 즉 전세권이 설정되어 있는 부동산이 경매되어 그 경매절차의 매수인에 대한 관계에서 전세권이 소멸하고 전세권자가 매각대금으로부터 자신의 순위에 따라 배당을 받는 경우에 소멸하는 전세권에 대한 근저당권자가 어떤 방법으로 구제받을 수 있는지 문제로 되는 것이다.

생각건대 이 경우의 전세권근저당권은 그 실질이 근저당권부 채권질권의 성질을 가지는 것이므로 저당부동산이 경매되는 경우에 채권질권자가 구제받는 방법에 준하는 방법으로 구제받아야 할 것으로 본다. 즉 전세권근저당권설정의 전세권설정자에 대한 대항요건이 구비되어 있으면 배당요구의 종기까지 법원에 배당요구를 하는 방법으로 구제받을 수 있다고 본다.[517] 그러나 전세권근저당권설정의 전세권설정자에 대한 대항요건이 구비되어 있지 않으면 전세권자가 경매부동산의 매각대금으로부터 받을 배당금에 대하여 물상대위권을 행사하는 방법 즉 배당요구의 종기까지 경매법원을 제3채무자로 하는 압류·추심명령이나

517) 근저당권부채권질권자가 근저당권등기에 질권의 부기등기를 하고 질권설정자가 질권설정의 사실을 확정일자 있는 증서로 근저당권부채권의 채무자에게 통지하였거나 근저당권부채권의 채무자가 질권설정을 확정일자 있는 증서로 승낙한 상태에서 저당부동산이 경매되는 경우에, 근저당권부채권질권자는 당해 경매절차에서의 배당요구종기까지 질권의 부기등기를 증명할 수 있는 등기사항증명서와 질권설정의 채무자 및 제3자에 대한 대항요건구비를 증명하는 자료를 첨부하여 그 경매부동산으로부터의 배당요구를 하는 방법으로 구제받을 수 있다. 따라서 이러한 근저당권부채권질권의 실질을 가지는 전세권근저당권에 있어서도 전세부동산이 경매되어 전세권이 소멸하는 경우에 전세권근저당권자가 전세권근저당권설정의 전세권설정자 및 제3자에 대한 대항요건이 구비하고 있으면(즉 전세권자가 한 확정일자 있는 전세권근저당권설정의 전세권설자에 대한 통지 또는 전세권설정자가 한 확정일자 있는 증서에 의한 전세권설정승낙이 있으면), 당해 경매절차에서의 배당요구종기까지 전세권근저당권을 증명할 수 있는 등기사항증명서와 전세권근저당권설정의 채무자 및 제3자에 대한 대항요건구비를 증명하는 자료를 첨부하여 그 경매부동산으로부터의 배당요구를 하는 방법으로 구제받을 수 있는 것이다.

압류·전부명령을 받는 방법으로 구제받아야 할 것으로 본다. 전세권의 존속기간의 만료되는 경우와 달리 전세부동산이 경매됨으로써 전세권이 소멸하는 경우에는 전세권의 용익물권적 권능은 물론이고 담보물권적 권능까지를 포함하는 전세권 자체가 소멸하는 것으로 보아야 하기 때문이다.

(8) 부동산 일부 전세권근저당권자의 지위

가. 문제의 소재

토지와 그 지상 건물은 별개의 부동산이라는 점에서 토지와 지상 건물 모두를 대상으로 전세권을 설정하는 것이 보통이다. 그런데 건물만을 대상으로 전세권을 설정하는 경우가 있어 이 경우 전세권자의 지위가 어떤지 그리고 이 전세권을 대상으로 하는 근저당권이 설정된 경우 그 전세권자당권자의 지위가 어떤지 문제로 된다.

또한 전세권은 1개의 부동산의 전부를 대상으로 하여 설정하는 경우도 있지만 그 중 일부만을 대상으로 하여 설정하는 경우도 많다. 그런데 1개의 부동산의 일부를 대상으로 전세권을 설정하는 경우에는 ① 전세권설정자가 전세금반환을 지체하는 경우 전세부동산에 대한 경매청구권을 어떻게 행사할 수 있는지 ② 전세부동산의 매각대금으로부터 어떤 기준으로 우선배당을 받는 것인지 문제로 된다. 특히 1동의 건물의 일부만을 대상으로 전세권을 설정하는 경우에는 토지를 전세권의 대상으로 하지 않는 것이 보통이어서 전세권설정자의 전세금반환 지체시 경매청구권의 행사에 의하여 전세금의 우선변제를 받는데 큰 지장이 초래된다. 그리고 그 전세권을 대상으로 하는 근저당권자의 지위에도 큰 영향을 미치게 된다. 이하 위와 같은 여러 경우의 전세권자의 지위와 그 전세권을 대상으로 하는 근저당권자의 지위에 관하여 알아보기로 한다.

나. 건물에만 설정된 전세권의 경우

지상에 건물이 있은 경우에 토지와 건물 모두를 대상으로 전세권을 설정하지 아니하고 건물만을 대상으로 전세권을 설정한 경우에는 다음과 같이 경우를 나누어 볼 필요가 있다.

첫째로 토지와 건물의 소유자가 다른 상태에서 건물에만 전세권을 설정한 때에는 전세권의 효력은 그 건물의 소유를 목적으로 한 지상권 또는 임차권에 미치며, 이 경우 전세권설정자는 전세권자의 동의없이 지상권 또는 임차권을 소멸하게 하는 행위를 하지 못한다(민 304). 그런데 이 경우 전세권의 효력이 지상권 또는 임차권에 미친다고 하는 의미에 관하여는 전세권자가 마치 지상권자 또는 임차인과 같이 사용·수익할 수 있다는 뜻으로 보아야 한다는 견해[518]와 전세권자가 지상권 또는 임차권에 대해서도 법률상 당연히 전세권을 취득하는 것으로 보아야 한다는 견해[519]로 갈려 있다. 그러나 지상권이나 임차권은 전세권의 대상목적물이 될 수 없다는 점에서 전자의 견해가 타당하다고 본다. 대법원판례도 「민법 제304조는 전세권을 설정하는 건물소유자가 건물의 존립에 필요한 지상권 또는 임차권과 같은 토지사용권을 가지고 있는 경우에 관한 것으로서, 그 경우에 건물전세권자로 하여금 토지소유자에 대하여 건물소유자, 즉 전세권설정자의 그러한 토지사용권을 원용할 수 있도록 함으로써 토지소유자 기타 토지에 대하여 권리를 가지는 사람에 대한 관계에서 건물전세권자를 보다 안전한 지위에 놓으려는 취지의 규정이다」이라고 판시함으로써 전자의 견해를 채택하고 있다.[520]

둘째로 토지와 건물의 소유자가 동일한 상태에서 건물에만 전세권을 설정하였다가 그 토지소유권의 특별승계로 토지소유자가 변경된 때에는 그 토지소유권의 특별승계인은 전세권설정자에 대하여 지상권을 설정한 것으로 간주된다(민 305①). 그리고 이에 따라 토지소유권의 특별승계인이 전세권설정자에 대하여 지상권을 설정한 것으로 간주됨으로써 즉 전세권설정자가 토지소유자로부터 법정지상권을 취득한 때에는 전세권은 그 법정지상권에도 미치며, 그 의미는 첫째의 경우와 같다고 보아야 한다.

셋째로 토지와 건물의 소유자가 다른 상태에서 건물에만 전세권을 설정하였으나 건물의 소유자가 토지의 이용권이 없는 경우에는 토지소유자는 전세권설정자인 건물소유자에 대하여 건물의 철거를 청구할 수 있을 것이고 그에 따라 건물이 철거되면 전세권은 소멸하게 된다.

---

518) 곽윤직 물권법(신정수정) 358면, 김상용 물권법(2009) 511면, 김현선 나대지에 저당권을… 193면.

519) 김증한·김학동 물권법 420면, 김기선 한국물권법(1990) 307면.

520) 대판 2010.8.19. 2010다43801.

위 첫째와 둘째에 해당하는 전세권을 대상으로 근저당권을 설정한 경우에는 전세권근저당권 일반의 문제점 이외에 건물만을 대상으로 근저당권을 설정하였다는 점에 기하여 그 담보적 효력이 감소되는 문제는 생기지 않는다. 그러나 셋째의 경우는 전세권근저당권 일반의 문제점 이외에 건물의 철거로 인한 전세권 소멸로 담보적 효력이 상실되는 문제점도 발생하게 된다.

다. 부동산의 일부에만 설정된 전세권의 경우

㈎ 우선변제권의 범위

1필의 토지 또는 1동의 건물 일부만을 대상으로 한 전세권의 경우는 그 전세권자가 우선변제 받을 수 있는 목적물의 가액이 무엇인지에 대하여는 1필의 토지 또는 1동의 건물 전부의 가액이라는 견해와 전세권의 대상인 1필의 토지 또는 1동의 건물 일부의 가액이라는 견해 등이 대립되어 있다.

1필의 토지 또는 1동의 건물 전부의 가액이라는 견해는 민법 제303조 제1항에 "그 부동산 전부에 대하여 후순위권리자 기타 채권자보다 전세금의 우선변제를 받을 권리가 있다"고 규정되어 있다는 점을 들고 있다.[521] 반면에 1필의 토지 또는 1동의 건물 일부의 가액이라는 견해는 ① 부동산의 일부에 대한 전세권에 있어서 그 부동산 전부로부터 우선변제권을 인정한다는 것은 전세권자를 두텁게 보호할 수 있다고는 하지만 지나친 보호라는 점 ② 목적물 전부로부터 우선변제권이 있다고 하는 민법 제303조 제1항의 규정은 일부에 대한 전세라도 그 부동산 전부에 대한 우선변제권이 있다는 것이 아니라 전세대상인 「일부 목적물의 그 전부」에 대한 우선변제권이 있다는 의미로 해석하여야 한다는 점을 들고 있다.[522] 또한 제3의 견해로 1개의 부동산에 여러 개의 일부전세권이 설정된 경우에 각 전세권은 "부동산 전체에 대하여" 우선변제권을 가지므로 서로 경합할 경우라 할지라도 그 사이에는 순위가 없이 평등하며, 그에 따라 부동산 전체의 환가금이 그들의 전세금 전액을 만족시킬 수 없는 경우에는 각자

521) 민법주해[VII] 물권(4) 196면(박병대), 주석민법 물권3 239면(윤대성), 이영준 물권법(신정판) 671면, 송덕수 물권법 406면, 오시영 전게서 551면, 박종두 전게서 397~398면, 박순성 전게논문 105면.

522) 김상용 물권법(2009) 527면.

의 전세금의 비율에 따라 분배하여야 한다는 주장도 있다.

대법원은 「건물의 일부에 대하여 전세권이 설정되어 있는 경우 그 전세권자는 민법 제303조 제1항, 제318조의 규정에 의하여 그 건물 전부에 대하여 후순위 권리자 기타 채권자보다 전세금의 우선변제를 받을 권리가 있다」고 판시함으로써 1필의 토지 또는 1동의 건물 가액 전부라는 견해를 채택하고 있다.[523)]

생각건대 1필의 토지 또는 1동의 건물 전부의 가액이라는 견해는 법문에 충실한 해석이기는 하나 1필의 토지 또는 1동의 건물을 대상으로 여러 개의 부분전세권이 설정된 경우에 각 전세권자는 해당 부분에 대하여는 배타적인 용익물권을 가지는 것임에도 각 전세권자가 그 등기의 순서에 따라 다른 전세권자가 배타적인 용익물권을 가지는 부분에 대하여도 우선변제권을 가진다는 점에서 타당하다고 할 수 없다. 특히 1필의 토지 또는 1동의 건물을 대상으로 전세권을 설정하는 자는 나중에 전세권설정자의 전세금반환이 없으면 자신이 점유하여 사용·수익하는 부분의 가액으로부터 다른 부분의 전세권자와 관계없이 우선변제를 받는다고 생각하는 것이 보통이라는 점에서도 더욱 그렇다. 또한 전세권설정자의 입장에서도 1개의 부동산의 여러 부분을 대상으로 전세권을 설정하는 경우 처음 몇 부분까지는 전세권설정의 수요가 있을 것이지만 남는 부분이 몇 개 되지 않으면 그 부분에 대한 전세권설정을 꺼리게 되어(이 경우는 전세권설정등기를 하더라도 순위가 늦어 전세금의 우선변제를 받을 수 없을 것이기 때문) 부동산의 효율적인 운용이 곤란하게 되는 문제점도 발생하게 된다. 그리고 제3의 견해는 우선변제권이 전세목적물인 1필의 토지 또는 1동의 건물 일부만에 대하여 미치는 것으로 보면 서로 담보의 목적이 다르다는 점에서 타당성이 없고, 1필의 토지 또는 1동의 건물 전부에 미치는 것으로 보아도 전세권이 용익물권이기는 하지만 전세금반환채권을 담보하는 담보물권의 성격을 가지는 것으로 보아야 하고 담보물권의 성격을 가지는 이상 그 순위는 등기의 순서에 따라야 한다는 점에서 타당하다고 할 수 없다.

따라서 1필의 토지 또는 1동의 건물 일부의 가액이라고 보는 견해가 타당하다고 본다. 다만 이 견해에 의하면 1필의 토지 또는 1동의 건물 일부에 대한 전세권자와 1필의 토지 또는 1동의 건물 전부를 대상으로 하는 근저당권 사이의

523) 대결 1992.3.10. 91마256, 91마257, 같은 취지 대결 2001.7.2. 2001마212.

우선변제 순위를 어떻게 파악할 것인지 문제로 되나, 이에 관하여는 예컨대 1필의 토지 또는 1동의 건물 전부의 가액이 10억 원, 전세대상인 1필의 토지 또는 1동의 건물 부분의 가액이 2억 원이고, 1필의 토지 또는 1동의 건물 일부에 대한 전세권자의 전세금이 1억 원, 1필의 토지 또는 1동의 건물 전부에 근저당권의 피담보채권액이 5억 원이며, 등기의 순서가 근저당권·전세권이라고 할 경우, 전세권자와 근저당권자의 사이의 우선변제순위와 우선변제금액은 근저당권자 제1순위 1억 원(5 × 2/10)·전세권자 제2순위 1억 원이 되는 것으로 보아야 한다.

한편 1필의 토지 또는 1동의 건물 일부에 설정한 전세권을 대상으로 근저당권을 설정하는 경우에 그 담보가치도 전세권자가 우선변제 받을 수 있는 목적물의 가액이 무엇인지에 대하여는 1필의 토지 또는 1동의 건물 전부의 가액이라는 견해와 전세권의 대상인 1필의 토지 또는 1동의 건물 일부의 가액이라고 보는 견해 중 어느 견해를 채택하는지에 따라 그 평가가 달라지게 된다. 전자의 견해에 의하면 1필의 토지 또는 1동의 건물의 여러 부분을 대상으로 하는 전세권자가 있을 경우 그 전세권등기의 순위가 빠르면 그 만큼 담보가치가 높은 반면 순위가 늦으면 낮아지게 되어 대상 전세부분에 대하여 배타적인 용익물권을 가지는 여러 부분의 전세권자 사이에 형평성을 잃게 되어 불합리한 반면, 후자의 견해에 의하면 각 전세대상 부분을 각 별로 평가하여 담보가치를 산정할 수 있어 합리적이라고 할 수 있다. 따라서 전자의 견해를 채택하고 있는 대법원판례는 변경되어야 할 것으로 생각한다.

㈏ 경매청구권의 행사

1필의 토지 또는 1동의 건물 일부만을 대상으로 한 전세권의 경우는 전세권설정자가 전세금반환채무를 이행하지 않는 때에 민법 제318조에서 규정하고 있는 전세권자의 경매청구권행사에 관하여 경매청구불가설과 경매청구가능설 및 절충설로 견해가 대립되어 있다.

경매청구불가설은 전세목적인 1필의 토지 또는 1동의 건물의 일부에 대해서는 물론이고 전부에 대해서도 경매청구를 할 수 없다고 한다. 그 논거로는 ① 부동산의 일부를 목적으로 하는 전세권자에게 그 부동산 전부에 대한 경매청구권을 인정하는 것은 전세권설정자에게 지나친 불이익을 강요하게 되어 부당하다는 점 ② 근로기준법상의 임금채권, 주택임대차보호법에 의한 주택임대차보증금반환채권처럼 우선변제권이 인정되면서도 경매청구권이 인정되지 아니하는 권리가 있는가 하면 유치권처럼 경매청구권은 인정되면서도 우선변제권은 인정되지 아니하는 권리가 있는데서 알 수 있듯이 민법이 일부 전세권자에게 전부로부터의 우선변제권을 인정하였다 하여 전부에 대한 경매청구권을 인정하여야 할 논리적 필연성이 없다는 점 ③ 민법 제318조가 정한 전세권자의 경매청구권의 대상이 "전세권의 목적물"이라고만 규정하고 있는 이상 1 개의 부동산의 일부에 대한 전세권자가 스스로 경매를 청구하는 경우에는 전세권이 목적이 된 부분에 한정하여 청구할 수 있을 뿐인데 부동산의 일부만을 대상으로 하여서는 소유권이전등기를 할 수 없는 점 등을 들고 있다.[524)]

경매청구가능설은 전세목적인 1필의 토지 또는 1동의 건물 일부에 대해서는 경매청구를 할 수 없지만 1필의 토지 또는 1동의 건물 전부에 대한 경매청구를 할 수는 있다고 한다.[525)] 그 논거는 ① 민법 제318조는 민법 제303조에 규정되어 있는 우선변제권을 실현하는 구체적인 수단으로 경매를 규정하고 있는 것이므로 전세권자의 우선변제권의 실현 대상이 되는 목적물은 그 부동산 전부이며 그 우선변제권이 실현되는 구체적인 과정에서 민법 제318조에 의거 경매청구권의 목적물로 되는 것도 그 부동산 전부이어야 한다는 점 ② 전세권은 용익물권적 성격과 담보물권적 성격을 동시에 겸유하는 권리이므로 부동산의 일부에 대하여만 전세권이 실정된 경우 전세권의 용익물권적 효력이 미치는 전세권의 목적물은 그 일부 부동산에 한정되지만 전세권의 담보물권적 효력이 미치는 전세권의 목적물은 그 부동산 전부라고 보아야 한다는 점[526)] ③ 전세권에 기한 경매의 문제는 전세권설정자의 전세금반환채무의 지체가 원인이 되어 생기는 것이고, 경매절차가 진행중이라도 전세금을 반환하면 경매는 즉시 중지될 수 있

---

524) 김정현 경매실무요론(상) (한국사법행정학회, 1970) 84면, 최세모 부동산경매와 전세권 321면.

525) 민법주해 [Ⅶ] 물권(4) 270면(박병대), 김상용 물권법(2009) 527면, 송덕수 물권법 406면, 박순성 전세권에 관한... 105면, 김현선 나대지에 저당권을... 207면, 양창수 전세권 116면.

526) 그러나 이 논거는 1필의 토지 또는 1동의 건물 일부만을 대상으로 한 전세권에 있어서의 전세권자가 가지는 우선변제권의 범위를 1필의 토지 또는 1동의 건물 일부의 건물가액으로 보는 견해에 의하면 타당하다고 할 수가 없다. 또한 전세권의 용익물권적 권능과 담보물권적 권능이 미치는 범위를 서로 다르게 보는 것은 논리적으로도 타당하다고 할 수 없어 1필의 토지 또는 1동의 건물 전부에 대한 경매청구를 인정하는 근거가 될 수는 없다.

는 것이므로 일부전세권자에게 전부에 대한 경매청구권을 인정한다 하여 전세권설정자에게 반드시 지나친 불이익이 된다고 단정할 수 없다는 점 ④ 전세권의 담보물권성을 인정하는 이상 담보물권의 불가분성에 의하여 경매청구권이 그 부동산 전부에 미치는 것으로 보아야 한다는 점[527] ⑤ 「토지를 목적으로 저당권을 설정한 후 그 설정자가 그 토지에 건물을 축조한 때에는 저당권자는 토지와 함께 그 건물에 대하여도 경매를 청구할 수 있다. 그러나 그 건물의 경매대가에 대하여는 우선변제를 받을 권리가 없다」고 하는 민법 제365조의 규정을 유추적용하는 것이 타당하다는 점 등을 들고 있다.

절충설은 1필의 토지 또는 1동의 건물 일부에 설정된 전세권 이외에 다른 담보권 즉 저당권이 설정되어 있는 경우와 전세권만 설정되어 있는 경우로 나누어 저당권이 설정되어 있는 경우에는 전세권자는 언제나 1필의 토지 또는 1동의 건물 전부에 대하여 경매를 신청하여야 한다고 한다. 그 이유는 저당권의 목적이 되는 것은 1필의 토지 또는 1동의 건물로 그 일부는 저당권의 목적이 될 수 없는데 전세권을 실행하면 저당권도 함께 소멸하는 것이므로 전세권이 그 일부에만 설정되어 있더라도 그 전부를 경매할 수밖에 없다는 것이다. 이에 대하여 전세권만 설정되어 있는 경우에는 전세대상 일부 토지 또는 건물을 분필 또는 분할하여 그 부분만 경매신청하여야 하고, 만일 분할이 불가능하다면 담보물권의 불가분성에 따라 건물 전체의 경매신청을 할 수밖에 없다고 한다.[528]

대법원은 「건물의 일부에 대하여 전세권이 설정되어 있는 경우 그 전세권자는 민법 제303조 제1항의 규정에 의하여 그 건물 전부에 대하여 후순위권리자 기타 채권자보다 전세금의 우선변제를 받을 권리가 있고, 민법 제318조의 규정에 의하여 전세권설정자가 전세금의 반환을 지체한 때에는 전세권의 목적물의 경매를 청구할 수 있는 것이나, 전세권의 목적물이 아닌 나머지 건물부분에 대하여는 우선변제권은 별론으로 하고 경매신청권은 없으므로, 위와 같은 경우 전세권자는 전세권의 목적이 된 부분을 초과하여 건물 전부의 경매를 청구할 수 없다고 할 것

---

527) 이 논거도 담보물권의 불가분성이란 담보권의 효력이 미치는 범위에서 불가분을 말하는 것이므로 전세권의 담보적 효력이 1필의 토지 또는 1동의 건물 일부의 가액에 한정되는 것으로 보는 입장에서 보면 역시 1필의 토지 또는 1동의 건물 전부에 대한 경매청구를 인정하는 근거가 될 수는 없다.

528) 곽윤직 물권법(신정수정) 368~369면, 주석민법[물권(3)] 356면(윤대성).

이고, 그 전세권의 목적이 된 부분이 구조상 또는 이용상 독립성이 없어 독립한 소유권의 객체로 분할할 수 없고 따라서 그 부분만의 경매신청이 불가능하다고 하여 달리 볼 것은 아니다」고 판시함으로써 경매청구불가설을 채택하고 있다.[529]

생각건대 경매청구불가설은 민법 제318조에서 규정하는 전세권자의 경매청구권을 부정함으로써 전세권자의 지위를 약화시키고 그에 따라 전세권근저당권자의 담보가치도 떨어뜨려 전세권근저당권제도의 활성화를 저해하는 요인이 될 수 있다. 그리고 절충설은 전세대상 일부 토지 또는 건물의 분필 또는 분할이 가능한 경우라도 그 부분의 분필 또는 분할을 하려면 비용·시간 등 절차적으로 매우 번잡하고 또한 소유자의 의사여하에 관계없이 분필 또는 분할을 강제하는 것이 허용될 수 있는 것인지도 의문이라는 점에서, 강제적인 분필 또는 분할보다는 저당목적물이 아님에도 일괄경매청구를 인정하고 있는 민법 제365조의 규정을 이에 유추적용하여 전세권자로 하여금 전세목적물이 아닌 부분까지 포함하여 1필의 토지 또는 1동의 건물 전부에 대한 경매청구를 할 수 있다고 하는 경매청구가능성설이 타당하다고 생각한다. 다만 이 견해에 대하여는 1필의 토지 또는 1동의 건물 중 극히 일부만을 대상으로 하는 전세권자가 1필의 토지 또는 1동의 건물 전부를 경매신청할 수도 있어 불합리하다는 비판이 있을 수 있지만, 그와 같은 경매신청은 집행법원이 민사집행법 제124조(과잉매각되는 경우의 경매불허가)의 규정을 유추적용하여 받아들이지 않으면 될 것이므로 그러한 비판은 타당하다고 할 수 없다. 따라서 경매청구불가설을 채택하고 있는 대법원판례는 변경되어야 할 것으로 생각한다.

(9) 구분건물을 대상으로 하는 전세권근저당권자의 지위

가. 문제의 소재

전세권근저당권은 전세권을 대상으로 하는 것이므로 구분건물[530]을 대상으로 하는 전세권에 설정한 근저당권의 담보적 가치는 구분건물을 대상으로 하는 전

529) 대결 2001.7.2. 2001마212.

530) 일동(일동)의 건물은 이를 반드시 하나의 건물로 취급하여야 하는 것이 아니고, 이를 수직적으로 또는 수평적으로 구분하여 각 층 또는 각 구획된 부분을 독립한 별개의 건물로 할 수가 있는데, 이 구분된 각 건물부분을 구분건물이라고 한다(민 215, 집건 1).

세권자가 어떤 지위를 가지고 있는지에 따라 평가될 수밖에 없다.

구분건물을 대상으로 하는 전세권에 있어서 문제가 되는 것은 구분건물에 설정한 전세권이 그 구분건물의 대지권[531]에도 미치는가 하는 점이다. 구분건물에 설정한 전세권이 대지권에 미친다면 그 전세권을 대상으로 하는 근저당권의 효력도 구분건물과 대지권에 미치는 반면, 구분건물에 설정한 전세권이 대지권에 미치지 않는다면 근저당권의 효력도 구분건물에만 미치고 대지권에 미치지 않아 구분건물에 설정한 근저당권의 담보가치에 크게 영향을 미치는 것이기 때문이다.

대지권등기가 되어 있는 구분건물을 대상으로 전세권을 설정한 경우에는 그 전세권은 구분건물과 대지권 모두에 미치게 됨은 당연하다. 문제는 대지권등기가 되어 있지 않은 상태에서 구분건물만을 대상으로 전세권을 설정하였다가 후일 대지권등기가 되면 구분건물에 설정한 전세권이 대지권에도 미치는가 하는 점과 구분건물이 아닌 1동의 건물 일부를 대상으로 전세권을 설정하였다가 후일 전세권의 대상인 건물 일부가 구분건물로 되어 대지권등기가 된 경우 1동의 건물 일부를 대상으로 설정한 전세권이 구분건물과 대지권 모두에 미치는가 하는 점이다.

나. 전세권 설정 후 대지권등기가 된 경우

대지권등기가 되어 있지 않은 경우에 구분건물만을 대상으로 전세권을 설정하였다가 후일 대지권등기가 된 경우 대지권등기 전에 구분건물만을 대상으로 설정한 전세권의 효력이 대지권에도 미치는지 여부에 대하여는 긍정설과 부정설 및 절충

531) 구분건물의 소유자가 전유부분(구분소유권의 목적인 건물부분)을 소유하기 위하여, 건물의 대지에 대하여 가지는 권리를 대지사용권이라고 하고(집건 2vi), 대지사용권 중 규약이나 공정증서로서 특별히 분리·처분할 수 있음을 정하지 아니하여 일체·불가분성이 있는 것을 대지권이라고 한다(부등 40③). 1부동산 1등기기록구성의 원칙과 건물을 토지와 구분되는 별개의 부동산으로 취급하여 독자적으로 거래의 대상으로 할 수 있는 우리의 법제상 1개의 대지위에 수십 또는 수백 개의 구분건물이 존재하는 경우 각 구분건물의 소유자가 가지는 대지의 공유지분에 관한 권리를 1개의 대지등기부에 기록하여 관리하는 것은 대단히 불편하고 비경제적이라고 할 수 있다. 그래서 위와 같은 불편과 비경제성을 해소하기 위하여 현행 부동산등기법과 집합건물의 소유 및 관리에 관한 법률에서는 구분건물과 대지의 공유지분권 등 대지사용권을 대지권으로 하여 건물등기부에 함께 등기할 수 있도록 하는 한편 이들 양자를 분리하여 처분할 수 없도록 하는 원칙을 규정하고 있다.

설[532]로 견해가 대립되어 있다.

긍정설은 그 논거로 ① 집합건물의 소유 및 관리에 관한 법률 제20조에 의하여 구분건물의 전유부분과 대지권을 분리하여 처분할 수 없고, 대지권은 전유부분의 처분에 종속되어져야 하기 때문에 주물격인 전유부분에 전세권이 설정되면 전유부분과 대지권의 분리처분이 가능하도록 규약으로 정하였다는 등의 특별한 사정이 없는 한 당연히 종된 권리인 대지권에도 전세권의 효력이 미친다는 점 ② 민법 제303조 제1항에서 전세권에 대하여 우선변제권을 인정하고 있으면서도 근저당권에서의 민법 제358조와 같이 그 효력이 미치는 범위에 관하여 아무런 규정을 두고 있지 않지만, 전세권의 경우에도 민법 제358조의 규정이 유추적용되어 전세권의 목적물에 대한 종물에도 그 권리의 효력이 미치는데, 구분건물에 대지권등기가 경료되어 있는 경우에는 대지권은 종물에 유사한 성질을 갖게 되므로 전유부분에 등기된 전세권의 효력은 대지권에도 미친다는 점 ③ 등기실무상 전세권설정등기를 경료함에 있어 그 목적 및 범위를 '주거용건물의 전부' 또는 '주거용 전부'라는 식으로 기재하는 이외에 따로 부동산등기법 제165조의3 제2항 및 제135조의4 제1항에 규정된 건물만에 관한 취지의 부기를 허용하지 않고 있는 점에 착안하여 위 부동산등기법 규정의 해석상 대지권을 등기한 건물등기에 있어 건물만에 관한 취지의 부기가 없는 경우에는 건물에 대한 등기의 효력이 건물등기용지의 표제부 우측에 기재된 대지권에도 미치는 것이므로 전유부분에 등기된 전세권의 효력은 당연히 대지권에도 미친다는 점[533] ④ 전세권은 전세권자와 전세권설정자 사이의 설정계약과 등기에 의하여 그 효력이 발생하는 바 법리상으로는 토지와 건물을 별개의 부동산으로 취급하고 있지만 실제 사용에 있어서는 상호 분리될 수 없는 것이고, 특히 집합건물의 경우에 공유지분인 대지권과 전유부분인 구분건물과는 일체가 되어 사용·처분되는 것이므로 일반적인 경우에 있어서 당사자들의 의사는 위 양자를 일체로 하여 법률행위를 하는 것이라고 보는 것이 타당하다는 점[534] ⑤ 주택임대차보호법상 우선변제권이 있는 주택임차인은 검물 및 대지권의 매각대금 전부로부

532) 구체적인 내용은 이제호 구분건물에... 71~74면에 잘 요약되어 있으므로 그 내용에 따른다.
533) ①②③의 논거는 서울지방법원 1995.12.20. 선고 95가단128226 판결의 내용임.
534) 한명환 집합건물에 설정된... 155면.

터 배당을 받는 점(주임보 3의2①)과 비교하여 볼 때 담보물권의 성격을 가지는 전세권에 대하여 대지권이 매각대금으로부터는 우선배당을 받지 못한다고 해석하는 것은 전세권자에게 심각한 불이익을 주게 되는 것이므로 위 주택임차인과의 형평상 대지권에도 전세권의 효력이 미치는 것으로 하여 배당하여야 한다는 점을 들고 있다.

부정설의 논거는 ① 전세권의 목적인 부동산은 1필지의 토지 또는 1동의 건물의 전부일 필요는 없고 그 일부라도 무방한 것이나, 부동산의 일부에 대하여 전세권설정등기를 신청하고자 할 경우에는 전세권의 범위를 특정하고 그 도면을 첨부하여야 하는 것이므로(부등 72①vi, 부등규 128②) 부동산의 특정부분이 아닌 공유지분에 대한 전세권을 등기할 수 없다는 점 ② 원래 물권은 물건에 대하여 성립하는 배타적 물권이고, 그 물건 전부를 사용·수익하는 것을 내용으로 하는바, 공유지분은 그 내용이 소유권의 대상인 물건자체와 같이 볼 수 있는 측면도 있으나, 특히 그 물건에 대한 각 공유자의 이용은 상호제한되고 있으므로 만약 각자의 공유지분에 대한 용익물권의 설정이 인정된다면 하나의 물건에 배타적인 물권으로서의 용익물권이 중복하게 되어 물권법정주의에 어긋나고 물권의 일물일권주의에도 반한다는 점 ③ 전세권에 관하여는 주택임대차보호법 제3조의2 제1항의 규정과 같이 특별히 법률로 정한 바가 없다는 등의 이유로 각 공유자가 자기지분에 대한 대지권에 대하여는 전세권을 설정할 수 없고, 대지권에 대하여 전세권설정이 되지 않은 이상 건물부분에만 설정된 전세권의 효력이 대지권에 미치지 않는 것은 논리상 당연하다는 점을 들고 있다.[535]

절충설은 전세권의 대지권에 대한 효력은 인정하여 구분건물과 대지권이 일괄경매청구는 인정하되 대지권의 매각대금으로부터는 우선변제권을 인정하지 않는다. 그 이유로는 구분건물만에 대하여 설정된 전세권의 효력은 근저당권과 마찬가지로 대지권의 종속적 일체성에 의하여 대지사용권에도 미친다고 해석하는 것이 합리적이고, 따라서 전세권자는 민법 제318조에 의하여 당해 구분건물과 대지사용권에 대한 경매청구를 할 수 있으나 민법 제358조는 전세권에 그대로 적용된다고 할 수 없다는 점을 들고 있다.

535) 부정설의 논거는 서울지방법원 1995.12.20. 선고 95가단128226 판결의 전제가 되는 임의경매사건에서 수원지방법경매법원인 수원지방법원의 입장이다.

대법원은 「집합건물이 되기 전의 상태에서 건물 일부만에 관하여 전세권이 설정되었다가 그 건물이 집합건물로 된 후 그 전세권이 구분건물의 전유 부분만에 관한 전세권으로 이기된 경우, 구분소유자가 가지는 전유 부분과 대지사용권의 분리처분이 가능하도록 규약으로 정하는 등의 특별한 사정이 없는 한, 그 전유 부분의 소유자가 대지사용권을 취득함으로써 전유 부분과 대지권이 동일소유자에게 귀속하게 되었다면 위 전세권의 효력은 그 대지권에 까지 미친다고 보아야 할 것이고, 위 집합건물에 관하여 경매가 실행된 경우 대지권의 환가대금에 대한 배당순위에 있어서, 위 전세권이, 대지사용권이 성립하기 전의 토지에 관하여 이미 설정된 근저당권보다 우선한다고 할 수는 없는 바, 이는 대지사용권에 대한 전세권의 효력은 대지사용권이 성립함으로써 비로소 미치게 되는 것이므로 대지사용권이 성립하기 전에 그 토지에 관하여 이미 저당권을 가지고 있는 자의 권리를 해쳐서는 안되기 때문이다」고 판시함으로써 긍정설을 채택하고 있다.[536]

생각건대 부정설의 논거 중 ①은 구분건물의 경우는 그 특성상 구분건물과 대지권이 일체로서 등기되어 1개의 부동산으로 취급되는 것으로 등기할 수 없는 것이 아니라는 점에서 ②는 전세권은 용익물권과 담보물권의 성질을 동격으로 가지고 있는 것으로 용익물권으로서의 성질에서는 중복등기가 허용되지 않으나 담보물권으로서의 성질에서는 중복등기가 허용된다는 점에서 ③은 긍정설의 ⑤의 논거에서와 같은 점에서 타당하다고 할 수 없다. 그리고 절충설은 민법 제358조가 전세권에는 적용되지 않는다고 볼 이유가 없다는 점에서 타당하다고 할 수 없다. 또한 부정설과 긍정설에 의하면 전세권자의 지위를 불안하게 함으로써 전세권제도는 물론이고 전세권을 담보로 하는 근저당권의 이용활성화에 저해요인이 된다는 점에서 타당하다고 할 수 없다. 따라서 대법원판례의 입장인 긍정설이 타당하다고 본다.

다. 전세권이 설정된 1동의 건물의 일부가 구분건물이 된 경우

구분건물이 아닌 1동의 건물 일부를 대상으로 전세권을 설정하였다가 후일 전세권의 대상인 건물 일부가 구분건물로서 대지권등기가 된 경우에 관하여는

---

536) 대판 2002.6.14. 2001다68389.

다음과 같은 2가지가 문제로 된다. 첫째는 1동의 건물 일부를 대상으로 설정한 전세권이 구분건물과 대지권 모두에 미치는지 여부이고, 둘째는 구분건물로 되기 전의 1동의 건물에 대하여 또는 구분건물로 되어 대지권등기가 된 후의 구분건물에 관하여 근저당권이 설정된 경우에 전세권과 근저당권의 대지권부분에 대한 우선변제의 순위가 어떻게 정해지는가 하는 점이다.

첫째의 문제는 대지권등기 전의 구분건물에 설정한 전세권의 효력이 대지권이 등기되면 그 대지권에도 미친다고 보는 이상 이 경우도 건물의 일부를 대상으로 설정한 전세권은 구분건물과 대지권 모두에 당연히 미친다고 보아야 하며, 이에 대하여는 다른 의견이 있을 수 없다. 문제는 둘째의 경우로서 대지권부분에 대한 전세권자와 근저당권자의 우선변제순위를 무엇을 기준으로 판단해야 하는가 하는 점이다.

이에 관하여는 (1) 1동의 건물 일부만을 대상으로 전세권이 설정되고 다음에 1동의 건물과 그 대지 모두를 대상으로 근저당권이 설정된 후 전세권의 대상인 1동의 건물 일부가 구분건물로 되어[537] 대지권등기가 된 경우와 (2) 1동의 건물의 일부만을 대상으로 전세권이 설정되고 다음에 1동의 건물(토지 제외)만을 대상으로 근저당권이 설정[538]된 후 전세권의 대상인 1동의 건물 일부가 구분건물로 되어 대지권등기가 된 경우로 나누어 다음과 같이 판단하여야 한다.

즉 (1)의 경우에 관하여는 근저당권자가 전세권자보다 대지권부분에 대한 우선변제권을 가지는 것으로 보아야 한다. 이 경우에 있어서 전세권자는 전세권을 설정할 당시에 대지사용권에 전세권이 미친다고 보고 있지 않았던 것이므로 대지사용권이 성립된 때로부터 대지권에 전세권의 효력이 미치는 것으로 보는 것이 타당한 반면, 근저당권자는 근저당권을 설정할 당시에 이미 대지권부분을 포함한

537) 1동의 건물 전부를 대상으로 전세권을 설정하는 경우에는 그 건물의 대지도 함께 전세권의 목적물로 할 수 있고 또한 함께 전세권을 설정하는 것이 보통이지만, 1동의 건물 일부를 대상으로 여러 개의 전세권을 설정하는 경우에는 건물 일부의 지분에 해당하는 대지의 지분에 전세권을 설정할 수 없어 대지를 제외하고 건물의 일부만을 대상으로 여러 개의 전세권을 설정하는 것이 보통이다. 이에 대하여 근저당권의 경우는 건물이나 대지의 일부에 설정할 수 없는 반면 동일한 건물과 대지 모두를 대상으로 순위를 달리하는 여러 개의 근저당권을 설정할 수 있으므로, 동일한 건물과 대지의 일부 가액에 해당하는 여러 개의 담보가 필요한 경우 건물과 대지 모두를 대상으로 순위를 달리하는 여러 개의 근저당권을 설정하는 것이 보통이다.

538) 그러나 현실에 있어서 대지상에 건물이 있는 경우에 건물만을 대상으로 근저당권을 설정하는 경우는 매우 드물다.

대지 전체에 대하여 근저당권의 효력이 미치는 것으로 보고 있었던 것이므로 대지사용권이 성립되기 전인 근저당권설정시로부터 대지권에 미치는 것으로 보는 것이 타당하기 때문이다. 이에 관하여는 대법원판례도 같은 입장이다.539)

그리고 (2)의 경우에 관하여는 전세권자나 근저당권자 모두 그 설정 당시에 대지사용권에 전세권이나 근저당권의 효력이 미친다고 보고 있지 않았던 것이므로, 양자 모두 대지사용권이 성립된 때에야 비로소 대지권에 전세권이나 근저당권의 효력이 미치는 것으로 보아 양자 같은 순위라고 보는 견해가 있을 수 있다. 그러나 동일한 부동산을 대상으로 순차로 제1순위와 제2순위의 근저당권이 설정된 후의 동일한 시점에 다른 부동산을 제1순위와 제2순위의 근저당권에 추가하는 추가근저당권을 설정하는 경우에 추가근저당권설정의 대상목적물에 대하여 근저당권을 취득하게 되는 시점은, 제1순위나 제2순위의 근저당권자가 같지만 그 추가근저당권설정의 대상목적물에 대한 우선변제의 순위는 제1순위의 근저당권자가 제2순위의 근저당권자에 대하여 선순위가 되는 것과 같은 이치에서, 이 경우에 있어서도 전세권과 근저당권 중 먼저 설정등기된 것이 우선한다고 보는 것이 타당하다고 본다.

(10) 전세권근저당권의 법률문제에 대한 해결방안

가. 전세권근저당권의 이용활성화 저해 요인

전세권자는 대상부동산의 5할 내지 6할에 해당하는 전세금을 전세권설정자에게 지급하는 것이므로 그 전세권설정등기가 1순위로 이루어진 것이라면 그 전세권은 금융을 얻는 매우 유용한 담보물이라고 할 수 있다. 그럼에도 현재 금융을 얻는 수단으로서 전세권근저당권의 이용이 활성화되지 못하고 있는 이유는 전세권자와 전세권근저당권자의 지위가 안정적이지 못하다는 점에 있는데 이에 관하여 좀 더 구체적으로 설명하면 다음과 같다.

첫째로 현행법상 전세권자의 지위가 안정적이지 못한 대표적인 이유는 1개의 부동산 일부 특히 1동의 건물 일부만을 대상으로 전세권을 설정하는 경우가 많은데, 이 경우에 관하여 대법원판례가 ① 전세권의 대상이 되는 1동의 건물 일

539) 대판 2002.6.14. 2001다68389.

부는 물론이고 1동의 건물 전부에 대한 전세권자의 경매청구도 인정하지 않는다는 점과 ② 1동의 건물 일부를 대상으로 하는 전세권자가 해당 1동의 건물 일부의 가액으로부터 우선변제를 받는 것이 아니라, 1동의 건물 전부의 가액으로부터, 1동의 건물 일부를 대상으로 하는 다른 전세권자 및 1동의 건물 전부를 대상으로 하는 다른 저당권자들과 그 순위에 따라 변제를 받는다는 점이다.

둘째로 전세권근저당권자의 지위가 안정적이지 못한 대표적인 이유는 전세권근저당권자가 전세권근저당권을 가지고 직접 전세권설정자에게 대항할 수 있는지 여부에 관하여 대법원판례가 부정설을 채택하여, 전세권의 존속기간이 만료된 때에 전세권근저당권자로서는 전세권자가 전세권설정자에 대하여 가지는 전세금반환채권에 물상대위권자의 지위에서 압류·추심명령 또는 압류·전부명령을 받거나 제3자가 전세금반환채권에 대하여 실시한 강제집행절차에서 배당요구를 하는 등의 방법으로만 자신의 권리를 행사할 수 있다는 입장을 취하고 있어, 전세권의 존속기간이 만료된 사실을 간과하였거나 시기를 놓쳐 물상대위권을 행사하지 못한 상태에서 전세권설정자의 전세권자에 대한 전세금지급이 이루어지거나 제3자가 전세금반환채권에 대하여 실시한 강제집행절차에서 그 배당요구의 종기까지 배당요구를 하지 못하면, 그 이후 전세권근저당권로서의 우선변제권을 행사할 수 없고 그에 따라 전세권근저당권에 의하여 담보하고자 하던 채권이 무담보채권으로 된다는 점이다.

따라서 전세권을 대상으로 하는 근저당권의 이용을 활성화하려면 일차적으로는 전세권과 전세권근저당권에 관한 민법의 규정을 전세권자와 전세권설정자의 지위를 안정적으로 할 수 있도록 보다 전향적으로 해석할 필요가 있고, 나아가 해석론으로는 해결할 수 없는 부분에 대하여는 법을 개정하는 입법적인 뒷받침을 할 필요가 있다.

나. 전세권자의 지위 강화방안

이상 살펴본 바에 의하면 전세권자의 지위가 가장 취약한 부분은 전세권이 1필의 토지 또는 1동의 건물 일부를 대상으로 하여 설정된 경우임을 알 수 있다. 현재의 대법원판례에 의하면 1필의 토지 또는 1동의 건물 일부를 대상으로 하는 전세권자는 전세권설정자의 전세금반환이 없어도 1필의 토지 또는 1동의 건물 일부는 물론이고 1필의 토지 또는 1동의 건물 전부를 대상으로 하여서도 임의경매를 청구할 수 없어 민법 제318조에서 규정하는 전세권자의 경매청구권행사가 사실상 봉쇄되어 있기 때문이다.

또한 대법원판례에 의하면 1필의 토지 또는 1동의 건물을 대상으로 여러 개의 부분 전세권이 설정된 경우에 각 전세권자는 해당 부분에 대하여는 배타적인 용익물권을 가지는 것임에도 각 전세권자가 그 등기의 순서에 따라 다른 전세권자가 배타적인 용익물권을 가지는 부분에 대하여도 우선변제권을 가지는 것으로 되어 있어 전세권설정등기의 순위가 늦으면 아무리 높은 가격부분이 전세대상목적물이라고 하여도 전세금반환채권확보가 되지 않고, 이에 따라 순위가 늦은 전세권을 대상으로 하여서는 근저당권을 설정하고 금융을 얻는 것이 불가능해진다.[540]

따라서 이 문제는 일단 해석상으로 1필의 토지 또는 1동의 건물 일부를 대상으로 하는 전세권일지라도 전세기간 만료 후 전세금의 반환이 없으면 민법 제318조에서 규정에 따라 1필의 토지 또는 1동의 건물 전부를 대상으로 경매청구를 할 수 있는 것으로 하고, 그 매각대금으로부터의 우선변제도 각 전세대상목적물의 가액으로부터 각별로 배당받는 것으로 할 필요가 있다. 물론 이에 대하여는 전세권설정자에게 지나친 불이익을 가하는 것이라든가 각 부분 전세대상 목적물의 가액 산정이 곤란하다고 비판하는 견해도 있다. 그러나 전세권설정자에게 지나친 불이익을 가하는 것이라는 비판은 과잉경매금지로서 법원이 경매를 불허하는 방법으로 구제할 수 있고 또한 과잉경매가 되도록 적은 금액의 전세금을 반환하지 않는 전세권설정자를 보호할 필요가 있는지 의문이

540) 예를 들면 5층 건물(각 층의 건물가액이 1층 20, 2층 16, 3층 14, 4층 12, 5층 8억 원이라 가정)을 각 층별로 전세권을 설정하였다가 건물 전부가 경매되어 배당할 금액이 35억 원이라고 할 때 등기순위(5층부터 1층까지 역순으로 가정)에 따르면, 각 층 전세권자 중 5층 8, 4층 12, 3층 14, 2층 1억 원의 순위로 배당을 받고 2층은 16 중 15, 1층은 20억 원 전액을 배당받지 못하게 되어, 5개 층 중 35억에 해당하는 층에 관하여 전세권이 설정되면 나머지 부분의 층에 대해서는 전세 들어올 사람을 구할 수 없게 되는(예컨대 1층과 2층에 전세권이 설정되면 3~5층은 전세권설정이 곤란해지게 됨) 문제점이 발생하게 된다. 이에 대하여 각 층의 전세권자가 그 해당 부분의 가액에 대하여 각별로 우선변제를 받는 것으로 하면 1층 10, 2층 8, 3층 7, 4층 6, 5층 4억 원을 배당받게 되어 소유자의 입장에서도 1동의 건물의 각 부분을 대상으로 효율적인 전세운용을 할 수 있게 되고, 또한 전세권자도 전세권을 대상으로 적절한 금융을 얻을 수 있게 되어 합리적이라고 할 수 있다.

고 각 부분 전세대상 목적물의 가액 산정이 곤란하다는 것도 가액 평가상의 기술적인 문제일 뿐이라는 점에서 위와 같은 전향적인 해석을 반대할 이유로는 적절하지 않다고 본다.

다만 위와 같은 해석은 대법원판례의 변경을 요하는 것이라는 점에서 실제의 실무에는 적용될 수가 없다. 따라서 대법원판례의 변경이 어렵다면 근본적인 해결방안으로서 민법 제303조 제1항의 내용을 현행 「전세권자는 전세금을 지급하고 타인의 부동산을 점유하여 그 부동산의 용도에 좇아 사용·수익하며, 그 부동산 전부에 대하여 후순위권리자 기타 채권자보다 전세금의 우선변제를 받을 권리가 있다」에서 「전세권자는 전세금을 지급하고 타인의 부동산을 점유하여 그 부동산의 용도에 좇아 사용·수익하며, 그 부동산 해당 부분에 대하여 후순위권리자 기타 채권자보다 전세금의 우선변제를 받을 권리가 있다」로 변경하고 제318조의 현행 내용을 제1항으로 하고, 제2항으로 「제1항의 경우 전세권의 목적물이 1개의 부동산 일부이라도 전세권자는 1개의 부동산 전부에 대하여 경매를 청구할 수 있다」는 내용을 신설하는 입법조치를 할 필요가 있다고 본다.

다. 전세권근저당권자의 지위 강화방안

(가) 지위강화의 필요성

현행법상 전세권근저당권의 이용을 저해하는 가장 큰 요인은 대법원판례가 전세권의 존속기간이 만료된 때의 전세권근저당권자의 구제수단으로 물상대위설을 채택하고 있다는 점이다. 따라서 전세권근저당권자의 지위 강화방안으로 우선적으로 고려해 볼 것은 다수의 학설이 주장하고 있는 채권질권유추적용설로 대법원판례의 입장을 변경하는 것이다. 채권질권유추적용설에 의하면 전세권근저당권설정등기를 한 후 전세권자가 전세권설정자에게 전세권근저당권설정의 사실을 확정일자 있는 증서에 의하여 통지하거나 전세권설정자로부터 전세권근저당권설정에 대한 승낙을 받아 이에 확정일자를 받아두면 전세권근저당권자가 전세권자에게 직접 전세금반환을 청구할 수 있게 됨은 물론 제3자인 전세권자의 다른 채권자에 대하여도 전세권근저당권의 우선변제권을 가지고 대항할 수 있게 되기 때문이다.

그러나 채권질권유추적용설에 의하더라도 전세권근저당권자가 전세권근저당권을 실행하여 담보채권의 우선변제를 받는 데에는 한계가 있다. 채권질권유추적용설에 의하더라도 전세권의 존속기간이 만료된 후 전세부동산의 소유권이 신 소유자에게 이전될 당시에 전세권자가 전 소유자에게 전세권근저당권설정사실을 통지한 바가 없고 전세권설정자가 전세권근저당권설정을 승낙하지도 않은 상태이면 전세권근저당권자는 신 소유자에게 아무런 권리를 행사할 수 없고, 또한 전세부동산의 소유권이 신 소유자에게 이전될 당시에 전세권자가 전 소유자에게 전세권근저당권설정사실을 통지하였거나 전세권설정자가 전세권근저당권설정을 승낙한 상태라도 신 소유자가 전세부동산의 소유권을 이전받을 당시에 전세금반환채권을 대상으로 하는 근저당권설정의 전세권설정자에 대한 대항요건이 구비되어 있었다는 사실을 알고 있지 않았다면 전세권근저당권자는 역시 신 소유자에게 아무런 권리를 행사할 수 없는 것으로 해석되기 때문이다.

결국 채권질권유추적용설에 따를 경우의 문제점까지 해소하려면, 전세권설정자에 대한 전세권설정사실의 통지나 전세권설정자의 전세권설정승낙 없어도, 전세권을 대상으로 근저당권설정등기를 한 자체로, 전세권근저당권자가 전세권설정자에 대해서는 물론이고 전세권설정자로부터 전세부동산을 양수한 신 소유자에 대해서도 전세권근저당권을 주장할 수 있다고 하여야 한다. 그러나 이러한 해석이 현행법상 무리임은 앞에서 살펴본 바와 같다. 그리고 대법원판례가 물상대위설을 채택하고 있어 실제의 실무에 있어서 채권질권유추적용설을 적용할 수도 없다. 따라서 이하에서는 현재의 대법원판례인 물상대위설 하에서 전세부동산의 존속기간 만료로 전세권이 소멸하는 경우 및 그 이후 전세부동산이 양도되는 경우에 있어서 전세권근저당권자의 담보권 보전 방안을 제시하고 아울러 이상의 여러 문제를 근본적으로 해결할 수 있는 입법론적 방안을 제시하고자 한다.

㈏ 전세권근저당권자의 대응방안

㈀ 전세권소멸에 대비한 담보권 보전

전세권근저당권자가 전세권이 소멸하는 경우에도 유효하게 담보권을 보전하려면 전세권을 대상으로 하는 근저당권설정과 함께 전세권이 소멸할 때 전세권자가 전세권설정자에 대하여 가지는 전세금반환청구권을 대상으로 질권을 설정해 두어야 한다. 물상대위설에 의하면 전세권을 대상으로 근저당권만 설정해둘 경우 전세권의 존속기간 만료 등으로 전세권이 소멸하였으나, 전세권근저당권자가 미처 이를 알지 못하여 전세금반환청구권에 대하여 물상대위권에 기한 압류를 하지 않은 사이에 전세권설정자가 전세권자에게 전세금을 반환할 경우, 물상대위권 행사가 불가능하게 되어 이후 해당 채권이 무담보 채권으로 남게 될 것이기 때문이다.

질권의 설정은 전세권의 존속기간 만료시 전세권자가 전세권설정자에 대하여 가지는 전세금반환채권을 대상으로 전세권자와 전세권근저당권자가 질권설정계약을 체결하고, 전세권자가 질권설정계약의 사실을 확정일자 있는 증서로 전세권설정자에게 통지하거나 전세권설정자로부터 전세권설정사실에 대한 승낙을 받아 그 승낙서에 확정일자를 받아두는 방법으로 하면 된다.

㈏ 전세부동산의 양도에 대비한 담보권 보전

전세부동산이 매각되어 소유권이 이전된 경우에는 전 소유자는 전세관계에서 완전히 이탈하여 전세금반환의무를 면하고 신 소유자가 전세금반환의무를 부담하게 된다. 그런데 이 경우 전세권근저당권자가 전세권의 소멸시 전세권자가 전세권설정자에 대하여 가지는 전세금반환채권을 대상으로 질권을 설정해두면 전세부동산의 소유권이전시 신 소유자에 대하여도 전세금반환청구권에 대한 질권자로서의 권리를 주장할 수 있는지 문제로 된다. 예컨대 A 소유의 부동산에 전세권을 설정한 B가 그 전세권을 대상으로 S에게 전세권근저당권을 설정하고, 아울러 전세권의 존속기간 만료시 B가 A에 대하여 가지는 전세금반환채권을 대상으로 S에게 질권을 설정하고서 소유자 A 및 제3자에 대한 대항요건을 구비한 후 소유자 A가 전세부동산을 H에게 양도한 경우에, S가 전세금반환채무를 법정승계한 전세부동산의 신 소유자 H에 대하여도, B로부터 설정 받은 전세금반환청구권에 대한 질권의 효력을 주장할 수 있는지 문제로 되는 것이다. 이에 관하여는 다음과 같은 3가지 견해가 주장될 수 있다.

첫째는 긍정설로서 신 소유자 H가 전세부동산의 소유권을 취득할 때에 전세금반환청구권에 대한 질권설정과 그 대항요건구비의 사실을 알았는지의 여하에 관계없이 S는 신 소유자 H에 대하여 질권설정의 효력을 주장할 수 있다는 견해이다. 이 견해의 논거로는 ① 전세금반환청구권이라는 지명채권에 대한 질권은 그 법률적 성질이 준물권의 성질을 가지는 것으로 누구에게도 주장할 수 있는 대세적 효력이 있다는 점 ② 질권의 효력을 인정하더라도 질권의 존재를 모르고 전세권자 B에게 전세금을 반환한 신 소유자 H는 채권의 준점유자에 대한 변제로서 면책될 수 있어 이중지급의 위험에서 벗어날 수 있다는 점을 들 수 있다.

둘째는 부정설로서 신 소유자 H가 전세부동산의 소유권을 취득할 때 전세금반환청구권에 대한 질권설정계약 및 대항요건구비의 사실을 알았는지의 여하에 관계없이 S는 신 소유자 H에 대하여 질권설정의 효력을 주장할 수 없다는 견해이다. 이 견해의 논거로는 ① 전세금반환청구권에 대한 질권설정의 객관적인 공시방법이 없다는 점 ② 전세금반환청구권에 대한 질권설정을 전세부동산의 소유권취득으로 전세금반환채무를 법정승계한 신 소유자에 대하여 주장할 수 있는 법 규정이 없다는 점 ③ 이를 긍정할 경우에는 신 소유자 H가 질권설정의 사실을 알지 못하고서 전세권자에게 전세금을 반환한 경우에 이중으로 전세금반환의무를 부담하게 되는 불합리한 결과가 생길 수 있다는 점을 들 수 있다.

셋째는 절충설로서 신 소유자 H가 전세부동산의 소유권을 취득할 때에 전세금반환청구권에 대한 질권설정과 그 대항요건구비의 사실을 알았을 때에만 S는 신 소유자 H에 대하여 질권설정의 효력을 주장할 수 있다는 견해이다. 이 견해의 논거로는 이와 같이 해석하는 것이 당사자 사이에 가장 합리적인 결과를 가져온다는 점을 들 수 있다.

생각건대 전세금반환채권에 대한 질권설정 역시 전세권근저당권설정의 경우와 마찬가지로 소유자와는 무관하게 전세권자와 전세권근저당권자 사이에 이루어지는 것이어서 전세부동산의 전세권자나 전세부동산의 전 소유자가 알려주지 않는 이상 신 소유자로서는 쉽게 알 수 있는 것이 아니라는 점에서 긍정설은 법적근거 없이 신 소유자에게 이중지급의 위험을 부담하게 할 수 있어 타당하다고 할 수 없다. 또한 부정설은 ① 유체동산에 대한 질권설정의 공시방법이 대상 유체동산의 점유임에 대하여, 지명채권에 대한 질권설정의 공시방법은 채권증서의 점유라는 점에서 지명채권에 대한 공시방법이 없다고 할 수 없는 점 ② 질권설정의 대세적 효력은 물권이나 준물권의 대세적 효력 자체에 기하여 발생하는 것이지 별도로 명문의 법 규정이 있어야 하는 것이 아니라는 점 ③ 신 소유자가 전세금반환청구권에 대한 질권설정사실을 알고 있음에도 불구하고 질권자가 신 소유자에게 질권을 가지고 대항할 수 없다고 하는 것은 매우 불합리하다는 점에서 타당하다고 할 수 없다. 따라서 절충설이 타당하다고 본다.

그런데 전세권의 존속기간이 만료된 경우의 전세권근저당권자의 구제수단에 관하여 물상대위설을 채택하고 있는 대법원이 위의 사안에서 절충설을 채택할 것인지 여부는 현재로서는 알 수가 없는 것이고, 또한 대법원이 절충설을 채택한다고 하더라도 질권설정사실을 알지 못한 신 소유자가 질권설정자에게 전세금을 지급한 때에는 질권자로서도 신 소유자에게 전세금반환을 청구할 수 없는 것이므로 전세금반환채권에 대한 질권설정 역시 확실한 채권보전 수단은 되지 못한다. 따라서 전세금반환청구권을 대상으로 질권을 취득하면서 이를 전세부동산의 신 소유자에 대하여도 확실하게 주장할 수 있게 하려면, 질권설정 당시에 전세권설정자(구 소유자 A)로부터 대상 부동산을 매각할 경우 그 양수인(신 소유자 H)에게 전세권자 B의 전세금반환청구권에 질권이 설정되어 있다는 사실을 알리고 그 양수인이 질권설정 부 전세금반환채무를 승계하는 것으로 해주겠다는 확약서를 징구하여 두고서, 실제로 전세부동산의 소유자가 바뀔 때마다 신 소유자로부터 질권설정 부 전세금반환채무를 승계하였다는 내용의 확인서를 받도록 하는 수밖에 없다.

그러나 전세권자가 전세권근저당권을 설정하고 아울러 질권을 설정하면서 전세권설정자와 신소유자로부터 위와 같은 확인서를 받는다는 것은 현실적으로 매우 어려운 일일 것이고 바로 이러한 점 때문에 전세권을 대상으로 하는 근저당권의 담보적 효력이 매우 약해 현실에 있어서 전세권근저당권이 활성화되지 못하고 있다. 따라서 이러한 여러 문제를 근본적으로 해결하려면 전세권근저당권자의 지위를 강화하는 특별한 입법적인 조치가 필요하다고 본다. 실제로도 과거 전세권근저당권자의 지위 강화를 위한 입법이 추진되기도 하였다. 즉 법무부 내의 민법개정특별분과위원회는 2001년 12월 전세권근저당권에 관한 민법 제371조에 「전세권을 목적으로 하는 저당권에 있어서 저당권자 또는 저당권설정자가 전세권설정자에게 저당권설정의 사실을 통지하거나 전세권설정자가 이를 승낙한 때에는 저당권자는 전세금반환청구권 직접 청구할 수 있다」는 내용을 제3항으로 신설할 것을 제안한 바 있다.[541] 그런데 이 개정시안은 전세권저당권자가 전세권설정자에게 전세권저당권을 가지고 대항할 수 있는 요건으로서 저당권자 또는 저당권설정자가 전세권설정자에게 저당권설정의 사실을 통지하거나 전세권설정자가 이를 승낙할 것을 요구하고 있어, 그 요건을 구비하지 아니하였거나 구비한 경우라도 전세부동산의 소유권이 이전된 경우 신 소유자에 대한 관계에서는 어떻게 되는지의 문제가 제기될 수 있어 확실한 지위강화방안이라고 할 수가 없었다.

이에 법무부가 2002년 12월에 민법 제371조 제3항의 내용을 「전세권을 목적으로 하는 저당권에 있어서 저당권자는 우선변제권의 범위 내에서 전세금반환채권을 직접 청구할 수 있다. 이 경우에는 제353조 제3항의 규정을 준용한다」고 수정한 새로운 개정시안을 내놓은 바 있다. 이 개정시안은 전세권저당권자가 전세권저당권사실의 전세권설정자에 대한 통지나 전세권설정자의 전세권설정에 대한 승낙이 없어도 전세권설정등기만을 한 것으로 전세권저당권을 가지고 전세권설정자에게 대항할 수 있다고 한 것으로 앞의 개정시안 보다는 진일보한 것으로 볼 수 있다.[542] 그러나 이 개정시안에 의하더라도 전세권의 존속기간이 만료된 후 전세부동산의 소유권이 이전된 경우 그 신 소유자에 대하여도 전세권저당권자가 신 소유자에 대하여 직접 전세금반환채권을 직접 청구할 수 있는지에 관하여는 의문이 남는다.

따라서 이상의 모든 의문을 모두 해소하여 전세권저당권자의 지위를 확실하게 보장할 수 있는 방안으로, 새로운 개정시안의 민법 제371조 제3항을 제371조 제3항과 제4항으로 나누어 제3항의 내용을 「전세권을 목적으로 하는 저당권에 있어서 저당권자는 우선변제권의 범위 내에서 전세금반환채권을 직접 청구

---

541) 그 취지는 전세권에 대한 저당권설정은 전세권자와 저당권자 사이의 합의와 등기를 필요로 할 뿐 전세권설정자의 동의는 필요로 하지 않으므로, 전세권설정자(부동산소유자)가 전세권에 대한 저당권설정의 사실을 알지 못하고 전세권자에게 전세금을 반환한 경우에 유효한 변제로 보호하려는 것이라고 한다(이상태 전세권저당권자의... 598~599).

542) 그러나 이 개정시안에 대하여는 전세권저당권은 등기하여야 성립하고 저당권이 있는 채권을 압류할 때에는 채권압류의 사실을 등기부에 기입하여야 하므로(민집 228), 굳이 전세권설정자에 대한 통지나 승낙을 대항요건으로 하지 않아도 무방하다는 취지로 보이나, 전세권설정자의 이중변제의 우려라는 측면에서 보면 의문이 남는다고 하는 의견이 있다(강대성 전세권저당권의... 45면).

할 수 있다. 전세권의 존속기간이 만료된 후 전세권의 목적물의 소유권을 취득한 자에 대하여도 같다」로 하고, 제4항의 내용을 「제3항의 경우 제353조 제3항의 규정을 준용한다」는 내용으로 수정할 것을 제안하고자 한다. 다만 이와 같이 되면 전세권근저당권설정에 관여하지 아니한 전세권설정자가 전세금의 이중변제 위험에 노출될 수 있다는 비판이 제기될 수 있다. 그러나 ① 전세권근저당권은 등기부에 공시되는 것이므로 전세권설정자로서는 등기부를 열람하는 것만으로 전세권근저당권설정사실을 쉽게 알 수 있다는 점 ② 전세권근저당권제도의 활성화라는 공익적 목적을 위하여 전세권설정자로 하여금 전세권자에 대한 전세금반환시 그 전세권에 대하여 다른 사람의 권리가 존재하는지 여부를 점검하도록 하는 것이 전세권설정자에게 과도한 의무를 부과하는 것은 아니라고 할 것인 점 ③ 전세권과 전세권근저당권이 설정되어 있는 부동산을 양수한 자는 특별한 사유가 없는 한 소유권이전등기의 과정에서 전세권과 전세권근저당권의 존재를 알 수 있는 것이므로 전세금의 이중변제 위험에 노출된다고 볼 수 없는 점 ④ 특별한 사유로 전세권근저당권설정의 사실을 알지 못하고 전세권자에게 전세금을 지급한 경우에는 민법 제470조에서 규정하는 채권의 준점유자에 대한 변제로서 면책될 수 있으므로 이에 의하여 구제받을 수 있는 점 등에 비추어 볼 때 전세권설정자(전세부동산의 소유자)로 하여금 감내하도록 하여도 형평에 반하는 것으로 볼 수는 없다고 본다.

3. 지상권

(1) 지상권의 담보취득

지상권을 대상으로 하는 근저당권도 설정당사자가 근저당권설정계약을 체결하고 관할등기소에 근저당권설정등기를 신청하여 그 등기가 이루어짐으로써 설정되는 점은 토지를 대상으로 하는 근저당권의 경우와 다르지 않다. 다만 그 대상목적물이 토지가 아니라 토지의 용익권이라는 점에서 다르다.

[참고] 지상권 근저당권의 등기기재(예시)

[을구] (소유권 이외의 권리에 관한 사항)				
순위번호	등기목적	접수	등기원인	권리자 및 기타사항
1	지상권설정	2013년 4월 22일 제○호	2013년 4월 21일 설정계약	목적 철근콘크리조 건물의 소유 범위 토지 전부 존속기간 2013년 4월 21일부터 30년 지료 금 ○○원 지급시기 매월 21일 지상권자 박기동 (-) 서울 ○구 ○동 ---
1-1	1번 지상권 근저당권설정	2013년 5월 2일 제○호	2013년 5월 2일 설정계약	채권최고액 금○○원 채무자 박기동 서울 ○구 ○동 --- 근저당권자 ○○은행 (-) 서울 ○구 ○동 --- (취급지점 △△지점)

(2) 지상권 근저당권의 특수성

가. 지상권 소멸행위의 금지

지상권을 대상으로 근저당권을 설정한 자는 근저당권자의 동의 없이 그 근저당권의 목적이 된 지상권을 소멸하게 하는 행위를 하지 못한다(민 371②). 근저당권이 설정된 지상권을 근저당권설정자인 지상권자가 자유로 소멸시킬 수 있는 것으로 하면 근저당권자의 권리가 부당하게 침해되므로, 근저당권자의 권리를 보호하기 위하여 근저당권설정자인 지상권자의 임의적인 소멸행위를 금지한 것이다.

지상권을 소멸하게 하는 행위란 지상권의 포기 또는 지상권설정계약의 합의해제(또는 해지) 등과 같이, 근저당권설정자가 그 의사에 기하여 적극적으로 지상권을 소멸시키는 행위를 말한다. 따라서 지상권이 존속기간의 만료·목적물의 멸실·지상권자의 채무불이행에 따른 지상권설정자의 해제(또는 해지) 등과 같이, 지상권설정자의 의사에 기하지 않고 소멸되는 경우는 여기에서의 지상권소멸행위에 포함되지 않는다. 그리고 지상권소멸행위를 할 수 없는 지상권설정자는 지상권설정 당시의 지상권자 뿐만 아니라 그 승계인도 포함되는 것으로 보아야 한다.

지상권을 소멸하게 하는 행위를 할 수 없는 자를 지상권설정자로 한정하면, 지상권설정자가 제3자와 통모하여 근저당권이 설정된 지상권을 쉽게 소멸시킬 수 있게 되어 이를 금지시킨 의미가 없어지기 때문이다.543)

지상권자가 근저당권자의 동의 없이 지상권을 소멸시키는 행위를 한 경우에도, 그 행위가 절대적으로 무효로 되는 것은 아니고 그 소멸행위를 가지고 근저당권자에게 대항할 수 없을 뿐이다.544) 따라서 지장권자와 지상권설정자 사이에서는 유효하게 지상권소멸의 효력이 발생하게 되고, 단지 근저당권자의 채권담보범위에서만 지상권이 존속하게 되는 것으로 보아야 한다.

나. 지상권 근저당권의 실행

㈎ 지상권의 존속기간 만료 전

지상권을 대상으로 하는 근저당권의 실행은 민사집행법에서 규정하고 있는 부동산경매절차(민집 264 이하)에 의하여 한다. 지상권은 저당권의 대상 목적물로서 부동산과 동일시되는 것이기 때문이다. 그리고 이 경우 경매의 대상이 되는 것은 부동산 자체가 아니라 부동산용익권인 지상권이다.

㈏ 지상권의 존속기간 만료 후

지상권의 존속기간이 만료되면 지상권은 소멸하므로 더 이상 지상권 자체에 대하여 근저당권을 실행할 수 없게 된다. 지상권의 존속기간이 만료되면 지상권은 지상권설정등기의 말소등기 없이도 당연히 소멸하고, 근저당권의 목적물인 지상권이 소멸하면 근저당권도 당연히 소멸하는 것이기 때문이다. 그리고 지상권자는 전세권자의 경우와는 달리 지상권이 소멸하더라도 토지소유자로부터 반환받을 것이 없는 것이 원칙이기 때문에 물상대위권(민 370, 342)을 행사할 수 있는 것도 없다.

그런데 이 경우 한 가지 문제가 되는 것은 지상권소멸시 지상권자가 토지소유자에 대하여 지상물매수청구권(민 283②)을 행사하거나, 토지소유자가 지상권

---

543) 민법주해[Ⅶ] 240(조대현). 주석민법[물권(3)] 355쪽(이기택), 주석물권법(하) 615(이영준).
544) 민법주해[Ⅶ] 240(조대현). 주석민법[물권(3)] 355쪽(이기택), 주석물권법(하) 614(이영준).

자에 대하여 지상물매수청구권(민 285②)을 행사함으로써 지상권자가 토지소유자에 대하여 가지는 매수대금청구권에 대하여 물상대위권을 행사할 수 있는가 하는 점이다. 그러나 이 경우 매수청구권의 대상인 지상물은 토지와 구분되는 별개의 부동산으로서 근저당목적물인 지상권의 가치대표물이 아니므로 부정하는 것이 타당하다.

(3) 근저당권설정시의 유의사항

지상권을 대상으로 근저당권을 설정하는 경우에는 그 담보가치는 지상권의 대상인 토지의 가액으로 할 것이 아니라 지상권 자체의 가액으로 평가하여야 한다. 구체적인 평가는 지상권의 존속기간동안 산출할 것으로 기대되는 총수익을 현재가치로 환원하는 이른바 수익환원법으로 하되 매년 감가상각을 하여 이를 담보가액으로 하여야 한다.

4. 광업권

(1) 광업권의 의의

광업권이란 탐사권과 채굴권을 포괄하는 개념으로(광업 3ⅲ), 탐사권이란 등록을 한 일정한 토지의 구역(광구)에서 등록을 한 광물과 이와 같은 광상(鑛床)에 묻혀 있는 다른 광물을 탐사하는 권리를 말하고(광업 3ⅲ의2), 채굴권이란 광구에서 등록을 한 광물과 이와 같은 광상에 묻혀 있는 다른 광물을 채굴하고 취득하는 권리를 말한다(광업 3ⅲ의3).

그런데 광업권 중 탐사권은 상속, 양도, 체납처분 또는 강제집행의 경우 외에는 권리의 목적으로 할 수 없고(광업 11①), 채굴권은 상속, 양도, 조광권·저당권의 설정, 체납처분 또는 강제집행의 경우 외에는 권리의 목적으로 할 수 없다(광업 11②). 따라서 광업권 중 근저당권의 목적물로 할 수 있는 것은 채굴권에 한한다.

한편 광업권은 물권으로 하고, 광업법에서 따로 정한 경우 외에는 부동산에 관하여 민법과 그 밖의 법령에서 정하는 사항이 준용된다(광업 10①). 따라서 채굴권을 대상으로 하는 근저당권의 설정방식 및 효력 등은 대체로 부동산을 대상으로 하는 근저당권의 경우에 준하는 것으로 보면 된다. 채굴권을 대상으로 하는 근저당권의 특수한 점을 보면 다음과 같다.

(2) 채굴권근저당권의 특수성

가. 근저당권의 설정

채굴권을 대상으로 하는 근저당권은 설정당사자가 근저당권설정계약을 체결하고 산업통상자원부 광업등록사무소에 근저당권설정등록을 신청하여 광업원부에 근저당권의 등록을 함으로써 설정된다(광업 38①ii, 39, 광등령 1의2, 53 이하). 그러나 공동채굴권자의 채굴권의 지분은 다른 공동채굴권자의 동의 없이는 이를 근저당권의 목적으로 할 수 없다(광업 30②).

나. 근저당권의 효력

㈎ 채굴계획인가 불신청 등에 따른 채굴권취소의 경우

채굴권자가 채굴계획인가의 신청을 하지 아니한 경우 등 광업법 제35조 제2항 각호에서 정하는 사유에 해당하는 경우에는 산업통상자원부장관은 당해 채굴권을 취소할 수 있다. 근저당권이 설정되어 있는 채굴권 또는 계속작업권으로서 채굴권 취소로 인한 채굴권 또는 계속작업권 소멸의 등록신청이 있을 때에는 광업등록사무소는 그 등록을 함과 동시에 경매의 목적의 범위 안에서는 그 채굴권 또는 계속작업권이 존속한다는 사유를 기재하여야 한다(광등령 62①③).

산업통상자원부장관은 채굴권을 취소한 경우에는 지체 없이 그 사실을 근저당권자에게 통지하여야 한다(광업 36①). 채굴권 취소의 통지를 받은 근저당권자는 그 통지를 받은 날부터 산업통상자원부장관이 지정한 기간에 채굴권의 경매를 청구할 수 있다. 다만, 광업법 제34조(공익상 이유에 따른 취소처분 등)에 따른 채굴권의 취소의 경우에는 채굴권의 경매를 청구할 수 없다(광업 36②).

채굴권의 경매청구가 있는 경우 채굴권은 경매절차의 완결일까지는 경매목적의 범위에서 존속하는 것으로 보며, 경락(競落)이 결정되었을 때에는 채굴권의 취소는 효력이 발생하지 아니한 것으로 본다(광업 36③④). 그리고 경매에 따른 매득금(賣得金)은 경매의 비용, 근저당권자에 대한 채무의 변제, 광업 종업원의 임금의 순서로 충당하고 나머지는 국고에 귀속한다(광업 36⑤).

근저당권자가 산업통상자원부장관으로부터 채굴권자의 채굴권취소 통지를 받고서도 소정기간 내에 경매를 청구하지 아니하였을 때 또는 경매신청이 있어서 이를 등록한 후에 촉탁에 의하여 그 신청등록을 말소하였을 때에는 채굴권 또는 계속작업권의 존속에 관한 기재는 주서로써 말소하여야 하며(광등령 62②③) 채굴권을 대상으로 하는 근저당권은 이 말소에 의하여 소멸한다(광업 39).

㈏ 공익상 이유에 따른 광업권취소 등의 경우

산업통상자원부장관은 광업이 공익을 해친다고 인정할 때에는 광업권의 취소 또는 광구의 감소처분을 하여야 한다(광업 34①). 또한 산업통상자원부장관은 국가중요건설사업지 또는 그 인접 지역의 광업권이나 광물의 채굴이 국가중요건설사업에 지장을 준다고 인정할 때에는 광업권의 취소 또는 그 지역에 있는 광구의 감소처분을 할 수 있다(광업 34②).

국가는 광업권의 취소처분 또는 광구의 감소처분으로 발생한 손실을 해당 광업권자에 보상하여야 하는데(광업 34③), 이 경우 채굴권 근저당권자는 채굴권자가 국가에 대하여 가지는 보상청구권에 물상대위권을 행사할 수 있다.

㈐ 채굴권의 포기 및 소멸등록이 있는 경우

광업권자는 폐업 등의 사유로 광업권을 포기할 수 있으며, 그 포기의 효력은 해당 광업권자가 광업원부에 소멸등록을 신청하여 그 광업권이 소멸등록 된 때에 발생한다(광업 37①).

채굴권 포기에 따른 채굴권 또는 계속작업권 소멸의 등록신청이 있는 때에는 산업통상자원부장관은 그 등록을 함과 동시에 경매의 목적의 범위 안에서는 그 광업권 또는 계속작업권이 존속한다는 사유를 기재하고(광등령 62①), 지체 없이 그 사실을 근저당권자에게 통지하여야 한다(광업 37②, 36①).

채굴권 또는 계속작업권 소멸등록신청의 통지를 받은 근저당권자는 그 통지를 받은 날부터 산업통상자원부장관이 지정한 기간에 채굴권의 경매를 청구할 수 있다(광업 37②, 36②본). 이 경우 채굴권은 경매절차의 완결일까지는 경매 목적의 범위에서 존속하는 것으로 보며, 경락(競落)이 결정되었을 때에는 소멸등록신청은 효력이 발생하지 아니한 것으로 본다(광업 37②, 36③④). 그리고 경매에 따른 매득금(賣得金)은 경매의 비용, 근저당권자에 대한 채무의 변제, 광업 종업원의 임금의 순서로 충당하고 나머지는 국고에 귀속한다(광업 37②, 36⑤).

근저당권자가 산업통상자원부장관으로부터 채굴권 포기에 따른 소멸등록신청의 통지를 받고서도 소정기간 내에 경매를 청구하지 아니하였을 때 또는 경매신청이 있어서 이를 등록한 후에 촉탁에 의하여 그 신청등록을 말소하였을 때에는 채굴권 또는 계속작업권의 존속에 관한 기재는 주서로써 말소하여야 하며(광등령 62②) 채굴권을 대상으로 하는 근저당권은 이 말소에 의하여 소멸한다(광업 39).

5. 어업권

(1) 어업권의 의의

어업권이란 수산업법 제8조(면허어업)에 따라 면허를 받아 어업을 경영할 수 있는 권리를 말한다(수산업 2ix). 그리고 어업이란 수산동식물을 포획·채취하는 사업과 염전에서 바닷물을 자연 증발시켜 소금을 생산하는 사업을 말한다(수산업 2ii).

어업권은 물권(物權)으로 하며, 수산업법에서 정한 것 외에는 민법 중 토지에 관한 규정을 준용하며(수산업 16②), 어업권과 이를 목적으로 하는 권리에 관하여는 민법 중 질권(質權)에 관한 규정을 적용하지 아니한다(수산업 16③).

따라서 어업권을 대상으로 하는 근저당권의 설정방식과 효력 등은 토지를 대상으로 하는 근저당권의 경우와 대체로 동일하다. 어업권을 대상으로 하는 근저당권의 특수한 점만을 보면 다음과 같다.

(2) 어업권근저당권의 특수성

가. 근저당권의 설정

어업권을 대상으로 하는 근저당권은 설정당사자가 근저당권설정계약을 체결하고 어업의 면허권을 가진 행정관청(해양수산부장관, 시장·군수·구청장)에 근저당권설정등록신청을 하여 어업권원부에 근저당권의 등록을 함으로써 설정된다(수산업 17①, 어등령 1, 2).

어촌계나 지구별수협이 가지고 있는 어업권은 담보로 제공할 수 없다(수산업 21). 또한 어업권의 공유자는 다른 공유자의 동의 없이 그 지분을 처분하거나 담보로 제공할 수 없다. 다만, 「민사집행법」 제264조에 따른 매각의 경우에는 그러하지 아니하다(수산업 23①). 어업권을 담보로 제공할 때에 그 어장에 설치한 인공구조물은 어업권에 딸려 어업권과 하나가 된 것으로 본다(수산업 22).

나. 근저당권의 효력

어업권을 취득한 자가 그 어업을 시작한 후 1년이 지났으나 계속하여 해당 어장을 휴업 상태로 두어 어장을 종합적으로 이용하지 못하였다고 인정될 때에는 시장·군수·구청장은 어그 어업권을 변경하거나 취소할 수 있다(수산업 31②).

또한 어업면허를 받은 자가 다음 중의 어느 하나에 해당하면 시장·군수·구청장은 해양수산부령으로 정하는 바에 따라 어업면허를 취소할 수 있다. 다만, ①에 해당하는 경우에는 그 면허를 취소하여야 한다(수산업 35).

① 거짓이나 그 밖의 부정한 방법으로 어업면허를 받은 경우
② 어업을 목적으로 하지 아니하는 법인이나 단체(수산업 10 i)가 된 경우
③ 어업권자가 휴업조건(수산업 30①②) 또는 일정기간내 어업개시의무(수산업 31①)를 위반한 경우
④ 어업권자가 다른 사람에 의한 어업경영의 지배금지 의무(수산업 32)를 위반하여 다른 사람에게 그 어업의 경영을 사실상 지배하게 한 경우

⑤ 어업권자가 어업권 임대차금지의무(수산업 33)를 위반하여 어업권을 임대한 경우

⑥ 위 ①부터 ⑤까지의 경우 외에 수산업법 제34조(공익의 필요에 의한 면허어업의 제한 등) 제1항 각 호의 어느 하나에 해당하게 된 경우

근저당권의 등록이 있는 어업권의 어업면허가 취소된 경우 그 어업권을 대상으로 하는 근저당권에 어떠한 영향이 있는지는 어업면허의 취소사유가 무엇인지에 따라 다르다.

첫째, 어업면허의 취소사유가 ① 거짓이나 그 밖의 부정한 방법으로 어업면허를 받은 경우(수산업 35 i) ② 공익의 필요에 의한 면허어업의 제한(수산업 34① i~vi)인 경우이면 그 어업권을 대상으로 하는 근저당권은 바로 소멸한다.

둘째, 어업면허의 취소사유가 ① 어장을 상당기간 휴업상태로 둔 경우(수산업 31②) ② 어업을 목적으로 하지 아니하는 법인이나 단체(수산업 10 i)가 된 경우(수산업 35 ii) ③ 어업권자가 휴업조건(수산업 30①②) 또는 일정기간내 어업개시의무(수산업 31①)를 위반한 경우(수산업 35 iii) ④ 어업권자가 다른 사람에 의한 어업경영의 지배금지 의무(수산업 32)를 위반하여 다른 사람에게 그 어업의 경영을 사실상 지배하게 한 경우(수산업 35 iv) ⑤ 어업권자가 어업권 임대차금지의무(수산업 33)를 위반하여 어업권을 임대한 경우(수산업 35 v) ⑥ 어업권자가 수산업법, 어장관리법 또는 수산자원관리법을 위반하거나 수산업법, 어장관리법 또는 수산자원관리법에 따른 명령·처분이나 그 제한·조건을 위반한 경우(수산업 34① viii) ⑦ 어업권자가 외국과의 어업에 관한 협정 또는 일반적으로 승인된 국제법규와 외국의 수산에 관한 법령을 위반한 경우(수산업 34① ix)이면 근저당권자의 보호를 위하여 다음과 같은 특별절차가 마련되어 있다.

시장·군수·구청장은 어업의 면허를 취소한 때에는 지체 없이 그 어업권 근저당권자 등 어업권을 등록한 권리자에게 취소사실을 알려야 한다(수산업 36). 이 경우 어업면허의 취소통지를 받은 근저당권자는 통지를 받은 다음 날부터 계산하기 시작하여 30일 이내에 어업권의 경매를 신청할 수 있다(수산업 26①).

시장·군수·구청장은 어업면허가 취소된 경우에는 어업등록령 제54조에 따라 어업권의 소멸등록을 하되, 어업권 근저당권자의 경매신청이 있으면 어업권은

경매목적의 범위에서 그대로 존속한다는 사실 및 경락 결정이 확정된 경우에는 어업면허 취소는 그 효력을 발생하지 아니한다는 뜻을 직권으로 각각 기재하여야 한다(어등령 55①).

어업권 근저당권자가 경매를 신청한 경우에는 해당 어업권은 면허를 취소한 날부터 경매절차가 끝난 날까지 경매의 목적의 범위에서 존속하는 것으로 보며(수산업 26②), 경락인이 경매대금을 완납한 때에는 어업면허의 취소는 그 효력이 발생하지 아니한 것으로 본다(수산업 26④). 그리고 경매에 따른 경매대금 중 경매비용과 제1항의 근저당권자에 대한 채무를 변제하고 남은 금액은 국고에 귀속한다(수산업 26③).

어업권 근저당권자가 ① 소정기간(수산업 26①) 내에 경매를 신청하지 아니한 경우 또는 ② 경매신청의 등록이 있는 경우로서 그 등록말소의 위탁이 있는 경우에는 그 사실을 등록한 후 어업권은 「경매목적의 범위에서 그대로 존속한다는 사실 및 경락 결정이 확정된 경우에는 어업면허 취소는 그 효력을 발생하지 아니한다는 뜻」의 기재를 직권으로 말소하고 어업권원부의 등록용지를 폐쇄하여야 한다(어등령 55③).

판례 8-10

어업권의 경매와 어업권이전에 대한 관청인가의 관계

수산업법 제18조(현행은 제17조) 제1항은 어업권을 이전할 경우에는 어업권의 등록일부터 일정기간이 경과한 후 시장·군수 등 관청의 인가를 받아야 한다는 취지로 규정하고 있는바, 사인간의 법률행위에 의한 경우는 물론이고 민사소송법(현행은 민사집행법)에 따른 경매에 의하여 어업권이 이전되는 경우에도 시장·군수 등의 인가가 필요하다고 해석되므로, 만약 최고가의 입찰인이 낙찰허가결정에 즈음하여 시장·군수의 인가를 받지 못한다면 유효하게 어업권을 이전받을 수 없을 것이고, 이러한 사유는 인도명령의 발령에 있어서도 장애가 될 것이나, 낙찰인이 나중에라도 시장·군수의 인가를 받는다면 유효하게 어업권을 취득할 수 있게 되고 인도명령을 받을 수 있게 된다(대결 2002.1.21. 2001마6076).

6. 내수면어업권

내수면어업권이란 내수면어업을 경영할 수 있는 권리를 말한다. 그리고 여기에서 내수면어업이란 내수면에서 수산동식물을 포획·채취하는 사업을 말하고(내수어업 2v), 내수면이란 하천, 댐, 호수, 늪, 저수지와 그 밖에 인공적으로 조성된 민물이나 기수(汽水: 바닷물과 민물이 섞인 물)의 물흐름 또는 수면을 말한다(내수어업 2 i).

내수면어업권은 내수면에서 어업을 한다는 것 이외에는 어업권의 경우가 같다. 따라서 내수면어업권은 물권으로 하며 내수면어업법에서 정한 것 외에는 민법 중 토지에 관한 규정을 준용한다(내수어업 7②, 수산업 16②). 또한 내수면어업권을 대상으로 하는 근저당권의 설정방식과 효력 등은 토지를 대상으로 하는 근저당권의 경우와 같으며, 내수면어업권을 대상으로 하는 근저당권에 특수한 점은 어업권을 대상으로 하는 근저당권의 경우와 같다(내수어업 22).

7. 유료도로관리권

(1) 유료도로관리권의 의의

유료도로관리권이란 유료도로를 유지·관리하고 당해 유료도로를 통행하거나 이용하는 자로부터 통행료·점용료 등을 받을 수 있는 권리를 말한다(유도 10①). 유료도로관리권은 이를 물권으로 보며, 유료도로법에 특별한 규정이 있는 경우를 제외하고는 민법 중 부동산에 관한 규정을 준용한다(유도 11). 따라서 유료도로관리권에 대한 근저당권의 설정방식과 효력 등은, 토지에 대한 경우와 대체로 동일한 것으로 보면 된다. 유료도로관리권을 대상으로 하는 근저당권에 특수한 점만을 보면 다음과 같다.

(2) 유료도로관리권 근저당권의 특수성

가. 근저당권의 설정

유료도로관리권을 대상으로 하는 근저당권은 설정당사자가 근저당권설정계약을 체결하고, 도로관리청에 근저당권설정등록신청을 하여, 유료도로관리권등록부에 근저당권의 등록을 함으로써 설정된다(유도 13, 유도등령 59).

나. 근저당권의 효력

근저당권이 설정된 유료도로관리권은 그 근저당권자의 동의가 없으면 이를 처분할 수 없다(유도 12). 근저당권이 설정된 유료도로관리권을 근저당권설정자인 관리권자가 자유로 소멸시킬 수 있는 것으로 하면, 근저당권자의 권리가 부당하게 침해되므로 근저당권자의 권리를 보호하기 위하여 관리권자의 임의적인 소멸행위를 금지한 것이다.

8. 댐사용권

(1) 댐사용권의 의의

댐사용권이란 다목적댐에 의한 일정량의 저수를 일정한 지역에 확보하고 이를 특정용도에 사용할 수 있는 권리를 말한다(댐주지 2ⅲ). 그리고 다목적댐이란 환경부장관이 건설하는 댐으로서 특정용도 중 2 이상의 용도로 이용하는 것(특정용도에 전용되는 시설 또는 공작물을 제외한다)을 말한다(댐주지 2ⅱ). 댐사용권은 다목적댐의 저수를 특정용도에 사용하려는 자의 신청을 받아 환경부장관이 이를 설정한다(댐주지 24①).

댐사용권은 물권으로 보며 댐건설 및 주변지역지원 등에 관한 법률에 특별한 규정이 있는 경우를 제외하고는 부동산에 관한 규정을 준용한다(댐주지 29). 따라서 다목적댐을 대상으로 하는 근저당권설정도 민법의 부동산을 대상으로 하는 저당권의 경우와 동일한 것으로 보면 된다. 댐사용권을 대상으로 하는 근저당권에 특수한 점만을 보면 다음과 같다.

(2) 댐사용권 근저당권의 특수성

가. 근저당권의 설정

댐사용권을 대상으로 하는 근저당권은 설정당사자가 근저당권설정계약을 체결하고, 환경부에 근저당권설정등록신청을 하여 댐사용권등록부에 근저당권의 등록을 함으로써 설정된다(댐주지 32, 댐사등령 5, 30이하). 특히 외국 통화로 채권액을 지정한 채권의 담보인 근저당권 설정의 등록을 신청할 때에는, 신청서에 대한민국의 통화로 표시한 담보한도액을 기재하도록 하고 있는데(댐사등령 31), 이는 다른 목적물을 대상으로 하는 근저당권에는 없는 특수한 것이다.

나. 근저당권의 효력

근저당권의 설정이 등록된 댐사용권은 그 근저당권자의 동의가 없으면, 분할·병합 또는 그 설정목적을 변경하거나 이를 포기할 수 없다(댐주지 30②).

댐사용권설정예정자가 다목적댐의 건설비용 중 소정의 비용을 부담하고(댐주지 20①②, 댐주지령 20) 댐사용권을 설정 받은 경우(댐주지 24④) 또는 댐사용권자가 소정의 납부금을 국고에 납부하고 댐사용권을 설정 받은 경우(댐주지 33, 댐주지령 26)에, 환경부장관이 댐사용권의 전부 또는 일부에 대하여 취소 또는 변경의 처분을 한 때(댐주지 31)에는, 국가는 댐사용권설정예정자가 납부한 부담금(댐주지 21①)이나 댐사용권자가 납부한 납부금(댐주지 33)의 일부를 반환하여야 한다(댐주지 34①).

환경부장관의 취소 또는 변경 처분으로 댐사용권이 소멸하는 경우에는 그 소멸하는 댐사용권을 대상으로 설정한 근저당권도 함께 소멸한다. 다만 이때에 국가는 당해 근저당권자의 승낙이 있는 경우를 제외하고는 그 반환금을 공탁하여야 하는 한편 근저당권자는 공탁된 반환금에 대하여 그 권리를 행사할 수 있다(댐주지 34③).

9. 공항시설관리권

(1) 공항시설관리권의 의의

공항시설관리권이란 공항시설을 유지·관리하고 그 공항시설을 사용하거나 이용하는 자로부터 사용료를 징수할 수 있는 권리를 말한다(공항시 26①).

공항이란 공항시설을 갖춘 공공용 비행장으로서 국토교통부장관이 그 명칭·위치 및 구역을 지정·고시한 것을 말하고(공항시 2iii), 공항시설이란 공항구역에 있는 시설과 공항구역 밖에 있는 시설 중 대통령령으로 정하는 시설로서 국토교통부장관이 지정한 ① 항공기의 이륙·착륙 및 항행을 위한 시설과 그 부대시설 및 지원시설과 ② 항공 여객 및 화물의 운송을 위한 시설과 그 부대시설 및 지원시설을 말한다(공항시 2ⅶ).

공항시설관리권은 물권(物權)으로 보며, 공항시설법에 특별한 규정이 있는 경우를 제외하고는 민법 중 부동산에 관한 규정을 준용한다(공항시 26③).

(2) 공항시설관리권 근저당권의 특수성

가. 근저당권의 설정

공항시설관리권을 목적으로 하는 근저당권은 설정당사자가 근저당권설정계약을 체결하고, 국토교통부에서 갖추어 두고 있는 공항시설관리권 등록부에 근저당권의 등록함으로써 설정된다(공항시 28①).

그러나 공항시설관리권이 설정된 공항시설 중 활주로 등 대통령령으로 정하는 중요 공항시설에 설정된 공항시설관리권에 대해서는 근저당권을 설정할 수 없다(공항시 27②).

나. 근저당권의 효력

근저당권이 설정된 공항시설관리권은 근저당권자의 동의가 없으면 처분할 수 없다(공항시 27①). 근저당권이 설정된 공항시설관리권을 근저당권설정자인 관리권자가 자유로 소멸시킬 수 있는 것으로 하면, 근저당권자의 권리가 부당하게 침해되므로 근저당권자의 권리를 보호하기 위하여 관리권자의 임의적인 소멸행위를 금지한 것이다.

10. 항만시설관리권

(1) 항만시설관리권의 의의

항만시설관리권이란 항만시설을 유지·관리하고 그 항만시설을 사용하는 자로부터 사용료를 받을 수 있는 권리를 말한다(항만 24①).

항만이란 선박의 출입, 사람의 승선·하선, 화물의 하역·보관 및 처리, 해양친수활동 등을 위한 시설과 화물의 조립·가공·포장·제조 등 부가가치 창출을 위한 시설이 갖추어진 곳을 말한다(항만 2 i). 그리고 항만시설이란 항만법 제2조 제5호에서 열거하는 ① 기본시설 ② 기능시설 ③ 지원시설 ④ 항만친수시설(港灣親水施設) ⑤ 항만배후단지 중 어느 하나에 해당하는 시설을 말한다. 이 경우 ①~⑤의 시설이 항만구역 밖에 있는 경우에는 해양수산부장관이 지정·고시하는 시설로 한정한다.

항만시설관리권은 물권(物權)으로 보며, 항만법에 특별한 규정이 없으면 민법 중 부동산에 관한 규정을 준용한다(항만 24②).

(2) 항만시설관리권 근저당권의 특수성

가. 근저당권의 설정

항만시설관리권을 목적으로 하는 근저당권은 설정당사자가 근저당권설정계약을 체결하고, 해양수산부에 갖추어 두는 항만시설관리권 등록원부에 근저당권의 등록함으로써 설정된다(항만 25②).

나. 근저당권의 효력

근저당권이 설정된 항만시설관리권은 그 근저당권자의 동의가 없으면 처분할 수 없다(항만 18). 근저당권이 설정된 항만시설관리권을 근저당권설정자인 관리권자가 자유로 소멸시킬 수 있는 것으로 하면, 근저당권자의 권리가 부당하게 침해되므로 근저당권자의 권리를 보호하기 위하여 관리권자의 임의적인 소멸행위를 금지한 것이다.

V. 동산 근저당

1. 동산 저당제도의 의의

민법상 부동산이 아닌 것을 동산이라고 한다. 따라서 토지와 토지의 정착물이 아닌 것은 모두 동산에 속한다(민 99). 민법상의 동산은 질권이나 양도담보권의 대상 목적물이 될 수 있을 뿐 저당권의 대상 목적물은 될 수 없는 것이 원칙이다. 저당권의 대상 목적물이기 되기 위해서는 그 권리관계가 등기부나 등록부라는 공부에 의하여 공시되어야 하나, 동산은 그 성질상 일일이 이를 공부(公簿)에 의하여 공시할 수 없는 것이 대부분이기 때문이다.

그러나 동산 중에는 그 재산적 가치가 크고 수량이 한정되어 있어서, 그 권리관계를 공부에 의하여 공시하도록 제도화되어 있는 것이 있다. 등기한 선박·등록한 소형선박·자동차·건설기계·항공기 등이 이에 속한다. 이들은 동산에 속하면서도 등기 또는 등록을 권리관계의 공시방법으로 하고 있다는 점에서 담보취득의 방식이 부동산의 경우와 동일하다. 즉 일반 동산의 경우는 질권 또는 양도담보권의 형식으로 담보취득하게 되나, 등기한 선박·등록한 소형선박·자동차·건설기계 및 항공기에 대하여는 앞에서 설명한 부동산의 경우와 마찬가지로 저당권이나 가등기담보권 또는 양도담보권의 형식으로 담보취득하게 된다. 그리고 이 3가지 담보권의 내용과 현실의 금융거래에서는 주로 저당제도만이 이용되고 있는 점 등도 앞에서 설명한 부동산의 경우와 동일하다.

2. 선박 근저당

(1) 대상 목적물

가. 선박의 의의

선박이란 수상 또는 수중에서 항행용으로 사용하거나 사용할 수 있는 배의 종류로서 기선과 범선 및 부선으로 구분된다.

기선은 기관(機關)을 사용하여 추진하는 선박[선체(船體) 밖에 기관을 붙인 선박으로서 그 기관을 선체로부터 분리할 수 있는 선박 및 기관과 돛을 모두 사용하는 경우로서 주로 기관을 사용하는 선박을 포함한다]과 수면비행선박(표면효과 작용을 이용하여 수면에 근접하여 비행하는 선박을 말한다)을 말하고, 범선은 돛을 사용하여 추진하는 선박(기관과 돛을 모두 사용하는 경우로서 주로 돛을 사용하는 것을 포함한다)을 말하며, 부선은 자력항행능력(自力航行能力)이 없어 다른 선박에 의하여 끌리거나 밀려서 항행되는 선박을 말한다(선박 1의2①). 선박의 외형을 갖추고 있지만 선박으로 등록할 수 없는 3가지가 있다.

첫째는 어선법이 적용되는 어선이다. 어선은 ① 어업, 어획물운반업 또는 수산물가공업(이하 "수산업"이라 한다)에 종사하는 선박 ② 수산업에 관한 시험·조사·지도·단속 또는 교습에 종사하는 선박 ③ 어선법 제8조 제1항에 따른 건조허가를 받아 건조 중이거나 건조한 선박 ④ 어선법 제13조제1항에 따라 어선의 등록을 한 선박을 말한다(선박 26ⅵ, 어선 2ⅰ).

둘째는 건설기계관리법 제3조에 따라 건설기계로 등록된 준설선(浚渫船)(선박 26ⅶ)과 수상레저안전법 제2조 제4호에 따른 동력수상레저기구 중 같은 법 제30조에 따라 수상레저기구로 등록된 수상오토바이·모터보트·고무보트 및 요트가 이에 해당된다(선박 26ⅷ).

셋째는 ① 군함, 경찰용 선박 ② 총톤수 5톤 미만인 범선 중 기관을 설치하지 아니한 범선 ③ 총톤수 20톤 미만인 부선 ④ 총톤수 20톤 이상인 부선 중 선박계류용·저장용 등으로 사용하기 위하여 수상에 고정하여 설치하는 부선. 다만, 공유수면 관리 및 매립에 관한 법률 제8조에 따른 점용 또는 사용 허가나 하천법 제33조에 따른 점용허가를 받은 수상호텔, 수상식당 또는 수상공연장 등 부유식 수상구조물형 부선은 제외한다. ⑤ 노와 상앗대만으로 운전하는 선박이다(선박 26ⅰ~ⅴ).

선박 중 대한민국 선박은 ① 국유 또는 공유의 선박 ② 대한민국 국민이 소유하는 선박 ③ 대한민국의 법률에 따라 설립된 상사법인(商事法人)이 소유하는 선박 ④ 대한민국에 주된 사무소를 둔 ③ 이외의 법인으로서 그 대표자(공동대표인 경우에는 그 전원)가 대한민국 국민인 경우에 그 법인이 소유하는 선박이다(선박 2).

나. 선박·어선의 등록과 등기

(가) 선박의 등록과 등기

대한민국 선박은 선적항을 관할하는 지방해양수산청의 선박원부에의 등록과 선적항을 관할하는 지방법원, 그 지원(支院) 또는 등기소의 선박등기부에 등기를 하여야 하는 것과 선박원부에의 등록만 요하는 것 및 선박원부에의 등록과 선박등기부에의 등기를 모두 요하지 않는 것 3가지 유형으로 구분해 볼 수 있다.

첫째 총톤수 20톤 이상의 기선(機船)과 범선(帆船) 및 총톤수 100톤 이상의 부선(艀船)(다만 선박계류용·저장용 등으로 사용하기 위하여 수상에 고정하여 설치하는 부선은 제외)에 대하여는 그 소유자가 등기할 선박의 선적항을 관할하는 지방법원, 그 지원(支院) 또는 등기소의 선박등기부에 선박의 등기를 하고, 선적항을 관할하는 지방해양수산청의 선박원부에 선박의 등록을 하여야 한다(선등 2, 4, 선박 8①)

둘째 ① 군함, 경찰용 선박 ② 총톤수 5톤 미만인 범선 중 기관을 설치하지 아니한 범선 ③ 총톤수 20톤 미만인 부선 ④ 총톤수 20톤 이상인 부선 중 선박계류용·저장용 등으로 사용하기 위하여 수상에 고정하여 설치하는 부선. 다만, 공유수면 관리 및 매립에 관한 법률 제8조에 따른 점용 또는 사용 허가나 하천법 제33조에 따른 점용허가를 받은 수상호텔, 수상식당 또는 수상공연장 등 부유식 수상구조물형 부선은 제외한다. ⑤ 노와 상앗대만으로 운전하는 선박은 선박원부에의 등록과 선박등기부에의 등기를 모두 요하지 않는다(선박 8①, 26 i~v, 선등 2).

셋째 총톤수 20톤 미만인 기선 및 범선 또는 총톤수 100톤 미만인 부선으로서 선박원부에의 등록과 선박등기부에의 등기를 모두 요하지 않는 위 ①~⑤을 제외한 것은 선박등기부에의 등기는 요하지 아니하고 선박원부에의 등록만을 요한다(선박 8①, 26 i~v, 선등 2).

(나) 어선의 등록과 등기

어선의 소유자는 그 어선이 주로 입항·출항하는 항구 및 포구(이하 “선적항”이라 한다)를 관할하는 특별자치도·시·군·구의 어선원부에의 등록과 선적항을 관할하는 지방법원, 그 지원(支院) 또는 등기소의 선박등기부에 등기를 하여야 하는 것과 어선원부에의 등록만 요하는 것 2가지 유형으로 구분해 볼 수 있다.

첫째 총톤수 20톤 이상의 기선(機船)과 범선(帆船) 및 총톤수 100톤 이상의 부선(艀船)(다만 선박계류용·저장용 등으로 사용하기 위하여 수상에 고정하여 설치하는 부선은 제외)에 대하여는 그 소유자가 등기할 어선의 선적항을 관할하는 지방법원, 그 지원(支院) 또는 등기소의 선박등기부에 어선의 등기를 하고, 선적항을 관할하는 특별자치도·시·군·구의 어선원부에 어선의 등록을 하여야 한다(선등 2, 4, 어선 13①).

둘째 총톤수 20톤 미만의 기선(機船)과 범선(帆船), 총톤수 100톤 미만의 부선(艀船), 총톤수 100톤 이상의 부선으로서 선박계류용·저장용 등으로 사용하기 위하여 수상에 고정하여 설치하는 부선은 선박등기부에의 등기는 요하지 아니하고 어선원부에의 등록만을 요한다(어선 13①, 선등 2).

다. 근저당권의 대상이 되는 선박

선박 중 등기한 선박(상 787①)과 건조 중인 선박(상 790) 및 등기한 어선은 상법과 선박등기법에 의하여 근저당권의 대상이 된다. 선박과 어선으로 등기를 할 수 있는 것은 총톤수 20톤 이상의 기선(機船)과 범선(帆船) 및 총톤수 100톤 이상의 부선(艀船)(다만 선박계류용·저장용 등으로 사용하기 위하여 수상에 고정하여 설치하는 부선은 제외)으로 한정되어 있다(선등 2). 건조 중인 선박의 경우는 완공 후 등기할 수 있는 선박에 한하여 근저당권의 대상으로 할 수 있고, 완공 후 등기할 수 있는 선박이 아니면 근저당권의 대상으로 할 수 없는 것으로 본다.

선박과 어선 중 ① 총톤수 20톤 미만인 기선 및 범선 또는 총톤수 100톤 미만인 부선으로서 선박원부에의 등록을 요하지 않는 위 ①~⑤의 선박을 제외한 것 ② 어선법 제2조 제1호 각 목의 어선 중 총톤수 20톤 미만의 어선 ③ 수상레저안전법 제2조 제4호의 동력수상레저기구 중 같은 법 제30조에 따라 등록된 모터보트는 소형선박으로서 선적항을 관할하는 지방해양수산청의 선박원부 또는 선적항을 관할하는 특별자치도·시·군·구의 어선원부에 등록하여 자동차 등 특정동산저당법에 따른 근저당권의 대상이 된다(선박 1의2②, 자특저 3ii). 다만 이에 관하여는 자동차 등 특정동산 근저당권으로서 다음 항에서 설명하기로 하고 여기에서는 상법과 선박등기법에 따른 근저당권에 대하여서만 설명하기로 한다.

선박을 대상으로 하는 근저당권은 상법 제787조와 제790조에 의하여 인정된 것이고, 또한 상법 제740조는 「이 법에서 "선박"이란 상행위나 그 밖의 영리를 목적으로 항해에 사용하는 선박을 말한다」고 규정하고 있으므로 상행위나 그 밖의 영리를 목적으로 항해에 사용하는 선박만이 근저당권의 대상이 되는 것으로 볼 수 있다. 그러나 선박법 제29조는 「상행위를 목적으로 하지 아니하더라도 항행용으로 사용되는 선박에 관하여는 상법 제5편 해상(海商)에 관한 규정을 준용한다. 다만, 국유 또는 공유의 선박에 관하여는 그러하지 아니하다」고 규정하고 있고, 어선법 제37조 제1항에서는 선박법 제29조를 어선에도 준용하도록 하고 있으므로, 국유나 공유가 아닌 선박으로서 등기한 선박과 완공 후 등기할 수 있는 선박으로서 건조 중인 선박 및 등기한 어선은 모두 근저당권의 대상이 되는 것으로 보아야 한다.

선박을 대상으로 하는 근저당권에는 민법의 저당권에 관한 규정이 준용되고(상 787③), 선박의 등기에 관하여는 선박에 특수한 사항을 제외하고는 부동산등기법이 준용된다(선박 8④, 선등 3, 선등규 3). 따라서 선박을 대상으로 하는 근저당권의 설정방법이나 효력은 상법, 선박법, 어선법 및 선박등기법에서 특별히 정하고 있는 점을 제외하는 토지나 건물을 대상으로 하는 근저당권의 경우와 같다. 이하에서는 이들 특수한 점만을 대상으로 설명하기로 한다.

(2) 근저당권의 설정

가. 등기한 선박과 어선

등기한 선박과 등기한 어선을 대상으로 하는 근저당권은 설정당사자가 근저당권설정계약을 체결하고, 선적항을 관할하는 지방법원·그 지원 또는 등기소에 근저당권설정등기신청을 하여, 선박등기부에 근저당권의 등기를 함으로써 설정된다(선등 4, 5, 부등 22, 75, 부등규 131).

나. 건조 중인 선박

건조 중인 선박에 대하여는 소유권보존등기를 할 수 없어 등기된 선박과 동일한 방식으로 근저당권을 설정할 수 없는 것이므로 선박등기규칙에 다음과 같은 별도의 등기절차가 마련되어 있다.

건조 중인 선박에 대한 근저당권의 등기는 조선지를 관할하는 등기소에 신청하여야 한다(선등규 23①). 근저당권의 등기신청서에는 ① 선박의 종류와 선질 ② 용골의 길이. 다만, 선박에 용골을 설치하지 않은 경우에는 선박의 길이를 적는다 ③ 계획의 폭과 깊이 ④ 계획의 총톤수 ⑤ 건조지 ⑥ 조선자의 성명, 주소(조선자가 법인인 때는 그 상호 또는 명칭 및 본점 또는 주된 사무소를 말한다) ⑦ 부동산등기규칙 제43조 제1항 제2호부터 제6호까지, 제8호 및 제9호에서 정하고 있는 사항 ⑧등록면허세액을 적고 신청인이 기명날인 또는 서명을 하여야 한다(선등규 23②). 또한 근저당권의 등기신청서에는 위 ①부터 ⑥까지에서 정하고 있는 사항을 증명하는 조선자의 서면을 첨부하여야 한다(선등규 23③).

건조 중인 선박에 대한 근저당권의 등기신청에 따라 최초로 근저당권의 등기를 하는 경우에는 등기기록 중 표제부에 위 ①부터 ⑥까지에서 정하고 있는 사항을 기록하고, 갑구 사항란에 등기의무자의 성명, 주소와 근저당권의 등기신청으로 인하여 등기를 한다는 뜻을 기록하여야 한다(선등규 23④).

근저당권의 등기를 한 건조 중인 선박이 완성된 경우 소유권보존등기신청은 근저당권의 등기를 한 등기소에 하여야 하고(선등규 24①), 그 신청에 따른 선박의 소유권보존등기는 근저당권의 등기를 한 등기기록에 하여야 한다(선등규 24②). 그리고 소유권보존등기를 할 때에는 등기기록 중 표제부에 이미 기록한 선박의 표시와 갑구 사항란에 기록한 등기사항(등기의무자의 성명, 주소와 근저당권의 등기신청으로 인하여 등기를 한다는 뜻)을 말소하는 표시를 하고 소유권보존등기로 인하여 말소한다는 뜻을 기록하여야 한다(선등규 24③). 또한 소유권보존등기를 하는 경우에 선적항이 다른 등기소의 관할에 속하는 때에는 지체 없이 전산정보처리조직을 이용하여 그 선박에 관한 등기기록과 신탁원부, 공동담보목록 및 도면의 처리권한을 다른 등기소로 넘겨주는 조치를 하여야 한다(선등규 25).

(3) 선박우선특권

가. 선박우선특권의 의의

선박우선특권이라 함은 일정한 법정채권(상 777①)의 채권자가 선박과 그 부속물로부터 다른 채권자보다 자기채권의 우선변제를 받을 수 있는 해상법상의 특수한 담보물권을 말한다.

선박우선특권을 저당권과 비교하면 앞의 것은 특수한 채권자에게 법률상 당연히 부여되는 법정담보물권인데 대하여, 뒤의 것은 당사자 간의 저당권설정계약에 의하여 설정되는 약정담보물권이라는 점이 다르나, 목적물에 대하여 우선변제권을 가지는 타물권이며 부종성·불가분성·물상대위성·추급성을 가지는 점 등에서 양자는 그 성질을 같이 한다. 그리하여 상법은 선박우선특권에 대하여 그 성질에 반하지 않는 한 민법의 저당권에 관한 규정을 준용하도록 하고 있다(상 777②후).

나. 선박우선특권을 발생시키는 채권

상법 제777조 제1항 제1호에서 제4호까지 열거되어 있는 다음의 채권을 말한다.

① 채권자의 공동이익을 위한 소송비용, 항해에 관하여 선박에 과한 제세금, 도선료·예선료, 최후 입항 후의 선박과 그 속구의 보존비·검사비
② 선원과 그 밖의 선박사용인의 고용계약으로 인한 채권
③ 해난구조로 인한 선박에 대한 구조료 채권과 공동해손의 분담에 대한 채권
④ 선박의 충돌과 그 밖의 항해사고로 인한 손해, 항해시설·항만시설 및 항로에 대한 손해와 선원이나 여객의 생명·신체에 대한 손해의 배상채권

다. 선박우선특권의 목적물

선박, 그 속구, 그 채권이 생긴 항해의 운임, 그 선박과 운임에 부수한 채권이다(상 777①후). 선박 및 그 속구란 그 선박의 이용에 관하여 상법 제777조에 열거한 채권이 발생한 선박과 속구를 말한다.

운임에 대한 우선특권의 행사는 그 우선특권이 생긴 항해의 운임으로서 지급

을 받지 아니한 운임 및 지급을 받은 운임 중 선박소유자나 그 대리인이 소지한 금액에 한정된다(상 779). 그러나 선원과 그 밖의 선박사용인의 고용계약으로 인한 채권(상 777①ii)은 고용계약존속 중의 모든 항해로 인한 운임의 전부에 대하여 우선특권이 있다(상 781).

선박과 운임에 부수한 채권이란 ① 선박 또는 운임의 손실로 인하여 선박소유자에게 지급할 손해배상, ② 공동해손으로 인한 선박 또는 운임의 손실에 대하여 선박소유자에게 지급할 상금, ③ 해난구조로 인하여 선박소유자에게 지급할 구조료를 말한다(상 778). 그러나 보험계약에 의하여 선박소유자에게 지급할 보험금과 그 밖의 장려금이나 보조금은 선박과 운임에 부수한 채권에 속하지 않는다(상 780).

라. 선박우선특권의 순위

(가) 선박우선특권상호간의 순위

(ㄱ) 동일항해로 인한 채권의 우선순위

동일항해로 인한 우선특권이 경합하는 때에는, 그 우선의 순위는 상법 제777조 제1항 각 호의 순서에 의한다(상 782①).

해난구조로 인한 선박에 대한 구조료 채권과 공동해손의 분담에 대한 채권(상 777①iii)의 우선특권이 경합하는 때에는 후에 생긴 채권이 전에 생긴 채권에 우선한다. 동일한 사고로 인한 채권은 동시에 생긴 것으로 본다(상 782②).

(ㄴ) 수회의 항해에 관한 채권의 우선특권

수회의 항해에 관한 채권의 우선특권이 경합하는 때에는, 후의 항해에 관한 채권이 전의 항해에 관한 채권에 우선한다(상 783①). 그리고 선원과 그 밖의 선박사용인의 고용계약으로 인한 채권은, 고용계약 존속 중의 모든 항해로 인한 운임의 전부에 대하여 우선특권이 있으나(상 781), 이 우선특권은 그 최후의 항해에 관한 다른 채권과 동일한 순위를 가진다(상 783②).

(ㄷ) 동일순위의 우선특권의 경합

동일순위의 우선특권이 경합하는 경우에는 각 채권액의 비율에 따라 우선변제를 받는다(상 784).

(나) 선박우선특권과 다른 담보물권의 순위

(ㄱ) 유치권과의 우선순위

유치권자는 목적물로부터 우선변제를 받을 수 있는 권리가 없으므로 선박우선특권이 우선하는 것은 당연하나, 유치권자는 자신의 채권의 변제를 받을 때까지는 누구에 대하여도 점유를 풀지 않고 계속 유치할 수 있으므로, 실제의 결과에 있어서는 유치권자가 우선하게 된다. 즉, 유치권자는 경매절차 진행을 위한 집행관의 압류에 대하여, 자신의 유치권에 의거하여 그 집행을 거부할 수 있으므로, 경매집행을 가능하게 하려면 우선특권자가 이를 변제하고 유치권을 소멸시키는 수밖에 없으며, 또 유치권자의 동의 등에 의하여 경매집행이 가능하다 하더라도 유치권자는 매수인에 대하여 자신의 채권에 대한 변제가 없는 한 당해 선박의 인도를 거절할 수 있는 것이므로, 매수인은 경매가격을 신고할 때에 미리 유치권자에게 변제할 금액을 공제할 것이기 때문에 우선특권자도 그만큼 적은 금액을 배당받을 수밖에 없게 된다.

(ㄴ) 선박근저당권과의 우선순위

선박채권자의 우선특권은 선박에 대한 근저당권에 우선한다(상 788). 이와 같이 선박우선특권은 특별한 공시방법을 갖추지 않고서도, 그 발생시기에 관계없이 항상 근저당권에 우선하게 되는 점에서, 선박에 대한 근저당권의 담보가치를 크게 저하시키는 요인이 되고 있다.

마. 선박우선특권의 효력

(가) 경매청구권과 우선변제권

선박우선특권에 관하여는 그 성질에 반하지 아니하는 한, 민법의 저당권에 관한 규정이 준용된다(상 777②후). 따라서 우선특권을 가진 선박채권자는 저당권자의 경우와 같이 민사집행법의 규정에 따른 경매를 신청하여 그 매각대금으로부터 우선변제를 받을 수 있다.

㈏ 추급권

선박채권자의 우선특권은 그 선박소유권의 이전으로 인하여 영향을 받지 아니한다(상 785). 선박의 소유권이 이전된 경우에도 선박우선특권의 효력을 확보하기 위하여 추급권을 인정한 것이다. 따라서 선의·무과실의 제3자가 선박의 소유권을 양도받은 경우에도 선박우선특권에 대항하지 못하며, 우선특권자는 그 선박에 대하여도 여전히 경매청구권과 우선변제권을 행사할 수 있다. 다만 선박우선특권의 추급력은 법원의 경매로 인하여 선박의 소유권이 이전된 경우에는 인정되지 않는다(민집 91②준용).

바. 선박우선특권의 소멸

선박우선특권은 피담보채권의 소멸, 목적물의 멸실 등 담보권의 일반적 소멸사유로 인하여 소멸하는 외에 다음과 같은 상법상의 특별한 소멸사유로 인하여도 소멸하게 된다.

즉, 선박채권자의 우선특권은 그 채권이 생긴 날로부터 1년 이내에 실행하지 아니하면 소멸하게 된다(상 786). 다만 여기에서 소멸한다고 하는 것은 선박우선특권으로서의 효력이 소멸된다는 것이지 채권 자체까지 소멸한다는 것은 아니다. 채권 자체가 소멸하려면 그 채권에 관한 시효기간(보통은 상법 제64조에 의하여 5년)이 경과되어야 하며 그 기간이 경과되지 않는 한 일반채권으로서의 효력은 남아있는 것이다.

(4) 등기말소에 따른 근저당권소멸

가. 등기말소의 사유

근저당권이 설정된 선박의 등기를 말소하여야 하는 사유는 선박 또는 어선이 ① 멸실, 침몰 또는 해체된 때 ② 대한민국 국적을 상실한 때 ③ 존재 여부가 90일간(어선의 경우에는 6개월 이상) 분명하지 아니한 때 ④ 선박등기법 제2조가 적용되지 않는 선박이 되었을 때 중 어느 하나에 해당하는 경우이다(선등규 21).

나. 등기말소의 절차

㈎ 절차 일반

선박등기 또는 어선등기의 말소사유 발생에 따른 선박등기 또는 어선등기의 말소는 소유자의 신청에 의한 경우와 등기관의 직권에 의한 경우로 구분된다. 어느 경우이든 선박등기 또는 어선등기를 말소하려면 그에 앞서 지방해양수산청에서 관리하는 선박원부 또는 어선원부상의 선박등록 또는 어선등록의 말소가 선행되어야 한다.

㈏ 선박 또는 어선의 말소등록

㈀ 소유자의 신청에 의한 말소등록

선박이 ① 멸실·침몰 또는 해체된 때 ② 대한민국 국적을 상실한 때 ③ 선박법 제26조 각 호에 규정된 선박으로 된 때[545] ④ 존재 여부가 90일간 분명하지 아니한 때 중 어느 하나에 해당하게 된 때에는 선박소유자는 그 사실을 안 날부터 30일 이내에 선적항을 관할하는 지방해양수산청장에게 말소등록의 신청을 하여야 한다(선박 22①). 선박말소등록신청서에는 선박의 말소등록 사유가 위 ①③④인 경우에는 말소등록의 사유를 증명하는 서류를, ②인 경우 즉 선박이 대한민국 국적을 상실한 때에는 i) 선박등기부 등본 ii) 압류권자·저당권자·공유자 등 이해관계인의 승낙서 또는 해당 이해관계인에게 대항할 수 있는 판결문의 등본(이해관계인이 있는 경우만 해당한다)을 첨부하여야 한다(선박규 23①).

어선이 ① 어선 외의 목적으로 사용하게 된 경우 ② 대한민국의 국적을 상실한 경우 ③ 멸실·침몰·해체 또는 노후·파손 등의 사유로 어선으로 사용할 수 없게 된 경우 ④ 6개월 이상 행방불명이 된 경우 중 어느 하나에 해당하는 경우 그 어선의 소유자는 30일 이내에 해양수산부령으로 정하는 바에 따라 등록의 말소를 신청하여야 한다(어선 19①). 어선등록말소신청서에 선박국적증서등 및

---

545) 선박의 등록말소 사유와 선박의 등기말소 사유가 반드시 동일한 것은 아니다. 예컨대 총톤수 20톤 이상 100톤 미만의 부선은 선박등록의 대상이지만 선박등기의 대상이 아니므로 총톤수 20톤의 부선이 총톤수 18톤의 부선이 된 경우 선박의 등록말소 사유가 되지만 선박의 등기말소 사유는 되지 않는다. 따라서 선박등기법 제2조가 적용되지 않는 선박이 되었을 때를 선박의 등기말소 사유로 규정하고 있는 반면 선박법 제22조 제1항은 선박법 제26조 각 호에 규정된 선박으로 된 때를 선박의 등록말소로 서로 다르게 규정하고 있다.

어선번호판을 첨부하여 선적항을 관할하는 특별자치도지사·시장·군수·구청장에게 제출하여야 한다(어선규 29①).

㈁ 지방해양수산청장의 말소등록신청 최고

선박의 말소등록 사유가 발생하였음에도 선박소유자가 소정기간 내에 말소등록의 신청을 하지 아니하면 선적항을 관할하는 지방해양수산청장은 30일 이내의 기간을 정하여 선박소유자에게 선박의 말소등록신청을 최고(催告)하고, 그 기간에 말소등록신청을 하지 아니하면 직권으로 그 선박의 말소등록을 하여야 한다(선박 22②).

어선의 소유자가 ① 속임수나 그 밖의 부정한 방법으로 어선등록을 한 경우 ② 어선의 소유자가 말소등록의 사유가 발행하였음에도 등록의 말소신청을 기간 내에 하지 아니한 경우 ③ 해당 어선으로 영위하는 수산업의 허가·신고·면허 등의 효력이 상실된 후 1년이 지난 경우(다만, 대통령령으로 정하는 경우에는 그러하지 아니하다[546]) 중 어느 하나에 해당하는 경우에 특별자치도지사·시장·군수·구청장은 30일 이내의 기간을 정하여 등록의 말소를 신청할 것을 최고하여야 하며 그 어선의 소유자가 최고를 받고도 정당한 사유 없이 이행하지 아니하면 직권으로 그 어선의 등록을 말소하여야 한다(어선 19②).

㈂ 선박 또는 어선의 말소등록

지방해양수산청장이 선박소유자의 신청에 따라 또는 직권으로 선박의 등록을 말소하였을 때에는 해당 선박의 선박원부에 "말소"라는 표시를 한 후 따로 보관하여야 한다. 다만, 어선법 제2조 제1호의 어선으로 그 용도를 변경하려고 말소등록을 한 경우에는 해당 선박의 선박원부와 관련 서류를 어선법에 따라 등록하려는 어선등록관청에 지체 없이 보내야 한다(선박규 23②). 이 경우 등록을 말소한 선박에 대한 근저당권 등의 이해관계인은 지방해양수산청장에게 신청하여 선박등록말소확인서를 발급받을 수 있다(선박규 23③).

546) 수산업의 허가·신고·면허 등의 효력이 상실된 후 1년이 경과되기 전이라도 수산업법·원양산업발전법 및 내수면어업법에 따른 명령에 위반한 경우에는 등록의 말소를 신청할 것을 최고하고 그에 응하지 않으면 직권으로 말소등록을 할 수 있다(어선령 4).

특별자치도지사·시장·군수·구청장이 어선소유자의 신청에 따라 또는 직권으로 어선의 등록을 말소하거나 직권으로 어선의 등록을 말소한 때에는 해당 어선의 어선원부에 "말소"의 표시를 한 후 2년간 따로 보관하여야 한다(어선규 29②). 이 경우 등록을 말소한 선박에 대한 근저당권 등의 이해관계인은 특별자치도지사·시장·군수·구청장에게 신청하여 어선등록말소확인서를 발급받을 수 있다(어선규 29③).

㈐ 선박등기부의 등기말소

㈀ 선박소유자의 신청에 의한 등기말소

선박 또는 어선의 등기말소 사유가 발생한 경우 소유권의 등기명의인은 그 사유를 증명하는 선박원부 또는 어선원부의 등본 또는 초본을 첨부하여 등기의 말소를 신청하여야 한다(선등규 21①).

㈁ 등기관의 직권에 의한 등기말소

선적항을 관할하는 지방해양수산청장이 선박소유자의 신청에 따라 또는 직권으로 선박의 말소등록을 하였을 때에는 지체 없이 ① 선박의 번호·종류·명칭·선적항 및 총톤수 ② 선박소유자의 성명·주민등록번호(법인인 경우에는 그 명칭과 법인등록번호) 및 주소 ③ 선박등록 등의 날짜 및 사유를 해당 선박이 등기된 등기소에 통보하여야 한다(선박규 31①).

특별자치도지사·시장·군수·구청장이 어선소유자의 신청에 따라 또는 직권으로 어선의 말소등록을 하였을 때에는 해당 어선이 등기된 등기소(선박등기법의 적용을 받는 어선에만 해당한다)에 그 사실을 지체없이 통보하여야 한다(어선규 32①).

등기소가 지방해양수산청장으로부터 선박의 말소등록 통지를 받은 경우 또는 특별자치도지사·시장·군수·구청장으로부터 어선의 말소등록 통지를 받은 경우에는 등기관은 직권으로 통지서의 기재내용에 따른 말소의 등기를 하여야 한다(선등규 22①). 등기관이 직권으로 통지서의 기재내용에 따른 말소의 등기를 하는 때에는 등기기록 중 표제부에 선박원부 또는 어선원부의 등록말소로 인하여 말소한다는 뜻을 기록하고 표제부의 등기를 말소하는 표시를 한 후 그 등기기록을 폐쇄하여야 하며(선등규 22②), 지체 없이 그 뜻을 소유권의 등기명의인과 등기상 이해관계인에게 통지하여야 한다(선등규 22③).

다. 등기말소의 효력

선박의 등기가 말소되면 그 선박을 대상으로 설정한 근저당권은 대상목적물이 없어져 자동으로 효력을 잃게 된다. 따라서 이 경우 근저당권자로서는 등기가 말소된 선박의 선체나 보험금 등을 대상으로 물상대위권을 행사하여 구제받는 수밖에 없다.

(5) 선박의 담보가치

선박의 담보가치를 평가함에 있어서는 선박의 다음과 같은 특수성을 고려하여야 한다. 첫째 선박에 대하여는 다른 담보물에 관하여는 인정되고 있지 않은 선박우선특권이 인정되어 있을 뿐만 아니라, 담보권의 실행에 있어서도 많은 비용이 소요되게 되므로 유효담보가치의 파악에 있어서 이 점을 충분히 고려하여야 한다. 둘째 선박의 가치는 해운경기가 침체되면 급격히 하락하는 성질이 있는데, 담보권의 실행을 할 필요는 이러한 시기에 높아지는 것이 보통이므로, 해운경기의 변동에 상당한 주의를 기울여 필요한 경우 추가담보의 취득 등 담보가치의 현상유지에도 많은 신경을 써야 한다. 셋째 선박은 항시 물위에 떠 있는 상태에 있어 해난사고의 발생가능성이 높으므로, 해난사고발생에 대비한 보험관계에도 세심한 주의를 하여야 한다.

3. 자동차 등 특정동산 근저당권

(1) 대상 목적물

자동차 등 특정동산 저당법에 의한 저당권의 목적이 될 수 있는 특정동산은 등록의 대상이 되는 건설기계, 소형선박, 자동차, 항공기, 경량항공기를 말하는

데(자특저 2 i), 이 중 근저당권의 목적물로 할 수 있는 것은 다음의 것이다.

첫째는 건설기계관리법에 따라 등록된 건설기계이다(자특저 3 i). 건설기계란 건설공사에 사용할 수 있는 기계로서 건설기계관리법시행령 [별표 1]의 것을 말한다(건기관 2 i).

둘째는 선박등기법이 적용되지 아니하는 소형선박으로서 ① 선박법 제1조의2 제2항의 소형선박 중 같은 법 제26조 각 호의 선박을 제외한 선박 ② 어선법 제2조 제1호 각 목의 어선 중 총톤수 20톤 미만의 어선 ③ 「수상레저기구의 등록 및 검사에 관한 법률」 제6조에 따라 등록된 동력수상레저기구를 말한다(자특저 3 ii).

셋째는 자동차관리법에 따라 등록된 자동차이다(자특저 3iii). 자동차란 원동기에 의하여 육상에서 이동할 목적으로 제작한 용구 또는 이에 견인되어 육상을 이동할 목적으로 제작한 용구(이하 "피견인자동차"라 한다)를 말한다. 다만, ① 건설기계관리법에 따른 건설기계 ② 농업기계화촉진법에 따른 농업기계 ③ 군수품관리법에 따른 차량 ④ 궤도 또는 공중선에 의하여 운행되는 차량 ⑤ 의료기기법에 따른 의료기기는 제외한다(자관 2 i, 자관령 2).

넷째는 항공안전법에 따라 등록된 항공기 및 경량항공기이다(자특저 3iv). "항공기"란 공기의 반작용(지표면 또는 수면에 대한 공기의 반작용은 제외한다)으로 뜰 수 있는 기기로서 최대이륙중량, 좌석 수 등 국토교통부령으로 정하는 기준에 해당하는 ① 비행기 ② 헬리콥터 ③ 비행선 ④ 활공기(滑空機)와 그 밖에 대통령령으로 정하는 기기를 말한다(항안 2 i). 그리고 "경량항공기"란 항공기 외에 공기의 반작용으로 뜰 수 있는 기기로서 최대이륙중량, 좌석 수 등 국토교통부령으로 정하는 기준에 해당하는 비행기, 헬리콥터, 자이로플레인(gyroplane) 및 동력패러슈트(powered parachute) 등을 말한다(항안 2ii).

(2) 근저당권의 설정방법

건설기계 등 특정동산을 대상으로 하는 근저당권에 관하여는 자동차 등 특정동산 저당법에 규정되어 있는 것을 제외하고는 민법 중 저당권에 관한 규정이 준용되므로(자특저 12) 그 설정방법은 대체로 민법의 부동산을 대상으로 하는 근저당권의 경우와 동일하다.

따라서 특정동산을 대상으로 하는 근저당권은 등록관청에 신청하여 담보목적물별로 ① 건설기계에 대하여는 건설기계관리법에 따른 건설기계등록원부 ② 소형선박에 대하여는 선박법에 따른 선박원부나 어선법에 따른 어선원부 또는 수상레저안전법에 따른 수상레저기구 등록원부 ③ 자동차에 대하여는 자동차관리법에 따른 자동차등록원부 ④ 항공기에 대하여는 항공안전법에 따른 항공기등록원부에 근저당권설정의 등록을 하여야 그 효력이 생긴다(자특저 5①).

등록관청이란 특정동산에 대한 근저당권의 설정등록·변경등록·이전등록 및 말소등록 업무를 담당하는 관청으로(자특저 2ii) ① 건설기계의 경우는 해당 건설기계를 등록한 서울특별시장·광역시장·도지사 또는 특별자치도지사 ② 소형선박의 경우는 해당 소형선박을 등록한 지방해양수산청장(지방해양수산청 해양수산사무소장을 포함한다) 또는 특별자치도지사·시장·군수·구청장(자치구의 구청장을 말한다) ③ 자동차의 경우는 자동차등록령 제5조에 따라 자동차의 등록사무를 관할하거나 처리할 수 있는 등록관청 ④ 항공기 및 경량항공기의 경우는 국토교통부장관을 말한다(자특저령 2①).

같은 채권을 담보하기 위하여 2개 이상의 특정동산을 목적으로 하는 근저당권 즉 공동근저당권도 설정할 수 있으나(자특저령 3①), 이 경우 공동근저당의 대상목적물은 같은 종류의 특정동산이어야 한다(자특저령 3②). 따라서 예컨대 수개의 건설기계를 대상으로 하는 공동근저당권을 설정할 수 있으나 건설기계와 소형선박이나 자동차 또는 항공기를 대상으로 하는 공동근저당권을 설정할 수는 없다. 그 밖에 근저당권설정등록의 신청이나 변경·이전·말소의 등록신청방법 등에 관하여는 자동차 등 특정동산 저당법 시행령에 자세히 규정되어 있다.

(3) 근저당권의 효력

건설기계 등 특정동산을 대상으로 하는 근저당권에 관하여는 자동차 등 특정동산 저당법에 규정되어 있는 것을 제외하고는 민법 중 저당권에 관한 규정이 준용된다(자특저 12). 따라서 그 효력은 자동차 등 특정동산 저당법에서 규정하는 다음의 점을 제외하고는 대체로 민법의 부동산을 대상으로 하는 근저당권의 경우와 동일하다.

근저당권자는 채무자나 제3자가 점유를 이전하지 아니하고 채무의 담보로 제공한 특정동산에 대하여 다른 채권자보다 자기채권에 대하여 우선변제를 받을 권리가 있다(자특저 4). 담보목적물(항공기 및 경량항공기 제외)에 대한 근저당권의 실행을 위한 경매절차에서 법원은 상당하다고 인정하는 때에는 근저당권자의 매수신청에 따라 경매 또는 입찰에 의하지 아니하고 그 근저당권자에게 압류된 담보목적물의 매각을 허가하는 양도명령의 방법으로 환가할 수 있다(자특저 8①). 특히 자동차 등 특정동산은 그 용도에 따라 안전하게 사용할 수 있는 상태를 유지하여야 하고 그렇지 아니하는 때에는 그 등록을 말소하도록 하고 있으므로 이하에서는 그 등록말소의 사유와 등록말소가 있는 경우의 근저당권의 효력에 대하여 알아보기로 한다.

(4) 등록말소와 근저당권자의 보호

가. 등록말소의 사유

㈎ 건설기계의 경우(건기관 6①)

① 거짓 그 밖의 부정한 방법으로 등록을 한 때
② 건설기계가 천재지변 또는 이에 준하는 사고 등으로 사용할 수 없게 되거나 멸실된 때
③ 건설기계의 차대가 등록시의 차대와 다른 때
④ 건설기계가 건설기계관리법 제12조의 규정에 의한 건설기계안전기준에 적합하지 아니하게 된 때
⑤ 건설기계관리법 제13조제5항부터 제7항까지의 규정에 따른 정기검사 명령, 수시검사 명령 또는 정비 명령에 따르지 아니한 경우
⑥ 건설기계를 수출하는 때
⑦ 건설기계를 도난당한 때
⑧ 건설기계를 폐기한 때
⑨ 건설기계관리법 제21조에 따라 건설기계해체재활용업을 등록한 자(이하 "건설기계해체재활용업자"라 한다)에게 폐기를 요청한 경우

⑩ 구조적 제작 결함 등으로 건설기계를 제작자 또는 판매자에게 반품한 경우

⑪ 건설기계를 교육·연구 목적으로 사용하는 경우

⑫ 건설기계관리법 제20조의3제1항에 따라 대통령령으로 정하는 내구연한을 초과한 건설기계. 다만, 제20조의3제2항 단서에 따른 정밀진단을 받아 연장된 경우는 그 연장기간을 초과한 건설기계

⑬ 건설기계를 횡령 또는 편취당한 경우

㈏ 소형선박의 경우

㈀ 선박법상의 선박(선박 22①)

① 선박이 멸실·침몰 또는 해체된 때

② 선박이 대한민국국적을 상실한 때

③ 선박이 제26조에 규정된 선박이 된 때

④ 선박의 존부가 90일간 분명하지 아니한 때

㈁ 어선법상의 어선(어선 19①②)

① 어선 외의 목적으로 사용하게 된 경우

② 대한민국의 국적을 상실한 경우

③ 멸실·침몰·해체 또는 노후·파손 등의 사유로 어선으로 사용할 수 없게 된 경우

④ 6개월 이상 행방불명이 된 경우

⑤ 속임수나 그 밖의 부정한 방법으로 등록을 한 경우

⑥ 어선의 소유자가 제1항에 따른 등록의 말소신청을 기간 내에 하지 아니한 경우

⑦ 해당 어선으로 영위하는 수산업의 허가·신고·면허 등의 효력이 상실된 후 1년이 지난 경우. 다만, 대통령령으로 정하는 경우에는 그러하지 아니하다.

⑧ 정당한 사유 없이 어선법 제21조제1항제1호·제2호 및 제4호(같은 항 제1호에 따른 정기검사 또는 같은 항 제2호에 따른 중간검사를 할 때에

해양수산부장관이 특정한 사항에 대하여 임시검사를 받을 것을 지정한 경우로 한정한다)에 따른 어선의 검사를 받지 아니하고 1년이 지난 경우

(ㄷ) 수상레저기구의 등록 및 검사에 관한 법률상의 동력수상레저기구(동법 10①)

① 동력수상레저기구가 멸실되거나 수상사고 등으로 본래의 기능을 상실한 경우
② 동력수상레저기구의 존재 여부가 3개월간 분명하지 아니한 경우
③ 총톤수·추진기관의 변경 등 해양수산부령으로 정하는 사유로 동력수상레저기구에서 제외된 경우
④ 동력수상레저기구를 수출하는 경우
⑤ 수상레저활동 외의 목적으로 사용하게 된 경우

(다) 사동차의 경우(사관 13①)

① 자동차관리법 제53조에 따라 자동차해체재활용업을 등록한 자에게 폐차를 요청한 경우
② 자동차제작·판매자등에게 반품한 경우(자동차관리법 제47조의2의 교환 또는 환불 요구에 따라 반품된 경우를 포함한다)
③ 여객자동차 운수사업법에 따른 차령(車齡)이 초과된 경우
④ 여객자동차 운수사업법 및 화물자동차 운수사업법에 따라 면허·등록·인가 또는 신고가 실효(失效)되거나 취소된 경우
⑤ 천재지변·교통사고 또는 화재로 자동차 본래의 기능을 회복할 수 없게 되거나 멸실된 경우
⑥ 자동차를 수출하는 경우
⑦ 자동차관리법 제14조의 압류등록을 한 후에도 환가(換價) 절차 등 후속 강제집행 절차가 진행되고 있지 아니하는 차량 중 차령 등 대통령령으로 정하는 기준에 따라 환가가치가 남아 있지 아니하다고 인정되는 경우. 이 경우 시·도지사가 해당 자동차 소유자로부터 말소등록 신청을 접수하였을 때에는 즉시 그 사실을 압류등록을 촉탁(囑託)한 법원 또는 행정관청과 등록원부에 적힌 이해관계인에게 알려야 한다.

⑧ 자동차를 교육·연구의 목적으로 사용하는 등 대통령령으로 정하는 사유에 해당하는 경우

㈃ 항공기·경량항공기의 경우(항안 15①, 121①)

① 항공기가 멸실(滅失)되었거나 항공기를 해체(정비등, 수송 또는 보관하기 위한 해체는 제외한다)한 경우
② 항공기의 존재 여부를 1개월(항공기사고인 경우에는 2개월) 이상 확인할 수 없는 경우
③ 항공안전법 제10조제1항 각 호의 어느 하나에 해당하는 자에게 항공기를 양도하거나 임대(외국 국적을 취득하는 경우만 해당한다)한 경우
④ 임차기간의 만료 등으로 항공기를 사용할 수 있는 권리가 상실된 경우

나. 근저당권자의 보호

특정동산에 관하여 위와 같은 말소사유가 발생하면 등록관청은 소유자의 신청에 따라 또는 직권으로 해당 특정동산의 등록을 말소하게 된다(등록말소의 세부적인 절차는 건기관 6, 선박 22, 어선 19, 수레등검 10, 자관 13, 항안 12 참조).

그러나 근저당권이 설정된 건설기계와 소형선박 및 자동차에 관하여 위와 같은 말소사유가 발생하여 등록관청이 그 등록을 말소하려는 경우 또는 근저당권이 설정된 항공기가 위 ③의 말소사유(항공 12①iii)에 해당하게 되어 등록관청이 그 소유자의 말소등록신청을 수리하였거나 그 소유자의 말소등록신청이 없어 소정의 절차를 거쳐 직권으로 그 등록을 말소하려는 경우, 등록관청은 근저당권자가 그 특정동산에 대한 등록의 말소에 동의한 경우를 제외하고는 등록말소의 뜻을 미리 근저당권자에게 통지하여야 하고(자특저 6), 등록관청으로부터 특정동산에 대한 등록말소의 뜻을 통지받은 근저당권자는 그 특정동산에 대하여 즉시 그 권리를 행사할 수 있다(자특저 7①).

근저당권자가 근저당권을 행사하려면 등록관청으로부터 말소등록의 뜻을 통지받은 날로부터 자동차의 경우는 1개월, 소형선박의 경우는 2개월, 건설기계 및 항공기 및 경량항공기는 3개월의 기간 내에 각각 근저당권의 행사 절차를

개시하여야 하고(자특저 7②), 만일 근저당권자가 근저당권행사의 개시 기한까지 근저당권의 행사절차를 개시하지 아니한 경우에는 등록관청은 특정동산에 대하여 말소등록을 할 수 있다(자특저 7③본).

근저당권자가 근저당권행사의 개시 기한 내에 근저당권의 행사 절차를 개시한 경우에는 등록관청은 그 행사 절차가 완료될 때까지 특정동산에 대하여 말소등록을 하여서는 아니 된다(자특저 7③단). 또한 근저당권자가 근저당권을 행사하여 경매의 매수인이 그 특정동산에 대한 소유권을 취득한 경우에는 특정동산에 대하여 말소등록을 하여서는 아니 된다(자특저 7④).

근저당권의 행사로서 하는 경매절차에서 매각허가결정이 확정된 경우에는, 건설기계에 관하여는 건설기계관리법 제6조 제1항에 따른 등록말소신청이 없었던 것으로 보며, 항공기 및 경량항공기에 관하여는 항공안전법 제15조 제1항 제3호(같은 법 제121조에서 준용하는 경우 포함)의 사유가 발생하지 아니한 것으로 본다(자특저 7⑤).

그리고 항공기 및 경량항공기를 제외한 특정동산에 대한 근저당권의 실행을 위한 경매절차에서 법원은 상당하다고 인정하는 때에는 근저당권자의 매수신청에 따라 경매 또는 입찰에 의하지 아니하고 그 근저당권자에게 압류된 담보목적물의 매각을 허가하는 양도명령의 방법으로 환가할 수 있다(자특저 8①).

09

근저당권의 변동

I. 근저당목적물의 변동

1. 토지의 변동

(1) 토지의 분합

가. 분합의 의의

토지의 분합이란 토지의 분할과 합병을 총칭하여 부르는 말이다. 토지의 분할은 분필(分筆)이라고도 부르며 1개의 토지, 즉 1필의 토지를 나누어서 그 나누어진 각 부분을 별필(別筆), 즉 별개의 토지로 하는 것을 가리킨다. 이 경우 나누어진 각 부분은 각각 독립한 1필의 토지로 되는 수가 있고 또한 다른 토지의 일부로서 합병(合併)되는 수도 있다. 토지의 합병(광의)에는 합필과 분합필(협의의 합병)이 있는데, 수필(數筆)의 토지를 합해서 1필의 토지로 하는 것이 합필이고, 1필의 토지의 일부를 분할하여 다른 1필의 토지에 합하는 것이 분합필이다.

나. 분합에 따른 근저당권의 효력

㈎ 분필

토지의 분필이란 종전의 1필(甲地)의 토지를 수필의 토지로 하는 것으로 등기절차상으로는 「갑 토지를 분할하여 그 일부를 을 토지로 하는 것(부등규 75①)」이다. 즉, 종전의 1필의 토지가 수필의 토지로 나뉘어 그 중 1필의 토지는 종전의 토지와 동일성을 유지하면서 그대로 존속하고 다른 필지의 토지에 대하여는 새로이 등기기록이 개설되는 것이다.

토지의 분필에 근저당권자의 동의를 요하는 것은 아니다. 토지가 분필되더라도 종전 토지에 대한 근저당권은 근저당권자가 특별히 이를 포기하지 않는 한 분필 후의 각 토지 모두에 대하여 그대로 존속하며, 그 담보권의 표시는 등기관에 의하여 각각의 등기부에 그대로 전사(轉寫)되므로(부등규 76①) 근저당권자의 권리에 영향을 미치지 않는다. 토지의 분필등기가 이루어진 때에는 하나의 근저당권에 대하여 수개의 근저당 목적물이 존재하는 공동근저당의 관계가 발생하게 된다.

㈏ 합필

합필은 종전의 수필의 토지를 1필의 토지로 하는 것으로 등기절차상으로는 「갑 토지를 을 토지에 합병하는 것(부등규 79①)」이다. 즉, 합필 전의 수필의 토지 중 1필이 동일성을 유지하면서 존속하고 다른 필지의 등기기록이 폐쇄되는 것이다.

근저당권이 설정되어 있는 토지는 합필할 모든 토지에 대하여 등기원인 및 그 연월일과 접수번호가 동일한 근저당권에 관한 등기가 있는 경우가 아니면 합필의 등기를 할 수 없다(부등 37①ii).

㈐ 분합필

1필의 토지의 일부를 분할해서 이를 다른 1필의 토지에 합하는 것으로 등기절차상으로는 「갑 토지의 일부를 분할하여 이를 을 토지에 합병하는 것(부등규 78①)」이다. 즉, 분필과 합필이 혼합해서 행하여지는 경우로서 갑지에 대하여는 분할에 따른 변경의 등기가 행하여지고 을 토지에 대하여는 합병에 따른 변경 등기가 행하여지게 되며, 분필에 있어서의 새로운 등기기록의 개설이나 합필에 있어서의 등기기록의 폐쇄는 이루어지지 않는다.

근저당권이 설정되어 있는 토지는 합필할 모든 토지에 대하여 등기원인 및 그 연월일과 접수번호가 동일한 근저당권에 관한 등기가 있는 경우가 아니면 합필의 등기를 할 수 없으므로(부등 37①ii) 분합필의 등기도 할 수 없다.

(2) 공용환지

가. 공용환지의 의의

공용환지란 일정한 지역 내에 있는 토지를 대상으로 그 이용가치를 증진시키기 위하여 사업시행자가 소유자 등의 의사여하에 관계없이 토지의 구획·형질변경과 소유권 등의 강제적인 교환·분합을 하는 것을 말한다. 현행법상은 도시개발법에 의한 도시개발사업(도개 2①ii, 28 이하)과 농어촌정비법에 의한 농업생산기반 정비사업(농정 2v, 25 이하)으로 공용환지가 이루어지고 있다. 여기에서는 도시개발법에 의한 도시개발사업상의 공용환지를 대상으로 그 공용환지에 따른 토지소유자의 권리와 저당권의 효력에 관하여 설명하기로 한다. 농어촌정비법에 의한 농업생산기반 정비사업상의 공용환지에 관하여는 도시개발법에 의한 도시개발사업상의 공용환지에 준하는 것으로 보면 된다.

나. 공용환지에 따른 토지소유자의 권리

도시개발법에 의한 도시개발사업이 시행되어 공용환지가 이루어지는 경우 종전의 토지소유자는 다음과 같은 권리를 가지게 된다.

첫째, 종전의 토지에 갈음하여 환지계획에서 정하여진 환지의 소유권을 취득한다. 그 취득시기는 환지처분[547](도개 40④)의 공고가 있은 다음날이다(도개 42①전). 등기는 사업시행자가 환지처분의 공고 후 14일 이내에 관할등기소에 촉탁(행정청이 사업시행자인 경우) 또는 신청하는 방법으로 한다(도개 43①). 그러나 환지계획에서 종전의 토지에 갈음하는 환지를 정하지 아니하는 때에는 환지의 소유권을 취득하지 못한다(도개 42①후)[548]

둘째, 행정청이 사업시행자인 경우 도시개발사업의 시행으로 사업시행 후의 토지가액의 총액이 사업시행 전의 토지가액의 총액보다 줄어든 경우에는 사업시행자에 대하여 그 차액에 상당하는 감가보상금청구권을 취득한다(도개 45).

셋째, 종전의 토지의 일부 또는 전부에 관하여 그에 갈음하는 환지가 정하여지지 아니한 때에는 사업시행자에 대하여 그에 상응하는 청산금청구권을 취득

547) 환지처분이란 사업시행자가 환지 전의 토지소유자에 대하여 환지 전의 토지에 갈음하여 환지계획에서 정하고 있는 토지를 귀속시키는 행정처분을 말한다. 사업시행자는 지정권자(특별시장·광역시장·도지사·특별자치도지사 등 도시개발법 제3조에서 정하고 있는 자)에 의한 준공검사를 받은 경우(지정권자가 시행자인 경우에는 도시개발법 제51조에 따른 공사 완료 공고가 있는 때)에는 60일 이내의 기간에 환지처분을 하여야 한다(도개 40④, 도개령 65). 그리고 사업시행자가 환지처분을 하려는 경우에는 환지 계획에서 정한 사항을 토지 소유자에게 알리고 이를 관보 또는 공보에 의하여 공고하여야 한다(도개 40⑤, 도개령 66). 환지처분의 공고가 있은 날부터 그 환지처분에 따른 등기가 이루어질 때까지는 등기신청인이 확정일부 있는 서류에 의하여 환지처분의 공고일 전에 등기원인이 생긴 것임을 증명한 경우가 아니면 다른 등기를 할 수 없게 된다(도개 43③).

548) 사업시행자는 토지 소유자가 신청하거나 동의하면 해당 토지의 전부 또는 일부에 대하여 환지를 정하지 아니할 수 있다. 다만, 해당 토지에 관하여 임차권자등이 있는 경우에는 그 동의를 받아야 한다(도개 30①). 또한 사업시행자는 토지 면적의 규모를 조정할 특별한 필요가 있는 때에는 면적이 작은 토지에 대하여는 과소 토지가 되지 아니하도록 면적을 증가하여 환지를 정하거나 환지대상에서 제외할 수 있고, 면적이 넓은 토지에 대하여는 그 면적을 감소하여 환지를 정할 수 있다(도개 31①). 이 경우 과소 토지의 기준이 되는 면적은 도시개발법 시행령이 정하는 범위 안에서 시행자가 규약·정관 또는 시행규정으로 정한다(도개 31②).

한다. 반면에 종전의 토지에 갈음하는 환지를 초과하여 환지가 정하여진 때에는 그 초과금 해당액을 청산금으로 지급할 의무를 부담한다(도개 41, 46).

넷째, 사업시행자가 입체환지[549]를 정한 경우 환지의 목적인 토지에 갈음하여 해당 건축물의 일부와 당해 건축물이 있는 토지의 공유지분을 취득한다. 그 취득 시기는 환지처분이 공고된 날의 다음 날이다(도개 42④제1문). 등기는 사업시행자가 환지처분의 공고 후 14일 이내에 관할등기소에 촉탁하는 방법으로 한다(도개 43①).

다. 공용환지에 따른 근저당권의 효력

도시개발법에 의한 도시개발사업구역내의 토지에 근저당권이 설정되어 있어도 근저당권자는 도시개발사업에 대하여 이의를 제기할 권리가 부여되어 있지 않다. 근저당권이란 토지의 사용·수익을 목적으로 하는 것이 아니고 또한 도시개발사업이 계획적이고 체계적인 도시개발을 도모하고 쾌적한 도시환경의 조성과 공공복리의 증진에 기여함을 목적으로 하는 것이기 때문이다(도개 1 참조).

근저당 토지에 대하여 도시개발법에 의한 도시개발사업이 실시되더라도 근저당권자는 환지처분의 공고가 있기까지는 근저당 토지에 대한 경매신청 등 그 권리행사에 아무런 제한을 받지 않는다. 그러나 환지처분의 공고가 있은 날부터 그 환지처분에 따른 등기가 이루어질 때까지는 경매개시결정등기를 할 수 없어 경매절차를 진행할 수 없는 제한을 받게 된다(도개 43③). 그밖에 근저당 토지에 대하여 환지처분이 있은 경우 저당권자의 권리에 미치는 영향을 보면 다음과 같다.

첫째, 종전의 토지에 설정되어 있던 저당권은 종전의 토지의 소유자가 취득하는 환지에 그대로 존속한다. 환지계획에서 정하여진 환지는 그 환지처분의 공고가 있은 날의 다음 날부터 종전의 토지로 보게 되기 때문이다(도개 42①전). 등기는 소유자에 대한 소유권등기와 함께 사업시행자가 환지처분의 공고 후 14일 이내에 관할등기소에 촉탁하는 방법으로 한다(도개 43①).

둘째, 환지가 정하여지지 않은 종전의 토지에 대한 저당권은 환지처분의 공고

549) 입체환지란 사업시행자가 도시개발사업의 원활한 시행을 위하여 특히 필요하다고 인정하는 경우 토지소유자의 동의를 얻어 환지의 목적인 토지에 갈음하여 사업시행자에게 처분할 권한이 있는 건축물의 일부와 당해 건축물이 있는 토지의 공유지분을 부여하는 것을 말한다(도개 32).

가 있은 날이 종료하는 때에 소멸한다(도개 42①후). 다만 이 경우 저당권자는 종전의 토지소유자가 사업시행자에 대하여 가지는 청산금청구권에 대하여 그 지급전에 압류를 하여 물상대위권을 행사함으로써 그 담보채권을 보전할 수 있다.

셋째, 근저당권자는 행정청이 사업시행자인 경우 도시개발사업의 시행으로 인하여 사업시행 후의 토지가액의 총액이 사업시행 전의 토지가액의 총액보다 감소한 때에 종전의 토지소유자가 사업시행자에 대하여 가지는 감가보상금청구권을 그 지급전에 압류하여 물상대위권을 행사함으로써 그 담보채권을 보전할 수 있다.

넷째, 사업시행자가 입체환지를 정한 경우 종전의 토지에 대한 근저당권은 환지처분의 공고가 있은 날의 다음 날부터 당해 건축물의 일부와 당해 건축물이 있는 토지의 공유지분에 존재하는 것으로 취급된다(도개 42④제2문). 등기는 소유자에 대한 소유권등기와 함께 사업시행자가 환지처분의 공고 후 14일 이내에 관할등기소에 촉탁하는 방법으로 한다(도개 43①).

2. 건물의 변동

(1) 분합

가. 분합의 의의

건물의 분합이란 건물의 분할과 구분 및 합병을 총칭하는 개념이다. 건물의 분할은 1개의 건물을 나누어서 그 나뉜 부분을 별개의 건물로 하는 것이고, 구분은 1개의 건물의 내부공간을 구획하여 그 구획된 각 부분을 독립한 소유권 기타 권리의 목적물로 할 수 있게 하는 것이다. 합병은 단순합병과 분할합병 및 구분합병으로 분류하여 볼 수 있다. 단순합병은 수개의 건물을 합해서 1개의 건물로 하는 것이고, 분할합병은 1개의 건물을 분할하여 다른 건물에 합병하는 것이며, 구분합병은 1개의 건물의 내부공간을 구획하여 그 구획된 일부분을 다른 구분건물에 합병하는 것이다.

나. 분합에 따른 근저당권의 효력

㈎ 분할

건물의 분할이란 1개의 건물을 수개의 건물로 분리하는 것으로 등기절차상으로는 「갑 건물로부터 그 부속건물을 분할하여 이를 을 건물로 하는(부등규 96①)」 것이다. 즉, 1개의 건물이 2개의 건물로 분할되어 그 중 1개의 건물은 동일성을 유지하면서 그대로 존속하고 다른 건물에 관하여는 새로이 등기기록이 개설되는 것이다.

건물의 분할에 근저당권자의 동의가 필요한 것은 아니다. 건물이 분할되더라도 종전 건물에 대한 근저당권은 근저당권자가 특별히 이를 포기하지 않는 한 분할 후의 각 건물 모두에 대하여 그대로 존속하며, 그 담보권의 표시는 등기관에 의하여 각각의 등기부에 그대로 전사(轉寫)되므로(부등규 96③, 76①) 근저당권자의 권리에 영향을 미치지 않는다. 건물의 분할등기가 이루어진 때에는 하나의 근저당권에 대하여 수개의 근저당 목적물이 존재하는 공동근저당의 관계가 발생하게 된다.

㈏ 구분

건물의 구분이란 1개의 건물의 내부공간을 구획하여 그 구획된 각 부분을 독립한 소유권 기타 권리의 목적물로 할 수 있게 하는 것을 말한다. 건물의 분할이 물리적으로는 수개의 건물이나 등기상 하나의 건물로 하고 있던 것을 등기상으로도 수개의 건물로 하는 것임에 대하여 건물의 구분이란 물리적으로는 수개의 건물로 할 수 없는 1개의 건물이지만 등기상 수개의 건물로 하는 것이다. 그러나 1개의 건물을 모두 수개의 구분건물로 할 수 있는 것은 아니다.

건물의 구분에는 2가지 유형이 있다. 하나는 1개 건물의 내부공간을 2개 이상으로 구분하는 것이다. 이 경우 구분된 각 건물을 구분건물이라고 한다. 등기절차상으로는 「구분건물이 아닌 갑 건물을 구분하여 갑 건물과 을 건물로 하는(부등규 97①)」 것이다. 즉, 1개의 건물이 2개 이상의 구분건물로 되어 새로이 2개 이상의 구분건물에 관한 등기기록이 개설되고 종전의 건물에 대한 등기기록이 폐쇄되는 것이다. 특히 새로이 개설되는 구분건물의 등기기록에는 대지권을 표시할 수 있다는 점에서 건물의 분할과 구분된다.

다른 하나는 1개의 구분건물을 다시 2개 이상의 구분건물로 구분하는 것이다. 등기절차상으로는「구분건물인 갑 건물을 구분하여 갑 건물과 을 건물로 하는(부등규 97④)」것이다. 즉, 1개의 구분건물이 2개 이상의 구분건물로 되어 갑 구분건물에 대하여는 구분에 따른 변경의 등기가 행하여지고 을 구분건물에 대하여는 새로운 등기기록이 개설되는 것이다.

건물의 구분에 근저당권자의 동의가 필요한 것은 아니다. 건물이 구분되더라도 종전 건물에 대한 근저당권은 근저당권자가 특별히 이를 포기하지 않는 한 구분 후의 각 구분건물 모두에 대하여 그대로 존속하며, 그 담보권의 표시는 등기관에 의하여 각각의 등기부에 그대로 전사되므로(부등규 97⑥, 76①) 근저당권자의 권리에 영향을 미치지 않는다. 건물의 구분등기가 이루어진 때에는 하나의 근저당권에 대하여 수개의 근저당 목적물이 존재하는 공동근저당의 관계가 발생하게 된다.

㈐ 단순합병

건물의 단순합병이란 수개의 건물(또는 구분건물)을 하나의 건물(또는 구분건물)로 합하는 것으로, 등기절차상으로는「갑 건물을 을 건물 또는 그 부속건물에 합병하거나 을 건물의 부속건물로 하는(부등규 100①)」것이다. 즉, 2개의 건물이 1개의 건물로 합병되어 그 중 1개의 건물은 동일성을 유지하면서 그대로 존속하고 다른 건물에 관하여는 등기기록이 폐쇄되는 것이다.

근저당권이 설정되어 있는 건물은 합병할 모든 건물에 대하여 등기원인 및 그 연월일과 접수번호가 동일한 근저당권에 관한 등기가 있는 경우가 아니면 합병의 등기를 할 수 없다(부등 42①, 37①단).

㈑ 분할합병

건물의 분할합병이란 1개의 건물의 일부를 분할해서 다른 건물에 합하는 것으로, 등기절차상으로는「갑 건물로부터 그 부속건물을 분할하여 을 건물의 부속건물로 하는(부동규 98①)」것이다. 분할과 합병이 혼합해서 행하여지는 경우로서 갑 건물에 대하여는 분할에 따른 변경의 등기가 행하여지고 을 건물에 대하여는 합병에 따른 변경등기가 행하여지게 되며, 분할에 있어서의 새로운 등기기록의 개설이나 합병에 있어서의 등기기록의 폐쇄는 이루어지지 않는다.

근저당권이 설정되어 있는 건물은 합병할 모든 건물에 대하여 등기원인 및 그 연월일과 접수번호가 동일한 근저당권에 관한 등기가 있는 경우가 아니면 합병의 등기를 할 수 없으므로(부등 42①, 37①단) 분할합병의 등기도 할 수 없다.

㈑ 구분합병

건물의 구분합병이란 1개의 건물 또는 구분건물의 내부공간을 구획하여 그 구획된 한 부분을 다른 건물 또는 구분건물에 합하는 것으로, 등기절차상으로는 「갑 건물을 구분하여 을 건물 또는 그 부속건물에 합병하는(부등규 99①)」 것이다. 구분과 합병이 혼합해서 행하여지는 경우로서 갑 건물 또는 갑 구분건물에 대하여는 분할에 따른 변경의 등기가 행하여지고 을 건물 또는 을 구분건물에 대하여는 합병에 따른 변경등기가 행하여지게 되며, 구분에 있어서의 새로운 등기기록의 개설이나 합병에 있어서의 등기기록의 폐쇄는 이루어지지 않는다.

근저당권이 설정되어 있는 건물은 합병할 모든 건물에 대하여 등기원인 및 그 연월일과 접수번호가 동일한 근저당권에 관한 등기가 있는 경우가 아니면 합병의 등기를 할 수 없으므로(부등 42①, 37①단) 구분합병의 등기도 할 수 없다.

(2) 증축 등

가. 증축

건물이 그 이용상의 편의를 위하여 증축되는 경우에 증축 전의 건물에 설정한 저당권이 증축부분에 대하여도 미치는지 문제로 된다. 이에 관하여는 다음의 3가지 점에서 검토를 요한다.

첫째는 그 증축을 누가 하였는가 하는 점이다. 소유자가 증축한 것이면 원칙적으로 저당권의 효력이 미친다고 할 것이나, 제3자(예컨대 임차인)가 그의 권원에 의하여 증축하였다면 그 증축부분의 소유권은 제3자에게 속하게 되므로(민 256단) 그 부분에는 저당권의 효력이 미치지 않는다. 그러나 이 경우에도 그 증축부분이 경제적으로 보아서 독립성을 가지지 않을 때에는 제3자의 소유권은 인정되지 않고 증축된 건물소유자의 소유에 속하는 것으로 보아야 하므로[550] 저당권의 효력이 미치게 된다. 그리고 증축부분이 독립성을 가지는지의 여부는 사회통념 내지 거래관념에 따라 구체적인 경우마다 개별적으로 판단하는 수밖에 없다.

둘째는 증축 전 건물과 증축 후 건물의 동일성에 관한 점이다. 증축부분에도 근저당권의 효력이 미치기 위하여서는 증축 전후의 건물에 관하여 동일성을 인정할 수 있어야 한다. 예컨대 종전의 건물을 거의 헐어낸 경우에는 오히려 신축으로 보아야 할 것이므로 동 건물에 관하여는 저당권의 효력이 미치지 않는다. 즉, 저당권의 효력이 미치는 증축부분은 물리적으로 보아 증축 전 건물의 일부가 되어야 한다.

셋째는 증축자의 의사에 관한 점이다. 증축부분이 증축 전 건물의 일부를 이루고 있다 하더라도 그것이 독립된 이용가치를 가지는 경우에는 별개의 독립된 건물이나 구분건물로 할 수 있기 때문이다. 즉, 증축한 자가 독립된 이용가치를 가지는 부분을 별도로 이용할 의사가 있으면 이를 별개의 건물이나 구분건물로서 등기할 수 있고, 별개의 건물이나 구분건물로 등기하면 전의 건물에 설정된 근저당권의 효력은 이 부분에는 미치지 않는다. 그러나 이 때에도 소유자가 증축부분에 대하여 독립한 소유권보존등기를 내지 않고 구건물의 표시변경등기(즉, 증축등기)를 한 때에는 근저당권의 효력은 그 증축부분에도 미치게 된다.

판례 9-1

증축건물에 기존건물에 대한 저당권의 효력이 미치는지 여부

법률상 1개의 부동산으로 등기된 기존 건물이 증축되어 증축 부분이 구분소유의 객체가 될 수 있는 구조상 및 이용상의 독립성을 갖추었다고 하더라도 이로써 곧바로 그 증축 부분이 법률상 기존 건물과 별개인 구분건물로 되는 것은 아니고, 구분건물이 되기 위하여는 증축 부분의 소유자의 구분소유의사가 객관적으로 표시된 구분행위가 있어야 할 것인바, 이 사건과 같이 기존 건물에 관하여 증축 후의 현존 건물의 현황에 맞추어 증축으로 인한 건물표시변경등기가 경료된 경우에는 특별한 사정이 없는 한 그 소유자는 증축 부분을 구분건물로 하지 않고 증축 후의 현존 건물 전체를 1개의 건물로 하려는 의사였다고 봄이 상당하다. 이 경우, 증축 부분이 기존 건물의 구성부분이거나 이에 부합된 것으로서 기존 건물과 증축 후의 현존 건물 사이에 동일성이 인정된다면,

---

550) 대판 1975.4.8. 74다1743 참조.

위 건물표시변경등기는 증축 후의 현존 건물을 표상하는 유효한 등기라고 할 것이고, 또한 기존 건물에 대하여 이미 설정되어 있던 저당권의 효력은 법률에 특별한 규정이나 설정행위 등에 다른

약정이 없는 한 증축 부분에도 미친다고 할 것이므로 기존 건물에 설정된 저당권의 효력을 증축 부분에 미치게 하는 취지의 저당권변경등기를 할 수 없는 것이고, 설사 그러한 등기가 경료되었다고 하더라도 아무런 효력이 없다. 한편, 증축 부분이 기존 건물의 구성 부분이거나 이에 부합된 것이 아닌 별개의 건물이고 이를 구분건물로 할 의사였다면 구분건물로서 등기를 하여야 할 것이지 이 사건에 있어서와 같은 건물표시변경등기를 할 수는 없는 것이므로, 그 건물표시변경등기가 경료된 후 기존 건물에 설정된 저당권의 효력을 증축 부분에 미치게 하는 취지의 저당권변경등기를 하였다고 하더라도 그 저당권의 효력이 별개의 건물인 증축 부분에 미칠 수는 없다고 할 것이다(대판 1999.7.27. 98다32540).

나. 부속건물의 신축

주된 건물과는 분리된 상태로 별도의 부속건물이 신축되는 경우 이 신축건물에 대하여도 주된 건물에 설정한 저당권의 효력이 미치는가. 이에 관하여는 주된 건물과 부속건물이 사회통념 내지 거래관념상 단일한 물건으로 인정될 수 있으면, 그 부속건물에 대하여도 주된 건물에 설정된 저당권의 효력이 미치는 것으로 보아야 한다. 그리고 그 단일성의 인정여부는 구체적인 개개의 경우마다 해당건물의 물리적 구조는 물론이고 그 건물의 이용관계와 거래관계 및 신축자의 의사 등을 종합적으로 고려하여 판단하는 수밖에 없다.

다. 재축과 개축

구 건물을 완전히 헐고 새로이 재축한 때에는 구 건물에 대하여는 멸실등기를 하고 재축한 신 건물에 대하여는 새로이 소유권보존등기를 하여야 한다. 따라서 이 경우 구 건물에 설정한 저당권은 소멸하고 재축한 신 건물에 미치지 않는다.

건물을 개축했을 때에 개축 전의 건물에 대한 근저당권이 개축 후의 건물에도 미치는지는 개축 전후의 건물에 관하여 그 동일성을 인정할 수 있는지의 여부에 따른다. 즉, 개축 후의 건물이 개축 전의 건물과 그 동일성을 인정할 수 있는 때에는 개축 전의 건물에 대한 근저당권은 개축 후의 건물에도 미친다. 또한 개축과 동시에 증축했다 하더라도 상관없다. 개축 전의 건물과 동일성을 인정받을 수 있는 범위의 개축이란, 좀 더 구체적으로 말하면 개축 전의 건물의

주요부분을 그대로 둔 채 지붕을 헐고 새로 하거나, 벽이나 문 등을 헐거나 떼어내고 새로 쌓거나 붙이는 정도를 의미한다. 따라서 구 건물의 주요부분을 거의 또는 완전히 헐어낸 뒤에는 설사 같은 설계에 따라 또한 그 재료를 그대로 써서 다시 똑같은 건물을 지었다 하더라도 신구 건물의 동일성은 인정되지 않는다. 따라서 이러한 경우에는 구 건물에 대하여는 멸실등기를 하고 재축한 신 건물에 대하여는 보존등기를 하여야 하게 되며, 그 결과 구 건물에 대한 근저당권은 당연히 재축한 신 건물에 미치지 않는다.

3. 토지·건물 공통

(1) 공용환권

공용환권이란 도시환경을 개선하고 주거생활의 질을 높이기 위하여 일정한 구역 내의 토지나 건축물을 대상으로 그 소유자의 의사에 불구하고 그 기반시설을 정비하고 주택 등 건축물을 개량하거나 건설하여 종전의 토지나 건축물에 대한 권리를 새로이 정비된 토지 및 건축물로 변환시키는 것을 말한다.[551]

(2) 공용제한

가. 공용제한의 의의

공용제한이란 국가 또는 지방자치단체 등이 공익목적의 달성을 위하여 사인의 재산권 행사에 제한을 가하는 것을 말한다. 공용제한의 유형에는 공물제한과 부담제한 및 사용제한이 있다.

공물제한이란 사인(私人) 소유의 물건이 특정의 공적목적에 제공되어 사인의 소유권행사가 공적목적의 달성을 위해 필요한 범위에서 제한을 받게 되는 경우이고, 부담제한이란 특정의 공적목적을 위하여 재산의 소유자에 대하여 일정한 공법상의 작위·부작위·수인(受忍)의무를 부과하는 경우이며, 사용제한이란 특정의 공적목적을 위하여 사인의 재산에 공법상의 사용권을 설정하는 경우이다.

---

551) 자세한 내용은 제7장 근저당권과 다른 권리의 관계 Ⅶ. 6. 참조.

공용제한은 헌법상의 기본권인 재산권에 대한 제약이라는 점에서 사인의 재산권에 대하여 공용제한을 하려면 반드시 법률에 그 근거규정이 있어야 한다(헌 23③). 그러나 현행법상 공용제한을 일반적으로 규정하는 법률은 없고 단지 개별 법률(국계이 95, 130, 도로 3, 46, 47, 문보 45, 도철 5①, 6① 등)에서 규정하고 있을 뿐이다.

나. 공용제한에 따른 근저당권의 효력

공용제한의 대상인 부동산이 근저당권의 목적물인 경우 공용제한으로 근저당권의 효력에 직접적으로 영향이 생기는 것은 아니다. 또한 근저당권자가 근저당권의 효력으로서 근저당목적물에 대한 공용제한을 저지할 수는 없다.

다만 공용제한을 하는 때에는 그 소유자에게 정당한 보상을 지급하여야 하고(헌 23②), 이에 따라 공용제한을 규정하는 개별 법률에서는 그에 따른 보상규정을 두는 것이 보통이므로(국계이 46, 96, 131, 도로 92, 문보 48, 도철 5⑥, 6② 등), 공용제한에 따라 근저당권설정자가 받을 손실보상금이 있을 경우 근저당권자는 이 근저당권설정자가 가지는 손실보상금청구권에 물상대위권을 행사하는 방법으로 담보채권을 보전할 수 있다.

(3) 공용수용

가. 공용수용의 의의

공용수용이란 국가나 지방자치단체 등이 특정한 공익사업을 위하여 법령이 정하는 바에 따라 타인의 재산권을 강제적으로 취득하는 것을 말한다.

공용수용은 헌법이 보장하는 기본권인 재산권에 대한 중대한 침해라는 점에서 사인의 재산권을 수용하려면 반드시 법률에 그 근거규정이 있어야 한다(헌 23③). 현행법상 공용수용을 규정하고 있는 법률로는 일반 법률로서 공익사업을 위한 토지 등의 취득 및 보상에 관한 법률이 있고 그밖에 개별 법률로서 도시개발법 제22조, 농어촌정비법 제110조, 도시 및 주거환경정비법 제38조, 도로법 제48조, 하천법 제78조 등을 들 수 있다.

나. 공용수용에 따른 근저당권의 효력

공용수용의 대상인 부동산이 근저당권의 목적물인 경우 공용수용이 있으면 수용권자는 수용의 개시일(토지수용위원회가 재결로서 결정한 수용을 개시하는 날)에 대상 부동산의 소유권을 취득하며, 대상 부동산에 관한 근저당권 등 다른 권리는 이와 동시에 소멸한다(공토취보 45①).

근저당권자가 근저당권의 효력으로서 근저당목적물의 수용을 저지할 수는 없다. 다만 공용수용을 하는 때에는 수용권자는 수용대상 목적물의 소유자에게 수용의 개시일까지 관할토지수용위원회가 재결한 보상금을 지급하여야 하므로(공토취보 40①), 근저당권자는 이 수용보상금에 대하여 물상대위권을 행사하는 방법으로 담보채권을 보전할 수 있다.

II. 근저당권의 내용변경

1. 피담보채권이 확정되어 있는 경우

근저당거래가 종료되어 그 피담보채권이 확정된 때에는, 그 근저당권은 등기부상의 기재여하에 불구하고, 특정채권을 담보하는 저당권(즉, 확정근저당권)으로 전환된다. 따라서 근저당권의 피담보채권이 확정된 후에는 결산기나 존속기간 및 피담보채권의 범위는 근저당권의 내용변경의 대상이 되지 않고, 오로지 채권최고액의 증액이나 감액만이 근저당권의 내용변경의 대상이 된다.

그런데 근저당권의 피담보채권이 확정된 후에는 채권최고액을 감액하는 등기(변제 등을 원인으로 하여)는 가능하다고 할지라도 채권최고액을 증액하는 등기는 이를 허용하지 아니하고 별도의 근저당권설정등기를 하도록 하는 것이 타당하다고 하는 견해가 있다.[552)]

552) 이인철 근저당권········· 466. 그리고 이 견해는 그 이유로서「거래계의 관행에 의하면 기왕에 설정된 근저당권(또는 저당권)이 소멸되었으나 등기부상으로는 말소되지 아니하고 있는 경우 무효등기 유용의 합의를 하여 기왕의 근저당권(또는 저당권)을 새로운 채권의 담보로 이용하고 있으나 이는 비록 실체법의 해석상 가능하다고 할지라도 물권변동을 정확히 공시하려고 하는 등기제도 본래의 취지에는 반한다고 할 것이므로 증액하는 등기를 인정하면서까지 거래계의

그러나 피담보채권의 확정으로 그 근저당권에 의하여 담보되는 채권이 특정되었다고 하더라도, 담보채권의 상환기한연장 등에 따라 늘어나는 이자·지연배상금 등의 담보를 위하여 채권최고액을 증액할 필요가 있을 수 있다는 점에서 증액등기를 원천적으로 불허할 것까지는 없다고 생각한다.[553] 피담보채권이 확정되었다고 하여 근저당권의 성질이 완전히 없어지는 것이 아닌 이상 채권최고액의 증액을 인정하는 것이 거래당사자의 선택의 폭을 넓혀주는 것이 되어 합리적이기 때문이다. 다만 이 경우 근저당 부동산상에 후순위저당권자 등의 권리자가 있는 때에는 그 이익을 보호하여야 하므로 증액등기신청서에 그 권리자의 승낙서 또는 이에 대항할 수 있는 재판의 등본을 첨부하여야 한다(부등 63, 40① ⅳ 참조). 또한 감액의 경우에도 그 감액에 관하여 이해관계를 가진 자가 있는 때에는 그 이해관계인의 승낙서 또는 이에 대항할 수 있는 재판의 등본을 첨부하여야 할 것으로 본다. 감액에 이해관계를 가진 자로는 당해 근저당권의 피담보채권을 압류 또는 가압류한 자, 피담보채권의 질권자로서 당해 근저당권에 대하여 질권의 부기등기를 한 자 등을 들 수 있다.

2. 피담보채권이 확정되어 있지 않은 경우

(1) 개설

근저당권의 피담보채권이 확정되어 있지 않은 상태에서 하는 근저당권의 내용변경도, 기본적으로는 피담보채권이 확정되어 있는 상태에서의 근저당권의 내용변경과 다르지 않다. 다만 피담보채권이 확정되지 않은 상태에서는 담보되는 채권의 내용이 증감변동하기 때문에 그에 따른 특수성이 반영되어야 한다. 이하에서는 특히 문제가 되고 있는 사항에 관하여 순차로 살펴보기로 한다.

관행을 뒷받침할 필요는 없다고 생각되기 때문」이라고 한다.

553) 다만 이러한 결론은 특정채무의 담보를 위한 근저당권설정을 긍정하는 입장에서만 가능하다고 할 것이다.

(2) 채권최고액의 변경

가. 채권최고액의 증액

근저당권의 채권최고액은 근저당권설정시에도 등기사항이므로 이를 증액하는 경우에는 등기를 하여야 제3자에 대하여 대항할 수 있다. 그리고 근저당권의 채권최고액증액은 후순위저당권자 그밖에 등기상 이해관계 있는 제3자에게 불이익한 것이라는 점에서, 근저당목적물에 후순위저당권자 그밖에 등기상 이해관계 있는 제3자가 있으면 그 등기를 신청함에 있어서는 후순위저당권자 그밖에 등기상 이해관계 있는 제3자의 승낙을 증명하는 정보 또는 이에 대항할 수 있는 재판이 있음을 증명하는 정보를 그 신청정보와 함께 첨부정보로서 등기소에 제공하여야 한다(부등규 46①iii).

그러나 실무상으로는 근저당권의 채권최고액을 증액하는 예는 거의 없고, 증액이 필요한 경우 증액을 요하는 금액만큼을 채권최고액으로 하는 새로운 순위의 근저당권을 설정하는 것이 보통이다. 이는 근저당목적물에 등기상 이해관계 있는 제3자가 있으면 그의 승낙을 받는 것이 용이하지 않고, 등기상 이해관계 있는 제3자가 없는 경우라도 증액의 경우나 새로운 순위의 설정이 등기절차나 비용 및 효력 면에서 차이가 없기 때문이다.

나. 채권최고액의 감액

근저당권의 채권최고액은 근저당권설정시에도 등기사항이라는 점에서 이를 감액하는 경우에는 등기를 하여야 제3자에 대하여 대항할 수 있음은 당연하다. 문제는 그 감액등기를 신청함에 있어서 근저당목적물에 후순위저당권자 그밖에 등기상 이해관계 있는 제3자가 있는 경우, 그 승낙서 또는 이에 갈음할 수 있는 재판의 등본을 첨부하여야 하는 점이다.

근저당권의 채권최고액감액은 후순위저당권자 그밖에 등기상 이해관계 있는 제3자에게 불이익하지 않다는 점에서 부정하는 것이 타당하다. 그런데 이에 관하여는 특수한 일부 이해관계인 즉, 전저당권자(轉抵當權者)와 근저당권에 의하여 담보되어 있는 개개의 채권을 압류하고 있는 채권자에 한하여 이를 긍정하여야 한다는 견해가 있다.[554]

그러나 근저당권의 전저당(轉抵當)이란 근저당권자가 그가 가지는 근저당권을 다시 자기가 타인에 대하여 부담하고 있는 채무에 대한 담보로 제공하는 것을 말하는데,[555] 우리의 현행 민법상으로는 이와 같은 전저당이 저당권의 부종성에 따라 인정될 수 없는 것이라[556] 불필요한 논의이다. 그리고 근저당거래의 존속 중에는 피담보채권의 전부 또는 일부에 관하여 압류·전부명령이 있어도 그 근저당권이 압류·전부채권자에게 이전되는 것이 아니기 때문에 근저당권에 의하여 담보되어 있는 개개의 채권을 압류하고 있는 채권자라도 근저당목적물상의 등기상 이해관계인으로 볼 수 없어 이들의 동의는 필요하지 않는 것으로 보아야 한다.

(3) 결산기·존속기간의 변경

근저당권설정계약으로 결산기 또는 존속기간을 정했다 하더라도 이를 등기하지 않은 때에는,[557] 당사자가 변경등기 없이 설정계약의 변경만으로 이를 연장 또는 단축할 수 있고 또한 이에 관하여 후순위저당권자 기타 등기상 이해관계 있는 제3자의 승낙을 요하지도 않는다. 은행거래실무상으로는 근저당권설정계약에서 결산기를 정하고 있는 경우라도 이를 등기하지 않고 있으며 그에 따라 결산기를 변경하는 경우에도 그 서식상 등기를 요하지 않는 것으로 하고 있다.[558]

반면에 결산기 또는 존속기간을 정하여 이를 등기한 경우에 그 결산기 또는

---

554) 김석우 근저당권에……… 107, 이기태 근저당제도론……… 81, 박성근 포괄근저당권연구……… 81.

555) 박성근 포괄근저당권연구……… 81.

556) 다만, 저당권과 그 피담보채권을 함께 담보로 제공하는 것(이른바 저당권부 채권의 입질)은 가능하나, 이것도 특정채무를 담보하는 보통저당권에 한정되는 것이고, 근저당권에 있어서는 불가능한 것으로 보아야 한다. 근저당거래의 존속 중에는, 피담보채권의 일부를 양도하여도, 그 양수인에게 근저당권이전의 효력이 생기지 않으며, 그에 따라 그 채권은 무담보로 되는데, 이러한 결론은 피담보채권의 일부를 담보로 제공하는 경우도 마찬가지라고 하여야 하기 때문이다.

557) 부동산등기법은 존속기간을 근저당권의 등기사항으로 규정하고 있다(부등 75②ⅳ). 따라서 존속기간과 같은 성질을 가지는 결산기도 등기할 수 있는 것으로 보아야 한다. 그러나 결산기나 존속기간을 등기할 것인지 여부는 설정당사자의 선택사항으로 등기하지 않았다 하더라도 근저당권의 효력에는 영향이 없다는 것이 통설이다(곽윤직 물권법 490, 이영준 물권법 859, 민법주해[Ⅷ] 19(박해성), 김상용 물권법 753, 이은영 물권법 810, 고상룡 물권법 706, 권용우 물권법 576, 장경학 물권법 845).

558) 부록Ⅰ. 5. 근저당권설정계약변경계약서(피담보채무범위변경·근저당권결산기변경용) 참조.

존속기간을 연장 또는 단축하려면 그에 따른 변경등기를 하여야 한다. 그런데 이 경우 연장 또는 단축의 변경등기를 신청함에 있어서 후순위저당권자 기타 등기상 이해관계 있는 제3자의 승낙서를 첨부하여야 하는지 문제로 된다.

단축의 경우는 후순위저당권자 등에게 불이익하지 않으므로 이들의 승낙서를 첨부하지 않아도 된다고 보는 데에 의문이 없다. 이에 대하여 연장의 경우는 후순위저당권자 등에게 불이익을 줄 수 있다는 점에서 이들의 승낙서 첨부를 요하는 것으로 보는 견해가 있다.[559] 그러나 이에 관하여는 경우를 나누어 근저당거래의 결산기가 도래하거나 존속기간이 만료되기 전, 즉 피담보채권이 확정되기 전에는, 결산기나 존속기간을 연장하는 등기를 신청함에 있어서 후순위저당권자 기타 등기상 이해관계 있는 제3자의 승낙서를 첨부하지 않아도 되는 반면, 결산기가 도래하거나 존속기간이 만료한 후, 즉 피담보채권이 확정된 후에는, 결산기나 존속기간을 연장하는 등기를 신청함에 있어서 후순위저당권자 기타 등기상 이해관계 있는 제3자의 승낙서를 첨부하여야 하는 것으로 보는 것이 타당하다. 피담보채권이 확정되기 전에는 어차피 채권최고액의 범위에서 선순위근저당권의 담보채권이 변동할 수 있다는 점에서, 결산기나 존속기간의 연장이 후순위저당권자 등에게 불이익을 주는 것으로 볼 수 없다. 그러나 피담보채권이 확정된 후에는 선순위근저당권이 그 확정된 채권의 원금과 부수채권만을 담보하는 것으로 특정되었다는 점에서, 후순위저당권자 등에게 선순위근저당권의 확정에 따른 이익이 발생한 상태이므로, 그 후 결산기나 존속기간의 연장으로 선순위근저당권의 효력을 부활시키게 되면, 후순위저당권자 등에게 일단 발생한 이익을 없었던 것으로 하는 불이익을 주는 결과가 되는 것이기 때문이다.

(4) 피담보채권의 범위변경

가. 범위변경의 의의

피담보채권의 범위변경이란 근저당권설정계약으로 합의한 그 근저당권에 의하여 담보되는 채권의 범위를 정하는 기준을 변경하는 것을 말한다. 당초에 근저당권설정계약으로 정한 피담보채권의 범위에 관하여도 당연히 이를 변경을

559) 김석우 근저당권에……… 110, 이기태 근저당제도론……… 65, 이영준 물권법 859.

할 수 있다고 보아야 하며 이 점에 관하여는 학설상 이론이 없다.

대법원도 「근저당권은 당사자 사이의 계속적인 거래관계로부터 발생하는 불특정채권을 어느 시기에 계산하여 잔존하는 채무를 일정한 한도액 범위 내에서 담보하는 저당권으로서 보통의 저당권과 달리 발생 및 소멸에 있어 피담보채무에 대한 부종성이 완화되어 있는 관계로 피담보채무가 확정되기 이전이라면 채무의 범위나 또는 채무자를 변경할 수 있는 것이고, 채무의 범위나 채무자가 변경된 경우에는 당연히 변경 후의 범위에 속하는 채권이나 채무자에 대한 채권만이 당해 근저당권에 의하여 담보되고, 변경 전의 범위에 속하는 채권이나 채무자에 대한 채권은 그 근저당권에 의하여 담보되는 채무의 범위에서 제외된다」고 판시함으로써[560] 이를 긍정하고 있다.

그러나 어떠한 방법으로 이를 변경할 것인가 하는 점과 그 변경의 효력발생요건으로 등기를 요하는지 여부 및 후순위저당권자 등 등기상 이해관계 있는 제3자의 승낙을 받아야 하는지 여부 등에 관하여는 견해가 나뉘어 있는 바 이하에서 순차로 살펴보기로 한다.

나. 범위변경의 방법

근저당권의 설정이 기본계약의 존재를 전제로 하는 이상, 근저당권의 변경도 기본계약의 변경 내지 추가체결을 전제로 하는 것으로 보아야 한다.[561]

따라서 이미 체결된 근저당권설정계약이 특정근저당권설정계약인 경우는, 기존의 기본계약(예컨대 ○년 ○월 ○일자 금전소비대차약정)을 변경하거나 또는 별개의 기본계약(예컨대 ○년 ○월 ○일자 어음할인거래약정)을 추가로 체결하고, 그 변경된 기본계약 및 추가로 체결된 기본계약으로부터 발생된 채권을 담보할 수 있도록, 이미 체결된 근저당권설정계약을 변경하는 계약을 체결하면 된다.

이에 대하여 이미 체결된 근저당권설정계약이 한정근저당권설정계약 또는 포괄근저당권설정계약인 경우는, 근저당권설정계약과 기본계약이 별도의 서면으로 작성되어 있으면 그 기본계약을 변경하는 계약을 체결하고서, 한정근저당권설정계약 또는 포괄근저당권설정계약을 변경하는 계약을 체결하여야 하나, 하

---

560) 대판 1999.5.14. 97다15777 참조.
561) 김석우 근저당권에……… 112, 이기태……… 근저당제도론 65, 이영준 물권법 863.

나의 서면으로 함께 작성되어 있으면 한정근저당권설정계약 또는 포괄근저당권 설정계약을 변경하는 계약을 체결하면 된다.[562] 근저당권설정계약서와 기본계약서가 하나의 서면으로 작성되어 있는 경우는, 근저당권변경계약이 있으면 그와 함께 기본계약의 변경도 이루어지는 것으로 볼 수 있기 때문이다.

그리고 이와 같이 피담보채권의 범위변경을 인정하는 이상, 그 변경의 범위는 특정근저당권과 한정근저당권 및 포괄근저당권 상호간의 변경도 포함하는 것으로 본다. 즉, 특정근저당권을 한정근저당권이나 포괄근저당권으로 변경하는 것도 가능한 것으로 보아야 한다.[563]

다. 범위변경에 관한 등기의 요부

피담보채권의 범위를 변경하는 근저당권설정변경계약이 효력을 발생하려면 등기를 요하는가. 이에 관하여는 ① 등기를 요한다는 견해[564]와, ② 기본계약이 등기원인으로 기재되어 있으면 요한다는 견해[565] 및, ③ 등기를 요하지 않는다는 견해[566]가 있다.

그러나 우리나라는 근저당권설정계약에 피담보채권의 범위에 관한 합의가 있어도 이를 등기사항으로 하고 있지 않아 설정 당시부터 등기할 수가 없고, 이에 따라 설정당사자간에 이 피담보채권의 범위를 변경하는 합의가 있어도 이 또한 등기할 수가 없다. 따라서 피담보채권의 범위를 변경하는 근저당권설정변경계약은 위 ③의 견해와 같이 등기 없이 설정당사자간의 합의만으로 그 효력이 발생하는 것으로 보아야 한다. 은행거래실무상 피담보채권의 범위변경을 위한 근저당권변경계약서 서식에도 등기를 요하지 않는 것으로 하고 있다.[567]

---

562) 은행의 담보약관 서식 중 근저당권설정계약서에 있어서 한정근담보와 포괄근담보를 선택한 경우에는 기본계약과 근저당권설정계약이 하나의 서면으로 함께 작성되어 체결되는 것으로 보아야 한다.

563) 부록Ⅰ. 5. 근저당권설정계약변경계약서(피담보채무범위변경·근저당권결산기변경용) 참조.

564) 이영준 물권법 864.

565) 김석우 근저당권에……… 112.

566) 박성근 포괄근저당권연구……… 82.

567) 부록Ⅰ. 5. 근저당권설정계약변경계약서(피담보채무범위변경·근저당권결산기변경용) 참조.

라. 범위변경에 관한 후순위저당권자 등의 승낙요부

피담보채권의 범위를 변경하는 근저당권설정변경계약이 그 효력을 발생하려면 등기를 요하는지의 여부와는 별도로, 그 변경 당시 근저당 목적물에 관하여 후순위저당권자 기타 등기상 이해관계 있는 제3자가 있을 경우 이들의 승낙이 있어야 하는지 여부가 문제로 된다. 이에 관하여 앞에서 설명한 ②의 견해는 긍정설을 취하고 있는 반면 ①과 ③의 견해는 부정설을 취하고 있으나, 앞에서 설명한 결산기나 존속기간 변경과 뒤에 설명하는 채무자변경 및 채권자변경에 있어서와 마찬가지로 피담보채권이 확정되기 전에 변경하는 경우이면 승낙을 요하지 않으나 확정된 후에 변경하는 경우이면 승낙을 요하는 것으로 보는 것이 타당하다.

Ⅲ. 근저당권의 채무자변경

1. 채무자변경의 가능여부

저당권의 채무자변경은 일정한 사유의 발생으로 법률에 의하여 당연히 발생하게 되는가 하면 채무자변경에 관한 당사자간의 계약으로 발생하기도 한다. 예컨대 상속이나 회사합병에 의한 채무자변경은 앞의 경우에 해당되고, 저당권의 피담보채무에 관한 채무인수 또는 근저당권의 기초가 되는 기본계약상의 채무자지위의 승계는 뒤의 경우에 해당된다. 앞의 경우를 법률의 규정에 의한 채무자변경이라 하고, 뒤의 경우를 법률행위에 의한 채무자변경이라고 할 수 있다.

상속이나 회사합병으로 승계되는 채무를 담보하는 저당권이 특정채무를 담보하는 보통저당권인 때에는, 그 저당권은 상속인이나 존속회사가 승계한 채무를 담보하게 되며, 이것은 상속이나 회사합병의 효력에 비추어 당연하다고 할 수 있다. 그러나 상속이나 회사합병으로 승계되는 채무를 담보하는 저당권이 계속적인 거래관계로부터 발생하는 불특정채무를 담보하는 근저당권인 때에는, 상속의 사실 등에 의하여 근저당거래가 종료하게 되는지의 여부와 근저당거래의 승계여부 등에 관하여 문제가 생기게 되나, 이에 관하여는 이미 근저당권의 피담보채권의 확정문제로서 앞에서 설명한 바 있다.

저당권상의 채무자도 당사자간의 법률행위에 의하여 이를 변경한 후, 채권자가 그 변경된 채무자에 대하여 가지는 채권을 담보할 수 있음은 물론이다. 다만 이 경우에도 저당권의 부종성에 따라 피담보채무 또는 기본계약상의 채무자지위와 분리하여 저당권의 채무자만 변경시킬 수는 없다. 즉, 보통저당권에 있어서는 그 피담보채무의 인수에 수반하여 채무자변경이 이루어져야 하며, 근저당권에 있어서는 그 근저당권의 기초가 되는 기본계약상의 채무자지위의 인수에 수반하여 채무자변경이 이루어져야 하는 것이다. 이하에서는 보통저당권과 근저당권으로 나누어 채무자변경을 필요로 하는 경우와 그 변경방법 및 효력 등에 관하여 알아보기로 한다.

2. 보통저당권의 경우

보통저당권에 있어서는 그에 의하여 담보할 채무가 특정되어 있으므로, 그 특정된 채무의 인수에 수반하여서만 저당권의 채무자변경을 요하게 된다. 그리고 이 경우 채무의 인수는 주로 채무인수계약으로 이루어지게 되는데, 이 채무인수계약은 그 대상이 피담보채무 전부인지의 여하에 따라 채무전부의 인수계약과 채무일부의 인수계약으로 나누어 볼 수 있고 또 종전의 채무자가 채무를 면하는지의 여부에 따라 면책적채무인수와 중첩적(또는 병존적)채무인수로 나누어 볼 수 있다.

피담보채무에 관하여 면책적채무인수가 있는 경우라도 그 저당목적물이 채무자가 제공한 것이면, 저당권은 그 수반성에 따라 당연히 인수된 채무를 담보하게 된다. 반면에 저당목적물이 채무자 이외의 자가 제공한 것이면 그 담보제공자가 동의하지 않는 한 그 저당권은 인수된 채무를 담보하지 않게 된다(민 459). 담보제공자인 제3자가 채무자의 채무를 대신 변제하는 때에 채무자가 누구인가는, 그 담보제공자의 구상권 행사에 중대한 영향을 미치는 사항이기 때문이다. 또한 이와 같은 취지에서 법률에 명문의 규정은 없으나, 담보제공자가 채무자인 경우라도 그 채무인수가 채권자와 인수인간의 계약만으로 이루어지는 것인 때에는, 채무자가 특별히 동의하지 않는 한 그 저당권은 인수한 채무를 담보하지 않는 것으로 보아야 한다.[568] 이에 따라 저당권이 수반되지 않는 채무의 인수로 인하여 담보할 채무가 없게 되면 그 저당권은 소멸하게 된다.

저당목적물이 채무자가 제공한 것이거나 또는 저당목적물의 소유자가 담보의 수반에 동의함으로써 저당권이 인수된 채무를 계속 담보하게 된 때에는, 그에 따른 채무자교체(피담보채무 전액에 대한 면책적채무인수의 경우) 또는 채무자 추가(피담보채무 일부에 대한 중첩적채무인수의 경우)의 변경등기를 하여 두어야 한다. 다만 이 인수된 채무에 대한 담보의 효력은, 저당권의 수반성에 따라 변경등기 여부와는 관계없이 법률상 당연히 지속되는 것이므로, 그 변경등기는 저당권의 처분이나 실행시까지만 하면 된다. 그러나 실무적으로는 오해의 소지를 남겨 분쟁이 발생하는 것을 방지하기 위하여 신속히 하여두는 것이 좋다.

피담보채무에 관하여 중첩적채무인수가 있는 경우에는, 종전의 채무자가 채무를 면하는 것이 아니므로 저당권의 수반이나 소멸을 가져오지 않는다. 따라서 저당권의 채무자변경을 요하지도 않는 것이 보통이다. 그러나 당사자간의 합의로, 그 저당권이 채무인수인의 채무도 담보하는 효력을 가지게 할 수는 있는데, 이 때에는 채무자변경등기를 하여야 하게 된다. 그리고 이 경우의 등기는 채무자추가의 변경등기가 된다.

3. 근저당권의 경우

(1) 피담보채무가 확정되어 있는 경우

근저당거래가 종료되어 근저당권의 피담보채무가 확정되어 있는 때에는, 그 근저당권은 등기부상의 기재여하에 불구하고 특정채무를 담보하는 저당권(확정근저당권)으로 전환되므로, 이 경우에는 그 특정된 채무의 인수에 수반하여서만 그 근저당권의 채무자변경을 요하게 된다. 그리고 이 경우 채무자변경에 관하여서는 앞에서 설명한 보통저당권의 채무자변경의 경우와 동일한 것으로 보면 된다.

다만 이 경우 채무자변경의 등기를 함에 있어서는 이론상으로는 근저당권의 확정등기를 한 후 그 확정근저당권의 채무자변경등기를 하는 형식을 취하여야

568) 민법주해(X) 642(민형기), 곽윤직 채권총론 447, 김형배 채권총론 628. 이에 대하여 담보관계의 존속을 주장하는 견해로는 이은영 채권총론 656 참조.

할 것이나, 현행 등기실무상 근저당권의 확정등기절차가 마련되어 있지 않기 때문에 바로 근저당권의 채무자변경등기를 하는 형식을 취할 수밖에 없다. 이에 따라 대법원의 등기예규도 근저당권의 확정등기 없이 채무인수로 인한 저당권변경등기에 준하여, 채무자변경의 근저당권변경등기를 신청할 수 있는 것으로 규정하고 있다.[569][570]

(2) 피담보채무가 확정되어 있지 않은 경우

가. 피담보채무의 인수와 근저당권의 채무자지위인수

㈎ 문제의 소재

근저당거래의 계속 중에 이미 발생되어 있는 피담보채무의 전부 또는 일부가 제3자에게 인수된 경우와 관련하여서는 다음과 같은 법률적인 문제가 발생하게 된다. 첫째는 그 인수된 채무를 근저당권에 의하여 담보하게 할 수 있는지 여부이고, 둘째는 채무인수에 불구하고 그 근저당권설정계약내용에 따른 근저당거래의 존속을 인정할 수 있는지 여부이다.

㈏ 채무인수를 원인으로 한 채무자변경등기의 경우

근저당권의 피담보채권이 확정되기 전에 이미 발생되어 있는 피담보채무의 전부 또는 일부를 제3자인 인수인이 인수하고 이를 채권자가 승낙한 경우에, 당해 근저당권이 인수인이 인수한 채무를 담보하게 하려면, 당해 근저당권의 채무자를, 전부 인수의 경우는 종전의 채무자에서 인수인으로 교체하고, 일부 인수의 경우는 종전의 채무자에 인수인을 추가하는 변경등기를 하여야 한다.

그런데 종전의 채무자와 근저당거래의 존속을 유지하면서, 당해 근저당권으로 인수인이 인수한 채무도 함께 담보하게 하도록, 채무인수를 원인으로 하여 근저당권의 채무자를 종전의 채무자에서 인수인으로 교체하거나 종전의 채무자에 인수인을 추가하는 채무자변경등기를 할 수 없고, 그에 따라 인수인이 인수

---

569) 근저당권에 관한 등기사무처리지침 4② 참조.
570) 채무자변경등기를 위한 계약서 서식으로는 부록Ⅰ. 7. 근저당권변경계약서(확정채무의 면책적인수용) 참조.

한 채무를 당해 근저당권에 의하여 담보하게 할 수 없는 것으로 보아야 없다. 변경등기를 신청할 수 없는 이유는 근저당권의 피담보채권이 확정되기 전에 그 피담보채권이 양도 또는 대위변제된 경우에 이를 원인으로 하여 근저당권이전등기를 신청할 수는 없는 것과 마찬가지이다.

실무에 있어서는 근저당권의 피담보채권이 확정되지 않은 상태에서 담보채무의 전부 또는 일부에 대한 인수를 원인으로 하여 근저당권의 채무자를 교체 또는 추가하는 채무자변경등기가 이루어지는 경우가 있다. 그러나 이 경우는 근저당거래의 존속을 전제로, 근저당권의 채무자변경등기가 이루어지는 것이 아니라, 근저당거래가 종료되어 그 피담보채무가 확정된 상태에서 그 근저당권(즉 확정근저당권)의 채무자변경등기가 이루어지는 것으로 보아야 한다. 즉, 채무인수를 원인으로 한 근저당권의 채무자변경등기신청이 있으면 실질적심사권이 없는 등기관으로서는, 그 근저당권의 피담보채권이 확정된 상태에서 그 인수된 특정채무를 담보하기 위하여 채무자변경등기를 신청한 것으로 보아 이를 수리할 수밖에 없는 것이고, 그에 따라 이 경우에는 근저당권자가 비록 근저당거래의 계속을 원하고 있었다고 할지라도 그 의사에 관계없이 피담보채권이 확정되어, 당해 근저당권은 인수인이 인수한 채무를 담보하게 되는 반면 이후 종전 채무자에 대한 관계에서건 인수인에 대한 관계에서건 새로운 여신거래로부터 발생한 채권을 담보할 수 없게 되는 것이다.

대법원판례도 중첩적채무인수에 따른 채무자변경등기(채무자가입)의 경우에 관하여 「채무가 인수되는 경우에 구 채무자의 채무에 관하여 제3자가 제공한 담보는 채무인수로 인하여 소멸하되 다만 그 제3자(물상보증인)가 채무인수에 동의한 경우에 한하여 소멸하지 아니하고 신 채무자를 위하여 존속하게 되는바, 이 경우 물상보증인이 채무인수에 관하여 하는 동의는 채무인수인을 위하여 새로운 담보를 설정하겠다는 의사표시가 아니라 기존의 담보를 채무인수인을 위하여 계속 유지하겠다는 의사표시에 불과하여 그 동의에 의하여 유지되는 담보는 기존의 담보와 동일한 내용을 갖는 것이므로, 근저당권에 관하여 채무인수를 원인으로 채무자를 교체하는 변경등기(부기등기)가 마쳐진 경우 특별한 사정이 없는 한 그 근저당권은 당초 구 채무자가 부담하고 있다가 신 채무자가 인수하게 된 채무만을 담보하는 것이지, 그 후 신 채무자(채무인수인)가 다른 원인으로 부담하게 된 새로운 채무까지 담보하는 것으로 볼 수는 없다」고 판시함으로써[571] 채무인수인에 대한 관계에서의 근저당거래를 부정하고 있다.

(다) 채무자지위인수를 원인으로 한 근저당권변경등기의 경우

채무인수를 원인으로 하지 않고 다음 항에서 설명하는 근저당권의 채무자지위 인수에 따른 채무자 교체 또는 추가를 원인으로 하여 근저당권변경등기를 하는 것은 가능하며, 이 경우에는 당해 근저당권에 의하여 인수인이 인수한 채무도 담보할 수 있게 된다. 근저당권의 채무자지위 인수에 따른 채무자 교체 또는 추가를 원인으로 하여 채무자를 교체 또는 추가하는 근저당권변경등기가 이루어진 때에는, 채무자 교체의 경우는 인수인과 그리고 채무자 추가의 경우는 인계인 및 인수인과 채권자가 채권최고액의 범위에서 근저당거래를 계속할 수 있기 때문이다. 그리고 근저당권의 채무자지위인수에 따라 채무자를 교체 또는 추가하는 근저당권변경의 등기신청인은 근저당권자와 인계인 및 인수인(채무자와 소유자가 다른 때에는 소유자까지)이 된다.

나. 기본계약상의 채무자지위인수와 근저당권의 채무자지위인수

㈎ 문제의 소재

근저당권의 채무자지위인수와 관련하여서는 다음과 같은 3가지 방면에서의 법률적 검토가 필요하다. 첫째는 기본계약상의 채무자지위인수와 무관하게 근저당권의 채무자지위만을 인수할 수 있는지 여부이고, 둘째는 기본계약상의 채무자지위인수와 함께 근저당권의 채무자지위인수가 있게 되는 경우 그 기본계약을 무엇으로 볼 것 인지이며, 셋째는 근저당권의 채무자지위를 어떠한 유형으로 인수시킬 수 있으며 그에 따른 효력은 무엇인지이다.

㈏ 근저당권의 채무자지위만의 인수가능여부

근저당권의 기초가 되는 기본계약과 관계없이 단순히 근저당권의 채무자지위

571) 대판 2000.12.26. 2000다56204, 같은 취지 대판 : 1999.9.3. 98다40657, 대판 1996.10.11. 96다27476 참조.

만을 인수할 수 있는가에 관하여는, ① 특정의 기본계약에 부종하지 않는 포괄근저당권을 인정하는 이상 그러한 기본계약에 부종하지 않는 근저당권의 변경도 인정되어야 한다는 점, ② 근저당권의 채무자변경은 채무자지위승계라기 보다는 근저당권의 피담보채권의 범위변경으로 보아야 한다는 점 ③ 일본의 개정민법이 근저당권의 채무자변경을 피담보채권의 범위변경과 같은 조문 안에서 피담보채권의 범위변경과 전혀 똑같이 다루고 있는 것(제398조의4)은 위 ②의 인식에 기인한 것이라 점 등을 이유로 이를 긍정하는 견해가 있다.[572]

그러나 위 긍정설이 주장하는 논거 중 ①의 경우는 현행법상 저당권의 부종성이 근저당권이라 해서 배제될 수 있다는 특별한 근거가 없고, ②와 ③의 경우는 근저당권을 설정함에 있어서 기본계약을 필요로 한다는 입장에서 보면, 근저당권의 피담보채권의 변경을 함에 있어서도 그에 앞서 기본계약의 변경이 수반되어야 하는 것이므로 타당성이 없다. 따라서 근저당권의 채무자지위를 변경함에 있어서도 채권자지위의 변경에 있어서 채권자지위의 양도가 함께 수반되어야 하는 것과 마찬가지로, 기본계약상의 채무자지위의 인수가 함께 수반되어야 할 것으로 본다.[573]

㈐ 근저당권의 채무자지위인수의 방법

㈀ 함께 인수되어야 할 대상 : 근저당권의 채무자지위인수에 있어서 함께 인수되어야 하는 대상이 무엇인가에 관하여는 ① 근저당권의 기초가 되는 기본계약상의 채무자지위만이라는 견해와 ② 기본계약상의 채무자지위 및 이미 발생되어 있는 피담보채무라는 견해[574]가 있을 수 있다.

그러나 ②의 견해는 보통저당권이 그 피담보채무에 부종한다는 성질을 근저당권에까지 확장함으로써, 근저당권에 의하여 담보되는 채권이 증감·변동할 뿐만 아니라 일시적으로 영이 될 수도 있다는 사실을 간과한 것으로 타당성이 없다. 즉, 근저당권은 그 근저당권의 기초가 되는 기본계약에 부종하는 것이지 기

572) 박성근 포괄근저당권연구……… 89.

573) 이 문제를 적시하여 설명한 것은 아니나 동일한 취지로 볼 수는 있는 것으로는, 김석우 근저당권에……… 115 이하 참조.

574) 부록Ⅰ. 8. 근저당권변경계약서(계약인수용)과 부록Ⅰ. 9. 근저당권변경계약서(중첩적계약인수용)는 바로 이 견해에 입각하여 작성된 것이다.

본계약으로부터 발생하는 개별적인 채권·채무에 부종하는 것이 아니므로, 기본계약상의 채무자지위가 인수되고 그에 따라 근저당권의 채무자변경이 이루어지면 저당권의 부종성은 충족되는 것으로 보아야 한다. 또한 ②의 견해에 의하면 근저당권에 의하여 담보되는 채무가 일시적으로 영인 상태에서는, 근저당권의 채무자지위를 인수할 수 없을 뿐만 아니라 근저당권에 의하여 담보되는 채무의 일부를 구 채무자에게 남겨둘 필요가 있을 때(예컨대 업종전환 등의 사유로 특정업종과 관련된 채무만을 신 채무자에게 인수시키고자 할 때)에도 이를 할 수 없게 되어 불합리하다. 따라서 ①의 견해가 타당하다고 본다.[575]

한편, 대법원의 등기예규[576]는 「근저당권의 피담보채권이 확정되기 전에, 근저당권의 기초가 되는 기본계약상의 채무자지위의 전부 또는 일부를 제3자가 계약에 의하여 인수한 경우, 근저당권설정자(소유자) 및 근저당권자는 "계약인수"(제3자가 기본계약을 전부 인수하는 경우), "계약의 일부인수"(제3자가 수개의 기본계약 중 그 일부를 인수하는 경우), "중첩적계약인수"(제3자가 기본계약상의 채무자지위를 중첩적으로 인수하는 경우)를 등기원인으로 하여, 채무자변경을 내용으로 하는 근저당권변경등기를 신청할 수 있다」고 하여, 기본계약에 관한 사항 이외에 그 기본계약에 기하여 발생된 구체적인 피담보채무에 관하여는 전혀 언급을 하지 않고 있는데, 이는 대법원이 ①의 견해에 따라 등기실무를 처리하게 한 것으로 생각된다.

㈁ 인수계약의 당사자 : 근저당권과 그 기초가 되는 기본계약상의 채무자지위를 함께 인수하는 경우에 그 인수계약의 당사자가 누구인가에 관하여는 ① 종전의 채무자와 신 채무자 및 근저당권자의 3면 계약으로 하여야 한다는 견해[577], ② 기본계약의 당사자와 승계인의 3면 계약으로 하여야 한다는 견해[578], ③ 기본계약관계의 3면 계약뿐만 아니라 근저당권을 신 채무자에게 이전하는 계약이 필요하다는 견해[579] 등이 주장되고 있다. 그러나 ①②의 견해는 채무자가 아닌

575) 학설상으로는 이에 관하여 직접 언급하고 있는 것이 없다. 다만 ①의 견해를 전제로 하였다고 볼 수 있는 것이 있는 바, 이에 관하여는 김석우 근저당권에……… 116, 이기태 근저당제도론……… 66, 박성근 포괄근저당권연구……… 90.

576) 근저당권에 관한 등기사무처리지침 3① 참조.

577) 김석우 근저당권에……… 116.

578) 이기태 근저당제도론……… 66.

579) 박성근 포괄근저당권연구……… 85.

제3자가 저당목적물을 소유하는 경우에 그 소유자가 당사자에서 빠지게 되고, ③의 견해는 계약의 당사자가 구체적으로 누구를 말하는지가 명확하지 않은 문제점이 있다. 따라서 인수계약의 당사자에 관하여는 다음과 같이 경우를 나누어 검토하여야 할 것으로 본다.

근저당권설정계약서와 그 기초가 되는 기본계약서가 별개로 작성되어 있는 경우는 그 계약의 당사자도 각각 분리하여, 근저당권설정계약의 경우는 근저당권자(채권자)와 인수인(신 채무자) 및 저당목적물 소유자간의 3면 계약으로 하고, 기본계약의 경우는 인계인(구 채무자)과 인수인(신 채무자) 및 채권자간의 3면 계약으로 한다. 이에 대하여 양자가 하나의 계약서로 작성되어 있는 경우는, 인수인(신 채무자)과 저당목적물의 소유자가 동일인인 때에는 근저당권자(채권자)·인계인(구 채무자)·인수인(신 채무자)간의 3면 계약으로 하고, 다른 때에는 근저당권자(채권자)·인계인(구채무자)·인수인(신채무자)·근저당목적물 소유자간의 4면 계약으로 하거나 또는 근저당권자·인계인·인수인간의 3면 계약으로 하되, 저당목적물 소유자의 승낙을 받아야 한다. 근저당거래의 계속 중에 근저당권의 채무자가 바뀌는 것은, 저당목적물의 소유자에게도 중대한 이해관계가 있는 것으로 보아야 하기 때문이다.

㈐ 후순위근저당권자 등의 동의요부 : 근저당권의 채무자지위인수는 등기를 하여야 그 효력이 발생하게 된다. 그런데 저당부동산상에 후순위저당권자 기타 제3자의 등기가 있을 경우, 이들의 동의가 있어야 채무자지위인수의 등기를 할 수 있는지가 문제로 된다.

그러나 근저당권은 채권최고액을 등기하도록 하고 있어(부등 75② i), 동 채권최고액의 증액을 수반하지 않는 한 그 범위 내에서의 권리변경등기에 후순위저당권자 기타 제3자는 등기상 이해관계를 가지지 않는 것으로 보아야 하므로, 동의를 요하지 않는다고 보는 것이 타당하다.[580]

㈑ 은행거래에의 적용

㈀ 특정근저당권의 채무자지위인수 : 현재 은행에서 사용하는 근저당권설정계

580) 김석우 근저당권에……… 118, 박성근 포괄근저당권연구……… 90.

약서 서식 중 특정근저당권설정용의 것은, 그 특정근저당권설정계약서상에 피담보채무를 발생시키는 특정의 거래약정서(예컨대 ○년 ○월 ○일자 금전소비대차약정서)가 지정되어 있고 또한 실제로도 근저당권설정등기 전에 그러한 거래약정서가 작성되고 있으므로 그 특정의 거래약정서를 기본계약서로 볼 수가 있어, 그 근저당권의 채무자지위를 인수시키고자 하는 경우에는 그 특정의 거래약정서상의 채무자지위를 함께 인수시키면 된다.

㈁ 한정·포괄근저당권의 채무자지위인수 : 특정근저당권설정용과는 달리 한정근저당권설정용이나 포괄근저당권설정용의 것은, 근저당권설정계약서상에 단지 장래 체결되어 피담보채무를 발생시키는 거래유형(예컨대 당좌대출거래, 어음할인거래 등)만을 지정하고 있을 뿐, 근저당권설정등기 전에 실제로 그러한 거래들을 위한 별도의 약정서(장차 근저당권설정계약에서 정하고 있는 유형의 거래를 하겠다는 추상적이고 포괄적인 합의서)가 작성되고 있지 않으므로, 근저당권설정계약서 이외에 별도로 기본계약서로 볼만한 것이 없어 그 근저당권의 채무자지위를 인수시키고자 할 때, 그와 함께 인수시켜야 할 기본계약상의 채무자지위를 무엇으로 볼 것인지가 문제로 된다.

근저당권설정계약서 이외에 반드시 그 근저당권의 기초가 되는 별도의 기본계약서가 존재해야 한다고 하는 견해에 의하면, 현재 은행에서 설정하고 있는 한정근저당권과 포괄근저당권은 모두 무효로 될 뿐만 아니라 이러한 근저당권의 채무자지위를 인수시킬 수도 없다고 하게 된다. 그러나 근저당권의 기초가 되는 기본계약이 언제나 서면으로 작성되어야 하는 것은 아니고 또한 근저당권설정계약과 분리되어 작성되어 있어야 하는 것도 아니다. 따라서 앞에서 설명한 바와 같이 현재 은행에서 설정하고 있는 한정근저당권이나 포괄근저당권의 경우는, 근저당권설정계약서상에 근저당권설정에 관한 계약내용과 기본계약에 관한 내용이 함께 포함되어 있는 것으로 보아야 한다. 그리고 이러한 견지에서 보면 한정근저당권이나 포괄근저당권의 경우는 그 근저당권의 채무자지위를 변경시키는 계약을 체결하게 되면, 그와 함께 기본계약상의 채무자지위의 변경도 함께 이루어진다는 것이 된다.

요약컨대 한정근저당권과 포괄근저당권의 경우는 그 근저당권의 기초가 되는 기본계약상의 채무자지위에 관한 인수계약을 체결하고 이를 원인관계로 하여 근저당권 변경계약과 채무자변경등기를 하여야 하는 것이다. 그리고 이 경우 그 근저당권에 의하여, 이미 발생되어 특정한 채무 또는 이미 체결되어 있는 특정의 거래계약을 인수인이 인수(또는 가입)하여, 그 인수한 특정한 채무 또는 인수(또는 가입)한 특정의 거래계약으로부터 발생한 채무도 담보하게 할 것인지의 여부는, 인수인과 인계인 및 채권자간의 합의로 별도로 정하면 되는 것이다.

㈐ 채무자변경을 위한 서식의 변천 : 은행의 여신실무에 있어서는 근저당거래의 존속 중에 이미 발생되어 있는 피담보채무의 전부 또는 일부에 관하여 채무인수를 한 후, 이를 원인서류로 하여 근저당권의 채무자변경등기(채무자교체 또는 채무자추가)를 하는 경우가 있고, 이 경우에는 근저당거래가 종료되어 이후 근저당권자와 채무인수인이 원래의 근저당권설정계약내용에 따른 여신거래를 하였다고 하더라도, 그 여신채권은 동 근저당권에 의하여 담보되지 않는다는 점에 대하여는 앞에서 설명한 바 있다.

그러나 위와 같은 결과는 근저당권자나 채무인수인이 바라는 바가 아니다. 이들의 원 목적은 채무자변경등기 후에도 원래의 근저당권설정계약내용에 따른 여신거래를 하고서, 그에 따라 발생한 채무를 동 근저당권으로 담보하게 하려는 것이기 때문이다. 그래서 은행권에서는 그러한 실무처리방식을 개선하여, 종래 면책적채무인수 또는 중첩적채무인수 계약을 체결하고 이를 원인관계로 하여 근저당권의 변경등기신청을 하던 것을, 계약인수 및 근저당권변경계약 또는 계약가입 및 근저당권변경계약을 체결하고 이를 원인관계로 하여 근저당권의 변경등기신청을 하기에 이르렀다.

위와 같은 개선방안이 마련된 것은 면책적채무인수나 중첩적채무인수에 있어서의 채무인수란, 특정의 계약관계로부터 이미 발생되어 있는 특정의 채무만을 인수하는 것을 목적으로 하는 것이어서, 이를 원인으로 하여 근저당권의 채무자변경(채무자교체 또는 채무자가입)등기를 하는 경우에는, 자동적으로 근저당권거래의 종료를 가져오게 된다는 데에 착안하여, 그 특정의 계약관계 자체를 인수하거나 또는 그 특정의 계약관계 자체에 가입하고서, 이를 원인으로 하여 근저당권의 채무자변경등기를 하게 되면 그러한 문제점이 해소될 것으로 생각한데 있는 것 같다.

그러나 위와 같이 개선방안으로서 마련된 서식인 계약인수 및 근저당권변경계약서 또는 계약가입 및 근저당권변경계약서에 의하면, 인수 및 가입의 대상이 되는 계약이 근저당권의 기초가 되는 기본계약이 아니라 근저당권자와 인계인 사이에 이미 체결되어 있는 특정의 거래계약(예컨대 ○년 ○월 ○일자 금전소비대차약정서)을 의미하는 것으로 되어 있어,[581] 동 개선방안에 따를 경우 채무자변경의 대상이 특정근저당권인 때에는 특정의 거래계약 자체가 기본계약을 겸하고 있다는 점에서 아무런 문제가 없으나, 기본계약과 그 기본계약에 의하여 체결되는 특정의 거래계약이 구분되는, 한정근저당권과 포괄근저당권의 경우는 여전히 문제가 남는다.

즉, 특정근저당권의 경우는 원래부터 그 특정의 거래계약(예컨대 ○년 ○월 ○일자 금전소비대차약정서)으로부터 발생한 채무만을 담보하는 것으로 되어 있어, 인계인과 인수인 및 채권자(근저당권자) 사이의 계약으로 그 특정의 거래계약 자체를 인수(또는 가입)하고 그에 따른 채무자변경등기를 하게 되면, 인수(또는 가입)후 인수인과 채권자 사이에 그 특정의 거래계약으로부터 발생한 채무도 당연히 담보할 수 있는 것이지만, 한정근저당권과 포괄근저당권의 경우는 근저당권설정시 이미 체결되어 있는 특정의 거래계약 뿐만 아니라 앞으로 체결될 거래계약으로부터 발생한 채무까지도 담보하려는 것이므로, 채권자(근저당권)와 인계인 사이에 이미 체결되어 있는 특정의 거래계약만을 인수(또는 가입)하는 것으로는, 인수(또는 가입)후 채권자와 인수인 사이에 새로운 거래계약이 체결되었을 경우 그 거래계약으로부터 발생하는 채무를 담보할 수 없게 된다.

여기에서 은행에서는 1996년 11월 새로운 서식으로서 근저당권변경계약서(계약인수용)와 근저당권변경계약서(중첩적계약인수용)를 마련하기에 이르렀다.[582] 이 서식은 근저당권설정계약의 기초가 되는 기본계약상의 채무자지위가 인수인에게 이전됨에 따라 근저당권의 채무자지위가 인수인에게 이전된다는 점과, 근저당권설정계약의 기초가 되는 기본계약상에 가입자가 가입함에 따라 근저당권의 채무자지위에 가입자가 가입하게 됨을 분명히 함으로써, 근저당권의 채무자변경등기로 근저당권의 피담보채권이 확정되거나 한정되는 문제점이 발생하는 것을 방지한데에 그 특징이 있다.

581) 1996년 11월 변경 전의 서식 계약인수 및 근저당권설정변경계약서, 계약가입 및 근저당권설정변경계약서 제1조 참조.

582) 부록Ⅰ. 8. 근저당권변경계약서(계약인수용) 및 9. 근저당권변경계약서(중첩적계약인수용) 참조.

그런데 이 새로운 서식에서도 근저당권설정계약의 기초가 되는 기본계약상의 채무자지위와 그 기본계약의 범위에서 그 근저당권에 의하여 담보되는 채권·채무를 발생시키는 개별계약을 구분하지 않고, 양자를 모두 기본계약으로 보고 있다는 점에서583) 다음과 같은 2가지 의문점을 남기고 있다. 첫째는 근저당권에 의하여 담보되는 채무가 일시적으로 영인 상태에서는 근저당권에 의하여 담보되는 채권·채무를 발생시키는 개별계약이 존재하지 않을 수가 있는데, 이 경우에도 근저당권의 채무자변경을 할 수 있는 것인지 여부이고, 둘째는 근저당권에 의하여 담보되는 채권·채무를 발생시키는 개별계약이 여럿 있는 경우에 반드시 그 개별계약상의 채무자지위를 모두 인수하여야만 근저당권의 채무자변경을 할 수 있는 것인지 여부이다.

그러나 양자를 동일한 서식에 모두 포함시켰다고 하여 그 법률적 성질까지 동일하게 취급되는 것은 아니므로, 기본계약상의 채무자지위의 인수가 있는 이상 개별계약상의 채무자지위의 인수가 없다거나 그 일부만 인수하였다고 하여도 근저당권의 채무자변경은 당연히 가능한 것으로 보아야 한다. 즉, 인수시킬 개별계약이 없는 상태에서 근저당권의 채무자변경을 하는 경우에는 근저당권변경계약서(계약인수용) 제1조의 「약정서상의 채무표시」를 공란으로 하여 사용하면 되고, 여러 채무 중 일부만을 인수시키면서 근저당권의 채무자변경을 하는 경우에는 그 일부만 기재하여 사용하면 되는 것이다.

다. 채무자지위인수의 유형과 효력

㈎ 채무자지위의 전부인수

근저당권의 채무자지위 전부를 인수할 수 있음에 대하여는 이론이 없다. 이 경우 인수 후의 근저당권에 의하여 담보되는 채무의 대상으로서는 ① 인수 전에 인수인과 채권자 사이에 발생한 것으로서, 원래의 근저당권설정계약으로 정한

583) 즉, 부록Ⅰ. 8. 근저당권변경계약서(계약인수용) 제1조에 규정되어 있는 「아래 표시 근저당권(이하 "원근저당권"이라 한다)설정계약의 기초가 되는 채권자와 채무자간에 존재하는 계약(아래 표시 약정서를 포함한다. 이하 "기본계약"이라 한다)」라는 내용 중, 근저당권설정계약의 기초가 되는 채권자와 채무자간에 존재하는 계약이 기본계약이고 아래 표시 약정서는 기본계약에 따라 근저당권에 의하여 담보되는 채권·채무를 발생시키는 개별계약이 되어야 하는데, 동 조는 양자를 모두 기본계약으로 포괄하고 있는 것이다.

피담보채무의 범위의 기준에 부합되는 것, ② 인수 후에 인수인과 채권자 사이에 발생한 것으로서, 원래의 근저당권설정계약으로 정한 피담보채무의 범위의 기준에 부합되는 것, ③ 인수 전에 인계인과 채권자 사이에 발생한 것으로서, 원래의 근저당권설정계약으로 정한 피담보채무의 범위의 기준에 부합하는 것을 고려해 볼 수 있다. 변경된 근저당권이 이들 중 어떠한 채무를 담보하게 되는지에 대하여는, 앞에서 설명한 바 있는 채무자지위와 함께 인수되어야 할 대상을 무엇으로 보는가에 따라 그 결론이 달라지게 된다.

우선 근저당권의 채무자지위인수와 함께 인수되어야 하는 대상을 기본계약상의 채무자지위 및 이미 발생되어 있는 피담보채무라고 보는 견해에 의하면 변경된 근저당권에 의하여 담보되는 채무의 범위는 위 ①②③의 합계액이라는 것이 된다. 이에 대하여 근저당권의 채무자지위인수와 함께 인수되어야 하는 대상을 기본계약상의 채무자지위로만 보는 견해에 의하면, 인수 후의 근저당권에 의하여 담보되는 채무의 범위는 원칙적으로 ①②의 합계액이 되고 ③의 것은 기본계약상의 채무자지위인수계약과 별개로, 근저당권변경계약에서 특별히 동 채무도 담보하는 것으로 하는 별도의 합의가 있어야 피담보채무의 범위에 포함되게 된다. 이러한 합의가 없으면 원래의 근저당권설정계약과 근저당권변경계약의 문언 상, 인수인과 채권자 사이의 원래의 근저당권설정계약으로 정한 피담보채무의 범위의 기준에 부합되는 것만 담보한다는 것이 되기 때문이다.[584]

㈏ 채무자지위의 분할인수

채무자지위의 분할인수라 함은 한 개의 근저당권을 두 개의 근저당권으로 분할하여(예컨대 채권최고액을 1억 원으로 하는 하나의 근저당권을, 채권최고액을 4천만 원과 6천만 원으로 하는 두 개의 근저당권으로 분할하여), 그 하나의 채무자지위를 인수하게 함으로써 근저당권의 채무자지위 일부가 인수인에게 이전되는 것을 말한다. 이와 같은 근저당권의 채무자지위의 분할인수는 가능한 것인가.

584) 채무자지위의 전부인수를 위한 서식으로는 부록Ⅰ. 8. 근저당권변경계약서(계약인수용) 또는 부록Ⅱ. 5. 근저당권변경계약서(채무자지위이전용) 참조. 부록Ⅱ. 5. 근저당권변경계약서(채무자지위이전용)는 하나의 서식으로 채무자지위 전부인수형와 일부인수형 및 중첩적인수형을 선택하여 사용할 수 있도록 한 것이므로 부록Ⅱ. 5.를 사용하는 경우에는 제1조에서 전부인수형을 선택하여야 한다.

우리 부동산등기법은 동일 순위의 여러 개의 근저당권이 설정될 수 있음을 인정하고 있으므로,[585] 당초에 하나의 근저당권으로 설정한 것을 그 후에 동일 순위의 두 개의 근저당권으로 분할하는 것도 가능하다고 보아야 하고, 또한 뒤에 설명하는 바와 같이 근저당권의 채무자지위의 일부인수를 인정하는 이상 위와 같은 분할인수를 하는 것도 가능한 것으로 보아야 한다는 점에 비추어 긍정하는 것이 타당하다고 생각한다.

그러나 대법원의 등기예규상으로는 「채권최고액은 반드시 단일하게 기재하여야 하고, 그 근저당권의 채권자 또는 채무자가 수인일지라도 각 채권자 또는 채무자별로 채권최고액을 구분하여(예 : "채권최고액 ; 채무자 갑에 대하여 1억 원, 채무자 을에 대하여 2억 원" 또는 "채권최고액 3억 원; 최고액의 내역 – 채무자 갑에 대하여 1억 원, 채무자 을에 대하여 2억 원" 등) 기재할 수 없다」고 규정하는 한편, 앞에서 설명한 채무자지위 전부인수와 뒤에 설명하는 채무자지위 일부인수의 경우에 관하여서만 그 등기방법에 관하여 정하고, 이러한 분할인수의 경우에 관하여는 따로 그 등기방법을 정하지 않음으로써[586] 등기실무상으로는 이를 부정하고 있다.

㈐ 채무자지위의 일부인수

㈀ 일부인수의 의의 : 전부인수와 분할인수가 근저당권 자체의 전부 또는 구획된 일부(채권최고액의 전부 또는 금액적으로 분할한 일부)에 관한 채무자지위를 인수시키는 것임에 대하여, 이 일부인수라 함은 하나의 근저당권상에 여러 사람을 채무자로 하는 지위를 성립시키는 것을 말한다. 이와 같은 근저당권의 일부이전이 가능한가에 관하여 우리 민법은 명문의 규정을 두고 있지 않으나, 학설상 이를 부정하는 견해는 없는 것 같고 또한 실무도 이에 따른 등기방법을 마련하여 두고 있다.[587][588]

---

585) 즉 부동산등기법 제11조 제3항은 「등기관은 접수번호의 순서에 따라 등기사무를 처리하여야 한다」고 규정하는 한편 부동산등기규칙 제65조 제2항은 「같은 부동산에 관하여 동시에 여러 개의 등기신청이 있는 경우에는 같은 접수번호를 부여하여야 한다」고 규정함으로써 동일 순위의 근저당권을 설정할 수 있도록 하고 있다. 그리고 실무상 동시신청은 두 개의 근저당권설정등기신청서를 함께 제출하되 앞장의 첫머리 여백에 「동시신청」이라 주서(朱書)하고 그 신청서상에 일련번호를 붙이는 방법으로 하도록 하고 있다.

586) 근저당권에 관한 등기사무처리지침 2① 참조.

(ㄴ) 일부인수의 형태 : 근저당권의 채무자지위 일부를 인수시키는 형태로는 ① 인수인과 채권자 사이에 원래의 근저당권설정계약에서 정하고 있는 모든 거래유형으로부터 발생하는 채무를 그 지분범위에서 담보할 수 있도록 하는 유형과, ② 인수인과 채권자 사이에 원래의 근저당권설정계약에서 정하고 있는 거래유형 중에서 일부의 거래유형으로부터 발생하는 채무를 그 지분범위에서 담보할 수 있도록 하는 유형을 들 수 있다.

우리의 현행법상 위와 같은 유형의 근저당권의 채무자지위 일부인수가 가능한지에 관하여는 학설상 언급되어 있는 바가 없다. 그러나 뒤에 설명하는 바와 같이 근저당권의 채권자지위 일부이전을 인정하는 이상, 채무자지위 일부인수도 이를 부인할 이유가 없다는 점에서 긍정하여야 할 것으로 생각한다. 앞에서 설명한 대법원의 등기예규도 ①②의 유형 모두 가능하다는 것을 전제로 하고 있다.

근저당권의 채무자지위 일부인수도 그 등기가 있어야 효력이 발생하게 됨은 물론이다. 다만 이 경우 등기를 요하는 사항은 채무자에 관한 사항이고, 거래유형에 관한 사항은 등기를 요하지 않는다. 우리 민법과 부동산등기법은 거래유형에 관한 사항을 등기사항으로 하고 있지 않기 때문이다. 따라서 거래유형에 관한 변경은, 등기 없이 당사자의 합의만으로 그 효력이 생기는 것으로 보아야 한다.

구체적으로는 위 ①의 유형인 경우는 근저당권의 기초가 되는 기본계약상의 채무자지위를 인수인에게 중첩적으로 인수(기본계약이 여러 개 있는 경우는 여러 개 모두 인수)시키고 그 인수인이 근저당권의 채무자지위에 가입하는 형식으로 하면 되고,[589] ②의 유형인 경우는 인수인에게 근저당권의 기초가 되는 여러 개의 기본계약 중 일부에 관하여 그 채무자지위를 인수하게 하고 그 인수인이 근저당권설정계약상의 채무자지위 일부를 인수하는 형식으로 하면 된다.[590] 그리고

587) 근저당권에 관한 등기사무처리지침 4① 참조.

588) 일본의 경우는 동 민법 제398조의4의 규정상 당연한 것으로 해석되고 있다(주해부동산법3, 366 참조).

589) 채무자지위의 일부인수를 위한 서식으로는 부록Ⅰ. 9. 근저당권변경계약서(중첩적계약인수용) 또는 부록Ⅱ. 5. 근저당권변경계약서(채무자지위이전용) 참조. 부록Ⅱ. 5. 근저당권변경계약서(채무자지위이전용)는 하나의 서식으로 채무자지위 전부인수형와 일부인수형 및 중첩적인수형을 선택하여 사용할 수 있도록 한 것이므로 부록Ⅱ. 5.를 사용하는 경우에는 제1조에서 일부인수형을 선택하여야 한다.

590) 이 경우는 은행거래를 위한 서식이 마련되어 있지 않다. 필요한 경우 부록Ⅱ. 5. 근저당권변경계약서(채무자지위이전용) 참조. 그리고 이 서식 사용시에는 근저당권변경계약서(채무자지위이전용) 제1조에서 일부인수형을 선택하여야 한다.

그 등기기록방법에 관하여 부동산등기기록례집(법원행정처 발간)에서는 다음과 같이 예시하고 있다.

[참고] 근저당권의 채무자지위 일부인수시의 등기기재례

가) 수개의 기본계약 중 그 일부의 인수(②의 유형이 이에 해당함)

순위번호	등 기 목 적	접 수	등 기 원 인	권리자 및 기타사항
6-1	6번 근저당권변경	○년 ○월 ○일 제○호	○년 ○월 ○일 계약의 일부인수	채무자 ○○○ 서울 종로구 삼청동 ○번지 ○호

나) 인수인이 기본계약에 가입한 경우(①의 유형이 이에 해당함)

순위번호	등 기 목 적	접 수	등 기 원 인	권리자 및 기타사항
6-1	6번 근저당권변경	○년 ○월 ○일 제○호	○년 ○월 ○일 중첩적 계약인수	채무자 ○○○ 서울 종로구 삼청동 ○번지 ○호

그런데 위 등기기록례에 규정되어 있는 내용 중 여러 개의 기본계약이 실제로 무엇을 의미하는지 문제이다. 우선 특정근저당권의 경우는 그 근저당권설정계약에 앞서 이미 개개의 계속적인 거래약정(예컨대 ○년 ○월 ○일 당좌대출약정서, ○년 ○월 ○일 어음할인거래약정서 등)이 체결되고 있으므로, 그 개별 거래약정들을 여러 개의 기본계약으로 보면 된다.

이에 대하여 한정근저당권이나 포괄근저당권의 경우는 기본계약으로서의 개개의 계속적인 거래약정을 별도로 체결하지 않고, 한정(또는 포괄)근저당권설정계약상에 기본계약을 포함시켜 체결하고 있어 하나의 기본계약만이 존재하게 되므로, 이 경우에 있어서는 하나의 기본계약을 여러 개로 나누어 그 나누어진 여러 개의 계약을 기본계약으로 보아야 한다. 그리고 이 경우에 여러 개의 기본계약이라 함은 기본계약서가 여러 개로 작성된다는 것이 아니라, 하나의 기본계약서상에 피담보채권을 발생시키는 거래유형의 당사자가 여러 명이라는 것(예컨대 어음대출거래는 채권자 S와 채무자 A, 당좌대출거래는 채권자 S와 채무자 B 사이에 이루어진다는 것)을 의미하는 것으로 보아야 한다.

㈐ 일부인수의 효력 : 근저당권의 채무자지위 일부인수가 있은 경우에는 그 근저당권은 인계인과 채권자 및 인수인과 채권자 사이에 그 인수계약으로 정한 거래유형으로부터 발생한 채무를 그 채권최고액 범위 내에서 담보하게 된다. 그런데 이 경우 그 피담보채무액을 인계인과 인수인 사이에 어떻게 배분할 것인지 문제로 된다.

우선 당사자는 인수계약으로 채권최고액 내에서 배분비율이나 배분방법 및 우선순위에 관하여 미리 합의할 수가 있으며, 그러한 합의가 있으면 그 합의에 따르면 된다. 이 경우 그 합의의 방법으로는 ① 인계인과 인수인이 채권최고액을 미리 일정비율로 안분하여 그 범위 내에서 담보하도록 하는 방법, ② 인계인과 인수인이 확정된 피담보채무액을 기준으로 그 채무액 비율로 담보하도록 하는 방법, ③ 인계인 또는 인수인 중 어느 일방의 피담보채무를 우선적으로 담보하도록 하는 방법 등을 들 수 있다.

문제는 당사자 사이에 위와 같은 합의를 한 바가 없는 경우이다. 이에 관하여는 장래 채무액이 확정된 경우에 그 확정채무액을 기준으로 하여 채권최고액을 배분해야 한다고 보는 견해와 인계인과 인수인이 5대 5의 비율로 안분한 채권최고액의 범위에서 그 피담보채무액을 담보하는 것으로 보는 견해가 있을 수 있으나, 근저당권의 일부이전의 경우에 준하여 뒤의 견해가 타당하다고 생각한다.

한편, 위 ①의 경우에 관하여는 어느 일방의 피담보채무액은 그 안분된 채권최고액을 넘고 있으나, 다른 일방의 피담보채무액은 그 안분된 채권최고액을 넘지 않고 있을 때, 총 채권최고액 범위에서 미달되는 자의 여유 부분으로 초과하는 자의 피담보채무액을 담보하게 할 수 있는가의 문제가 있다. 그러나 특별히 배제시키기로 하는 특약이 없는 한 긍정하여야 할 것으로 생각한다. 채권최고액을 넘지 않는 이상 다른 이해관계인을 해하는 것이 아니고, 또한 이렇게 해석하는 것이 당사자의 의사에 보다 부합하는 것이기 때문이다.

Ⅳ. 근저당권의 채권자변경

1. 채권자변경의 원인

저당권의 채권자변경은 크게 법률의 규정에 의한 채권자변경과 법률행위에 의한 채권자변경의 2가지 유형으로 분류해 볼 수 있다. 법률의 규정에 의한 채권자변경은 당사자의 의사와는 관계없이 일정한 사유의 발생으로 법률에 의하여 당연히 발생하게 되고 법률행위에 의한 채권자변경은 당사자의 의사합치에 의하여 발생하게 되는 점에 특징이 있다.

법률의 규정에 의하여 저당권의 채권자가 변경되는 경우로는 ① 후순위저당권자가 선순위저당권을 법정대위하는 경우(민 368②) ② 이해관계 있는 제3자가 타인의 채무를 변제하고 채권자의 권리를 법정대위 하는 경우(민 481~483) ③ 저당권부채권의 압류·전부명령이 효력을 발생한 경우(민집 231) ④ 상속의 경우(민 1005) ⑤ 회사합병의 경우(상 235, 269, 287의41, 530, 603)를 들 수 있고, 법률행위에 의하여 채권자가 변경되는 경우로는 저당권의 처분을 들 수 있다.

법률의 규정에 의하여 저당권의 채권자가 변경되는 경우 중 ① 후순위저당권자가 선순위저당권을 법정대위하는 경우의 법률관계에 대하여서는 제4장 Ⅲ. 2. ⑺ 및 제7장 Ⅱ. 2.에서 설명한 바 있다. 또한 ③ 저당권부채권의 압류 및 전부명령이 효력을 발생한 경우 ④ 상속의 경우 ⑤ 회사합병의 경우, 상속인이나 존속회사 또는 전부채권자가 상속이나 합병 또는 전부명령의 효력발생 당시에 존재하는 피담보채권과 저당권을 함께 승계하는 것은 상속이나 회사합병 및 전부명령의 효력에 비추어 당연하다고 할 수 있다. 다만 이 경우 승계되는 저당권이 근저당권인 경우 상속이나 회사합병 또는 저당권부채권의 압류 및 전부명령의 효력발생으로 근저당거래가 종료하게 되는지의 여부가 문제로 되나, 이에 관하여는 근저당권의 피담보채권의 확정문제로서 제4장 Ⅲ. 2. ⑽~⑿에서 설명한 바 있다.

따라서 이하에서는 법률의 규정에 의하여 저당권의 채권자가 변경되는 경우 중 이해관계 있는 제3자가 타인의 채무를 변제하고 채권자의 권리를 법정대위 하는 경우와 법률행위에 의하여 채권자가 변경되는 경우인 저당권의 처분으로 한정하여 설명하기로 한다. 그런데 저당권은 그 피담보채권에 부종하는 성질이 있어, 민법 제361조는 「저당권은 그 담보한 채권과 분리하여 타인에게 양도하거나 다른 채권의 담보로 하지 못한다」고 규정하여, 그 처분의 자유를 제한하고 있다[591]. 그리고 이 민법 제361조는 강행규정으로 해석되고 있다. 따라서 피담보채권과 분리하여 저당권만을 양도하거나 질권설정하는 것은 무효이다. 그러면 반대로 저당권과 분리하여 피담보채권만을 양도하거나 질권설정하는 경우는 어떠한가. 이에 관하여는 채권의 양도나 질권설정에 앞서 저당권을 포기하지 않는 한 무효라는 견해[592]와 특별한 사정이 없는 한 저당권의 담보가 없는 일반채권의 양도 또는 질권설정으로서 유효라고 하는 견해[593]가 있다.

법문이 저당권을 그 담보한 채권과 분리하여 처분할 수 없는 것으로 규정하고 있지 그 반대의 경우까지 규정하고 있는 것이 아니고 또 채권만을 양도하는 것을 부인할 필요는 없을 것이므로 앞의 견해가 타당하다. 이 경우 피담보채권과 분리된 저당권이 어떻게 되는지에 관하여는, 그 저당권이 양도된 채권만을 담보하는 보통저당권이면 소멸하는 것으로 보아야 할 것이고[594], 양도된 채권을 포함하는 불특정채권을 담보하는 근저당권이면 소멸하는 것이 아니라, 오히려 양도된 채권액만큼 그 담보한도액이 늘어나게 되는 것으로 보아야 할 것이다. 그리고 여기에서 저당권이라 함은 저당권과 근저당권 모두를 포함하는데, 양자의 처분방법이 같을 수가 없으므로 이하 경우를 나누어서 설명하기로 한다.

2. 대위변제

(1) 근저당권과의 관계

근저당권에 의하여 담보되는 채권의 전부 또는 일부를 제3자가 대위변제한 경우와 관련하여서는 다음과 같은 법률문제가 발생하게 된다. 첫째는 제3자의

591) 그러나 예외로 주택을 목적물로 하는 저당권을 다시 담보로 하여 주택저당채권을 발행함에 있어서는 민법 제361조의 적용이 배제된다(근로자의주거안정과목돈마련지원에관한법률 25③).
592) 김증한 물권법강의 431, 김용한 물권법론 598, 이상태 물권법 436.
593) 민법주해(Ⅶ) 76면(남효순), 주석물권법(하) 465, 이영준 물권법 840, 김상용 물권법 738.
594) 주석물권법(하) 465(이영준).

대위변제가 근저당권의 피담보채권을 확정시키는지 여부이고, 둘째는 대위변제에 따라 근저당권의 전부 또는 일부가 채권자로부터 대위변제자에게 이전되어 대위변제자가 채권자에게 근저당권의 전부 또는 일부에 대한 이전등기를 청구할 수 있는지 여부이며, 셋째는 대위변제자가 채권자에게 근저당권의 전부 또는 일부에 대한 이전등기를 청구할 수 없다고 할 때 대위변제자가 당해 근저당권에 대하여 아무런 권리도 가지지 못하는가 하는 점이고, 넷째는 근저당권의 전부 또는 일부가 채권자로부터 대위변제자에게 이전된다고 할 때 그에 따른 관련 당사자 사이의 법률관계가 어떠한가 하는 점이다. 그런데 첫째부터 셋째까지에 관하여는 제4장 Ⅲ. 2. ⑻에서 자세하게 설명한 바 있다. 따라서 이하에서 넷째의 문제로 한정하되 대위변제자의 대위권 행사범위와 채권자와 대위변제자 사이의 법률관계로 구분하여 설명하기로 한다.

(2) 대위변제자의 대위권 행사범위

가. 행사범위의 조정 필요성

대위변제자가 대위변제에 따라 채권자의 권리를 어느 범위까지 대위하여 행사할 수 있는지는 대위변제한 채권을 대상으로 채권자(겸 근저당권)와 채무자 이외에 어떤 이해관계인이 있는지에 따라 다르다.

예컨대 채권자 S가 채무자 A에 대한 채권을 대상으로 A소유의 X부동산에 근저당권을 설정한 이외에 B를 연대보증인으로 입보시켰다가 B가 대위변제를 하였을 경우에는 B는 대위변제한 금액 전액에 관하여 S가 X부동산에 대하여 가지고 있는 근저당권을 대위하여 행사할 수 있다. 또한 채권자 S가 채무자 A에 대한 채권을 대상으로 A소유의 X부동산과 물상보증인 D소유의 Y부동산에 공동근저당권을 설정하였다가 D가 대위변제를 하였을 경우에는 D는 대위변제한 금액 전액에 관하여 S가 X부동산에 대하여 가지고 있는 근저당권을 대위하여 행사할 수 있다.

위와 같이 대위변제할 수 있는 자가 보증인이나 물상보증인 1인이 아니고 수인인 경우 예컨대 채권자 S가 채무자 A에 대한 채권을 대상으로 물상보증인 D소유의 Y부동산에 근저당권을 설정한 이외에 B를 연대보증인으로 입보시켰다고 때, 법정대위의 일반규정을 그대로 따를 때에는 연대보증인 B가 먼저 대위변제하면 D소유의 Y부동산에 S의 근저당권을 대위하여 행사할 수 있게 되는 반면, 물상보증인 D가 먼저 대위변제하면 연대보증인 B에 대한 S의 연대보증채권을 대위하여 행사할 수 있게 됨으로써 B와 D 사이에 먼저 대위변제한 자가 상대방에 대하여 권리자가 되는 불합리하고 불공평한 결과를 초래하게 된다.

따라서 대위변제할 수 있는 자가 2인 이상인 경우에는 이들 사이에 채권자의 권리를 대위할 수 있는 범위를 합리적이고 공평하게 조정할 필요가 있는바 이하에서 경우를 나누어 설명하기로 한다.

나. 행사범위의 조정 내용

㈎ 물상보증인이 2인 이상 있는 경우

채무자의 채무에 대하여 물상보증인만 2인 이상 있는 경우 어느 한 물상보증인이 대위변제를 한 경우에는 각 부동산의 가액에 비례하여 다른 물상보증인에 대하여 채권자를 대위한다(민 482②ⅳ). 예컨대 채권자 S가 채무자 A에 대한 채권을 대상으로, B소유의 X부동산(가액 2억 원)과 D소유의 Y부동산(가액 3억 원)에 근저당권을 설정하였다가 B가 2억 원의 대위변제를 하였을 경우에, B는 1억 2천만 원(2억 원 × 3/5)의 채권을 가지고 D소유의 Y부동산에 대한 S의 근저당권을 대위하여 행사할 수 있다.

㈏ 연대보증인과 물상보증인이 병존하는 경우

채무자의 채무에 대하여 연대보증인과 물상보증인이 병존하여 있는 경우 어느 한 연대보증인 또는 물상보증인이 대위변제를 한 경우에는 그 인원수에 비례하여 채권자를 대위한다. 그러나 이 경우 물상보증인이 수인인 때에는 보증인의 부담부분을 제외하고 그 잔액에 대하여 각 재산의 가액에 비례하여 대위한다(민 482②ⅴ). 예컨대 채권자 S의 채무자 A에 대한 채권 3억 원을 대상으로, B가 연대입보를 하고 물상보증인 C 및 D 소유의 X부동산(가액 2억)과 Y부동산(가액 3억 원)에 공동근저당권을 설정하였다가 B가 3억 원을 대위변제를 한 경우에 B는 C소유의 X부동산에 대하여는 8천만 원[(3억 원 × 2/3) × 2/5]

D 소유의 X부동산에 대하여는 1억 2천만 원[(3억 원 × 2/3) × 3/5]의 채권을 가지고 S의 근저당권을 대위하여 행사할 수 있다.

다만 이 경우에 연대보증인이 채권자의 물상보증인에 대한 근저당권을 대위하려면 미리 저당권의 등기에 대위의 부기를 하여야 한다(민 482②ⅴ·ⅰ, 부등 79). 이는 보증인의 변제로 근저당권이 소멸한 것으로 믿고 그 목적물상의 권리를 취득한 제3취득자를 불측의 손해로부터 보호하기 위한 것이다. 그런데 부기등기를 해야 하는 시기에 관하여는 학설이 대립하고 있다. 제1설은 제3취득자의 권리취득의 전후를 불문하고 보증인이 대위변제하기 전이라고 하고, 제2설은 대위변제의 전후를 불문하고 제3취득자의 권리취득 전이라고 하며, 제3설(통설)은 대위변제 후 제3취득자가 저당목적물을 취득하기 전이라고 한다. 변제하기도 전에 보증인으로 하여금 대위의 부기등기를 할 것을 요구한다는 것은 합리적이라고 할 수 없을 뿐만 아니라 거래현실에도 부합하지 않다는 점에서 제3설이 타당하다.

㈐ 물상보증인이 연대보증인을 겸한 경우

물상보증인이 연대보증인을 겸하고 있는 경우에는 그 인원수를 산정함에 있어 물상보증인을 겸한 연대보증인을 복수로 계산할 것인지 아니면 단수로 계산할 것인지의 문제가 생기게 되고, 단수로 계산한다고 할 경우에는 다시 이를 물상보증인으로 취급할 것인지 아니면 연대보증인으로 취급할 것인지의 문제가 생기게 된다. 이에 관하여는 복수자격설과 단수자격설이 있고, 다시 단수자격설에는 보증인설과 선택설이 주장되고 있다.

채권자 S의 채무자 A에 대한 채권 3억 원을 대상으로, 물상보증인 C 및 D 소유의 X부동산(가액 2억)과 Y부동산(가액 3억 원)에 공동근저당권을 설정하고, 아울러 C가 연대보증을 하였다가 D가 3억 원을 대위변제를 한 경우를 예로 들어 각 설에 따른 대위권 행사의 범위를 보면 다음과 같다. 복수자격설에 의하면 D는 C에 대하여 3억 원을 인원수로 안분한 1억 원에 대하여 연대보증책임을 묻는 이외에, 물상보증인의 책임부분 2억 원을 다시 부동산 가액으로 안분한 1억 2천만 원(2억 원 × 3/5)은 자신의 책임으로 부담하고 8천만 원(2억 원 × 2/5)의 채권을 가지고 S의 Y부동산에 대한 근저당권을 대위하여 행사할 수 있게 된다. 이에 대하여 단수자격설의 보증인설에 의하면 C에 대하여 1억 5천만 원(3억 원 × 1/2)의 범위에서 보증책임과 담보책임을 물을 수 있게 되고, 선택설에 의하면 C에 대하여 1억 5천만 원(3억 원 × 1/2)의 보증책임을 묻는 것과 S의 Y부동산에 대한 근저당권을 대위하여 1억 2천만 원(3억 원 × 2/5)의 담보책임을 묻는 것 중 선택하여 행사할 수 있게 된다. 이해관계인 사이의 형평성이라는 면에서 볼 때 단수자격설 중 선택설이 타당하다고 본다.

대법원판례는 「민법 제482조 제2항 제4호, 제5호가 물상보증인 상호간에는 재산의 가액에 비례하여 부담 부분을 정하도록 하면서, 보증인과 물상보증인 상호간에는 보증인의 총 재산의 가액이나 자력 여부, 물상보증인이 담보로 제공한 재산의 가액 등을 일체 고려하지 아니한 채 형식적으로 인원수에 비례하여 평등하게 대위비율을 결정하도록 규정한 것은, 인적 무한책임을 부담하는 보증인과 물적 유한책임을 부담하는 물상보증인 사이에는 보증인 상호간이나 물상보증인 상호간과 같이 상호 이해조정을 위한 합리적인 기준을 정하는 것이 곤란하고, 당사자 간의 특약이 있다는 등의 특별한 사정이 없는 한 오히려 인원수에 따라 대위비율을 정하는 것이 공평하고 법률관계를 간명하게 처리할 수 있어 합리적이며 그것이 대위자의 통상의 의사 내지 기대에 부합하기 때문이다. 이러한 규정 취지는 동일한 채무에 대하여 보증인 또는 물상보증인이 여럿 있고, 이 중에서 보증인과 물상보증인의 지위를 겸하는 자가 포함되어 있는 경우에도 동일하게 참작되어야 하므로, 위와 같은 경우 민법 제482조 제2항 제4호, 제5호 전문에 의한 대위비율은 보증인과 물상보증인의 지위를 겸하는 자도 1인으로 보아 산정함이 상당하다」[595] 고 하여 단수자격설을 채택하고 있다. 그러나 이 판례가 보증인설과 선택설 중 어느 설의 입장에 있는지는 분명하지 않다.

㈑ 제3취득자가 2인 이상 있는 경우

공동근저당목적물에 관하여 제3취득자가 2인 이상 있는 경우 어느 한 제3취득자가 대위변제를 한 경우에는 각 부동산의 가액에 비례하여 다른 제3취득자

595) 대판 2010.6.10. 2007 다61113,61120.

에 대하여 채권자를 대위한다(민 482②iii). 예컨대 채권자 S가 채무자 A의 소유인 X부동산(가액 2억 원)과 Y부동산(가액 3억 원)에 근저당권을 설정하였다가 X부동산과 Y부동산의 소유권이 B 및 C에게 이전된 후 B가 2억 원의 대위변제를 하였을 경우에, B는 1억 2천만 원(2억 원 × 3/5)의 채권을 가지고 C 소유의 Y부동산에 대한 S의 근저당권을 대위하여 행사할 수 있다.

㈑ 보증인과 제3취득자가 있는 경우

제3취득자는 보증인에 대하여 채권자를 대위하지 못한다(민 482②ii). 예컨대 채권자 S가 채무자 A에 대한 채권을 대상으로 A소유의 X부동산에 근저당권을 설정한 이외에 B를 연대보증인으로 입보시켰다가, X부동산의 소유권이 제3취득자인 D에게 이전된 후 D가 대위변제를 하여도, D는 연대보증인에 대한 채권자의 권리를 대위하여 행사할 수 없다. 반면에 연대보증인 B가 대위변제를 한 때에는 B는 대위변제액 전액을 가지고 S의 X부동산에 대한 근저당권을 대위하여 행사할 수 있다. 다만 이 경우 보증인이 미리 저당권의 등기에 그 대위를 부기하지 아니하면 저당물에 권리를 취득한 제3자에 대하여 채권자를 대위하지 못한다(민 482②i).

그러나 물상보증인 소유의 부동산을 취득한 제3취득자가 대위변제를 한 때에는, 제3취득자는 물상보증인과 보증인을 합한 인원수로 대위변제액을 안분한 금액을 가지고 보증인에 대한 채권자의 권리를 대위행사할 수 있는 범위에서, 보증인에 대한 채권자의 권리를 대위할 수 있는 것으로 보아야 한다. 채무자의 소유가 아닌 물상보증인 소유의 부동산을 취득한 제3취득자는 소유자가 아닌 물상보증인의 지위를 취득하는 것이기 때문이다. 따라서 예컨대 채권자 S의 A에 대한 채권을 대상으로 C가 자신의 소유인 X부동산에 근저당권을 설정하고 B가 연대보증인으로 입보한 상태에서, X부동산의 소유권이 제3취득자인 D에게 이전된 후 D가 대위변제를 한 경우, D는 대위변제액의 2분의 1을 가지고 연대보증인에 대한 채권자의 권리를 대위하여 행사할 수 있는 것이다.

(3) 채권자와 대위변제자 사이의 법률관계

가. 채권자의 채권증서교부 부기등기의무

채권자는 대위자에 대하여 대위한 권리의 행사를 용이하게 할 의무를 진다. 따라서 채권 전부를 대위변제한 자에 대하여는 채권증서를 교부하고(민 484①), 근저당권의 전부 이전에 따른 대위의 부기등기에 협력하여야 한다. 그리고 일부를 대위변제한 자에 대하여는 채권증서에 그 대위의 뜻을 기입하고, 근저당권이 일부 이전에 따른 대위의 부기등기에 협력하여야 한다(민 484②). 다만, 채권증서의 교부(일부 대위의 경우는 대위의 뜻 기입)와 대위의 부기등기는 대위변제와 동시이행관계에 있는 것이 아니다. 따라서 채권증서의 교부와 대위의 부기등기는 대위변제가 있은 후에 대위자로부터 청구를 받아 이행하면 된다.

채권의 일부에 대하여 대위변제가 있는 때에는 대위자는 그 변제한 가액에 비례하여 채권자와 함께 그 권리를 행사한다(민 483①). 예컨대 1천백만 원의 저당채권에 관하여 보증인이 5백만 원을 변제한 때에는 5백만 원에 관하여 채권 및 저당권의 이전이 생긴다. 그런데 이 경우 대위자는 그 이전된 범위에서 독자적으로 대위한 권리를 행사하고, 또 채권자와는 평등한 지위에 서는 것인지가 문제로 된다. 즉, 위의 예에서 대위자는 채권자의 의사와는 관계없이 저당권을 행사할 수 있으며, 또 저당부동산의 가액이 1천백만원이 되지 않는 때에는, 채권자와 보증인 사이에 채권액에 비례하여 분배할 것인지가 문제인 것이다. 이를 긍정하는 견해도 있다. 그러나 그렇게 되면 채권자의 담보권실행의 시기 선택에 관한 권리를 침해하고, 또 담보권의 불가분성에 반하여 채권자의 우선권을 해하게 된다.

따라서 일부대위자는 대위한 권리가 비록 가분이라고(즉 나눌 수 있다고) 하더라도 그것을 단독으로 행사하지는 못하며, 채권자가 권리를 행사하는 경우에 그 채권자와 함께 그의 권리를 행사할 수 있을 뿐이고, 또한 이때에 변제순위에 관하여는 채권자가 우선한다는 것이 통설·판례이다.

판례 9-2

수인이 시기를 달리하여 채권의 일부씩을 대위변제한 경우의 법률관계

변제할 정당한 이익이 있는 사람이 채무자를 위하여 근저당권 피담보채무의 일부를 대위변제한 경우에는 대위변제자는 근저당권 일부 이전의 부기등기 경료 여부에 관계없이 변제한 가액 범위 내에서 채권자가 가지고 있던 채권 및 담보에 관한 권리를 법률상 당연히 취득한다. 한편 수인이 시기를 달리하여 채권의 일부씩을 대위변제한 경우 그들은 각 일부 대위변제자로서 변제한 가액에 비례하여 근저당권을 준공유한다고 보아야 하나, 그 경우에도 채권자는 특별한 사정이 없는 한 채권의 일부씩을 대위변제한 일부 대위변제자들에 대하여 우선변제권을 가지고, 채권자의 우선변제권은 채권최고액을 한도로 자기가 보유하고 있는 잔존 채권액 전액에 미치므로, 결국 근저당권을 실행하여 배당할 때에는 채권자가 자신의 잔존 채권액을 일부 대위변제자들보다 우선하여 배당받고, 일부 대위변제자들은 채권자가 우선 배당받고 남은 한도액을 각 대위변제액에 비례하여 안분 배당받는 것이 원칙이다. 다만 채권자가 어느 일부 대위변제자와 변제 순위나 배당금 충당에 관하여 따로 약정을 한 경우에는 약정에 따라 배당방법이 정해지는데, 이 경우에 채권자와 다른 일부 대위변제자들 사이에 동일한 내용의 약정이 있는 등 특별한 사정이 없는 한 약정의 효력은 약정 당사자에게만 미치므로, 약정 당사자가 아닌 다른 일부 대위변제자가 대위변제액에 비례하여 안분 배당받을 권리를 침해할 수는 없다. 따라서 경매법원으로서는 ①채권자와 일부 대위변제자들 전부 사이에 변제 순위나 배당금 충당에 관하여 동일한 내용의 약정이 있으면 약정 내용에 따라 배당하고, ②채권자와 어느 일부 대위변제자 사이에만 그와 같은 약정이 있는 경우에는 먼저 원칙적인 배당방법에 따라 채권자의 근저당권 채권최고액 범위 내에서 채권자에게 그의 잔존 채권액을 우선 배당하고, 나머지 한도액을 일부 대위변제자들에게 각 대위변제액에 비례하여 안분 배당하는 방법으로 배당할 금액을 정한 다음, 약정 당사자인 채권자와 일부 대위변제자 사이에서 약정 내용을 반영하여 배당액을 조정하는 방법으로 배당을 하여야 한다(대판 2011.06.10. 2011다9013).

나. 채권자의 담보보존의무

민법은 모든 법정대위자를 위하여 채권자에게 담보보존의 의무를 부담시키고 있다. 즉, 민법 제481조의 규정에 의하여 대위할 자가 있는 경우에 채권자의 고의나 과실로 담보가 상실되거나 감소된 때에는 대위할 자는 그 상실 또는 감소로 말미암아 상환을 받을 수 없게 된 한도에서 그 책임을 면한다(민 485).

예컨대 S은행에 대한 A의 100백만 원의 대출채무에 대하여 A소유의 X부동산과 D소유의 Y부동산을 대상으로, S은행이 채권최고액을 120백만 원으로 하는 근저당권을 설정 받았다가 D의 동의 없이 X부동산에 대한 근저당권을 해제하여 준 경우, D는 S은행이 X부동산으로부터 우선변제 받을 수 있었을 금액만큼의 담보책임을 면하게 된다. S은행이 X부동산에 대한 근저당권을 해제하여 주지 않았다면 D는 S은행에 대한 대위변제 후 S은행의 Y부동산에 대한 근저당권을 대위하여 그 매각대금으로부터 A에 대한 구상채권을 우선변제 받을 수 있었을 것인데 S은행이 X부동산에 대한 근저당권을 해제하여 줌으로써 그와 같은 권리를 행사할 수 없게 되었기 때문이다.

따라서 위의 예에서 A소유의 X부동산만으로도 A에 대한 100만 원의 대출채권을 상환 받는데 지장이 없어, S은행이 D소유의 Y부동산에 대한 근저당권을 소멸시키거나 Y부동산보다 담보가액이 떨어지는 Z부동산으로 교체하려면 반드시 A의 동의를 받아야 한다. 문제는 Y부동산과 교체하려는 Z부동산이 Y부동산과 동등한 가액 이상인 경우에도 A의 동의를 받아야 하는지 여부이다. 그러나 이 경우는 신의칙상 동의를 요하지 않는 것으로 보아야 한다. 은행거래에 있어서는 담보계약시에 이 점을 명문으로 특약하여 두고 있다(은행여신거래약관 표준서식 저당권설정계약서와 근저당권설정계약서 제10조 참조). 다만 현실의 실무처리상으로는 동등한 가액을 가지는지의 여부에 관하여 당사자 사이에 분쟁이 생길 수 있으므로, 이를 객관적으로 증명할 수 있는 자료가 없는 한 위 특약에 불구하고 A의 동의를 받아 교체하는 것이 안전하다.

다. 채권자의 부당이득반환의무

일부의 대위변제가 있은 후에 채권자가 채무불이행을 이유로 계약을 해제한 때에는 이미 변제된 부분에 관해서도 채권은 처음부터 성립하지 않았던 것이 되므로, 채권자가 받은 변제는 비채변제(민 742)가 된다. 그런데 민법은 이 경우에 악의의 부당이득에 준하여, 채권자에게 특별한 반환의무를 부담하게 하고 있다. 즉, 채권자는 대위자에게 그 변제한 가격과 이자를 상환하여야 한다(민 483②후). 그러나 전부의 대위변제가 있는 때에는 채권 및 해제권이 소멸하므로 반환의 문제가 생기지 않는다.

3. 보통저당권의 처분

(1) 저당권부채권의 양도

가. 양도의 요건

저당권을 그 피담보채권과 함께 양도하는 것을 저당권부채권의 양도라고 한다. 그리고 이 저당권부채권의 양도는 저당권의 양도와 채권의 양도가 결합되어 행하여진다는 데에 그 특징이 있다. 따라서 그 양도에는 다음과 같은 요건을 구비하여야 한다.

첫째, 저당권부채권의 양도는 저당권의 양도를 포함하므로, 그 양도의 효력을 발생시키려면 부동산물권변동의 일반원칙에 따라 당사자가 저당권양도계약을 체결하고, 이를 원인으로 하여 양수인 앞으로 그 저당권의 이전등기를 하여야 한다(민 186).

둘째, 저당권부채권의 양도는 채권의 양도를 포함하므로, 채권양도의 대항요건도 구비하여야 한다(민 449~452). 즉, 저당권부채권양도의 효력은 당사자 사이에 양도계약만으로 그 효력이 생기나, 이를 채무자에게 대항하려면 양도인이 양도사실을 채무자에게 통지하거나 채무자가 이를 승낙하여야 하고, 채무자 이외의 제3자에게 양도사실을 대항하려면 그 통지나 승낙을 확정일자 있는 증서로 하여야 한다. 다만 이 채권양도의 대항요건 구비는 저당권이전의 등기가 있은 후에 하더라도 무방한 것으로 본다.[596]

나. 양도와 관련한 특수문제

㈎ 양도의 요건 중 어느 하나를 결한 경우

㈀ 저당권의 이전등기를 하지 않은 경우 : 채권양도의 대항요건은 구비하였으나 아직 저당권의 이전등기를 하지 않은 경우에는, 우선 채권양도만 그 효력이 발생한다고 할 수 있는가. 민법 제361조는 저당권을 피담보채권과 분리하여 양도할 수 없다고 규정하고 있으므로, 처음부터 저당권과 분리하여 채권만을 양도

596) 민법주해(Ⅶ) 79(남효순), 김용한 물권법론 598, 김증한 물권법강의 433, 이영준 물권법 841.

하기로 하지 않은 이상 채권양도만 그 효력을 발생한다고 볼 수는 없고, 저당권의 이전등기가 있어야 채권양도도 비로소 저당권이전의 효력과 함께 그 효력을 발생하는 것으로 보아야 한다.[597]

(ㄴ) 채권양도의 대항요건을 구비하지 않은 경우 : 저당권의 이전등기는 되었으나 채권양도의 대항요건을 구비하지 않은 경우의 법률관계를 보면 다음과 같다.

우선 채무자에 대한 대항요건을 구비하지 않은 때에는 그 양도를 가지고 채무자에게 대항하지 못한다. 따라서 양수인 앞으로 저당권의 이전등기가 되었더라도 채권양도의 채무자에 대한 대항요건을 구비하고 있지 않은 사이에, 채무자가 전 채권자인 양도인에게 채무의 변제를 하면 채권은 소멸하고 그에 따라 저당권도 소멸하게 된다.[598]

다음에 저당권의 이전등기를 한 제1의 양수인이 채권양도의 제3자에 대한 대항요건을 구비하지 않고 있는 사이에, 양도인이 피담보채권을 이중으로 양도하여[599] 제2의 양수인이 먼저 채권양도의 제3자에 대한 대항요건을 구비하고, 그 후에 제1의 양수인이 채권양도의 제3자에 대한 대항요건을 구비한 경우의 법률관계에 관하여서는, 먼저 저당권의 이전등기를 한 제1의 양수인이 우선적으로 저당권부채권을 양수하게 된다는 견해[600]와 제2의 양수인이 우선적으로 무담보채권을 양수하게 되고 그에 따라 제1의 양수인은 저당권도 취득할 수 없게 되어 저당권 자체가 소멸하게 된다는 견해가 주장되고 있다.[601] 그러나 앞의 견해에 의하면 채권양수의 효력이 발생하기도 전에 저당권이전의 효력부터 발생시키는 결과가 되어 저당권의 피담보채권에의 부종성에 반한다는 점에서 뒤의 견해가 타당하다고 생각한다.

또한 채권양도의 대항요건을 구비하고 있지 않으면, 채무자의 전 채권자에 대한 변제 또는 전 채권자의 이중양도가 없다고 하더라도, 양수인은 채권의 취득

---

597) 김증한 물권법강의 432.

598) 김증한 물권법강의 432, 김용한 물권법론 598. 같은 취지 ; 민법주해[Ⅶ] 79면(남효순), 곽윤직 물권법 479, 김상용 물권법 738, 이영준 물권법 840.

599) 이 경우는 저당권을 포기하고 저당권의 담보가 없는 일반채권으로서의 양도를 의미하는 것으로 보아야 한다. 이미 제1의 양수인에게 이전등기된 저당권을 다시 제2의 양수인에게 이전등기할 수는 없는 것이기 때문이다.

600) 김증한·김학동 물권법 551.

601) 이영준 물권법 841.

내지 저당권의 취득을 채무자나 저당권설정자 등의 제3자에게 대항할 수 없기 때문에, 양수채무의 변제가 없더라도 저당권을 실행할 수가 없게 된다.

㈏ 이의를 보류하지 않은 승낙이 있은 경우

채권양도에 관하여 이의를 보류하지 않은 승낙을 한 때에는, 채무자는 그가 양도인에 대하여 대항할 수 있는 사유를 가지고 양수인에 대하여 대항하지 못한다(민 451①본). 따라서 이 경우 채무자는 변제 등에 의한 채권의 소멸이나, 당초부터 채권이 성립하지 않았다는 등의 항변을 할 수 없게 되고, 양수인은 유효하게 승낙내용에 따른 채권을 취득하게 된다. 다만 이때에 양수인이 채권의 소멸이나 불성립 등에 관하여 선의이어야 함은, 명문의 규정은 없으나 당연한 것으로 보아야 한다.[602]

그러면 이 경우 양수된 채권에 붙어 있던 저당권의 효력은 어떻게 되는가. 이에 관하여는 저당권의 부활을 인정하는 설[603]도 있으나, 통설은 등기에 공신력이 인정되어 있지 않으므로 피담보채권이 소멸하였다면 그로써 저당권은 소멸하고, 비록 양수인이 유효하게 채권을 취득하더라도 그것을 담보하는 것으로 되어 있었던 저당권은 되살아나지 않고, 양수인은 저당권 없는 채권을 취득할 뿐이라고 한다.[604]

㈐ 일부양도의 경우

저당권에 의하여 담보되는 채권의 일부에 관하여 양도가 있은 경우에 있어서도, 앞에서 설명한 저당권부채권의 양도에 관한 설명이 그대로 타당함은 물론이다. 다만 이 경우 저당권은 그 불가분성으로 인하여 양 채권자가 그 채권액을 지분으로 하여 준공유하는 것으로 보아야 한다.[605]

---

602) 민법주해[VIII] 78면(남효순), 곽윤직 물권법 479, 김상용 물권법 739, 이영준 물권법 841, 장경학 물권법 826.

603) 최식 신물권·담보물권법 423.

604) 민법주해[VIII] 78(남효순), 곽윤직 물권법 479, 김상용 물권법 739, 김용한 물권법론 599, 김증한 물권법강의 433, 이영준 물권법 842, 장경학 물권법 827.

605) 민법주해[VIII] 78(남효순), 곽윤직 물권법 480, 김상용 물권법 739, 김용한 물권법론 599, 김증한 물권법강의 433, 이영준 물권법 843, 장경학 물권법 827.

(2) 저당권부채권의 입질

저당권을 그 피담보채권과 함께 질권설정하는 것을 저당권부채권의 입질이라고 한다. 이 저당권부채권의 입질도, 저당권의 입질과 채권의 입질이 결합되어 행하여진다는 데에 그 특징이 있는 점에서 저당권부채권의 양도와 동일하다.

따라서 저당권부채권의 입질에 있어서도, 저당권부채권의 양도에 있어서와 마찬가지로 채권질권설정의 일반요건을 갖추는 이외에, 저당권에 대한 질권설정절차도 취하여야 그 효력이 생기게 된다. 그리고 저당권에 대한 질권설정은 당사자간에 질권설정계약을 체결하고 그에 따른 등기를 함으로써 이루어지며, 그 등기는 기존의 저당권등기에 질권의 부기등기를 하는 방식으로 하면 된다. 그밖에 저당권에 질권의 부기등기가 이루어지지 않은 경우의 효력 및 채권에 대한 질권설정의 대항요건과 관련된 여러 문제에 관하여는 앞에서 설명한 저당권부채권양도의 경우에 준하는 것으로 보면 된다. 다만 양도와 다른 질권설정이라는 데에서 특별하게 논의될 수 있는 점에 관하여 살펴보면 다음과 같다.

저당권부채권의 입질효과로서 질권자는 채권을 취득하는 것이 아니라 그 추심권만을 취득하며, 또한 그 추심채권의 담보효력으로서 저당권을 실행할 수 있다. 그리고 이 경우 질권설정자는 비록 그 저당권에 의하여 담보된 채권액이 질권에 의하여 담보되는 채권액을 초과하더라도, 그 차액에 대하여 입질채권을 추심할 권한을 가지지 못한다. 질권은 그 불가분성에 의하여 입질채권 전액에 미치는 것이기 때문이다. 그리고 질권을 설정한 채권자는 질권이 존재하는 한 그 저당권을 실행할 권한도 가지지 못한다.[606]

606) 김상용 물권법 740, 김용한 물권법론 600, 김증한 물권법강의 434, 이영준 물권법 843, 장경학 물권법 828.

4. 근저당권의 처분[607]

(1) 피담보채권이 확정되어 있는 경우

근저당거래가 종료되어 그 피담보채권이 확정되어 있는 때에는, 그 근저당권은 등기부상의 기재여하에 불구하고 특정채권을 담보하는 저당권(확정근저당권)으로 전환되므로, 이 경우의 저당권의 양도나 질권설정은, 앞에서 설명한 보통저당권의 양도나 질권설정의 경우와 동일한 것으로 보면 된다.[608]

다만 이 경우 채권자변경의 등기를 함에 있어서는 이론상으로는 근저당권의 확정등기를 한 후 그 확정근저당권의 채권자변경등기를 하는 형식을 취하여야 할 것이나, 현행 등기실무상 근저당권의 확정등기절차가 마련되어 있지 않기 때문에 바로 근저당권의 채권자변경등기를 하는 형식을 취할 수밖에 없다. 이에 따라 대법원의 등기예규도 근저당권의 확정등기 없이 채권양도로 인한 저당권변경등기에 준하여, 채권자변경의 근저당권변경등기를 신청할 수 있는 것으로 규정하고 있다.[609][610]

그리고 확정된 피담보채권의 일부에 관하여만 양도가 이루어짐으로써, 양도인과 양수인간에 저당권의 준공유관계가 성립하게 되는 경우의 준공유지분은, 양수인에게 양도된 금액과 양도인에게 잔존하는 금액의 비율에 의하면 된다. 또한 이것은 확정채권액이 최고액을 초과하고 있는 경우에도 같다고 할 것이며, 이 때에는 최고액을 양도액과 잔존액의 비율로 안분하면 된다.[611]

---

607) 종래에는 은행이 저당권부채권을 양도하거나 근저당권의 채권자지위를 이전하는 경우가 거의 없었다. 그래서 아직 은행권에서는 저당권부채권의 양도나 근저당권의 채권자지위 이전에 관한 논의가 별로 없었고, 또한 그에 따라 저당권이나 근저당권의 채권자변경등기를 하기 위한 서식도 마련해 두지 않았다. 그러나 현재에 있어서는 금융환경에 많은 변화가 일어나, 은행권에서도 저당권부채권을 양도하거나 근저당권의 채권자지위를 이전하여 저당권이나 근저당권의 채권자변경등기를 해야 할 경우가 제법 생겨나고 있으며, 대법원에서도 이에 대비하여 그와 같은 등기신청시의 업무처리지침과 등기기재례까지 마련하여 두고 있다(근저당권에 관한 등기사무처리지침 참조). 따라서 은행권에서도 이들 업무처리를 위한 서식을 마련할 필요가 있다고 생각되어, 부록Ⅱ에서 이 들 서식을 작성하여 제시하고자 한다.

608) 김석우 근저당권에……… 146.

609) 근저당권에 관한 등기사무처리지침 3② 참조.

610) 계약서 서식으로는 부록Ⅱ. 1. 근저당권변경계약서(채권·근저당권양도용) 참조.

611) 이기태 근저당제도론……… 72.

(2) 피담보채권이 확정되어 있지 않은 경우

가. 피담보채권의 양도와 근저당권의 이전

㈎ 문제의 소재

근저당거래의 계속 중에 이미 발생되어 있는 피담보채권의 전부 또는 일부가 제3자에게 양도된 경우와 관련하여서는 다음과 같은 법률적인 문제가 발생하게 된다. 첫째는 그 양도된 채무를 근저당권에 의하여 담보하게 할 수 있는지 여부이고, 둘째는 채권양도에 불구하고 그 근저당권설정계약내용에 따른 근저당거래의 존속을 인정할 수 있는지 여부이다.

㈏ 채권양도를 원인으로 한 채권자변경등기의 경우

근저당거래의 계속 중에 이미 발생되어 있는 피담보채권 중의 전부 또는 일부가 제3자에게 양도된 경우에, 그 채권양도를 원인으로 하여 채권자변경등기를 함으로써 양도된 채권도 근저당권에 의하여 담보되는가에 관하여는, 개별 채권이 양도되면 근저당권의 일부가 이전하여 양도인과 양수인이 근저당권을 준공유하게 된다고 하는 긍정설[612]과 개별 채권이 양도되더라도 근저당권이 이전하지 않고 양도된 채권은 피담보채권의 범위로부터 이탈되어 담보되지 않는다고 하는 부정설[613]이 대립되어 있다.

긍정설은 그 논거로서 ① 근저당권이 담보하는 채권이 확정되어 있지는 않지만 이 채권은 근저당권에 의하여 담보되고 있으므로, 확정시에 현존하는 경우 근저당권에 의하여 담보된다는 이익을 보유하고 있는 한 양도되어도 이러한 이익을 보유한 채로 양수인에게 이전된다는 점[614] ② 예컨대 피담보채권의 확정 전에 기본계약에 의하여 발생한 채권에 대하여 전부명령이 있었고, 그 이후 새로운 채권의 발생 없이 거래관계가 종료되었다고 가정하는 경우, 근저당권의 확정 전이라는 이유만으로 전부된 채권이 근저당권에 의하여 담보되지 아니한다

612) 이영준 물권법 866, 김석우 근저당권에… 148, 민법주해[Ⅶ] 30(박해성).
613) 곽윤직 물권법 493, 김상용 물권법 757, 장경학 물권법 848, 이기태 근저당제도론… 72, 김재형 근저당권연구 233, 고상룡 물권법 711.
614) 김석우 근저당권의… 407.

고 함은 부당하다. 즉, 전부명령 이후에 새로운 채권이 발생하지 아니하여 확정 후의 피담보채권 전부에 대하여 전부명령이 발하여진 경우와 실제에 있어서 동일함에도 불구하고, 전부명령이 피담보채권이 확정 전에 발하여졌는가 그 이후에 발하여졌는가에 따라서 양수인(전부채권자)가 근저당권을 이전받게 되는가 아닌가의 여부가 달라진다면 이는 타당한 결과라고 볼 수 없다는 점[615] 등을 들고 있다.

부정설은 그 논거로서 ① 근저당권에 있어서는 피담보채권의 유동·교체는 문제가 되지 않는다는 점[616] ② 대위변제로 인하여 그 채권은 피담보채권의 범위로부터 이탈된다는 점[617] ③ 근저당권에 의하여 담보되는 것은 계속적 거래로부터 발생하는 개개의 채권이라기 보다는 오히려 전체로서 부동하는 채권이며 계속적 거래관계 없는 확정채권을 가진 자와 준공유관계를 인정하는 것은 복잡한 법률문제를 발생시킨다는 점[618] ④ 우리 민법 제357조 제1항 2문에 의하면 "그 확정될 때까지의 채무의 … 이전은 저당권에 영향을 미치지 않는다"고 규정되어 있는데, 확정 전의 채권양도가 이 규정의 "이전"에 포함된다는 점[619] 등을 들고 있다.

생각건대 근저당권의 피담보채권이 확정되기 전에 이미 발생되어 있는 피담보채권의 전부 또는 일부를 제3자에게 양도한 경우에, 당해 근저당권이 양도인이 양수한 채권를 담보하게 하려면, 당해 근저당권의 채권자를, 전부 양도의 경우는 종전의 채권자에서 양수인으로 교체하고, 일부 양도의 경우는 종전의 채권자에 양수인을 추가하는 변경등기를 하여야 한다. 그런데 종전의 채권자와 근저당거래의 존속을 유지하면서, 당해 근저당권으로 양수인이 양수한 채권도 함께 담보하게 하도록, 채권양도를 원인으로 하여 근저당권의 채권자를 종전의 채권자에서 양수인으로 교체하거나 종전의 채권자에 양수인을 추가하는 채권자변경등기를 할 수 없고, 그에 따라 양수인이 양수한 채권을 당해 근저당권에 의하여 담보하게 할 수 없는 것으로 보아야 없다. 변경등기를 신청할 수 없는 이유는 근저당권의 피담보채권이 확정되기 전에 그 피담보채권이 양도된 경우에 이를

615) 민법주해(Ⅶ) 30(박해성).
616) 곽윤직 물권법 493, 김상용 물권법 757.
617) 장경학 물권법 848, 고상룡 물권법 711.
618) 일본 주석민법(9) 273.
619) 김재형 근저당권연구 233.

원인으로 하여 근저당권이전등기를 신청할 수는 없는 것이기 때문이다(제4장 Ⅲ. 2. ⑻ 가. 참조).

그러나 피담보채권의 전부 또는 일부를 대상으로 하는 양도가 있는 경우에 채권자와 양수인 사이에 근저당권의 전부 또는 일부에 관하여 이전등기를 해주기로 하는 특별한 약정이 있어, 그 특별약정에 따라 채권양도를 원인으로 하여 근저당권의 전부 또는 일부 이전등기를 한 때에는 당해 근저당권은 피담보채권이 확정되어, 전부 양도의 경우는 양수인이 양수한 채권만을 그리고 일부 양도의 경우는 양도인과 양수인이 공동근저당권자로서 피담보채권 중 양도하고 남은 양도인의 채권과 양수인이 양수한 채권만을 담보하고, 이후 새로운 거래로부터 발생한 채권을 담보할 수 없는 것으로 보아야 한다.

또한 실무에서는 채권자와 양수인 사이에 특별한 약정이 없음에도 근저당권의 피담보채권이 확정되지 않은 상태에서, 채권양도를 원인으로 하여 근저당권의 전부 또는 일부 이전등기가 이루어지는 경우가 있는데, 이때에도 대위변제를 원인으로 한 근저당권의 전부 또는 일부 대위등기가 이루어진 경우에 있어서와 같이(제4장 Ⅲ. 2. ⑻ 나. ㈐ 참조) 근저당거래의 존속을 전제로 근저당권의 전부 또는 일부 이전등기가 이루어지는 것이 아니라, 근저당거래가 종료되어 그 피담보채무가 확정된 상태에서 근저당권(즉 확정근저당권)의 전부 또는 일부 이전등기가 이루어지는 것으로 보아야 한다.

㈐ 채권자지위양도를 원인으로 한 근저당권변경등기의 경우

채권양도를 원인으로 하지 않고 다음 항에서 설명하는 근저당권의 채권자지위 양도에 따른 채권자 교체 또는 추가를 원인으로 하여 근저당권변경등기를 하는 것은 가능하며, 이 경우에는 당해 근저당권에 의하여 양수인이 양수한 채무도 담보할 수 있게 된다. 근저당권의 채권자지위 양도에 따른 채권자 교체 또는 추가를 원인으로 하여 채권자를 교체 또는 추가하는 근저당권변경등기가 이루어진 때에는, 채권자 교체의 경우는 양수인과 그리고 채권자 추가의 경우는 양도인 및 양수인과 채무자가 채권최고액의 범위에서 근저당거래를 계속할 수 있기 때문이다. 그리고 근저당권의 채권자지위양수에 따라 채권자를 교체 또는

추가하는 근저당권변경의 등기신청인은 양도인과 양수인 및 채무자(채무자가 소유자가 아닌 때에는 소유자까지)가 된다.

나. 기본계약상의 채권자지위양도와 근저당권의 이전

(가) 지위이전의 가능여부

근저당권의 피담보채권이 확정되어 있지 않은 상태에서 그 근저당권자의 지위만을 이전하는 것은 저당권의 부종성의 원칙상 인정될 수 없다. 또한 그 근저당권에 의하여 담보되는 특정채권만의 이전과 함께 근저당권자로서의 지위를 이전시킬 수도 없으며[620] 이에 관하여는 이견이 없는 것 같다.[621] 그러나 근저당권자의 지위를 어떻게 이전시킬 것인가 하는 점 및 그 지위이전의 유형과 효력에 관하여는, 견해가 일치하지 않고 있는 바 이하에서 순차로 살펴보기로 한다.

(나) 지위이전의 방법

(ㄱ) 함께 이전되어야 할 대상 : 근저당권자의 지위이전과 함께 이전되어야 하는 대상이 무엇인가에 관하여는, 그 근저당권의 기초가 되는 기본계약상의 채권자지위만이라는 견해[622]와 기본계약상의 채권자지위 및 이미 발생되어 있는 피담보채권이라는 견해[623]가 주장되고 있다. 후자의 견해는 민법 제361조가 「저당권은 그 담보한 채권과 분리하여 타인에게 양도하거나 다른 채권의 담보로 하지 못한다」고 규정하고 있다는 점과 대법원이 「민법 제361조에 의하면 저당권은 그 담보한 채권과 분리하여 타인에게 양도하거나 다른 채권의 담보로 할 수 없다고 규정하고 있으며, 동 조는 보통저당권의 경우는 물론 근저당권의 경

620) 근저당권의 이전은 근저당권의 순위양도와 구분하여야 한다. 근저당권의 이전은 근저당권과 그 근저당권의 기초가 되는 기본계약상의 채권자지위를 함께 이전시키는 것(특정채권을 담보하는 보통저당권과 그 피담보채권인 특정채권을 함께 양도하는 것에 대응)임에 대하여 근저당권의 순위양도는 피담보채권과 분리하여 근저당권의 순위만을 이전시키는 것으로 현행법상 인정되지 않는다(민 361).

621) 민법주해(Ⅶ) 31(박해성), 주석물권법(하) 416(이영준), 곽윤직 물권법 493, 김상용 물권법 757, 김용한 물권법론 587, 김증한 물권법강의 444, 장경학 물권법 848, 이영준 물권법 866, 김석우 근저당권에……… 146, 이기태 근저당제도론……… 77.

622) 주석물권법(하) 425(이영준), 이기태 근저당제도론……… 77.

623) 곽윤직 물권법 493, 김상용 물권법 757.

우에도 적용된다고 할 것이므로, 피담보채권이 없는 근저당권만의 양도는 법률상 그 효력이 발생할 여지가 없다고 해석할 것이다」라고 판시[624]하고 있다는 점을 주요 논거로 하고 있다.

그러나 ① 민법 제361조가 「저당권은 그 담보한 채권과 분리하여 타인에게 양도하거나 다른 채권의 담보로 하지 못한다」고 규정하고 있음은 사실이나, 이 규정에 있어서 「그 담보한 채권」이란, 근저당권에 있어서는 「그 기초가 되는 기본계약상의 채권자지위」로 보아야 할 것이고 ② 위 대법원 판례에서 「피담보채권이 없는 근저당권만의 양도」라고 하는 것은, 근저당권의 성질상 「피담보채권의 발생가능성이 없는 근저당권만의 양도」라고 보아야 한다는 점에서, 동 판례가 후자의 견해를 취한 것이라고 볼 수는 없으며, ③ 근저당권에 의하여 담보되는 채권이 전혀 없는 상태에서 근저당권자의 지위를 양도할 수 있고 또 이미 발생된 피담보채권의 전부 또는 일부만을 근저당권 및 그 기초가 되는 기본계약상의 채권자지위와 분리하여 양도할 수 있다고 하는 이상, 이미 발생된 피담보채권의 전부 또는 일부를, 종전의 근저당권자에게 무담보인 상태로 남겨둔 채 근저당권 및 그 기초가 되는 기본계약상의 채권자지위만을 양도할 수도 있다고 보는 것이 논리에 부합된다는 점 등을 고려해 볼 때 앞의 견해가 타당하다.

특히 최근에 나온 대법원의 등기예규는 「근저당권의 피담보채권이 확정되기 전에, 근저당권의 기초가 되는 기본계약상의 채권자지위가, 제3자에게 전부 또는 일부 양도된 경우, 그 양도인 및 양수인은 "계약양도"(채권자의 지위가 전부 제3자에게 양도된 경우), "계약의 일부양도"(채권자의 지위가 일부 제3자에게 양도된 경우) 또는 "계약가입"(양수인이 기본계약에 가입하여 추가로 채권자가 된 경우)을 등기원인으로 하여, 근저당권이전등기를 신청할 수 있다」고 하여, 기본계약에 관한 사항 이외에 그 기본계약에 기하여 발생된 구체적인 피담보채권에 관하여는 전혀 언급을 하지 않고 있는데, 이는 대법원의 등기실무도 전자의 견해를 기본입장으로 하고 있음을 보여주는 것이라고 생각한다.[625]

624) 대판 1968.2.20. 67다2543 참조.
625) 근저당권에 관한 등기사무처리지침 3①참조.

(ㄴ) 양도계약의 당사자 : 근저당권과 그 기초가 되는 기본계약상의 채권자지위를 함께 양도하는 경우에, 그 양도계약의 당사자가 누구인가에 관하여는 ① 근저당채권의 채무자를 포함하는 3면 계약으로 하여야 한다는 견해[626], ② 3면 계약으로 하여야 한다는 견해[627], ③ 계속적 기본계약의 당사자와 양수인간의 3면 계약으로 하여야 한다는 견해[628], ④ 근저당권자와 양수인 외에 채무자를 포함한 3면 계약으로 하여야 한다는 견해[629] 등이 주장되고 있다.

그러나 위 ①②의 견해는 3면 계약의 당사자가 구체적으로 누구를 말하는지가 명확하지 않고 ③④의 견해는 계속적 기본계약의 당사자란 근저당권자인 채권자와 채무자이기 때문에, 채무자가 아닌 제3자가 저당목적물을 소유하고 있는 경우에 그 소유자가 계약당사자에서 빠지게 되는 문제점이 있다. 따라서 양도계약의 당사자에 관하여는 다음과 같이 경우를 나누어 검토하여야 할 것으로 본다.

근저당권설정계약서와 그 기초가 되는 기본계약서가 별개로 작성되어 있는 경우는, 그 계약의 당사자도 각각 분리하여 근저당권설정계약의 경우는 양도인(근저당권자)과 양수인 및 저당목적물소유자간의 3면 계약으로 하고, 기본계약의 경우는 양도인(채권자)과 양수인 및 채무자간의 3면 계약으로 한다. 이에 대하여 양자가 하나의 계약서로 작성되어 있는 경우[630]는, 채무자와 근저당목적물의 소유자가 동일인인 때에는 양도인(근저당권자 겸 채권자)과 양수인 및 채무자간의 3면 계약으로 하고, 다른 때에는 양도인(근저당권자 겸 채권자), 양수인, 채무자 및 근저당목적물소유자간의 4면 계약으로 하거나 또는 양도인과 양수인 및 채무자간의 3면 계약으로 하되 근저당목적물소유자의 승낙을 받아야 한다. 근저당거래의 계속 중에 근저당권자가 바뀌는 것은, 채무자는 물론이고 근저당목적물의 소유자에게도 중대한 이해관계가 있는 것으로 보아야 하기 때문이다.[631]

---

626) 김증한 물권법강의 444.
627) 곽윤직 물권법 493.
628) 장경학 물권법 848.
629) 민법주해(Ⅶ) 31(박해성), 김상용 물권법 757, 김용한 물권법론 587.
630) 은행에서 사용하는 근저당권설정계약서 서식은 양자가 하나의 계약서로 작성되어 있는 것으로 보아야 한다(부록Ⅰ. 2. 근저당권설정계약서(근담보용) 참조).
631) 일본민법의 경우는 명문의 규정으로 근저당권설정자의 승낙을 얻어야 하는 것으로 되어 있다(일민 398의12①, 398의13).

㈐ 채권양도의 대항요건구비 요부 : 근저당권자의 지위이전과 함께 이전되어야 하는 대상이, 기본계약상의 채권자지위 및 이미 발생되어 있는 피담보채권이라고 보는 견해에 의하면, 채권양도의 대항요건도 구비하여야 근저당권이전의 효력을 채무자 및 제3자에게 대항할 수 있다는 것이 된다.[632] 그러나 이와 같은 견해가 타당하지 않음은 이미 앞에서 설명한 바와 같다.

따라서 채권양도의 대항요건구비는 보통저당권의 이전에 있어서와는 달리 근저당권의 이전에 있어서는 그 요건이 되지 않는다. 그 결과 근저당권 및 그 기본계약상의 채권자지위와 함께, 그 근저당권에 의하여 담보되는 개별적인 채권의 이전이 수반된다고 하더라도, 그 채권양도의 대항요건구비는 그 개별채권의 이전에만 영향을 미치게 될 뿐 근저당권의 이전 자체에는 영향이 없는 것으로 보아야 한다.

㈑ 은행거래에의 적용

ⓐ 특정근저당권의 이전 : 현재 은행권에서 사용하는 근저당권설정계약서 표준서식 중 특정근저당권설정용의 것은 그 특정근저당권설정계약서상에 피담보채권을 발생시키는 특정의 거래약정서(예컨대 ○년 ○월 ○ 금전소비대차약정서)가 지정되어 있고 또한 실제로도 근저당권설정등기 전에 그러한 거래약정서가 작성되고 있으므로 그 특정의 거래약정서를 기본계약서로 볼 수가 있다. 따라서 그 특정근저당권을 이전시키고자 하는 경우에는, 이러한 특정근저당권설정계약과 그 특정의 거래약정상의 채권자지위를 함께 양도하여 이전시키면 된다.[633]

ⓑ 한정·포괄근저당권의 이전 : 특정근저당권설정용과는 달리 한정근저당권설정용이나 포괄근저당권설정용의 것은, 근저당권설정계약서상에 단지 장래 체결되어 피담보채권을 발생시키는 거래유형(예컨대 당좌대출거래, 어음할인거래 등)만을 지정하고 있을 뿐, 근저당권설정등기 전에 실제로 그러한 거래들을 위

632) 그러나 근저당권자의 지위이전과 함께 이전되어야 하는 대상이 기본계약상의 지위 및 이미 발생되어 있는 피담보채권이라고 주장하는 분들은 모두 이 점에 관하여 아무런 언급을 하고 있지 않다.

633) 이 경우 특정근저당권의 채권자지위를 이전시키는 계약서의 서식으로는 부록Ⅱ. 3. 근저당권변경계약서(채권자지위이전용)를 이용하면 된다. 다만 이때에 근저당권의 채권자지위이전이 유효하려면 그 기초가 되는 기본계약(특정된 거래약정)상의 채권자지위를 이전시키는 계약이 함께 이루어져야 함은 물론이다.

한 별도의 약정서(장차 근저당권설정계약에서 정하고 있는 유형의 거래를 하겠다는 추상적이고 포괄적인 합의서)가 작성되고 있지 않으므로, 근저당권설정계약서 이외에 별도로 기본계약서로 볼만한 것이 없어, 그 근저당권을 이전시키고자 할 때 그 근저당권과 함께 이전시켜야 할 기본계약을 무엇으로 볼 것인지 문제로 된다.

근저당권설정계약서 이외에 반드시 그 근저당권의 기초가 되는 별도의 기본계약서가 존재해야 한다고 하는 견해에 의하면, 현재 은행권에서 설정하고 있는 한정근저당권과 포괄근저당권은 모두 무효로 될 뿐만 아니라 이러한 근저당권을 이전시킬 수도 없다고 하게 된다. 그러나 근저당권의 기초가 되는 기본계약이 언제나 서면으로 작성되어야 하는 것은 아니고 또한 근저당권설정계약과 분리되어 작성되어 있어야 하는 것도 아니다. 따라서 앞에서 설명한 바와 같이 현재 은행권에서 설정하고 있는 한정근저당권이나 포괄근저당권의 경우는, 근저당권설정계약서상에 근저당권설정에 관한 계약내용과 기본계약에 관한 내용이 함께 포함되어 있는 것으로 보아야 한다. 그리고 이러한 견지에서 보면 한정근저당권이나 포괄근저당권의 경우는, 그 근저당권에 관한 변경계약을 체결하게 되면, 그와 함께 기본계약의 변경도 함께 이루어져 간편하게 근저당권을 이전시킬 수 있게 된다.634)

위와 같이 해석하여야 할 이유로서는 첫째, 근저당권에 있어서 근저당권설정계약서 이외에 반드시 그 근저당권의 기초가 되는 별도의 기본계약서가 존재하여야 한다고 하면, 예컨대 A은행과 B사이에 현재 체결되어 있거나 장래 체결하게 될 당좌대출거래로 인한 채권을 담보하기 위하여, B소유의 부동산상에 A은행 앞으로 한정근저당권을 설정하려고 하면, 그에 앞서 A은행과 B사이에 당좌대출거래를 하겠다는 별도의 추상적인 거래약정서(그 한정근저당권설정등기 전후에 구체적으로 체결되어 작성되는 당좌대출거래약정서와는 별개의 것임)가 작성되어 있어야 하게 되는데, 이는 지나치게 형식논리에 집착하여 실익이 없는 절차를 취하게 함으로써 타당성이 없다는 점과 둘째, 모든 근저당권의 설정에

634) 이 경우 근저당권의 채권자지위를 이전시키는 계약서의 서식으로는 부록II. 3. 근저당권변경계약서(채권자지위이전용)를 이용하면 된다. 그리고 이때에는 근저당권의 기초가 되는 기본계약이 근저당권설정계약과 함께 이루어져 별도로 존재하지 않으므로 기본계약상의 채권자지위를 이전시키는 별도의 계약을 체결할 필요는 없다.

있어 별도의 기본계약서 작성을 요하는 것으로 하면, 현재 은행권에서 설정하고 있는 한정근저당권과 포괄근저당권은 기본계약이 없는 것으로서 무효라는 것이 되어, 근저당거래의 혼란과 불편을 초래하게 된다는 점 등을 들 수 있다.[635]

㈐ 지위이전의 유형과 효력

㈀ 근저당권의 전부이전

근저당권자로서의 지위 전부를 이전할 수 있음에 대하여는 이론이 없다. 이 경우 이전된 근저당권에 의하여 담보되는 채권의 대상으로서는 ① 양수 전에 양수인과 채무자 사이에 발생한 채권으로서, 원래의 근저당권설정계약으로 정한 피담보채권의 범위의 기준에 부합되는 것, ② 양수 후에 양수인과 채무자 사이에 발생한 채권으로서, 원래의 근저당권설정계약으로 정한 피담보채권의 범위의 기준에 부합되는 것, ③ 양수 전에 양도인과 채무자 사이에 발생한 채권으로서, 원래의 근저당권설정계약으로 정한 피담보채권의 범위의 기준에 부합하는 것을 고려해 볼 수 있다. 이전된 근저당권이 이들 중 어떠한 채권을 담보하게 되는지에 대하여는, 앞에서 설명한 바 있는 근저당권과 함께 이전되어야 할 대상을 무엇으로 보는가에 따라 그 결론이 달라지게 된다.

우선 근저당권자의 지위이전과 함께 이전되어야 하는 대상을 기본계약상의 채권자지위 및 이미 발생되어 있는 피담보채권이라고 보는 견해에 의하면, 이전된 근저당권에 의하여 담보되는 채권의 범위는 위 ①②③의 합계액이라는 것이 된다. 이에 대하여 근저당권자의 지위이전과 함께 이전되어야 하는 대상을 기본계약상의 채권자지위로만 보는 견해에 의하면, 이전된 근저당권에 의하여 담보되는 채권의 범위는 원칙적으로 ①②의 합계액이 되고, ③의 것은 근저당권의 이전계약에서 특별히 동 채권도 담보하는 것으로 하는 별도의 합의가 있어야 피담보채권의 범위에 포함되게 된다. 이러한 합의가 없으면 원래의 근저당권설정계약과 근저당권이전계약의 문언상 양수인과 채무자 사이의 원래의 근저당권설정계약으로 정한 피담보채권의 범위의 기준에 부합되는 것만 담보한다는 것이 되기 때문이다.[636]

635) 일본의 경우는 입법적으로 근저당권설정계약에서의 거래유형지정 이외에 그 거래유형에 해당하는 별도의 기본계약서의 작성을 요하지 않는 것으로 하고 있다.

(ㄴ) 근저당권의 분할이전

분할이전이라 함은 한 개의 근저당권을 두 개의 근저당권으로 분할하여(예컨대 채권최고액을 1억 원으로 하는 하나의 근저당권을 채권최고액을 4천만 원과 6천만 원으로 하는 두 개의 근저당권으로 분할하여), 그 하나를 양도함으로써 근저당권의 일부가 양수인에게 이전하게 되는 것을 말한다. 이와 같은 근저당권의 분할이전이 가능한가.

우리 부동산등기법이 동일 순위의 여러 개의 근저당권이 설정될 수 있음을 인정하고 있으므로(부등 11③, 부등규 65② 참조), 당초에 하나의 근저당권으로 설정한 것을 그 후에 동일 순위의 두 개의 근저당권으로 분할하는 것도 가능하다고 보아야 하고 또한 하는 바와 같이 근저당권의 일부이전을 인정하는 이상, 위와 같은 분할이전을 하는 것도 가능한 것으로 보아야 한다는 점에서 긍정하는 것이 타당하다고 생각한다.[637][638]

그러나 대법원의 등기예규상으로는 채권최고액은 반드시 단일하게 기재하여야 하고, 그 근저당권의 채권자 또는 채무자가 수인일지라도 각 채권자 또는 채무자별로 채권최고액을 구분하여(예 : "채권최고액; 채무자 갑에 대하여 1억 원, 채무자 을에 대하여 2억 원" 또는 "채권최고액 3억 원; 최고액의 내역 - 채무자 갑에 대하여 1억 원, 채무자 을에 대하여 2억 원" 등) 기재할 수 없다고 규정하는 한편, 앞에서 설명한 채권자지위 전부이전과 뒤에 설명하는 채권자지위 일부이전의 경우에 관하여서만 그 등기방법에 관하여 정하고, 이러한 분할이전의 경우에 관하여는 따로 그 등기방법을 정하지 않음으로써[639] 등기실무상으로는 이를 부정하고 있다.[640]

---

636) 계약서 서식으로는 부록Ⅱ. 3. 근저당권변경계약서(채권자지위이전용) 참조. 그리고 이 서식 사용시에는 근저당권변경계약서(채권자지위이전용) 제1조에서 전부이전형을 선택하여야 한다.

637) 일본의 경우는 「근저당권자는 그 근저당권을 2개의 근저당권으로 분할하여 그 하나를 전항의 규정에 따라 양도할 수 있다. 이 경우에 있어서는 그 근저당권을 목적으로 하는 권리는 양도한 근저당권에 관하여 소멸한다(일민 398의12②)」, 「전항의 양도를 함에 있어서는 그 근저당권을 목적으로 하는 권리를 갖고 있는 자의 승낙을 얻어야 한다(일민 398의12③)」고 하는 명문의 규정을 두어 이를 인정하고 있다.

638) 근저당권의 분할이전을 긍정하는 국내의 견해로는 이기태 근저당제도론……… 79 참조.

639) 근저당권에 관한 등기사무처리지침 2① 참조.

640) 따라서 부록Ⅱ에서도 이를 위한 계약서 서식은 따로 작성하지 않았다.

㈐ 근저당권자의 일부이전

ⓐ 일부이전의 의의 : 전부이전과 분할이전이 근저당권 자체의 전부 또는 구획된 일부(채권최고액의 전부 또는 금액적으로 분할한 일부)를 양도하여 이전시키는 것임에 대하여, 이 일부이전이라 함은 양수인에게 근저당권의 지분을 설정함으로써 양도인과 양수인 사이에 근저당권의 준공유상태를 성립시키는 것을 말한다. 이와 같은 근저당권의 일부이전이 가능한지에 관하여 우리 민법은 명문의 규정을 두고 있지 않으나, 학설상 이를 부정하는 견해는 없는 것 같고 또한 실무도 이에 따른 등기방법을 마련하여 두고 있다.641)

ⓑ 일부이전의 형태 : 근저당권의 일부를 이전시키는 형태로는 ① 양수인과 채무자 사이에 원래의 근저당권설정계약에서 정하고 있는 모든 거래유형으로부터 발생하는 채무를 그 지분범위에서 담보할 수 있도록 하는 유형과 ② 양수인과 채무자 사이에 원래의 근저당권설정계약에서 정하고 있는 거래유형 중에서 일부의 거래유형으로부터 발생하는 채무를 그 지분범위에서 담보할 수 있도록 하는 유형을 들 수 있다.

우리의 현행법상 위와 같은 유형의 근저당권 일부이전이 가능한지에 관하여는, 위 ①②의 유형 모두를 언급하여 이를 인정하는 견해642)와 ①의 유형만 언급하여 이를 인정하는 견해643)가 있으나, 특별히 ①의 유형으로 한정하여야 할 이유가 없으므로 ①②의 유형 모두 가능한 것으로 보는 것이 타당하다고 생각한다. 앞에서 설명한 대법원의 등기예규도 ①②의 유형 모두 가능하다는 것을 전제로 하고 있다.

근저당권의 일부이전도 그 등기가 있어야 효력이 발생하게 됨은 물론이다. 다만 이 경우 등기를 요하는 사항은 채권자에 관한 사항이고, 거래유형에 관한 사항은 등기를 요하지 않는다. 우리 민법과 부동산등기법은 거래유형에 관한 사항

641) 일본의 경우는 민법에 「원본의 확정 전에 있어서는 근저당권자는 근저당권설정자의 승낙을 얻어서 그 근저당권의 일부양도를 하여 이를 양수인과 공유할 수 있다(일민 제398조의 13)」, 「근저당권의 공유자는 각자의 채권액의 비율에 따라서 변제를 받는다. 그러나 원본의 확정 전에 이와 다른 비율을 정하거나, 또는 어떤 자가 타자보다 먼저 변제를 받기로 약정한 때에는 그 약정에 따른다(일민 398의14①). 근저당권의 공유자는 다른 공유자의 동의를 얻어 제398조의 12 제1항의 규정에 따라서 그 권리를 양도할 수 있다(일민 398의14②)」고 하는 명문의 규정을 두어 이를 긍정하고 있다.

642) 주석물권법(하) 425(이영준).

643) 이기태 근저당제도론……… 80.

을 등기사항으로 하고 있지 않기 때문이다. 따라서 거래유형에 관한 변경은 등기 없이 당사자의 합의만으로 그 효력이 생기는 것으로 보아야 한다.

구체적으로는 위 ①의 유형인 경우는 근저당권의 기초가 되는 기본계약상의 채권자지위를 양수인에게 중첩적으로 양도(기본계약이 수 개 있는 경우는 수 개 모두 양수)하고, 그 양수인이 근저당권의 채권자지위에 가입하는 형식으로 하면 되고[644] ②의 유형인 경우는 양수인에게 근저당권의 기초가 되는 여러 개의 기본계약 중 일부에 관하여, 그 채권자지위를 양도하고 그 양수인이 근저당권설정계약의 채권자지위 일부를 이전받는 형식으로 하면 된다.[645] 그리고 그 등기기재방법에 관하여 부동산등기기록례집에서는 다음과 같이 예시하고 있다.

[참고] 근저당권일부이전시의 등기기재례

가) 수개의 기본계약 중 그 일부의 양도

순위번호	등 기 목 적	접 수	등 기 원 인	권리자 및 기타사항
6-1	6번 근저당권일부이전	○년 ○월 ○일 제○호	○년 ○월 ○일 계약의 일부양도	근저당권자 ○○○ 561213-1089723 서울 종로구 삼청동 ○번지 ○호

나) 기본계약에 가입한 경우

순위번호	등 기 목 적	접 수	등 기 원 인	권리자 및 기타사항
6-1	6번 근저당권일부이전	○년 ○월 ○일 제○호	○년 ○월 ○일 계약가입	근저당권자 ○○○ 561213-1089723 서울 종로구 삼청동 ○번지 ○호

그런데 위 등기기록례에 규정되어 있는 내용 중 여러 개의 기본계약이 실제로 무엇을 의미하는지 문제로 된다.

우선 특정근저당권의 경우는, 그 근저당권설정계약에 앞서 이미 개개의 계속적인 거래약정(예컨대 ○년 ○월 ○일 당좌대출약정서, ○년 ○월 ○일 어음할

644) 계약서 서식으로는 부록II. 3. 근저당권변경계약서(채권자지위이전용) 참조. 그리고 이 서식 사용시에는 근저당권변경계약서(채권자지위이전용) 제1조에서 계약가입형을 선택하여야 한다.
645) 계약서 서식으로는 부록II. 3. 근저당권변경계약서(채권자지위이전용) 참조. 그리고 이 서식 사용시에는 근저당권변경계약서(채권자지위이전용) 제1조에서 일부이전형을 선택하여야 한다.

인거래약정서 등)이 체결되고 있으므로, 그 개별 거래약정들을 여러 개의 기본계약으로 보면 된다.

이에 대하여 한정근저당권이나 포괄근저당권의 경우는, 기본계약으로서의 개개의 계속적인 거래약정을 별도로 체결하지 않고 한정(또는 포괄)근저당권설정계약상에 기본계약을 포함시켜 체결하고 있어 하나의 기본계약만이 존재하게 되므로, 이 경우에 있어서는 하나의 기본계약을 여러 개로 나누어 그 나누어진 여러 개의 계약을 기본계약으로 보아야 한다. 그리고 이 경우에 여러 개의 기본계약이라 함은 기본계약서가 여러 개로 작성된다는 것이 아니라, 하나의 기본계약서상에 피담보채권을 발생시키는 거래유형의 당사자가 여러 명이라는 것(예컨대 어음대출거래는 채권자 S와 채무자 A, 당좌대출거래는 채권자 K와 채무자 A 사이에 이루어진다는 것)을 말한다.

(c) 일부이전의 효력 : 근저당권의 일부이전이 있은 경우에는 그 근저당권은 양도인과 양수인이 준공유하게 되어, 양도인과 채무자 및 양수인과 채무자 사이에 그 양도계약으로 정한 거래유형으로부터 발생한 채권을 그 채권최고액 범위내에서 담보하게 된다.[646] 그런데 이 경우, 그 피담보채권액을 양도인과 양수인 사이에 어떻게 배분할 것인지가 문제로 된다.

우선 당사자는 양도계약으로서 채권최고액내에서 배분비율이나 배분방법 및 우선순위에 관하여 미리 합의할 수가 있으며 그러한 합의가 있으면 그 합의에 따르면 된다. 이 경우 그 합의의 방법으로는 ① 양도인과 양수인이 채권최고액을 미리 일정비율로 안분하여 그 범위 내에서 담보하도록 하는 방법, ② 양도인과 양수인이 확정된 피담보채권액을 기준으로 그 채권액 비율로 담보하도록 하는 방법, ③ 양도인 또는 양수인 중 어느 일방의 피담보채권을 우선적으로 담보하도록 하는 방법 등을 들 수 있다.

문제는 당사자 사이에 위와 같은 합의를 한 바가 없는 경우이다. 이에 관하여는 장래 채권액이 확정된 경우에 그 확정채권액을 기준으로 하여 채권최고액을 배분하는 방법으로 해야 한다고 하는 견해가 있다.[647] 그러나 준공유인 근저당권의 피담보채권액 배분에 관하여 당사자 사이에 합의가 없을 때에는, 양도인과 양수인이 5대 5의 비율로 안분한 채권최고액의 범위에서 그 피담보채권액을 담

646) 이기태 근저당제도론………80.
647) 주석물권법(하) 425(이영준).

보하는 것으로 보는 것이 타당하다. 준공유자의 지분은 균분으로 추정되는데(민 262②, 278) 이 경우 준공유자의 지분이란 채권최고액상의 지분을 의미하는 것으로 보아야 할 것이기 때문이다.

한편, 위 ①의 경우에 관하여는 어느 일방의 피담보채권액은 그 안분된 채권최고액을 넘고 있으나 다른 일방의 피담보채권액은 그 안분된 채권최고액을 넘지 않고 있을 때, 총 채권최고액 범위에서 미달되는 자의 여유부분을 초과하는 자의 피담보채권액을 담보하게 할 수 있는지의 문제가 있으나, 특별히 배제시키기로 하는 특약이 없는 한 긍정하여야 할 것으로 생각한다. 채권최고액을 넘지 않는 이상 다른 이해관계인을 해하는 것이 아니고 또한 이렇게 해석하는 것이 당사자의 의사에 보다 부합하는 것이기 때문이다.

V. 근저당권부 채권의 유동화

1. 자산유동화의 의의

자산유동화란 채권이나 부동산 등 재산적 가치가 있으나 유동성이 없어 거래가 활성화 되지 않은 자산을 증권화 하는 방법으로 그 유동성을 높여 원활한 거래가 이루어지도록 하는 일련의 행위라고 할 수 있다.

자산유동화는 유동화자산의 보유자 입장에서 보면 유동화자산이 부실채권인 경우에는 무수익 자산을 조기에 처분함으로써 자산의 유동성과 수익성을 높여 재무구조를 개선하는 효과를 거둘 수 있고, 부실채권이 아닌 경우에도 투하 재원을 조기에 회수함으로써 재원의 회전율을 높일 수 있는 장점을 가지고 있다. 또한 자산유동화는 투자자의 입장에서도 보다 높은 수익성을 가진 다양한 유동화증권에 투자할 수 있는 기회를 얻을 수 있는 장점이 있다.

그러나 자산유동화는 그 거래구조가 복잡하여 유동화의 규모가 크지 않으면 비용의 과다로 실익을 거두기 어렵고 또한 자산보유자의 일반채권자의 입장에서는 유동화자산의 분리에 따른 상대적 불이익을 이유로 법적 분규를 제기할 수 있는 문제점도 가지고 있다.

우리나라에서는 1997년 IMF 구제금융이 이루어진 후 부실채권의 매각과 구조조정을 촉진하기 위한 수단으로 자산유동화 제도의 도입이 논의되어 1998.9.16. 자산유동화에 관한 법률이 제정됨으로써 그 시행을 보게 되었다. 그밖에 자산유동화는 장기채권인 주택저당채권을 유동화하기 위하여 1999.1.29. 제정되어 1999.4.30. 시행된 주택저당채권유동화회사법에 의해서도 할 수 있었다. 그러나 동법에 따라 인가를 받아 설립된 주택저당채권유동화회사가 금융시장으로부터 공신력을 인정받지 못하여 주택저당채권 유동화시장을 선도하는 데에 한계가 있었고, 그에 따라 2003.12.31. 제정되어 2004.3.1. 시행된 한국주택금융공사법에 따라 설립된 한국주택금융공사에 흡수합병됨으로써 동법에 따라 인가를 받은 회사가 존재하지 아니하게 된 반면, 한국주택금융공사가 자산유동화에 관한 법률에 따라 주택저당채권 유동화시장의 활성화 기능을 충분히 수행하고 있어 동법이 사실상 사문화됨으로써 동법은 2015.7.24. 폐지된 바 있다.

2. 자산유동화의 구성요소

(1) 유동화의 유형

자산유동화에 관한 법률에 의한 자산유동화에는 다음 4개의 유형이 있다(자유 2 i).

① 유동화전문회사(자산유동화업무를 전업으로 하는 외국법인을 포함한다)가 자산보유자로부터 유동화자산을 양도받아 이를 기초로 유동화증권을 발행하고, 당해 유동화자산의 관리·운용·처분에 의한 수익이나 차입금 등으로 유동화증권의 원리금 또는 배당금을 지급하는 일련의 행위

② 자본시장과 금융투자업에 관한 법률에 따른 신탁업자(이하 "신탁업자"라 한다)가 자산보유자로부터 유동화자산을 신탁 받아 이를 기초로 유동화증권을 발행하고, 당해 유동화자산의 관리·운용·처분에 의한 수익이나 차입금 등으로 유동화증권의 수익금을 지급하는 일련의 행위

③ 신탁업자가 유동화증권을 발행하여 신탁 받은 금전으로 자산보유자로부터 유동화자산을 양도받아 당해 유동화자산의 관리·운용·처분에 의한 수익이

나 차입금 등으로 유동화증권의 수익금을 지급하는 일련의 행위

④ 유동화전문회사 또는 신탁업자가 다른 유동화전문회사 또는 신탁업자로부터 유동화자산 또는 이를 기초로 발행된 유동화증권을 양도 또는 신탁 받아 이를 기초로 하여 유동화증권을 발행하고 당초에 양도 또는 신탁받은 유동화자산 또는 유동화증권의 관리·운용·처분에 의한 수익이나 차입금 등으로 자기가 발행한 유동화증권의 원리금·배당금 또는 수익금을 지급하는 일련의 행위

(2) 유동화의 대상자산

자산유동화에 관한 법률에 의하여 유동화의 대상이 되는 자산은 채권·부동산 기타의 재산권(자유 2iii)으로 광범위하며, 근저당권에 의하여 담보되는 채권은 이들 유동화의 대상이 되는 자산 중의 하나이다. 그러나 유동화의 대상이 되는 자산이라고 하여 모두 유동화할 수 있는 것은 아니고 자산유동화에 관한 법률 제2조 제2호와 동법시행령 제2조에서 열거하고 있는 자가 보유하고 있는 자산에 한한다.

(3) 유동화를 위한 인적구성

가. 자산보유자

자산보유자란 자산유동화의 대상이 되는 채권·부동산 기타의 재산권을 보유하고 있는 다음 중의 어느 하나에 해당하는 자를 말한다(자유 2ii, 자유령 2).

① 한국산업은행법에 의한 한국산업은행

② 한국수출입은행법에 의한 한국수출입은행

③ 중소기업은행법에 의한 중소기업은행

④ 은행법에 따른 인가를 받아 설립된 은행(같은 법 제59조, 「새마을금고법」 제6조 및 「신용협동조합법」 제6조에 따라 은행으로 보는 자를 포함한다)

⑤ 자본시장과 금융투자업에 관한 법률에 따른 투자매매업자·투자중개업자·집합투자업자 또는 종합금융회사

⑥ 보험업법에 의한 보험사업자

⑦ 상호저축은행법에 의한 상호저축은행

⑧ 여신전문금융업법에 의한 여신전문금융회사

⑨ 금융회사부실자산 등의 효율적 처리 및 한국자산관리공사의 설립에 관한 법률에 따른 한국자산관리공사(이하 "한국자산관리공사"라 한다)

⑩ 한국토지주택공사법에 따른 한국토지주택공사(이하 "한국토지주택공사"라 한다)

⑪ 주택도시기금법에 따른 주택도시기금을 운용·관리하는 자

⑫ 신용도가 우량한 법인(외국법인과 당해 외국법인이 설립하는 국내법인을 포함한다)으로서 금융위원회가 미리 정하는 기준에 따라 당해 법인이 보유하는 자산에 대하여 자산유동화의 필요성이 있다고 금융위원회가 인정하는 법인

⑬ 기업구조조정투자회사법 제2조제3호의 규정에 의한 기업구조조정투자회사

⑭ 농업협동조합법에 따른 농협은행

⑮ 수산업협동조합법에 따른 수협은행

⑯ 예금자보호법에 의한 예금보험공사 및 정리금융기관

⑰ 중소기업진흥에 관한 법률에 따른 중소기업진흥공단

⑱ 주택저당채권유동화회사법에 의한 주택저당채권유동화회사

⑲ 자본시장과 금융투자업에 관한 법률에 따른 신탁업자

⑳ 산업발전법(법률 제9584호 산업발전법 전부개정법률로 개정되기 전의 것을 말한다) 제14조에 따라 등록된 기업구조조정전문회사

㉑ 신용보증기금법에 의한 신용보증기금 및 기술신용보증기금법에 의한 기술신용보증기금

㉒ 주택도시기금법에 따른 주택도시보증공사

㉓ 지방공기업법에 의하여 주택사업 또는 토지개발 사업을 영위하는 지방공기업

㉔ 농업협동조합법 및 수산업협동조합법에 의한 협동조합(여신규모 1천억원 이상인 조합에 한한다)

㉕ 농업협동조합의구조개선에관한법률에 의한 농업협동조합자산관리회사

㉖ 한국주택금융공사법에 따라 설립된 한국주택금융공사

㉗ 「서민의 금융생활 지원에 관한 법률」 제3조에 따른 서민금융진흥원

나. 유동화업무수행자

유동화업무수행자란 자산보유자로부터 유동화자산을 양도 또는 신탁 받아 유동화증권 등을 발행하여 투자자에게 공급하는 자로서 ① 자산유동화에 관한 법률 제17조 및 제20조의 규정에 의하여 설립된 유동화전문회사 ② 자산유동화업무를 전업으로 하는 외국법인 ③ 자본시장과 금융투자업에 관한 법률에 따른 신탁업자이다(자유 2 i, v).

다. 자산관리자

자산관리자란 유동화업무수행자가 자산보유자로터 양도받은 유동화자산을 유동화업무수행자로터 위탁받아 관리하는 자를 말한다. 유동화업무수행자 중 신탁업자를 제외한 유동화전문회사와 자산유동화업무를 전업으로 하는 외국법인은 자산관리위탁계약에 의하여 다음 중의 어느 하나의 자에게 유동화자산의 관리를 위탁하여야 한다(자유 10①). 이는 유동화전문회사의 경우 본점외의 영업소를 설치할 수 없고 직원을 고용할 수 없으며(자유 20②), 그 업무가 엄격하게 법정되어 있어(자유 22), 실물 자산의 관리에 부적합하기 때문이다.

① 자산보유자
② 신용정보의 이용 및 보호에 관한 법률 제4조 제1항 제1호부터 제3호까지의 업무를 허가받은 신용정보회사
③ 기타 자산관리업무를 전문적으로 수행하는 자로서 자산유동화에 관한 법률 시행령 제5조에서 정하는 요건을 갖춘 자

(4) 유동화된 자산

유동화된 자산이란 유동화업무수행자가 자산보유자로터 양도 또는 신탁 받은 유동화자산을 기초로 하여 자산유동화계획에 따라 투자자를 모집할 수 있도록 발행하는 출자증권·사채·수익증권 기타의 증권 또는 증서를 말한다(자유 2iv).

3. 자산유동화의 절차

(1) 유동화계획의 등록

자산유동화를 하려면 유동화업무수행자가 법정사항을 기재한 유동화계획을 작성한 후 이에 금융위원회가 정하는 서류를 갖추어 금융위원회에 등록하여야 한다. 자산유동화계획을 변경하고자 하는 경우에도 또한 같다(자유 3, 4).

유동화업무수행자로부터 유동화계획의 등록신청을 받은 금융위원회는 등록신청에 다음 중 어느 하나에 해당하는 사유가 있는 경우에는 유동화계획의 등록을 거부하거나 그 내용의 변경을 요구할 수 있다(자유 5①). 그리고 금융위원회가 유동화계획의 등록을 거부하거나 유동화계획의 변경을 요구하고자 하는 때에는 지체 없이 그 사유를 구체적으로 명시한 서면으로 유동화업무수행자에게 통보하여야 한다(자유 5②).

① 등록신청서류에 허위의 기재가 있거나 필요한 기재를 하지 아니한 경우

② 유동화계획의 내용에 법령을 위반한 사항이 포함되어 있는 경우

③ 유동화전문회사의 설립에 관하여 법령에 위반한 사항이 있는 경우

(2) 유동화자산의 양도

가. 양도의 방식

자산보유자는 유동화자산을 유동화업무수행자에게 양도하여야 하는데, 그 양도는 자산유동화계획에 따라 다음의 방식으로 하여야 한다. 이 경우 이를 담보권의 설정으로 보지 아니한다(자유 13). 이는 유동화자산을 자산보유자로부터 분리함으로써 자산보유자의 신용악화에 관계없이 유동화결과물의 안전성을 확보하여 투자자를 보호하기 위한 것이다.

① 매매 또는 교환에 의할 것

② 유동화자산에 대한 수익권 및 처분권은 양수인이 가질 것. 이 경우 양수인이 당해 자산을 처분하는 때에 양도인이 이를 우선적으로 매수할 수 있는 권리를 가지는 경우에도 수익권 및 처분권은 양수인이 가진 것으로 본다.

③ 양도인은 유동화자산에 대한 반환청구권을 가지지 아니하고, 양수인은 유동화자산에 대한 대가의 반환청구권을 가지지 아니할 것

④ 양수인이 양도된 자산에 관한 위험을 인수할 것. 다만, 당해 유동화자산에 대하여 양도인이 일정기간 그 위험을 부담하거나 하자담보책임(채권의 양도인이 채무자의 자력을 담보한 경우에는 이를 포함한다)을 지는 경우에는 그러하지 아니하다.

유동화자산의 매매 또는 교환은 민·상법에서 규정하는 방식으로 하는 것이 원칙이나, 자산유동화의 절차를 간편하게 하고 비용을 절감하는 효과 등을 거두기 위하여 자산유동화에 관한 법률은 다음에 설명하는 바와 같은 몇 가지 특칙을 규정하고 있다.

나. 채권양도의 대항요건에 관한 특례

㈎ 채무자에 대한 대항요건의 경우

㈀ 양수인이 하는 양도통지

일반의 채권양도에 있어서는 채권양도의 채무자에 대한 대항요건이 되는 채무자에 대한 채권양도의 통지를 양도인만이 할 수 있도록 되어 있다(민 450①). 이는 양수인도 채권양도의 통지를 할 수 있는 것으로 하면 채무자가 양수인으로부터 허위의 양수통지를 받는 경우 이중으로 채무의 변제를 하여야할 경우가 생길 수 있으므로 이를 방지하기 위한 것이다.

이에 대하여 자산유동화계획에 따른 채권의 양도·신탁 또는 반환에 있어서의 채무자에 대한 통지는 양도인(위탁자를 포함한다) 이외에 양수인(수탁자를 포함한다)도 할 수 있도록 허용하고 있다(자유 7①본). 이는 유동화자산의 양수인은 자산유동화에 관한 법률에 의하여 유동화전문회사 등으로 한정되어 있어 허위의 양수통지가 발생할 가능성이 매우 희박하다는 점에서 자산유동화 절차의 원활한 진행을 위하여 예외를 허용한 것이다.

위와 같은 양수인이 하는 양도통지에 대하여는 채권의 양도인은 일반적으로 채권양도통지를 하는 이익이 크지 않기 때문에, 원칙적으로 양도인 이외에 양수인에게도 채권양도의 통지를 할 수 있도록 하는 것이 바람직하다는 이유로, 민

법을 개정하여 일반의 채권양도에 있어서도 양수인에게 양도통지를 할 수 있도록 허용해야 한다는 견해[648]와 양수인에게 양도통지를 할 수 있도록 허용하면 채무자가 이중으로 변제할 위험에 빠질 수 있다는 이유로 유동화자산의 양도에 있어서도 양도인만이 양도통지를 할 수 있도록 하여야 한다는 견해[649]가 주장되고 있다.

㈏ 공고에 의한 통지간주

일반의 채권양도에 있어서 채무자에 대한 채권양도의 통지가 효력을 발생하려면 그 통지가 채무자에게 도달하여야 한다(민 111①). 다만 양도인이 과실 없이 채무자를 알지 못하거나 채무자의 소재를 알지 못하여 채무자에게 도달시킬 수 없는 경우에는 민사소송법 공시송달의 규정에 의하여 송달함으로써 그 효력을 발생하게 할 수 있다(민 113).

이에 대하여 자산유동화계획에 따른 채권의 양도·신탁 또는 반환에 있어서, 양도인 또는 양수인이 당해 채무자에게 다음 중의 어느 하나에 해당하는 주소로 2회 이상 내용증명우편으로 채권양도(채권의 신탁 또는 반환을 포함한다)의 통지를 발송하였으나 소재불명 등으로 반송된 때에는, 채무자의 주소지를 주된 보급지역으로 하는 2개 이상의 일간신문(전국을 보급지역으로 하는 일간신문이 1개 이상 포함되어야 한다)에 채권양도사실을 공고함으로써 그 공고일에 채무자에 대한 채권양도의 통지를 한 것으로 간주된다(자유 7①단).

① 당해 저당권의 등기부 또는 등록부에 기재되어 있는 채무자의 주소(등기부 또는 등록부에 기재되어 있는 주소가 채무자의 최후 주소가 아닌 경우 양도인 또는 양수인이 채무자의 최후 주소를 알고 있는 때에는 그 최후 주소를 말한다).
② 당해 저당권의 등기부 또는 등록부에 채무자의 주소가 기재되어 있지 아니하거나 등기부 또는 등록부가 없는 경우로서 양도인 또는 양수인이 채무자의 최후 주소를 알고 있는 때에는 그 최후 주소.

그런데 위와 같은 공고에 의한 통지제도에 관하여는 그 해석상 ① 공고에 의한 통지를 할 수 있게 되는 「소재불명 등으로 반송된 때」의 「소재불명 등」에

648) 금융거래법강의 II 337(김재형).
649) 이미현 「자산유동화에 관한 법률에 대한 고찰」 인권과 정의 제275호(1999.7) 128

이사불명, 폐문부재가 포함되는지 여부 ② 양도인이나 양수인이 채무자의 주소를 알지 못한 데 과실, 특히 중과실이 있는 경우에도 채무자의 최후주소에 통지를 한 후 신문공고에 의한 통지를 할 수 있는지 여부 ③ 양도인이 채무자의 주소 또는 최후주소를 알고 있으나, 양수인이 이를 모르고 있는 경우에 양수인이 채권양도를 위 규정에 따라 등기부에 기재된 주소 또는 최후주소로 통지한 후 공고할 수 있는지 여부가 명확하지 않다는 의문을 제기하고 이를 입법적으로 명확히 할 필요가 있다고 하는 한편, 공고에 의한 통지제도가 대량의 채권양도를 신속하게 하기 위하여 필요하다고는 하지만, 예외적인 제도로서 채무자의 이익을 해할 우려가 있기 때문에 가급적 엄격하게 해석해야 한다고 하면서, 양도인이나 양수인이 채무자의 주소를 알고 있는 경우, 나아가 양도인이나 양수인이 조금만 조사해보면 쉽게 채무자의 주소를 알 수 있는 경우에는 공고에 의한 통지가 허용되지 않는 것으로 보아야 한다는 견해가 있다.[650] 타당한 견해라고 생각한다. 다만 이 견해는 의문으로 제기한 ①~③ 중 현행법 해석상의 결론에 관하여 ②와 ③에 대하여는 부정적으로 보고 있는 반면 ①에 대하여는 아무런 의견을 제시하고 있지 않아 아쉽다고 하겠으나 법문이 「소재불명 등」이라고 하고 있는 점에 비추어 포함된다고 보는 것이 타당하다고 생각한다.

㈏ 제3자에 대한 대항요건의 경우

일반의 채권양도에 있어서는 채권양도의 통지 또는 승낙을 확정일자 있는 증서로 하여야 그 채권양수를 가지고 채무자 이외의 제3자에게 대항할 수 있다(민 450②).

이에 대하여 자산유동화계획에 따라 행하는 채권의 양도·신탁 또는 반환에 관하여 자산유동화에 관한 법률 제6조 제1항의 규정에 의한 등록을 한 때에는 당해 유동화자산인 채권의 채무자(유동화자산에 대한 반환청구권의 양도인 경우 그 유동화자산을 점유하고 있는 제3자를 포함한다. 이하 같다)외의 제3자에 대하여는 당해 채권의 양도에 관하여 동법 제6조 제1항의 규정에 의한 등록이 있은 때에 민법 제450조 제2항의 규정에 의한 대항요건을 갖춘 것으로 본다(자유 7②).

---

650) 금융거래법강의 II 339(김재형).

다. 저당권부 채권양도에 관한 특례

㈎ 근저당권의 피담보채권 확정

자산유동화계획에 의하여 양도 또는 신탁하고자 하는 유동화자산이 근저당권에 의하여 담보된 채권인 경우에는 자산보유자가 채무자에게 근저당권에 의하여 담보된 채권의 금액을 정하여 추가로 채권을 발생시키지 아니하고 그 채권의 전부를 양도 또는 신탁하겠다는 의사를 기재한 통지서를 내용증명우편으로 발송한 때에는 통지서를 발송한 날의 다음날에 당해채권은 확정된 것으로 본다. 다만, 채무자가 10일 이내에 이의를 제기한 때에는 그러하지 아니하다(자유 7의 2).

㈏ 저당권의 취득

부동산에 관한 법률행위로 인한 물권의 득실변경은 등기하여야 그 효력이 생긴다(민 186). 따라서 일반의 저당권부 채권의 양도에 있어서 채권양수인이 저당권을 취득하려면 저당권이전의 부기등기를 하여야 한다.

이에 대하여 자산유동화계획에 따라 양도 또는 신탁한 채권이 질권 또는 저당권에 의하여 담보된 채권인 경우 유동화업무수행자는 자산유동화에 관한 법률 제6조 제1항의 규정에 의한 등록이 있은 때에 그 질권 또는 저당권을 취득한다(자유 8①). 이는 저당권의 이전등기절차에 따른 비용과 시간을 절약하기 위한 것이다.

또한 한국자산관리공사 또는 한국토지주택공사가 금융기관의 부실자산정리, 부실징후기업의 자구계획지원 및 기업의 구조조정을 위하여 취득한 부동산을 자산유동화계획에 따라 유동화전문회사등에 양도 또는 신탁한 경우 유동화업무수행자는 동법 제6조 제1항의 규정에 의한 등록이 있은 때에 그 부동산에 대한 소유권을 취득한다(자유 8②).

그러나 위와 같은 특례에 대하여는 ① 하나의 물권에 관하여 부동산등기와 금융위원회 등록이라는 이중의 공시방법을 정함으로써 양자를 확인하는데 드는 비용 등 거래비용이 증가할 것이라는 점 ② 부동산등기는 법원 등기소 관할에 속하고 자산양도등록은 금융위원회에 해야 하기 때문에 공시제도의 집중과 통일에 배치된다는 점 ③ 저당권부채권을 유동화전문회사에 양도하여 이를 자산유동화에 관한 법률에 의하여 등록을 하고, 다시 제3자에게 양도하는 등의 폐해를 발생시킬 우려가 있다는 점 등을 들어 비판하는 견해도 있다.651)

(3) 자산양도 등의 등록

가. 등록절차

자산보유자 또는 유동화업무수행자는 자산유동화계획에 따른 유동화자산(유동화자산을 제3자가 점유하고 있는 경우 그 제3자에 대한 반환청구권을 포함한다)의 양도·신탁 또는 반환이나 유동화자산에 대한 질권 또는 저당권의 설정이 있은 때에는 다음의 구분에 따라 지체 없이 그 사실을 금융위원회에 등록하여야 한다(자유 6①).

① 다음 중 어느 하나에 해당하는 경우에는 자산보유자

i) 자산유동화계획에 따라 유동화전문회사 등에 유동화자산을 양도한 경우

ii) 자산유동화계획에 따라 신탁업자에 유동화자산을 신탁한 경우

② 다음 중 어느 하나에 해당하는 경우에는 유동화전문회사 등[ii)의 경우에는 유동화자산을 양도하거나 반환받은 유동화전문회사를 말한다]

i) 유동화전문회사 등이 자산유동화계획에 따라 유동화자산을 자산보유자에게 양도하거나 양도의 취소 등을 이유로 반환한 경우

ii) 유동화전문회사가 자산유동화계획에 따라 유동화자산을 다른 유동화전문회사에 양도하거나 그 유동화전문회사로부터 당해 유동화자산을 반환받은 경우

iii) 유동화전문회사 등이 자산유동화계획에 따라 유동화증권의 투자자를 위하여 제3자에 유동화자산에 대한 질권 또는 저당권을 설정하거나 해지한 경우

자산보유자 또는 유동화전문회사등은 제1항의 규정에 의하여 유동화자산의 양도·신탁 또는 반환이나 유동화자산에 대한 질권 또는 저당권의 설정에 관한 사항의 등록을 하고자 하는 경우에는 아래 사항을 기재한 등록신청서와 유동화자산의 양도 등에 관한 계약서를 금융위원회에 제출하여야 한다.(자유 6②③).

---

651) 금융거래법강의 II 346(김재형).

① 유동화자산의 명세(전자기록 기타 이에 준하는 방법으로 작성 필요)
② 유동화자산의 양도·신탁 또는 반환의 방법·일정 및 대금지급방법
③ 유동화자산이 채권인 경우 채권양도의 대항요건이 갖추어져 있는지 여부
④ 유동화자산의 양도 등에 관한 계약의 취소요건
⑤ 양수인이 당해 유동화자산을 처분하는 경우 양도인 등이 우선매입권을 가지는지 여부
⑥ 기타 투자자보호를 위하여 필요한 사항으로서 금융위원회가 정하는 사항

나. 양도에 관한 서류의 보관·관리

유동화업무수행자는 유동화자산의 양도 등에 관한 계약서, 등기필증, 등록증 기타 증빙서류를 그 관리책임자를 지정하여 보관·관리하여야 하며, 금융위원회 또는 당해 유동화증권에 투자한 자로부터 열람의 요구가 있는 경우에는 이에 응하여야 한다(자유 6④, 자유령 4②).

다. 등록서류 등의 공시

금융위원회는 자산유동화계획의 등록(자유 3) 및 자산양도 등의 등록(자유 6) 또는 변경등록에 관한 서류와 자산유동화계획의 등록취소(자유 38조의2①)에 관한 서류를 일반인의 열람에 제공하여야 한다(자유 9①). 그리고 신탁업자, 자산관리의 위탁(자유 10①)을 받은 자산관리자 및 업무의 위탁(자유 23①)을 받은 자는 유동화자산의 명세와 그 현황에 관한 서류를 작성·비치하고 당해 유동화업무수행자의 투자자가 이를 열람할 수 있게 하여야 한다(자유 9②).

(4) 유동화자산의 관리

가. 유동화업무수행자의 관리

유동화업무수행자 중 신탁회사는 자산보유자로부터 양도받은 유동화자산을 스스로 관리할 수 있다(자유 10①). 신탁업자는 본점외의 영업소를 설치할 수 없고 직원을 고용할 수 없는 유동화전문회사와 달리 스스로 채권추심 기타 자산관리

업무를 수행할 수 있는 인적·물적 설비를 갖추고 있기 때문이다.

나. 관리자에 대한 위탁관리

(개) 위탁관리를 요하는 경우

유동화자산을 양도받은 유동화전문회사와 자산유동화업무를 전업으로 하는 외국법인은 자산관리위탁계약에 의하여 자산관리자에게 유동화자산의 관리를 위탁하여야 한다(자유 10①).

유동화업무수행자는 자산관리위탁계약을 해지한 경우 이로 인하여 자산관리자의 변제수령권한이 소멸되었음을 이유로 하여 유동화자산인 채권의 채무자에 대하여 대항할 수 없다. 다만, 채무자가 자산관리자의 변제수령권한이 소멸되었음을 알았거나 알 수 있었을 경우에는 그러하지 아니하다(자유 10③).

(내) 관리자의 업무수행

(ㄱ) 자산의 구분관리

자산관리자는 유동화업무수행자로부터 관리를 위탁받은 유동화자산(유동화자산을 관리·운용 및 처분함에 따라 취득한 금전 등의 재산권을 포함한다)을 그의 고유재산과 구분하여 관리하여야 하고, 유동화자산의 관리에 관한 장부를 별도로 작성·비치하여야 한다(자유 11).

(ㄴ) 채권추심업무

자산관리자 중 자산보유자(자유 10① i)와 기타 자산관리업무를 전문적으로 수행하는 자(자유 10①iii)는 신용정보의 이용 및 보호에 관한 법률 제4조 및 제5조에도 불구하고 유동화업무수행자가 양도 또는 신탁 받은 유동화자산에 대하여 동 법률 제4조 제1항 제3호에 따른 채권추심업무를 수행할 수 있다(자유 10②).

(ㄷ) 자산관리자의 파산·회생절차개시

자산관리자가 파산하는 경우 유동화업무수행자로부터 위탁받아 관리하는 유동화자산(유동화자산을 관리·운용 및 처분함에 따라 취득한 금전 등의 재산권을 포함한다)은 자산관리자의 파산재단을 구성하지 아니하며, 유동화업무수행자는 그 자산관리자 또는 파산관재인에 대하여 유동화자산의 인도를 청구할 수 있다(자유 12①).

또한 자산관리자에 대하여 채무자 회생 및 파산에 관한 법률에 의한 회생절차가 개시된 경우에도 유동화업무수행자로부터 위탁받아 관리하는 유동화자산은 회생채권이나 회생담보권을 구성하지 아니하며, 유동화업무수행자는 그 자산관리자 또는 관리인에 대하여 유동화자산의 인도를 청구할 수 있다(자유 12②).

그리고 자산관리자가 유동화업무수행자로부터 위탁받아 관리하는 유동화자산은 자산관리자의 채권자가 이를 강제집행할 수 없으며, 채무자 회생 및 파산에 관한 법률에 의한 보전처분 또는 중지명령의 대상이 되지 아니한다(자유 12③).

(5) 유동화자산의 유동화

가. 개요

자산유동화계획에 따른 유동화증권의 발행에 관하여는 자산유동화에 관한 법률에 달리 정함이 있는 경우를 제외하고는 상법·자본시장과 금융투자업에 관한 법률 기타 관계법령에 따른다(자유 27).

유동화증권의 발행총액은 양도 또는 신탁 받은 유동화자산의 매입가액 또는 평가가액의 총액을 한도로 한다. 다만, 유동화증권의 상환 등에 필요한 자금의 일시적인 차입금액은 당해 발행총액에 포함하지 아니한다(자유 33).

유동화전문회사 등이 발행하는 유동화증권의 유형은 출자증권(자유 28~30)과 사채(자유 31) 및 수익증권(자유 32)의 3가지이다. 그밖에 유동화증권의 발행에 관하여 자산유동화에 관한 법률에서 달리 정하고 있는 내용은 다음과 같다.

나. 출자증권의 발행

(가) 출자증권에 관한 특칙

상법에 의하면 유한회사는 사원의 지분에 관하여 지시식 또는 무기명식의 증권을 발행하지 못한다(상 555). 그러나 유동화전문회사는 유한회사임에도 자산유동화계획에 따라 사원의 지분에 관한 무기명식의 증권인 출자증권을 발행할 수 있다(자유 28①).

유동화전문회사가 발행하는 출자증권에는 ① 회사의 상호 ② 회사의 성립년월일 ③ 회사의 총출자좌수 ④ 1좌의 금액 ⑤ 배당이나 재산분배에 관하여 내용이 다른 수종의 지분권에 관한 정함이 있는 경우에는 그 종류와 내용 ⑥ 일련번호를 기재하고 이사가 기명날인 또는 서명하여야 한다(자유 29).

유동화전문회사가 발행한 출자증권을 가진 자는 그 출자증권을 유동화전문회사에 공탁하지 아니하면 출자자로서의 권리를 행사하지 못한다(상 358, 자유 28②). 수표의 선의취득에 관한 수표법 제21조의 규정은 출자증권에 관하여 준용된다(상 359, 자유 28②). 출자증권은 공시최고의 절차에 의하여 이를 무효로 할 수 있으며, 출자증권을 상실한 자는 제권판결을 얻지 아니하면 회사에 대하여 출자증권의 재발행을 청구하지 못한다(상 360, 자유 28②).

유동화전문회사의 사원은 자기의 지분에 관하여 출자증권을 발행하거나 불소지의 의사를 표시하여 그 소각을 청구할 수 있다. 다만, 정관에 다른 정함이 있는 경우에는 그러하지 아니하다(자유 28③).

㈏ 지분양도 등에 관한 특칙

상법에 의하면 유한회사의 사원은 총사원의 반수 이상이며 총사원의 의결권의 4분의 3 이상을 가지는 자의 동의가 있은 때에 한하여 그 지분의 전부 또는 일부를 타인에게 양도할 수 있으며, 이와 같은 지분양도의 요건에 관하여는 정관으로 그 제한을 가중할 수 있다(상 556①). 다만 사원상호간의 지분양도에 대하여는 정관으로 이와 다른 정함을 할 수 있다(상법 556②). 그리고 양도로 인하여 사원의 총수가 50인을 초과하는 경우에는 유증의 경우를 제외하고는 그 양도는 효력이 없다(상 556②). 그러나 유동화전문회사의 사원의 지분양도에 관하여는 정관에 다른 정함이 있는 경우를 제외하고는 위와 같은 지분양도의 제한에 관한 상법의 규정이 적용되지 아니한다.

상법에 의하면 유한회사의 지분의 이전은 취득자의 성명, 주소와 그 목적이 되는 출자좌수를 사원명부에 기재하지 아니하면 이로써 회사와 제3자에게 대항하지 못한다(상 557). 그러나 유동화전문회사가 발행한 출자증권의 양도에 관하여는 상법 제557조의 규정을 적용하지 아니한다(자유 30②).

상법에 의하면 유한회사는 대차대조표상의 순자산액으로부터 ① 자본의 액 ② 그 결산기까지 적립된 자본준비금과 이익준비금의 합계액 ③ 그 결산기에 적립하여야 할 이익준비금의 액을 공제한 액을 한도로 하여 이익배당을 할 수 있다(상 462①, 583). 그러나 유동화전문회사는 정관이 정하는 바에 따라 이익(대차대조표상의 자산에서 부채·자본금 및 준비금을 공제한 금액을 말한다)을 초과하여 배당을 할 수 있다(자유 30③).

상법에 의하면 유한회사는 자본감소의 결의에서 그 감소의 방법을 정하여야 하고(상 439①, 597), 정관에 다른 정함이 없더라도 자본증가의 결의에서 ① 현물출자를 하는 자의 성명과 그 목적인 재산의 종류, 수량, 가격과 이에 대하여 부여할 출자좌수 ② 자본의 증가 후에 양수할 것을 약정한 재산의 종류, 수량, 가격과 그 양도인의 성명 ③ 증가할 자본에 대한 출자의 인수권을 부여할 자의 성명과 그 권리의 내용에 관하여 정할 수 있다. 그러나 유동화전문회사는 자본의 감소 및 증가에 관한 사항을 정관으로 정할 수 있다(자유 30④).

다. 사채의 발행

상법에 의하면 유한회사는 사채를 발행할 수 없다는 것이 통설이다. 그러나 유동화전문회사는 자산유동화계획에 따라 사채를 발행할 수 있다(자유 31①). 이 경우 사채의 발행에 관하여는 상법 제3편 제4장 제8절(동법 제469조 및 동법 제470조의 규정을 제외한다)의 규정이 준용된다(자유 31②).

라. 수익증권의 발행

신탁업자는 자산유동화계획에 따라 수익증권을 발행할 수 있다(자유 32①). 수익증권의 발행에 관하여는 자본시장과 금융투자업에 관한 법률이 적용된다. 그러나 이 경우 신탁업자가 발행하는 수익증권에 동법 제110조 제1항부터 제4항까지를 적용하지 아니 한다(자유 32②).

4. 자산유동화와 관련한 법률문제

(1) 사해행위에의 해당여부

자산(또는 채권)보유자가 유동화자산(또는 채권)을 유동화업무수행자에게 양도·신탁하는 것이 민법 제406조에서 규정하는 채권자취소권[652]의 대상이 되는지 문제로 된다.

우선 자산보유자가 채무초과 상태가 아니라면 채권자취소권의 대상이 되지 않는다. 취소의 대상이 되는 법률행위는 채권자를 해하는 것이어야 하고, 채권자를 해한다 함은 채무자의 재산처분행위로 그의 재산이 감소하여 모든 채권자의 채권을 변제할 수 없게 되는 것, 즉 소극재산의 총액이 적극재산의 총액을 넘게 되어 채무자가 무자력(無資力)하게 되는 것을 말하기 때문이다.

다음에 자산보유자가 채무초과 상태라 하더라도 양도 또는 신탁이 상당한 가격으로 이루어진 것이라면 역시 채권자취소권의 대상이 되지 않는다. 상당한 가격으로 이루어진 때에는 적극재산과 소극재산의 증감이 동일하게 이루어져 자산의 총액에 변동이 없기 때문이다.

그러나 자산보유자가 채무초과 상태에서 상당하지 않은 가격으로 양도 또는 신탁이 이루어졌다거나, 상당한 가격으로 이루어졌다 하더라도 양도 또는 신탁의 대가가 상계 또는 변제의 형식으로 특정 채권자에 대한 사실상의 우선변제 목적으로 이루어진 경우는 채권자취소권의 대상이 되는 것으로 보아야 한다.

또한 자산(또는 채권)보유자가 유동화자산(또는 채권)을 유동화업무수행자에게 양도·신탁하는 것이 채무자 회생 및 파산에 관한 법률에서 규정하는 부인권(채회파 100~113, 391~406, 584①)[653]의 대상이 되는지도 문제로 되나, 자산유

---

652) 채권자취소권이란 채무자가 채권자를 해함을 알면서 자기의 일반재산을 감소시키는 법률행위를 한 경우에 채권자가 그 수익자 또는 전득자를 상대로 그 법률행위를 취소하여 그 재산을 채권자가 강제집행 할 수 있는 채무자의 재산으로 복귀시키는 것을 내용으로 하는 채권자의 권리를 말한다.

653) 부인권이란 회생절차개시(또는 파산선고나 개인회생절차개시) 전에 채무자가 회생채권자 또는 회생담보권자(또는 파산채권자나 개인회생채권자)를 해하는 것을 알고 한 행위 또는 다른 채권자 등과의 평등을 해하는 변제, 담보의 제공 등과 같은 행위를 한 경우에 회생절차개시 결정(또는 파산선고나 개인회생절차개시) 후 관리인(또는 파산관재인이나 채무자)이 그 행위의 효력을 부인함으로써 채무자의 재산을 원상으로 회복시키거나 채권자간의 평등을 회복시키는 것을 목적으로 하는 권리를 말한다.

동화를 위하여 다른 채권자의 권리를 해할 수는 없는 것이므로 채무자 회생 및 파산에 관한 법률에서 규정하는 부인권의 요건을 구비한 이상 긍정하는 것이 타당하다.

(2) 채권양도의 사전통지의 유효성 여부

민법은 지명채권의 양도는 양도인이 채무자에게 통지하거나 채무자가 승낙하지 아니하면 채무자 기타 제3자에게 대항하지 못한다(민 450①)고 규정하는 한편, 이와 같은 통지나 승낙은 확정일자 있는 증서에 의하지 아니하면 채무자 이외의 제3자에게 대항하지 못한다(민 450②)고 규정하고 있다.

자산유동화에 관한 법률에 의한 유동화의 대상인 근저당권부 채권도 지명채권으로서 그 보유자가 유동화업무수행자에게 양도하려면 채무자에 대한 대항요건으로서의 채무자에 대한 통지 또는 채무자의 승낙을 필요로 하고, 채무자 이외의 제3자에게 대항요건으로서의 확정일자 있는 증서에 의한 통지 또는 승낙을 필요로 한다.

자산유동화에 관한 법률은 채무자에 대한 대항요건의 특례로서 양수인이 하는 양도통지(자유 7①본), 공고에 의한 통지간주(자유 7의 2본) 제도를 두는 한편, 채무자 이외의 제3자에 대한 대항요건의 특례로서 자산(또는 채권) 양도를 금융위원회에 등록함으로써 제3자 대항요건을 구비한 것으로 보도록 하고 있다(자유 7②).

또한 자산유동화에 관한 법률은 근저당권에 의하여 담보되어 있는 채권을 유동화의 대상으로 하려면 근저당권의 피담보채권이 확정되어 있을 것을 전제로, 자산보유자 또는 금융기관이 채무자에게 근저당권에 의하여 담보된 채권의 금액을 정하여 추가로 채권을 발생시키지 아니하고 그 채권의 전부를 양도 또는 신탁하겠다는 의사를 기재한 통지서를 내용증명우편으로 발송한 때에는 통지서를 발송한 날의 다음날에 당해 채권은 확정된 것으로 보게 된다는 특례를 규정하고 있다(자유 7의 2본).

여기에서 자산보유자 또는 금융기관이 채무자에게 근저당권에 의하여 담보된 채권의 금액을 정하여 추가로 채권을 발생시키지 아니하고 그 채권의 전부를 양도하겠다는 의사를 기재한 통지서를 내용증명우편으로 발송하여 채무자에게 도달하면, 그 후 자산보유자 또는 금융기관과 유동화업무수행자 사이에 저당권부채권의 양도계약이 체결된 경우에 별도로 확정일자 있는 증서에 의한 채권양도의 통지가 없어도 채권양도의 채무자에 대한 대항요건과 제3자에 대한 대항요건이 구비된 것으로 볼 수 있는 것인지 문제로 된다.

이 문제에 대한 답은 아직 채권양도계약이 체결되지 아니한 상태에서 앞으로 양도하겠다는 통지, 즉 채권양도의 사전통지에 채권양도의 채무자에 대한 대항요건인 채무자에 대한 통지로서의 효력을 인정할 수 있는 것인지 여부에 달려있다고 할 수 있다. 만일 이를 긍정한다면 내용증명우편에 의한 통지서의 발송일자는 확정일자의 기능을 하므로 제3자에 대한 대항요건은 자동적으로 구비된 것으로 볼 수 있기 때문이다.

채권양도의 사전통지에 통지로서의 효력을 인정할 수 있는지 여부에 대하여, 대법원판례는 「민법 제450조 제1항 소정의 채권양도의 통지는 양도인이 채무자에 대하여 당해 채권을 양수인에게 양도하였다는 사실을 통지하는 이른바 관념의 통지로서, 채권양도가 있기 전에 미리 하는 사전 통지는 채무자로 하여금 양도의 시기를 확정할 수 없는 불안한 상태에 있게 하는 결과가 되어 원칙적으로 허용될 수 없다고 판시하여 부정하고 있다.[654] 그러나 통설은 사전통지는 양도시기를 확정할 수 없기 때문에 원칙적으로 대항요건으로서의 효력이 생기지 않는 것이나, 사전통지라 할지라도 후에 양도할 것이 확실한 경우에는 그에 상응하는 양도가 실제로 이루어지면 그 때부터 대항요건으로서의 효력이 생긴다고 해석한다.[655]

자산유동화에 관한 법률에 의한 유동화를 위한 채권양도가 불특정 다수의 채무자에 대한 관계에서 이루어지는 것임을 고려할 때 사전통지 후 그 통지내용대로 채권양도가 이루어졌음에도 다시 양도통지를 하도록 하는 것은 불필요한 절차의 중복이라는 점에서 통설의 견해가 타당하다고 생각한다.

---

654) 대판 2000.4.11. 2000다2627 참조.
655) 민법주해[X] 579(이상훈), 주석민법[채권총칙(2)] 553(서민).

(3) 근저당권의 말소등기청구

자산유동화에 관한 법률에 의한 유동화의 대상인 근저당권부 채권의 양수인인 유동화업무수행자는 근저당권의 이전등기 없이도 금융위원회에 채권양도의 등록을 한 때에 해당 근저당권을 취득하게 됨은 앞에서 설명한 바 있다.

여기에서 유동화업무수행자가 양도받은 근저당권부 채권이 완제된 경우에 근저당권의 말소등기를, 생략된 유동화업무수행자 앞 근저당권 이전등기를 한 후에 하여야 하는 것인지, 아니면 말소된 상태에서 바로 할 수 있는 것인지 문제로 된다.

이에 관하여는 대법원의 등기선례가 법인간 합병이 이루어진 후에 그 합병 전의 법인명의로 된 근저당권에 관하여 채무변제를 받은 사안에 대하여, 「그 근저당권등기를 말소하기 위하여는 근저당권 변경등기를 하여야」 한다고 하고,[656] 「근저당권의 말소등기는 그 등기원인이 합병등기 전에 발생한 것인 때에는 합병으로 인한 근저당권이전등기를 거치지 아니하고서도 합병 후 존속하는 회사 또는 합병으로 인하여 설립된 회사가 합병을 증명하는 서면을 첨부하여 신청할 수 있을 것이나, 그 등기원인이 합병등기 후에 발생한 것인 때에는 먼저 합병으로 인한 근저당권이전등기를 거치지 아니하고서는 신청할 수 없을 것이다」고 한 점[657]을 들어, 이 등기선례의 취지에 따르면 생략된 유동화업무수행자 앞 근저당권 이전등기를 한 후에 말소하여야 할 것으로 보는 견해가 있다.[658]

그러나 자산유동화에 관한 법률에 의한 유동화의 경우는 법률에 의하여 근저당권이전등기절차가 생략된 것이라는 점에서 합병의 경우와 동일하게 보아서는 아니된다. 또한 합병의 경우는 합병 전의 법인이 소멸되고 없다는 점에서 합병 전의 법인을 상대로 근저당권의 말소등기를 청구할 수 없으므로 당연히 합병 후의 법인을 상대로 근저당권의 말소등기를 청구할 수밖에 없는데, 등기부상의 근저당권자가 합병 전의 법인으로 되어 있어 합병 후의 법인에 대한 말소등기청구 자체가 부적법한 관계로, 합병 후의 법인에게 근저당권의 이전등기를 선행시킨 후 말소등기청구 하여야 하는 것으로 보아야 한다.

656) 1993. 10 .4. 등기선례 4-459 참조.
657) 1987. 11. 18. 등기선례 2-441 참조.
658) 금융거래법강의 II 371(김룡호).

그런데 자산유동화에 관한 법률에 의한 유동화의 경우는 등기부상 근저당권자로 기재되어 있는 자산(또는 채권) 양도인이 그대로 존재하므로 이 양도인을 상대로 근저당권의 말소등기를 청구하는 방법으로 유동화업무수행자 앞 근저당권의 이전등기를 생략하고 말소등기를 할 수 있는 것으로 보아야 한다. 다만 이 경우 등기부상의 근저당권자인 자산(또는 채권) 양도인의 입장에서는 채권의 완제 여부를 확인하여야 할 것이므로 근저당목적물의 소유자로서는 양수인인 유동화업무수행자로부터 채권완제 증명서를 발급받아 이를 양도인에게 제출하여야 할 것이다. 그리고 양도인과 양수인으로서도 채무자 보호의 차원에서 이와 같은 절차에 따른 근저당권의 말소등기에 적극 협력하여야 할 것으로 본다. 이에 대하여 유동화업무수행자를 의무자로 하여 말소등기를 청구하는 경우에는 등기부상의 근저당권자와 신청서상의 근저당권자가 일치하지 아니하기 때문에 말소등기청구가 부적법하게 되어 이를 일치시키는 근저당권이전등기를 선행하지 않고서는 말소등기를 할 수 없다고 할 것이다.

(4) 담보권실행으로서의 경매신청

유동화계획에 따라 근저당권부 채권을 양수한 유동화업무수행자가 근저당채무의 이행이 없는 경우, 등기부상 근저당권자로 기재되어 있지 않음에도 근저당권자로서 민사집행법에 따른 담보권실행으로서의 경매신청을 할 수 있는지 문제로 된다.

이에 관하여 대법원의 등기선례는 「저당권부 채권이 법률의 규정에 의하여 이전되는 경우에는 저당권도 등기 없이 이전되므로 채권양수인은 저당권이전의 부기등기 없이 경매신청할 수 있다」고 하고 있으므로[659] 긍정하는 것이 타당하다.

다만 위 등기선례는 「그 승계를 증명하는 사류를 첨부」할 것을 요구하고 있는데, 그 승계를 증명하는 서류는 자산유동화에 관한 법률 제6조 및 제8조에 따라 유동화자산인 근저당권부 채권 또는 주택저당채권의 양도에 관한 등록을 하였음을 확인하는 금융위원회의 확인서로 하면 된다.

---

659) 자산유동화에 관한 법률 관련; 대법원 법원행정처 1999.6.23. 송무심의 4102-94/대위변제에 의한 저당권의 취득 관련; 1988.4.11. 등기선례 2-386/합병 관련; 1987.11.18. 등기선례 2-441 참조 [금융거래법강의 II 373(김룡호) 인용].

그리고 경매신청서에 첨부할 서류와 관련하여 위 등기선례는 유동화계획에 따른 유동화자산의 양도는 양도인 또는 양수인이 채무자에게 통지하거나 채무자가 승낙하지 아니하면 채무자에게 대항하지 못하도록 규정하고 있다는 이유로 위와 같은 금융위원회의 양도등록증명서와 함께 자산유동화에 관한 법률 제7조에서 정한 채권양도통지 또는 공고사실에 관한 증명을 제출할 것을 요구하고 있다.

10 근저당권의 활용과 관련한 특수문제

Ⅰ. 소유권이 불완전한 부동산의 담보취득

1. 환매등기 있는 부동산의 담보취득

(1) 환매제도의 기능

환매라 함은 매매에 있어서 매도인이 매매계약과 동시에 특약으로 다시 사올 권리, 즉 환매권을 보류한 경우에, 그 환매권을 일정한 기간내에 행사하여 매매의 목적물을 다시 사들이는 것을 말한다. 환매권은 하나의 재산권으로서 환매권자의 의사에 따라 자유로 양도할 수 있으며, 목적물이 부동산인 경우에 매매에 따른 소유권이전등기와 동시에 환매권의 등기를 한 때에는 제3자에 대하여도 그 효력을 대항할 수 있다(민 592).

환매제도는 두 가지 목적을 위하여 이용되고 있다. 하나는 재권담보를 위한 것이다. 예컨대 A가 그가 소유하는 부동산을 5년 내에 환매할 수 있다는 특약부로660) 5천만 원에 S에게 양도하였다면, S는 바로 동 부동산의 소유권을 취득하여 사용·수익할 수 있는 반면, A는 5년 내에 매매대금 5천만 원과 계약비용을 반환(민 594)함으로써, 그 부동산을 S로부터 다시 사올 수 있다. 만일 5년 내에 A가 환매하지 않으면, 동 부동산은 확정적으로 S의 것으로 된다. 이와 같은 환매특약부 매매를 실질적으로 본다면, 매도인 A는 매매목적물을 담보로 하여 S로부터 5천만 원의 금융을 얻고, S에게 지급하는 이자는 S의 소유가 된 당해 부동산의 사용·수익으로 충당하는 것이 된다.

다른 하나는 일정한 행정상의 목적을 달성하기 위한 것이다. 예컨대 주택공사나 토지개발공사 등이 주택이나 토지를 분양할 때, 매수인에게 일정기간동안의 전매금지 또는 특정한 목적에의 사용의무 등을 부과하고, 동 의무의 위반을 조건으로 환매권을 보류하는 경우가 있는데, 이 경우 매수자가 그 기간동안 의무위반을 하지 않으면 동 환매권이 소멸되어 목적물의 소유권이 확정적으로 매수인의 것으로 되게 되나, 동 기간 동안에 매수자의 의무위반이 있어 매도인인 주

660) 민법 제591조는 부동산의 환매기간은 5년을 넘지 못하며, 동 기간을 연장할 수도 없는 것으로 규정하고 있다.

택공사나 토지개발공사 등이 환매권을 행사하게 되면 매수인은 소유권을 상실하게 된다. 즉, 주택공사나 토지개발공사 등은 환매권에 의하여 공급한 주택이나 토지가 공급된 목적에 따라 이용되도록 유도하는 행정상의 목적을 달성할 수 있는 것이다.

위와 같은 환매특약등기가 되어 있는 부동산을 대출채권의 담보로 제공하여 왔을 때, 동 부동산에 근저당권을 설정함으로써 담보의 목적을 달성할 수 있는지 문제로 된다.

(2) 환매의 실행과 근저당권의 효력

환매특약등기가 되어 있는 부동산에 근저당권을 설정한 후에 환매권의 행사가 있으면 동 근저당권이 어떻게 처리되는지에 관하여는 두 가지 견해가 있을 수 있다.

하나는 환매의 실행으로 소유권이 최초의 매도인에게 복귀함으로써 매수인을 설정자로 한 근저당권은 소멸하게 되고, 근저당권자는 환매권자에 대하여 아무런 권리도 주장할 수 없다는 견해이고, 다른 하나는 환매권의 행사에 의하여 소유권은 환매권자인 최초의 매도인에게 복귀하게 되나, 환매권자는 환매대금을 지급함에 있어 최초의 소유권이전등기와 환매에 의한 소유권이전등기 사이의 등기권자에 대한 배려를 해야 한다는 견해이다.

뒤의 견해에 의하면 환매권자는 환매대금으로 근저당권자의 담보채권을 변제하고 잔여금액만을 매수인에게 돌려주어야 할 의무를 부담한다는 것이 된다. 그리고 이러한 결론은 환매특약등기가 되어 있는 부동산상 등기권리자들 사이의 이해관계를 잘 조절하여 아주 타당한 것처럼 보인다.

그러나 뒤의 견해에 의하면 환매권자는 환매권 행사시, 환매특약등기 후 환매에 따른 소유권이전등기시까지 환매부동산에 어떠한 등기가 되어 있는지를 조사하여 그 등기내용에 상응하는 조치를 취하여야 하게 되는데, 이는 아무런 법률적 근거 없이 환매권자에게 과중한 의무를 부과하는 것이 되어 타당하다고 할 수 없다. 또한 환매권의 등기는 제3자에 대하여도 그 효력이 미친다고 하는 민법 제592조의 취지에도 배치된다.

그러면 환매특약등기가 되어 있는 부동산에 설정한 저당권은 아무런 가치도 없는 것인가. 그렇지는 않다. 앞에서 설명한 바와 같이 환매기간내에 환매권자가 환매권을 행사하지 않으면, 목적물의 소유권이 확정적으로 매수인에게 귀속하게 되므로 그 범위에서는 담보로서의 실익이 있다. 그리고 환매권의 보류가 채권담보의 목적을 위한 것이 아니라면, 환매권의 행사에 의하여 소유권이 매도인에게 복귀하게 되는 경우는 극히 드물 것으로 생각된다. 이 경우는 환매권의 행사가 최초의 매매계약 당시 당사자가 약정한 의무위반을 조건으로 하므로, 매수인이 동 약정을 위반하지 않는 한 환매권이 행사되지 않을 것이기 때문이다.

(3) 환매대금에 대한 물상대위

근저당권자의 물상대위권에 관하여 민법은 「저당권은 저당물의 멸실, 훼손 또는 공용징수로 인하여 저당권설정자가 받을 금전 기타 물건에 대하여도 이를 행사할 수 있다. 이 경우에는 그 지급 또는 인도 전에 압류하여야 한다(민 342, 370)」라고만 규정하고 있어, 여기에 규정되어 있지 않은 환매의무자인 근저당권설정자가 환매권자에 대하여 가지는 환매대금반환청구권에 대하여도, 근저당권자가 물상대위권을 행사할 수 있는지에 관하여는 의문이 제기될 수 있다.

그러나 통설은 상기 민법규정은 담보권자의 보호를 위하여 둔 한정적 예외적 특칙이 아니고, 담보권의 본질에 의거한 당연한 원칙을 예시한 것에 불과한 것으로 보아, 환매대금에 대하여도 당연히 물상대위권을 행사할 수 있는 것으로 보고 있다. 담보물권 특히 근저당권은 용익물권과 달리 목적물의 실체(즉, 이용가치)의 취득을 목적으로 하는 것이 아니고, 목적물의 교환가치의 파악을 목적으로 하는 권리인 이른바 가치권이기 때문에, 담보물의 가치가 금전 기타의 형태로 변한 때에는 이것은 오히려 담보목적물의 교환가치를 구현한 것에 불과하여, 본래의 저당권이 동일성을 유지하면서 당연히 이러한 가치 변형물 위에 효력을 미친다고 보아야 할 것이므로 통설의 견해가 타당하다.

그런데 환매권 행사시 환매의무자가 환매권자에 대하여 가지는 환매대금반환청구권은, 당해 부동산 자체와는 구별되는 별개의 권리로서 이를 다른 제3자에게 양도하거나 질권설정할 수 있다. 그 결과 환매의무자가 환매등기 있는 부동산에 저당권을 설정한 후 환대대금반환청구권을 양도하거나 질권설정하고, 이어 환매권자가 환매권을 행사함으로서 환매의무자가 환대대금반환청구권을 가지게 되면, 그 환매대금반환청구권에 대하여 근저당권자의 물상대위권과 양수인 또는 질권자의 권리가 경합하게 되는데, 이 경우 어느 쪽이 우선하는 것으로 보아야 하는지의 문제가 발생하게 된다. 이에 관하여는 여러 견해가 주장되고 있으나 ① 양도 또는 질권설정의 제3자대항요건을 구비한 일자와 저당권설정등기일자의 선후로 결정해야 한다는 견해, ② 양도 또는 질권설정의 제3자대항요건을 구비한 일자와 물상대위를 위한 압류일자의 선후로 결정해야 한다는 견해가 가장 유력하다.

②의 견해는 저당권자가 물상대위권을 행사하려면 환대대금이 지급되기 전에 압류를 하여야 한다는 점을 논거로 들고 있다. 그러나 근저당권자의 물상대위권 행사에 반드시 근저당권자 자신의 압류가 있어야 하는 것이 아니라는 점, 물권의 일반이론에 의하면 내용상 상충하는 물권 상호간에는 시간적으로 먼저 성립한 것이 후에 성립한 물권에 우선한다는 점, 그리고 ②의 견해에 의하면 양도 또는 질권설정의 제3자대항요건을 환매대금반환청구권이 발생하기 전에 구비하면 언제나 양수인 또는 질권자가 저당권자에 우선하게 되는 불합리한 결과가 발생한다는 점 등에 비추어 볼 때 ①의 견해가 타당하다.

(4) 환매등기 있는 부동산의 담보취득

이상 살펴본 바에 의하면 환매등기가 되어 있는 부동산에 단순히 근저당권만을 설정하는 것으로는 채권담보가 완전하지 않음을 알 수 있다. 따라서 환매등기 있는 부동산에 근저당권을 실행하는 경우에는 환매권이 실행되는 경우에 대하여 대비하여 둘 필요가 있다.

환매권이 실행되는 경우에 대한 대비책은 환매실행시 환매의무자인 근저당권설정자가 환매권리자에 대하여 가지는 환매대금반환청구권에 질권을 설정하는 것이다. 환매대금반환청구권에 질권을 설정해두면 근저당권자로서는 환매권이 행사되지 않을 때에는 근저당권으로서, 환매권이 행사될 때에는 질권으로서 채권담보의 목적을 이룰 수 있는 것이기 때문이다.

그리고 이상과 같은 방법으로 환매등기 있는 부동산을 담보로 취득하고 대출을 할 경우에는, 그 담보가액을 부동산 자체의 감정가액과 환매실행시의 환매대금 중 낮은 것을 기준으로 하는 것이 안전하다. 다만 통상 부동산의 시가보다는 환매대금이 낮을 것이므로 실제상으로는 환매대금이 담보가액으로 될 것이다. 따라서 환매등기 있는 부동산을 담보로 취득할 경우에는 환매실행시 환매권자가 환매의무자(즉, 저당권설정자)에게 반환할 환매대금이 얼마인가를 정확하게 파악하여 둘 필요가 있다.

2. 분양받은 미등기 공장용지의 담보취득

정부나 지방자치단체 또는 공공단체가 조성한 공업단지내의 토지로서, 분양은 받았으나 아직 소유권이전등기를 받지 못한 공장용지를 담보로 취득하는 방법이 있는가. 이러한 토지의 담보취득이 가능하다면, 예컨대 정부나 지방자치단체 또는 공공단체로부터 공장용지를 분양받은 자가 그 소유권이전등기를 하기 전부터 이를 담보로 제공하여 금융회사로부터 자금을 대출받을 수 있어, 공장용지의 분양을 활성화할 수 있을 뿐만 아니라 기업의 자금운용에도 크게 도움이 될 수 있다.

아직 분양받은 자 앞으로 소유권이전등기가 되어 있지 않은 공장용지라도, 소유권이전등기의무자가 정부나 지방자치단체 또는 공공단체와 같이 신용이 있고 또한 금융회사가 그 공장용지와 관련하여 다음과 같은 3가지의 장치를 할 수 있는 경우라면 이를 담보로 취득할 수 있다.

첫째의 장치는 공장용지를 분양받은 자인 담보제공자로부터, 자신이 분양자로부터 공장용지의 소유권을 이전받게 되는 경우 그 소유권이전등기와 함께 바로 금융회사 앞 근저당권설정등기가 이루어지게 하겠다는 확약서를 받는 것이다.

둘째의 장치는 공장용지의 분양자인 정부나 지방자치단체 또는 공공단체로부터, 분양받은 자에게 소유권이전등기의무를 이행할 때에 금융회사 앞 근저당권설정등기가 함께 이루어지도록 하여, 근저당권설정등기에 앞서 다른 등기가 끼어들지 않도록 협조하겠다는 확약서를 받는 것이다. 그런데 이 둘째 장치와 관련하여서는 다음과 같은 두 가지의 문제가 제기될 수 있다.

하나는 담보제공자의 다른 채권자가 담보제공자에 대하여 가지는 채권에 기하여 담보제공자, 즉 분양받은 자가 분양자에 대하여 가지는 공장용지에 대한 소유권이전등기청구권을 가압류하거나 압류한 경우에도, 금융회사가 분양자에 대하여 금융회사 앞 근저당권설정등기가 가압류등기나 압류등기보다 먼저 이루어지도록 협력할 것을 청구할 수 있고, 또한 분양자도 이와 같은 금융회사 앞 근저당권설정등기 협력의무를 가지고 가압류채권자나 압류채권자에게 대항할 수 있는지 이다. 만일 금융회사의 분양자에 대한 청구로써 분양자의 가압류채권자 또는 압류채권자에 대한 대항이 아니 된다고 하면, 금융회사는 공장용지의 환가대금으로부터 우선변제를 받을 수 없어, 이와 같은 공장용지를 담보로 한 여신취급은 이를 할 수 없게 된다. 그러나 ① 분양자와 분양받은 자 및 금융회사 사이에 미리 합의되어, 분양자가 금융회사에 부담하게 되는 의무가 제3자의 가압류나 압류에 의하여 소멸하는 것으로 볼 수 없다는 점, ② 원래 채권에 대한 가압류나 압류의 경우, 제3채무자(분양자)는 가압류명령이나 압류명령을 송달받을 때까지 채권자(분양받은 자)에게 대항할 수 있는 사유를 가지고 가압류채권자나 압류채권자에게 대항할 수 있는 것이라는 점을 고려해 볼 때, 분양자는 금융회사에 대한 근저당권설정등기 협력의무를 가지고, 가압류채권자나 압류채권자에게 대항할 수 있는 것으로 보아야 한다. 그리고 이 경우 만일 분양자가 금융회사 앞 근저당권설정등기에 협력하지 않고 바로 분양자 앞 소유권이전등기를 해줌으로써 해당 공장용지에 근저당권설정등기보다 가압류등기나 압류등기가 먼저 이루어지게 한 때에는, 금융회사는 분양자에 대하여 그로 인한 손해의 배상을 청구할 수 있는 것으로 보아야 한다. 따라서 부동산소유권이전등기청구권에 대한 다른 채권자의 가압류나 압류는 금융회사의 채권보전에 지장을 초래하지 않는 것으로 보아야 한다.

다른 하나는 분양받은 자(담보제공자)가 분양계약상의 의무를 이행하지 않아, 분양자가 분양계약을 해제 또는 해지함으로써 분양자가 분양받은 자에게 소유권이전등기를 해줄 필요가 없어지게 되는 경우에 금융회사의 지위가 어떻게 되는지 이다. 이 경우는 금융회사로서도 분양자에게 근저당권설정등기가 이루어지도록 해달라고 청구할 수가 없다. 분양자가 금융회사에 부담하는 근저당권설정등기에의 협력의무는 분양받은 자에 대한 소유권이전등기를 전제로 하는 것이기 때문이다. 따라서 이 문제를 해결하려면 다시 다음과 같은 셋째의 장치가 필요하다.

셋째의 장치는 분양계약의 해제 또는 해지시 분양받은 자가 분양자로부터 반환받을 분양대금반환채권을 대상으로 질권을 설정받는 것이다. 이와 같은 장치를 해두면 분양계약이 해제 또는 해지되지 않고 소유권이전등기와 근저당권설정등기가 이루어지면 근저당권에 의하여, 그리고 분양계약이 해제 또는 해지되면 분양대금반환채권에 대한 질권에 의하여 담보의 목적을 달성할 수 있을 것이기 때문이다.

그런데 이 셋째의 장치와 관련하여서는 이와 같은 분양계약의 해제 또는 해지 시에, 분양받은 자가 분양자로부터 반환받을 분양대금반환채권을 대상으로 하는 질권설정이 유효한 것인지가 문제로 된다. 장래의 채권이나 조건부 채권은 그 권리의 특정이 가능하고 가까운 장래에 발생할 것임이 상당한 정도 기대되는 경우에만 그 양도나 질권설정이 유효한 것으로 해석되기 때문이다.

따라서 분양계약의 해제 또는 해지를 조건으로 한 분양대금반환채권은 이를 모두 담보로 할 수 있는 것이 아니고, 분양계약상에 분양계약의 해제나 해지에 관한 특약이 있고 또 그 특약에 따라 분약계약을 해제하거나 해지할 경우 분양받은 자가 반환받게 될 금액을 구체적으로 산출할 수 있으며, 분양자가 상당한 기간 내에 분양받은 자 앞 소유권이전등기를 하거나, 분양계약의 해제 또는 해지를 선택해야 할 것이 예정되어 있는 경우에 한하여, 이를 담보로 취득할 수 있는 것으로 보아야 한다.

판례 10-1

분양계약시 해제시 분양대금반환채권을 대상으로 한 담보권의 효력

그러나 소외 회사가 소외 은행에게 위 매매대금 반환채권을 양도할 당시 그 채권을 특정할 수 있었다거나 또는 그것이 가까운 장래에 발생할 것임을 상당 정도 기대할 수 있었다고 보기 어렵다는 원심의 판단은 수긍하기 어렵다.

먼저 양도채권인 위 매매대금 반환채권의 특정 여부에 관하여 보면, 채권양도에 있어 사회통념상 양도 목적 채권을 다른 채권과 구별하여 그 동일성을 인식할 수 있을 정도이면 그 채권은 특정된 것으로 보아야 할 것이고, 채권양도 당시 양도 목적 채권의 채권액이 확정되어 있지 아니하였다 하더라도 채무의 이행기까지 이를 확정할 수 있는 기준이 설정되어 있다면 그 채권의 양도는 유효한 것으로 보아야 할 것인바, 소외 회사가 소외
은행에게 양도한 채권, 즉, 피고와의 매매계약이 해제될 경우 소외 회사가 피고에 대하여 가지게 될 대금반환채권은, 그 채권자와 채무자, 채권의 종류와 발생원인, 급부의 내용 등이 이미 정하여

져 있어 이를 다른 채권과 구별하여 그 동일성을 인식할 수 있을 뿐만 아니라, 채권양도 당시 장차 소외 회사가 실제 납입할 매매대금액이나 대금지급의 연체 여부, 연체 상환금에 대한 연체이자 등을 미리 알 수 없는 관계로 매매계약 해제시 소외 회사가 피고로부터 반환받을 금액이 확정되어 있지는 아니하였으나, 피고가 소외 회사의 귀책사유로 매매계약을 해제할 경우 계약해제 당시까지 소외 회사로부터 지급받은 매매대금에서 계약금의 10%에 상당한 위약금과 연체이자 등을 공제한 잔액을 반환하기로 약정한 이상, 그 금액을 확정할 수 있는 기준은 설정되어 있었다 할 것이므로, 위 채권양도 당시 양도의 목적인 매매대금 반환채권은 특정된 것으로 보아야 할 것이다.

다음 채권양도 당시 소외 회사의 피고에 대한 매매대금 반환채권이 가까운 장래에 발생할 것임을 상당 정도 기대할 수 있었는가 하는 점에 관하여 보면, 일반적으로 당사자 사이에 원상회복의무를 발생하게 하는 계약의 해제는 이례적이고 예외적인 것이기는 하나, 기록에 의하면, 소외 회사는 자본금 350,000,000원의 중소기업으로서 1990. 3.경부터 소외 은행과 여신거래를 시작하여 그로부터 불과 1년 7개월도 되지 아니한 1991. 10. 10. 제3자에 대한 채무를 제외하더라도 소외 은행에 대한 채무만도 이미 금 3,500,000,000원 가량에 이르렀고, 이에 소외 은행은 소외 회사에 대한 채권담보를 확보하기 위한 방안의 하나로 같은 날 뒤늦게나마 소외 회사의 피고에 대한 위 매매대금 반환채권을 양도받기에 이른 사실, 그런데 소외 회사는 위 채권양도일로부터 불과 6개월도 되지 아니한 1992. 4. 6. 부도나기에 이른 사실, 피고는 소외 회사의 부도 후 매매계약 소정의 입주계약 해지기간이 경과된 1993. 6. 30. 소외 회사와의 매매계약을 해제한 사실을 엿볼 수 있는바, 사정이 그러하다면, 단기간 내에 대금이 지급되고 계약관계가 종료되는 통상의 매매계약과는 달리, 이 사건과 같은 공장용지 매매계약의 경우 매매대금이 다액에 이르고 그 대금 또한 주로 은행 등 금융기관의 대출에 의존하여 장기간에 걸쳐 지급되는 관계로, 매매계약 후 공장용지를 취득하기까지의 사이에 자금사정의 악화로 기업이 도산하는 등으로 인하여 계약이 중도에 해제되는 사례가 적지 아니한 점 등에 비추어 볼 때, 소외 회사의 거래 은행인 소외 은행으로서는 위 채권양도 당시 이미 자금사정이 악화된 소외 회사의 부도 가능성과 아울러 소외 회사가 더 이상 매매대금을 지급할 수 없게 됨으로써 피고가 소외 회사와의 매매계약을 해제하고 그로 인하여 멀지 아니한 장래에 소외 회사의 피고에 대한 매매대금 반환채권이 발생할 것임을 상당 정도 예상할 수 있었던 것으로 볼 여지가 있다 할 것이다.

그럼에도 불구하고 원심은 그 판시와 같이 이 사건 채권이 가까운 장래에 발생할 것임을 상당 정도 기대할 수 없다는 이유로 위 채권양도계약의 효력이 없는 것으로 판단하였으니 원심판결에는 채권양도의 효력에 관한 법리를 오해하였거나 위 채권양도의 유효 여부에 관한 심리를 다하지 아니함으로써 판결에 영향을 미친 위법이 있다(대판 1997.7.25. 95다21624).

II. 외화표시근저당권

1. 문제의 소재

채권의 금액은 당사자 사이의 약정으로 외국통화로 정할 수 있으며(민 377), 채권의 금액을 외국통화로 정한 때에는 당사자 사이에 특별한 약정이 없는 한, 채무자는 지급할 때에 있어서의 이행지의 환금시가에 의하여 내국통화로 변제할 수가 있다(민 378). 따라서 외국통화로 정하여진 이른바 외화채권을 담보하기 위한 근저당권의 채권최고액을 원화로 표시하여 등기할 수 있음은 당연하다고 할 수 있다. 그런데 외화채권을 담보하기 위하여 원화를 채권최고액으로 하는 근저당권을 설정하는 경우에는, 그 후 환율변동으로 외화채권의 원화 환산액이 채권최고액을 초과하게 되면, 근저당권자로서는 그 초과액을 담보하지 못하는 불이익이 생기게 된다. 여기에서 근저당권의 채권최고액을 해당 외화로 표시하여 등기할 수 있는지의 문제가 생기게 되고, 아울러 그것이 가능하다고 할 경우에는 다시 외화로 표시된 채권최고액의 원화 환산에 관한 특약을 하고 이를 등기할 수 있는지 여부와 그 외화표시근저당권으로 해당 외화채권 이외에 다른 외화채권이나 원화채권도 담보할 수 있는지 여부 및 외화표시 채권최고액의 원화 환산에 적용할 환율을 어느 시점의 것으로 할 것인지가 문제로 된다.

2. 외화표시 근저당권의 설정 가능여부

근저당권의 채권최고액을 외화로 표시하여 등기할 수 있는지 여부에 관하여는 부정설과 긍정설이 대립되어 있다.

부정설은 근저당권의 채권최고액은 원화로 표시하여 등기함을 원칙으로 하고, 설혹 외화로 표시하여 등기하였다 하더라도, 그 채권최고액은 설정 당시의 환율을 적용하여 환산한 원화 금액으로 특정되는 것으로 보아야 한다고 하고, 그 논거로서는 ① 부동산등기법 제140조 제2항(현재는 제75조 제2항)에 의하면, 근저당권설정등기신청서에는 등기원인이 근저당권설정계약이라는 뜻과 채권의 최고액 및 채무자를 기재하도록 규정하고 있는 바, 이는 근저당권이 장래의 증감·변동하는 불특정의 채권을 담보하는 권리이기 때문에, 그 채권의 최고액을 등기하게 하여 이를 공시함으로써, 후순위담보권자 기타 이해관계인을 보호하고 거래의 안전을 도모하고자 함에 있다고 할 것인데, 만일 위 채권최고액을 원화로 특정하지 않을 경우에는 그러한 목적을 달성할 수 없다는 점[661], ② 세계 각국의 수십 수백에 달하는 통화 단위로 채권최고액을 표시할 수 있다고 한다면, 심한 경우에는 그 환산율 자체를 알 수 없는 경우도 발생하게 되며, 결국 형식적으로 채권최고액이 숫자상 기재되어 있을 뿐, 그 근저당권의 범위를 특정할 수 없는 사태가 발생할 것이라는 점, ③ 일본의 부동산등기법 제121조는 외국통화로 채권최고액을 지정하는 경우에는, 반드시 당사자 사이의 합의에 의하여 외국통화로 표시한 채권최고액 외에 내국통화로서 표시한 담보한도액을 기재하도록 하고 있는데, 이는 근저당권설정시의 필요적 등기사항인 채권최고액은 반드시 내국통화로 한정되어 있어야 한다는 것을 입법적으로 명시한 것으로, 이러한 취지는 우리나라의 경우도 해석에 의하여 당연히 적용되어야 한다는 점 등을 들고 있다.

반면에 긍정설은 외화금액 그 자체를 채권최고액으로 하는 근저당권을 설정할 수 있다고 하며, 그 논거로는 근저당권설정등기절차를 규정한 부동산등기법 제140조 제2항(현재는 제75조 제2항)에 의하면, 근저당권설정등기신청서에는 등기원인이 근저당권설정계약이라는 뜻과 채권의 최고액 및 채무자를 기재하도록 하고 있을 뿐, 그 밖에 달리 채권최고액을 우리나라 통화로 한정한다거나, 또는 외국통화로 표시된 경우에는 다시 이를 내국통화로 특정하여야 하며, 그 내국통화로 채권최고액을 삼는다는 등의 아무런 제한규정이 없다는 점을 들고 있다.[662]

외화금액 그 자체를 채권최고액으로 하는 근저당권의 설정을 긍정하는 경우에는 이를 부정하는 경우보다 확실히 후순위저당권자 등이 불안한 지위에 놓이는 것은 사실이다. 그러나 이들 후순위저당권자 등은 당사자의 의사와 관계없는 외환시세인 환율의 변동에 따라 선순위담보권자에게 우선변제 당하는 금액에 변동이 생긴다는 것을 미리 예상하고 후순위담보권 등을 취득한 것이라고 볼 수도 있는 것이므로 그것이 반드시 부당한 것이라고 할 수는 없다. 또한 외화표시근저당권의 외화표시채권최고액 그 자체에 의한 담보적 효력을 부정할 경우에는, 후순위

661) 서울민사지방법원 1982. 2. 23. 선고 81가합4336 판결 참조.
662) 서울고등법원 1982. 10. 25. 선고 82나1223 판결 참조, 주석민법[채권총칙(1)] 280(안법영).

담보권자 등에게는 편리할지 모르나 선순위담보권자의 입장에서는 환율변동을 예측할 수 없어 불편을 겪게 될 뿐만 아니라, 그로 인하여 채권자는 자신의 채권의 안전한 담보를 위하여, 장래의 환율상승을 예상한 충분한 원화금액을 채권최고액으로 등기하여 줄 것을 요청할 것이므로, 채무자의 입장에서도 담보의 제공이나 담보여력의 활용에 큰 불편을 겪게 된다. 그리고 일본의 부동산등기법 제121조는 어디까지나 입법론상의 문제일 뿐 그러한 규정이 없는 우리나라에서는 적용할 수가 없다. 따라서 우리나라 현행 부동산등기법의 해석론으로서는 채권최고액을 외화로 하는 근저당권의 설정도 가능한 것으로 보아야 한다.

3. 환율에 관한 특약사항의 등기 가능여부

채권최고액을 외화로 표시하는 근저당권의 설정이 가능하다고 하면, 다음에는 그 외화금액을 원화로 환산하는 환율적용에 관한 특약을 부기하여 등기함으로써, 그 특약으로 정한 환율에 의하여 환산한 원화금액을 담보한도액으로 할 수 있는지의 여부가 문제로 된다.

종래의 금융거래 및 등기실무에 있어서는 이를 긍정하는 입장에 있었다. 즉, 종래 금융거래에 있어서 채권액을 외화로 정하는 대출을 하는 경우에는, 근저당권설정계약서상의 설정채권최고액을 외화로 표시하고, 그 외화금액의 다음에 「원화금 ○○원정 이 금액은 ○년 ○월 ○일 현재 소정환율 금 ○원대 1로 환산한 금액인 바, 이후 그 환율이 인상 또는 인하되었을 때는 그 인상 또는 인하된 환율을 적용한 원화 환산액으로 한다」는 특약사항이 기재된 부표를 붙여 등기신청하였고, 등기소에도 이를 수리하여 등기해오고 있었다.

그런데 위와 같은 환율특약사항에 관하여는, 그 등기의 가능여부에 대한 서울민사지방법원의 질의(1980.4.28. 총무 제646호)에 대하여, 대법원행정처장이 「등기사항은 부동산등기법 제2조에서 제한적으로 규정하고, 동법 제43조(현재는 제43조 및 제43조의 2)에 의하여 특약으로서 등기할 사항은 환매 기타 등기의 목적인 권리의 소멸에 관한 약정에 한하므로 그와 같은 특약은 등기할 사항이 아닐 뿐만 아니라 저당권(근저당권) 등기에 있어서 피담보채권액(채권최고액)을 특정하지 아니함은 공시제도의 이상에도 반한다 할 것이다」고 회신함으로써(1980. 6. 18. 등기

第245호), 그 이후의 등기실무상 이러한 환율특약은 등기되지 아니하고 있다.

그러나 채권최고액을 외화로 표시하는 근저당권의 설정이 가능하다고 보는 이상 그 외화금액을 내국통화로 환산하여 이를 담보한도액으로 할 수 있도록 하는 그 환산율(즉, 환율)의 적용에 관한 특약을 하여 이를 등기하는 것도 가능하다고 하여야 한다. 이 경우의 환율특약은 근저당권설정등기의 필요적 기재사항인 채권최고액에 관한 등기사항을 구체화하고 부연하는 것에 지나지 않은 것이어서, 이를 등기하는 것이 부동산등기법 제140조 제2항의 취지에 반하는 것이라고 할 수 없기 때문이다. 따라서 위와 같은 실무취급은 개선되어야 할 것으로 생각한다.

4. 다른 외화채권·원화채권의 담보 여부

채권최고액을 외화로 표시하여 근저당권의 설정한 경우에는, 그 외화표시근저당권이 해당 외화표시채권만을 담보하는 것인지, 다른 외화표시채권과 원화채권도 담보하는 것인지가 문제로 된다.

이에 관하여는 해당 외화로 채권최고액을 기재한 이상, 그 근저당권에 의하여 담보되는 채권도 해당 외화채권만을 담보하는 것으로 보아야 한다는 견해가 있을 수 있다. 그러나 ① 근저당권의 채권최고액이란 금전채권의 담보한도액을 의미하는 것이기 때문에 동일한 금전채권에 속하는 외화채권과 원화채권을 구분하여 담보의 범위를 제한하는 것은 오히려 법의 취지에 반한다는 점, ② 근저당권의 채권최고액을 외화로 기재하여 등기하였다고 하여 그 해당 외화채권만을 담보할 수 있는 것으로 보면, 같은 논리에 따라 원화로 기재된 근저당권도 외화채권을 담보할 수 없는 것으로 보아야 하게 되어 불합리하다는 점을 고려할 때, 해당 외화표시채권은 물론이고 다른 외화표시채권과 원화채권도 담보한다고 보는 것이 타당하다.

5. 외화표시 채권최고액의 원화 환산에 적용할 환율

외화표시근저당권의 채권최고액을, 원화 환산에 관한 환율특약의 부기 없이 단순히 외화금액으로만 등기한 후, 저당부동산이 경매되어 그 매각대금을 배당하는 경우에, 그 근저당권자에게 배당할 채권최고액의 원화 환산에 적용할 환율을 어느 시점의 것으로 할 것인지 문제로 된다.

이에 관하여는 근저당권자 자신이 담보권을 실행하는 경우에는 스스로 채무자와의 거래를 종결하려는 것이므로 경매신청시의 환금시가에 의하여 산정하고, 제3자가 대상 부동산의 경매를 신청하는 경우에는 근저당권이 소멸하는 매각대금 완납시(민집 135, 268)의 환금시가에 의하여 산정해야 한다는 견해가 있다.663) 즉, 이 견해는 근저당권에 의하여 담보되는 채권이 확정되는 시점의 환율에 의하여 외화표시 채권최고액의 원화를 환산해야 한다고 본다. 그러나 피담보채권이 확정된다는 것은 그 외화표시근저당권에 의하여 담보되는 채권(외화채권이건 원화채권이건 불문함)이 확정된다는 의미일 뿐, 나아가 담보한도액으로서의 원화 환산액이 확정되는 의미까지 포함하는 것으로 볼 수가 없다는 점에서 이 견해는 그 논거가 불충분하다.

따라서 이 문제는 다음과 같이 해결하여야 할 것으로 본다. 우선 당사자가 환율적용에 관한 특약을 하였으나 그 등기가 이루어지지 않은 경우에는, 당사자 사이에서는 그 특약에서 정하고 있는 환율에 의하여 산출한 원화 금액이 채권최고액이 되는 것으로 보아야 한다. 다만 이 원화 금액을 가지고서는 물상보증인, 저당목적물의 제3취득자, 배당참가채권자 등 이해관계인에 대하여 대항할 수 없으며, 이들 이해관계인에 대하여는 환율적용에 관한 특약이 없는 것으로 취급하여야 한다. 다음에 당사자가 환율적용에 관한 특약을 하지 않은 경우에는, 매각대금의 배당일의 환율에 의하여 산출한 원화 금액이 채권최고액이 되는 것으로 보아야 한다. 그 이유로는 ① 근저당권의 채권최고액을 외화로 표시하여 등기할 수 있다고 하는 이상, 그 근저당권은 외화금액 자체로서 공시의 기능을 하는 것으로 보아야 한다는 점, ② 외화표시 채권최고액의 원화 환산에 적용할 환율에 관하여 등기된 것이 없는 경우에는, 채권자와 채무자 사이에 채무의 변제가 이루어지는 배당일의 환율을 적용하는 것이, 이해당사자 사이에 가장 공평하다는 점, ③ 근저당권에 의하여 담보되는 외화표시 채권액의 원화 환산에 관하여 당사자 사이에 합의가 없는 경우에는, 실제로 이행할 때의 환율을 적용

---

663) 주석민법[채권총칙(1)] 282(안법영).

해야 한다는 것이 통설·판례인데,[664] 그 취지는 외화표시 채권최고액의 원화 환산에도 그대로 적용하는 것이 타당하다는 점 등을 들 수 있다.

판례 10-2

외화금전채권을 내국통화로 환산하여 지급하는 경우의 환산기준시기

(1) 채권액이 외국통화로 지정된 금전채권인 외화채권을 채무자가 우리나라 통화로 변제함에 있어서는 민법 제378조가 그 환산시기에 관하여 외화채권에 관한 같은법 제376조, 제377조 제2항의 "변제기"라는 표현과는 다르게 "지급할 때"라고 규정한 취지에서 새겨 볼 때 그 환산시기는 이행기가 아니라 현실로 이행하는 때, 즉 현실이행시의 외국환시세에 의하여 환산한 우리나라 통화로 변제하여야 한다고 풀이함이 상당하므로 채권자가 위와 같은 외화채권을 대용급부의 권리를 행사하여 우리나라 통화로 환산하여 청구하는 경우에도 법원이 채무자에게 그 이행을 명함에 있어서는 채무자가 현실로 이행할 때에 가장 가까운 사실심 변론종결 당시의 외국환시세를 우리나라 통화로 환산하는 기준시로 삼아야 한다(대전합판 1991.3.12. 90다2147).

(2) 채권액이 외국통화로 지정된 금전채권인 외화채권을 채권자가 대용급부의 권리를 행사하여 우리나라 통화로 환산하여 청구하는 경우 법원이 채무자에게 그 이행을 명함에 있어서는 채무자가 현실로 이행할 때에 가장 가까운 사실심 변론종결 당시의 외국환시세를 우리나라 통화로 환산하는 기준시로 삼아야 하고, 그와 같은 제1심 이행판결에 대하여 채무자만이 불복·항소한 경우, 항소심은 속심이므로 채무자가 항소이유로 삼거나 심리 과정에서 내세운 주장이 이유 없다고 하더라도 법원으로서는 항소심 변론종결 당시의 외국환시세를 기준으로 채권액을 다시 환산해 본 후 불이익변경금지 원칙에 반하지 않는 한 채무자의 항소를 일부 인용하여야 한다(대판 2007.4.12. 2006다72765).

Ⅲ. 추가근저당권의 설정

1. 문제의 소재

금융거래는 통상 1회의 거래로 종결되는 것이 아니고 상환과 추가대출이라고 하는 계속적인 거래의 형태를 취하고 있으므로, 저당권의 형태도 계속적인 거래 관계로부터 발생하는 다수의 불특정한 채권을 장래의 결산기에서 일정한 한도까지 담보하게 되는 특성을 지니고 있는 근저당권의 형태를 취하는 것이 보통이다.

따라서 금융회사가 거래처에 대하여 추가대출을 함에 있어서도 이미 설정한

---

664) 민법주해[Ⅷ] 185(이공현), 주석민법[채권총칙(1)] 258(안법영), 김형배 채권총론 73, 이은영 채권총론 119.

근저당권의 채권최고액과 당해 근저당 목적물의 담보평가액이, 추가대출액을 포함하는 총 대출 현잔액에 소정의 설정비율과 담보비율을 곱하여 산출한 여신취급에 필요한 채권최고액과 담보가액을 초과할 때에는, 기존의 담보물에 대한 설정여력과 담보여력을 활용하여 그 상환을 담보할 수 있으므로 추가근저당권의 설정을 요하지 않는다. 그러나 만일 이미 설정한 채권최고액이나 이미 취득한 담보물의 담보평가액이, 새로운 대출액을 포함한 총 대출 현잔액에 소정의 설정비율이나 담보비율을 곱하여 산출한, 여신취급에 필요한 채권최고액이나 담보가액에 미달되는 경우에는 다음과 같은 처리를 요한다.

첫째로 이미 취득한 담보물의 담보평가액은 여신취급에 필요한 담보가액을 초과하나, 이미 설정한 채권최고액이 여신취급에 필요한 채권최고액에 미달하는 경우에는, 추가담보물의 제공을 받을 필요가 없이 기 취득 담보물에 대하여 미달되는 금액 만큼에 해당되는 새로운 순위의 근저당권을 설정하면 된다. 둘째로 이미 설정한 채권최고액은 여신취급에 필요한 채권최고액을 초과하나, 이미 취득한 담보물의 담보평가액이 여신취급에 필요한 담보가액에 미달되거나, 이미 설정한 채권최고액 및 이미 취득한 담보물의 담보평가액에 모두 미달하는 경우에는, 추가담보물의 제공과 그에 대한 근저당권의 설정을 필요로 하게 된다.

그런데 첫째의 경우에는 이미 제공받은 담보물에 대하여 새로이 후순위의 근저당권만을 설정하면 되므로 채권보전상 아무런 문제가 발생하지 않는다. 그러나 둘째의 경우에는 이미 취득하고 있는 담보물과 추가담보물을 어떠한 방식으로 관련시켜 근저당권을 설정하느냐에 따라서, 채권자와 채무자(제3자가 제공한 담보인 경우는 설정자) 및 후순위저당권자 등과의 사이에 담보가치의 확보, 후순위저당권자의 대위, 저당권의 설정비용 등의 문제와 관련하여 그 이해관계가 상반되어 나타나게 된다.

따라서 이하에서는 상기한 경우 중 둘째의 경우, 즉 새로운 추가담보물과 기존담보물에 대한 채권자의 근저당권설정방식으로 어떠한 것들이 있으며, 그러한 각종의 근저당권설정방식은 채권자와 채무자(또는 설정자) 및 후순위저당권자 등에게 어떠한 이해관계상의 차이점을 가져오게 되는가를, 다음 사례를 중심으로 비교 검토하여 실무상 부딪치게 되는 여러 경우에 가장 적절하다고 생각되는 근저당권의 설정방식에 관하여 알아보기로 한다.

[사례] 채무자 D전자(주)는, X부동산(시가 1억 원) 위에, S은행으로부터의 대출채권 1억 원을 담보하기 위하여, S은행 앞으로 채권최고액 1억 원의 제1순위근저당권을 설정하고, 또한 K은행으로부터의 대출채권 5천만 원을 담보하기 위하여, K은행 앞으로 채권최고액 5천만 원의 제2순위근저당권을 설정한 바 있다. 그 후 채무자 D전자(주)는, S은행으로부터 추가 대출을 받고자, 추가대출채권 1억 원을 담보할 수 있도록, Y부동산(시가 1억 원)을 담보로 제공하여 왔다. 이 경우 S은행으로서는 기존담보물인 X부동산과 추가담보물인 Y부동산을 어떻게 관련지어 근저당권을 설정하는 것이 가장 타당하다고 할 수 있겠는가.

2. 근저당권설정의 여러 방식

(1) 제1방식

이 방식은 기담보물인 X부동산에 새로이 채권최고액을 1억 원으로 하는 제3순위근저당권을 설정하고, Y부동산을 각 순위에 추가담보로써 목록추가 하는 경우이다. 이 방식에 의할 경우에는 실무자들의 담보관리가 간편하다는 점과 어느 한 담보물의 담보가액 하락을 다른 담보물의 담보가액 상승으로 보충할 수 있는 장점이 있는 반면, 후순위저당권자의 보호에 관한 민법 제368조에 규정으로 인하여 S은행이 X부동산의 가액으로부터 제1순위로 우선변제 받을 수 있는 금액이 감소하게 되는 단점이 있다.

즉, 사례의 경우 S은행이 추가담보물인 Y부동산에 관하여 제1방식에 의하여 근저당권을 설정하면, S은행은 X·Y부동산에 관하여 채권최고액을 1억 원으로 하는 제1순위공동근저당권을 가지고, K은행은 X부동산에 관하여 채권최고액을 5천만 원으로 하는 제2순위단독근저당권을 가지며, 다시 S은행은 X·Y부동산에 관하여 채권최고액을 1억 원으로 하되, X부동산에 대하여는 제3순위 Y부동산에 대하여는 제2순위로 하는 공동근저당권을 가지게 된다. 따라서 이 경우에 민법 제368조를 적용하면 다음과 같은 결과가 된다.

우선 X·Y부동산을 동시에 경매하여 배당하는 경우의 S은행과 K은행 사이의 각 순위에 따른 배당액은

① S의 X·Y에 대한 제1순위공동근저당권에 의한 배당액

X로부터 5천만 원(1억 원 × 1/2)

Y로부터 5천만 원(1억 원 × 1/2)

② S의 X에 대한 제3순위, Y에 대한 제2순위 공동근저당권에 의한 배당액
X로부터의 배당액은 없고 Y로부터 5천만 원으로 된다.

다음에 X부동산을 먼저 경매하여 배당하는 경우에는 X의 경매대가인 1억 원 모두를 S가 배당받게 되나, 이때에 K는 동시배당을 하였다면 X로부터 배당받았을 5천만 원을 가지고 S의 Y에 대한 제1순위근저당권을 대위하게 된다.

위와 같은 결과 X에 대한 후순위근자당권자인 K은행은 후순위저당권설정시에 예측하지 않았던 5천만 원의 담보이익을 얻게 되고, S은행은 추가대출채권을 포함한 총 대출채권 2억 원 중 1억5천만 원만 담보할 수 있게 되어 5천만 원의 대출채권에 대한 담보부족을 발생시키게 된다. 따라서 사례의 경우에 제1방식에 의한 담보취득은 적합하다고 할 수 없다.

[참고] 등기기재례

(1) X부동산(토지등기 234호의 등기부 을구)

순위번호	등 기 목 적	접 수	등 기 원 인	권리자 및 기타사항
1	근저당권설정	2001년 3월 11일 제36791호	2001년 3월 10일 설정계약	채권최고액 1억원 채무자 D전자(주) 서울 종로구 삼청동 ○번지 ○호 근저당권자 S은행 ○○○-○○-○○○○○○ 서울 중구 명동 ○번지 ○호 (취급지점 △△지점)
1-1	1번 근저당권 담보추가	2002년 4월 17일 제38997호	2002년 4월 14일 설정계약	공동담보 수원시 권선동 토지등기 제123호
2	근저당권설정	2001년 6월 12일 37876호	2001년 6월 10일 설정계약	채권최고액 5천만 원 채무자 D전자(주) 서울 종로구 삼청동 ○번지 ○호 근저당권자 K은행 ○○○-○○-○○○○○○ 서울 중구 다동 ○번지 ○호 (취급지점 □□지점)

순위번호	등 기 목 적	접 수	등 기 원 인	권리자 및 기타사항
3	근저당권설정	2002년 4월 15일 제38892호	2002년 4월 14일 설정계약	채권최고액 1억 원 채무자 D전자(주) 서울 종로구 삼청동 ○번지 ○호 근저당권자 S은행 ○○○-○○-○○○○○○ 서울 중구 명동 ○번지 ○호 (취급지점 △△지점)
3-1	3번 근저당권 담보추가	2002년 4월 17일 제38998호	2002년 4월 14일 설정계약	공동담보 수원시 권선동 토지등기 제123호

(2) Y부동산(토지등기 123호의 등기부 을구)

순위번호	등 기 목 적	접 수	등 기 원 인	권리자 및 기타사항
1	근저당권설정	2002년 4월 15일 제23456호	2002년 4월 14일 설정계약	채권최고액 1억원 채무자 D전자(주) 서울 종로구 삼청동 ○번지 ○호 근저당권자 S은행 ○○○-○○-○○○○○○ 서울 중구 명동 ○번지 ○호 (취급지점 △△지점) 공동담보 서울시 삼청동 토지등기 제234호의 담보물에 추가
2	근저당권설정	2002년 4월 15일 제23457호	2002년 4월 14일 설정계약	채권최고액 1억 원 채무자 D전자(주) 서울 종로구 삼청동 ○번지 ○호 근저당권자 S은행 ○○○-○○-○○○○○○ 서울 중구 명동 ○번지 ○호 (취급지점 △△지점) 공동담보 서울시 삼청동 토지등기 제234호의 담보물에 추가

(2) 제2방식

이 방식은 X부동산과 Y부동산을 공동담보로 하지 않고, Y부동산에만 1억 원을 채권최고액으로 하는 단독근저당권을 설정하는 경우이다. 이 방식에 의할 경우에는 S은행이 X부동산의 가액으로부터 제1순위로 우선변제 받을 수 있는 금액이 감소되는 불이익은 피할 수 있는 장점이 있는 반면, 어느 한 담보물의 담보가액 하락을 다른 담보물의 담보가액 상승으로 보충할 수 없는 단점이 있다.

예컨대 사례의 경우 경제여건의 변동으로 X부동산은 가격이 2억 원으로 상승하였으나, Y부동산은 반대로 5천만 원으로 하락하였다고 하여도, S은행은 추가대출채권을 포함한 총 대출채권 2억 원의 전액을 변제받을 수 있게 된다. 그러나 여기의 제2방식에 따라 Y부동산에 단독근저당권을 설정할 경우에는 X부동산에 있어서는 담보가액이 2억 원에 달하여도, 설정채권최고액이 1억 원에 불과하므로 1억 원만 우선변제를 받을 수 있게 되고, Y부동산에 있어서는 설정채권최고액은 1억 원이나 담보가액이 5천만 원 밖에 되지 않아 5천만 원만 우선변제를 받을 수 있어, 결국 1억5천만 원에 대해서만 담보의 효력이 있고 그에 따라 5천만 원의 담보부족현상을 발생시키게 된다. 따라서 제2방식에 의하여 담보취득할 경우에는, X부동산에서의 담보여력(5천만 원)을 Y부동산에서의 부족담보(5천만 원)에 충당할 수 없게 되어, 이 방식 또한 사례의 경우에 적합한 담보취득방식이라고는 할 수 없다고 할 것이다.

[참고] 등기기재례

(1) X부동산(토지등기 234호의 등기부 을구)

순위번호	등 기 목 적	접 수	등 기 원 인	권리자 및 기타사항
1	근저당권설정	2001년 3월 11일 제36791호	2001년 3월 10일 설정계약	채권최고액 1억원 채무자 D전자(주) 서울 종로구 삼청동 ○번지 ○호 근저당권자 S은행 ○○○-○○-○○○○○○ 서울 중구 명동 ○번지 ○호 (취급지점 △△지점)
2	근저당권설정	2001년 6월 12일 37876호	2001년 6월 10일 설정계약	채권최고액 5천만 원 채무자 D전자(주) 서울 종로구 삼청동 ○번지 ○호 근저당권자 K은행 ○○○-○○-○○○○○○ 서울 중구 다동 ○번지 ○호 (취급지점 □□지점)

(2) Y부동산(토지등기 123호의 등기부 을구)

순위번호	등 기 목 적	접 수	등 기 원 인	권리자 및 기타사항
1	근저당권설정	2002년 4월 15일 제23456호	2002년 4월 14일 설정계약	채권최고액 1억원 채무자 D전자(주) 서울 종로구 삼청동 ○번지 ○호 근저당권자 S은행 ○○○-○○-○○○○○○ 서울 중구 명동 ○번지 ○호 (취급지점 △△지점)

(3) 제3방식

이 방식은 X부동산에 채권최고액을 1억 원으로 하는 제3순위의 근저당권을 설정하고, 또한 이와는 별개로 Y부동산에는 채권최고액을 2억 원으로 하는 제1순위의 단독근저당권을 설정하는 경우이다. 이 방식에 의할 경우에는 X부동산으로부터 제1순위로 우선변제 받을 수 있는 금액이 감소하는 불이익을 피할 수 있을 뿐만 아니라, 어느 한 담보물의 담보가액 하락을 다른 담보물의 담보가액 상승으로 보충할 수 없는 불이익도 피할 수가 있어, S은행의 입장에서는 가장 안전하게 담보권을 취득하는 장점이 있다.

그러나 근저당권의 설정등기를 하려면 지방세법에 의한 등록면허세 및 지방세법에 의한 지방교육세의 납부와 주택건설촉진법 및 동법시행령에 의한 국민주택채권의 매입 등 비용지출을 수반하게 되는데, 이 방식은 제1방식이나 제2방식의 경우보다 많은 등록면허세와 지방교육세의 납부 및 국민주택채권의 매입비용을 필요로 하는 단점이 있다.665)

우선 등록면허세와 지방교육세에 관하여 보면 등록면허세액은 채권금액(근저당권의 경우는 설정채권최고액)에 1,000분의 2를 곱하여 산출하고(지세 28① i 다2) 지방교육세액은 등록면허세액에 100분의 20을 곱하여 산출한다(지세 151①ii).

다음에 국민주택채권의 매입금액은 저당권설정금액(또는 설정채권최고액)이 2천만 원 이상인 경우에 한하여, 저당권설정금액(또는 설정채권최고액)에 1,000

665) 현재 금융권에서 사용하는 근저당권설정계약서에는 근저당권설정비용 중 등록면허세와 지방교육세는 근저당권자가 부담하고 국민주택채권매입비는 채무자나 근저당권설정자가 부담하도록 되어 있다.

분의 10을 곱하여 산출하되, 만일 매입금액이 10억 원을 초과하는 경우에는 10억 원으로 한다(주택령 별표 12 부표 19 다). 다만 피담보채권의 증액을 수반하지 않는 기존저당권의 변경등기의 경우에는, 1건당 등록면허세액 3천 원(지세 28① i 마)과 지방교육세액 6백 원(지세 151①ii)만 납부하면 되고, 국민주택채권은 매입하지 않아도 된다. 위와 같은 기준을 적용하여 사례에 있어서 제1방식 내지 제3방식에 의한 경우의 근저당권설정비용을 산출하여 보면 다음과 같다.

① 제1방식의 경우

◦ X에 대한 제3순위근저당권(채권최고액 100,000,000원) 설정비용
- 등록면허세액 : 200,000원(100,000,000원 × 2/1,000)
- 지방교육세액 : 40,000원(200,000원 × 20/100)
- 국민주택채권 : 1,000,000원(100,000,000원 × 10/1,000)

계 1,240,000원

◦ X에 대한 제1순위 및 제3순위근저당권에의 Y의 목록추가비용
- 등록면허세액 : 6,000원(3,000원 × 2건)
- 지방교육세액 : 1,200원(3,000원 × 20/100 × 2건)

계 7,200원

총계 1,247,200원

② 제2방식의 경우

◦ Y에 대한 제1순위근저당권(채권최고액 100,000,000원) 설정비용
- 등록면허세액 : 200,000원(100,000,000원 × 2/1,000)
- 지방교육세액 : 40,000원(200,000원 × 20/100)
- 국민주택채권 : 1,000,000원(100,000,000원 × 10/1,000)

총계 1,240,000원

③ 제3방식의 경우

◦ X에 대한 제3순위근저당권(채권최고액 100,000,000원)설정비용
- 등록면허세액 : 200,000원(100,000,000원 × 2/1,000)

·지방교육세액 : 40,000원(200,000원 × 20/100)
·국민주택채권 : 1,000,000원(100,000,000원 × 10/1,000)
계 1,240,000원

◦ Y에 대한 제1순위근저당권(채권최고액 200,000,000원)설정비용
·등록면허세액 : 400,000원(200,000,000원 × 2/1,000)
·지방교육세액 : 80,000원(400,000원 × 20/100)
·국민주택채권 : 2,000,000원(200,000,000원 × 10/1,000)
계 2,480,000원
총계 3,720,000원

이상 살펴본 바와 같이 제3방식에 의하여 근저당권을 설정할 경우에는, 제1방식이나 제2방식에 의할 때보다 저당권의 설정비용 등이 3배정도 들기 때문에, 합리적이라고 할 수 없을 것이다.

[참고] 등기기재례

(1) X부동산(토지등기 234호의 등기부 을구)

순위번호	등 기 목 적	접 수	등 기 원 인	권리자 및 기타사항
1	근저당권설정	2001년 3월 11일 제36791호	2001년 3월 10일 설정계약	채권최고액 1억원 채무자 D전자(주) 서울 종로구 삼청동 ○번지 ○호 근저당권자 S은행 ○○○-○○-○○○○○○ 서울 중구 명동 ○번지 ○호 (취급지점 △△지점)
2	근저당권설정	2001년 6월 12일 37876호	2001년 6월 10일 설정계약	채권최고액 5천만 원 채무자 D전자(주) 서울 종로구 삼청동 ○번지 ○호 근저당권자 K은행 ○○○-○○-○○○○○○ 서울 중구 다동 ○번지 ○호 (취급지점 □□지점)

순위번호	등 기 목 적	접 수	등 기 원 인	권리자 및 기타사항
3	근저당권설정	2002년 4월 15일 제38892호	2002년 4월 14일 설정계약	채권최고액 1억 원 채무자 D전자(주) 서울 종로구 삼청동 ○번지 ○호 근저당권자 S은행 ○○○-○○-○○○○○○ 서울 중구 명동 ○번지 ○호 (취급지점 △△지점)

(2) Y부동산(토지등기 123호의 등기부 을구)

순위번호	등 기 목 적	접 수	등 기 원 인	권리자 및 기타사항
1	근저당권설정	2002년 4월 15일 제23456호	2002년 4월 14일 설정계약	채권최고액 2억원 채무자 D전자(주) 서울 종로구 삼청동 ○번지 ○호 근저당권자 S은행 ○○○-○○-○○○○○○ 서울 중구 명동 ○번지 ○호 (취급지점 △△지점)

(4) 제4방식

이 방식은 X부동산에 대한 제1순위근저당권에 Y부동산을 목록추가하지 않고, X·Y부동산을 공동담보로 채권최고액을 1억 원으로 하는 새로운 공동근저당권(이 때에는 X에 대하여는 제3순위, Y에 대하여는 제1순위가 됨)을 설정하는 경우이다. 이 방식에 의할 경우에도, 제2방식에 의할 경우의 단점 중의 하나인 X부동산의 담보가액 하락을 Y부동산의 담보가치 상승분으로 충당할 수 없는 문제점을 여전히 지니고 있다. 즉, 사례에서 X부동산의 가격이 5천만 원으로 하락하고, Y부동산의 가격이 2억 원으로 상승하였다고 하면, X부동산으로부터는 2억 원(제1순위 1억 원, 제3순위 1억 원)이 설정되어 있으나, 담보가치가 5천만 원 밖에 안되므로 5천만 원의 만족을 얻을 수 있게 되고, Y부동산으로부터는 담보가치는 2억 원이나 1억 원 밖에 설정되어 있지 않아 1억 원의 만족을 얻을 수 있게 되어, 결국 설정 당시는 2억 원의 담보가 가능하였으나, 설정후의 담보가치의 변동으로 1억5천만 원만을 담보할 수 있게 되는 것이다. 다만 이 방식이 제2방식의 경우와 다른 것은, 이상의 경우와는 반대로, X의 가격이 2억 원으로 상승하고 Y의 가격은 5천만 원으로 하락하였을 경우에는, 2억 원 모두를 담보할 수 있다는 점이다.

[참고] 등기기재례

(1) X부동산(토지등기 234호의 등기부 을구)

순위번호	등 기 목 적	접 수	등 기 원 인	권리자 및 기타사항
1	근저당권설정	2001년 3월 11일 제36791호	2001년 3월 10일 설정계약	채권최고액 1억원 채무자 D전자(주) 서울 종로구 삼청동 ○번지 ○호 근저당권자 S은행 ○○○-○○-○○○○○○ 서울 중구 명동 ○번지 ○호 (취급지점 △△지점)
2	근저당권설정	2001년 6월 12일 37876호	2001년 6월 10일 설정계약	채권최고액 5천만 원 채무자 D전자(주) 서울 종로구 삼청동 ○번지 ○호 근저당권자 K은행 ○○○-○○-○○○○○○ 서울 중구 다동 ○번지 ○호 (취급지점 □□지점)
3	근저당권설정	2002년 4월 15일 제38892호	2002년 4월 14일 설정계약	채권최고액 1억 원 채무자 D전자(주) 서울 종로구 삼청동 ○번지 ○호 근저당권자 S은행 ○○○-○○-○○○○○○ 서울 중구 명동 ○번지 ○호 (취급지점 △△지점) 공동담보 수원시 권선동 토지등기 제123호

(2) Y부동산(토지등기 123호의 등기부 을구)

순위번호	등 기 목 적	접 수	등 기 원 인	권리자 및 기타사항
1	근저당권설정	2002년 4월 15일 제23456호	2002년 4월 14일 설정계약	채권최고액 2억원 채무자 D전자(주) 서울 종로구 삼청동 ○번지 ○호 근저당권자 S은행 ○○○-○○-○○○○○○ 서울 중구 명동 ○번지 ○호 (취급지점 △△지점) 공동담보 서울시 삼청동 토지등기 제234호

(5) 제5방식

이 방식은 X부동산에 대한 제1순위근저당권을 그대로 두고, 이와 별개로 X·Y부동산을 공동담보로 채권최고액 1억 원으로 하는 새로운 공동근저당권(이 때에는 X에 대하여는 제3순위, Y부동산에 대하여는 제1순위가 됨)을 설정하고, 그 다음에 X부동산에 대한 제1순위근저당권에 공동담보로서 Y부동산을 추가(이 때에는 X에 대하여는 제1순위, Y에 대하여는 제2순위가 됨)하여 주는 경우이다.

이 방식에 의할 경우에는 제1방식에서 제4방식까지에서 발생하는 모든 문제점을 해소시킬 수 있다. 그러나 제2방식에서 제4방식에 의할 경우에 발생하는 문제점이, 왜 제5방식의 경우에 해소될 수 있는가에 대하여는 각각 관계부분에서 기술한 바 있으므로, 여기에서는 제1방식의 경우에 후순위저당권자의 보호에 관한 민법 제368조에 규정으로 인하여, S은행이 X부동산의 가액으로부터 제1순위로 우선변제 받을 수 있는 금액이 감소하게 되는 불이익이, 어떻게 제5방식의 경우에 해소될 수 있는지에 관하여만 살펴보기로 한다.

우선 X·Y부동산의 가격변동이 없다고 할 때에는, X부동산에 대한 제1순위근저당권과 Y부동산에 대한 제2순위근저당권이 채권최고액을 1억 원으로 하여 공동근저당관계를 이루게 되므로, 민법 제368조의 적용에 있어서, X·Y부동산에 대한 채권의 분담액을 정하기 위하여서는, Y부동산의 가격에서 제1순위로 저당권에 의하여 담보되는 1억 원의 채권액을 공제하여야 한다. 따라서 이 경우의 각 부동산에 대한 채권의 분담액은, X부동산이 1억 원이 되고, Y에는 분담액이 없게 된다. 또한 Y부동산에 대한 제1순위근저당권과 X부동산에 대한 제3순위 근저당권이 채권최고액을 1억 원으로 하는 공동근저당관계를 이루어 그 채권분담액을 결정하는 경우에도, X부동산에 대한 분담액은 없고 Y부동산만이 1천만 원 전액을 분담하게 된다. 왜냐하면 이 경우에도 위와 마찬가지로 X부동산의 가격에서 제1순위 및 제2순위 근저당금액을 공제하면 잔액이 마이너스로 되기 때문이다. 결국 A은행은 민법 제368조의 적용에 불구하고 2억 원 모두의 만족을 얻을 수 있다.

다음에 X·Y부동산의 가격변동이 있어 X부동산은 5천만 원으로 하락하고 Y부동산은 2억 원으로 상승하였다고 할 경우는 어떠한가. 이 경우에도 A은행은 X부동산에 대한 제1순위근저당권과 Y부동산에 대한 제2순위근저당권의 공동근저당관계에서, X·Y부동산에 대한 공동채권의 안분액인 X부동산으로부터 5천만 원과 Y부동산으로부터의 5천만 원 합계 1억 원의 만족을 구할 수 있고, Y부동산에 대한 제1순위근저당권과 X부동산에 대한 제2순위근저당권의 공동근저당관계에서 Y부동산으로부터 1억 원의 만족을 구할 수 있어 2억 원 모두의 만족을 얻을 수 있게 된다. 또한 X부동산은 2억 원으로 상승한 반면 Y부동산은 5천만 원으로 하락하였다고 할 경우에도, A은행은 X부동산에 대한 제1순위근저당권과 Y부동산에 대한 제2순위저당권의 공동근저당관계에서 X부동산으로부터 1억 원(Y에의 안분액은 없음)의 만족을 구할 수 있고, Y부동산에 대한 제1순위근저당권과 X부동산에 대한 제3순위근저당권의 공동근저당관계에서 X부동산으로부터 5천만 원 및 Y부동산으로부터 5천만 원의 합계 1억 원의 만족을 구할 수 있어 역시 2억 원 모두의 만족을 얻을 수 있게 된다.

따라서 제5방식에 의할 경우에는 민법 제368조의 적용으로 인하여 A은행이 불이익을 받는 경우란 없다고 할 것이다.

[참고] 등기기재례

(1) X부동산(토지등기 234호의 등기부 을구)

순위번호	등 기 목 적	접 수	등 기 원 인	권리자 및 기타사항
1	근저당권설정	2001년 3월 11일 제36791호	2001년 3월 10일 설정계약	채권최고액 1억원 채무자 D전자(주) 서울 종로구 삼청동 ○번지 ○호 근저당권자 S은행 ○○○-○○-○○○○○○ 서울 중구 명동 ○번지 ○호 (취급지점 △△지점)
1-1	1번 근저당권 담보추가	2002년 4월 19일 제38998호	2002년 4월 16일 설정계약	공동담보 수원시 권선동 토지등기 제123호
2	근저당권설정	2001년 6월 12일 37876호	2001년 6월 10일 설정계약	채권최고액 5천만 원 채무자 D전자(주) 서울 종로구 삼청동 ○번지 ○호 근저당권자 K은행 ○○○-○○-○○○○○○ 서울 중구 다동 ○번지 ○호 (취급지점 □□지점)

순위번호	등 기 목 적	접 수	등 기 원 인	권리자 및 기타사항
3	근저당권설정	2002년 4월 15일 제38892호	2002년 4월 14일 설정계약	채권최고액 1억 원 채무자 D전자(주) 서울 종로구 삼청동 ○번지 ○호 근저당권자 S은행 ○○○-○○-○○○○○○ 서울 중구 명동 ○번지 ○호 (취급지점 △△지점) 공동담보 수원시 권선동 토지등기 제123호

(2) Y부동산(토지등기 123호의 등기부 을구)

순위번호	등 기 목 적	접 수	등 기 원 인	권리자 및 기타사항
1	근저당권설정	2002년 4월 15일 제23456호	2002년 4월 14일 설정계약	채권최고액 2억원 채무자 D전자(주) 서울 종로구 삼청동 ○번지 ○호 근저당권자 S은행 ○○○-○○-○○○○○○ 서울 중구 명동 ○번지 ○호 (취급지점 △△지점) 공동담보 서울시 삼청동 토지등기 제234호
2	근저당권설정	2002년 4월 17일 제23457호	2002년 4월 16일 설정계약	채권최고액 1억 원 채무자 D전자(주) 서울 종로구 삼청동 ○번지 ○호 근저당권자 S은행 ○○○-○○-○○○○○○ 서울 중구 명동 ○번지 ○호 (취급지점 △△지점) 공동담보 서울시 삼청동 토지등기 제234호의 담보물에 추가

3. 결론

이상 살펴본 바에 의하면 사례의 경우의 근저당권설정방법으로는 제5방식이 가장 합당하다고 할 수 있다. 그러나 모든 경우에 이 제5방식이 적합한 것은 아니다. 왜냐하면 이 제5방식에 의할 경우에는 담보관계가 복잡하게 되어, 전문지식이 없는 사람의 입장에서 볼 때, 담보관계의 파악이 어려워지기 때문이다. 이 점은 담보물의 수가 많고 근저당권의 순위도 여러 순위에까지 이르는 경우를 생각하면 쉽게 이해될 수 있을 것이다.

따라서 채권보전에 지장이 없는 한 가급적 담보관계의 파악 및 관리가 용이한 방식을 취하여야 한다. 이러한 담보관계의 파악 및 관리의 간편이란 면에서 볼 때에는 제1방식이 가장 적합하다. 다만 제1방식의 경우에는 민법 제368조의 적용에 따른 불이익이 발생할 염려가 있다. 그러므로 추가담보물에 대한 근저당권의 설정은, 민법 제368조에 의한 불이익이 발생할 우려가 있을 때에는 그 담보물만 별도로 분리하여 제5방식에 의하되, 그러한 염려가 없는 담보물에 대하여는 제1방식으로 하는 것이 가장 타당하다고 할 수 있다. 특히 기존담보물에 후순위 근저당권자 등 물권적 이해관계자가 없을 경우에는 제1방식으로 하여야 함은 위의 설명에서 명백하다 할 것이다. 그리고 그 이외에 기존담보물에 후순위근저당권자 등이 있는 경우에도 제1방식에 의하여야 할 경우에 관하여 살펴보면 다음과 같다.

첫째는, 기존담보물의 담보가액과 추가담보물의 담보가액의 합계액이 선순위 공동근저당권자가 필요로 하는 담보가액과 후순위근저당권자의 채권최고액 및 선순위공동근저당권자의 추가대출 취급에 필요한 추가담보가액의 합계액 이상인 경우이다. 이 때에는 후순위근저당권자의 대위를 인정하더라도 잔여금액으로 채권의 만족을 얻을 수 있기 때문이다.

둘째는, 새로운 순위의 근저당권설정을 수반하지 않고 단순히 추가담보물을 기존의 공동근저당권에 목록추가하는 경우이다. 이 때에는 처음부터 민법 제368조에 의하여 선순위공동근저당권자에게 불이익이 발생한다는 것은 생각할 수 없다. 기설정되어 있는 선순위공동근저당권의 채권최고액만으로도 채권의 만족을 얻는데 지장이 없기 때문이다. 따라서 추가담보물에 대한 근저당권의 설정이 예상되는 경우에는, 기제공담보물에 대한 근저당권설정시에 그 채권최고액을 추가담보의 취득까지를 포함한 금액으로 하여 두고, 추가담보물에 대하여는 담보취득이 가능하게 되는 시점에서, 기설정하고 있는 공동근저당권에 목록추가하는 방식을 취하는 것이 좋다고 본다.

Ⅳ. 건축 중인 건물에 대한 근저당권설정청구권보전

1. 문제의 소재

담보대출의 경우 담보권취득은 대출실행 전에 하는 것이 원칙이다. 그러나 신축건물과 그 부지를 공동담보로 하는 건물 신축자금 대출의 경우에는, 대출실행 전에 동 건물에 담보권(근저당권)을 설정하는 것이 불가능하기 때문에, 대출실행 전에는 우선 그 부지인 토지에 대하여서만 소정비율에 따른 근저당권을 설정하고, 건물에 대하여는 완공되면 곧바로 소유권보존등기와 함께 위 토지근저당권에 공동담보로 추가하기로 약정을 맺어두고, 실제의 근저당권설정은 대출실행 후 동 건물이 완공될 때에 하도록 하는 예외를 인정하고 있다. 이 경우 토지를 대출실행 전에 취득하는 담보물이라는 의미에서 선취담보물이라 하고, 건물을 대출실행 후에 취득할 담보물이라는 의미에서 후취담보물이라고 한다.

건축 중인 건물을 후취담보로 하는 경우에는, 건축공사가 완료되었다고 하더라도 실제로 근저당권의 설정등기가 이루어지지 않는 한, 채권자로서는 그 건물로부터의 우선변제권을 확보할 수가 없다. 실무상은 건축 중에 있는 건물의 기성부분을 채권자의 소유로 하는 내용의 양도담보계약을 체결하여 두는 관행이 있으나, 이에 의하여 채권자가 건물의 기성부분에 대한 양도담보권자가 되는 것은 아니다. 건축 중에 있는 건물은 토지와 구분되는 독립된 건물로 인정받기 전까지는 토지의 구성부분으로서 토지의 일부분에 지나지 않아 토지와 구분하여 양도담보의 목적으로 할 수 없고(다만 이 경우는 토지저당권의 효력이 기성부분에 미치므로 문제가 되지 않는다), 건축공사가 어느 정도 진척되어 독립된 건물로 인정받게 된 후에야 비로소 토지와 구분되는 별개의 부동산으로서 양도담보의 목적으로 할 수가 있으나, 이 경우라도 부동산 양도담보권은 양도담보계약만으로 성립되는 것이 아니고 양도담보권자 앞으로 대상 목적물의 소유권이전등기가 있어야 성립되는 것인데, 소유권보존등기가 되지 않은 이른바 미등기인 상태에서는 그 성질상 소유권이전등기 자체를 할 수 없기 때문이다.

따라서 이와 같은 후취담보물에 대하여는 채권자가 채무자로부터 선순위의 근저당권을 설정받기 전까지는 담보권을 확보하였다고 할 수가 없다. 그 결과 채무자가 건축공사를 완료하여 소유권보존등기를 하고서도, 채권자에게 약정내용에 따른 선순위의 근저당권을 설정해주지 아니하고, 제3자에게 소유권이전하거나 또는 근저당권 등을 설정해주게 되면, 채권자로서는 채권보전에 큰 지장을 받게 된다. 그러므로 후취담보를 관리하는 채권자로서는 실제로 선순위의 근저당권을 취득할 때까지 채무자가 약정내용에 위배되는 행위를 하지 못하도록 주의와 관심을 가지고 적절히 대응해야만 한다.

선순위의 근저당권을 취득할 때까지 채무자가 약정내용에 위배되는 행위를 함으로써 채권의 보전에 지장이 초래되는 것을 방지하는 가장 확실한 수단은, 후취담보의 취득시까지 그에 상당하는 대담보(代擔保)를 취득하고 있다가 담보교체하는 것이라고 할 수 있다. 그러나 이 방법은 대규모의 공장건물과 같이 후취담보물의 가액이 너무 크다든가 하여 대담보의 제공이 곤란한 경우에는 취할 수가 없다. 따라서 이러한 경우에는 부득이 대담보의 취득 없이 대출실행하고서 건축공사의 진척상황에 주의를 기울이고 있다가, 건물의 완공으로 소유권보존등기가 가능해지면 채무자를 독려하여 신속히 소유권보존등기를 하게 함과 아울러 근저당권을 설정 받는 수밖에 없다.

그런데 대담보의 취득이 없는 때에는 채무자가 채권자 앞 근저당권설정에 협조하지 않는 경우가 생길 수 있으므로, 이하에서는 이러한 경우의 대응방안을 신축건물에 대하여 소유권보존등기가 되어 있는 경우와 되어 있지 않은 경우로 나누어 살펴보기로 한다.

2. 소유권보존등기가 되어 있는 경우

우리 부동산등기법은 등기신청에 관하여 「등기는 법률에 다른 규정이 없는 경우에는 등기권리자(登記權利者)와 등기의무자(登記義務者)가 공동으로 신청한다(부등 23①)」고 규정하고 있으므로, 후취담보물인 신축건물에 대한 근저당권설정도 등기권리자인 채권자와 등기의무자인 채무자의 공동신청으로 하여야 하는바, 건물의 완공과 소유권보존등기 후 채무자가 이미 약정한 근저당권설정의 공동신청에 불응하는 경우에는 문제가 생기게 된다.

그러나 이러한 경우를 예상하여 부동산등기법은 한편으로 위 공동신청의 원칙에 대한 예외로서 「상속, 법인의 합병, 그 밖에 대법원규칙으로 정하는 포괄승계에 따른 등기는 등기권리자가 단독으로 신청한다(부등 23③)」, 「판결에 의한 등기는 승소한 등기권리자 또는 등기의무자가 단독으로 신청한다(부등 23④)」고 규정하고 있다.

따라서 근저당권설정에 대한 채무자의 협력이 없어 공동신청을 할 수 없는 때에는, 당초의 근저당권설정약정에 의거하여 법원에 근저당권설정등기청구의 소를 제기하고 그 승소의 확정판결을 받은 후 근저당권설정등기신청서에 위 판결정본과 동 판결의 확정증명서를 첨부하여 채권자 단독으로 근저당권설정등기를 신청할 수가 있다.

그런데 근저당권설정등기청구의 소를 제기하여 승소의 판결이 확정되기까지에는 상당한 기간이 걸리게 되므로, 그 사이에 채무자가 동 신축건물을 제3자에게 양도하여 소유권이전등기를 하거나 또는 다른 채권자에게 담보 제공하면, 그 후 승소판결을 받더라도 앞의 경우는 근저당권설정의 대상 목적물이 없어져서 근저당권설정이 불가능하게 되고, 뒤의 경우는 근저당권의 설정은 가능하나 다른 채권자의 담보권보다 후순위가 되게 되므로, 당초의 담보목적을 달성할 수가 없게 된다. 따라서 이러한 근저당권설정등기청구의 소를 제기할 경우에는 미리 동 청구권의 보전을 위한 조치를 취하여 둘 필요가 있다.

근저당권설정등기청구권을 보전하는 수단으로는 민사집행법상의 처분금지가처분제도(민집 300, 305)와 부동산등기법상의 가등기를 명하는 가처분명령제도(부등 89, 90)를 들 수 있다. 참고로 양 제도의 차이점에 관하여 살펴보면 다음과 같다.

첫째, 앞의 경우는 특정물에 관하여 일정한 청구권(예컨대 근저당권설정등기청구권)을 가지는 채권자가 장래의 집행보전을 위하여, 위 특정물에 관한 현상을 유지할 것을 목적으로 채무자의 처분을 금하고 그 보관에 필요한 조치를 취하는 보전처분이고, 뒤의 경우는 특정물에 대하여 그 처분을 금지시키기 위한 것이 아니라, 장래에 이루어질 특정등기(예컨대 근저당권설정등기)의 순위를 보전시키기 위하여 내리는 법원의 가등기명령을 말한다.

둘째, 앞의 경우는 그 절차에 관하여 민사집행법에 자세한 규정이 있으나, 뒤의 경우는 부동산등기법에 아무런 규정이 없다. 여기에서 가등기를 명하는 가처분명령의 절차에 관하여도 민사집행법의 처분금지가처분에 관한 규정이 준용되는지의 문제가 제기된다. 그러나 가등기를 명하는 가처분명령은 권리보전이라는 의미에서는 민사집행법상의 가처분과 유사한 효과를 기대할 수 있으나, 그 절차와 구조상으로는 민사집행법상의 처분금지가처분과는 달리, 당사자간의 이해관계의 대립이 있음을 요건으로 하지 아니하는 보전처분으로서, 그것도 본등기의 순위보전의 효력밖에 없는 비송사건에 속하는 것이므로, 민사집행법의 가처분에 관한 규정이 준용되지 않고, 그 성질에 반하지 않는 범위에서 비송사건절차법의 규정이 준용된다는 대법원의 판례이다.666)

셋째, 신청사유의 소명에 있어서 앞의 경우는 그렇게 엄격성을 요구하고 있지 않으나, 뒤의 경우는 그러하지 아니하다. 대법원의 판례도 부동산등기법상의 가등기를 명하는 가처분명령은 민사집행법상의 가처분과는 성질이 달라, 수소법원은 그 가등기원인에 대한 소명의 취급에 신중을 기할 필요가 있고, 그 소명이 충분한지 아닌지를 조사 검토하여야 할 것으로 하고 있다. 이것은 가등기를 명하는 가처분명령이 민사집행법상의 가처분과는 달리 담보의 제공을 요하지 않고, 가등기를 허가하는 결정에 대해서도 불복신청을 할 수 없는 일방적인 절차인 까닭에 기인하는 것으로 생각된다.

넷째, 앞의 경우는 가처분으로 인하여 채무자가 입을 우려가 있는 손해에 대하여 신청자로 하여금 담보를 제공하게 하고(민집 280, 301), 동 담보에 관하여 채무자에게 질권자로서의 지위를 부여하고 있으나(민소 123), 뒤의 경우는 이러한 담보제도가 없다.

다섯째, 앞의 경우는 가처분채무자가 동 가처분에 대하여 이의신청을 함으로써 불복할 수 있으나(민집 283, 301), 뒤의 경우는 가등기의무자에게 이러한 불복방법이 인정되어 있지 않다. 또한 앞의 경우는 가처분채권자가 가처분집행을 한 채 가처분채무자를 상대로, 동 가처분의 원인이 되는 청구권의 이행을 요구하는 소송(즉, 근저당권설정등기청구의 소)을 제기하지 않으면, 가처분채무자는 가처분법원에 위 소송을 제기하도록 채권자에게 명하여 줄 것을 신청하여, 동 가처분의 원인이 되는 청구권의 존재에 관하여 다툴 수 있으나(민집 287), 뒤의 경우의 가등기의무자는 가등기를 명하는 가처분명령에 의거하여 가등기가 이루

666) 대결 1973.8.29. 73마657 참조.

어졌을 경우에도, 스스로 가등기를 명하는 가처분명령의 원인이 되는 청구권이 부존재함을 확인하는 소(즉, 근저당권설정등기청구권부존재확인의 소)를 제기하여 다툴 수밖에 없다.

여섯째, 처분금지가처분의 등기는 가처분을 한 법원이 채권자의 신청으로 관할등기소에 촉탁함으로써 이루어지나(민집 305), 가등기를 명하는 가처분명령의 등기는 가등기권리자가 가등기를 명하는 가처분명령정본을 첨부하여 관할등기소에 신청함으로써 이루어진다(부등 23④).

3. 소유권보존등기가 되어 있지 않은 경우

(1) 개설

미등기건물이라도 채무자의 소유로서 토지와 구분되는 독립한 건물로서의 외형을 갖추고 있으면 처분금지가처분을 할 수 있다. 다만 부동산에 대한 처분금지가처분의 효력은 법원의 촉탁으로 관할등기소가 가처분등기를 하여야 발생하는 것이므로 미등기건물을 대상으로 하는 처분금지가처분을 하려면 그에 앞서 그 미등기건물을 채무자 명의로 소유권보존등기 하는 절차를 선행시켜야 한다.

즉 미등기건물을 대상으로 하는 처분금지가처분은 법원으로부터 가처분등기를 촉탁 받은 관할등기소가 촉탁 받은 가처분등기에 앞서 직권으로 미등기건물의 소유권보존등기를 하여야 한다는 점에서 기 등기건물을 대상으로 하는 처분금지가처분과 구분된다. 이하에서는 미등기건물을 대상으로 하는 처분금지가처분의 신청시 미등기건물의 소유권보존등기를 위하여 그 신청서에 붙여야 하는 서류와 이후의 처분금지가처분등기절차에 관하여 알아보기로 한다.

(2) 처분금지가처분신청서에 붙여야 하는 서류

가. 가처분채무자의 소유임을 증명할 서류

미등기건물에 대한 처분금지가처분신청서에는 그 미등기건물이 가처분채무자의 소유임을 증명할 서류[667], 그 건물의 지번·구조·면적을 증명할 서류 및 그 건물에 관한 건축허가 또는 건축신고를 증명할 서류를 붙여야 한다(민집 301, 291, 81①ii단). 이는 법원이 처분금지가처분명령을 하는 경우에 그 처분금지가처분등기에 앞서 미등기건물의 소유권보존등기를 할 수 있도록 하기 위한 것이다.

나. 공공기관에 청구하여 발급받은 증명서류

가처분채권자가 처분금지가처분의 대상인 미등기건물이 가처분채무자의 소유임을 증명할 서류, 그 건물의 지번·구조·면적을 증명할 서류 및 그 미등기건물에 관한 건축허가 또는 건축신고를 증명할 서류를 구할 수 없는 때에는 공적 장부를 주관하는 공공기관에 이를 증명하여 줄 것을 청구하여(민집 301, 291, 81②) 그 공공기관으로부터 발급받은 증명서류를 붙이면 된다. 공적 장부란 시·군에 비치되는 재산세과세대장(지세 121), 건축허가권자가 건축물의 용도별 및 월별로 작성·관리하는 건축허가(신고)대장(건축규 8②) 등을 의미하고, 공공기관이란 재산세과세대장의 작성자(지세 121) 또는 건축물의 건축허가권자(건축 11)인 특별자치도지사 또는 시장·군수·구청장 등을 의미한다.

다. 법원에 대한 조사신청으로 제출을 생략할 수 있는 증명서류

가처분채권자가 미등기건물의 지번·구조·면적을 증명할 수 없는 때에는, 처분금지가처분신청과 동시에 그 조사를 집행법원에 신청함으로써(민집 301, 291, 81③) 그 증명서 제출에 갈음할 수 있다. 가처분채권자가 미등기건물의 지번·구조·면적의 증명을 신청한 때에는 법원은 집행관에게 그 조사를 하게 하여야 한다(민집 301, 291, 81④). 법원의 조사명령을 받은 집행관은 미등기건물의 지번·구조·면적의 조사를 위하여 건물에 출입할 수 있고, 가처분채무자 또는 건물을 점유하는 제3자에게 질문하거나 문서를 제시하도록 요구할 수 있다(민집 301, 291, 82①). 이 경우 집행관은 건물에 출입하기 위하여 필요한 때에는 잠긴 문을 여는 등 적절한 처분을 할 수 있다(민집 301, 291, 82②).

법원의 조사명령을 받은 집행관이 미등기건물을 조사한 때에는 ① 사건의 표시 ② 조사의 일시·장소와 방법 ③ 건물의 지번·구조·면적 ④ 조사한 건물의 지

667) 실무에서는 미등기건물이 채무자의 소유임을 증명할 서류로 통상 건축허가서나 건축신고서를 제출받고 있고 미흡할 경우 건축도급계약서 등을 추가로 받고 있다(법원실무제요 민사집행II 11).

번·구조·면적이 건축허가 또는 건축신고를 증명하는 서류의 내용과 다른 때에는 그 취지와 구체적인 내역을 적은 서면에 건물의 도면과 사진을 붙여 정하여진 날까지 법원에 제출하여야 한다(민집규 42①).

가처분채권자가 제출한 미등기건물이 가처분채무자의 소유임을 증명할 서류, 그 미등기건물의 지번·구조·면적을 증명할 서류 및 그 미등기건물에 관한 건축허가 또는 건축신고를 증명할 서류 또는 법원의 조사명령을 받은 집행관이 제출한 서면에 의하여, 처분금지가처분신청을 한 미등기건물의 지번·구조·면적이 건축허가 또는 건축신고된 것과 동일하다고 인정되지 아니하는 때에는 법원은 가처분신청을 각하하여야 한다(민집규 42②). 구체적인 사안에서 처분금지가처분신청을 한 미등기건물의 지번·구조·면적이 건축허가 또는 건축신고된 것과 동일한 것인지의 여부는 법원이 사회통념에 따라 개별적으로 판단하는 수밖에 없다.

(3) 처분금지가처분의 등기절차

부동산에 대한 처분금지가처분의 집행은 처분금지가처분의 재판에 관한 사항을 등기부에 기입하는 방법으로 하며, 등기부에의 기입은 가처분재판을 한 법원의 촉탁에 따라 등기관이 직권으로 한다(민집 301, 293).

등기관이 미등기부동산에 대하여 법원의 촉탁에 따라 처분금지가처분등기를 할 때에는 그에 앞서 직권으로 소유권보존등기를 하고, 처분제한의 등기를 명하는 법원의 재판에 따라 소유권의 등기를 한다는 뜻을 기록하여야 하는데(부등 66①), 이 경우의 소유권보존등기에는 부동산등기법 제65조의 적용이 배제된다(부등 66②본).[668] 다만 소유권보존등기를 하는 미등기건물이 건축법상 사용승인을 받아야 할 건물임에도 사용승인을 받지 아니하였다면 그 사실을 표제부에 기록하여야 한다(부등 66②단). 그리고 소유권보존등기 후 건축법상 사용승인이 이루어진 경우에는 그 건물 소유권의 등기명의인은 1개월 이내에 건축법상 사용승인을 받아야 할 건물임에도 사용승인을 받지 아니하였다는 기록에 대한 말

668) 부동산등기법 제65조에 의하면 미등기건물의 소유권보존등기는 ① 건축물대장에 최초의 소유자로 등록되어 있는 자 또는 그 상속인, 그 밖의 포괄승계인 ② 확정판결에 의하여 자기의 소유권을 증명하는 자 ③ 수용(收用)으로 인하여 소유권을 취득하였음을 증명하는 자 ④ 특별자치도지사, 시장, 군수 또는 구청장(자치구의 구청장을 말한다)의 확인에 의하여 자기의 소유권을 증명하는 자의 신청에 따라 하도록 되어 있다.

소등기를 신청하여야 한다(부등 66③).

그러나 이상과 같은 절차에 의한 소유권보존등기 및 처분금지가처분등기가 모든 미등기건물을 대상으로 하여 가능한 것은 아니다. 이에 의하여 소유권보존등기를 할 수 있는 미등기건물은 완공된 건물로서 건축법에 의한 건축신고 또는 건축허가를 적법하게 마쳤으나 사용승인을 얻지 못함으로써 부동산등기법 제131조에 의하여 소유권보존등기신청을 할 수 없는 것에 한한다. 건축신고나 건축허가 절차를 마치지 않은 무허가건물이나 미완성건물에 대하여서까지 소유권보존등기를 할 수 있는 것으로 하면 불법 건축물이 양산되어 거래됨으로써 건축물관리에 혼란이 초래될 뿐만 아니라 그 소유관계를 둘러싸고 이해당사자 사이의 법적분쟁을 일으킬 염려가 있기 때문이다.

11 부실채권정리의 특별절차와 근저당권

Ⅰ. 개설

Ⅱ. 파산절차

Ⅲ. 회생절차

Ⅳ. 개인회생절차

Ⅴ. 협의의 임의정리절차

Ⅵ. 기업구조조정촉진법에 의한 채권금융기관 관리절차

Ⅰ. 개설

변제기가 도래한 채무를 이행하지 않는 채무자에 대하여 언제나 민사집행법에 의한 강제집행절차를 취해서만 채권의 회수를 도모할 수 있는 것으로 하면, 채무자의 여러 재산에 독립된 여러 개의 강제집행절차가 각 별로 개시됨으로써 비용과 시간의 낭비를 가져와 비능률적일 뿐만 아니라 여러 채권자들 사이에 불공평을 초래할 수가 있다. 또한 어떤 채무자는 장래가 유망해서 채권자들이 채권행사에 관하여 일부 양보를 하면 갱생을 도모하여 더 많은 채무를 이행할 수 있음에도 바로 강제집행절차를 취함으로써 그 기회를 잃게 되어 채권자나 채무자 모두에게 불리하게 작용할 수가 있다.

따라서 채무를 이행하지 못하는 채무자에 대하여는 민사집행법에 의한 강제집행절차 이외에도, 채무자가 처해있는 상황에 적합한 다른 특별한 절차를 마련하여 실시할 필요가 있다. 그러한 특별한 절차로는 그 내용을 법률이 정하고 있는 법정정리절차와 채무자와 채권자들 사이의 합의로 정하게 되는 임의정리절차가 있다. 법정정리절차는 채무자회생 및 파산에 관한 법률에 의한 파산절차와 회생절차 및 개인회생절차로 나누어 볼 수 있고, 임의정리절차는 협의의 임의정리절차와 기업구조정촉진법에 의한 채권금융기관의 관리절차로 나누어 볼 수 있다.

법정정리절차 중 파산절차는 법원의 감독 하에 파산관재인이 채무자의 총재산을 환가(현금화)하여 모든 채권자에게 공평하게 분배하는 방식이다. 그리고 회생절차는 채무자가 사업의 계속에 현저한 지장을 초래하지 아니하고는 변제기에 있는 채무를 변제할 수 없거나 채무자에게 파산의 원인인 사실이 생길 염려가 있는 경우에 채권자·주주·지분권자 등 이해관계인의 법률관계를 조정하여 채무자 또는 그 사업의 효율적인 회생을 도모하는 방식이고, 개인회생절차는 재정적 어려움으로 인하여 파탄에 직면하고 있는 개인채무자로서 장래 계속적으로 또는 반복하여 수입을 얻을 가능성이 있는 자에 대하여 채권자 등 이해관계인의 법률관계를 조정함으로써 채무자의 효율적 회생과 채권자의 이익을 도모함을 목적으로 하는 재판상의 절차를 말한다.

임의정리절차 중 협의의 임의정리절차는 법원의 관여 없이 순수하게 채권자와 채무자 사이의 합의만으로 진행하는 절차이다. 이에 대하여 기업구조조정촉진법에 의한 채권금융기관의 관리절차는 일정규모에 해당하는 기업을 대상으로 채권금융기관으로 하여금 금융위원회가 정하는 기준에 따라 정기적으로 거래기업의 신용위험을 평가토록 하여, 부실징후기업으로 판정된 때에 그 거래기업에 대하여 기업구조조정촉진법에 의하여 진행하는 절차이다.

이하에서는 이들 법정정리절차와 임의정리절차에 있어서의 근저당권자의 지위에 관하여 설명하기로 한다.

Ⅱ. 파산절차

1. 파산절차의 의의

파산절차라 함은 어떠한 자가 경제적으로 파탄에 이르러 그의 변제능력으로 총 채권자의 채무를 완제할 수 없는 상태에 이르렀을 때, 법원이 선임한 파산관재인으로 하여금 그 채무자의 전 재산을 관리·환가(현금화)하게 하여, 총채권자에 대하여 공평한 금전적 만족을 주는 것을 목적으로 하는 재판상의 절차를 말한다.

채무자가 변제자력이 부족하여 총 채권자에게 완전한 만족을 줄 수 없는 때에, 여러 채권자가 채무자의 각종 재산에 대하여 별개로 각각의 강제집행절차(개별집행)를 취하게 되면, 중복집행으로 인한 비용과 시간의 낭비를 초래할 뿐만 아니라 채권자간에 불공평한 결과를 가져오게 된다. 또한 채무자로서도 여러 집행절차에 대응하여야 하는 결과 정신적으로나 경제적으로 커다란 압박감을 받게 되고, 나아가 평생 동안 채무의 굴레에서 벗어날 수 없어 재기의 기회를 가질 수가 없게 된다. 파산절차는 바로 이러한 채권자간의 불공평을 해소하고 채무자에게 갱생의 기회를 주기 위하여 마련된 제도라고 할 수 있다.

파산절차는 다음과 같은 2단계로 구분할 수 있다. 제1단계는 파산신청에 대하여 법원이 파산원인의 유무를 심리하고, 그 원인이 있다고 인정하는 경우, 파산선고를 하는 절차이고, 제2단계는 파산관재인이 선임되고, 채무자의 모든 재산을 파산재단으로 하여 파산관재인이 점유·관리하는 한편, 채권의 신고를 받아 조사·확정한 후 파산재단을 환가하여 채권자에게 분배하는 절차이다. 제1단계의 절차를 파산선고절차라 하고, 제2단계의 절차를 파산집행절차라고 한다.

2. 파산절차상 근저당권자의 지위

(1) 별제권자

근저당권자는 파산절차상 별제권자로서의 지위를 가진다. 별제권은 파산재단에 속하는 특정의 재산으로부터 파산절차에 의하지 않고 우선적으로 변제받는 권리이다. 근저당권 등의 담보물권은 채무자의 경제상태가 악화된 경우에 대처하기 위한 것이므로 담보물권설정자(대부분의 경우 채무자)가 파산하여도 원칙적으로 그 효력에 영향을 받지 않고 목적물상에 효력을 미칠 수 있는 것이다.

별제권을 가지는 자는 동시에 파산채권자인 것이 보통이지만, 위에서 본 것처럼 별제권은 원래 파산재단소속의 특정의 재산에 대한 담보물권의 효력·작용인 것이므로, 파산채권자가 파산재단 이외의 재산상에 근저당권을 가지고 있을 때에는 별제권자로 되지 않는다. 예컨대 S은행의 A에 대한 여신채무를 담보하기 위하여 D가 그 소유부동산상에 근저당권을 설정하였다가 A가 파산한 경우에 S은행의 근저당권은 별제권이 아닌 것이다. 반면에 파산채권자가 아니더라도 파산재단소속의 재산상에 근저당권을 가지는 자(예컨대 파산자가 타인의 채무담보를 위해 물상보증을 한 경우)는 역시 별제권자로 된다.

(2) 파산자의 재산에 대한 근저당권

가. 임의경매

별제권은 파산절차에 의하지 아니하고 행사한다(채회파 412). 즉, 별제권은 별제권의 기초인 담보물권에 인정되는 권리실행방법에 의하여 행사할 수 있다. 따라서 근저당권자는 근저당목적물에 대하여 파산절차와는 별개로 민사집행법에서 규정하고 있는 임의경매의 방법으로 그 권리를 행사할 수 있다.

피담보채권이 파산채권인 때는 기한부채권이어도 파산선고와 동시에 변제기에 도달한 것으로 보기 때문에(채회파 425) 바로 근저당권을 행사할 수 있다. 그러나 파산자가 물상보증인인 경우 그 피담보채권은 파산채권이 아니므로 채무자회생 및 파산에 관한 법률 제425조의 적용대상이 되지 않는다. 따라서 이 경우 근저당권자는 파산관재인과의 사이에 별도의 계약을 하지 않는 한, 변제기가 도래할 때까지는 근저당권을 행사할 수 없다.

별제권에 의하여 우선변제를 받는 액은 별제권의 기초인 근저당권에 의하여 담보되는 채권의 범위에 따라 결정된다(민 334, 360 참조). 따라서 파산선고 후의 이자처럼 후순위청구권으로 되는 것(채회파 446① i)까지 우선변제를 받을 수가 있다. 그리고 근저당권의 존부에 관하여 다툼이 있을 때는 파산관재인과 통상의 소송으로 해결하여야 하며, 파산선고시에 계속하고 있는 임의경매절차는 근저당목적물에 대하여 그대로 속행된다.

나. 파산관재인의 환가와의 관계

근저당자가 별제권인 근저당권을 행사하지 않는 때는 파산관재인은 민사집행법에 의하여 근저당목적물을 환가할 수 있고 근저당권자는 이를 거절할 수 없다(채회파 497①). 또한 파산관재인은 근저당권이 붙어 있는 채로 목적물을 임의매각할 수도 있다. 따라서 파산관재인으로서는 이 방법에 의하든 또는 근저당권자에게 적당한 가격으로 매입하게 하여서 그 매각대가와 피담보채권액과의 차액을 지급하게 하는 방법에 의하든 선택할 수가 있다.

파산관재인이 민사집행법이 규정하는 방법으로 환가하는 경우 근저당권자는 그 환가금에서 우선변제를 받게 되겠지만, 그 받을 금액이 아직 확정되지 아니한 때는 파산관재인은 대금을 따로 임치하여야 하며 근저당권은 그 대금 위에 존속한다(채회파 497②). 만약 파산관재인이 임치하지 아니하여 파산재단에 편성된 때는 근저당권자는 재단채권으로서 임치를 청구할 수 있다(채회파 473 v).

근저당권자가 법정의 방법 이외의 특별한 처분방법(예를 들면, 임의매각이나 목적물을 평가액으로 변제에 충당하는 것 등)으로 근저당목적물을 처분하는 권리를 가지는 때는 이를 존중하지 않으면 안되므로 파산관재인은 근저당권자가 그 처분을 할 기간을 법원에 신청할 수 있다. 근저당권자가 그 기간내에 처분하지 아니할 때에는 특별처분권능을 잃게 되며 파산관재인이 환가할 수 있게 된다(채회파 498).

다. 근저당권자의 파산채권행사(부족액책임주의)

근저당권자는 그 근저당권을 포기한 경우를 제외하고는 근저당권을 행사하여 변제받지 못한 차액(부족액)에 대하여서만 파산채권자로서 권리를 행사할 수 있다(채회파 413). 이는 별제권을 가진 채권자가 별제권의 행사와는 별도로 그 피담보채권 전액에 관하여 다른 파산채권자와 함께 파산재단으로부터 비례적 변제를 받을 수 있는 것으로 하면 한 개의 채권을 이중으로 행사하는 것이 되어 불합리하기 때문에 규정하게 된 것으로, 무담보채권자의 보호를 위하여 일반의 책임재산에 대한 집행을 제한하고 있는 민법 제340조 제1항, 제370조와 같은 취지의 것이라 할 수 있다.

별제권자에 대한 위와 같은 책임주의를 부족액책임주의라고 한다. 그러나 이러한 부족액책임주의는 별제권의 대상 목적물이 파산자의 소유에 속하여 있는 경우에 한하여 적용된다. 따라서 파산관재인이 별제권의 대상 목적물을 제3자에게 처분한 때에는 그 재산은 더 이상 파산자의 소유에 속하는 것이 아니므로 별제권의 대상 목적물에서 벗어나게 되고 그에 따라 그 담보권자는 피담보채권 전액에 관하여 파산재단으로부터 비례적 변제를 받을 수 있게 된다.

별제권은 파산절차에 의하지 않고 행사할 수 있으므로 별제권의 행사에 의하여 완전히 만족을 받을 수 있는 한, 별도로 파산채권자로서 신고하여 파산절차에 참가할 필요는 없지만, 부족액에 관하여 파산채권으로서 권리행사를 하려고 하는 경우에는 채권액, 별제권의 목적 및 별제권의 행사에 의하여 변제를 받지 못하는 채권액(예정부족액)을 법원에 신고하여야 한다(채회파 447②). 이 경우 채권조사는 채권액 및 예정부족액에 관하여 행한다(채회파 450 참조).

채권조사의 결과 부족액이 확정되어도 그것은 어디까지나 잠정적인 것이고 배당과의 관계에서는, 각 중간배당의 제외기간 내에 목적물의 처분에 착수한 것을 증명하고 동시에 그 채권의 잔액을 소명하지 않으면 그 배당에서 제외된다(채회파 512②). 또한 이 증명과 소명을 한 때에도 목적물의 처분종료에 의한 잔액이 확정되는 때까지는 배당액은 임치되며(채회파 519iii), 최후의 배당의 제외기간 내에 처분을 종료하여 확정된 부족채권액을 증명하지 않으며 완전히 배당에서 제외되게 된다(채회파 525). 또한 이전에 임치해둔 금액도 다른 채권자에의 배당으로 돌려진다(파산 526).

(3) 파산자 이외의 자의 재산에 대한 근저당권

파산채권자가 파산자 이외의 자의 재산에 대하여 근저당권을 가진 경우에는 그 근저당권은 별제권이 아니므로 이른바 부족액책임주의가 적용되지 않는다. 따라서 이 경우 근저당권자는 별제권의 행사에 불구하고 파산채권 전액을 가지고 파산절차에 참가할 수 있을 뿐만 아니라 파산절차에 참가하는지의 여부와 관계없이 별제권인 근저당권을 실행하여 그 담보채권을 변제받을 수 있다.

문제는 이 경우 근저당권설정자의 지위이다. 우선 파산채권자가 파산채권을 신고하기 전에 근저당권설정자가 근저당채무 전부를 대위변제한 때에는 근저당권설정자는 파산자에 대한 구상채권을 가지고 파산절차에 참가하면 된다. 그리고 채권 일부의 대위변제가 있는 때에는 근저당권자는 남은 채권을 가지고, 근저당권설정자는 대위변제한 채권을 가지고 각자 파산절차에 참가하면 된다.

이에 대하여 아직 대위변제가 없어 파산채권자가 채권신고 하여 파산절차에 참가한 때에는 근저당권설정자가 장래의 구상채권을 가지고 파산절차에 참가할 수 없다. 예컨대 S은행의 A에 대한 여신채무를 담보하기 위하여 D가 그 소유 부동산상에 근저당권을 설정하였다가 A가 파산한 경우에 S은행이 그 채권의 전부에 관하여 파산채권자로서의 권리를 행사하는 때에는 D는 장래의 구상채권을 가지고 파산절차에 참가하지 못하는 것이다. 양자의 권리행사를 인정하면 동일 급부 채권에 대하여 파산채권자인 S은행과 근저당권설정자인 D에게 중복하여 권리행사를 인정하는 불합리한 결과를 가져오기 때문이다.

그러나 S은행이 그 채권의 전부에 관하여 파산채권자로서의 권리를 행사하지 않는 때에는, 근저당권설정자인 D는 파산선고 당시 아직 담보채무를 대위변제하고 있지 않고 있다 하더라도, 장차 담보채무를 대위변제하면 취득하게 될 장래의 구상채권 전액을 가지고 파산절차에 참가할 수 있다. 또한 D는 S은행이 파산절차에 참가하지 않거나 또는 권리의 신고를 취하하는 경우에 대비하여 그 불참가나 취하를 정지조건으로 하여 예비적 신고를 하는 방법으로 파산절차에 참가할 수 있다. 이와 같은 신고는 파산채권자와 근저당권설정자에게 중복하여 권리행사를 인정하는 것이 아니기 때문이다.

그리고 파산선고 후 D가 S은행에 담보채무를 대위변제한 때에는 그 변제의 비율에 따라 S은행을 대위하여 그 권리를 행사할 수 있게 된다. 그러나 이 경우 D가 S은행에 대위할 수 있기 위하여서는 채권전액에 관하여 S은행에게 만족을 주어야 한다. 일부변제의 경우에도 그 변제액에 상응하는 대위를 인정하는 것은 「여럿의 채무자가 각각 전부의 채무를 이행하여야 하는 경우 그 채무자의 전원 또는 일부가 파산선고를 받은 때에는 채권자는 파산선고시에 가진 채권의 전액에 관하여 각 파산재단에 대하여 파산채권자로서 권리를 행사할 수 있다」고 규정하고 있는 채무자회생 및 파산에 관한 법률 제428조에 저촉되기 때문이다.

따라서 여기에서 변제의 비율에 따라 채권자를 대위하여 그 권리를 행사한다고 하는 것은 2인 이상의 구상권자가 있는 경우에 각 구상권자가 그 변제액의 비율에 따라 채권자를 대위한다는 것을 의미하는 것으로 보아야 한다.

III. 회생절차

1. 회생절차의 의의

회생절차라 함은 채무자가 사업의 계속에 현저한 지장을 초래하지 아니하고는 변제기에 있는 채무를 변제할 수 없거나 채무자에게 파산의 원인인 사실이 생길 염려가 있는 경우에 채권자·주주·지분권자 등 이해관계인의 법률관계를 조정하여 채무자 또는 그 사업의 효율적인 회생을 도모하는 제도를 말한다(채회파 1, 34①).

회생절차에 있어서는 채무자 또는 사업의 효율적인 회생을 도모하기 위하여 채권자·주주·지분권자 기타 이해관계인의 권리내용에 대하여 광범위한 변경이 가하여진다. 즉, 회생절차는 현재의 채무자 재산으로 이해관계인을 만족시키려고 하는 것이 아니라 채무자에 대하여 수익을 올릴 수 있는 여건을 만들어 줌으로써 기업을 재건시켜 그 결과로서 채무자의 이해관계인을 보호하고자 하는 절차이다.

따라서 회생절차가 개시되면 채권자는 원칙적으로 절차개시 전의 원인으로 취득한 채권을 가지고서는 회생계획에 의하여서만 권리행사를 할 수 있게 된다.

뿐만 아니라 회생계획이 확정되면 이 회생계획에서 인정되지 아니한 이해관계인의 권리는 모두 실권되므로 채무자는 이후 부담이 가벼워진 상태에서 기업을 경영할 수 있게 된다. 또한 채무자는 기업경영에 필요하지 아니하는 유휴자산을 처분하여 채권자에 대한 변제자금과 기업운영자금을 조달하는 한편, 원할한 기업경영을 통하여 수익을 올림으로써 기업의 갱생을 도모하게 되는 것이다.

2. 회생절차상 근저당권자의 지위

(1) 회생담보권자

근저당권자는 회생절차상 회생담보권자로서의 지위를 가진다. 회생담보권이란 회생채권이나 회생절차개시 전의 원인으로 생긴 채무자 이외의 자에 대한 재산상의 청구권으로서 회생절차개시 당시 채무자의 재산상에 존재하는 유치권·질권·저당권·양도담보권·가등기담보권·전세권 또는 우선특권으로 담보된 범위의 것을 말한다(채회파 141①본).

(2) 근저당권자의 회생절차상의 권리

가. 회생절차참가권

근저당권자는 그가 가지고 있는 근저당권에 기하여 회생담보권자로서 회생절차에 참가할 수 있다(채회파 141③). 회생담보권자로서 회생절차에 참가한다는 것은 회생채권자가 회생절차에 참가하는 것과 마찬가지로 첫째, 그 피담보채권에 관하여 회생계획에 정하는 바에 따라 금전·유가증권(주권·사채) 등의 분배를 받을 수 있고 둘째, 이와 같은 회생계획을 성립시키는데 있어서 채권액에 따라서 발언권이 부여되는 것을 의미한다.

이와 같이 근저당권자는 회생절차에 참가할 수 있지만 개별적으로 변제를 받을 수 없는 것은 물론 파산의 경우와 달리 별제권도 인정되지 않는다. 그러나 회생절차 내에 있어서는 일반채권자나 기타 이해관계인에 비하여 유리한 취급을 받는다. 즉, 회생계획의 작성 및 결의를 위하여 근저당권자는 독립의 조로 분류되며(채회파 236② i) 회생계획안의 가결에 있어서는 4분의 3 이상의 다수, 경우에 따라서는 5분의 4 이상의 동의를 요하도록 되어 있어(채회파 237 ii) 다른 권리에 있어서 보다 가결요건이 가중되어 있다. 또한 실체적으로도 회생계획에 있어서 근저당권자는 회생담보권자로서 회생채권자에 비하여 유리하게 취급하여야만 공정·형평의 원칙에 합당한 것이 된다(채회파 217).

나. 회생담보권으로 인정되는 범위

근저당권자는 그 피담보채권액 중 담보목적물의 가액의 범위(선순위의 담보권이 있는 때에는 그 담보권으로 담보된 채권액을 담보권의 목적의 가액으로부터 공제한 금액을 말한다) 내에서만 회생담보권자로서 회생절차에 참가할 수 있다(채회파 141④).

따라서 예를 들면 피담보채권액이 1억 원인데 이것을 담보하는 근저당목적물의 가액이 9천만 원일 때에는 9천만 원의 범위에서 회생담보권자로서 회생절차에 참가할 수 있다. 그리고 이 경우 만일 채권최고액을 6천만 원으로 하는 선순위 근저당권이 있고 그 근저당권에 의하여 담보되는 채권이 5천만 원이 있으면 4천만 원의 범위에서 회생담보권자로서 회생절차에 참가할 수 있다.

또한 피담보채권의 액이 근저당목적물의 가액보다 적은 경우 예를 들면 피담보채권액은 9천만 원이나 근저당목적물의 가액이 1억 원인 경우에도 9천만 원의 범위에서 회생담보권자로 회생절차에 참가할 수 있다.

동일한 채권의 담보로서 여러 개의 물건에 근저당권을 가지는 이른바 공동근저당권이 선순위일 때에는 개개의 물건에 후순위근저당권을 가진 자를 어느 범위에서 회생담보권자로 취급할 것인지 문제로 된다. 예컨대 A가 1억 원의 채권에 관하여 각각 1억 원의 가치를 가지는 X·Y 물건에 제1순위의 공동근저당권을 가지는 한편, B가 1억 원의 채권에 관하여 X물건에 제2순위의 근저당권을 그리고 C가 1억 원의 채권에 관하여 Y물건에 제2순위의 근저당권을 가진 경우에, A가 1억 원의 채권 전액에 관하여 회생담보권자로서 취급되는 것은 분명하지만 B·C가 어느 범위에서 회생담보권자로 취득되는지 문제로 되는 것이다. 그러나 이점에 관하여는 공동근저당의 목적인 부동산 전부에 관하여 동시배당이 행하여지는 경우에 적용되는 민법 제368조 제1항의 규정을 유추하여 B·C는 각각 5천 원에 관하여 회생담보권자로 취급되는 것으로 보아야 한다.

피담보채권 중 담보목적물의 가액을 초과하는 부문은 회생담보권으로서가 아니라 회생채권으로 취급될 뿐이다. 그리고 선순위담보가 있을 때에는 그 피담보채권액을 공제하고 잔존하는 담보물의 가액에 상당하는 채권액만이 회생담보권으로 취급되고 그 나머지는 회생채권으로 취급된다(채회파 141④).

다. 회생절차상의 의결권

근저당권자는 피담보채권액 중 근저당목적물의 가액에 비례하여 회생절차상의 의결권을 가진다. 그러나 피담보채권의 액이 목적의 가액보다 적을 때에는 그 피담보채권액에 따라 의결권을 가진다(채회파 141⑤).

근저당권자가 가지는 의결권을 산정함에 있어서는 회생채권자가 가지는 의결권을 산정함에 있어서와 마찬가지로 이질(異質)의 권리를 동질화하여야 한다. 따라서 피담보채권이 기한부채권, 정기금채권, 불확정기한부채권, 비금전채권, 조건부채권, 장래의 청구권, 외국의 통화로 정한 채권인 때에는 회생채권에 관한 채무자회생 및 파산에 관한 법률 제134조 내지 제138조까지의 규정이 준용되어 각기 회생절차개시 당시의 가액을 평가하여 그 가액으로서 의결권을 행사하게 된다(채회파 141⑥).

라. 다른 회생담보권자와의 관계

같은 회생담보권자인 이상 선순위담보권자와 후순위담보권자 사이에 회생절차에 참가하는 관계에 있어서 차이가 없으며, 이는 의결권의 산정에 있어서는 물론 회생계획에서 변제받을 수 있는 금액을 정함에 있어서도 마찬가지이다. 후순위담보권자라 할지라도 담보목적물의 가액에 의하여 커버되는 범위 내에서는 설사 회생절차 외에서 권리를 행사한다고 가정하더라도 그 담보목적물로부터 전액변제를 받을 수 있다고 하는 점에서 선순위담보권자와 차이가 없기 때문이다.

3. 회생담보권의 확정절차

(1) 관리인의 회생담보권자목록 제출

관리인은 법원이 정한 제출기간 이내에 ① 회생담보권자의 성명 및 주소, ② 회생담보권의 내용 및 원인, 담보권의 목적 및 그 가액, 회생절차가 개시된 채무자 외의 자가 채무자인 때에는 그 성명 및 주소, ③ 의결권의 액수를 기재한 회생담보권자의 목록을 작성하여 법원에 제출하여야 한다(채회파 147①②). 제출기간은 회생절차개시결정일부터 2주 이상 2월 이하에서 정하여진다(채회파 50①ii).

그리고 관리인은 회생담보권 등의 신고기간 말일까지 대법원규칙이 정하는 바에 따라 법원의 허가를 받아 이미 제출한 회생담보권자 목록에 기재된 사항을 변경 또는 정정할 수 있다(채회파 147④).

(2) 회생담보권자의 회생담보권 신고

근저당권자가 회생절차에 참가하려면 회생절차개시결정과 동시에 법원이 정한 회생채권·회생담보권 등의 신고기간 내에 신고하여야 한다(채회파 149). 신고기간은 관리인이 작성하여 제출하여야 하는 회생채권자·회생담보권자 등의 목록 제출기간(회생절차개시결정일부터 2주 이상 2월 이하) 말일부터 1주 이상 1월 이하에서 정하여진다(채회파 50①iii).

회생담보권의 신고는 근저당권자의 법원에 대한 회생절차참가신청의 형식이라 할 수 있다. 따라서 근저당권자는 그 신고에 의하여 회생절차상 회생담보권자로 되고 회생계획에 있어서의 배분에 참여하게 되며, 회생계획안 작성을 위한 채권자집회에 있어서 의결권을 가지게 된다.

신고기간 내에 신고하지 않은 근저당권자는 이해관계인으로서 관계인집회에서 의결권을 행사할 수 없게 될 뿐만 아니라 회생계획에서 배제되며 회생계획의 인가결정과 함께 실권되는 불이익을 당하게 된다(채회파 251). 신고사항은 근저당권자의 성명 및 주소, 근저당권의 내용 및 원인, 근저당권의 목적 및 그 가액, 의결권의 액수, 회생절차가 개시된 채무자 외의 자가 채무자인 때에는 그 성명 및 주소 등이다(채회파 149①).

판례 11-1

신고하지 아니한 정리채권(현행은 회생채권)의 실권

회사정리법 제125조, 제147조 내지 제150조, 제241조, 제276조, 제278조(현행은 채회파 148, 170~173, 251, 288)의 규정을 종합하면, 회사정리절차(현행은 회생절차)에 참가하고자 하는 정리채권자(현행은 회생채권자)는 정리채권(현행은 회생채권)의 신고를 하여야 하고, 신고된 정리채권에 대하여 이의가 있는 때에는 그 이의자에 대하여 정리채권확정의 소를 제기하거나 정리절차 개시 전부터 계속중이었다가 절차개시에 의하여 중단된 소송을 이의자를 상대로 하여 수계하여야 하는데, 신고하지 아니한 정리채권은 정리계획인가결정(현행은 회생계획인가결정)이 있는 때에는 실권되고, 이와 같이 실권된 정리채권은 그 후 정리절차가 폐지되더라도 부활하지 아니하므로 그 확정을 구하는 소는 소의 이익이 없어 부적법하며, 정리채권확정의 소에서 정리채권의 신고 여부는 소송요건으로서 직권조사사항이다(대판 1998.8.21. 98다20202).

근저당권자가 그 책임을 질 수 없는 사유로 인하여 신고기간 내에 신고를 하지 못한 경우에는, 그 사유가 끝난 후 1월내에 한하여 그 신고의 보완을 할 수 있다(채회파 152①). 「책임을 질 수 없는 사유」라 함은 천재(天災)로 인한 경우 법원직원에 책임이 있는 경우 등을 말한다. 다만 신고의 보완은 회생계획안심리를 위한 관계인집회가 끝난 후에는 하지 못한다(채회파 152③).

신고기간이 경과한 뒤에 생긴 피담보채권(예컨대 신고기간 후에 보증채무를 이행한 경우 등)은 발생 후 1월의 기간내에 신고하여야 한다(채회파 153①). 그러나 이러한 권리도 회생계획안심리를 위한 관계인집회가 끝난 후에는 신고하지 못하므로(채회파 152③), 실무상 그 실권을 방지하기 위해서는 신고기간 내에 채권이 구체적으로 발생하지 아니한 경우에도, 조건부채권 또는 장래의 채권으로 이를 미리 신고하는 것이 좋다.

신고한 근저당권에 변경이 있는 경우 신고기간 내에서는 자유로이 변경할 수 있다. 그러나 신고기간이 경과한 후에는 약간의 제한이 있다. 즉, 회생계획안심리를 위한 관계인집회의 종료 전까지는 자유로이 신고의 변경을 할 수 있으나, 회생채권의 증액 등과 같이 다른 회생채권자 또는 회생담보권자의 이익을 해하는 변경은, 변경을 하고자 하는 자가 책임을 질 수 없는 사유로 신고기간 내에 변경할 수 없었을 경우에 한하여 인정되며, 그 사유가 종료된 후 1월내에 신고하여야 한다(채회파 152④).

(3) 회생담보권의 조사·확정

가. 회생담보권의 조사기간 결정

㈎ 일반 조사기간

회생채권·회생담보권 등의 조사기간은 법원이 회생담보권 등의 신고기간 말일부터 1주 이상 1월 이하의 기간으로 정한다(채회파 50①ⅳ). 회생채권·회생담보권 등의 조사기간은 법원이 변경할 수 있으며 변경하는 결정을 한 때에는 법원은 그 결정서를 ① 관리인, ② 채무자, ③ 목록에 기재되거나 신고된 회생채권자·회생담보권자·주주·지분권자에게 송달하여야 한다(채회파 161②③).

㈏ 특별 조사기일

회생채권자 또는 회생담보권자는 그 책임을 질 수 없는 사유로 인하여 신고기간 안에 신고를 하지 못하여 그 사유가 끝난 후 1월 이내에 그 신고를 보완한 경우(채회파 152①) 또는 신고기간이 경과한 후에 회생채권과 회생담보권이 생겨 그 권리가 발생한 후 1월 이내에 신고한 경우(채회파 153①)에는 법원은 이들 회생채권 및 회생담보권을 조사하기 위한 특별 조사기일을 정하여야 한다. 이 경우 조사비용은 그 회생채권자 또는 회생담보권자의 부담으로 한다(채회파 162).

법원이 특별 조사기일을 정하는 결정을 한 때에는 그 결정서를 ① 관리인, ② 채무자, ③ 목록에 기재되거나 신고된 회생채권자·회생담보권자·주주·지분권자에게 송달하여야 한다(채회파 163).

나. 회생담보권자표의 작성·비치

법원은 관리인이 작성하여 제출하는 회생담보권자 목록(채회파 147)에 기재되거나 신고된 회생담보권에 대하여 ① 회생담보권자의 성명과 주소, ② 회생담보권의 내용 및 원인, 담보권의 목적 및 그 가액, 채무자 외의 자가 채무자인 때에는 그 성명 및 주소, ③ 의결권의 액수를 기재한 회생담보권자표를 작성(채회파 158)한 후 그 등본을 관리인에게 교부하고(채회파 159) 회생담보권의 조사기간 동안 이해관계인의 열람을 위하여 법원에 비치하여야 한다(채회파 160).

다. 회생담보권자표에 대한 이의

① 관리인, ② 채무자, ③ 목록에 기재되거나 신고된 회생채권자·회생담보권자·주주·지분권자는 회생담보권의 조사기간 안에 관리인이 제출한 회생담보권자 목록에 기재되거나 신고된 회생담보권에 관하여 서면으로 법원에 이의를 제출할 수 있다(채회파 161①). 이의의 내용은 회생담보권의 존재 자체나 그에 의하여 담보되는 것으로 신고된 채권의 액수에 관한 것이다.

법원이 특별 조사기일을 정한 경우 개인인 채무자 또는 개인이 아닌 채무자의 대표자는 특별조사기일에 출석하여 의견을 진술하여야 한다. 다만, 정당한 사유가 있는 때에는 대리인을 출석하게 할 수 있다(채회파 164①). 「의견을 진술」한다 함은 조사의 대상으로 되는 근저당권 등 회생담보권과 그 담보채권에 관한 조사자료의 제출과 이의의 진술을 말한다. 그리고 목록에 기재되거나 신고된 회생채권자·회생담보권자·주주·지분권자나 그 대리인은 특별조사기일에 출석하여 다른 회생채권 또는 회생담보권에 관하여 이의를 할 수 있다(채회파 164②③). 다만 특별 조사기일에 관리인이 출석하지 아니한 때에는 회생채권과 회생담보권을 조사하지 못한다(채회파 165).

이의의 방법은 일반 조사기간 중에는 서면으로 특별 조사기일에는 말 또는 서면으로 하면 된다. 회생담보권에 관하여 이의가 있는 때에는 법원은 이를 그 권리자에게 통지하여야 한다(채회파 169). 그러나 회생담보권에 의하여 담보되는 것으로 신고된 채권 중 집행력 있는 집행권원 또는 종국판결이 있는 것에 대하여는 이의자는 채무자가 할 수 있는 소송절차에 의하여서만 이의를 주장할 수 있다(채회파 174①). 채무자가 할 수 있는 소송절차란 상소(민소 390 이하)나 청구에 관한 이의의 소(민집 44) 또는 재심의 소(민소 451조 이하)를 말한다.

이의가 있으면 그 범위 내에서 권리의 확정이 차단된다. 그러나 채무자(법인의 경우는 대표자)가 한 회생담보권과 그 담보채권에 대한 이의의 진술은 회생절차의 내부에서 회생담보권과 그 담보채권의 확정을 차단하는 효력은 없고, 다만 회생절차의 종결시 그 효력이 채무자에게 미치는 것을 저지할 수 있을 뿐이다(채회파 292①단).

라. 회생담보권의 확정

조사기간 안에 또는 특별조사기일에 관리인·회생채권자·회생담보권자·주주·지분권자의 이의가 없는 때에는 ① 신고된 회생채권 및 회생담보권, ② 신고된 회생채권 또는 회생담보권이 없는 때에는 관리인이 제출한 목록에 기재되어 있는 회생채권 또는 회생담보권의 내용과 의결권의 액수가 확정되며, 우선권 있는 채권에 관하여는 우선권 있는 것이 확정된다(채회파 166).

또한 이의가 있다 하더라도 이의를 받은 회생담보권자가 그 이의가 이유 있다고 인정하여 신고사항을 변경하거나 신고의 취하를 하고 다른 이의권리자의 이의가 없으면 그 변경 또는 취하의 내용대로 확정된다.

마. 회생담보권자표에의 기재

법원은 회생채권 및 회생담보권에 대한 조사결과를 회생채권자표 및 회생담보권자표에 기재하여야 한다. 채무자가 제출한 이의도 또한 같다(채회파 167①). 또한 법원은 확정된 회생채권 및 회생담보권의 증서에 확정된 뜻을 기재하고 법원의 인(印)을 찍어야 한다(채회파 167②). 그리고 회생채권자 또는 회생담보권자는 법원에 그 권리에 관한 회생채권자표 또는 회생담보권자표 초본의 교부를 청구할 수 있다(채회파 167③).

확정된 회생채권 및 회생담보권을 회생채권자표 및 회생담보권자표에 기재한 때에는 그 기재는 회생채권자·회생담보권자·주주·지분권자 전원에 대하여 확정판결과 동일한 효력이 있다(채회파 168). 따라서 회생절차의 폐지·종결이 있는 경우 채권자는 이를 집행권원으로 하여 근저당목적물 이외의 채무자의 다른 재산에 강제집행할 수 있다. 근저당목적물에 대하여는 집행권원이 없어도 임의경매를 신청할 수 있는 것이지만 근저당목적물의 매각대금으로부터 피담보채권 전액을 변제받지 못했을 때에는 채무자의 다른 일반재산에 대하여 강제집행할 필요가 있는데 회생담보권자표의 기재는 바로 이 경우에 집행권원으로서의 의미를 가지게 되는 것이다.

(4) 회생담보권 조사확정의 재판

관리인이 작성하여 법원에 제출하는 회생담보권자의 목록에 기재되거나 신고된 회생담보권과 그 담보채권에 관하여 관리인·회생채권자·회생담보권자·주주·지분권자가 이의를 한 때에는 그 회생담보권을 보유한 권리자는 그 권리의 확정을 위하여 이의자 전원을 상대방으로 하여 법원에 채권조사확정의 재판을 신청할 수 있다(채회파 170①본).

그러나 이의가 있은 담보채권에 관하여 회생절차개시 당시 소송이 계속하는 경우나 집행력 있는 집행권원 또는 종국판결이 있는 경우에는, 회생담보권자는 채권조사확정의 재판을 신청할 수 없다(채회파 170①단). 이의가 있은 채권에 관하여 회생절차개시 당시 소송이 계속하는 경우에는 이의자 전원을 그 소송의 상대방으로 하여 소송절차를 수계하는 방법으로 그 권리의 확정을 구하여야 하고(채회파 172), 집행력 있는 집행권원 또는 종국판결이 있는 경우 이의자는 채무자가 할 수 있는 소송절차에 의하여서만 이의를 주장할 수 있기(채회파 174) 때문이다.

회생담보권자가 하는 채권조사확정재판의 신청은 회생채권·회생담보권 등의 조사기간의 말일 또는 특별조사기일부터 1월 이내에 하여야 한다(채회파 170②).

채권조사확정재판에서는 이의 있는 채권의 존부 또는 그 내용을 정한다(채회파 170③). 법원이 채권조사확정재판을 하는 때에는 이의자를 심문하여야 한다(채회파 170④). 그리고 회생담보권자는 채권조사확정재판에서 이의 있는 채권의 원인 및 내용에 관하여 회생담보권자표에 기재된 사항만을 주장할 수 있다(채회파 173).

(5) 집행력 있는 집행권원이 있는 채권 등에 대한 이의

회생담보권에 의하여 담보되는 것으로 신고된 채권 중 집행력 있는 집행권원 또는 종국판결이 있는 것에 대한 이의의 주장은 채무자가 할 수 있는 소송절차에 의하여서만 할 수 있다(채회파 174①). 그리고 이들 채권으로서 회생절차개시 당시 채무자가 할 수 있는 소송절차에 의하여 법원에 소송이 계속 중인 채권에 대하여는 그 회생담보권자를 상대방으로 하여 소송절차를 수계하는 방법으로 이의를 하여야 한다(채회파 174②).

이의자가 하는 이의의 주장이나 소송절차의 수계는 회생채권·회생담보권 등의 조사기간의 말일 또는 특별조사기일부터 1월 이내에 하여야 한다(채회파 174③, 170②). 또한 이 소송의 변론은 이의채권에 관계되는 조사기간의 말일 또는 특별조사기일부터 1월의 불변기간을 경과한 후가 아니면 개시할 수 없으며(채회파 174③, 171④), 동일한 이의채권에 관하여 여러 개의 소가 계속되어 있는 때에는 법원은 변론을 병합하여야 한다(채회파 174③, 171⑤).

그리고 이 이의채권에 관한 소송절차에서 회생담보권자는 이의 있는 채권의 원인 및 내용에 관하여 회생담보권자표에 기재된 사항만을 주장할 수 있다(채회파 174③, 173).

회생채권·회생담보권 등의 조사기간의 말일 또는 특별조사기일부터 1월 이내에 이의의 주장이나 소송절차의 수계가 행하여지지 아니한 경우, 이의자가 회생채권자 또는 회생담보권자인 때에는 조사기간 또는 특별조사기일 중에 한 회생채권 및 회생담보권에 대한 이의는 없었던 것으로 보며, 이의자가 관리인인 때에는 관리인이 그 회생채권 또는 회생담보권을 인정한 것으로 본다(채회파 174④).

(6) 채권조사확정재판에 대한 이의의 소

법원은 채권조사확정재판의 결정서를 당사자에게 송달하여야 하며(채회파 170⑤), 채권조사확정재판에 불복하는 자는 그 결정서의 송달을 받은 날부터 1월 이내에 이의의 소를 제기할 수 있다(채회파 171①). 이 채권조사확정재판에 대한 이의의 소는 회생법원의 관할에 전속한다(채회파 171②).

채권조사확정재판에 대한 이의의 소를 제기하는 자가 이의채권을 보유하는 권리자인 때에는 이의자 전원을 피고로 하고, 이의자인 때에는 그 회생채권자 또는 회생담보권자를 피고로 하여야 한다(채회파 171③).

채권조사확정재판에 대한 이의의 소의 변론은 채권조사확정재판에 불복하는 자가 그 결정서를 송달받은 날부터 1월을 경과한 후가 아니면 개시할 수 없다(채회파 171④). 그리고 동일한 이의채권에 관하여 여러 개의 소가 계속되어 있는 때에는 법원은 변론을 병합하여야 한다(채회파 171⑤).

채권조사확정재판에 대한 이의의 소에 대하여 법원은 그 소가 부적법하여 각하하는 경우를 제외하고는 채권조사확정재판을 인가하거나 변경하는 판결을 하여야 한다(채회파 171⑥).

(7) 회생담보권의 확정에 관한 소송결과의 기재와 그 효력

법원은 관리인·회생채권자 또는 회생담보권자의 신청에 의하여 회생채권 또는 회생담보권의 확정에 관한 소송결과(채권조사확정재판에 대한 이의의 소가 그 결정서의 송달을 받은 날부터 1월 이내의 기간 안에 제기되지 아니하거나 각하된 때에는 그 재판의 내용을 말한다)를 회생채권자표 및 회생담보권자표에 기재하여야 한다(채회파 175).

회생채권 및 회생담보권의 확정에 관한 소송에 대한 판결은 회생채권자·회생담보권자·주주·지분권자 전원에 대하여 그 효력이 있다(채회파 176①). 그리고 채권조사확정재판에 대한 이의의 소가 그 결정서의 송달을 받은 날부터 1월 이내의 기간 안에 제기되지 아니하거나 각하된 때에는 그 재판은 회생채권자·회생담보권자·주주·지분권자 전원에 대하여 확정판결과 동일한 효력이 있다(채회파 176②). 그 결과 회생절차의 폐지·종결이 있는 경우 채권자는 이를 집행권원으로 하여 근저당목적물 이외의 채무자의 다른 재산에 강제집행할 수 있다. 따라서 회생담보권의 확정에 관한 소송에서의 승소판결이 확정되면, 회생담보권자로서는 법원에 신청하여 반드시 그 결과가 회생담보권자표에 기재되도록 하여 두는 것이 좋다.

채무자의 재산이 회생채권 또는 회생담보권의 확정에 관한 소송(채권조사확정재판을 포함한다)으로 이익을 받은 때에는 이의를 주장한 회생채권자 또는 회생담보권자, 주주·지분권자는 그 이익의 한도 안에서 공익채권자로서 소송비용의 상환을 청구할 수 있다(채회파 177).

4. 회생절차상의 근저당권과 관련한 특수문제

(1) 회생계획에 따른 회생담보권의 변제가 없는 경우

회생계획에서 정하는 바에 따른 회생담보권의 변제가 없다 하더라도 근저당권자는 근저당목적물에 대하여 임의경매를 신청하지 못한다. 회생절차가 진행

중인 이상은 회생절차에 의하지 않은 권리행사를 할 수 없는 것이기 때문이다. 따라서 이와 같은 경우에 근저당권자로서는 회생계획의 수행가망성이 없다는 점을 이유로 회생절차의 폐지를 신청하여 법원의 폐지결정이 있은 후에 근저당 목적물에 대한 임의경매를 신청하거나 또는 회생계획의 변경을 구하여 그 변경된 바에 따라 채권의 변제를 받는 수밖에 없다.

판례 11-2

회생담보권의 변제가 없는 경우

회사정리법 제68조, 제112조, 제242조, 제245조, 제282조(현행은 채회파 59①, 131, 252, 제255, 292) 등의 규정내용에 비추어 보면, 정리회사(현행은 회생채무자)의 관리인이 정리계획(현행은 회생계획)인가의 결정이 확정된 대로 정리채권(현행은 회생채권)을 변제하지 않더라도, 회사정리절차(현행은 회생절차)가 진행중인 동안에는 정리채권자(현행은 회생채권자)는 정리계획에 정하여진 바에 따라 정리채권을 변제받을 수 있을 뿐, 강제집행을 할 수 없음은 물론 그 채권의 이행이나 확인을 청구하는 소송도 제기할 수 없다(대판 1991.4.9. 91다63).

(2) 공익채권·공익담보권과 회생담보권의 관계

가. 공익채권·공익담보권의 의의

공익채권이란 주로 회생절차개시후의 원인에 기하여 생긴 것으로서 회생절차의 수행 및 기업의 재건에 필요한 비용을 지출하기 위하여 인정된 회사에 대한 청구권을 말한다. 그 지급 내지 이행이 회생절차가 개시된 채무자의 관계인 전원의 공동이익으로 된다는 점에 착안하여 공익채권이라 부르고 있다. 그리고 공익채권의 담보를 위하여 성립된 담보권을 통상 공익담보권이라고 한다.

공익채권으로 되는 권리는 채무자회생 및 파산에 관한 법률 제179조 등에 규정되어 있다. 공익채권은 그 발생시점에서 보면 회생절차개시후의 원인에 기하여 발생함을 원칙으로 한다. 회생채권과 회생담보권이 회생절차개시전의 원인에 기하여 발생한 재산상의 청구권(채회파 118 i)인 점과 대비된다. 그러나 이러한 원칙에는 예외가 있다. 즉, 회생절차개시전의 원인에 의하여 생긴 청구권이라도 형평의 관점이나 사회정책적인 이유 등에 의하여 공익채권으로 취급되는 것이 있는가 하면, 회생절차개시후의 원인에 의한 청구권이면서도 회생채권으로 되는 것이 있는 것이다. 전자의 예로서는 개시결정전의 근로자의 급료·퇴직금 및 재해보상금(채회파 179 x), 계속적 공급의무를 부담하는 쌍무계약의 상대방이 회생절차개시신청 후 회생절차개시 전까지 한 공급으로 생긴 청구권(채회파 179viii) 등을 들 수 있고 후자의 예로서는 쌍방미이행의 쌍무계약을 관리인이 해제 또는 해지한 경우에 상대방이 가지는 손해배상청구권(채회파 121①), 회생절차참가의 비용(채회파 118iv) 등을 들 수 있다.

회생채권·회생담보권은 원칙적으로 회생절차에 의하지 아니하면 변제할 수 없음에(채회파 131, 141②) 비하여, 공익채권·공익담보권은 회생절차에 의하지 않고 수시로 변제할 수 있다(채회파 180①). 따라서 공익채권·공익담보권은 회생채권·회생담보권과 달리 신고나 권리확정(채회파 148①, 166)을 요하지 않으며 다만 회생계획에서 그 변제에 관한 합리적인 규정만을 두는 것으로 충분하다. 회생절차에 의하지 않고 수시로 변제할 수 있다고 하는 것은 회생계획과는 상관없이 채권의 변제기에 따라서 그때그때 변제하는 것을 말한다.

나. 회생담보권의 공익담보권에의 활용가부

회생절차개시전의 근저당권에 담보여력이 있는 경우 이를 개시결정후의 공익채권의 담보로서 활용할 수 있는가. 예를 들어 제1순위근저당권의 채권최고액이 50억 원이고 개시결정 당시의 채권액이 30억 원이며 동일 부동산위에 제2·제3순위의 근저당권이 설정되어 있다고 할 때에 관리인이 제1순위근저당권의 담보여력 20억 원을 활용할 수 있다고 하면 이를 담보로 하여 동일채권자로부터 신규융자를 받을 수 있으므로 대단히 편리하다고 할 수 있다. 이 경우 새로이 근저당권을 설정하여야만 한다고 하면 이 근저당권은 기존의 근저당권보다 후순위(즉, 제4순위)가 되어 그 담보력이 떨어질 뿐만 아니라 새로이 계약을 체결하고 등기를 하여야 하는 등 시간과 비용의 부담을 요하기 때문이다.

이 문제는 회생절차개시결정에 의하여 기존의 근저당거래가 종료된다고 볼 것인가 아니면 회생절차개시결정이 있더라도 기존의 근저당거래는 계속된다고 볼 것인가에 관한 것이라고 할 수 있다. 이에 관하여는 회생절차의 개시결정이 있으면 피담보채권은 확정되고 근저당거래는 종료된다는 확정설에 의하면 담보여력의 활용이 불가능하나 회생절차의 개시결정이 있어도 근저당권의 피담보채권이 확정되지 않는다는 불확정설에 의하면 담보여력의 활용이 가능하다는 결론이 된다.[669] 그러나 대법원의 판례가 확정설을 취하고 있으므로(대판 2001.6.1. 99다66649 참조) 실무상으로는 확정설의 입장에서 처리하여야 할 것으로 본다.

다. 공익채권과 회생담보권의 관계

공익채권과 회생담보권의 관계에 있어서는 다음과 같은 두 가지가 문제로 된다. 첫째는 공익채권자가 회생담보권인 근저당권이 설정되어 있는 부동산에 대하여 강제경매를 신청할 수 있는지 여부이고 둘째는 근저당목적물의 경매대금으로부터 공익채권자가 회생담보권자인 근저당권자보다 우선변제받을 수 있는지 여부이다.

첫째의 문제에 관하여는 강제경매를 신청할 수 있는 것으로 보아야 한다. 회생절차가 진행 중에 있다 하더라도 공익채권이나 공익담보권에 기하여서는 회생절차가 진행 중인 채무자의 재산에 대하여 강제집행이나 담보권의 실행을 할 수 있는 것이기 때문이다.

둘째의 문제에 관하여는 회생담보권자인 근저당권자에 우선하여 배당받을 수 없는 것으로 보아야 한다. 「공익채권은 회생채권과 회생담보권에 우선하여 변제한다」는 채무자회생 및 파산에 관한 법률 제180조 제2항은, 회사의 일반재산으로부터 변제를 받는 경우에 우선한다는 의미이지, 회생담보권이 설정된 특정재산의 경매대금으로부터도 우선변제를 받는다는 의미가 아닌 것이기 때문이다.

판례 11-3

공익채권은 회생채권과 회생담보권에 우선한다는 의미

회사정리절차(현행은 회생절차)에 있어서 공익채권은 정리채권과 정리담보권(현행은 회생채권과 회생담보권)에 우선하여 변제한다는 회사정리법 제209조 제2항(현행은 채회파 180②)은, 회사(현행은 회생채무자)의 일반재산으로부터 변제를 받는 경우에 우선한다는 의미이지, 정리담보권이 설정된 특정재산의 경매매득금으로부터도 우선변제를 받는다는 의미는 아니며, 정리담보권이 설정된 재산 위에 공익담보권이 설정된 경우에는 정리담보권이 우선한다(대판 1993.4.9. 92다56216).

---

669) 확정설과 불확정설의 구체적인 내용에 관하여는 제3장 III. 2. ⑽ 나. 참조.

라. 공익담보권 실행시 회생담보권자의 지위

관리인이 공익채권의 변제를 하지 않는 때에는 공익담보권자인 근저당권자는 근저당권의 실행으로서 임의경매를 신청할 수 있다. 대상 부동산위에 회생담보권에 해당하는 선순위근저당권이 설정되어 있는 경우도 마찬가지이다. 그런데 이 경우에 문제가 되는 것은 회생담보권자인 선순위근저당권자를 어떻게 취급할 것인가 하는 점이다. 즉, 후순위의 공익담보권자는 그 배당에 있어서는 선순위의 회생담보권자에게 우선할 수 없는 한편, 선순위회생담보권자는 회생절차에 의하지 않고는 채권의 변제를 받을 수 없기 때문에 동 경매절차에서 선순위의 회생담보권자에게 배당될 금액을 어떻게 처리할 것인가의 문제가 생기게 되는 것이다.

이에 관하여는 동 배당금을 관리인으로 하여금 보관하게 하여야 한다는 견해와 공탁하여야 한다는 견해가 주장되고 있다. 전자의 견해는 채무자회생 및 파산에 관한 법률상 공탁을 하여야 한다는 명문의 규정이 없다는 것을 그 논거로 하고 있고, 후자의 견해는 ① 관리인으로 하여금 보관하게 하는 때에는 회사의 일반재산과의 구별이 명확하게 되지 않을 염려가 있고 또 관리인이 보관의무를 위반하는 경우에 대한 대비책이 없으므로 선순위회생담보권자의 보호에 미흡하다는 점과, ② 이와 같은 경우에는 선순위회생담보권은 변제가 금지되는 결과 마치 변제기가 도래하지 않은 상태에 있는 것과 마찬가지로 된다는 점을 그 논거로 하고 있으나, 후자의 견해가 타당하다고 생각한다.

공익담보권의 실행결과 선순위의 회생담보권자에 대한 배당금이 공탁되면 그 회생담보권은 당연히 공탁금위에 미치게 된다. 그리고 회생계획인가후에 공익담보권이 실행된 경우에는 회생계획에서 정하는 바에 따라 회생담보권자의 채권액이 변제되거나 공탁되게 될 것이다.

5. 회생채무자 이외의 자의 재산에 대한 근저당권

회생채권자가 회생채무자 이외의 자(즉, 물상보증인) 또는 근저당권목적물의 제3취득자의 재산에 대하여 근저당권을 가진 경우에는 그 근저당권은 회생담보권이 아니다. 따라서 이 경우 근저당권자는 피담보채권 전액을 가지고 회생절차에 참가할 수 있을 뿐만 아니라 회생절차에 참가하는지의 여부와 관계없이 근저당권을 실행하여 그 담보채권을 변제받을 수 있다.

문제는 이 경우 물상보증인 또는 제3취득자의 지위이다. 우선 회생채권자가 회생채권을 신고하기 전에 물상보증인 또는 제3취득자가 근저당채무 전부를 대위변제한 때에는 물상보증인 또는 제3취득자는 회생채무자에 대한 구상채권을 가지고 회생절차에 참가하면 된다. 그리고 채권 일부의 대위변제가 있는 때에는 근저당권자는 남은 채권을 가지고, 물상보증인 또는 제3취득자는 대위변제한 채권을 가지고 각자 회생절차에 참가하면 된다.

이에 대하여 아직 대위변제가 없어 회생채권자가 채권신고하여 회생절차에 참가한 때에는 물상보증인 또는 제3취득자가 장래의 구상채권을 가지고 회생절차에 참가할 수 없다. 예컨대 S은행의 A회사에 대한 여신채무를 담보하기 위하여 D가 그 소유부동산상에 근저당권을 설정하였다가 A회사에 대하여 회생절차가 개시된 경우에 S은행이 그 채권의 전부에 관하여 회생채권자로서의 권리를 행사하는 때에는 D는 장래의 구상채권을 가지고 회생절차에 참가하지 못하는 것이다. 양자의 권리행사를 인정하면 동일급부 채권에 대하여 회생채권자인 S은행과 물상보증인인 D에게 중복하여 권리행사를 인정하는 불합리한 결과를 가져오기 때문이다.

그러나 S은행이 그 채권의 전부에 관하여 회생채권자로서의 권리를 행사하지 않는 때에는, 물상보증인인 D는 회생절차개시 당시 아직 담보채무를 대위변제하고 있지 않고 있다 하더라도, 장차 담보채무를 대위변제하면 취득하게 될 장래의 구상채권 전액을 가지고 회생절차에 참가할 수 있다. 또한 D는 S은행이 회생절차에 참가하지 않거나 또는 권리의 신고를 취하하는 경우에 대비하여 그 불참가나 취하를 정지조건으로 하여 예비적 신고를 하는 방법으로 회생절차에 참가할 수 있다. 이와 같은 신고는 회생채권자와 물상보증인에게 중복하여 권리행사를 인정하는 것이 아니기 때문이다.

그리고 회생절차개시후 D가 S은행에 담보채무를 대위변제한 때에는 그 변제의 비율에 따라 S은행을 대위하여 그 권리를 행사할 수 있게 된다. 그러나 이 경우 D가 S은행에 대위할 수 있기 위하여서는 채권전액에 관하여 S은행에게 만족을 주어야 한다. 일부변제의 경우에도 그 변제액에 상응하는 대위를 인정하는 것은 「여럿이 각각 전부의 이행을 하여야 하는 의무를 지는 경우 그 전원 또는 일부에 관하여 회생절차가 개시된 때에는 채권자는 회생절차개시 당시 가진 채권의 전액에 관하여 각 회생절차에서 회생채권자로서 그 권리를 행사할 수 있다」고 정하고 있는 채무자회생 및 파산에 관한 법률 제116조 제1항의 규정과 저촉되기 때문이다. 따라서 여기에서 「변제의 비율에 따라 채권자를 대위한다」고 하는 것은 2인 이상의 구상권자가 있는 경우에 각 구상권자가 그 변제액의 비율에 따라 채권자를 대위한다는 것을 의미하는 것으로 보아야 한다.

Ⅳ. 개인회생절차

1. 의의

개인회생절차라 함은 재정적 어려움으로 인하여 파탄에 직면하고 있는 개인채무자로서 장래 계속적으로 또는 반복하여 수입을 얻을 가능성이 있는 자에 대하여 채권자 등 이해관계인의 법률관계를 조정함으로써 채무자의 효율적 회생과 채권자의 이익을 도모함을 목적으로 하는 재판상의 절차를 말한다.

개인회생절차는 전체 채무가 15억 원(담보채무 10억 원+무담보채무 5억 원) 이하이면서 일정한 소득이 있는 개인채무자만을 대상으로 하는 절차로서 채무자가 정상적인 사회생활을 영위하면서 최대한 빚을 갚아나가다가 나머지 원금 부분에 대해서 면제받을 수 있는 재건형 신용구제제도라는 점에 그 특징이 있다.

파산절차에 있어서는 절차진행 중에 채무자에게 신분상의 불이익이 가해짐으로써 채무자가 정상적인 사회생활을 영위하기가 어려운 반면, 개인회생절차에 있어서는 절차진행 중에 채무자에게 아무런 신분상의 불이익 가해지지 않을 뿐만 아니라 채무자가 작성하여 법원에 제출한 변제계획안이 받아들여지면 채무자의 신용불량정보 등록이 해제됨으로써 채무자가 정상적인 사회생활을 영위하는데 도움이 될 수 있다.

2. 근저당권자의 지위

(1) 파산절차와 동일한 내용

별제권은 개인회생채무자에 속하는 특정의 재산으로부터 개인회생절차에 의하지 않고 우선적으로 변제를 받는 권리이다. 담보물권은 채무자의 경제상태가 악화된 경우에 대처하기 위한 것이므로 담보물권설정자에 대하여 개인회생절차가 개시되어도 원칙적으로 그 효력에 영향을 받지 않고 당연하게 목적물상에 효력을 미칠 수 있다. 이에 채무자회생 및 파산에 관한 법률 제586조는 동법 제3편(파산절차) 제4설(별세권) 제411조 내지 제415조의 규정을 개인회생절차에 관하여 준용하도록 하고 이 경우 "파산재단"은 "개인회생재단"으로, "파산선고"는 "개인회생절차개시결정"으로 보도록 하고 있다. 따라서 별제권 일반에 관하여는 파산절차의 경우에 준하는 것으로 보면 된다.

(2) 개인회생절차상의 특별한 내용

법원은 개인회생절차개시의 신청이 있는 경우 필요하다고 인정하는 때에는 이해관계인의 신청에 의하거나 직권으로 개인회생절차의 개시신청에 대한 결정시까지 채무자의 재산에 대한 근저당권의 실행 등을 위한 경매의 중지 또는 금지를 명할 수 있다(채회파 593①iii).

개인회생절차개시의 결정이 있는 때에는 변제계획의 인가결정일 또는 개인회생절차 폐지결정의 확정일 중 먼저 도래하는 날까지 개인회생재단에 속하는 재산에 대한 근저당권의 실행 등을 위한 경매는 중지 또는 금지된다(채회파 600②). 파산절차에 있어서는 일시적으로도 근저당권실행 등을 위한 경매는 중지 또는 금지할 수 없는 것이지만 개인회생절차에 있어서는 비록 일시적이기는 하지만 이와 같이 근저당권실행 등을 위한 경매도 중지 또는 금지할 수 있다는 점에 그 특징이 있다.

다만 법원은 상당한 이유가 있는 때에는 이해관계인의 신청에 의하거나 직권으로 중지된 근저당권의 실행 등을 위한 경매절차의 속행을 명할 수 있다(채회파 600③).

V. 협의의 임의정리절차

1. 의의

협의의 임의정리절차란 도산에 직면하거나 또는 도산한 채무자에 관하여 채권자들과 채무자가 법원의 관여 없이 채무의 변제방법, 재산의 처분 및 향후의 채무자의 사업경영 등의 문제를 재판 외의 협의방법에 의하여 해결하는 정리절차를 말한다. 임의정리는 법률상의 용어가 아니며 당사자간의 협의에 의하여 진행하는 정리절차라는 점에서 재판상의 정리절차인 법정정리에 대비하여 실무상으로 부르고 있는 명칭으로 사적정리 또는 내정리라고도 부른다. 또한 임의정리는 채권자단과 채무자간에 이루어지는 총괄적인 정리라는 점에서 개개의 채권자와 채무자 및 제3자 사이에 개별적으로 이루어지는 채무인수와 구별된다.

협의의 임의정리절차는 그 절차에 관하여 법률에 규정되어 있는 바가 없으나 그렇다고 하여 비합법적인 것은 아니며, 그 법적성격은 일종의 재판외의 화해계약에 해당하는 것으로 볼 수 있다. 즉, 협의의 임의정리절차는 채권자상호간의 정리에 관한 합의 및 채무자와 개별 채권자 사이의 채무면제나 기한유예 합의 등을 포함하는 참가채권자단과 채무자 사이의 총괄적인 화해계약이라고 할 수 있다.

협의의 임의정리절차는 채권자단과 채무자가 협의에 의하여 채무를 정리한다는 데에 그 특징이 있다. 이에 따라 협의의 임의정리는 파산 등의 법정정리와 비교해 볼 때 적은 비용으로 간이·신속하게 절차를 진행시킬 수 있을 뿐만 아니라 경제사정 등의 변화에 융통성 있게 대응함으로써 채권자 측과 채무자 측의 이익을 극대화할 수 있는 이점이 있는 반면, 법정정리에서와 같은 체계적인 절차규정이 마련되어 있지 않고 또한 강제성이 없어 채권자간의 합의도출이 어려울 뿐만 아니라, 절차진행상의 공정성을 기하기가 용이하지 않아 절차진행 중에 이해당사자간에 분쟁이 발생할 소지가 크며, 보전처분제도를 이용할 수 없어 채무자의 태도 여하에 따라 재산의 산일이나 불평등변제가 발생할 수 있는 단점이 있다.

협의의 임의정리절차는 법정정리절차에 있어서와 같이 정형화된 것이 없이 당사자 사이의 자유로운 대화와 협의를 통하여 진행하게 되므로 그 유형이 매우 다양하다. 그러나 이들 유형을 크게 대별하여 보면 채무자사업의 갱생을 전제로 하는가의 여부에 따라 청산형과 재건형으로 나누어 볼 수 있다. 그러나 실제에 있어서는 구체적인 사정에 따라 청산형에서 재건형으로 또는 그 반대의 방향으로 진행되기도 하고 또 일부정산·일부새선의 형태로 진행되기도 한다.

또한 협의의 임의정리절차의 진행방법도 매우 다양하여 이를 정형화시키기가 어려우나 일반적으로는 ① 채무자 측의 내부방침결정, ② 유력채권자간의 의향타진 및 상호협의, ③ 채권자집회 및 채권자위원회의 구성, ④ 채권자간의 채무자에 대한 정리의 기본방침결정, ⑤ 채권자와 채무자간의 정리에 관한 기본계약체결, ⑥ 정리계획의 수행 등의 순서로 이루어진다.

2. 근저당권자의 지위

채무자에 대하여 협의의 임의정리절차가 진행되더라도 근저당권자의 지위에는 아무런 영향을 미치지 않는 것이 원칙이다. 다만 근저당권자가 스스로 협의의 임의정리절차에 참가하여 근저당권의 실행을 유예하는 경우에는 그 유예기간동안 근저당권을 실행할 수가 없다.

Ⅵ. 기업구조조정촉진법에 의한 채권금융기관 관리절차

1. 의의

기업구조조정촉진법[670]에 의한 채권금융기관 관리절차는 협의의 임의정리절차가 가지는 장점은 살리되, 앞에서 본 바와 같은 단점을 해소함으로써 임의정리절차가 신속하고 효율적으로 진행될 수 있도록 하기 위하여 한시적으로 마련된 특별절차이다.

임의정리절차를 순수하게 여러 채권자와 채무자 사이의 합의에만 의존하여 진행한다면, 절차진행 중에 당사자간의 이해가 충돌될 경우 이를 조절하여 합의로 이끌어낼 조정자와 절차규정이 마련되어 있지 않아 실패할 가능성이 높다. 따라서 임의정리절차를 신속하고 효율적으로 진행하여 성공을 거두려면, 부실징후기업을 판정하여 이를 청산하여 정리할 것인지 아니면 채권자들의 양보를 얻어내 정상기업으로 회생시킬 것인지를 결정하고, 나아가 어떠한 방법으로 회생방안을 만들어 여러 채권자들의 이해를 조정하며, 누가 이 들 절차를 주관해 나갈 것인지를 결정하는 절차규정을 미리 마련해 둘 필요가 있으며, 이를 충족시키기 위하여 제정된 것이 기업구조조정촉진법이라고 할 수 있다.[671]

그런데 기업구조조정촉진법에 의한 채권금융기관의 관리절차는, 법률에 의하

---

670) 기업구조조정촉진법은 1997년 IMF 구제금융 사태 이후 기업의 회계투명성을 제고하고 금융기관이 신용위험을 효율적으로 관리할 수 있는 체제를 마련하는 한편, 기업구조조정을 신속하고 원활하게 추진하기 위하여 2001년 8월 14일 제정되어, 2001년 9월 14일부터 2005년 12월 31까지만 그 효력을 가지는 한시법으로서 적용되었다. 이후 2005년 12월 31일이 경과되어 동법의 적용기간이 만료되었지만 여전히 채권금융기관의 자율적인 합의를 통한 기업구조조정의 관행이 시장에 정착되지 아니함으로써, 기업구조조정이 신속하고 원활하게 추진될 수 있도록 하기 위하여 2007년 8월 3일 다시 제정되어 2007년 9월 3일부터 2010년 12월 31일까지 한시적으로 적용되었다. 또한 2011년 5월 19일에는 워크아웃 추진과정에서 기업의 자율성을 강화하고, 채권금융기관협의회의 의결에 반대한 채권금융기관 및 소액채권금융기관의 권리 보호를 강화하는 내용으로 보완한 기업구조정촉진법이 새로이 제정되어 2013년 12월 31일까지 한시적으로 적용되도록 하였다가, 2014년 1월 1일 동법의 유효기간을 2015년 12월 31일까지 2년 연장한 바 있다.

671) 이에 따라 기업구조조정 촉진법에 의하여 진행하는 채권금융기관의 관리절차는 채권자나 채무자의 의사와는 관계없이 법률에 의하여 진행되는 절차라는 점에서는 법정정리절차의 일종으로 볼 여지가 있다. 그러나 이 절차는 근본적으로는 법원의 관여 없이 여러 채권자와 채무자 사이의 합의를 근거로 하여 진행된다는 점에서 임의정리절차에 속하는 것으로 보아야 한다.

여 진행하는 절차라는 점에서 법정정리절차로서의 성격도 일부 가지고 있어, 여러 채권자와 채무자 사이의 자율적인 합의에 의하여 진행한다는 임의정리절차 본래의 성질에 반하는 요소를 가지고 있다. 그러나 부실징후기업의 신속한 처리가 경제·사회의 가장 중요한 문제로 부각되어 있는 현재에 있어서, 협의의 임의정리절차만으로는 부실징후기업을 신속하고 효율적으로 처리할 수가 없으므로, 법정정리절차로서의 요소를 가미한 특수한 임의정리절차를 한시적으로 마련하여 시행하도록 동법을 제정한 것이다.

부실징후기업이라고 하여 반드시 법원의 개입이 필요한 것은 아니다. 채무자가 솔직하게 기업이 처한 현황을 공개하고 채권자들과 교섭하여 채권자는 채무의 일부면제, 잔액의 지급유예 등 양보를 하기로 하는 한편, 채무자는 모든 재산과 인력을 투입하여 기업재건에 진력하기로 하는 등 기업정리 또는 재건에 관하여 여러 채권자 및 채무자 사이에 원만하게 협의가 성립될 수 있다면 사적 사치의 원칙상 구태여 법원이 개입할 이유가 없는 것이기 때문이다.

그리고 법원이 개입하는 법정정리는 다수관계인을 공정하게 취급하기 위하여 절차가 매우 엄격하고 많은 시간과 비용 및 노력을 요한다는 문제가 있다. 따라서 실제로 부실징후기업이 발생한 경우에는 우선 사적방법인 임의정리의 방법을 고려하고 임의정리가 현저히 곤란하거나 불가능한 경우에 한하여 법정정리의 방법을 고려하는 것이 보통이다.

한편, 법정정리절차가 제도적으로 존재한다고 하는 사실은 필요한 경우에 그 절차로의 이행이 가능하다고 하는 점에서 임의정리를 촉진하는 요인이 된다. 예컨대 회생절차에서 채권자들이 회생계획안을 다수결로 의결하면 이에 반대하는 소수채권자도 그 결의에 구속되고 그 중 채무의 일부면제 조항이 법원의 인가를 받으면 이에 반대한 채권자의 권리도 그대로 변경되어 버린다. 따라서 임의정리에 있어서 다수의 채권자들은 정리에 관한 기본방침에 완강하게 반대하는 일부채권자에 대하여 법정정리절차로의 이행가능성을 환기시킴으로써 설득을 벌일 수 있는 것이다.

또한 파산절차나 회생절차에 있어서는 절차개시 전에 채무자가 행한 채권자를 해하는 재산처분행위의 효력을 잃게 하고 일실된 재산을 원상회복시켜 이를 모든 채권자에 대한 배당에 충당하거나 또는 기업재건에 이용할 수 있는 부인

제도(채회파 100, 391)가 있는데, 이러한 부인제도도 임의정리에 있어서 일실재산을 회복시키기 위한 강력한 교섭수단으로 활용할 수 있다.

2. 관리절차의 개요

기업구조조정촉진법에 의한 채권금융기관 관리절차는 채권금융기관[672]으로부터 신용공여를 받은 회사로서 신용공여액의 합계가 500억 원 이상인 회사가 부실징후기업으로 판단된 경우에 개시된다(기촉 2ⅳ).

부실징후기업이란 거래기업에 대한 신용위험평가를 통하여 주채권은행[673] 또는 채권금융기관협의회[674]가 외부로부터의 자금지원 또는 별도의 차입(정상적

672) "채권금융기관"이란 해당 기업에 대하여 신용공여를 한 자로서 다음 각 목의 어느 하나에 해당하는 자를 말한다(기촉 2ⅰ).
가. 「은행법」에 따라 인가를 받은 은행(같은 법 제5조 및 제59조에 따라 은행으로 보는 자를 포함한다)
나. 「한국산업은행법」에 따른 한국산업은행
다. 「한국수출입은행법」에 따른 한국수출입은행
라. 「중소기업은행법」에 따른 중소기업은행
마. 「자본시장과 금융투자업에 관한 법률」에 따른 투자매매업자·투자중개업자·집합투자업자·신탁업자·종합금융회사·투자회사·사모투자전문회사 및 투자목적회사
바. 「자산유동화에 관한 법률」에 따른 유동화전문회사
사. 「보험업법」에 따른 보험회사
아. 「여신전문금융업법」에 따른 여신전문금융회사
자. 「상호저축은행법」에 따른 상호저축은행
차. 「금융회사부실자산 등의 효율적 처리 및 한국자산관리공사의 설립에 관한 법률」에 따른 한국자산관리공사
카. 「예금자보호법」에 따른 예금보험공사
타. 「한국정책금융공사법」에 따른 한국정책금융공사(한국산업은행과의 합병으로 2014.5.21.삭제)
파. 「신용보증기금법」에 따른 신용보증기금
하. 「기술신용보증기금법」에 따른 기술신용보증기금
거. 「예금자보호법」에 따른 정리금융기관
너. 「산업발전법」 제20조에 따른 기업구조개선 사모투자전문회사 또는 「산업발전법」(법률 제9584호 산업발전법 전부개정법률로 개정되기 전의 것을 말한다) 제15조에 따라 등록된 기업구조조정조합 및 그 조합의 업무집행조합원인 기업구조조정전문회사
더. 「무역보험법」에 따라 설립된 한국무역보험공사
러. 「농업협동조합법」에 따른 농협은행
머. 그 밖의 법률에 따라 금융업무를 행하는 기관으로서 대통령령으로 정하는 자

673) "주채권은행"이란 해당 기업의 주된 채권은행(주된 채권은행이 없는 경우에는 신용공여액이 가장 많은 은행)을 말한다. 이 경우 주채권은행의 선정 및 변경 등에 관한 사항은 대통령령으로 정한다(기촉 2ⅲ).

674) 채권금융기관협의회란 부실징후기업의 효율적인 구조조정을 위하여 해당 기업의 채권금융기관으로 구성된 협의회를 말하며, 협의회의 소집 및 운용은 주채권은행이 주관한다(기촉 15①②).

인 금융거래에서 발생하는 차입을 제외한다)이 없이는 금융기관으로부터의 차입금의 상환이 어렵다고 인정한 기업을 말한다(기촉 2V).

주채권은행은 거래기업의 신용위험을 평가한 결과 부실징후기업에 해당된다고 판단할 경우에는 그 사실과 ① 채권금융기관협의회에 의한 채권금융기관 공동관리(기촉 5) ② 채권은행협의회에 의한 채권은행의 공동관리(기촉 13) ③ 주채권은행에 의한 관리(기촉 14) 중의 하나에 해당하는 관리절차의 개시를 신청할 수 있음을 해당 기업에 통보하여야 한다(기촉 4①). 그리고 주채권은행이 아닌 채권은행[675]은 거래기업의 신용위험을 평가한 결과 부실징후기업에 해당된다고 판단할 경우에는 그 사실을 지체 없이 주채권은행에 통보하여야 한다(기촉 4②).

주채권은행으로부터 통보를 받은 부실징후기업은 주채권은행에 대하여 사업계획서 등을 첨부하여 위 ①~③ 중의 하나에 해당하는 관리절차의 개시를 신청할 수 있으며(기촉 4③), 주채권은행은 부실징후기업으로부터 신청이 있는 경우 신청을 받은 날부터 7일 이내에 위 ①~③ 중의 하나에 해당하는 관리절차의 개시 여부를 결정하기 위한 채권금융기관협의회 또는 채권은행협의회(기촉 13①)의 소집을 통보하여야 한다. 다만, 주채권은행에 의한 관리절차의 개시 여부를 결정하는 경우에는 그러하지 아니하다(기촉 4④).

위 ①~③ 중의 하나에 해당하는 관리절차가 개시된 경우에도 불구하고 해당 기업 또는 채권금융기관은 「채무자 회생 및 파산에 관한 법률」에 따른 회생절차를 신청할 수 있으며, 이 경우 회생절차의 개시결정이 있는 경우에는 위 ①~③ 중의 하나에 해당하는 관리절차는 중단된 것으로 본다(기촉 4⑤). 또한 주채권은행 또는 채권금융기관협의회는 위 ①~③ 중의 하나에 해당하는 관리절차의 개시를 신청할 수 있음을 부실징후기업에 통보하기 전에 또는 위 ①~③ 중의 하나에 해당하는 관리절차의 개시 여부를 결정하기 위한 채권금융기관협의회 또는 채권은행협의회의 소집을 통보하기 전에 출자전환 또는 담보 등으로 취득하거나 처분위임을 받은 주식을 제3자에게 매각하여 경영정상화를 추진할 수 있으며, 이 경우 에는 위 부실징후기업에 대한 통보나 채권금융기관협의회 또는 채권은행협의회의 소집통보를 하지 아니할 수 있다(기촉 4⑥).

675) "채권은행"이란 채권금융기관 중 은행업을 규칙적·조직적으로 영위하는 금융기관을 말한다.

3. 근저당권자의 지위

채권금융기관 공동관리는 부실징후기업으로부터의 신청이 있는 경우 사업계획서 등을 평가하여 경영정상화 가능성이 있다고 판단할 경우에 채권금융기관협의회의 의결을 거쳐 개시할 수 있다(기촉 5).

주채권은행은 부실징후기업에 대한 채권금융기관 공동관리절차를 개시하기 위한 채권금융기관협의회를 소집하는 경우에는 그 사실을 「금융위원회의 설치 등에 관한 법률」에 따라 설립된 금융감독원의 원장(이하 "금융감독원장"이라 한다)에게 통보하여야 한다. 이 경우 금융감독원장은 채권금융기관에 협의회가 소집 통보된 날부터 1차 협의회가 소집되는 날까지 해당 기업에 대한 채권행사(담보권 행사를 포함하며, 시효중단을 위한 어음교환 회부는 제외한다)를 유예하도록 요청할 수 있다(기촉 6①).

주채권은행으로부터의 채권행사 유예요청이 있으면 채권금융기관은 대상기업의 규모, 채권금융기관의 수 등을 감안하여 소집이 통보된 날부터 7일 이내에 소집되는 1차 채권금융기관협의회에서 채권행사의 유예기간을 유예 개시일부터 1개월(자산부채의 실사가 필요한 경우에는 3개월)을 초과하지 아니하는 범위에서 정하되 1회에 한정하여 1개월의 범위에서 연장할 수 있다(기촉 6②).

채권금융기관 공동관리절차가 개시되고 주채권은행으로부터의 채권행사의 유예요청에 따라 채권금융기관협의회에서 채권행사의 유예기간을 정하거나 연장한 경우에는 해당 채권금융기관은 근저당권을 가지고 있다 하더라도 그 유예기간 동안 근저당권을 실행할 수 없게 된다. 그러나 대상 기업에 대한 채권금융기관의 공동관리절차가 중단되면 근저당권을 가지고 있는 채권금융기관은 근저당권을 실행할 수 있게 된다. 채권금융기관의 공동관리절차가 중단되는 경우로는 다음의 2가지 유형이 있다.

첫째는 채권금융기관협의회가 채권행사의 유예기간을 정하지 못하거나 채권행사 유예기간의 종료일까지 대상기업의 경영정상화계획을 확정하지 못한 경우이다. 이 경우는 그 다음 날부터 대상기업에 대한 채권금융기관 공동관리절차는 중단된 것으로 본다(기촉 6③).

둘째는 채권금융기관협의회가 공동관리절차의 중단을 의결한 경우이다. 다만 채권금융기관협의회가 공동관리절차의 중단을 의결할 수 있으려면 다음 중 하나에 해당하여야 한다(기촉 12).

① 경영정상화계획의 이행을 위한 약정의 이행점검을 한 결과 해당 기업이 정당한 사유 없이 경영정상화계획의 중요한 사항을 이행하지 아니하였거나 경영정상화계획이 이행되기 어렵다고 판단되는 경우

② 공동관리의 지속여부 및 해당 기업의 경영정상화 가능성에 대한 주채권은행의 보고에 따른 평가결과 공동관리를 지속하는 것이 적절하지 아니하다고 판단되거나 해당 기업의 경영정상화 가능성이 없다고 판단되는 경우

③ 해당 기업이 공동관리절차의 중단을 요청하는 경우

채권행사의 유예기간내에 경영정상화계획이 마련되고 그 경영정상화계획의 일환으로 일정기간동안 근저당권의 행사가 유예되면 역시 그 기간 동안 근저당권을 실행할 수 없게 됨은 물론이다. 또한 경영정상하계획의 일환으로 채권금융기관협의회의 의결에 따라 당해 기업에 대하여 채권재조정이 이루어지면 근저당권은 재조정된 채권을 담보하게 된다. 다만 이 경우채권재조정에 관한 협의회의 의결은 채권금융기관의 담보채권(해당 자산의 청산가치 범위 내에서 유효담보가액에 해당하는 채권을 말한다. 이하 같다) 총액 중 4분의 3 이상의 담보채권을 보유한 채권금융기관이 찬성하여야 그 효력이 생긴다(기촉 10②).

한편 채권은행은 부실징후기업의 구조조정을 위하여 채권은행의 공동관리가 필요하다고 인정하는 경우에는 채권은행만으로 구성된 채권은행협의회를 둘 수 있으며(기촉 13①), 부실징후기업으로부터의 신청이 있는 경우 채권은행은 사업계획서 등을 평가하여 경영정상화 가능성이 있다고 판단할 경우에는 채권은행협의회의 의결을 거쳐 채권은행 공동관리절차를 개시할 수 있다(기촉 13②). 채권은행의 공동관리는 채권금융기관 공동관리에 있어서 은행 이외의 채권자를 제외한 것으로 보면 된다. 따라서 이 경우 해당 채권은행이 가지고 있는 근저당권에 관하여도 채권금융기관이 가지고 있는 근저당권에 준하는 것으로 보면 된다(기촉 13③④ 참조).

그리고 주채권은행은 부실징후기업으로부터의 신청이 있는 경우 사업계획서 등을 평가하여 경영정상화 가능성이 있다고 판단할 경우에는 단독으로 해당 기업에

대한 관리절차를 개시할 수 있다(기촉 14①). 이 경우는 주채권은행이 가지고 있는 근저당권만 관리절차가 진행되는 동안 근저당권을 실행할 수 없게 된다.

판례 11-4

기업개선작업약정이 반대한 채권금융기관에도 미치는지 여부

① 금융기관들 사이에 채무자인 기업에 부실징후가 발생할 경우 법원이 관여하는 법정 회생절차에 들어가는 대신 주채권은행 주도하에 기업개선작업에 착수하여 당해 기업에 대한 채권금융기관들로 구성된 협의회를 소집하여 채권액 기준 3/4 이상의 채권을 보유한 채권금융기관의 찬성으로 채권재조정 등을 내용으로 하는 기업개선작업안을 의결하고, 나아가 주채권은행이 협의회 소속 다른 채권금융기관들의 대리인 겸 본인으로서 당해 기업과 위와 같이 확정된 의결 내용을 이행하기 위한 기업개선작업약정을 체결하는 방식의 일종의 사적 정리에 관한 사전합의가 이루어진 상태에서, 채무자인 특정 기업에 대하여 부실징후가 발생하여 주채권은행이 사전합의된 바에 따라 관련된 채권금융기관들의 협의회를 소집하여 기업개선작업안을 의결하고 이어 주채권은행과 당해 기업 사이에 그 의결 사항의 이행을 위한 기업개선작업약정이 체결되었다면, 이는 위와 같은 사전합의에 따른 것이어서 달리 무효로 볼 만한 특별한 사정이 없는 한 그 약정에 따른 채권재조정 등 권리변경의 효력은 채권금융기관협의회의 구성원으로서 결의에 참여하여 기업개선작업안에 반대한 채권금융기관에도 당연히 미친다.

② 사적 정리절차에 따른 기업개선작업약정은 민법상 화해계약에 유사한 성질을 갖는 것이어서 채권금융기관들이 양보한 권리는 기업개선작업약정의 효력이 발생한 시점에 소멸하고 당해 기업 등은 그에 갈음하여 그 약정에 따른 새로운 권리를 취득하게 되는 것이므로, 보통 채권금융기관들이 기업개선작업의 성공을 기대하면서 양보를 하기 마련이라고 하더라도 채권금융기관들과 당해 기업 사이에 기업개선작업의 중단이 기존 양보한 권리에 미치는 효과에 관하여 달리 특별한 합의를 하였던 경우를 제외하고는 기업개선작업이 중단되었다는 사정만으로 채권금융기관들이 종전에 양보한 권리가 당연히 되살아난다고 할 수는 없고, 이처럼 양보한 권리가 되살아나지 아니하여 채권금융기관들이 그만큼 손해를 보게 되어 채권금융기관협의회의 구성원이 아닌 다른 채권자들과의 사이에 불균형이 발생한다고 하더라도 이는 법원이 관여하는 법정 정리절차 대신 사적 정리절차를 선택할 때에 이미 감수하기로 한 위험이 현실화된 것에 불과하여 결론을 달리할 만한 사정이 되지 못한다(대판 2007.4.27. 2004다41996).

부 록

Ⅰ. 은행의 담보약관 서식

Ⅱ. 근저당권의 채권자·채무자변경을 위한 서식

Ⅰ. 은행의 담보약관 서식

1. 저당권설정계약서(특정채무담보용)

은행은 채무자·저당권설정자에게 이 약정서상의 중요한 내용을 설명하여야 하며, 은행여신거래기본약관과 이 약정서를 교부하여야 합니다.

특정채무담보

			부점장

저당권설정계약서

★ 담보의 제공은 재산상 손실을 가져올 수도 있는 중요한 법률행위이므로 미리 뒷면 "담보제공자가 꼭 알아 두어야 할 사항"과 계약서의 내용을 잘 읽은 후 신중한 판단을 하시고,
★ 굵은 선 [ ] 표시된 란(당사자란, 제1조 및 계약서 끝부분)은 담보제공자가 반드시 자필로 기재하시기 바랍니다.

20 년 월 일

채 권 자 겸
저 당 권 자 ________________ (인)
주 소

채 무 자 ________________ (인)
주 소

저당권설정자 ________________ (인)
주 소

위 당사자 사이에 아래와 같이 저당권설정계약을 맺습니다.

제1조 저당권의 설정

저당권설정자(이하 "설정자"라 합니다)는 은행여신거래기본약관을 승인하고, 채무자의 채권자에 대한 다음 채무를 담보하기 위하여 이 계약서 끝부분에 기재한 물건(이하 "저당물건"이라 합니다)에 다음 내용으로 저당권을 설정합니다.

피담보채무의 표시 :

거 래 약 정	년 월 일자 약정서
금 액	금 원
상 환 기 일	년 월 일
이자율, 지급시기	연 %
지 연 배 상 금	상환기일에 지급하지 아니한 때 또는 기한의 이익을 상실한 때에는 지급하여야 할 금액에 대하여 곧 연 %의 율로 1년을 365일로보고 1일단위로 계산한 지체일수에 해당하는 지연배상금을 지급한다.

제2조 공부와 실제의 불일치 등

이하 근저당권설정계약서(근담보용)의 내용과 같음.

2. 근저당권설정계약서(근담보용)

은행은 근저당권설정자에게 이 약정서상의 중요한 내용을 설명하여야 하며, 은행여신거래기본약관과 이 약정서의 사본을 교부하여야 합니다.

근담보

			부점장

근저당권설정계약서

★ 담보의 제공은 재산상 손실을 가져올 수도 있는 중요한 법률행위이므로 미리 뒷면 "담보제공자가 꼭 알아두어야 할 사항"과 계약서의 내용을 잘 읽은 후 신중한 판단을 하시고,
★ 굵은 선 [　　　] 으로 표시된 란(당사자란, 제1조 및 계약시 끝부분)은 담보제공자가 반드시 자필로 기재하시기 바랍니다.

20　　년　　월　　일

채 권 자 겸
근 저 당 권 자 ________________ (인)
주　　　소

채　무　자 ________________ (인)
주　　　소

근저당권설정자 ________________ (인)
주　　　소

위 당사자 사이에 아래와 같이 근저당권설정계약을 맺습니다.

제1조 근저당권의 설정

근저당권설정자(이하 "설정자"라 한다)는 은행여신거래기본약관을 승인하고, 이 계약서 끝부분 "근저당물건의 목록"란에 기재한 물건(이하 "근저당물건"이라 한다)에 다음 내용으로 근저당권을 설정합니다.

1. 피담보채무의 범위

채권자는 피담보채무의 범위를 달리하는 다음의 세 유형 가운데 어느 하나를 설정자가 선택할 수 있음을 설명하였고, 설정자는 그 가운데 [　　　] 에서 정한 채무(이자, 지연배상금 기타 부대채무를 포함합니다)를 담보하기로 합니다.

특정근담보

채무자가 채권자(본·지점)에 대하여 다음 약정서에 의한 거래로 말미암아 현재 및 장래에 부담하는 모든 채무

년 월 일 약정서
년 월 일 약정서

한정근담보

채무자가 채권자(본·지점)에 대하여 다음 종류의 거래로 말미암아 현재 및 장래에 부담하는 모든 채무

거래 거래

포괄근담보

채무자가 채권자(본·지점)에 대하여 현재 및 장래에 부담하는 다음 채무

가. 어음대출, 증서대출, 당좌대출, 어음할인, 지급보증, 매출채권거래, 상호부금거래, 사채인수, 유가증권대여, 외국환거래 기타 여신거래로 말미암은 모든 채무
나. 신용카드거래로 말미암은 채무(채무자 이외의 제3자가 담보를 제공한 경우는 제외)
다. 채권자와 제3자와의 위 "가"의 거래에 대한 보증채무
라. 채권자가 제3자와의 위 "가"의 거래로 말미암아 취득한 어음 또는 수표상의 채무

2. 채권최고액

가. 금 원

나. 설정비용의 절감 등을 위하여 채권최고액을 최초 채권액을 기준삼아 정하였다 하여도 이를 이유로 이 계약을 특정채무담보 저당권설정계약으로 해석하지 않기로 합니다.

3. 근저당권결산기

채권자는 근저당권 결산기를 정하는 다음의 세 유형 가운데 어느 하나를 설정자가 선택할 수 있음을 설명하였고, 설정자는 [ ] 에서 정한 날을 결산기로 하기로 합니다.

지 정 형

년 월 일

자동확정형

정하지 아니한다.
이 경우 계약일로부터 3년이 경과하면 설정자는 서면통지에 의하여 근저당권 결산기를 지정할 수 있기로 하되, 그 결산기는 통지 도달일로부터 14일 이후가 되어야 하며, 이에 미달하는 때에는 통지 도달일로부터 14일이 되는 날을 결산기로 합니다. 다만 5년이 경과할 때까지 설정자의 별도 의사표시가 없는 경우에는 계약일부터 5년이 되는 날을 결산기로 합니다.

장래지정형

정하지 아니합니다.
이 경우 계약일로부터 3년이 경과하면 설정자는 서면통지에 의하여 근저당권 결산기를 지정할 수 있기로 하되, 그 결산기는 통지 도달일로부터 14일 이후가 되어야 하며, 이에 미달하는 때에는 통지 도달일로부터 14일이 되는 날을 결산기로 합니다.

제2조 공부와 실제의 불일치 등

① "근저당물건"의 실제가 이 계약서 끝부분 목록란의 기재나 공부상 기재와 맞지 않는 부분이 있더라도 이 근저당권은 실제물건위에 그 효력이 미치며, 채권자가 채권보전상의 필요에 따라 청구하는 때에는 "설정자"는 곧 변경등기나 경정등기 기타 필요한 절차를 밟습니다.

② 근저당 토지상에 미등기건물이 있는 경우 또는 장래 건물을 신축할 경우에 채권자가 채권보전상 필요에 따라 청구하는 때에는, 설정자는 지체없이 그 보존등기를 하는 동시에 그 건물에 제1조에 의한 근저당권을 추가 설정합니다.

제3조 담보가치의 유지 등

① "설정자"는 "근저당물건"에 대하여 멸실·훼손 등 채권자의 채권보전에 지장을 초래할 현상변경행위를 하고자 하는 때에는 미리 채권자의 승낙을 얻어야 합니다.

② 설정자는 근저당물건의 멸실·훼손·공용징수 기타의 사고 또는 현저한 가격하락이 있거나 그럴 염려가 있을 때에는 곧 이를 채권자에게 통지합니다.

③ 제2항의 경우 설정자가 제3자로부터 수령할 배상금, 보상금 등의 채권이 발생한 때에는 설정자는 그 채권을 채권자에게 양도하고 이에 필요한 절차를 밟겠으며, 채권자는 그 수령금으로 다른 담보물의 제공 등 상당한 사유가 없는 한 은행여신거래기본약관 제13조 에 준하여 채무의 변제에 충당할 수 있기로 합니다.

제4조 보험계약

① 설정자는 근저당물건에 대하여 채권보전에 필요한 범위내에서 채권자가 지정하는 종류와 금액으로 보험계약을 맺고, 그 보험계약에 따른 권리 위에 채권자를 위하여 질권을 설정하여 그 보험증권을 채권자에게 교부하고, 이 근저당권의 피담보채무가 존재하는 동안 이를 계속 유지합니다.

② 설정자는 전항에 의한 보험계약외에 근저당물건에 대하여 따로 보험계약을 맺은 때에는 이를 곧 채권자에게 통지하며, 채권자가 채권보전상의 필요에 따라 청구하는 경우에는 그 보험계약에 따른 권리에 대하여도 채권자를 위하여 질권을 설정합니다.

③ 설정자가 제1항, 제2항에 정하는 바에 따르지 아니함으로써 채권자가 채권보전상 필요한 보험계약을 설정자를 대신하여 맺거나 계속하고 그 보험료를 지급한 때에는, 채무자와 설정자는 연대하여 채권자가 지급한 보험료 기타의 제비용을 은행여신거래기본약관 제4조에 준하여 곧 갚습니다.

④ 제1항 내지 제3항에 의한 보험계약에 터잡아 채권자가 보험금을 수령한 때에는, 다른 담보물의 제공 등 상당한 사유가 없는 한, 피담보채무의 기한도래전일지라도, 채권자는 그 수령금으로 은행여신거래기본약관 제13조에 준하여 채무의 변제에 충당할 수 있습니다.

제5조 지상권·전세권·임차권

① 설정자는 근저당물건이 건물만인 경우, 그 대지에 지상권 또는 전세권이 설정되어 있는 때에는, 그 기간이 만료한 때, 곧 그 설정계약 계속의 절차를 밟기로 합니다.

② 제1항의 경우 그 대지에 관한 권리가 임차권인 때에도 설정자는 임차기간이 만료한 때에는 곧 임대차계약 계속의 절차를 밟고 또 토지소유자의 변경 있는 때에는 곧, 임차권의 내용변경이 생길 경우에는 미리, 채권자에게 통지하기로 합니다.

③ 설정자는 제1항의 지상권·전세권이나 제2항의 임차권에 관하여 해지 기타 권리의 소멸 또는 변경을 초래할 염려가 있는 행위를 하지 아니하며 또 그러한 염려가 있는 때에는 그 권리의 보전에 필요한 절차를 밟겠으며 건물이 멸실한 경우라도 채권자의 동의없이 그 권리의 임의처분을 아니하기로 합니다.

④ 근저당건물이 화재 기타의 원인으로 멸실하고 보험금 등으로 충당하고도 채무가 남은 경우에 설정자가 곧 건물을 신축하지 아니할 때에는 지상권, 전세권 또는 임차권의 처분은 채권자의 동의를 얻어 하기로 하고 채권자는 그 처분대전으로 제4조 제3항에 준하여 나머지 채무의 변제에 충당할 수 있기로 합니다.

제6조 근저당물건의 처분·관리 등

① 근저당물건의 처분은 법정절차에 의함을 원칙으로 하되, 설정자가 동의를 한 때에는 은행은 적당하다고 인정되는 방법·시기·가격 등에 의하여 처분하고 그 취득금에서 제 비용을 뺀 잔액을 은행여신거래기본약관 제13조에 준하여 충당할 수 있습니다.

② 제1항의 처분방법 외에 채권자는 설정자를 위하여 근저당물건을 관리하고 그 수익금으로 제1항에 준하여 채무의 변제에 충당할 수 있습니다.

③ 설정자가 행방을 감추거나 기타의 사유로 말미암아 근저당물건이 정상적으로 관리·유지되지 아니하고 멸실·훼손·분실 등의 우려가 있는 때에는 채권자는 근저당물건을 점유하여 관리할 수 있습니다.

④ 제1항 내지 제3항의 경우 설정자는 지체없이 채권자의 처분 또는 관리에 필요한 협력을 합니다.

제7조 회보와 조사

설정자는 근저당물건의 상황에 관하여 채권자로부터 청구가 있는 때에는 그에 따라 곧 회보하거나 조사에 필요한 협조를 합니다.

제8조 (여러 절차의 이행과 비용부담)

① 설정자는 이 근저당권의 설정, 변경, 이전, 말소 등에 관한 등기를 하여야 할 때에는 채권자의 청구가 있는 대로 곧 필요한 절차를 밟아야 합니다.

② 채권자는 제1항의 청구를 할 때 당해 등기에 드는 비용의 종류와 산출근거를 채무자와 설정자에게 별도의 서면에 의하여 설명합니다. 채권자가 이 설명을 하지 아니한 비용은 채무자와 설정자에게 청구하지 아니하며, 이 설명을 한 비용은 다음 각 호에 따라 부담합니다.

1. 국민주택채권매입비 : 채무자 또는 설정자
2. 등록세, 지방교육세, 등기신청수수료 및 법무사 수수료
   가. 근저당권 설정등기를 하는 경우 : 채권자
   나. 근저당권 말소등기를 하는 경우 : 채무자 또는 설정자
3. 근저당물건의 조사 또는 감정평가 수수료
   가. 근저당권을 설정하기 위한 경우 : 채권자
   나. 채무자의 채무불이행으로 인하여 근저당권을 행사하는 경우 : 채무자 또는 설정자
4. 기타 비용으로서 부담주체가 분명하지 아니한 비용 : 채권자와 채무자 또는 설정자의 균분

③ 제2항에 의하여 채무자 또는 설정자가 부담하여야 할 비용, 근저당물건의 점유 또는 관리에 관한 비용, 채무자의 채무불이행으로 인한 근저당권의 행사를 위한 비용 등 채무자 또는 설정자가 부담하여야 할 비용을 채권자가 대신 지급한 경우에는 은행여신거래기본약관 제4조 제2항을 준용합니다.

제9조 다른 담보·보증약정과의 관계

① 설정자가 채무자의 채권자에 대한 같은 피담보채무에 관하여 따로 담보를 제공하고 있거나 보증을 하고 있는 경우에는 별도의 약정이 없는 한 그 담보나 보증은 이 계약에 의하여 변경되지 아니하며, 이 계약에 의한 담보책임과 별개의 것으로 누적적으로 적용됩니다.

② 담보가치의 하락 등을 대비한 채권자의 청구에 의하여 설정자가 같은 피담보채무에 관하여 담보제공과 동시에 같은 금액으로 연대보증을 한 경우, 그 중 어느 하나의 일부 또는 전부를 이행한 때에는 전항에 불구하고 그 이행한 범위 내에서 다른 책임도 면합니다.

제10조 담보 등의 변경·해지·해제

설정자가 동의를 한 때나, 동등한 가치 이상의 담보대체, 동등한 자력 이상의 보증인 교체 또는 일부 변제액에 비례한 담보나 보증의 해제·해지 등 설정자가 대위변제할 경우의 구상실현에 불리한 영향이 없을 때에는 거래상 필요에 따라 채권자는 다른 담보나 보증을 변경 또는 해지·해제할 수 있기로 합니다.

제11조 특약사항

설정자 : (인)

근저당물건 목록

대상목적물의 표시	순 위

※ 설정자는 다음 사항을 읽고 본인의 의사를 사실에 근거하여 자필로 기재하여 주십시오(기재예시 : 1. 수령함. 2. 들었음).

1. 은행여신거래기본약관과 이 계약서 사본을 확실히 수령하였습니까?	
2. 위 약관과 계약서의 중요한 내용에 대하여 설명을 들었습니까?	

※ 설정자가 타인을 위하여 주택을 담보로 제공하는 경우에는 설정자는 이 계약서 작성일을 포함하여 3일 이내에 담보제공을 철회할 수 있습니다. 또한 철회권을 미리 포기하고 이 설정계약을 즉시 확정할 수도 있습니다.

필요시 설정자는 위 기간 이내에 본인의 의사를 다음 란에 자필로 기재하여 주십시오.

(기재예시 : 철회함. 년 월 일, 포기함 년 월 일)

담보제공을 철회합니까? (철회한 때에는 이 계약은 취소되고 설정자는 담보책임을 부담하지 않습니다. 이 때 담보설정·해지에 드는 비용은 설정자가 전부 부담하여야 합니다.)	년 월 일
철회권을 포기합니까? (철회권을 포기한 때에는 이 설정계약 즉시 확정됩니다.)	년 월 일

상담자	직위 : 성명 : 인

이 계약서에 따라 등기되었음을 확인하고 등기권리증을 수령함

년 월 일

설정자 인

담보제공자(저당권설정자)가 꼭 알아두어야 할 사항

저당권이란

- 채무자가 기일에 채무를 상환하지 않으면 채권자는 설정자가 제공한 담보물을 처분하여 우선적으로 변제받는 권리입니다.
- 따라서 자기 소유의 부동산에 타인을 위하여 저당권을 설정하는 것은 타인의 채무불이행으로 인하여 자기 재산을 잃게 될 수도 있는 위험을 부담하는 행위입니다.

담보종류에 따른 책임범위

- 특정채무담보는 채무자가 채권자에 대하여 부담하는 특정된 채무만을 담보하는 것으로, 그 채무가 연기·재취급 또는 다른 여신으로 대환된 때에는 담보하지 않습니다.
- 근담보는 채무자와 채권자 사이에 이미 맺어져 있거나 앞으로 맺게 될 거래계약으로부터 현재 발생되어 있거나 앞으로 발생할 채무를 채권최고액의 범위 내에서 담보하는 것으로, 세 가지 유형이 있으며, 각 계약의 유형에 따른 책임범위는 다음과 같습니다.

「특정근담보」

특정한 거래계약(예 : 년 월 일자 어음할인거래약정서)으로부터 계속적으로 발생하는 채무를 담보하며, 그 채무가 기한연기된 때에도 담보합니다. 그러나 재취급 또는 다른 여신으로 대환된 때에는 담보하지 않습니다.

「한정근담보」

특정한 종류의 거래(예 : 당좌대출거래)에 대하여 이미 맺어져 있거나 앞으로 맺게 될 거래계약으로부터 현재 발생되어 있거나 앞으로 발생하게 될 채무를 모두 담보하며, 그 채무의 연기나 재취급은 물론 같은 종류로 대환된 때에도 담보합니다. 그러나 다른 종류의 여신으로 대환된 때에는 담보하지 않습니다.

「포괄근담보」

채무자가 채권자에게 부담하는 현재 및 장래의 모든 채무(여신거래로 인한 채무뿐만 아니라 기타 다른 형태의 채무를 포함한다)를 담보하여 그 책임범위가 아주 광범위하므로 포괄근담보를 선택할 경우 다시 한번 신중히 생각한 후에 결정하십시오.

담보제공자가 연대보증까지 서는 경우

- 담보제공자가 연대보증을 별도로 서는 경우, 은행은 담보제공한 부동산 이외에 담보제공자의 다른 일반재산에 대하여도 집행을 할 수 있습니다.

3. 지상권설정계약서

은행은 지상권설정자에게 이 약정서상의 중요한 내용을 설명하여야 하며, 은행여신거래기본약관과 이 약정서를 교부하여야 합니다.

수입인지

			부점장

지상권설정계약서

★ 굵은 선 [ ] 표시된 란(당사자란 및 계약서 끝부분)은 지상권설정자가 반드시 자필로 기재하시기 바랍니다.

20 년 월 일

채 권 자 겸
지 상 권 자 ____________ (인)
주 소

채 무 자 ____________ (인)
주 소

지상권설정자 ____________ (인)
주 소

위 당사자 사이에 아래와 같이 지상권설정계약을 맺습니다.

제1조 지상권의 설정

지상권설정자(이하 "설정자"라 합니다)는 그의 소유인 이 계약서 끝부분 토지목록란에 기재된 토지 위에 지상권자가 건물 기타 공작물이나 수목을 소유하기 위하여 그 토지를 사용할 수 있도록 지상권을 설정합니다.

제2조 지료

지료는 없는 것으로 합니다.

제3조 존속기간

지상권의 존속기간은 설정등기일로부터 [ ] 년으로 합니다.

제4조 토지의 보존 등

① 설정자는 사전에 지상권자 서면 승낙없이 지상권의 목적인 토지에 공작물을 구축 기타 그 현상을 변경하는 행위를 아니합니다.

② 설정자는 지상권의 목적인 토지에 멸실·훼손·공용징수 기타 사유로 말미암아 이상이 생기거나 이상이 생길 염려가 있을 때에는 곧 이를 지상권자에게 통지하며 그 처리에 관하여는 지상권자의 지시에 따르기로 합니다.

제5조 여러 절차의 이행과 비용부담

① 설정자는 지상권자의 청구가 있는 대로 이 계약에 의한 지상권의 설정·변경·경정·이전·말소 등에 관한 등기 기타 필요한 절차를 지체 없이 밟습니다.

② 채권자는 제1항의 청구를 할 때 당해 등기에 드는 비용의 종류와 산출 근거를 채무자와 설정자에게 별도의 서면에 의하여 설명합니다. 채권자가 이 설명을 하지 아니한 비용은 채무자와 설정자에게 청구하지 아니하며, 이 설명을 한 비용은 다음 각 호에 따라 부담합니다.

1. 등록면허세, 지방교육세, 등기신청수수료 및 법무사수수료
   가. 지상권 설정등기를 하는 경우 : 채권자
   나. 지상권 말소등기를 하는 경우 : 채권자와 채무자 또는 설정자 균분
2. 기타 비용으로서 부담주체가 분명하지 아니한 비용 : 채권자와 채무자 또는 설정자 균분

③ 제2항에 의하여 채무자 또는 설정자가 부담하여야 할 비용, 지상권물건의 점유 또는 관리에 관한 비용, 채무자의 채무불이행으로 인한 지상권의 행사를 위한 비용 등 채무자 또는 설정자가 부담하여야 할 비용을 채권자가 대신 지급한 경우에는 은행여신거래기본약관 제4조 제2항을 준용합니다.

제6조 관할법원의 합의

이 계약에 관하여 소송의 필요가 생긴 때에는 법이 정하는 관할법원과 아울러 지상권자의 본점지역본부 또는 거래영업점의 소재지 지방법원을 관할법원으로 합니다.

토지목록

※ 지상권설정자는 다음 사항을 읽고 본인의 의사를 사실에 근거하여 자필로 기재하여 주십시오(기재예시 : 1. 수령함. 2. 들었음)

이 계약서 사본을 확실히 수령하였습니까?	

상담자	직위 : 성명 : 인

이 계약서에 따라 등기되었음을 확인하고 등기권리증을 수령함

년 월 일

지상권설정자 인

4. 추가근저당권설정계약서

은행은 추가근저당권설정자에게 이 약정서상의 중요한 내용을 설명하여야 하며, 은행여신거래기본약관과 이 약정서를 교부하여야 합니다.

근담보

			부점장

추가근저당권설정계약서
(공동담보물건 추가용)

★ 담보의 제공은 재산상 손실을 가져올 수도 있는 중요한 법률행위이므로 미리 뒷면 "담보제공자가 꼭 알아 두어야 할 사항"과 계약서의 내용을 잘 읽은 후 신중한 판단을 하시고, ★ 굵은 선 [ ] 표시된 란(당사자란, 제1조 및 계약서 끝부분)은 담보제공자가 반드시 자필로 기재하시기 바랍니다.

20 년 월 일

채 권 자 겸
근 저 당 권 자 ________________ (인)
주 소

채 무 자 ________________ (인)
주 소

근저당권설정자 ________________ (인)
주 소

위 당사자 사이에 아래와 같이 추가근저당권설정계약을 맺습니다.

제1조 근저당권의 추가설정

근저당권설정자는 은행여신거래기본약관을 승인하고, (별표 1)의 이미 설정한 근저당권에 추가하여, (별표 2)의 "추가할 공동담보물건 목록"란에 기재한 물건에 공동담보로서 이미 설정한 근저당권의 설정계약과 같은 내용으로 근저당권을 설정합니다.

제2조 계약조항의 적용

이 추가근저당권설정에 관하여도 제1조에 기재한 이미 맺은 근저당권설정계약서의 각 조항이 적용됩니다.

제3조 여러 절차의 이행과 비용부담

① 설정자는 이 저당권의 설정, 변경, 이전, 말소 등에 관한 등기를 하여야 할 때에는 채권자의 청구 있는 대로 곧 필요한 절차를 밟아야 합니다.

② 채권자는 제1항의 청구를 할 때 당해 등기에 드는 비용의 종류와 산출근거를 채무자와설정자에게 별도의 서면에 의하여 설명합니다. 채권자가 이 설명을 하지 아니한 비용은 채무자와 설정자에게 청구하지 아니하며, 이 설명을 한 비용은 다음 각 호에 따라 부담합니다.

1. 등록면허세, 지방교육세, 등기신청수수료 및 법무사수수료
   가. 근저당권 설정등기를 하는 경우 : 채권자
   나. 근저당권 말소등기를 하는 경우 : 채무자 또는 설정자
2. 근저당물건의 조사 또는 감정평가 수수료
   가. 근저당권을 설정하기 위한 경우 : 채권자
   나. 채무자의 채무불이행으로 인하여 근저당권을 행사하는 경우 : 채무자 또는 설정자
3. 기타 비용으로서 부담주체가 분명하지 아니한 비용 : 채권자와 채무자 또는 설정자의 균분

③ 제2항에 의하여 채무자 또는 설정자가 부담하여야 할 비용, 근저당권물건의 점유 또는 관리에 관한 비용, 채무자의 채무불이행으로 인한 근저당권의 행사를 비용 등 채무자 또는 설정자가 부담하여야 할 비용을 채권자가 대신 지급한 경우에는 은행여신거래기본약관 제4조 제2항을 준용합니다.

(별표 1) 이미 설정한 근저당권의 표시

<table>
<tr><td colspan="2">설 정 계 약</td><td colspan="2">년 월 일자 근저당권설정계약서</td></tr>
<tr><td rowspan="7">근저당권의표시</td><td>관 할</td><td colspan="2">지방법원 등기소</td></tr>
<tr><td>접 수 일 자</td><td colspan="2"></td></tr>
<tr><td>접 수 번 호</td><td colspan="2"></td></tr>
<tr><td>채권최고액</td><td colspan="2"></td></tr>
<tr><td></td><td colspan="2">물 건 목 록</td></tr>
<tr><td>소 유 자</td><td>물 건 표 시</td><td>순 위</td></tr>
<tr><td></td><td></td><td></td></tr>
</table>

(별표 2) 추가할 공동담보물건 목록

소유자	물건표시	순 위

※ 추가근저당권설정자는 다음 사항을 읽고 본인의 의사를 사실에 근거하여 자필로 기재하여 주십시오. (기재예시 : 1. 수령함. 2. 들었음)

1. 은행여신거래기본약관과 이 계약서 사본을 확실히 수령하였습니까?	
2. 위 약관과 계약서의 중요한 내용에 대하여 설명을 들었습니까?	

※ 설정자가 타인을 위하여 주택을 담보로 제공하는 경우에는 설정자는 이 계약서 작성일을 포함하여 3일 이내에 담보제공을 철회할 수 있습니다. 또한 철회권을 미리 포기하고 이 설정계약을 즉시 확정할 수도 있습니다.
필요시 설정자는 위 기간 이내에 본인의 의사를 다음 란에 자필로 기재하여 주십시오.

(기재예시 : 철회함. 년 월 일, 포기함 년 월 일)

담보제공을 철회합니까? (철회한 때에는 이 계약은 취소되고 설정자는 담보책임을 부담하지 않습니다. 이 때 담보설정·해지에 드는 비용은 설정자가 전부 부담하여야 합니다.)	년 월 일
철회권을 포기합니까? (철회권을 포기한 때에는 이 설정계약 즉시 확정됩니다.)	년 월 일

상담자	직위 : 성명 : 인

이 계약서에 따라 등기되었음을 확인하고 등기권리증을 수령함 년 월 일 설정자 인

5. 근저당권설정계약 변경계약서

은행은 근저당권설정자에게 이 약정서상의 중요한 내용을 설명하여야 하며, 은행여신거래기본약관과 이 약정서의 사본을 교부하여야 합니다.

근담보

			부점장

근저당권설정계약 변경계약서

(피담보채무범위변경·근저당권결산기변경용)

★ 굵은 선 [ ] 으로 표시된 란(당사자란, 변경내용 및 계약서 끝부분)은 담보제공자가 반드시 자필로 기재하시기 바랍니다.
★ 이 변경계약은 등기사항이 아니므로 당사자간의 합의만으로 그 효력이 생기게 됩니다.

20 년 월 일

채 권 자 겸
근 저 당 권 자 ________________ (인)
주 소

채 무 자 ________________ (인)
주 소

근저당권설정자 ________________ (인)
주 소

위 당사자 사이에 이미 설정한 아래 표시 근저당권의 [ ] 를(을) 다음과 같이 변경합니다.

피담보 채무의 범위

변경후 피담보 채무의 범위 :

근저당권결산기

변경후 근저당권 결산기 :

이미 설정한 근저당권의 표시

<table>
<tr><td colspan="2">1. 설정계약</td><td>년 월 일자 근저당권설정계약서</td></tr>
<tr><td rowspan="12">2. 공동저당의 표시</td><td>등 기</td><td>지방법원 등기소 년 월 일 등기 접수 제 호</td></tr>
<tr><td>물건표시</td><td></td></tr>
<tr><td>순 위</td><td></td></tr>
<tr><td>소 유 자</td><td></td></tr>
<tr><td>등 기</td><td>지방법원 등기소 년 월 일 등기 접수 제 호</td></tr>
<tr><td>물건표시</td><td></td></tr>
<tr><td>순 위</td><td></td></tr>
<tr><td>소 유 자</td><td></td></tr>
<tr><td>등 기</td><td>지방법원 등기소 년 월 일 등기 접수 제 호</td></tr>
<tr><td>물건표시</td><td></td></tr>
<tr><td>순 위</td><td></td></tr>
<tr><td>소 유 자</td><td></td></tr>
</table>

※ 근저당권설정자는 다음 사항을 읽고 본인의 의사를 사실에 근거하여 자필로 기재 하여 주십시오(기재예시 : 수령함).

이 계약서 사본을 확실히 수령하였습니까?	

상담자	직위 :	성명 : 인

6. 채무인수약정서

은행은 약정관계인에게 이 약정서상의 중요한 내용을 설명하여야 하며, 은행 여신거래기본약관과 이 약정서를 교부하여야 합니다.

수입인지

			부점장

채무인수약정서

20 년 월 일

채 권 자 ______________ (인)
주 소

채 무 자 ______________ (인)
주 소

채 무 인 수 인 ______________ (인)
주 소

근저당권설정자 ______________ (인)
(소유권 이전된 경우 제3취득자)
주 소

근저당권설정자 ______________ (인)
(소유권 이전된 경우 제3취득자)
주 소

연 대 보 증 인 ______________ (인)
주 소

연 대 보 증 인 ______________ (인)
주 소

제1조 채무의 인수

① 채무인수인은 채무자가 은행여신거래기본약관 및 아래 표시의 약정서(이하 "원약정서"라 한다)에 의하여 채권자에게 현재 및 장래에 부담하는 모든 채무를 그 채무의 동일성을 유지한 채, 인수할 것을 청약하고 채무자 및 채권자는 이를 승낙하였다.

원약정서상의 채무표시(　　년　월　일 현재)

채무구분		1	2	3	4	4
원약정서		20 . . . 약정서	20 . . . 약정서	20 . . . 약정서	20 . . . 약정서	20 . . . 약정서
채무액	원금					
	이자					
	지연배상금					
	부대채무					
	합계					

② 근저당권설정자 또는 담보목적물의 제3취득자(이하 "담보제공자"라 한다) 및 연대보증인은 제1항에 동의하였다.

제2조 채무자 및 채무인수인의 지위

채무자 및 채무인수인은 제1조의 채무에 대하여 [　　　　] 의 지위를 가진다.

면책적인수형

채무자는 채무자의 지위에서 탈퇴하여 채무이행의무를 면하고, 채무인수인은 인수한 채무를 원약정서의 각 조항에 따라 이행할 의무를 부담한다.

중첩적인수형

채무자는 채무자의 지위를 계속 유지하고, 채무인수인은 인수한 채무를 채무자와 연대하여 원약정서의 각 조항에 따라 이행할 의무를 부담한다.

제3조 담보·보증의 유지

담보제공자와 연대보증인은 아래 표시 근저당권설정계약 및 보증계약이 그 계약의 내용에 따라 채무인수인을 위하여 효력을 가지는데 동의한다.

근저당권 설정계약표시

구분		1	2	3	4	4
등기·등록	관할					
	등기일자	년 월 일	년 월 일	년 월 일	년 월 일	년 월 일
	접수번호	제　　호	제　　호	제　　호	제　　호	제　　호
	채권최고액					
	물건목록	끝부분기재	끝부분기재	끝부분기재	끝부분기재	끝부분기재
	순위번호	끝부분기재	끝부분기재	끝부분기재	끝부분기재	끝부분기재

보증계약의 표시

구　분	1	2	3	4	5
계약일자	년 월 일	년 월 일	년 월 일	년 월 일	년 월 일
약정서·보증서					
보증인					

※ 약정서·보증서란은 여신(대출)거래약정서 또는 보증서의 종류 (특정채무보증서, 특정·한정·포괄근보증서)를 기재한다.

제4조 변경등기·등록 기타의 대항요건

이 약정의 당사자는 제3조의 담보와 보증에 관하여 이 약정에 의한 채무인수로 말미암은 변경등기·등록 기타 대항요건구비 등의 필요한 절차를 밟기로 한다.

제5조 계약의 해제

① 제4조에 의한 변경등기·등록·대항요건구비 등이 이 약정일로부터 1개월 내에 완료되지 아니한 때에는 채권자는 이 약정을 해제할 수 있다.

② 제1항에 의하여 채권자가 이 약정을 해제한 때에는 원약정서에 의한 채무와 담보제공자 및 연대보증인의 채무와 책임은 원래대로 복귀한다.

제6조 여러 절차의 이행과 비용부담

① 이 약정서 작성에 따른 인지세는 각 50%씩 본인과 은행이 부담합니다.

② 설정자는 이 근저당권의 설정, 변경, 이전, 말소 등에 관한 등기를 하여야 할 때에는 채권자의 청구가 있는 대로 곧 필요한 절차를 밟아야 합니다.

③ 채권자는 제2항의 청구를 할 때 당해 등기에 드는 비용의 종류와 산출 근거를 채무자와 설정자에게 별도의 서면에 의하여 설명합니다. 채권자가 이 설명을 하지 아니한 비용은 채무자와 설정자에게 청구하지 아니하며, 이 설명을 한 비용은 다음 각 호에 따라 부담합니다.

1. 등록면허세, 지방교육세, 등기신청수수료 및 법무사수수료
   가. 근저당권 변경등기를 하는 경우 : 채권자
   나. 근저당권 말소등기를 하는 경우 : 채무자 또는 설정자
2. 근저당물건의 조사 또는 감정평가 수수료
   가. 근저당권을 변경하기 위한 경우 : 채권자
   나. 채무자의 채무불이행으로 인하여 근저당권을 행사하는 경우 : 채무자 또는 설정자
3. 기타 비용으로서 부담주체가 분명하지 아니한 비용 : 채권자와 채무자 또는 설정자의 균분

④ 제3항에 의하여 채무자 또는 설정자가 부담하여야 할 비용, 근저당권의 점유 또는 관리에 관한 비용, 채무자의 채무불이행으로 인한 근저당권의 행사를 위한 비용 등 채무자 또는 설정자가 부담하여야 할 비용을 채권자가 대신 지급한 경우에는 은행여신거래기본약관 제4조 제2항을 준용합니다.

물건목록 및 순위번호

물 건 목 록	순 위 번 호	
	등기상순위	실제순위

은행여신거래기본약관 및 이 약정서 사본 1통을 확실히 수령하였으며 그 내용에 대하여 충분한 설명을 듣고 잘 이해하였음	
채 무 자	인
채무인수인	인
담보제공자	인
담보제공자	인
연대보증인	인

7. 근저당권변경계약서(확정채무의 면책적인수용)

은행은 채무자, 채무인수인 및 근저당권설정자에게 이 약정서상의 중요한 내용을 설명하여야 하며, 은행여신거래기본약관 및 이 약정서의 1부를 교부하여야 합니다.

피담보채권확정후 그 채무인수에 따른 근저당권변경

			부점장

근저당권변경계약서

(확정채무의 면책적인수용)

20 년 월 일

채 권 자
(근 저 당 권 자) ________________ (인)
주 소

채 무 자 ________________ (인)
주 소

채 무 인 수 인 ________________ (인)
주 소

근저당권설정자 ________________ (인)
(소유권 이전된 경우 제3취득자)
주 소

제1조 채무의 인수

① 채무인수인은 채무자가 은행여신거래기본약관 및 아래 표시 약정서(이하 "원약정서"라 합니다)에 의하여 채권자에게 부담하고 있는 채무를 채권자와 채무자의 승낙을 얻어 20 . . .자 채무인수약정서로 그 채무의 동일성을 유지한 채 면책적으로 인수하였습니다.

원약정서상의 채무표시(　　년　　월　　일 현재)

채 무 구 분		1	2	3	4	5
약정서 명칭		19 . . . 약정서	19 . . . 약정서	19 . . . 약정서	19 . . . 약정서	19 . . . 약정서
채무액	원 금					
	이 자					
	지연배상금					
	부대채무					
	합 계					

② 채무자는 채무자의 지위에서 탈퇴하여 채무이행의무를 면하고 채무인수인은 인수한 채무를 원약정서의 각 조항에 따라 이행할 의무를 부담합니다.

제2조 피담보채무의 범위

채권자에 대한 채무자의 채무를 담보하기 위하여 설정한 바 있는 아래 표시의 근저당권(이하 "원근저당권"이라 한다)은 제1조에 의한 채무인수로 말미암아 채무인수인이 채권자에 대하여 부담하는 채무를 담보합니다.

원근저당권 설정계약표시

구 분		1	2	3	4	5
등기·등록	관 할					
	접수일자	년 월 일	년 월 일	년 월 일	년 월 일	년 월 일
	접수번호	제 호	제 호	제 호	제 호	제 호
	채권최고액					
	물건목록	끝부분기재	끝부분기재	끝부분기재	끝부분기재	끝부분기재
	순위번호	끝부분기재	끝부분기재	끝부분기재	끝부분기재	끝부분기재

제3조 다른 계약조항의 효력

제1조 및 제2조에서 정한 사항 이외의 원근저당권설정계약서 각 조항은 그대로 계속하여 효력을 가집니다.

제4조 근저당권설정자(또는 제3취득자)의 승낙

근저당권설정자 또는 근저당목적물의 제3취득자는 이 계약의 각 조항에 관하여 이의없이 승낙하였습니다.

물건목록 및 순위번호

물 건 목 록	순 위 번 호	
	등기상순위	실제순위

이 계약의 성립을 증명하기 위하여 계약서 (　　)통을 작성하여 채권자, 채무자, 채무인수인 및 근저당권설정자(또는 제3취득자)가 각각 1통씩 보관합니다.

은행여신거래기본약관 및 이 약정서 사본 1통을 확실히 수령하였으며 그 내용에 대하여 충분한 설명을 듣고 잘 이해하였음.	
채 무 자 인 채 무 인 수 인 근저당권설정자 또는 제3취득자	인 인 인

8. 근저당권변경계약서(계약인수용)

> 은행은 채무자, 채무인수인 및 근저당권설정자에게 이 약정서상의 중요한 내용을 설명하여야 하며, 은행여신거래기본약관 및 이 약정서의 1부를 교부하여야 합니다.

피담보채권확정전
채무자지위인수에
따른 근저당권변경

			부점장

근저당권변경계약서

(계약인수용)

19 년 월 일

채 권 자
(근 저 당 권 자) ________________ (인)
주 소

채 무 자 ________________ (인)
주 소

계 약 인 수 인 ________________ (인)
주 소

근저당권설정자 ________________ (인)
(소유권 이전된 경우 제3취득자)
주 소

제1조 근저당권의 채무자지위인수

① 채권자(근저당권자), 채무자, 계약인수인 및 근저당권설정자(또는 제3취득자)는 아래 표시 근저당권(이하 "원근저당권"이라 합니다)설정계약의 기초가 되는 채권자와 채무자간에 존재하는 계약(아래 표시 약정서를 포함한다. 이하 "기본계약"이라 합니다) 및 원근저당권설정계상의 채무자지위를 계약인수인이 전부 인수하는데 합의하였습니다.

약정서상의 채무표시(　　년　　월　　일 현재)

채 무 구 분		1	2	3	4	5
약정서 명칭		···· 약정서	···· 약정서	···· 약정서	···· 약정서	···· 약정서
채무액	원 금					
	이 자					
	지연배상금					
	부대채무					
	합 계					

원근저당권 설정계약표시

구 분		1	2	3	4	5
등기·등록	관 할					
	접수일자	년 월 일	년 월 일	년 월 일	년 월 일	년 월 일
	접수번호	제 호	제 호	제 호	제 호	제 호
	채권최고액					
	물건목록	끝부분기재	끝부분기재	끝부분기재	끝부분기재	끝부분기재
	순위번호	끝부분기재	끝부분기재	끝부분기재	끝부분기재	끝부분기재

② 제1항에 의하여 채무자는 채무자지위에서 탈퇴하고, 계약인수인은 기본계약 및 원근저당권설정계약상 채무자의 지위를 가집니다.

제2조 피담보채무의 범위

원근저당권은 다음 각 호의 채무를 담보합니다.

1. 계약인수인이 인수하는 제1조 표시 약정서에 따라 현재 및 장래에 부담하는 모든 채무
2. 원근저당권설정계약서상 피담보채무의 범위에 속하는 종류의 거래로 말미암아 채무자 및 계약인수인이 채권자에 대하여 장래에 부담하는 모든 채무

제3조 다른 계약조항의 효력

제1조 및 제2조에서 정한 사항 이외의 원근저당권설정계약서 각 조항은 그대로 계속하여 효력을 가집니다.

제4조 변경등기

이 계약 당사자는 이 계약에 의한 근저당권변경등기절차를 밟기로 합니다.

제5조 계약의 해제

① 제4조에 의한 변경등기가 이 계약일로부터 1개월 이내에 완료되지 아니한 때에는 채권자는 이 약정을 해제할 수 있습니다.

② 제1항에 의하여 채권자가 이 계약을 해제한 때에는 기본계약 및 원근저당권설정계약은 원상대로 회복되는 것으로 합니다.

제6조 비용부담

이 계약서의 작성이나 등기 또는 이 계약에 부대되는 비용 및 이 계약의 이행 또는 해제로 인한 원상회복과 관련하여 드는 등기비용 기타 각종 부대비용은 채무자와 계약인수인이 연대하여 부담합니다.

제7조 근저당권설정자(또는 제3취득자)의 승낙

근저당권설정자 또는 근저당목적물의 제3취득자는 이 계약의 각 조항에 관하여 이의없이 승낙하였습니다.

물건목록 및 순위번호

물 건 목 록	순 위 번 호	
	등기상순위	실제순위

이 계약의 성립을 증명하기 위하여 계약서 (　　)통을 작성하여 채권자, 채무자, 계약인수인 및 근저당권설정자(또는 제3취득자)가 각각 1통씩 보관합니다.

은행여신거래기본약관 및 이 약정서 사본 1통을 확실히 수령하였으며 그 내용에 대하여 충분한 설명을 듣고 잘 이해하였음.	
채 무 자 인 계 약 인 수 인 근저당권설정자 또는 제3취득자	인 인 인

9. 근저당권변경계약서(중첩적계약인수용)

> 은행은 채무자, 채무인수인 및 근저당권설정자에게 이 약정서상의 중요한 내용을 설명하여야 하며, 은행여신거래기본약관 및 이 약정서의 1부를 교부하여야 합니다.

피담보채권확정전
채무자지위인수에
따른 근저당권변경

			부점장

근저당권변경계약서

(중첩적계약인수용)

20 년 월 일

채 권 자
(근 저 당 권 자) ________________ (인)
주 소

채 무 자 ________________ (인)
주 소

계 약 가 입 자 ________________ (인)
주 소

근저당권설정자 ________________ (인)
(소유권 이전된 경우 제3취득자)
주 소

제1조 근저당권의 채무자지위참가

① 채권자(근저당권자), 채무자, 계약가입자 및 근저당권설정자(또는 제3취득자)는 아래 표시 근저당권(이하 "원근저당권"이라 합니다)설정계약의 기초가 되는 채권자와 채무자간에 존재하는 계약(아래 표시 약정서를 포함한다. 이하"기본계약"이라 합니다) 및 원근저당권설정계상의 채무자지위에 계약가입자가 참가하는데 합의하였습니다.

약정서상의 채무표시(　　년　　월　　일 현재)

채무구분		1	2	3	4	5
약정서 명칭		약정서	약정서	약정서	약정서	약정서
채무액	원 금					
	이 자					
	지연배상금					
	부대채무					
	합 계					

원근저당권 설정계약표시

구 분		1	2	3	4	5
등기·등록	관 할					
	접수일자	년 월 일	년 월 일	년 월 일	년 월 일	년 월 일
	접수번호	제 호	제 호	제 호	제 호	제 호
	채권최고액					
	물건목록	끝부분기재	끝부분기재	끝부분기재	끝부분기재	끝부분기재
	순위번호	끝부분기재	끝부분기재	끝부분기재	끝부분기재	끝부분기재

② 채무자는 채무자지위를 계속 유지하고, 계약가입자는 제1항에 의하여 기본계약 및 원근저당권설정계약상 채무자의 지위를 가집니다.

③ 제1항의 약정서상의 채무는 채무자만이 부담하며, 채무자와 계약가입자가 각각 거래를 계속함으로써 발생하는 채무는 채무자와 계약가입자가 각기 독립하여 이행할 의무를 부담합니다.

제2조 피담보채무의 범위

원근저당권은 다음 각 호의 채무를 담보합니다.

1. 채무자가 제1조 표시 약정서에 따라 현재 및 장래에 부담하는 모든 채무
2. 원근저당권설정계약서상 피담보채무의 범위에 속하는 종류의 거래로 말미암아 채무자 및 계약가입자가 채권자에 대하여 장래에 부담하는 모든 채무

제3조 다른 계약조항의 효력

제1조 및 제2조에서 정한 사항 이외의 원근저당권설정계약서 각 조항은 그대로 계속하여 효력을 가집니다.

제4조 변경등기

이 계약 당사자는 이 계약에 의한 근저당권변경등기절차를 밟기로 합니다.

제5조 계약의 해제

① 제4조에 의한 변경등기가 이 계약일로부터 1개월 이내에 완료되지 아니한 때에는 채권자는 이 약정을 해제할 수 있습니다.

② 제1항에 의하여 채권자가 이 계약을 해제한 때에는 기본계약 및 원근저당권 설정계약은 원상대로 회복되는 것으로 합니다.

제6조 비용부담

이 계약서의 작성이나 등기 또는 이 계약에 부대되는 비용 및 이 계약의 이행 또는 해제로 인한 원상회복과 관련하여 드는 등기비용 기타 각종 부대비용은 채무자와 계약가입자가 연대하여 부담합니다.

제7조 근저당권설정자(또는 제3취득자)의 승낙

근저당권설정자 또는 근저당목적물의 제3취득자는 이 계약의 각 조항에 관하여 이의없이 승낙하였습니다.

물건목록 및 순위번호

물 건 목 록	순 위 번 호	
	등기상순위	실제순위

이 계약의 성립을 증명하기 위하여 계약서 ( )통을 작성하여 채권자, 채무자, 계약가입자 및 근저당권설정자(또는 제3취득자)가 각각 1통씩 보관합니다.

은행여신거래기본약관 및 이 약정서 사본 1통을 확실히 수령하였으며 그 내용에 대하여 충분한 설명을 듣고 잘 이해하였음.	
채 무 자 인 계 약 가 입 자 근저당권설정자 또는 제3취득자	인 인 인

Ⅱ. 근저당권의 채권자·채무자변경을 위한 서식

1. 근저당권변경계약서(채권·근저당권양도용)

피담보채권확정후 그 채권양도에 따른 근저당권이전

근저당권변경계약서

(채권·근저당권양도용)

년 월 일

채 권 양 도 인
(구 채 권 자) ________________ (인)
주 소

채 권 양 수 인 ________________ (인)
(신 채 권 자)
주 소

물 상 보 증 인
또는
제 3 취 득 자 ________________ (인)
주 소

제1조 채권양도

채권양도인은 아래 표시 약정서상의 채권을 채권양수인에게 양도하였고 채권양수인은 이를 양수하였다.

약정서상의 채권표시(주 1)

약정서 명칭			19 년 월 일자 채무인수약정서				
채무내액	원약정서 명 칭		19 . . . 약정서	19 . . . 약정서	19 . . . 약정서	19 . . . 약정서	19 . . . 약정서
	채무액	원 금					
		이 자					
		지연배상금					
		부대채무					
		계					

※ 채무액은 [년 월 일 현재]의 것으로 이후 채무인수약정 및 원약정 내용에 따라 그 금액에 변동이 생길 때에는 그 변동된 금액을 채무액으로 한다.

제2조 근저당권의 양도

제1조의 채권양도에 따라 채권양도인은 양도채권을 담보하기 위하여 가지고 있던 아래 표시의 근저당권(이하 원근저당권이라 한다)을 [채권양수인에게]과 같이 양도하였고 채권양수인은 이를 양수하였다.

전부양도형

원근저당권 전부를 채권양수인에게 양도하여, 이후 채권양수인을 근저당권자로 한다.

일부양도형

제1조에 의하여 채권양수인이 양수한 채권을 담보할 수 있도록 원근저당권 중 일부를 양도하여 이후, 채권양도인과 채권양수인을 근저당권자로 한다.

원근저당권의 표시

구 분		1	2	3	4	5
담보계약	계약서명칭	계약서	계약서	계약서	계약서	계약서
	계약일자	년 월 일	년 월 일	년 월 일	년 월 일	년 월 일
	물건목록	끝부분기재	끝부분기재	끝부분기재	끝부분기재	끝부분기재
등기·등록	관 할					
	접수일자	년 월 일	년 월 일	년 월 일	년 월 일	년 월 일
	접수번호	제 호	제 호	제 호	제 호	제 호
	채권최고액					
	순위번호	끝부분기재	끝부분기재	끝부분기재	끝부분기재	끝부분기재

제3조 피담보채무의 우선변제비율(주 2)

일부이전형인 경우 채권양도인과 채권양수인이 근저당권목적물의 가액으로부터 우선변제 받는 비율은 [채권양도인 채권양수인](으)로 한다. 다만 일방의 채권액이 동비율에 의하여 우선변제받을 수 있는 금액에 달하지 않는 때에는 그 금액을 다른 일방이 우선변제 받는 것으로 한다.

제4조 원근저당권설정계약조항의 효력

이 계약에서 정하고 있는 사항 이외에 원근저당권설정계약의 각 조항은 이 계약 당사자에 대하여 그 동일성을 유지한 채 그대로 계속하여 효력을 가진다.

물건목록 및 순위번호

물 건 목 록	순 위 번 호	
	등기상순위	실제순위

이 계약의 성립을 증명하기 위하여 계약서 ( )통을 작성하여 채권양도인 및 채권양수인이 각각 1통씩 보관한다.

(주 1) 약정서란 채권양도인과 채권양수인 사이에 이루어진 채권양도약정서를 말하고, 원약정서란 계약양도인과 채무자 사이에 체결된 각종의 개별거래약정서(예컨대 19 년 월 일자 여신거래약정서 등)를 말함.

(주 2) ① 제3조 본문은 양채권자의 피담보채권액이 채권최고액을 초과하는 경우의 분쟁 발생 방지하기 위한 것임.

② 제3조 단서는 근저당권설정자에 대한 관계에 있어서는 양근저당권자의 총채권액을 채권최고액범위내에서 담보할 수 있도록 함으로써 담보의 효율성 제고하기 위한 것임.

2. 근저당권변경계약서(변제자대위용)

피담보채권확정후 채권대위변제에 따른 근저당권이전

근저당권이전계약서
(변제자대위등기용)

년 월 일

채 권 자
(구 채 권 자) ______________ (인)
주 소

대 위 변 제 자 ______________ (인)
(신 채 권 자)
주 소

물 상 보 증 인
또는
제 3 취 득 자 ______________ (인)
주 소

제1조 대위변제

대위변제자는 아래 표시 약정서상의 채권을 채권자에 대하여 대위변제하였고 채권자는 이를 수령하였다.

약정서상의 채권표시(년 월 일 현재)(주 1)

채 무 구 분		1	2	3	4	5
약정서 명칭		19 . . . 약정서	19 . . . 약정서	19 . . . 약정서	19 . . . 약정서	19 . . . 약정서
채무액	원 금					
	이 자					
	지연배상금					
	부대채무					
	합 계					

제2조 근저당권의 대위

제1조의 대위변제에 따라 채권자는 대위변제된 채권을 담보하기 위하여 가

지고 있던 아래 표시의 근저당권(이하 원근저당권이라 한다)을 대위변제자에게 [   ]과 같이 이전하였고 대위 변제자는 이를 이전받았다.

전부이전형

원근저당권 전부를 대위변제자에게 이전하여 이후, 대위변제자를 근저당권자로 한다.

일부이전형

제1조에 의하여 대위변제한 금   원을 담보할 수 있도록 원근저당권중 일부를 이전하여 이후, 채권자와 대위변제자를 근저당권자로 한다.(주 2)

원근저당권의 표시

구 분		1	2	3	4	5
담보 계약	계약서명칭	계약서	계약서	계약서	계약서	계약서
	계약일자	년 월 일	년 월 일	년 월 일	년 월 일	년 월 일
	물건목록	끝부분기재	끝부분기재	끝부분기재	끝부분기재	끝부분기재
등기 · 등록	관 할					
	접수일자	년 월 일	년 월 일	년 월 일	년 월 일	년 월 일
	접수번호	제 호	제 호	제 호	제 호	제 호
	채권최고액					
	순위번호	끝부분기재	끝부분기재	끝부분기재	끝부분기재	끝부분기재

물건목록 및 순위번호

물 건 목 록	순 위 번 호	
	등기상순위	실제순위

(주 1) 약정서란 대위변제의 대상이 되는 채권액을 발생시키는 채권자와 채무자 사이의 각종의 여신거래약정서를 말하고, 채권액은 대위변제자가 실제로 채권자에 대하여 변제한 금액을 말함.

(주 2) 일부이전형의 경우 채권자와 대위변제자간의 우선변제비율에 관한 규정을 두지 않은 것은 채권자와 대위변제자간에는 채권자가 우선변제권을 가지는 것이기 때문임(통설·판례).

3. 근저당권변경계약서(채권자지위이전용)

피담보채권확정전 기본계약상의 채권자지위이전

근저당권변경계약서
(채권자지위이전용)

년 월 일

계 약 양 도 인
(구 채 권 자) ________________ (인)
주 소

계 약 양 수 인 ________________ (인)
(신 채 권 자)
주 소

채 무 자 ________________ (인)
주 소

물 상 보 증 인
또는
제 3 취 득 자 ________________ (인)
주 소

제1조 근저당권의 채권자지위이전

계약양도인과 계약양수인 및 채무자는 아래 표시 근저당권(이하 원근저당권이라 한다)상의 채권자지위를 [　　　　] 과 같이 이전시키는데 합의하였다.

전부이전형

원근저당권의 채권자지위를 계약양수인이 전부 양수하고 이후 계약양수인을 근저당권자로 한다.

일부이전형

원근저당권의 채권자지위 일부를 계약양수인이 양수하여 이후, 계약양도인과 계약양수인을 근저당권자로 한다.

계약가입형

원근저당권의 채권자지위에 계약양수인이 추가로 가입하여 이후, 계약양도인과 계약양수인을 근저당권자로 한다.

원근저당권의 표시

구 분		1	2	3	4	5
담보계약	계약서명칭	계약서	계약서	계약서	계약서	계약서
	계약일자	년 월 일	년 월 일	년 월 일	년 월 일	년 월 일
	물건목록	끝부분기재	끝부분기재	끝부분기재	끝부분기재	끝부분기재
등기·등록	관 할					
	접수일자	년 월 일	년 월 일	년 월 일	년 월 일	년 월 일
	접수번호	제 호	제 호	제 호	제 호	제 호
	채권최고액					
	순위번호	끝부분기재	끝부분기재	끝부분기재	끝부분기재	끝부분기재

제2조 피담보채무의 범위

제1조에 의하여 이전된 근저당권은 다음의 채무를 담보한다.(주 1)

전부이전형인 경우

1. 원근저당권설정계약서에서 피담보채무를 발생시키는 것으로 정하고 있는 종류의 거래로 말미암아 채무자가 계약양수인에 대하여 현재 및 장래에 부담하는 모든 채무
2. 아래 표시 약정서에 의하여 채무자가 계약양수인에 대하여 부담하는 모든 채무

일부이전형인 경우

1. 원근저당권설정계약서에서 피담보채무를 발생시키는 거래로 정하고 있는 것 중 다음 종류의 거래로 말미암아 채무자가 계약양도인에 대하여 현재 및 장래에 부담하는 모든 채무
   거래 거래
2. 원근저당권설정계약서에서 피담보채무를 발생시키는 거래로 정하고 있는 것 중 다음 종류의 거래로 말미암아 채무자가 계약양수인에 대하여 현재 및 장래에 부담하는 모든 채무
   거래 거래
3. 아래 표시 약정서에 의하여 채무자가 계약양수인에 대하여 부담하는 모든 채무

계약가입형인 경우

1. 원근저당권설정계약서에서 피담보채무를 발생시키는 것으로 정하고 있는 종류의 거래로 말미암아 채무자가 계약양도인 및 계약양수인에 대하여 현재 및 장래에 부담하는 모든 채무
2. 아래 표시 약정서에 의하여 채무자가 계약양수인에 대하여 부담하는 모든 채무

약정서상의 채권표시(주 2)

<table>
<tr><td colspan="3">약정서 명칭</td><td colspan="5">19　　년　　월　　일자 채무인수약정서</td></tr>
<tr><td rowspan="6">채무내액</td><td colspan="2">원약정서 명　　칭</td><td>19 . . . 약정서</td><td>19 . . . 약정서</td><td>19 . . . 약정서</td><td>19 . . . 약정서</td><td>19 . . . 약정서</td></tr>
<tr><td rowspan="5">채무액</td><td>원 금</td><td></td><td></td><td></td><td></td><td></td></tr>
<tr><td>이 자</td><td></td><td></td><td></td><td></td><td></td></tr>
<tr><td>지연배상금</td><td></td><td></td><td></td><td></td><td></td></tr>
<tr><td>부대채무</td><td></td><td></td><td></td><td></td><td></td></tr>
<tr><td>계</td><td></td><td></td><td></td><td></td><td></td></tr>
</table>

※ 채무액은 [년 월 일 현재]의 것으로 이후 채무인수약정 및 원약정 내용에 따라 그 금액에 변동이 생길 때에는 그 변동된 금액을 채무액으로 한다.

제3조 피담보채무의 우선변제비율

일부이전형인 경우 또는 계약가입형인 경우 계약양도인과 계약양수인이 근저당권목적물의 가액으로부터 우선변제 받는 비율은 [계약양도인 계약양수인](으)로 한다. 다만 일방의 채권액이 동비율에 의하여 우선변제받을 수 있는 금액에 달하지 않는 때에는 그 금액을 다른 일방이 우선변제 받는 것으로 한다.

제4조 원근저당권설정계약조항의 효력

이 계약에서 정하고 있는 사항 이외에 원근저당권설정계약의 각 조항은 이 계약 당사자에 대하여 그 동일성을 유지한 채 그대로 계속하여 효력을 가진다.

제5조 물상보증인(또는 제3취득자)의 승낙

물상보증인 또는 근저당목적물의 제3취득자는 이 계약의 각 조항에 관하여 이의 없이 승낙하였다.

물건목록 및 순위번호

물 건 목 록	순 위 번 호	
	등기상순위	실제순위

이 계약의 성립을 증명하기 위하여 계약서 ( )통을 작성하여 채권양도인 및 채권양수인이 각각 1통씩 보관한다.

(주 1) 전부인수형 제2호(일부이전형의 경우는 제3호)의 규정사유

① 계약양수인이 계약양도인으로부터 양수한 특정한 채권이 있는 경우 그 채권을 담보할 수 있도록 하기 위하여 필요함(양수채권은 양수채권자가 채무자와 직접적인 여신거래로부터 취득한 채권이 아니기 때문에 제1호만으로는 피담보채무의 범위에 포함시킬 수가 없음).

② 따라서 계약양수인이 계약양도인으로부터 양수한 특정한 채권이 없는 경우에는 적용되지 않음.

③ 일부이전형인 경우 제1호와 제2호의 거래유형은 이를 중복하여 기재할 수 없음. 중복기재가 필요한 경우에는 계약가입형을 선택해야 함.

(주 2) ① 제2조의 약정서란 채무자, 계약양수인, 계약양도인(채권자) 기타 이해관계인들 사이에 체결되어 작성된 채권양도약정서를 말하고 원약정서란 양수채무의 발생 원인이 되는 채무자와 채권자 사이의 각종 여신거래약정서를 말함.

② 기본계약상의 채권자지위양도와 함께 개별 여신거래약정상의 채권양도가 수반하는 경우에는 그 채권양도를 채무자 및 제3자에게 대항하기 위한 요건을 구비하여야 함.

③ 기본계약상의 채권자지위양도에 관하여도 채무자 및 제3자에 대한 대항요건을 구비하여야 하지 않는가에 관하여 의문이 제기될 수 있으나 다음과 같은 이유에서 그러한 대항요건의 구비를 요하지 않는 것으로 보아야 함.

- 기본계약상의 채권자지위양도와 그 기본계약에 근거하여 체결된 구체적인 여신계약에 의하여 발생한 채권의 양도는 전혀 별개의 것임.
- 채권양도의 대항요건은 구체화된 특정채권의 양도에 관하여 적용되는 것으로서 이를 기본계약상의 채권자지위양도에까지 확대하여 적용할 것은 아님.

4. 근저당권변경계약서(확정채무의 면책적·중첩적인수용)

피담보채권확정 후 그 채무인수에 따른 근저당권변경

근저당권변경계약서

(확정채무의 면책적·중첩적인수용)

년 월 일

채권자겸
근저당권자 (인)
주 소

채 무 자 (인)
주 소

채무인수인 (인)
주 소

근저당권설정자 (인)
주 소

제1조 채무인수

① 채무자는 은행여신거래기본약관 및 아래 표시 약정서에 의하여 채권자에게 부담하고 있는 채무를 채무인수인에게 인계하였고 채무인수인은 이를 인수하였다.

약정서상의 채무표시(주 1)

약정서 명칭			19 년 월 일자 채무인수약정서				
채무내액	원약정서 명 칭		19 . . . 약정서	19 . . . 약정서	19 . . . 약정서	19 . . . 약정서	19 . . . 약정서
	채무액	원 금					
		이 자					
		지연배상금					
		부대채무					
		계					

※ 채무액은 [년 월 일 현재] 의 것으로 이후 채무인수약정 및 원약정 내용에 따라 그 금액에 변동이 생길 때에는 그 변동된 금액을 채무액으로 한다.

② 채권자와 근저당권설정자는 채무자와 채무인수인 사이의 제1항에 의한 채무인수를 승낙하였다.

제2조 근저당권의 채무자변경

제1조에 의하여 인수된 채무를 담보하기 위하여 채권자(근저당권자), 채무자, 채무인수인 및 근저당권설정자는 아래 표시 근저당권(이하 원근저당권이라 한다) 상의 채무자를 [ ] 과 같이 변경하는데 합의하였다.

면책적인수형

원근저당권의 채무자를 채무자에서 채무인수인으로 한다.

중첩적인수형

원근저당권의 채무자를 채무자에서 채무자와 채무인수인으로 한다.(주 2)

원근저당권의 표시

구 분		1	2	3	4	5
담보계약	계약서명칭	계약서	계약서	계약서	계약서	계약서
	계약일자	년 월 일	년 월 일	년 월 일	년 월 일	년 월 일
	물건목록	끝부분기재	끝부분기재	끝부분기재	끝부분기재	끝부분기재
등기·등록	관 할					
	접수일자	년 월 일	년 월 일	년 월 일	년 월 일	년 월 일
	접수번호	제 호	제 호	제 호	제 호	제 호
	채권최고액					
	순위번호	끝부분기재	끝부분기재	끝부분기재	끝부분기재	끝부분기재

제3조 다른 계약조항의 효력

제1조 및 제2조에서 정한 사항 이외에 원근저당권설정계약의 각 조항은 그 동일성을 유지한 채 그대로 계속하여 효력을 가진다.

물건목록 및 순위번호

물 건 목 록	순 위 번 호	
	등기상순위	실제순위

이 계약의 성립을 증명하기 위하여 계약서 ( )통을 작성하여 채권자, 채무자, 채무인수인 및 근저당권설정자가 각각 1통씩 보관한다.

이 계약서 1통을 확실히 수령하였으며 그 내용에 대하여 충분한 설명을 듣고 잘 이해하였음	채 무 자	* ○
	채 무 인 수 인	○
	근저당권설정자	○
상담자	직위 :	성명 : ○

* 란은 관련당사자가 위의 내용을 잘 이해하였음을 간략히 직접 쓰시고 자서 날인하십시오.

(주 1) 약정서란 채무자, 계약인수인, 채권자 기타 이해관계인들 사이에 체결되어 작성된 채무인수계약서를 말하고 원약정서란 인수채무의 발생원인이 되는 채무자와 채권자 사이의 각종 여신거래약정서를 말함.

(주 2) 채권자지위양수의 경우와는 달리 채무자 사이의 우선변제비율을 정하지 않은 것은 피담보채권의 총액이 채권최고액을 초과하는 경우 채권자가 여러 담보채무 중 선택하여 우선변제받을 수 있도록 함으로써 담보의 효율성을 제고하기 위한 것임.

5. 근저당권변경계약서(채무자지위이전용)

피담보채권확정전 기본계약상의 채무자지위이전

근저당권변경계약서

(채무자지위이전용)

년 월 일

채 권 자
근 저 당 권 자 ______________ (인)
주 소

채 무 자 ______________ (인)
(구 채 무 자)
주 소

계 약 인 수 인 ______________ (인)
(신 채 무 자)
주 소

근저당권설정자 ______________ (인)
주 소

제1조 근저당권의 채무자지위인수

채권자(근저당권자), 채무자, 계약인수인 및 근저당권설정자는 아래 표시 근저당권(이하 원근저당권이라 한다)상의 채무자지위를 [ ] 과 같이 인수하는데 합의하였다.

전부인수형
원근저당권의 채무자지위를 계약인수인이 전부 인수하고 이후, 계약인수인을 채무자로 한다.

일부인수형
원근저당권의 채무자지위 일부를 계약인수인이 인수하여 이후, 채무자와 계약인수인을 채무자로 한다.

중첩적인수형

원근저당권의 채무자지위를 계약인수인이 중첩적으로 인수하여 이후, 채무자와 계약인수인을 채무자로 한다.

원근저당권의 표시

구 분		1	2	3	4	5
담보계약	계약서명칭	계약서	계약서	계약서	계약서	계약서
	계약일자	년 월 일	년 월 일	년 월 일	년 월 일	년 월 일
	물건목록	끝부분기재	끝부분기재	끝부분기재	끝부분기재	끝부분기재
등기·등록	관 할					
	접수일자	년 월 일	년 월 일	년 월 일	년 월 일	년 월 일
	접수번호	제 호	제 호	제 호	제 호	제 호
	채권최고액					
	순위번호	끝부분기재	끝부분기재	끝부분기재	끝부분기재	끝부분기재

제2조 피담보채무의 범위

제1조에 의하여 이전된 근저당권은 다음의 채무를 담보한다.(주 1)

전부인수형인 경우

1. 원근저당권설정계약서에서 피담보채무를 발생시키는 것으로 정하고 있는 종류의 거래로 말미암아 계약인수인이 채권자에 대하여 현재 및 장래에 부담하는 모든 채무
2. 아래 표시 약정서에 의하여 계약인수인이 채권자에 대하여 부담하는 모든 채무

일부인수형인 경우

1. 원근저당권설정계약서에서 피담보채무를 발생시키는 거래로 정하고 있는 것 중 다음 종류의 거래로 말미암아 채무자가 채권자에 대하여 현재 및 장래에 부담 하는 모든 채무
   거래 거래
2. 원근저당권설정계약서에서 피담보채무를 발생시키는 거래로 정하고 있는 것 중 다음 종류의 거래로 말미암아 계약인수인이 채권자에 대하여 현재 및 장래 부담하는 모든 채무
   거래 거래
3. 아래 표시 약정서에 의하여 계약인수인이 채권자에 대하여 부담하는 모든 채무

중첩적인수형인 경우

1. 원근저당권설정계약서에서 피담보채무를 발생시키는 것으로 정하고 있는 종류의 거래로 말미암아 채무자 및 계약인수인이 채권자에 대하여 현재 및 장래에 부담하는 모든 채무
2. 아래 표시 약정서에 의하여 계약인수인이 채권자에 대하여 부담하는 모든 채무

약정서상의 채무표시(주 2)

약정서 명칭			19 년 월 일자 채무인수약정서				
채무내액	원약정서 명 칭		19 . . . 약정서	19 . . . 약정서	19 . . . 약정서	19 . . . 약정서	19 . . . 약정서
	채무액	원 금					
		이 자					
		지연배상금					
		부대채무					
		계					

※ 채무액은 [년 월 일 현재] 의 것으로 이후 채무인수약정 및 원약정 내용에 따라 그 금액에 변동이 생길 때에는 그 변동된 금액을 채무액으로 한다.

제3조 원근저당권설정계약조항의 효력

이 계약에서 정하고 있는 사항 이외에 원근저당권설정계약의 각 조항은 이 계약 당사자에 대하여 그 동일성을 유지한 채 그대로 계속하여 효력을 가진다.

물건목록 및 순위번호

물 건 목 록	순 위 번 호	
	등기상순위	실제순위

이 계약의 성립을 증명하기 위하여 계약서 ( )통을 작성하여 채권자, 채무자, 채무인수인 및 근저당권설정자가 각각 1통씩 보관한다.

이 계약서 1통을 확실히 수령하였으며 그 내용에 대하여 충분한 설명을 듣고 잘 이해하였음	채 무 자 계 약 인 수 인 근저당권설정자	* ○ ○ ○
상담자	직위 :	성명 : ○

* 란은 관련당사자가 위의 내용을 잘 이해하였음을 간략히 직접 쓰시고 자서 날인하십시오.

(주 1) 전부인수형 제2호(일부이전형의 경우는 제3호)의 규정사유

① 계약인수인이 채무자로부터 인수한 특정한 채무가 있는 경우 그 채무를 담보할 수 있도록 하기 위하여 필요함(인수채무는 인수채무자가 채권자와 직접적인 여신거래로부터 부담한 채무가 아니기 때문에 제1호만으로는 피담보채무의 범위에 포함시킬 수가 없음).

② 따라서 계약인수인이 채무자로부터 인수한 특정한 채권이 없는 경우에는 적용되지 않음.

③ 일부이전형인 경우 제1호와 제2호의 거래유형은 이를 중복하여 기재할 수 없음. 중복기재가 필요한 경우에는 계약가입형을 선택해야 함.

(주 2) ① 약정서란 채무자, 계약인수인, 채권자 기타 이해관계인들 사이에 체결되어 작성된 채무인수계약서를 말하고 원약정서란 인수채무의 발생원인이 되는 채무자와 채권자 사이의 각종 여신거래약정서를 말함.

② 채권자지위양수의 경우와는 달리 채무자 사이의 우선변제비율을 정하지 않은 것은 피담보채권의 총액이 채권최고액을 초과하는 경우 채권자가 여러 담보채무 중 선택하여 우선변제받을 수 있도록 함으로써 담보의 효율성을 제고하기 위한 것임.

6. 근저당권변경계약서(협의분할 상속에 의한 채무자변경용)

협의분할상속에 따른 근저당권의 채무자변경

근저당권변경계약서

(협의분할 상속에 의한 채무자변경용)

년　　월　　일

채 권 자
근저당권자 ______________ (인)
주 소

채 무 자 ______________ (인)
(상 속 인)
주 소

상 속 인 ______________ (인)
주 소

상 속 인 ______________ (인)
주 소

상 속 인 ______________ (인)
주 소

물상보증인
또는
제 3 취득자 ______________ (인)
주 소

제1조 근저당권의 채무자변경

아래 표시 근저당권(이하 원근저당권이라 한다)상의 채무자(피상속인)가 [년 월 일] 사망함에 따라 그 상속인들 간에 상속개시후의 원근저당권상 채무자를 다음과 같이 상속인 전원에서 채무자(상속인)로 변경하는데 합의하였다. (주 1)

구 분		성 명	주 소
변경전	채 무 자 (피상속인)		
	상 속 인		
변경후	채 무 자 (피상속인)		

원근저당권의 표시

구 분		1	2	3	4	5
담보계약	계약서명칭	계약서	계약서	계약서	계약서	계약서
	계약일자	년 월 일	년 월 일	년 월 일	년 월 일	년 월 일
	물건목록	끝부분기재	끝부분기재	끝부분기재	끝부분기재	끝부분기재
등기·등록	관 할					
	접수일자	년 월 일	년 월 일	년 월 일	년 월 일	년 월 일
	접수번호	제 호	제 호	제 호	제 호	제 호
	채권최고액					
	순위번호	끝부분기재	끝부분기재	끝부분기재	끝부분기재	끝부분기재

제2조 피담보채무의 범위

제1조에 의하여 변경된 원근저당권은 다음 [ ] 의 채무를 담보한다.

계약인수형

1. 원근저당권설정계약서에서 피담보채무를 발생시키는 것으로 정하고 있는 종류의 거래로 말미암아 채무자(상속인)가 채권자에 대하여 현재 및 장래 부담하는 모든 채무
2. 협의분할에 의하여 채무자(상속인)가 채권자에 대하여 부담하게 된 아래 표시 약정서상의 모든 채무

확정채무인수형

협의분할에 의하여 채무자(상속인)가 채권자에 대하여 부담하게 된 아래 표시 약정서상의 모든 채무

약정서상의 채무표시(주 2)

채 무 구 분		1	2	3	4	5
약정서 명칭		19 . . . 약정서	19 . . . 약정서	19 . . . 약정서	19 . . . 약정서	19 . . . 약정서
채무액	원 금					
	이 자					
	지연배상금					
	부대채무					
	합 계					

※ 채무액은 년 월 일 현재 의 것으로 이후 채무인수약정 및 원약정 내용에 따라 그 금액에 변동이 생길 때에는 그 변동된 금액을 채무액으로 한다.

제3조 원근저당권설정계약조항의 효력

이 계약에서 정하고 있는 사항 이외에 원근저당권설정계약의 각 조항은 이 계약 당사자에 대하여 그 동일성을 유지한 채 그대로 계속하여 효력을 가진다.

제4조 물상보증인(또는 제3취득자)의 승낙

물상보증인 또는 근저당목적물의 제3취득자는 이 계약의 각 조항에 관하여 이의 없이 승낙하였다.

물건목록 및 순위번호

물 건 목 록	순 위 번 호	
	등기상순위	실제순위

이 계약의 성립을 증명하기 위하여 계약서 ( )통을 작성하여 채권자, 채무자(상속인), 상속인 및 물상보증인(또는 제3취득자)이 각각 1통씩 보관한다.

이 계약서 1통을 확실히 수령하였으며 그 내용에 대하여 충분한 설명을 듣고 잘 이해하였음	채 무 자 (상 속 인) 상 속 인 물 상 보 증 인 (또는 제3취득자)	* ○ ○ ○
상담자	직위 :	성명 : ○

* 란은 관련당사자가 위의 내용을 잘 이해하였음을 간략히 직접 쓰시고 자서 날인하십시요.

(주 1) ① 변경전 상속인은 법률상의 상속인 전원을 말함. 다만 상속의 포기를 한 자가 있는 경우에는 상속포기의 사실을 별도로 확인하고 그 증빙서류를 갖춘 때에 한하여 그 기재를 생략할 수 있음.

② 변경 후 채무자(상속인)는 반드시 1인일 필요는 없고 수인이라도 무방함.

(주 2) 약정서란 상속대상인 채무를 발생시킨 채권자와 피상속인(사망자) 사이에 체결되어 작성된 각종 여신거래약정서를 말함.

[참고] 상속재산의 협의분할이 없는 일반적인 경우의 실무처리

① 근저당권의 채무자를 상속인으로 변경등기.

② 상속인중 상속포기를 한 자가 있는 경우는 잔여 상속인 명의로 채무자 변경등기.

③ 상속인 전원과 채권자 및 근저당목적물소유자(물상보증인 또는 제3취득자) 사이의 별도 합의가 없는 한 근저당권의 피담보채권이 확정된 것으로 취급.

대법원 판례 찾아보기

대법원 전원합의체 판결

대법원 판결

대법원 결정

헌법재판소 판례

사항 찾아보기

[ㅈ]

저자소개

• 오시정(吳時正)

학력
서울 경동고등학교 졸업
고려대학교 법과대학 행정학과 졸업
고려대학교 대학원 법학과 졸업(법학박사)

경력
서울 경동고등학교 졸업
고려대학교 법과대학 행정학과 졸업
법학박사(고려대학교 대학원)
한국산업은행(1974.3~1991.9)
한국금융연수원 교수/교수실장(1991.9~2010.4)
어음제도 연구위원(중소기업청)
고려대학교 법과대학, 법무대학원 강사
연세대학교 상남경영원 강사
KDI 국제정책대학원 강사
건국대학교 법과대학 강사
금융분쟁조정위원회 전문위원(금융감독원)
소비자분쟁조정위원회 조정위원(한국소비자원)
고려대학교 법학전문대학원 겸임교수
국회입법지원위원

저서
여신거래계약의 이론과 실무(소비자금융편), 2015, 한국금융법연구원
여신거래계약의 이론과 실무(기업금융편), 2017, 한국금융법연구원
여신실무법률-담보Ⅰ(제9판), 2024, 한국금융연수원
여신실무법률-담보Ⅱ(제9판), 2024, 한국금융연수원
여신실무법률-채권회수(제14판), 2023, 한국금융연수원
비실명예금에 관한 금융실무, 2010, 한국금융연수원
부동산경매실무, 2008, 유로
채권계약관리, 2005, (주)신한M&B
담보취득관리(전2권), 2005, (주)신한M&B
어음수표관리, 2005, (주)신한M&B
채권회수관리(전3권), 2005, (주)신한M&B
부실채권관리, 2005, (주)신한M&B

공동집필 성공퇴직 올가이드, 1998, 한국언론자료간행회
금융법률실무, 1981, 한국산업은행
대출채권의 관리와 회수, 1982, 한국산업은행
회사정리법해설, 1983, 한국산업은행

근저당권의 이론과 실무(신정판)

전 정 판1쇄	2009년 5월 11일
신 정 판1쇄	2024년 5월 22일
저 자	오 시 정
발 행 인	서 태 종
발 행 처	한국금융연수원 출판미디어사업부 (03053) 서울특별시 종로구 삼청로 118
전 화	02)3700-1500
팩 스	02)3700-1530
홈 페 이 지	http://www.kbi.or.kr
등 록	1990년 4월 20일(제1-1040호)
정 가	48,000원
I S B N	978-89-287-8216-1 (13360)

※ 도서의 오류내용(오탈자 등)을 제보해주시어 채택되신 분께는 소정의 상품을 보내드리오니 독자 여러분들의 많은 참여 바랍니다.
(상세정보는 www.kbi.or.kr 참조)

※ 본 도서의 내용의 내용은 한국금융연수원의 견해와 다를 수 있습니다.

한국금융연수원 자격검정시험 안내

•「국가공인자격」은 자격기본법에서 정한 기준과 절차에 따라 국가가 공인한 자격으로 신용분석사, 여신심사역, 국제금융역, 자산관리사(FP), 신용위험분석사(CRA), 외환전문역 I종, 외환전문역 II종 등 7개의 자격이 있습니다.

•「자체인증자격」은 우리 원이 인정, 수여하는 자격으로 공개시험형 자체자격인 프라이빗 뱅커(CPB), 은행텔러, 영업점 컴플라이언스 오피서(은행)(보험)(증권), KBI 금융DT 테스트, 자금세탁방지 업무능력 검정시험 등 7개 자격이 있습니다.

구분	자 격 명 (공인/등록번호)	응시료	자격소개
국가공인자격	신용분석사 (제2019-1호) (2008-0438)	전과목 : 66,000원 1부 : 28,000원 2부 : 39,000원	금융회사의 여신관련 부서에서 기업에 대한 회계 및 비회계자료 분석을 통하여 종합적인 신용상황을 판단하고 신용등급을 결정하는 등 기업신용 평가업무를 담당하는 금융전문가
	여신심사역 (제2019-2호) (2008-0439)	전과목 : 66,000원 1부 : 28,000원 2부 : 39,000원	금융회사의 여신심사 담당자로서 경제상황과 기업의 재무, 비재무상태 등을 분석, 파악하여 적정한 대출심사 의견서 작성, 대출이율 및 대출기간 결정 등 대출실행 여부를 판단하고 자금의 효율적 운용, 대손 방지를 위한 제반조치, 여신의 법률적 검토, 사후관리업무 등 여신업무와 관련한 종합적인 업무를 수행하는 금융전문가
	국제금융역 (제2021-1호) (2008-0440)	전과목 : 66,000원 1부 : 33,000원 2부 : 33,000원	금융회사의 국제금융 관련 부서에서 국제금융시장의 동향파악, 분석 및 예측 등을 통하여 외화자금의 효율적 조달과 운용업무를 담당하고 이에 따른 리스크관리 등 국제금융 관련 업무를 수행하는 금융전문가
	신용위험분석사(CRA) (제2023-2호) (2008-0442)	1차 : 77,000원 2차 : 88,000원	금융회사 및 기업신용평가기관 등에서 개인과 기업에 대한 신용상태를 조사평가하고 신용위험을 측정 · 관리하는 여신전문가
	자산관리사(FP) (제2020-1호) (2008-0441)	전과목 : 55,000원 1부 : 28,000원 2부 : 28,000원	금융회사 영업부서의 PB(Private Banking) 팀에서 고객의 수입과 지출, 자산 및 부채현황, 가족상황 등 고객에 대한 각종 자료를 수집, 분석하여 고객이 원하는 Life Plan 상의 재무목표를 달성할 수 있도록 종합적인 자산설계에 대한 상담과 실행을 지원하는 금융전문가
	외환전문역 I종 (제2020-1호) (2008-0436)	전과목 : 55,000원	금융회사의 외환업무 중 외국환 거래 법규 및 외환거래실무를 이해하고 고객의 외화 자산에 노출되는 각종 외환 리스크를 최소화시키는 등 주로 개인 외환과 관련된 직무를 담당
	외환전문역II종 (제2020-1호) (2008-0436)	전과목 : 55,000원	금융회사의 외환업무 중 수출입업무 및 이와 관련된 국제무역규칙을 이해하고 외환과 관련된 여신 업무를 수행하는 등 주로 기업 외환과 관련된 직무를 담당
자체인증자격	은행텔러 (2008-0437)	전과목 : 55,000원	창구에서 일어나는 제반업무에 대해 신속하고 친절한 업무수행과 정확한 업무처리로 고객에게 도움을 주고 상담을 통해 문제해결을 하도록 도와주는 금융전문가
	영업점 컴플라이언스 오피서(은행) (2010-0118) (보험, 증권) (2013-0702,0703)	전과목 : 각 44,000원	금융회사의 영업점에서 준법관련 법규와 감독기관의 감독규정이 정한 내용과 취지를 충분히 이해하고 업무 수행과정에서 이를 준수하며, 영업점에서 발생 가능한 금융사고 및 민원사항이 발생하지 않도록 사전적 예방 차원에서 그 준수사항의 이행을 점검하는 금융전문가(은행, 보험, 증권 분야별로 자격이 구분됨)
	프라이빗뱅커 (CPB) (2018-004091)	1차 : 110,000원 2차 : 342,000원 (실무교육)	개인고액자산가의 자산 및 수익증대를 실현하기 위해 금융분야 전반에 걸쳐 종합적인 금융상담과 실행을 지원할 수 있는 최고급 수준의 금융자산설계전문가
	KBI 금융DT 테스트 (2021-001872)	전과목 : 44,000원	금융인 및 예비금융인을 대상으로 디지털금융 전반에 대한 기본지식과 업무활용능력 등 금융DT 관련 기본역량 평가
	자금세탁방지 업무능력 검정시험 (2023-004792)	전과목 : 66,000원	금융시스템을 이용한 자금세탁행위와 공중협박자금조달행위를 적발 및 예방할 수 있는 전문적인 업무역량 평가

소비자 알림사항

•상기 "프라이빗뱅커(CPB)", "영업점컴플라이언스 오피서(은행)(보험)(증권)", "KBI 금융DT 테스트", "은행텔러", "자금세탁방지 업무능력 검정시험" 자격은 자격기본법 규정에 따라 등록한 민간자격으로, 국가로부터 인정받은 공인자격이 아닙니다.

•민간자격 등록 및 공인 제도에 대한 상세내용은 민간자격정보서비스 (www.pqi.or.kr)의 '민간자격 소개'란을 참고하여 주십시오.

기타

•응시료 환불 규정 : 접수기간 중 100%, 접수기간 종료 후 시험일 5일전 18시까지 50% 환불/이후 환불 불가

•자격 공인번호는 재공인시점에 따라 변경될 수 있으며, 응시료, 환불규정 등은 응시 시점에 따라 변경될 수 있으니 자격시험 응시 전 반드시 한국금융연수원 홈페이지에서 응시하고자 하는 자격시험에 관한 최신 정보를 확인하시기 바랍니다. 자격시험에 관한 자세한 사항은 한국금융연수원 홈페이지를 참조하시기 바랍니다.

•주소 : 서울특별시 종로구 삼청로 118 / TEL : 02-3700-1500 / 홈페이지 : www.kbi.or.kr